圖書在版編目（CIP）數據

陝西古代文獻集成. 第十五輯 / 賈三强主編. — 西安:陝西人民出版社,2018
ISBN 978-7-224-13062-1

Ⅰ. ①陝… Ⅱ. ①賈… Ⅲ. ①地方文獻－彙編－陝西－古代 Ⅳ. ①K294.1

中國版本圖書館CIP數據核字(2018)第296500號

《陝西民總賦役全書(下)》　李文遴　點校
　　　　　　　　　　　　　賈三强　審校
《東林點將録》　　　　　　孫　靖　點校
　　　　　　　　　　　　　賈三强　審校

陝西古代文獻集成·第十五輯

編　　者　賈三强
出版發行　陝西新華出版傳媒集團　陝西人民出版社
　　　　　（西安北大街147號　郵編：710003）

印　　刷　中煤地西安地圖制印有限公司
開　　本　787mm×1092mm　16開　35印張　4插頁
字　　數　400千字
版　　次　2018年12月第1版　2018年12月第1次印刷
書　　號　ISBN 978-7-224-13062-1
定　　價　256.00元

ISBN 978-7-224-13062-1

陕西省政府决定在“十二五”和“十三五”期間，在這些方面加大投入，進行建設。《陕西古代文獻集成》是其中的重大課題。這裏説的陕西古代文獻，指的或專寫陕事，或作者爲陕人，或書籍爲陕版。前兩者是主要的整理内容，陕版圖書除了在圖書史或版本目録學史方面具有較重要的意義外，從内容方面來看，與其他地域出版的圖書並無本質區别的，不作爲此次整理的重點。由於人力、物力、財力的限制，這批整理的文獻，原則上只收録那些没有經近人整理過的古籍或雖經近人整理，但是整理品質不高的古籍。這樣，一些多次經前人整理的古籍，雖然有很高的歷史意義和學術價值，如上述的《周易》《史記》等書，就不再進入整理者的視域。經過專家推薦，課題組嚴格篩選，選取了300餘種古籍作爲整理對象。這些古籍，絶大多數是宋、金、元、明、清人撰作的。

毫無疑問，在以周原、豐鎬、咸陽和長安爲中心的周、秦、漢、唐文明之後，隨着我國政治、經濟、文化中心的東移南下，從宋代開始，在整個中華文明中，陕地風光不再，逐步被邊緣化，整體上處於衰落之勢。但它仍是中華文明的重要組成部分，有時甚至引領風華。這可以關學、明清文學和戲曲的傳世文獻爲例。

北宋的關中大儒張載是早期的理學家，他“爲天地立心，爲生民立命，爲往聖繼絶學，爲萬世開太平”的宏偉誓言，激勵了數不清的中華民族志士仁人修齊治平的理想。張載是宋明理學中導夫先路式的學者，他創立的關學深刻地影響了“二程”的洛學、朱熹的閩學，而這三者構成了理學鼎立的三足。張載奠定的重實踐功夫而相對輕視繁瑣論證的關學傳統沾溉陕西學風民風甚深。從宋代至近代，宋代藍田“四吕”，元代楊奂、蕭𣂏，明代王恕父子、吕柟、馬理、馮從吾，清代“三李”、王思敬，直至近現代的劉光蕡、賀瑞麟、牛兆濂等，歷時近千年，構成了不絶如縷的關學體系。這種不尚空談而重實踐的傳統也培育出了關中諸多磅礴豪放的義士和勤敬忠孝的百姓。

明清時代陝西的文學成就也同樣值得大書特書。明代前期度過了慷慨悲歌的改朝换代短暫風光，中國文學進入了百年孤獨時期，充斥文壇的是歌功頌德、神仙道化和説教衛道之風。張廷玉主編《明史·文苑傳》稱之爲："永宣以還，作者遞興，皆冲融演迤，不事鉤棘，而氣體漸弱。弘正之間，李東陽出入宋元，溯流唐代，擅聲館閣。"正是對這段時期文學柔靡之風的概括。而到了明弘治、正德、嘉靖年間，中國文學進入了復興時期，其標志是前七子翩然登上文壇。前七子中的主要人物李夢陽是慶陽人，時屬陝西，康海是武功人，王九思是户縣人。而前七子中的另一位領軍人物何景明，雖是河南信陽人，但卻與上述三人交往密切，還擔任過陝西提學副使之職。繼唐代之後，陝西文學又一次進入亂花迷眼的大好時期。萬斯同《明史稿·文苑傳》説："關中自李夢陽、康海、王九思後，作者迭興，若吕柟、馬理、韓邦奇、邦靖、馬汝驥、胡纘宗、趙時春、王維楨、楊爵輩，彬彬質有其文，而(張)治道輩鼓吹之，一時號爲極盛。"這段文字中提到的絶大多數人，都是科舉中高第中進士的文人。例如康海和吕柟，分别在明弘治十五年(1502)和正德三年(1508)先後中狀元，這也是陝西科舉史中的佳話。這個文人群體詩文創作成就極高，當時在北京官場中流行的"西翰林"之説，就是指翰林院中陝人極多的盛况。500年後的今天，追憶當年，仍令人神往。明嘉靖三十四年十二月(1556年1月)關中發生大地震，當時身在關中的文壇領軍人物馬理、韓邦奇、王維楨等人罹難，使陝西文學盛况戛然而止。但是清代初年，王又旦和"三李""一康"爲代表的三秦詩派又異軍突起，爲陝西文學贏得了聲譽。這一文學現象近年來也受到了學界的關注。

戲曲是我國獨有的藝術。如果將"代言體"作爲其起源和本質特徵，從青海大通縣孫家寨出土的新石器時期陶盆上帶尾飾的群舞、周穆王時傳入中國的傀儡戲和産生於周幽王時的俳優藝術等資料看，完全可以説周秦之地也是中國戲曲的發源地之一。而宋代以後，陝西代言體類的表演藝術總體走下坡路。明代大戲曲家康海、王九思的横空出世，使這一頽勢中止。而在明清之際作爲“亂彈之祖”的秦腔的出現，更是使流行了近 400 年之久的宫調聯曲體戲曲走向了窮途末路，而以秦腔爲代表的板腔體戲曲流行於大江南北、長城内外，成爲中國戲曲的主流。“花部亂彈”是清人對板腔體戲曲的俗稱，秦腔也因而被戲曲界稱爲“花部亂彈之首”，對包括京劇在内的近現代以板腔體爲主的各地戲曲影響深遠。

這些文獻，在這次整理中都有收録。我相信，這批文獻的整理出版，將會使學界和廣大對古代文化有興趣的讀者朋友們獲益良多。

我要衷心感謝從事這項課題的 100 多位省内外專家學者，正是你們數年的艱苦努力，爲實現我們陝西建設文化大省、强省的戰略目標做出了卓有成效的貢獻，也爲我們陝西文化增添了一項標志性的成果，在此謹致深深的謝忱。

賈三强

丁酉年秋

目録

總凡例

一、《陝西古代文獻集成》收録範圍，爲傳統近代以前陝西傳世文獻。陝西爲清代版圖所轄區域。陝西文獻概指陝人著述或述論陝事者。

二、本叢書僅收録未經今人整理，或雖經今人整理，然而品質尚有提升空間之古代文獻。

三、本叢書以點校爲主要整理方式，亦有個别作者前期已完成校注本，且有較多史實箋證，於讀者有裨益者，亦適當收入。

四、諸書底本之墨釘"■"、闕字"□"均一仍其舊，空闕或漫漶之字亦示以"□"，部分残缺之字外框以"□"。

五、底本之誤，原則上不改，而在校記中説明。一些明顯之常識性錯誤，如古籍中常見"己、已、巳"不分者，則徑改，不出校記。

六、諸書各有特點，且其整理成於衆手，故點校前言、凡例和附録等不强求統一。

七、諸底本中原有之注，用小號字排印，置於原處。

八、本叢書多有一輯多種者，其前後排序按作者之生卒年月。

九、因本叢書諸作之整理完成時間不一，故每十輯爲一批次，按經、史、子、集和時代先後順序編排。

陝西民總賦役全書（下）

李文遴　點校
賈三强　審校

點校説明

賦役全書始修于明萬曆十年，是明清两朝记載各地賦役数额的册籍，初期這類冊籍沒有統一的名稱，至清代定名為“賦役全書”。

明代的賦役冊籍內所載條鞭各項賦稅的稅額，成為國家征收賦稅的依據，清建國后，順治帝為了恢復生產，整頓稅收，令各省訂正舊籍，編修賦役全書，以便查稽隙地漏檢之弊，他在給戶部的論旨中說：“兹特命爾部右侍郎王宏祚，將各直省每年額定徵收、起存、總撒實數，編列成帙。詳稽往牘，參酌時宜。凡有參差遺漏，悉行駁正。錢糧則例，俱照明萬曆年間,其天啟、崇禎時加增，盡行蠲免。地、丁則開原額若干，除荒若干，原額以明萬曆年刊書為準，除荒以覆奉諭旨為憑。地、丁清核，次開實徵，又次開起存。起運者，部寺倉口，種種分晰。存留者，款項細數，事事條明。至若九釐銀，舊書未載者，今已增入。宗祿銀，昔為存留者，今為起運。漕白二糧，確依舊額。運丁行月，必令均平。胖襖盔甲，昔解本色，今俱改折。南糧本折，昔留南用，今抵軍需。官員經費，定有新規。會議裁冗，改歸正項。本色絹布、顏料、銀、硃、銅、錫、茶、蠟等項，已改折者，照督撫題定價值開列。解本色者，照刊定價值造入。每年督撫再行確查時值，題明填入易知單內，照數辦解。更有昔未解而今宜增者，昔太冗而今宜裁者，俱細加清核，條貫井然。後有續增地畝錢糧，督撫按彙題造冊報部，以憑稽核。綱舉目張，彙成一編，名曰‘賦役全書’。頒布天下，庶使小民遵兹令式，便於輸將，官吏奉此章程，罔敢苛斂。為一代之良法，垂萬世之成規”（《清實録·世祖實録·順治十四年十月丙子》卷112）。由此各省開始編纂本省的《賦役全書》，《賦役全書》編成后，頒發給各州縣，“每州縣各發二本，一存戶房，備有司查考，二存學宮，俾士民檢閱”（《清世祖實録》卷112，順治十四年十月丙子），各州縣每年年終要將“荒田有無開墾，戶口有無加贈，訂入全書報部”（《光緒大清會典事例》卷177，賦役全書）。康熙二十四年（1685），因“順治間訂正《賦役全書》，至是二十餘年，戶口土田，視昔有加，按戶增徭，因地加賦，條目紛繁，易於淆混”，於是“下令重修，止載起運、存留、漕項河工等切要款目，刪去絲秒以下尾數，名日《簡明賦役全書》。二十六年書成。”（《清史稿·食貨二》卷121）。雍正十二年（1734），又修《賦役全書》，且明令規定：“每至十年，照例動用存公銀修輯一次”（《清會典事例·戶部則例田賦門》卷7）。乾隆三十年（1765），“以全書多載不經名目，而奏銷冊前列山地田蕩、版荒新墾，次列三門九則、額徵、本折、地丁、起解、存留，極為明晰，令嗣後全書依奏銷條款，止將十年內新坍舊墾者添注，其不經名目，一概刪除”（王慶雲《石渠餘紀·紀賦冊糧票》卷3）。至此，《賦役全書》在內容與格式上趨於穩定，只是原定每十年一修，後未完全執行。

明清兩代全國各省留存至今的《賦役全書》還不少，但陝西賦役冊籍流傳下來的不多，據現有資料顯示：國家圖書館藏有七部，1、《陝西省賦役全書》一百二十五卷，清順治刻本，子目有：總賦役一卷，西安府三十八卷，延安府二十卷，鳳翔府八卷，漢中府十卷，興安州八卷，平涼府十一卷，慶陽府六卷，鞏昌府十八卷，臨洮府五卷。2、《陝西省賦役全書》九十二卷，清順治刻本，子目有：總賦役一卷，西安府二十五卷，延安府九卷，鳳翔府九卷，漢中府三卷，興安州八卷，平涼府十卷，慶陽府六卷，鞏昌府十八卷，臨洮府三卷。3、《陝西省賦役全書》六十六卷，清順治刻本，子目有：總賦役一卷，西安府三十八卷，鳳翔府九卷，漢中府十卷，興安州六卷。4、《延安府賦役全書》二十卷，清順治、康熙刻本，子目有： 延安府一卷，鄜州一卷，綏德州一卷，葭州一卷，膚施縣一卷，安塞縣一卷，宜川縣一卷，保安縣一卷，甘泉縣一卷，安定縣一卷，延川縣一卷，延長縣一卷，清澗縣一卷，洛川縣一卷，中部縣一卷，宜君縣一卷，米脂縣一卷，吴堡縣一卷，神木縣一卷，府谷縣一卷。5、《陝西省西安布政司賦役全書》八十六卷，清康熙刻本，子目有：總賦役一卷，西安府三十八卷，延安府二十卷，鳳翔府九卷，漢中府十卷，興安州八卷。6、《陝西省屯糧賦役全書》五十一卷，清康熙刻本，子目有：總賦役一卷，西安府二十三卷，延安府九卷，鳳翔府九卷，漢中府五卷，興安州四卷。7、《陝西省西安布政司賦役全書》九十三卷，清乾隆刻本，子目有：總賦役一卷，西安府十七卷，延安府九卷，鳳翔府九卷，漢中府十卷，興安州八卷，商州六卷，同州府十卷，乾州四卷，邠州五卷，鄜州五卷，綏德五卷，榆林4卷。

另外還藏有《陝西省屯衛賦役全書》八十四卷，清乾隆刻本，子目有：總賦役一卷，陝西督糧道簡明一卷，陝西督糧道包賠銀糧一卷，陝西糧道並鳳商二府一卷，西安府二十八卷，延安府四卷，鳳翔府十五卷，漢中府六卷，興安州二卷，同州府七卷，乾州五卷，綏德四卷，榆林府六卷。

此外北京大學圖書館藏一部《陝西省賦役全書》一百三十二卷，道光二十四年刊本。東京大學東洋文化研究所藏一部《陝西省賦役全書》不分卷，道光二十四年刊本。上海圖書館、東京大學東洋文化研究所藏《陝西省更名賦役全書》不分卷，道光二十四年刊本。德國巴伐利亞邦立圖書館藏《陝西省屯衛賦役全書》一部。中華民國五十九年（1970）成文出版社有限公司出版的《陝西省二十七府州縣屯衛賦役全書》，子目有：漢中府、榆林府、延安府、寧羌州、隴州、葭州、綏德州、鳳翔縣、岐山縣、汧縣、保安縣、城固縣、榆林縣、米脂縣、府谷縣、神木縣、扶風縣、眉縣、汧陽縣、懷遠縣、清澗縣、膚施縣、宜川縣、定邊縣、靖邊縣、南鄭縣、褒城縣。

目前，國家圖書館出版社將分輯影印出版藏於國家圖書館的六十多種賦役冊籍，編輯出版《明清賦役全書》，其中陝西省的有：1、《陝西省賦役全書》□□卷。2、《陝西省賦役全書》□□□卷。3、《陝西省屯糧賦役全書》□□卷。4、《陝西省西安布政司賦役全書》九十三卷。5、《陝西省西安布政司賦役全書》八十六卷。6、《陝西省屯衛賦役全書》□□卷。7、《延安府賦役全書》二十卷。這些現存的陝西《賦役全書》可以讓我們探索陝西賦役的變化軌跡及全書的編寫情況。

本次點校的《陝西省民總賦役全書》,官修，清道光二十四年(1844)刻本，書名據函套題名擬定，每冊書的封皮題名爲《某某民賦役全書》，每冊均沒有序跋，正文卷端低兩格題州縣名，次行再低兩格爲正文，卷末題“道光貳拾肆年刊造”。是書輯録了陝西省西安布政司所轄的十二府八十五縣之賦役冊籍，共九十八卷，包括：陝西省西安布政司總賦役一卷，西安府十九卷，延安府九卷，鳳翔府九卷，漢中府十三卷，同州府十卷，榆林四卷，興安州九卷，邠州五卷（點校底本缺三水縣、長武縣、淳化縣），乾州四卷，商州六卷，鄜州五卷，綏德五卷，內容涉及从顺治至道光时期的田畝類別、地丁、均徭、匠價、停免、軍籍、起運、存留、俸工、雜支祭祀、孤貧口糧、驛站、走遞、額外稅銀（課程銀、牙稅、當稅、畜稅、地稅）等各縣的應徵錢糧額數及賦役實征數及留存等情況，其中人丁賦役遵循了“康熙伍拾貳年三月拾捌日恩詔，後遇編審之期，但據康熙伍拾年丁冊定為常額，續生人丁，永不加賦。”的規定及雍正帝推行“攤丁入畝”法令，條分縷析，至詳至備，一覽了然，是研究清代陝西地區財政史的最重要文獻。

本次點校的《陝西省民總賦役全書》，由政府刊印頒佈，刻印精良，字大行疏，具有官刻風範，半頁九行，滿行二十二字，小字雙行，白口單魚尾，四周雙邊，歷代書志中未見著録，加之現存稀缺，可視為珍本。此次點校，因無他本對校，為保持原貌，未做任何改動，只是把有些段落加以分析合并，原書注文爲小字雙行，現按《陝西古代文獻集成》體例，改小字單行，凡遇異體字、俗體、簡體字均以原書爲准，未做改動，原書漫滅不清者，用“口口”替代，对记述有誤或不详的，加“（ ）”小字標明。

李文遴　2017年8月

目録

同州府屬：華州、大荔、韓城、郃陽、蒲城、華陰、白水、朝邑、澄城

原額各地不等，內有郃陽縣奉旨清丈地糧，該縣冊首開列明晰外，共地柒萬捌千壹百柒拾玖頃伍畝壹分叁釐陸毫玖絲叁忽柒微伍纖，各地徵糧不等，共糧貳拾柒萬玖千伍百玖拾石柒斗玖升捌合捌勺柒抄伍撮柒圭柒粒，各徵銀不等，共額徵銀叁拾陸萬叁千陸百玖拾叁兩玖錢伍釐壹毫叁絲柒忽貳纖捌塵陸漠，內：

於順治柒、捌兩年，康熙捌年，雍正拾叁年，乾隆貳、叁、伍、陸、拾伍、拾捌等年免過有主、無主並請改設府治、秦屬蠲免、詳查議奏、敬陳管見、勢迫無何、添建倉厫、請裁冗員、河水冲坍地畝等事案內，共豁免過荒地壹萬肆千叁百伍拾伍頃叁拾柒畝貳分玖釐玖毫陸絲壹忽捌微，該免糧肆萬肆千陸百柒拾柒石柒斗玖升貳合玖勺貳抄叁撮柒圭叁粟叁粒貳顆玖粃叁粺，該除銀并朝邑縣雍正柒年豁免陪糧共銀伍萬柒千柒拾柒兩壹錢貳分陸釐捌毫肆絲貳忽玖微伍纖貳渺陸漠伍沙叁洙陸涯，內前開墾并興屯及節年自首共地陸千陸百叁拾肆頃捌拾捌畝捌分伍釐玖毫捌絲玖忽伍微叁纖玖塵，該糧貳萬壹千叁百捌拾玖石伍斗陸升捌合壹勺壹抄肆撮貳圭壹粟壹粒壹顆玖糠玖粃肆粺，該銀貳萬柒千玖拾伍兩玖錢玖分肆釐壹毫玖絲叁忽貳微陸纖陸塵叁渺壹漠柒沙壹洙伍涯；又乾隆拾陸、貳拾叁、肆等年開墾地貳頃柒拾壹畝叁分肆釐貳毫伍絲，該糧柒石陸斗玖升叁合貳勺柒抄陸撮柒圭捌粟捌粒伍顆肆糠叁粃柒粺，折徵銀玖兩陸錢壹分捌毫肆絲陸忽肆微捌纖肆塵貳渺伍漠壹洙捌涯。

又朝邑、華州、華陰叁州縣乾隆貳拾貳、肆拾、肆拾貳、肆拾捌等年在於秋禾偏災及奏聞并遵旨議奏事各案內，題明豁免過冲坍沙壓共地伍百伍拾玖頃肆畝陸釐肆毫貳忽貳微，共免糧壹千陸百肆拾壹石柒升伍合陸勺貳抄玖撮捌圭

捌粟貳粒肆顆肆糠伍粃柒粄，共免銀貳千貳百捌拾貳兩捌錢伍釐玖毫貳絲伍忽陸微叁纖肆渺貳漠貳沙柒洙捌涯陸洒。

又華州、朝邑貳州縣乾隆肆拾玖、伍拾叁等年在於詳報秋禾、欽奉上諭事貳案內，題明豁免過沖坍沙壓共地壹百伍拾壹頃陸拾玖畝玖分叁釐陸毫叁絲肆忽肆微，共免糧肆百陸拾壹石陸斗柒升柒合貳勺肆抄貳撮叁圭肆粟捌粒，共免銀陸百伍拾貳兩壹錢貳分壹釐叁毫壹絲陸忽陸微伍纖陸塵肆渺肆漠陸沙壹洙肆涯。

又朝邑縣嘉慶肆、玖等年在於奏聞及詳請照例豁除等事貳案內，題明豁免過沖坍沙壓共地玖拾叁頃肆拾肆畝貳分貳釐玖毫玖絲壹忽，共免夏秋糧貳百肆拾捌石玖斗肆升玖合陸勺柒抄伍撮壹圭肆粟，共免銀叁百叁拾柒兩柒絲玖忽陸微陸纖玖塵捌渺柒漠玖沙捌洙柒涯捌洒。

又朝邑縣嘉慶拾玖年在於欽奉恩詔事案內，豁免沖坍地貳拾陸頃叁拾玖畝貳分陸釐柒毫陸絲，共免糧柒拾石叁斗壹升柒合肆勺柒抄捌撮捌粟，共免銀玖拾伍兩壹錢捌分伍釐叁毫肆忽柒微陸纖壹塵。

以上原免共地壹萬伍千壹百捌拾伍頃玖拾肆畝柒分玖釐柒毫肆絲玖忽肆微，應免糧肆萬柒千玖拾玖石捌斗壹升貳合玖勺肆抄玖撮壹圭捌粟叁粒陸顆伍糠伍粃，免銀陸萬肆百肆拾肆兩貳錢叁分玖釐肆毫陸絲玖忽陸微陸纖捌塵壹漠肆沙壹洙陸涯肆洒，內前墾並興屯及節年開墾、自首共地陸千陸百叁拾肆頃捌拾捌畝捌分伍釐玖毫捌絲玖忽伍微叁纖玖塵，該徵糧貳萬壹千叁百捌拾玖石伍斗陸升捌合壹勺壹抄肆撮貳圭壹粟壹粒壹顆玖糠玖粃肆粄，該徵銀貳萬柒千玖拾伍兩玖錢玖分肆釐壹毫玖絲叁忽貳微陸纖陸塵叁渺壹漠柒沙壹洙伍涯；又乾隆拾陸、貳拾叁、肆等年開墾地貳頃柒拾壹畝叁分肆釐貳毫伍絲，該糧柒石陸斗玖升叁合貳勺柒抄陸撮柒圭捌粟捌粒伍顆肆糠叁粃柒粄，該徵銀玖兩陸錢壹分捌毫肆絲陸忽肆微捌纖肆塵貳渺伍漠壹洙捌涯，以增抵除。

實豁免地捌千伍百肆拾捌頃叁拾肆畝伍分玖釐伍毫玖忽捌微陸纖壹塵，應免糧貳萬伍千柒百貳石伍斗伍升壹合伍勺伍抄捌撮壹圭捌粟叁粒玖顆壹糠壹粃玖粄，應免銀叁萬叁千叁百叁拾捌兩陸錢叁分肆釐肆毫貳絲玖忽玖微壹纖柒塵肆渺肆漠陸沙捌洙叁涯肆洒。

止實熟地陸萬玖千陸百叁拾頃柒拾畝伍分肆釐壹毫捌絲叁忽捌微玖纖玖塵，該徵糧貳拾伍萬叁千捌百捌拾捌石貳斗肆升柒合叁勺壹抄柒撮伍圭貳粟叁粒捌糠捌粃壹秕，該折徵銀叁拾叁萬叁百伍拾伍兩貳錢柒分柒毫柒忽壹微壹纖陸渺壹漠叁沙壹洙陸涯陸洒。

額外黄河灘地並康熙拾陸、拾柒、貳拾伍等年首報及沙租等項共地伍百肆頃玖拾伍畝陸分玖釐陸毫叁絲捌忽伍微，各科糧不等，共糧叁千柒百玖拾石柒斗捌升壹合捌勺捌抄陸圭柒粟叁粒，折徵銀不等，共銀肆千叁百伍拾壹兩陸錢叁釐肆毫貳絲叁忽壹微柒纖柒塵陸渺肆漠叁沙肆洙陸涯，內除韓城縣蠲免砂磧及乾隆貳、伍等年敬陳管見、詳查議奏等事各案內，豁免地叁百肆拾伍頃陸拾柒畝陸分柒釐壹絲，免糧貳千壹百叁拾肆石伍斗陸升壹合柒勺壹抄柒撮伍圭玖粒壹顆陸糠肆粃壹秕，免銀貳千柒百肆拾肆兩玖錢叁分貳釐叁毫捌絲叁忽捌微捌纖捌塵陸渺捌漠陸沙壹洙壹涯。

止實熟地壹百伍拾玖頃貳拾捌畝貳釐陸毫貳絲捌忽伍微，該糧壹千陸百伍拾陸石貳斗貳升壹勺陸抄叁撮壹圭陸粟叁粒捌顆叁糠伍粃玖秕，應折徵銀壹千陸百陸兩陸錢柒分壹釐叁絲玖忽貳微捌纖捌塵玖渺伍漠柒沙叁洙伍涯。

又額外朝邑、華陰貳縣秦晉民人分種夾沙灘熟地陸頃伍拾壹畝伍分壹釐伍毫貳絲，每畝科京斗租穀壹斗，共租穀陸拾伍石壹斗伍升壹合伍勺貳抄，內除朝邑、華陰貳縣乾隆貳拾陸、肆拾貳等年在於飛飭委勘、遵旨議奏事貳案內，題明豁免過地伍頃壹拾柒畝玖分捌釐柒毫陸絲，應免租穀伍拾壹石柒斗玖升捌合柒勺陸抄；又除朝邑縣乾隆伍拾叁年在於欽奉上諭事案內，題明豁免過灘地壹頃叁拾叁畝伍分貳釐柒毫陸絲，應免糧壹拾叁石叁斗伍升貳合柒勺陸抄。

以上額內、額外共實熟民地陸萬玖千柒百捌拾玖頃玖拾捌畝伍分陸釐捌毫壹絲貳忽叁微捌纖玖塵，實徵折色糧貳拾玖萬伍千伍百肆拾肆石肆斗陸升柒合肆勺捌抄陸圭捌粟陸粒玖顆貳糠肆粃，實徵折色銀叁拾叁萬壹千玖百陸拾壹兩玖錢肆分壹釐柒毫肆絲陸忽叁微玖纖玖塵伍渺柒漠伍洙壹涯陸洒。

原額人丁叁門玖則不等，共折下下丁伍拾玖萬壹千肆百叁拾捌丁，共徵銀肆萬叁千貳百玖拾伍兩叁錢陸分柒毫捌絲陸忽柒微伍纖肆塵，內除優免丁壹萬貳千柒拾壹丁，共銀玖百柒拾肆兩壹錢肆分伍釐叁毫陸絲叁忽肆纖肆塵。

行差丁伍拾柒萬玖千叁百陸拾柒丁，共徵銀肆萬貳千叁百貳拾壹兩貳錢壹分伍釐肆毫貳絲叁忽柒微壹纖。內：

順治柒年免過逃亡丁並康熙捌年在於秦屬蠲免事案內，免過捏報無影鬼名人丁，共丁柒萬壹千捌百叁拾捌丁，應免丁銀陸千陸百捌拾叁兩壹錢捌分玖釐捌毫貳絲伍忽叁微貳纖肆塵肆渺，內節年招回、新增清查編審出丁壹萬捌千貳百柒拾陸丁，該徵銀壹千柒百陸兩捌錢壹分肆釐捌毫貳絲捌忽壹微叁塵伍渺，實豁免丁伍萬叁千伍百陸拾貳丁，應免銀肆千玖百柒拾陸兩叁錢柒分肆釐玖毫玖絲柒忽貳微貳纖玖渺。

實行差並節年招回、編審出丁伍拾貳萬伍千捌百伍丁，該徵銀叁萬柒千叁百肆拾肆兩捌錢肆分肆毫貳絲陸忽肆微捌纖玖塵壹渺。

又順治拾肆年起，至康熙伍拾年止，編審出溢額共丁陸千叁百伍拾壹丁，該徵銀捌百貳拾肆兩肆錢伍分陸釐貳毫伍忽柒微柒纖陸塵肆渺。

以上實在並審出溢額共丁伍拾叁萬貳千壹百伍拾陸丁，共徵銀叁萬捌千壹百陸拾玖兩貳錢玖分陸釐陸毫叁絲貳忽貳微陸纖伍塵伍渺。

外康熙伍拾伍年起，自乾隆貳拾陸年止，編審出丁貳千伍百肆拾伍丁；乾隆叁拾壹年編審出丁壹百柒拾柒丁；乾隆叁拾陸年編審出丁壹百玖拾肆丁。共編審出丁貳千玖百壹拾陸丁，欽遵康熙伍拾貳年叁月拾捌日恩詔，後遇編審之期，但據康熙伍拾年丁冊定為常額，續生人丁，永不加賦。

原額均徭銀貳萬陸千捌百貳拾玖兩肆錢叁分捌毫柒絲柒微捌纖捌塵貳渺，內除荒銀貳千捌百陸拾柒兩玖錢貳分叁釐壹毫肆微貳纖玖塵捌渺捌漠伍沙柒洙叁洒，實徵銀貳萬叁千玖百陸拾壹兩伍錢柒釐柒毫柒絲叁微伍纖捌塵叁渺壹漠肆沙貳洙玖涯柒洒。

康熙拾陸年清查出額外民地並黃河灘地應徵均徭銀肆百肆拾玖兩柒錢柒分壹毫玖絲叁忽伍塵伍渺，內除荒銀叁百玖拾陸兩肆錢柒分伍釐玖毫陸絲貳忽壹微柒纖貳塵陸渺叁洙壹涯，實徵銀伍拾叁兩貳錢玖分肆釐貳毫叁絲捌微叁纖貳塵捌渺玖漠玖沙陸洙玖涯。

以上實徵均徭銀貳萬肆千壹拾肆兩捌錢貳釐壹忽壹微玖纖壹塵貳渺壹漠叁沙玖洙捌涯柒洒。

外遇閏加銀叁千捌拾肆兩玖錢玖分肆釐壹毫捌絲捌忽，內除荒銀叁百叁拾柒兩叁錢捌分壹釐貳絲壹忽貳微壹塵壹渺貳漠柒沙捌洙捌涯伍洒，實徵銀貳千柒百肆拾柒兩陸錢壹分叁釐壹毫陸絲陸忽柒微玖纖捌塵捌渺柒漠貳沙壹洙壹涯伍洒。

額外徵收匠價銀陸百肆拾柒兩伍錢貳分。遇閏加銀伍拾叁兩玖錢陸分。

停免銀壹千柒百肆兩貳錢叁分貳釐肆毫壹絲玖忽伍微陸纖貳塵肆渺。

新增軍籍丁糧銀壹萬捌百捌拾貳兩貳錢柒分玖釐肆毫陸絲陸忽肆微玖纖玖塵。

華州細辛銀壹兩捌錢柒分陸釐伍毫玖絲壹微捌塵伍渺。

韓城縣首報糧條銀叁兩貳錢叁分壹釐。

澄城、白水貳縣年例、盤纏銀壹拾陸兩，內除荒銀伍錢伍分柒釐貳毫陸絲肆微伍纖壹塵陸渺，實徵銀壹拾伍兩肆錢肆分貳釐柒毫叁絲玖忽伍微肆纖捌塵肆渺以上正閏各項俱攤入各州縣地糧徵解。

以上地、丁貳項並均徭及額外各項，除優免丁銀外，共該銀肆拾伍萬壹千柒百貳拾伍兩伍錢貳分柒毫貳絲玖忽陸微伍纖伍塵叁渺叁沙肆洣陸涯，內除荒銀肆萬肆千叁百貳拾肆兩捌錢玖分捌釐壹毫叁絲肆忽捌纖壹塵壹渺壹漠捌沙玖洣伍涯柒洒，實徵銀肆拾萬柒千肆百兩陸錢貳分貳釐伍毫玖絲伍忽伍微柒纖肆塵伍渺捌漠肆沙伍洣叁洒。

遇閏額徵銀叁千捌拾肆兩玖錢玖分肆釐壹毫捌絲捌忽，內除荒銀叁百叁拾柒兩叁錢捌分壹釐貳絲壹忽貳微壹塵壹渺貳漠柒沙捌洣捌涯伍洒，實徵銀貳千柒百肆拾柒兩陸錢壹分叁釐壹毫陸絲陸忽柒微玖纖捌塵捌渺柒漠貳沙壹洣壹涯伍洒。

又額外匠價閏銀伍拾叁兩玖錢陸分。

貳共閏銀貳千捌百壹兩伍錢柒分叁釐壹毫陸絲陸忽柒微玖纖捌塵捌渺柒漠貳沙壹洣壹涯伍洒。

壹起運項下

原編起運糧石折價銀貳拾玖萬柒千壹百叁拾貳兩陸錢玖分壹釐叁毫貳忽叁微肆纖柒塵叁渺，內除荒銀貳萬柒千肆百捌拾兩捌錢壹分肆釐貳毫柒絲貳忽柒微陸纖叁塵玖渺壹漠伍洣玖涯伍洒，實徵起運銀貳拾陸萬玖千陸百伍拾壹兩柒錢捌分柒釐貳絲玖忽伍微捌纖叁塵叁渺捌漠玖沙肆洣伍洒。

節裁藥味、牲口等項銀壹萬陸千貳拾柒兩貳分捌釐叁毫玖絲，內除荒銀壹千捌百叁拾貳兩捌錢壹分玖釐陸毫貳絲玖忽壹微柒纖捌塵玖渺玖沙肆洣陸涯肆洒，實起運銀壹萬肆千壹百玖拾肆兩貳錢捌釐柒毫陸絲捌微貳纖壹塵玖漠伍洣叁涯陸洒。

舊編存留，內除順治玖年肆月會議裁銀貳千壹百陸兩；拾貳年裁扣轎圍、傘扇銀叁百肆拾貳兩；拾肆年裁扣官生俸廩等項，除奉復孤貧口糧、布花及抵支新設拾叁年巡檢外，止實裁銀叁千貳百伍拾叁兩陸錢玖分壹釐貳毫柒絲，遞馬、轎夫叁分裁壹，銀貳千叁百肆拾貳兩壹錢叁分伍釐伍毫捌絲陸忽捌纖叁塵貳渺；拾伍年奉裁冗員銀壹百柒拾叁兩柒錢陸分，遞馬、損轎夫叁分裁壹，銀壹千壹百柒拾壹兩柒錢伍分玖毫柒絲肆忽捌微捌纖伍塵；拾柒年奉裁冗員銀玖拾玖兩肆分。康熙元年裁吏書工食銀壹千貳百肆拾陸兩捌錢；叁年裁教官、門斗、齋夫銀陸百玖拾叁兩壹錢貳分；陸年奉裁冗員銀叁百捌拾玖兩，雜費丁銀壹千肆百柒拾兩玖錢捌分貳釐貳毫伍絲；拾伍年裁心紅紙張、修理監倉等項銀貳千貳百貳拾柒兩壹錢陸分玖毫；拾陸年裁官銀捌拾柒兩肆分；貳拾伍年裁隴右道官役俸食銀叁百陸拾肆兩；貳拾柒年裁歲貢、舉人、進士盤纏、坊價等項銀陸百貳拾兩陸釐貳毫肆絲；叁拾玖年裁州判官役俸食銀玖拾玖兩；伍拾陸年裁扣表箋銀壹拾兩肆錢貳分貳釐伍毫。雍正陸年裁燈夫工食銀玖百壹拾陸兩；捌年裁大使俸食銀捌拾柒兩肆分；拾貳年裁民壯工食銀玖百肆拾捌兩；拾叁年裁知州官役並廩膳俸食銀貳百貳拾陸兩。乾隆柒年裁民壯工食銀叁百陸拾陸兩；玖年裁祭祀銀壹百叁兩捌錢陸分玖釐，裁舖司工食銀捌百叁兩肆錢伍分陸釐伍毫肆絲貳忽，奉裁縣丞俸工銀柒拾陸兩；又拾貳年奉裁巡檢俸薪銀叁拾壹兩伍錢貳分，又裁斗級工食銀柒兩貳錢；貳拾伍年裁縣丞俸工銀柒拾陸兩，又裁巡檢、民壯工食銀貳拾肆兩，又裁潼關驛驛丞並皂隸、永豐倉斗級俸工銀伍拾肆兩壹錢捌分陸釐陸毫，又舊編冗費裁剩解部銀壹萬捌千捌百陸拾貳兩伍錢柒分捌釐捌絲陸忽陸微肆纖捌塵壹渺。

共裁歸起運銀叁萬捌千伍百柒拾柒兩柒錢伍分玖釐玖毫肆絲玖忽陸微壹纖陸塵叁渺，內除荒銀肆千貳拾肆兩柒錢叁分陸釐玖毫叁絲壹微陸纖玖塵壹渺伍沙肆洙肆涯伍洒，實起運銀叁萬肆千伍百伍拾叁兩貳分叁釐壹絲玖忽肆微肆纖柒塵壹渺玖漠肆沙伍洙伍涯伍洒。

又額外白水、澄城貳縣年例、盤纏銀壹拾陸兩，內除荒銀伍錢伍分柒釐貳毫陸絲肆微伍纖壹塵陸渺，實徵銀壹拾伍兩肆錢肆分貳釐柒毫叁絲玖忽伍微肆纖捌塵肆渺。

又韓城縣額外地畝應徵折色均徭共銀叁千肆百伍拾叁兩柒錢玖分叁釐伍毫柒忽壹微陸纖捌塵玖渺，內除荒銀叁千壹百肆拾壹兩肆錢捌釐叁毫肆絲陸忽陸纖壹塵貳渺捌漠陸沙肆洙貳涯，實徵銀叁百壹拾貳兩叁錢捌分伍釐壹毫陸絲壹忽壹微柒塵陸渺壹漠叁沙伍洙捌涯。

又額外匠價、停免、軍籍等銀壹萬肆千叁百玖拾肆兩柒錢叁分壹釐陸毫陸絲壹忽捌微貳纖叁沙肆洙陸涯。

以上實起運銀叁拾叁萬叁千壹百貳拾壹兩陸錢陸分捌釐叁毫柒絲貳忽叁微貳纖柒塵陸渺玖漠壹沙伍洙叁涯陸洒。

又收存留內各州縣額協抵餉銀叁萬壹千叁百玖拾叁兩陸錢肆分肆釐貳毫壹絲壹忽貳微叁纖貳塵玖渺。

又收額協臨、鞏等府驛站抵餉銀伍千玖百貳拾陸兩肆錢肆分貳釐叁毫叁絲柒忽叁微壹纖陸塵柒渺。

又收存留內驛遞之差使甚少並題明請將驛站等事貳案內，共裁站銀壹萬肆千伍百貳拾叁兩伍錢肆分柒釐捌毫壹絲玖忽伍微柒纖伍塵壹渺，內除華州、華陰貳州縣留支新增夫馬工料銀壹千壹百肆拾貳兩壹錢捌分壹釐伍毫叁絲陸微捌纖貳塵柒渺肆漠，實收銀壹萬叁千叁百捌拾壹兩叁錢陸分陸釐貳毫捌絲捌忽捌微玖纖貳塵叁渺陸漠。

又收存留內付送原文事案內，裁撥夫馬工料銀陸拾壹兩伍錢貳分柒釐捌毫捌忽肆微柒纖肆塵伍渺叁漠貳沙。

又收華州、韓城、澄城、白水、蒲城、華陰陸州縣在於均丁案內，增銀壹萬柒千玖百壹拾貳兩貳錢捌分肆釐叁毫伍絲壹忽捌微肆塵柒渺貳漠。

以上共起運銀肆拾萬壹千柒百玖拾陸兩玖錢叁分叁釐叁毫柒絲肆微捌塵玖渺叁沙伍洙叁涯陸洒，內除受協渭南、韓城等州縣驛站兌留兵餉銀貳萬肆百叁拾叁兩陸錢玖釐伍毫捌忽肆微陸纖伍塵；內在於請做以糧載丁等事案內，通省以糧均丁減銀捌千壹百肆拾壹兩貳錢肆分陸釐陸毫貳絲柒忽壹微叁纖貳塵，內除乾隆元、陸、拾壹、拾陸、貳拾壹、貳拾陸、叁拾壹、叁拾陸等年編審案內，共增抵補屯更丁銀貳千陸百柒拾玖兩貳錢壹分叁釐壹毫柒絲壹忽伍微伍纖貳塵捌渺玖漠玖沙玖洙玖涯陸洒，止該減銀伍千肆百陸拾貳兩叁分叁釐肆毫伍絲伍忽伍微柒纖玖塵壹渺肆洒。

共該起運銀叁拾柒萬伍千玖百壹兩貳錢玖分肆毫陸忽肆塵捌渺叁沙伍洙叁涯貳洒，內留支加增撥補俸工銀叁千叁百肆拾壹兩捌錢肆分陸釐捌絲伍忽壹微貳纖玖塵壹渺貳漠捌沙玖洙玖涯伍洒；又華州留支夫馬工料銀捌拾陸兩叁錢柒分柒釐叁毫柒絲貳忽伍微柒纖陸塵伍渺玖漠陸沙玖洙貳涯叁洒。

止該銀叁拾柒萬貳千肆百柒拾叁兩陸分陸釐玖毫肆絲捌忽貳微玖纖玖塵柒漠柒沙陸洙壹涯肆洒。

外遇閏，順治玖年裁銀壹百陸拾兩伍錢；拾肆年裁扣銀貳百壹拾肆兩貳錢伍分叁釐貳毫捌絲伍忽，遞馬叁分裁壹，銀叁兩壹錢柒分壹釐肆毫壹絲；拾伍年裁扣銀壹拾肆兩肆錢柒分玖釐玖毫玖絲捌忽；拾柒年裁扣銀捌兩貳錢伍分叁釐叁毫叁絲貳忽。康熙元年裁扣銀壹百叁兩玖錢；叁年裁扣銀伍拾柒兩柒錢伍分玖釐玖毫玖絲陸忽；陸年裁扣銀叁拾貳兩肆錢壹分陸釐陸毫；拾伍年裁扣銀叁拾貳兩叁錢叁分叁釐貳毫貳絲柒忽；拾陸年裁扣銀柒兩貳錢伍分叁釐叁毫叁絲貳忽；貳拾伍年裁扣銀叁拾兩叁錢叁分叁釐叁毫叁絲；叁拾玖年裁扣銀捌兩貳錢伍分。雍正陸年裁扣銀壹拾捌兩；捌年裁扣銀柒兩貳錢伍分叁釐叁毫叁絲貳忽；拾貳年裁扣銀柒拾玖兩；拾叁年裁扣銀壹拾捌兩捌錢叁分叁釐叁毫叁絲陸忽。乾隆柒年裁扣銀叁拾兩伍錢；玖年裁扣銀陸拾陸兩玖錢伍分肆釐貳毫叁絲叁忽伍微，又裁縣丞各役工食銀叁兩；拾貳年裁巡檢銀貳兩陸錢貳分陸釐陸毫陸絲陸忽，又潼關驛驛丞並永豐倉斗級工食銀壹兩捌錢捌分；貳拾伍年裁縣丞、門、皂俸工銀陸兩叁錢叁分叁釐叁毫叁絲，又裁廣豐倉斗級工食銀陸錢，又裁永樂鎮巡檢、民壯銀貳兩，又各官閏俸銀壹百壹拾叁兩貳錢叁分玖釐玖毫陸絲捌忽。

共裁銀壹千貳拾叁兩壹錢貳分伍釐叁毫柒絲伍忽伍微，內除荒銀壹百壹拾貳兩陸錢壹分柒釐壹毫陸絲捌纖叁塵肆渺叁漠貳洙肆涯伍洒，實徵銀玖百壹拾兩伍錢捌釐貳毫壹絲伍忽肆微壹纖陸塵伍渺陸漠玖沙柒洙伍涯伍洒。

又收額外匠價銀伍拾叁兩玖錢陸分。

又收存留內驛遞之差使甚少並題明請將驛站等事案內，共裁站銀伍百貳拾捌兩玖錢柒分伍毫叁忽玖微柒纖壹塵叁渺。

又收請倣以糧載丁等事案內，通省以糧均丁增銀捌百陸兩伍錢肆分柒釐叁毫伍絲貳忽捌微陸塵伍渺玖漠。

肆項共銀貳千貳百玖拾玖兩玖錢捌分陸釐柒絲貳忽壹微玖纖肆塵肆渺伍漠玖沙柒洙伍涯伍洒，內除請倣以糧載丁等事案內，通省以糧均丁減銀貳百壹拾兩肆錢柒分捌釐捌毫捌絲壹忽陸微伍纖柒塵，節裁抵補屯更（丁）增銀柒拾叁兩陸錢捌分肆釐貳毫捌絲陸忽捌微捌纖玖塵伍渺玖漠玖沙玖洙柒涯捌洒，止該減銀壹百叁拾陸兩柒錢玖分肆釐伍毫玖絲肆忽柒微陸纖柒塵肆渺貳涯貳洒。

實徵銀貳千壹百陸拾叁兩壹錢玖分壹釐肆毫柒絲柒忽肆微貳纖柒塵伍漠玖沙柒洙叁涯叁洒，內留支加增撥補俸工銀貳百肆拾壹兩肆錢肆分貳釐貳毫捌絲柒忽捌微柒纖陸塵捌漠壹沙伍洙壹涯；又留支夫馬閏月銀壹拾兩貳錢玖分玖釐柒毫伍絲陸忽貳微伍纖玖塵叁渺壹漠。

止該銀壹千玖百壹拾壹兩肆錢肆分玖釐肆毫叁絲叁忽貳微玖纖壹塵陸渺陸漠捌沙貳洙貳涯叁洒。

壹存留項下

原編存留銀捌萬貳千壹百貳拾叁兩伍錢壹分伍釐玖毫壹絲捌忽柒微叁塵貳渺，內除荒銀柒千捌百肆拾肆兩伍錢陸分壹釐陸毫玖絲伍忽肆微肆纖玖塵叁渺陸漠柒沙玖洙柒涯壹洒，實存留銀柒萬肆千貳百柒拾捌兩玖錢伍分肆釐貳毫貳絲叁忽貳微伍纖叁塵捌渺叁漠貳沙貳涯玖洒。

又收起運內收受協站支兌留兵餉銀貳萬肆百叁拾叁兩陸錢玖釐伍毫捌忽肆微陸纖伍塵。

共該銀玖萬肆千柒百壹拾貳兩伍錢陸分叁釐柒毫叁絲壹忽柒微壹纖捌塵捌渺叁漠貳沙貳涯玖洒，內除額協西安等府屬站支抵餉銀叁萬壹千柒百玖拾叁兩肆錢伍分壹釐玖毫陸絲玖忽叁微玖纖伍塵柒渺，內韓城縣因豁免不敷除去銀叁百玖拾玖兩捌錢柒釐柒毫伍絲捌忽壹微陸纖貳塵捌渺，止該銀叁萬壹千叁百玖拾叁兩陸錢肆分肆釐貳毫壹絲壹忽貳微叁纖貳塵玖渺。

又除額協臨洮等府屬站支裁餉銀伍千玖百貳拾陸兩肆錢肆分貳釐叁毫叁絲柒忽叁微壹纖陸塵柒渺。

又除驛遞之差使甚少並題明請將驛站等事貳案內，共裁站銀壹萬肆千伍百貳拾叁兩伍錢肆分柒釐捌毫壹絲玖忽伍微柒纖伍塵壹渺，內除華州、華陰貳州縣留支新增夫馬工料銀壹千壹百肆拾貳兩壹錢捌分壹釐伍毫叁絲陸微捌纖貳塵柒渺肆漠，實裁銀壹萬叁千叁百捌拾壹兩叁錢陸分陸釐貳毫捌絲捌忽捌微玖纖貳塵叁渺陸漠。

又除付送原文事案內，裁撥夫馬工料銀陸拾壹兩伍錢貳分柒釐捌毫捌忽肆微柒纖肆塵伍渺叁漠貳沙。

止該銀肆萬叁千玖百肆拾玖兩伍錢捌分叁釐捌絲伍忽捌微貳塵叁渺肆漠貳涯玖洒。

外加增撥補俸工，除正印各官攤俸留抵外，實該銀叁千叁百肆拾壹兩捌錢肆分陸釐捌絲伍忽壹微貳纖玖塵壹渺貳漠捌沙玖洙玖涯伍洒；又華州留支夫馬工料銀捌拾陸兩叁錢柒分柒釐叁毫柒絲貳忽伍微柒纖陸塵伍渺玖漠陸沙玖洙貳涯叁洒。

共該銀肆萬柒千叁百柒拾柒兩捌錢陸釐伍毫肆絲叁忽伍微捌塵陸漠伍沙玖洙肆涯柒洒。

外於西安布政司領支均攤祭祀銀貳拾貳兩柒錢肆分壹釐柒忽伍微捌纖陸塵玖渺叁漠伍沙壹洙捌涯。

又於西安布政司庫領支華州、朝邑貳州縣州判主簿官役俸工銀壹百貳拾陸兩壹錢壹分肆釐係動支缺官銀兩。

遇閏加銀貳千壹百柒拾伍兩壹錢捌釐柒毫捌絲伍微，內除各官閏俸銀壹百壹拾叁兩貳錢叁分玖釐玖毫陸絲捌忽入起運外，止該銀貳千陸拾壹兩捌錢陸分捌釐捌毫壹絲貳忽伍微，內除荒銀貳百貳拾肆兩柒錢陸分叁釐捌毫陸絲壹忽壹微壹纖柒塵陸渺玖漠柒沙陸洙肆涯，實徵銀壹千捌百叁拾柒兩壹錢肆釐玖毫伍絲壹忽叁微捌纖貳塵叁渺貳沙叁洙陸涯，內驛遞之差使甚少並題明請將驛站等事貳案內，共裁銀伍百貳拾捌兩玖錢柒分伍毫叁忽玖微柒纖壹塵叁渺，內韓城縣因豁免不敷除去銀貳兩貳錢肆分陸釐貳絲叁忽柒微貳纖壹塵，止裁銀伍百貳拾陸兩柒錢貳分肆釐肆毫捌絲貳微伍纖叁渺。實該銀壹千叁百壹拾兩叁錢捌分肆毫柒絲壹忽壹微叁纖貳塵貳沙叁洙陸涯。

外加增撥補俸工銀貳百肆拾壹兩肆錢肆分貳釐壹毫捌絲柒忽捌微柒纖陸塵捌漠壹沙伍洙壹涯。

又留支撥補夫馬閏月銀壹拾兩貳錢玖分玖釐柒毫伍絲陸忽貳微伍纖玖塵叁渺壹漠。

共該銀壹千伍百陸拾貳兩壹錢貳分貳釐肆毫壹絲伍忽貳微陸纖柒塵叁渺玖漠叁沙捌洙柒涯。

外於西安布政司庫領支華州、朝邑貳州縣州判主簿各役工食閏銀肆兩係動支缺官銀兩。

又於西安布政司庫領支所夫並夫馬閏月銀玖百肆拾玖兩捌錢。

壹額外

課程銀伍百捌拾貳兩叁錢叁分。遇閏加銀肆拾捌兩伍錢貳分柒釐肆毫捌絲陸忽陸微伍纖。

畜稅銀壹千壹百伍拾捌兩肆錢捌分。

牙稅銀肆百叁兩叁錢陸分。

當稅銀壹千陸百肆拾兩。

地稅銀壹千貳百柒拾玖兩柒錢叁分壹厘。

大慶關商稅銀壹千柒百壹拾貳兩陸錢叁分伍厘。

潼商道商稅銀壹萬陸百貳兩叁釐。

韓城縣黃河灘地租穀改折租銀壹千柒百壹拾玖兩壹錢肆分肆釐，共租穀壹千肆百叁拾貳石陸斗壹升玖合玖勺，奏明每租穀壹石，折徵銀壹兩貳錢，每年係徵收解司，造入季冊報撥。

華州

原額金旱、銀旱、銅旱、錫旱、次錫旱、鐵旱、金稻、銀稻、銅稻玖等共地伍千壹百伍拾壹頃肆拾肆畝玖分陸釐叁毫，每畝起科不等，共額徵糧貳萬肆千叁百壹拾捌石貳斗貳升玖勺，每石折徵銀壹兩伍錢肆分肆毫肆絲肆忽捌微捌纖叁塵玖渺，共額徵銀叁萬柒千肆百陸拾兩捌錢柒分捌釐玖毫柒絲肆忽叁微壹纖叁塵叁渺。內：

金旱地陸百伍拾玖頃陸拾貳畝柒分壹釐陸毫，每畝科糧伍升伍合伍勺，共糧叁千陸百陸拾石玖斗叁升柒勺叁抄捌撮，徵銀伍千陸百叁拾玖兩肆錢陸分貳釐貳毫陸絲貳忽伍微貳纖陸塵捌渺。內於順治柒年題明豁免無主荒地貳拾伍頃貳拾捌畝捌分，應免糧壹百肆拾石叁斗肆升捌合肆勺，應免銀貳百壹拾陸兩貳錢，內興屯並節年墾過地陸頃捌拾柒畝貳分玖釐叁毫叁絲，該糧叁拾捌石壹斗肆升肆合柒勺柒抄捌撮壹圭伍粟，該徵銀伍拾捌兩柒錢伍分玖釐叁毫玖絲捌忽肆微伍纖伍塵貳渺；又乾隆伍拾壹年在于詳報秋禾被水情形事案內，豁免沙壓地伍拾叁畝貳分，應免糧貳石玖斗伍升貳合陸勺，應免銀肆兩伍錢肆分捌釐叁毫壹絲陸忽肆微陸纖玖塵伍渺叁漠陸沙。實在地陸百肆拾頃陸拾捌畝玖毫叁絲，實徵糧叁千伍百伍拾伍石柒斗柒升肆合伍勺壹抄陸撮壹圭伍粟，該徵銀伍千肆百柒拾柒兩肆錢柒分叁釐叁毫肆絲肆忽伍微壹纖貳塵肆渺陸漠肆沙。

銀旱地壹千叁百貳拾捌頃壹拾伍畝柒釐伍毫，每畝科糧伍升貳合肆勺，共糧陸千玖百伍拾玖石伍斗玖合玖勺叁抄，共徵銀壹萬柒百貳拾兩柒錢肆分貳釐貳毫陸絲陸忽壹微玖纖貳塵玖渺。內於順治柒、捌兩年題明豁免過有主、無主、又乾隆伍年在於遵旨詳查議奏事案內，豁免共荒地壹百壹拾頃捌拾玖畝伍分玖釐捌毫肆絲伍忽，應免糧伍百捌拾壹石玖升肆合玖勺伍抄捌撮玖圭捌粟，應免銀捌百玖拾伍兩壹錢伍分貳釐貳毫肆絲叁忽捌微肆纖陸渺陸漠貳沙伍洙捌涯，內興屯並節年墾過共地貳拾捌頃伍拾柒畝肆分捌釐柒毫柒絲柒忽，該糧壹百肆拾玖石柒斗叁升貳合叁勺伍抄玖撮壹圭肆粟捌粒，該徵銀貳百叁拾兩陸錢伍分叁釐伍毫柒絲肆忽肆纖伍塵；又乾隆肆拾貳年在於遵旨議奏事案內，豁免河沖地壹拾頃捌拾柒畝柒釐，應免糧伍拾陸石玖斗陸升貳合肆勺陸抄捌撮，應免銀捌拾柒兩柒錢肆分柒釐肆毫柒絲陸忽貳微陸纖陸渺陸漠肆沙玖洙；又乾隆伍拾壹年在於詳報秋禾被水情形事案內，豁免沙壓地陸頃伍拾貳畝陸分捌釐，應免糧叁拾肆石貳斗肆勺叁抄貳撮，應免銀伍拾貳兩陸錢捌分叁釐捌毫肆絲柒微玖纖貳塵伍渺壹漠捌沙陸洙肆涯肆洒。實在地壹千貳百貳拾捌頃肆拾叁畝貳分壹釐肆毫叁絲貳忽，該糧陸千肆百叁拾陸石玖斗捌升肆合肆勺叁抄壹圭陸粟捌粒，該徵銀玖千玖百壹拾伍兩捌錢壹分貳釐貳毫柒絲玖忽叁微肆纖肆塵伍漠叁沙捌洙柒涯陸洒。

銅旱地壹千貳百肆拾玖頃捌拾肆畝玖分陸釐壹毫，每畝科糧肆升陸合壹勺，共糧伍千柒百陸拾壹石捌斗陸合柒勺貳撮壹圭，共徵銀捌千捌百柒拾伍兩柒錢肆分柒釐陸毫伍絲肆忽叁微伍塵叁渺。內於順治柒年題明豁免過無主、又乾隆伍年在於遵旨詳查議奏事案內，豁免河沖荒地共柒拾頃柒拾壹畝伍分肆釐壹毫，應免糧叁百貳拾伍石玖斗玖升捌合肆抄壹圭，應免銀伍百貳兩壹錢柒分叁釐肆毫壹絲貳忽貳微壹纖貳塵玖渺貳漠玖洙陸涯，內前開墾並興屯及節年墾過共地壹拾陸頃玖拾陸畝叁釐捌毫陸絲玖忽，該糧柒拾捌石壹斗捌升柒合叁勺捌抄陸撮貳圭玖粒，該徵銀壹百貳拾兩叁錢玖分柒釐肆毫捌絲貳忽伍微肆纖柒塵肆渺；乾隆貳拾貳年在於秋禾編災情形事案內，題明豁免沙壅地叁頃捌拾壹畝肆分叁釐，應免糧壹拾柒石伍斗捌升叁合玖勺貳抄叁撮，應免銀貳拾柒兩捌分陸釐玖毫伍絲壹忽伍微伍纖肆渺肆漠柒沙陸洙捌涯；又乾隆肆拾貳年在於遵旨議奏事案內，豁免河沖地壹拾肆頃叁拾壹畝玖分伍釐，應免糧陸拾陸石壹升貳合捌勺玖抄伍撮，應免銀壹百壹兩陸錢捌分捌釐捌毫叁忽叁微玖纖叁塵陸渺叁漠貳沙；又乾隆伍拾壹年在於詳報秋禾被水情形事案內，豁免沙壓地壹拾頃壹拾玖畝伍分柒釐肆毫，應免糧肆拾柒石貳合叁勺陸抄壹撮肆圭，應免銀柒拾貳兩肆錢肆釐貳毫肆絲伍忽玖微捌纖壹渺叁漠捌沙貳洙肆涯。實在地壹千壹百陸拾柒頃柒拾陸畝伍分肆毫陸絲玖忽，該徵糧伍千叁百捌拾叁石叁斗玖升陸合捌勺陸抄捌撮捌圭玖粒，該徵銀捌千貳百玖拾貳兩柒錢玖分壹釐柒毫貳絲叁忽柒微壹纖伍塵伍渺陸漠壹沙壹洙貳涯。

錫旱地肆百柒拾伍頃肆畝陸分捌釐，每畝科糧貳升玖合壹勺，共糧壹千叁百捌拾貳石叁斗捌升陸合陸勺捌抄捌撮，共徵銀貳千壹百貳拾玖兩肆錢玖分貳釐肆毫捌絲捌忽柒微柒纖柒塵伍渺。內於順治柒年題明豁免過無主、又乾隆伍年在於遵旨詳查議奏事案內，豁免河沖荒地共壹百壹拾壹頃捌拾陸畝伍分壹釐陸絲貳忽伍微，應免糧叁百貳拾伍石伍斗伍升陸合伍勺伍抄玖撮壹圭捌粟柒粒伍顆，應免銀伍百壹兩肆錢捌分柒釐伍毫貳絲捌忽玖塵肆渺伍漠貳沙陸洙捌涯，內興屯並節年開墾過地壹百貳頃捌畝壹釐陸毫柒絲叁忽，該糧貳百玖拾柒石伍升叁合貳勺捌抄陸撮伍圭捌粟叁粒，該徵銀肆百伍拾柒兩伍錢貳分貳釐捌毫貳絲叁忽肆微陸纖柒渺；又乾隆肆拾貳年在於遵旨議奏事案內，豁免河沖地壹頃陸拾肆畝伍分柒釐，應免糧肆石柒斗捌升捌合玖勺捌抄柒撮，應免銀柒兩叁錢柒分陸釐捌毫壹絲貳忽壹微肆纖貳塵壹渺柒漠；又乾隆伍拾壹年在於詳報秋禾被水情形事案內，豁免沙壓地壹拾玖畝，應免糧伍斗伍升貳合玖勺，應免銀捌錢伍分壹釐陸毫柒絲陸微叁渺陸漠。實在地肆百陸拾叁頃肆拾貳畝陸分壹釐陸毫壹絲伍微，該徵糧壹千叁百肆拾捌石伍斗肆升壹合伍勺貳抄捌撮叁圭玖粟伍粒伍顆，該徵銀貳千柒拾柒兩貳錢玖分玖釐叁毫壹忽肆微捌纖陸塵貳渺壹漠柒沙叁洙貳涯。

次錫旱地貳拾陸頃伍拾畝，每畝科糧捌合，共糧貳拾壹石貳斗，共徵銀叁拾貳兩陸錢伍分柒釐肆毫叁絲壹忽伍微叁纖捌塵柒渺。內於順治柒年題明免過無主、又乾隆伍年在於遵旨詳查議奏事案內，豁免河沖荒地共壹拾玖頃陸拾肆畝肆分貳釐，應免糧壹拾伍石柒斗壹升伍合叁勺陸抄，應免銀貳拾肆兩貳錢玖釐柒毫伍絲貳忽壹微貳纖伍塵玖渺肆漠貳沙肆洙，內興屯並節年墾過共地壹拾玖頃捌畝叁分，該糧壹拾伍石貳斗陸升陸合伍勺，該徵銀貳拾叁兩伍錢壹分叁釐伍絲。實在地貳拾伍頃玖拾叁畝捌分捌釐，該徵糧貳拾石柒斗伍升壹合壹勺肆抄，該徵銀叁拾壹兩玖錢陸分柒毫貳絲玖忽肆微壹纖貳塵柒渺伍漠柒沙陸洙。

鐵旱地壹千貳百捌頃柒拾玖畝捌分伍釐壹毫，每畝科糧叁升玖合肆抄捌撮伍圭陸粟，共糧肆千柒百貳拾石壹斗壹升肆合伍勺陸抄壹撮玖圭，共徵銀柒千貳百柒拾壹兩柒分陸釐叁毫叁絲伍微叁纖。內於順治柒年免過無主、又乾隆伍年在於遵旨詳查議奏事案內，豁免河沖荒地共柒拾玖頃肆拾陸畝肆分伍釐肆毫柒絲，應免糧叁百壹拾石貳斗玖升柒合陸勺壹抄叁撮壹圭陸粟肆粒貳顆叁糠貳粃，應免銀肆百柒拾柒兩玖錢玖分叁絲肆忽肆微陸纖捌渺捌漠貳洙玖涯，內興屯並節年開墾過地叁拾柒頃陸拾貳畝玖分陸釐捌毫貳絲叁忽，該糧壹百肆拾陸石玖斗肆升叁合壹勺叁抄捌撮柒圭玖粟陸粒，該徵銀貳百貳拾陸兩叁錢壹釐叁毫壹絲捌忽玖微壹纖肆塵伍渺；又乾隆貳拾貳年在於秋禾偏災情形事案內，題明免過沙壅地壹頃肆拾柒畝叁分伍釐，應免糧伍石柒斗伍升叁合捌勺伍撮叁圭壹粟陸粒，應免銀捌兩捌錢陸分叁釐貳毫貳絲玖忽陸微陸纖捌塵玖渺肆漠肆沙；又乾隆肆拾貳年在於遵旨議奏事案內，豁免河沖地貳拾柒頃柒拾柒畝捌分伍釐，應免糧壹百捌石肆斗柒升壹合肆抄貳撮叁圭玖粟陸粒，應免銀壹百陸拾柒兩玖分柒絲肆忽捌微叁纖伍塵陸渺陸漠肆沙；又乾隆伍拾壹年在於詳報秋禾被水情形事案內，豁免沙壓地壹拾伍頃伍拾肆畝伍分伍釐，應免糧陸拾石柒斗貳合玖勺叁抄捌撮玖圭肆粟捌粒，應免銀玖拾叁兩伍錢柒釐伍毫貳絲肆忽壹微叁纖捌塵捌渺叁漠貳沙。實在地壹千壹百貳拾貳頃壹拾陸畝陸分壹釐肆毫伍絲叁忽，該徵糧肆千叁百捌拾壹石捌斗叁升貳合叁勺捌圭柒粟壹粒柒顆陸糠捌粃，該徵銀陸千柒百肆拾玖兩玖錢貳分陸釐柒毫捌絲陸忽叁微肆纖壹渺柒漠玖沙柒洙壹涯。

金稻地壹百叁拾貳頃伍拾陸畝貳分肆釐，每畝科糧壹斗，共糧壹千叁百貳拾伍石陸斗貳升肆合，共徵銀貳千肆拾貳兩伍分柒毫捌忽柒微柒纖伍塵。內於順治捌年題明免過有主荒地貳頃叁拾貳畝，應免糧貳拾叁石貳斗，應免銀叁拾伍兩柒錢叁分捌釐，內興屯並節年開墾過地貳頃叁拾貳畝捌分貳釐貳毫叁絲，該糧貳拾叁石貳斗捌升貳合貳勺叁抄，該徵銀叁拾伍兩捌錢陸分肆釐柒毫陸絲壹微捌纖叁塵玖涯。實在地壹百叁拾貳頃伍拾陸畝貳分肆釐，該糧壹千叁百貳拾伍石陸斗貳升肆合，該徵銀貳千肆拾貳兩伍分柒毫捌忽柒微柒纖伍塵。又溢墾金稻實在地捌分貳釐貳毫叁絲，該糧捌升貳合貳勺叁抄，該銀壹錢貳分陸釐柒毫陸絲壹微捌纖叁塵玖渺。

銀稻地伍拾玖頃叁拾伍畝肆分，每畝科糧柒升肆合貳勺，共糧肆百肆拾石肆斗陸合陸勺捌抄，共徵銀陸百柒拾捌兩肆錢貳分貳釐貳毫貳絲柒忽肆纖壹塵貳渺。內於順治柒年案內，題明免過無主荒地叁頃貳拾叁畝肆分玖釐貳毫，應免糧貳拾肆石叁合玖抄陸撮，應免銀叁拾陸兩玖錢柒分，內興屯並節年開墾過地伍拾捌畝玖分陸釐玖毫叁絲，該糧肆石叁斗柒升伍合伍勺貳抄貳撮陸粟，該徵銀陸兩柒錢叁分玖釐貳毫陸絲壹忽捌微陸纖。實在地伍拾陸頃柒拾畝捌分柒釐柒毫叁絲，該徵糧肆百貳拾石柒斗柒升玖合壹勺陸撮陸粟，該徵銀陸百肆拾捌兩壹錢玖分壹釐肆毫捌絲捌忽玖微壹塵貳渺。

銅稻地壹拾壹頃伍拾陸畝肆釐，每畝科糧肆升，共糧肆拾陸石貳斗肆升壹合陸勺，共徵銀柒拾壹兩貳錢貳分柒釐陸毫肆忽陸微貳纖伍塵玖渺。內於順治柒年題明免過無主荒地陸頃柒拾伍畝壹分，應免糧貳拾柒石肆合伍撮，應免銀肆拾壹兩伍錢玖分貳釐，內興屯並節年開墾過地肆頃壹拾叁畝肆分肆釐貳毫，該糧壹拾陸石伍斗叁升柒合陸勺捌抄，該徵銀貳拾伍兩肆錢柒分伍釐叁毫柒絲貳忽伍微壹纖柒塵玖渺。實在地捌頃玖拾肆畝叁分捌釐貳毫，該糧叁拾伍石柒斗柒升伍合貳勺柒抄伍撮，該徵銀伍拾伍兩壹錢壹分玖毫柒絲柒忽壹微肆纖叁塵捌渺。

以上共荒地伍百貳拾叁頃柒畝壹分肆釐柒絲柒忽伍微，應免糧貳千壹百柒拾捌石貳斗貳合叁勺捌抄伍撮肆圭玖粟壹粒柒顆叁糠貳粃，應免銀叁千叁百伍拾伍兩叁錢陸分壹釐玖毫壹絲陸忽肆微捌纖貳塵柒渺陸漠陸沙叁洙柒涯肆洒，內興屯並節年開過地貳百壹拾捌頃貳拾伍畝叁分叁釐捌毫叁絲貳忽，該糧柒百陸拾玖石伍斗貳升貳合捌勺捌抄玖圭肆粟陸粒，該徵銀壹千壹百捌拾伍兩貳錢貳分柒釐肆絲壹忽玖微捌纖肆塵陸渺。實豁免地叁百肆頃捌拾壹畝捌分貳毫肆絲伍忽伍微，應免糧壹千肆百捌石陸斗柒升玖合伍勺肆撮伍圭肆粟伍粒柒顆叁糠貳粃，應免銀貳千壹百柒拾兩壹錢叁分肆釐捌毫柒絲肆忽肆微玖纖捌塵壹渺陸漠陸沙叁洙柒涯肆洒。

實熟地肆千捌百肆拾陸頃陸拾叁畝壹分陸釐伍絲肆忽伍微，應徵折色糧貳萬貳千玖百玖石伍斗肆升壹合叁勺玖抄伍撮肆圭伍粟肆粒貳顆陸糠捌粃，該折徵銀叁萬伍千貳百玖拾兩柒錢肆分肆釐玖絲玖忽捌微壹纖伍塵壹渺叁漠叁沙陸洙貳涯陸洒遵照乾隆伍拾玖年奉准部咨令，將康熙年間易知由單內載：壹等金旱地每畝折徵銀捌分伍釐肆毫玖絲肆忽陸微柒纖肆渺捌漠；貳等銀旱地每畝折徵銀捌分柒毫壹絲玖忽貳微伍纖壹塵柒漠；叁等銅旱地每畝折徵銀柒分壹釐壹絲肆忽貳微壹纖叁塵柒渺陸漠；肆等錫旱地每畝折徵銀肆分肆釐捌毫貳絲肆忽柒微陸纖捌塵肆渺肆漠；伍等次錫旱地每畝折徵銀壹分貳釐叁毫貳絲壹忽伍微玖纖壹塵叁渺陸漠；陸等鉄旱地每畝折徵銀陸分壹毫伍絲捌微陸纖叁塵肆漠；柒等金稻地每畝折徵銀壹錢伍分肆釐肆絲肆忽肆微玖纖伍塵壹渺叁漠；捌等銀稻地每畝折徵銀壹錢壹分肆釐叁毫壹忽捌微壹塵伍渺叁漠；玖等銅稻地每畝折徵銀陸分壹釐陸毫壹絲玖忽玖纖伍塵壹渺壹漠，逐壹纂入書內，嗣後遇有墾豁，以便按畝增除。

外收租糧粟穀肆拾伍石貳斗壹升肆合伍勺伍抄，原係有糧無地在於現徵玖等地糧之內通融徵解，每石徵銀壹兩伍錢肆分肆毫肆絲肆忽捌微捌纖叁塵玖渺，共徵銀陸拾玖兩陸錢伍分伍毫貳絲貳微肆纖陸塵玖渺。

以上實徵折色糧並外收租糧銀共叁萬伍千叁百陸拾兩叁錢玖分肆釐陸毫貳絲陸纖貳塵叁漠叁沙陸洙貳涯陸洒。

原額人丁叁門玖則不等，共折下下人丁貳萬肆千捌百陸拾貳丁，每丁徵銀壹錢陸分柒釐壹毫玖絲玖忽叁微柒纖肆塵，共徵銀肆千壹百伍拾陸兩玖錢壹分捌毫貳絲玖忽陸微，內除優免丁壹千肆百伍拾捌丁，共免銀貳百肆拾叁兩柒錢柒分陸釐陸毫捌絲。

實行差並招回抵補豁免共丁貳萬叁千肆百肆丁，共徵銀叁千玖百壹拾叁兩壹錢叁分肆釐壹毫肆絲玖忽陸微。

順治拾肆年起，至康熙肆拾伍年止，奉文審出溢額丁肆千肆百柒拾貳丁，該徵銀柒百肆拾柒兩柒錢壹分伍釐陸毫伍微貳纖捌塵。

康熙伍拾伍年起，至乾隆貳拾陸年止，編審出丁肆百叁拾捌丁；乾隆叁拾壹年編審出丁伍拾貳丁；乾隆叁拾陸年編審出丁伍拾伍丁。共編審出丁伍百肆拾伍丁，欽遵康熙伍拾貳年叁月拾捌日恩詔，後遇編審之期，但據康熙伍拾年丁冊定為常額，永不加賦。

以上實在行差並查出溢額應徵人丁共貳萬柒千捌百柒拾陸丁，實徵丁銀肆千陸百陸拾兩捌錢肆分玖釐柒毫伍絲壹微貳纖捌塵，於雍正伍年攤入地糧徵解。

原額均徭銀貳千叁百伍拾玖兩捌錢捌分捌釐叁毫伍絲叁微玖纖捌塵貳渺，內除荒銀壹百壹拾叁兩貳錢捌分玖釐貳絲玖忽捌微壹纖陸塵壹渺貳漠柒沙陸洙陸涯；又除在於遵旨議奏事案內，豁免銀貳拾貳兩玖錢貳分玖釐柒毫壹絲柒忽捌微伍纖陸塵伍渺肆漠柒沙。實徵銀貳千貳百貳拾叁兩陸錢陸分玖釐陸毫貳忽柒微貳纖伍塵伍渺貳漠伍沙叁洙肆涯按照前項各等地畝科徵，壹等地每畝徵均徭銀伍釐叁毫捌絲柒忽叁纖肆塵肆渺柒漠；貳等地每畝徵銀伍釐捌絲陸忽壹微叁纖陸塵捌渺陸漠；叁等地每畝徵銀肆釐肆毫柒絲肆忽陸微叁纖伍塵捌渺肆漠；肆等地每畝徵銀貳釐捌毫貳絲肆忽肆微玖纖貳塵肆渺；伍等地每畝徵銀柒毫柒絲陸忽伍微壹纖叁塵貳渺壹漠；陸等地每畝徵銀叁釐柒毫玖絲壹微肆纖叁塵貳渺陸漠；柒等地每畝徵銀玖釐柒毫陸忽叁微陸纖捌塵肆渺壹漠；捌等地每畝徵銀柒釐貳毫貳忽壹微貳纖伍塵伍渺肆漠；玖等地每畝徵銀叁釐捌毫柒絲壹忽肆纖捌塵叁渺貳漠。

遇閏加徵額銀貳百伍拾壹兩貳錢伍分捌釐陸毫貳絲叁忽，內除荒銀壹拾壹兩肆分叁釐肆毫貳絲陸忽陸微陸纖伍塵玖漠捌沙玖浂陸涯伍洒，實徵銀貳百肆拾兩貳錢壹分伍釐壹毫玖絲陸忽叁微叁纖肆塵玖渺壹沙叁涯伍洒。

又額外匠價額銀捌拾玖兩伍錢玖分伍釐。遇閏加銀柒兩肆錢陸分陸釐貳毫伍絲。

新增軍籍丁銀伍拾柒兩柒錢陸毫伍絲玖忽陸微。

停免銀貳百肆拾貳兩伍錢叁分伍釐捌毫貳絲陸忽陸微。

細辛銀壹兩捌錢柒分陸釐伍毫玖絲壹微捌塵伍渺。

以上額外正閏伍項攤入前項地糧內徵收。

以上地、丁貳項並租糧、均徭、溢額人丁、匠價、停免、細辛等項，除優免丁銀外，共額徵銀肆萬肆千玖百肆拾貳兩玖錢柒分伍釐陸毫柒絲壹忽叁微玖纖肆塵玖渺，內除荒銀貳千叁百陸兩叁錢伍分叁釐陸毫貳絲貳忽壹微柒纖捌渺肆漠壹沙叁涯肆洒，實徵銀肆萬貳千陸百叁拾陸兩陸錢貳分貳釐肆絲玖忽貳微貳纖肆塵伍漠捌沙玖浂陸涯陸洒。

外遇閏加徵銀貳百伍拾壹兩貳錢伍分捌釐陸毫貳絲叁忽，內除荒銀壹拾壹兩肆分叁釐肆毫貳絲陸忽陸微陸纖伍塵玖漠捌沙玖浂陸涯伍洒，實徵銀貳百肆拾兩貳錢壹分伍釐壹毫玖絲陸忽叁微叁纖肆塵玖渺壹沙叁涯伍洒。

又匠價銀柒兩肆錢陸分陸釐貳毫伍絲。

貳共銀貳百肆拾柒兩陸錢捌分壹釐肆毫肆絲陸忽叁微叁纖肆塵玖渺壹沙叁涯伍洒。

一起運項下

原編起運糧石折價銀貳萬捌千柒百柒拾兩壹錢陸分貳釐貳毫玖絲柒忽伍微陸纖貳渺，內除荒銀壹千陸百肆拾柒兩玖錢柒釐肆毫叁絲陸忽壹微柒纖貳塵叁渺陸漠玖沙伍浂肆涯肆洒，實起運銀貳萬柒千壹百貳拾貳兩貳錢伍分肆釐捌毫陸絲壹忽叁微捌纖柒塵捌渺叁漠肆洙伍涯陸洒。

節裁藥味起運銀壹千肆百陸拾玖兩壹錢捌分壹釐陸毫柒絲，內除荒銀肆拾肆兩叁錢貳分肆釐肆毫捌絲捌忽貳纖叁塵玖渺陸漠玖沙貳洙捌洒，實起運銀壹千肆百貳拾肆兩捌錢伍分柒釐壹毫捌絲壹忽玖微柒纖陸塵叁漠柒洙玖涯貳洒。

舊編存留，內順治玖年裁扣各役工食銀貳百伍拾貳兩捌錢；拾貳年裁扣傘扇、旗幟銀捌兩；拾肆年裁扣官生俸廪銀叁百貳拾肆兩叁錢捌分玖毫柒絲；拾柒年裁華山驛驛丞俸食銀肆拾玖兩伍錢貳分。康熙元年裁吏書工食銀壹百壹拾伍兩貳錢；叁年裁訓導、門斗、齋夫等銀玖拾叁兩玖錢貳分，裁雜費丁銀伍百伍拾柒兩捌錢貳分伍釐捌毫；拾伍年裁扣心紅紙張、修理監倉、倉厫等項銀壹百貳拾兩叁錢肆分肆釐；拾陸年裁羅汶橋大使俸食銀肆拾叁兩伍錢貳分；貳拾柒年裁歲貢、舉人盤纏、進士坊價銀玖拾柒兩；叁拾玖年裁扣州判官役俸食銀玖拾玖兩；伍拾陸年裁扣表箋銀伍兩壹錢柒分貳釐伍毫。雍正陸年裁扣燈夫銀貳拾肆兩；拾貳年裁扣民壯銀肆拾捌兩。乾隆柒年裁民壯銀貳拾肆兩；玖年裁春秋貳祭銀壹拾叁兩陸錢捌分柒釐，又玖年裁舖司銀伍拾伍兩玖錢玖分玖釐肆毫捌絲捌忽，舊編冗費裁剩解部銀壹千柒百柒兩捌錢捌分伍釐捌絲柒忽玖微玖纖捌塵貳渺，又裁廣豐倉斗級充餉銀柒兩貳錢。

共銀叁千陸百肆拾柒兩肆錢伍分肆釐捌毫肆絲伍忽玖微玖纖捌塵貳渺，內除荒銀壹百肆兩叁錢叁分玖釐貳毫伍絲壹忽柒纖叁塵伍渺肆漠叁涯玖洒，實起運銀叁千伍百肆拾叁兩壹錢壹分伍釐伍毫玖絲肆忽玖微貳纖肆塵陸渺伍漠玖沙玖洙陸涯壹洒。

又額外丁徵並匠價、停免等銀壹千壹百叁拾玖兩肆錢貳分叁釐陸毫柒絲陸忽捌微叁纖陸塵伍渺。

以上共該起運銀叁萬叁千貳百貳拾玖兩陸錢伍分壹釐叁毫壹絲伍忽壹微貳纖伍塵貳漠壹沙貳洙玖洒。

又收存留內額協汧陽等縣驛站抵餉銀陸百伍拾陸兩伍錢貳分貳釐肆毫捌絲壹忽壹微伍纖貳塵伍渺。

又收協臨洮府渭源縣站支抵餉銀叁拾柒兩柒錢貳分貳釐陸毫肆微伍纖。

又收存留內驛遞之差使甚少等事案內，裁站銀叁千柒百玖拾伍兩叁錢玖分貳釐叁毫叁絲柒忽肆微玖纖叁塵叁渺捌漠，內在於題明請將驛站等事案內，留支本州新增夫馬工料銀伍百肆拾捌兩叁錢柒分陸釐玖毫玖絲貳忽壹微陸纖柒塵貳渺捌漠，實收銀叁千貳百肆拾柒兩壹分伍釐叁毫肆絲伍忽叁微貳纖陸塵壹渺。

又收請倣以糧均丁等事案內，通省以糧均丁增銀壹千玖拾柒兩玖錢壹分壹釐肆毫貳絲陸忽陸微伍纖捌塵叁渺。

共銀叁萬捌千貳百陸拾捌兩捌錢貳分叁釐壹毫陸絲捌忽柒微壹纖壹塵玖渺貳漠壹沙貳洙玖洒，內除受協渭南等州縣站兌兵餉應支銀貳千陸拾陸兩壹錢肆分柒釐肆毫肆絲柒忽叁微玖纖叁塵壹渺，實該起運銀叁萬陸千貳百貳兩陸錢柒分伍釐柒毫貳絲壹忽叁微壹纖捌塵捌渺貳漠壹沙貳洙玖洒，內留支加增撥補俸工銀壹百捌拾肆兩捌錢玖分肆釐捌毫柒忽叁微捌纖壹塵玖渺叁漠貳沙捌洙；又留支撥補豁免不敷夫馬工料銀捌拾陸兩叁錢柒分柒釐叁毫柒絲貳忽伍微柒纖陸塵伍渺玖漠陸沙玖洙貳涯叁洒。

止該起運銀叁萬伍千玖百叁拾壹兩肆錢叁釐伍毫肆絲壹忽叁微陸纖貳渺玖漠壹沙肆洙捌涯陸洒。

遇閏裁扣，順治玖年裁銀壹拾玖兩肆錢；拾肆年裁扣銀貳拾叁兩壹錢陸分捌毫陸絲；拾柒年裁冗員銀肆兩壹錢貳分陸釐陸毫陸絲陸忽。康熙元年裁吏書銀玖兩陸錢；叁年裁訓導等銀柒兩捌錢貳分陸釐陸毫陸絲陸忽；拾伍年裁心紅紙張、喂馬草料銀貳兩陸錢陸分陸釐陸毫陸絲柒忽；拾陸年裁大使官役銀叁兩陸錢貳分陸釐陸毫陸絲陸忽；叁拾玖年裁扣州判官役銀捌兩貳錢伍分。雍正陸年裁扣燈夫銀貳兩；拾貳年裁扣民壯銀肆兩。乾隆柒年裁民壯銀貳兩；又玖年裁舖司銀肆兩陸錢陸分陸釐陸毫陸絲陸忽，又閏俸銀壹拾陸兩玖錢壹分玖釐玖毫玖絲捌忽，又廣豐倉斗級工食銀陸錢。

共銀壹百捌兩捌錢肆分肆釐壹毫捌絲玖忽，內除荒銀肆兩叁錢叁分陸釐叁毫伍絲貳忽叁纖捌塵貳渺陸漠陸沙壹洙陸涯伍洒，實徵銀壹百肆兩伍錢柒釐捌毫叁絲陸忽玖微陸纖壹塵柒渺叁漠叁沙捌洙叁涯伍洒。

又額外匠價銀柒兩肆錢陸分陸釐貳毫伍絲。

又收驛遞之差使甚少並題明請將驛站等事貳案內，共裁站銀叁拾壹兩捌錢陸分貳釐玖毫叁絲伍忽。

又收在於請倣以糧載丁等事案內，奉旨通省以糧均丁增銀柒拾叁兩伍錢伍分叁釐伍絲柒忽伍微陸塵貳渺。

肆項共銀貳百壹拾柒兩叁錢玖分柒絲玖忽肆微陸纖柒塵玖渺叁漠叁沙捌洙

叁涯伍洒，內留支加增撥補俸工銀貳拾肆兩玖錢陸分柒毫叁絲玖忽陸微肆塵玖渺叁漠貳沙捌洙，實該銀壹百玖拾貳兩肆錢貳分玖釐叁毫叁絲玖忽捌微陸纖叁塵壹沙叁涯伍洒。

一存留項下

原編存留銀玖千玖百壹拾陸兩柒錢伍分叁釐壹毫捌絲壹忽，內除荒銀伍百玖兩柒錢捌分貳釐肆毫肆絲陸忽玖微玖渺陸漠貳沙貳洙肆涯叁洒，實徵銀玖千肆百陸兩玖錢柒分柒毫叁絲肆忽玖纖玖塵叁漠柒沙柒洙伍涯柒洒。

一俸工項下

知州壹員，額支俸銀捌拾兩，內除荒銀貳兩叁錢伍釐玖毫捌絲柒忽肆微陸纖，實支銀柒拾柒兩陸錢玖分肆釐壹絲貳忽伍微肆纖，均攤俸工銀叁拾伍兩叁錢貳分玖釐肆毫叁絲陸忽肆微柒纖貳塵，留抵撥補各官役俸工訖。

州同壹員，額支俸銀陸拾兩，內於道光拾貳年奉文裁汰，應支俸銀解司報撥除荒撥補銀壹兩柒錢貳分玖釐肆毫玖絲壹忽壹纖，實支銀伍拾捌兩貳錢柒分伍毫捌忽玖微玖纖。

州判壹員，額支俸薪銀肆拾伍兩，查該員役于乾隆肆拾叁年在于衝途繁劇等事案內，新設其俸工銀兩，在司庫缺官銀內領支缺官不敷動用，改動裁汰驛站支剩銀兩。

吏目壹員，額支俸銀叁拾壹兩伍錢貳分，內除荒撥補銀玖錢捌釐伍毫伍絲捌忽捌微柒纖伍塵捌渺，實支銀叁拾兩陸錢壹分壹釐肆毫肆絲壹忽壹微貳纖肆塵貳渺。

學正、訓導貳員，額支俸銀叁拾壹兩伍錢貳分，內除荒撥補銀玖錢捌釐伍毫伍絲捌忽捌微柒纖伍塵捌渺，實支銀叁拾兩陸錢壹分壹釐肆毫肆絲壹忽壹微貳纖肆塵貳渺。外撥補全俸銀肆拾捌兩肆錢捌分。

知州衙門

門子貳名，每名歲支銀陸兩，共銀壹拾貳兩，內除荒撥補銀叁錢肆分伍釐捌毫玖絲捌忽貳微壹纖肆塵，實支銀壹拾壹兩陸錢伍分肆釐壹毫壹忽柒微捌纖陸塵。遇閏加銀壹兩，內除荒銀肆分捌釐叁毫叁絲貳忽壹纖玖塵伍渺，實支銀玖錢伍分壹釐陸毫陸絲柒忽玖微捌纖伍渺。

皂隸、仵作壹拾陸名，每名歲支銀陸兩，共銀玖拾陸兩，內除荒撥補銀貳兩柒錢陸分柒釐壹毫捌絲伍忽柒微貳塵，實支銀玖拾叁兩貳錢叁分貳釐捌毫壹絲肆忽貳微玖纖捌塵。遇閏加銀捌兩，內除荒銀叁錢捌分陸釐陸毫肆忽壹微肆纖陸塵，實支銀柒兩陸錢壹分叁釐叁毫玖絲伍忽捌微伍纖肆塵。

馬快捌名，每名實支銀壹拾陸兩捌錢，共銀壹百叁拾肆兩肆錢，內除荒撥補銀叁兩捌錢柒分肆釐伍絲玖忽柒微柒纖肆塵捌渺，實支銀壹百叁拾兩伍錢貳分伍釐玖毫肆絲貳微貳纖伍塵貳渺。遇閏加銀壹拾壹兩貳錢，內除荒銀伍錢肆分壹釐叁毫貳絲肆微肆渺，實支銀壹拾兩陸錢伍分捌釐陸毫柒絲玖忽伍微玖纖玖塵陸渺。

民壯叁拾捌名，每名歲支工食銀陸兩，共銀貳百貳拾捌兩，內除荒撥補銀陸兩伍錢柒分貳釐陸絲肆忽叁纖陸塵，實支銀貳百貳拾壹兩肆錢貳分柒釐玖毫叁絲伍忽玖微陸纖肆塵。遇閏加銀壹拾玖兩，內除荒銀玖錢壹分捌釐叁毫壹絲貳忽叁微肆纖伍渺，實支銀壹拾捌兩捌分壹釐陸毫捌絲柒忽陸微伍纖玖塵伍渺。

看監禁子捌名，每名實支銀陸兩，共銀肆拾捌兩，內除荒撥補銀壹兩叁錢捌分叁釐伍毫玖絲貳忽捌微肆纖陸塵，實支銀肆拾陸兩陸錢壹分陸釐肆毫柒忽壹微伍纖肆塵。外每名加增銀貳兩，共加增銀壹拾陸兩。遇閏加銀肆兩，內除荒銀壹錢玖分叁釐叁毫貳絲玖忽陸纖捌塵，實支銀叁兩捌錢陸釐陸毫柒絲玖微叁纖貳塵。

轎傘扇夫柒名，每名歲支工食銀陸兩，共銀肆拾貳兩，內除荒撥補銀壹兩貳錢壹分陸毫肆絲叁忽柒微叁纖玖塵，實支銀肆拾兩柒錢捌分玖釐叁毫伍絲陸忽貳微陸纖壹塵。遇閏加銀叁兩伍錢，內除荒銀壹錢陸分玖釐壹毫陸絲貳忽伍微伍纖捌塵貳渺，實支銀叁兩叁錢叁分捌毫叁絲柒忽肆微肆纖壹塵捌渺。

庫子肆名，每名歲支銀陸兩，共銀貳拾肆兩，內除荒撥補銀陸錢玖分壹釐柒毫玖絲陸忽肆微貳纖捌塵，實支銀貳拾叁兩叁錢捌釐貳毫叁忽伍微柒纖貳塵。遇閏加銀貳兩，內除荒銀玖分陸釐陸毫陸絲肆忽貳纖玖塵，實支銀壹兩玖錢叁釐叁毫叁絲伍忽玖微柒纖壹塵。

斗級肆名，每名歲支銀陸兩，共銀貳拾肆兩，內除荒撥補銀陸錢玖分壹釐柒毫玖絲陸忽肆微貳纖捌塵，實支銀貳拾叁兩叁錢捌釐貳毫叁忽伍微柒纖貳塵。遇閏加銀貳兩，內除荒銀玖分陸釐陸毫陸絲肆忽貳纖玖塵，實支銀壹兩玖錢叁釐叁毫叁絲伍忽玖微柒纖壹塵。

各舖司兵貳拾肆名，額支銀捌拾叁兩貳錢伍毫壹絲貳忽，內除荒銀貳兩肆錢叁分伍釐貳毫陸絲壹忽柒微肆纖壹塵肆渺叁漠貳沙捌洙，實支銀捌拾兩柒錢陸分伍釐貳毫伍絲貳微伍纖捌塵伍渺陸漠柒沙貳洙。外加增銀陸拾叁兩貳錢叁分肆釐柒毫肆絲玖忽柒微肆纖壹塵肆渺叁漠貳沙捌洙。遇閏加銀陸兩玖錢叁分叁釐叁毫叁絲肆忽，內除荒銀叁錢貳分玖釐貳毫柒絲陸忽陸微貳纖貳塵捌渺叁漠貳沙捌洙，實支銀陸兩陸錢肆釐伍絲柒忽叁微柒纖柒塵壹渺陸漠柒沙貳洙。外加增銀伍兩叁錢玖分伍釐玖毫肆絲貳忽陸微貳纖貳塵捌渺叁漠貳沙捌洙。

王裡渡、甘喜、嶺底叁舖司兵肆名，額支銀玖兩陸錢，內除荒銀貳錢捌分伍釐玖毫壹絲肆忽捌纖叁塵貳渺，實支銀玖兩叁錢壹分肆釐捌絲伍忽玖微壹纖陸塵捌渺。外加增銀壹拾肆兩陸錢捌分伍釐玖毫壹絲肆忽捌纖叁塵貳渺。遇閏加銀捌錢，內除荒銀叁分捌釐玖毫捌忽肆微貳纖叁塵陸渺，實支銀柒錢陸分壹釐玖絲壹忽伍微柒纖陸塵肆渺。外加增銀壹兩貳錢叁分捌釐玖毫捌忽肆微貳纖叁塵陸渺。

鐘鼓夫伍名，每名歲支銀貳兩陸錢陸分陸釐陸毫陸絲，共銀壹拾叁兩叁錢叁分叁釐叁毫，內除荒撥補銀叁錢捌分陸釐柒毫貳絲貳忽伍微柒纖柒塵陸渺，實支銀壹拾貳兩玖錢肆分陸釐伍毫柒絲柒忽肆微貳纖貳塵肆渺。遇閏加銀壹兩壹錢壹分，內除荒銀伍分貳釐陸毫肆絲捌忽肆微叁纖貳塵叁渺，實支銀壹兩伍分柒釐叁毫伍絲壹忽伍微陸纖柒塵柒渺。

王裡渡口水夫肆名，每名歲支銀貳兩肆錢，共支銀玖兩陸錢，內除荒撥補銀貳錢陸分陸釐玖毫陸絲伍忽玖微貳塵捌渺，實支銀玖兩叁錢叁分叁釐叁絲肆忽玖纖柒塵貳渺。遇閏加銀捌錢，內除荒銀叁分柒釐玖毫肆絲肆忽捌微壹纖叁塵陸渺，實支銀柒錢陸分貳釐伍絲伍忽壹微捌纖陸塵肆渺。

州同衙門

門子壹名，歲支銀陸兩，內除荒撥補銀壹錢柒分壹釐玖毫肆絲玖忽壹微柒塵，實支銀伍兩捌錢貳分捌釐伍絲捌微玖纖叁塵。遇閏加銀伍錢，內除荒銀貳分肆釐壹毫陸絲陸忽伍微玖塵柒渺，實支銀肆錢柒分伍釐捌毫叁絲叁忽肆微玖纖叁渺。

皂隸陸名，每名歲支銀陸兩，共支銀叁拾陸兩，內除荒撥補銀壹兩叁分柒釐陸毫玖絲肆忽陸微叁纖貳塵，實支銀叁拾肆兩玖錢陸分貳釐叁毫伍忽叁微陸纖捌塵。遇閏加銀叁兩，內除荒銀壹錢肆分肆釐玖毫玖絲柒忽肆纖捌塵伍渺，實支銀貳兩捌錢伍分伍釐貳忽玖微伍纖壹塵伍渺。

籠馬傘夫貳名，每名歲支銀陸兩，共銀壹拾貳兩，內除荒撥補銀叁錢肆分伍釐捌毫玖絲捌忽貳微壹纖肆塵，實支銀壹拾壹兩陸錢伍分肆釐壹毫壹忽柒微捌纖陸塵。遇閏加銀壹兩，內除荒銀肆分捌釐叁毫叁絲貳忽壹纖玖塵伍渺，實支銀玖錢伍分壹釐陸毫陸絲柒忽玖微捌纖伍渺。

以上州同衙門各人役應支正閏銀兩，業於道光拾貳年奉文裁汰，由該州解司報撥。

州判衙門

門子壹名，額支銀陸兩。遇閏加銀伍錢。

皂隸叁名，每名歲支銀陸兩，共支銀壹拾捌兩。遇閏加銀壹兩伍錢。

籠馬傘夫貳名，每名歲支銀陸兩，共支銀壹拾貳兩。遇閏加銀壹兩。

以上叁項正閏銀兩，原請在於司庫缺官銀內領支缺官不敷動用，改動驛站銀兩。

吏目衙門

門子壹名，歲支銀陸兩，內除荒撥補銀壹錢柒分壹釐玖毫肆絲玖忽壹微柒塵，實支銀伍兩捌錢貳分捌釐伍絲捌微玖纖叁塵。遇閏加銀伍錢，內除荒銀貳分肆釐壹毫陸絲陸忽伍微玖塵柒渺，實支銀肆錢柒分伍釐捌毫叁絲叁忽肆微玖纖叁渺。

皂隸肆名，每名歲支銀陸兩，共銀貳拾肆兩，內除荒撥補銀陸錢玖分壹釐柒毫玖絲陸忽肆微貳纖捌塵，實支銀貳拾叁兩叁錢捌釐貳毫叁忽伍微柒纖貳塵。遇閏加銀貳兩，內除荒銀玖分陸釐陸毫陸絲肆忽貳纖玖塵，實支銀壹兩玖錢叁釐叁毫叁絲伍忽玖微柒纖壹塵。

馬夫壹名，歲支銀陸兩，內除荒撥補銀壹錢柒分壹釐玖毫肆絲玖忽壹微柒塵，實支銀伍兩捌錢貳分捌釐伍絲捌微玖纖叁塵。遇閏加銀伍錢，內除荒銀貳分肆釐壹毫陸絲陸忽伍微玖塵柒渺，實支銀肆錢柒分伍釐捌毫叁絲叁忽肆微玖纖叁渺。

齋夫叁名，每名歲支銀壹拾貳兩，共銀叁拾陸兩，內除荒撥補銀壹兩叁分柒釐陸毫玖絲肆忽陸微叁纖貳塵，實支銀叁拾肆兩玖錢陸分貳釐叁毫伍忽叁微陸纖捌塵。遇閏加銀叁兩，內除荒銀壹錢肆分肆釐玖毫玖絲柒忽肆纖捌塵伍渺，實支銀貳兩捌錢伍分伍釐貳忽玖微伍纖壹塵伍渺。

膳夫貳名，共支銀壹拾叁兩叁錢叁分叁釐叁毫叁絲，內除荒撥補銀叁錢捌分伍釐叁毫貳絲柒忽伍微叁纖玖塵伍渺，實支銀壹拾貳兩玖錢肆分捌釐貳忽肆微陸纖伍渺，係廩生支領。遇閏加銀壹兩壹錢壹分壹釐壹毫，內除荒撥補銀伍分叁釐柒毫伍絲伍忽肆微貳纖貳塵伍渺，實支銀壹兩伍分柒釐叁毫肆絲肆忽伍微柒纖柒塵伍渺。

門斗叁名，每名歲支銀柒兩貳錢，共支銀貳拾壹兩陸錢，內除荒撥補銀陸錢貳分貳釐陸毫壹絲陸忽玖微柒纖柒塵貳渺，實支銀貳拾兩玖錢柒分柒釐叁毫捌絲叁忽貳纖貳塵捌渺。遇閏加銀壹兩捌錢，內除荒銀捌分陸釐玖毫玖絲陸忽捌微叁纖叁塵壹渺，實支銀壹兩柒錢壹分叁釐叁忽壹微陸纖陸塵玖渺。

廩生叁拾名，每名歲支銀叁兩貳錢，共支銀玖拾陸兩，內除荒撥補銀貳兩柒錢肆分壹釐捌毫柒絲玖忽陸微玖纖貳塵，實支銀玖拾叁兩貳錢伍分捌釐壹毫貳絲叁微捌塵。遇閏加銀捌兩，內除荒撥補銀貳錢柒分貳釐壹毫叁絲貳忽壹微叁纖陸塵，實支銀柒兩柒錢貳分柒釐捌毫陸絲柒忽捌微陸纖肆塵。

以上俸工項下，除廩生、膳夫貳欵照常支發外，其餘官役俸工於道光貳拾叁年奉文，均以貳兩平支放，每兩減平銀陸分，其減平銀兩，每年批解部庫交納，理合登明。

一祭祀項下

雜支春秋貳季祭祀文廟並各壇祀及無祀鬼魂品物等銀柒拾肆兩玖錢壹分叁釐，內除荒銀貳兩壹錢捌分叁毫貳絲柒忽叁微貳纖玖渺伍漠肆沙玖洙肆涯，實支銀柒拾貳兩柒錢叁分貳釐陸毫柒絲貳忽陸微柒纖玖塵肆漠伍沙陸涯。

外撥補豁免銀陸錢壹分捌釐陸毫壹絲陸微柒塵貳渺。

鄉飲銀肆兩，內除荒銀壹錢壹分陸釐貳絲叁忽柒纖捌塵，實支銀叁兩捌錢捌分叁釐玖毫柒絲陸忽玖微貳纖貳塵。

布政司紙劄銀叁兩玖錢伍分，內除荒銀壹錢壹分肆釐伍毫陸絲柒忽壹纖肆塵，實支銀叁兩捌錢叁分伍釐肆毫叁絲貳忽玖微捌纖陸塵。

以上鄉飲、紙劄貳欵於道光貳拾叁年奉文裁汰，其徵收銀兩，每年批解部庫交納，理合登明。

壹孤貧口糧項下

孤老陸拾名口，共支月糧銀壹百柒拾貳兩捌錢，內除荒銀肆兩捌錢捌分陸釐捌毫柒絲玖忽伍微柒纖陸塵陸渺，實支銀壹百陸拾柒兩玖錢壹分叁釐壹毫貳絲肆微貳纖叁塵肆渺。外加增銀肆拾捌兩捌分陸釐捌毫柒絲玖忽伍微柒纖陸塵陸渺。遇閏加增銀壹拾捌兩。

孤者冬衣布花銀叁拾兩，內除荒銀捌錢肆分捌釐陸毫叁絲捌忽陸微柒纖叁塵玖渺，實支銀貳拾玖兩壹錢伍分壹釐叁毫陸絲壹忽叁微貳纖陸塵壹渺。

一驛站項下

華山驛支直銀貳百肆拾伍兩叁錢伍分玖釐貳毫叁絲捌忽；華山驛站銀肆千肆百玖拾叁兩伍錢柒分柒毫玖絲；羅汶所站銀貳千玖百叁拾陸兩伍錢柒分貳釐壹絲壹忽；京兆驛支直銀貳兩柒錢捌分壹釐；宜祿驛改兌臨洮府站銀貳拾兩柒錢；議裁人役工食兌臨洮府站銀貳拾兩。共額銀柒千柒百壹拾捌兩玖錢捌分叁釐叁絲玖忽，內除荒銀肆百肆拾陸兩叁錢柒分捌釐貳毫捌絲伍忽貳微貳纖柒塵壹渺玖漠陸沙玖洙貳涯叁洒，實徵銀柒千貳百柒拾貳兩陸錢肆釐柒毫伍絲叁忽柒微柒纖貳塵捌渺叁沙柒涯柒洒。

外收受協銀貳千陸拾陸兩壹錢肆分柒釐肆毫肆絲柒忽叁微玖纖叁塵壹渺。

共銀玖千叁百叁拾捌兩柒錢伍分貳釐貳毫壹忽壹微陸纖伍塵玖渺叁沙柒涯柒洒，內除額協裁站銀叁千叁百陸拾捌兩陸錢伍分玖釐柒毫肆絲叁忽肆塵叁渺，實支銀伍千玖百柒拾兩玖分貳釐肆毫伍絲捌忽壹微陸纖壹塵陸渺叁沙柒涯柒洒。

外撥補豁免不敷夫馬工料銀捌拾陸兩叁錢柒分柒釐叁毫柒絲貳忽伍微柒纖陸塵伍渺玖漠陸沙玖洙貳涯叁洒。

又增給所夫、夫馬閏月工料銀肆百柒拾肆兩玖錢。

走遞項下

走遞馬貳拾陸匹，草料工食銀柒百貳拾捌兩，內除荒銀貳拾壹兩玖分壹釐伍毫叁忽叁微捌纖肆塵壹渺柒漠柒沙伍洙捌涯，實徵銀柒百陸兩玖錢捌釐肆毫玖絲陸忽陸微壹纖伍塵捌渺貳漠貳沙肆洙貳涯，內除額協奉裁州馬銀伍百柒拾貳兩陸錢陸毫捌絲叁忽玖微貳纖肆塵叁渺，實支銀壹百叁拾肆兩叁錢柒釐捌毫壹絲貳忽陸微玖纖壹塵伍渺貳漠貳沙肆洙貳涯。

外遇閏加銀陸拾兩陸錢陸分，內除荒銀貳兩捌錢柒分伍釐柒毫捌絲陸忽貳微壹纖玖塵柒渺，實徵銀伍拾柒兩柒錢捌分肆釐貳毫壹絲叁忽柒微捌纖叁渺，內除奉裁閏月銀叁拾壹兩捌錢陸分貳釐玖毫叁絲伍忽，實支銀貳拾伍兩玖錢貳分壹釐貳毫柒絲捌忽柒微捌纖叁渺。

以上存留實徵銀玖千肆百陸兩玖錢柒分柒毫叁絲肆忽玖纖玖塵叁漠柒沙柒洙伍涯柒洒。

又收受協站支兵餉應支銀貳千陸拾陸兩壹錢肆分柒釐肆毫肆絲柒忽叁微玖纖叁塵壹渺。

共銀壹萬壹千肆百柒拾叁兩壹錢壹分捌釐壹毫捌絲壹忽肆微玖纖貳塵壹渺叁漠柒沙柒洙伍涯柒洒，內除額協汧陽等州縣站支抵餉銀陸百伍拾陸兩伍錢貳分貳釐肆毫捌絲壹忽壹微伍纖貳塵伍渺；又除臨洮府渭源縣站支抵餉銀叁拾柒兩柒錢貳分貳釐陸毫肆微伍纖；又除驛遞之差使甚少等事案內，裁站銀叁千柒百玖拾伍兩叁錢玖分貳釐叁毫叁絲柒忽肆微玖纖叁塵叁渺捌漠，內在於題明請將驛站等事案內，留支本州新增夫馬工料銀伍百肆拾捌兩叁錢柒分陸釐玖毫玖絲貳忽壹微陸纖柒塵貳渺捌漠，實裁銀叁千貳百肆拾柒兩壹分伍釐叁毫肆絲伍忽叁微貳纖陸塵壹渺。實該銀柒千伍百叁拾壹兩捌錢伍分柒釐柒毫伍絲肆忽伍微陸纖叁塵伍渺叁漠柒沙柒洙伍涯柒洒。

外加增撥補俸工，除知州攤俸留抵外，實該銀壹百捌拾肆兩捌錢玖分肆釐捌毫柒忽叁微捌纖壹塵玖渺叁漠貳沙捌洙。

又留支撥補豁免不敷夫馬工料銀捌拾陸兩叁錢柒分柒釐叁毫柒絲貳忽伍微柒纖陸塵伍渺玖漠陸沙玖洙貳涯叁洒。

共銀柒千捌百叁兩壹錢貳分玖釐玖毫叁絲肆忽伍微貳纖貳塵陸漠柒沙肆洙捌涯於乾隆伍拾貳年奉文，全數解司，壹切支欵，俱由司按季領支，嗣於嘉慶伍年奉文，照舊在州留支，並不解司，按季請領。

外於西安布政司庫領支州判官役俸工銀捌拾壹兩，動支缺官改動驛站銀兩。

外遇閏原加銀壹百伍拾玖兩玖錢叁分肆釐肆毫叁絲貳忽，內除廣豐倉斗級工食銀陸錢，又裁扣俸銀壹拾陸兩玖錢壹分玖釐玖毫玖絲捌忽入起運外，實該銀壹百肆拾貳兩肆錢壹分肆釐肆毫叁絲肆忽，內除荒銀陸兩柒錢柒釐柒絲肆忽陸微貳纖陸塵捌渺叁漠貳沙捌洙，實徵銀壹百叁拾伍兩柒錢柒釐叁毫伍絲玖忽叁微柒纖叁塵壹渺陸漠柒沙貳洙，內除驛遞之差使甚少並題明請將驛站等事貳案內，共裁站銀叁拾壹兩捌錢陸分貳釐玖毫叁絲伍忽，止該銀壹百叁兩捌錢肆分肆釐肆毫貳絲肆忽叁微柒纖叁塵壹渺陸漠柒沙貳洙。

外加增撥補俸工銀貳拾肆兩玖錢陸分柒毫叁絲玖忽陸微肆塵玖渺叁漠貳沙捌洙。

共銀壹百貳拾捌兩捌錢伍釐壹毫陸絲叁忽玖微柒纖捌塵壹渺於乾隆伍拾貳年奉文，全數解司，壹切支欵，俱由司按季領支，嗣於嘉慶伍年奉文，照舊在州留支，並不解司，按季請領。

外於西安布政司庫領支州判、門、皂、馬夫閏銀叁兩，動支缺官改動驛站銀兩。

又於西安布政司庫撥補增給所夫並夫馬閏月銀肆百柒拾肆兩玖錢。

壹額外

課程銀肆拾叁兩陸錢伍分，係鋪戶出辦。遇閏加銀叁兩陸錢叁分柒釐伍毫。

畜稅銀壹百壹拾貳兩伍錢叁分，係買騍馬出辦。

地稅銀壹百伍兩壹錢貳分，係買房地業戶出辦，查畜、地貳稅，每價銀壹兩收稅銀叁分，儘收儘解，歲無定額。

牙稅銀肆拾捌兩，查牙行捌拾名，每名歲徵銀陸錢。

當稅銀壹百肆拾兩，查當商貳拾捌名，每名歲徵銀伍兩。

大荔縣

原額壹等地伍千陸百玖拾陸頃肆拾叁畝玖分，每畝科糧叁升捌勺柒抄柒撮伍圭陸粟，該糧壹萬柒千伍百捌拾玖石貳斗陸勺肆抄壹撮陸圭陸粟，每石徵銀壹兩肆錢叁分柒釐陸毫叁絲捌微貳纖叁塵貳渺，共額徵銀貳萬伍千貳百捌拾陸兩捌錢捌分貳釐壹毫貳忽貳微柒纖叁塵伍渺陸漠，內：

於順治柒、捌兩年免過無主、有主並雍正拾叁年請改設府治、乾隆伍年遵旨詳查議奏、乾隆拾伍年詳請添建倉厫、請裁冗員等事案內，題明免過荒地壹百玖拾伍頃壹拾柒畝玖分伍釐伍毫柒絲，應免糧陸百貳石陸斗陸升陸合玖勺柒抄伍撮柒圭肆粟肆粒陸顆玖糠貳粃，應除銀捌百伍拾伍兩貳錢貳分叁釐捌毫陸絲伍忽陸纖伍塵肆漠柒沙玖洙叁涯，內前墾並興屯墾過及節年開墾共地壹百捌拾頃叁拾陸畝柒分捌釐柒毫柒絲，該徵糧伍百伍拾陸石玖斗叁升壹合捌勺捌抄伍撮貳圭陸粟玖粒，徵銀捌百兩陸錢玖分伍釐貳絲壹忽伍微捌塵捌渺。實豁免地壹拾肆頃捌拾壹畝壹分陸釐捌毫，實豁免折色糧肆拾伍石柒斗叁升伍合玖抄肆圭柒粟伍粒陸顆玖糠貳粃，實豁免折色銀伍拾肆兩伍錢貳分捌釐捌毫肆絲叁忽伍微伍纖陸塵貳渺肆漠柒沙玖洙叁涯。

實熟地伍千陸百捌拾壹頃陸拾貳畝柒分叁釐貳毫遵照乾隆伍拾玖年奉准部咨令，將康熙年間易知由單內載：每畝折徵銀肆分肆釐肆毫壹絲貳微伍纖玖塵玖渺，纂入書內，嗣後遇有墾豁，按畝增除。實徵折色糧壹萬柒千伍百肆拾叁石肆斗陸升伍合伍勺伍抄壹撮壹圭捌粟肆粒叁顆捌粃，實徵折色銀貳萬伍千貳百叁拾貳兩叁錢伍分叁釐貳毫伍絲捌忽柒微壹纖柒塵叁渺壹漠貳沙柒涯。

外沙租糧伍百貳拾伍石貳斗陸升伍合叁勺，每石徵銀柒錢叁分壹釐叁絲捌忽捌微，共銀叁百捌拾叁兩玖錢捌分玖釐叁毫壹絲肆忽伍微玖纖叁塵陸渺肆漠。

外溢額地玖拾壹畝玖分玖釐叁毫，折色糧貳石捌斗肆升伍勺壹抄玖撮叁圭柒粟柒粒，折徵銀肆兩捌分叁釐陸毫貳絲玖微肆纖貳塵，遵照康熙年間易知由單內載：每畝科折色糧叁升捌勺柒抄柒撮伍圭伍粟陸粒，每畝徵折色銀肆分肆釐叁毫玖絲伍微陸纖壹塵陸渺玖漠肆沙玖洙。

以上實熟民地並溢額地共伍千陸百捌拾貳頃伍拾肆畝柒分貳釐伍毫，實徵折色糧折銀貳萬伍千陸百貳拾兩肆錢貳分陸釐壹毫玖絲肆忽貳微伍纖貳塵玖渺伍漠貳沙柒涯。

原額叁門玖則不等，俱折下下丁共肆萬伍千貳百貳拾壹丁，每丁徵銀壹錢叁分捌釐貳毫玖絲肆忽柒微柒纖肆塵，共銀陸千貳百伍拾叁兩捌錢叁分叁釐玖毫陸絲玖忽柒微玖纖，內除優免丁壹千捌拾伍丁，該除銀壹百伍拾兩肆分玖釐捌毫貳絲玖忽柒微玖纖。

行差丁肆萬肆千壹百叁拾陸丁，共徵銀陸千壹百叁兩柒錢捌分肆釐壹毫肆絲，內：

順治柒年題明豁免過逃亡丁壹萬貳千伍百伍丁，應除銀壹千柒百貳拾玖兩叁錢柒分柒釐壹毫貳絲肆忽叁微，前招回並節年招回及編審出丁伍千貳百肆拾伍丁，該徵銀柒百貳拾伍兩叁錢伍分陸釐捌絲玖忽陸微叁纖，實應免丁柒千貳百陸拾丁，應免銀壹千肆兩貳分壹釐叁絲肆忽陸微柒纖。

實在丁叁萬陸千捌百柒拾陸丁，該徵銀伍千玖拾玖兩柒錢陸分叁釐壹毫伍忽叁微叁纖，於雍正伍年攤入地糧內徵解。

康熙伍拾伍年起，至乾隆貳拾陸年止，共編審出丁壹百壹拾陸丁；乾隆叁拾壹年編審出丁壹拾貳丁；乾隆叁拾陸年編審出丁壹拾貳丁。共編審出丁壹百肆拾丁，欽遵康熙伍拾貳年叁月拾捌日恩詔，後遇編審之期，但據康熙伍拾年丁冊定為常額，永不加賦。

原額均徭銀貳千捌百陸拾兩柒錢陸分伍釐玖絲，內除荒銀壹拾叁兩肆錢肆分伍釐柒絲叁忽陸微捌纖壹塵柒漠伍沙貳洙貳涯，實徵銀貳千捌百肆拾柒兩叁錢貳分壹絲陸忽叁微壹纖捌塵玖渺貳漠肆沙柒洙捌涯。

外溢額均徭銀肆錢玖分壹釐貳毫玖絲伍忽肆纖肆塵壹渺。

以上實徵溢額共均徭銀貳千捌百肆拾柒兩捌錢壹分壹釐叁毫壹絲壹忽叁微陸纖叁塵貳漠肆沙柒洙捌涯按照前項各等地畝，原額地每畝徵均徭銀伍釐壹絲壹忽肆微肆纖肆塵陸渺，溢額地每畝徵均徭銀伍釐叁毫肆絲伍微陸纖玖塵捌渺柒漠。

遇閏額銀肆百玖拾兩壹分肆釐陸絲玖忽，內除荒銀肆拾柒兩貳分叁釐玖毫肆絲壹微肆纖陸塵叁渺，實徵銀肆百肆拾貳兩玖錢玖分壹毫貳絲捌忽捌微伍纖叁塵柒渺。

額外匠價銀壹拾陸兩捌錢叁分。遇閏加銀壹兩肆錢貳釐伍毫。

停免銀貳百陸拾貳兩玖分陸釐叁毫陸絲。

新增軍籍丁銀壹千叁百貳拾捌兩壹錢柒分貳釐叁毫捌絲叁忽伍微貳纖陸塵壹渺以上額外正閏肆項攤入前項地糧內徵解。

以上地、丁貳項並均徭、匠價、停免、軍籍，除優免丁外，共應徵銀叁萬陸千貳百肆拾柒兩玖分肆厘叁毫陸忽叁微柒纖玖塵肆渺，內除荒銀壹千柒拾壹兩玖錢玖分肆釐玖毫伍絲壹忽玖微柒塵叁渺貳漠叁沙壹洙伍涯，實徵銀叁萬伍千壹百柒拾伍兩玖分玖釐叁毫伍絲肆忽肆微柒纖貳塵柒漠陸沙捌洙伍涯。

外遇閏加徵銀肆百玖拾兩壹分肆釐陸絲玖忽，內除荒銀肆拾柒兩貳分叁釐玖毫肆絲壹微肆纖陸塵叁渺，實徵銀肆百肆拾貳兩玖錢玖分壹毫貳絲捌忽捌微伍纖叁塵柒渺。

又匠價閏銀壹兩肆錢貳釐伍毫。

貳共銀肆百肆拾肆兩叁錢玖分貳厘陸毫貳絲捌忽捌微伍纖叁塵柒渺。

壹起運項下

原編起運糧石折價銀壹萬玖千伍百玖拾捌兩壹錢壹分叁釐伍毫伍絲捌忽肆

微捌纖伍塵玖渺，內除荒銀肆拾壹兩肆錢肆分壹釐叁毫柒絲貳忽玖微壹纖伍塵柒渺，實起運銀壹萬玖千伍百伍拾陸兩陸錢柒分貳釐壹毫捌絲伍忽伍微柒纖貳渺。

節裁藥味、軍器、牲口、年例等項歸入起運銀壹千柒百伍拾柒兩玖錢柒釐伍絲，內除荒銀貳百貳兩陸錢叁分捌釐伍毫玖忽伍微柒纖貳塵陸渺伍漠，實起運銀壹千伍百伍拾伍兩貳錢陸分捌釐伍毫肆絲肆微貳纖柒塵叁渺伍漠。

舊編存留，內順治玖年裁扣各役工食銀貳百叁拾叁兩陸錢；拾貳年裁扣傘扇等項銀玖拾捌兩；拾肆年裁扣官生俸廩等項，除奉復孤貧外，止裁銀陸百玖兩壹錢陸釐肆毫柒絲；拾伍年奉裁訓導俸薪等項銀伍拾柒兩玖錢貳分，里馬損轎夫叁分裁壹，銀玖百貳拾捌兩肆錢玖分貳釐陸毫伍絲叁忽叁微叁纖叁塵叁渺。康熙元年裁吏書工食銀壹百玖拾玖兩貳錢；叁年裁齋夫工食銀叁拾陸兩；陸年裁冗員銀叁百捌拾玖兩，襍費丁銀壹百陸兩叁錢叁分捌釐玖毫；拾伍年裁心紅紙張、修理監倉等項銀壹百肆拾陸兩陸釐叁毫；貳拾柒年裁扣歲貢、舉人盤纏、舉人旗牌、進士坊價銀伍拾兩捌錢叁分叁釐；伍拾陸年裁表箋銀伍兩貳錢伍分。雍正陸年裁燈夫銀貳拾肆兩；拾貳年裁民壯銀肆拾捌兩；拾叁年裁知州州同俸薪及廩生並各役工食銀貳百貳拾陸兩。乾隆柒年裁民壯銀柒拾貳兩；玖年裁春秋貳祭銀柒兩伍分，裁舖司銀柒拾壹兩陸錢壹分，舊編冗員費裁剩解部銀壹千柒百柒拾玖兩捌錢玖分柒厘玖毫壹絲壹忽柒微捌纖玖塵玖渺。

共銀伍千捌拾捌兩叁錢伍釐貳毫叁絲伍忽壹微貳纖叁塵貳渺，內除荒銀叁百玖拾玖兩貳錢叁分陸釐柒毫壹絲肆忽貳微貳纖壹塵伍漠壹沙伍洙伍涯，實起運銀肆千陸百捌拾玖兩陸分捌釐伍毫貳絲玖微貳塵壹渺肆漠捌沙肆洙伍涯。

又溢額地並均徭、匠價、停免、軍籍等銀壹千陸百壹拾壹兩陸錢柒分叁釐陸毫伍絲玖忽伍微壹纖貳塵貳渺。

共該實起運銀貳萬柒千肆百壹拾貳兩陸錢捌分貳釐玖毫陸忽肆微壹纖壹塵捌渺玖漠捌沙肆洙伍涯。

又收存留內額協南鄭等縣站支抵餉銀貳千叁百伍拾肆兩肆錢叁分貳釐陸毫叁絲肆忽貳微叁纖陸塵陸渺。

又收協臨洮府蘭州等州縣站支抵餉銀貳千貳百柒拾肆兩伍錢玖分壹釐貳毫伍絲貳忽貳微柒纖貳塵壹渺。

又收存留內驛遞之差使甚少並題明請將驛站等事貳案內，共裁站銀壹千貳百玖拾捌兩肆錢捌分壹釐伍毫玖絲肆忽捌微肆纖柒塵貳渺捌漠。

共該起運銀叁萬叁千叁百肆拾兩壹錢捌分捌釐叁毫捌絲柒忽柒微陸纖柒塵捌渺柒漠捌沙肆洙伍涯，內除受協韓城等縣驛站兌留兵餉應支銀壹千壹拾玖兩陸錢叁分叁釐柒毫陸忽玖微陸纖玖塵；又在於請做以糧載丁等事案內，通省以糧均丁減銀壹千捌百伍拾貳兩叁錢玖釐壹毫叁絲叁忽貳微捌纖肆塵壹渺，內於乾隆元、陸、拾壹、拾陸、貳拾壹、貳拾陸等年編審案內，共增抵補屯更丁銀肆百柒兩陸錢柒分陸釐伍毫玖絲壹忽伍微肆纖貳渺，又乾隆叁拾壹、叁拾陸兩年共增抵補屯更丁銀貳百壹兩玖錢貳釐壹毫陸絲捌忽玖微叁纖肆塵壹渺，止該減銀壹千貳百肆拾貳兩柒錢叁分叁毫柒絲貳忽捌微玖塵捌渺。

實該起運銀叁萬壹千柒拾柒兩捌錢貳分肆釐叁毫柒忽玖微捌纖玖塵柒漠捌沙肆洙伍涯，內留支知府等各官役並加增撥補俸工共銀壹千肆百貳拾陸兩肆分陸釐柒毫壹絲陸忽玖微貳纖玖塵叁渺玖漠陸沙陸洙陸涯，止該起運銀貳萬玖千陸百伍拾壹兩柒錢柒分柒釐伍毫玖絲壹忽伍纖玖塵陸渺捌漠壹沙柒洙玖涯。

遇閏裁扣，順治玖年裁銀壹拾柒兩捌錢；拾肆年裁銀肆拾貳兩捌錢伍分陸釐肆毫壹絲；拾伍年裁銀肆兩捌錢貳分陸釐陸毫陸絲陸忽。康熙元年裁銀壹拾陸兩陸錢；叁年裁銀叁兩；陸年裁銀叁拾貳兩肆錢壹分陸釐陸毫；伍年裁銀貳兩陸錢陸分陸釐陸毫柒絲。雍正陸年裁銀貳兩；拾貳年裁銀肆兩；拾叁年裁銀壹拾捌兩捌錢叁分叁釐叁毫叁絲陸忽。乾隆柒年裁銀陸兩；玖年裁銀伍兩玖錢陸分柒釐伍毫陸絲柒忽伍微，又閏俸銀伍兩貳錢伍分叁釐叁毫貳絲陸忽。

共銀壹百陸拾貳兩貳錢貳分伍毫柒絲伍忽伍微，內除荒銀壹拾肆兩捌錢柒分柒釐陸毫陸絲柒忽玖微玖纖貳塵柒渺叁漠叁沙叁洙肆涯，實徵銀壹百肆拾柒兩叁錢肆分貳釐玖毫柒忽伍微柒塵貳渺陸漠陸沙陸洙陸涯。

又匠價銀壹兩肆錢貳釐伍毫。

又收驛遞之差使甚少並題明請將驛站等事貳案內，共裁站銀捌拾貳兩柒錢陸分壹釐捌毫捌絲伍忽柒纖伍塵。

叁項共銀貳百叁拾壹兩伍錢柒釐貳毫玖絲貳忽伍微捌纖貳塵貳渺陸漠陸沙陸洙陸涯，內除請做以糧裁丁等事案內，通省以糧均丁減銀柒拾肆兩柒錢玖分叁釐柒毫捌絲貳忽叁微捌塵叁渺，節次抵補屯更（丁）增銀貳拾伍兩陸錢叁分叁釐貳毫玖絲叁忽玖微伍纖柒塵玖渺，止該減銀肆拾玖兩壹錢陸分肆毫捌絲捌忽叁微伍纖肆渺。

實該銀壹百捌拾貳兩叁錢肆分陸釐捌毫肆忽貳微叁纖壹塵捌渺陸漠陸沙陸洙陸涯，內留支知府并各官役加增撥補俸工銀捌拾捌兩貳錢伍分叁釐肆毫柒忽陸微玖纖陸漠陸沙陸洙陸涯；又留支夫馬閏月銀叁錢玖分玖釐玖毫壹絲貳忽伍微。實起運銀玖拾叁兩陸錢玖分叁釐肆毫捌絲肆忽肆纖壹塵捌渺。

壹存留項下

原編存留銀捌千壹百玖拾壹兩玖分肆釐捌毫叁忽貳微伍纖捌塵壹渺，內除荒銀肆百貳拾捌兩陸錢柒分捌釐叁毫伍絲伍忽壹微玖纖柒塵玖渺貳漠壹沙陸洙，實存留銀柒千柒百陸拾貳兩肆錢壹分陸釐肆毫肆絲捌忽陸纖壹渺柒漠捌沙肆洙。

壹俸工項下

知府壹員，額支俸薪銀伍拾陸兩陸錢陸絲叁忽伍塵伍渺。

經歷壹員，額支俸薪銀肆拾兩。

教授訓導貳員，額支俸薪銀捌拾伍兩。

知縣壹員，額支俸薪银貳拾肆兩貳錢伍分柒釐壹毫陸絲玖忽捌微伍纖玖塵伍渺。

縣丞壹員，額支俸薪銀肆拾兩。

典史壹員，額支俸薪銀叁拾壹兩伍錢貳分，內除荒撥補銀叁兩貳分柒釐伍毫柒絲肆忽叁微陸纖柒塵壹渺捌漠陸沙，實徵支銀貳拾捌兩肆錢玖分貳釐肆毫貳絲伍忽陸微叁纖貳塵捌渺壹漠肆沙。

教諭、訓導貳員，額支俸薪銀叁拾壹兩伍錢貳分，內除荒撥補銀叁兩貳分柒釐伍毫柒絲肆忽叁微陸纖柒塵壹渺捌漠陸沙，實徵支銀貳拾捌兩肆錢玖分貳釐肆毫貳絲伍忽陸微叁纖貳塵捌渺壹漠肆沙。外撥補全俸銀肆拾捌兩肆錢捌分。

知府衙門

門子貳名，額支工食銀壹拾貳兩。遇閏加銀捌錢玖分柒釐玖毫壹絲貳忽伍微。

皂隸壹拾陸名，額支工食銀玖拾陸兩。遇閏加銀柒兩壹錢捌分叁釐叁毫伍忽陸纖。

馬快壹拾名，額支工食銀壹百陸拾捌兩。遇閏加銀壹拾貳兩伍錢柒分柒毫捌絲陸忽玖微貳纖貳塵。

步快壹拾陸名，額支工食銀玖拾陸兩。遇閏加銀柒兩壹錢捌分叁釐叁毫伍忽陸纖。

轎傘扇夫柒名，額支工食銀肆拾貳兩。遇閏加銀叁兩壹錢肆分貳釐陸毫玖絲伍忽捌微。

禁卒叁名，額支工食銀壹拾捌兩。遇閏加銀壹兩叁錢肆分陸釐捌毫陸絲捌忽柒微伍纖。

舖司肆名，額支工食銀貳拾肆兩。遇閏加銀貳兩。

新設禁卒玖名，額支工食銀伍拾肆兩原未請閏。

更夫拾名，額支工食銀陸拾兩原未請閏。

庫子肆名，額支工食銀貳拾肆兩。遇閏加銀壹兩柒錢玖分伍釐捌毫貳絲陸忽貳纖。

斗级肆名，額支工食銀貳拾肆兩。遇閏加銀壹兩柒錢玖分伍釐捌毫貳絲陸忽貳纖。

潼關廳撥支步快捌名，額支工食銀肆拾捌兩。遇閏加銀叁兩伍錢玖分壹厘陸毫伍絲叁忽壹微伍纖。

經歷衙門

門子壹名，額支工食銀陸兩。遇閏加銀肆錢肆分捌釐玖毫伍絲陸忽貳微伍纖。

皂隸肆名，額支工食銀貳拾肆兩。遇閏加銀壹兩柒錢玖分伍釐捌毫貳絲陸忽貳纖。

馬夫壹名，額支工食銀陸兩。遇閏加銀肆錢肆分捌釐玖毫伍絲陸忽貳微伍纖。

教諭衙門

齋夫貳名，額支工食銀貳拾肆兩。遇閏加銀壹兩柒錢玖分伍釐捌毫玖絲叁忽貳絲陸塵陸渺。

門斗叁名，額支工食銀貳拾壹兩陸錢。遇閏加銀壹兩陸錢壹分陸釐貳毫肆絲肆忽壹微叁纖。

廩生肆拾名，額支月糧銀壹百貳拾捌兩。遇閏加銀壹拾兩陸錢陸分陸釐陸毫陸絲柒忽。

膳夫貳名，額支工食銀壹拾叁兩叁錢叁分叁釐叁毫叁絲。遇閏加銀壹兩壹錢壹分壹釐壹毫。

縣丞衙門

門子壹名，額支工食銀陸兩。遇閏加銀伍錢。

皂隸肆名，額支工食銀貳拾肆兩。遇閏加銀貳兩。

馬夫壹名，額支工食銀陸兩。遇閏加銀伍錢。

以上知府、經歷、教諭、知縣、縣丞各官員額支俸薪及門、皂等役、廩膳、齋夫工食銀兩，係乾隆元年、拾伍年在於請改設府治等事案內，原請在於起運銀內動支。

知縣衙門

門子貳名，每名歲支銀陸兩，共支銀壹拾貳兩，內除荒撥補銀壹兩壹錢伍分貳釐陸毫叁絲叁微陸纖叁塵陸渺，實徵支銀壹拾兩捌錢肆分柒釐叁毫陸絲玖忽陸微叁纖陸塵肆渺。遇閏加銀壹兩，內除荒銀壹錢貳釐捌毫伍絲捌忽陸微叁纖肆塵叁渺，實徵支銀捌錢玖分柒釐壹毫肆絲壹忽叁微陸纖伍塵柒渺。

皂隸、仵作壹拾陸名，每名歲支銀陸兩，共支銀玖拾陸兩，內除荒撥補銀玖兩貳錢壹分捌釐肆毫壹絲叁忽玖微柒纖肆塵貳渺，實徵支銀捌拾陸兩柒錢捌分壹釐伍毫捌絲陸忽貳纖伍塵捌渺。遇閏加銀捌兩，內除荒銀捌錢貳分貳厘捌毫陸絲肆忽壹纖貳塵伍渺，實徵支銀柒兩壹錢柒分柒釐壹毫叁絲伍忽玖微捌纖柒塵伍渺。

馬快捌名，每名歲支銀壹拾陸兩捌錢，共支銀壹百叁拾肆兩肆錢，內除荒撥補銀壹拾貳兩玖錢玖釐肆毫叁絲肆忽叁微伍纖玖塵叁渺貳漠，實徵支銀壹百貳拾壹兩肆錢玖分伍毫陸絲伍忽陸微肆纖陸渺捌漠。遇閏加銀壹拾壹兩貳錢，內除荒銀壹兩壹錢伍分貳釐柒忽壹微陸纖叁塵肆渺，實徵支銀壹拾兩肆分柒釐玖毫玖絲貳忽捌微叁纖陸塵陸渺。

民壯叁拾名，每名歲支銀陸兩，共支銀壹百捌拾兩，內除荒撥補銀壹拾柒兩貳錢捌分玖釐叁毫叁絲壹忽陸纖，實徵支銀壹百陸拾貳兩柒錢壹分陸毫陸絲捌忽玖微肆纖。遇閏加銀壹拾伍兩，內除荒銀壹兩伍錢肆分貳釐捌毫陸絲叁忽叁微捌纖陸塵伍渺，實徵支銀壹拾叁兩肆錢伍分柒釐壹毫叁絲陸忽陸微壹纖叁塵伍渺。

看監禁卒捌名，每名歲支銀陸兩，共支銀肆拾捌兩，內除荒撥補銀肆兩陸錢壹分伍毫壹絲貳忽肆微捌纖伍塵柒渺，實徵支銀肆拾叁兩叁錢捌分玖釐肆毫捌絲柒忽伍微壹纖肆塵叁渺。外每名加增銀貳兩，共加增銀壹拾陸兩。遇閏加銀肆兩，內除荒銀肆錢壹分壹釐肆毫叁絲壹忽叁微玖纖壹塵貳渺，實徵支銀叁兩伍錢捌分捌釐伍毫陸絲捌忽陸微捌塵捌渺。

轎傘扇夫柒名，每名歲支銀陸兩，共支銀肆拾貳兩，內除荒撥補銀肆兩叁分肆釐壹毫玖絲捌忽柒微貳纖貳塵陸渺，實徵支銀叁拾柒兩玖錢陸分伍釐捌毫壹忽貳微柒纖柒塵肆渺。遇閏加銀叁兩伍錢，內除荒銀叁錢陸分叁忽壹微陸纖叁塵壹渺，實徵支銀叁兩壹錢叁分玖釐玖毫玖絲陸忽捌微叁纖陸塵玖渺。

庫子肆名，每名歲支銀陸兩，共支銀貳拾肆兩，內除荒撥補銀貳兩叁錢伍釐貳毫伍絲陸忽柒微貳纖玖塵貳渺，實徵支銀貳拾壹兩陸錢玖分肆釐柒毫肆絲叁忽貳微柒纖捌渺。遇閏加銀貳兩，內除荒銀貳錢伍釐柒毫壹絲陸忽貳微叁纖陸渺，實徵支銀壹兩柒錢玖分肆釐貳毫捌絲叁忽柒微陸纖玖塵肆渺。

斗級肆名，每名歲支銀陸兩，共支銀貳拾肆兩，內除荒撥補銀貳兩叁錢伍釐貳毫伍絲陸忽柒微貳纖玖塵貳渺，實徵支銀貳拾壹兩陸錢玖分肆釐柒毫肆絲叁忽貳微柒纖捌渺。遇閏加銀貳兩，內除荒銀貳錢伍釐柒毫壹絲陸忽貳微叁纖陸渺，實徵支銀壹兩柒錢玖分肆釐貳毫捌絲叁忽柒微陸纖玖塵肆渺。

各舖司兵貳拾伍名，每名歲支銀伍兩玖錢陸分柒釐陸毫，共銀壹百肆拾玖兩壹錢玖分，內除荒銀壹拾肆兩叁錢壹分肆釐柒毫貳絲柒忽貳微壹纖陸塵陸渺，實徵支銀壹百叁拾肆兩捌錢柒分伍釐貳毫柒絲貳忽柒微捌纖叁塵肆渺。外加增銀壹拾伍兩壹錢貳分肆釐柒毫貳絲柒忽貳微壹纖陸塵陸渺。遇閏加銀壹拾貳兩肆錢叁分貳釐肆毫叁絲叁忽伍微，內除荒銀壹兩貳錢玖釐貳毫柒絲叁忽壹微貳纖貳塵伍渺，實徵支銀壹拾壹兩貳錢貳分叁釐壹毫陸絲叁微柒纖柒塵伍渺。外加增銀壹兩貳錢柒分陸釐捌毫叁絲玖忽陸微貳纖貳塵伍渺。

鐘鼓夫伍名，每名歲支銀貳兩陸錢陸分陸釐陸毫，共支銀壹拾叁兩叁錢叁分叁釐叁毫，內除荒撥補銀壹兩貳錢柒分玖釐貳毫陸絲伍忽貳微玖纖貳塵柒渺叁漠，實徵支銀壹拾貳兩伍分肆釐叁絲肆忽柒微柒塵貳渺柒漠。遇閏加銀壹兩壹錢壹分壹釐壹毫，內除荒銀壹錢捌釐捌絲伍忽肆纖貳塵伍渺，實徵支銀壹兩叁釐壹絲肆忽玖微伍纖柒塵伍渺。

各河渡口水夫陸名，每名歲支銀肆兩捌錢，共支銀貳拾捌兩捌錢，內除荒撥補銀貳兩柒錢陸分叁釐貳毫壹絲貳忽叁微貳塵陸渺，實徵支銀貳拾陸兩叁分陸釐柒毫捌絲柒忽陸微玖纖柒塵肆渺。遇閏加銀貳兩肆錢，內除荒銀貳錢叁分叁釐肆毫肆絲貳忽玖微壹塵捌渺，實徵支銀貳兩壹錢陸分陸釐伍毫伍絲柒忽玖纖捌塵貳渺。

運水夫貳名，每名歲支銀陸兩壹錢，共支銀壹拾貳兩貳錢，內除荒撥補銀壹兩壹錢柒分伍毫貳絲捌忽叁微玖纖肆塵柒渺，實徵支銀壹拾壹兩貳分玖釐肆毫柒絲壹忽陸微伍塵叁渺。遇閏加銀壹兩壹分陸釐陸毫伍絲，內除荒銀玖分捌釐陸毫貳絲壹忽壹微柒纖陸塵陸渺，實徵支銀玖錢壹分捌釐貳絲捌忽捌微貳纖叁塵肆渺。

典史衙門

門子壹名，歲支銀陸兩，內除荒撥補銀伍錢柒分陸釐叁毫壹絲伍忽陸微捌纖柒塵貳渺，實徵支銀伍兩肆錢貳分叁釐陸毫捌絲肆忽叁微壹纖貳塵捌渺。遇閏加銀伍錢，內除荒銀伍分壹釐肆毫貳絲玖忽叁微壹纖柒塵柒渺，實徵支銀肆錢肆分捌釐伍毫柒絲陸微捌纖貳塵叁渺。

皂隸肆名，每名歲支銀陸兩，共支銀貳拾肆兩，內除荒撥補銀貳兩叁錢伍釐貳毫伍絲陸忽柒微貳纖玖塵貳渺，實徵支銀貳拾壹兩陸錢玖分肆釐柒毫肆絲叁忽貳微柒纖捌渺。遇閏加銀貳兩，內除荒銀貳錢伍釐柒毫壹絲陸忽貳微叁纖陸渺，實徵支銀壹兩柒錢玖分肆釐貳毫捌絲叁忽柒微陸纖玖塵肆渺。

馬夫壹名，歲支銀陸兩，內除荒撥補銀伍錢柒分陸釐叁毫壹絲伍忽陸微捌纖柒塵貳渺，實徵支銀伍兩肆錢貳分叁釐陸毫捌絲肆忽叁微壹纖貳塵捌渺。遇閏加銀伍錢，內除荒銀伍分壹釐肆毫貳絲玖忽叁微壹纖柒塵柒渺，實徵支銀肆錢肆分捌釐伍毫柒絲陸微捌纖貳塵叁渺。

教諭衙門

齋夫叁名，每名歲支銀壹拾貳兩，共支銀叁拾陸兩，內除荒撥補銀叁兩肆錢伍分柒釐玖毫捌絲伍忽壹微玖纖捌渺，實徵支銀叁拾貳兩伍錢肆分貳釐壹絲肆忽捌微玖塵貳渺。遇閏加銀叁兩，內除荒銀叁錢捌釐肆毫柒絲叁忽捌微伍纖伍塵玖渺，實徵支銀貳兩陸錢玖分壹釐伍毫貳絲陸忽壹微肆纖肆塵壹渺。

膳夫貳名，額支銀壹拾叁兩叁錢叁分叁釐叁毫叁絲，內除荒撥補銀壹兩貳錢捌分肆絲伍忽玖微柒塵壹渺貳漠捌沙，實徵支銀壹拾貳兩伍分叁釐貳毫捌絲肆忽玖纖貳塵捌渺柒漠貳沙。遇閏加銀壹兩壹錢壹分壹釐壹毫，內除荒撥補銀壹錢壹分伍釐伍毫伍絲肆忽陸微玖纖叁塵玖渺，實徵支銀玖錢玖分伍釐伍毫肆絲伍忽叁微陸塵壹渺。

門斗叁名，每名歲支銀柒兩貳錢，共支銀貳拾壹兩陸錢，內除荒撥補銀貳兩柒分肆釐柒毫叁絲壹微壹纖陸塵肆渺捌漠，實徵支銀壹拾玖兩伍錢貳分伍釐貳毫陸絲玖忽捌微捌纖叁塵伍渺貳漠。遇閏加銀壹兩捌錢，內除荒銀壹錢捌分伍釐壹毫肆絲叁忽捌微陸纖伍塵陸渺，實徵支銀壹兩陸錢壹分肆釐捌毫伍絲陸忽壹微叁纖肆塵肆渺。

廩生貳拾名，每名歲支銀叁兩貳錢，共支銀陸拾肆兩，內除荒撥補銀陸兩壹錢肆分叁釐叁毫叁絲玖忽貳微陸塵貳渺陸漠陸沙陸洙陸涯，實徵支銀伍拾柒兩捌錢伍分陸釐陸毫陸絲柒微玖纖叁塵柒渺叁漠叁沙叁洙肆涯。遇閏加銀伍兩叁錢叁分叁釐叁毫叁絲，內除荒撥補銀肆錢陸分玖釐壹毫玖絲壹忽肆微壹纖伍塵陸渺陸沙陸洙陸涯，實徵支銀肆兩捌錢陸分肆釐壹毫叁絲捌忽伍微捌纖肆塵玖渺叁漠叁沙叁洙肆涯。

以上俸工項下，除廩生、膳夫貳欵照常支發外，其餘官役俸工於道光貳拾叁年奉文，均以貳兩平支放，每兩減平銀陸分，其減平銀兩，每年批解部庫交納，理合登明。

壹祭祀項下

襍支春秋貳季祭祀文廟并各壇祠及無祀鬼魂品物等項價銀捌拾陸兩壹錢壹分，內除荒銀捌兩貳錢伍分玖釐陸毫叁絲貳忽壹纖叁塵柒渺伍漠肆沙玖洙肆涯，實徵支銀柒拾柒兩捌錢伍分叁毫陸絲柒忽玖微捌纖陸塵貳渺肆漠伍沙陸涯。

外撥補豁免銀玖毫壹絲伍忽叁微。

祭旗纛並犒賞民壯等銀伍兩捌錢，內除荒銀伍錢伍分陸釐肆毫捌絲貳忽陸微陸纖柒渺，實徵支銀伍兩貳錢肆分叁釐伍毫壹絲柒忽叁微叁纖玖塵叁渺。

鄉飲額支銀伍兩，內除荒銀肆錢柒分玖釐柒毫貳絲陸忽壹微壹纖陸塵伍渺，實徵支銀肆兩伍錢貳分貳毫柒絲叁忽捌微捌纖叁塵伍渺。

永豐倉斗級壹名，額支銀壹拾兩陸錢陸分陸釐陸毫，內除荒撥補銀壹兩貳分叁釐肆毫柒忽壹微叁纖柒塵捌渺，實徵支銀玖兩陸錢肆分叁釐壹毫玖絲貳忽捌微陸纖貳塵貳渺。遇閏加銀捌錢捌分陸釐捌毫捌絲，內除荒銀捌分陸釐肆毫陸絲陸微玖纖壹塵柒渺，實徵支銀捌錢貳釐肆毫壹絲玖忽叁微捌塵叁渺。

解布政司紙劄銀壹兩柒錢貳分伍釐，內除荒銀壹錢陸分伍釐伍毫伍忽捌微肆纖壹塵陸渺，實徵支銀壹兩伍錢伍分玖釐肆毫玖絲肆忽壹微伍纖捌塵肆渺。

以上鄉飲、紙劄貳項於道光貳拾叁年奉文裁汰，其徵收銀兩，每年批解部庫交納，理合登明。

一孤貧項下

孤貧捌拾名，共支月糧銀貳百壹拾伍兩伍錢叁分捌釐柒毫叁絲玖忽叁微捌纖壹塵肆渺，內除荒銀貳拾兩陸錢伍分捌釐陸毫陸絲陸忽壹微壹纖捌塵玖渺，實支銀壹百玖拾肆兩捌錢捌分柒絲叁忽貳微陸纖貳塵伍渺。外加增銀玖拾叁兩壹錢壹分玖釐玖毫貳絲陸忽柒微叁纖柒塵伍渺。外遇閏加增銀貳拾肆兩。

孤貧布花銀肆拾兩，內除荒銀叁兩捌錢叁分叁釐捌毫陸絲伍忽貳微捌纖陸塵捌渺，實支銀叁拾陸兩壹錢陸分陸釐壹毫叁絲肆忽柒微壹纖叁塵貳渺。

一驛站項下

臨洮府站銀肆千叁百陸拾兩柒錢柒分叁釐伍毫捌絲柒忽貳微壹纖；店張驛站銀捌拾貳兩陸錢貳分伍釐伍毫；京兆驛支直銀貳兩壹錢伍釐；華山驛支直銀壹百壹拾陸兩玖錢肆分貳釐肆毫；潼津驛支直銀陸拾肆兩肆錢捌分肆釐；潼關驛站銀捌拾捌兩柒錢貳分；宜祿驛改兌臨洮府站銀壹拾陸兩；議裁織造局快手並撙節過往下程改兌臨洮府站銀叁拾兩；運水夫工食抵解宜祿驛站銀柒兩貳錢。共額銀肆千柒百陸拾捌兩捌錢伍分肆毫捌絲柒忽貳微壹纖，內除荒銀壹拾壹兩柒錢捌分壹釐玖毫伍絲柒忽陸微叁纖肆塵玖渺，實徵銀肆千柒百伍拾柒兩陸分捌釐伍毫貳絲玖忽伍微柒纖伍塵壹渺。

外收受協銀壹千壹拾玖兩陸錢叁分叁釐柒毫陸忽玖微陸纖玖塵。

共銀伍千柒百柒拾陸兩柒錢貳釐貳毫叁絲陸忽伍微肆纖肆塵壹渺，內除額協裁站銀壹百陸拾貳兩陸錢肆分肆毫貳絲捌忽陸微捌纖玖塵叁渺，實支銀伍千陸百壹拾肆兩陸分壹釐捌毫柒忽捌微伍纖肆塵捌渺。

接遞損轎夫壹百貳拾名，每名歲支銀陸兩伍錢貳分叁釐伍毫叁絲玖忽，共支銀柒百捌拾貳兩捌錢貳分肆釐陸毫捌絲；走遞夫馬工料額銀壹千貳百柒拾陸兩陸錢捌分貳釐陸毫陸絲陸忽陸微陸纖陸塵柒渺。共額銀貳千伍拾玖兩伍錢柒釐叁毫肆絲陸忽陸微陸纖陸塵柒渺，內除荒銀貳百捌拾陸兩玖分柒釐貳毫柒忽肆微玖纖柒塵捌渺柒漠，實徵銀壹千柒百柒拾叁兩肆錢壹分壹毫叁絲玖忽壹微陸纖捌塵捌渺叁漠，內除額協裁站銀柒百陸拾肆兩捌錢陸分陸釐伍絲貳忽陸微陸纖陸塵陸渺捌漠，實支銀壹千捌兩伍錢肆分肆釐捌絲陸忽伍微貳塵壹渺伍漠。

遇閏加銀貳百肆拾玖兩，內除荒銀貳拾肆兩貳錢壹分玖釐玖毫玖絲叁微玖塵捌渺，實徵銀貳百貳拾肆兩柒錢捌分玖忽陸微玖纖貳渺，內除裁站銀捌拾貳兩柒錢陸分壹釐捌毫捌絲伍忽柒纖伍塵，實支銀壹百肆拾貳兩壹分捌釐壹毫貳絲肆忽陸微壹纖伍塵貳渺。

外撥補增給夫馬閏月銀叁錢玖分玖釐玖毫壹絲貳忽伍微。

以上存留實徵銀柒千柒百陸拾貳兩肆錢壹分陸釐肆毫肆絲捌忽陸纖壹渺柒漠捌沙肆洙。

又收起運內受協站支兌留兵餉銀壹千壹拾玖兩陸錢叁分叁釐柒毫陸忽玖微陸纖玖塵。

貳項共銀捌千柒百捌拾貳兩伍分壹毫伍絲伍忽貳纖玖塵壹渺柒漠捌沙肆洙，內額協南鄭等縣站支抵餉銀貳千叁百伍拾肆兩肆錢叁分貳釐陸毫叁絲肆忽貳微叁纖陸塵陸渺；又除臨洮府蘭州站支抵餉銀貳千貳百柒拾肆兩伍錢玖分壹釐貳毫伍絲貳忽貳微柒纖貳塵壹渺；又除驛遞之差使甚少並題明請將驛站等事貳案內，共裁站銀壹千貳百玖拾捌兩肆錢捌分壹釐伍毫玖絲肆忽捌微肆纖柒塵貳渺捌漠。實該銀貳千捌百伍拾肆兩伍錢肆分肆釐陸毫柒絲叁忽陸微柒纖叁塵壹渺玖漠捌沙肆洙。

外加增撥補俸工銀壹千肆百貳拾陸兩肆分陸釐柒毫壹絲陸忽玖微貳纖玖塵叁渺玖漠陸沙陸洙陸涯。

貳項共銀肆千貳百捌拾兩伍錢玖分壹釐叁毫玖絲陸微貳塵伍渺玖漠伍沙陸涯於乾隆伍拾貳年奉文，全數解司，一切支款，俱由司按季領支，嗣於嘉慶五年奉文，照舊在縣留支，並不解司，按季請領。

外遇閏加銀叁百叁拾叁兩肆分陸釐捌毫壹絲玖忽伍微，內除裁扣俸銀伍兩貳錢伍分叁釐叁毫貳絲陸忽入起運外，實該銀叁百貳拾柒兩柒錢玖分叁釐肆毫玖絲叁忽伍微，內除荒銀叁拾貳兩壹錢肆分陸釐貳毫柒絲貳忽壹微伍纖叁塵伍渺陸漠陸沙陸洙陸涯，實支銀貳百玖拾伍兩陸錢肆分柒釐貳毫貳絲壹忽叁微肆纖陸塵肆渺叁漠叁沙叁洙肆涯，內除驛遞之差使甚少並題明請將驛站等事貳案內，共裁站銀捌拾貳兩柒錢陸分壹釐捌毫捌絲伍忽柒纖伍塵。止該銀貳百壹拾貳兩捌錢捌分伍釐叁毫叁絲陸忽貳微柒纖壹塵肆渺叁漠叁沙叁洙肆涯。

外加增撥補俸工銀捌拾捌兩貳錢伍分叁釐肆毫柒忽陸微玖纖陸漠陸沙陸洙陸涯。

又加增撥補夫馬閏月銀叁錢玖分玖釐玖毫壹絲貳忽伍微。

叁共銀叁百壹兩伍錢肆分捌釐陸毫伍絲陸忽肆微陸纖壹塵伍渺於乾隆伍拾貳年奉文，全數解司，一切支款，俱由司按季領支，嗣於嘉慶五年奉文，照舊在縣留支，並不解司，按季請領。

一額外

課程銀肆拾兩捌錢柒分係舖戶出辦。遇閏加銀叁兩肆錢伍釐捌毫叁絲叁忽叁微叁纖。

一雜稅項下

畜稅銀捌拾壹兩玖錢叁分係買騾馬出辦，原無定額，儘收儘解。

地稅銀壹百叁拾壹兩柒分係買房地業主出辦，原無定額，儘收儘解。

當稅銀壹百叁拾伍兩係典舖出辦，共典舖貳拾柒座，每座每年當稅銀伍兩。

牙稅銀捌拾柒兩壹錢，內壹等牙人壹拾叁名，每名原額銀貳兩肆錢，共銀叁拾壹兩貳錢；貳等牙人壹名，原額銀貳兩；叁等牙人壹拾伍名，每名原額銀壹兩肆錢，共銀貳拾壹兩；肆等牙人捌名，每名原額銀壹兩貳錢，共銀玖兩陸錢；伍等牙人貳名，每名原額銀壹两，共銀貳兩；陸等牙人壹名，每名原額銀玖錢，共銀玖錢；柒等牙人壹拾伍名，每名原額銀捌錢，共銀壹拾貳兩；捌等牙人貳名，每名原額銀陸錢，共銀壹兩貳錢；玖等牙人壹拾捌名，每名原額銀肆錢，共銀柒兩貳錢。

韓城縣

原額通融折正中地叁千玖百伍拾柒頃貳拾伍畝貳分柒釐，每畝科糧陸升壹合柒勺伍抄貳圭叁粟肆粒，共糧貳萬肆千肆百叁拾陸石壹斗貳升捌合陸抄貳撮，每石折徵銀壹兩貳錢捌分伍釐玖毫肆絲陸忽伍微玖纖肆塵叁渺，共額徵銀叁萬壹千肆百貳拾叁兩伍錢伍分伍釐陸毫伍絲玖忽捌微叁纖肆塵捌渺，內：

於康熙捌年伍月及乾隆伍年正月內題明秦屬蠲免及遵旨詳查議奏事貳案內，豁免過荒地貳百貳拾伍頃肆拾玖畝壹分肆釐陸毫貳絲柒忽，應免糧壹千叁百玖拾貳石肆斗壹升伍合伍抄捌撮陸圭柒粟壹粒柒顆玖糠肆粃玖粀，應免銀壹千柒百玖拾兩伍錢柒分壹釐肆毫伍忽貳微捌塵陸渺肆漠貳洙肆涯。

止實在地叁千柒百叁拾壹頃柒拾陸畝壹分貳釐叁毫柒絲叁忽，該糧貳萬叁千肆拾叁石柒斗壹升叁合叁撮叁圭貳粟捌粒貳顆伍粃壹粀，折徵銀貳萬玖千陸百叁拾貳兩玖錢捌分肆釐貳毫伍絲肆忽陸微貳纖陸塵壹渺伍漠玖沙柒洙陸涯遵照乾隆伍拾玖年奉准部咨令，將康熙年間易知由單內載：折正中地每畝徵銀柒分玖釐肆毫柒忽伍微叁塵貳渺肆漠，逐一纂入書內，嗣後遇有墾豁，以便按畝增除。

額外

丈出黄河灘地並康熙拾陸年首報共該灘地叁百捌拾頃伍畝壹分玖毫捌絲，每畝科糧陸升壹合柒勺伍抄貳圭叁粟肆粒，共該糧貳千叁百肆拾陸石捌斗貳升肆合肆勺貳抄叁撮叁圭肆粟肆粒，該銀叁千壹拾柒兩捌錢玖分捌毫玖絲貳忽陸微玖纖貳塵柒渺，內除蠲免衝決並秦屬蠲免、衝崩砂磧及乾隆貳、伍等年題明敬陳管見及遵旨詳查議奏等事各案內，豁免共地叁百肆拾伍頃陸拾柒畝陸分柒釐壹絲，應免糧貳千壹百叁拾肆石伍斗陸升壹合柒勺壹抄柒撮伍圭玖粒壹顆陸糠肆粃壹粀，應免銀貳千柒百肆拾肆兩玖錢叁分貳釐叁毫捌絲叁忽捌微捌纖捌塵陸渺捌漠陸沙壹洙壹涯。

止實熟地叁拾肆頃叁拾柒畝肆分叁釐玖毫柒絲，應徵糧貳百壹拾貳石貳斗陸升貳合柒勺伍撮捌圭叁粟肆粒捌顆叁糠伍粃玖粀，應徵銀貳百柒拾貳兩玖錢伍分捌釐伍毫捌忽捌微肆塵壹漠叁沙捌洙玖涯遵照康熙年間易知由單內載：每畝徵銀柒分玖釐肆毫柒忽伍微叁塵貳渺肆漠，嗣後遇有墾豁，按畝增除。

原額人丁叁等玖則不等，共折下下丁柒萬貳百肆拾肆丁，除匠價外，每丁徵銀肆分捌釐貳毫捌絲貳忽捌微伍纖伍塵陸渺，共應徵銀叁千叁百玖拾壹兩伍錢捌分玖毫伍忽玖微，內除優免丁壹千柒百叁拾貳丁，該銀捌拾叁兩陸錢貳分伍釐玖毫伍忽玖微。

行差丁陸萬捌千伍百壹拾貳丁，共額徵銀叁千叁百柒兩玖錢伍分伍釐，內：

順治柒年玖月內并康熙捌年伍月內秦屬蠲免事案內，題明豁免逃亡並捏報鬼名丁捌千叁百玖拾伍丁，應除銀肆百伍兩叁錢叁分肆釐伍毫柒絲伍忽壹微柒纖肆塵肆渺，又節年招回並審出丁貳千肆百陸拾柒丁，該徵銀壹百壹拾玖兩壹錢壹分叁釐柒毫陸絲肆忽柒微捌纖玖塵陸渺。

實行差丁陸萬貳千伍百捌拾肆丁，該徵銀叁千貳拾壹兩柒錢叁分肆釐壹毫捌絲玖忽陸微壹纖伍塵貳渺。

康熙伍拾伍年起，至乾隆貳拾陸年止，編審出丁貳百叁拾貳丁；乾隆叁拾壹年編審出丁貳拾伍丁；乾隆叁拾陸年編審出丁叁拾丁。共編審出丁貳百捌拾柒丁，欽遵康熙伍拾貳年叁月拾捌日恩詔，後遇編審之期，但據康熙伍拾年丁冊定為常額，永不加賦。

原額均徭銀肆千伍百叁拾捌兩捌錢陸分捌釐捌毫貳絲，內除荒銀貳百伍拾捌兩陸錢叁分貳釐玖毫玖絲玖忽壹微柒纖貳塵叁渺陸漠貳沙玖洙捌涯，實徵銀肆千貳百捌拾兩貳錢叁分伍釐捌毫貳絲捌微貳纖柒塵陸渺叁漠柒沙貳涯係按前項折正中地，每畝徵均徭銀壹分壹釐肆毫陸絲玖忽柒微肆纖陸塵捌渺。

又額外地畝應徵均徭銀肆百叁拾伍兩玖錢貳釐陸毫壹絲肆忽肆微柒纖陸塵貳渺，內除荒銀叁百玖拾陸兩肆錢柒分伍釐玖毫陸絲貳忽壹微柒纖貳塵陸渺叁洙壹涯，實徵銀叁拾玖兩肆錢貳分陸釐陸毫伍絲貳忽叁微叁塵伍渺玖漠玖沙陸洙玖涯係按前項額外地畝，每畝徵均徭銀壹分壹釐肆毫陸絲玖忽柒微肆纖陸塵捌渺。

外遇閏加徵銀叁百肆拾捌兩貳錢壹分貳釐柒毫玖絲柒忽，內除荒銀貳拾肆兩玖錢壹分玖釐陸毫伍絲壹忽壹微肆纖壹塵伍渺，實徵銀叁百貳拾叁兩貳錢玖分叁釐壹毫肆絲伍忽捌微伍纖捌塵伍渺。

額外匠價銀壹百壹拾柒兩陸錢肆分伍釐。遇閏加銀玖兩捌錢叁釐柒毫伍絲。

停免銀叁百陸拾伍兩陸分柒釐肆絲伍忽叁微貳纖捌塵捌渺。

新增均籍丁糧銀壹千肆百伍拾柒兩肆錢玖分捌釐肆毫伍絲貳微柒纖叁塵柒渺。

外付首報糧條銀叁兩貳錢叁分壹釐。

以上額外伍項正閏共銀壹千玖百伍拾叁兩貳錢肆分伍釐貳毫肆絲伍忽陸微貳塵伍渺攤入前項地糧內徵解。

地、丁貳項並均徭、額外、停免、匠價、均籍、首報糧條，除優免丁銀外，額徵銀肆萬肆千陸百陸拾柒兩陸錢壹分肆釐肆毫捌絲貳忽陸微陸塵貳渺，內除荒銀伍千肆百柒拾陸兩捌錢叁分叁釐伍毫陸絲捌微貳纖柒塵捌漠玖沙陸洙肆涯，實徵銀叁萬玖千壹百玖拾兩柒錢捌分玖毫貳絲壹忽柒微柒纖玖塵壹渺壹漠叁洙陸涯。

外遇閏加徵銀叁百肆拾捌兩貳錢壹分貳釐柒毫玖絲柒忽，內除荒銀貳拾肆兩玖錢壹分玖釐陸毫伍絲壹忽壹微肆纖壹塵伍渺，實徵銀叁百貳拾叁兩貳錢玖分叁釐壹毫肆絲伍忽捌微伍纖捌塵伍渺。

又匠價遇閏加銀玖两捌錢叁釐柒毫伍絲。

壹起運項下

原編起運糧石折價等項銀貳萬叁千貳百柒拾壹兩陸錢柒分壹釐捌毫叁絲柒忽捌微叁纖肆塵捌渺，內除荒銀壹千叁百貳拾陸兩陸分貳釐壹毫壹絲玖微陸纖叁塵貳渺，實徵銀貳萬壹千玖百肆拾伍兩陸錢玖釐柒毫貳絲陸忽捌微柒纖壹塵陸渺。

鹽鈔、藥味等項折價銀貳千陸百肆拾玖兩柒錢叁分肆釐柒毫，內除荒銀壹百伍拾肆兩叁錢柒分捌釐伍毫陸絲陸忽捌微伍纖柒塵壹渺，實徵銀貳千肆百玖拾伍兩叁錢伍分陸釐壹毫叁絲叁忽壹微肆纖貳塵玖渺。

舊編存留，內順治玖年裁扣各役工食銀貳百叁拾兩；拾貳年裁扣傘扇、桌圍銀玖拾捌兩；拾肆年裁扣官生俸廩等項，除復孤貧口糧、布花外，止實裁銀肆百柒拾肆兩肆分柒釐玖絲，走遞里馬叁分裁壹，銀叁拾柒兩捌錢。康熙元年裁扣吏書工食銀壹百玖拾玖兩貳錢；叁年裁訓導、齋夫俸工銀玖拾叁兩玖錢貳分，裁雜費丁銀捌拾捌兩捌錢柒分貳釐貳毫叁絲；拾伍年裁心紅紙張、修理監倉、喂馬草料、芒神土牛、歲貢季考、修理鋪墊、倉厫、紙劄、科舉生員盤纏等項銀壹百陸拾陸兩叁錢玖分壹釐陸毫伍絲；貳拾柒年裁歲貢、舉人、進士盤纏、旂牌、花紅、坊價等項銀伍拾叁兩捌錢叁分柒釐捌毫貳絲。雍正陸年裁燈夫工食銀貳拾肆兩；拾貳年裁民壯工食銀壹百伍拾陸兩。乾隆柒年裁民壯工食銀叁拾陸兩；玖年又裁均攤祭祀銀伍兩，又裁舖司工食銀伍拾貳兩捌錢；貳拾伍年裁縣丞並門、皂、馬夫俸工銀柒拾陸兩，舊編冗費裁剩解部銀壹千陸百捌拾捌兩捌錢肆分陸釐貳毫貳絲貳忽。

共銀叁千肆百捌拾兩柒錢壹分伍釐壹絲貳忽，內除荒銀貳百肆拾捌兩叁錢貳釐肆毫捌絲玖忽貳纖肆塵叁渺肆漠捌沙貳洙捌涯，實徵銀叁千貳百叁拾貳兩肆錢壹分貳釐伍毫貳絲貳忽玖微柒纖伍塵陸渺伍漠壹沙柒洙貳涯。

又額外地畝應徵折色均徭共銀叁千肆百伍拾叁兩柒錢玖分叁釐伍毫柒忽壹微陸纖捌塵玖渺，內除荒銀叁千壹百肆拾壹兩肆錢捌釐叁毫肆絲陸忽陸纖壹塵貳渺捌漠陸沙肆洙貳涯，實徵銀叁百壹拾貳兩叁錢捌分伍釐壹毫陸絲壹忽壹微柒塵陸渺壹漠叁沙伍洙捌涯。

匠價、停免、軍籍、首報糧條等項共銀壹千玖百肆拾叁兩肆錢肆分壹釐肆毫玖絲伍忽陸微貳纖伍渺。

共起運銀貳萬玖千玖百貳拾玖兩貳錢伍釐叁絲玖忽柒微貳渺陸漠伍沙叁洙。

又收存留額協抵餉並驛遞之差使甚少及題明請將驛站等事叁案內，共銀柒千柒百貳拾貳兩叁錢叁分壹釐叁毫壹絲捌忽肆微捌纖伍塵陸渺。

又收協臨洮府狄道縣站銀捌兩壹錢伍釐玖絲壹忽捌微叁纖壹塵捌渺。

共該起運銀叁萬柒千陸百伍拾玖兩陸錢肆分壹釐肆毫伍絲壹纖柒塵陸渺陸漠伍沙叁洙，又於請做以糧載丁等事案內，通省以糧均丁增銀壹千捌百玖拾兩壹錢伍分陸釐叁毫陸絲捌微捌纖壹塵肆渺。

以上共起運銀叁萬玖千伍百肆拾玖兩柒錢玖分柒釐捌毫壹絲捌微玖纖玖塵陸漠伍沙叁洙，內留支加增撥補俸工銀捌拾兩叁分肆釐伍毫陸絲壹微捌纖玖塵壹渺，止該起運銀叁萬玖千肆百陸拾玖兩柒錢陸分叁釐貳毫伍絲柒微玖塵玖渺陸漠伍沙叁洙。

外遇閏裁扣，內順治玖年裁扣銀壹拾柒兩伍錢；拾肆年裁扣銀叁拾肆兩肆錢肆分壹釐柒毫陸絲玖忽，遞馬叁分裁壹，銀叁兩壹錢柒分壹釐肆毫壹絲。康熙元年裁扣銀壹拾陸兩陸錢；叁年裁扣銀柒兩捌錢貳分陸釐陸毫陸絲陸忽；拾伍年裁扣銀陸兩捌錢叁分叁釐貳毫柒絲。雍正陸年裁扣銀貳兩；拾貳年裁扣銀壹拾叁兩。乾隆柒年裁扣銀叁兩；玖年裁扣銀肆兩肆錢；貳拾伍年裁縣丞並門、皂俸工銀陸兩叁錢叁分叁釐叁毫叁絲，各官閏俸銀壹拾柒兩柒錢伍分叁釐叁毫叁絲貳忽。

共銀壹百叁拾貳兩捌錢伍分玖釐柒毫柒絲柒忽，內除荒銀玖兩肆錢叁分陸釐肆毫肆絲貳忽叁微貳纖捌塵玖渺，實徵銀壹百貳拾叁兩肆錢貳分叁釐叁毫叁絲肆忽陸微柒纖壹塵壹渺。

又收額外匠價閏銀玖兩捌錢叁釐柒毫伍絲。

貳項共起運閏銀壹百叁拾叁兩貳錢貳分柒釐捌絲肆忽陸微柒纖壹塵壹渺。

又收驛遞之差使甚少及題明請將驛站等事叁案內，共裁站銀陸拾叁兩叁錢貳分伍毫玖絲叁忽貳微伍纖叁塵叁渺。

貳項共銀壹百玖拾陸兩伍錢肆分柒釐陸毫柒絲柒忽玖微貳纖肆塵肆渺，又於請倣以糧載丁等事案內，通省以糧均丁增銀壹百叁兩伍錢肆分壹毫肆絲壹忽伍微捌纖伍塵貳渺，實該銀叁百兩捌分柒釐捌毫壹絲玖忽伍微玖塵陸渺，內留支加增撥補食糧閏月銀陸兩叁錢叁分貳釐玖毫叁絲玖忽玖微伍纖壹塵陸渺。

又留支夫馬閏月銀肆錢肆分玖釐玖毫叁絲叁忽叁微叁纖叁塵叁渺壹漠。

止該起運閏銀貳百玖拾叁兩叁錢肆釐玖毫肆絲陸忽貳微貳纖肆塵陸渺玖漠。

壹存留項下

原編存留銀玖千捌百陸拾捌兩貳錢伍分柒釐玖毫叁絲,內除荒銀陸百陸兩陸錢捌分貳釐肆絲柒忽玖微貳纖壹塵壹渺伍漠肆沙玖洙肆涯，實徵銀玖千貳百陸拾壹兩伍錢柒分伍釐捌毫捌絲貳忽柒纖捌塵捌渺肆漠伍沙陸涯。

壹俸工項下

鳳邠道壹員,額支俸薪銀壹百伍兩，內除荒銀柒兩伍錢壹分叁釐玖毫貳絲柒微玖纖捌塵陸渺，實支銀玖拾柒兩肆錢捌分陸釐柒絲玖忽貳微壹纖肆渺，內除均攤俸工銀肆拾肆兩肆錢伍分捌釐肆毫柒絲伍忽壹微玖纖伍塵玖渺，即留抵撥補各員役俸工訖。

知縣壹員，額支俸薪銀肆拾伍兩，內除荒銀叁兩貳錢貳分玖毫伍絲玖忽，實徵支銀肆拾壹兩柒錢柒分玖釐肆絲壹忽，內除均攤俸工銀壹拾玖兩伍分貳釐玖毫貳絲伍忽壹微肆纖伍渺，留抵撥補俸工訖。

典史壹員，額支俸薪銀叁拾壹兩伍錢貳分，內除荒撥補銀貳兩貳錢伍分伍釐柒毫伍絲捌忽，實徵支銀貳拾玖兩貳錢陸分肆釐貳毫肆絲貳忽。

教諭、訓導貳員，額支俸薪銀叁拾壹兩伍錢貳分，內除荒撥補銀貳兩貳錢伍分伍釐柒毫伍絲捌忽，實徵支銀貳拾玖兩貳錢陸分肆釐貳毫肆絲貳忽。外加增全俸銀肆拾捌兩肆錢捌分。

鳳邠道衙門

門子肆名，每名歲支銀陸兩，共支銀貳拾肆兩，內除荒撥補銀壹兩柒錢壹分柒釐伍毫捌絲貳忽，實徵支銀貳拾貳兩貳錢捌分貳釐肆毫壹絲捌忽。遇閏加銀貳兩，內除荒銀壹錢肆分叁釐壹毫貳絲柒忽貳微，實徵支銀壹兩捌錢伍分陸釐捌毫柒絲貳忽捌微。

快手壹拾貳名，每名歲支銀陸兩，共支銀柒拾貳兩，內除荒撥補銀伍兩壹錢伍分貳釐柒毫肆絲伍忽，實徵支銀陸拾陸兩捌錢肆分柒釐貳毫伍絲伍忽。遇閏加銀陸兩，內除荒銀肆錢貳分玖釐叁毫捌絲壹忽壹微，實徵支銀伍兩伍錢柒分陸毫壹絲捌忽玖微。

皂隸壹拾貳名，每名歲支銀陸兩，共支銀柒拾貳兩，內除荒撥補銀伍兩壹錢伍分貳釐柒毫肆絲伍忽，實徵支銀陸拾陸兩捌錢肆分柒釐貳毫伍絲伍忽。遇閏加銀陸兩，內除荒銀肆錢貳分玖釐叁毫捌絲壹忽壹微，實徵支銀伍兩伍錢柒分陸毫壹絲捌忽玖微。

轎傘扇夫柒名，每名歲支銀陸兩，共支銀肆拾貳兩，內除荒撥補銀叁兩伍釐柒毫陸絲捌忽陸微，實徵支銀叁拾捌兩玖錢玖分肆釐貳毫叁絲壹忽肆微。遇閏加銀叁兩伍錢，內除荒銀貳錢伍分肆毫柒絲貳忽肆微，實徵支銀叁兩貳錢肆分玖釐伍毫貳絲柒忽陸微。

聽事吏貳名，每名歲支銀陸兩，共支銀壹拾貳兩，內除荒撥補銀捌錢伍分捌釐柒毫玖絲壹忽，實徵支銀壹拾壹兩壹錢肆分壹釐貳毫玖忽。遇閏加銀壹兩，內除荒銀柒分壹釐伍毫陸絲叁忽壹微，實徵支銀玖錢貳分捌釐肆毫叁絲陸忽玖微。

舖兵貳名，每名歲支銀陸兩，共支銀壹拾貳兩，內除荒撥補銀捌錢伍分捌釐柒毫玖絲壹忽，實徵支銀壹拾壹兩壹錢肆分壹釐貳毫玖忽。遇閏加銀壹兩，內除荒銀柒分壹釐伍毫陸絲叁忽壹微，實徵支銀玖錢貳分捌釐肆毫叁絲陸忽玖微。

知縣衙門

門子貳名，每名歲支銀陸兩，共支銀壹拾貳兩，內除荒撥補銀捌錢伍分捌釐柒毫玖絲壹忽，實徵支銀壹拾壹兩壹錢肆分壹釐貳毫玖忽。遇閏加銀壹兩，內除荒銀柒分壹釐伍毫陸絲肆忽，實徵支銀玖錢貳分捌釐肆毫叁絲陸忽。

皂隸、仵作壹拾陸名，每名歲支銀陸兩，共支銀玖拾陸兩，內除荒撥補銀陸兩捌錢柒分捌毫貳絲捌忽，實徵支銀捌拾玖兩壹錢貳分玖釐壹毫柒絲貳忽。遇閏加銀捌兩，內除荒銀伍錢柒分貳釐伍毫捌忽，實徵支銀柒兩肆錢貳分柒釐肆毫玖絲貳忽。

馬快手捌名，每名歲支草料銀壹拾陸兩捌錢，共支銀壹百叁拾肆兩肆錢，內除荒撥補銀玖兩陸錢貳分壹釐肆毫陸絲，實徵支銀壹百貳拾肆兩柒錢柒分捌釐伍毫肆絲。遇閏加銀壹拾壹兩貳錢，內除荒銀捌錢壹分壹毫壹絲壹忽，實徵支銀壹拾兩叁錢捌分玖釐捌毫捌絲玖忽。

民壯壹拾捌名，每名歲支銀陸兩，共支銀壹百捌兩，內除荒撥補銀柒兩柒錢叁分壹毫玖絲玖忽柒微肆纖玖塵捌渺，實徵支銀壹百兩貳錢陸分玖釐捌毫貳微伍纖貳渺。遇閏加銀玖兩，內除荒銀陸錢肆分柒釐陸毫伍絲肆忽叁微陸纖，實徵支銀捌兩叁錢伍分貳釐叁毫肆絲伍忽陸微肆纖。

看監禁卒捌名，每名歲支銀陸兩，共支銀肆拾捌兩，內除荒撥補銀叁兩肆錢叁分伍釐壹毫陸絲肆忽，實徵支銀肆拾肆兩伍錢陸分肆釐捌毫叁絲陸忽。遇閏加銀肆兩，內除荒銀貳錢捌分陸釐貳毫伍絲肆忽，實徵支銀叁兩柒錢壹分叁釐柒毫肆絲陸忽。

轎傘扇夫柒名，每名歲支銀陸兩，共支銀肆拾貳兩，內除荒撥補銀叁兩伍釐柒毫陸絲玖忽，實徵支銀叁拾捌兩玖錢玖分肆釐貳毫叁絲壹忽。遇閏加銀叁兩伍錢，內除荒銀貳錢伍分肆毫柒絲叁忽，實徵支銀叁兩貳錢肆分玖釐伍毫貳絲柒忽。

庫子肆名，每名歲支銀陸兩，共支銀貳拾肆兩，內除荒撥補銀壹兩柒錢壹分柒釐伍毫捌絲貳忽，實徵支銀貳拾貳兩貳錢捌分貳釐肆毫壹絲捌忽。遇閏加銀貳兩，內除荒銀壹錢肆分叁釐壹毫貳絲捌忽，實徵支銀壹兩捌錢伍分陸釐捌毫柒絲貳忽。

斗級肆名，每名歲支銀陸兩，共支銀貳拾肆兩，內除荒撥補銀壹兩柒錢壹分柒釐伍毫捌絲貳忽，實徵支銀貳拾貳兩貳錢捌分貳釐肆毫壹絲捌忽。遇閏加銀貳兩，內除荒銀壹錢肆分叁釐壹毫貳絲捌忽，實徵支銀壹兩捌錢伍分陸釐捌毫柒絲貳忽。

西安府永豐倉斗級壹名，額支銀壹拾兩陸錢陸分陸釐陸毫，內除荒撥補銀柒錢陸分壹毫壹絲伍忽，實徵支銀玖兩玖錢陸釐肆毫捌絲伍忽。遇閏加銀捌錢捌分，內除荒銀陸分貳釐玖毫柒絲伍忽，實徵支銀捌錢壹分柒釐貳絲伍忽。

鐘鼓夫伍名，每名歲支銀貳兩肆錢，共支銀壹拾貳兩，內除荒撥補銀捌錢伍分伍釐壹毫叁絲伍忽，實徵支銀壹拾壹兩壹錢肆分肆釐捌毫陸絲伍忽。遇閏加銀壹兩，內除荒銀柒分壹釐伍毫陸絲肆忽，實徵支銀玖錢貳分捌釐肆毫叁絲陸忽。

各鋪司兵陸名，額支銀貳拾捌兩捌錢，內抽撥西鄉縣鋪司兵貳名，其正閏工食銀兩，由該縣按季解司支領，內除荒銀貳兩伍分貳釐叁毫貳絲壹忽，實徵支銀貳拾陸兩柒錢肆分柒釐陸毫柒絲玖忽。外加增銀玖兩貳錢伍分貳釐叁毫貳絲壹忽。遇閏加銀貳兩肆錢，內除荒銀壹錢柒分壹釐柒毫伍絲陸忽，實徵支銀貳兩貳錢貳分捌釐貳毫肆絲肆忽。外加增銀柒錢柒分壹釐柒毫伍絲陸忽。

典史衙門

門子壹名，歲支工食銀陸兩，內除荒撥補銀肆錢貳分玖釐叁毫玖絲伍忽伍微，實徵支銀伍兩伍錢柒分陸毫肆忽伍微。遇閏加銀伍錢，內除荒銀叁分伍釐柒毫捌絲叁忽，實徵支銀肆錢陸分肆釐貳毫壹絲柒忽。

皂隸肆名，每名歲支銀陸兩，共支銀貳拾肆兩，內除荒撥補銀壹兩柒錢壹分柒釐伍毫捌絲貳忽，實徵支銀貳拾貳兩貳錢捌分貳釐肆毫壹絲捌忽。遇閏加銀貳兩，內除荒銀壹錢肆分叁釐壹毫貳絲捌忽，實徵支銀壹兩捌錢伍分陸釐捌毫柒絲貳忽。

馬夫壹名，歲支銀陸兩，內除荒撥補銀肆錢貳分玖釐叁毫玖絲伍忽伍微，實徵支銀伍兩伍錢柒分陸毫肆忽伍微。遇閏加銀伍錢，內除荒銀叁分伍釐柒毫捌絲叁忽，實徵支銀肆錢陸分肆釐貳毫壹絲柒忽。

教職衙門

齋夫叁名，每名歲支銀壹拾貳兩，共支銀叁拾陸兩，內除荒撥補銀貳兩伍錢柒分陸釐叁毫柒絲叁忽，實徵支銀叁拾叁兩肆錢貳分叁釐陸毫貳絲柒忽。遇閏加銀叁兩，內除荒銀貳錢壹分肆釐陸毫玖絲壹忽，實徵支銀貳兩柒錢捌分伍釐叁毫玖忽。

膳夫貳名，額支銀壹拾叁兩叁錢叁分叁釐叁毫叁絲，內除荒撥補銀玖錢伍分捌釐柒毫貳絲捌忽伍微伍纖貳塵，實徵支銀壹拾貳兩叁錢柒分肆釐陸毫壹忽肆微肆纖捌塵係廩生支領。遇閏加銀壹兩壹錢壹分壹釐壹毫，內除荒撥補銀柒分玖釐伍毫貳忽貳微伍纖壹塵肆渺，實徵支銀壹兩叁分壹釐伍毫玖絲柒忽柒微肆纖捌塵陸渺。

門斗叁名，每名歲支銀柒兩貳錢，共支銀貳拾壹兩陸錢，內除荒撥補銀壹兩伍錢肆分伍釐捌毫貳絲肆忽，實徵支銀貳拾兩伍分肆釐壹毫柒絲陸忽。遇閏加銀壹兩捌錢，內除荒銀壹錢貳分捌釐捌毫壹絲肆忽，實徵支銀壹兩陸錢柒分壹釐壹毫捌絲陸忽。

廩生貳拾名，每名歲支月糧銀叁兩貳錢，共支銀陸拾肆兩，內除荒撥補銀肆兩伍錢捌分壹釐玖毫壹絲玖忽，實徵支銀伍拾玖兩肆錢壹分捌釐捌絲壹忽。遇閏加銀伍兩叁錢叁分叁釐叁毫叁絲，內除荒撥補銀叁錢捌分壹釐陸毫捌絲壹忽柒微貳渺，實徵支銀肆兩玖錢伍分壹釐陸毫肆絲捌忽貳微玖纖玖塵捌渺。

以上俸工項下，除廩生、膳夫貳欵照常支發外，其餘官役俸工於道光貳拾叁年奉文，均以貳兩平支放，每兩減平銀陸分，其減平銀兩，每年批解部庫交納，理合登明。

壹祭祀項下

春秋貳丁致祭文廟及各壇祠並無祀鬼魂品物等項共銀柒拾玖兩，內除荒銀伍兩陸錢肆分捌釐柒毫壹絲陸忽柒微壹纖叁塵柒渺伍漠肆沙玖洙肆涯，實徵支銀柒拾叁兩叁錢伍分壹釐貳毫捌絲叁忽貳微捌纖陸塵貳渺肆漠伍沙陸涯。

霜降祭旗纛並犒賞民壯銀伍兩，內除荒銀叁錢伍分陸釐叁毫陸忽，實徵支銀肆兩陸錢肆分叁釐陸毫玖絲肆忽。

解布政司紙劄銀壹兩柒錢貳分伍釐，內除荒銀壹錢貳分貳釐玖毫貳絲伍忽，實徵支銀壹兩陸錢貳釐柒絲伍忽於道光貳拾叁年奉文裁汰，其徵收銀兩，每年批解部庫交納，理合登明。

鄉飲銀伍兩，內除荒銀叁錢伍分陸釐叁毫陸忽，實徵支銀肆兩陸錢肆分叁釐陸毫玖絲肆忽於道光貳拾叁年奉文裁汰，其徵收銀兩，每年批解部庫交納，理合登明。

壹孤貧項下

孤貧壹拾柒名口，共支月糧銀肆拾捌兩玖錢陸分，內除荒銀叁兩伍錢叁釐捌毫伍絲柒忽陸微貳纖叁塵柒渺，實徵支銀肆拾伍兩肆錢伍分陸釐壹毫肆絲貳忽叁微柒纖陸塵叁渺。外加增銀壹拾伍兩柒錢肆分叁釐捌毫伍絲柒忽陸微貳纖叁塵柒渺。遇閏加增銀伍兩壹錢。

孤貧冬月布花銀捌兩伍錢，內除荒銀陸錢捌釐叁毫壹絲捌忽壹微壹渺，實徵支銀柒兩捌錢玖分壹釐陸毫捌絲壹忽捌微玖纖玖塵玖渺。

壹驛站項下

漢中府站抵永豐倉稻米銀壹千兩；潼津驛站銀叁千貳百壹拾捌兩玖錢貳分陸毫柒絲；潼關所站銀貳千壹百肆拾陸兩壹錢捌分叁釐捌毫柒絲；新平驛站銀貳百叁拾壹兩陸錢貳分肆釐肆毫陸絲；潼關驛支直銀貳百伍拾壹兩陸錢捌分柒釐；京兆驛支直銀貳兩玖錢壹分柒釐；宜禄驛改兑臨洮府站銀貳拾兩柒錢，議裁織造局民壯、水夫工食抵臨洮銀壹拾肆兩肆錢。共銀陸千捌百捌拾陸兩肆錢叁分叁釐，內除荒銀叁百玖拾貳兩肆錢壹釐肆毫捌絲捌忽肆微貳塵陸渺，實徵銀陸千肆百玖拾肆兩叁分壹釐伍毫壹絲壹忽伍微玖纖柒塵肆渺，內除額協潼津、潼關等驛站支抵餉銀陸千捌百肆拾兩叁錢玖分捌釐玖毫捌絲壹忽貳微捌塵肆渺，內除豁免不敷銀叁百伍拾肆兩肆錢柒分貳釐伍毫陸絲壹忽肆微肆纖貳塵捌渺，止該額協銀陸千肆百捌拾伍兩玖錢貳分陸釐肆毫壹絲玖忽柒微陸纖伍塵陸渺，又除額協臨洮府屬站支抵餉銀捌兩壹錢伍釐玖絲壹忽捌微叁纖壹塵捌渺，全數裁歸起運訖。

壹走遞項下

走遞、損轎夫玖拾叁名，額銀陸百陸拾玖兩陸錢；走遞馬貳拾捌匹，草料工食銀玖百柒拾兩貳錢；協濟潼關乾馬銀叁拾陸兩。共銀壹千陸百柒拾伍兩捌錢，內除荒銀壹百貳拾兩捌錢貳分柒釐壹毫肆絲柒忽叁微捌纖陸渺，實徵銀壹千伍百伍拾肆兩玖錢柒分貳釐捌毫伍絲貳忽陸微壹纖玖塵肆渺，內除額協並裁站銀壹千貳百叁拾陸兩肆錢肆釐捌毫玖絲捌忽柒微貳纖入起運外，實徵支銀叁百壹拾捌兩伍錢陸分柒釐玖毫伍絲叁忽捌微玖纖玖塵肆渺。

外遇閏，原加損轎夫銀伍拾伍兩捌錢；走遞馬銀捌拾兩捌錢貳分捌釐伍毫玖絲。共銀壹百叁拾陸兩陸錢貳分捌釐伍毫玖絲，內除荒銀玖兩捌錢叁分柒釐貳毫貳絲貳忽伍微壹塵，實徵銀壹百貳拾陸兩柒錢玖分壹釐叁毫陸絲柒忽肆微玖纖玖塵。

又收詳請咨明事案內，撥補閏月夫馬不敷工料銀肆錢肆分玖釐玖毫叁絲叁忽叁微叁纖叁塵叁渺壹漠。

貳項共支銀壹百貳拾柒兩貳錢肆分壹釐叁毫捌微叁纖貳塵叁渺壹漠，內除額協並裁站銀陸拾叁兩叁錢貳分伍毫玖絲叁忽貳微伍纖叁塵叁渺，實徵支銀陸拾叁兩玖錢貳分柒毫柒忽伍微柒纖玖塵壹漠。

以上存留實徵銀玖千貳百陸拾壹兩伍錢柒分伍釐捌毫捌絲貳忽柒纖捌塵捌渺肆漠伍沙陸涯，內除額協潼津關等驛站支抵餉銀柒千柒百玖拾貳兩柒錢捌分柒釐柒絲陸忽陸微肆纖捌塵肆渺，內因豁免不敷除去銀叁百玖拾玖兩捌錢柒釐柒毫伍絲捌忽壹微陸纖貳塵捌渺，止該銀柒千叁百玖拾貳兩玖錢柒分玖釐叁毫壹絲捌忽肆微捌纖伍塵陸渺；又除協臨洮府狄道縣站銀捌兩壹錢伍釐玖絲壹忽捌微叁纖壹塵捌渺；又除驛遞之差使甚少等事貳案內，共裁站銀叁百貳拾玖兩叁錢伍分貳釐。止該銀壹千伍百叁拾壹兩壹錢叁分玖釐肆毫柒絲壹忽柒微陸纖壹塵肆渺肆漠伍沙陸涯。

外加增撥補俸工，除知縣攤俸留抵外，實該留支銀捌拾兩叁分肆釐伍毫陸絲壹微捌纖玖塵壹渺。

共該銀壹千陸百壹拾壹兩壹錢柒分肆釐叁絲壹忽玖微伍纖伍渺肆漠伍沙陸涯於乾隆伍拾貳年奉文，全數解司，壹切支款，俱由司按季領支，嗣於嘉慶伍年奉文，照舊在縣留支，並不解司，按季請領。

遇閏加銀貳百叁拾叁兩壹錢陸釐叁毫伍絲貳忽，內除各官閏俸銀壹拾柒兩柒錢伍分叁釐叁毫叁絲貳忽入起運外，實該銀貳百壹拾伍兩叁錢伍分叁釐貳絲，內除荒銀壹拾伍兩肆錢捌分叁釐貳毫捌忽捌微壹纖貳塵陸渺，實徵銀壹百玖拾玖兩捌錢陸分玖釐捌毫壹絲壹忽壹微捌纖柒塵肆渺，內除驛遞之差使甚少及題明請將驛站等事叁案內，共裁站銀陸拾叁兩叁錢貳分伍毫玖絲叁忽貳微伍纖叁塵叁渺，內因豁免不敷除去銀貳兩貳錢肆分陸釐貳絲叁忽柒微貳纖壹塵，止裁銀陸拾壹兩柒分肆釐伍毫陸絲玖忽伍微叁纖貳塵叁渺。止該銀壹百叁拾捌兩柒錢玖分伍釐貳毫肆絲壹忽陸微伍纖伍塵壹渺。

外加增撥補役廩閏月銀陸兩叁錢叁分貳釐玖毫叁絲玖忽玖微伍纖壹塵陸渺。

又留支夫馬閏月銀肆錢肆分玖釐玖毫叁絲叁忽叁微叁纖叁塵叁渺壹漠。

共該銀壹百肆拾伍兩伍錢柒分捌釐壹毫壹絲肆忽玖微肆纖壹漠於乾隆伍拾貳年奉文，全數解司，壹切支款，俱由司按季領支，嗣於嘉慶伍年奉文，照舊在縣留支，並不解司，按季請領。

壹額外

課程銀壹百壹拾貳兩玖錢肆分係舖戶出辦。遇閏加銀玖兩肆錢壹分壹釐陸毫陸絲。

畜稅銀叁百貳拾捌兩柒錢肆分係買騾馬出辦，原無定額，儘收儘解。

牙稅銀叁拾玖兩柒錢捌分上帖牙人壹名，額銀伍錢肆分；中帖牙人叁百貳拾柒名，每名原額銀壹錢貳分，共銀叁拾玖兩貳錢肆分。

當稅銀肆百貳拾兩係典舖出辦，共典舖捌拾肆座，每座每年當稅銀伍兩。

地稅銀貳百玖拾伍兩叁錢貳分玖釐係買房地業主出辦，原無定額，儘收儘解。

黃河灘地租穀改折租銀壹千柒百壹拾玖兩壹錢肆分肆釐於嘉慶拾年查丈報懇黃河灘，除豁免外，實在地叁百壹拾叁頃玖拾玖畝伍分伍釐；又新墾地伍拾貳頃肆拾柒畝柒分捌釐。以上報墾及新墾地畝，分別高下，每畝科租穀叁升、伍升不等，共租穀壹千肆百叁拾貳石陸斗壹升玖合玖勺，嗣經奏請，每租穀壹石折徵銀壹兩貳錢，議明每年秋後徵收解司，造入季冊報撥。

郃陽縣

原額折正中地壹萬貳千貳百貳拾叁頃伍拾叁畝捌分陸釐伍毫，每畝科糧貳升陸合玖勺捌撮肆圭柒粟玖粒，共額徵糧叁萬貳千捌百玖拾壹石陸斗捌升叁合肆勺貳抄，每石徵銀壹兩叁錢貳分柒釐伍毫叁絲玖忽玖微伍纖捌塵肆渺，共徵銀肆萬叁千陸百陸拾伍兩貳分肆釐伍絲陸忽壹微捌纖捌塵伍渺，內：

順治拾貳年拾壹月內奉旨清丈地畝，止新丈民屯興自首並加出地，分別上中下各等共地壹萬貳千壹百伍拾叁頃肆畝壹釐柒毫伍絲肆忽捌微，內上地伍拾頃伍拾叁畝柒分伍釐陸毫壹絲叁忽柒微，每畝起科糧伍升陸合叁勺貳抄陸撮貳圭肆粟陸粒零，共該糧貳百捌拾肆石陸斗伍升玖合壹勺壹抄貳撮陸圭；中地壹萬柒百貳拾柒頃玖畝伍分壹釐壹毫叁絲伍忽肆微，每畝起科糧貳升捌合壹勺陸抄叁撮壹圭貳粟叁粒零，共該糧叁萬貳百壹拾石捌斗伍升壹抄捌撮柒圭；下地壹千壹百陸拾伍頃貳拾叁畝柒分貳釐肆毫伍忽柒微，每畝起科糧壹升肆合捌抄壹撮伍圭陸粟壹粒零，共該糧壹千陸百肆拾石捌斗叁升陸合壹抄伍撮柒圭。

又收興屯道廳拾年、拾壹年墾過官荒下屯地貳百壹拾頃壹拾柒畝貳釐陸毫，每畝起科糧貳升陸合玖勺捌撮肆圭柒粟玖粒，共該糧伍百陸拾伍石陸斗叁升柒合陸勺壹撮。

以上各等地分別按地定糧，共通該糧叁萬貳千柒百壹石玖斗捌升貳合柒勺肆抄捌撮，每石科銀壹兩叁錢貳分柒釐伍毫叁絲玖忽玖微伍纖捌塵肆渺，共徵銀肆萬叁千肆百壹拾叁兩壹錢捌分捌釐捌毫叁絲叁忽玖微捌纖捌塵伍渺。

又清出孤弱、包賠、河衝溝崩地柒拾頃肆拾玖畝捌分肆釐柒毫肆絲伍忽貳微，於舊額合算該糧壹百捌拾玖石柒斗陸勺柒抄貳撮，該銀貳百伍拾壹兩捌錢叁分伍釐貳毫貳絲貳忽貳微零。

前項地糧，業經部覆奉旨刊入，由單照例徵糧，内於乾隆貳年敬陳管見事及伍年詳查議奏事各案内，題明豁免過共地壹百頃柒拾畝叁釐肆毫伍絲壹忽，共免糧貳百柒拾捌石捌斗貳升壹勺玖抄叁撮陸粒伍顆柒糠貳粃陸粇，共免銀叁百柒拾兩壹錢肆分肆釐玖毫肆絲柒忽叁微柒纖伍塵壹渺叁漠捌洙叁涯；又乾隆拾年在於勢迫無何等事案内，題明豁免地貳拾柒頃玖拾畝伍分伍釐，該免糧柒拾柒石貳斗陸升伍合肆抄陸撮玖圭捌粟捌粒捌顆伍糠，該免銀壹百貳兩伍錢柒分貳釐肆毫叁絲柒忽貳微伍纖壹塵伍渺貳漠伍沙伍洙。

以上共免地壹百貳拾捌頃陸拾畝伍分捌釐肆毫伍絲壹忽，該免糧叁百伍拾陸石捌升伍合貳勺叁抄玖撮玖圭玖粟伍粒肆顆貳糠貳粃陸粇，該免銀肆百柒拾貳兩柒錢壹分柒釐叁毫捌絲肆忽陸微貳纖陸塵陸渺伍漠陸沙叁洙叁涯，内乾隆貳拾肆年開墾地伍拾叁畝陸分叁釐壹毫貳絲伍忽，該糧壹石肆斗捌升肆合玖勺肆抄柒撮柒圭捌粟捌粒伍顆肆糠叁粃柒粇，折徵銀壹兩玖錢柒分壹釐叁毫貳絲柒忽伍微貳纖伍塵壹渺陸漠叁沙捌洙壹涯。實荒地壹百貳拾捌頃陸畝玖分伍釐叁毫貳絲陸忽，免糧叁百伍拾肆石陸斗貳勺玖抄貳撮貳圭陸粒捌顆柒糠捌粃玖粇，免銀肆百柒拾兩柒錢肆分陸釐伍絲柒忽壹微壹塵肆渺玖漠貳沙伍洙貳涯。

實熟地壹萬貳千玖拾伍頃肆拾陸畝玖分壹釐壹毫柒絲肆忽，該糧叁萬貳千伍百叁拾柒石捌升叁合壹勺貳抄柒撮柒圭玖粟叁粒壹顆貳糠壹粃壹粇，該銀肆萬叁千壹百玖拾肆兩貳錢柒分柒釐玖毫玖絲玖忽捌纖柒塵柒沙肆洙捌涯。

額外康熙拾陸、拾柒並叁拾伍等年清查自首並首報黄河攤共地捌拾貳畝玖分陸釐玖毫陸絲陸忽，該折色糧壹石捌斗叁升叁合捌抄貳圭貳粒，該徵銀貳兩玖錢陸分壹釐陸毫陸絲叁微壹塵柒渺叁沙肆洙陸涯。

以上實熟民地壹萬貳千玖拾陸頃貳拾玖畝捌分捌釐壹毫肆絲，實徵折色糧叁萬貳千伍百叁拾捌石玖斗壹升陸合貳勺柒撮玖圭玖粟伍粒壹顆貳糠壹粃壹粇，折銀肆萬叁千壹百玖拾柒兩貳錢叁分玖釐陸毫伍絲玖忽叁微捌纖捌塵柒渺壹漠玖洙肆涯遵照乾隆伍拾玖年奉准部咨令，將康熙年間易知由單内載：折正中等上地每畝折徵銀柒分叁釐伍毫壹絲肆忽壹微叁纖陸塵玖渺玖漠；中等每畝徵銀叁分陸釐柒毫伍絲柒忽陸纖捌塵肆渺壹漠；下等每畝徵銀壹分捌釐叁毫柒絲捌忽伍微叁纖肆塵肆渺柒漠，逐壹纂入書内，嗣後遇有墾豁，以便按畝增除。

原額人丁叁門玖則不等，共折下下丁壹拾貳萬叁千肆百柒拾伍丁，每丁徵銀陸分貳釐叁絲壹忽壹微玖纖貳塵捌渺，共銀柒千陸百伍拾玖兩叁錢壹釐伍毫肆絲柒忽，內除優免丁壹千柒拾壹丁，共銀陸拾陸兩肆錢叁分伍釐肆毫柒忽。

實行差併節年招回、編審抵補豁免共丁壹拾貳萬貳千肆百肆丁，共銀柒千伍百玖拾貳兩捌錢陸分陸釐壹毫肆絲。

康熙元年並貳拾壹年編審出溢額丁貳百玖拾柒丁，共徵銀壹拾捌兩肆錢貳分叁釐貳毫陸絲肆忽貳微陸纖壹塵陸渺。

外康熙伍拾伍年起，至乾隆貳拾陸年至，編審出丁壹百伍丁；乾隆叁拾壹年編審出丁貳丁；乾隆叁拾陸年編審出丁貳丁。共編審出丁壹百玖丁，欽遵康熙伍拾貳年叁月拾捌日恩詔，後遇編審之期，但據康熙伍拾年丁冊定為常額，永不加賦。

以上實在行差併審出溢額應徵人丁共壹拾貳萬貳千柒百壹丁，實徵丁銀柒千陸百壹拾壹兩貳錢捌分玖釐肆毫肆忽貳微陸纖壹塵陸渺，于雍正伍年俱攤入前項地糧內徵解。

原額均徭銀柒兩柒錢壹分伍釐陸毫陸絲，內除荒銀捌分叁釐壹毫捌絲壹忽壹微陸纖壹塵肆渺貳漠叁沙柒洙，實徵銀柒兩陸錢叁分貳釐肆毫柒絲捌忽捌微叁纖捌塵伍渺柒漠陸沙叁洙。

康熙拾陸年清查出額外民地並黃河灘地應徵均徭銀肆毫貳絲柒忽伍微玖纖玖塵伍渺。

以上實徵均徭銀柒兩陸錢叁分貳釐玖毫陸忽肆微叁纖捌塵柒漠陸沙叁洙係按前叁項地畝科徵，上等地每畝徵銀壹絲貳忽玖微玖纖；中等地每畝徵銀陸忽肆微玖纖伍塵；下等地每畝徵銀叁忽貳微肆纖柒塵肆渺。

外遇閏加徵銀貳百玖拾伍兩捌錢玖分捌釐貳毫壹絲捌忽，內除荒銀伍錢肆釐壹毫陸忽壹微壹塵叁渺，實徵銀貳百玖拾伍兩叁錢玖分肆釐壹毫壹絲壹忽捌微玖纖捌塵柒渺。

額外徵收匠價銀伍拾兩肆錢玖分。遇閏加銀肆兩貳錢柒釐伍毫。

停免銀柒拾玖兩柒錢貳釐貳毫貳絲肆忽。

軍籍丁糧銀壹千叁百伍拾肆兩陸錢伍分貳釐肆毫肆絲陸忽壹微貳塵。

以上額外正閏各項攤入前項地糧內徵解。

以上地、丁貳項併均徭及額外首報地畝、匠價、停免、軍籍丁糧，除優免丁銀外，應徵銀伍萬貳千柒百柒拾壹兩捌錢叁分伍釐捌毫柒絲捌忽肆微伍纖叁塵叁渺叁沙肆洙陸涯，內除荒銀肆百柒拾兩捌錢貳分玖釐貳毫叁絲捌忽貳微陸纖貳塵玖渺壹漠陸沙貳洙貳涯，實徵銀伍萬貳千叁百壹兩陸釐陸毫肆絲壹微玖纖叁渺捌漠柒沙貳洙肆涯。

外遇閏加徵銀貳百玖拾伍兩捌錢玖分捌釐貳毫壹絲捌忽，內除荒銀伍錢肆釐壹毫陸忽壹微壹塵叁渺，實徵銀貳百玖拾伍兩叁錢玖分肆釐壹毫壹絲壹忽捌微玖纖捌塵柒渺。

額外匠價閏銀肆兩貳錢柒釐伍毫。

貳項實徵閏銀貳百玖拾玖兩陸錢壹釐陸毫壹絲壹忽捌微玖纖捌塵柒渺。

壹起運項下

原編起運糧草折價銀叁萬貳千玖百玖拾兩伍錢壹分柒釐柒毫貳絲叁忽壹微捌纖捌塵伍渺，內除荒銀叁百伍拾叁兩貳分柒釐柒毫叁絲肆忽捌微伍纖陸塵，實起運銀叁萬貳千陸百叁拾柒兩肆錢捌分玖釐玖毫捌絲捌忽叁微叁纖貳塵伍渺。

節裁藥味、牲口、軍器、毛襖、年例等項共銀壹千玖百兩柒錢玖分陸釐玖毫壹絲，內除荒銀貳分捌毫叁忽貳微陸纖叁塵柒渺壹漠，實起運銀壹千玖百兩柒錢柒分陸釐壹毫陸忽柒微叁纖陸塵貳渺玖漠。

舊編存留，內順治玖年裁扣各役工食銀貳百叁拾兩；拾貳年裁傘扇銀捌兩；拾肆年裁扣官生俸廩等項，除奉復孤老口糧、布花外，止實裁銀貳百叁拾柒兩伍錢柒分陸釐肆毫肆絲，裁走遞馬叁分裁壹，銀陸拾肆兩捌錢。康熙元年裁吏書工食銀壹百叁兩貳錢；叁年裁訓導俸銀並齋夫工食共銀玖拾叁兩玖錢貳分，雜費丁銀捌拾肆兩柒錢柒分貳釐貳毫叁絲；拾伍年裁心紅紙張、喂馬草料、修理倉厫、鋪墊板蓆、芒神土牛、歲考生員、科舉生員盤纏等項共銀壹百壹拾柒兩貳錢貳分伍釐；貳拾柒年裁歲貢、舉人、進士坊價、盤纏等項共銀伍拾貳兩壹錢叁分貳釐陸毫陸絲。雍正陸年裁燈夫銀貳拾肆兩；拾貳年裁民壯銀壹百伍拾兩。乾隆柒年裁民壯工食銀叁拾陸兩；玖年裁春秋祭祀銀貳拾貳兩柒錢肆分捌釐；玖年裁舖司工食銀壹百貳拾兩，冗費裁剩解部銀貳千肆百捌拾伍兩壹錢肆分捌釐玖毫陸絲叁忽，又收奉裁永樂鎮巡檢、民壯工食銀貳拾肆兩。

共銀叁千捌百伍拾叁兩伍錢貳分叁釐貳毫玖絲叁忽，內除荒銀捌兩伍錢叁分貳釐捌毫壹絲叁忽柒微捌纖肆塵伍渺伍漠壹沙貳洙捌涯，實起運銀叁千捌百肆拾肆兩玖錢玖分肆毫柒絲玖忽貳微壹纖伍塵肆渺肆漠捌沙柒洙貳涯。

又溢額地、丁並均徭等銀貳拾壹兩叁錢捌分伍釐叁毫伍絲貳忽壹微陸纖貳塵捌渺叁沙肆洙陸涯。

又額外徵收匠價、停免、軍籍丁糧銀壹千肆百捌拾肆兩捌錢肆分肆釐陸毫柒絲壹微貳塵。

共該實起運銀叁萬玖千捌百捌拾玖兩肆錢捌分陸釐伍毫玖絲陸忽伍微肆纖玖塵肆漠貳沙壹洙捌涯。

又收額協涇陽等縣驛站抵餉銀柒千叁百貳拾壹兩貳錢貳釐叁毫捌忽捌微柒纖叁塵玖渺。

又收額協平涼、臨洮貳府屬固原州、蘭州等州縣驛站抵餉銀壹千壹百陸兩捌錢陸分貳釐玖毫叁絲柒忽玖微陸纖壹塵。

又收存留內驛遞之差使甚少等事案內，裁夫馬銀貳百叁拾柒兩陸錢叁分肆釐叁毫玖忽貳微壹纖貳塵柒渺。

共該起運銀肆萬捌千伍百伍拾伍兩壹錢捌分陸釐壹毫伍絲貳忽伍微玖纖陸塵陸渺肆漠貳沙壹洙捌涯，內在於請倣以糧載丁等事案內，通省均丁減銀壹千玖百肆拾柒兩柒錢貳分陸釐肆毫捌絲玖忽捌微伍纖伍塵柒渺，內除乾隆元、陸、拾壹、拾陸、貳拾壹、貳拾陸等年編審案內，共增抵補屯更丁銀肆百貳拾柒兩陸錢伍分陸毫捌絲伍忽捌微捌纖捌塵貳渺；又乾隆叁拾壹、叁拾陸兩年編審案內，共增抵補屯更丁銀貳百壹拾叁兩叁錢貳分玖釐玖絲叁忽肆微壹塵柒渺。止該減銀壹千叁百陸兩柒錢肆分陸釐柒毫壹絲伍微陸纖伍塵捌渺。

實該銀肆萬柒千貳百肆拾捌兩肆錢叁分玖釐肆毫肆絲貳忽叁纖捌渺肆漠貳沙壹洙捌涯，內留支加增撥補俸工銀捌拾壹兩伍分捌毫貳絲捌忽玖微貳纖陸渺，止實該銀肆萬柒千壹百陸拾柒兩叁錢捌分捌釐陸毫壹絲叁忽壹微貳纖捌塵貳渺肆漠貳沙壹洙捌涯。

遇閏裁扣，順治玖年裁各役工食銀壹拾柒兩伍錢；拾肆年裁扣銀壹拾伍兩玖錢肆分壹釐伍毫伍絲壹忽。康熙元年裁吏書工食銀捌兩陸錢；叁年裁訓導俸食並齋夫工食共銀柒兩捌錢貳分陸釐陸毫陸絲陸忽；拾伍年裁心紅紙張、喂馬草料共銀貳兩陸錢陸分陸釐陸毫柒絲。雍正陸年裁燈夫銀貳兩；拾貳年裁民壯銀壹拾貳兩伍錢。乾隆柒年裁民壯銀叁兩；玖年裁舖司銀壹拾兩，又永樂鎮巡檢、民壯銀貳兩，又各官閏俸銀壹拾貳兩叁錢叁分陸釐陸毫陸絲貳忽。

共銀玖拾肆兩叁錢柒分壹釐伍毫肆絲玖忽，內除荒銀壹錢陸分壹毫伍絲伍微壹纖伍塵柒渺，實徵銀玖拾肆兩貳錢壹分壹釐叁毫玖絲捌忽肆微捌纖肆塵叁渺。

又額外匠價閏銀肆兩貳錢柒釐伍毫。

又收存留內驛遞之差使甚少等事案內，裁夫馬閏月銀伍拾伍兩貳錢。

叁項共銀壹百伍拾叁兩陸錢壹分捌釐捌毫玖絲捌忽肆微捌纖肆塵叁渺，內除請倣以糧載丁等事案內，通省以糧均丁減銀叁拾肆兩叁分柒釐貳毫伍絲捌忽叁微叁塵肆渺，節次抵補屯更丁增銀壹拾貳兩貳錢肆分玖釐伍毫捌絲玖忽捌微柒纖肆塵肆渺玖漠玖沙玖洙捌涯，止該減銀貳拾壹兩柒錢捌分柒釐陸毫陸絲捌忽肆微貳纖捌塵玖渺貳涯。

實該銀壹百叁拾壹兩捌錢叁分壹釐貳毫叁絲伍纖伍塵叁渺玖漠玖沙玖洙捌涯，內留支加增撥補工食銀壹拾陸兩叁錢壹分玖釐玖毫叁絲叁忽貳微肆塵貳渺，止實該起運閏銀壹百壹拾伍兩伍錢壹分壹釐貳毫玖絲陸忽捌微伍纖壹塵貳渺玖漠玖沙玖洙捌涯。

壹存留項下

原編存留銀壹萬貳千伍百貳拾兩柒錢陸分柒釐玖毫叁絲，內除荒銀壹百玖兩貳錢肆分柒釐捌毫捌絲陸忽叁微伍纖捌塵陸渺伍漠肆沙玖洙肆涯，實存留銀壹萬貳千肆百壹拾壹兩伍錢貳分肆絲叁忽陸微肆纖壹塵叁渺肆漠伍沙陸涯。

壹俸工項下

知縣俸薪銀肆拾伍兩，內除荒銀柒分陸釐陸毫陸絲陸忽捌微捌纖柒塵，實徵支銀肆拾肆兩玖錢貳分叁釐叁毫叁絲叁忽壹微壹纖叁塵，內均攤俸工銀貳拾兩柒錢肆分貳釐捌毫叁絲壹微肆纖伍渺，即留抵撥補各員役俸工訖。

縣丞壹員，額支俸薪銀肆拾兩於道光伍年奉文裁改佛坪廳巡檢兼司獄壹員，其額支俸薪銀兩由該縣按季解司支領，內除荒撥補銀陸分捌釐壹毫肆絲玖忽，實徵支銀叁拾玖兩玖錢叁分壹釐捌毫伍絲壹忽，內裁改支剩俸薪銀捌兩肆錢捌分，在於存留項下解司充餉訖。

典史壹員，額支俸薪銀叁拾壹兩伍錢貳分，內除荒撥補銀伍分叁釐柒毫壹忽，實徵支銀叁拾壹兩肆錢陸分陸釐貳毫玖絲玖忽。

教諭、訓導貳員，額支銀叁拾壹兩伍錢貳分，內除荒撥補銀伍分叁釐柒毫壹忽，實徵支銀叁拾壹兩肆錢陸分陸釐貳毫玖絲玖忽。撥補全俸銀肆拾捌兩肆錢捌分。

知縣衙門

門子貳名，每名歲支工食銀陸兩，共支銀壹拾貳兩，內除荒撥補銀貳分肆毫肆絲叁忽伍微，實徵支銀壹拾壹兩玖錢柒分玖釐伍毫伍絲陸忽伍微。遇閏加銀壹兩，內除荒銀壹釐柒毫叁忽肆微壹塵陸渺，實徵支銀玖錢玖分捌釐貳毫玖絲陸忽伍微玖纖捌塵肆渺。

皂隸、仵作壹拾陸名，每名歲支工食銀陸兩，共支銀玖拾陸兩，內除荒撥補銀壹錢陸分叁釐伍毫伍絲柒忽，實徵支銀玖拾伍兩捌錢叁分陸釐肆毫肆絲叁忽。遇閏加銀捌兩，內除荒銀壹分叁釐陸毫貳絲伍忽貳微壹纖貳塵捌渺，實徵支銀柒兩玖錢捌分陸釐叁毫柒絲肆忽柒微捌纖柒塵貳渺。

馬快捌名，每名歲支工食草料銀壹拾陸兩捌錢，共銀壹百叁拾肆兩肆錢，內除荒撥補銀貳錢貳分捌釐捌毫壹絲肆忽叁微伍纖叁塵，實徵支銀壹百叁拾肆兩壹錢柒分壹釐壹毫捌絲伍忽陸微肆纖柒塵。遇閏加銀壹拾壹兩貳錢，內除荒銀壹分玖釐捌絲貳微玖纖柒塵叁渺，實徵支銀壹拾壹兩壹錢捌分玖毫壹絲玖忽柒微貳纖柒渺。

民壯壹拾伍名，每名歲支工食銀陸兩，共支銀玖拾兩，內除荒撥補銀壹錢伍分叁釐肆毫陸絲壹忽捌微，實徵支銀捌拾玖兩捌錢肆分陸釐伍毫叁絲捌忽貳微。遇閏加銀柒兩伍錢，內除荒銀壹分叁釐肆毫陸忽叁微肆纖捌塵伍渺，實徵支銀柒兩肆錢捌分陸釐伍毫玖絲叁忽陸微伍纖壹塵伍渺。

看監禁卒捌名，每名歲支工食銀陸兩，共支銀肆拾捌兩，內除荒撥補銀捌分壹釐柒毫柒絲捌忽，實徵支銀肆拾柒兩玖錢壹分捌釐貳毫貳絲貳忽。遇閏加銀肆兩，內除荒銀陸釐捌毫壹絲叁忽陸微肆塵肆渺，實徵支銀叁兩玖錢玖分叁釐壹毫捌絲陸忽叁微玖纖伍塵陸渺。

轎傘扇夫柒名，每名歲支工食銀陸兩，共支銀肆拾貳兩，內除荒撥補銀柒分壹釐伍毫伍絲陸忽，實徵支銀肆拾壹兩玖錢貳分捌釐肆毫肆絲肆忽。遇閏加銀叁兩伍錢，內除荒銀伍釐玖毫陸絲貳忽肆微伍塵壹渺，實徵支銀叁兩肆錢玖分肆釐叁絲柒忽伍微玖纖肆塵玖渺。

庫子肆名，每名歲支工食銀陸兩，共支銀貳拾肆兩，內除荒撥補銀肆分捌毫捌絲柒忽，實徵支銀貳拾叁兩玖錢伍分玖釐壹毫壹絲叁忽。遇閏加銀貳兩，內除荒銀叁釐肆毫陸忽捌微叁塵貳渺，實徵支銀壹兩玖錢玖分陸釐伍毫玖絲叁忽壹微玖纖陸塵捌渺。

斗級肆名，每名歲支工食銀陸兩，共支銀貳拾肆兩，內除荒撥補銀肆分捌毫捌絲柒忽，實徵支銀貳拾叁兩玖錢伍分玖釐壹毫壹絲叁忽。遇閏加銀貳兩，內除荒銀叁釐肆毫陸忽捌微叁塵貳渺，實徵支銀壹兩玖錢玖分陸釐伍毫玖絲叁忽壹微玖纖陸塵捌渺。

永豐倉斗級壹名，額支工食銀壹拾兩陸錢陸分陸釐陸毫，內除荒撥補銀壹分捌釐壹毫柒絲伍忽壹微壹纖，實徵支銀壹拾兩陸錢肆分捌釐肆毫貳絲肆忽捌微玖纖。遇閏加銀捌錢捌分捌釐捌毫捌絲捌忽，內除荒銀壹釐伍毫叁忽玖微壹纖壹塵叁渺，實徵支銀捌錢捌分柒釐叁毫捌絲肆忽捌纖捌塵柒渺。

鐘鼓夫伍名，每名歲支銀貳兩肆錢，共支銀壹拾貳兩，內除荒撥補銀貳分玖毫叁絲玖忽伍微，實徵支銀壹拾壹兩玖錢柒分玖釐陸絲伍微。遇閏加銀壹兩，內除荒銀壹釐柒毫叁忽肆微壹塵陸渺，實徵支銀玖錢玖分捌釐貳毫玖絲陸忽伍微玖纖捌塵肆渺。

舖司兵壹拾叁名，每名歲支銀肆兩捌錢，共支銀陸拾貳兩肆錢，內撥補西鄉縣舖司兵二名，其正閏工食銀兩，俱由該縣按季解司支領，內除荒撥補銀壹錢叁毫叁絲壹忽壹微壹纖，實徵支銀陸拾貳兩貳錢玖分玖釐陸毫陸絲捌忽捌微。加增銀壹拾伍兩陸錢。遇閏加銀伍兩貳錢，內除荒撥補銀捌釐捌毫伍絲柒忽肆微貳纖柒渺，實徵支銀伍兩壹錢玖分壹釐壹毫肆絲貳忽伍微柒纖玖塵叁渺。加增銀壹兩叁錢。

縣丞裁改佛坪廳巡檢兼司獄衙門

門子壹名，歲支工食銀陸兩，內除荒撥補銀壹分貳毫貳絲壹忽捌微，實徵支銀伍兩玖錢捌分玖釐柒毫柒絲捌忽貳微。遇閏加銀伍錢，內除荒銀捌毫伍絲壹忽貳微叁渺，實徵支銀肆錢玖分玖釐壹毫肆絲捌忽柒微玖纖玖塵柒渺。

皂隸肆名，每名歲支工食銀陸兩，共支銀貳拾肆兩，內除荒撥補銀肆分捌毫捌絲柒忽，實徵支銀貳拾叁兩玖錢伍分玖釐壹毫壹絲叁忽。遇閏加銀貳兩，內除荒銀叁釐肆毫陸忽捌微叁塵貳渺，實徵支銀壹兩玖錢玖分陸釐伍毫玖絲叁忽壹微玖纖陸塵捌渺。

馬夫壹名，歲支工食銀陸兩，內除荒撥補銀壹分貳毫貳絲壹忽捌微，實徵支銀伍兩玖錢捌分玖釐柒毫柒絲捌忽貳微。遇閏加銀伍錢，內除荒銀捌毫伍絲壹忽貳微叁渺，實徵支銀肆錢玖分玖釐壹毫肆絲捌忽柒微玖纖玖塵柒渺。

以上各役俱裁改佛坪巡檢兼司獄衙門差遣，其應支正閏工食銀兩，俱由該縣按季解司支領。

典史衙門

門子壹名，歲支工食銀陸兩，內除荒撥補銀壹分貳毫貳絲壹忽捌微，實徵支銀伍兩玖錢捌分玖釐柒毫柒絲捌忽貳微。遇閏加銀伍錢，內除荒銀捌毫伍絲壹忽貳微叁渺，實徵支銀肆錢玖分玖釐壹毫肆絲捌忽柒微玖纖玖塵柒渺。

皂隸肆名，每名歲支工食銀陸兩，共支銀貳拾肆兩，內除荒撥補銀肆分捌毫捌絲柒忽，實徵支銀貳拾叁兩玖錢伍分玖釐壹毫壹絲叁忽。遇閏加銀貳兩，內除荒銀叁釐肆毫陸忽捌微叁塵貳渺，實徵支銀壹兩玖錢玖分陸釐伍毫玖絲叁忽壹微玖纖陸塵捌渺。

馬夫壹名，歲支工食銀陸兩，內除荒撥補銀壹分貳毫貳絲壹忽捌微，實徵支銀伍兩玖錢捌分玖釐柒毫柒絲捌忽貳微。遇閏加銀伍錢，內除荒銀捌毫伍絲壹忽貳微叁渺，實徵支銀肆錢玖分玖釐壹毫肆絲捌忽柒微玖纖玖塵柒渺。

教諭訓導衙門

齋夫叁名，每名歲支工食銀壹拾貳兩，共支銀叁拾陸兩，內除荒撥補銀陸分壹釐叁毫叁絲肆忽，實徵支銀叁拾伍兩玖錢叁分捌釐陸毫陸絲陸忽。遇閏加銀叁兩，內除荒銀伍釐壹毫壹絲貳微叁纖柒塵，實徵支銀貳兩玖錢玖分肆釐捌毫捌絲玖忽柒微陸纖叁塵。

膳夫貳名，額支銀壹拾叁兩叁錢叁分叁釐叁毫叁絲係廪生支領，內除荒撥補銀貳分貳釐貳毫肆絲柒忽捌微貳纖貳塵壹渺，實徵支銀壹拾叁兩叁錢壹分壹釐捌絲貳忽壹微柒纖柒塵玖渺。遇閏加銀壹兩壹錢壹分壹釐壹毫壹絲壹忽，內除荒撥補銀壹釐玖毫捌忽叁微叁纖貳塵玖渺，實徵支銀壹兩壹錢玖釐貳毫貳忽陸微陸纖柒塵壹渺。

門斗叁名，每名歲支銀柒兩貳錢，共支銀貳拾壹兩陸錢，內除荒撥補銀叁分陸釐柒毫玖絲玖忽，實徵支銀貳拾壹兩伍錢陸分叁釐貳毫壹忽。遇閏加銀壹兩捌錢，內除荒銀叁釐陸絲伍忽捌微伍纖玖塵伍渺，實徵支銀壹兩柒錢玖分陸釐玖毫叁絲肆忽壹微肆纖伍渺。

廪生貳拾名，每名歲支月糧銀叁兩壹錢玖分陸釐，共支銀陸拾叁兩玖錢貳分，內除荒撥補銀壹錢捌釐玖毫壹忽，實徵支銀陸拾叁兩捌錢壹分壹釐玖絲玖忽。遇閏加銀伍兩叁錢貳分陸釐陸毫柒絲，內除荒撥補銀玖釐陸絲柒忽肆微伍纖陸渺，實徵支銀伍兩叁錢壹分柒釐陸毫貳忽伍微肆纖玖塵肆渺。

以上俸工項下，除廪生、膳夫貳欵照常支發外，其餘官役俸工於道光貳拾叁年奉文，均以貳兩平支放，每兩減平銀陸分，其減平銀兩，每年批解部庫交納，理合登明。

壹雜支項下

春秋丁並清明、柒月拾伍等節祭文廟及各壇祠並無祀鬼魂品物等項價銀柒拾叁兩肆錢伍分貳釐，內除荒銀壹錢貳分伍釐捌毫玖絲肆忽捌微壹纖叁塵柒渺伍漠肆沙玖洙肆涯，實徵支銀柒拾叁兩叁錢貳分陸釐壹毫伍忽壹微捌纖陸塵貳渺肆漠伍沙陸涯。

祭旗纛等銀伍兩，內除荒銀捌釐伍毫壹絲捌忽肆微伍纖，實徵支銀肆兩玖錢玖分壹釐肆毫捌絲壹忽伍微伍纖。

鄉飲銀叁兩，內除荒銀肆釐壹毫壹絲叁忽壹微叁纖，實徵銀貳兩玖錢玖分伍釐捌毫捌絲陸忽捌微柒纖。

解布政司紙劄銀壹兩柒錢貳分伍釐，內除荒銀貳釐玖毫叁絲肆忽肆微叁纖，實徵銀壹兩柒錢貳分貳釐陸絲伍忽伍微柒纖。

以上鄉飲、紙劄貳欵於道光貳拾叁年奉文裁汰，其徵收銀兩，每年批解部庫交納，理合登明。

壹孤貧項下

孤老伍拾名口，每年共支月糧銀壹百肆拾肆兩，內除荒撥補銀貳錢肆分伍釐叁毫叁絲肆忽陸微肆纖捌塵，實徵銀壹百肆拾叁兩柒錢伍分肆釐陸毫陸絲伍忽叁微伍纖貳塵。外加增銀叁拾陸兩。遇閏外加銀壹拾伍兩。

孤貧布花銀貳拾伍兩，內除荒銀肆分貳釐柒毫肆絲叁忽伍微肆纖陸塵柒渺，實徵銀貳拾肆兩玖錢伍分柒釐貳毫伍絲陸忽肆微伍纖叁塵叁渺。

壹驛站項下

平涼府站銀肆百柒拾兩；寧夏在城等驛站銀貳千貳百伍拾捌兩；慶陽府買買家井驛站銀肆拾兩；潼關驛站銀叁千肆百柒拾陸兩玖錢陸分叁釐叁毫肆絲；

邠州所站銀捌百陸拾伍兩肆錢叁毫玖絲捌忽肆纖；停口所站銀伍拾兩；宜祿所站銀伍拾兩；漆水驛站銀柒百捌拾肆兩壹錢柒分陸釐柒毫伍絲；底窖所站銀壹千貳百壹兩捌錢肆分伍釐肆毫伍絲；宜祿驛站銀捌拾捌兩肆錢叁分捌釐陸絲壹忽玖微陸纖；潼津驛支直銀叁百貳拾陸兩貳錢貳分柒釐；宜祿驛改兑臨洮府站銀壹拾陸兩；京兆驛支直銀叁兩柒錢捌分；議裁舖兵工食銀改兑臨洮府銀伍拾伍兩貳錢。共額銀玖千陸百捌拾陸兩叁分壹釐，內除荒銀壹百肆兩肆錢貳分叁釐伍毫捌絲伍忽貳微捌纖肆塵肆渺，實徵銀玖千伍百捌拾壹兩陸錢柒釐肆毫壹絲肆忽柒微壹纖伍塵陸渺，內除額協涇陽等縣、平涼、臨洮貳府站支抵餉銀柒千叁百玖拾叁兩壹錢伍分玖毫伍絲陸忽肆纖柒塵陸渺，止實支銀貳千壹百捌拾捌兩肆錢伍分陸釐肆毫伍絲捌忽陸微陸纖捌塵。

壹走遞項下

解府協濟咸、長貳縣夫役銀叁拾陸兩；損轎夫柒拾貳名，額支銀陸百肆拾捌兩；協濟潼關驛夫馬銀肆拾伍兩；走遞馬貳拾捌匹，工食草料銀玖百肆拾叁兩貳錢。共額銀壹千陸百柒拾貳兩貳錢，內除荒銀貳兩捌錢肆分玖釐柒毫柒絲柒微柒纖叁塵柒渺，實徵銀壹千陸百陸拾玖兩叁錢伍分貳毫貳絲玖忽貳微貳纖陸塵叁渺，內除額協涇陽等縣、平涼、臨洮貳府站支抵餉並奉裁遞馬、損夫共銀壹千貳百柒拾貳兩伍錢肆分捌釐陸毫，實支銀叁百玖拾陸兩捌錢壹釐陸毫貳絲玖忽貳微貳纖陸塵叁渺。

遇閏加徵銀壹百叁拾捌兩，內除荒銀貳錢叁分伍釐壹毫壹絲伍忽陸微捌纖捌塵叁渺，實徵銀壹百叁拾柒兩柒錢陸分肆釐捌毫捌絲肆忽叁微壹纖壹塵柒渺，內除裁站夫馬、損夫閏銀伍拾伍兩貳錢，止該實支銀捌拾貳兩伍錢陸分肆釐捌毫捌絲肆忽叁微壹纖壹塵柒渺。

以上存留實徵銀壹萬貳千肆百壹拾壹兩伍錢貳分肆絲叁忽陸微肆纖壹塵叁渺肆漠伍沙陸涯，內除額協涇陽等縣驛站抵餉銀柒千叁百貳拾壹兩貳錢貳釐叁毫捌忽捌微柒纖叁塵玖渺；又除額協平涼、臨洮貳府屬驛站抵餉銀壹千壹百陸兩捌錢陸分貳釐玖毫叁絲柒忽玖微陸纖壹塵；又除驛遞之差使甚少等事案內，裁夫馬銀貳百叁拾柒兩陸錢叁分肆釐叁毫玖忽貳微壹纖貳塵柒渺。實該銀叁千柒百肆拾伍兩捌錢貳分肆毫捌絲柒忽伍微玖纖叁塵柒渺肆漠伍沙陸涯。

外加增撥補俸工，除知縣攤俸留抵外，實該銀捌拾壹兩伍分捌毫貳絲捌忽玖微貳塵陸渺。

共實該銀叁千捌百貳拾陸兩捌錢柒分壹釐叁毫壹絲陸忽肆微玖纖陸塵叁渺肆漠伍沙陸涯於乾隆伍拾貳年奉文，全數解司，壹切支欵，俱由司按季領支，嗣於嘉慶伍年奉文，在縣留支，並不解司，按季請領。

遇閏銀貳百壹拾叁兩捌錢陸分叁釐叁毫叁絲壹忽，內除裁扣俸銀壹拾貳兩叁錢叁分陸釐陸毫陸絲貳忽入起運外，止該實額銀貳百壹兩伍錢貳分陸釐陸毫陸絲玖忽，內除荒銀叁錢肆分叁釐玖毫伍絲伍忽伍微捌纖伍塵陸渺，實徵銀貳百壹兩壹錢捌分貳釐柒毫壹絲叁忽肆微壹纖肆塵肆渺，內除驛遞之差使甚少等事案內，裁夫馬閏月銀伍拾伍兩貳錢，止該銀壹百肆拾伍兩玖錢捌分貳釐柒毫壹絲叁忽肆微壹纖肆塵肆渺。

外加增撥補銀壹拾陸兩叁錢壹分玖釐捌毫叁絲叁忽貳微肆塵貳渺。

以上存留實支銀壹百陸拾貳兩叁錢貳釐伍毫肆絲陸忽陸微壹纖捌塵陸渺於乾隆伍拾貳年奉文，全數解司，壹切支欵，俱由司按季領支，嗣於嘉慶伍年奉文，在縣留支，並不解司，按季請領。

壹額外

課程銀貳拾兩叁錢玖分。遇閏加銀壹兩陸錢玖分玖釐壹毫陸絲陸忽陸微陸纖。

畜稅銀壹百貳拾肆兩伍錢陸分係買騾馬出辦，原無定額，儘收儘解。

牙稅銀肆拾肆兩叁錢伍分上等牙人肆拾名，每名徵銀肆錢，共銀壹拾陸兩；中等牙人捌拾壹名，每名徵銀叁錢伍分，共銀貳拾捌兩叁錢伍分。

當稅銀貳百叁拾伍兩係典舖出辦，共典舖肆拾柒座，每座當稅銀伍兩。

地稅銀壹百伍拾捌兩陸錢壹分係買房地業主出辦，原無定額，儘收儘解。

蒲城縣

原額民地金、銀、銅、鐵肆等共地壹萬柒千柒百玖拾叁頃柒拾肆畝陸釐肆絲叁忽柒微伍纖，每畝各起科不等，共額徵糧柒萬柒千伍百陸拾陸石貳斗柒升玖合貳勺玖抄貳撮伍圭，每石折徵銀壹兩貳錢肆分肆釐柒毫貳絲柒忽陸微玖纖捌塵捌渺，共額徵銀玖萬陸千伍百肆拾捌兩捌錢玖分陸釐叁毫肆絲貳忽捌微壹纖捌塵伍渺。內：

金地玖拾叁頃肆拾畝陸分玖釐叁毫肆絲叁忽柒微伍纖，每畝科糧捌升柒合玖勺捌抄壹撮，共該糧捌百貳拾壹石捌斗伍合貳抄貳撮伍圭，該徵銀壹千貳拾貳兩玖錢貳分叁釐伍毫柒絲貳忽柒微貳纖捌塵叁渺。順治柒年題明免過無主荒地陸拾貳頃陸拾柒畝柒分，應免糧伍百伍拾壹石肆斗叁升捌合伍勺壹抄叁撮柒圭，該除銀陸百捌拾伍兩捌錢貳分伍釐捌毫柒絲，內前墾並興屯墾過及節年開墾地共伍拾玖頃伍拾肆畝貳分陸毫，該糧伍百貳拾叁石捌斗伍升柒合貳勺玖抄壹撮捌圭捌粟陸粒，該徵銀陸百伍拾貳兩壹錢陸分貳釐叁毫壹絲叁忽伍微肆纖陸塵。實在地玖拾頃貳拾柒畝壹分玖釐玖毫肆絲叁忽柒微伍纖，該糧柒百玖拾肆石貳斗貳升叁合捌勺陸圭捌粟陸粒，該徵銀玖百捌拾玖兩貳錢陸分壹絲陸忽貳微柒纖肆塵叁渺。

銀地柒千叁百柒拾玖頃貳拾柒畝陸分貳釐貳毫，每畝科糧伍升貳合，共該糧叁萬捌千叁百柒拾貳石貳斗叁升陸合叁勺肆抄叁撮，該徵銀肆萬柒千柒百陸拾貳兩玖錢捌分肆釐陸毫陸絲陸忽肆微伍纖柒塵伍渺。順治柒年題明免過無主荒地壹千貳百叁拾叁頃肆畝捌分玖釐肆毫陸絲，應免糧陸千肆百壹拾壹石捌斗伍升肆合伍勺壹抄玖撮貳圭，該除銀柒千玖百柒拾肆兩肆錢伍分陸釐，內前墾並興屯墾過及節年開墾地共捌百壹頃陸拾陸畝陸釐玖毫叁絲，該糧肆千壹百陸拾捌石陸斗叁升伍合陸勺壹抄叁撮陸圭，該徵銀伍千壹百捌拾玖兩捌錢柒分柒釐叁毫陸絲壹微捌纖肆塵捌渺陸漠叁沙捌洙。實在地陸千玖百肆拾柒頃捌拾捌畝柒分玖釐陸毫柒絲，該糧叁萬陸千壹百貳拾玖石壹升柒合肆勺叁抄柒撮肆圭，該徵銀肆萬肆千玖百柒拾捌兩肆錢陸釐貳絲陸忽陸微肆纖貳塵叁渺陸漠叁沙捌洙。

銅地伍千肆百壹拾柒頃貳拾伍畝柒分，每畝科糧肆升貳合伍勺，共該糧貳萬叁千貳拾叁石叁斗肆升貳合貳勺伍抄，該徵銀貳萬捌千陸百伍拾柒兩柒錢玖分貳釐伍毫壹絲柒忽伍微叁纖壹塵貳渺。乾隆拾陸年題明免過建蓋巡檢衙署地貳畝，應免糧捌升伍合，該除銀壹錢伍釐捌毫伍忽肆纖玖塵。實在地伍千肆百壹拾柒頃貳拾叁畝柒分，該糧貳萬叁千貳拾叁石貳斗伍升柒合貳勺伍抄，該徵銀貳萬捌千陸百伍拾柒兩陸錢捌分陸釐柒毫壹絲貳忽肆微捌纖貳塵貳渺。

鐵地肆千玖百叁頃捌拾畝肆釐伍毫，每畝科糧叁升壹合叁勺，共該糧壹萬伍千叁百肆拾捌石捌斗玖升伍合陸勺柒抄柒撮，該徵銀壹萬玖千壹百伍兩壹錢玖分伍釐伍毫捌絲陸忽壹微壹塵伍渺。順治柒年題明免過無主荒地壹千柒百柒拾柒頃捌拾柒畝肆分伍釐肆毫陸絲，應免糧伍千伍百陸拾肆石柒斗肆升柒合壹勺捌抄伍撮，該除銀陸千玖百貳拾兩捌錢捌分陸釐捌毫伍絲捌忽，內前墾並興屯墾過及節年開墾地共壹千貳百肆拾玖頃捌拾畝捌分伍釐陸毫捌絲叁忽壹微叁纖玖塵，該糧叁千玖百貳拾貳石伍斗捌升壹勺伍抄壹撮陸粟叁粒，該徵銀肆千捌百捌拾肆兩叁錢捌分肆釐壹毫伍絲玖忽壹微叁纖叁塵伍渺捌漠貳沙叁洙陸涯；乾隆拾陸年開墾地壹頃陸拾肆畝捌釐，該糧伍石壹斗叁升伍合柒勺肆撮，該徵銀陸兩叁錢玖分伍釐壹毫肆絲伍微伍纖壹塵叁渺伍漠貳沙。實在地肆千叁百柒拾柒頃叁拾柒畝伍分貳釐柒毫貳絲叁忽壹微叁纖玖塵，該糧壹萬叁千柒百壹拾壹石捌斗陸升肆合叁勺肆抄柒撮陸粟叁粒，該徵銀壹萬柒千柒拾伍兩捌分捌釐貳絲柒忽柒微捌纖陸塵肆渺叁漠肆沙叁洙陸涯。

以上共免過無主荒地叁千柒拾叁頃陸拾貳畝肆釐玖毫貳絲，應免糧壹萬貳千伍百貳拾捌石壹斗貳升伍合貳勺壹抄柒撮玖圭，該除銀壹萬伍千伍百捌拾壹兩貳錢柒分肆釐伍毫叁絲叁忽肆纖玖塵，內前開墾並興屯墾過及節年開墾地共貳千壹百壹拾壹頃壹畝壹分叁釐貳毫壹絲叁忽壹微叁纖玖塵，該糧捌千陸百壹拾伍石柒升叁合伍抄陸撮伍圭肆粟玖粒，該銀壹萬柒百貳拾陸兩肆錢貳分叁釐捌毫叁絲貳忽捌微陸纖肆塵肆渺肆漠陸沙壹洙陸涯；乾隆拾陸年開墾地壹頃陸拾肆畝捌釐，該糧伍石壹斗叁升伍合柒勺肆撮，該徵銀陸兩叁錢玖分伍釐壹毫肆絲伍微伍纖壹塵叁渺伍漠貳沙，以增抵除。實荒地玖百陸拾頃玖拾陸畝捌分叁釐柒毫陸忽捌微陸纖壹塵，實應免折色糧叁千玖百柒石玖斗壹升陸合肆勺伍抄柒撮叁圭伍粟壹粒，該除銀肆千捌百肆拾捌兩肆錢伍分伍釐伍毫伍絲玖忽陸微叁纖叁塵貳渺壹沙捌洙肆涯。

實熟地壹萬陸千捌百叁拾貳頃柒拾柒畝貳分貳釐叁毫叁絲陸忽捌微捌纖玖塵，實徵折色糧柒萬叁千陸百伍拾捌石叁斗陸升貳合捌勺叁抄伍撮壹圭肆粟玖粒，折徵銀玖萬壹千柒百兩肆錢肆分柒毫捌絲叁忽壹微捌纖伍塵貳渺玖漠捌沙壹洙陸涯。

又懷德里劉君彥結首灘地肆頃肆拾陸畝，每畝科糧叁升，共該糧壹拾叁石叁斗捌升，該徵銀壹拾陸兩陸錢陸分捌釐捌毫。

康熙拾陸年清查首報鹻灘地伍拾捌頃陸拾玖畝陸分貳釐叁毫玖絲貳忽伍微，每畝科糧貳升柒合伍勺陸抄陸撮陸粟，共該糧壹百陸拾壹石捌斗伍合玖勺貳抄柒撮柒圭伍粟，該徵銀貳百壹兩肆錢肆釐叁毫貳絲壹微柒渺。

以上實熟民地並清查自首鹻灘地共壹萬陸千捌百玖拾伍頃玖拾貳畝捌分肆釐柒毫貳絲玖忽叁微捌纖玖塵，實徵折色糧柒萬叁千捌百叁拾叁石伍斗肆升捌合柒勺陸抄貳撮捌圭玖粟玖粒，徵折色銀玖萬壹千玖百壹拾捌兩伍錢壹分叁釐玖毫叁忽貳微捌纖伍塵玖渺玖漠捌沙壹洙陸涯。

又陸續收書手洒派等糧壹百伍石，止徵銀伍拾壹兩貳錢遵照乾隆伍拾玖年奉准部咨令，將康熙年間易知由單：金地每畝折徵銀壹錢玖釐伍毫捌絲捌忽伍微玖纖叁渺；銀地每畝折徵銀陸分肆釐柒毫叁絲陸忽捌微陸纖叁塵玖渺；銅地每畝折徵銀伍分貳釐玖毫貳忽伍微貳纖肆塵伍渺；鐵地每畝折徵銀叁分捌釐玖毫柒絲伍忽柒微肆纖陸塵玖渺；結首灘每畝折徵銀叁分柒釐叁毫柒絲叁忽玖微玖纖玖渺；鹻灘地每畝折徵銀叁分肆釐叁毫壹絲貳忽玖微捌纖陸塵柒渺肆漠；洒派糧石每石折徵銀肆錢捌分柒釐陸毫叁絲玖忽，逐一纂入書內，嗣後遇有墾豁增減，以便按畝增除。

原額人丁叁門玖則不等，共折下下丁壹拾貳萬壹千壹百捌拾丁，每丁徵銀叁分陸釐捌毫陸絲叁忽肆纖柒塵肆渺，共徵銀肆千肆百陸拾柒兩陸分肆釐叁毫玖絲柒忽伍微柒纖，內除優免丁貳千捌百壹拾捌丁，該除銀壹百叁兩捌錢捌分陸絲柒忽伍微柒纖。

實行差並節年招回、編審抵補豁免共丁壹拾壹萬捌千叁百陸拾貳丁，該徵銀肆千叁百陸拾叁兩壹錢捌分肆釐叁毫叁絲。

康熙貳拾伍年至伍拾年編審出溢額丁壹千伍百捌拾貳丁，共徵銀伍拾捌兩叁錢壹分柒釐叁毫肆絲玖微捌纖陸塵捌渺。

以上實在行差並查出溢額應徵人丁壹拾壹萬玖千玖百肆拾肆丁，應徵丁銀肆千肆百貳拾壹兩伍錢壹釐陸毫柒絲玖微捌纖陸塵捌渺，于雍正伍年攤入前項地糧內徵解。

康熙伍拾伍年起，至乾隆貳拾陸年止，編審出丁陸百肆拾玖丁；乾隆叁拾壹年編審出丁壹拾柒丁；乾隆叁拾陸年編審出丁貳拾玖丁。共編審出丁陸百玖拾伍丁，欽遵康熙伍拾貳年叁月拾捌日恩詔，後遇編審之期，但據康熙伍拾年丁冊定為常額，續生人丁，永不加賦。

原額均徭銀伍千玖百貳拾貳兩壹錢柒分貳釐陸毫柒絲，內除荒銀貳百玖拾陸兩捌錢玖分玖釐柒毫伍絲壹忽伍微柒纖壹塵叁漠叁沙肆洙陸涯，實徵銀伍千陸百貳拾伍兩貳錢柒分貳釐玖毫壹絲捌忽肆微貳纖捌塵玖渺陸漠陸沙伍洙肆涯。

又收清查結首、鹻灘地額徵均徭銀壹拾叁兩叁錢柒分伍釐捌毫伍絲伍忽捌微捌纖伍塵柒渺。

以上實徵均徭銀伍千陸百叁拾捌兩陸錢肆分捌釐柒毫柒絲肆忽叁微壹纖肆塵陸渺陸漠陸沙伍洙肆涯係按前項各等地畝科徵，金地每畝徵均徭銀陸釐柒毫壹絲玖忽壹微貳纖叁塵陸渺；銀地每畝徵均徭銀叁釐玖毫柒絲壹忽貳微叁纖玖塵伍渺；銅地每畝徵均徭銀叁釐貳毫肆絲伍忽柒微貳纖肆塵陸渺；鐵地每畝徵均徭銀貳釐叁毫玖絲叁微捌纖玖渺；結首灘地每畝徵均徭銀貳釐貳毫玖絲壹忽玖纖玖塵柒渺；鹻灘地每畝徵均徭銀貳釐壹毫肆忽柒微玖塵叁渺柒漠。

外遇閏原額加徵銀伍百陸兩陸錢陸分陸毫玖絲柒忽，內除荒銀貳拾兩柒錢叁分陸釐肆毫玖絲捌忽肆微捌塵玖渺，實徵銀肆百捌拾伍兩玖錢貳分肆釐壹毫玖絲捌忽伍微玖纖壹塵壹渺。

又額外停免銀貳百兩肆錢捌分叁釐貳毫。

新增軍籍銀貳千陸百捌拾玖兩伍錢叁釐捌毫捌絲貳忽貳微。

匠價銀壹百貳拾壹兩柒錢柒分。遇閏加銀壹拾兩壹錢肆分柒釐伍毫。

以上正閏俱攤入前項地糧內徵解。

地、丁貳項並額外結首、溢額、續收、均徭、停免、匠價、軍籍，除優免丁銀外，共徵銀壹拾壹萬壹百捌拾陸兩玖錢柒分陸釐陸毫肆絲壹忽玖微玖纖壹塵柒渺，內除荒銀伍千壹百肆拾伍兩叁錢伍分伍釐叁毫壹絲壹忽貳微肆塵貳渺叁漠伍沙叁洙，實徵銀壹拾萬伍千肆拾壹兩陸錢貳分壹釐肆毫叁絲柒微捌纖柒塵肆渺陸漠肆沙柒洙。

外遇閏加徵銀伍百陸兩陸錢陸分陸毫玖絲柒忽，內除荒銀貳拾兩柒錢叁分陸釐肆毫玖絲捌忽肆微捌塵玖渺，實徵銀肆百捌拾伍兩玖錢貳分肆釐壹毫玖絲捌忽伍微玖纖壹塵壹渺。

又額外徵收匠價閏月銀壹拾兩壹錢肆分柒釐伍毫。

貳項共徵閏月銀肆百玖拾陸兩柒分壹釐陸毫玖絲捌忽伍微玖纖壹塵壹渺。

壹起運項下

原編起運糧石折價銀玖萬壹千捌百陸拾捌兩伍錢玖分壹釐貳毫柒絲伍忽捌微壹纖捌塵伍渺，內除題允仍留甘站銀貳千伍百兩，止該銀捌萬玖千叁百陸拾捌兩伍錢玖分壹釐貳毫柒絲伍忽捌微壹纖捌塵伍渺，內除荒銀肆千伍百玖拾叁兩柒錢叁分柒釐捌毫肆絲貳忽壹微伍塵肆漠，實起運銀捌萬肆千柒百柒拾肆兩捌錢伍分叁釐肆毫叁絲叁忽柒微壹纖叁塵肆渺陸漠。

節裁藥味、牲口、軍器等項銀壹千叁百肆拾叁兩柒錢肆釐，內除荒銀肆拾捌兩肆錢捌分陸釐陸毫柒絲柒忽伍微捌纖捌塵玖渺捌漠，實起運銀壹千貳百玖拾伍兩貳錢壹分柒釐叁毫貳絲貳忽肆微壹纖壹塵貳漠。

舊編存留，内順治玖年會議裁扣各役工食銀貳百叁拾兩；拾貳年裁扣卓圍、傢伙、傘扇銀玖拾捌兩；拾肆年裁扣官生俸廩等項銀伍百叁拾兩伍錢壹分陸釐柒絲，奉裁遞馬、損轎夫叁分裁壹，銀玖百陸拾肆兩貳錢壹分捌釐柒毫壹絲玖忽貳微伍纖叁塵叁渺。康熙元年奉裁吏書工食銀壹百玖拾玖兩貳錢；叁年奉裁訓導、門斗、齋夫俸食銀玖拾叁兩玖錢貳分，雜費丁銀壹百叁拾陸兩伍錢柒分貳釐貳毫；拾伍年裁心紅紙張、草料、刑具、鋪墊板蓆、修監倉廒、講書紙劄、芒神土牛、生員歲季考試、科舉對講并謄録書手、盤纏、解司、科舉等項共銀壹千貳百肆兩壹錢肆分壹釐肆毫；貳拾伍年裁隴右道官役俸食銀叁百陸拾肆兩；貳拾柒年裁歲貢、舉人、進士盤纏、花紅、坊價等項共銀伍拾貳兩叁錢伍分玖釐。雍正陸年裁燈夫銀貳拾肆兩；拾貳年裁民壯銀壹百貳兩。乾隆柒年裁民壯銀伍拾肆兩；玖年裁均攤祭祀銀肆拾壹兩肆錢柒分；玖年裁舖司銀壹百柒拾貳兩捌錢，冗費裁剩解部銀貳千肆百捌拾貳兩玖錢肆分叁毫陸絲柒忽。

共裁扣歸入起運銀陸千柒百伍拾兩壹錢叁分柒釐柒毫伍絲陸忽貳微伍纖叁塵叁渺，内除荒銀壹百捌拾玖兩捌錢捌分陸釐叁毫捌絲陸忽玖微陸纖伍塵捌渺玖沙叁洙貳涯，實起運銀陸千伍百陸拾兩貳錢伍分壹釐叁毫陸絲玖忽貳微捌纖柒塵肆渺玖漠陸洙捌涯。

又額外停免、匠價、軍籍、折色、均徭、溢額等銀叁千叁百壹兩伍錢貳分叁釐叁毫玖絲玖忽壹微柒纖叁塵貳渺。

共該實起運銀玖萬伍千玖百叁拾壹兩捌錢肆分伍釐伍毫貳絲肆忽伍微捌纖伍塵壹渺柒漠陸洙捌涯。

又收存留額協新平等驛站抵餉銀壹千肆百貳拾捌兩柒毫玖絲捌忽叁微陸纖捌塵柒渺。

又收額協臨洮、平凉貳府屬靜寧、狄道等州縣驛站抵餉銀壹千叁百壹拾壹兩肆錢貳分陸釐肆毫陸絲伍忽玖微。

又收存留内驛遞之差使甚少並題明請將驛站等事貳案内，共裁銀壹千叁百玖拾捌兩肆錢壹分柒釐叁毫貳絲伍忽玖微肆纖壹塵陸渺捌漠。

又在于請做以糧載丁等事案内，通省以糧均丁增銀柒千柒百柒拾兩伍分肆釐陸毫肆絲柒忽貳微玖纖玖塵捌渺。

共該起運銀壹拾萬柒千捌百叁拾玖兩柒錢肆分肆釐柒毫陸絲貳忽玖纖伍塵叁渺伍漠陸洙捌涯，內除受協維南等縣驛站兌留兵餉應支銀陸百叁拾肆兩叁錢壹分貳絲伍忽壹微陸纖柒塵柒渺，實該銀壹拾萬柒千貳百伍兩肆錢叁分肆釐柒毫叁絲陸忽玖微貳纖柒塵陸渺伍漠陸洙捌涯，內在于請裁冗員添設廳佐以重地方事案內，支給永豐鎮巡檢俸食銀壹百叁拾玖兩伍錢貳分，又留支加增撥補俸工銀壹百伍拾捌兩肆錢貳分貳釐肆毫叁絲陸忽陸微肆纖伍塵貳漠，實該起運銀壹拾萬陸千玖百柒兩肆錢玖分貳釐叁毫貳微捌纖貳塵陸渺叁漠陸洙捌涯。

外遇閏裁扣，內順治玖年裁扣銀壹拾柒兩伍錢；拾肆年裁扣銀叁拾陸兩柒錢伍分壹釐柒毫貳絲肆忽。康熙元年裁吏書工食銀壹拾陸兩陸錢；叁年裁訓導、門斗、齋夫銀柒兩捌錢貳分陸釐陸毫陸絲陸忽；拾伍年裁心紅紙張、喂馬草料銀陸兩捌錢叁分叁釐貳毫柒絲；貳拾伍年裁隴右道官役俸食銀叁拾兩叁錢叁分叁釐叁毫叁絲。雍正陸年裁燈夫銀貳兩；拾貳年裁民壯銀捌兩伍錢。乾隆柒年裁民壯銀肆兩伍錢；玖年裁舖司銀壹拾肆兩肆錢，又扣各官閏俸銀壹拾貳兩叁錢叁分陸釐陸毫陸絲貳忽。

共銀壹百伍拾柒兩伍錢捌分壹釐陸毫伍絲貳忽，內除荒銀陸兩肆錢肆分陸釐壹毫陸絲玖忽玖微柒纖叁塵貳渺，實徵銀壹百伍拾壹兩壹錢叁分伍釐肆毫捌絲貳忽貳纖陸塵捌渺。

又額外匠價閏銀壹拾兩壹錢肆分柒釐伍毫。

貳共起運閏銀壹百陸拾壹兩貳錢捌分貳釐玖毫捌絲貳忽貳纖陸塵捌渺。

又收存留內驛遞之差使甚少並題明請將驛站等事貳案內，共裁站閏月銀壹百壹兩貳分陸釐柒絲貳忽。

又收在于請倣以糧載丁等事案內，通省以糧均丁增銀叁百叁拾柒兩陸錢玖分捌釐伍毫陸忽壹微陸纖捌塵玖渺。

以上共銀陸百兩柒釐伍毫陸絲壹微玖纖伍塵柒渺，內在于請裁冗員添設廳佐以重地方事案內，支給巡檢、皂隸工食銀玖兩，又留支加增撥補俸工銀貳拾叁兩肆錢陸釐壹絲陸忽肆微伍纖捌塵陸渺，實該起運閏月銀伍百陸拾柒兩陸錢壹釐伍毫肆絲叁忽柒微叁纖柒塵壹渺。

壹存留項下

原編存留並甘站共銀玖千肆百貳拾叁兩貳分叁毫壹絲柒微肆纖陸塵柒渺，

內除荒銀叁百壹拾叁兩貳錢肆分肆釐肆毫肆忽伍微肆纖肆塵肆渺伍沙玖洙捌涯，實存留銀玖千壹百玖兩柒錢柒分伍釐玖毫陸忽貳微貳塵貳渺玖漠肆沙貳涯。

壹俸工項下

知縣壹員，額支俸薪銀肆拾伍兩，內除荒銀壹兩肆錢柒分貳釐伍毫玖絲捌忽捌微伍纖肆塵，實徵支銀肆拾叁兩伍錢貳分柒釐肆毫壹忽壹微肆纖陸塵，內均攤俸工減銀壹拾玖兩貳錢叁分肆釐肆毫叁絲伍忽壹微肆纖伍渺，即留抵撥補各員役俸工訖。

縣丞壹員，額支俸薪銀肆拾兩，內乾隆肆拾貳年在于衝途繁劇等事案內，奉文，因華州添設州判，裁汰縣丞俸工銀兩，在於存留項下解司充餉，內除荒撥補銀壹兩叁錢壹分貳釐陸毫壹絲貳忽柒微伍纖玖塵，實徵支銀叁拾捌兩陸錢捌分柒釐叁毫捌絲柒忽貳微肆纖壹塵。

巡檢壹員，額支俸薪銀叁拾壹兩伍錢貳分於道光拾貳年奉文裁汰，巡檢俸薪銀兩，按季解司報撥。

典史壹員，額支俸薪銀叁拾壹兩伍錢貳分，內除荒撥補銀壹兩叁分肆釐壹毫玖絲肆忽陸微捌纖伍塵玖渺，實徵支銀叁拾兩肆錢捌分伍釐捌毫伍忽叁微壹纖肆塵壹渺。

教諭、訓導貳員，額支俸薪銀叁拾壹兩伍錢貳分，內除荒撥補銀壹兩叁分肆釐壹毫玖絲肆忽陸微捌纖伍塵玖渺，實徵支銀叁拾兩肆錢捌分伍釐捌毫伍忽叁微壹纖肆塵壹渺。外撥補全俸銀肆拾捌兩肆錢捌分。

知縣衙門

門子貳名，每名歲支銀陸兩，共支銀壹拾貳兩，內除荒撥補銀叁錢玖分叁釐伍毫陸絲玖忽貳微貳纖柒塵陸渺，實徵支銀壹拾壹兩陸錢陸釐肆毫叁絲柒微柒纖貳塵肆渺。遇閏加銀壹兩，內除荒銀肆分壹釐肆絲柒忽伍微捌纖叁塵，實徵支銀玖錢伍分捌釐玖毫伍絲貳忽肆微壹纖柒塵。

皂隸、仵作壹拾陸名，每名歲支銀陸兩，共支銀玖拾陸兩，內除荒撥補銀叁兩壹錢肆分捌釐伍毫貳絲陸忽捌微貳纖捌渺，實徵支銀玖拾貳兩捌錢伍分壹釐肆毫柒絲叁忽壹微柒纖玖塵貳渺。遇閏加銀捌兩，內除荒銀叁錢貳分捌釐肆毫壹絲貳微陸纖伍塵，實徵支銀柒兩陸錢柒分壹釐伍毫捌絲玖忽柒微叁纖伍塵。

馬快捌名，每名歲支銀壹拾陸兩捌錢，共支銀壹百叁拾肆兩肆錢，內除荒撥補銀肆兩叁錢玖分肆釐肆毫捌絲玖忽壹微肆纖玖塵伍渺，實徵支銀壹百叁拾兩伍釐伍毫壹絲捌微伍纖伍渺。遇閏加銀壹拾壹兩貳錢，內除荒銀肆錢伍分玖釐伍毫肆絲玖忽壹纖玖塵，實徵支銀壹拾兩柒錢肆分肆毫伍絲玖微捌纖壹塵。

民壯貳拾肆名，每名歲支銀陸兩，共支銀壹百肆拾肆兩，內除荒撥補銀肆兩柒錢貳分貳釐叁毫壹絲柒忽柒微玖纖伍塵壹渺，實徵支銀壹百叁拾玖兩貳錢柒分柒釐陸毫捌絲貳忽貳微肆塵玖渺。遇閏加銀壹拾貳兩，內除荒銀肆錢玖分叁釐貳毫貳絲伍忽捌微柒纖捌塵，實徵支銀壹拾壹兩伍錢陸釐柒毫柒絲肆忽壹微貳纖貳塵。

看監禁子捌名，每名歲支銀陸兩，共支銀肆拾捌兩，內除荒撥補銀壹兩伍錢柒分肆釐貳毫陸絲肆忽玖微捌塵肆渺，實徵支銀肆拾陸兩肆錢貳分伍釐柒毫叁絲伍忽玖纖壹塵陸渺。每名加增銀貳兩，共增銀壹拾陸兩。遇閏加銀肆兩，內除荒銀壹錢陸分肆釐貳毫玖忽貳微玖纖貳塵伍渺，實徵支銀叁兩捌錢叁分伍釐柒毫玖絲柒微柒塵伍渺。

轎傘扇夫柒名，每名歲支銀陸兩，共支銀肆拾貳兩，內除荒撥補銀壹兩叁錢柒分柒釐肆毫柒絲玖忽柒微玖纖叁塵陸渺，實徵支銀肆拾兩陸錢貳分貳釐伍毫貳絲貳微陸塵肆渺。遇閏加銀叁兩伍錢，內除荒銀壹錢肆分叁釐陸毫捌絲貳忽陸塵，實徵支銀叁兩叁錢伍分陸釐叁毫壹絲柒忽玖微玖纖肆塵。

庫子肆名，每名歲支銀陸兩，共支銀貳拾肆兩，內除荒撥補銀柒錢捌分柒釐壹毫叁絲柒忽肆微伍纖伍塵貳渺，實徵支銀貳拾叁兩貳錢壹分貳釐捌毫陸絲貳忽伍微肆纖肆塵捌渺。遇閏加銀貳兩，內除荒銀捌分貳釐玖絲陸忽壹微肆纖陸塵，實徵支銀壹兩玖錢壹分柒釐玖毫叁忽捌微伍纖肆塵。

斗級肆名，每名歲支銀陸兩，共支銀貳拾肆兩，內除荒撥補銀柒錢捌分柒釐壹毫叁絲柒忽肆微伍纖伍塵貳渺，實徵支銀貳拾叁兩貳錢壹分貳釐捌毫陸絲貳忽伍微肆纖肆塵捌渺。遇閏加銀貳兩，內除荒銀捌分貳釐玖絲陸忽壹微肆纖陸塵，實徵支銀壹兩玖錢壹分柒釐玖毫叁忽捌微伍纖肆塵。

舖司兵貳拾壹名，每名歲支銀肆兩捌錢，共支銀壹百兩捌錢，內除荒銀叁兩叁錢壹分捌釐壹毫陸絲壹忽壹微柒纖玖塵貳渺，實徵支銀玖拾柒兩肆錢捌分壹釐捌毫叁絲捌忽捌微貳纖捌渺。外加增銀貳拾捌兩伍錢壹分捌釐壹毫陸絲壹忽壹微柒纖玖塵貳渺。遇閏加銀捌兩肆錢，內除荒銀叁錢肆分叁釐陸毫玖絲貳忽陸塵，實徵支銀捌兩伍分陸釐叁毫柒忽玖微玖纖肆塵。外加增銀貳兩肆錢肆分叁釐陸毫玖絲貳忽陸塵。

鐘鼓夫伍名，每名歲支銀貳兩肆錢，共支銀壹拾貳兩，內除荒撥補銀叁錢玖分叁釐伍毫陸絲捌忽捌微柒纖，實徵支銀壹拾壹兩陸錢陸釐肆毫叁絲壹忽壹微叁纖。遇閏加銀壹兩，內除荒銀肆分壹釐肆絲柒忽伍微柒纖叁塵，實徵支銀玖錢伍分捌釐玖毫伍絲貳忽肆微貳纖柒塵。

永豐倉斗級貳名，每名歲支銀壹拾兩陸錢陸分陸釐陸毫陸絲，共銀貳拾壹兩叁錢叁分叁釐叁毫，內除荒撥補銀柒錢壹釐玖毫柒絲貳忽壹微陸纖肆塵貳渺貳漠，實徵支銀貳拾兩陸錢叁分壹釐叁毫貳絲柒忽捌微叁纖伍塵柒渺捌漠。遇閏加銀壹兩柒錢柒分柒釐柒毫柒絲，內除荒銀柒分叁釐肆絲玖忽柒微伍塵貳渺捌漠，實徵支銀壹兩柒錢肆釐柒毫貳絲貳微玖纖肆塵柒渺貳漠。

縣丞衙門

門子壹名，歲支銀陸兩，內除荒撥補銀壹錢玖分陸釐柒毫捌絲伍忽壹微壹纖叁塵捌渺，實徵支銀伍兩捌錢叁釐貳毫壹絲肆忽捌微捌纖陸塵貳渺。遇閏加銀伍錢，內除荒銀貳分伍毫叁絲壹忽貳微捌纖陸塵伍渺，實徵支銀肆錢柒分玖釐肆毫陸絲捌忽柒微壹纖叁塵伍渺。

皂隸肆名，每名歲支銀陸兩，共支銀貳拾肆兩，內除荒撥補銀柒錢捌分柒釐壹毫叁絲柒忽肆微伍纖伍塵貳渺，實徵支銀貳拾叁兩貳錢壹分貳釐捌毫陸絲貳忽伍微肆纖肆塵捌渺。遇閏加銀貳兩，內除荒銀捌分貳釐玖絲陸忽壹微肆纖陸塵，實徵支銀壹兩玖錢壹分柒釐玖毫叁忽捌微伍纖肆塵。

馬夫壹名，歲支銀陸兩，內除荒撥補銀壹錢玖分陸釐柒毫捌絲伍忽壹微壹纖叁塵捌渺，實徵支銀伍兩捌錢叁釐貳毫壹絲肆忽捌微捌纖陸塵貳渺。遇閏加銀伍錢，內除荒銀貳分伍毫叁絲壹忽貳微捌纖陸塵伍渺，實徵支銀肆錢柒分玖釐肆毫陸絲捌忽柒微壹纖叁塵伍渺。

乾隆肆拾貳年在於衝途繁劇等事案內，奉文，因華州添設州判，裁汰縣丞、各役工食銀兩，在於存留項下解司充餉。

巡檢衙門

皂隸貳名，每名歲支銀陸兩，共支銀壹拾貳兩。遇閏加銀壹兩。

弓兵壹拾陸名，每名歲支銀陸兩，共支銀玖拾陸兩。遇閏加銀捌兩於道光拾貳年奉文裁汰，巡檢各役工食銀兩，按年解司報撥。

典史衙門

門子壹名，歲支銀陸兩，內除荒撥補銀壹錢玖分陸釐柒毫捌絲伍忽壹微壹纖叁塵捌渺，實徵支銀伍兩捌錢叁釐貳毫壹絲肆忽捌微捌纖陸塵貳渺。遇閏加銀伍錢，內除荒銀貳分伍毫叁絲壹忽貳微捌纖陸塵伍渺，實徵支銀肆錢柒分玖釐肆毫陸絲捌忽柒微壹纖叁塵伍渺。

皂隸肆名，每名歲支銀陸兩，共支銀貳拾肆兩，內除荒撥補銀柒錢捌分柒釐壹毫叁絲柒忽肆微伍纖伍塵貳渺，實徵支銀貳拾叁兩貳錢壹分貳釐捌毫陸絲貳忽伍微肆纖肆塵捌渺。遇閏加銀貳兩，內除荒銀捌分貳釐玖絲陸忽壹微肆纖陸塵，實徵支銀壹兩玖錢壹分柒釐玖毫叁忽捌微伍纖肆塵。

馬夫壹名，歲支銀陸兩，內除荒撥補銀壹錢玖分陸釐柒毫捌絲伍忽壹微壹纖叁塵捌渺，實徵支銀伍兩捌錢叁釐貳毫壹絲肆忽捌微捌纖陸塵貳渺。遇閏加銀伍錢，內除荒銀貳分伍毫叁絲壹忽貳微捌纖陸塵伍渺，實徵支銀肆錢柒分玖釐肆毫陸絲捌忽柒微壹纖叁塵伍渺。

教職衙門

齋夫叁名，每名歲支銀壹拾貳兩，共支銀叁拾陸兩，內除荒撥補銀壹兩壹錢捌分陸毫玖絲柒忽壹微柒纖玖塵伍渺，實徵支銀叁拾肆兩捌錢壹分玖釐叁毫貳忽捌微貳纖伍渺。遇閏加銀叁兩，內除荒銀壹錢貳分叁釐壹毫陸絲柒忽柒微捌纖叁塵叁渺，實徵支銀貳兩捌錢柒分陸釐捌毫叁絲貳忽貳微壹纖陸塵柒渺。

膳夫貳名，額支銀壹拾叁兩叁錢叁分叁釐叁毫叁絲，內除荒撥補銀肆錢叁分壹釐柒毫壹絲叁忽玖微壹纖壹塵柒渺，實徵支銀壹拾貳兩玖錢壹釐陸毫壹絲陸忽捌纖捌塵叁渺係廩生支領。遇閏加銀壹兩壹錢壹分壹釐壹毫，內除荒撥補銀肆分陸釐叁絲柒微肆纖肆塵肆渺，實徵支銀壹兩陸分伍釐陸絲玖忽貳微伍纖伍塵陸渺係廩生支領。

門斗叁名，每名歲支銀柒兩貳錢，共支銀貳拾壹兩陸錢，內除荒撥補銀柒錢捌釐肆毫壹絲柒忽陸微壹渺，實徵支銀貳拾兩捌錢玖分壹釐伍毫捌絲貳忽叁微玖纖玖塵玖渺。遇閏加銀壹兩捌錢，內除荒銀柒分叁釐捌毫玖絲貳忽肆微肆纖伍塵伍渺，實徵支銀壹兩柒錢貳分陸釐壹毫柒忽伍微伍纖肆塵伍渺。

廩生貳拾名，每名歲支銀叁兩壹錢玖分陸釐壹毫柒絲，共銀陸拾叁兩玖錢貳分叁釐肆毫，內除荒撥補銀貳兩玖分貳釐肆毫貳絲柒忽捌微肆纖柒塵，實徵支銀陸拾壹兩捌錢叁分玖毫柒絲貳忽壹微伍纖叁塵。遇閏加銀伍兩叁錢貳分陸釐捌毫柒絲伍忽，內除荒撥補銀貳錢壹分陸釐貳毫玖絲叁忽柒微捌塵貳渺，實徵支銀伍兩壹錢壹分伍毫捌絲壹忽貳微玖纖壹塵捌渺。

以上俸工項下，除廩生、膳夫貳欵照常支發外，其餘官役俸工於道光貳拾叁年奉文，均以貳兩平支放，每兩減平銀陸分，其減平銀兩，每年批解部庫交納，理合登明。

壹雜支項下

春秋貳季祭祀文廟並清明、柒月拾伍及各壇祠並無祀鬼魂、芒神土牛品物等銀柒拾伍兩捌錢叁分，內除荒銀貳兩肆錢柒分伍釐伍毫柒絲伍忽叁微捌塵玖渺伍漠肆沙玖洙肆涯，實徵支銀柒拾叁兩叁錢伍分肆釐肆毫貳絲肆忽陸微玖纖壹塵肆漠伍沙陸涯。

祭旗纛神額支銀伍兩捌錢，內除荒銀壹錢玖分玖毫貳絲玖忽柒微貳纖肆塵，實徵支銀伍兩陸錢玖釐柒絲貳微柒纖陸塵。

解布政司紙劄銀壹兩柒錢貳分伍釐，內除荒銀伍分陸釐柒毫捌絲伍忽陸微陸纖陸塵，實徵支銀壹兩陸錢陸分捌釐貳毫壹絲肆忽叁微叁纖肆塵。

鄉飲額支銀伍兩，內除荒銀壹錢陸分肆釐伍毫玖絲陸忽捌微陸纖，實徵支銀肆兩捌錢叁分伍釐肆毫叁忽壹微肆纖。

以上鄉飲、紙劄貳欵於道光貳拾叁年奉文裁汰，其徵收銀兩，每年批解部庫交納，理合登明。

壹孤貧項下

孤貧陸拾玖名口，每名歲支月糧銀貳兩捌錢捌分，共支銀壹百玖拾捌兩柒錢貳分，內除荒銀陸兩伍錢肆分貳釐伍毫柒絲貳忽玖微叁纖貳塵，實徵支銀壹百玖拾貳兩壹錢柒分柒釐肆毫貳絲柒忽陸纖捌塵。外加增銀伍拾陸兩貳錢貳分貳釐伍毫柒絲貳忽玖微叁纖貳塵。遇閏加增銀貳拾兩柒錢。

孤貧布花額支銀貳拾玖兩伍錢，內除荒銀玖錢柒分伍毫玖絲伍忽貳微捌纖壹塵貳渺，實徵支銀貳拾捌兩伍錢貳分玖釐肆毫肆忽柒微壹纖捌塵捌渺。

壹驛站項下

新平驛站額銀壹千肆百陸兩陸錢柒分玖釐；邠州所站額銀柒百叁拾叁兩壹錢肆分叁釐叁毫肆絲；華山驛站額銀肆百壹拾貳兩肆錢陸分叁毫伍絲；華山驛支置額銀肆拾伍兩叁錢捌分肆釐壹毫；渭水驛支直額銀捌拾陸兩陸錢壹分壹毫玖絲柒忽伍微捌纖捌塵；底張驛支直額銀貳百叁拾玖兩貳錢伍分陸釐伍毫肆絲叁微肆纖壹塵；白渠驛支直額銀壹百陸兩叁分玖毫伍絲貳忽柒纖壹塵；威勝驛支直額銀壹百柒拾肆兩壹錢叁分伍釐伍毫貳絲；京兆驛支直額銀玖兩貳錢叁分肆釐；宜祿改兑臨洮府站額銀貳拾兩柒錢。共額支銀叁千貳百叁拾叁兩陸錢叁分肆釐，內除荒銀壹百伍拾玖兩肆錢陸分叁釐肆毫叁絲玖忽肆微貳纖玖渺，實徵銀叁千柒拾肆兩壹錢柒分伍毫陸絲伍微柒纖玖塵壹渺。

又甘站題充兵餉外，仍留銀貳千伍百兩。

貳項共實徵銀伍千伍百柒拾肆兩壹錢柒分伍毫陸絲伍微柒纖玖塵壹渺，內除額協抵餉並裁站銀貳千捌百伍拾壹兩柒錢陸分貳絲貳忽壹微肆纖柒渺，實支銀貳千柒百貳拾貳兩肆錢壹分伍毫叁絲捌忽肆微叁纖捌塵肆渺。

走遞、損夫壹百壹拾柒名，額銀玖百叁拾兩陸錢玖分捌釐陸毫壹絲肆忽捌纖；走遞馬肆拾匹，草料工食銀玖百陸拾捌兩陸錢捌分貳釐陸毫陸絲陸忽陸微陸纖陸塵柒渺；腳力貳拾頭，工食草料銀肆百陸拾兩。共額銀貳千叁百伍拾玖兩叁錢捌分壹釐貳毫捌絲柒微肆纖陸塵柒渺，內除荒銀壹百壹拾兩壹錢伍分叁釐壹絲壹忽陸微肆纖叁塵捌渺叁漠壹沙肆涯，實徵銀貳千貳百肆拾玖兩貳錢貳分捌釐貳毫陸絲玖忽壹微貳塵捌渺陸漠捌沙玖洙陸涯。

外收受協銀陸百叁拾肆兩叁錢壹分貳絲伍忽壹微陸纖柒塵柒渺。

貳共銀貳千捌百捌拾叁兩伍錢叁分捌釐貳毫玖絲肆忽貳微柒纖伍渺陸漠捌沙玖洙陸涯，內除額協抵餉並裁站銀壹千貳百捌拾陸兩捌分肆釐伍毫陸絲捌忽陸纖玖塵陸渺捌漠，實支銀壹千伍百玖拾柒兩肆錢伍分叁釐柒毫貳絲陸忽貳微捌渺捌漠捌沙玖洙陸涯。

遇閏，損夫加銀壹百伍兩叁錢；走遞馬加銀壹百叁拾叁兩叁錢叁分；腳力加銀叁拾捌兩叁錢叁分叁釐叁毫。共銀貳百柒拾陸兩玖錢陸分叁釐叁毫，內除荒銀壹拾壹兩叁錢叁分貳釐伍毫貳絲陸微玖纖陸塵伍渺貳漠，實徵銀貳百陸拾伍兩陸錢叁分柒毫柒絲玖忽叁微叁塵肆渺捌漠，內除裁站銀壹百壹兩貳分陸釐柒絲貳忽，實支銀壹百陸拾肆兩陸錢肆釐柒毫柒忽叁微叁塵肆渺捌漠。

以上存留實徵銀玖千壹百玖兩柒錢柒分伍釐玖毫陸忽貳微貳塵貳渺玖漠肆沙貳涯。

又收起運內受協雒南等縣驛站兑留兵餉應支銀陸百叁拾肆兩叁錢壹分貳絲伍忽壹微陸纖柒塵柒渺。

共該銀玖千柒百肆拾肆兩捌分伍釐玖毫叁絲壹忽叁微陸纖玖塵玖渺玖漠肆沙貳涯，內除額協新平等驛抵餉銀壹千肆百貳拾捌兩柒毫玖絲捌忽叁微陸纖捌塵柒渺；又除額協臨洮、平涼貳府屬靜寧、狄道等州縣驛站抵餉銀壹千叁百壹拾壹兩肆錢貳分陸釐肆毫陸絲伍忽玖微；又除驛遞之差使甚少並題明請將驛站等事貳案內，共裁銀壹千叁百玖拾捌兩肆錢壹分柒釐叁毫貳絲伍忽玖微肆纖壹塵陸渺捌漠。實該銀伍千陸百陸兩貳錢肆分壹釐叁毫肆絲壹忽壹微伍纖玖塵陸渺壹漠肆沙貳涯。

外加增撥補俸工，除知縣攤俸留抵外，實該銀貳百玖拾柒兩玖錢肆分貳釐肆毫叁絲陸忽陸微肆纖伍塵貳漠，

共實該銀伍千玖百肆兩壹錢捌分叁釐柒毫柒絲柒忽捌微肆塵陸渺叁漠肆沙貳涯於乾隆伍拾貳年奉文，全數解司，壹切支欵，俱由司按季領支，嗣於嘉慶伍年奉文，在縣留支，並不解司，按季請領。

遇閏原加銀叁百陸拾壹兩肆錢壹分伍釐柒毫柒忽，內除裁扣各官俸閏銀壹拾貳兩叁錢叁分陸釐陸毫陸絲貳忽入起運外，止該銀叁百肆拾玖兩柒分玖釐肆絲伍忽，內除荒銀壹拾肆兩貳錢玖分叁毫貳絲捌忽肆微叁纖伍塵柒渺，實徵銀叁百叁拾肆兩柒錢捌分捌釐柒毫壹絲陸忽伍微陸纖肆塵叁渺，內除驛遞之差使甚少並題明請將驛站等事貳案內，共裁站閏月銀壹百壹兩貳分陸釐柒絲貳忽，止該銀貳百叁拾叁兩柒錢陸分貳釐陸毫肆絲肆忽伍微陸纖肆塵叁渺。

外加增撥補銀叁拾貳兩肆錢陸釐壹絲陸忽肆微伍纖捌塵陸渺。

共實該存留閏月銀貳百陸拾陸兩壹錢陸分捌釐陸毫陸絲壹忽貳纖貳塵玖渺於乾隆伍拾貳年奉文，全數解司，壹切支欵，俱由司按季領支，嗣於嘉慶伍年奉文，在縣留支，並不解司，按季請領。

壹額外

課程銀柒拾貳兩柒錢壹分係鋪戶出辦。遇閏加銀陸兩伍分玖釐壹毫陸絲。

畜税銀貳百叁拾柒兩玖錢陸分係買騾馬出辦，原無定額，儘收儘解。

牙税銀叁拾陸兩柒錢上牙人壹名，原額銀貳兩肆錢；中牙人伍拾陸名，每名原額銀陸錢，共銀叁拾叁兩陸錢；次中牙人壹名，原額銀肆錢；下牙人壹名，原額銀叁錢。

當税銀叁百壹拾兩係典舖出辦，共典舖陸拾貳座，每座每年當税銀伍兩。

地税銀壹百壹拾伍兩貳錢肆分貳釐係買賣房業主出辦，原無定額，儘收儘解。

華陰縣

原額金、銀、銅、鐵、錫伍等共地肆千玖百肆拾叁頃捌拾柒畝肆分壹釐陸毫，每畝起科不等，共徵折色糧壹萬柒千陸百貳拾柒石捌斗伍升陸合柒勺，每石折徵銀壹兩肆錢壹分陸釐捌絲壹忽玖微玖纖，共額徵銀貳萬肆千玖百陸拾貳兩肆錢捌分捌釐陸毫伍絲玖忽陸微貳纖貳塵玖渺。內：

金地柒拾叁頃陸拾玖畝玖分伍釐，每畝科糧陸升伍合肆勺，共該糧肆百捌拾壹石玖斗玖升肆合柒勺叁抄，該銀陸百捌拾貳兩伍錢肆分肆釐伍絲伍忽陸微貳纖陸塵。順治柒、捌兩年免過無主、有主荒地伍拾伍畝肆分肆釐捌毫捌絲，應免糧叁石陸斗貳升陸合叁勺伍抄壹撮伍圭，該除銀伍兩柒分玖釐叁毫，內前墾並興屯、節年開墾共地伍拾貳畝柒分肆釐叁毫捌絲，該糧叁石肆斗肆升玖合肆勺肆抄肆撮伍圭，該徵銀肆兩捌錢玖分壹毫捌絲陸忽玖微。實在地柒拾叁頃陸拾柒畝貳分肆釐伍毫，實徵糧肆百捌拾壹石捌斗壹升柒合捌勺貳抄叁撮，實徵銀陸百捌拾貳兩叁錢伍分肆釐玖毫肆絲貳忽伍微貳纖陸塵。

銀地貳千柒拾叁頃壹拾肆畝玖分玖釐，每畝科糧肆升柒合，共糧玖千柒百肆拾叁石捌斗肆合伍勺叁抄，該銀壹萬叁千柒百玖拾捌兩叁分貳釐肆毫陸絲壹忽玖纖陸塵伍渺。順治柒、捌兩年題明免過無主、有主並乾隆伍年、拾捌年在於遵旨詳查議奏及河水沖坍地畝等事各案內，豁免共地貳百捌拾柒頃貳拾玖畝壹分柒釐陸毫柒絲，應免糧壹千叁百伍拾石貳斗柒升壹合貳勺玖抄柒撮肆圭，該除銀壹千玖百陸兩壹錢伍分貳釐壹毫叁絲伍忽叁微玖纖貳塵壹渺陸漠壹沙，內前墾並興屯、節年開墾共地壹百貳拾柒頃玖拾貳畝壹分伍釐肆毫柒絲柒忽陸微，該糧陸百壹石貳斗貳升玖合貳勺柒抄壹撮肆圭陸粟叁粒，該徵銀捌百肆拾伍兩玖錢柒分貳釐肆毫陸絲貳忽捌微貳纖柒塵玖渺柒漠伍沙；乾隆肆拾貳年在於遵旨議奏事案內，豁免地貳拾壹頃柒拾壹畝玖分伍釐，應免糧壹百貳石捌升壹合陸勺伍抄，該除銀壹百肆拾肆兩伍錢陸分貳釐陸絲叁微壹塵捌渺。實在地壹千捌百玖拾貳頃陸畝壹釐捌毫柒忽陸微，實徵糧捌千捌百玖拾貳石陸斗捌升捌勺伍抄肆撮陸粟叁粒，實徵銀壹萬貳千伍百玖拾叁兩貳錢玖分柒毫貳絲捌忽貳微叁纖伍渺壹漠肆沙。

銅地壹千貳百肆頃捌拾畝伍分貳釐，每畝科糧叁升伍合，共糧肆千貳百壹拾陸石捌斗壹升捌合貳勺，該銀伍千玖百柒拾壹兩叁錢陸分肆毫捌忽壹微貳纖肆塵貳渺。順治柒年題明免過無主荒地並乾隆伍年、拾捌年在於遵旨詳查議奏及河水沖坍地畝等事各案內，豁免共地壹百壹拾捌頃貳畝玖分伍釐，應免糧肆百壹拾叁石壹斗叁合貳勺伍抄，該除銀伍百捌拾貳兩捌錢壹分壹釐叁絲柒忽伍微叁纖捌漠貳沙貳洙，內節年開墾地玖頃叁拾壹畝貳分柒釐柒毫叁絲捌忽陸微，該糧叁拾貳石伍斗玖升肆合柒勺捌撮伍圭壹粟，該銀肆拾伍兩伍錢貳分玖釐貳毫貳絲壹忽肆微柒纖柒塵；乾隆肆拾貳年在於遵旨議奏事案內，豁免銅地壹拾玖頃壹拾貳畝玖分柒釐，應免糧陸拾陸石玖斗伍升叁合玖勺伍抄，該除銀玖拾肆兩捌錢叁分玖釐叁毫玖絲肆忽陸微捌塵陸渺。實在地壹千柒拾陸頃玖拾伍畝捌分柒釐柒毫叁絲捌忽陸微，實徵糧叁千柒百陸拾玖石叁斗伍升伍合柒勺捌撮伍圭壹粟，實徵銀伍千叁百叁拾玖兩貳錢叁分玖釐壹毫玖絲柒忽肆微陸纖貳塵伍渺壹漠柒沙捌洙。

鐵地柒百玖拾陸頃玖拾畝玖分玖釐，每畝科糧貳升伍合，共糧壹千玖百玖拾貳石貳斗柒升肆合柒勺伍抄，該銀貳千捌百貳拾壹兩貳錢貳分肆釐叁毫玖絲貳忽陸微壹纖柒塵。順治柒、捌兩年題明免過無主、有主並乾隆伍年、拾捌年在於遵旨詳查議奏及河水沖坍地畝等事各案內，豁免共地壹百貳拾陸頃陸拾捌畝肆釐肆毫，應免糧叁百壹拾陸石柒斗壹合壹勺，應除銀肆百肆拾陸兩貳錢肆分捌釐陸毫伍微伍纖柒塵柒渺陸漠捌沙貳洙，內前墾並興屯、節年開墾共地伍拾陸頃柒畝陸分伍釐貳毫，該糧壹百肆拾石壹斗玖升壹合叁勺，該徵銀壹百玖拾柒兩柒錢陸分貳釐壹毫貳絲陸忽玖微捌纖玖塵貳渺；乾隆肆拾貳年在於遵旨議奏事案內，豁免地壹拾頃捌拾畝，應免糧貳拾柒石，該除銀叁拾捌兩貳錢伍分陸釐肆絲陸微玖纖貳塵。實在地柒百壹拾伍頃伍拾畝伍分玖釐捌毫，實徵糧壹千柒百捌拾捌石柒斗陸升肆合玖勺伍抄，實徵銀貳千伍百叁拾肆兩肆錢捌分壹釐捌毫柒絲捌忽叁微伍纖陸塵肆渺叁漠壹沙捌洙。

錫地柒百玖拾伍頃叁拾畝玖分陸釐陸毫，每畝科糧壹升伍合，共糧壹千壹百玖拾貳石玖斗陸升肆合肆勺玖抄，該銀壹千陸百捌拾玖兩叁錢貳分柒釐叁毫肆絲貳忽壹微伍纖玖塵貳渺。順治柒、捌兩年題明免過無主、有主並乾隆伍年、拾捌年在於遵旨詳查議奏及河水冲坍地畝等事各案內，豁免共地肆百叁頃陸拾貳畝玖分柒釐捌毫叁絲，應免糧陸百伍石肆斗肆升肆合陸勺柒抄肆撮伍圭，該除銀捌百伍拾肆兩陸錢柒毫陸絲壹忽叁微陸纖捌塵陸渺玖漠肆沙，內前墾並興屯、節年開墾共地壹百伍拾柒頃肆拾柒畝伍分肆釐伍毫，該糧貳百叁拾陸石貳斗壹升叁合壹勺柒抄伍撮，該徵銀叁百叁拾壹兩玖錢貳分柒釐陸毫捌絲柒忽貳微玖纖玖塵陸渺；乾隆肆拾貳年在於遵旨議奏事案內，豁免錫地伍頃柒拾捌畝柒分貳釐，應免糧捌石陸斗捌升捌勺，該除銀壹拾貳兩貳錢玖分肆釐陸毫伍絲壹忽壹微貳纖陸塵陸渺。實在地伍百肆拾叁頃叁拾陸畝捌分壹釐貳毫柒絲，實徵糧捌百壹拾伍石伍升貳合壹勺玖抄伍圭，實徵銀壹千壹百伍拾肆兩叁錢伍分玖釐陸毫壹絲陸忽玖微陸纖叁塵伍渺陸沙。

以上共免過荒地玖百玖拾叁頃陸拾貳畝貳分叁釐柒毫捌絲，該除糧貳千捌百玖拾叁石捌斗陸升叁合柒抄叁撮肆圭，該除銀肆千捌拾肆兩捌錢肆分叁釐玖毫捌絲壹忽伍微柒纖柒塵柒渺伍漠肆洙，內前墾並興屯、節年開墾共地叁百伍拾壹頃叁拾壹畝叁分柒釐貳毫玖絲陸忽貳微，該糧壹千壹拾叁石陸斗柒升柒合捌勺玖抄玖撮肆圭柒粟叁粒，該銀壹千肆百貳拾陸兩捌分壹釐陸毫捌絲伍忽肆微玖纖叁塵柒渺柒漠伍沙。實應免荒地陸百肆拾貳頃叁拾畝捌分陸釐肆毫捌絲叁忽捌微，應免糧壹千捌百捌拾石壹斗捌升伍合壹勺柒抄叁撮玖圭貳粟柒粒，該除銀貳千陸百伍拾捌兩柒錢陸分貳釐貳毫玖絲陸忽捌纖叁塵玖渺叁漠肆洙。

實在地肆千叁百壹頃伍拾陸畝伍分伍釐壹毫壹絲陸忽貳微，實徵折色糧壹萬伍千柒百肆拾柒石陸斗柒升壹合伍勺貳抄陸撮柒粟叁粒，該折徵銀貳萬貳千叁百叁兩柒錢貳分陸釐叁毫陸絲叁忽伍微叁纖捌塵玖渺陸漠玖沙陸洙。

又外收沙租地陸拾頃，每畝科租糧陸升玖勺壹抄壹撮叁圭肆粟陸粒陸顆陸糠陸粃柒粇，每畝科本色小麥壹升伍合叁勺伍抄捌撮叁圭叁粟叁粒叁顆叁糠叁粃叁粇，共該租糧並本色小麥肆百伍拾柒石陸斗壹升捌合捌抄，該銀肆百伍拾壹兩柒錢柒分捌釐。

以上實熟民地並外收沙租共地肆千叁百陸拾壹頃伍拾陸畝伍分伍釐壹毫壹絲陸忽貳微，實徵折色糧壹萬陸千貳百伍石貳斗捌升玖合陸勺陸撮柒粟叁粒，實徵折色銀貳萬貳千柒百伍拾伍兩伍錢肆釐叁毫陸絲叁忽伍微叁纖捌塵玖渺陸漠玖沙陸洙遵照乾隆伍拾玖年奉准部咨令，將康熙年間易知由單內載：金地每畝折徵銀玖分貳釐陸毫貳絲玖纖陸塵肆渺；銀地每畝折徵銀陸分陸釐伍毫伍絲捌忽陸微伍纖貳渺；銅地每畝折徵銀肆分玖釐伍毫柒絲柒忽肆纖貳塵叁渺；鐵地每畝折徵銀叁分伍釐肆毫貳絲貳忽貳微伍纖玖塵玖渺；錫地每畝折徵銀貳分壹釐貳毫肆絲肆忽伍微伍纖捌塵玖渺；又沙租地每畝折徵銀伍分玖釐玖毫叁絲捌忽；又本色小麥每石變價銀壹兩，逐一纂入書內，嗣後遇有墾豁，以便按畝增除。

原額人丁叁門玖則不等，共折下下丁肆萬貳千貳百陸拾丁，每丁徵銀捌分貳釐伍毫陸絲陸忽肆微肆塵玖渺，共銀叁千肆百捌拾玖兩壹錢叁分捌釐捌毫捌絲陸忽柒微壹纖，內除優免丁壹千柒拾叁丁，共銀捌拾捌兩伍錢玖分叁釐貳毫叁絲伍忽。

行差丁肆萬壹千壹百捌拾柒丁，共額徵銀叁千肆百兩伍錢肆分伍釐陸毫伍絲壹忽柒微壹纖，內除豁免過逃絕丁壹萬壹千貳百叁拾貳丁，應除銀玖百貳拾柒兩貳錢陸分捌釐玖毫玖絲貳忽壹纖，內新增清查並審出丁叁千貳拾貳丁，該徵銀貳百肆拾玖兩伍錢壹分伍釐陸毫柒絲陸忽玖微捌纖伍渺，實豁免丁捌千貳百壹拾丁，該除銀陸百柒拾柒兩柒錢伍分叁釐叁毫壹絲伍忽貳纖玖塵伍渺。

實在人丁叁萬貳千玖百柒拾柒丁，共徵銀貳千柒百貳拾貳兩柒錢玖分貳釐叁毫叁絲陸忽陸微捌纖伍渺於雍正伍年攤入地糧內徵解。

康熙伍拾伍年起，至乾隆貳拾陸年止，編審出丁壹百伍拾丁；乾隆叁拾壹年編審出丁貳拾叁丁；乾隆叁拾陸年編審出丁貳拾捌丁。共編審出丁貳百壹丁，欽遵康熙伍拾貳年叁月拾捌日恩詔，後遇編審之期，但據康熙伍拾年丁冊定為常額，永不加賦。

原額均徭銀貳千玖百貳拾兩陸分叁釐肆絲貳忽柒微玖纖，內除荒銀叁百壹拾壹兩叁錢伍分玖釐肆毫貳絲伍忽壹微陸纖陸塵捌渺柒沙壹洙，實徵銀貳千陸百捌兩柒錢叁釐陸毫壹絲柒忽陸微貳纖叁塵壹渺玖漠貳沙玖洙係按前項金、銀、銅、鐵、錫伍等地畝科徵，金地每畝徵銀壹分捌毫叁絲叁忽伍微伍纖柒塵柒渺；銀地每畝徵銀柒釐柒毫捌絲陸忽伍微肆纖玖塵玖渺；銅地每畝徵銀伍釐柒毫玖絲捌忽肆微叁纖貳塵肆渺；鐵地每畝徵銀肆釐壹毫肆絲壹忽貳微陸纖肆塵柒渺；錫地每畝徵銀貳釐肆毫捌絲陸忽捌微玖纖柒塵捌渺。

遇閏額徵銀貳百柒拾玖兩捌錢壹分伍釐玖毫陸絲壹忽，內除荒銀肆拾叁兩肆分陸釐壹毫柒絲伍忽肆微肆塵伍渺陸漠，實徵銀貳百叁拾陸兩柒錢陸分玖釐柒毫捌絲伍忽伍微玖纖伍塵肆渺肆漠。

又額外應徵匠價銀叁拾柒兩壹錢貳分伍釐。遇閏加銀叁兩玖分叁釐柒毫伍絲。

停免銀貳百叁拾玖兩壹錢肆分肆釐柒毫陸絲捌忽。

軍籍丁糧銀玖百叁兩捌錢貳分伍釐玖毫陸絲陸忽伍微陸纖捌塵叁渺。

以上額外正閏肆項攤入前項地糧内徵解。

以上地、丁貳項並均徭、沙租糧、匠價、停免、軍籍等項，除優免丁銀外，該徵銀叁萬貳千玖百壹拾肆兩玖錢柒分壹釐捌絲捌忽陸微玖纖壹塵貳渺，内除荒銀叁千陸百肆拾柒兩捌錢柒分伍釐叁絲陸忽貳微捌纖貳渺叁漠柒沙伍洙，實徵銀貳萬玖千貳百陸拾柒兩玖分陸釐伍絲貳忽肆微壹纖玖渺陸漠貳沙伍洙。

遇閏額徵銀貳百柒拾玖兩捌錢壹分伍釐玖毫陸絲壹忽，内除荒銀肆拾叁兩肆分陸釐壹毫柒絲伍忽肆微肆塵伍渺陸漠，實徵銀貳百叁拾陸兩柒錢陸分玖釐柒毫捌絲伍忽伍微玖纖伍塵肆渺肆漠。

又匠價閏徵銀叁兩玖分叁釐柒毫伍絲。

壹起運項下

原編起運糧石折價銀壹萬玖千肆百伍拾肆兩伍錢叁釐貳毫肆絲玖忽陸微貳纖貳塵玖渺，内除荒銀貳千壹拾伍兩伍分肆釐伍絲肆忽伍微貳纖貳塵玖渺柒漠叁沙壹洙，實徵銀壹萬柒千肆百叁拾玖兩肆錢肆分玖釐壹毫玖絲伍忽玖纖玖塵玖渺貳漠陸沙玖洙。

節裁藥味、軍器等項銀壹千伍百貳拾肆兩捌錢玖分玖釐陸毫陸絲，内除荒銀貳百貳拾捌兩壹分伍釐伍毫捌絲玖忽柒微貳纖肆塵玖渺捌漠貳沙，實徵銀壹千貳百玖拾陸兩捌錢捌分肆釐柒絲貳微柒纖伍塵壹漠捌沙。

舊編存留，内順治玖年裁各役工食銀貳百肆拾肆兩肆錢；拾貳年裁傘扇銀捌兩；拾肆年裁官生俸廪等項銀貳百陸拾陸兩肆錢壹釐肆毫肆絲；拾伍年裁冗員銀伍拾柒兩玖錢貳分；拾柒年又裁冗員銀肆拾玖兩伍錢貳分。康熙元年裁吏書工食銀壹百貳拾壹兩貳錢；叁年裁教諭、門斗、齋夫工食銀肆拾叁兩貳錢，雜費銀壹百肆拾伍兩陸錢伍分貳釐柒毫叁絲；拾伍年裁心紅紙張、修理監倉、餵馬草料、芒神土牛、春晏、倉厫、鋪墊、紙劄、科舉盤纏、謄録書手等項共銀壹百壹兩伍錢貳分貳釐陸毫；拾陸年裁大使俸銀肆拾叁兩伍錢貳分；貳拾柒年裁生員試卷、院司謁廟、舉貢盤纏、進士坊價等項共銀玖拾伍兩肆錢叁分捌釐貳毫陸絲。雍正陸年裁燈夫工食銀貳拾肆兩；捌年裁大使俸銀肆拾叁兩伍錢貳分；拾貳年裁民壯工食銀肆拾捌兩。乾隆柒年裁民壯工食銀貳拾肆兩；玖年裁減祭祀銀壹拾叁兩玖錢壹分肆釐；又玖年裁舖司銀捌拾壹兩陸錢，又裁冗費解部銀壹千玖百肆拾兩柒錢叁分捌釐柒毫貳絲肆忽伍微，又潼關驛驛丞並皂隸、永豐倉斗級俸工充餉銀伍拾肆兩壹錢捌分陸釐陸毫。

共裁銀叁千肆百陸兩柒錢叁分肆釐叁毫伍絲肆忽伍微，內除荒銀伍百貳拾肆兩壹錢陸分陸釐貳毫肆絲肆忽肆微玖纖伍塵叁渺柒漠捌沙肆洙陸涯，實起運銀貳千捌百捌拾貳兩伍錢陸分捌釐壹毫壹絲肆塵陸渺貳漠壹沙伍洙肆涯。

又額外匠價、停免、軍籍並火者、小麥折價共銀壹千貳百柒拾貳兩貳錢肆分伍釐柒毫叁絲肆忽伍微陸纖捌塵叁渺。

以上共該實起運銀貳萬貳千捌百玖拾壹兩壹錢肆分柒釐壹毫玖忽玖微肆纖柒塵捌渺陸漠陸沙肆洙肆涯。

又收存留內額協西、鳳、漢叁府屬汧陽、沔縣並京兆驛站抵餉銀壹千壹百貳拾叁兩肆分叁釐貳毫柒絲貳忽玖微玖纖玖塵陸渺。

又收額協臨洮府屬渭源縣慶平驛站抵餉銀貳拾捌兩壹錢捌分貳釐貳毫玖絲玖忽貳纖。

又收存留內驛遞之差使甚少並題明請將驛站等事貳案內，共裁銀伍千壹百玖拾叁兩貳錢貳分捌釐捌絲伍忽貳微柒纖柒塵伍渺陸漠，內在於題明請將驛站等事案內，留支本縣新增夫馬工料銀伍百玖拾叁兩捌錢肆釐伍毫叁絲捌忽伍微壹纖伍塵肆渺陸漠，實收銀肆千伍百玖拾玖兩肆錢貳分叁釐伍毫肆絲陸忽柒微陸纖貳塵壹渺。

共該起運銀貳萬捌千陸百肆拾壹兩柒錢玖分陸釐貳毫貳絲捌忽柒微貳纖玖塵伍渺陸漠陸沙肆洙肆涯，內除額協西安府屬、韓城等州縣驛站兌留兵餉銀壹萬肆千伍拾陸兩叁錢壹釐壹絲捌忽柒微捌纖壹塵柒渺，止該起運銀壹萬肆千伍百捌拾伍兩肆錢玖分伍釐貳毫玖忽玖微肆纖柒塵捌渺陸漠陸沙肆洙肆涯。

又在於請做以糧載丁等事案內，通省以糧均丁增銀壹千柒拾兩捌錢叁分伍釐柒毫肆絲捌忽玖纖貳塵捌渺。

共該起運銀壹萬伍千陸百伍拾陸兩叁錢叁分玖毫伍絲捌忽肆纖陸渺陸漠陸沙肆洙肆涯，內留支加增撥補俸工銀叁百伍兩叁錢叁分壹釐壹毫柒絲玖忽陸微柒纖玖渺伍漠肆沙，實徵起運銀壹萬伍千叁百伍拾兩玖錢玖分玖釐柒毫柒絲捌忽叁微陸纖玖塵柒渺壹漠貳沙肆洙肆涯。

遇閏，順治玖年裁銀壹拾捌兩柒錢；拾肆年裁銀壹拾伍兩玖錢伍分肆釐捌毫陸絲玖忽；拾伍年裁銀肆兩捌錢貳分陸釐陸毫陸絲陸忽；拾柒年裁銀肆兩壹錢貳分陸釐陸毫陸絲陸忽。康熙元年裁銀壹拾兩壹錢；叁年裁銀叁兩陸錢；拾伍年裁銀貳兩陸錢陸分陸釐陸毫柒絲；拾陸年裁銀叁兩陸錢貳分陸釐陸毫陸絲陸忽。雍正陸年裁銀貳兩；捌年裁銀叁兩陸錢貳分陸釐陸毫陸絲陸忽；拾貳年裁銀肆兩。乾隆柒年裁銀貳兩；玖年裁銀陸兩捌錢，又潼關驛驛丞、皂隸並永豐倉斗級工食銀壹兩捌錢捌分，又閏俸銀壹拾肆兩玖錢陸分叁釐叁毫貳絲捌忽。

共銀玖拾捌兩捌錢柒分壹釐伍毫叁絲壹忽，內除荒銀壹拾伍兩叁錢壹分捌釐玖毫捌絲捌忽貳微貳纖叁塵捌渺伍漠貳沙，實徵銀捌拾叁兩伍錢伍分貳釐陸毫肆絲貳忽□微柒纖陸塵壹渺肆漠捌沙。

又額外匠價銀叁兩玖分叁釐柒毫伍絲。

又收存留內驛遞之差使甚少並題明請將驛站等事貳案內，共裁銀陸拾兩壹錢壹分伍釐貳毫伍絲。

叁項共銀壹百肆拾陸兩柒錢陸分壹釐伍毫肆絲貳忽柒微柒纖陸塵壹渺肆漠捌沙。

又於請倣以糧載丁等事案內，通省以糧均丁增銀伍拾玖兩玖錢柒分捌釐捌毫肆絲玖忽玖微陸纖伍塵，實徵銀貳百陸兩柒錢肆分叁毫玖絲貳忽柒微肆纖壹塵壹渺肆漠捌沙，內留支加增撥補銀壹拾捌兩捌錢玖分貳毫柒絲肆忽玖微伍纖玖塵叁渺捌沙，實該銀壹百捌拾柒兩捌錢伍分壹毫壹絲柒忽柒微捌纖壹塵捌渺肆漠。

壹存留項下

原編存留銀柒千貳百伍拾陸兩伍錢捌分捌釐玖絲，內除荒銀捌百捌拾兩陸錢叁分玖釐壹毫肆絲柒忽伍微叁纖陸塵玖渺叁沙玖洙肆涯，實存留銀陸千叁百柒拾伍兩玖錢肆分捌釐玖毫肆絲貳忽肆微陸纖叁塵玖漠陸沙陸涯。

壹俸工項下

知縣俸薪銀肆拾伍兩，內除荒銀陸兩玖錢叁分壹釐伍絲貳忽玖微貳纖叁塵柒渺，實支銀叁拾捌兩陸分捌釐玖毫肆絲柒忽柒纖陸塵叁渺，內均攤俸工銀壹拾陸兩壹錢玖分貳毫伍絲柒忽肆微壹纖玖渺，即留抵各員役俸工訖。

撥支平利、鎮坪縣丞壹員，額支俸薪銀肆拾兩，內除荒撥補銀陸兩壹錢陸分玖毫叁絲叁忽柒微伍纖叁塵，實支銀叁拾叁兩捌錢叁分玖釐陸絲陸忽貳微肆纖柒塵。

以上撥支俸薪銀兩由該縣按季解司支領。

典史壹員，額支俸薪銀叁拾壹兩伍錢貳分，內除荒撥補銀肆兩捌錢伍分肆釐捌毫貳絲陸忽叁微伍纖柒塵壹渺，實支銀貳拾陸兩陸錢陸分伍釐壹毫柒絲叁忽陸微肆纖貳塵玖渺。

教諭、訓導貳員，額支俸薪銀叁拾壹兩伍錢貳分，內除荒撥補銀肆兩捌錢伍分肆釐捌毫貳絲陸忽叁微伍纖柒塵壹渺，實支銀貳拾陸兩陸錢陸分伍釐壹毫柒絲叁忽陸微肆纖貳塵玖渺。外撥補全俸銀肆拾捌兩肆錢捌分。

知縣衙門

門子貳名，每名歲支工食銀陸兩，共支銀壹拾貳兩，內除荒撥補銀壹兩捌錢肆分捌釐貳毫捌絲陸忽壹微貳纖伍塵捌渺，實支銀壹拾兩壹錢伍分壹釐柒毫壹絲叁忽捌微柒纖肆塵貳渺。遇閏加銀壹兩，內除荒銀壹錢伍分柒釐壹毫玖絲玖忽捌微叁纖捌塵捌渺，實支銀捌錢肆分貳釐捌毫壹微陸纖壹塵貳渺。

皂隸、仵作壹拾陸名，每名歲支銀陸兩，共支銀玖拾陸兩，內除荒撥補銀壹拾肆兩柒錢捌分陸釐肆毫肆絲玖忽柒塵，實支銀捌拾壹兩貳錢壹分叁釐伍毫伍絲玖微玖纖叁塵。遇閏加銀捌錢，內除荒銀壹兩貳錢伍分柒釐伍毫玖絲玖忽柒微壹纖貳渺，實支銀陸兩柒錢肆分貳釐肆毫貳微捌纖玖塵捌渺。

馬快手捌名，每名歲支工食銀壹拾陸兩捌錢，共支銀壹百叁拾肆兩肆錢，內除荒撥補銀貳拾兩柒錢柒毫肆絲陸微壹纖貳塵柒渺，實支銀壹百壹拾叁兩陸錢玖分玖釐貳毫伍絲玖忽叁微捌纖柒塵叁渺。遇閏加銀壹拾壹兩貳錢，內除荒銀壹兩柒錢陸分柒毫貳絲伍微伍纖貳塵伍渺，實支銀玖兩肆錢叁分玖釐貳毫柒絲玖忽肆微肆纖柒塵伍渺。

民壯叁拾捌名，每名歲支銀陸兩，共支銀貳百貳拾捌兩，內除荒撥補銀叁拾伍兩壹錢壹分柒釐叁毫貳絲陸忽叁微玖纖壹塵柒渺，實支銀壹百玖拾貳兩捌錢捌分貳釐陸毫柒絲叁忽陸微捌塵叁渺。遇閏加銀壹拾玖兩，內除荒銀貳兩玖錢捌分陸釐捌毫貳微柒纖貳塵壹渺，實支銀壹拾陸兩壹分叁釐壹毫玖絲玖忽柒微貳纖柒塵玖渺。

看監禁子捌名，每名歲支銀陸兩，共支銀肆拾捌兩，內除荒撥補銀柒兩叁錢玖分叁釐壹毫貳絲肆忽伍微叁塵伍渺，實支銀肆拾兩陸錢陸釐捌毫柒絲伍忽肆微玖纖陸塵伍渺。外每名加增銀貳兩，共銀壹拾陸兩。遇閏加銀肆兩，內除荒銀陸錢貳分捌釐捌毫壹纖玖塵伍渺，實支銀叁兩叁錢柒分壹釐壹毫玖絲玖忽玖微捌纖伍渺。

傘扇轎夫柒名，每名歲支銀陸兩，共支銀肆拾貳兩，內除荒撥補銀陸兩肆錢陸分捌釐玖毫捌絲壹忽肆微肆纖柒渺，實支銀叁拾伍兩伍錢叁分壹釐壹絲捌忽伍微伍纖玖塵叁渺。遇閏加銀叁兩伍錢，內除荒銀伍錢伍分壹毫玖絲玖忽玖微捌纖玖塵伍渺，實支銀貳兩玖錢肆分玖釐捌毫壹纖伍渺。

庫子肆名，每名歲支銀陸兩，共支銀貳拾肆兩，內除荒撥補銀叁兩陸錢玖分陸釐伍毫陸絲貳忽貳微伍纖壹塵捌渺，實支銀貳拾兩叁錢叁釐肆毫叁絲柒忽柒微肆纖捌塵貳渺。遇閏加銀貳兩，內除荒銀叁錢壹分肆釐叁毫玖絲玖忽陸微柒纖柒塵陸渺，實支銀壹兩陸錢捌分伍釐陸毫叁微貳纖貳塵肆渺。

斗級肆名，每名歲支銀陸兩，共支銀貳拾肆兩，內除荒撥補銀叁兩陸錢玖分陸釐伍毫陸絲貳忽貳微伍纖壹塵捌渺，實支銀貳拾兩叁錢叁釐肆毫叁絲柒忽柒微肆纖捌塵貳渺。遇閏加銀貳兩，內除荒銀叁錢壹分肆釐叁毫玖絲玖忽陸微柒纖柒塵陸渺，實支銀壹兩陸錢捌分伍釐陸毫叁微貳纖貳塵肆渺。

各舖司兵叁拾叁名，每名歲支銀肆兩捌錢，共支銀壹百伍拾捌兩肆錢，內除荒銀貳拾肆兩叁錢貳分陸釐陸毫陸絲壹忽捌微壹纖叁塵柒渺伍漠肆沙，實支銀壹百叁拾肆兩柒分叁釐叁毫叁絲捌忽壹微捌纖陸塵貳渺肆漠陸沙。外加增撥補銀陸拾叁兩玖錢貳分陸釐陸毫陸絲壹忽捌微壹纖叁塵柒渺伍漠肆沙。遇閏加銀壹拾叁兩貳錢，內除荒銀壹兩玖錢玖分叁釐伍毫柒絲捌忽貳微叁纖玖塵捌渺捌沙，實支銀壹拾壹兩貳錢陸釐肆毫貳絲壹忽柒微陸纖壹渺玖漠貳沙。外加增撥補銀伍兩貳錢玖分叁釐伍毫柒絲捌忽貳微叁纖玖塵捌渺捌沙。

鐘皷夫貳名，每名歲支銀貳兩肆錢，共支銀肆兩捌錢，內除荒撥補銀柒錢叁分柒釐貳毫陸絲陸忽壹微叁纖貳塵伍渺，實支銀肆兩陸分貳釐柒毫叁絲叁忽捌微陸纖柒塵伍渺。遇閏加銀肆錢，內除荒銀陸分肆毫壹絲壹忽伍微叁纖伍塵肆渺，實徵銀叁錢叁分玖釐伍毫捌絲捌忽肆微陸纖肆塵陸渺。

撥支平利鎮坪縣丞衙門

門子壹名，額支銀陸兩，內除荒撥補銀玖錢貳分肆釐壹毫肆絲叁忽陸纖叁塵，實支銀伍兩柒分伍釐捌毫伍絲陸忽玖微叁纖柒塵。遇閏加銀伍錢，內除荒銀柒分捌釐伍毫玖絲玖忽玖微壹纖玖塵叁渺，實支銀肆錢貳分壹釐肆毫捌纖柒渺。

皂隸肆名，每名歲支銀陸兩，共支銀貳拾肆兩，內除荒撥補銀叁兩陸錢玖分陸釐玖毫陸絲貳忽貳微伍纖壹塵捌渺，實支銀貳拾兩叁錢叁釐肆毫叁絲柒忽柒微肆纖捌塵貳渺。遇閏加銀貳兩，內除荒銀叁錢壹分肆釐叁毫玖絲玖忽陸微柒纖柒塵陸渺，實支銀壹兩陸錢捌分伍釐陸毫叁微貳纖貳塵肆渺。

馬夫壹名，額支銀陸兩，內除荒撥補銀玖錢貳分肆釐壹毫肆絲叁忽陸纖叁塵，實支銀伍兩柒分伍釐捌毫伍絲陸忽玖微叁纖柒塵。遇閏加銀伍錢，內除荒銀柒分捌釐伍毫玖絲玖忽玖微壹纖玖塵叁渺，實支銀肆錢貳分壹釐肆毫捌纖柒渺。

以上撥支工食正閏銀兩，俱由該縣按季解司領支。

典史衙門

門子壹名，額支銀陸兩，內除荒撥補銀玖錢貳分肆釐壹毫肆絲叁忽陸纖叁塵，實支銀伍兩柒分伍釐捌毫伍絲陸忽玖微叁纖柒塵。遇閏加銀伍錢，內除荒銀柒分捌釐伍毫玖絲玖忽玖微壹纖玖塵叁渺，實支銀肆錢貳分壹釐肆毫捌纖柒渺。

皂隸肆名，每名歲支銀陸兩，共支銀貳拾肆兩，內除荒撥補銀叁兩陸錢玖分陸釐玖毫陸絲貳忽貳微伍纖壹塵捌渺，實支銀貳拾兩叁錢叁釐肆毫叁絲柒忽柒微肆纖捌塵貳渺。遇閏加銀貳兩，內除荒銀叁錢壹分肆釐叁毫玖絲玖忽陸微柒纖柒塵陸渺，實支銀壹兩陸錢捌分伍釐陸毫叁微貳纖貳塵肆渺。

馬夫壹名，額支銀陸兩，內除荒撥補銀玖錢貳分肆釐壹毫肆絲叁忽陸纖叁塵，實支銀伍兩柒分伍釐捌毫伍絲陸忽玖微叁纖柒塵。遇閏加銀伍錢，內除荒銀柒分捌釐伍毫玖絲玖忽玖微壹纖玖塵叁渺，實支銀肆錢貳分壹釐肆毫捌纖柒渺。

教職衙門

齋夫叁名，每名歲支銀壹拾貳兩，共支銀叁拾陸兩，內除荒撥補銀伍兩伍錢肆分肆釐捌毫叁絲捌忽叁微柒纖柒塵捌渺，實支銀叁拾兩肆錢伍分伍釐壹毫陸絲壹忽陸微貳纖貳塵貳渺。遇閏加銀叁兩，內除荒銀肆錢柒分壹釐陸毫伍微壹纖陸塵叁渺，實支銀貳兩伍錢貳分捌釐叁毫玖絲玖忽肆微捌纖叁塵柒渺。

膳夫貳名，額支銀壹拾叁兩叁錢叁分叁釐叁毫叁絲，內除荒撥補銀貳兩伍分叁釐肆毫伍絲壹忽玖微捌纖伍塵貳渺，實支銀壹拾壹兩貳錢柒分玖釐捌毫柒絲捌忽壹纖肆塵捌渺係廪生支領。遇閏加銀壹兩壹錢壹分壹釐壹毫，內除荒撥補銀壹錢柒分肆釐陸毫玖絲壹忽貳微叁纖伍塵玖渺，實支銀玖錢叁分陸釐肆毫捌忽柒微陸纖肆塵壹渺。

門斗肆名，每名歲支銀叁兩陸錢，共支銀壹拾肆兩肆錢，內除荒撥補銀貳兩貳錢壹分柒釐玖毫叁絲玖忽叁微伍纖玖渺，實支銀壹拾貳兩壹錢捌分貳釐陸絲陸微肆纖玖塵壹渺。遇閏加銀壹兩貳錢，內除荒銀壹錢捌分捌釐陸毫肆絲陸微陸塵叁渺，實支銀壹兩壹分壹釐叁毫伍絲玖忽叁微玖纖叁塵柒渺。

廪生貳拾名，每名歲支銀叁兩貳錢，共支銀陸拾肆兩，內除荒撥補銀玖兩捌錢肆分壹釐陸毫壹絲肆忽壹微叁纖陸塵伍渺，實支銀伍拾肆兩壹錢伍分捌釐叁毫捌絲伍忽捌微陸纖叁塵伍渺。遇閏加銀伍兩叁錢叁分叁釐叁毫叁絲，內除荒撥補銀捌錢貳分貳釐伍忽肆微捌纖叁塵陸渺，實支銀肆兩伍錢壹分壹釐叁毫貳絲肆忽伍微壹纖陸塵肆渺。

以上俸工項下，除廪生、膳夫貳欵照常支發外，其餘官役俸工於道光貳拾叁年奉文，均以貳兩平支放，每兩減平銀陸分，其減平銀兩，每年批解部庫交納，理合登明。

壹雜支項下

春秋貳季祭祀文廟及各壇祠并無祀鬼魂品物等項銀捌拾貳兩陸錢貳分，內除荒銀壹拾貳兩肆錢壹分捌釐玖毫柒絲玖忽壹微柒纖柒塵叁渺伍漠肆沙玖洙肆涯，實支銀柒拾兩貳錢壹釐貳絲捌微貳纖貳塵陸渺肆漠伍沙陸涯。

外撥補銀叁兩壹錢伍分貳毫陸絲貳忽肆微陸纖叁塵陸渺。

祭旗纛並犒賞民壯銀肆兩，內除荒銀陸錢壹分肆釐叁毫捌絲伍忽捌微柒纖伍塵壹渺，實支銀叁兩叁錢捌分伍釐陸毫壹絲肆忽壹微貳纖肆塵玖渺。

鄉飲額支銀伍兩，內除荒銀柒錢陸分柒釐玖毫捌絲貳忽叁微柒纖捌塵玖渺，實支銀肆兩貳錢叁分貳釐壹絲柒忽陸微貳纖壹塵壹渺。

紙劄額支銀壹兩柒錢貳分伍釐外遇科年加銀捌兩肆錢，內除荒銀貳錢陸分肆釐玖毫伍絲叁忽捌微捌纖肆渺，實支銀壹兩肆錢陸分肆絲陸忽壹微壹纖玖塵陸渺。

以上鄉飲、紙劄貳欵於道光貳拾叁年奉文裁汰，其徵收銀兩，每年批解部庫交納，理合登明。

壹孤貧項下

孤老肆拾貳名口，共額支口糧銀壹百貳拾兩玖錢陸分，內除荒銀壹拾捌兩陸錢陸分壹釐捌絲柒忽壹纖叁塵捌渺，實支銀壹百貳兩貳錢玖分捌釐玖毫壹絲貳忽玖微捌纖陸塵貳渺。外加增撥補銀肆拾捌兩玖錢壹釐捌絲柒忽壹纖叁塵捌渺。外遇閏加增撥補銀壹拾貳兩陸錢。

布花額支銀貳拾壹兩，內除荒銀叁兩貳錢叁分玖釐陸毫陸絲捌忽捌微柒纖玖塵伍渺，實支銀壹拾柒兩柒錢陸分叁毫叁絲壹忽壹微貳纖伍渺。

壹驛站項下

潼關驛站銀壹千肆百叁兩捌錢肆分肆釐捌毫；潼關驛支直銀玖拾伍兩捌錢叁分伍釐伍毫；潼關所站銀捌百肆拾貳兩伍錢捌分叁釐肆毫陸絲；潼津驛站銀壹千叁百伍兩捌錢壹分貳釐捌毫；潼津驛支直銀玖拾伍兩捌錢叁分伍釐伍毫；華陰所站銀玖百貳拾肆兩捌錢柒分柒釐柒毫；京兆驛支直銀貳兩壹錢貳分；宜祿驛改兌臨洮府站銀壹拾陸兩；裁民壯、皂、舖兵工食抵臨洮府站銀壹拾伍兩。共銀肆千柒百壹兩玖錢玖釐柒毫陸絲，內除荒銀肆百捌拾捌兩叁分伍釐伍毫伍絲叁忽柒纖伍塵肆渺柒漠，實徵銀肆千貳百壹拾叁兩捌錢柒分肆釐貳毫陸忽玖微貳纖肆塵伍渺叁漠。

又收受協西安府屬、韓城等州縣驛站兌留兵餉銀壹萬肆千伍拾陸兩叁錢壹釐壹絲捌忽柒微捌纖壹塵柒渺。

共銀壹萬捌千貳百柒拾兩壹錢柒分伍釐貳毫貳絲伍忽柒微陸塵貳渺叁漠，內除額協銀叁百陸拾貳兩玖錢玖分捌釐壹毫柒絲貳忽壹纖玖塵陸渺；又除驛遞之差使甚少等事案內，共裁站銀伍千陸拾玖兩捌錢玖分捌釐捌絲伍忽貳微柒纖柒塵伍渺陸漠，內在於題明請將驛站等事案內，留支新增夫馬工料銀伍百玖拾叁兩捌錢肆釐伍毫叁絲捌忽伍微壹纖伍塵肆渺陸漠，實裁銀肆千肆百柒拾陸兩玖分叁釐伍毫肆絲陸忽柒微陸纖貳塵壹渺。止該銀壹萬叁千肆百叁拾壹兩捌分叁釐伍毫陸忽玖微貳纖肆塵伍渺叁漠。

外收備陳下情等事案内，撥補所夫閏月工食銀壹百玖拾叁兩貳錢。

又收奏聞事案内，增給夫馬閏月工料銀貳百捌拾壹兩柒錢。

走遞縣馬叁拾匹，工食草料銀壹千貳百兩，内除荒銀壹百捌拾肆兩叁錢壹分伍釐叁毫玖絲陸忽柒微貳纖捌塵貳渺貳漠伍沙，實徵銀壹千壹拾伍兩陸錢捌分肆釐陸毫叁忽貳微柒纖壹塵柒渺柒漠伍沙，内除額協並裁站銀玖百壹拾壹兩伍錢伍分柒釐肆毫，實支銀壹百肆兩壹錢貳分柒釐貳毫叁忽貳微柒纖壹塵柒渺柒漠伍沙。

遇閏加銀壹百兩，内除荒銀壹拾伍兩壹錢貳釐玖毫肆絲柒微玖纖叁塵貳渺，實徵銀捌拾肆兩捌錢玖分柒釐伍絲玖忽貳微陸塵捌渺，内除裁站銀陸拾兩壹錢壹分伍釐貳毫伍絲，實支銀貳拾肆兩柒錢捌分壹釐捌毫玖忽貳微陸塵捌渺。

以上存留實徵銀陸千叁百柒拾伍兩玖錢肆分捌釐玖毫肆絲貳忽肆微陸纖叁塵玖漠陸沙陸涯。

又收受協西安府屬、韓城等州縣驛站兑留兵餉銀壹萬肆千伍拾陸兩叁錢壹絲捌忽柒微捌纖壹塵柒渺。

共該銀貳萬肆百叁拾貳兩貳錢肆分玖釐玖毫陸絲壹忽貳微肆纖肆塵柒渺玖漠陸沙陸涯，内除額協西、鳳、漢叁府屬汧陽、沔縣並京兆驛站抵餉銀壹千壹百貳拾叁兩肆分叁釐貳毫柒絲貳忽玖微玖纖玖塵陸渺；又除額協臨洮府屬渭源縣慶平驛站抵餉銀貳拾捌兩壹錢捌分貳釐貳毫玖絲玖忽貳纖；又除驛遞之差使甚少並題明請將驛站等事案内，共裁銀伍千壹百玖拾叁兩貳錢貳分捌釐捌絲伍忽貳微柒纖柒塵伍渺陸漠，内在於題明請將驛站等事案内，留支本縣新增夫馬工料銀伍百玖拾叁兩捌錢肆釐伍毫叁絲捌忽伍微壹纖伍塵肆渺陸漠，實裁銀肆千伍百玖拾玖兩肆錢貳分叁釐伍毫肆絲陸忽柒微陸纖貳塵壹渺入起運外。實該銀壹萬肆千陸百捌拾壹兩陸錢捌毫肆絲貳忽肆微陸纖叁塵玖漠陸沙陸涯。

外加增撥補俸工，除知縣攤俸留抵外，實該銀叁百伍兩叁錢叁分壹釐壹毫柒絲玖忽陸微柒纖玖渺伍漠肆沙。

共該存留銀壹萬肆千玖百捌拾陸兩玖錢叁分貳釐貳絲貳忽壹微叁纖肆塵伍漠陸涯於乾隆伍拾貳年奉文，全數解司，一切支欵，俱由司按季領支，嗣於嘉慶伍年奉文，在縣留支，並不解司，按季請領。

遇閏原加銀壹百玖拾伍兩玖錢柒釐柒毫伍絲捌忽，内除閏俸銀壹拾肆兩玖錢陸分叁釐叁毫貳絲捌忽入起運外，止該銀壹百捌拾兩玖錢肆分肆釐肆毫叁絲，內除荒銀貳拾柒兩柒錢貳分柒釐壹毫捌絲柒忽壹微捌纖柒渺捌沙，實徵銀壹百伍拾叁兩貳錢壹分柒釐壹毫肆絲貳忽捌微壹纖玖塵貳渺玖漠貳沙，內除驛遞之差使甚少並題明請將驛站等事案內，裁站銀陸拾兩壹錢壹分伍釐貳毫伍絲，止該銀玖拾叁兩壹錢壹釐玖毫玖絲貳忽捌微壹纖玖塵貳渺玖漠貳沙。

外加增撥補銀壹拾捌兩捌錢玖分貳毫柒絲肆忽玖微伍纖玖塵叁渺捌沙。

貳項共銀壹百壹拾壹兩玖錢玖分貳釐貳毫陸絲柒忽柒微柒纖捌塵陸渺於乾隆伍拾貳年奉文，全數解司，一切支欵，俱由司按季領支，嗣於嘉慶伍年奉文，在縣留支，並不解司，按季請領。

外於西安布政司庫領支所夫並夫馬閏月銀肆百柒拾肆兩玖錢係動支各屬解到地、丁銀兩。

壹額外

課程銀肆拾伍兩係鋪戶出辦。遇閏加銀叁兩柒錢伍分鋪戶出辦。

畜稅銀玖拾捌兩壹錢叁分係買騾馬出辦，原無定額，儘收儘解。

牙稅銀貳拾肆兩伍錢查牙行肆拾玖名，每名原額稅銀伍錢，共銀貳拾肆兩伍錢。

當稅銀伍拾伍兩係典舖出辦，共典舖壹拾壹座，每座每年當稅銀伍兩。

地稅銀壹百貳兩陸錢係買房地業戶出辦，每價銀壹兩收稅銀叁分，原無定額，儘收儘解。

白水縣

原額上、中、下並下下肆等共地玖千肆百伍拾肆頃柒拾畝柒分，每畝科糧不等，共額徵折色糧貳萬壹千捌拾伍石玖斗伍升肆合，每石折徵銀壹兩貳錢壹分玖絲貳纖肆塵，共額徵銀貳萬伍千伍百壹拾伍兩玖錢貳釐伍毫柒絲壹微貳纖柒塵玖渺。內：

上等地柒頃伍拾伍畝貳分陸釐叁毫，每畝科糧柒升壹合，共糧伍拾叁石陸斗貳升叁合陸勺柒抄叁撮，共銀陸拾肆兩捌錢捌分柒釐肆毫柒絲壹忽柒微。

中等地陸千貳百貳拾壹頃捌拾陸畝柒分捌釐肆毫，每畝科糧貳升玖合伍勺，共糧壹萬捌千叁百伍拾肆石伍斗壹升陸合壹勺貳抄捌撮壹圭，共銀貳萬貳千貳百壹拾兩陸錢壹分柒釐肆毫陸絲柒忽貳微貳纖壹塵。順治柒、捌兩年免過無主、有主荒地貳千貳百貳拾壹頃捌拾陸畝柒分捌釐肆毫，應免糧陸千伍百伍拾伍石玖斗捌升伍合貳抄柒撮貳圭，該除銀柒千玖百叁拾叁兩叁錢叁分肆釐玖絲捌忽叁微，內前墾並興屯、節年開墾共地壹千叁百壹拾柒頃玖拾捌畝陸分陸釐壹毫肆絲，應徵糧叁千捌百捌拾捌石叁斗肆升陸合伍勺壹抄壹撮壹圭，該徵銀肆千柒百伍兩貳錢陸分貳釐玖毫柒絲陸微捌纖柒塵捌渺柒漠伍沙。實在地伍千叁百壹拾柒頃玖拾捌畝陸分陸釐壹毫肆絲，實徵糧壹萬伍千陸百捌拾陸石捌斗柒升柒合陸勺壹抄貳撮，實徵銀壹萬捌千玖百捌拾貳兩伍錢肆分陸釐叁毫叁絲玖忽陸微捌塵捌渺柒漠伍沙。

下等地玖百玖拾捌頃捌拾叁畝壹分伍釐叁毫，每畝科糧貳升壹勺，共糧貳千柒石陸斗伍升壹合叁勺柒抄伍撮叁圭，共銀貳千肆百貳拾玖兩肆錢叁分捌釐捌毫玖絲肆忽伍微陸塵玖渺。順治柒、捌兩年督撫具題免過無主、有主荒地陸百陸拾捌頃貳拾叁畝貳分玖釐叁毫，應免糧壹千叁百肆拾叁石壹斗肆升捌合貳勺玖圭，該除銀壹千陸百貳拾伍兩叁錢叁分壹釐柒毫肆絲叁忽玖微柒纖肆塵壹渺，內前墾并興屯、節年自首開墾共地貳百玖拾肆頃玖拾伍畝貳分叁釐伍毫伍絲，該糧伍百玖拾貳石捌斗玖升貳合貳勺肆抄捌撮伍粟，該徵銀柒百壹拾柒兩肆錢叁分伍釐壹微叁纖叁塵壹渺貳漠伍沙柒洙伍涯。實在地陸百貳拾伍頃伍拾伍畝玖釐伍毫伍絲，實徵糧壹千貳百伍拾柒石叁斗玖升伍合肆勺貳抄貳撮肆圭伍粟，實徵銀壹千伍百貳拾壹兩伍錢肆分貳釐壹毫伍絲陸微陸纖伍塵玖渺貳漠伍沙柒洙伍涯。

下下等地貳千貳百貳拾陸頃肆拾伍畝伍分，每畝科糧叁合壹抄，共糧陸百柒拾石壹斗陸升貳合捌勺貳抄叁撮陸圭，共銀捌百壹拾兩玖錢伍分捌釐柒毫叁絲陸忽柒微。順治柒、捌兩年督撫具題免過無主、有主荒地壹千貳百貳拾壹頃壹拾壹畝柒分伍釐捌毫伍絲，應免糧叁百陸拾柒石伍斗伍升肆合叁勺玖抄捌撮玖圭，該除銀肆百肆拾肆兩柒錢柒分叁釐柒毫貳絲，內節年並興屯、清丈自首共地貳百柒拾陸頃壹拾伍畝陸分伍毫玖絲，該糧捌拾叁石叁斗捌升叁合陸勺貳抄肆撮柒粟玖粒，該徵銀壹百兩玖錢壹分肆釐壹毫玖絲玖忽肆微壹纖叁塵壹渺伍漠柒沙叁洙。實在地壹千貳百捌拾壹頃肆拾玖畝叁分肆釐柒毫肆絲，實徵糧叁百捌拾伍石玖斗玖升貳合肆抄捌撮柒圭柒粟玖粒，實徵銀肆百陸拾柒兩玖分玖釐貳毫壹絲陸忽壹微壹纖叁塵壹渺伍漠柒沙叁洙。

以上共免過荒地肆千壹百壹拾壹頃貳拾壹畝捌分叁釐伍毫伍絲，應免糧捌千貳百陸拾陸石陸斗捌升柒合陸勺貳抄柒撮，該除銀壹萬叁兩肆錢叁分玖釐伍毫陸絲貳忽貳微柒纖肆塵壹渺，內前墾過並興屯、節年開墾共地壹千捌百捌拾玖頃玖畝伍分貳毫捌絲，該糧肆千伍百陸拾肆石陸斗貳升貳合叁勺捌抄叁撮貳圭貳粟玖粒，該徵銀伍千伍百貳拾叁兩陸錢壹分貳釐壹毫柒絲貳微叁纖肆塵壹渺伍漠捌沙伍涯以增抵除。

實應免荒地貳千貳百貳拾貳頃壹拾貳畝叁分叁釐貳毫柒絲，應免糧叁千柒百貳石陸升伍合貳勺肆抄叁撮柒圭柒粟壹粒，該除銀肆千肆百柒拾玖兩捌錢貳分柒釐叁毫玖絲貳忽叁纖玖塵玖渺肆漠壹沙玖洙伍涯。

實在並新墾自首地柒千貳百叁拾貳頃伍拾捌畝叁分陸釐柒毫叁絲，實徵折色糧壹萬柒千叁百捌拾叁石捌斗捌升捌合柒勺伍抄陸撮貳圭貳粟玖粒，該折徵銀貳萬壹千叁拾陸兩柒分伍釐壹毫柒絲捌忽捌纖柒塵玖渺伍漠捌沙伍涯遵照乾隆伍拾玖年奉准部咨令，將康熙年間易知由單內載：上地每畝折徵銀捌分伍釐玖毫壹絲叁忽柒微肆纖叁塵伍渺；中地每畝折徵銀叁分伍釐陸毫玖絲肆忽玖微陸纖伍塵伍渺；下地每畝折徵銀貳分肆釐叁毫貳絲叁忽貳微叁纖貳塵捌渺壹漠；下下地每畝折徵銀叁釐陸毫肆絲肆忽玖微伍纖玖塵柒渺柒漠，逐一纂入書內，嗣後遇有墾豁，以便按畝增除。

原額人丁叁等玖則不等，共折下下丁貳萬叁千伍百壹拾捌丁，每丁徵銀捌分壹釐陸毫柒絲貳忽陸微肆纖柒塵，共銀壹千玖百貳拾兩柒錢柒分陸釐叁毫貳絲玖忽肆微，內除優免丁伍百肆拾丁，共銀肆拾肆兩壹錢叁釐貳毫貳絲玖忽肆微。

行差丁貳萬貳千玖百柒拾捌丁，共額徵銀壹千捌百柒拾陸兩陸錢柒分叁釐壹毫。

順治柒年題明免過逃亡丁壹萬伍百叁拾玖丁，應除銀捌百陸拾兩柒錢肆分柒釐壹毫玖忽捌微肆纖，前招回並審出丁伍千壹百柒拾伍丁，應徵銀肆百貳拾貳兩陸錢伍分伍釐玖毫肆絲捌忽貳微貳纖伍塵以增抵除，實豁免丁伍千叁百陸拾肆丁，應除銀肆百叁拾捌兩玖分壹釐壹毫陸絲壹忽陸微壹纖伍塵。

實行差丁共丁壹萬柒千陸百壹拾肆丁，該徵銀壹千肆百叁拾捌兩伍錢捌分壹釐玖毫叁絲捌忽叁微捌纖伍塵，于雍正伍年攤入地糧內徵解。

康熙伍拾伍年起，至乾隆貳拾陸年止，編審出丁陸百叁拾陸丁；乾隆叁拾壹年編審出丁貳拾伍丁；乾隆叁拾陸年編審出丁壹拾柒丁。共編審出丁陸百柒拾捌丁，康熙伍拾伍年欽遵康熙伍拾貳年叁月拾捌日恩詔，後遇編審之期，但據康熙伍拾年丁冊定為常額，永不加賦。

原額均徭銀貳千叁百叁拾叁兩壹錢壹分伍釐肆毫，內除荒銀肆百玖兩陸錢貳分玖絲叁忽壹微肆纖玖塵貳渺柒漠玖沙捌洙，實徵銀壹千玖百貳拾叁兩肆錢玖分伍釐叁毫陸忽捌微伍纖柒渺貳漠貳洙係按前項肆等地畝科徵，上地每畝徵銀柒釐捌毫伍絲陸忽壹纖陸塵叁渺；中地每畝徵銀叁釐貳毫陸絲叁忽捌微陸纖玖塵捌渺貳漠；下地每畝徵銀貳釐貳毫貳絲肆忽壹微壹塵肆渺捌漠；下下地每畝徵銀叁毫叁絲叁忽貳微捌纖陸塵叁渺捌漠。

外遇閏加徵銀貳百壹拾貳兩柒錢伍分肆釐壹毫叁絲壹忽，內除荒銀肆拾壹兩叁錢叁分柒毫肆絲陸忽柒微貳纖玖塵肆渺肆漠捌沙柒洙肆涯，實徵銀壹百柒拾壹兩肆錢貳分叁釐叁毫捌絲肆忽貳微柒纖伍渺伍漠壹沙貳洙陸涯。

又額外年例、盤纏銀肆兩，內除荒銀伍錢伍分柒釐貳毫陸絲肆微伍纖壹塵陸渺，實徵銀叁兩肆錢肆分貳釐柒毫叁絲玖忽伍微肆纖捌塵肆渺。

停免銀陸拾伍兩叁錢伍分捌毫捌絲。

匠價銀陸拾叁兩捌錢伍分伍釐。遇閏加銀伍兩叁錢貳分壹釐貳毫伍絲。

軍籍新增銀捌百叁兩伍錢肆分陸釐叁毫壹絲玖忽柒微壹塵肆渺以上正閏伍項俱攤入地糧內徵收。

以上地、丁貳項並均徭及額外年例、停免、匠價、軍籍等項，除優免丁銀外，共額徵銀叁萬陸百陸拾貳兩肆錢肆分叁釐貳毫陸絲玖忽捌微貳纖玖塵叁渺，內除荒銀伍千叁百貳拾捌兩玖分伍釐玖毫柒忽貳微伍纖伍塵捌渺貳漠壹沙柒洙伍涯，實徵銀貳萬伍千叁百叁拾肆兩叁錢肆分柒釐叁毫陸絲貳忽伍微柒纖叁塵肆渺柒漠捌沙貳洙伍涯。

外遇閏額徵銀貳百壹拾貳兩柒錢伍分肆釐壹毫叁絲壹忽，內除荒銀肆拾壹兩叁錢叁分柒毫肆絲陸忽柒微貳纖玖塵肆渺肆漠捌沙柒洙肆涯，實徵銀壹百柒拾壹兩肆錢貳分叁釐叁毫捌絲肆忽貳微柒纖伍渺伍漠壹沙貳洙陸涯。

又匠價銀伍兩叁錢貳分壹釐貳毫伍絲。

貳項共銀壹百柒拾陸兩柒錢肆分肆釐陸毫叁絲肆忽貳微柒纖伍渺伍漠壹沙貳洙陸涯。

壹起運項下

原額起運糧石折價共銀壹萬玖千壹百陸拾壹兩柒錢貳分壹釐陸毫叁絲壹微貳纖柒塵玖渺，內除荒銀叁千叁百陸拾陸兩叁錢陸分玖釐伍毫柒絲貳忽貳微貳纖陸塵柒渺肆漠肆沙伍洙，實起運銀壹萬伍千柒百玖拾伍兩叁錢伍分貳釐伍絲柒忽玖微壹塵壹渺伍漠伍沙伍洙。

節裁鹽鈔、軍器、毛襖、藥味、年例、料價等項歸入起運銀壹千叁拾捌兩柒錢貳分玖釐捌毫，內除荒銀壹百玖拾玖兩肆錢玖分捌釐叁毫玖絲玖忽肆微柒纖玖塵貳渺肆漠，實起運銀捌百叁拾玖兩貳錢叁分壹釐肆毫伍微貳纖柒渺陸漠。

舊編存留內裁扣，順治玖年裁扣各役工食銀貳百貳拾壹兩陸錢；拾貳年裁扣傘扇銀捌兩；拾肆年裁扣官生俸廩等項，除奉復孤貧口糧、布花外，止實裁銀貳百壹拾捌兩陸錢貳分玖毫柒絲，遞馬、損轎夫叁分裁壹，銀壹百柒拾叁兩捌錢柒分捌釐陸絲陸忽捌微叁纖。康熙元年裁吏書工食銀玖拾柒兩貳錢；叁年裁教諭、門斗、齋夫工食銀壹百壹兩壹錢貳分，雜費丁銀肆拾兩叁錢肆分陸釐柒毫；拾伍年裁心紅紙張、修理監倉、喂馬草料等項銀玖拾肆兩壹錢陸分陸釐伍毫；貳拾柒年裁舉貢盤纏等項銀叁拾捌兩捌錢叁分叁釐。雍正陸年裁燈夫工食銀貳拾肆兩；拾貳年裁民壯工食銀壹百貳拾陸兩。乾隆柒年裁民壯工食銀肆拾貳兩；玖年裁舖司工食銀壹拾玖兩貳錢，舊編冗費裁剩解部銀壹千陸百陸拾兩陸錢捌分柒釐壹毫。

共裁歸起運銀貳千捌百陸拾伍兩陸錢伍分貳釐叁毫叁絲陸忽捌微叁纖，內除荒銀伍百貳拾貳兩玖錢壹分捌絲捌忽陸微柒纖肆塵陸渺叁漠柒沙貳洙伍涯，實起運銀貳千叁百肆拾貳兩柒錢肆分貳釐貳毫肆絲捌忽壹微伍纖伍塵叁渺陸漠貳沙柒洙伍涯。

又額外年例盤纏銀肆兩，內除荒銀伍錢伍分柒釐貳毫陸絲肆微伍纖壹塵陸渺，實徵銀叁兩肆錢肆分貳釐柒毫叁絲玖忽伍微肆纖捌塵肆渺。

停免銀陸拾伍兩叁錢伍分捌毫捌絲。

匠價銀陸拾叁兩捌錢伍分伍釐。

軍籍新增銀捌百叁兩伍錢肆分陸釐叁毫壹絲玖忽柒微壹塵肆渺。

以上實該起運銀壹萬玖千玖百壹拾叁兩伍錢貳分陸毫肆絲伍忽捌微貳纖柒塵柒漠捌沙貳洙伍涯。

又收存留內額協西安府、灞橋所、白渠、京洮等驛所站支抵餉銀貳千壹百叁拾玖兩捌錢貳分壹釐捌毫玖絲陸忽壹微伍纖玖塵貳渺。

又收協臨洮府屬渭源縣慶平等驛站支抵餉銀玖百柒拾兩捌錢玖分陸釐貳毫柒忽叁微伍纖柒塵玖渺。

又收存留內驛遞之差使甚少等事案內，裁站銀壹百貳拾陸兩叁錢柒分貳毫柒絲肆忽貳微貳纖肆塵。

又收雍正伍年請倣以糧載丁之例等事案內，通省以糧均丁增銀壹千陸百柒拾貳兩柒分捌釐肆毫貳絲叁忽壹微捌塵肆渺貳漠。

共該起運銀貳萬肆千捌百貳拾貳兩陸錢捌分柒釐肆毫肆絲陸忽伍微捌纖陸塵伍渺玖漠捌沙貳洙伍涯，內除留支加增撥補均攤俸工銀壹百柒拾捌兩柒錢壹分陸釐柒毫捌絲玖忽捌微陸纖捌塵壹渺，實該起運銀貳萬肆千陸百肆拾叁兩玖錢柒分陸毫伍絲陸忽柒微壹纖捌塵肆渺玖漠捌沙貳洙伍涯。

外遇閏，順治玖年裁扣銀壹拾陸兩捌錢；拾肆年裁扣銀壹拾伍兩貳錢陸分叁釐叁絲叁忽。康熙元年裁吏書工食銀捌兩壹錢；叁年裁教諭並門斗、齋夫工食銀捌兩肆錢貳分陸釐陸毫陸絲陸忽；拾伍年裁心紅紙張、喂馬草料銀貳兩陸錢陸分陸釐陸毫柒絲。雍正陸年裁燈夫工食銀貳兩；拾貳年裁民壯工食銀壹拾兩伍錢。乾隆柒年裁民壯工食銀叁兩伍錢；玖年裁舖司工食銀壹兩陸錢，又閏俸銀玖兩叁釐叁毫叁絲貳忽。

共裁歸起運銀柒拾柒兩捌錢伍分玖釐柒毫壹忽，內除荒銀壹拾伍兩壹錢壹分壹釐伍毫捌絲叁忽捌微壹纖貳渺叁漠貳沙陸洙壹涯，實起運銀陸拾貳兩柒錢肆分捌釐壹毫壹絲柒忽壹微捌纖玖塵柒渺陸漠柒沙叁洙玖涯。

又額外匠價閏銀伍兩叁錢貳分壹釐貳毫伍絲。

貳項共銀陸拾捌兩陸分玖釐叁毫陸絲柒忽壹微捌纖玖塵柒渺陸漠柒沙叁洙玖涯。

又收存留內驛遞之差使甚少並題明請將驛站等事貳案內，共裁站銀壹拾捌兩柒分玖釐玖毫伍絲。

又于請倣以糧載丁等事案內，通省以糧均丁增銀柒拾伍兩肆錢捌分貳釐陸毫玖絲捌忽貳微壹纖陸塵玖漠。

共該銀壹百陸拾壹兩陸錢叁分貳釐壹絲伍忽肆微伍塵捌渺伍漠柒沙叁洙玖涯，內除留支加增撥補工食銀伍兩柒錢玖分叁釐壹毫肆絲柒忽伍微玖纖壹塵伍漠，實該銀壹百伍拾伍兩捌錢叁分捌釐捌毫陸絲柒忽捌微壹纖肆塵捌渺柒沙叁洙玖涯。

壹存留項下

原編存留銀陸千陸百伍拾玖兩伍錢捌分柒釐叁毫叁忽壹微柒纖，內除荒銀壹千貳百叁拾捌兩柒錢陸分伍毫捌絲陸忽肆微貳纖叁塵陸渺，實徵銀伍千肆百貳拾兩捌錢貳分陸釐柒毫壹絲陸忽柒微肆纖陸塵肆渺。

壹俸工項下

知縣壹員，俸薪銀肆拾伍兩，內除荒銀捌兩柒錢貳分叁釐玖毫玖絲壹忽玖微玖纖伍塵伍渺，實徵銀叁拾陸兩貳錢柒分陸釐捌忽肆塵伍渺，內均攤俸工銀壹拾壹兩陸錢柒分陸釐玖忽伍微叁纖陸塵伍渺，即留抵各官役俸工訖。

典史壹員，俸薪銀叁拾壹兩伍錢貳分，內除荒撥補銀陸兩壹錢貳分貳釐玖毫捌絲陸纖玖渺，實徵銀貳拾伍兩叁錢玖分柒釐壹絲玖忽玖微叁纖玖塵壹渺。

訓導壹員，俸薪銀叁拾壹兩伍錢貳分，內除荒撥補銀陸兩壹錢貳分貳釐玖毫捌絲陸纖玖渺，實徵銀貳拾伍兩叁錢玖分柒釐壹絲玖忽玖微叁纖玖塵壹渺。外撥補全俸銀捌兩肆錢捌分。

知縣衙門

門子貳名，每名歲支工食銀陸兩，共支銀壹拾貳兩，內除荒撥補銀貳兩叁錢肆分壹釐肆毫陸絲肆忽叁微玖纖捌塵捌渺，實徵支銀玖兩陸錢伍分捌釐伍毫叁絲伍忽陸微壹塵貳渺。遇閏加銀壹兩，內除荒銀壹錢玖分肆釐陸毫玖絲捌忽壹微玖纖玖塵玖渺，實徵支銀捌錢伍釐叁毫壹忽捌微壹渺。

皂隸、仵作壹拾陸名，每名歲支工食銀陸兩，共支銀玖拾陸兩，內除荒撥補銀壹拾捌兩陸錢伍分壹釐柒毫壹絲陸忽壹微玖纖肆渺，實徵支銀柒拾柒兩叁錢肆分捌釐貳毫捌絲叁忽捌微玖塵陸渺。遇閏加銀捌兩，內除荒銀壹兩伍錢伍分柒釐伍毫捌絲柒忽伍微玖纖玖塵貳渺，實徵支銀陸兩肆錢肆分貳釐肆毫壹絲貳忽肆微捌渺。

馬快捌名，每名歲支工食草料銀壹拾陸兩捌錢，共銀壹百叁拾肆兩肆錢，內除荒撥補銀貳拾陸兩壹錢壹分貳釐肆毫貳忽伍纖陸塵陸渺，實徵支銀壹百捌兩貳錢捌分柒釐伍毫玖絲柒忽玖微肆纖叁塵肆渺。遇閏加銀壹拾壹兩貳錢，內除荒銀貳兩壹錢捌分陸毫貳絲貳忽捌微叁纖玖塵，實徵支銀玖兩壹分玖釐叁毫柒絲柒忽壹微陸纖壹塵。

民壯貳拾貳名，每名歲支工食銀陸兩，共支銀壹百叁拾貳兩，內除荒撥補銀貳拾伍兩陸錢肆分陸釐壹毫壹絲叁微捌纖陸塵捌渺，實徵支銀壹百陸兩叁錢伍分叁釐捌毫捌絲玖忽陸微壹纖叁塵貳渺。遇閏加銀壹拾壹兩，內除荒銀貳兩壹錢肆分壹釐陸毫捌絲貳忽壹微玖纖捌塵玖渺，實徵支銀捌兩捌錢伍分捌釐叁毫壹絲柒忽捌微壹塵壹渺。

看監禁子捌名，每名歲支工食銀陸兩，共支銀肆拾捌兩，內除荒撥補銀玖兩叁錢貳分伍釐捌毫伍絲捌忽伍微玖纖伍塵貳渺，實徵支銀叁拾捌兩陸錢柒分肆釐壹毫肆絲壹忽肆微肆塵捌渺。遇閏加銀肆兩，內除荒銀柒錢柒分捌釐柒毫玖絲叁忽柒微玖纖玖塵陸渺，實徵支銀叁兩貳錢貳分壹釐貳毫陸忽貳微肆渺。

轎傘扇夫柒名，每名歲支工食銀陸兩，共支銀肆拾貳兩，內除荒撥補銀捌兩壹錢陸分壹毫貳絲伍忽叁微玖纖伍塵捌渺，實徵支銀叁拾叁兩捌錢叁分玖釐捌毫柒絲肆忽陸微肆塵貳渺。遇閏加銀叁兩伍錢，內除荒銀陸錢捌分壹釐肆毫肆絲肆忽壹微玖纖玖塵柒渺，實徵支銀貳兩捌錢壹分捌釐伍毫伍絲伍忽捌微叁渺。

庫子肆名，每名歲支工食銀陸兩，共支銀貳拾肆兩，內除荒撥補銀肆兩陸錢陸分貳釐玖毫貳絲捌忽柒微玖纖柒塵陸渺，實徵支銀壹拾玖兩叁錢叁分柒釐柒絲壹忽貳微貳塵肆渺。遇閏加銀貳兩，內除荒銀叁錢捌分玖釐叁毫玖絲柒忽叁微玖纖玖塵捌渺，實徵支銀壹兩陸錢壹分陸毫貳忽陸微貳渺。

斗級肆名，每名歲支工食銀陸兩，共支銀貳拾肆兩，內除荒撥補銀肆兩陸錢陸分貳釐玖毫貳絲捌忽柒微玖纖柒塵陸渺，實徵支銀壹拾玖兩叁錢叁分柒釐柒絲壹忽貳微貳塵肆渺。遇閏加銀貳兩，內除荒銀叁錢捌分玖釐叁毫玖絲柒忽叁微玖纖玖塵捌渺，實徵支銀壹兩陸錢壹分陸毫貳忽陸微貳渺。

鐘鼓夫伍名，每名歲支工食銀貳兩肆錢，共支銀壹拾貳兩，內除荒撥補銀貳兩叁錢伍分玖毫叁絲叁忽叁微玖纖捌塵捌渺，實徵支銀玖兩陸錢肆分玖釐陸絲陸忽陸微壹塵貳渺。遇閏加銀壹兩，內除荒銀壹錢玖分肆釐壹絲捌忽壹微玖纖玖塵玖渺，實徵支銀捌錢伍釐玖毫捌絲壹忽捌微壹渺。

舖司兵壹拾貳名，每名歲支工食銀肆兩捌錢，共支銀伍拾柒兩陸錢，內除荒銀壹拾壹兩貳錢叁分陸釐肆毫捌絲貳忽伍微陸纖肆塵叁渺，實徵支銀肆拾陸兩叁錢陸分叁釐伍毫壹絲柒忽肆微叁纖伍塵柒渺。外加增撥補銀貳拾伍兩陸錢叁分陸釐肆毫捌絲貳忽伍微陸纖肆塵叁渺。遇閏加銀肆兩捌錢，內除荒銀玖錢叁分壹釐貳毫捌絲捌忽壹微玖塵伍渺伍漠，實徵支銀叁兩捌錢陸分捌釐柒毫壹絲壹忽捌微玖纖肆渺伍漠。外加增撥補銀貳兩壹錢叁分壹釐貳毫捌絲捌忽壹微玖塵伍渺伍漠。

典史衙門

門子壹名，歲支工食銀陸兩，內除荒撥補銀壹兩壹錢陸分伍釐柒毫叁絲貳忽壹微玖纖玖塵肆渺，實徵支銀肆兩捌錢叁分肆釐貳毫陸絲柒忽捌微陸渺。遇閏加銀伍錢，內除荒銀玖分柒釐叁毫肆絲玖忽伍微玖纖玖塵玖渺伍漠，實徵支銀肆錢貳釐陸毫伍絲肆微伍漠。

皂隸肆名，每名歲支工食銀陸兩，共支銀貳拾肆兩，內除荒撥補銀肆兩陸錢陸分貳釐玖毫貳絲捌忽柒微玖纖柒塵陸渺，實徵支銀壹拾玖兩叁錢叁分柒釐柒絲壹忽貳微貳塵肆渺。遇閏加銀貳兩，內除荒銀叁錢捌分玖釐叁毫玖絲柒忽叁微玖纖玖塵捌渺，實徵支銀壹兩陸錢壹分陸毫貳忽陸微貳渺。

馬夫壹名，歲支工食銀陸兩，內除荒撥補銀壹兩壹錢陸分伍釐柒毫叁絲貳忽壹微玖纖玖塵肆渺，實徵支銀肆兩捌錢叁分肆釐貳毫陸絲柒忽捌微陸渺。遇閏加銀伍錢，內除荒銀玖分柒釐叁毫肆絲玖忽伍微玖纖玖塵玖渺伍漠，實徵支銀肆錢貳釐陸毫伍絲肆微伍漠。

教職衙門

齋夫叁名，每名歲支工食銀壹拾貳兩，共支銀叁拾陸兩，內除荒撥補銀柒兩壹分玖釐叁毫陸絲伍忽壹微玖纖陸塵肆渺，實徵支銀貳拾捌兩玖錢捌分陸毫叁絲肆忽捌微叁塵陸渺。遇閏加銀叁兩，內除荒銀伍錢捌分伍釐捌毫陸忽伍微玖纖玖塵柒渺，實徵支銀貳兩肆錢壹分肆釐壹毫玖絲叁忽肆微叁渺。

膳夫貳名，額支銀壹拾叁兩叁錢叁分叁釐叁毫叁絲，內除荒撥補銀貳兩伍錢柒分陸釐伍毫陸絲柒忽捌微叁纖伍塵陸渺，實徵支銀壹拾兩柒錢伍分陸釐柒毫陸絲貳忽壹微陸纖肆塵肆渺廩生支領。遇閏加銀壹兩壹錢壹分壹釐壹毫，內除荒撥補銀貳錢壹分肆釐伍毫玖絲捌微伍纖貳塵伍渺，實徵支銀捌錢玖分陸釐伍毫玖忽壹微肆纖柒塵伍渺。

門斗貳名，每名歲支工食銀柒兩貳錢，共支銀壹拾肆兩肆錢，內除荒撥補銀貳兩柒錢玖分柒釐柒毫伍絲柒忽柒纖捌塵陸渺，實徵支銀壹拾壹兩陸錢貳釐貳毫肆絲貳忽玖微貳纖壹塵肆渺。遇閏加銀壹兩貳錢，內除荒銀貳錢叁分叁釐陸毫叁絲柒忽捌微叁纖玖塵玖渺，實徵支銀玖錢陸分陸釐叁毫陸絲貳忽壹微陸纖壹渺。

廩生貳拾名，每名歲支銀叁兩貳錢，共支銀陸拾肆兩，內除荒撥補銀壹拾貳兩肆錢伍分捌釐柒毫貳絲捌微捌塵捌渺，實徵支銀伍拾壹兩伍錢肆分壹釐貳毫柒絲玖忽壹微玖纖壹塵貳渺。遇閏加銀伍兩叁錢叁分叁釐叁毫叁絲，內除荒撥補銀壹兩肆分柒釐貳毫陸絲捌忽陸微貳纖玖塵，實徵支銀肆兩貳錢捌分陸釐陸絲壹忽叁微柒纖壹塵。

以上俸工項下，除廩生、膳夫貳欵照常支發外，其餘官役俸工於道光貳拾叁年奉文，均以貳兩平支放，每兩減平銀陸分，其減平銀兩，每年批解部庫交納，理合登明。

一雜支項下

春秋貳季致祭文廟並各壇祠及無祀鬼魂品物等項共銀捌拾壹兩陸錢，內除荒銀壹拾伍兩玖錢壹分捌釐叁毫肆絲玖忽壹微壹纖壹塵玖渺，實徵支銀陸拾伍兩陸錢捌分壹釐陸毫伍絲捌微捌纖捌塵壹渺。

外均攤撥補銀柒兩陸錢陸分玖釐陸毫叁絲貳忽叁微玖纖捌塵壹渺肆漠伍沙陸涯。

鄉飲銀伍兩，內除荒銀玖錢柒分伍釐叁毫捌絲捌忽玖微玖纖玖塵伍渺，實徵支銀肆兩貳分肆釐陸毫壹絲壹忽伍渺。

以上鄉飲壹欵於道光貳拾叁年奉文裁汰，其徵收銀兩，每年批解部庫交納，理合登明。

壹孤貧項下

孤貧捌名口，共支口糧銀貳拾叁兩肆分，內除荒銀肆兩伍錢玖釐捌絲肆忽伍微捌纖伍塵壹渺，實徵支銀壹拾捌兩伍錢叁分玖毫壹絲伍忽肆微壹纖肆塵玖渺。外加增銀壹拾兩貳錢陸分玖釐捌絲肆忽伍微捌纖伍塵壹渺。又加增閏銀貳兩肆錢。

孤貧冬衣布花銀陸兩伍錢，內除荒銀壹兩貳錢柒分叁釐陸毫肆絲壹忽叁微肆纖壹塵肆渺，實徵支銀伍兩貳錢貳分陸釐叁毫伍絲捌忽陸微伍纖捌塵陸渺。

一驛站項下

寧夏鎮站銀貳百肆拾叁兩陸錢叁分貳釐肆絲；臨洮府站銀玖百兩；西安所站銀柒百陸拾柒兩肆錢捌釐；京兆驛站銀柒拾玖兩；灞橋所站銀伍百玖兩叁錢壹分壹釐；乾州所站銀伍百叁拾肆兩陸錢陸分壹釐；白渠驛支直銀柒拾柒兩捌錢壹分捌釐叁毫；郃城驛支直銀柒拾柒兩柒錢；低張驛支直銀伍拾肆兩玖錢玖

分肆釐；乾州驛支直銀柒百伍拾玖兩陸錢陸分柒釐；漢中府站抵永豐倉稻米銀玖百捌拾肆兩叁分陸釐柒毫；京兆驛支直銀貳兩叁錢捌分肆釐。

共銀肆千玖百玖拾兩伍錢伍分貳釐肆絲，內除荒銀捌百柒拾捌兩伍錢貳分壹釐陸毫玖絲貳忽叁微壹纖肆塵貳渺，實徵銀肆千壹百壹拾貳兩叁分叁毫肆絲柒忽陸微捌纖伍塵捌渺，內除額協西安所、灞橋、白渠、京兆等驛所站支抵餉銀貳千玖拾壹兩柒錢玖分捌毫玖絲；陸忽壹微伍纖玖塵貳渺，又除額協臨洮府渭源縣平慶等驛站支抵餉銀玖百肆拾伍兩陸錢肆分捌釐肆毫柒忽捌微肆纖柒塵玖渺，實支銀壹千柒拾肆兩伍錢玖分壹釐肆絲叁忽陸微柒纖捌塵柒渺。

走遞馬壹拾伍匹，草料工食銀伍百肆兩伍錢貳分玖毫捌絲貳忽柒微；損轎夫貳拾柒名，額支工食銀壹百玖拾肆兩陸錢玖毫伍絲肆微柒纖。共銀陸百玖拾玖兩壹錢貳分壹釐玖毫叁絲叁忽壹微柒纖，內除荒銀壹百柒拾壹兩伍錢玖分肆釐柒毫貳絲叁忽貳微伍纖陸塵伍渺，實徵銀伍百貳拾柒兩伍錢貳分柒釐貳毫玖忽玖微壹纖叁塵伍渺，內除額協朝邑縣抵餉銀肆拾捌兩叁分壹釐；又除額協臨洮府屬狄道縣洮陽驛夫馬站支抵餉銀貳拾伍兩貳錢肆分柒釐柒毫玖絲玖忽伍微壹纖；又除驛遞之差使甚少等事案內，裁損夫工食、夫馬工料共銀壹百貳拾陸兩叁錢柒分貳毫柒絲肆忽貳微貳纖肆塵。

實支銀叁百貳拾柒兩捌錢柒分捌釐壹毫叁絲陸忽壹微柒纖玖塵伍渺。

遇閏加銀柒拾貳兩柒錢伍分，內除荒銀壹拾肆兩壹錢壹分肆釐捌毫叁絲貳忽肆微伍纖叁塵陸漠陸沙壹洙叁涯，實徵銀伍拾捌兩陸錢叁分伍釐壹毫陸絲柒忽伍微肆纖陸塵玖渺叁漠叁沙捌洙柒涯，內除驛遞之差使甚少等事案內，裁損夫工食、夫馬工料共銀壹拾捌兩柒分玖釐玖毫伍絲，實支銀肆拾兩伍錢伍分伍釐貳毫壹絲柒忽伍微肆纖陸塵玖渺叁漠叁沙捌洙柒涯。

以上存留實徵共銀伍千肆百貳拾兩捌錢貳分陸釐柒毫壹絲陸忽柒微肆纖陸塵肆渺，內除額協西安所、灞橋所、白渠、京兆等驛所站支抵餉銀貳千壹百叁拾玖兩捌錢貳分壹釐捌毫玖絲陸忽壹微伍纖玖塵貳渺；又除額協臨洮府屬渭源縣慶平等驛站支抵餉銀玖百柒拾兩捌錢玖分陸釐貳毫柒忽叁微伍纖柒塵玖渺；又除驛遞之差使甚少等事案內，裁站銀壹百貳拾陸兩叁錢柒分貳毫柒絲肆忽貳微貳纖肆塵。實該銀貳千壹百捌拾叁兩柒錢叁分捌釐叁毫叁絲玖忽伍塵叁渺。

外加增撥補，除知縣攤俸留抵外，實該銀壹百柒拾捌兩柒錢壹分陸釐柒毫捌絲玖忽捌微陸纖捌塵壹渺。

共該銀貳千叁百陸拾貳兩肆錢伍分伍釐壹毫貳絲捌忽捌微柒纖叁塵肆渺於乾隆伍拾貳年奉文，全數解司，一切支欵銀，由司按季領支，嗣於嘉慶伍年奉文，在縣留支，並不解司，按季請領。

外於西安布政司庫領支均攤祭祀銀柒兩陸錢陸分玖釐陸毫叁絲貳忽叁微玖纖捌塵壹渺肆漠伍沙陸涯係動支各屬解到耗羨銀兩。

遇閏加銀壹百肆拾叁兩捌錢玖分柒釐柒毫陸絲貳忽，內除奉裁各官閏俸銀玖兩叁釐叁毫叁絲貳忽，止該銀壹百叁拾肆兩捌錢玖分肆釐肆毫叁絲，內除荒銀貳拾陸兩貳錢壹分玖釐壹毫陸絲貳忽玖微壹纖玖塵貳渺壹漠陸沙壹洙叁涯，實徵銀壹百捌兩陸錢柒分伍釐貳毫陸絲柒忽捌纖柒渺捌漠叁沙捌洙柒涯，內除驛遞之差使甚少並題明請將驛站等事貳案內，裁銀壹拾捌兩柒分玖釐玖毫伍絲，實該銀玖拾兩伍錢玖分伍釐叁毫壹絲柒忽捌纖柒渺捌漠叁沙捌洙柒涯。

外加增撥補舖司、廩膳等項銀伍兩柒錢玖分叁釐壹毫肆絲柒忽伍微玖纖壹塵伍漠。

共該銀玖拾陸兩叁錢捌分捌釐肆毫陸絲肆忽陸微柒纖壹塵捌渺叁漠叁沙捌洙柒涯於乾隆伍拾貳年奉文，全數解司，一切支欵，俱由司按季領支，嗣於嘉慶伍年奉文，在縣留支，並不解司，按季請領。

壹額外

課程銀壹拾貳兩柒錢貳分係鋪戶出辦。遇閏加銀壹兩陸分。

當稅銀捌拾伍兩共典舖壹拾柒座，每座納銀伍兩，俱係典舖出辦。

地稅銀叁拾貳兩貳錢捌分係買地業主出辦，原無定額，儘收儘解。

畜稅銀叁拾貳兩肆錢玖分係買騾馬出辦，原無定額，儘收儘解。

牙稅銀壹拾壹兩查牙行壹拾壹名，每名納稅銀壹兩。

朝邑縣

原額壹等共地捌千陸百伍拾肆頃叁拾壹畝肆分壹釐柒毫伍絲，每畝科糧貳升陸合陸勺肆抄貳撮捌粟，共額徵夏秋糧貳萬叁千伍拾陸石捌斗玖升叁合伍抄玖撮伍圭肆粟柒粒，每石折徵銀壹兩叁錢伍分伍釐陸絲陸忽貳微伍纖捌塵，共額徵銀叁萬壹千貳百肆拾叁兩陸錢壹分捌釐陸毫捌絲肆忽貳纖貳塵捌渺，內：

順治柒、捌兩年免過無主、有主荒地及康熙捌年在於秦屬蠲免事案內，題明免過共地貳千叁百叁拾貳頃陸拾柒畝捌分伍釐陸毫叁絲肆忽，共免糧陸千貳百壹拾陸石叁斗陸升柒合貳勺肆抄貳圭玖粟，共免銀捌千肆百貳拾叁兩陸錢貳分捌釐壹毫柒絲陸忽捌微捌纖陸塵柒渺，內前開墾並興屯及節年開墾過共地壹千貳百肆拾肆頃玖拾貳畝陸釐壹毫玖絲捌忽貳微，應徵夏秋糧叁千貳百玖拾伍石捌斗肆升貳勺捌撮柒圭肆粟伍粒壹顆玖糠玖粃肆粺，該徵銀肆千肆百陸拾伍兩叁錢叁分柒釐陸毫叁絲叁忽肆微陸纖玖塵玖渺捌漠伍沙貳洙肆涯。

又雍正柒年遵旨密議事案內，豁免陪糧銀肆百捌拾陸兩叁分叁毫貳絲柒忽玖塵貳渺叁漠。

又乾隆貳、叁、陸並拾捌等年在於敬陳管見並報明災苦、遵旨詳查議奏及河水沖坍等事肆案內，題明豁免過地陸百叁拾柒頃柒拾捌畝貳釐貳毫伍絲貳忽叁微，共免秋夏糧壹千陸百玖拾玖石壹斗柒升柒合壹勺柒抄捌撮貳圭玖粟玖粒伍顆陸糠柒粃捌粺，共免銀貳千叁百兩壹錢伍分柒釐叁毫叁忽叁微貳纖伍塵肆渺貳漠陸沙伍洙伍涯。

又於乾隆肆拾年在於奏聞事案內，題明豁免過沖坍沙壓共地玖拾伍頃玖拾陸畝肆分柒釐捌毫壹絲伍忽貳微，共免夏秋糧貳百伍拾伍石陸斗柒升壹勺叁抄捌撮陸圭肆粟叁粒捌顆叁糠陸粃壹粺，共免銀叁百肆拾陸兩玖分柒釐肆毫貳絲肆忽柒纖伍渺柒漠玖沙叁洙陸涯。

又於乾隆肆拾貳年在於遵旨議奏事案內，題明豁免過坍沒虛糧地肆拾頃捌拾玖畝叁分柒釐伍毫捌絲柒忽，共免夏秋糧壹百捌石玖斗肆升玖合肆勺柒抄玖撮柒粟捌粒陸顆玖粃陸粺，共免銀壹百肆拾柒兩肆錢捌分叁釐伍毫貳絲捌忽肆纖伍塵玖渺陸漠肆沙捌洙肆涯陸洒。

又於乾隆肆拾捌年在於奏聞事案內，題明豁免過沖坍沙壓地叁百肆頃捌拾肆畝叁分伍釐，共免夏秋糧捌百壹拾貳石壹斗陸升陸合肆勺玖抄壹撮肆圭肆粟捌粒，共免銀壹千玖拾玖兩肆錢壹分玖釐肆毫柒絲捌忽玖微叁纖叁塵叁渺伍漠陸沙。

又於乾隆伍拾叁年在於欽奉上諭事案內，題明豁免過沖坍、沙壓及建築護城土堤共地壹百壹拾捌頃柒拾畝玖分叁釐貳毫叁絲肆忽肆微，共免夏秋糧叁百壹拾陸石貳斗陸升陸合壹抄，共免銀肆百貳拾捌兩壹錢貳分伍釐柒毫壹絲捌忽陸微柒纖伍塵陸漠壹沙貳洙伍涯陸洒。

又於嘉慶肆、玖等年在於奏聞及詳請照例豁除等事貳案內，題明豁免過沖坍沙壓共地玖拾叁頃肆拾肆畝貳分貳釐玖毫玖絲壹忽，共免夏秋糧貳百肆拾捌石玖斗肆升玖合陸勺柒抄伍撮壹圭肆粟，共免銀叁百叁拾柒兩柒絲玖忽陸微陸纖玖塵捌渺柒漠玖沙捌洙柒涯捌洒。

又於嘉慶拾玖年在於欽奉恩詔事案內，題明豁免過地貳拾陸頃叁拾玖畝貳分陸釐柒毫陸絲，共免夏秋糧柒拾石叁斗壹升柒合肆勺柒抄捌撮捌粟，共免銀玖拾伍兩壹錢捌分伍釐叁毫肆忽柒微陸纖壹塵。

實豁免地貳千肆百伍頃柒拾捌畝肆分伍釐柒絲陸忽柒微，實應免夏秋糧陸千肆百叁拾貳石貳升叁合伍勺捌抄貳撮貳圭叁粟肆粒捌顆壹糠肆粃壹粄，應免銀玖千壹百玖拾柒兩柒錢捌分玖釐柒毫柒忽玖微柒塵貳渺壹漠貳沙陸洙伍涯。

實在地陸千貳百肆拾捌頃伍拾貳畝玖分陸釐陸毫柒絲肆忽叁微，該折色糧壹萬陸千陸百貳拾肆石捌斗陸升玖合伍勺柒抄柒撮叁圭壹粟貳粒壹顆捌糠伍粃玖粄，該折色銀貳萬貳千肆拾伍兩捌錢貳分捌釐玖毫柒絲陸忽壹微壹纖伍塵伍渺捌漠柒沙叁洙伍涯遵照乾隆伍拾玖年奉准部咨令，將康熙年間易知由單內載：折正壹等地每畝徵折色銀叁分陸釐陸絲伍忽肆纖伍塵捌渺，纂入書內，嗣後遇有墾豁，以便按畝增除。

又額外秦晉民人分種夾沙灘地肆頃伍分捌釐貳毫玖絲，每畝科徵京斗租谷壹斗，共徵京斗租谷肆拾石伍升捌合貳勺玖抄，內乾隆貳拾玖年在於飛飭委勘事案內，免過灘地貳頃陸拾柒畝伍釐伍毫叁絲，應免京斗租谷貳拾陸石柒斗伍合伍勺叁抄。實在灘地壹頃叁拾叁畝伍分貳釐柒毫陸絲，該徵糧壹拾叁石叁斗伍升貳合柒勺陸抄，在於乾隆伍拾叁年欽奉上諭事案內，題明全數豁免訖。

原額上中下叁等玖則不等，俱折下下丁玖萬捌千捌百叁拾壹丁，每丁徵銀柒分捌釐捌毫壹絲柒忽貳微，共徵銀柒千柒百捌拾玖兩伍錢捌分肆釐捌毫柒絲伍忽貳微，內除優免丁壹千陸百柒拾肆丁，該徵銀壹百叁拾壹兩玖錢叁分玖釐玖毫玖絲貳忽捌微。

行差丁玖萬柒千壹百伍拾柒丁，共額徵銀柒千陸百伍拾柒兩陸錢肆分肆釐捌毫捌絲貳忽肆微。

順治柒年題明豁免逃亡丁陸千玖百叁拾伍丁，該除銀伍百肆拾陸兩伍錢玖分玖釐肆毫陸絲肆忽，前招回及節年招回、編審出丁貳千壹百玖拾叁丁，該徵銀壹百柒拾貳兩捌錢肆分陸釐壹毫壹絲捌忽陸微。

實行差並節年招回抵補豁免過共丁玖萬貳千肆百壹拾伍丁，該徵銀柒千貳百捌拾叁兩捌錢玖分壹釐伍毫叁絲柒忽。

康熙伍拾伍年起，至乾隆貳拾陸年止，編審出丁壹百壹拾柒丁；乾隆叁拾壹年編審出丁玖丁；乾隆叁拾陸年編審出丁壹拾丁。共編審出丁壹百叁拾陸丁，欽遵康熙伍拾貳年叁月拾捌日恩詔，但據康熙伍拾年丁冊定為常額，永不加賦。

原額均徭銀叁千貳百貳兩叁錢壹分壹釐貳毫捌絲柒忽陸微，內除荒銀壹千壹拾柒兩玖分捌釐叁毫陸絲貳忽玖纖伍塵玖漠捌沙叁洙柒涯叁洒，實徵銀貳千壹百捌拾伍兩貳錢壹分貳釐玖毫貳絲伍忽伍微肆塵玖渺壹沙陸洙貳涯柒洒遵照由單內載：折正壹等地每畝徵均徭銀叁釐伍毫貳絲叁忽玖微柒纖柒塵壹漠。

外遇閏加銀肆百貳拾捌兩柒錢伍釐玖毫陸絲肆忽，內除荒銀伍拾肆兩柒錢陸分捌釐捌毫叁絲貳忽陸微貳纖陸塵叁渺叁漠柒沙肆洙肆涯，實徵銀叁百柒拾叁兩玖錢叁分柒釐壹毫叁絲壹忽叁微柒纖叁塵陸渺陸漠貳沙伍洙陸涯。

額外應徵停免銀壹百玖拾兩貳錢捌分陸釐伍毫玖絲陸忽肆微肆纖。

軍籍應徵銀壹千柒百捌兩肆錢貳分伍毫貳絲玖忽柒微柒塵伍渺。

匠價應徵銀陸拾捌兩捌錢伍釐。遇閏加銀伍兩柒錢叁分叁釐柒毫伍絲。

以上正閏肆項攤入前項地糧內徵解。

以上地、丁貳項並均徭、停免、軍籍、匠價等項共額徵銀肆萬肆千柒拾壹兩捌分陸釐玖毫捌絲壹微柒纖叁渺，內除荒銀壹萬伍百捌拾捌兩陸錢肆分壹釐肆毫壹絲陸忽壹微貳塵叁渺壹漠壹沙貳涯叁洒，實徵銀叁萬叁千肆百捌拾貳兩肆錢肆分伍釐伍毫陸絲肆忽陸纖柒塵玖渺捌漠捌沙玖洙柒涯柒洒。

外遇閏加銀肆百貳拾捌兩柒錢伍釐玖毫陸絲肆忽，內除荒銀伍拾肆兩柒錢陸分捌釐捌毫叁絲貳忽陸微貳纖陸塵叁渺叁漠柒沙肆洙肆涯，實徵銀叁百柒拾叁兩玖錢叁分柒釐壹毫叁絲壹忽叁微柒纖叁塵陸渺陸漠貳沙伍洙陸涯。

又額外匠價閏銀伍兩柒錢叁分叁釐柒毫伍絲。

貳項共銀叁百柒拾玖兩陸錢柒分捌毫捌絲壹忽叁微柒纖叁塵陸渺陸漠貳沙伍洙陸涯。

壹起運項下

原編起運糧石折價銀貳萬柒千伍百伍拾叁兩貳錢伍分肆絲柒忽伍微捌纖貳塵捌渺，內除荒銀捌千壹百叁拾捌兩壹錢肆分伍釐肆毫捌絲伍忽柒微壹纖陸塵壹渺伍漠貳沙壹洒，實徵銀壹萬玖千肆百壹拾伍兩壹錢肆釐伍毫陸絲壹忽捌微陸纖陸塵陸渺肆漠柒沙玖洙玖涯玖洒。

鹽抄、抵祿、節裁軍器、毛襖、年例等項共銀貳千柒百捌拾捌兩玖錢玖分伍釐柒毫伍絲，內除荒銀叁百陸拾肆兩玖錢陸釐玖毫捌絲肆忽陸纖壹塵肆渺貳漠壹沙伍洙柒涯捌洒，實徵銀貳千肆百貳拾肆兩捌分捌釐柒毫陸絲伍忽玖微叁纖捌塵伍渺柒漠捌沙肆洙貳涯貳洒。

舊編存留，內順治玖年裁扣各役工食銀貳百叁拾叁兩陸錢；拾貳年裁扣傘扇銀捌兩；拾肆年裁扣官生俸廩銀叁百伍拾貳兩壹錢叁分捌釐陸毫伍絲，裁遞損轎銀壹千壹百壹兩肆錢叁分捌釐柒毫玖絲玖忽玖微玖纖玖塵玖渺。康熙元年裁吏書工食銀壹百玖兩貳錢；叁年裁訓導、齋夫、門斗、喂馬草料共銀玖拾叁兩玖錢貳分，裁雜費丁銀貳百捌拾肆兩叁錢柒分玖釐貳毫陸絲；拾伍年裁心紅紙張、修理監倉、喂馬草料、芒神、歲季考、倉厫鋪墊、召募舡隻、謁廟、講書、紙劄、修理貢院家具、茨撅、舉人花盤、科舉生員盤纏、謄録書手等項銀壹百柒拾壹兩壹錢玖分陸釐柒毫伍絲；貳拾柒年裁歲貢、舉人盤纏、進士坊價銀壹百貳拾肆兩捌錢。雍正陸年裁燈夫銀貳拾肆兩；捌年裁大使官俸食銀肆拾叁兩伍錢貳分；拾貳年裁民壯銀壹百貳拾兩。乾隆柒年裁民壯工食銀肆拾貳兩；玖年裁舖司工食銀玖拾玖兩捌錢肆分柒釐伍絲肆忽，冗費裁剩解部銀貳千柒百伍拾柒兩柒釐壹毫捌絲叁微陸纖；又乾隆拾貳年奉裁巡檢俸薪銀叁拾壹兩伍錢貳分。

共銀伍千伍百玖拾陸兩伍錢陸分柒釐陸毫玖絲肆忽叁微伍纖玖塵玖渺，內除荒銀柒百肆拾柒兩玖錢伍分肆釐肆毫陸絲玖忽玖纖伍塵玖渺柒漠玖沙肆洙伍涯陸洒，實徵銀肆千捌百肆拾捌兩陸錢壹分叁釐貳毫貳絲伍忽貳微陸纖叁塵玖渺貳漠伍洙肆涯肆洒。

額外停免、匠價、軍籍共銀壹千玖百陸拾柒兩伍錢壹分貳釐壹毫貳絲陸忽壹微肆纖柒塵伍渺。

以上肆項共該實起運銀貳萬捌千陸百伍拾伍兩叁錢壹分捌釐陸毫柒絲玖忽貳微壹纖陸塵陸渺肆漠陸沙玖洙陸涯伍洒。

又收存留內額協抵餉銀柒百肆拾陸兩壹錢捌釐陸毫捌絲壹忽叁微叁塵柒渺。

又收存留內額協臨洮府站抵兵餉銀壹拾柒兩叁錢玖分柒釐壹毫玖絲玖忽壹微叁纖伍塵玖渺。

又收存留內驛遞之差使甚少等事案內，共裁站銀壹千玖百叁拾貳兩陸錢肆分貳釐肆毫伍絲肆纖叁塵柒渺貳漠。

又收存留內付送原文事案內，裁撥夫馬工料銀陸拾壹兩伍錢貳分柒釐捌毫捌忽肆微柒纖肆塵伍渺叁漠貳沙。

共起運銀叁萬壹千肆百壹拾貳兩玖錢玖分肆釐捌毫壹絲捌忽壹微柒纖肆塵肆渺玖漠捌沙玖洙陸涯伍洒，內除受協韓城等州縣站支兌留兵餉應支銀貳千陸百伍拾柒兩貳錢壹分柒釐叁毫壹絲壹微伍纖叁塵伍渺；內在於請倣以糧載丁等事案內，通省均丁減銀肆千叁百肆拾壹兩貳錢壹分壹釐叁忽玖微玖纖貳塵貳渺，內乾隆元、陸、拾壹、拾陸及貳拾壹、貳拾陸、叁拾壹、叁拾陸等年編審案內，共增抵補屯更丁銀壹千肆百貳拾捌兩陸錢伍分肆釐陸毫叁絲壹忽柒微捌纖捌塵陸渺玖漠玖沙玖洙玖涯陸洒，止該減銀貳千玖百壹拾貳兩伍錢伍分陸釐叁毫柒絲貳忽貳微叁塵伍渺肆洒。

實該起運銀貳萬伍千捌百肆拾叁兩貳錢貳分壹釐壹毫叁絲伍忽捌微壹纖柒塵肆渺玖漠捌沙玖洙陸涯壹洒，內留支加增撥補俸工銀叁百貳拾叁兩陸錢壹分壹釐玖毫玖絲柒忽捌微壹纖貳塵玖渺壹漠玖沙壹洙玖涯伍洒，止該起運銀貳萬伍千伍百壹拾玖兩陸錢玖釐壹毫叁絲捌忽肆塵伍渺柒漠玖沙柒洙陸涯陸洒。

遇閏裁扣，順治玖年裁扣銀壹拾柒兩捌錢；拾肆年裁扣抵支巡檢外，止裁銀壹拾叁兩叁錢貳分捌釐貳毫。康熙元年裁扣銀玖兩壹錢；叁年裁扣銀柒兩捌錢貳分陸釐陸毫陸絲陸忽；拾伍年裁扣銀貳兩陸錢陸分陸釐陸毫柒絲。雍正陸年裁扣銀貳兩；捌年裁扣銀叁兩陸錢貳分陸釐陸毫陸絲陸忽；拾貳年裁扣銀壹拾兩。乾隆柒年裁扣銀叁兩伍錢；玖年裁扣銀捌兩叁錢貳分；拾貳年裁巡檢銀貳兩陸錢貳分陸釐陸毫陸絲陸忽，又閏俸銀壹拾貳兩叁錢叁分陸釐陸毫陸絲陸忽。

共裁銀玖拾叁兩壹錢叁分壹釐伍毫叁絲肆忽，內除荒銀壹拾叁兩貳錢叁分壹釐陸毫伍絲貳忽叁微陸纖捌塵肆漠肆沙陸洙肆涯，實徵銀柒拾玖兩捌錢玖分玖釐捌毫捌絲壹忽陸微叁纖壹塵玖渺伍漠伍沙叁洙陸涯。

又收額外匠價閏銀伍兩柒錢叁分叁釐柒毫伍絲。

又收存留內驛遞之差使甚少並題明請將驛站等事貳案內，共裁站遞馬、損夫閏月銀捌拾捌兩壹錢玖分肆釐捌絲柒忽叁微叁纖叁塵。

叁項共銀壹百柒拾叁兩捌錢貳分柒釐柒毫壹絲捌忽玖微陸纖肆塵玖渺伍漠

伍沙叁洙陸涯，內在於請倣以糧載丁等事案內，通省均丁減銀壹百壹兩陸錢肆分柒釐捌毫肆絲壹忽肆微伍塵叁渺，內節次抵補屯更丁增銀叁拾伍兩捌錢壹釐肆毫叁忽伍纖柒塵壹渺玖漠玖沙玖洙玖涯捌洒，止該減銀陸拾伍兩捌錢肆分陸釐肆毫叁絲柒忽玖微捌纖捌塵壹渺貳洒。

實該銀壹百柒兩玖錢捌分壹釐貳毫捌絲玖微柒纖陸塵捌渺伍漠伍沙叁洙伍涯捌洒，內除留支加增撥補閏月銀貳拾陸兩壹錢玖分貳釐伍毫伍絲伍微叁纖玖塵叁渺玖漠貳沙捌洙；又留支夫馬閏月銀玖兩肆錢肆分玖釐玖毫壹絲肆微貳纖陸塵。止該銀柒拾貳兩叁錢叁分捌釐捌毫貳絲壹纖壹塵肆渺陸漠貳沙伍洙伍涯捌洒。

壹存留項下

原編存留銀陸千壹百陸拾肆兩柒錢陸分壹釐叁毫陸絲貳忽捌纖壹渺，內除荒銀壹千叁百叁拾柒兩陸錢叁分肆釐肆毫柒絲柒忽貳微貳纖捌塵柒渺伍漠柒沙玖洙捌涯捌洒，實徵銀肆千捌百貳拾柒兩壹錢貳分陸釐捌毫捌絲肆忽捌微伍纖壹塵叁渺肆漠貳沙壹涯貳洒。

壹俸工項下

知縣壹員，額支俸薪銀肆拾伍兩，內除荒銀陸兩肆錢貳分捌釐玖毫壹絲玖忽伍微叁纖肆塵肆渺捌漠壹沙伍洙壹涯肆洒，實徵支銀叁拾捌兩伍錢柒分壹釐捌絲肆微陸纖伍塵伍渺壹漠捌沙肆洙捌涯陸洒。內均攤俸工銀壹拾陸兩伍錢玖分捌釐貳毫伍絲伍忽壹微肆纖伍渺。

縣丞壹員，額支俸薪銀肆拾兩，內除荒銀伍兩柒錢壹分肆釐陸毫陸忽肆微，實徵支銀叁拾肆兩貳錢捌分伍釐叁毫玖絲叁忽陸微。

額外新設大慶關主簿壹員，俸薪銀叁拾叁兩壹錢壹分肆釐係動支司庫缺官銀兩，因缺官不敷動用，於道光伍年奉文改動司庫裁汰支剩夫馬工料銀兩。

典史壹員，額支俸薪銀叁拾壹兩伍錢貳分，內除荒撥補銀肆兩伍錢叁釐玖毫肆絲伍忽玖微叁纖玖塵貳渺，實徵支銀貳拾柒兩壹分陸釐伍絲肆忽陸纖捌渺。

教諭、訓導貳員，額支俸薪銀叁拾壹兩伍錢貳分，內除荒撥補銀肆兩伍錢叁釐玖毫肆絲伍忽玖微叁纖玖塵貳渺，實徵支銀貳拾柒兩壹分陸釐伍絲肆忽陸纖捌渺。外加增撥補銀肆拾捌兩肆錢捌分。

知縣衙門

門子貳名，每名歲支工食銀陸兩，共銀壹拾貳兩，内除荒撥補銀壹兩柒錢壹分肆釐叁毫捌絲壹忽伍微貳纖，實徵支銀壹拾兩貳錢捌分伍釐陸毫壹絲捌忽肆微捌纖。遇閏加銀壹兩，内除荒銀壹錢叁分柒釐伍毫玖絲壹微，實徵支銀捌錢陸分貳釐肆毫玖忽玖微。

皂隸、仵作壹拾陸名，每名歲支工食銀陸兩，共銀玖拾陸兩，内除荒撥補銀壹拾叁兩柒錢捌釐壹毫柒絲肆忽壹微陸纖，實徵支銀捌拾貳兩貳錢玖分壹釐捌毫貳絲伍忽捌微肆纖。遇閏加銀捌兩，内除荒銀壹兩壹錢柒毫叁絲玖忽陸微捌纖，實徵支銀陸兩捌錢玖分玖釐貳毫陸絲叁微貳纖。

馬快捌名，每名歲支工食銀壹拾陸兩捌錢，共支銀壹百叁拾肆兩肆錢，内除荒撥補銀壹拾玖兩貳錢伍毫柒絲伍忽陸微貳纖肆塵，實徵支銀壹百壹拾伍兩壹錢玖分玖釐肆毫貳絲肆忽叁微柒纖陸塵。遇閏加銀壹拾壹兩貳錢，内除荒銀壹兩伍錢肆分肆釐陸毫柒絲柒忽玖微肆纖貳塵，實徵支銀玖兩陸錢伍分伍釐叁毫貳絲貳忽伍纖捌塵。

民壯貳拾叁名，每名歲支工食銀陸兩，共支銀壹百叁拾捌兩，内除荒撥補銀壹拾玖兩柒錢壹分伍釐叁毫玖絲捌微玖纖叁塵壹渺，實徵支銀壹百壹拾捌兩貳錢捌分肆釐陸毫玖忽壹微陸塵玖渺。遇閏加銀壹拾壹兩伍錢，内除荒銀壹兩伍錢捌分貳釐叁毫壹絲壹忽肆微，實徵支銀玖兩玖錢壹分柒釐陸毫捌絲捌忽陸微。

看監禁子捌名，每名歲支工食銀陸兩，共支銀肆拾捌兩，内除荒撥補銀陸兩捌錢伍分捌釐伍毫貳絲伍忽捌微，實徵支銀肆拾壹兩壹錢肆分壹釐肆毫柒絲肆忽玖微貳纖。外每名加銀貳兩，共加增銀壹拾陸兩。遇閏加銀肆兩，内除荒銀伍錢伍分叁毫陸絲玖忽肆微壹纖，實徵支銀叁兩肆錢肆分玖釐陸毫叁絲伍微玖纖。

轎傘扇夫柒名，每名歲支工食銀陸兩，共支銀肆拾貳兩，内除荒撥補銀陸兩叁毫叁絲陸忽叁微貳纖，實徵支銀叁拾伍兩玖錢玖分玖釐陸毫陸絲叁忽陸微捌纖。遇閏加銀叁兩伍錢，内除荒銀肆錢捌分壹釐伍毫陸絲貳忽柒微陸纖，實徵支銀叁兩壹分捌釐肆毫叁絲柒忽貳微肆纖。

庫子肆名，每名歲支工食銀陸兩，共支銀貳拾肆兩，内除荒撥補銀叁兩肆錢貳分捌釐柒毫陸絲貳忽肆纖，實徵支銀貳拾兩伍錢柒分壹釐貳毫叁絲柒忽玖微陸纖。遇閏加銀貳兩，內除荒銀貳錢柒分伍釐壹毫捌絲叁忽貳微壹纖，實徵支銀壹兩柒錢貳分肆釐捌毫壹絲陸忽柒微玖纖。

斗級肆名，每名歲支工食銀陸兩，共支銀貳拾肆兩，內除荒撥補銀叁兩肆錢貳分捌釐柒毫陸絲貳忽肆纖，實徵支銀貳拾兩伍錢柒分壹釐貳毫叁絲柒忽玖微陸纖。遇閏加銀貳兩，內除荒銀貳錢柒分伍釐壹毫捌絲叁忽貳微壹纖，實徵支銀壹兩柒錢貳分肆釐捌毫壹絲陸忽柒微玖纖。

永豐倉斗級壹名，歲支工食銀壹拾兩陸錢陸分陸釐陸毫，內除荒撥補銀壹兩肆錢玖分玖釐伍絲貳忽壹微壹纖壹塵柒渺肆沙，實徵支銀玖兩壹錢陸分柒釐伍毫肆絲柒忽捌微捌纖捌塵貳渺玖漠陸沙。遇閏加銀捌錢捌分，內除荒銀壹錢貳分叁釐肆毫叁絲捌微陸纖肆塵捌渺，實徵支銀柒錢伍分陸釐伍毫陸絲玖忽壹微叁纖伍塵貳渺。

舖司兵貳拾柒名，每名歲支工食銀貳兩肆錢叁分伍釐貳毫玖絲肆忽，共支銀陸拾伍兩柒錢伍分貳釐玖毫肆絲陸忽，內招撥西鄉縣舖司兵叁名，其正閏工食銀兩，俱由該縣按季解司支領，內除荒撥補銀玖兩貳錢肆分柒毫壹絲伍忽叁微柒纖叁塵玖渺玖漠貳沙壹洙陸涯，實徵支銀伍拾陸兩伍錢壹分貳釐貳毫叁絲陸微貳纖陸塵柒沙捌洙肆涯。外加增銀玖拾陸兩貳錢肆分柒釐伍絲肆忽。遇閏加銀伍兩肆錢捌分，內除荒撥補銀柒錢陸分伍釐貳毫貳絲玖忽肆微捌纖捌渺，實徵支銀肆兩柒錢壹分肆釐柒毫柒絲伍微壹纖玖塵貳渺。外加增銀捌兩貳分。

鐘鼓夫伍名，每名歲支工食銀貳兩肆錢，共支銀壹拾貳兩，內除荒撥補銀壹兩陸錢捌分陸釐肆毫肆絲肆忽伍微貳纖，實徵支銀壹拾兩叁錢壹分叁釐伍毫伍絲伍忽肆微捌纖。遇閏加銀壹兩，內除荒銀壹錢叁分玖釐伍毫肆絲肆忽壹微，實徵支銀捌錢陸分肆毫伍絲伍忽玖微。

洛河水夫貳拾名，額支銀陸拾陸兩陸錢陸分陸釐陸毫伍絲，內除荒撥補銀玖兩叁錢陸分玖釐壹毫伍絲貳忽捌微柒纖貳塵壹渺貳漠肆沙，實徵支銀伍拾柒兩貳錢玖分柒釐肆毫玖絲柒忽壹微貳纖柒塵捌渺柒漠陸沙。遇閏加銀壹拾壹兩壹錢壹分，內除荒銀壹兩伍錢伍分叁毫捌絲陸忽玖微叁纖伍塵陸渺，實徵支銀玖兩伍錢伍分玖釐陸毫壹絲叁忽陸纖肆塵肆渺。

渭河水夫貳拾名，額支銀肆拾捌兩，內除荒撥補銀陸兩柒錢肆分叁釐柒毫柒絲陸忽捌纖，實徵支銀肆拾壹兩貳錢伍分陸釐貳毫貳絲叁忽玖微貳纖。遇閏加銀捌兩，內除荒銀壹兩壹錢壹分陸釐叁毫柒絲貳忽叁纖，實徵支銀陸兩捌錢捌分叁釐陸毫貳絲柒忽玖微柒纖。

縣丞衙門

門子壹名，歲支工食銀陸兩，內除荒銀捌錢伍分柒釐壹毫捌絲捌忽柒微陸纖，實徵支銀伍兩壹錢肆分貳釐捌毫壹絲壹忽貳微肆纖。遇閏加銀伍錢，內除荒銀陸分捌釐柒毫玖絲肆忽伍微伍纖，實徵支銀肆錢叁分壹釐貳毫伍忽肆微伍纖。

皂隸肆名，每名歲支工食銀陸兩，共支銀貳拾肆兩，內除荒撥補銀叁兩肆錢貳分捌釐柒毫陸絲貳忽肆纖，實徵支銀貳拾兩伍錢柒分壹釐貳毫叁絲柒忽玖微陸纖。遇閏加銀貳兩，內除荒銀貳錢柒分伍釐壹毫捌絲叁忽貳微壹纖，實徵支銀壹兩柒錢貳分肆釐捌毫壹絲陸忽柒微玖纖。

馬夫壹名，歲支工食銀陸兩，內除荒銀捌錢伍分柒釐壹毫捌絲捌忽柒微陸纖，實徵支銀伍兩壹錢肆分貳釐捌毫壹絲壹忽貳微肆纖。遇閏加銀伍錢，內除荒銀陸分捌釐柒毫玖絲肆忽伍微伍纖，實徵支銀肆錢叁分壹釐貳毫伍忽肆微伍纖。

壹額外主簿衙門

門子壹名，歲支工食銀陸兩。遇閏加銀伍錢。

馬夫壹名，歲支工食銀陸兩。遇閏加銀伍錢。

以上門子、馬夫正閏肆項係動支司庫缺官銀兩，因缺官不敷動用，于道光伍年奉文改動司庫裁汰支剩夫馬工食銀兩。

典史衙門

門子壹名，歲支工食銀陸兩，內除荒銀捌錢伍分柒釐壹毫捌絲捌忽柒微陸纖，實徵支銀伍兩壹錢肆分貳釐捌毫壹絲壹忽貳微肆纖。遇閏加銀伍錢，內除荒銀陸分捌釐柒毫玖絲肆忽伍微伍纖，實徵支銀肆錢叁分壹釐貳毫伍忽肆微伍纖。

皂隸肆名，每名歲支工食銀陸兩，共支銀貳拾肆兩，內除荒撥補銀叁兩肆錢貳分捌釐柒毫陸絲貳忽肆纖，實徵支銀貳拾兩伍錢柒分壹釐貳毫叁絲柒忽玖微陸纖。遇閏加銀貳兩，內除荒銀貳錢柒分伍釐壹毫捌絲叁忽貳微壹纖，實徵支銀壹兩柒錢貳分肆釐捌毫壹絲陸忽柒微玖纖。

馬夫壹名，歲支工食銀陸兩，內除荒銀捌錢伍分柒釐壹毫捌絲捌忽柒微陸纖，實徵支銀伍兩壹錢肆分貳釐捌毫壹絲壹忽貳微肆纖。遇閏加銀伍錢，內除荒銀陸分捌釐柒毫玖絲肆忽伍微伍纖，實徵支銀肆錢叁分壹釐貳毫伍忽肆微伍纖。

教職衙門

齋夫叁名，每名歲支工食銀壹拾貳兩，共支銀叁拾陸兩，內除荒撥補銀伍兩壹錢肆分叁釐壹毫叁絲玖忽伍微陸纖，實徵支銀叁拾兩捌錢伍分陸釐捌毫陸絲肆微肆纖。遇閏加銀叁兩，內除荒銀肆錢叁分貳絲柒忽叁微壹纖，實徵支銀貳兩伍錢陸分玖釐玖毫柒絲貳忽陸微玖纖。

膳夫貳名，每名歲支工食銀陸兩陸錢陸分陸釐陸毫陸絲伍忽，共支銀壹拾叁兩叁錢叁分叁釐叁毫叁絲，內除荒撥補銀壹兩玖錢肆釐捌毫陸絲捌忽捌微陸纖肆塵伍渺壹漠陸沙捌洙，實徵支銀壹拾壹兩肆錢貳分捌釐肆毫陸絲壹忽壹微叁纖伍塵肆渺捌漠叁沙捌洙係廩生支領。遇閏加銀壹兩壹錢壹分壹釐壹毫，內除荒撥補銀壹錢伍分叁釐陸毫柒絲伍忽叁微陸纖叁塵貳渺伍漠陸沙，實徵支銀玖錢伍分柒釐肆毫貳絲肆忽陸微叁纖陸塵柒渺肆漠肆沙。

門斗叁名，每名歲支工食銀柒兩貳錢，共支銀貳拾壹兩陸錢，內除荒撥補銀叁兩捌分伍釐捌毫捌絲肆忽壹微叁纖陸塵，實徵支銀壹拾捌兩伍錢壹分肆釐壹毫壹絲伍忽捌微陸纖肆塵。遇閏加銀壹兩捌錢，內除荒銀貳錢肆分柒釐陸毫陸絲陸忽壹微玖纖捌塵，實徵支銀壹兩伍錢伍分貳釐叁毫叁絲叁忽捌微貳塵。

廩生貳拾名，每名歲支銀叁兩貳錢，共支銀陸拾肆兩，內除荒撥補銀玖兩貳錢貳分柒釐叁毫陸絲肆微肆纖，實徵支銀伍拾肆兩柒錢柒分貳釐陸毫叁絲玖忽伍微陸纖，遇閏加銀伍兩叁錢叁分叁釐叁毫叁絲，內除荒撥補銀柒錢伍分叁釐陸毫肆絲伍忽陸微玖纖伍塵叁渺叁漠陸沙捌洙，實徵支銀肆兩伍錢柒分玖釐陸毫捌絲肆忽叁微肆塵陸渺陸漠叁沙貳洙。

以上俸工項下，除廩生、膳夫貳欵照常支發外，其餘官役俸工於道光貳拾叁年奉文，均以貳兩平支放，每兩減平銀陸分，其減平銀兩，每年批解部庫交納，理合登明。

一雜支項下

額支春秋貳祭致祭文廟並各壇祠及無祀鬼魂品物等項共銀捌拾兩，內除荒銀壹拾壹兩貳錢肆分貳釐玖毫陸絲壹忽捌微，實徵支銀陸拾捌兩柒錢伍分柒釐叁絲捌忽貳微。

外撥補豁免不敷銀貳兩肆錢貳分肆釐叁毫肆絲玖忽捌微。

外均攤撥補不敷銀貳兩壹錢陸分玖釐捌毫玖絲伍忽貳微捌纖陸塵貳渺肆漠伍沙陸涯。

祭旗纛並犒賞民壯額支銀伍兩捌錢，內除荒銀捌錢壹分伍釐壹毫肆忽柒微陸纖捌塵，實徵支銀肆兩玖錢捌分肆釐捌毫玖絲伍忽貳微叁纖貳塵。

鄉飲額支銀叁兩，內除荒銀肆錢貳分壹釐陸毫柒忽捌微捌纖，實徵支銀貳兩伍錢柒分捌釐叁毫玖絲貳忽壹微貳纖。

布政司紙劄銀壹兩柒錢貳分伍釐，內除荒銀貳錢肆分貳釐壹毫玖絲伍忽柒微玖纖陸塵，實徵支銀壹兩肆錢捌分貳釐捌毫肆忽貳微肆塵。

以上鄉飲、紙劄貳欵於道光貳拾叁年奉文裁汰，其徵收銀兩，每年批解部庫交納，理合登明。

一孤貧口糧項下

孤老伍拾伍名，口糧銀壹百捌拾叁兩貳錢肆分柒釐陸毫叁絲陸忽捌纖，內除荒銀貳拾陸兩貳錢壹毫伍絲貳忽壹微伍纖玖塵伍渺捌漠貳沙貳洙叁涯伍洒，實徵支銀壹百伍拾柒兩肆分柒釐肆毫捌絲叁忽玖微貳纖肆渺壹漠柒沙柒洙陸涯伍洒。外加增銀肆拾兩玖錢伍分貳釐伍毫壹絲陸忽柒纖玖塵伍渺捌漠貳沙貳洙叁涯伍洒。遇閏加銀壹拾陸兩伍錢。

冬衣布花銀貳拾柒兩伍錢，內除荒銀叁兩玖錢叁分貳釐叁毫壹絲捌忽壹纖伍塵壹渺，實徵支銀貳拾叁兩伍錢陸分柒釐陸毫捌絲壹忽玖微捌纖肆塵玖渺。

一驛站項下

華陰所站銀伍百柒拾壹兩玖錢叁分柒釐貳毫玖絲；店張驛站銀肆百玖拾陸兩壹分叁釐壹毫壹絲；潼關驛站銀捌拾兩壹錢伍分叁釐；潼關驛支直銀貳百叁拾貳兩玖錢陸分壹釐陸毫；京兆驛支直銀貳兩柒錢叁釐；宜祿驛站銀貳拾兩柒錢；甘站銀壹千伍百兩。共額支銀貳千玖百肆兩肆錢陸分捌釐，內除荒銀捌百壹拾壹兩陸錢壹分肆釐貳毫叁絲壹忽叁微玖纖壹塵玖渺柒漠，實徵銀貳千玖拾貳兩捌錢伍分叁釐柒毫陸絲捌忽陸微捌塵叁漠，內除額協京兆、華陰等驛站支抵兵餉銀柒百肆拾陸兩壹錢捌釐陸毫捌絲壹忽叁微叁塵柒渺；又除額協臨洮府屬渭源站支抵兵餉銀壹拾柒兩叁錢玖分柒釐壹毫玖絲玖忽壹微叁纖伍塵玖渺；又除驛遞之差使甚少等事案內，共裁站銀壹百陸拾陸兩柒錢肆分玖釐陸毫叁絲伍忽伍微柒纖貳塵貳渺；又除付送原文事案內，裁撥夫馬工料銀陸拾壹兩伍錢貳分柒釐捌毫捌忽肆微柒纖肆塵伍渺叁漠貳沙入起運外。實支銀壹千壹百壹兩柒分肆毫肆絲肆忽壹微貳纖壹塵陸渺玖漠捌沙，內遇閏倖裁夫馬工料少支銀貳兩陸錢壹分柒毫叁絲陸忽陸微伍纖捌塵。

一走遞項下

損轎夫額支銀伍百玖拾捌兩叁錢壹分陸釐伍毫叁絲叁忽叁微叁纖叁塵肆渺；募馬伍拾叁匹，額支工食草料銀壹千貳百捌拾肆兩貳錢肆分肆釐陸毫陸絲陸忽陸微陸纖陸塵柒渺。共銀壹千捌百捌拾貳兩伍錢陸分壹釐貳毫壹渺，內除荒銀叁百貳拾玖兩柒錢柒分貳釐玖毫陸忽捌微肆纖玖塵柒渺捌漠柒沙貳洙柒涯玖洒，實徵銀壹千伍百伍拾貳兩柒錢捌分捌釐貳毫玖絲叁忽壹微伍纖叁渺壹漠貳沙柒洙貳涯壹洒。

外收受協銀貳千陸百伍拾柒兩貳錢壹分柒釐叁毫壹絲壹微伍纖叁塵伍渺。

共銀肆千貳百壹拾兩伍釐陸毫叁忽叁微叁塵捌渺壹漠貳沙柒洙貳涯壹洒，內除奉裁遞馬等項共銀壹千柒百陸拾伍兩捌錢玖分貳釐捌毫壹絲肆忽肆微柒纖壹塵伍渺貳漠，實支銀貳千肆百肆拾肆兩壹錢壹分貳釐柒毫捌絲捌忽捌微叁纖貳塵貳渺玖漠貳沙柒洙貳涯壹洒。

遇閏，損轎夫額支銀柒拾貳兩；募馬額支銀壹百柒拾陸兩陸錢陸分。共銀貳百肆拾捌兩陸錢陸分，內除荒銀貳拾玖兩肆錢捌分肆釐叁絲玖忽玖微肆纖捌塵伍渺，實徵銀貳百壹拾玖兩壹錢柒分伍釐玖毫陸絲伍纖壹塵伍渺，內除遞馬、損夫共裁閏銀捌拾捌兩壹錢玖分肆釐捌絲柒忽叁微叁纖叁塵，實支銀壹百叁拾兩玖錢捌分壹釐捌毫柒絲貳忽柒微壹纖捌塵伍渺。

外收撥補夫馬閏月銀玖兩肆錢肆分玖釐玖毫壹絲肆微貳纖陸塵。

以上存留實徵銀肆千捌百貳拾柒兩壹錢叁分陸釐捌毫捌絲肆忽捌微伍纖壹塵叁渺肆漠貳沙壹涯貳洒。

又收受協韓城等州縣兑留兵餉應支銀貳千陸百伍拾柒兩貳錢壹分柒釐叁毫壹絲壹微伍纖叁塵伍渺。

共銀柒千肆百捌拾肆兩叁錢肆分肆釐壹毫玖絲伍忽肆塵捌渺肆漠貳沙壹涯

貳洒，內除西安府屬京兆、華陰所站支抵餉銀柒百肆拾陸兩壹錢捌釐陸毫捌絲壹忽叁微叁塵柒渺；內除協解臨洮府屬站支抵餉銀壹拾柒兩叁錢玖分柒釐壹毫玖絲玖忽壹微叁纖伍塵玖渺；又除驛遞之差使甚少等事案內，共裁銀壹千玖百叁拾貳兩陸錢肆分貳釐肆毫伍絲肆纖叁塵柒渺貳漠；又除付送原文事案內，裁撥夫馬工料銀陸拾壹兩伍錢貳分柒釐捌毫捌忽肆微柒纖肆塵伍渺叁漠貳沙。實徵銀肆千柒百貳拾陸兩陸錢陸分捌釐伍絲陸忽肆纖陸塵玖渺玖漠壹涯貳洒。

外加增撥補俸工，除知縣攤俸留抵外，實該留支銀叁百貳拾叁兩陸錢壹分壹釐玖毫玖絲柒忽捌微壹纖貳塵玖渺壹漠玖沙壹洙玖涯伍洒。

止該銀伍千伍拾兩貳錢捌分伍絲叁忽捌微伍纖玖塵玖渺玖沙貳洙柒洒乾隆伍拾貳年奉文，全數解司，一切支欵，俱由司庫按季領支，嗣於嘉慶伍年奉文，在縣留支，並不解司，按季請領。

外於西安布政司庫領支文廟均攤祭祀銀貳兩壹錢陸分玖釐捌毫玖絲伍忽貳微捌纖陸塵貳渺肆漠伍沙陸涯，在司庫收貯耗羨銀內動支。

外又於西安布政司庫領支新設主簿官役俸工動支缺官銀肆拾伍兩壹錢壹分肆釐因缺官不敷動用，道光伍年奉文改動裁汰支剩夫馬工料銀兩訖。

外遇閏原加銀叁百伍拾兩伍錢叁分柒釐柒毫陸絲貳忽，內除裁巡檢銀貳兩陸錢貳分陸釐陸毫陸絲陸忽，又閏俸銀壹拾貳兩叁錢叁分陸釐陸毫陸絲陸忽入起運外，實該銀叁百叁拾伍兩伍錢柒分肆釐肆毫叁絲，內除荒銀肆拾壹兩伍錢叁分柒釐壹毫捌絲貳微伍纖捌塵貳渺玖漠貳沙捌洙，實徵銀貳百玖拾肆兩叁分柒釐貳毫肆絲玖忽柒微肆纖壹塵柒渺柒沙貳洙，內除驛遞之差使甚少並題明請將驛站等事貳案內，裁遞馬、損夫閏月銀捌拾捌兩壹錢玖分肆釐捌絲柒忽叁微叁纖叁塵，止該銀貳百伍兩捌錢肆分叁釐壹毫陸絲貳忽肆微捌塵柒渺柒沙貳洙。

外加增撥補工食銀貳拾陸兩壹錢玖分貳釐伍毫伍絲伍微叁纖玖塵叁渺玖漠貳沙捌洙。

又留支夫馬閏月銀玖兩肆錢肆分玖釐玖毫壹絲肆微貳纖陸塵。

共該銀貳百肆拾壹兩肆錢捌分伍釐陸毫貳絲叁忽叁微柒纖肆塵壹渺乾隆伍拾貳年奉文，全數解司，一切支欵，俱由司庫按季領支，嗣於嘉慶伍年奉文，在縣留支，並不解司，按季請領。

外於西安布政司庫留支新設主簿、門子、馬夫動支缺官銀壹兩因缺官不敷動用，道光伍年奉文改動裁汰支剩夫馬工料銀兩訖。

一額外

課程銀貳百捌兩陸錢貳分係舖戶出辦。遇閏加銀壹拾柒兩叁錢捌分伍釐。

一雜稅項下

畜稅銀壹百叁兩捌錢係買騾馬人戶輸納，原無定額，儘收儘解。

牙稅銀柒拾叁兩貳錢司帖貳百肆拾肆張，牙人貳百肆拾肆名，每名納銀叁錢。

當稅銀壹百壹拾兩當商貳拾貳名，每名歲徵銀伍兩。

地稅銀貳百貳拾陸兩貳錢陸分係買地業戶輸請，原無定額，儘收儘解。

大慶關商稅銀壹千柒百壹拾貳兩陸錢叁分伍釐係商人出辦，原無定額，儘收儘解。

澄城縣

原額伍等共地壹萬叁百叁頃柒拾叁畝伍分肆釐伍毫，每畝起科不等，共額徵折色糧肆萬壹千壹拾捌石伍斗捌升貳合捌勺，每石折徵銀壹兩壹錢陸分壹毫貳絲肆忽叁微捌纖叁塵伍渺，共額徵銀肆萬柒千伍百捌拾陸兩陸錢伍分捌釐捌絲柒忽捌微貳纖伍塵捌渺。

壹等水地貳拾壹頃伍拾貳畝伍分，每畝科糧玖升，共糧壹百玖拾叁石柒斗貳升伍合，共銀貳百貳拾肆兩柒錢肆分伍釐壹毫貳忽。

貳等上地壹百捌拾柒頃肆拾壹畝柒分，每畝科糧伍升，共糧玖百叁拾柒石捌升伍合，共銀壹千捌拾柒兩壹錢叁分伍釐壹毫伍絲捌忽柒微。順治捌年題明免過有主荒地陸拾叁頃肆拾伍畝伍分貳毫，應免糧叁百壹拾柒石貳斗柒升伍合捌抄，該除銀叁百柒拾兩伍分伍釐肆毫壹絲陸忽肆微肆纖捌塵，內前墾及節年開墾地伍拾伍頃肆拾伍畝貳分肆釐柒毫貳絲，該糧貳百柒拾柒石貳斗陸升貳合叁勺肆抄，該徵銀叁百柒兩玖錢陸分叁釐肆毫貳絲玖忽陸微肆纖叁塵伍渺。實在地壹百柒拾玖頃肆拾壹畝肆分肆釐伍毫貳絲，該徵糧捌百玖拾柒石柒升貳合貳勺陸抄，應徵銀壹千貳拾伍兩肆分叁釐壹毫柒絲壹忽捌微玖纖伍塵伍渺。

叁等中地玖千柒百捌拾捌頃壹拾畝壹分肆釐伍毫，每畝科糧肆升，共糧叁萬玖千壹百伍拾貳石肆斗伍合捌勺，共銀肆萬伍千肆百貳拾壹兩陸錢陸分陸毫肆絲壹忽壹微貳纖伍塵捌渺。順治捌年題明免過有主荒地陸百柒頃玖拾伍畝，應免糧貳千肆百叁拾壹石捌斗，該除銀貳千捌百叁拾陸兩叁錢肆分貳釐叁毫玖絲陸忽柒微陸纖，內前開墾並興屯及節年開墾、自首共地伍百肆拾叁頃貳拾壹畝肆分玖釐叁毫陸絲，該徵糧貳千壹百柒拾貳石捌斗伍升玖合柒勺陸抄肆撮，應徵銀貳千伍百壹拾柒兩柒分壹釐壹毫玖絲壹忽捌纖肆塵柒渺貳漠壹沙玖洙。實在地玖千柒百貳拾叁頃叁拾陸畝陸分叁釐捌毫陸絲，實徵糧叁萬捌千捌百玖拾叁石肆斗陸升伍合伍勺陸抄肆撮，實徵銀肆萬伍千壹百貳兩叁錢捌分玖釐肆毫叁絲伍忽肆微伍纖伍渺貳漠壹沙玖洙。

肆等下地壹百貳拾壹頃玖拾捌畝叁分，每畝科糧叁升，共糧叁百陸拾伍石玖斗肆升玖合，共銀肆百貳拾肆兩伍錢肆分陸釐叁毫伍絲捌忽。順治捌年題明免過有主荒地肆拾柒頃貳拾捌畝肆分，應免糧壹百肆拾壹石捌斗伍升貳合，該除銀壹百陸拾伍兩肆錢肆分玖釐捌毫捌微肆纖玖塵，內前開墾並節年開墾、自首共地肆拾壹頃貳拾伍畝玖分貳釐叁毫貳絲，該糧壹百貳拾叁石柒斗柒升柒合陸勺玖抄陸撮，應徵銀壹百肆拾叁兩伍錢捌分貳釐壹毫捌絲陸忽玖微捌纖貳塵叁渺叁漠捌洙。實在地壹百壹拾伍頃玖拾伍畝捌分貳釐叁毫貳絲，實徵糧叁百肆拾柒石捌斗柒升肆合陸勺玖抄陸撮，實徵銀肆百貳兩陸錢柒分捌釐柒毫肆絲肆忽壹微叁纖叁塵叁渺叁漠捌洙。

伍等下下地壹百捌拾肆頃柒拾畝玖分，每畝科糧貳升，共糧叁百陸拾玖石肆斗壹升捌合，共銀肆百貳拾捌兩伍錢柒分捌毫貳絲捌忽。

以上叁項共免過荒地柒百壹拾捌頃陸拾捌畝玖分貳毫，應免糧貳千捌百玖拾石玖斗貳升柒合捌抄，應免銀叁千叁百柒拾壹兩捌錢肆分柒釐陸毫壹絲肆忽伍纖柒塵，內前墾並節年開墾及自首共地陸百叁拾玖頃玖拾貳畝陸分陸釐肆毫，該糧貳千伍百柒拾叁石捌斗玖升玖合捌勺，該銀貳千玖百陸拾捌兩陸錢壹分陸釐捌毫柒忽柒微壹纖伍渺伍漠貳沙柒洙以增抵除，實免地柒拾捌頃柒拾陸畝貳分叁釐捌毫，應免糧叁百壹拾柒石貳升柒合貳勺捌抄，應免銀肆百叁兩貳錢叁分捌毫陸忽叁微肆纖陸塵肆渺肆漠柒沙叁洙。

又康熙捌年在於秦屬蠲免事案內，題明興屯、捏墾共地壹千伍百陸拾伍頃柒拾肆畝肆分叁釐叁毫，應免折色糧陸千貳百陸拾貳石玖斗柒升陸合陸勺，應免銀柒千貳百陸拾伍兩捌錢叁分壹釐捌毫陸絲伍忽玖微肆纖玖塵玖渺，內於乾隆貳拾叁年勸墾過地伍拾叁畝陸分叁釐壹毫貳絲伍忽，該糧壹石柒升貳合陸勺貳抄伍撮，該徵銀壹兩貳錢肆分肆釐叁毫柒絲捌忽肆微柒塵柒渺叁漠肆沙叁洙柒涯，實免地壹千伍百陸拾伍頃貳拾畝捌分壹毫柒絲伍忽，應免糧陸千貳百陸拾壹石玖斗叁合玖勺柒抄伍撮，應免銀柒千貳百陸拾肆兩伍錢捌分柒釐肆毫捌絲柒忽伍微肆纖貳塵壹渺陸漠伍沙陸洙叁涯。

以上貳項實應免地壹千陸百肆拾叁頃玖拾柒畝叁釐玖毫柒絲伍忽，應免折色糧陸千伍百柒拾捌石玖斗叁升壹合貳勺伍抄伍撮，應免折色銀柒千陸百陸拾柒兩捌錢壹分捌釐貳毫玖絲叁忽捌微捌纖捌塵陸渺壹漠貳沙玖洙叁涯。

實在地捌千陸百伍拾玖頃柒拾陸畝伍分伍毫貳絲伍忽，實徵糧叁萬肆千肆百叁拾玖石陸斗伍升壹合伍勺肆抄伍撮，該折徵銀叁萬玖千玖百壹拾捌兩捌錢叁分玖釐柒毫玖絲叁忽玖微叁纖柒塵壹渺捌漠柒沙柒涯遵照乾隆伍拾玖年奉准部咨令，將康熙年間易知由單內載：壹等水地每畝折徵銀壹錢肆釐肆毫壹絲壹忽壹微玖纖柒塵貳渺；貳等上地每畝折徵銀伍分柒釐壹毫叁絲貳忽陸微玖纖捌塵；叁等中地每畝折徵銀肆分陸釐叁毫捌絲伍忽伍微陸纖捌塵貳渺；肆等下地每畝折徵銀叁分肆釐柒毫貳絲陸忽壹微捌纖捌塵陸渺；伍等下下地每畝折徵銀貳分叁釐貳毫貳忽肆微捌纖柒塵伍渺，逐壹纂入書內，嗣後遇有墾豁，以便按畝增除。

又外增孤貧、租糧壹百叁拾壹石，每石折徵銀壹兩壹錢陸分壹毫貳絲肆忽叁微捌纖叁塵伍渺，共額徵銀壹百伍拾壹兩玖錢柒分陸釐貳毫玖絲肆忽叁微。

原額人丁叁門玖則不等，共折下下人丁肆萬壹千捌百肆拾柒丁，每丁徵銀玖分玖釐伍毫捌絲貳忽貳微捌纖叁塵貳渺，共銀肆千壹百陸拾柒兩壹錢陸分玖釐肆絲伍忽伍微捌纖肆塵，內除優免丁陸百貳拾丁，該共銀陸拾壹兩柒錢肆分壹釐壹絲伍忽伍微捌纖肆塵。

行差丁肆萬壹千貳百貳拾柒丁，共該徵銀肆千壹百伍兩肆錢貳分捌釐叁絲。

順治柒年題明免過逃亡丁貳萬貳千貳百叁拾貳丁，應除銀貳千貳百壹拾叁兩捌錢陸分貳釐伍毫陸絲，又節年招回並編審出丁壹百柒拾肆丁，該徵銀壹拾柒兩叁錢貳分柒釐貳毫貳絲玖忽捌微柒纖捌塵肆渺以增抵除，實豁免丁貳萬貳千伍拾捌丁，該銀貳千壹百玖拾陸兩伍錢叁分伍釐叁毫叁絲壹微貳纖壹塵陸渺。

實在丁壹萬玖千壹百陸拾玖丁，該徵銀壹千玖百捌兩捌錢玖分貳釐陸毫玖絲玖忽捌微柒纖捌塵肆渺。

康熙伍拾伍年起，至乾隆貳拾陸年止，編出丁壹百貳丁；乾隆叁拾壹年編審出丁壹拾貳丁；乾隆叁拾陸年編審出丁壹拾壹丁。共編審出丁壹百貳拾伍丁，欽遵康熙伍拾貳年叁月拾捌日恩詔，後遇編審之期，但據康熙伍拾年丁冊定為常額，永不加賦。

原額均徭銀貳千陸百捌拾肆兩伍錢叁分伍毫伍絲，內除荒銀肆百貳拾肆兩伍錢陸分伍釐肆毫陸絲陸忽陸纖壹渺叁漠肆洙壹涯，實徵銀貳千貳百伍拾玖兩玖錢陸分伍釐捌絲叁忽玖微叁纖玖塵捌渺陸漠玖沙伍洙玖涯係按前項水、上、中、下、下下伍等地畝科徵，水地每畝徵銀伍釐玖毫叁忽肆微柒纖捌塵玖渺玖漠；上地每畝徵銀叁釐貳毫柒絲玖忽柒微壹纖伍渺伍漠；中地每畝徵銀貳釐陸毫貳絲叁忽柒微陸纖捌塵肆渺肆漠；下地每畝徵銀壹釐玖毫陸絲柒忽捌微貳纖陸塵叁渺叁漠；下下地每畝徵銀壹釐叁毫壹絲壹忽捌微捌纖肆塵貳渺貳漠。

遇閏加銀貳百柒拾壹兩陸錢柒分叁釐柒毫貳絲捌忽，內除荒銀玖拾肆兩貳分陸毫陸忽捌微伍纖貳塵捌渺肆漠捌沙玖洙，實徵銀壹百柒拾柒兩陸錢伍分叁釐壹毫貳絲壹忽壹微肆纖柒塵壹渺伍漠壹沙壹洙。

又額外年例、盤纏銀壹拾貳兩。

停免銀伍拾玖兩伍錢陸分伍釐伍毫壹絲玖忽壹微玖纖叁塵陸渺。

匠價銀捌拾壹兩肆錢伍釐。遇閏加銀陸兩柒錢捌分叁釐柒毫伍絲。

軍籍銀伍百柒拾捌兩玖錢伍分捌釐捌毫貳絲捌忽捌微貳纖。

以上地、丁貳項並孤老、均徭及額外年例、停免、匠價、軍籍，除優免丁銀外，應徵銀伍萬伍千貳百陸拾兩伍錢貳分貳釐叁毫壹絲壹微叁纖玖塵肆渺，內除荒銀壹萬貳百捌拾捌兩玖錢壹分玖釐玖絲柒纖叁渺肆漠叁沙叁洙肆涯，實徵銀肆萬肆千玖百柒拾壹兩陸錢叁厘貳毫貳絲陸纖玖塵伍漠陸沙陸洙陸涯。

遇閏額徵銀貳百柒拾壹兩陸錢柒分叁釐柒毫貳絲捌忽，內除荒銀玖拾肆兩貳分陸毫陸忽捌微伍纖貳塵捌渺肆漠捌沙玖洙，實徵銀壹百柒拾柒兩陸錢伍分叁釐壹毫貳絲壹忽壹微肆纖柒塵壹渺伍漠壹沙壹洙。

額外匠價閏銀陸兩柒錢捌分叁釐柒毫伍絲。

貳項共銀壹百捌拾肆兩肆錢叁分陸釐捌毫柒絲壹忽壹微肆纖柒塵壹渺伍漠壹沙壹洙。

壹起運項下

原編起運糧草折價銀叁萬陸千玖百陸拾肆兩壹錢伍分玖釐陸毫捌絲貳忽壹微貳纖伍塵捌渺，內除荒銀伍千玖百玖拾兩柒錢玖分捌釐玖毫柒絲肆微伍纖捌塵壹渺，實起運銀叁萬玖百柒拾叁兩叁錢陸分柒毫壹絲壹忽陸微陸纖柒塵柒渺。

節裁藥味、軍器、毛襖、年例等項銀壹千伍百伍拾叁兩柒分捌釐捌毫伍絲，內除荒銀伍百玖拾貳兩玖錢叁分捌釐壹毫柒絲壹忽貳微伍纖肆塵伍漠叁洙，實起運銀玖百陸拾兩壹錢肆分陸毫柒絲捌忽柒微肆纖伍塵玖渺肆漠玖沙柒洙。

舊編存留，內順治玖年肆月會議裁扣各役工食銀貳百叁拾兩；拾貳年裁扣傘扇銀捌兩；拾肆年裁扣官生俸廩等項，除奉復孤貧口糧、布花外，止實裁銀貳百肆拾兩玖錢叁厘壹毫柒絲；拾伍年裁扣冗員銀伍拾柒兩玖錢貳分，遞馬、損轎夫叁分裁壹，銀貳百肆拾叁兩貳錢伍分捌釐叁毫貳絲壹忽伍微伍纖壹塵柒渺。康熙元年裁吏書工食銀壹百叁兩貳錢；叁年裁門斗、齋夫工食銀肆拾叁兩貳錢，襍費丁銀貳拾陸兩貳錢貳分貳釐貳毫；拾伍年裁心紅紙張、修理監倉、喂馬草料、芒神土牛、季考試卷、倉廒板蓆、洛河造船、科舉盤纏共銀壹百陸兩壹錢陸分陸釐柒毫；貳拾柒年裁歲貢、舉人盤纏、進士坊價、舉人花紅等項共銀伍拾肆兩柒錢柒分貳釐伍毫。雍正陸年裁燈夫工食銀貳拾肆兩；拾貳年裁民壯工食銀壹百伍拾兩。乾隆柒年裁民壯工食銀叁拾陸兩；玖年裁舖司工食銀壹百貳拾玖兩陸錢，舊編裁扣解部銀貳千叁百伍拾玖兩肆錢貳分陸釐伍毫叁絲，又奉裁縣丞俸工銀柒拾陸兩。

共裁歸起運銀叁千捌百捌拾捌兩陸錢陸分玖釐肆毫貳絲壹忽伍微伍纖壹塵柒渺，內除荒銀壹千貳百捌拾伍兩貳錢捌分玖釐陸毫伍忽貳纖壹塵壹渺捌漠陸沙柒洙，實起運銀貳千陸百叁兩叁錢柒分玖釐捌毫壹絲陸忽伍微叁纖伍渺壹漠叁沙叁洙。

又額外年例、盤纏銀壹拾貳兩。

停免銀伍拾玖兩伍錢陸分伍釐伍毫壹絲玖忽壹微玖纖叁塵陸渺。

匠價銀捌拾壹兩肆錢伍釐。

軍籍銀伍百柒拾捌兩玖錢伍分捌釐捌毫貳絲捌忽捌微貳纖。

以上實該起運銀叁萬伍千貳百陸拾捌兩捌錢壹分伍毫伍絲肆忽玖微伍纖柒塵柒渺陸漠叁沙。

又收存留內額協延屬並西安府屬、華陰等縣站支抵餉銀捌千貳百叁拾壹兩伍錢叁分貳釐捌毫壹絲玖忽陸微伍纖叁塵壹渺。

又收額協臨洮府慶平驛站抵餉銀壹百柒拾壹兩貳錢伍分捌釐貳毫捌絲叁忽叁微捌纖捌塵。

又收存留內驛遞之差使甚少等事案內，裁站銀貳百壹拾貳兩貳分玖釐肆毫肆絲貳忽伍微叁纖肆塵柒渺捌漠。

又收雍正伍年請倣以糧載丁之例等事案內，通省以糧均丁增銀肆千肆百壹拾壹兩貳錢肆分柒釐柒毫肆絲伍忽捌微伍纖肆塵。

共該起運銀肆萬捌千貳百玖拾肆兩捌錢柒分捌釐捌毫肆絲陸忽叁微捌纖柒塵陸渺肆漠叁沙，內留支加增撥補俸工銀肆百陸拾肆兩貳錢壹分陸釐柒毫陸絲柒忽柒微貳纖玖塵壹渺陸沙叁洙肆涯，實該起運銀肆萬柒千捌百叁拾兩陸錢陸分貳釐柒絲捌忽陸微伍纖捌塵伍渺叁漠陸沙陸洙陸涯。

外遇閏，玖年裁扣銀壹拾柒兩伍錢；拾肆年裁扣銀壹拾陸兩伍錢伍分肆釐捌毫陸絲玖忽；拾伍年裁扣銀肆兩捌錢貳分陸釐陸毫陸絲陸忽。康熙元年裁吏書工食捌兩陸錢；叁年裁門斗、齋夫工食銀叁兩陸錢；拾伍年裁心紅紙張、喂馬草料銀貳兩陸錢陸分陸釐陸毫柒絲。雍正陸年裁燈夫工食銀貳兩；拾貳年裁民壯工食銀壹拾貳兩伍錢。乾隆柒年裁民壯工食銀叁兩；玖年裁舖司工食銀壹拾兩捌錢，又奉裁縣丞各役工食銀叁兩，又裁各官閏俸銀壹拾貳兩叁錢叁分陸釐陸毫陸絲貳忽。

共裁歸起運銀玖拾柒兩叁錢捌分肆釐捌毫陸絲柒忽，內除荒銀叁拾叁兩柒錢壹分壹釐壹毫壹絲伍忽柒微柒塵陸渺陸漠柒沙陸洙伍涯，實徵銀陸拾叁兩陸錢柒分叁釐柒毫伍絲壹忽貳微玖纖貳塵叁渺叁漠貳沙叁洙伍涯。

又額外匠價銀陸兩柒錢捌分叁釐柒毫伍絲。

實該起運銀柒拾兩肆錢伍分柒釐伍毫壹忽貳微玖纖貳塵叁渺叁漠貳沙叁洙伍涯。

又收存留內驛遞之差使甚少等事案內，裁站銀貳拾捌兩肆錢玖釐柒毫叁絲壹忽叁微壹纖。

又於雍正伍年請做以糧載丁之例等事案內，通省以糧均丁增銀壹百伍拾陸兩貳錢玖分肆釐玖絲玖忽叁微陸纖伍塵貳渺。

共該起運銀貳百伍拾伍兩壹錢陸分壹釐叁毫叁絲壹忽玖微陸纖柒塵伍渺叁漠貳沙叁洙伍涯，內留支加增撥補工食銀貳拾貳兩貳錢伍分肆毫玖絲伍忽伍微柒纖陸塵玖渺叁漠壹沙貳洙伍涯，實該起運銀貳百叁拾貳兩玖錢壹分捌毫叁絲陸忽叁微玖纖壹渺壹沙壹洙。

壹存留項下

原編存留銀壹萬貳千壹百貳拾貳兩陸錢捌分伍釐捌忽肆微肆纖捌塵叁渺，內除荒銀貳千肆百壹拾玖兩捌錢玖分貳釐叁毫肆絲叁忽叁微叁纖柒塵陸沙叁洙肆涯，實徵銀玖千柒百貳兩柒錢玖分貳釐陸毫陸絲伍忽壹微壹纖壹塵貳渺玖漠叁沙陸洙陸涯。

壹俸工項下

知縣壹員，俸薪銀肆拾伍兩，內除荒銀壹拾伍兩肆錢柒分陸釐伍毫玖絲柒忽陸微叁纖伍塵伍渺，實徵銀貳拾玖兩伍錢貳分叁釐肆毫貳忽叁微陸纖肆塵伍渺，內均攤銀伍兩貳錢陸分伍釐陸毫叁絲叁忽陸微捌纖壹塵即留抵各員役俸工訖。

典史壹員，俸薪銀叁拾壹兩伍錢貳分，內除荒撥補銀壹拾兩捌錢肆分肆毫玖絲伍忽陸微玖纖陸塵柒渺，實徵銀貳拾兩陸錢柒分玖釐伍毫肆忽叁微叁塵叁渺。

教諭、訓導貳員，俸薪銀叁拾壹兩伍錢貳分，內除荒撥補銀壹拾兩捌錢肆分肆毫玖絲伍忽陸微玖纖陸塵柒渺，實徵銀貳拾兩陸錢柒分玖釐伍毫肆忽叁微叁塵叁渺。外撥補全俸銀肆拾捌兩肆錢捌分。

知縣衙門

門子貳名，每名歲支工食銀陸兩，共支銀壹拾貳兩，內除荒撥補銀肆兩壹錢貳分柒釐玖絲貳忽壹微貳塵捌渺，實徵支銀柒兩捌錢柒分貳釐玖毫柒忽捌微玖纖柒塵貳渺。遇閏加銀壹兩，內除荒銀叁錢肆分陸釐捌毫陸絲捌忽伍微玖纖壹塵玖渺，實徵支銀陸錢伍分叁釐壹毫叁絲壹忽肆微捌塵壹渺。

皂隸、仵作壹拾陸名，每名歲支工食銀陸兩，共支銀玖拾陸兩，內除荒撥補銀叁拾叁兩壹分陸釐柒毫叁絲玖忽捌微貳纖貳塵肆渺，實徵支銀陸拾貳兩玖錢捌分叁釐貳毫陸絲壹微柒纖柒塵陸渺。遇閏加銀捌兩，內除荒銀貳兩柒錢柒分肆釐玖毫肆絲捌忽柒微叁纖伍塵貳渺，實徵支銀伍兩貳錢貳分伍釐伍絲壹忽貳微陸纖肆塵捌渺。

馬快捌名，每名歲支工食草料銀壹拾陸兩捌錢，共支銀壹百叁拾肆兩肆錢，內除荒撥補銀肆拾陸兩貳錢貳分叁釐肆毫叁絲伍忽叁微伍纖壹塵肆渺，實徵支銀捌拾捌兩壹錢柒分陸釐伍毫陸絲肆忽陸微肆纖捌塵陸渺。遇閏加銀壹拾壹兩貳錢，內除荒銀叁兩捌錢捌分肆釐玖毫貳絲捌忽貳纖玖塵肆渺，實徵支銀柒兩叁錢壹分伍釐柒絲壹忽玖微柒纖陸渺。

民壯壹拾玖名，每名歲支工食銀陸兩，共支銀壹百壹拾肆兩，內除荒撥補銀叁拾玖兩貳錢柒釐叁毫柒絲捌忽玖微柒纖陸塵陸渺，實徵支銀柒拾肆兩柒錢玖分貳釐陸毫貳絲壹忽貳纖叁塵肆渺。遇閏加銀玖兩伍錢，內除荒銀叁兩貳錢玖分伍釐貳毫伍絲貳忽壹微貳纖叁塵伍漠，實徵支銀陸兩貳錢肆釐柒毫肆絲柒忽捌微柒纖陸塵玖渺伍漠。

看監禁子捌名，每名歲支工食銀陸兩，共支銀肆拾捌兩，內除荒撥補銀壹拾陸兩伍錢捌釐叁毫柒絲肆微壹纖壹塵貳渺，實徵支銀叁拾壹兩肆錢玖分壹釐陸毫貳絲玖忽伍微捌纖捌塵捌渺。外加增銀壹拾陸兩。遇閏加銀肆兩，內除荒銀壹兩叁錢捌分柒釐肆毫柒絲肆忽叁微陸纖柒塵陸渺，實徵支銀貳兩陸錢壹分貳釐伍毫貳絲伍忽陸微叁纖貳塵肆渺。

轎傘扇夫柒名，每名歲支工食銀陸兩，共支銀肆拾貳兩，內除荒撥補銀壹拾肆兩肆錢肆分肆釐捌毫貳絲叁忽捌微伍纖玖塵捌渺，實徵支銀貳拾柒兩伍錢伍分伍釐壹毫柒絲陸忽壹微肆纖貳渺。遇閏加銀叁兩伍錢，內除荒銀壹兩貳錢壹分肆釐肆絲柒纖壹塵柒渺，實徵支銀貳兩貳錢捌分伍釐玖毫伍絲玖忽玖微貳纖捌塵叁渺。

庫子肆名，每名歲支工食銀陸兩，共支銀貳拾肆兩，內除荒撥補銀捌兩貳錢伍分肆釐壹毫捌絲伍忽貳微伍塵陸渺，實徵支銀壹拾伍兩柒錢肆分伍釐捌毫壹絲肆忽柒微玖纖肆塵肆渺。遇閏加銀貳兩，內除荒銀陸錢玖分叁釐柒毫叁絲柒忽壹微捌纖叁塵捌渺，實徵支銀壹兩叁錢陸釐貳毫陸絲貳忽捌微壹纖陸塵貳渺。

斗級肆名，每名歲支工食銀陸兩，共支銀貳拾肆兩，內除荒撥補銀捌兩貳錢伍分肆釐壹毫捌絲伍忽貳微伍塵陸渺，實徵支銀壹拾伍兩柒錢肆分伍釐捌毫壹絲肆忽柒微玖纖肆塵肆渺。遇閏加銀貳兩，內除荒銀陸錢玖分叁釐柒毫叁絲柒忽壹微捌纖叁塵捌渺，實徵支銀壹兩叁錢陸釐貳毫陸絲貳忽捌微壹纖陸塵貳渺。

永豐倉斗級壹名，歲支工食銀壹拾兩陸錢陸分陸釐陸毫，內除荒撥補銀叁兩柒錢叁分叁釐貳毫貳忽叁微貳纖陸塵玖渺，實徵支銀陸兩玖錢叁分叁釐叁毫玖絲柒忽陸微柒纖叁塵壹渺。遇閏加銀捌錢捌分捌釐捌毫捌絲，內除荒銀叁錢柒釐壹毫柒絲陸忽伍微貳纖柒塵玖渺，實徵支銀伍錢捌分壹釐柒毫叁忽肆微柒纖貳塵壹渺。

鐘皷夫伍名，每名歲支工食銀貳兩肆錢，共支銀壹拾貳兩，內除荒撥補銀肆兩壹錢玖分玖釐捌毫柒絲捌忽壹微貳塵捌渺，實徵支銀柒兩捌錢壹毫貳絲壹忽捌微玖纖柒塵貳渺。遇閏加銀壹兩，內除荒銀叁錢肆分伍釐伍毫柒絲陸忽伍微玖纖壹塵玖渺，實徵支銀陸錢伍分肆釐肆毫貳絲叁忽肆微捌塵壹渺。

各舖司兵貳拾壹名，每名歲支工食銀肆兩捌錢，共支銀壹百兩捌錢，內撥支西鄉縣貳名，其工食正閏銀兩，俱由縣解司支領，內除荒銀叁拾伍兩貳錢柒分捌釐玖毫捌絲柒微壹塵壹渺陸沙叁洙肆涯，實徵支銀陸拾伍兩伍錢貳分壹釐壹絲玖忽貳微玖纖捌塵捌渺玖漠叁沙陸洙陸涯。外加增撥補銀陸拾兩肆錢捌分叁毫貳絲貳忽陸纖陸塵捌渺陸沙叁洙肆涯。遇閏加銀捌兩肆錢，內除荒銀貳兩玖錢貳釐捌毫肆絲陸忽捌纖肆塵伍渺叁漠壹沙貳洙伍涯，實徵支銀伍兩肆錢玖分柒釐壹毫伍絲叁忽玖微壹纖伍塵肆渺陸漠捌沙柒洙伍涯。外加增銀伍兩貳釐捌毫肆絲陸忽捌纖肆塵伍渺叁漠壹沙貳洙伍涯。

支洛河渡口水夫貳名，每名歲支工食銀叁兩陸錢，共支銀柒兩貳錢，內除荒撥補銀貳兩伍錢壹分玖釐玖毫貳絲陸忽陸微陸纖壹塵柒渺，實徵支銀肆兩陸錢捌分柒絲叁忽叁微叁纖捌塵叁渺。遇閏加銀陸錢，內除荒銀貳錢柒釐叁毫肆絲伍微伍纖伍塵貳渺，實徵支銀叁錢玖分貳釐陸毫伍絲玖忽肆微肆纖肆塵捌渺。

典史衙門

門子壹名，歲支工食銀陸兩，內除荒撥補銀貳兩陸分叁釐伍毫肆絲陸忽伍微伍纖壹塵肆渺，實徵支銀叁兩玖錢叁分陸釐肆毫伍絲叁忽肆微肆纖捌塵陸渺。遇閏加銀伍錢，內除荒銀壹錢柒分叁釐肆毫叁絲肆忽貳微玖纖伍塵玖渺，實徵支銀叁錢貳分陸釐伍毫陸絲伍忽柒微肆塵壹渺。

皂隸肆名，每名歲支工食銀陸兩，共支銀貳拾肆兩，內除荒撥補銀捌兩貳錢伍分肆釐壹毫捌絲伍忽貳微伍塵陸渺，實徵支銀壹拾伍兩柒錢肆分伍釐捌毫壹絲肆忽柒微玖纖肆塵肆渺。遇閏加銀貳兩，內除荒銀陸錢玖分叁釐柒毫叁絲柒忽壹微捌纖叁塵捌渺，實徵支銀壹兩叁錢陸釐貳毫陸絲貳忽捌微壹纖陸塵貳渺。

馬夫壹名，歲支工食銀陸兩，內除荒撥補銀貳兩陸分叁釐伍毫肆絲陸忽伍微伍纖壹塵肆渺，實徵支銀叁兩玖錢叁分陸釐肆毫伍絲叁忽肆微肆纖捌塵陸渺。遇閏加銀伍錢，內除荒銀壹錢柒分叁釐肆毫叁絲肆忽貳微玖纖伍塵玖渺，實徵支銀叁錢貳分陸釐伍毫陸絲伍忽柒微肆塵壹渺。

教職衙門

齋夫叁名，每名歲支工食銀壹拾貳兩，共支銀叁拾陸兩，內除荒撥補銀壹拾貳兩肆錢叁分捌釐捌毫伍絲捌忽叁微捌塵肆渺，實徵支銀貳拾叁兩伍錢陸分壹釐壹毫肆絲壹忽陸微玖纖壹塵陸渺。遇閏加銀叁兩，內除荒銀壹兩叁分陸釐陸毫柒絲壹忽柒微柒纖伍塵柒渺，實徵支銀壹兩玖錢陸分叁釐叁毫貳絲捌忽貳微貳纖肆塵叁渺。

膳夫貳名，額支工食銀壹拾叁兩叁錢叁分叁釐叁毫叁絲，內除荒撥補銀肆兩伍錢貳分捌釐柒絲捌忽伍微玖纖捌塵玖渺，實徵支銀捌兩捌錢伍釐貳毫伍絲壹忽肆微壹塵壹渺係廪生支領。遇閏加銀壹兩壹錢壹分壹釐壹毫，內除荒撥補銀叁錢捌分玖釐叁毫貳絲柒忽壹微貳纖玖塵貳渺，實徵支銀柒錢貳分壹釐柒毫柒絲貳忽捌微柒纖捌渺。

門斗貳名，每名歲支工食銀柒兩貳錢，共支銀壹拾肆兩肆錢，內除荒撥補銀肆兩玖錢伍分貳釐伍毫壹絲壹忽叁微貳纖叁塵肆渺，實徵支銀玖兩肆錢肆分柒釐肆毫捌絲捌忽陸微柒纖陸塵陸渺。遇閏加銀壹兩貳錢，內除荒銀肆錢壹分陸釐貳毫肆絲貳忽壹微壹纖肆渺，實徵支銀柒錢捌分叁釐柒毫伍絲柒忽捌微捌纖玖塵陸渺。

廪生貳拾名，每名歲支月糧銀叁兩貳錢，共支銀陸拾肆兩，內除荒撥補銀貳拾貳兩壹錢壹分捌毫貳絲貳忽陸微壹纖肆渺，實徵支銀肆拾壹兩捌錢捌分玖釐壹毫柒絲柒忽叁微捌纖玖塵陸渺。遇閏加銀伍兩叁錢叁分叁釐叁毫叁絲，內除荒撥補銀壹兩捌錢伍分捌釐叁毫貳絲貳忽叁微陸纖叁塵貳渺，實徵支銀叁兩肆錢柒分伍釐柒忽陸微叁纖陸塵捌渺。

以上俸工項下，除廪生、膳夫貳欵照常支發外，其餘官役俸工於道光貳拾叁年奉文，均以貳兩平支放，每兩減平銀陸分，其減平銀兩，每年批解部庫交納，理合登明。

一祭祀項下

雜支春秋貳季祭祀文廟及各壇祠并無祀鬼魂品物等項共銀玖拾叁兩，內除荒銀叁拾貳兩伍錢肆分捌釐玖毫伍絲玖忽肆纖陸塵柒渺，實徵支銀陸拾兩肆錢伍分壹釐肆絲玖微伍纖叁塵叁渺。

外均攤撥補銀壹拾貳兩玖錢壹釐肆毫柒絲玖忽玖微貳纖伍渺肆漠伍沙陸涯。

祭旗纛並犒賞民壯銀肆兩捌錢，內除荒銀壹兩陸錢柒分玖釐玖毫伍絲壹忽肆微肆纖壹塵叁渺，實徵支銀叁兩壹錢貳分肆絲捌忽伍微伍纖捌塵柒渺。

鄉飲銀伍兩，內除荒銀壹兩柒錢肆分玖釐玖毫肆絲肆忽肆微壹纖玖塵，實徵支銀叁兩貳錢伍分伍絲伍忽伍微捌纖壹塵。

以上鄉飲壹欵於道光貳拾叁年奉文裁汰，其徵收銀兩，每年批解部庫交納，理合登明。

一孤貧項下

孤貧伍拾名口，共支口糧銀壹百肆拾肆兩，內除荒銀肆拾玖兩玖錢叁分捌釐肆毫肆忽伍微叁纖陸塵捌渺，實徵支銀玖拾肆兩陸分壹釐伍毫玖絲伍忽肆微陸纖叁塵貳渺。外加增撥補銀捌拾伍兩玖錢肆分叁毫貳絲柒微柒纖叁塵陸渺。遇閏加增銀壹拾伍兩。

孤貧布花銀貳拾伍兩，內除荒銀捌兩陸錢柒分陸毫玖絲陸忽陸微伍纖伍塵叁渺，實徵支銀壹拾陸兩叁錢貳分玖釐叁毫叁忽叁微肆纖肆塵柒渺。

一驛站項下

潼關驛站銀捌百叁拾叁兩伍錢壹分玖釐捌毫陸絲；潼關所站銀陸百陸拾貳兩叁分叁釐陸毫柒絲；潼津驛站銀壹千壹拾貳兩陸分柒釐貳毫伍絲；華陰所站銀陸百捌拾玖兩肆錢玖分玖毫壹絲；威盛驛站銀叁拾壹兩玖錢柒分叁釐捌毫伍忽玖微貳纖貳塵；羅汶所站銀陸百壹拾伍兩伍錢叁分肆釐貳毫捌絲玖忽；渭水驛站銀壹千柒拾叁兩柒錢捌分玖釐叁毫陸絲；白渠驛站銀柒百貳拾肆兩柒錢捌釐玖毫肆絲捌忽壹微壹纖；底張驛站銀玖百陸拾叁兩貳錢玖釐伍毫壹絲叁忽貳微肆纖；底張所站銀柒百壹拾叁兩玖錢叁分玖毫貳絲；乾州所站銀壹百玖拾叁兩肆錢叁分壹毫貳絲肆忽伍微伍纖；新平驛站銀肆百柒拾捌兩伍錢叁分叁釐捌毫捌絲貳忽貳纖柒塵；華山驛站銀肆百柒拾捌兩伍錢叁分叁釐捌毫捌絲貳忽貳微貳纖柒塵伍渺；停口所站銀壹百陸拾捌兩貳錢陸分壹釐貳毫壹絲陸忽肆微伍塵；咸陽所站銀陸百玖拾叁兩玖錢捌分肆釐壹毫叁絲肆忽貳微柒纖肆塵；漆水驛站銀壹兩貳錢捌分貳釐陸毫伍絲柒忽伍微；馬草銀叁錢陸分壹釐伍毫肆絲伍忽伍微柒纖陸塵；潼關驛支直銀叁拾壹兩伍錢壹分伍釐玖毫；潼津驛支直銀壹百貳拾伍兩肆錢伍分叁釐肆毫；華山驛支直銀壹百貳拾伍兩肆錢伍分伍釐捌毫陸絲貳忽伍渺；薪豐驛支直銀壹百叁拾壹兩陸錢陸分伍釐伍毫柒忽貳微伍纖捌

塵；底張驛支直銀貳拾伍兩肆錢柒分叁釐叁毫陸絲壹忽玖微壹纖；京兆驛支直銀肆兩陸錢陸分捌釐；宜祿驛改兌臨洮府站銀壹拾壹兩柒錢玖分捌釐柒毫，議裁僻路舖兵工食改兌臨洮府站銀伍拾柒兩柒錢捌分；議裁織造局夫匠抵京兆驛站銀貳拾陸兩壹錢捌分。

以上共銀玖千捌百柒拾肆兩陸錢叁分陸釐柒毫，內除荒銀壹千伍百捌拾叁兩柒錢壹分柒釐捌毫玖絲叁忽捌微貳纖陸塵伍渺，實徵銀捌千貳百玖拾兩玖錢壹分捌釐捌毫陸忽壹微柒纖叁塵伍渺，內除額協西、延貳府屬、華陰等縣驛站並臨洮府屬平慶驛站支抵餉銀捌千貳百捌拾柒兩壹錢貳釐柒毫陸絲柒忽柒微柒渺，實支銀叁兩捌錢壹分陸釐叁絲捌忽肆微柒纖貳塵捌渺。

走遞僱募摃轎夫伍拾叁名，額支工食銀肆百捌拾伍兩肆錢捌釐叁毫柒絲捌忽肆微肆纖捌塵叁渺；走遞馬騾貳拾叁匹頭，工食草料銀伍百玖拾肆兩。共銀壹千柒拾玖兩肆錢捌釐叁毫柒絲捌忽肆微肆纖捌塵叁渺，內除荒銀肆百叁拾貳兩貳錢肆分玖釐壹毫伍絲陸忽伍微伍塵壹渺，實徵銀陸百肆拾柒兩壹錢伍分玖釐貳毫貳絲壹忽玖微肆纖叁塵貳渺，內除額協延屬文安等驛站支抵餉並驛遞之差使甚少等事案內，共裁銀叁百貳拾柒兩柒錢壹分柒釐柒毫柒絲柒忽捌微柒纖伍塵壹渺捌漠，實支銀叁百壹拾玖兩肆錢肆分壹釐肆毫肆絲肆忽陸纖捌塵貳漠。

遇閏加銀壹百捌兩伍錢伍分伍釐伍毫伍絲，內除荒銀叁拾柒兩伍錢壹分肆釐叁毫玖絲肆忽玖微肆纖伍塵壹渺，實徵銀柒拾壹兩肆分壹釐壹毫伍絲伍忽伍纖肆塵玖渺，內除驛遞之差使甚少等事案內，裁銀貳拾捌兩肆錢玖釐柒毫叁絲壹忽叁微壹纖，實支銀肆拾貳兩陸錢叁分壹釐肆毫貳絲叁忽柒微肆纖肆塵玖渺。

以上存留實徵共銀玖千柒百貳兩柒錢玖分貳釐陸毫陸絲伍忽壹微壹纖壹塵貳渺玖漠叁沙陸洙陸涯，內除額協延屬並西安府屬、華陰等縣站支抵餉銀捌千貳百叁拾壹兩伍錢叁分貳釐捌毫壹絲玖忽陸微伍纖叁塵壹渺；又除額協臨洮府慶平驛站抵餉銀壹百柒拾壹兩貳錢伍分捌釐貳毫捌絲叁忽叁微捌纖捌塵；又除驛遞之差使甚少等事案內，裁站銀貳百壹拾貳兩貳分玖釐肆毫肆絲貳忽伍微叁纖肆塵柒渺捌漠。實該銀壹千捌拾柒兩玖錢柒分貳釐壹毫壹絲玖忽伍微叁纖伍塵肆渺壹漠叁沙陸洙陸涯。

外加增撥補，除知縣攤俸留抵外，實該銀肆百陸拾肆兩貳錢壹分陸釐柒毫陸絲柒忽柒微貳纖玖塵壹渺陸沙叁洙肆涯。

共該銀壹千伍百伍拾貳兩壹錢捌分捌釐捌毫捌絲柒忽貳微陸纖肆塵伍渺貳漠於乾隆伍拾貳年奉文，全數解司，一切支欵，俱由司按季領支，嗣於嘉慶伍年奉文，在縣留支，並不解司，按季請領。

外西安布政司庫領支均攤祭祀銀壹拾貳兩玖錢壹釐肆毫柒絲玖忽玖微貳塵伍渺肆漠伍沙陸涯係動支各屬解到耗羨銀兩。

遇閏加銀壹百捌拾陸兩陸錢貳分伍釐伍毫貳絲叁忽，內除奉裁各官閏俸銀壹拾貳兩叁錢叁分陸釐陸毫陸絲貳忽，止該銀壹百柒拾肆兩貳錢捌分捌釐捌毫陸絲壹忽，內除荒銀陸拾兩叁錢玖釐肆毫玖絲壹忽壹微肆纖伍塵壹渺捌漠壹沙貳洙伍涯，實徵銀壹百壹拾叁兩玖錢柒分玖釐叁毫陸絲玖忽捌微伍纖肆塵捌渺壹漠捌沙柒洙伍涯，內除驛遞之差使甚少等事案內，裁銀貳拾捌兩肆錢玖釐柒毫叁絲壹忽叁微壹纖，實該銀捌拾伍兩伍錢陸分玖釐陸毫叁絲捌忽伍微肆纖肆塵捌渺壹漠捌沙柒洙伍涯。

外加增撥補舖司等項工食銀貳拾貳兩貳錢伍分肆毫玖絲伍忽伍微柒纖陸塵玖渺叁漠壹沙貳洙伍涯。

共該銀壹百柒兩捌錢貳分壹毫叁絲肆忽壹微貳纖壹塵柒渺伍漠於乾隆伍拾貳年奉文，全數解司，一切支欵，俱由司按季領支，嗣於嘉慶伍年奉文，在縣留支，並不解司，按季請領。

一額外

課程銀貳拾伍兩肆錢叁分係舖戶出辦。遇閏加銀貳兩壹錢壹分玖釐壹毫陸絲陸忽陸微陸纖。

畜稅銀叁拾捌兩叁錢肆分係買騾馬出辦，原無定額，儘收儘解。

當稅銀壹百伍拾兩係典舖出辦，共典舖叁拾座，每座每年當稅銀伍兩。

牙稅銀叁拾捌兩柒錢叁分上帖牙人肆拾捌名，每名原額銀捌錢，共銀叁拾捌兩肆錢；下帖牙人壹名，納稅銀叁錢叁分。

地稅銀壹百壹拾玖兩貳錢貳分係買房地業戶出辦，原無定額，儘收儘解。

榆林府屬：葭州、府谷、神木

原額通融折正壹等地壹千捌百柒拾叁頃叁拾柒畝叁分玖釐肆絲，各地徵糧不等，共額徵本折糧壹萬叁百捌拾貳石肆斗捌升玖合叁勺壹抄肆撮，內本色糧捌千柒百貳拾捌石伍斗肆升伍合肆勺叁抄伍撮，內除抛荒召佃減納糧柒拾陸石肆斗貳升玖合貳勺柒撮，止該折征本色糧捌千陸百伍拾貳石壹斗壹升陸合貳勺貳抄捌撮，折色糧壹千陸百伍拾叁石玖斗肆升叁合捌勺柒抄玖撮，各徵銀不等，共徵銀陸千柒百伍拾玖兩陸錢叁分伍釐捌毫玖絲陸忽柒微，內：

順治柒、捌、拾壹叁年及乾隆貳年題明免過無主、有主、續荒、自首共地壹千壹百陸拾壹頃肆拾玖畝叁分柒釐，應免本折糧陸千玖百貳拾叁石陸斗壹升陸合陸勺陸抄捌撮肆圭貳粟壹粒貳顆柒糠，內前墾並興屯及節年自首、開墾共地伍百叁拾伍頃肆拾捌畝陸分柒釐柒毫，該徵糧貳千捌百玖拾叁石捌斗柒合叁勺玖撮陸圭柒粟叁粒捌顆柒糠陸粃。實豁免地陸百貳拾陸頃陸分玖釐叁毫，應免糧肆千貳拾玖石捌斗玖合叁勺伍抄捌撮柒圭肆粟柒粒叁顆玖糠肆粃，內實應免本色起運糧貳千陸百貳拾壹石叁斗貳升伍合伍勺陸抄玖撮玖圭玖粟捌粒壹糠柒粃貳粇，實應免本色官學倉糧肆百捌拾柒石壹斗陸升陸合肆勺陸抄貳撮伍圭捌粒柒顆貳糠肆粃捌粇，每石各徵銀不等，共該銀叁百柒拾叁兩陸錢叁分捌釐叁毫陸絲伍忽玖微陸纖叁渺陸漠捌沙肆洙，實應免折色糧玖百貳拾壹石叁斗壹升柒合叁勺貳抄陸撮貳圭肆粟陸顆伍糠貳粃，該除銀貳千柒百叁拾貳兩捌錢叁分伍釐捌毫玖絲柒忽叁微壹塵壹渺壹漠肆沙貳洙。

實在地壹千貳百肆拾柒頃叁拾陸畝陸分玖釐柒毫肆絲，該本折糧陸千貳百柒拾陸石貳斗伍升柒勺肆抄捌撮貳圭伍粟貳粒陸顆陸粃，實徵本色起運草叁千貳百壹拾柒束捌觔壹拾叁兩捌錢。

又於乾隆拾叁年題明葭州改收吴堡縣地貳頃叁拾玖畝叁分貳毫，該本折糧壹拾石肆斗伍升陸合叁勺玖抄玖撮玖圭陸粟玖粒捌顆肆糠捌粃，該本色糧伍石陸斗壹升貳合叁勺捌抄陸撮陸圭陸粟柒粒叁顆貳糠捌粃，該折色糧貳石伍斗肆升壹合肆勺肆抄玖撮肆圭伍粟捌粒伍顆貳糠，應折徵銀柒兩伍錢壹分肆釐貳毫叁絲捌忽柒微伍纖叁塵壹渺壹漠叁沙肆洙，該官學倉糧貳石叁斗貳合伍勺陸抄叁撮捌圭肆粟肆粒，應折徵銀壹兩叁錢捌分壹釐肆毫柒絲玖忽柒微玖纖柒塵陸漠壹沙，該本色草壹拾壹束伍觔肆兩陸錢。

共實在地壹千貳百肆拾玖頃柒拾伍畝玖分玖釐玖毫肆絲，該本折糧陸千貳百捌拾陸石柒斗柒合壹勺肆抄捌撮貳圭貳粟貳粒肆顆伍糠肆粃，內實徵本色起運糧肆千叁百捌拾陸石叁斗伍升壹合肆勺壹抄陸撮陸圭陸粟玖粒叁顆壹糠捌粺，實徵本色官學倉糧壹千壹百陸拾伍石壹斗捌升柒合柒勺貳抄玖撮叁圭叁粟伍粒貳顆柒糠伍粃貳粺，每石各徵銀不等，共折徵銀柒百伍拾捌兩肆錢玖分壹釐捌毫捌絲陸忽陸微叁纖陸塵陸渺玖漠貳沙陸洙，實徵折色糧柒百叁拾伍石壹斗陸升捌合貳撮貳圭壹粟柒粒捌顆陸糠捌粃，該折徵銀肆千叁拾肆兩叁錢壹分肆釐貳毫叁絲捌忽壹微伍纖壹塵玖渺玖漠玖沙貳洙，實徵本色起運草叁千貳百貳拾捌束壹拾肆觔貳兩肆錢。

原額人丁叁門玖則不等，共折下下人丁貳萬捌千伍百陸丁，各徵銀不等，共徵銀柒千肆百玖拾叁兩玖錢玖分肆釐貳毫捌絲伍忽貳微陸纖陸塵，內除優免丁柒百伍拾叁丁，應免銀貳百玖拾叁兩伍錢玖分肆釐貳毫捌絲伍忽貳微陸纖陸塵。

行差丁貳萬柒千柒百伍拾叁丁，該徵銀柒千貳百兩肆錢，內：

順治柒年並拾壹年題明免過逃亡、續亡共丁貳萬貳百捌拾柒丁，應除銀伍千玖百肆拾叁兩伍錢玖分伍釐捌毫肆絲，內前招回並節年清查及編審出共丁貳千壹百柒拾丁，該徵銀捌百玖拾壹兩壹錢壹分貳釐陸毫壹絲玖忽叁微叁纖伍塵，以增抵除，實豁免丁壹萬捌千壹百壹拾柒丁，該除銀伍千伍拾貳兩肆錢捌分叁釐貳毫貳絲陸微陸纖伍塵。

實在行差丁玖千陸百叁拾陸丁，該徵銀貳千壹百肆拾柒兩玖錢壹分陸釐柒毫柒絲玖忽叁微叁纖伍塵，於雍正伍年攤入地糧內徵解。

康熙伍拾伍年起，至乾隆貳拾陸年止，編審出丁壹百壹拾叁丁；乾隆叁拾壹年編審出丁壹拾叁丁；乾隆叁拾陸年編審出丁壹拾伍丁。共編審出丁壹百肆拾壹丁，欽遵康熙伍拾貳年叁月拾捌日恩詔，後遇編審之期，但據康熙伍拾年丁冊定為常額，永不加賦。

外遇閏加徵銀肆百捌拾柒兩叁錢貳分柒釐玖毫壹絲柒忽，內除荒銀叁百叁兩陸錢玖分伍毫柒絲肆忽伍微玖纖叁渺叁漠，實徵銀壹百捌拾叁兩陸錢叁分柒釐叁毫肆絲貳忽肆微玖塵陸渺柒漠。

外又葭州接收吴堡縣地畝應徵均徭銀陸錢柒分肆釐玖毫伍忽陸微伍纖陸塵叁渺肆漠叁沙玖涯。

額外徵收匠價銀壹拾柒兩柒錢貳分壹釐，遇閏加銀壹兩肆錢肆分叁釐柒毫伍絲。

停免銀玖拾肆兩壹錢捌分柒釐伍毫壹絲捌忽玖微玖纖。

又協濟延安府儒學廪生月糧叁分復壹外，實裁充餉銀玖兩陸錢，內除荒銀壹兩肆錢捌分捌釐柒毫貳絲陸忽陸微捌纖肆塵柒渺玖漠，實徵銀捌兩壹錢壹分壹釐貳毫柒絲叁忽叁微壹纖伍塵貳渺壹漠。

外遇閏又裁銀捌錢，內除荒銀壹錢貳分肆釐肆絲伍忽陸微柒纖叁塵柒渺，實徵銀陸錢柒分伍釐玖毫伍絲肆忽叁微貳纖陸塵叁渺以上額外正閏伍項攤入地糧內徵解。

以上地、丁貳項並改收均徭及額外匠價、停免、協濟廪生等項，除優免丁銀外，共額徵銀壹萬伍千貳百壹拾貳兩貳錢玖分叁釐壹毫捌絲捌忽肆微玖纖，內除荒銀捌千壹百陸拾兩肆錢肆分陸釐貳毫壹絲陸微壹纖壹塵貳渺柒漠貳沙陸洙，實徵銀柒千伍拾壹兩捌錢肆分陸釐玖毫柒絲柒忽捌微柒纖捌塵柒渺貳漠柒沙肆洙。

外葭州接收吴堡改隸銀玖兩伍錢柒分陸毫貳絲肆忽貳微陸塵伍渺壹漠柒沙肆洙玖涯。

額徵本色起運糧柒千貳石陸升肆合陸勺，內除荒糧貳千陸百貳拾壹石叁斗貳升伍合伍勺陸抄玖撮玖圭玖粟捌粒壹糠柒粃貳粺，實徵糧肆千叁百捌拾石柒斗叁升玖合叁抄壹粒玖顆捌糠貳粃捌粺。

外葭州接收吴堡縣改隸起運本色糧伍石陸斗壹升貳合叁勺捌抄陸撮陸圭陸粟柒粒叁顆貳糠捌粃。

應徵草叁千貳百壹拾柒束捌觔壹拾叁兩捌錢。外葭州接收吴堡縣改隸起運本色草壹拾壹束伍觔肆兩陸錢。

外遇閏加徵銀肆百捌拾柒兩叁錢貳分柒釐玖毫壹絲柒忽，內除荒銀叁百叁兩陸錢玖分伍毫柒絲肆忽伍微玖纖叁渺叁漠，實徵銀壹百捌拾叁兩陸錢叁分柒釐叁毫肆絲貳忽肆微玖塵陸渺柒漠。

又匠價閏銀壹兩肆錢肆分叁釐柒毫伍絲。

協濟延安府廩生閏月充餉銀捌錢，內除荒銀壹錢貳分肆釐肆絲伍忽陸微柒纖叁塵柒渺，實徵銀陸錢柒分伍釐玖毫伍絲肆忽叁微貳纖陸塵叁渺。

叁項共實徵閏銀壹百捌拾伍兩柒錢伍分柒釐肆絲陸忽柒微叁纖伍塵玖渺柒漠。

壹起運項下

原額起運糧柒千貳石陸斗肆合陸勺，內除荒糧貳千陸百貳拾壹石叁斗貳升伍合伍勺陸抄玖撮玖圭玖粟捌粒壹糠柒粃貳粄，實起運糧肆千叁百捌拾石柒斗叁升玖合叁抄壹粒玖顆捌糠貳粃捌粄。

外葭州接收吴堡縣改隸起運本色糧伍石陸斗壹升貳合叁勺捌抄陸撮陸圭陸粟柒粒叁顆貳糠捌粃。

應徵本色起運草叁千貳百壹拾柒束捌觔壹拾叁兩捌錢。

外葭州接收吴堡縣改隸起運本色草壹拾壹束伍觔肆兩陸錢。

原編起運糧石折價銀肆千伍百捌兩貳錢伍分柒釐玖毫捌絲貳忽，內除荒銀壹千捌百貳拾陸兩伍錢捌分叁絲叁忽捌微伍纖陸塵伍渺柒漠伍沙伍洙捌涯，實起運銀貳千陸百捌拾壹兩陸錢柒分柒釐玖毫肆絲捌忽壹微肆纖叁塵肆渺貳漠肆沙肆洙貳涯。

節裁藥味、軍器、毛襖等項歸入起運銀壹千叁百叁拾玖兩伍錢柒分叁釐貳毫，內除荒銀玖百貳拾肆兩陸錢柒分壹釐捌毫捌忽伍微貳纖伍塵貳渺，實徵銀肆百壹拾肆兩玖錢壹釐叁毫玖絲壹忽肆微柒纖肆塵捌渺。

舊編存留，內順治玖年裁扣各役工食銀肆百柒拾壹兩伍錢柒分壹釐叁毫；拾貳年裁扣修宅、傢伙、傘扇等銀貳拾兩捌錢柒分柒釐捌毫叁絲；拾肆年裁官生俸廩等項銀伍百肆拾玖兩伍錢伍釐叁毫陸絲柒忽叁微；拾伍年裁冗員銀肆拾伍兩叁錢貳分捌釐陸毫，裁站銀壹百玖拾壹兩壹錢貳分陸釐，又除遞馬叁分裁壹，銀壹百叁拾捌兩陸錢肆分壹釐壹毫壹絲伍忽肆微肆纖。康熙元年裁吏書工食銀貳百伍拾叁兩陸錢陸分叁毫；叁年裁教諭、訓導、齋夫、門斗等項銀貳百壹拾壹兩叁錢陸分叁釐玖毫肆絲，襍費丁銀捌百壹拾兩壹錢貳分捌釐；拾伍年裁心紅紙張、修理監倉等項銀壹百伍拾柒兩伍錢肆釐肆毫伍絲；貳拾柒年裁歲貢、舉人盤纏等項銀玖拾柒兩叁錢玖分玖毫伍絲伍忽；伍拾陸年裁表箋銀壹拾柒兩。雍正陸年裁燈夫工食銀陸拾貳兩陸錢叁分貳釐伍毫；拾貳年裁民壯工食銀壹百肆拾玖兩伍錢伍分伍釐陸毫壹絲貳忽。乾隆貳年裁舖司工食銀柒拾壹兩伍錢捌分貳釐；玖年裁舖司工食銀伍拾兩壹錢叁分玖毫，又冗費裁剩解部銀叁百壹拾陸兩陸錢壹分伍釐伍毫肆忽。

共裁歸起運銀叁千陸百壹拾肆兩陸錢壹分肆釐叁毫柒絲叁忽柒微肆纖，內除荒銀貳千伍拾伍兩叁錢伍分貳釐貳毫陸絲壹微壹纖捌塵捌渺柒漠貳涯，實徵銀壹千伍百伍拾玖兩貳錢陸分貳釐壹毫壹絲叁忽陸微貳纖壹塵壹渺貳漠玖沙玖洙捌涯。

又額外匠價、停免並接收地糧、均徭銀壹百壹拾壹兩玖錢捌釐伍毫壹絲捌忽玖微玖纖。

又協濟延安府廩生月糧叁分復壹外，實裁銀玖兩陸錢，內除荒銀壹兩肆錢捌分捌釐柒毫貳絲陸忽陸微捌纖肆塵柒渺玖漠，實徵銀捌兩壹錢壹分壹釐貳毫柒絲叁忽叁微壹纖伍塵貳渺壹漠。

以上實該起運銀肆千柒百柒拾伍兩捌錢陸分壹釐貳毫肆絲伍忽伍微肆纖肆塵伍渺陸漠肆沙肆洙。

又葭州接收吴堡改隸銀玖兩伍錢柒分陸毫貳絲肆忽貳微陸塵伍渺壹漠柒沙肆洙玖涯。

又收存留內額協抵餉銀肆百叁兩叁錢叁分柒釐叁毫叁絲玖忽玖纖貳塵叁渺。

又收存留內欽奉上諭並驛遞之差使甚少及題明請將驛站等事叁案內，共裁站銀玖百捌拾叁兩貳錢貳分貳釐陸毫柒微叁纖玖塵伍渺，內在於題明請將驛站等事案內，留支新增夫馬工料銀叁百壹拾柒兩肆錢捌分玖釐陸毫，實裁銀陸百陸拾伍兩柒錢叁分叁釐柒微叁纖玖塵伍渺。

叁項共銀伍千捌百伍拾肆兩伍錢貳釐貳毫玖忽伍微捌纖貳塵捌渺捌漠壹沙捌洙玖涯，內除神木、府谷貳縣受協涇陽、宜君、宜川等縣驛站兑留兵餉應支銀壹千伍百貳拾伍兩叁錢柒分柒釐貳毫壹忽伍微捌纖壹塵捌渺；又在於請做以糧載丁等事案內，均丁減銀捌百肆拾壹兩玖錢捌分壹釐玖毫捌絲肆忽肆微柒纖柒渺，內除乾隆元、陸、拾壹、拾陸、貳拾壹、貳拾陸等年編審案內，共增抵補屯更丁銀壹百捌拾陸兩捌錢壹分陸釐玖毫肆絲伍忽玖微柒纖柒塵柒渺叁漠叁沙叁洙貳涯捌洒，又乾隆叁拾壹、叁拾陸兩年共增抵補屯更丁銀玖拾兩貳錢柒分壹釐玖毫柒絲貳忽伍微叁塵捌渺陸漠陸沙陸洙陸涯肆洒，止該減銀伍百陸拾肆兩捌錢玖分叁釐陸絲伍忽玖微捌纖玖塵壹渺捌洒。

實該銀叁千柒百陸拾肆兩貳錢叁分壹釐玖毫肆絲貳忽壹纖壹塵玖渺捌漠壹沙捌洙捌涯貳洒，內留支加增撥補俸工銀壹千玖百陸拾柒兩壹錢捌分柒毫陸絲捌忽叁微肆纖貳塵叁渺；又府谷留支請更府縣等事案內，新添夫馬工料銀壹百壹拾貳兩。止該銀壹千陸百捌拾伍兩伍分壹釐壹毫柒絲叁忽陸微陸纖玖塵陸渺捌漠壹沙捌洙捌涯貳洒。

外遇閏，順治玖年裁銀伍拾兩肆錢；拾肆年裁銀肆拾柒兩伍錢貳分壹釐玖毫貳絲陸忽；拾伍年裁銀肆兩捌錢貳分陸釐陸毫陸絲陸忽。康熙元年裁銀貳拾肆兩叁錢；叁年裁銀壹拾玖兩捌錢伍分叁釐叁毫叁絲貳忽伍微；拾伍年裁心紅紙張等項銀捌兩壹絲。雍正陸年裁燈夫銀陸兩；拾貳年裁民壯銀壹拾伍兩。乾隆貳年裁舖司銀陸兩肆錢；玖年裁舖司銀肆兩捌錢，又閏俸銀貳拾玖兩玖錢貳分陸釐陸毫捌絲貳忽伍微。

共裁歸起運銀貳百壹拾柒兩貳分捌釐陸毫壹絲柒忽，內除荒銀壹百叁拾壹兩肆錢貳分捌釐叁毫捌絲伍忽叁微柒纖玖塵伍渺貳漠，實徵銀捌拾伍兩陸錢貳毫叁絲壹忽陸微貳纖肆渺捌漠。

又額外匠價閏銀壹兩肆錢肆分叁釐柒毫伍絲。

又收協濟延安府廩生月糧銀捌錢，內除荒銀壹錢貳分肆釐肆絲伍忽陸微柒纖叁塵柒渺，實徵銀陸錢柒分伍釐玖毫伍絲肆忽叁微貳纖陸塵叁渺。

以上實徵共銀捌拾柒兩柒錢壹分玖釐玖毫叁絲伍忽玖微肆纖陸塵柒渺捌漠。

又葭州接收吴堡改隸銀壹錢陸毫叁絲肆忽叁微壹纖陸塵壹渺柒漠。

貳項共銀捌拾柒兩捌錢貳分伍毫柒絲貳微陸纖貳塵玖渺伍漠，內於請做以糧載丁等事案內，通省以糧均丁減銀陸拾兩捌錢柒分壹釐叁毫玖絲貳忽伍微壹纖陸塵捌渺，內除節次抵補屯更丁增銀壹拾陸兩柒錢貳分玖釐柒毫玖絲叁忽貳微壹纖伍渺，止該減銀肆拾肆兩壹錢肆分壹釐伍毫玖絲玖忽叁微陸塵叁渺。

實該銀肆拾叁兩陸錢柒分捌釐玖毫柒絲玖微伍纖陸塵陸渺伍漠，內留支加增撥補廩膳、孤貧銀貳拾玖兩肆錢肆分壹釐壹毫壹絲陸忽壹微叁纖叁渺伍漠；又葭州不敷留支銀柒兩陸錢捌分壹釐伍毫玖絲壹忽捌微伍塵陸渺伍漠，即在該州正銀內留支。止該銀壹拾肆兩貳錢叁分柒釐捌毫伍絲肆忽捌微貳纖陸塵叁渺。

壹存留項下

原編存留銀伍千捌百兩伍錢壹分捌釐壹毫肆絲玖忽玖微陸纖，內除神木縣不敷銀壹百柒拾貳兩壹錢柒分玖釐叁絲陸忽貳微，止該銀伍千陸百貳拾捌兩叁錢叁分玖釐壹毫壹絲叁忽柒微陸纖，內除荒銀叁千叁百伍拾貳兩叁錢伍分叁釐叁毫捌絲壹忽肆微貳纖伍塵捌渺叁漠柒沙，實徵銀貳千貳百柒拾伍兩玖錢捌分伍釐柒毫叁絲貳忽叁微叁纖肆塵壹渺陸漠叁沙。

又收起運內葭州、神木收協涇陽、宜君等縣驛站兌留兵餉銀壹千伍百貳拾伍兩叁錢柒分柒釐貳毫壹忽伍微捌纖壹塵捌渺。

貳項共銀叁千捌百壹兩叁錢陸分貳釐玖毫叁絲叁忽玖微壹纖伍塵玖渺陸漠叁沙，內除額協河西、歸德、榆林、吴堡等站支抵餉銀肆百叁兩叁錢叁分柒釐叁毫叁絲玖忽玖纖貳塵叁渺；又除驛遞之差使甚少並題明請將驛站等事貳案內，共裁站銀玖百捌拾叁兩貳錢貳分貳釐陸毫柒微叁纖玖塵伍渺，內在於題明請將驛站等事案內，留支各州縣新增夫馬工料銀叁百壹拾柒兩肆錢捌分玖釐陸毫，止實裁銀陸百陸拾伍兩柒錢叁分叁釐柒微叁纖玖塵伍渺。實該銀貳千柒百叁拾貳兩貳錢玖分貳釐伍毫玖絲肆忽捌纖肆塵壹渺陸漠叁沙。

外加增撥補並額外留支俸工銀壹千玖百陸拾柒兩壹錢捌分柒毫陸絲捌忽叁微肆纖貳塵叁渺。

又府谷縣請更府縣等事案內，新添夫馬工料銀壹百壹拾貳兩。

共該存留銀肆千捌百壹拾壹兩肆錢柒分叁釐叁毫陸絲貳忽肆微貳纖陸塵肆渺陸漠叁沙。

外葭州、府谷、神木叁州縣於西安司庫領支均攤祭祀銀壹百伍拾壹兩伍錢陸分伍釐肆毫貳忽捌微陸纖柒塵柒渺柒漠伍沙壹洙捌涯，係動耗羨銀兩。

遇閏原加銀叁百兩貳錢貳分伍釐玖毫捌絲貳忽伍微，內除裁扣閏俸銀貳拾玖兩玖錢貳分陸釐陸毫捌絲貳忽伍微入起運外，止該銀貳百柒拾兩貳錢玖分玖釐叁毫，內除荒銀壹百柒拾貳兩貳錢陸分貳釐壹毫捌絲玖忽貳微壹纖捌渺壹漠，實徵銀玖拾捌兩叁分柒釐壹毫壹絲柒微捌纖玖塵壹渺玖漠。

外加增撥補役廩、孤老銀叁拾柒兩壹錢貳分貳釐柒毫柒忽玖微叁纖陸塵。

共該銀壹百叁拾伍兩壹錢伍分玖釐捌毫壹絲捌忽柒微貳纖伍塵壹渺玖漠。

外於西安司庫領支夫馬閏月銀玖兩，係動支起運銀兩。

壹額外

課程銀壹拾陸兩肆錢肆分伍釐叁毫陸絲。遇閏加銀壹兩叁錢柒分肆毫肆絲陸忽陸微陸纖。

協濟延安府儒學廪生月糧叁分復壹，銀肆兩捌錢，內除荒銀柒錢肆分肆釐叁毫陸絲叁忽叁微肆纖貳塵肆渺，實徵銀肆兩伍分伍釐陸毫叁絲陸忽陸微伍纖柒塵陸渺。遇閏加銀肆錢，內除荒銀陸分貳釐貳絲貳忽捌微叁纖陸塵捌渺玖漠，實徵銀叁錢叁分柒釐玖毫柒絲柒忽壹微陸纖叁塵壹渺壹漠。

畜稅銀肆百肆拾貳兩伍錢陸分陸釐。

牙稅銀壹拾兩伍錢。

當稅銀貳百柒拾兩。

地稅銀伍拾貳兩肆錢伍分貳釐。

本府

商稅銀壹千貳百肆拾柒兩捌錢陸釐。

畜稅銀叁拾陸兩捌錢肆釐。

葭州

原額通融壹等地玖百叁拾玖頃玖拾貳畝玖釐，共額徵本折糧陸千肆百陸石陸斗柒升捌合叁勺貳抄伍撮，每畝科本色糧伍升壹合叁勺肆抄陸圭肆粟壹粒，共糧肆千捌百貳拾伍石陸斗壹升肆合壹勺伍抄，科折色糧壹升陸合捌勺貳抄壹撮貳圭肆粟柒粒，共折色糧壹千伍百捌拾壹石陸升肆合壹勺柒抄伍撮，每石折徵銀貳兩柒錢陸分柒釐貳毫柒絲陸忽柒微，共額銀肆千叁百柒拾伍兩貳錢肆分貳釐壹毫貳絲。

順治柒、捌、拾壹等年題明免過無主、有主、續荒共地捌百貳拾肆頃伍拾陸畝叁分叁釐，應免糧伍千陸百貳拾貳石貳斗肆升捌合肆勺壹撮伍圭，內節年開墾並自首過地貳百捌拾壹頃陸拾壹畝陸分壹釐柒毫，該糧壹千玖百壹拾玖石陸斗壹升貳合肆勺捌抄叁撮捌圭柒粟肆粒捌顆柒糠陸粃。實豁免荒地伍百肆拾貳頃玖拾肆畝柒分壹釐叁毫，應免糧叁千柒百貳石陸斗叁升伍合玖勺壹抄柒撮陸圭貳粟伍粒壹顆貳糠肆粃，實應免本色起運糧貳千叁百捌拾貳石貳斗伍升叁合捌勺柒抄壹撮伍圭伍粟貳顆柒糠玖粃貳粺，實應免本色官學倉糧肆百陸石陸斗叁升伍合柒勺捌抄陸撮壹圭柒粟柒粒叁糠貳粃捌粄，每石折銀捌錢，共折銀叁百貳拾伍兩叁錢捌釐肆毫壹絲肆忽柒微叁纖肆塵貳渺壹漠捌沙肆洙，實應免折色糧玖百壹拾叁石柒斗肆升陸合貳勺伍抄玖撮捌圭玖粟柒粒捌顆壹糠貳粃，該除銀貳千伍百貳拾捌兩陸錢叁絲玖忽肆微叁纖伍塵伍渺捌漠柒沙貳洙。

實在地叁百玖拾陸頃玖拾柒畝叁分柒釐柒毫，該本折糧貳千柒百肆石肆升貳合肆勺柒撮叁圭柒粟肆粒捌顆柒糠陸粃。

又於乾隆拾叁年題明改收吴堡縣地貳頃叁拾玖畝叁分貳毫，該本折糧壹拾石肆斗伍升陸合叁勺玖抄玖撮玖圭陸粟玖粒捌顆肆糠捌粃，該本色糧伍石陸斗壹升貳合叁勺捌抄陸撮陸圭陸粟柒粒叁顆貳糠捌粃，該折色糧貳石伍斗肆升壹合肆勺肆抄玖撮肆圭伍粟捌粒伍顆貳糠，應折徵銀柒兩伍錢壹分肆釐貳毫叁絲捌忽柒微伍纖叁塵壹渺壹漠叁沙肆洙，該官學倉糧貳石叁斗貳合伍勺陸抄叁撮捌圭肆粟肆粒，應折徵銀壹兩叁錢捌分壹釐肆毫柒絲玖忽柒微玖纖柒塵陸漠壹沙，該本色草壹拾壹束伍觔肆兩陸錢。

止實在地叁百玖拾玖頃叁拾陸畝陸分柒釐玖毫，該本折糧貳千柒百壹拾肆石肆斗玖升捌合捌勺柒撮叁圭肆粟肆粒柒顆貳糠肆粃，實徵本色起運糧壹千柒百肆拾伍石叁斗捌升叁合陸勺捌抄伍撮壹圭壹粟柒粒肆糠捌粃捌粄遵照康熙年間易知由單內開：每畝科本色糧肆升叁合捌勺貳抄伍撮捌圭伍粟貳顆，實徵本色官學倉糧貳百玖拾玖石貳斗伍升伍合柒勺伍抄柒撮陸圭陸粟陸粒玖顆陸糠柒粃貳粄，該本折銀貳百叁拾捌兩玖錢肆分肆釐貳毫肆絲玖忽陸纖貳塵捌渺肆漠貳沙陸洙於乾隆伍拾玖年奉准部咨令，將康熙年間易知由單內開：每畝科本色官學倉糧柒合肆勺柒抄玖撮伍圭貳粟壹粒捌顆，舊例每石折徵銀捌錢，今每畝徵銀伍釐玖毫捌絲肆忽貳微叁纖伍塵肆渺，纂入書內，嗣後遇有墾豁，以便按畝增除，實徵折色糧陸百陸拾玖石捌斗伍升玖合叁勺陸抄肆撮伍圭陸粟柒顆捌粃，該折色銀壹千捌百伍拾肆兩壹錢伍分陸釐叁毫壹絲玖忽叁微壹纖柒塵伍渺貳漠陸沙貳洙遵照康熙年間易知由單內開：折正壹等地每畝徵銀肆分陸釐伍毫壹絲柒忽壹微柒纖叁塵貳渺，科則載入書內，以便墾豁地畝增除銀數，實徵本色草壹拾壹束伍觔肆兩陸錢。

原額人丁叁門玖則不等，俱折下下人丁柒千陸拾叁丁，每丁徵銀伍錢陸分柒釐柒毫捌絲玖忽，除匠價外，共徵銀肆千壹拾兩貳錢玖分陸釐玖毫，內除優免丁叁百捌拾玖丁，該銀貳百貳拾兩捌錢陸分玖釐玖毫。

行差丁陸千貳百貳拾玖丁，該徵銀叁千陸百捌拾柒兩陸錢伍分伍釐伍毫；貧丁肆百肆拾伍丁，該銀壹百壹兩柒錢柒分壹釐伍毫。貳共丁陸千陸百柒拾肆丁，共徵銀叁千柒百捌拾玖兩肆錢貳分柒釐，內：

于順治柒年並拾壹年題明免過逃亡丁及續逃亡共免丁陸千叁百玖拾壹丁，應免銀叁千陸百貳拾貳兩壹錢玖釐陸毫，前招回並審出、清出共丁壹千壹百陸拾玖丁，該徵銀柒百叁拾伍兩陸錢捌分陸釐貳毫捌絲肆忽，實豁免丁伍千貳百貳拾貳丁，應免銀貳千捌百捌拾陸兩肆錢貳分叁釐叁毫壹絲陸忽。

實行差丁壹千肆百伍拾貳丁，該徵銀玖百叁兩叁釐陸毫捌絲肆忽于雍正伍年攤入地糧內徵解。

康熙伍拾伍年起，至乾隆貳拾陸年止，編審出永不加賦丁叁拾丁；乾隆叁拾壹年編審出永不加賦丁貳丁；乾隆叁拾陸年編審出永不加賦丁肆丁。共編審出丁叁拾陸丁，欽遵康熙伍拾貳年叁月拾捌日恩詔，後遇編審之期，但據康熙伍拾年丁冊定為常額，永不加賦。

外遇閏加銀貳百貳拾壹兩叁錢壹分玖釐陸毫伍絲玖忽，內除荒銀壹百陸拾兩伍錢叁分叁釐叁毫捌絲玖忽柒微陸纖捌塵叁漠，實徵銀陸拾兩柒錢捌分陸釐貳毫陸絲玖忽貳微叁纖壹塵玖渺柒漠。

外又接收吴堡縣地畝應徵均徭銀陸錢柒分肆釐玖毫伍忽陸微伍纖陸塵叁渺肆漠叁沙玖涯。

額外徵收匠價銀捌兩玖錢壹分。遇閏加銀柒錢肆分貳釐伍毫。

停免銀捌拾捌兩壹錢玖分玖釐貳毫陸絲叁忽貳微玖纖。

以上肆項俱攤入前項地糧內徵解。

地、丁貳項并改收均徭、匠價、停免，除優免丁銀外，共應徵銀捌千捌百叁拾肆兩貳錢貳分壹毫玖絲壹忽肆微玖纖陸塵伍渺壹漠柒沙肆洙玖涯，內除荒銀伍千柒百肆拾兩叁錢叁分壹釐柒毫柒絲壹微陸纖玖塵捌渺伍沙陸洙，實徵銀叁千玖拾叁兩捌錢捌分捌釐肆毫貳絲壹忽叁微貳纖陸塵柒渺壹漠壹沙捌洙玖涯。

外遇閏加銀貳百貳拾壹兩叁錢壹分玖釐陸毫伍絲玖忽，內除荒銀壹百陸拾兩伍錢叁分叁釐叁毫捌絲玖忽柒微陸纖捌塵叁漠，實徵銀陸拾兩柒錢捌分陸釐貳毫陸絲玖忽貳微叁纖壹塵玖渺柒漠。

又匠價閏銀柒錢肆分貳釐伍毫。

本色起運糧肆千壹百貳拾貳石貳升伍合壹勺柒抄，內除荒糧貳千叁百捌拾貳石貳斗伍升叁合捌勺柒抄壹撮伍圭伍粟貳顆柒糠玖粃貳粄，實徵糧壹千柒百叁拾玖石柒斗柒升壹合貳勺玖抄捌撮肆圭肆粟玖粒柒顆貳糠捌粃。

外收吴堡縣改撥起運本色糧伍石陸斗壹升貳合叁勺捌抄陸撮陸圭陸粟柒粒叁顆貳糠捌粃。

外收吴堡縣改隸地畝應徵草壹拾壹束伍觔肆兩陸錢。

壹起運項下

原額起運糧肆千壹百貳拾貳石貳升伍合壹勺柒抄，內除荒糧貳千叁百捌拾貳石貳斗伍升叁合捌勺柒抄壹撮伍圭伍粟貳顆柒糠玖粃貳粃，實徵糧壹千柒百叁拾玖石柒斗柒升壹合貳勺玖抄捌撮肆圭肆粟玖粒柒顆貳糠捌粃。

外收吴堡縣改撥起運本色糧伍石陸斗壹升貳合叁勺捌抄陸撮陸圭陸粟柒粒叁顆貳糠捌粃。

外收吴堡縣改隸草壹拾壹束伍觔肆兩陸錢。

原編起運糧石折價銀貳千捌百伍拾肆兩玖錢叁分叁釐伍毫，內除荒銀壹千陸百陸拾柒兩捌錢陸分捌毫肆絲柒忽叁微伍纖陸渺叁漠玖沙壹洙，實徵銀壹千壹百捌拾柒兩柒分貳釐陸毫伍絲貳忽陸微肆纖玖塵叁渺陸漠玖洙。

藥味、軍器、毛襖等項折價銀陸百肆兩叁錢捌分叁釐叁毫，內除荒銀肆百伍拾玖兩陸錢捌分捌毫伍絲伍忽捌微，實徵銀壹百肆拾肆兩柒錢貳釐肆毫肆絲肆忽貳微。

舊編存留，內順治玖年裁扣各役工食等項銀貳百貳拾壹兩陸錢；拾貳年裁扣傘扇銀捌兩；拾肆年裁扣官生俸廩等項，除奉復孤貧口糧、布花外，止實裁銀貳百捌拾肆兩壹錢貳分捌釐伍毫，接遞夫、走遞馬叁分裁壹，銀壹百壹拾柒兩肆錢玖分捌釐肆毫柒絲柒忽貳微伍纖。康熙元年裁吏書工食銀玖拾柒兩貳錢；叁年裁訓導俸食銀玖拾叁兩玖錢貳分，雜費丁銀叁百柒拾兩陸錢陸分壹釐貳毫；拾伍年裁心紅紙張、修理監倉、喂馬草料、修理倉廒、芒神土牛、紙劄等項銀陸拾兩捌錢捌分；貳拾柒年裁舉貢赴京盤纏銀叁拾玖兩；伍拾陸年裁表箋銀壹拾柒兩。雍正陸年裁燈夫工食銀貳拾肆兩；拾貳年裁民壯工食銀貳拾肆兩。乾隆貳年裁舖司銀伍拾貳兩捌錢；乾隆玖年裁舖司銀壹拾肆兩肆錢，舊編冗費裁剩解部銀叁百壹拾陸兩陸錢壹分伍釐伍毫肆忽。

共裁扣歸入起運銀壹千柒百肆拾壹兩柒錢叁釐陸毫捌絲壹忽貳微伍纖，內除荒銀壹千壹百柒拾捌兩玖分肆釐壹毫貳絲貳微壹纖柒塵陸渺貳漠陸沙伍洙，實徵銀伍百陸拾叁兩陸錢玖釐伍毫陸絲壹忽叁纖貳塵叁渺柒漠叁沙伍洙。

又額外匠價、停免並接收地糧、均徭共銀壹百陸兩陸錢柒分玖釐捌毫捌絲柒忽肆微玖纖陸塵伍渺壹漠柒沙肆洙玖涯。

以上共起運銀貳千貳兩陸分肆釐伍毫肆絲伍忽叁微柒纖捌塵貳渺伍漠壹沙捌洙玖涯。

又收存留內額協抵餉銀壹百陸拾壹兩肆錢肆釐伍毫伍絲肆忽貳微玖纖貳塵叁渺。

又收存留內欽奉上諭並驛遞之差使甚少等事貳案內，共裁站銀伍百壹拾肆兩肆錢伍分壹毫壹絲壹忽柒纖陸塵叁渺，內在于題明請將驛站等事案內，留支本州新增夫馬工料銀壹百伍拾捌兩柒錢肆分肆釐捌毫，實裁銀叁百伍拾伍兩柒錢伍釐叁毫壹絲壹忽柒纖陸塵叁渺。

叁項共銀貳千伍百壹拾玖兩壹錢柒分肆釐肆毫壹絲柒微肆纖陸塵捌渺伍漠壹沙捌洙玖涯，內除受協涇陽、宜君等縣驛站兑留兵餉應支銀柒百伍拾柒兩肆錢陸分壹釐柒毫伍絲貳忽壹微壹纖捌塵陸渺；又在於請倣以糧載丁等事案內，通省以糧均丁減銀肆百壹拾兩柒錢壹分陸毫叁絲壹忽貳微貳纖柒塵肆渺，內除乾隆元、陸、拾壹、拾陸及貳拾壹、貳拾陸等年編審案內，共增抵補屯更丁銀玖拾壹兩貳錢肆分叁釐玖絲玖忽肆微柒纖捌渺陸漠陸沙陸洙陸涯肆洒，又乾隆叁拾壹、叁拾陸兩年編審案內，共增抵補屯更丁銀肆拾叁兩玖錢壹分捌釐壹毫捌絲貳忽柒微叁纖伍塵肆渺叁漠叁沙叁洙叁涯陸洒，止減銀貳百柒拾伍兩伍錢肆分玖釐叁毫肆絲玖忽貳纖壹塵壹渺。

止該銀壹千肆百捌拾陸兩壹錢陸分叁釐叁毫玖忽陸微柒塵壹渺伍漠壹沙捌洙玖涯，內留支加增撥補俸工銀捌百柒拾兩陸錢壹分肆釐玖毫捌絲伍忽玖微捌纖貳塵肆渺，止該起運銀陸百壹拾伍兩伍錢肆分捌釐叁毫貳絲叁忽陸微貳纖肆塵柒渺伍漠壹沙捌洙玖涯。

外遇閏裁扣，內順治玖年裁銀壹拾陸兩捌錢；拾肆年裁扣銀貳拾壹兩伍錢貳分玖釐貳毫。康熙元年裁扣銀捌兩壹錢；叁年裁扣銀柒兩捌錢貳分陸釐陸毫陸絲陸忽伍微；拾伍年裁扣銀貳兩陸錢陸分陸釐陸毫柒絲。雍正陸年裁扣銀貳兩；拾貳年裁扣銀貳兩。乾隆貳年裁扣銀肆兩肆錢；乾隆玖年裁扣銀壹兩貳錢，又各官閏俸銀壹拾壹兩玖錢貳分貳絲貳忽伍微。

共銀柒拾捌兩肆錢肆分貳釐伍毫伍絲玖忽，內除荒銀伍拾陸兩捌錢玖分柒釐壹毫伍絲柒忽壹微肆纖壹塵捌渺貳漠，實徵銀貳拾壹兩伍錢肆分伍釐肆毫壹忽捌微伍纖捌塵壹渺捌漠，內除請倣以糧載丁等事案內，均丁減銀貳拾壹兩貳錢捌分貳釐陸微肆纖捌塵伍渺，內除節次抵補屯更丁增閏銀柒兩貳錢叁分貳釐貳毫壹絲陸忽捌微伍纖叁渺，止減銀壹拾肆兩肆分玖釐柒毫捌絲叁忽柒微玖纖捌塵貳渺，止該銀柒兩肆錢玖分伍釐陸毫壹絲捌忽伍纖玖塵玖渺捌漠。

又收吴堡縣改撥丁閏並匠價閏銀捌錢肆分叁釐壹毫叁絲肆忽叁微壹纖陸塵壹渺柒漠。

貳共起運銀捌兩叁錢叁分捌釐柒毫伍絲貳忽叁微柒纖陸塵壹渺伍漠，全數留支役廩閏銀外，尚不敷銀柒兩陸錢捌分壹釐伍毫玖絲壹忽捌微伍塵陸渺伍漠，遇閏之年不敷，卽在前項正銀內留支。

壹存留項下

原編存留銀叁千伍百貳拾陸兩伍錢壹分玖釐捌毫貳絲貳忽柒微伍纖，內除荒銀貳千肆百叁拾肆兩陸錢玖分伍釐玖毫肆絲陸忽捌微壹塵伍渺肆漠，實徵銀壹千玖拾壹兩捌錢貳分叁釐捌毫柒絲伍忽玖微肆纖捌塵肆渺陸漠。

壹俸工項下

知州壹員，額支俸薪銀捌拾兩，內除荒銀伍拾捌兩貳分捌釐壹毫壹忽，實徵支銀貳拾壹兩玖錢柒分壹釐捌毫玖絲玖忽。外撥補銀貳拾壹兩壹錢伍分壹釐玖毫伍絲捌忽伍微貳纖捌塵。

吏目壹員，額支俸薪銀叁拾壹兩伍錢貳分，內除荒撥補銀貳拾貳兩捌錢陸分叁釐柒絲叁忽，實徵支銀捌兩陸錢伍分陸釐玖毫貳絲柒忽。

學正壹員，額支俸薪銀叁拾壹兩伍錢貳分，內除荒撥補銀貳拾貳兩捌錢陸分叁釐柒絲叁忽，實徵支銀捌兩陸錢伍分陸釐玖毫貳絲柒忽。外撥補全俸銀捌兩肆錢捌分。

延綏道衙門

皂隸壹拾貳名，每名歲支銀陸兩，共支銀柒拾貳兩，內除荒撥補銀伍拾貳兩貳錢貳分伍釐貳毫玖絲叁忽，實徵支銀壹拾玖兩柒錢柒分肆釐柒毫柒忽。遇閏加銀陸兩，內除荒銀肆兩叁錢伍分貳釐玖絲陸忽叁微，實徵支銀壹兩陸錢肆分柒釐玖毫叁忽柒微。

延安府儒學廩生月糧銀肆兩捌錢，內除荒撥補銀叁兩肆錢捌分壹釐陸毫捌絲陸忽柒微貳纖，實徵支銀壹兩叁錢壹分捌釐叁毫壹絲叁忽貳微捌纖。遇閏加銀肆錢，內除荒撥補銀貳錢玖分壹毫伍絲伍忽伍纖柒塵貳渺，實徵支銀壹錢玖釐捌毫肆絲肆忽玖微肆纖貳塵捌渺。

知州衙門

門子貳名，歲支銀壹拾貳兩，內除荒撥補銀捌兩柒錢肆釐貳毫壹絲陸忽，實徵支銀叁兩貳錢玖分伍釐柒毫捌絲肆忽。遇閏加銀壹兩，內除荒銀柒錢貳分伍釐叁毫肆絲玖忽肆微，實徵支銀貳錢柒分肆釐陸毫伍絲陸微。

皂隸、仵作壹拾陸名，每名歲支銀陸兩，共支銀玖拾陸兩，內除荒撥補銀陸拾玖兩陸錢叁分叁釐柒毫貳絲肆忽，實徵支銀貳拾陸兩叁錢陸分陸釐貳毫柒絲陸忽。遇閏加銀捌兩，內除荒銀伍兩捌錢貳釐柒毫玖絲伍忽，實徵支銀貳兩壹錢玖分柒釐貳毫伍忽。

馬快捌名，歲支銀壹百叁拾肆兩肆錢，內除荒撥補銀玖拾柒兩肆錢捌分柒釐貳毫壹絲叁忽，實徵支銀叁拾陸兩玖錢壹分貳釐柒毫捌絲柒忽。遇閏加銀壹拾壹兩貳錢，內除荒銀捌兩壹錢貳分叁釐玖毫壹絲叁忽叁微，實徵支銀叁兩柒分陸釐捌絲陸忽柒微。

民壯肆拾陸名，每名歲支銀陸兩，共支銀貳百柒拾陸兩，內除荒撥補銀貳百兩壹錢玖分伍毫肆忽，實徵支銀柒拾伍兩捌錢玖釐肆毫玖絲陸忽。遇閏加銀貳拾叁兩，內除荒銀壹拾陸兩陸錢捌分叁釐壹毫貳絲柒忽伍微，實徵支銀陸兩叁錢壹分陸釐捌毫柒絲貳忽伍微。

看監禁子捌名，每名歲支銀陸兩，共支銀肆拾捌兩，內除荒撥補銀叁拾肆兩捌錢壹分陸釐捌毫陸絲叁忽，實徵支銀壹拾叁兩壹錢捌分叁釐壹毫叁絲柒忽。外加增銀每名貳兩，共銀壹拾陸兩。遇閏加銀肆兩，內除荒銀貳兩玖錢壹釐叁毫玖絲柒忽伍微，實徵支銀壹兩玖分捌釐陸毫貳忽伍微。

轎傘扇夫柒名，每名歲支銀陸兩，共支銀肆拾貳兩，內除荒撥補銀叁拾兩肆錢陸分肆釐柒毫肆絲玖忽，實徵支銀壹拾壹兩伍錢叁分伍釐貳毫伍絲壹忽。遇閏加銀叁兩伍錢，內除荒銀貳兩伍錢叁分捌釐柒毫貳絲貳忽捌微，實徵支銀玖錢陸分壹釐貳毫柒絲柒忽貳微。

庫子肆名，每名歲支銀陸兩，共支銀貳拾肆兩，內除荒撥補銀壹拾柒兩肆錢捌釐肆毫叁絲貳忽，實徵支銀陸兩伍錢玖分壹釐伍毫陸絲捌忽。遇閏加銀貳兩，內除荒銀壹兩肆錢伍分陸毫玖絲捌忽捌微，實徵支銀伍錢肆分玖釐叁毫壹忽貳微。

斗級肆名，每名歲支銀陸兩，共支銀貳拾肆兩，內除荒撥補銀壹拾柒兩肆錢捌釐肆毫叁絲貳忽，實徵支銀陸兩伍錢玖分壹釐伍毫陸絲捌忽。遇閏加銀貳兩，內除荒銀壹兩肆錢伍分陸毫玖絲捌忽捌微，實徵支銀伍錢肆分玖釐叁毫壹忽貳微。

各舖司兵捌名，每名歲支銀肆兩捌錢，共支銀叁拾捌兩肆錢，內除荒銀貳拾柒兩捌錢伍分叁釐肆毫柒絲貳忽，實徵支銀壹拾兩伍錢肆分陸釐伍毫貳絲捌忽。外加增銀叁拾柒兩肆錢伍分叁釐肆毫柒絲貳忽。遇閏加銀叁兩貳錢，內除荒銀貳兩叁錢貳分壹釐壹毫伍絲柒忽伍微捌纖壹塵玖渺，實徵支銀捌錢柒分捌釐捌毫肆絲貳忽肆微壹纖捌塵壹渺。外加增銀叁兩壹錢貳分壹釐壹毫伍絲柒忽伍微捌纖壹塵玖渺。

鐘鼓夫伍名，每名歲支銀肆兩，共支銀貳拾兩，內除荒撥補銀壹拾肆兩伍錢柒釐壹絲壹忽，實徵支銀伍兩肆錢玖分貳釐玖毫捌絲玖忽。遇閏加銀壹兩陸錢陸分陸釐，內除荒銀壹兩貳錢捌釐肆毫叁絲肆忽陸纖肆塵叁渺，實徵支銀肆錢伍分柒釐伍毫陸絲伍忽玖微叁纖伍塵柒渺。

吏目衙門

門子壹名，歲支銀陸兩，內除荒撥補銀肆兩叁錢伍分貳釐壹毫捌忽，實徵支銀壹兩陸錢肆分柒釐捌毫玖絲貳忽。遇閏加銀伍錢，內除荒銀叁錢陸分貳釐陸毫柒絲肆忽柒微，實徵支銀壹錢叁分柒釐叁毫貳絲伍忽叁微。

皂隸肆名，每名歲支銀陸兩，共支銀貳拾肆兩，內除荒撥補銀壹拾柒兩肆錢捌釐肆毫叁絲貳忽，實徵支銀陸兩伍錢玖分壹釐伍毫陸絲捌忽。遇閏加銀貳兩，內除荒銀壹兩肆錢伍分陸毫玖絲捌忽捌微，實徵支銀伍錢肆分玖釐叁毫壹忽貳微。

馬夫壹名，歲支銀陸兩，內除荒撥補銀肆兩叁錢伍分貳釐壹毫捌忽，實徵支銀壹兩陸錢肆分柒釐捌毫玖絲貳忽。遇閏加銀伍錢，內除荒銀叁錢陸分貳釐陸毫柒絲肆忽柒微，實徵支銀壹錢叁分柒釐叁毫貳絲伍忽叁微。

教職衙門

齋夫叁名，每名歲支銀壹拾貳兩，共支銀叁拾陸兩，內除荒撥補銀貳拾陸兩壹錢壹分貳釐陸毫肆絲陸忽，實徵支銀玖兩捌錢捌分柒釐叁毫伍絲肆忽。遇閏加銀叁兩，內除荒銀貳兩壹錢柒分陸釐肆絲捌忽壹微，實徵支銀捌錢貳分叁釐玖毫伍絲壹忽玖微。

膳夫貳名，歲支銀壹拾叁兩叁錢叁分叁釐叁毫，內除荒撥補銀玖兩陸錢柒分壹釐叁毫貳絲肆忽肆微捌纖肆塵肆渺，實徵支銀叁兩陸錢陸分壹釐玖毫柒絲伍忽伍微壹纖伍塵陸渺係廪生領支。遇閏加銀壹兩壹錢壹分壹釐壹毫，內除荒撥補銀捌錢伍釐玖毫叁絲叁忽叁微玖纖玖塵玖渺，實徵支銀叁錢伍釐壹毫陸絲陸忽陸微壹渺。

門斗叁名，每名歲支銀柒兩貳錢，共支銀貳拾壹兩陸錢，內除荒撥補銀壹拾伍兩陸錢柒分肆釐伍毫玖絲陸忽，實徵支銀伍兩玖錢貳分伍釐肆毫肆忽。遇閏加銀壹兩捌錢，內除荒銀壹兩叁錢伍釐陸毫貳絲捌忽柒微，實徵支銀肆錢玖分肆釐叁毫柒絲壹忽叁微。

廪生叁拾名，每名月糧銀叁兩貳錢，共支銀玖拾陸兩，內除荒撥補銀陸拾玖兩陸錢叁分叁釐柒毫貳絲貳忽貳微捌纖，實徵支銀貳拾陸兩叁錢陸分陸釐貳毫柒絲柒忽柒微貳纖。遇閏加銀捌兩，內除荒撥補銀伍兩捌錢叁釐玖絲捌忽壹微肆纖貳塵捌渺，實徵支銀貳兩壹錢玖分陸釐玖毫壹忽捌微伍纖柒塵貳渺。

以上俸工項下，除廪生、膳夫貳欵照常支發外，其餘官役俸工於道光貳拾叁年奉文，均以貳兩平支放，每兩減平銀陸分，其減平銀兩，每年批解部庫交納，理合登明。

壹祭祀項下

春秋貳丁致祭文廟及各壇祠及無祀鬼魂品物等項銀捌拾兩，內除荒銀伍拾捌兩貳分捌釐壹毫，實徵支銀貳拾壹兩玖錢柒分壹釐玖毫。

外加增均攤撥補銀伍拾壹兩叁錢柒分玖釐叁毫捌絲叁忽貳微捌纖陸塵貳渺肆漠伍沙陸涯。

鄉飲銀叁兩，內除荒銀貳兩壹錢柒分陸釐伍絲伍忽玖微，實徵支銀捌錢貳分叁釐玖毫肆絲肆忽壹微於道光貳拾叁年奉文裁汰，其徵收銀兩，每年批解部庫交納，理合登明。

印刷時憲書銀壹兩伍錢，內除荒銀壹兩捌分捌釐陸絲肆忽，實徵支銀肆錢壹分壹釐玖毫叁絲陸忽。

布政司紙劄銀壹兩捌錢捌分，內除荒銀壹兩叁錢陸分叁釐玖毫叁絲貳忽，實徵支銀伍錢壹分陸釐陸絲捌忽於道光貳拾叁年奉文裁汰，其徵收銀兩，每年批解部庫交納，理合登明。

壹孤貧口糧項下

孤老貳拾名，歲支口糧銀捌拾陸兩肆錢，內除荒銀陸拾貳兩陸錢柒分叁毫肆絲捌忽玖微柒纖，實徵支銀貳拾叁兩柒錢貳分玖釐陸毫伍絲壹忽叁纖。外加增銀肆拾捌兩貳錢柒分叁毫肆絲捌忽玖微柒纖。遇閏加增銀陸兩。

孤貧布花銀柒兩伍錢，內除荒銀伍兩肆錢叁分捌釐壹毫肆絲柒忽玖微玖纖柒塵柒渺，實徵支銀貳兩陸分壹釐捌毫伍絲貳忽貳塵叁渺。

壹驛站項下

延安府金明驛銀壹拾捌兩陸錢貳分貳釐；榆林驛銀陸百壹拾貳兩柒錢，支直銀壹百肆拾叁兩貳錢；歸德驛銀陸百肆拾兩叁錢捌分叁釐。共銀壹千肆百壹拾肆兩玖錢伍釐。

又收受協涇陽、宜君等縣驛站兑留兵餉應支銀柒百伍拾柒兩肆錢陸分壹釐柒毫伍絲貳忽壹微壹纖捌塵陸渺。

又收請更府縣等事案內，新添夫馬工料銀壹百肆拾兩。

又收請更府縣等事案內，增給夫馬閏月工料銀壹拾壹兩貳錢伍分。

肆項共銀貳千叁百貳拾叁兩陸錢壹分陸釐柒毫伍絲貳忽壹微壹纖捌塵陸渺，內除荒銀捌百壹拾柒兩柒錢貳分壹釐叁毫叁絲捌忽柒纖捌塵柒渺，實徵銀壹千伍百伍兩捌錢玖分伍釐肆毫壹絲肆忽叁纖玖塵玖渺，內除額協榆林等驛站支抵餉銀壹百貳拾兩捌錢壹釐叁毫，止該銀壹千叁百捌拾伍兩玖分肆釐壹毫壹絲肆忽叁纖玖塵玖渺，內除驛遞之差使甚少等事案內，裁站銀伍百壹拾貳兩捌分伍釐柒毫伍絲貳忽壹微壹纖捌塵陸渺，內在于題明請將驛站等事案內，留支本州新增夫馬工料銀壹百伍拾捌兩柒錢肆分肆釐捌毫，實裁銀叁百伍拾叁兩叁錢肆分玖毫伍絲貳忽壹微壹纖捌塵陸渺入起運外。實徵支銀壹千叁拾壹兩柒錢伍分叁釐壹毫陸絲壹忽玖微貳纖壹塵叁渺。

壹走遞項下

官菜園並河西驛募夫銀貳拾伍兩；雇覔接遞夫價銀壹百肆拾肆兩貳錢壹分柒釐陸毫陸微柒纖；走遞馬騾壹拾捌匹頭，工食草料銀陸百貳拾肆兩伍錢肆分叁釐玖毫貳絲貳忽捌纖。共銀柒百玖拾叁兩柒錢陸分壹釐伍毫貳絲貳忽柒微伍纖，內除荒銀陸百陸拾壹兩陸分玖釐壹毫捌絲叁微柒纖柒渺肆漠，實徵支銀壹百叁拾貳兩陸錢玖分貳釐叁毫肆絲貳忽叁微柒纖玖塵貳渺陸漠。

遇閏加銀陸拾兩，內除荒銀肆拾叁兩伍錢貳分玖毫貳絲玖忽玖微捌纖壹渺壹漠，實徵支銀壹拾陸兩肆錢柒分玖釐柒絲壹纖玖塵捌渺玖漠。

以上存留實徵銀壹千玖拾壹兩捌錢貳分叁釐捌毫柒絲伍忽玖微肆纖捌塵肆渺陸漠。

又收起運內受協涇陽、宜君等縣驛站兌留兵餉應支銀柒百伍拾柒兩肆錢陸分壹釐柒毫伍絲貳忽壹微壹纖捌塵陸渺。

貳項共銀壹千捌百肆拾玖兩貳錢捌分伍釐陸毫貳絲捌忽陸纖柒塵陸漠，內除額協榆林等縣站支抵餉銀壹百陸拾壹兩肆錢肆釐伍毫伍絲肆忽貳微玖纖貳塵叁渺；又除驛遞之差使甚少等事案內，共裁站銀伍百壹拾肆兩肆錢伍分壹毫壹絲壹忽柒纖陸塵叁渺，內在於題明請將驛站等事案內，留支本州新增夫馬工料銀壹百伍拾捌兩柒錢肆分肆釐捌毫，實裁銀叁百伍拾伍兩柒錢伍釐叁毫壹絲壹忽柒纖陸塵叁渺入起運外。止該銀壹千叁百叁拾貳兩壹錢柒分伍釐柒毫陸絲貳忽陸微玖纖捌塵肆渺陸漠。

外加增撥補俸工銀捌百柒拾兩陸錢壹分肆釐玖毫捌絲伍忽玖微捌纖貳塵肆渺。

共該存留銀貳千貳百貳兩柒錢玖分柒毫肆絲捌忽陸微捌纖捌渺陸漠於乾隆伍拾貳年奉文，全數解司，壹切支款，俱由司按季領支，嗣於嘉慶伍年奉文，留支，並不請領。

外于西安布政司庫領支撥補祭祀銀伍拾壹兩叁錢柒分玖釐叁毫捌絲叁忽貳微捌纖陸塵貳渺肆漠伍沙陸涯係動支耗羨銀兩。

遇閏原加銀壹百伍拾肆兩柒錢玖分柒釐壹毫貳絲貳忽伍微，內除裁扣閏俸銀壹拾壹兩玖錢貳分貳絲貳忽伍微入起運外，實該銀壹百肆拾貳兩捌錢柒分柒釐壹毫，內除荒銀壹百叁兩陸錢叁分陸釐貳毫叁絲貳忽陸微貳纖陸塵貳渺壹漠，實徵銀叁拾玖兩貳錢肆分捌毫陸絲柒忽叁微柒纖叁塵柒渺玖漠。

外加增撥補役廩閏銀壹拾陸兩貳分叁毫肆絲肆忽壹微捌纖壹塵捌渺。

共該存留閏銀伍拾伍兩貳錢陸分壹釐貳毫壹絲壹忽伍微伍纖伍塵伍渺玖漠於乾隆伍拾貳年奉文，全數解司，壹切支款，俱由司按季領支，嗣於嘉慶伍年奉文，留支，並不請領。

壹額外

課程銀壹拾叁兩柒錢伍分玖釐柒毫陸絲係各渡口水手完納。遇閏加銀壹兩壹錢肆分陸釐陸毫肆絲陸忽陸微陸纖。

畜稅銀肆拾玖兩柒錢玖分壹釐係買騾馬出辦，原無定額，儘收儘解。

牙稅銀壹兩伍錢牙行叁戶，每戶納稅銀伍錢。

當稅銀捌拾伍兩當商壹拾柒名，每名歲徵銀伍兩。

地稅銀捌兩柒錢陸分係買房地業主出辦，原無定額，儘收儘解。

府谷縣

原額折徵壹等地伍百伍拾貳頃壹拾伍畝叁分，共額徵本折糧貳千壹百捌拾捌石捌斗叁升陸合貳勺捌抄伍撮，每畝科本色糧叁升捌合柒勺伍抄陸撮伍圭捌粟柒粒，共糧貳千壹百叁拾玖石玖斗伍升陸合伍勺捌抄壹撮，內除拋荒招佃減納糧柒拾陸石肆斗貳升玖合貳勺柒撮，止該折徵本色糧貳千陸拾叁石伍斗貳升柒合叁勺柒抄肆撮，科折色糧捌勺捌抄伍撮貳圭伍粟陸粒，共折色糧肆拾捌石捌斗柒升玖合柒勺肆撮，每畝徵銀貳分叁釐捌毫捌絲叁微捌纖玖渺，共徵銀壹千叁百壹拾捌兩伍錢陸分貳釐肆毫貳忽，內：

順治柒、捌、拾壹年及乾隆貳年題明豁免有主、無主、續荒、自首共地叁百叁拾陸頃玖拾叁畝肆釐，應免折正本折糧壹千叁百壹石叁斗陸升捌合貳勺陸抄陸撮玖圭貳粟壹粒貳顆柒糠，內前墾過、又興屯並節年共墾過地貳百伍拾叁頃捌拾柒畝陸釐，該糧玖百柒拾肆石壹斗玖升肆合捌勺貳抄伍撮柒圭玖粟玖粒。實豁免地捌拾叁頃伍畝玖分捌釐，共應免糧叁百貳拾柒石壹斗柒升叁合肆勺肆抄壹撮壹圭貳粟貳粒貳顆柒糠，實應免本色起運糧貳百叁拾玖石柒升壹合陸勺玖抄捌撮肆圭肆粟柒粒柒顆叁糠捌粃，實應免本色存留官學倉糧捌拾石伍斗叁升陸勺柒抄陸撮叁圭叁粟壹粒陸顆玖糠貳粃，每石折徵銀陸錢，共該銀肆拾捌兩叁錢貳分玖釐玖毫伍絲壹忽貳微貳纖陸塵壹渺伍漠，實應免折色糧柒石伍斗柒升壹合陸抄陸撮叁圭肆粟貳粒捌顆肆糠，該除銀貳百肆兩貳錢叁分伍釐捌毫伍絲柒忽捌微陸纖伍塵伍渺貳漠柒沙。

實在地肆百陸拾玖頃玖畝叁分貳釐，該本折糧壹千柒百捌拾伍石貳斗叁升叁合陸勺叁抄陸撮捌圭柒粟柒粒柒顆叁糠，實徵本色起運糧壹千叁百肆石肆斗貳升捌合叁勺壹撮伍圭伍粟貳顆貳顆陸糠貳粃遵照乾隆伍拾玖年奉准部咨令，將康熙年間易知由單內載：每畝徵本色起運糧貳升柒合捌勺柒撮肆圭肆粟肆粒貳顆，實徵本色存留官學倉糧肆百叁拾玖石肆斗玖升陸合陸勺玖抄柒撮陸圭陸粟捌粒叁顆捌粃，每石折徵銀陸兩，共折徵銀貳百陸拾叁兩陸錢捌分陸釐肆毫柒絲叁忽壹微柒纖叁塵捌渺伍漠每畝徵本色官學倉糧玖合叁勺伍抄陸撮捌圭伍粟捌顆，每畝折徵銀伍釐陸毫壹絲玖忽肆微玖塵伍渺，實徵折色糧肆拾壹石叁斗捌合陸勺叁抄柒撮陸圭伍粟柒粒壹顆陸糠，該折徵銀壹千壹百壹拾肆兩叁錢貳分陸釐伍毫肆絲肆忽壹微叁纖肆塵肆渺柒漠叁沙遵照乾隆伍拾玖年奉准部咨令，將康熙年間易知由單內載：折正壹等地每畝折徵銀貳分叁釐柒毫肆絲柒忽叁微伍纖柒塵伍漠，逐壹纂入書內，嗣後遇有墾豁，以便按畝增除。

原額人丁叁門玖則不等，共折下下人丁伍千陸百捌拾陸丁，每丁徵銀貳錢柒分肆釐伍絲壹忽，共銀壹千伍百伍拾捌兩貳錢伍分叁釐肆毫捌絲，內除優免丁壹百捌拾陸丁，共銀伍拾兩玖錢柒分叁釐肆毫捌絲。

行差丁伍千伍百丁，共額徵銀壹千伍百柒兩貳錢捌分。

順治柒年並拾壹年題明免過逃亡、續亡共丁肆千玖拾丁，該除銀壹千壹百貳拾叁兩叁錢壹分，前招回並節年編審出共丁貳百貳丁，該徵銀伍拾柒兩捌錢貳毫壹絲貳忽，實豁免丁叁千捌百捌拾捌丁，應免銀壹千陸拾伍兩伍錢玖釐柒毫捌絲捌忽。

實在行差丁壹千陸百壹拾貳丁，該徵銀肆百肆拾壹兩柒錢柒分貳毫壹絲貳忽於雍正伍年攤入地糧內徵解。

康熙伍拾伍年起，至乾隆貳拾陸年止，編審出永不加賦丁叁拾貳丁；乾隆叁拾壹年編審出永不加賦丁肆丁；乾隆叁拾陸年編審出永不加賦丁肆丁。共編審出丁肆拾丁，欽遵康熙伍拾貳年叁月拾捌日恩詔，後遇編審之期，但據康熙伍拾年丁冊定為常額，永不加賦。

又額外應徵匠價銀肆兩肆錢伍分伍釐攤入前項地糧內徵解。

又協濟延安府儒學廩生月糧叁分復壹外，實裁充餉銀玖兩陸錢，內除荒銀壹兩肆錢捌分捌釐柒毫貳絲陸忽陸微捌纖肆塵柒渺玖漠，實徵銀捌兩壹錢壹分壹釐貳毫柒絲叁忽叁微壹纖伍塵貳渺壹漠。

外遇閏加銀壹百叁拾壹兩陸錢肆釐壹毫貳絲陸忽，內除荒銀柒拾陸兩玖錢玖分伍毫柒絲貳忽陸微玖纖壹塵貳渺，實徵銀伍拾肆兩陸錢壹分叁釐伍毫伍絲叁忽叁微捌塵捌渺。

地、丁貳項並匠價、協濟廪生月糧，除優免丁銀外，共銀叁千壹百伍拾壹兩玖錢壹分叁釐捌毫貳絲陸忽肆微，內除荒銀壹千叁百壹拾玖兩伍錢陸分肆釐叁毫貳絲叁忽柒微柒纖陸塵肆渺陸漠柒沙，實徵銀壹千捌百叁拾貳兩叁錢肆分玖釐伍毫貳忽陸微貳纖叁塵伍渺叁漠叁沙。

本色起運糧壹千伍百肆拾叁石伍斗，內除荒糧貳百叁拾玖石柒升壹合陸勺玖抄捌撮肆圭肆粟柒粒柒顆叁糠捌粃，實徵糧壹千叁百肆石肆斗貳升捌合叁勺壹撮伍圭伍粟貳粒貳顆陸糠貳粃。

外遇閏加銀壹百叁拾壹兩陸錢肆釐壹毫貳絲陸忽，內除荒銀柒拾陸兩玖錢玖分伍毫柒絲貳忽陸微玖纖壹塵貳渺，實徵銀伍拾肆兩陸錢壹分叁釐伍毫伍絲叁忽叁微捌塵捌渺。

又匠價閏銀叁錢柒分壹釐貳毫伍絲。

壹起運項下

原額起運糧壹千伍百肆拾叁石伍斗，內除荒糧貳百叁拾玖石柒升壹合陸勺玖抄捌撮肆圭肆粟柒粒柒顆叁糠捌粃，實徵糧壹千叁百肆石肆斗貳升捌合叁勺壹撮伍圭伍粟貳粒貳顆陸糠貳粃。

原編起運糧石折價銀玖百捌拾捌兩肆錢柒釐玖毫肆絲貳忽，內除荒銀壹百伍拾捌兩柒錢壹分玖釐壹毫捌絲陸忽伍微伍塵玖渺叁漠陸沙肆洙捌涯，實徵銀捌百貳拾玖兩陸錢捌分捌釐柒毫伍絲伍忽肆微玖纖肆塵陸漠叁沙伍洙貳涯。

軍器、毛襖等項折價銀叁百肆拾捌兩叁錢叁分叁釐叁毫，內除荒銀貳百肆拾陸兩貳錢肆分捌釐玖毫肆絲貳忽玖纖貳塵叁渺，實徵銀壹百貳兩捌分肆釐叁毫伍絲柒忽玖微柒塵柒渺。

舊編存留內裁扣，順治玖年裁扣人役工食等銀貳百貳拾壹兩陸錢，內除實徵不敷額支銀壹百貳拾叁兩捌錢柒分捌釐捌毫，實裁銀玖拾柒兩柒錢貳分壹釐貳毫；拾貳年裁扣傘扇銀捌兩，除不敷銀壹兩柒錢叁分玖釐，實裁銀陸兩貳錢陸分壹釐；拾肆年裁扣官生俸廪等項，除奉復孤貧外，止實裁銀壹百伍拾玖兩玖錢叁分肆釐伍毫，內除不敷銀叁拾肆兩柒錢捌分叁毫伍忽；拾伍年裁冗員銀伍拾柒兩玖錢貳分，內除不敷銀壹拾貳兩伍錢玖分壹釐肆毫，實裁銀肆拾伍兩叁錢貳分捌釐陸毫；又除遞馬叁分裁壹，銀貳拾柒兩貳分壹釐壹毫叁絲捌忽壹微玖纖，內除不敷銀伍兩捌錢柒分捌釐伍毫，實裁銀貳拾壹兩壹錢肆分貳釐陸毫叁絲捌忽玖微玖纖。康熙元年裁吏書工食銀玖拾柒兩貳錢，內除不敷銀貳拾壹兩壹錢叁分肆釐貳毫，實裁銀柒拾陸兩陸分伍釐捌毫；叁年裁齋夫、門斗工食銀肆拾叁兩貳錢，內除不敷銀玖兩叁錢玖分貳釐柒毫捌絲，實裁銀叁拾叁兩捌錢柒釐貳毫貳絲，雜費丁銀壹百陸拾陸兩叁錢肆分貳毫，內除不敷銀叁拾陸兩貳錢貳分柒釐玖毫，實裁銀壹百叁拾兩壹錢壹分貳釐叁毫；拾伍年裁心紅紙張、修理監倉、喂馬草料、土牛等項銀伍拾玖兩，內除不敷銀壹拾貳兩捌錢貳分捌釐玖毫，實裁銀肆拾陸兩壹錢柒分壹釐壹毫；貳拾柒年裁歲貢、舉人盤纏銀貳拾陸兩，內除不敷銀伍兩陸錢伍分伍釐捌毫肆絲伍忽，實裁銀貳拾兩叁錢肆分肆釐壹毫伍絲伍忽。雍正陸年裁燈夫工食銀貳拾肆兩，內除不敷銀伍兩貳錢壹分捌釐，實裁銀壹拾捌兩柒錢捌分貳釐；拾貳年裁民壯工食銀柒拾捌兩，內除不敷銀壹拾陸兩玖錢伍分捌釐伍毫，實裁銀陸拾壹兩肆分壹釐伍毫。乾隆貳年裁舖司工食銀貳拾肆兩，內除不敷銀伍兩貳錢壹分捌釐，實裁銀壹拾捌兩柒錢捌分貳釐。

共銀柒百兩柒錢壹分叁釐柒毫捌忽壹微玖纖，內除荒銀肆百壹兩陸錢陸毫貳絲陸忽肆微陸纖玖塵玖渺肆漠叁沙伍洙貳涯，實徵銀貳百玖拾玖兩壹錢壹分叁釐捌絲壹忽柒微貳纖伍漠陸沙肆洙捌涯。

又額外匠價銀肆兩肆錢伍分伍釐。

又協濟延安府廩生月糧叁分復壹外，實裁銀玖兩陸錢，內除荒銀壹兩肆錢捌分捌釐柒毫貳絲陸忽陸微捌纖肆塵柒渺玖漠，實徵銀捌兩壹錢壹分壹釐貳毫柒絲叁忽叁微壹纖伍塵貳渺壹漠。

以上實該起運銀壹千貳百肆拾叁兩肆錢伍分貳釐肆毫陸絲捌忽肆微叁纖柒塵叁漠。

又收存留內額協抵餉銀貳百貳兩叁錢捌分捌釐伍毫貳絲伍忽。

貳項共銀壹千肆百肆拾伍兩捌錢肆分玖毫玖絲叁忽肆微叁纖柒塵叁漠，內在於請倣以糧載丁等事案內，通省以糧均丁減銀貳拾玖兩貳錢貳分貳釐玖毫肆絲玖忽玖微伍纖捌塵，內除乾隆元、陸、拾壹、拾陸、貳拾壹、貳拾陸等年編審案內，共增抵補屯更丁銀陸兩玖錢伍分玖釐肆毫肆絲柒忽玖纖肆塵伍渺叁漠叁沙叁洙叁涯貳洒；又乾隆叁拾壹、叁拾陸兩年編審案內，共增抵補屯更丁銀貳兩陸錢伍分柒釐伍毫柒絲伍微肆纖柒塵貳渺陸漠陸沙陸洙陸涯捌洒。止減銀壹拾玖兩陸錢伍釐玖毫叁絲貳忽叁微壹纖陸塵貳渺。

止該銀壹千肆百貳拾陸兩貳錢叁分伍釐陸絲壹忽壹微貳纖捌渺叁漠，內留支加增撥補俸工銀陸百肆拾兩柒分叁釐叁毫肆絲捌忽貳微捌纖陸渺；又留支請更府縣等事案內，新添夫馬工料銀壹百壹拾貳兩。止該銀陸百柒拾肆兩壹錢陸分壹釐柒毫壹絲貳忽捌微肆纖貳沙叁漠。

外遇閏裁扣，內順治玖年裁扣銀壹拾陸兩捌錢；拾肆年裁扣銀壹拾貳兩伍錢玖分陸釐叁毫陸絲叁忽；拾伍年裁銀肆兩捌錢貳分陸釐陸毫陸絲陸忽。康熙元年裁銀捌兩壹錢；叁年裁銀叁兩陸錢；拾伍年裁銀貳兩陸錢陸分陸釐陸毫柒絲。雍正陸年裁銀貳兩；拾貳年裁銀陸兩伍錢。乾隆貳年裁銀貳兩，又閏俸銀玖兩叁釐叁毫貳絲柒忽。

共銀陸拾捌兩玖分叁釐貳絲陸忽，內除荒銀叁拾玖兩捌錢貳分捌釐玖毫伍絲玖忽貳微壹纖陸塵，實徵銀貳拾捌兩貳錢陸分肆釐陸絲陸忽柒微捌纖肆塵。

又額外應徵匠價閏銀叁錢柒分壹釐貳毫伍絲。

又協濟延安府廪生月糧叁分復壹外，實裁閏銀捌錢，內除荒銀壹錢貳分肆釐肆絲伍忽陸微柒纖叁塵柒渺，實徵銀陸錢柒分伍釐玖毫伍絲肆忽叁微貳纖陸塵叁渺。

叁項共銀貳拾玖兩叁錢壹分壹釐貳毫柒絲壹忽壹微壹纖叁渺，內除請倣以糧均丁減銀壹拾叁兩壹錢叁分陸釐玖毫叁絲壹忽貳微伍纖貳塵伍渺，內除節次抵補屯更丁增閏銀伍錢陸分伍釐陸毫伍絲叁忽貳微陸塵壹渺，止減銀壹拾貳兩伍錢柒分壹釐貳毫柒絲捌忽肆纖陸塵肆渺。

止該銀壹拾陸兩柒錢叁分玖釐玖毫玖絲叁忽陸纖叁塵玖渺，內留支加增撥補銀壹拾貳兩玖錢捌分玖釐肆毫壹絲陸忽陸微肆纖肆塵捌渺，止該起運銀叁兩柒錢伍分伍毫柒絲陸忽肆微壹纖玖塵壹渺。

壹存留項下

舊編存留銀壹千壹百兩肆錢叁釐捌毫柒絲陸忽貳微壹纖，內除荒銀伍百壹拾壹兩伍錢陸釐捌毫肆絲貳忽貳纖叁塵肆渺玖漠柒沙，實徵銀伍百捌拾捌兩捌錢玖分柒釐叁絲肆忽壹微捌纖陸塵伍渺叁沙。

壹俸工項下

知縣壹員，額支俸薪銀叁拾伍兩貳錢壹分肆釐，內除荒銀貳拾兩伍錢玖分伍釐玖絲伍忽，實徵支銀壹拾肆兩陸錢壹分捌釐玖毫伍忽。外撥補銀肆兩貳錢玖分柒釐叁毫伍絲貳忽玖微捌纖柒塵肆渺。

典史壹員，額支俸薪銀叁拾壹兩伍錢貳分，內除不敷銀陸兩捌錢伍分壹釐，該支銀貳拾肆兩陸錢陸分玖釐，內除荒撥補銀壹拾肆兩肆錢貳分柒釐柒毫玖絲陸忽，實徵支銀壹拾兩貳錢肆分壹釐貳毫肆忽。

教諭、訓導貳員，額支俸薪銀叁拾壹兩伍錢貳分，內除不敷銀陸兩捌錢伍分壹釐，該支銀貳拾肆兩陸錢陸分玖釐，內於道光拾貳年奉文裁汰訓導壹員，應支俸薪銀兩解司報撥除荒撥補銀壹拾肆兩肆錢貳分柒釐柒毫玖絲陸忽，實徵支銀壹拾兩貳錢肆分壹釐貳毫肆忽。外加增銀伍拾伍兩叁錢叁分壹釐。

知縣衙門

門子貳名，每名歲支銀陸兩，共銀壹拾貳兩，內除不敷銀貳兩陸錢玖釐，該支銀玖兩叁錢玖分壹釐，內除荒撥補銀伍兩肆錢玖分貳釐叁毫柒絲陸忽，實徵支銀叁兩捌錢玖分捌釐陸毫貳絲肆忽。遇閏加銀壹兩，內除荒銀伍錢捌分伍釐捌絲肆忽，實徵支銀肆錢壹分肆釐玖毫壹絲陸忽。

皂隸、仵作壹拾陸名，每名歲支銀陸兩，共銀玖拾陸兩，內除不敷銀貳拾兩捌錢柒分貳釐，該支銀柒拾伍兩壹錢貳分捌釐，內除荒撥補銀肆拾叁兩玖錢叁分玖釐壹絲壹忽，實徵支銀叁拾壹兩壹錢捌分捌釐玖毫捌絲玖忽。遇閏加銀捌兩，內除荒銀肆兩陸錢捌分柒毫伍絲貳忽，實徵支銀叁兩叁錢壹分玖釐貳毫肆絲捌忽。

馬快捌名，每名歲支銀壹拾陸兩捌錢，共銀壹百叁拾肆兩肆錢，內除不敷銀貳拾玖兩貳錢叁分，該支銀壹百伍兩壹錢柒分，內除荒撥補銀陸拾壹兩伍錢玖釐貳毫叁絲肆忽，實徵支銀肆拾叁兩陸錢陸分柒毫陸絲陸忽。遇閏加銀壹拾壹兩貳錢，內除荒銀陸兩伍錢伍分叁釐伍絲叁忽，實徵支銀肆兩陸錢肆分陸釐玖毫肆絲柒忽。

民壯叁拾柒名，每名歲支銀陸兩，共銀貳百貳拾貳兩，內除不敷銀肆拾捌兩貳錢陸分陸釐伍毫，該支銀壹百柒拾叁兩柒錢叁分叁釐伍毫，內除荒撥補銀壹百壹兩陸錢捌釐玖毫伍絲捌忽肆微捌纖，實徵支銀柒拾貳兩壹錢貳分肆釐伍毫肆絲壹忽伍微貳纖。外加增銀肆拾捌兩貳錢陸分陸釐伍毫。遇閏加銀壹拾捌兩伍錢，內除荒銀壹拾兩捌錢貳分叁釐貳毫叁絲捌忽叁微，實徵支銀柒兩陸錢柒分陸釐柒毫陸絲壹忽柒微。

看監禁卒捌名，每名歲支銀陸兩，共銀肆拾捌兩，內除不敷壹拾兩肆錢叁分陸釐，該支銀叁拾柒兩伍錢陸分肆釐，內除荒撥補銀貳拾壹兩玖錢陸分玖釐伍毫伍忽，實徵支銀壹拾伍兩伍錢玖分肆釐肆毫玖絲伍忽。外每名加增銀貳兩，共銀壹拾陸兩。遇閏加銀肆兩，內除荒銀貳兩叁錢肆分叁毫柒絲柒忽，實徵支銀壹兩陸錢伍分玖釐陸毫貳絲叁忽。

轎傘扇夫柒名，每名歲支銀陸兩，共銀肆拾貳兩，內除不敷銀玖兩壹錢叁分貳釐伍毫，該支銀叁拾貳兩捌錢陸分柒釐伍毫，內除荒撥補銀壹拾玖兩貳錢貳分貳釐柒毫叁絲壹忽，實徵支銀壹拾叁兩陸錢肆分肆釐柒毫陸絲玖忽。遇閏加銀叁兩伍錢，內除荒銀貳兩肆分柒釐捌毫貳絲玖忽，實徵支銀壹兩肆錢伍分貳釐壹毫柒絲壹忽。

庫子肆名，每名歲支銀陸兩，共銀貳拾肆兩，內除不敷銀伍兩貳錢壹分捌釐，該支銀壹拾捌兩柒錢捌分貳釐，內除荒撥補銀壹拾兩玖錢捌分肆釐柒毫伍絲叁忽，實徵支銀柒兩柒錢玖分柒釐貳毫肆絲柒忽。遇閏加銀貳兩，內除荒銀壹兩壹錢柒分壹毫捌絲捌忽，實徵支銀捌錢貳分玖釐捌毫壹絲貳忽。

斗級肆名，每名歲支銀陸兩，共銀貳拾肆兩，內除不敷銀伍兩貳錢壹分捌釐，該支銀壹拾捌兩柒錢捌分貳釐，內除荒撥補銀壹拾兩玖錢捌分肆釐柒毫伍絲叁忽，實徵支銀柒兩柒錢玖分柒釐貳毫肆絲柒忽。遇閏加銀貳兩，內除荒銀壹兩壹錢柒分壹毫捌絲捌忽，實徵支銀捌錢貳分玖釐捌毫壹絲貳忽。

鐘鼓夫伍名，每名歲支銀貳兩肆錢，共銀壹拾貳兩，內除不敷銀貳兩陸錢玖釐，該支銀玖兩叁錢玖分壹釐，內除荒撥補銀陸兩伍錢貳分貳釐貳毫壹絲玖忽，實徵支銀貳兩捌錢陸分捌釐柒毫捌絲壹忽。遇閏加銀壹兩，內除荒銀伍錢捌分捌釐捌毫壹絲伍微叁纖肆渺，實徵支銀肆錢壹分壹釐壹毫捌絲玖忽肆微陸纖玖塵陸渺。

典史衙門

門子壹名，歲支銀陸兩，內除不敷銀壹兩叁錢肆釐伍毫，該支銀肆兩陸錢玖分伍釐伍毫，內除荒撥補銀貳兩柒錢肆分陸釐壹毫捌絲捌忽，實徵支銀壹兩玖錢肆分玖釐叁毫壹絲貳忽。遇閏加銀伍錢，內除荒銀貳錢玖分貳釐伍毫肆絲柒忽，實徵支銀貳錢柒釐肆毫伍絲叁忽。

皂隸肆名，每名歲支銀陸兩，共銀貳拾肆兩，內除不敷銀伍兩貳錢壹分捌釐，該支銀壹拾捌兩柒錢捌分貳釐，內除荒撥補銀壹拾兩玖錢捌分肆釐柒毫伍絲叁忽，實徵支銀柒兩柒錢玖分柒釐貳毫肆絲柒忽。遇閏加銀貳兩，內除荒銀壹兩壹錢柒分壹毫捌絲捌忽，實徵支銀捌錢貳分玖釐捌毫壹絲貳忽。

馬夫壹名，歲支銀陸兩，內除不敷銀壹兩叁錢肆釐伍毫，該支銀肆兩陸錢玖分伍釐伍毫，內除荒撥補銀貳兩柒錢肆分陸釐壹毫捌絲捌忽，實徵支銀壹兩玖錢肆分玖釐叁毫壹絲貳忽。遇閏加銀伍錢，內除荒銀貳錢玖分貳釐伍毫肆絲柒忽，實徵支銀貳錢柒釐肆毫伍絲叁忽。

教職衙門

齋夫叁名，每名歲支銀壹拾貳兩，共銀叁拾陸兩，內除不敷銀柒兩捌錢貳分柒釐，該支銀貳拾捌兩壹錢柒分叁釐，內於道光拾貳年奉文裁汰訓導、斎夫壹名半，應支工食銀兩解司報撥除荒撥補銀壹拾陸兩肆錢柒分柒釐壹毫貳絲玖忽，實徵支銀壹拾壹兩陸錢玖分伍釐捌毫柒絲壹忽。遇閏加銀叁兩，內除荒銀壹兩柒錢伍分伍釐貳毫捌絲貳忽，實徵支銀壹兩貳錢肆分肆釐柒毫壹絲捌忽。

膳夫貳名，歲支銀壹拾叁兩叁錢叁分叁釐叁毫，內除不敷銀貳兩捌錢玖分玖釐伍毫，該支銀壹拾兩肆錢叁分叁釐捌毫，內除荒撥補銀陸兩壹錢貳釐貳毫陸絲伍忽伍微捌纖柒塵肆渺，實徵支銀肆兩叁錢叁分壹釐伍毫叁絲肆忽肆微壹纖貳塵陸渺。遇閏加銀壹兩壹錢壹分壹釐壹毫，內除荒撥補銀陸錢伍分壹毫捌忽陸微肆纖肆塵捌渺，實徵支銀肆錢陸分玖毫玖絲壹忽叁微伍纖伍塵貳渺。

門斗貳名，每名歲支銀柒兩貳錢，共銀壹拾肆兩肆錢，內除不敷銀叁兩壹錢叁分壹釐伍毫陸絲，該支銀壹拾壹兩貳錢陸分捌釐肆毫肆絲，內道光拾貳年奉文裁汰訓導、門斗壹名，應支工食銀兩解司報撥除荒撥補銀陸兩伍錢玖分肆毫柒忽，實徵支銀肆兩陸錢柒分捌釐叁絲叁忽。遇閏加銀壹兩貳錢，內除荒銀柒錢貳釐壹毫壹絲叁忽，實徵支銀肆錢玖分柒釐捌毫捌絲柒忽。

廩生貳拾名，每名歲支銀貳兩肆錢，共銀肆拾捌兩，內除不敷銀壹拾兩肆錢叁分玖釐，該支銀叁拾柒兩伍錢陸分壹釐，內除荒撥補銀貳拾壹兩玖錢壹分柒釐肆毫陸絲玖忽，實徵支銀壹拾伍兩陸錢肆分叁釐伍毫叁絲壹忽。遇閏加銀肆兩，內除荒撥補銀貳兩叁錢叁分玖釐叁毫捌忽，實徵支銀壹兩陸錢陸分陸毫玖絲貳忽。

額外添設麻地溝巡檢壹員，額支俸薪銀叁拾壹兩伍錢貳分。

門子壹名，歲支工食銀陸兩。遇閏加銀伍錢。

皂隸貳名，每名歲支工食銀陸兩，共支銀壹拾貳兩。遇閏加銀壹兩。

馬夫壹名，歲支工食銀陸兩。遇閏加銀伍錢。

弓兵肆名，每名歲支工食銀陸兩，共支銀貳拾陸兩。遇閏加銀貳兩。

以上俸工項下，除廩生、膳夫貳欵照常支發外，其餘官役俸工於道光貳拾叁年奉文，均以貳兩平支放，每兩減平銀陸分，其減平銀兩，每年批解部庫交納，理合登明。

一祭祀項下

春秋貳季致祭文廟及各壇祠並無祀鬼魂品物等項銀陸拾陸兩捌錢，內除不敷銀壹拾肆兩伍錢肆分伍釐柒毫，該支銀伍拾貳兩貳錢伍分肆釐叁毫，內除荒銀叁拾陸兩叁錢貳分柒釐貳毫肆絲捌忽玖塵肆漠，實徵支銀壹拾伍兩玖錢貳分柒釐伍絲壹忽玖微玖纖玖渺陸漠。

外撥補均攤不敷銀伍拾柒兩肆錢貳分肆釐貳毫叁絲壹忽貳微玖纖伍塵貳渺捌漠伍沙陸涯。

鄉飲銀叁兩，內除不敷銀陸錢貳分叁釐伍毫，該支銀貳兩叁錢柒分陸釐伍毫，內除荒銀壹兩陸錢伍分伍毫貳絲叁忽，實徵支銀柒錢貳分伍釐玖毫柒絲柒忽。

以上鄉飲壹欵於道光貳拾叁年奉文裁汰，其徵收銀兩，每年批解部庫交納，理合登明。

一孤貧項下

孤老貳拾名，共支月糧銀肆拾叁兩貳錢，內除不敷銀玖兩叁錢玖分肆釐伍毫叁絲，該支銀叁拾叁兩捌錢伍釐肆毫柒絲，內除荒銀壹拾玖兩捌錢壹分肆毫叁絲叁忽貳微貳纖伍塵捌渺，實徵支銀壹拾叁兩玖錢玖分伍釐叁絲陸忽柒微柒纖肆塵貳渺。外加增銀伍拾捌兩肆釐玖毫陸絲叁忽貳微貳纖伍塵捌渺。遇閏加銀陸兩。

孤老布花銀肆兩陸錢玖分伍釐貳毫肆忽肆微，內除荒銀貳兩柒錢伍分壹釐陸毫壹絲伍忽玖微壹纖捌渺，實徵支銀壹兩玖錢肆分叁釐伍毫捌絲捌忽肆微捌纖玖塵貳渺。

壹驛站項下

榆林驛站銀貳百柒拾貳兩陸錢；歸德驛站銀肆拾壹兩肆錢；河西驛站銀壹拾兩玖錢壹分。共銀叁百貳拾肆兩玖錢壹分。

又收請更府縣等事案內，新添夫馬工料銀壹百壹拾貳兩。

又收請更府縣等事案內，增給夫馬閏月工料銀玖兩。

叁項共銀肆百肆拾伍兩玖錢壹分，內除荒銀伍拾兩叁錢貳分陸釐貳毫叁絲叁忽肆渺伍漠柒沙，實徵銀叁百玖拾伍兩伍錢捌分叁釐柒毫陸絲陸忽玖微玖纖玖塵伍渺肆漠叁沙，內除額協河西、歸德、榆林各驛站支抵餉銀貳百貳兩叁錢捌分捌釐伍毫貳絲伍忽入起運外，實徵支銀壹百玖拾叁兩壹錢玖分伍釐貳毫肆絲壹忽玖微玖纖玖塵伍渺肆漠叁沙。

一走遞項下

走遞銀壹兩叁錢玖分貳釐壹毫陸絲壹忽捌微壹纖查此項銀兩，俱係荒銀，而實徵之數，在叁分裁壹內裁充兵餉訖。

以上存留實徵銀伍百捌拾捌兩捌錢玖分柒釐叁絲肆忽壹微捌纖陸塵伍渺叁沙，內除額協河西、歸德、榆林各驛站支抵餉銀貳百貳兩叁錢捌分捌釐伍毫貳絲伍忽，實该銀叁百捌拾陸兩伍錢捌釐伍毫玖忽壹微捌纖陸塵伍渺叁沙。

外加增撥補俸工銀伍百陸拾兩伍錢伍分叁釐叁毫肆絲捌忽貳微捌纖陸渺。

又加請更府縣等事案內，新添夫馬工料銀壹百壹拾貳兩。

又留支額外麻地溝巡檢俸工銀柒拾玖兩伍錢貳分。

共該存留銀壹千壹百叁拾捌兩伍錢捌分壹釐捌毫伍絲柒忽肆微陸纖柒塵壹渺叁沙於乾隆伍拾貳年奉文，全數解司，壹切支欵，俱由司按季領支，嗣於嘉慶伍年奉文，照舊在縣留支，並不解司，按季請領。

外於西安布政司庫領支均攤祭祀銀伍拾柒兩肆錢貳分肆釐貳毫叁絲壹忽貳微玖纖伍塵貳渺捌漠伍沙陸涯係動支耗羡銀兩。

遇閏原加銀柒拾貳兩伍錢壹分肆釐肆毫貳絲柒忽，內除裁扣閏俸銀玖兩叁釐叁毫貳絲柒忽入起運外，實該銀陸拾叁兩伍錢壹分壹釐壹毫，內除荒銀叁拾柒兩壹錢陸分壹釐陸毫壹絲叁忽肆微柒纖伍塵貳渺，實徵銀貳拾陸兩叁錢肆分玖釐肆毫捌絲陸忽伍微貳纖肆塵捌渺。

外加增撥補役廩銀捌兩玖錢捌分玖釐肆毫壹絲陸忽陸微肆纖肆塵捌渺。

又留支額外麻地溝巡檢各役閏月銀肆兩。

共該存留閏銀叁拾玖兩叁錢叁分捌釐玖毫叁忽壹微陸纖玖塵陸渺於乾隆伍拾貳年奉文，全數解司，壹切支欵，俱由司按季領支，嗣於嘉慶伍年奉文，照舊在縣留支，並不解司，按季請領。

外於西安布政司庫領支夫馬閏月銀玖兩係動支起運銀兩。

一額外

課程銀壹兩壹錢玖分壹釐。遇閏加銀玖分玖釐貳毫伍絲。

協濟延安府儒學廩生月糧叁分復壹，銀肆兩捌錢，內除荒銀柒錢肆分肆釐叁毫陸絲叁忽叁微肆纖貳塵肆渺，實徵銀肆兩伍分伍釐陸毫叁絲陸忽陸微伍纖柒塵陸渺。遇閏加銀肆錢，內除荒銀陸分貳釐貳絲貳忽捌微叁纖陸塵捌渺玖漠，實徵銀叁錢叁分柒釐玖毫柒絲柒忽壹微陸纖叁塵壹渺壹漠。

畜稅銀叁拾捌兩壹錢玖分係買騾馬出辦，原無定額，儘收儘解。

當稅銀壹百肆拾伍兩當商貳拾玖座，每座歲徵銀伍兩。

牙稅銀貳兩共牙行伍名，每名歲徵銀肆錢。

地稅銀壹拾玖兩貳錢貳分肆釐係買房地業主出辦，原無定額，儘收儘解。

神木縣

原額折正地叁百捌拾壹頃叁拾畝肆絲，共額徵本折糧壹千柒百捌拾陸石玖斗柒升肆合柒勺肆撮，每畝科本色糧肆升陸合貳勺叁抄伍撮捌圭玖粟伍粒，科折色糧陸勺貳抄玖撮肆圭貳粟伍粒，徵銀貳分柒釐玖毫伍絲貳忽伍微陸纖陸塵伍渺，共徵起運糧壹千叁百叁拾陸石伍斗叁升玖合肆勺叁抄，共徵本色起運草叁千貳百壹拾柒束捌觔壹拾叁兩捌錢，共徵本色官學倉糧肆百貳拾陸石肆斗叁升伍合貳勺柒抄肆撮舊例每石折徵銀陸錢，今照康熙年間易知由單內載：每畝折徵銀陸釐柒毫壹絲貳微叁纖貳塵肆渺，共銀貳百伍拾伍兩捌錢陸分壹釐壹毫陸絲肆忽肆微，共徵折色糧貳拾肆石，該折徵銀壹千陸拾伍兩捌錢叁分壹釐叁毫柒絲肆忽柒微。

原額人丁叁門玖則不等，俱折下下人丁壹萬伍千柒百伍拾柒丁，每丁徵銀壹錢貳分貳釐壹毫玖絲陸忽玖纖柒塵，共徵銀壹千玖百貳拾伍兩肆錢肆分叁釐玖毫伍忽貳微陸纖陸塵，內除優免丁壹百柒拾捌丁，共銀貳拾壹兩柒錢伍分玖毫伍忽貳微陸纖陸塵。

又行差丁壹萬伍千伍百柒拾玖丁，共額銀壹千玖百叁兩陸錢玖分叁釐。

順治柒年、拾壹年題明免逃亡丁玖千捌百陸丁，應除銀壹千壹百玖拾捌兩壹錢柒分陸釐貳毫肆絲，前招回並節年招回及編審出丁柒百玖拾玖丁，該銀玖拾柒兩陸錢貳分陸釐壹毫貳絲叁忽叁微叁纖伍塵，實應免丁玖千柒丁，應免銀壹千壹百兩伍錢伍分壹毫壹絲陸忽陸微陸纖伍塵。

實在行差並節年招回、編審共丁陸千伍百柒拾貳丁，共徵銀捌百叁兩壹錢肆分貳釐捌毫捌絲叁忽叁微叁纖伍塵於雍正伍年攤入地糧內徵解。

康熙伍拾伍年起，至乾隆貳拾陸年止，編審出丁伍拾壹丁；乾隆叁拾壹年編審出丁柒丁；乾隆叁拾陸年編審出丁柒丁。共編審出丁陸拾伍丁，欽遵康熙伍拾貳年叁月拾捌日恩詔，後遇編審之期，但據康熙伍拾年丁冊定為常額，永不加賦。

遇閏加徵銀壹百叁拾肆兩肆錢肆釐壹毫叁絲貳忽，內除荒銀陸拾陸兩壹錢陸分陸釐陸毫壹絲貳忽壹微叁纖壹塵壹渺，實徵銀陸拾捌兩貳錢叁分柒釐伍毫壹絲玖忽捌微陸纖捌塵玖渺。

又額外匠價銀肆兩叁錢伍分陸釐。遇閏加銀叁錢叁分。

停免銀伍兩玖錢捌分捌釐貳毫伍絲伍忽柒微。

以上額外正閏叁項攤入前項地糧內徵解。

以上地、丁貳項並匠價、停免共額徵銀叁千貳百叁拾伍兩柒錢貳分玖釐柒毫玖絲肆忽捌微，內除荒銀壹千壹百兩伍錢伍分壹毫壹絲陸忽陸微陸纖伍塵，實徵銀貳千壹百叁拾伍兩壹錢柒分玖釐陸毫柒絲捌忽壹微叁纖伍塵。

本色起運糧壹千叁百叁拾陸石伍斗叁升玖合肆勺叁抄；馬草叁千貳百壹拾柒束捌觔壹拾叁兩捌錢。

遇閏加徵銀壹百叁拾肆兩肆錢肆釐壹毫叁絲貳忽，內除荒銀陸拾陸兩壹錢陸分陸釐陸毫壹絲貳忽壹微叁纖壹塵壹渺，實徵銀陸拾捌兩貳錢叁分柒釐伍毫壹絲玖忽捌微陸纖捌塵玖渺。

又匠價閏徵銀叁錢叁分。

壹起運項下

本色起運糧壹千叁百叁拾陸石伍斗叁升玖合肆勺叁抄。

本色起運草叁千貳百壹拾柒束捌觔壹拾叁兩捌錢。

原編起運糧石折價銀陸百陸拾肆兩玖錢壹分陸釐伍毫肆絲。

節裁軍器、毛襖歸入起運銀叁百捌拾陸兩捌錢伍分陸釐陸毫，内除荒銀貳百壹拾捌兩柒錢肆分貳釐壹絲陸微叁纖貳塵玖渺，實起運銀壹百陸拾捌兩壹錢壹分肆釐伍毫捌絲玖忽叁微陸纖柒塵壹渺。

舊編存留，内顺治玖年裁扣各役工食銀壹百伍拾貳兩貳錢伍分壹毫；拾貳年裁扣傘扇銀陸兩陸錢壹分陸釐捌毫叁絲；拾年裁官生俸廩等項銀壹百肆拾兩貳錢貳分貳釐陸毫柒絲貳忽叁微，裁站銀壹百玖拾壹兩壹錢貳分陸釐。康熙元年裁吏書工食銀捌拾兩叁錢玖分肆釐伍毫；叁年裁教諭俸食銀捌拾叁兩陸錢叁分陸釐柒毫貳絲，襍費丁銀叁百玖兩叁錢伍分肆釐伍毫；拾伍年裁心紅紙張、修理監倉、喂馬草料等項共銀伍拾兩肆錢伍分叁釐叁毫伍絲；貳拾柒年裁舉貢盤纏並科舉銀叁拾捌兩肆分陸釐捌毫。雍正陸年裁燈夫工食銀壹拾玖兩捌錢伍分伍毫；拾貳年裁民壯工食銀陸拾肆兩伍錢壹分肆釐壹毫壹絲貳忽。乾隆玖年裁舖司工食銀叁拾伍兩柒錢叁分玖毫。

共裁歸起運銀壹千壹百柒拾貳兩壹錢玖分陸釐玖毫捌絲肆忽叁微，内除荒銀肆百柒拾伍兩陸錢伍分柒釐伍毫壹絲叁忽肆微叁纖壹塵叁渺，實起運銀陸百玖拾陸兩伍錢叁分玖釐肆毫柒絲捌微陸纖捌塵柒渺。

又額外應徵匠價並停免共銀壹拾兩叁錢肆分肆釐貳毫伍絲伍忽柒微。

共該起運銀壹千伍百叁拾玖兩玖錢壹分肆釐捌毫伍絲伍忽玖微叁纖伍塵捌渺。

又收存留額協抵餉銀叁拾玖兩伍錢肆分肆釐貳毫伍絲玖忽捌微。

又收存留内驛遞之差使甚少並題明請將驛站等事貳案内，共裁站銀肆百陸拾捌兩柒錢柒分貳釐肆毫捌絲玖忽陸微陸纖叁塵貳渺，内在于題明請將驛站等事案内，留支本縣新增夫馬工料銀壹百伍拾捌兩柒錢肆分肆釐捌毫，實裁站銀叁百壹拾兩貳分柒釐陸毫捌絲玖忽陸微陸纖叁塵貳渺。

共實起運銀壹千捌百捌拾玖兩肆錢捌分陸釐捌毫伍忽叁微玖纖玖塵，内受協涇陽等縣驛站兑留兵餉應支銀柒百陸拾柒兩玖錢壹分伍釐肆毫肆絲玖忽肆微陸纖叁塵貳渺；又在於請做以糧載丁等事案内，通省均丁減銀肆百貳兩肆分捌釐肆毫叁忽貳微捌纖伍塵叁渺，内除乾隆元、陸、拾壹、拾陸、貳拾壹、貳拾陸等年編審案内，共增抵補屯更丁銀捌拾捌兩陸錢壹分肆釐叁毫玖絲玖忽肆微壹纖貳塵叁渺叁漠叁沙叁洙叁涯貳洒，又乾隆叁拾壹、叁拾陸兩年編審案内，共增抵補屯更丁銀肆拾叁兩陸錢玖分陸釐貳毫壹絲玖忽貳微貳纖壹塵壹渺陸漠陸沙陸洙陸涯陸洒，止該減銀貳百陸拾玖兩柒錢叁分柒釐柒毫捌絲肆忽陸微伍纖壹塵捌渺貳洒。

實該銀捌百伍拾壹兩捌錢叁分叁釐伍毫柒絲壹忽貳微捌纖叁塵玖渺玖漠玖沙玖洙玖涯捌洒，內留支加增俸工銀肆百伍拾陸兩肆錢玖分貳釐肆毫叁絲肆忽柒纖玖塵叁渺，止實該起運銀叁百玖拾伍兩叁錢肆分壹釐壹毫叁絲柒忽貳微肆塵陸渺玖漠玖沙玖洙玖涯捌洒。

遇閏存留，內玖年裁銀壹拾陸兩捌錢；拾肆年裁銀壹拾叁兩叁錢玖分陸釐叁毫陸絲叁忽。康熙元年裁吏書銀捌兩壹錢；叁年裁教諭、門斗、齋夫等項銀捌兩肆錢貳分陸釐陸毫陸絲陸忽；拾伍年裁心紅紙張、喂馬草料銀貳兩陸錢陸分陸釐陸毫柒絲。雍正陸年裁燈夫銀貳兩；拾貳年裁民壯銀陸兩伍錢。乾隆玖年裁舖司銀叁兩陸錢，又閏俸銀玖兩叁釐叁毫叁絲叁忽。

共銀柒拾兩肆錢玖分叁釐叁絲貳忽，內除荒銀叁拾肆兩柒錢貳釐貳毫陸絲玖忽貳纖壹塵柒渺，實徵銀叁拾伍兩柒錢玖分柒毫陸絲貳忽玖微柒纖捌塵叁渺。

又收額外匠價銀叁錢叁分。

貳項共銀叁拾陸兩壹錢貳分柒毫陸絲貳忽玖微柒纖捌塵叁渺，又於請做以糧載丁等事案內，通省以糧均丁減銀貳拾陸兩肆錢伍分貳釐肆毫陸絲陸微壹纖伍塵捌渺，節次抵補屯更丁增銀捌兩玖錢叁分壹釐玖毫貳絲叁忽壹微伍纖肆塵壹渺，止該減銀壹拾柒兩伍錢貳分伍毫叁絲柒忽肆微陸纖壹塵柒渺。

實該銀壹拾捌兩陸錢貳毫貳絲伍忽伍微壹纖陸塵陸渺，內留支加增撥補廩膳、孤貧銀捌兩壹錢壹分貳釐玖毫肆絲柒忽壹微玖塵肆渺，止實該銀壹拾兩肆錢捌分柒釐貳毫柒絲捌忽肆微柒塵貳渺。

壹存留項下

原編存留銀壹千壹百柒拾叁兩伍錢玖分肆釐肆毫伍絲壹忽，除不敷銀壹百柒拾貳兩壹錢柒分玖釐叁絲陸忽貳微，止該銀壹千壹兩肆錢壹分伍釐肆毫壹絲肆忽捌微，內除荒銀肆百陸兩壹錢伍分伍毫玖絲貳忽陸微捌渺，實該存留銀伍百玖拾伍兩貳錢陸分肆釐捌毫貳絲貳忽壹微玖纖玖塵貳渺。

壹俸工項下

解延安府廩生月糧額銀肆兩捌錢，除不敷銀捌錢貳分玖釐玖毫，該支銀叁兩玖錢柒分壹毫，內除荒撥補銀壹兩玖錢壹分伍釐叁毫捌絲肆忽叁微，實支銀貳兩伍分肆釐柒毫壹絲伍忽柒微。遇閏加銀肆錢，內除荒撥補銀壹錢玖分陸釐玖毫壹忽捌微陸纖肆塵，實支銀貳錢叁釐玖絲捌忽壹微叁纖陸塵。

知縣額支俸薪銀肆拾伍兩，除不敷銀柒兩柒錢捌分叁毫，止該銀叁拾柒兩貳錢壹分玖釐柒毫，內除荒銀壹拾捌兩叁錢捌分柒毫貳絲伍忽，實支銀壹拾捌兩捌錢叁分捌釐玖毫柒絲伍忽。外撥補均攤俸薪銀壹兩貳錢貳分肆釐貳毫叁絲捌忽肆渺。

典史壹員，額支俸薪銀叁拾壹兩伍錢貳分，除不敷銀伍兩肆錢肆分玖釐陸毫，止該銀貳拾陸兩柒分肆毫，內除荒撥補銀壹拾貳兩捌錢柒分肆釐柒毫玖忽，實支銀壹拾叁兩壹錢玖分伍釐陸毫玖絲壹忽。

訓導壹員，額支俸薪銀叁拾壹兩伍錢貳分，除不敷銀伍兩肆錢肆分玖釐柒毫，止該銀貳拾陸兩柒分叁毫，內除荒撥補銀壹拾貳兩捌錢柒分肆釐陸毫玖忽，實支銀壹拾叁兩壹錢玖分伍釐陸毫玖絲壹忽。撥補教職全俸銀壹拾叁兩玖錢貳分玖釐柒毫。

知縣衙門

門子貳名，每名歲支銀陸兩，該支銀壹拾貳兩，除不敷銀貳兩柒分肆釐柒毫，止該銀玖兩玖錢貳分伍釐叁毫，內除荒撥補銀肆兩玖錢壹釐伍毫肆絲陸忽，實支銀伍兩貳分叁釐柒毫伍絲肆忽。遇閏加銀壹兩，內除荒銀肆錢玖分貳釐叁毫壹絲捌忽，實支銀伍錢柒釐陸毫捌絲貳忽。

皂隸、仵作壹拾陸名，每名歲支銀陸兩，共支銀玖拾陸兩，除不敷銀壹拾陸兩伍錢玖分柒釐柒毫，止該銀柒拾玖兩肆錢貳釐叁毫，內除荒撥補銀叁拾玖兩貳錢壹分貳釐叁毫叁絲柒忽，實支銀肆拾兩壹錢捌分玖釐玖毫陸絲叁忽。遇閏加銀捌兩，內除荒銀叁兩玖錢叁分捌釐伍毫伍絲，實支銀肆兩陸分壹釐肆毫伍絲。

馬快手捌名，每名歲支銀壹拾陸兩捌錢，共支銀壹百叁拾肆兩肆錢，除不敷銀貳拾叁兩貳錢叁分柒釐貳毫，止該銀壹百壹拾壹兩壹錢陸分貳釐捌毫，內除荒撥補銀伍拾肆兩捌錢玖分柒釐陸絲柒忽，實支銀伍拾陸兩貳錢陸分伍釐柒毫叁絲叁忽。遇閏加銀壹拾壹兩貳錢，內除荒銀伍兩伍錢壹分叁釐玖毫陸絲肆忽，實支銀伍兩陸錢捌分陸釐叁絲陸忽。

民壯叁拾柒名，每名歲支銀陸兩，共支銀貳百貳拾貳兩，除不敷銀叁拾捌兩叁錢捌分貳釐玖毫壹絲貳忽，止該銀壹百捌拾叁兩陸錢壹分柒釐捌絲捌忽，內除荒銀玖拾兩陸錢柒分捌釐壹毫陸絲壹忽，實支銀玖拾貳兩玖錢叁分捌釐玖毫貳絲柒忽。外撥補銀壹百貳拾玖兩陸分壹釐柒絲叁忽。遇閏加銀壹拾捌兩伍錢，內除荒銀玖兩壹錢柒釐捌毫玖絲陸忽，實支銀玖兩叁錢玖分貳釐壹毫肆忽。

看監禁子捌名，每名歲支銀陸兩，共支銀肆拾捌兩，除不敷銀捌兩貳錢玖分玖釐伍毫，止該銀叁拾玖兩柒錢伍毫，內除荒撥補銀壹拾玖兩陸錢伍釐捌毫伍絲叁忽，實支銀貳拾兩玖分肆釐陸毫肆絲柒忽，每名加增銀貳兩，共銀壹拾陸兩。遇閏加銀肆兩，內除荒銀壹兩玖錢陸分玖釐貳毫柒絲肆忽，實支銀貳兩叁分柒毫貳絲陸忽。

轎傘扇夫柒名，每名歲支銀陸兩，共該支銀肆拾貳兩，除不敷銀柒兩貳錢陸分壹釐陸毫，止該銀叁拾肆兩柒錢叁分捌釐肆毫，內除荒撥補銀壹拾柒兩壹錢伍分伍釐叁毫柒絲伍忽，實支銀壹拾柒兩伍錢捌分叁釐貳絲伍忽。遇閏加銀叁兩伍錢，內除荒銀壹兩柒錢貳分叁釐壹毫壹絲玖忽，實支銀壹兩柒錢柒分陸釐捌毫捌絲壹忽。

庫子肆名，每名歲支銀陸兩，共支銀貳拾肆兩，除不敷銀肆兩壹錢肆分玖釐伍毫，止該銀壹拾玖兩捌錢伍分伍毫，內除荒撥補銀玖兩捌錢叁釐伍絲貳忽，實支銀壹拾兩肆分柒釐肆毫肆絲捌忽。遇閏加銀貳兩，內除荒銀玖錢捌分肆釐陸毫叁絲陸忽，實支銀壹兩壹分伍釐叁毫陸絲肆忽。

斗級肆名，每名歲支銀陸兩，共支銀貳拾肆兩，除不敷銀肆兩壹錢肆分玖釐伍毫，止該銀壹拾玖兩捌錢伍分伍毫，內除荒撥補銀玖兩捌錢叁釐伍絲貳忽，實支銀壹拾兩肆分柒釐肆毫肆絲捌忽。遇閏加銀貳兩，內除荒銀玖錢捌分肆釐陸毫叁絲陸忽，實支銀壹兩壹分伍釐叁毫陸絲肆忽。

鐘鼓夫伍名，每名歲支銀貳兩肆錢，共銀壹拾貳兩，除不敷銀貳兩柒分肆釐捌毫，止該銀玖兩玖錢貳分伍釐貳毫，內除荒撥補銀肆兩捌錢玖分陸釐捌毫壹絲陸忽，實支銀伍兩貳分捌釐叁毫捌絲肆忽。遇閏加銀壹兩，內除荒銀肆錢玖分貳釐叁毫壹絲捌忽，實支銀伍錢柒釐陸毫捌絲貳忽。

典史衙門

門子壹名，額支銀陸兩，除不敷銀壹兩叁分柒釐肆毫，止該銀肆兩玖錢陸分貳釐陸毫，內除荒撥補銀貳兩肆錢伍分柒毫肆絲捌忽，實支銀貳兩伍錢壹分壹釐捌毫伍絲貳忽。遇閏加銀伍錢，內除荒銀貳錢肆分陸釐壹毫伍絲陸忽，實支銀貳錢伍分叁釐捌毫肆絲肆忽。

皂隸肆名，每名歲支銀陸兩，共支銀貳拾肆兩，除不敷銀肆兩壹錢肆分玖釐伍毫，止該銀壹拾玖兩捌錢伍分伍毫，內除荒撥補銀玖兩捌錢叁釐伍絲貳忽，實支銀壹拾兩肆分柒釐肆毫肆絲捌忽。遇閏加銀貳兩，內除荒銀玖錢捌分肆釐陸毫叁絲陸忽，實支銀壹兩壹分伍釐叁毫陸絲肆忽。

馬夫壹名，歲支銀陸兩，除不敷銀壹兩叁分柒釐肆毫，止該銀肆兩玖錢陸分貳釐陸毫，內除荒撥補銀貳兩肆錢伍分柒毫肆絲捌忽，實支銀貳兩伍錢壹分壹釐捌毫伍絲貳忽。遇閏加銀伍錢，內除荒銀貳錢肆分陸釐壹毫伍絲陸忽，實支銀貳錢伍分叁釐捌毫肆絲肆忽。

教職衙門

齋夫叁名，每名歲支銀壹拾貳兩，共銀叁拾陸兩，除不敷銀陸兩貳錢貳分肆釐貳毫伍絲，止該銀貳拾玖兩柒錢柒分伍釐柒毫伍絲，內除荒撥補銀壹拾肆兩柒錢肆釐伍毫陸絲捌忽，實支銀壹拾伍兩柒分壹釐壹毫捌絲貳忽。遇閏加銀叁兩，內除荒銀壹兩肆錢柒分陸釐玖毫伍絲伍忽，實支銀壹兩伍錢貳分叁釐肆絲伍忽。

膳夫貳名，額支銀壹拾叁兩叁錢叁分叁釐叁毫叁絲，除不敷銀貳兩叁錢伍釐貳毫，止該銀壹拾壹兩貳分捌釐壹毫叁絲，內除荒撥補銀伍兩肆錢肆分陸釐貳毫貳絲柒忽陸纖玖塵肆渺，實支銀伍兩伍錢捌分壹釐玖毫貳忽玖微叁纖陸渺。遇閏加銀壹兩壹錢壹分壹釐壹毫，內除荒撥補銀伍錢肆分柒釐貳絲伍忽壹微玖塵肆渺，實支銀伍錢陸分肆釐柒絲肆忽捌微玖纖陸渺。

門斗貳名，每名歲支銀柒兩貳錢，共銀壹拾肆兩肆錢，除不敷銀貳兩肆錢捌分玖釐柒毫貳絲，止該銀壹拾壹兩玖錢壹分貳毫捌絲，內除荒撥補銀伍兩捌錢捌分壹釐捌毫壹絲玖忽，實支銀陸兩貳分捌釐肆毫陸絲壹忽。遇閏加銀壹兩貳錢，內除荒銀伍錢玖分柒毫捌絲貳忽，實支銀陸錢玖釐貳毫壹絲捌忽。

廩生貳拾名，每名歲支銀貳兩肆錢，共支銀肆拾捌兩，除不敷銀捌兩貳錢玖分玖釐，止該銀叁拾玖兩柒錢壹釐，內除荒撥補銀壹拾玖兩壹錢伍分叁釐捌毫叁絲叁忽柒微，實支銀貳拾兩伍錢肆分柒釐壹毫陸絲陸忽叁微。遇閏加銀肆兩，內除荒撥補銀壹兩玖錢陸分玖釐貳絲壹微叁纖陸塵，實支銀貳兩叁分玖毫柒絲玖忽捌微陸纖肆塵。

以上俸工項下，除廩生、膳夫貳欵照常支發外，其餘官役俸工於道光貳拾叁年奉文，均以貳兩平支放，每兩減平銀陸分，其減平銀兩，每年批解部庫交納，理合登明。

壹祭祀項下

褋支春秋貳季致祭文廟及各壇祠並無祀鬼魂品物等項額支銀柒拾叁兩，除不敷銀壹拾貳兩陸錢貳分壹釐肆毫，止該銀陸拾兩叁錢柒分捌釐陸毫，內除荒銀貳拾玖兩柒錢捌分玖釐壹毫伍忽，實支銀叁拾兩伍錢捌分玖釐肆毫玖絲伍忽。

外撥補銀肆拾貳兩柒錢陸分壹釐柒毫捌絲捌忽貳微捌纖陸塵貳渺肆漠伍沙陸涯係動支公用銀兩。

鄉飲額支銀叁兩，除不敷銀伍錢壹分捌釐柒毫，止該銀貳兩肆錢捌分壹釐叁毫，內除荒銀壹兩貳錢貳分肆釐貳毫玖忽，實支銀壹兩貳錢伍分柒釐玖絲壹忽於道光貳拾叁年奉文裁汰，其徵收銀兩，每年批解部庫交納，理合登明。

紙劄額支銀貳兩，除不敷銀叁錢肆分伍釐捌毫，止該銀壹兩陸錢伍分肆釐貳毫，內除荒銀捌錢壹分陸釐壹毫叁絲肆忽，實支銀捌錢叁分捌釐陸絲陸忽於道光貳拾叁年奉文裁汰，其徵收銀兩，每年批解部庫交納，理合登明。

壹孤貧項下

孤貧壹拾捌名口，共支月糧銀叁拾捌兩捌錢柒分玖釐捌毫玖絲捌忽，除不敷銀陸兩柒錢貳分貳釐壹毫柒絲壹忽，止該銀叁拾貳兩壹錢伍分柒釐柒毫貳絲柒忽，內除荒銀壹拾伍兩捌錢肆釐叁毫伍絲肆忽玖塵伍渺，實支銀壹拾陸兩叁錢伍分叁釐叁毫柒絲貳忽玖微玖纖伍渺。外加增銀肆拾捌兩肆錢肆分陸釐陸毫貳絲柒忽玖塵伍渺。遇閏加銀伍兩肆錢。

孤貧布花銀肆兩，除不敷銀陸錢玖分壹釐伍毫捌絲叁忽貳微，止該銀叁兩叁錢捌釐肆毫壹絲陸忽捌微，內除荒銀壹兩陸錢貳分柒釐壹毫捌忽伍微貳纖壹塵玖渺，實支銀壹兩陸錢捌分壹釐叁毫捌忽貳微柒纖捌塵壹渺。

壹驛站項下

驛站額徵銀壹百柒拾柒兩柒錢肆分壹釐貳毫貳絲叁忽，外收受協銀柒百陸拾柒兩玖錢壹分伍釐肆毫肆絲玖忽肆微陸纖叁塵貳渺，共銀玖百肆拾伍兩陸錢伍分陸釐陸毫柒絲貳忽肆微陸纖叁塵貳渺，內除額協並裁站銀叁百肆拾玖兩伍錢柒分壹釐玖毫肆絲玖忽肆微陸纖叁塵貳渺，實支銀伍百玖拾陸兩捌分肆釐柒毫貳絲叁忽。

以上存留實徵銀伍百玖拾伍兩貳錢陸分肆釐捌毫貳絲貳忽壹微玖纖玖塵貳渺。

又收起運內受協涇陽等縣驛站兑留兵餉應支銀柒百陸拾柒兩玖錢壹分伍釐肆毫肆絲玖忽肆微陸纖叁塵貳渺。

共該銀壹千叁百陸拾叁兩壹錢捌分貳毫柒絲壹忽陸微陸纖貳塵肆渺，內除額協吴堡等縣站支抵餉銀叁拾玖兩伍錢肆分肆釐貳毫伍絲玖忽捌微；又除驛遞之差使甚少並題明請將驛站等事貳案內，共裁站銀肆百陸拾捌兩柒錢柒分貳釐肆毫捌絲玖忽陸微陸纖叁塵貳渺，內在於題明請將驛站等事案內，留支本縣新增夫馬工料銀壹百伍拾捌兩柒錢肆分肆釐捌毫，實裁銀叁百壹拾兩貳分柒釐陸毫捌絲玖忽陸微陸纖叁塵貳渺。實該銀壹千壹拾叁兩陸錢捌釐叁毫貳絲貳忽壹微玖纖玖塵貳渺。

外加增撥補俸工銀肆百伍拾陸兩肆錢玖分貳釐肆毫叁絲肆忽柒纖玖塵叁渺。

共該銀壹千肆百柒拾兩壹錢柒毫伍絲陸忽貳微柒纖捌塵伍渺於乾隆伍拾貳年奉文，全數解司，壹切支款俱由司按季領支，嗣於嘉慶伍年奉文，照舊在縣留支，並不解司，按季請領。

外於布政司庫領支祭祀銀肆拾貳兩柒錢陸分壹釐柒毫捌絲捌忽貳微捌纖陸塵貳渺肆漠伍沙陸涯。

遇閏原加銀柒拾貳兩玖錢壹分肆釐肆毫叁絲叁忽，內除裁扣俸銀玖兩叁釐叁毫叁絲叁忽入起運外，實該銀陸拾叁兩玖錢壹分壹釐壹毫，內除荒銀叁拾壹兩肆錢陸分肆釐叁毫肆絲叁忽壹微玖塵肆渺，實徵銀叁拾貳兩肆錢肆分陸釐柒毫伍絲陸忽捌微玖纖陸渺。

外加增撥補廪膳、孤老銀捌兩壹錢壹分貳釐玖毫肆絲柒忽壹微玖塵肆渺。

共該銀肆拾兩伍錢伍分玖釐柒毫肆忽於乾隆伍拾貳年奉文，全數解司，壹切支款俱由司按季領支，嗣於嘉慶伍年奉文，照舊在縣留支，並不解司，按季請領。

壹額外

課程銀壹兩肆錢玖分肆釐陸毫係舖戶出辦。遇閏加銀壹錢貳分肆釐伍毫伍絲。

壹雜稅項下

畜稅銀叁百伍拾肆兩伍錢捌分伍釐係買騾馬出辦，原無定額，儘收儘解。

牙稅銀陸兩伍錢共牙人壹拾肆名，並無上中下之分，每名額銀伍錢。

當稅銀肆拾兩係典舖出辦，共典舖捌座，每座每年當稅銀伍兩。

地稅銀貳拾肆兩肆錢陸分捌釐係買房地業主出辦，原無定額，儘收儘解。

興安府屬民總：安康、漢陰、白河、紫陽、平利、洵陽、石泉、磚坪

原額各等共地壹萬捌千柒百肆拾陸頃陸拾壹畝肆分捌釐貳忽陸纖陸塵，各地徵糧不等，並紫陽縣係山坡難以丈量畝數，共額徵本折糧柒千捌百伍拾壹石叁斗肆升捌合叁勺玖抄玖撮陸圭，內本色糧壹拾肆石伍斗貳升陸合柒勺，折色糧柒千捌百叁拾陸石捌斗貳升壹合陸勺玖抄玖撮陸圭，各徵銀不等，並石泉縣棉花地，共額徵銀壹萬柒千陸百叁拾壹兩柒錢貳分貳釐伍毫肆絲伍忽陸微柒纖柒塵壹渺，內：

於順治柒、捌兩年題明免過有主、無主並拾伍、拾陸及康熙捌年在於秦屬蠲免、貳拾叁年再疏籲請等事案內，題明原免過共地壹萬柒千伍百伍拾玖頃捌拾壹畝伍分柒釐玖毫肆忽陸纖陸塵，該免糧陸千伍百陸拾石捌斗捌升玖合壹勺伍抄捌撮貳圭，內興屯及節年開墾、自首共地叁百捌拾壹頃叁拾肆畝玖釐貳絲柒忽伍塵陸渺，共糧壹千玖拾玖石玖升肆合玖勺肆抄叁撮貳圭捌顆玖糠陸粃捌粺；又安康、石泉貳縣乾隆肆拾玖、伍拾兩年開墾至伍拾伍、捌、玖等年起科水旱共地壹拾玖頃柒拾伍畝，應徵折色糧叁拾玖石肆斗陸升壹合叁勺伍抄伍撮壹圭柒粟貳粒；又紫陽縣乾隆陸拾年起科本折糧貳石伍斗叁升肆抄陸撮陸圭陸粟玖粒，應徵本色官學倉糧壹斗柒合柒勺陸抄伍撮貳圭伍粟伍粒，折徵銀捌分陸釐貳毫壹絲貳忽貳微，應徵折色糧貳石肆斗貳升貳合貳勺捌抄壹撮肆圭壹粟肆粒，該徵銀肆兩捌錢柒分玖釐捌毫壹絲玖忽壹微叁纖叁塵玖渺捌漠柒洙柒涯，以增抵除。

平利縣道光玖年在於移明事案內，建蓋衙署佔用上中下叁等地貳頃貳拾玖畝貳分叁釐，應免折色糧壹拾叁石叁斗捌升貳合叁勺，應免折色銀叁拾壹兩肆錢捌分玖釐貳毫貳絲叁微捌纖肆塵捌渺伍漠貳沙。

實應免共地壹萬柒千壹百陸拾壹頃壹畝柒分壹釐捌毫柒絲柒忽陸纖肆渺，應免本折糧伍千肆百叁拾叁石壹斗捌升伍合壹勺壹抄叁撮壹圭伍粟捌粒壹顆叁粃貳粄，內實應免本色官學倉糧捌石伍斗壹升伍合玖抄貳撮陸圭伍粟玖粒捌顆捌糠，應免銀陸兩捌錢壹分貳釐伍絲壹忽叁微叁纖壹塵陸渺陸漠，實應免折色糧伍千肆百貳拾肆石陸斗柒升貳抄肆圭玖粟捌粒貳顆貳糠叁粃貳粄，應免銀壹萬貳千壹百玖拾玖兩玖錢貳分陸釐伍毫捌絲捌忽柒微壹纖貳塵捌渺肆漠叁沙壹洙伍涯。

實在熟地壹千伍百捌拾伍頃伍拾玖畝柒分陸釐壹毫貳絲伍忽伍塵陸渺，該本折糧貳千肆百壹拾捌石壹斗陸升叁合貳勺捌抄陸撮肆圭肆粟壹粒捌顆玖糠陸粃捌粄，內實徵本色官學倉糧陸石壹升壹合陸勺柒撮叁圭肆粟壹顆貳糠，折徵銀肆兩捌錢玖釐叁毫捌忽陸微陸纖捌塵叁渺肆漠，實徵折色糧貳千肆百壹拾貳石壹斗伍升壹合陸勺柒抄玖撮壹圭壹粒柒顆柒糠陸粃捌粄，並棉花地折徵銀伍千肆百叁拾壹兩柒錢玖分伍釐玖毫伍絲陸忽玖微陸纖肆塵貳渺伍漠陸沙捌洙伍涯，內：

乾隆伍拾年在於遵旨會核酌議等事案內，石泉縣分撥寧陝廳地壹拾壹頃伍拾壹畝貳分柒釐壹毫柒絲貳忽陸微伍纖，該折色糧壹拾叁石捌斗壹升伍合貳勺陸抄柒圭壹粟捌粒，該折徵銀貳拾玖兩柒錢伍分陸釐肆毫伍絲壹微叁纖伍塵肆渺柒漠貳沙叁洙玖涯柒洒。

止實在熟地壹千伍百柒拾肆頃捌畝肆分捌釐玖毫伍絲貳忽叁微伍纖伍塵陸渺，該本折糧貳千肆百肆石叁斗肆升捌合貳抄伍撮柒圭貳粟叁粒捌顆玖糠陸粃捌粄，內實徵本色官學倉糧陸石壹升壹合陸勺柒撮叁圭肆粟壹顆貳糠，折徵銀肆兩捌錢玖釐叁毫捌忽陸微陸纖捌塵叁渺肆漠，實徵折色糧貳千叁百玖拾捌石叁斗叁升陸合肆勺壹抄捌撮叁圭捌粟叁粒柒顆柒糠陸粃捌粄，並棉花地折徵銀伍千肆百貳兩叁分玖釐伍毫陸忽捌微貳纖捌塵柒渺捌漠肆沙肆洙伍涯叁洒。

額外本色祿米壹千肆百陸拾肆石貳斗玖升，內除荒米玖百陸拾肆石貳升伍合叁勺貳抄貳撮叁圭伍粟玖粒貳顆伍糠陸粃貳粄；又除白河縣奉旨停緩米貳石貳斗叁升伍合貳勺。實徵米肆百玖拾捌石貳升玖合肆勺柒抄柒撮陸圭肆粟柒顆肆糠叁粃捌粄，內乾隆伍拾年在於遵旨會核酌議等事案內，石泉縣分撥寧陝廳祿米叁石玖斗柒升玖合玖勺壹抄伍撮捌圭捌粟陸粒伍顆叁糠肆粄，止實徵米肆百玖拾肆石肆升玖合伍勺陸抄壹撮柒圭伍粟肆粒貳顆壹糠叁粃肆粄。

又丈出水淤地伍拾畝伍分叁釐壹毫，該糧壹石肆升貳合柒勺捌抄柒撮捌圭叁粟貳粒，該徵銀貳兩肆錢貳分玖釐叁毫捌絲叁忽陸微叁纖。

外徵本色祿米貳斗陸升叁勺壹抄。

原額人丁叁門玖則不等，共折下下人丁壹拾肆萬壹千玖百柒拾貳丁，各徵銀不等，共徵銀貳萬叁千貳百伍拾叁兩肆錢肆分肆釐捌毫伍絲貳忽柒微捌纖，內除優免丁壹千叁百陸拾陸丁，共銀叁百伍拾肆兩貳錢陸釐柒絲貳忽柒微捌纖。

行差丁壹拾肆萬陸百陸丁，共額徵銀貳萬貳千捌百玖拾玖兩貳錢叁分捌釐柒毫捌絲。

順治柒年、拾伍年並秦屬蠲免及康熙貳拾叁年再疏籲請、肆拾陸年河水泛漲等事案內，題明豁免過逃亡、死絕、殺擄、淹斃共下下丁壹拾叁萬陸千玖百叁拾壹丁，該除銀貳萬壹千陸百捌拾兩陸錢捌分叁釐肆毫捌絲玖忽貳微捌纖，節年招回並編審出丁貳萬肆千壹拾伍丁，該徵銀貳千玖百叁拾玖兩叁錢伍分陸釐柒毫肆絲壹忽壹微壹纖，實豁免丁壹拾壹萬貳千玖百壹拾陸丁，實免銀壹萬捌千柒百肆拾壹兩叁錢貳分陸釐柒毫肆絲捌忽壹微柒纖。

實行差丁貳萬柒千陸百玖拾丁，共徵銀肆千壹百伍拾柒兩玖錢壹分貳釐叁絲壹忽捌微叁纖，內乾隆伍拾年在於遵旨會核酌議等事案內，石泉縣分撥寧陝廳丁銀壹拾兩柒錢捌分玖釐壹毫貳忽叁微壹纖陸塵肆渺捌漠伍洙伍涯肆洒，止實徵丁銀肆千壹百肆拾柒兩壹錢貳分貳釐玖毫貳絲玖忽伍微壹纖叁塵伍渺壹漠玖沙肆洙肆涯陸洒，雍正伍年攤入前項地糧內徵解。

康熙伍拾伍年起，至乾隆貳拾陸年止，編審出丁肆百柒拾捌丁；乾隆叁拾壹年編審出丁肆拾柒丁；乾隆叁拾陸年編審出丁伍拾捌丁。共編審出丁伍百捌拾叁丁，欽遵康熙伍拾貳年叁月拾捌日恩詔，後遇編審之期，但據康熙伍拾年丁冊定為常額，續生人丁，永不加賦。

原額均徭銀玖千叁拾伍兩叁錢叁分貳釐玖毫貳絲捌忽貳微叁纖，內除荒銀陸千貳百柒拾柒兩貳分捌釐柒毫肆絲肆忽陸微玖纖肆塵叁渺叁漠玖沙肆洙叁涯，實徵銀貳千柒百伍拾捌兩叁錢肆釐壹毫捌絲叁忽伍微叁纖伍塵陸渺陸漠伍洙柒涯，內乾隆伍拾年在於遵旨會核酌議等事案內，石泉縣分撥寧陝廳均徭銀肆拾肆兩貳錢柒分陸釐陸毫捌絲玖忽肆微柒纖貳渺玖漠伍沙壹洙叁涯伍洒，止實徵銀貳千柒百壹拾肆兩貳分柒釐肆毫玖絲肆忽陸纖伍塵叁渺陸漠伍沙肆洙叁涯伍洒。

額外丈出水淤地應徵均徭銀叁錢壹分玖釐壹毫捌絲柒忽陸微。

以上實徵均徭銀貳千柒百壹拾肆兩叁錢肆分陸釐陸毫捌絲壹忽陸微陸纖伍塵叁渺陸漠伍沙肆洙叁涯伍洒。

遇閏額徵銀壹千捌百玖拾陸兩伍分壹釐貳毫玖絲玖忽壹微陸纖陸塵，內除荒銀壹千肆百捌拾貳兩伍錢壹分伍釐貳毫叁絲壹忽柒微肆纖柒塵貳渺貳沙貳洙壹涯叁洒，實徵銀肆百壹拾叁兩伍錢叁分陸釐陸絲柒忽肆微壹纖捌塵柒渺玖漠柒沙柒洙捌涯柒洒，內乾隆伍拾年在於遵旨會核酌議等事案內，石泉縣分撥寧陜廳閏銀叁兩捌錢壹分捌釐陸絲壹忽貳纖叁塵捌渺捌漠叁沙陸洙叁涯陸洒，止實徵閏銀肆百玖兩柒錢壹分捌釐陸忽叁微玖纖肆塵玖渺壹漠肆沙壹洙伍涯壹洒。

額外匠價銀叁兩肆錢陸分伍釐。遇閏加銀貳錢捌分捌釐柒毫伍絲。

停免銀叁百柒拾玖兩捌錢捌分伍釐柒毫柒絲肆忽壹纖伍塵，內除石泉縣分撥寧陜廳停免銀壹兩壹錢伍分肆釐貳毫柒絲伍忽叁微貳纖伍塵玖渺壹漠壹洙捌涯肆洒，止該停免銀叁百柒拾捌兩柒錢叁分壹釐肆毫玖絲捌忽陸微捌纖玖塵捌漠玖沙捌洙壹涯陸洒。

以上地、丁貳項並均徭、停免，除優免丁銀外，共額銀肆萬玖千玖百陸拾肆兩壹分肆釐玖毫伍絲玖忽壹微柒纖貳塵壹渺，內除荒銀叁萬柒千貳百貳拾伍兩玖分肆釐壹毫叁絲貳忽玖微貳纖捌塵捌渺肆漠貳沙伍洙捌涯，實徵銀壹萬貳千柒百叁拾捌兩玖錢貳分捌毫貳絲陸忽貳微肆纖叁塵貳渺伍漠柒沙肆洙貳涯，內除白河縣荒殘，於順治拾貳年具題奉旨停緩銀貳百柒拾兩肆分貳釐捌毫玖絲叁忽，止實徵銀壹萬貳千肆百陸拾捌兩捌錢柒分柒釐玖毫叁絲叁忽貳微肆纖叁塵貳渺伍漠柒沙肆洙貳涯，內乾隆伍拾年在於遵旨會核酌議等事案內，石泉縣分撥寧陜廳銀捌拾伍兩玖錢柒分陸釐伍毫壹絲柒忽貳微肆纖捌塵壹渺伍漠捌沙貳洙柒涯，止實該徵銀壹萬貳千叁百捌拾貳兩玖錢壹釐肆毫壹絲伍忽玖微玖纖伍塵玖漠玖沙壹洙伍涯。

額外本色祿米壹千肆百陸拾肆石伍斗伍升叁勺壹抄，內除荒米玖百陸拾肆石貳升伍合叁勺貳抄貳撮叁圭伍粟玖粒貳顆伍糠陸粃貳粆；又除白河縣奉旨停緩米貳石貳斗叁升伍合貳勺。實徵米肆百玖拾捌石貳斗捌升玖合柒勺捌抄柒撮陸圭肆粟柒顆肆糠叁粃捌粆，內除石泉縣分撥寧陜廳米叁石玖斗柒升玖合玖勺壹抄伍撮捌圭捌粟陸粒伍顆叁糠肆粆，止實徵米肆百玖拾肆石叁斗玖合捌勺柒抄壹撮柒圭伍粟肆粒貳顆壹糠叁粃肆粺興鎮支兵。

遇閏額徵銀壹千捌百玖拾陸兩伍分壹釐貳毫玖絲玖忽壹微陸纖陸塵，內除荒銀壹千肆百捌拾貳兩伍錢壹分伍釐貳毫叁絲壹忽柒微肆纖柒塵貳渺貳沙貳洙壹涯叁洒，實徵銀肆百壹拾叁兩伍錢叁分陸釐陸絲柒忽肆微壹纖捌塵柒渺玖漠柒沙柒洙捌涯柒洒，內除石泉縣分撥寧陝廳閏銀叁兩捌錢壹分捌釐陸絲壹忽貳纖叁塵捌渺捌漠叁沙陸洙叁涯陸洒，止實徵閏銀肆百玖兩柒錢壹分捌釐陸忽叁微玖纖肆塵玖渺壹漠肆沙壹洙伍涯壹洒。

又匠價遇閏徵銀貳錢捌分捌釐柒毫伍絲。

貳項共銀肆百壹拾兩陸釐柒毫伍絲陸忽叁微玖纖肆塵玖渺壹漠肆沙壹洙伍涯壹洒。

又磚坪廳接收安康、平利貳縣分撥地畝、糧石、祿米、人丁徵銀及折色、均徭、停免、丁匠起運正閏等項銀糧欵項，均在該廳縣全書內分晰開造。

壹起運項下

額徵本色祿米壹千肆百陸拾肆石伍斗伍升叁勺壹抄，內除荒米玖百陸拾肆石貳升伍合叁勺貳抄貳撮叁圭伍粟玖粒貳顆伍糠陸粃貳粺；又除白河縣奉旨停緩米貳石貳斗叁升伍合貳勺。實徵米肆百玖拾捌石貳斗捌升玖合柒勺捌抄柒撮陸圭肆粟柒顆肆糠叁粃捌粺，內除石泉縣分撥寧陝廳米叁石玖斗柒升玖合玖勺壹抄伍撮捌圭捌粟陸粒伍顆叁糠肆粺，止實徵米肆百玖拾肆石叁斗玖合捌勺柒抄壹撮柒圭伍粟肆粒貳顆壹糠叁粃肆粺興鎮支兵。

原編糧石、草布折價銀柒千柒百玖拾玖兩壹錢陸分陸釐柒毫叁絲陸忽捌微陸纖柒塵壹渺，內除荒銀伍千伍百肆拾肆兩叁錢捌分玖釐捌毫玖絲捌忽叁纖陸塵伍渺陸漠貳沙陸洙捌涯壹洒，實起運銀貳千貳百伍拾肆兩柒錢柒分陸釐捌毫叁絲捌忽捌微叁纖伍渺叁漠柒沙叁洙壹涯玖洒。

藥味、軍器等項銀伍千伍百柒拾捌兩肆錢捌分肆釐玖毫叁忽玖微，內除荒銀肆千柒百玖拾陸兩玖錢肆釐伍毫玖忽肆微陸纖伍塵貳渺玖漠貳沙柒洙叁涯壹洒，實起運銀柒百捌拾壹兩伍錢捌分叁毫玖絲肆忽肆微叁纖肆塵柒渺柒沙貳洙陸涯玖洒。

舊編存留，內順治玖年裁扣各役工食等項銀壹千伍百捌拾玖兩，內除紫陽、白河貳縣不敷銀柒拾壹兩貳錢陸分陸毫，實裁銀壹千伍百壹拾柒兩柒錢叁分玖釐肆毫；拾貳年裁扣修宅、傢伙、傘扇銀壹百肆拾陸兩，除不敷銀貳兩叁分柒釐，實裁銀壹百肆拾叁兩玖錢陸分叁釐；拾叁年裁汰冗員銀玖拾玖兩肆分；拾肆年裁扣官生俸廩等項，除奉復孤貧口糧、布花外，止實裁銀貳千壹百柒兩柒錢玖分壹釐叁毫壹絲陸忽捌微貳纖，除不敷銀陸拾伍兩捌錢壹分柒釐陸毫壹絲玖忽柒微玖纖柒塵陸渺，實裁銀貳千肆拾壹兩玖錢柒分叁釐陸毫玖絲柒忽貳纖貳塵肆渺；拾伍年裁冗員銀伍拾柒兩玖錢貳分，裁站並船價銀壹千柒百捌拾肆兩伍錢玖分貳釐伍絲柒忽，州遞馬、槓轎夫叁分裁壹，銀壹千柒百肆拾柒兩貳錢叁分捌釐肆毫叁絲伍忽壹微壹纖壹塵玖渺。康熙元年裁吏書工食銀柒百玖拾肆兩肆錢，除不敷銀貳拾肆兩柒錢叁分柒釐柒毫，實裁銀柒百陸拾玖兩陸錢陸分貳釐叁毫；叁年裁訓導俸食並門斗、齋夫銀叁百伍拾叁兩壹錢貳分，除不敷銀壹拾兩玖錢玖分肆釐伍毫叁絲，實裁銀叁百肆拾貳兩壹錢貳分伍釐肆毫柒絲，雜費丁銀叁百叁拾陸兩捌錢陸分壹釐，除不敷銀玖兩伍錢捌釐捌毫，實裁銀叁百貳拾柒兩叁錢伍分貳釐貳毫；拾伍年裁心紅紙張、修理監倉等項銀柒百捌拾伍兩陸錢玖釐陸毫伍絲，除不敷銀貳拾伍兩捌錢伍分捌釐肆毫肆絲，實裁銀柒百伍拾玖兩柒錢伍分壹釐貳毫壹絲；貳拾壹年裁道官俸食銀肆百壹拾肆兩；貳拾叁年裁官銀肆拾叁兩伍錢貳分；貳拾柒年裁歲貢、舉人盤纏、坊價等項銀貳百玖拾玖兩叁錢陸分貳釐陸毫肆絲捌忽柒微叁纖，內除不敷銀柒兩柒錢陸分伍釐叁毫玖絲，實裁銀貳百玖拾壹兩伍錢玖分柒釐貳毫伍絲捌忽柒微叁纖；叁拾玖年裁冗員銀玖拾玖兩；伍拾陸年裁表箋銀壹拾肆兩貳錢伍分。雍正陸年裁燈夫工食銀壹百陸拾捌兩，除不敷銀陸兩壹錢捌釐叁毫，實裁銀壹百陸拾壹兩捌錢玖分壹釐柒毫；拾貳年裁民壯銀捌百叁拾肆兩，除不敷銀叁拾兩壹錢貳分陸釐貳毫，實裁銀捌百叁兩捌錢柒分叁釐捌毫。乾隆玖年裁舖司銀貳百壹拾兩捌錢叁分叁釐叁毫貳絲伍忽，又興安州裁州同併各役工食銀壹百壹拾肆兩；又乾隆貳拾玖年紫陽縣裁民壯工食銀貳拾肆兩，內除不敷銀叁兩捌錢捌分貳釐捌毫肆絲，實裁銀貳拾兩壹錢壹分柒釐壹毫陸絲，舊編冗費裁剩解部銀貳千柒百叁拾叁兩玖錢肆分肆釐叁毫捌絲伍纖。

共裁歸起運銀壹萬肆千肆百玖拾捌兩叁錢捌分伍釐叁毫玖絲貳忽玖微壹纖肆塵叁渺，內除荒銀玖千叁百壹兩壹錢陸分捌釐捌絲捌忽捌微捌纖伍塵玖渺柒漠捌沙肆洙伍涯，實徵銀伍千壹百玖拾柒兩貳錢壹分柒釐叁毫肆忽貳纖捌塵叁渺貳漠壹沙伍洙伍涯。

又額外折色均徭並匠價、停免等項銀叁百捌拾陸兩玖分玖釐叁毫肆絲伍忽貳微肆纖伍塵。

以上共該起運銀捌千陸百壹拾玖兩陸錢柒分叁釐捌毫捌絲貳忽伍微叁纖捌塵伍渺陸漠陸沙壹泆叁涯捌洒，內除石泉縣分撥寧陝廳起運銀壹拾玖兩陸分捌釐伍毫壹絲柒忽貳微肆纖捌塵壹渺伍漠捌沙貳泆柒涯，止實該起運銀捌千陸百兩陸錢伍釐叁毫陸絲伍忽貳微玖纖肆渺柒沙捌泆陸涯捌洒。

又收存留內額協抵餉銀玖拾兩壹錢叁分伍毫陸絲捌忽。

又收存留內驛遞之差使甚少並題明請將驛站等事案內，共裁站銀壹千捌百柒拾捌兩陸錢捌分伍釐肆毫肆絲陸忽肆微陸纖貳渺，內在於題明請將驛站等事案內，留支夫馬工料銀貳百柒拾捌兩貳錢柒分叁釐壹絲玖忽貳微陸纖肆塵肆渺玖漠，實收銀壹千陸百兩肆錢壹分貳釐肆毫貳絲柒忽壹微玖纖伍塵柒渺壹漠。

又收平利縣均丁案內，增銀貳拾捌兩伍錢肆分貳毫陸絲肆忽玖微捌纖陸塵陸渺。

共該起運銀壹萬叁百壹拾玖兩陸錢捌分捌釐陸毫貳絲伍忽肆微柒纖貳塵柒渺壹漠柒沙捌泆陸涯捌洒，內除受協臨潼、渭南等縣驛站兌留兵餉銀貳千柒百叁拾伍兩捌錢貳分柒釐肆毫伍絲叁忽捌微貳纖柒塵壹渺；又在於請做以糧載丁等事案內，通省以糧均丁減銀貳千捌百捌拾陸兩壹錢肆分陸釐陸毫伍絲叁忽陸微壹纖捌塵玖渺玖漠玖沙玖泆玖涯，內除乾隆元、陸、拾壹、拾陸、貳拾壹、貳拾陸等年編審案內，共增抵補屯更丁銀陸百肆拾肆兩貳錢叁分伍釐叁毫陸忽肆微玖纖伍渺叁漠叁沙叁泆貳涯捌洒，又乾隆叁拾壹、叁拾陸兩年編審案內，共增抵補屯更丁銀叁百玖兩玖錢肆分玖釐壹毫玖絲貳忽貳微伍纖貳渺陸漠陸沙陸泆陸涯肆洒，內除石泉縣分撥寧陝廳抵補屯更丁銀壹兩柒錢伍釐陸毫捌絲捌忽柒微叁纖捌渺壹漠叁沙貳泆貳涯肆洒，止該抵補屯更丁銀叁百捌兩貳錢肆分叁釐伍毫叁忽伍微壹纖玖塵肆渺伍漠叁沙肆泆肆涯，止該減銀壹千玖百叁拾壹兩玖錢陸分貳釐壹毫伍絲肆忽捌微柒纖捌塵壹渺玖漠玖沙玖泆玖涯捌洒。

實該起運銀伍千陸百伍拾兩壹錢玖分叁釐叁毫貳絲捌忽叁纖陸塵陸渺肆沙陸泆肆涯陸洒，內留支加增撥補俸工銀貳千陸百伍拾叁兩伍錢伍分陸釐肆毫柒絲柒忽肆纖柒塵貳渺柒漠柒沙叁泆肆涯貳洒，內在於遵旨會核酌議等事案內，石泉縣分撥寧陝廳地畝，因起運不敷動撥該縣留支俸工銀陸拾陸兩玖錢捌釐，仍在於該廳起運銀內照數撥補足額訖，遇閏之年較無閏少撥銀捌兩壹錢肆釐，係在於該縣起運閏銀內撥補足數訖。

又留支撥補夫馬工料銀玖拾肆兩肆錢玖分肆釐貳毫陸絲壹忽伍微捌纖柒塵玖渺肆漠壹沙陸洙陸涯肆洒。

止實該起運銀貳千玖百貳兩壹錢肆分貳釐伍毫捌絲玖忽肆微壹塵叁渺捌漠伍沙陸洙肆涯。

外遇閏，順治玖年裁銀壹百貳拾兩伍錢；拾叁年裁銀捌兩貳錢伍分叁釐叁毫叁絲貳忽；拾肆年裁銀壹百肆拾兩貳錢壹分壹釐叁毫壹絲壹忽壹微陸纖陸塵；拾伍年裁銀肆兩捌錢貳分陸釐陸毫陸絲陸忽。康熙元年裁吏書工食銀陸拾陸兩貳錢；叁年裁訓導、門斗、齋夫銀貳拾玖兩肆錢貳分陸釐陸毫陸絲陸忽；拾伍年裁心紅紙張等項銀壹拾捌兩陸錢陸分陸釐陸毫玖絲；貳拾壹年裁銀叁拾肆兩肆錢玖分玖釐捌毫玖絲；貳拾叁年裁銀叁兩陸錢貳分陸釐陸毫陸絲陸忽；叁拾玖年裁銀捌兩貳錢伍分。雍正陸年裁燈夫銀壹拾肆兩；拾貳年裁民壯銀陸拾玖兩伍錢。乾隆玖年裁舖司銀壹拾柒兩伍錢陸分玖釐肆毫叁絲柒忽伍微，又興安州裁州同門、皂、傘夫銀肆兩伍錢；又貳拾玖年紫陽縣裁民壯銀貳兩，又裁各官閏俸銀柒拾兩玖錢叁分玖釐捌毫伍絲陸忽。

共銀陸百壹拾貳兩玖錢柒分伍毫壹絲肆忽陸微陸纖陸塵，內除荒銀肆百捌拾貳兩陸分玖釐肆毫貳絲陸忽叁微肆纖陸塵叁渺肆漠貳沙叁涯捌洒，實徵銀壹百叁拾兩玖錢壹釐捌絲捌忽叁微壹纖玖塵陸渺伍漠柒沙玖洙陸涯貳洒，內除石泉縣分撥寧陝廳閏銀叁兩捌錢壹分捌釐陸絲壹忽貳纖叁塵捌渺捌漠叁沙陸洙叁涯陸洒，止實徵閏銀壹百貳拾柒兩捌分叁釐貳絲柒忽貳微玖纖伍塵柒渺柒漠肆沙叁洙貳涯陸洒。

又額外匠價銀貳錢捌分捌釐柒毫伍絲。

又收請倣以糧載丁等事案內，通省以糧均丁增銀貳兩叁錢肆分伍釐叁毫陸絲陸忽肆微柒纖壹塵壹渺。

又收存留內驛遞之差使甚少並題明請將驛站等事貳案內，共裁站銀陸拾肆兩伍錢壹分壹釐玖毫壹絲柒忽捌微捌纖玖塵肆渺貳漠。

肆項共銀壹百玖拾肆兩貳錢貳分玖釐陸絲壹忽陸微伍纖陸塵貳渺玖漠肆沙叁洙貳涯陸洒，內除請倣以糧載丁等事案內，通省以糧均丁減銀壹百叁拾肆兩伍分陸釐伍絲肆忽肆微壹纖捌塵壹渺伍漠，節次抵補屯更丁增銀肆拾陸兩陸錢叁分捌釐玖毫玖絲肆忽叁微叁纖捌塵叁渺叁漠玖沙玖洙陸涯，內除石泉縣分撥寧陝廳抵補屯更丁閏銀叁分肆釐捌絲叁忽捌微叁塵柒渺捌漠玖沙陸洙陸涯貳洒，止該抵補屯更丁銀肆拾陸兩陸錢肆釐玖毫壹絲伍微叁纖肆塵伍渺伍漠貳洙玖涯捌洒。止該減銀捌拾柒兩肆錢壹分柒釐陸絲柒纖玖塵捌渺壹漠肆涯。

實該起運銀壹百陸兩柒錢柒分柒釐玖毫壹絲柒忽柒微柒纖貳塵陸渺玖漠肆沙陸洙貳涯肆洒，內留支加增撥補工食銀陸拾貳兩伍錢貳分貳毫叁絲柒忽玖微玖纖柒塵柒渺柒漠伍沙肆洙叁涯伍洒；又留支夫馬閏月銀叁兩伍錢叁分玖釐貳毫貳絲壹忽柒微肆纖壹塵玖渺。止該起運銀肆拾兩柒錢壹分捌釐肆毫伍絲捌忽叁纖叁塵壹漠玖沙壹洙捌涯玖洒，內興安、紫陽、平利、洵陽肆州縣尚不敷留支工食銀壹拾陸兩叁錢叁分伍釐壹毫貳忽壹微肆纖陸塵玖渺伍漠捌沙陸洙捌涯。又興安、洵陽貳州縣不敷夫馬閏月銀壹拾壹兩捌錢肆分壹釐叁毫，遇閏之年俱在上項正銀內留支，理合登明。

壹存留項下

原編存留銀貳萬壹千柒百壹兩捌錢柒分捌釐伍毫捌絲貳微肆纖伍塵柒渺，內除荒銀壹萬柒千柒百捌拾肆兩柒錢貳釐捌毫叁絲捌忽貳微貳纖陸沙柒洙壹涯捌洒，實存留銀叁千玖百壹拾柒兩壹錢柒分伍釐柒毫肆絲貳忽貳纖伍塵陸渺玖漠叁沙貳洙捌涯貳洒。

又收起運內受協臨潼等州縣站支兌留兵餉銀貳千柒百叁拾伍兩捌錢貳分柒釐肆毫伍絲叁忽捌微貳纖柒塵壹渺。

貳項共銀陸千陸百伍拾叁兩叁釐壹毫玖絲伍忽捌微伍纖貳塵柒渺玖漠叁沙貳洙捌涯貳洒，內除驛遞之差使甚少並題明請將驛站等事貳案內，共裁站銀壹千捌百柒拾捌兩陸錢捌分伍釐肆毫肆絲陸忽肆微陸纖貳渺，內在於題明請將驛站等事案內，留支新增夫馬工料銀貳百柒拾捌兩貳錢柒分叁釐壹絲玖忽貳微陸纖肆塵肆渺玖漠，實裁銀壹千陸百兩肆錢壹分貳釐肆毫貳絲柒忽壹微玖纖伍塵柒渺壹漠。止該銀伍千伍拾貳兩伍錢玖分柒毫陸絲捌忽陸微伍纖柒塵捌漠叁沙貳洙捌涯貳洒，內除漢陰縣額協洵陽等縣驛站抵餉銀玖拾兩壹錢叁分伍毫陸絲捌忽。

實該銀肆千玖百陸拾貳兩肆錢陸分貳毫陸微伍纖柒塵捌漠叁沙貳洙捌涯貳洒，內白河縣在於請做以糧載丁等事案內，通省以糧均丁減銀壹拾叁兩叁錢伍釐捌毫肆絲柒忽柒微柒纖捌塵壹渺，撥補足數訖，仍該銀肆千玖百陸拾貳兩肆錢陸分貳毫陸微伍纖柒塵捌漠叁沙貳洙捌涯貳洒。

外加增撥補留支均攤俸工銀貳千陸百伍拾叁兩伍錢伍分陸釐肆毫柒絲柒忽肆纖柒塵貳渺柒漠柒沙叁洙肆涯貳洒，內除平利縣在於移明事案內，建盩衙署營汛豁免留支不敷銀陸拾柒兩玖錢柒分壹釐陸毫玖絲壹忽叁微貳纖壹塵貳沙，止實撥補留支銀貳千伍百捌拾伍兩伍錢捌分肆釐柒毫捌絲伍忽柒微貳纖陸塵貳渺柒漠伍沙叁洙肆涯貳洒，內在於遵旨會核酌議等事案內，石泉縣分撥寧陝廳地畝，因起運不敷動撥該縣留支俸工銀陸拾陸兩玖錢捌釐，仍在於該廳起運銀內照數撥補足額訖，遇閏之年較無閏少撥銀捌兩壹錢肆釐，係在於該縣起運閏銀內撥補足數訖。

又加增夫馬工料銀玖拾捌兩壹錢伍分伍釐貳毫陸絲壹忽伍微捌纖柒塵玖渺肆漠壹沙陸洙陸涯肆洒。

共該銀柒千陸百肆拾陸兩貳錢貳毫肆絲柒忽玖微柒纖壹塵叁渺貳洙捌涯捌洒。

外於西安布政司庫領支撥補官役俸工銀貳千捌百肆拾玖兩柒錢捌分陸釐捌毫伍絲貳微叁纖捌塵貳渺貳漠貳沙伍洙。

又於西安布政司庫領支撥補均攤祭祀銀叁百玖拾陸兩肆錢肆釐伍毫貳絲肆忽貳微肆纖伍塵壹漠伍沙肆洙肆涯。

又於西安布政司庫領支改府添設各官役俸工銀柒百肆拾壹兩伍錢伍釐於嘉慶伍年奉文，在於安康縣坐扣留支。

又於西安布政司庫磚坪廳領支新設通判官役俸工、夫馬工料並平利、鎮坪縣丞各役工食及豁免不敷留支官役俸工共銀陸百柒拾叁兩捌錢壹分壹釐係在司庫請領，動支驛站裁存支剩銀兩。

又白河縣於西安布政司庫領支撥補新增夫馬工料銀叁拾伍兩肆錢肆分肆釐柒毫叁絲捌忽肆微壹纖貳塵伍漠捌沙叁洙叁涯陸洒，查此項銀兩，遇閏之年較比無閏少領銀貳兩壹錢陸分陸釐貳毫伍忽柒纖壹塵玖渺，係將該縣實徵閏銀在縣留支。

遇閏原加銀壹千叁百伍拾肆兩貳分陸毫肆絲伍微，內除閏俸銀柒拾兩玖錢叁分玖釐捌毫伍絲陸忽，止該銀壹千貳百捌拾叁兩捌分柒毫捌絲肆忽伍微，內除荒銀玖百玖拾柒兩玖錢伍分玖釐捌毫伍忽肆微捌渺陸漠壹洙柒涯伍洒，實徵銀貳百捌拾伍兩壹錢貳分玖毫柒絲玖忽玖纖玖塵壹渺叁漠玖沙捌洙貳涯伍洒，內除驛遞之差使甚少並題明請將驛站等事案內，共裁站銀陸拾肆兩伍錢壹分壹釐玖毫叁絲伍忽捌微捌纖玖塵肆渺貳漠，止該銀貳百貳拾兩陸錢玖釐肆絲叁忽貳微玖塵柒渺壹漠玖沙捌洙貳涯伍洒，內白河縣在於請做以糧載丁等事案內，通省以糧均丁減銀貳兩柒錢捌分肆釐叁毫柒絲陸忽陸微柒纖陸塵捌渺伍漠，撥補足數訖，仍該銀貳百貳拾兩陸錢玖釐肆絲叁忽貳微玖塵柒渺壹漠玖沙捌洙貳涯伍洒。

外加增撥補俸工銀柒拾玖兩壹分壹釐肆毫陸絲叁忽捌微貳纖柒渺玖漠玖沙壹洙壹涯伍洒，內除平利縣在於移明事案內，建蓋衙署營汛豁免不敷留支銀貳兩肆錢捌分陸釐，止實撥補俸工銀柒拾陸兩伍錢貳分伍釐肆毫陸絲叁忽捌微貳纖柒渺玖漠玖沙壹洙壹涯伍洒。

又撥補新增夫馬工料銀壹拾伍兩陸錢捌分伍釐陸毫伍忽柒纖壹塵玖渺。

共該銀叁百壹拾貳兩捌錢貳分壹毫壹絲貳忽壹微貳塵肆渺壹漠捌沙玖洙肆涯。

外於西安布政司庫領支撥補俸工銀叁拾伍兩伍錢陸分玖釐壹毫叁絲伍忽陸微玖纖伍塵壹渺伍漠。

又於西安布政司庫領支改府添設各官役工食閏月銀貳拾柒兩捌錢壹分。

又於西安布政司庫領支夫馬閏月銀壹拾兩捌錢。

又於西安布政司庫碍坪廳領支新設通判官役俸工、夫馬工料並平利、鎮坪縣丞各役及豁免不敷留支俸工閏月銀叁拾伍兩肆錢捌分陸釐。

壹額外

課程銀伍拾貳兩肆錢貳分。遇閏加銀肆兩叁錢陸分捌釐叁毫叁絲叁忽叁微壹纖。

茶課銀貳百伍拾叁兩伍錢陸分陸釐。

畜稅銀捌拾捌兩叁分捌釐。

牙稅銀叁拾陸兩肆錢。

地稅銀貳百貳拾捌兩捌錢柒分玖釐。

當稅銀肆拾兩。

本府

畜稅銀壹百伍拾叁兩伍錢捌分捌釐。

安康縣

原額舊治興安州壹等共地壹千肆百陸拾叁頃捌拾肆畝肆分壹釐貳毫，每畝科糧貳升陸勺叁抄陸撮伍圭玖粟陸粒，共折色糧叁千貳拾石捌斗柒升伍合玖勺貳抄壹撮，每石折徵銀貳兩叁錢貳分玖釐陸毫柒絲叁忽陸微，共額徵銀柒千叁拾柒兩陸錢伍分伍釐叁毫柒忽貳微伍纖伍塵，內：

於順治柒、捌兩年、拾陸年題明免過無主、有主、水沖、續荒地並康熙貳拾叁年在於再疏籲請等事案內，豁免荒地共壹千捌拾叁頃壹拾肆畝肆分貳釐伍毫伍絲，應免糧貳千貳百叁拾伍石貳斗肆升貳合叁勺陸抄柒撮壹圭伍粟玖粒，該除銀伍千貳百柒兩叁錢柒分捌釐叁毫叁絲壹忽陸微捌纖貳塵貳渺，內前開墾及興屯並節年開墾、自首共地壹百捌拾壹頃玖拾陸畝壹分壹釐貳毫玖絲壹忽，該糧叁百柒拾肆石玖斗伍升捌合肆勺陸抄叁撮柒圭柒粟貳粒玖顆陸糠，該徵銀捌百柒拾叁兩伍錢壹分貳釐捌毫陸絲肆忽貳微柒纖肆塵玖渺伍沙，以增抵除；又乾隆肆拾玖年開墾至伍拾捌年起科地叁頃肆拾叁畝伍分；乾隆伍拾年開墾至伍拾伍、伍拾玖等年起科地共壹拾伍頃貳拾貳畝伍分，共應徵折色糧叁拾捌石伍斗柒合捌勺捌抄捌撮壹圭叁粟陸粒，該折色銀捌拾玖兩陸錢捌分伍釐貳毫捌絲叁微叁纖玖塵貳渺。實應免地捌百捌拾貳頃伍拾貳畝叁分壹釐貳毫伍絲玖忽，應除糧壹千捌百貳拾壹石柒斗柒升陸合壹抄伍撮貳圭伍粟肆糠，該除銀肆千貳百肆拾肆兩壹錢捌分壹毫捌絲柒忽陸纖捌塵玖漠伍沙。

止實在地伍百捌拾壹頃叁拾貳畝玖釐玖毫肆絲壹忽，該徵糧壹千壹百玖拾玖石玖升玖合玖勺伍撮柒圭肆粟玖粒玖顆陸糠，該徵銀貳千柒百玖拾叁兩肆錢柒分伍釐壹毫貳絲壹微捌纖陸塵玖渺伍沙，內道光肆年在於遵旨等事案內，分撥磚坪廳地叁拾貳頃貳拾貳畝陸分壹釐陸毫陸忽柒微陸纖肆塵壹渺，該折色糧陸拾陸石伍斗叁合捌勺貳抄陸撮貳粟，該折徵銀壹百伍拾肆兩捌錢捌分捌釐壹毫壹絲陸忽伍微叁纖叁塵柒渺伍漠捌沙伍洙陸洒。

止實地伍百肆拾玖頃玖畝肆分捌釐叁毫叁絲肆忽貳微叁纖伍塵玖渺，該徵糧壹千壹百叁拾貳石伍斗玖升陸合柒抄玖撮柒圭貳粟玖粒玖顆陸糠，該徵銀貳千陸百叁拾捌兩伍錢捌分柒釐叁忽陸微伍纖叁塵壹渺肆漠陸沙肆洙玖涯肆洒於乾隆伍拾玖年奉准部咨令，將康熙年間易知由單內載：每畝折徵銀肆分捌釐陸絲貳忽捌微伍纖壹塵貳渺，纂入書內，遇有墾豁，按畝增除。

又丈出水淤地伍拾畝伍分叁釐壹毫，該糧壹石肆升貳合柒勺捌抄柒撮捌圭叁粟貳粒，該徵銀貳兩肆錢貳分玖釐叁毫捌絲叁忽陸微叁纖。

以上實熟並額外丈出水淤共地伍百肆拾玖頃陸拾畝壹釐肆毫叁絲肆忽貳微叁纖伍塵玖渺，實徵折色糧折銀貳千陸百肆拾壹兩壹分陸釐叁毫捌絲柒忽貳微捌纖叁塵壹渺肆漠陸沙肆洙玖涯肆洒。

本色祿米伍百玖拾柒石陸斗捌升，內除荒米叁百陸拾石叁斗捌升壹合肆抄柒撮陸圭壹粟叁粒玖顆肆糠，實徵米貳百叁拾柒石貳斗玖升捌合玖勺伍抄貳撮叁圭捌粟陸粒陸糠，內除分撥磚坪廳米壹拾叁石壹斗伍升柒合柒勺柒抄伍撮壹圭壹粟柒粒壹顆捌糠玖粃貳粺，止該米貳百貳拾肆石壹斗肆升壹合壹勺柒抄柒撮貳圭陸粟捌粒捌顆柒糠捌粺。

外丈出水淤地應徵本色祿米貳斗陸升叁勺壹抄。

貳項共米貳百貳拾肆石肆斗壹合肆勺捌抄柒撮貳圭陸粟捌粒捌顆柒糠捌粺聽支兵糧，遵照康熙年間易知由單內載：每畝科糧肆合捌抄貳撮玖圭肆粟捌粒肆顆。

原額人丁上中下叁門玖則不等，俱折下下人丁玖萬陸千貳百壹拾壹丁，每丁徵銀捌分柒釐肆毫柒絲叁忽肆微，共銀捌千肆百壹拾伍兩玖錢玖釐捌毫壹絲伍忽肆微，內除優免丁肆百叁拾壹丁，除銀叁拾柒兩柒錢壹釐叁絲伍忽肆微。

行差丁玖萬伍千柒百捌拾丁，共額徵銀捌千叁百柒拾捌兩貳錢捌釐柒毫捌絲，內：

順治柒年並再疏籲請及江水泛漲等事，免過逃亡、故絕並被水淹死丁玖萬伍千叁百玖拾肆丁，該除銀捌千叁百肆拾肆兩肆錢肆分伍釐柒毫伍絲柒忽貳微，前招回又節年招回並自首、審出共丁貳萬柒百貳拾捌丁，應徵銀壹千捌百壹拾叁兩壹錢肆分捌釐伍毫壹忽陸微，實應免丁柒萬肆千陸百陸拾陸丁，應免銀陸千伍百叁拾壹兩貳錢玖分柒釐貳毫伍絲伍忽陸微。

以上實行差丁貳萬壹千壹百壹拾肆丁，該徵銀壹千捌百肆拾陸兩玖錢壹分壹釐伍毫貳絲肆忽肆微，內除分撥磚坪廳丁銀貳拾陸兩捌錢叁分陸釐壹毫柒絲貳忽肆微肆纖捌塵壹渺捌漠壹沙貳洙，止實在丁貳萬壹千壹百壹拾肆丁，該徵銀壹千捌百貳拾兩柒分伍釐叁毫伍絲壹忽玖微伍纖壹塵捌渺壹漠捌沙捌洙，於雍正伍年攤入地糧徵解。

康熙伍拾伍年起，至乾隆貳拾陸年止，編審出丁貳百貳拾貳丁；乾隆叁拾壹年編審出丁貳拾丁；乾隆叁拾陸年編審出丁叁拾壹丁。共編審出丁貳百柒拾叁丁，欽遵康熙伍拾貳年叁月拾捌日恩詔，後遇編審之期，但據康熙伍拾年丁冊定為常額，永不加賦。

原額均徭銀玖百貳拾肆兩陸錢捌分捌釐玖毫陸絲伍忽伍微，內除荒銀伍百伍拾柒兩陸錢伍分壹釐捌絲貳忽貳微叁纖伍塵捌渺叁沙壹洙貳涯，實徵銀叁百陸拾柒兩叁分柒釐捌毫捌絲叁忽貳微陸纖肆塵壹渺玖漠陸沙捌洙捌涯，內除分撥磚坪廳銀貳拾兩叁錢伍分玖毫伍絲陸忽柒微捌纖叁塵捌渺叁漠伍沙肆洙壹涯玖洒，止該銀叁百肆拾陸兩陸錢捌分陸釐玖毫貳絲陸忽肆微捌纖叁渺陸漠壹沙肆洙陸涯壹洒。

額外丈出水淤地應徵均徭銀叁錢壹分玖釐壹毫捌絲柒忽陸微。

以上實徵並額外均徭共銀叁百肆拾柒兩陸釐壹毫壹絲肆忽捌纖叁渺陸漠壹沙肆洙陸涯壹洒按照前項地畝科徵，每畝徵均徭銀陸釐叁毫壹絲伍忽肆纖貳塵叁渺。

遇閏加徵額銀肆百陸拾陸兩伍錢壹毫玖絲玖忽，內除荒銀叁百肆拾玖兩柒錢貳分捌釐貳毫伍絲陸忽叁纖貳塵伍渺捌漠貳沙貳洙柒涯柒洒，實徵銀壹百壹拾陸兩柒錢柒分壹釐玖毫肆絲貳忽玖微陸纖柒塵肆渺壹漠柒沙柒洙貳涯叁洒，內除分撥磚坪廳銀肆兩肆錢伍分肆毫陸絲貳忽貳微陸纖伍塵柒渺玖漠叁沙陸洙伍涯貳洒，止該銀壹百壹拾貳兩叁錢貳分壹釐肆毫捌絲柒微壹塵陸渺貳漠肆沙柒涯壹洒。

又額外匠價銀壹兩肆錢捌分伍釐，內除分撥磚坪廳銀捌分貳釐叁毫叁絲壹忽柒微叁纖陸塵陸渺，止該銀壹兩肆錢貳釐陸毫陸絲捌忽貳微陸纖叁塵肆渺。遇閏加銀壹錢貳分叁釐柒毫伍絲，內除分撥磚坪廳銀捌釐壹毫，止該銀壹錢壹分伍釐陸毫伍絲。

停免銀玖拾兩伍錢玖釐捌毫貳絲，內除分撥磚坪廳銀伍兩壹分玖釐柒毫捌忽捌微，止該銀捌拾伍兩肆錢玖分壹毫壹絲壹忽貳微。

以上匠價、停免正閏攤入前項地糧內徵解。

地、丁貳項並均徭、匠價、停免等項共應徵銀壹萬陸千肆百叁拾伍兩貳錢玖分陸釐肆毫肆絲叁忽玖微捌纖伍塵，內除荒銀壹萬壹千叁百叁拾叁兩壹錢貳分捌釐伍毫貳絲肆忽玖微叁塵捌渺玖漠捌沙壹洙貳涯，實徵銀伍千壹百貳兩壹錢陸分柒釐玖毫壹絲玖忽捌纖壹塵壹渺壹沙捌洙捌涯，內除分撥磚坪廳銀貳百柒兩壹錢柒分柒釐貳毫捌絲陸忽叁微貳塵叁渺柒漠伍沙壹洙貳涯伍洒，止該銀肆千捌百玖拾肆兩玖錢玖分陸毫叁絲貳忽柒微柒纖捌塵柒渺貳漠陸沙柒洙伍涯伍洒。

額內、額外本色祿米伍百玖拾柒石玖斗肆升叁勺壹抄，內除荒米叁百陸拾石叁斗捌升壹合肆抄柒撮陸圭壹粟叁粒玖顆肆糠，實徵米貳百叁拾柒石伍斗伍升玖合貳勺陸抄貳撮叁圭捌粟陸粒陸糠，內除分撥磚坪廳米壹拾叁石壹斗伍升柒合柒勺柒抄伍撮壹圭壹粟柒粒壹顆捌糠玖粃貳粄，止該米貳百貳拾肆石壹斗肆升壹合壹勺柒抄柒撮貳圭陸粟捌粒捌顆柒糠捌粄聽支兵糧。

外遇閏加徵銀肆百陸拾陸兩伍錢壹毫玖絲玖忽，內除荒銀叁百肆拾玖兩柒錢貳分捌釐貳毫伍絲陸忽叁纖貳塵伍渺捌漠貳沙貳洙柒涯柒洒，實徵銀壹百壹拾陸兩柒錢柒分壹釐玖毫肆絲貳忽玖微陸纖柒塵肆渺壹漠柒沙柒洙貳涯叁洒，內除分撥磚坪廳銀肆兩肆錢伍分肆毫陸絲貳忽貳微陸纖伍塵柒渺玖漠叁沙陸洙伍涯貳洒，止該銀壹百壹拾貳兩叁錢貳分壹釐肆毫捌絲柒微壹塵陸渺貳漠肆沙柒涯壹洒。

又額外應徵匠價銀壹錢貳分叁釐柒毫伍絲，內除分撥磚坪廳銀捌釐壹毫，止該銀壹錢壹分伍釐陸毫伍絲。

貳項共銀壹百壹拾貳兩肆錢叁分柒釐壹毫叁絲柒微壹塵陸渺貳漠肆沙柒涯壹洒。

壹起運項下

本色祿米共伍百玖拾柒石玖斗肆升叁勺壹抄，內除荒米叁百陸拾石叁斗捌升壹合肆抄柒撮陸圭壹粟叁粒玖顆肆糠，實徵米貳百叁拾柒石伍斗伍升玖合貳勺陸抄貳撮叁圭捌粟陸粒陸糠，內除分撥磚坪廳米壹拾叁石壹斗伍升柒合柒勺柒抄伍撮壹圭壹粟柒粒壹顆捌糠玖粃貳粄，止該米貳百貳拾肆石壹斗肆升壹合壹勺柒抄柒撮貳圭陸粟捌粒捌顆柒糠捌粄聽支兵糧。

原編起運糧石折價等項銀叁千伍百壹拾伍兩貳分玖釐柒毫玖絲玖忽伍纖伍塵，內除荒銀貳千壹百壹拾玖兩捌錢壹分壹釐叁毫陸絲玖忽柒微陸纖陸塵叁渺柒漠貳洙玖涯捌洒，實起運銀壹千叁百玖拾伍兩貳錢壹分捌釐肆毫貳絲玖忽貳微捌纖捌塵陸渺貳漠玖沙柒洙貳洒。

節裁藥味等項起運銀壹千陸百捌拾貳兩陸錢陸分壹釐叁毫叁忽玖微，內除荒銀壹千叁百玖拾貳兩貳錢玖分壹釐捌毫玖絲玖忽壹微肆纖陸塵伍漠陸沙陸洙玖涯壹洒，實起運銀貳百玖拾兩叁錢陸分玖釐肆毫肆忽柒微伍纖叁塵玖渺肆漠叁沙叁洙玖洒。

舊編存留，內順治玖年裁扣各役工食銀貳百肆拾捌兩陸錢；拾貳年裁扣傘扇銀玖拾捌兩；拾肆年裁扣官生俸廩等項銀陸百壹拾柒兩陸錢捌分伍釐伍毫，裁站充餉銀壹千陸百捌兩陸錢捌分柒釐柒毫柒忽，裁州馬損轎夫銀貳百陸拾玖兩捌錢捌分玖釐貳絲貳忽。康熙元年裁吏書工食銀壹百玖兩貳錢；叁年奉裁訓導俸食、齋夫銀玖拾叁兩玖錢貳分，裁襍費丁銀玖拾陸兩柒錢貳分柒釐捌毫；拾伍年裁心紅紙張、喂馬草料、土牛、紙劄、修理船隻、監倉、歲季考等項銀壹百玖拾伍兩肆錢貳分伍釐陸毫伍絲；貳拾壹年奉裁分守關南道俸食銀叁百壹拾捌兩；貳拾柒年奉裁歲貢盤纏、舉人坊價、紅綵銀柒拾肆兩叁錢叁分壹釐捌毫捌絲陸忽；叁拾玖年奉裁州判官役俸食銀玖拾玖兩；伍拾陸年奉裁表箋銀壹拾肆兩貳錢伍分。雍正陸年奉裁燈夫銀貳拾肆兩；拾貳年奉裁民壯工食銀肆拾捌兩。乾隆玖年奉裁舖司工食銀陸拾柒兩貳錢，舊編冗費裁剩解部銀壹千捌拾叁兩柒錢肆分玖釐壹絲叁忽捌微，又州同並各役俸工充餉銀壹百壹拾肆兩。

共銀伍千壹百捌拾兩陸錢陸分陸釐伍毫柒絲捌忽捌微，內除荒銀叁千叁拾柒兩壹錢肆分捌毫玖絲陸忽伍微捌纖肆塵柒渺貳漠陸沙壹涯捌洒，實起運銀貳千壹百肆拾叁兩伍錢貳分伍釐陸毫捌絲貳忽貳微壹纖伍塵貳渺柒漠叁沙玖洙捌涯貳洒。

又額外折色均徭並匠價、停免等銀玖拾肆兩柒錢肆分叁釐叁毫玖絲壹忽貳微叁纖。

以上共該實起運銀叁千玖百貳拾叁兩捌錢伍分陸釐玖毫柒忽肆微捌纖柒塵捌渺肆漠陸沙玖洙玖涯叁洒，內除分撥磚坪廳起運銀貳百柒兩壹錢柒分柒釐貳毫捌絲陸忽叁微貳塵叁渺柒漠伍沙壹洙貳涯伍洒，止實徵起運銀叁千柒百壹拾陸兩陸錢柒分玖釐陸毫貳絲壹忽壹微捌纖伍塵肆渺柒漠壹沙捌洙陸涯捌洒。

又收存留內驛遞之差使甚少並題明請將驛站等事貳案內，共裁站銀捌百捌拾陸兩伍錢捌分伍釐柒毫捌忽玖纖肆渺叁漠。

共該起運銀肆千陸百叁兩貳錢陸分伍釐叁毫貳絲玖忽貳微柒纖伍塵玖渺壹沙捌洙陸涯捌洒，內除受協臨潼等州縣夫站兑留兵餉應支銀壹千叁百捌拾伍兩肆錢陸分捌釐柒毫柒絲壹忽貳微陸纖伍塵貳渺；又在於請做以糧載丁等事案內，通省均丁減銀壹千叁百肆拾玖兩壹錢叁分陸毫陸絲伍忽叁纖叁塵玖漠玖沙玖洙玖涯，內除乾隆元、陸、拾壹、拾陸、貳拾壹、貳拾陸等年編審案內，共增抵補屯更丁銀貳百玖拾柒兩叁錢叁釐伍毫壹絲肆忽柒微壹纖玖塵貳渺，又乾隆叁拾壹、叁拾陸兩年編審案內，共增抵補屯更丁銀壹百肆拾陸兩陸錢捌分叁釐陸毫伍忽捌微伍纖玖塵陸渺，內除分撥磚坪廳抵補屯更丁銀貳拾肆兩陸錢貳分肆釐壹毫柒絲貳忽壹微柒纖，止該抵補屯更丁銀壹百貳拾貳兩伍分玖釐肆毫叁絲叁忽陸微捌纖玖塵陸渺。止該減銀玖百貳拾玖兩柒錢陸分柒釐柒毫壹絲陸忽陸微貳纖肆塵貳渺玖漠玖沙玖洙玖涯。

實該銀貳千貳百捌拾捌兩貳分捌釐捌毫肆絲壹忽叁微捌纖陸塵肆渺壹沙捌洙柒涯捌洒，內留支加增撥補俸工銀壹千壹拾貳兩貳錢壹分肆釐捌毫肆絲肆忽伍微壹纖壹塵捌渺捌漠伍沙，止該起運銀壹千貳百柒拾伍兩捌錢壹分叁釐玖毫玖絲陸忽捌微柒纖肆塵伍渺壹漠陸沙捌洙柒涯捌洒。

遇閏裁扣，順治玖年裁扣銀壹拾捌兩捌錢；拾肆年裁扣銀叁拾玖兩伍錢肆分捌釐貳毫。康熙元年裁扣銀玖兩壹錢；叁年裁扣銀柒兩捌錢貳分陸釐陸毫陸絲陸忽；拾伍年裁扣銀貳兩陸錢陸分陸釐陸毫柒絲；貳拾壹年裁扣銀貳拾陸兩肆錢玖分玖釐捌毫玖絲；叁拾玖年裁扣銀捌兩貳錢伍分。雍正陸年裁扣銀貳兩；拾貳年裁扣銀肆兩。乾隆玖年裁扣銀伍兩陸錢，又州同門、皂、傘夫工食銀肆兩伍錢；又各官閏俸銀壹拾陸兩玖錢壹分玖釐捌毫陸絲叁忽。

共銀壹百肆拾伍兩柒錢壹分壹釐貳毫捌絲玖忽，內除荒銀壹百叁兩壹錢捌分柒釐叁毫柒絲捌忽捌微壹纖柒塵貳渺壹漠捌沙伍涯柒洒，實徵銀肆拾貳兩伍錢貳分叁釐玖毫壹絲壹微捌纖貳塵柒渺捌漠壹沙玖洙肆涯叁洒，內除分撥磚坪廳銀肆兩肆錢伍分肆毫陸絲貳忽貳微陸纖伍塵柒渺玖漠叁沙陸洙伍涯貳洒，止該銀叁拾捌兩柒分叁釐肆毫肆絲柒忽玖微壹纖陸塵玖渺捌漠捌沙貳洙玖涯壹洒。

又額外應徵匠價銀壹錢貳分叁釐柒毫伍絲，內除分撥磚坪廳銀捌釐壹毫，止該銀壹錢壹分伍釐陸毫伍絲。

又收存留內驛遞之差使甚少並題明請將驛站等事貳案內，共裁站銀壹拾陸兩肆錢叁分捌釐陸毫柒絲伍忽捌微玖纖壹渺貳漠。

叁項共銀伍拾肆兩陸錢貳分柒釐柒毫柒絲叁忽捌微柒塵壹渺捌沙貳洙玖涯壹洒，內除請倣以糧載丁等事案內，通省以糧均丁減銀陸拾肆兩陸錢陸分壹毫肆絲伍忽叁微捌纖捌塵捌渺，節次抵補屯更丁增銀貳拾貳兩貳分陸釐捌毫玖絲叁忽肆微玖纖叁塵肆渺肆漠，內除分撥磚坪廳抵補屯更（丁）閏銀壹兩貳錢貳分壹釐捌毫陸絲柒忽，止該抵補更丁閏銀貳拾兩捌錢伍釐貳絲陸忽肆微玖纖叁塵肆渺肆漠，止該減銀肆拾叁兩捌錢伍分伍釐壹毫壹絲捌忽捌微玖纖伍塵叁渺陸漠。

實該銀壹拾兩柒錢柒分貳釐陸毫伍絲肆忽玖微壹纖壹塵柒渺肆漠捌沙貳洙玖涯壹洒，全數留支加增撥補俸工銀兩訖，尚不敷留支俸工銀壹拾肆兩捌錢伍分叁釐肆毫陸絲捌微貳塵捌漠柒沙柒洙玖洒。

又不敷撥給馬夫閏月銀玖兩柒錢陸分捌毫，遇閏之年俱在於上項起運正銀內留支，理合登明。

存留項下

原編存留銀伍千玖百陸拾貳兩壹錢玖分伍釐叁毫柒絲壹忽，內除荒銀肆千柒百捌拾叁兩捌錢捌分肆釐叁毫伍絲玖忽肆微陸塵柒渺肆漠伍沙壹洙壹涯叁洒，實存留銀壹千壹百柒拾捌兩叁錢壹分壹釐壹絲壹忽伍微玖纖叁塵貳渺伍漠肆沙捌洙捌涯柒洒。

壹俸工項下

知府壹員，額支俸薪銀捌拾兩，內除荒銀伍拾玖兩玖錢柒分柒釐玖絲柒忽玖微叁纖貳塵，實支銀貳拾兩貳分玖釐貳毫貳忽陸纖捌塵。外撥補加增俸薪銀叁拾陸兩柒錢壹分捌釐陸毫伍絲壹忽玖微貳纖捌塵。

照磨壹員，額支俸薪銀叁拾壹兩伍錢貳分，內除荒撥補銀貳拾叁兩陸錢貳分捌釐肆毫捌絲玖忽玖微伍纖玖塵壹渺，實徵支銀柒兩捌錢玖分壹釐伍毫壹絲肆纖玖渺。

教授訓導貳員，額支俸薪銀叁拾叁兩玖錢柒分，內除荒撥補銀貳拾伍兩肆錢陸分伍釐玖絲柒忽陸微陸纖壹塵壹渺，實徵支銀捌兩伍錢肆釐玖毫貳忽叁微叁纖捌塵玖渺。外撥補加增全俸銀伍拾壹兩叁分。以上教授訓導實額支俸薪銀捌拾伍兩，內撥支漢陰廳訓導壹員，俸薪銀肆拾兩，全數抵收該廳應撥安康縣民壯工食銀兩訖。

知府衙門

門子貳名，每名歲支工食銀陸兩，共支銀壹拾貳兩，內除荒撥補銀捌兩玖錢玖分伍釐陸毫貳絲玖忽捌微柒纖捌塵捌渺，實徵支銀叁兩肆釐叁毫柒絲壹微貳纖壹塵貳渺。遇閏加銀壹兩，內除荒銀伍錢捌分貳釐捌毫陸絲肆忽玖微伍纖叁塵柒渺，實徵支銀肆錢壹分柒釐壹毫叁絲伍忽肆纖陸塵叁渺。

皂隸、仵作壹拾陸名，每名歲支工食銀陸兩，共支銀玖拾陸兩，內除荒撥補銀柒拾壹兩玖錢陸分肆釐玖毫伍絲柒忽陸微伍纖肆渺，實徵支銀貳拾肆兩叁分伍釐肆絲貳忽叁微肆纖玖塵陸渺。遇閏加銀捌兩，內除荒銀肆兩陸錢陸分貳釐肆毫貳絲肆忽壹微陸纖陸塵，實徵支銀叁兩叁錢叁分柒釐伍毫柒絲伍忽捌微叁纖肆塵。

馬快壹拾名，每名歲支工食銀壹拾陸兩捌錢，共支銀壹百陸拾捌兩，內除荒撥補銀壹百貳拾伍兩玖錢叁分捌釐柒毫貳絲肆忽肆微壹纖叁塵貳渺，實徵支銀肆拾貳兩陸分壹釐貳毫柒絲伍忽伍微捌纖陸塵捌渺。遇閏加銀壹拾壹兩貳錢，內除荒銀陸兩伍錢貳分柒釐貳毫伍絲陸忽叁微貳纖柒塵玖渺肆漠，實徵支銀肆兩陸錢柒分貳釐柒毫肆絲叁忽陸微柒纖貳塵陸漠。

步快壹拾陸名，每名歲支工食銀陸兩，共支銀玖拾陸兩，內除荒撥補銀柒拾壹兩玖錢陸分肆釐玖毫伍絲柒忽陸微伍纖肆渺，實徵支銀貳拾肆兩叁分伍釐肆絲貳忽叁微肆纖玖塵陸渺。

更夫壹拾名，每名歲支工食銀陸兩，共支銀陸拾兩，內除荒撥補銀肆拾肆兩玖錢柒分捌釐壹毫壹絲伍忽叁微肆纖肆塵，實徵支銀壹拾伍兩貳分壹釐捌毫捌絲肆忽陸微伍纖陸塵。

民壯肆拾貳名，工食銀兩除抵改設知府俸工外，止該銀伍拾玖兩玖錢伍分貳釐，因漢陰廳添設訓導，各役工食不敷，將上項銀兩全數撥支，仍抵收該廳，廳撥安康民壯工食銀伍拾玖兩玖錢伍分貳釐，內除荒撥補銀肆拾肆兩玖錢叁分捌釐壹絲貳忽肆微肆纖捌塵貳渺，實徵支銀壹拾伍兩壹分叁釐玖毫捌絲柒忽伍微伍纖壹塵捌渺。遇閏加銀貳拾壹兩，內除荒銀壹拾貳兩貳錢叁分捌釐伍毫伍絲壹忽叁微貳纖叁塵伍渺，實徵支銀捌兩柒錢陸分壹釐肆毫肆絲捌忽陸微柒纖陸塵伍渺。

看監禁卒壹拾貳名，每名歲支工食銀陸兩，共支銀柒拾貳兩，內除荒撥補銀伍拾叁兩玖錢柒分叁釐柒毫貳絲捌忽壹微貳塵捌渺，實徵支銀壹拾捌兩貳分陸釐貳毫柒絲壹忽捌微玖纖柒塵貳渺。遇閏加銀陸兩，內除荒銀叁兩肆錢玖分陸釐柒毫柒絲柒忽貳微貳纖伍渺，實徵支銀貳兩伍錢叁釐貳毫貳絲貳忽柒微柒纖玖塵伍渺。

轎傘扇夫柒名，每名歲支工食銀陸兩，共支銀肆拾貳兩，內除荒撥補銀叁拾壹兩肆錢捌分肆釐陸毫柒絲伍忽伍微叁纖捌渺，實徵支銀壹拾兩伍錢壹分伍釐叁毫貳絲肆忽肆微陸纖玖塵貳渺。遇閏加銀叁兩伍錢，內除荒銀貳兩叁分玖釐伍毫玖絲肆忽陸微叁纖陸塵壹渺，實徵支銀壹兩肆錢陸分肆毫伍忽叁微陸纖叁塵玖渺。

庫子肆名，每名歲支工食銀陸兩，共支銀貳拾肆兩，內除撥補銀壹拾柒兩玖錢玖分壹釐貳毫肆絲貳忽陸微叁纖柒塵陸渺，實徵支銀陸兩捌釐柒毫伍絲柒忽叁微陸纖貳塵肆渺。遇閏加銀貳兩，內除荒銀壹兩壹錢陸分伍釐陸毫貳絲壹忽伍微柒塵肆渺，實徵支銀捌錢叁分肆釐叁毫柒絲捌忽肆微玖纖貳塵陸渺。

各河渡口水手貳拾壹名，每名歲支工食銀貳兩肆錢，共支銀伍拾兩肆錢，內除荒撥補銀叁拾柒兩柒錢捌分壹釐玖毫叁絲肆忽陸微玖纖壹塵伍渺貳漠，實徵支銀壹拾貳兩陸錢壹分捌釐陸絲伍忽叁微捌塵肆渺捌漠。遇閏加銀肆兩貳錢，內除荒銀叁兩肆錢貳分貳釐肆絲柒忽柒微叁纖捌塵玖渺捌漠，實徵支銀柒錢柒分柒釐玖毫伍絲貳忽貳微陸纖壹塵貳漠。

花架船貳隻，水手貳名，每名歲支工食銀貳兩肆錢，共支銀肆兩捌錢，內除荒撥補銀叁兩伍錢玖分捌釐貳毫捌絲壹忽柒微玖纖伍塵，實徵支銀壹兩貳錢壹釐柒毫壹絲捌忽貳微伍塵。遇閏加銀肆錢，內除荒銀叁錢貳分伍釐玖毫貳忽叁微陸纖伍塵柒渺陸漠，實徵支銀柒分肆釐玖絲柒忽陸微叁纖肆塵貳渺肆漠。

杜家墕流水舖渡船貳隻，水手貳名，每名歲支工食船價銀壹兩陸分陸釐陸毫伍絲，共支銀貳兩壹錢叁分叁釐叁毫，內除荒撥補銀壹兩伍錢玖分玖釐貳毫捌忽肆微陸纖玖塵玖渺，實徵支銀伍錢叁分肆釐玖絲壹忽伍微叁纖壹渺。遇閏加銀壹錢柒分柒釐柒毫伍絲，內除荒銀壹錢肆分肆釐捌毫貳絲肆忽陸微陸纖貳塵陸渺貳漠，實徵支銀叁分貳釐玖毫貳絲伍忽叁微叁纖柒塵叁渺捌漠。

添設磨溝口水手壹名，工食銀貳錢陸分陸釐陸毫伍絲，內除荒撥補銀壹錢玖分玖釐柒毫陸絲陸忽貳微陸塵肆渺，實徵支銀陸分陸釐捌毫捌絲叁忽柒微玖纖叁塵陸渺。

棚船水手陸名，每名歲支工食銀貳兩肆錢，共支銀壹拾肆兩肆錢，內除荒撥補銀壹拾兩柒錢玖分肆釐柒毫壹絲玖忽玖微叁纖壹塵貳渺，實徵支銀叁兩陸錢伍釐貳毫捌絲陸纖捌塵捌渺。遇閏加銀壹兩貳錢，內除荒銀玖錢柒分柒釐陸毫玖絲伍忽柒微伍纖伍塵貳渺捌漠，實徵支銀貳錢貳分貳釐叁毫肆忽貳微肆纖肆塵柒渺貳漠。

各舖司兵叁拾陸名，每名歲支工食銀肆兩捌錢，共支銀壹百柒拾貳兩捌錢，內除荒銀壹百貳拾玖兩伍錢叁分捌釐壹絲柒忽肆微陸纖叁塵陸渺壹漠陸沙，實徵支銀肆拾叁兩貳錢陸分壹釐玖毫捌絲貳忽伍微叁纖陸塵叁渺捌漠肆沙。外加增銀壹百柒拾叁兩壹錢柒釐柒毫伍絲貳忽捌微捌纖捌塵捌渺壹漠陸沙。遇閏加銀壹拾肆兩肆錢，內除荒銀壹拾壹兩柒錢叁分貳釐叁毫貳絲捌忽柒微肆塵壹漠陸沙，實徵支銀貳兩陸錢陸分柒釐陸毫柒絲壹忽貳微玖纖伍塵玖渺捌漠肆沙。外加增銀壹拾伍兩叁錢陸分叁釐壹毫叁絲玖忽玖微捌纖玖塵肆渺伍漠陸沙。

新設民壯壹拾陸名，每名歲支工食銀陸兩，共銀玖拾陸兩。

新設鐘鼓夫壹拾名，每名歲支工食銀貳兩肆錢，共銀貳拾肆兩。遇閏加銀貳兩以上正閏叁項領支缺官，因缺不敷，改動裁汰驛站支剩銀兩。

照磨衙門

門子壹名，歲支工食銀陸兩，內除荒撥補銀肆兩肆錢玖分柒釐捌毫壹絲貳忽玖微貳纖肆塵肆渺，實徵支銀壹兩伍錢貳釐壹毫捌絲柒忽柒纖伍塵陸渺。遇閏加銀伍錢，內除荒銀貳錢玖分壹釐肆毫陸忽伍微柒纖陸塵柒渺，實徵支銀貳錢捌釐伍毫玖絲叁忽肆微貳纖叁塵叁渺。

皂隸肆名，每名歲支工食銀陸兩，共支銀貳拾肆兩，內除荒撥補銀壹拾柒兩玖錢玖分壹釐貳毫肆絲貳忽陸微叁纖柒塵陸渺，實徵支銀陸兩捌釐柒毫伍絲柒忽叁微陸纖貳塵肆渺。遇閏加銀貳兩，內除荒銀壹兩叁錢陸分伍釐陸毫貳絲壹忽伍微柒塵肆渺，實徵支銀捌錢叁分肆釐叁毫柒絲捌忽肆微玖纖貳塵陸渺。

馬夫壹名，歲支工食銀陸兩，內除荒撥補銀肆兩肆錢玖分柒釐捌毫壹絲貳忽玖微貳纖肆塵肆渺，實徵支銀壹兩伍錢貳釐壹毫捌絲柒忽柒纖伍塵陸渺。遇閏加銀伍錢，內除荒銀貳錢玖分壹釐肆毫陸忽伍微柒纖陸塵柒渺，實徵支銀貳錢捌釐伍毫玖絲叁忽肆微貳纖叁塵叁渺。

教職衙門

齋夫叁名，每名歲支工食銀壹拾貳兩，共支銀叁拾陸兩，內除荒撥補銀貳拾陸兩玖錢捌分陸釐捌毫陸絲捌忽壹微陸塵肆渺，實徵支銀玖兩壹分叁釐壹毫叁絲壹忽捌微玖纖叁塵陸渺。遇閏加銀叁兩，內除荒銀壹兩柒錢肆分捌釐肆毫貳絲壹忽陸微壹纖壹塵壹渺，實徵支銀壹兩貳錢伍分壹釐伍毫柒絲捌忽叁微捌纖捌塵玖渺。

膳夫貳名，額支銀壹拾叁兩叁錢叁分叁釐叁毫，內除荒撥補銀玖兩玖錢玖分伍釐捌忽陸微壹纖壹塵肆渺捌漠玖沙，實徵支銀叁兩叁錢叁分捌釐貳毫玖絲壹忽叁微捌纖捌塵伍渺壹漠壹沙廪生支領。遇閏加銀壹兩壹錢壹分壹釐壹毫，內除荒撥補銀陸錢肆分陸釐陸毫柒絲捌忽叁微肆纖柒塵柒渺捌漠，實徵支銀肆錢陸分肆釐肆毫貳絲壹忽陸微伍纖貳塵貳渺貳漠。

門斗叁名，每名歲支工食銀柒兩貳錢，共支銀貳拾壹兩陸錢，內除荒撥補銀壹拾陸兩壹錢玖分貳釐壹毫壹絲捌忽捌微伍塵貳漠，實徵支銀伍兩肆錢柒釐捌毫捌絲壹忽壹微玖纖肆塵玖渺捌漠。遇閏加銀壹兩捌錢，內除荒銀壹兩壹分柒釐貳毫捌絲壹忽捌微陸纖肆渺陸漠，實徵支銀柒錢捌分貳釐柒毫壹絲捌忽壹微叁纖玖塵伍渺肆漠。

廪生叁拾名，每名歲支月糧銀叁兩貳錢，共支銀玖拾陸兩，內除荒撥補銀柒拾壹兩玖錢柒分柒毫貳絲壹忽肆微肆纖肆渺，實徵支銀貳拾肆兩貳分玖釐貳毫柒絲捌忽伍微伍纖玖塵陸渺。遇閏加銀捌兩陸絲，內除荒撥補銀伍兩玖錢玖分陸釐捌毫貳忽肆微柒纖柒塵壹渺貳漠，實徵支銀貳兩叁釐貳毫伍絲柒忽伍微貳纖貳塵捌渺捌漠。

以上俸工項下，除廪生、膳夫貳欵照常支發外，其餘官役俸工於道光貳拾叁年奉文，均以貳兩平支放，每兩減平銀陸分，共減平銀兩，每年批解部庫交納，理合登明。

壹雜支項下

春秋貳季祭祀文廟及各壇祠並無祀鬼魂品物等銀玖拾伍兩叁錢陸分，內除荒銀柒拾壹兩肆錢捌分伍釐玖毫肆絲捌忽陸微貳纖肆塵貳渺，實徵支銀貳拾叁兩捌錢柒分肆釐伍絲壹忽叁微柒纖伍塵捌渺。

外撥補均攤祭祀銀肆拾玖兩陸錢捌分壹釐貳毫柒絲壹忽捌纖玖塵陸渺肆漠伍沙陸涯。

鄉飲銀肆兩，內除荒銀貳兩玖錢玖分捌釐肆毫玖絲陸忽捌微伍纖陸塵貳渺，實徵支銀壹兩壹釐伍毫叁忽壹微肆纖叁塵捌渺。

時憲書銀貳兩，內除荒銀壹兩肆錢玖分玖釐貳毫捌絲玖忽陸微陸纖捌塵貳渺，實徵支銀伍錢柒毫壹絲叁微叁纖壹塵捌渺。

布政司紙劄銀壹兩玖錢貳分伍釐，內除荒銀壹兩肆錢肆分叁釐叁絲叁微叁纖叁塵陸渺，實徵支銀肆錢捌分壹釐玖毫陸絲玖忽陸微陸纖陸塵肆渺。

以上鄉飲、紙劄貳欵於道光貳拾叁年奉文裁汰，其徵收銀兩，每年批解部庫交納，理合登明。

壹孤貧項下

孤老叁拾名，共支口糧銀捌拾陸兩，內除荒銀陸拾肆兩肆錢陸分玖釐柒忽貳微柒纖玖塵肆渺肆漠，實徵支銀貳拾壹兩伍錢叁分玖毫玖絲貳忽柒微貳纖伍渺陸漠。外加增銀貳拾壹兩捌錢伍分叁釐壹絲玖忽壹微貳纖叁塵肆漠。遇閏加銀叁兩陸錢。

孤老布花銀貳拾貳兩伍錢，內除荒銀壹拾陸兩捌錢陸分陸釐捌毫玖絲玖微叁纖柒塵壹渺叁漠，實徵支銀伍兩陸錢叁分叁釐壹毫玖忽陸纖貳塵捌渺柒漠。

壹驛站項下

兊秦、韓、慶叁府夏秋祿米並年例銀柒百玖拾捌兩捌錢陸分柒釐玖毫叁忽；蘭州莊浪倉站價銀貳百壹拾兩；西安府京兆驛站銀貳百伍拾兩，站支船價銀壹拾貳兩玖錢貳分柒釐陸毫壹絲。共額銀壹千貳百柒拾壹兩柒錢玖分伍釐伍毫壹絲叁忽，內除荒銀壹千玖拾柒兩壹分捌釐伍毫壹絲柒忽叁微玖纖捌塵壹渺叁漠玖沙貳洙肆涯貳洒，實支銀壹百柒拾肆兩柒錢柒分陸釐玖毫玖絲伍忽陸微壹塵捌渺陸漠柒洙伍涯捌洒。

損轎夫玖拾叁名，額銀伍百貳拾伍兩陸錢；接遞募夫額銀柒百伍拾伍兩柒錢叁分陸毫叁絲；走遞馬伍拾匹，額銀壹千陸百柒拾肆兩壹錢壹分玖毫柒絲捌忽；新增馬匹工食額銀叁百兩。共額銀叁千貳百伍拾伍兩肆錢肆分壹釐陸毫捌忽，內除荒銀貳千陸百壹拾壹兩壹錢陸分伍釐貳毫叁絲伍忽壹微玖纖肆塵壹渺玖漠捌洙柒涯壹洒，實徵銀陸百肆拾肆兩貳錢柒分陸釐叁毫柒絲貳忽捌微伍塵捌渺玖沙壹洙貳涯玖洒。

外收受協銀壹千叁百捌拾伍兩肆錢陸分捌釐柒毫柒絲壹忽貳微陸纖伍塵貳渺。

共銀貳千貳拾玖兩柒錢肆分伍釐壹毫肆絲肆忽柒纖壹塵玖沙壹洙貳涯玖洒，除裁站銀捌百捌拾陸兩伍錢捌分伍釐柒毫捌忽玖纖肆渺叁漠，實支銀壹千壹百肆拾叁兩壹錢伍分玖釐肆毫叁絲伍忽玖微捌纖伍渺柒漠玖沙壹洙貳涯玖洒。

遇閏加銀貳百叁拾兩捌錢，內除荒銀壹百捌拾捌兩叁分伍釐伍毫捌絲貳忽玖微肆纖肆渺玖漠伍沙伍洙玖涯，實徵銀肆拾貳兩柒錢陸分肆釐肆毫壹絲柒忽伍纖玖塵伍渺肆沙肆洙壹涯，內除奉裁閏月銀壹拾陸兩肆錢叁分捌釐陸毫柒絲伍忽捌微玖纖壹渺貳漠，實支銀貳拾陸兩叁錢貳分伍釐柒毫肆絲壹忽壹微陸纖玖塵叁渺捌漠肆沙肆洙壹涯。

外撥補夫馬工料閏月銀玖兩柒錢陸分捌毫。

以上存留實徵銀壹千壹百柒拾捌兩叁錢壹分壹釐壹絲壹忽伍微玖纖叁塵貳渺伍漠肆沙捌洙捌涯柒洒。

又收起運內受協臨潼等州縣夫站兑留兵餉應支銀壹千叁百捌拾伍兩肆錢陸分捌釐柒毫柒絲壹忽貳微陸纖伍塵貳渺。

共該銀貳千伍百陸拾叁兩柒錢柒分玖釐柒毫捌絲貳忽捌微伍纖捌塵肆渺伍漠肆沙捌洙捌涯柒洒，內除驛遞之差使甚少並題明請將驛站等事貳案內，共裁站銀捌百捌拾陸兩伍錢捌分伍釐柒毫捌忽玖纖肆渺叁漠，實該銀壹千陸百柒拾柒兩壹錢玖分肆釐柒絲肆忽柒微陸纖捌塵貳漠肆沙捌洙捌涯柒洒。

外加增撥補俸工銀壹千壹拾貳兩貳錢壹分肆釐捌毫肆絲肆忽伍微壹纖壹塵捌渺捌漠伍沙。

共銀貳千陸百捌拾玖兩肆錢捌釐玖毫壹絲玖忽貳微柒纖玖塵玖渺玖沙捌洙捌涯柒洒於乾隆伍拾貳年奉文，全數解司，壹切支欵，俱由司按季領支，嗣於嘉慶伍年奉文，在縣照舊留支，並不解司，按季請領。

又於西安布政司庫撥補均攤祭祀銀肆拾玖兩陸錢捌分壹釐貳毫柒絲壹忽捌纖玖塵陸渺肆漠伍沙陸涯係領支公用銀兩。

外於西安布政司庫缺官銀內領支新設縣丞俸工銀壹百玖拾陸兩，改動驛站。

遇閏原加銀叁百叁拾柒兩柒錢捌釐柒毫柒絲叁忽，內裁各官閏俸銀壹拾陸兩玖錢壹分玖釐捌毫陸絲叁忽入起運外，實該銀叁百貳拾兩柒錢捌分捌釐玖毫壹絲，內除荒銀貳百肆拾陸兩伍錢肆分捌毫柒絲柒忽貳微壹纖伍塵叁渺陸漠肆沙貳洙貳涯，實徵銀柒拾肆兩貳錢肆分捌釐叁絲貳忽柒微捌纖肆塵陸渺叁漠伍沙柒洙捌涯，內除驛遞之差使甚少並題明請將驛站等事貳案內，共裁站銀壹拾陸兩肆錢叁分捌釐陸毫柒絲伍忽捌微玖纖壹渺貳漠，止該銀伍拾柒兩捌錢玖釐叁毫伍絲陸忽捌微玖纖肆塵伍渺壹漠伍沙柒洙捌涯。

加增撥補工食銀貳拾伍兩陸錢貳分陸釐壹毫壹絲伍忽柒微壹纖叁塵捌渺叁漠陸沙。

共銀捌拾叁兩肆錢叁分伍釐肆毫柒絲貳忽陸微捌塵叁渺伍漠壹沙柒洙捌涯於乾隆伍拾貳年奉文，全數解司，壹切支欵，俱由司按季領支，嗣於嘉慶伍年奉文，照舊在縣留支，並不解司，按季請領。

外於西安布政司庫缺官銀內領支新設縣丞俸工銀伍兩，改動驛站銀兩。

外撥補夫馬閏月銀玖兩柒錢陸分捌毫。

壹額外

課程銀叁兩柒錢。遇閏加銀壹兩壹錢肆分壹釐陸毫陸絲陸忽陸微陸纖。

茶課銀貳拾陸兩肆分陸釐係茶商出辦。

牙稅銀壹拾陸兩柒錢牙行貳拾名，上則牙人捌名，每名原額銀壹兩，共銀捌兩；中則牙人肆名，每名原額銀柒錢，共銀貳兩捌錢；下則牙人拾貳名，每名原額銀伍錢，共銀陸兩。

地稅銀柒拾兩捌錢肆分伍釐係買房地業主出辦，原無定額，儘收儘解，理合登明。

當稅銀壹拾伍兩典鋪叁座，係當商出辦。

漢陰廳

原額壹等共地壹百伍拾肆頃伍拾叁畝捌分捌釐陸絲叁忽，每畝科糧陸升壹合叁勺玖抄伍撮壹圭伍粟貳粒，共糧玖百肆拾捌石柒斗玖升叁合叁勺陸抄，每石徵銀貳兩壹錢肆分伍釐壹毫伍絲柒忽壹微壹纖，共額徵銀貳千叁拾伍兩叁錢壹分捌毫貳絲柒忽貳微捌纖伍塵。

順治柒年題明免過無主荒地並康熙貳拾叁年題明免過共地玖拾伍頃壹拾陸畝玖分陸釐貳毫肆絲，共免糧伍百捌拾肆石柒斗壹升叁合柒勺柒抄肆撮，共免銀壹千貳百伍拾肆兩貳錢捌分叁釐叁毫陸絲貳忽柒微捌纖叁塵肆渺，內前墾並興屯及節年開墾共地貳拾頃叁拾玖畝捌分柒毫伍絲柒忽伍微陸纖陸塵貳渺，該糧壹百貳拾伍石柒升貳合陸抄貳撮貳圭玖粟柒粒玖顆柒糠陸粃捌粄，該銀貳百陸拾捌兩貳錢肆分玖釐陸毫陸絲肆忽叁微玖纖叁塵伍渺柒漠叁沙捌涯。實荒地柒拾肆頃柒拾柒畝壹分伍釐肆毫捌絲貳忽肆微叁纖叁塵捌渺，免糧肆百伍拾玖石陸斗肆升壹合柒勺壹抄壹撮柒圭貳粒貳糠叁粃貳粄，免銀玖百捌拾陸兩叁分叁釐陸毫玖絲捌忽叁微捌纖玖塵捌渺貳漠陸沙玖洙貳涯。

止實在熟地柒拾玖頃柒拾陸畝柒分貳釐伍毫捌絲伍微陸纖陸塵貳渺，共糧肆百捌拾玖石壹斗伍升壹合陸勺肆抄捌撮貳圭玖粟柒粒玖顆柒糠陸粃捌粄，共徵銀壹千肆拾玖兩貳錢柒分柒釐壹毫貳絲捌忽捌微玖纖伍塵壹渺柒漠叁沙捌涯遵照乾隆伍拾玖年奉准部咨令，將康熙年間易知由單內載：折正壹等地每畝徵銀壹錢叁分壹釐陸毫壹絲壹微伍纖壹塵叁渺貳漠纂入書內，嗣後遇有墾豁，以便按畝增除。

額外本色祿米壹百玖拾玖石伍斗柒升，內除荒米玖拾陸石陸斗叁升伍合陸抄陸撮柒粒陸顆肆糠捌粃壹粄，實徵米壹百貳石玖斗叁升肆合玖勺叁抄叁撮玖圭玖粟貳粒叁顆伍糠壹粃玖粄遵照乾隆伍拾玖年奉准部咨令，將康熙年間易知由單內載：每畝徵米壹升貳合玖勺肆撮肆圭玖粒。

原額人丁叁等玖則不等，俱折下下人丁捌千柒百玖拾貳丁，每丁徵銀叁錢，共徵銀貳千陸百叁拾柒兩陸錢，內除優免丁叁百叁拾肆丁，共該銀壹百兩貳錢。

行差丁捌千肆百伍拾捌丁，共額徵銀貳千伍百叁拾柒兩肆錢。

順治柒年題明豁免過逃亡丁並康熙貳拾叁年再疏籲請等事案內，豁免過殺擄絕丁共柒千玖百伍拾貳丁，應免銀貳千叁百捌拾伍兩陸錢，內前招回並節年招回、編審出丁壹千壹百肆拾玖丁，該徵銀叁百肆拾肆兩柒錢，實免丁陸千捌百叁丁，免銀貳千肆拾兩玖錢。

以上實在丁壹千陸百伍拾伍丁，該徵銀肆百玖拾陸兩伍錢於雍正伍年攤入地糧內徵解。

康熙伍拾伍年起，至乾隆貳拾陸年止，編審出丁肆拾壹丁；乾隆叁拾壹年編審出丁肆丁；乾隆叁拾陸年編審出丁肆丁。共編審出丁肆拾玖丁，欽遵康熙伍拾貳年叁月拾捌日恩詔，後遇編審之期，但據康熙伍拾年丁冊定為常額，永不加賦。

原額均徭銀貳千叁百陸拾貳兩玖分肆釐，內除荒銀壹千壹百肆拾肆兩貳錢壹分貳釐肆毫玖絲叁忽壹微捌纖壹塵貳漠壹沙叁洙肆涯，止實徵均徭銀壹千貳百壹拾柒兩捌錢捌分壹釐伍毫陸忽捌微壹纖捌塵玖渺柒漠捌沙陸洙陸涯係按前項壹等地畝科徵，每畝徵銀壹錢伍分貳釐柒毫伍絲肆微玖纖貳塵捌渺伍漠。

外遇閏加徵銀叁百壹拾兩陸錢肆分叁釐肆毫陸絲伍忽，內除荒銀壹百玖拾陸兩玖錢柒分捌釐肆毫陸絲玖忽肆微玖纖伍塵伍渺陸漠貳沙肆涯，實徵銀壹百壹拾叁兩陸錢陸分肆釐玖毫玖絲伍忽伍微肆塵肆渺叁漠柒沙玖洙陸涯。

額外停免銀壹百伍拾陸兩壹錢伍分柒釐貳毫壹絲伍忽壹微柒纖伍塵攤入前項地糧徵解。

以上地、丁貳項並均徭、停免，除優免丁銀外，應徵銀柒千玖拾兩玖錢陸分貳釐肆絲貳忽肆微陸纖，除荒銀肆千壹百柒拾壹兩壹錢肆分陸釐壹毫玖絲壹忽伍微柒纖捌渺肆漠捌沙貳洙陸涯，實徵銀貳千玖百壹拾玖兩捌錢壹分伍釐捌毫伍絲捌微捌纖玖塵壹渺伍漠壹洙肆涯。

本色祿米壹百玖拾玖石伍斗柒升，內除荒米玖拾陸石陸斗叁升伍合陸抄陸撮柒粒陸顆肆糠捌粃壹粺，實徵米壹百貳石玖斗叁升肆合玖勺叁抄叁撮玖圭玖粟貳粒叁顆伍糠壹粃玖粺，解興鎮支兵。

外遇閏加徵銀叁百壹拾兩陸錢肆分叁釐肆毫陸絲伍忽，內除荒銀壹百玖拾陸兩玖錢柒分捌釐肆毫陸絲玖忽肆微玖纖伍塵伍渺陸漠貳沙肆涯，實徵銀壹百壹拾叁兩陸錢陸分肆釐玖毫玖絲伍忽伍微肆塵肆渺叁漠柒沙玖洙陸涯。

壹起運項下

本色祿米壹百玖拾玖石伍斗柒升，內除荒米玖拾陸石陸斗叁升伍合陸抄陸撮柒粒陸顆肆糠捌粃壹粺，實起運米壹百貳石玖斗叁升肆合玖勺叁抄叁撮玖圭玖粟貳粒叁顆伍糠壹粃玖粺。

原編起運糧石折價銀陸百捌拾捌兩伍錢玖分伍釐肆毫肆絲肆忽貳微捌纖伍塵，內除荒銀肆百壹拾叁兩柒錢伍分肆釐捌毫肆絲壹忽貳微捌纖柒塵捌渺，實起運銀貳百柒拾肆兩捌錢肆分陸毫貳忽玖微玖纖柒塵貳渺。

節裁民校、藥味、年例、軍器、毛襖等項銀柒百貳拾壹兩叁錢陸分陸釐陸毫，內除荒銀伍百肆拾貳兩玖錢捌分壹釐柒毫柒絲伍忽柒微陸塵伍漠玖沙肆洙肆涯，實起運銀壹百柒拾捌兩叁錢捌分肆釐捌毫貳絲肆忽貳微玖纖叁塵玖渺肆漠伍洙陸涯。

舊編存留，順治玖年裁扣各役工食銀貳百貳拾壹兩陸錢；拾貳年裁扣修宅、傢伙、傘扇銀捌兩；拾肆年裁扣官生俸廩等項銀貳百壹拾柒兩捌錢伍分壹釐伍毫，遞馬、接遞夫叁分裁壹，銀陸百肆拾壹兩陸錢陸分玖釐叁毫叁絲叁忽叁微叁纖叁塵叁渺。康熙元年裁吏書工食銀玖拾柒兩貳錢；叁年裁門斗、齋夫工食銀肆拾叁兩貳錢，雜費丁銀貳拾玖兩叁錢貳分貳釐貳毫；拾伍年裁心紅紙張、修理監倉等項銀玖拾伍兩貳錢壹分柒釐；貳拾柒年裁舉人、歲貢盤纏、坊價銀肆拾兩肆錢柒分壹釐。雍正陸年裁燈夫工食銀貳拾肆兩；拾貳年裁民壯工食銀壹百肆拾肆兩。乾隆玖年裁舖司工食銀叁拾叁兩陸錢，冗費裁剩解部銀叁百陸拾貳兩陸錢柒分叁釐陸毫捌絲叁忽。

共銀壹千玖百伍拾捌兩捌錢肆釐柒毫壹絲陸忽叁微叁纖叁塵叁渺，內除荒銀捌百貳拾捌兩陸錢玖分柒釐伍毫柒忽叁微叁纖玖塵捌渺伍漠伍沙伍泆，實起運銀壹千壹百叁拾兩壹錢柒釐貳毫捌忽玖微玖纖叁塵肆渺肆漠肆沙伍泆。

又額外停免銀壹百伍拾陸兩壹錢伍分柒釐貳毫壹絲伍忽壹微柒纖伍塵。

以上共該實起運銀壹千柒百叁拾玖兩肆錢捌分玖釐捌毫伍絲壹忽肆微伍纖玖塵伍渺捌漠伍沙陸涯。

又收存留內額協抵餉銀玖拾兩壹錢叁分伍毫陸絲捌忽。

又收存留內驛遞之差使甚少等事案內，裁站銀肆百貳兩伍分肆釐肆毫壹絲壹忽貳微捌纖玖塵玖渺貳漠，內在於題明請將驛站等事案內，留支本縣新增夫馬工料銀壹百肆拾玖兩玖錢壹分捌釐叁毫捌絲叁忽陸纖伍塵壹渺貳漠，實收銀貳百伍拾貳兩壹錢叁分陸釐貳絲捌忽貳微貳纖肆塵捌渺。

共該起運銀貳千捌拾壹兩柒錢伍分陸釐肆毫肆絲柒忽陸微捌纖肆塵叁渺捌漠伍沙陸涯，內除受協臨潼等縣驛站兌留兵餉應支銀肆百肆兩捌錢肆分貳釐伍毫捌絲壹忽伍纖貳塵捌渺；又在於請做以糧載丁等事案內，通省以糧均丁減銀壹百柒拾壹兩伍錢肆分伍釐叁毫貳絲伍忽肆微陸纖，內除乾隆元、陸、拾壹、拾陸、貳拾壹、貳拾陸等年編審案內，共增抵補屯更丁銀叁拾捌兩肆錢叁分陸釐肆絲伍忽柒微貳纖陸塵貳渺，又乾隆叁拾壹、叁拾陸兩年編審案內，共增抵補屯更丁銀壹拾捌兩壹分捌釐貳絲貳忽捌微陸纖叁塵叁渺，止減銀壹百壹拾伍兩玖分壹釐貳毫伍絲陸忽捌微柒纖柒渺。

實該銀壹千伍百陸拾壹兩捌錢貳分貳釐陸毫玖忽柒微陸纖捌渺捌漠伍沙陸涯，內留支加增撥補俸工銀陸百壹拾玖兩捌錢壹分叁釐肆毫陸絲叁忽伍微貳纖壹塵壹渺陸漠玖沙肆泆肆涯，止實該起運銀玖百肆拾貳兩玖釐壹毫肆絲陸忽貳微叁纖玖塵柒渺壹漠伍沙陸泆貳涯。

遇閏，順治玖年裁扣銀壹拾陸兩捌錢；拾肆年裁扣銀壹拾伍兩貳錢陸分貳釐捌毫貳絲叁忽。康熙元年裁銀捌兩壹錢；叁年裁銀叁兩陸錢；拾伍年裁銀貳兩陸錢陸分陸釐陸毫柒絲。雍正陸年裁銀貳兩；拾貳年裁銀壹拾貳兩。乾隆玖年裁銀貳兩捌錢；又閏俸銀玖兩叁釐叁毫叁絲貳忽。

共銀柒拾貳兩貳錢叁分貳釐捌毫貳絲伍忽，內除荒銀肆拾伍兩柒錢伍分柒釐柒毫肆絲叁忽伍微肆纖玖塵玖渺玖沙伍洙肆涯，實徵銀貳拾陸兩肆錢柒分伍釐捌絲壹忽肆微伍纖玖漠肆洙陸涯。

又收存留內驛遞之差使甚少并題明請將驛站等事貳案內，裁站閏銀貳拾壹兩捌錢陸分叁釐陸毫叁絲貳忽伍微捌纖柒塵伍渺。

貳項共銀肆拾捌兩叁錢叁分捌釐柒毫壹絲肆忽叁纖柒塵伍渺玖漠肆洙陸涯，內在於請倣以糧載丁之例等事案內，通省以糧載丁減銀肆兩貳錢貳分壹釐伍毫陸絲叁忽柒纖伍塵肆渺，內節次抵補屯更丁增閏銀壹兩肆錢捌分貳釐貳毫肆絲捌忽玖微捌塵，止該減銀貳兩柒錢叁分玖釐叁毫壹絲肆忽壹微陸纖柒塵肆渺。

實該銀肆拾伍兩伍錢玖分玖釐叁毫玖絲玖忽捌微柒纖壹渺玖漠肆洙陸涯，內留支加增撥補俸工銀壹拾伍兩陸錢玖分柒釐肆絲叁忽肆微柒纖玖渺；又留支撥夫馬閏月銀壹兩陸錢柒分捌釐壹毫。止實該起運閏銀貳拾捌兩貳錢貳分肆釐貳毫伍絲陸忽叁微玖纖玖塵貳渺玖漠肆洙陸涯。

壹存留項下

原編存留銀叁千伍百陸拾陸兩叁分捌釐陸絲陸忽陸微陸纖陸塵柒渺，內除荒銀貳千叁百捌拾伍兩柒錢壹分貳釐陸絲柒忽貳微叁纖柒塵壹渺叁漠叁沙叁洙貳涯，實存留銀壹千壹百捌拾兩叁錢貳分伍釐玖毫玖絲玖忽肆微貳纖玖塵伍渺陸漠陸沙陸洙捌涯。

壹俸工項下

通判壹員，額支俸薪銀肆拾貳兩貳錢叁釐，係於西安布政司庫缺官銀內撥補領支，之項因缺官不敷動用，於道光伍年奉文改動裁汰支剩夫馬工料銀兩。

新設訓導壹員，額支俸薪銀肆拾兩，內除荒撥補銀貳拾伍兩叁錢柒分捌釐伍毫貳絲，實徵支銀壹拾肆兩陸錢貳分壹釐肆毫捌絲。

安康縣知縣壹員，額支俸薪銀肆拾伍兩，內除荒銀貳拾捌兩伍錢伍分壹釐伍毫捌絲伍忽，實徵支銀壹拾陸兩肆錢肆分捌釐肆毫壹絲伍忽。外撥補銀捌兩貳錢玖分玖釐壹毫柒絲壹忽捌微伍纖玖塵伍渺。

典史壹員，額支俸薪銀叁拾壹兩伍錢貳分，內除荒撥補銀壹拾玖兩玖錢玖分捌釐貳毫玖絲叁忽，實徵支銀壹拾壹兩伍錢貳分壹釐柒毫柒忽。

教諭壹員，額支俸薪銀叁拾壹兩伍錢貳分，內除荒撥補銀壹拾玖兩玖錢玖分捌釐貳毫玖絲叁忽，實徵支銀壹拾壹兩伍錢貳分壹釐柒毫柒忽。外撥補銀捌兩肆錢捌分。

通判衙門

門子貳名，每名歲支工食銀陸兩，共銀壹拾貳兩。

皂隸拾貳名，每名歲支工食銀陸兩，共銀柒拾貳兩。

民壯貳拾伍名，每名歲支工食銀陸兩，共銀壹百伍拾兩。

轎傘扇夫柒名，每名歲支工食銀陸兩，共銀肆拾貳兩。遇閏加銀叁兩伍錢。

步快捌名，每名歲支工食銀陸兩，共銀肆拾捌兩。遇閏加銀肆兩。

新設仵作貳名，每名歲支工食銀陸兩，共銀壹拾貳兩。遇閏加銀壹兩。

新設禁卒捌名，每名歲支工食銀陸兩，共銀肆拾捌兩。遇閏加銀肆兩。

新設庫子肆名，每名歲支工食銀陸兩，共銀貳拾肆兩。遇閏加銀貳兩。

新設斗級肆名，每名歲支工食銀陸兩，共銀貳拾肆兩。遇閏加銀貳兩以上玖欵正閏銀兩，俱於西安布政司庫缺官錢內撥補領支，之項因缺官不敷動用，於道光伍年奉文改動裁汰支剩夫馬工料銀兩。

舖司兵壹拾陸名，額支銀柒拾陸兩捌錢，內除荒銀肆拾捌兩陸錢柒分貳釐柒毫陸絲捌忽玖微，實徵支銀貳拾捌兩壹錢貳分柒釐貳毫叁絲壹忽壹微。外加增銀陸拾柒兩捌錢柒分貳釐柒毫陸絲捌忽玖微。遇閏加銀陸兩肆錢，除荒銀肆兩柒釐柒絲伍忽伍微，實徵支銀貳兩叁錢玖分貳釐玖毫貳絲肆忽伍微。外加增銀伍兩陸錢柒釐柒絲伍忽伍微。

知縣衙門

門子貳名，每名歲支工食銀陸兩，共銀拾貳兩，內除荒撥補銀柒兩陸錢壹分叁釐肆毫柒絲，實徵支銀肆兩叁錢捌分陸釐伍毫叁絲。遇閏加銀壹兩，內除荒銀陸錢叁分肆釐肆毫陸絲叁忽，實徵支銀叁錢陸分伍釐伍毫叁絲柒忽。

皂隸、仵作壹拾陸名，每名歲支工食銀陸兩，共支銀玖拾陸兩，內除荒撥補銀陸拾兩玖錢捌釐肆毫伍絲伍忽，實徵支銀叁拾伍兩玖分壹釐伍毫肆絲伍忽。遇閏加銀捌兩，內除荒銀伍兩柒分肆釐伍毫壹絲壹忽陸微捌纖，實徵支銀貳兩玖錢貳分伍釐肆毫捌絲捌忽叁微貳纖。

馬快捌名，每名歲支工食銀壹拾陸兩捌錢，共支銀壹百叁拾肆兩肆錢，內除荒撥補銀捌拾伍兩貳錢柒分壹釐捌毫伍絲貳微，實徵支銀肆拾玖兩壹錢貳分捌釐壹毫肆絲玖忽捌微。遇閏加銀壹拾壹兩貳錢，內除荒銀柒兩壹錢叁釐玖毫貳絲肆忽玖微肆纖貳塵伍渺，實徵支銀肆兩玖分陸釐柒絲伍忽伍纖柒塵伍渺。

民壯貳拾陸名，工食銀壹百伍拾陸兩，內除抵撥漢陰廳訓導俸齋銀玖拾玖兩玖錢伍分壹釐外，止該銀伍拾陸兩肆分玖釐，內除荒撥補銀叁拾伍兩伍錢柒分肆釐玖毫貳絲壹忽叁微柒纖陸塵捌漠伍洙陸涯，實徵支銀貳拾兩肆錢柒分肆釐柒絲捌忽陸微貳纖叁塵玖渺壹漠玖沙肆洙肆涯。遇閏加銀壹拾叁兩，內除荒銀捌兩貳錢肆分柒釐伍毫貳絲陸忽玖微，實徵支銀肆兩柒錢伍分貳釐肆毫柒絲叁忽壹微。

看監禁卒捌名，每名歲支工食銀陸兩，共銀肆拾捌兩，內除荒撥補銀叁拾兩肆錢伍分肆釐貳毫貳絲伍忽，實徵支銀壹拾柒兩伍錢肆分伍釐柒毫柒絲伍忽。遇閏加銀肆兩，內除荒銀貳兩伍錢叁分柒釐伍毫壹絲肆忽，實徵支銀壹兩肆錢陸分貳釐肆毫捌絲陸忽。

轎傘扇夫柒名，每名歲支工食銀陸兩，共支銀肆拾貳兩，內除荒撥補銀貳拾陸兩陸錢肆分柒釐肆毫叁絲貳忽，實徵支銀壹拾伍兩叁錢伍分貳釐伍毫陸絲捌忽。遇閏加銀叁兩伍錢，內除荒銀貳兩貳錢貳分貳毫玖絲壹忽柒微伍纖，實徵支銀壹兩貳錢柒分玖釐柒毫捌忽貳微伍纖。

庫丁肆名，每名歲支工食銀陸兩，共支銀貳拾肆兩，內除荒撥補銀壹拾伍兩貳錢貳分柒釐壹毫貳絲肆忽，實徵支銀捌兩柒錢柒分貳釐捌毫柒絲陸忽。遇閏加銀貳兩，內除荒銀壹兩貳錢陸分捌釐玖毫壹絲陸忽，實徵支銀柒錢叁分壹釐捌絲肆忽。

斗級肆名，每名歲支工食銀陸兩，共支銀貳拾肆兩，內除荒撥補銀壹拾伍兩貳錢貳分柒釐壹毫貳絲肆忽，實徵支銀捌兩柒錢柒分貳釐捌毫柒絲陸忽。遇閏加銀貳兩，內除荒銀壹兩貳錢陸分捌釐玖毫壹絲陸忽，實徵支銀柒錢叁分壹釐捌絲肆忽。

典史衙門

門子壹名，歲支工食銀陸兩，內除荒撥補銀叁兩捌錢陸釐捌毫肆絲陸忽，實徵支銀貳兩壹錢玖分叁釐壹毫伍絲肆忽。遇閏加銀伍錢，內除荒銀叁錢壹分柒釐貳毫貳絲肆忽，實徵支銀壹錢捌分貳釐柒毫柒絲陸忽。

皂隸肆名，每名歲支工食銀陸兩，共支銀貳拾肆兩，內除荒撥補銀壹拾伍兩貳錢貳分柒釐壹毫貳絲肆忽，實徵支銀捌兩柒錢柒分貳釐捌毫柒絲陸忽。遇閏加銀貳兩，內除荒銀壹兩貳錢陸分捌釐玖毫壹絲陸忽，實徵支銀柒錢叁分壹釐捌絲肆忽。

馬夫壹名，歲支工食銀陸兩，內除荒撥補銀叁兩捌錢陸分捌毫肆絲陸忽，實徵支銀貳兩壹錢玖分叁釐壹毫伍絲肆忽。遇閏加銀伍錢，內除荒銀叁錢壹分柒釐貳毫貳絲肆忽，實徵支銀壹錢捌分貳釐柒毫柒絲陸忽。

教諭衙門

齋夫叁名，每名歲支工食銀壹拾貳兩，共支銀叁拾陸兩，內除荒撥補銀貳拾貳兩捌錢叁分捌釐玖毫陸絲柒忽，實徵支銀壹拾叁兩壹錢陸分壹釐叁絲叁忽。遇閏加銀叁兩，內除荒銀壹兩玖錢叁釐玖毫伍絲壹忽，實徵支銀壹兩玖分陸釐肆絲玖忽。

膳夫貳名，歲支工食銀壹拾叁兩叁錢叁分叁釐叁毫，內除荒撥補銀捌兩肆錢伍分玖釐壹毫伍絲壹忽，實徵支銀肆兩捌錢柒分肆釐壹毫肆絲玖忽係廩生支領。遇閏加銀壹兩壹錢壹分壹釐叁毫，內除荒撥補銀柒錢伍釐貳毫伍絲玖忽柒纖玖渺，實徵支銀肆錢陸釐肆絲玖微貳纖玖塵壹渺係廩生支領。

門斗貳名，每名歲支工食銀柒兩貳錢，共支銀壹拾肆兩肆錢，內除荒撥補銀玖兩壹錢叁分陸釐壹毫壹絲陸忽柒微陸纖玖渺壹漠玖沙肆洙肆涯，實徵支銀伍兩貳錢陸分叁釐捌毫捌絲叁忽貳微叁纖玖塵捌漠伍洙陸涯。遇閏加銀壹兩貳錢，內除荒銀柒錢陸分壹釐肆毫伍絲陸忽肆微捌纖，實徵支銀肆錢叁分捌釐伍毫肆絲叁忽伍微貳纖。

新設訓導衙門

齋夫叁名，每名歲支工食銀壹拾貳兩，共支銀叁拾陸兩，內除荒撥補銀貳拾貳兩捌錢叁分捌釐玖毫陸絲柒忽，實徵支銀壹拾叁兩壹錢陸分壹釐叁絲叁忽。遇閏加銀叁兩動支缺官，因缺官不敷動用，改動裁汰支剩夫馬工料銀兩。

門斗貳名，每名歲支工食銀柒兩貳錢，共支銀壹拾肆兩肆錢，內除荒撥補銀玖兩壹錢叁分陸釐壹毫壹絲陸忽柒微陸纖玖渺壹漠玖沙肆洙肆涯，實徵支銀伍兩貳錢陸分叁釐捌毫捌絲叁忽貳微叁纖玖塵捌漠伍洙陸涯。遇閏加銀壹兩貳錢動支缺官，因缺官不敷動用，改動裁汰支剩夫馬工料銀兩。

膳夫貳名，額支銀玖兩伍錢伍分壹釐，內除荒撥補銀陸兩伍分玖釐柒毫伍絲陸忽壹微壹纖叁塵，實徵支銀叁兩肆錢玖分壹釐貳毫肆絲叁忽捌微捌纖柒塵。外撥補不敷動支缺官銀叁兩柒錢捌分貳釐因缺官不敷動用，改動裁汰支剩夫馬工料銀兩。遇閏加銀壹兩壹錢壹分動支缺官，因缺官不敷動用，改動裁汰支剩夫馬工料銀兩。

廩生貳拾名，每名歲支銀叁兩貳錢，共支銀陸拾肆兩，內除撥支安康縣學廩生伍名，銀壹拾陸兩，止該廳學廩生壹拾伍名，共銀肆拾捌兩，除荒撥補銀肆拾兩陸錢柒釐捌絲陸忽，實徵支銀貳拾叁兩叁錢玖分貳釐玖毫壹絲肆忽。遇閏加銀伍兩叁錢叁分叁釐叁毫肆絲，內除撥支安康縣學廩生伍名，銀壹兩叁錢叁分叁釐叁毫叁絲伍忽，止該廳學廩生拾伍名，銀肆兩伍忽，內除荒撥補銀叁兩叁錢捌分肆釐柒毫捌忽玖微，實徵支銀壹兩玖錢肆分捌釐陸毫叁絲壹忽壹微。

以上俸工項下，除廩生、膳夫貳欵照常支發外，其餘官役俸工於道光貳拾叁年奉文，均以貳兩平支放，每兩減平銀陸分，其減平銀兩，每年批解部庫交納，理合登明。

壹祭祀項下

春秋貳丁並清明、柒月拾伍等節祭祀文廟及各壇祠並無祀鬼魂品物等項共銀捌拾陸兩，內除荒銀伍拾肆兩伍錢陸分伍釐捌毫捌絲玖忽，實徵支銀叁拾壹兩肆錢叁分肆釐壹毫壹絲壹忽。

外均攤撥補不敷銀肆拾壹兩玖錢壹分柒釐壹毫柒絲貳忽貳微捌纖陸塵貳渺肆漠伍沙陸涯。

鄉飲銀叁兩，內除荒銀壹兩玖錢叁釐叁毫捌絲捌忽伍微壹纖，實徵支銀壹兩玖分陸釐陸毫壹絲壹忽肆微玖纖。

印刷時憲書銀壹兩，內除荒銀陸錢叁分肆釐肆毫陸絲柒忽貳微，實徵支銀叁錢陸分伍釐伍毫叁絲貳忽捌微。

布政司紙劄銀壹兩捌錢，內除荒銀壹兩壹錢肆分貳釐貳絲柒忽，實徵支銀陸錢伍分柒釐玖毫柒絲叁忽。

以上鄉飲、紙劄貳欵於道光貳拾叁年奉文裁汰，其徵收銀兩，每年批解部庫交納，理合登明。

壹孤貧口糧項下

孤貧貳拾名，口糧銀伍拾柒兩陸錢，內除荒銀叁拾陸兩伍錢肆分肆釐捌毫叁絲捌忽伍微伍纖柒渺伍漠，實徵支銀貳拾壹兩伍分伍釐壹毫陸絲壹忽肆微肆纖玖塵貳渺伍漠。外加增銀伍拾兩玖錢肆分肆釐捌毫叁絲捌忽伍微伍纖柒渺伍漠。遇閏加增銀陸兩。

孤貧布花銀陸兩，內除荒銀叁兩捌錢陸釐捌毫陸絲柒忽柒微壹纖玖塵叁渺陸漠叁沙捌洙捌涯，實徵支銀貳兩壹錢玖分叁釐壹毫叁絲貳忽貳微捌纖陸渺叁漠陸沙壹洙貳涯。

壹驛站項下

站價支直共銀玖百壹拾貳兩肆錢伍分肆釐壹毫，內除荒銀肆百肆拾貳兩叁分捌釐陸毫叁絲陸忽陸微壹纖貳塵肆渺，實徵支銀肆百柒拾兩肆錢壹分伍釐肆毫陸絲叁忽叁微捌纖柒塵陸渺。

又收受協臨潼等州縣驛站兑留兵餉應支銀肆百肆兩捌錢肆分貳釐伍毫捌絲壹忽伍纖貳塵捌渺。

貳項共銀捌百柒拾伍兩貳錢伍分捌釐肆絲肆忽肆微肆纖肆渺，內除額協並裁站銀貳百肆拾肆兩叁分壹釐肆毫壹絲捌忽玖塵叁渺貳漠入起運外，止實支銀陸百叁拾壹兩貳錢貳分陸釐陸毫貳絲陸忽肆微叁纖壹塵捌漠。

壹走遞項下

接遞募夫銀壹百柒拾兩捌錢捌分；新增馬夫工食銀叁百兩；走遞馬肆拾匹，工食草料銀柒百陸拾兩柒錢叁分陸毫陸絲陸忽陸微陸纖陸塵柒渺；接遞夫柒拾名，歲額支銀叁百捌拾壹兩陸錢。

以上共額銀壹千陸百壹拾叁兩貳錢壹分陸毫陸絲陸忽陸微陸纖陸塵柒渺，內除荒銀壹千貳百捌拾叁兩陸錢叁分肆釐玖毫壹絲肆忽伍微叁纖叁塵柒渺，實徵銀叁百貳拾玖兩伍錢柒分伍釐柒毫伍絲貳忽壹微叁纖叁塵，內除裁站銀玖拾捌兩貳錢叁分伍釐壹毫柒絲捌忽貳微壹纖伍塵肆渺捌漠入起運外，止實支銀貳百叁拾壹兩叁錢肆分伍毫柒絲叁忽玖微壹纖柒塵伍渺貳漠。

遇閏加銀壹百柒拾叁兩陸錢陸分陸釐，內除荒銀壹百壹拾兩壹錢玖分捌釐捌毫肆絲陸忽柒微貳纖貳塵貳渺伍漠貳沙伍洙，實徵銀陸拾叁兩肆錢陸分柒釐壹毫伍絲叁忽貳微柒纖柒塵柒渺肆漠柒沙伍洙，內除裁站閏月銀貳拾壹兩捌錢陸分叁釐陸毫叁絲貳忽伍微捌纖柒塵伍渺，止該銀肆拾壹兩陸錢叁釐伍毫貳絲陸微玖纖貳渺肆漠柒沙伍洙。

又收撥補夫馬閏月銀壹兩陸錢柒分捌釐壹毫。

共實支銀肆拾叁兩貳錢捌分壹釐陸毫貳絲陸微玖纖貳渺肆漠柒沙伍洙。

以上存留實徵銀壹千壹百捌拾兩叁錢貳分伍釐玖毫玖絲玖忽肆微貳纖玖塵伍渺陸漠陸沙陸洙捌涯。

又收起運內受協臨潼等縣驛站兑留兵餉銀肆百肆兩捌錢肆分貳釐伍毫捌絲壹忽伍纖貳塵捌渺。

貳項共銀壹千伍百捌拾伍兩壹錢陸分捌釐伍毫捌絲肆微捌纖貳塵叁渺陸漠陸沙陸洙捌涯，內除驛遞之差使甚少等事案內，裁站銀肆百貳兩伍分肆釐肆毫壹絲壹忽貳微捌纖玖塵玖渺貳漠，內在於題明請將驛站等事案內，留支本縣新增夫馬工料銀壹百肆拾玖兩玖錢壹分捌釐叁毫捌絲叁忽陸纖伍塵壹渺貳漠，實裁銀貳百伍拾貳兩壹錢叁分陸釐貳絲捌忽貳微貳纖肆塵捌渺。

止該銀壹千叁百叁拾叁兩叁分貳釐伍毫伍絲貳忽貳微伍纖柒塵伍渺陸漠陸沙陸洙捌涯，內除額協洵陽等縣驛站抵餉銀玖拾兩壹錢叁分伍毫陸絲捌忽，實該銀壹千貳百肆拾貳兩玖錢壹釐玖毫捌絲肆忽貳微伍纖柒塵伍渺陸漠陸沙陸洙捌涯。

外加增撥補俸工銀陸百壹拾玖兩捌錢壹分叁釐肆毫陸絲叁忽伍微貳纖壹塵壹渺陸漠玖沙肆洙肆涯。

共實該銀壹千捌百陸拾貳兩柒錢壹分伍釐肆毫肆絲柒忽柒微柒纖捌塵柒渺叁漠陸沙壹洙貳涯於乾隆伍拾貳年奉文，全數解司，壹切支欵，俱由司按季領支，嗣於嘉慶伍年奉文，在縣留支，並不解司，按季請領。

外於西安布政司庫公用銀內撥補領支均攤祭祀銀肆拾壹兩玖錢壹分柒釐壹毫柒絲貳忽貳微捌纖陸塵貳渺肆漠伍沙陸涯。

外於西安布政司庫缺官銀內撥補領支新設官役俸工銀肆百柒拾柒兩玖錢捌分伍釐因缺官不敷動用，於道光伍年奉文改動裁汰支剩夫馬工料銀兩訖。

遇閏原加銀貳百肆拾柒兩肆錢壹分叁釐玖毫柒絲貳忽，內除裁扣閏俸銀玖兩叁釐叁毫叁絲貳忽入起運外，止該銀貳百叁拾捌兩肆錢壹分陸毫肆絲，內除荒銀壹百伍拾壹兩貳錢貳分柒毫貳絲伍忽玖微肆纖伍塵陸渺伍漠貳沙伍洙，實徵銀捌拾柒兩壹錢捌分玖釐玖毫壹絲肆忽伍纖肆塵叁渺肆漠柒沙伍洙，內除驛遞之差使甚少並題明請將驛站等事貳案內，共裁站銀貳拾壹兩捌錢陸分叁釐陸毫叁絲貳忽伍微捌纖柒塵伍渺，止該銀陸拾伍兩叁錢貳分陸釐貳毫捌絲壹忽肆微陸纖陸塵捌渺肆漠柒沙伍洙。

外加增撥補俸工銀壹拾伍兩陸錢玖分柒釐肆絲叁忽肆微柒纖玖渺。

外又收撥補馬夫閏月銀壹兩陸錢柒分捌釐壹毫。

共實支銀捌拾貳兩柒錢壹釐肆毫貳絲肆忽玖微叁纖柒塵柒渺肆漠柒沙伍洙於乾隆伍拾貳年奉文，全數解司，一切支款，俱由司按季領支，嗣於嘉慶伍年奉文，照舊在縣留支，並不解司，按季請領。

外於西安布政司庫缺官銀內撥補領支新設官役俸工銀貳拾壹兩捌錢壹分因缺官不敷動用，於道光伍年奉文改動裁汰支剩夫馬工料銀兩訖。

壹額外

課程銀壹拾兩叁錢叁分玖釐。遇閏加銀捌錢陸分壹釐伍毫捌絲叁忽叁微叁纖。

畜稅銀壹拾貳兩柒錢柒分壹釐係買騾馬出辦，原無定額，儘收儘解。

牙稅銀伍兩肆錢上等牙人壹名，納稅銀壹兩捌錢；貳等牙人壹名，納稅銀壹兩柒錢；（叁）肆等牙人壹名，納稅銀壹兩；伍等牙人壹名，納稅銀玖錢。

茶課銀伍拾兩玖錢壹分壹釐係茶商出辦，原無定額，儘收儘解。

地稅銀叁拾陸兩叁錢陸分係買田房業主出辦，原無定額，儘收儘解。

當稅銀伍兩係當商出辦，當鋪壹座。

白河縣

原額金、銀、銅、錫、鉛、鐵陸等共地壹萬陸千貳百貳拾肆頃叁畝肆分壹毫，每畝起科不等，共額徵折色糧玖百貳石叁斗肆升肆合玖勺貳抄貳撮，每石折徵銀貳兩捌分捌絲肆忽貳微，共額徵銀壹千捌百柒拾陸兩玖錢伍分叁釐肆毫貳絲玖忽玖微。內：

金地肆頃伍拾貳畝壹分肆釐柒毫，每畝科糧貳升，共糧玖石肆升貳合玖勺肆抄，共銀壹拾捌兩捌錢壹分。順治柒、捌兩年免過無主、有主荒地肆頃叁拾肆畝肆分陸毫，應免糧捌石陸斗捌升柒合伍勺捌抄，該除銀壹拾捌兩柒分玖毫，內節年開墾地伍畝捌分伍釐，該糧壹斗壹升柒合，該徵銀貳錢肆分叁釐柒毫壹絲肆忽貳微柒纖陸塵。實在地貳拾叁畝伍分玖釐壹毫，實徵糧肆斗柒升貳合叁勺陸抄，該徵銀玖錢捌分貳釐捌毫壹絲肆忽貳微柒纖陸塵。

銀地壹拾伍頃捌拾伍畝壹分叁釐陸毫，每畝科糧壹升貳合，共糧壹拾玖石貳升壹合陸勺叁抄貳撮，共銀叁拾玖兩伍錢陸分陸釐伍毫叁絲。順治柒、捌兩年免過有主、無主荒地壹拾伍頃貳拾貳畝玖分壹釐玖毫，應免糧壹拾捌石貳斗柒升伍合貳抄柒撮玖圭玖粟，該除銀叁拾捌兩壹分叁釐伍毫玖絲。實在地陸拾貳畝貳分壹釐柒毫，實徵糧柒斗肆升陸合陸勺肆撮壹粟，該徵銀壹兩伍錢伍分貳釐玖毫肆絲。

銅地捌拾叁頃壹拾伍畝叁分肆釐，每畝科糧捌合，共糧陸拾陸石伍斗貳升貳合柒勺貳抄，共銀壹百叁拾捌兩叁錢柒分貳釐捌毫貳絲。順治柒年免過無主荒地柒拾肆頃陸拾伍畝陸分玖釐玖毫，應免糧伍拾玖石柒斗貳升伍合伍勺玖抄貳撮，該除銀壹百貳拾肆兩貳錢叁分肆釐貳毫陸絲，內前墾并節年開墾共地貳頃伍拾壹畝伍分叁釐，該糧貳石壹升貳合貳勺肆抄貳撮陸圭，該徵銀肆兩壹錢捌分伍釐陸毫柒絲柒忽貳微叁纖陸塵壹渺。實在地壹拾壹頃壹畝壹分柒釐壹毫，實徵糧捌石捌斗玖合叁勺柒抄陸圭，該徵銀壹拾捌兩叁錢貳分肆釐貳毫叁絲柒忽貳微叁纖陸塵壹渺。

錫地伍百叁拾玖頃肆拾伍畝柒分柒釐捌毫，每畝科糧肆合肆勺伍抄，共糧貳百肆拾石伍升捌合柒勺叁抄捌撮貳圭，共銀肆百玖拾玖兩叁錢肆分貳釐叁毫壹絲。順治柒、捌兩年免過無主、有主荒地伍百壹拾捌頃貳拾捌畝壹分叁釐叁毫，應免糧貳百叁拾石陸斗叁升伍合壹勺玖抄壹撮捌圭伍粟，該除銀肆百柒拾玖兩柒錢肆分陸毫，內前墾並節年開墾共地貳拾壹頃陸拾叁畝肆分叁釐肆絲肆忽，該糧玖石陸斗叁升柒勺柒抄叁撮貳圭柒粟捌粒，該徵銀貳拾兩叁分貳釐捌毫壹絲玖忽陸微捌纖貳塵叁渺。實在地肆拾貳頃捌拾壹畝柒釐伍毫肆絲肆忽，實徵糧壹拾玖石伍升肆合叁勺壹抄玖撮陸圭貳粟捌粒，該徵銀叁拾玖兩陸錢叁分肆釐伍毫貳絲玖忽陸微捌纖貳塵叁渺。

鉛地伍千伍拾肆頃壹分陸釐，每畝科糧柒勺玖抄，共糧叁百玖拾玖石貳斗陸升陸合壹勺壹抄柒撮肆圭，共銀捌百叁拾兩伍錢柒釐壹毫肆絲。順治柒、捌兩年免過無主、有主荒地肆千捌百伍拾伍頃陸拾貳畝捌分肆毫，應免糧叁百捌拾叁石伍斗玖升肆合陸勺陸撮壹圭陸粟，該除銀柒百玖拾柒兩玖錢玖釐陸絲。實在地壹百玖拾捌頃叁拾柒畝叁分伍釐陸毫，實徵糧壹拾伍石陸斗柒升壹合伍勺壹抄壹撮貳圭肆粟，該徵銀叁拾貳兩伍錢玖分捌釐捌絲。

鐵地壹萬伍百貳拾柒頃肆畝捌分肆釐，每畝科糧壹勺陸抄，共糧壹百陸拾捌石肆斗叁升貳合柒勺柒抄肆撮肆圭，共銀叁百伍拾兩叁錢伍分肆釐陸毫貳絲玖忽玖微。順治柒、捌兩年免過無主、有主荒地壹萬壹百壹拾叁頃捌拾伍畝柒釐伍毫，應免糧壹百陸拾壹石捌斗貳升壹合陸勺壹抄貳撮，該除銀叁百叁拾陸兩陸錢貳釐陸毫肆絲玖忽玖微。實在地肆百壹拾叁頃壹拾玖畝柒分陸釐伍毫，實徵糧陸石陸斗壹升壹合壹勺陸抄貳撮肆圭，該徵銀壹拾叁兩柒錢伍分壹釐玖毫捌絲。

以上共免過荒地壹萬伍千伍百捌拾壹頃玖拾玖畝叁釐陸毫，應免糧捌百陸拾貳石柒斗叁升玖合陸勺壹抄，該除銀壹千柒百玖拾肆兩伍錢柒分壹釐伍絲玖忽玖微，內前墾並節年開墾共地貳拾肆頃貳拾畝捌分壹釐肆絲肆忽，應徵糧壹拾壹石柒斗陸升壹抄伍撮捌圭柒粟捌粒，該徵銀貳拾肆兩肆錢陸分貳釐貳毫壹絲壹忽壹微玖纖肆塵肆渺。實應免地壹萬伍千伍百伍拾柒頃柒拾捌畝貳分貳釐伍毫伍絲陸忽，實應免折色糧捌百伍拾石玖斗柒升玖合伍勺玖抄肆撮壹圭貳粟貳粒，實應免折色銀壹千柒百柒拾兩壹錢捌釐捌毫肆絲捌忽柒微伍塵陸渺。

以上實在熟地陸百陸拾陸頃貳拾伍畝壹分柒釐伍毫肆絲肆忽，實徵折色糧伍拾壹石叁斗陸升伍合叁勺貳抄柒撮捌圭柒粟捌粒，實徵折色銀壹百陸兩捌錢肆分肆釐伍毫捌絲壹忽壹微玖纖肆塵肆渺遵照乾隆伍拾玖年奉准部咨令，將康熙年間易知由單內載：壹等金地每畝折徵銀肆分壹釐陸毫陸絲伍微陸纖；貳等銀地每畝折徵銀貳分肆釐玖毫陸絲伍纖玖塵柒渺；叁等銅地每畝折徵銀壹分陸釐陸毫肆絲陸微捌纖貳塵柒渺；肆等錫地每畝徵銀玖釐貳毫伍絲捌忽叁微貳纖壹塵叁渺；伍等鉛地每畝徵銀壹釐陸毫肆絲叁忽貳微陸纖柒塵叁渺；陸等鐵地每畝徵銀叁毫叁絲貳忽捌微壹纖捌塵肆渺，逐一纂入書內，嗣後遇有墾豁，以便按畝增除。

額外本色祿米伍拾陸石叁斗陸升，內除荒米伍拾叁石壹斗伍升壹合陸勺貳抄壹撮叁圭壹粟柒粒肆顆伍糠伍粃，實徵米叁石貳斗捌合叁勺柒抄捌撮陸圭捌粟貳粒伍顆肆糠伍粃，內除奉旨停緩米貳石貳斗叁升伍合貳勺，止該米玖斗柒升叁合壹勺柒抄捌撮陸圭捌粟貳粒伍顆肆糠伍粃係按陸等地畝科徵，金地每畝科米叁勺柒抄捌撮玖圭陸粟；銀地每畝科米貳勺貳抄柒撮叁圭陸粟；銅地每畝科米壹勺伍抄壹撮伍圭柒粟；錫地每畝科米捌抄肆撮叁圭壹粟壹粒；鉛地每畝科米壹抄肆撮玖圭柒粟；鐵地每畝科米叁撮叁粟貳粒。

原額人丁叁等玖則不等，共折下下人丁壹千陸百壹拾玖丁，每丁徵銀肆錢肆分叁釐陸毫玖忽，共銀柒百壹拾捌兩貳錢叁釐，內除優免丁貳拾叁丁，共銀壹拾兩貳錢叁釐。

行差丁壹千伍百玖拾陸丁，共額徵銀柒百捌兩，內除豁免逃亡、死絕丁壹千叁百肆拾伍丁，應除銀伍百玖拾陸兩陸錢肆分捌釐柒毫玖絲陸忽，前招回並節年招回、清查審出丁貳百柒拾壹丁，該銀壹百貳拾兩貳錢壹分捌釐貳絲捌忽以增抵除，實豁免丁壹千柒拾肆丁，應除銀肆百柒拾陸兩肆錢叁分柒毫陸絲捌忽。

實行差丁伍百貳拾貳丁，該徵銀貳百叁拾壹兩伍錢陸分玖釐貳毫叁絲貳忽於雍正伍年攤入地糧內徵解。

康熙伍拾伍年起，至乾隆貳拾陸年止，編審出丁壹拾丁；乾隆叁拾壹年編審出丁貳丁；乾隆叁拾陸年編審出丁貳丁。共編審出丁壹拾肆丁，欽遵康熙伍拾貳年叁月拾捌日恩詔，後遇編審之期，但據康熙伍拾年丁冊定為常額，永不加賦。

原額均徭銀壹千伍百陸拾伍兩貳錢玖分壹釐伍毫伍絲叁忽，內除荒銀壹千肆百柒拾陸兩壹錢捌分陸釐伍毫壹絲伍忽伍微貳纖陸塵貳漠伍沙，實徵銀捌拾玖兩壹錢伍釐叁絲柒忽肆微柒纖叁塵玖渺柒漠伍沙係按前項陸等地畝科徵，金地每畝徵銀叁分肆釐柒毫肆絲柒忽叁微叁纖玖塵伍渺；銀地每畝徵銀貳分捌毫壹絲陸忽柒微貳纖叁塵；銅地每畝徵銀壹分叁釐捌毫柒絲柒忽捌微壹纖玖塵叁渺；錫地每畝徵銀柒釐柒毫貳絲壹忽壹微柒纖壹塵；鉛地每畝徵銀壹釐叁毫柒絲肆微叁纖肆塵貳渺；鐵地每畝徵銀貳毫柒絲柒忽伍微伍纖陸塵叁渺。

遇閏額徵銀壹百伍拾肆兩叁錢柒分柒釐肆毫陸絲伍忽，內除荒並停緩銀壹百肆拾陸兩陸錢捌分玖釐伍毫肆絲肆忽肆微肆纖叁塵肆渺叁漠，實徵銀柒兩陸錢捌分柒釐玖毫貳絲伍微伍纖陸塵伍渺柒漠。

額外匠價徵銀肆錢玖分伍釐。

又匠價閏銀肆分壹釐貳毫伍絲。

以上地、丁貳項並均徭、匠價，除優免丁銀外，應徵銀肆千壹百伍拾兩柒錢叁分玖釐玖毫捌絲貳忽玖微，內除荒銀叁千柒百貳拾貳兩柒錢貳分陸釐壹毫叁絲貳忽貳微叁纖壹塵陸渺貳漠伍沙，實徵銀肆百貳拾捌兩壹分叁釐捌毫伍絲陸微陸纖捌塵叁渺柒漠伍沙，順治拾貳年奉旨停緩銀貳百柒拾兩肆分貳釐捌毫玖絲叁忽，止該銀壹百伍拾柒兩玖錢柒分玖毫伍絲柒忽陸微陸纖捌塵叁渺柒漠伍沙。

額外本色祿米伍拾陸石叁斗陸升，解興鎮支兵，內除荒米伍拾叁石壹斗伍升壹合陸勺貳抄壹撮叁圭壹粟柒粒肆顆伍糠伍粃，實徵米叁石貳斗捌合叁勺柒抄捌撮陸圭捌粟貳粒伍顆肆糠伍粃，內除奉旨停緩米貳石貳斗叁升伍合貳勺，正（止）該米玖斗柒升叁合壹勺柒抄捌撮陸圭捌粟貳粒伍顆肆糠伍粃。遇閏加徵銀壹百伍拾肆兩叁錢柒分柒釐肆毫陸絲伍忽，內除荒並停緩銀壹百肆拾陸兩陸錢捌分玖釐伍毫肆絲肆忽肆微肆纖叁塵肆渺叁漠，實徵銀柒兩陸錢捌分柒釐玖毫貳絲伍微伍纖陸塵伍渺柒漠。

又額外匠價閏銀肆分壹釐貳毫伍絲。

貳項共徵銀柒兩柒錢貳分玖釐壹毫柒絲伍微伍纖陸塵伍渺柒漠。

壹起運項下

額徵本色祿米伍拾陸石叁斗陸升，內除荒並停緩米伍拾伍石叁斗捌升陸合捌勺貳抄壹撮叁圭壹粟柒粒肆顆伍糠伍粃，實徵米玖斗柒升叁合壹勺柒抄捌撮陸圭捌粟貳粒伍顆肆糠伍粃，解興鎮支兵。

原編起運糧石並草束、布疋折價銀柒百貳拾捌兩柒錢玖分伍釐柒毫壹絲玖忽捌微，內除荒並停緩銀柒百壹拾陸兩貳錢壹分壹釐陸毫肆絲捌忽陸微伍纖柒塵壹渺，實起運銀壹拾貳兩伍錢捌分肆釐柒絲壹忽壹微肆纖貳塵玖渺。

節裁藥味、牲口、年例、毛襖銀肆百玖拾伍兩捌錢肆分貳釐叁毫，內除荒並停緩銀肆百陸拾捌兩伍錢陸分叁釐貳毫叁絲捌忽伍微陸纖捌塵貳渺，實起運銀貳拾柒兩貳錢柒分玖釐陸絲壹忽肆微叁纖壹塵捌渺。

舊編存留，內順治玖年裁各役工食銀壹百玖拾陸兩柒錢陸分肆釐肆毫；拾貳年裁傘扇銀柒兩貳錢伍分柒釐；拾肆年裁官生俸廩等項，除奉復孤貧外，實裁銀貳百肆拾捌兩伍錢捌釐捌毫捌絲壹忽玖微叁纖貳塵肆渺。康熙元年裁吏書工食銀捌拾捌兩壹錢捌分柒釐伍毫；叁年裁門斗、齋夫工食銀叁拾玖兩壹錢玖分肆釐肆毫，雜費丁銀肆拾伍兩貳錢貳釐捌毫；拾伍年裁心紅紙張、修理監倉、喂馬草料、土牛、白石等渡造船、倉厫、板片搭棚、試卷、歲貢盤纏等項共銀柒拾壹兩叁錢柒分貳釐玖毫貳絲；貳拾柒年裁歲貢、新舊舉人坊價、盤纏、花紅等項銀貳拾柒兩柒錢玖分柒釐伍毫柒絲叁忽。雍正陸年裁燈夫工食銀貳拾壹兩柒錢柒分肆釐柒毫；拾貳年裁民壯工食銀壹百壹拾肆兩叁錢壹分柒釐壹毫。

共裁歸起運銀捌百陸拾兩叁錢柒分柒釐貳毫柒絲肆忽玖微叁纖貳塵肆渺，內除荒並停緩銀捌百壹拾柒兩伍錢壹分玖釐柒毫柒絲肆忽捌微柒塵捌渺貳漠伍沙，實起運銀肆拾貳兩捌錢伍分柒釐伍毫壹微貳纖肆塵伍渺柒漠伍沙。

又額外匠價銀肆錢玖分伍釐。

以上共該實起運銀捌拾叁兩貳錢壹分伍釐陸毫叁絲貳忽陸微玖纖玖塵貳渺柒漠伍沙，內在於請倣以糧載丁等事案內，通省以糧均丁減銀柒拾伍兩叁錢壹分陸釐貳毫玖絲貳忽伍微柒纖陸塵陸渺，內除乾隆元、陸、拾壹、拾陸、貳拾壹、貳拾陸等年編審案內，共增抵補屯更丁銀壹拾玖兩捌錢捌分陸釐柒毫玖絲陸微陸纖伍塵貳渺陸漠陸沙陸洙陸涯肆洒，又乾隆叁拾壹、叁拾陸兩年編審案內，共增抵補屯更丁銀玖兩貳錢柒分柒釐玖毫捌絲壹忽捌微叁纖貳塵陸渺叁漠叁沙叁洙叁涯貳洒，止該減銀肆拾陸兩壹錢伍分壹釐伍毫貳絲柒纖捌塵柒渺肆洒。

實該起運銀叁拾柒兩陸分肆釐壹毫壹絲貳忽陸微貳纖伍渺柒漠肆沙玖洙玖涯陸洒，內留支新添夫馬工料銀貳拾柒兩陸錢玖分肆釐貳毫陸絲壹忽伍微捌纖柒塵玖渺肆漠壹沙陸洙陸涯肆洒，止該起運銀玖兩叁錢陸分玖釐捌毫伍絲壹忽叁纖貳塵陸渺叁漠叁沙叁洙叁涯貳洒。

遇閏，順治玖年裁銀壹拾陸兩捌錢；拾肆年裁銀壹拾陸兩肆錢陸分叁釐陸絲叁忽。康熙元年裁吏書工食銀捌兩壹錢；叁年裁門斗、齋夫銀叁兩陸錢；拾伍年裁心紅紙張、喂馬草料銀貳兩陸錢陸分陸釐陸毫柒絲。雍正陸年裁燈夫工食銀貳兩；拾貳年裁民壯工食銀壹拾兩伍錢。共裁歸起運銀陸拾兩壹錢貳分玖釐柒毫叁絲叁忽，又裁閏俸銀玖兩叁釐叁毫叁絲貳忽。

共銀陸拾玖兩壹錢叁分叁釐陸絲伍忽，內除荒並停緩銀陸拾伍兩陸錢玖分壹釐伍毫肆絲捌忽貳微玖纖叁塵玖渺伍漠，實徵銀叁兩肆錢肆分壹釐伍毫壹絲陸忽柒微陸塵伍漠，內除請倣以糧載丁等事案內，通省以糧均丁減銀貳兩叁錢陸分壹釐柒絲貳微壹纖玖塵貳渺伍漠，節次抵補屯更丁增銀壹兩柒錢肆分貳釐玖毫壹絲捌忽陸微伍纖伍塵玖渺，止該減銀陸錢壹分捌釐壹毫伍絲壹忽伍微陸纖叁塵叁渺伍漠。

實該銀貳兩捌錢貳分叁釐叁毫陸絲伍忽壹微肆纖貳塵柒渺。

又額外匠價閏銀肆分壹釐貳毫伍絲。

貳項共銀貳兩捌錢陸分肆釐陸毫壹絲伍忽壹微肆纖貳塵柒渺，內留支新添夫馬工料銀壹兩捌錢陸分壹釐壹毫貳絲壹忽柒微肆纖壹塵玖渺，止實起運銀壹兩叁釐肆毫玖絲叁忽肆微捌渺。

壹存留項下

原編存留銀貳千陸拾伍兩貳錢貳分玖釐陸毫捌絲捌忽壹微陸纖柒塵陸渺，內除荒並停緩銀壹千玖百玖拾兩肆錢柒分肆釐叁毫陸絲叁忽壹微玖纖捌塵伍渺，實存留銀柒拾肆兩柒錢伍分伍釐叁毫貳絲肆忽玖微陸纖玖塵壹渺。

壹俸工項下

知縣俸薪銀肆拾兩捌錢貳分柒釐伍毫，內除荒並停緩銀叁拾捌兩柒錢玖分叁釐柒毫叁絲貳忽叁微伍纖捌塵柒渺，實徵支銀貳兩叁分叁釐柒毫陸絲柒忽陸微肆纖壹塵叁渺。外撥補均攤俸薪銀壹拾玖兩玖錢捌分貳釐壹毫伍絲叁微伍纖叁塵陸渺。

典史壹員，額支俸薪銀叁拾壹兩伍錢貳分，除不敷銀貳兩玖錢貳分貳釐陸毫，止支銀貳拾捌兩伍錢玖分柒釐肆毫，內除荒撥補並停緩銀貳拾柒兩壹錢柒分叁釐貳毫叁絲貳忽玖微肆纖柒塵捌渺，實支銀壹兩肆錢貳分肆釐壹毫陸絲柒忽伍纖貳塵貳渺。

訓導壹員，額支俸薪銀叁拾壹兩伍錢貳分，除不敷銀貳兩玖錢貳分貳釐陸毫，止支銀貳拾捌兩伍錢玖分柒釐肆毫，內除荒撥補並停緩銀貳拾柒兩壹錢柒分叁釐貳毫叁絲貳忽玖微肆纖柒塵捌渺，實支銀壹兩肆錢貳分肆釐壹毫陸絲柒忽伍纖貳塵貳渺。外撥補銀壹拾壹兩肆錢貳釐陸毫。

知縣衙門

門子貳名，每名歲支銀陸兩，共銀壹拾貳兩，除不敷銀壹兩壹錢壹分貳釐柒毫，止該銀壹拾兩捌錢捌分柒釐叁毫，內除荒撥補並停緩銀壹拾兩叁錢肆分肆釐玖毫陸絲叁忽柒微捌纖捌塵陸渺，實支銀伍錢肆分貳釐叁毫叁絲陸忽貳微壹纖壹塵肆渺。遇閏加銀壹兩，內除荒並停緩銀玖錢伍分壹毫捌絲伍忽肆微肆纖貳塵陸渺，實支銀肆分玖釐捌毫壹絲肆忽伍微伍纖柒塵肆渺。

皂隸、仵作壹拾陸名，每名歲支銀陸兩，共支銀玖拾陸兩，除不敷銀捌兩玖錢壹釐叁毫，止該銀捌拾柒兩玖分捌釐柒毫，內除荒撥補並停緩銀捌拾貳兩柒錢伍分玖釐玖毫玖絲肆忽壹微陸纖玖塵柒渺，實支銀肆兩叁錢叁分捌釐柒毫伍忽捌微叁纖叁渺。遇閏加銀捌兩，內除荒並停緩銀柒兩陸錢壹釐肆毫捌絲叁忽玖微陸纖柒塵貳渺，實支銀叁錢玖分捌釐伍毫壹絲陸忽叁纖貳塵捌渺。

馬快手捌名，每名歲支銀壹拾陸兩捌錢，共銀壹百叁拾肆兩肆錢，除不敷銀壹拾貳兩肆錢肆分壹釐玖毫，止該銀壹百貳拾壹兩玖錢伍分捌釐壹毫，內除荒撥補並停緩銀壹百壹拾伍兩捌錢捌分貳釐玖毫肆絲貳忽叁微捌塵叁渺，實支銀陸兩柒分伍釐壹毫伍絲柒忽陸微玖纖壹塵柒渺。遇閏加銀壹拾壹兩貳錢，內除荒並停緩銀壹拾兩陸錢肆分貳釐柒絲柒忽伍微壹纖肆塵貳渺，實支銀伍錢伍分柒釐玖毫貳絲貳忽肆微捌纖伍塵捌渺。

民壯貳拾玖名，每名歲支銀陸兩，共銀壹百柒拾肆兩，除不敷銀壹拾陸兩壹錢叁分叁釐捌毫，止該銀壹百伍拾柒兩捌錢陸分陸釐貳毫，內除荒撥補並停緩銀壹百伍拾兩貳釐叁毫叁忽捌微貳纖捌塵捌渺，實支銀柒兩捌錢陸分叁釐捌毫玖絲陸忽壹微柒纖壹塵貳渺。外撥補銀壹拾陸兩壹錢叁分叁釐捌毫。遇閏加銀壹拾肆兩伍錢，內除荒並停緩銀壹拾叁兩柒錢柒分柒釐陸毫捌絲玖忽柒纖柒塵陸渺，實支銀柒錢貳分貳釐叁毫壹絲玖微貳纖貳塵肆渺。

看監禁子捌名，每名歲支銀陸兩，共銀肆拾捌兩，除不敷銀肆兩肆錢伍分柒毫，止該銀肆拾叁兩伍錢肆分玖釐叁毫，內除荒撥補、停緩銀肆拾壹兩叁錢柒分玖釐玖毫柒絲叁忽陸微玖纖捌塵伍渺，實徵支銀貳兩壹錢陸分玖釐叁毫貳絲陸忽叁微壹塵伍渺。遇閏加銀肆兩，內除荒並停緩銀叁兩捌錢柒毫肆絲壹忽玖微玖纖叁塵陸渺，實支銀壹錢玖分玖釐貳毫伍絲捌忽陸塵肆渺。

轎傘扇夫柒名，每名歲支銀陸兩，共銀肆拾貳兩，除不敷銀叁兩捌錢玖分叁釐叁毫，止該銀叁拾捌兩壹錢伍釐柒毫，內除荒撥補並停緩銀叁拾陸兩貳錢柒釐伍毫壹絲伍忽伍微陸纖陸塵叁渺，實支銀壹兩捌錢玖分捌釐壹毫捌絲肆忽肆微叁纖叁塵柒渺。遇閏加銀叁兩伍錢，內除荒並停緩銀叁兩叁錢貳分伍釐陸毫肆絲玖忽貳微捌塵貳渺，實支銀壹錢柒分肆釐叁毫伍絲柒微玖纖壹塵捌渺。

庫子肆名，每名歲支銀陸兩，共銀貳拾肆兩，除不敷銀貳兩貳錢貳分伍釐叁毫，止該銀貳拾壹兩柒錢柒分肆釐柒毫，內除荒撥補並停緩銀貳拾兩陸錢玖分貳絲貳忽伍微貳纖伍塵叁渺，實支銀壹兩捌分肆釐陸毫柒絲柒忽肆微柒纖肆塵柒渺。遇閏加銀貳兩，內除荒並停緩銀壹兩玖錢叁毫柒絲陸微壹纖壹塵捌渺，實支銀玖分玖釐陸毫貳絲玖忽叁微捌纖捌塵貳渺。

斗級肆名，每名歲支銀陸兩，共銀貳拾肆兩，除不敷銀貳兩貳錢貳分伍釐叁毫，止該銀貳拾壹兩柒錢柒分肆釐柒毫，內除荒撥補並停緩銀貳拾兩陸錢玖分貳絲貳忽伍微貳纖伍塵叁渺，實支銀壹兩捌分肆釐陸毫柒絲柒忽肆微柒纖肆塵柒渺。遇閏加銀貳兩，內除荒並停緩銀壹兩玖錢叁毫柒絲陸微壹纖壹塵捌渺，實支銀玖分玖釐陸毫貳絲玖忽叁微捌纖捌塵貳渺。

各舖司兵壹拾壹名，每名額支銀肆兩捌錢，共銀伍拾貳兩捌錢，除不敷銀肆兩捌錢玖分肆釐柒毫，止該銀肆拾柒兩玖錢伍釐叁毫，內除荒並停緩銀肆拾伍兩伍錢壹分捌釐壹毫柒絲捌忽壹微柒塵貳渺，實支銀貳兩叁錢捌分柒釐壹毫貳絲壹忽捌微玖纖貳塵捌渺。外加增銀陸拾叁兩陸錢壹分貳釐捌毫柒絲捌忽壹微柒塵貳渺。遇閏加銀肆兩肆錢，內除荒並停緩銀肆兩壹錢捌分捌毫壹絲陸忽壹微叁纖壹塵貳渺，實支銀貳錢壹分玖釐壹毫捌絲叁忽捌微陸纖捌塵捌渺。外加增銀伍兩貳錢捌分捌毫壹絲陸忽壹微叁纖壹塵貳渺。

各渡水夫肆名，每名額支銀貳兩肆錢，共銀玖兩陸錢，除不敷銀捌錢玖分壹毫，止該銀捌兩柒錢玖釐玖毫，內除荒撥補並停緩銀捌兩貳錢柒分伍釐捌毫捌絲伍忽柒微肆纖貳塵陸渺，實徵支銀肆錢叁分肆釐壹絲肆忽貳微伍纖柒塵肆渺。遇閏加銀捌錢，內除荒並停緩銀柒錢陸分壹毫肆絲捌忽叁微柒纖陸塵捌渺，實支銀叁分玖釐捌毫伍絲壹忽陸微貳纖叁塵貳渺。

典史衙門

門子壹名，歲支工食銀陸兩，除不敷銀伍錢伍分陸釐叁毫，止該銀伍兩肆錢肆分叁釐柒毫，內除荒撥補並停緩銀伍兩壹錢柒分貳釐伍毫叁絲伍微陸纖柒塵叁渺，實支銀貳錢柒分壹釐壹毫陸絲玖忽肆微叁纖貳塵柒渺。遇閏加銀伍錢，內除荒並停緩銀肆錢柒分伍釐玖絲貳忽柒微陸纖陸塵，實支銀貳分肆釐玖毫柒忽貳微叁纖肆塵。

皂隸肆名，每名歲支銀陸兩，共銀貳拾肆兩，除不敷銀貳兩貳錢貳分伍釐叁毫，止該銀貳拾壹兩柒錢柒分肆釐柒毫，內除荒撥補並停緩銀貳拾兩陸錢玖分貳絲貳忽伍微貳纖伍塵叁渺，實支銀壹兩捌分肆釐陸毫柒絲柒忽肆微柒纖肆塵柒渺。遇閏加銀貳兩，內除荒並停緩銀壹兩玖錢叁毫柒絲陸微壹纖壹塵捌渺，實支銀玖分玖釐陸毫貳絲玖忽叁微捌纖捌塵貳渺。

馬夫壹名，歲支工食銀陸兩，除不敷銀伍錢伍分陸釐叁毫，止該銀伍兩肆錢肆分叁釐柒毫，內除荒撥補並停緩銀伍兩壹錢柒分貳釐伍毫叁絲伍微陸纖柒塵叁渺，實支銀貳錢柒分壹釐壹毫陸絲玖忽肆微叁纖貳塵柒渺。遇閏加銀伍錢，內除荒並停緩銀肆錢柒分伍釐玖絲貳忽柒微陸纖陸塵，實支銀貳分肆釐玖毫柒忽貳微叁纖肆塵。

教職衙門

齋夫陸名，每名歲支銀陸兩，共銀叁拾陸兩，內除不敷銀叁兩叁錢叁分捌釐，止該銀叁拾貳兩陸錢陸分貳釐，內除荒撥補並停緩銀叁拾壹兩叁分肆釐捌毫柒絲陸忽叁微肆纖玖塵叁渺，實支銀壹兩陸錢貳分柒釐壹毫貳絲叁忽陸微伍纖柒渺。遇閏加銀叁兩，內除荒並停緩銀貳兩捌錢伍分伍毫伍絲陸忽伍微玖纖叁塵柒渺，實支銀壹錢肆分玖釐肆毫肆絲叁忽肆微陸塵叁渺。

膳夫貳名，每名歲支銀陸兩陸錢陸分陸釐陸毫陸絲伍忽，共銀壹拾叁兩叁錢叁分叁釐叁毫叁絲，除不敷銀壹兩貳錢叁分陸釐叁毫，止該銀壹拾貳兩玖分柒釐叁絲，內除荒撥補並停緩銀壹拾壹兩肆錢玖分肆釐肆毫伍忽肆微陸纖壹塵貳渺，實支銀陸錢貳釐陸毫貳絲肆忽伍微叁纖捌塵捌渺。遇閏加銀壹兩壹錢壹分壹釐壹毫，內除荒撥補並停緩銀壹兩伍分伍釐柒毫肆絲柒忽陸微壹纖陸渺，實支銀伍分伍釐叁毫伍絲貳忽叁微捌纖玖塵肆渺。

門斗叁名，每名歲支銀肆兩捌錢，共銀壹拾肆兩肆錢，除不敷銀壹兩叁錢叁分伍釐貳毫，止該銀壹拾叁兩陸分肆釐捌毫，內除荒撥補並停緩銀壹拾貳兩肆錢壹分肆釐肆毫陸絲肆忽肆微伍纖貳塵玖渺，實支銀陸錢伍分叁毫叁絲伍忽伍微肆纖柒塵壹渺。遇閏加銀壹兩貳錢，內除荒並停緩銀壹兩壹錢肆分貳毫貳絲貳忽貳微玖纖叁塵叁渺，實支銀伍分玖釐柒毫柒絲柒忽柒微陸塵柒渺。

廩生貳拾名，內撥支府學廩生貳名，安康縣叁名，止該縣學廩生壹拾伍名，每名歲支月糧銀叁兩貳錢，共銀陸拾肆兩，除不敷銀伍兩玖錢叁分肆釐貳毫，止該銀伍拾捌兩陸分伍釐捌毫，內除荒撥補並停緩銀伍拾伍兩壹錢柒分貳釐叁毫壹絲陸忽叁微貳纖伍塵肆渺，實支銀貳兩捌錢玖分叁釐肆毫捌絲叁忽陸微柒纖肆塵陸渺。遇閏加銀伍兩叁錢叁分叁釐叁毫，內除荒撥補並停緩銀伍兩陸分柒釐陸毫叁絲肆忽伍微伍纖玖塵肆渺，實支銀貳錢陸分伍釐陸毫陸絲伍忽肆微肆纖陸渺。

以上俸工項下。除廩生、膳夫貳欵照常支發外，其餘官役俸工於道光貳拾叁年奉文，均以貳兩平支放，每兩減平銀陸分，其減平銀兩，每年批解部庫交納，理合登明。

壹雜支項下

春秋貳季祭祀文廟並各壇祠無祀鬼魂以及清明、柒月拾伍等節共銀伍拾肆兩肆錢叁分陸釐陸毫，內除荒並停緩銀伍拾壹兩柒錢貳分肆釐貳絲貳忽玖微玖纖柒塵伍渺，實支銀貳兩柒錢壹分貳釐伍毫柒絲柒忽貳塵伍渺。

外撥補銀柒拾兩陸錢叁分捌釐柒毫陸忽貳微捌纖叁塵柒渺肆漠伍沙捌涯。

鄉飲銀叁兩，除不敷銀貳錢柒分捌釐貳毫，止該銀貳兩柒錢貳分壹釐捌毫，內除荒並停緩銀貳兩伍錢捌分陸釐壹毫柒絲貳忽陸微肆纖貳塵貳渺，實支銀壹錢叁分伍釐陸毫貳絲柒忽叁微伍纖柒塵捌渺於道光貳拾叁年奉文裁汰，其徵收銀兩，每年批解部庫交納，理合登明。

布政司時憲書銀壹兩，除不敷銀玖分貳釐柒毫貳絲，止該銀玖錢柒釐貳毫捌絲，內除荒並停緩銀捌錢陸分貳釐柒絲貳微壹纖貳塵捌渺，實支銀肆分伍釐貳毫玖忽柒微捌纖柒塵貳渺。

白石灘走遞馬船伍隻，價銀并水手工食銀壹拾陸兩，除不敷銀壹兩肆錢捌分叁釐伍毫，止該銀壹拾肆兩伍錢壹分陸釐伍毫，內除荒並停緩銀壹拾叁兩柒錢玖分叁釐壹毫肆絲肆忽貳微玖纖壹塵柒渺，實支銀柒錢貳分叁釐叁毫伍絲伍忽柒微捌塵叁渺。

白石灘走遞差船拾隻，價銀並水夫工食銀叁拾貳兩，除不敷銀貳兩玖錢陸分柒釐壹毫，止該銀貳拾玖兩叁分貳釐玖毫，內除荒並停緩銀貳拾柒兩伍錢捌分陸釐壹毫玖絲壹忽叁微叁纖玖塵玖渺，實支銀壹兩肆錢肆分陸釐柒毫捌忽陸微陸纖壹渺。

長江接遞水手貳名，每名歲支銀貳兩肆錢，共銀肆兩捌錢，除不敷銀肆錢肆分伍釐壹毫，止該銀肆兩叁錢伍分肆釐玖毫，內除荒並停緩銀肆兩壹錢叁分柒釐捌毫玖絲伍忽叁微貳纖捌塵貳渺，實支銀貳錢壹分柒釐肆忽陸微柒纖壹塵捌渺。遇閏加銀肆錢，內除荒並停緩銀叁錢捌分柒絲肆忽叁微壹纖肆塵肆渺，實支銀壹分玖釐玖毫貳絲伍忽陸微捌纖伍塵陸渺。

壹孤貧項下

孤貧捌名，口糧銀伍兩柒錢陸分，除不敷銀伍錢叁分伍釐肆絲壹忽陸微，止該銀伍兩貳錢貳分肆釐玖毫伍絲捌忽肆微，內除荒並停緩銀肆兩玖錢陸分肆釐伍毫肆忽肆微玖纖陸塵壹渺，實支銀貳錢陸分肆毫伍絲叁忽玖微叁塵玖渺。

孤貧布花銀貳兩，除不敷銀壹錢捌分伍釐柒毫柒絲捌忽叁微叁纖貳塵肆渺，止該銀壹兩捌錢壹分肆釐貳毫貳絲壹忽陸微陸纖柒塵陸渺，內除荒並停緩銀壹兩柒錢貳分玖釐貳毫玖絲玖忽肆微捌纖叁塵柒渺，實支銀捌分肆釐玖毫貳絲貳忽壹微捌纖叁塵玖渺。

壹驛站項下

站價支直銀捌百陸拾貳兩貳錢壹分陸毫肆絲；船價銀壹兩玖錢伍分伍釐。共銀捌百陸拾肆兩壹錢陸分伍釐陸毫肆絲，內除荒並停緩銀捌百肆拾玖兩貳錢肆分壹釐伍毫捌絲陸忽叁微伍纖伍塵伍渺，實支銀壹拾肆兩玖錢貳分肆釐伍絲叁忽陸微肆纖肆塵伍渺。

又收付送原文事案內，新添夫馬工料銀陸拾陸兩捌錢。

共實支銀捌拾壹兩柒錢貳分肆釐伍絲叁忽陸微肆纖肆塵伍渺。

走遞募夫銀陸拾壹兩貳錢肆釐，除不敷銀伍兩柒錢壹分肆釐陸毫，止該銀伍拾伍兩肆錢捌分玖釐肆毫。

損轎夫叁拾叁名，每名實支銀柒兩貳錢，共銀貳百叁拾柒兩陸錢，除不敷銀貳拾貳兩壹錢貳分伍釐柒毫肆絲壹忽玖微，止該銀貳百壹拾伍兩肆錢柒分肆釐貳毫伍絲捌忽壹微。

共銀貳百玖拾捌兩捌錢肆釐，除不敷銀貳拾柒兩捌錢肆分叁毫肆絲壹忽玖微，止該銀貳百柒拾兩玖錢陸分叁釐陸毫伍絲捌忽壹微，內除荒並停緩銀貳百伍拾柒兩肆錢陸分壹釐肆毫肆絲捌忽捌纖柒塵叁渺，實支銀壹拾叁兩伍錢貳釐貳毫壹絲壹纖貳塵柒渺。遇閏加銀壹拾玖兩捌錢，內除荒並停緩銀壹拾捌兩捌錢壹分叁釐陸毫柒絲壹忽陸微玖纖玖塵貳渺捌漠，實支銀玖錢捌分陸釐叁毫貳絲捌忽叁微柒渺貳漠。

雇覔馬騾銀壹拾貳兩，除不敷銀壹兩壹錢壹分貳釐柒毫，止該銀壹拾兩捌錢捌分柒釐叁毫，內除荒並停緩銀壹拾兩叁錢肆分肆釐捌毫捌絲壹忽貳微，實支銀伍錢肆分貳釐肆毫壹絲捌忽捌微。

以上存留實徵銀柒拾肆兩柒錢伍分伍釐叁毫貳絲肆忽玖微陸纖玖塵壹渺，內在於請倣以糧載丁等事案內，通省以糧均丁減銀壹拾叁兩叁錢伍釐捌毫肆絲柒忽柒微柒纖捌塵壹渺，撥補足數訖，仍該銀柒拾肆兩柒錢伍分伍釐叁毫貳絲肆忽玖微陸纖玖塵壹渺。

外撥補新添夫馬工料銀叁拾壹兩叁錢伍分伍釐貳毫陸絲壹忽伍微捌纖柒塵玖渺肆漠壹沙陸洙陸涯肆洒。

共該銀壹百陸兩壹錢壹分伍毫捌絲陸忽伍微伍纖柒塵肆漠壹沙陸洙陸涯肆洒於乾隆伍拾貳年奉文，全數解司，壹切支欵，俱由司按季領支，嗣於嘉慶伍年奉文，在縣留支，並不按季赴司請領。

外于西安布政司庫領支撥補添增夫馬工料銀叁拾伍兩肆錢肆分肆釐柒毫叁絲捌忽肆微壹纖貳塵伍漠捌沙叁洙叁涯陸洒，查上項銀兩，遇閏之年較比無閏少領銀貳兩壹錢陸分陸釐貳毫伍忽柒纖壹塵玖渺，係將該縣實徵閏銀在縣留支，理合登明。

又于西安布政司庫領支撥補官役俸工銀捌百陸兩貳錢伍分柒釐捌毫捌絲陸忽壹微叁纖柒塵玖渺係動支各屬解到地、丁銀兩。

又于西安布政司庫領支撥補均攤祭祀銀柒拾兩陸錢叁分捌釐柒毫陸忽貳微捌纖叁塵柒渺肆漠伍沙捌涯係動支各屬解到耗羨銀兩。

遇閏加銀玖拾肆兩貳錢肆分柒釐柒毫叁絲貳忽，內除裁扣俸薪銀玖兩叁釐叁毫叁絲貳忽入起運外，實該銀捌拾伍兩貳錢肆分肆釐肆毫，內除荒並停緩銀捌拾兩玖錢玖分柒釐玖毫玖絲陸忽壹微肆纖玖塵肆渺捌漠，實徵銀肆兩貳錢肆分陸釐肆毫叁忽捌微伍纖伍渺貳漠，內在于請倣以糧載丁等事案內，通省以糧均丁減銀貳兩柒錢捌分肆釐叁毫柒絲陸忽陸微柒纖陸塵捌渺伍漠，撥補足數訖，仍該銀肆兩貳錢肆分陸釐肆毫叁忽捌微伍纖伍渺貳漠。

外撥補新添夫馬工料銀貳兩壹錢陸分陸釐貳毫伍忽柒纖壹塵玖渺。

共該銀陸兩肆錢壹分貳釐陸毫捌忽玖微貳纖貳塵肆渺貳漠於乾隆伍拾貳年奉文，全數解司，壹切支欵，俱由司按季領支，嗣於嘉慶伍年奉文，在縣留支，並不按季赴司請領。

外于西安布政司庫領支撥補各役工食銀壹拾叁兩肆錢捌分伍釐肆毫陸忽貳微陸纖叁塵壹渺伍漠係動支各屬解到地、丁銀兩。

又于西安布政司庫領支新增夫馬閏月工料銀伍兩肆錢係動支各屬解到地、丁銀兩。

壹額外

課程銀叁兩陸錢陸分壹釐係鋪戶出辦。遇閏加銀叁錢伍釐捌絲叁忽叁微叁纖。

地稅銀壹拾柒兩肆錢柒分伍釐係買房地業主出辦，原無定額，儘收儘解。

牙稅銀陸錢查牙行伍名，並無上中下之分，每名原額稅銀壹錢貳分。

畜稅銀壹拾伍兩柒錢捌分係買騾馬出辦，原無定額，儘收儘解。

當稅銀拾兩係典舖出辦，典舖貳座，每年納當稅銀伍兩。

紫陽縣

原額地畝俱係山坡，嶙峋陡崖，難以丈量畝數，共額本折糧叁百肆拾壹石肆升捌合玖勺陸抄，以每石科本色糧肆升貳合伍勺玖抄肆撮壹圭柒粟柒粒，共本色糧壹拾肆石伍斗貳升陸合柒勺，每石科折色糧玖斗伍升柒合肆勺伍撮捌圭貳粟貳粒，共折色糧叁百貳拾陸石伍斗貳升貳合貳勺陸抄，每石折徵銀貳兩壹分肆釐伍毫伍絲伍忽，共額徵銀陸百伍拾柒兩柒錢玖分捌釐叁毫陸絲陸忽捌微伍纖，內：

順治柒、捌兩年免過無主、有主并康熙貳拾叁年在於再疏籲請等事案內，豁免荒亡本折糧叁百叁拾捌石玖斗捌升柒勺捌抄，內前開墾並興屯及節年開墾過本折糧壹百叁拾陸石伍斗貳升伍合柒勺叁抄玖撮玖圭玖粟玖粒柒顆，乾隆陸拾年起科本折糧貳石伍斗叁升肆抄陸撮陸圭陸粟玖粒，應徵本色官學倉糧壹斗柒合柒勺陸抄伍撮貳圭伍粟伍粒，折徵銀捌分陸釐貳毫壹絲貳忽貳微，應徵折色糧貳石肆斗貳升貳合貳勺捌抄壹撮肆圭壹粟肆粒，該徵銀肆兩捌錢柒分玖釐捌毫壹絲玖忽壹微叁纖叁塵玖渺捌漠柒洙柒涯以增抵除。實應免本折糧壹百玖拾玖石玖斗貳升肆合玖勺玖抄叁撮叁圭叁粟壹粒叁顆，實應免本色官學倉糧捌石伍斗壹升伍合玖抄貳撮陸圭伍粟玖粒捌顆捌糠，該除銀陸兩捌錢壹分貳釐伍絲壹忽叁微叁纖壹塵陸渺陸漠，實應免折色糧壹百玖拾壹石肆斗玖合玖勺陸圭柒粟壹粒肆顆貳糠，該除折色銀叁百捌拾伍兩伍錢玖分陸釐玖毫捌絲柒忽玖微壹纖叁塵貳渺玖漠捌沙貳洙叁涯。

實在本折糧壹百肆拾壹石壹斗貳升叁合玖勺陸抄陸撮陸圭陸粟捌粒柒顆，實應徵本色官學倉糧陸石壹升壹合陸勺柒撮叁圭肆粟壹顆貳糠，折徵銀肆兩捌錢玖釐叁毫捌忽陸微陸纖捌塵叁渺肆漠遵照乾隆伍拾玖年奉准部咨令，將康熙年間易知由單內載：每石折徵銀捌錢，纂入書內，嗣後遇有墾豁，以便照數增除，實應徵折色糧壹百叁拾伍石壹斗壹升貳合叁勺伍抄玖撮叁圭貳粟捌粒伍顆捌糠，應折徵銀貳百柒拾貳兩貳錢壹釐叁毫柒絲捌忽玖微叁纖陸塵柒渺壹沙柒洙柒涯遵照由單內載：每石折徵銀貳兩壹分肆釐伍毫伍絲伍忽。

額外祿米柒拾壹石，按照前項本折糧石分攤，每石該科米貳斗捌合壹勺捌抄壹撮貳圭伍粟叁粒伍顆，共米柒拾壹石，內除荒米肆拾壹石陸斗叁升捌合肆勺壹抄陸撮捌圭玖粟柒顆叁糠，實徵米貳拾玖石叁斗陸升壹合伍勺捌抄叁撮壹圭玖粒貳顆柒糠。

原額人丁叁門玖則不等，俱折下下人丁共肆千伍百玖拾捌丁，每丁徵銀肆錢，共該銀壹千捌百叁拾玖兩貳錢，內除優免丁壹百捌拾肆丁，除銀柒拾叁兩陸錢。

行差丁肆千肆百壹拾肆丁，該徵銀壹千柒百陸拾伍兩陸錢，內：

順治柒年並康熙貳拾叁年題明免過逃亡共丁肆千貳百伍拾柒丁，該除銀壹千柒百貳兩捌錢，內前招回及節年招回並審出丁伍百肆拾玖丁，應徵丁銀貳百壹拾玖兩陸錢，實應免丁叁千柒百捌丁，應免銀壹千肆百捌拾叁兩貳錢。

以上實行差丁柒百陸丁，該銀貳百捌拾貳兩肆錢雍正伍年攤入前項地糧內徵解。

康熙伍拾伍年起，至乾隆貳拾陸年止，編審出丁陸拾叁丁；乾隆叁拾壹年編審出丁拾丁；乾隆叁拾陸年編審出丁玖丁。共編審出丁捌拾貳丁，康熙伍拾貳年叁月拾捌日恩詔，後遇編審之期，但據康熙伍拾年丁冊定為常額，永不加賦。

原額均徭銀壹百玖拾伍兩捌錢壹分叁釐伍毫伍絲叁忽，內除荒銀壹百壹拾伍兩貳錢貳分玖釐貳毫叁絲壹忽捌微貳纖玖塵陸渺捌漠玖洙柒涯，實徵銀捌拾兩伍錢捌分肆釐叁毫貳絲壹忽壹微柒纖叁渺壹漠玖沙叁涯遵照由單內載：每石徵均徭銀伍錢柒分貳釐陸毫肆絲伍忽貳纖壹渺陸漠。

遇閏加徵額銀壹百伍拾玖兩叁錢陸分陸釐伍毫玖絲伍忽，內除荒銀壹百貳拾肆兩伍錢壹分伍釐捌絲捌忽捌微伍纖肆塵壹渺貳漠陸沙壹洙，實徵銀叁拾肆兩捌錢伍分壹釐伍毫陸忽壹微肆纖伍塵捌渺柒漠叁沙玖洙。

額外應徵停免銀貳拾柒兩貳錢攤入前項地糧徵解。

以上地、丁並均徭、停免等項額徵銀貳千陸百伍拾捌兩叁分叁釐貳毫柒絲玖忽捌微伍纖，內除荒銀壹千玖百玖拾兩捌錢叁分捌釐貳毫柒絲壹忽柒纖肆塵陸渺叁漠玖沙貳洙，實徵銀陸百陸拾柒兩壹錢玖分伍釐捌忽柒微柒纖伍塵叁渺陸漠捌洙。

額外祿米柒拾壹石，內除荒米肆拾壹石肆斗叁升捌合肆勺壹抄陸撮捌圭玖粟柒顆叁糠，實徵米貳拾玖石叁斗陸升壹合伍勺捌抄叁撮壹圭玖粒貳顆柒糠。

遇閏加銀壹百伍拾玖兩叁錢陸分陸釐伍毫玖絲伍忽，內除荒銀壹百貳拾肆兩伍錢壹分伍釐捌絲捌忽捌微伍纖肆塵壹渺貳漠陸沙壹洙，實徵銀叁拾肆兩捌錢伍分壹釐伍毫陸忽壹微肆纖伍塵捌渺柒漠叁沙玖洙。

壹起運項下

額外祿米柒拾壹石，內除荒米肆拾壹石陸斗叁升捌合肆勺壹抄陸撮捌圭玖粟柒顆叁糠，實徵米貳拾玖石叁斗陸升壹合伍勺捌抄叁撮壹圭玖粒貳顆柒糠。

原額起運糧石折價銀陸拾陸兩陸錢叁分玖釐貳毫壹絲柒忽捌微伍纖，內除荒銀叁拾玖兩壹錢壹分柒釐陸毫肆忽貳微玖纖捌塵肆渺，實徵銀貳拾柒兩伍錢貳分壹釐陸毫壹絲叁忽伍微伍纖壹塵陸渺。

節裁藥味銀叁百叁拾伍兩伍錢捌分陸釐陸毫，內除荒銀叁百叁拾兩陸錢叁分壹釐貳毫捌絲壹忽陸微玖纖叁塵捌渺壹漠，實徵銀肆兩玖錢伍分伍釐叁毫壹絲捌忽叁微陸塵壹渺玖漠。

舊編存留裁扣，內順治玖年裁扣各役工食等項銀貳百貳拾壹兩陸錢，內除不敷銀肆拾陸兩肆錢貳分伍釐，實裁銀壹百柒拾伍兩壹錢柒分伍釐；拾貳年裁扣傘扇銀捌兩，內除不敷銀壹兩貳錢玖分肆釐，實裁銀陸兩柒錢陸釐；拾肆年裁扣官生俸廩等項，除奉復孤貧外，止裁銀貳百伍拾兩貳錢貳分叁釐貳毫柒絲，內除不敷銀肆拾兩叁錢柒分叁絲壹忽柒微叁纖，實裁銀貳百玖兩捌錢伍分叁釐貳毫叁絲捌忽貳微柒纖，站支叁分裁壹並全裁船價充餉銀壹百柒拾伍兩玖錢肆釐叁毫伍絲，走遞叁分裁壹充餉銀壹拾壹兩伍錢肆分捌釐肆毫。康熙元年裁吏書工食銀玖拾柒兩貳錢，內除不敷銀壹拾伍兩柒錢貳分伍釐貳毫，實裁銀捌拾壹兩肆錢柒分肆釐捌毫；叁年裁門斗、齋夫工食銀肆拾叁兩貳錢，內除不敷銀陸兩玖錢捌分捌釐玖毫叁絲，實裁銀叁拾陸兩貳錢壹分壹釐柒絲，裁雜費丁銀叁拾兩貳錢貳分貳釐貳毫，內除不敷銀肆兩捌錢捌分玖釐肆毫，實裁銀貳拾伍兩叁錢叁分貳釐捌毫；拾伍年裁心紅紙張、修理監倉、喂馬草料、芒神、倉厫鋪墊、花船、考試搭棚、歲季考、刑具、渡船、歲貢、科舉生員盤纏等項銀壹百壹拾肆兩柒錢伍分，內除不敷銀壹拾捌兩伍錢陸分肆釐叁毫陸絲，實裁銀玖拾陸兩壹錢捌分伍釐陸毫肆絲；貳拾柒年裁歲貢、舉人盤纏、坊價銀叁拾兩肆錢叁分捌釐伍毫伍絲叁忽，內除不敷銀肆兩玖錢貳分肆釐肆毫壹絲，實裁銀貳拾伍兩伍錢壹分肆釐壹毫肆絲叁忽。雍正陸年裁燈夫銀貳拾肆兩，內除不敷銀叁兩捌錢捌分叁釐，實裁銀貳拾兩壹錢壹分柒釐；拾貳年裁民壯銀壹百壹拾肆兩，內除不敷銀壹拾捌兩肆錢肆分叁釐叁毫，實裁銀玖拾伍兩伍錢伍分陸釐柒毫。

共裁銀玖百伍拾玖兩伍錢柒分玖釐壹毫肆絲壹忽貳微柒纖。

又裁民壯工食充餉銀貳拾兩壹錢壹分柒釐壹毫陸絲。

貳共裁銀玖百柒拾玖兩陸錢玖分陸釐叁毫壹忽貳微柒纖，內除荒銀陸百貳拾兩肆分柒毫肆絲壹忽叁微伍纖捌塵壹渺伍漠玖沙貳洙，實徵起運銀叁百伍拾玖兩陸錢伍分伍釐伍毫伍絲玖忽玖微壹纖壹塵捌渺肆漠捌洙。

又額外應徵停免銀貳拾柒兩貳錢。

共該起運銀肆百壹拾玖兩叁錢叁分貳釐肆毫玖絲壹忽柒微陸纖玖塵陸渺叁漠捌洙。

又收存留內驛遞之差使甚少並題明請將驛站等事貳案內，共裁站銀貳拾肆兩伍錢柒分柒釐玖毫肆絲貳忽貳微壹纖叁塵陸渺。

貳項共銀肆百肆拾叁兩玖錢壹分肆毫叁絲叁忽玖微捌纖叁塵貳渺叁漠捌洙，又在於請做以糧均丁等事案內，通省以糧均丁減銀貳百伍拾壹兩伍錢肆分捌釐叁毫叁絲伍忽貳微陸纖柒塵柒渺，內除乾隆元、陸、拾壹、拾陸、貳拾壹、貳拾陸等年編審案內，共增抵補屯更丁銀伍拾柒兩伍錢捌分捌釐貳毫肆絲叁微貳纖柒塵貳渺，又乾隆叁拾壹、叁拾陸兩年編審案內，共增抵補屯更增丁銀貳拾伍兩壹錢玖分肆釐壹毫貳絲壹微陸纖叁塵陸渺，止該減銀壹百陸拾捌兩柒錢陸分伍釐玖毫柒絲肆忽柒微柒纖陸塵玖渺。

實該起運貳百柒拾伍兩壹錢肆分肆釐肆毫伍絲玖忽貳微陸塵叁渺叁漠捌洙，內留支加增撥補俸工銀壹百肆拾肆兩陸錢陸分壹釐捌絲捌忽貳微伍纖貳塵貳渺伍漠；又留支撥補夫馬工料銀陸拾陸兩捌錢。止該銀陸拾叁兩陸錢捌分叁釐叁毫柒絲玖微伍纖肆塵捌漠捌洙。

遇閏裁扣，順治玖年裁銀壹拾陸兩捌錢；拾肆年裁銀壹拾柒兩貳錢陸分叁釐陸絲叁忽。康熙元年裁吏書工食銀捌兩壹錢；叁年裁銀叁兩陸錢；拾伍年裁銀貳兩陸錢陸分陸釐陸毫柒絲。雍正陸年裁銀貳兩；拾貳年裁銀玖兩伍錢。又乾隆貳拾玖年裁民壯銀貳兩，又閏俸銀玖兩叁釐叁毫叁絲貳忽。

共裁銀柒拾兩玖錢叁分叁釐陸絲伍忽，內除荒銀伍拾伍兩肆錢貳分肆釐捌毫陸絲貳忽叁微肆纖柒塵壹渺捌漠玖沙壹洙，實徵銀壹拾伍兩伍錢捌釐貳毫貳忽陸微伍纖貳塵捌渺壹漠玖洙。

又收存留內驛遞之差使甚少並請將驛站等事貳案內，共裁損夫閏月銀肆兩陸錢叁分柒釐陸絲捌忽陸微捌纖捌塵壹渺。

貳項共銀貳拾兩壹錢肆分伍釐貳毫柒絲壹忽叁微肆纖玖渺壹漠玖洙，內除請做以糧載丁等事案內，通省以糧均丁減銀壹拾伍兩肆錢柒分玖釐捌毫伍絲陸忽柒微伍纖貳塵叁渺，節次抵補屯更丁銀伍兩貳錢叁分伍釐伍毫貳絲陸忽叁微玖纖陸塵貳渺，止該減銀壹拾兩貳錢肆分肆釐叁毫叁絲叁微伍纖陸塵壹渺。

實該銀玖兩玖錢玖毫肆絲玖微捌纖肆塵捌渺壹漠玖洙，全數留支加增撥補俸工訖，尚不敷銀壹兩捌錢柒分伍釐叁毫陸絲玖忽玖微捌塵陸渺捌漠貳沙壹洙，在於上項正銀內留支。

壹存留項下

原編存留銀壹千貳百陸拾玖兩貳分捌釐叁毫貳絲柒微叁纖，內除俸裁民壯充餉銀貳拾兩壹錢壹分柒釐壹毫陸絲入起運外，止該銀壹千貳百肆拾捌兩玖錢壹分壹釐壹毫陸絲柒微叁纖，內除荒銀壹千壹兩肆分捌釐陸毫肆絲叁忽柒微貳纖肆塵貳渺柒漠，實徵銀貳百肆拾柒兩捌錢陸分貳釐伍毫壹絲柒忽伍塵柒渺叁漠。

壹俸工項下

知縣壹員，額支俸薪銀肆拾伍兩，內除不敷銀柒兩貳錢捌分壹毫，止支銀叁拾柒兩柒錢壹分玖釐玖毫，內除荒銀貳拾玖兩肆錢柒分伍毫貳絲捌忽伍微壹渺，實徵支銀捌兩貳錢肆分玖釐叁毫柒絲壹忽肆微玖纖玖塵玖渺。外撥補銀壹拾貳兩壹錢柒分伍釐玖毫柒忽玖微壹纖玖塵陸渺。

典史壹員，額支俸薪銀叁拾壹兩伍錢貳分，內除不敷銀伍兩玖分玖釐，止支銀貳拾陸兩肆錢貳分壹釐，內除荒撥補銀貳拾兩陸錢肆分貳釐柒毫叁忽叁微柒纖玖塵，實支銀伍兩柒錢柒分捌釐貳毫玖絲陸忽陸微貳纖壹塵。

訓導壹員，額支俸薪銀叁拾壹兩伍錢貳分，內除不敷銀伍兩玖分玖釐，止支銀貳拾陸兩肆錢貳分壹釐，內除荒撥補銀貳拾兩陸錢肆分貳釐柒毫叁忽叁微柒纖玖塵，實支銀伍兩柒錢柒分捌釐貳毫玖絲陸忽陸微貳纖壹塵。外撥補全俸銀壹拾叁兩伍錢柒分玖釐。

知縣衙門

門子貳名，每名歲支銀陸兩，共支銀壹拾貳兩，內除不敷銀壹兩玖錢肆分壹釐叁毫，止支銀壹拾兩伍分捌釐柒毫，內除荒撥補銀柒兩捌錢伍分捌釐捌毫陸絲叁忽捌微壹塵叁渺，實支銀貳兩壹錢玖分玖釐捌毫叁絲陸忽壹微玖纖捌塵柒渺。遇閏加銀壹兩，內除荒銀柒錢捌分壹釐叁毫捌絲貳微肆纖叁塵陸渺，實支銀貳錢壹分捌釐陸毫壹絲玖忽柒微伍纖陸塵肆渺。

皂隸、仵作壹拾陸名，每名歲支銀陸兩，共支銀玖拾陸兩，內除不敷銀壹拾伍兩伍錢叁分伍毫玖絲壹忽，止支銀捌拾兩肆錢陸分玖釐肆毫玖忽，內除荒撥補銀陸拾貳兩捌錢柒分陸毫陸絲玖忽叁微叁纖柒渺玖漠壹沙，實支銀壹拾柒兩伍錢玖分捌釐柒毫叁絲玖忽陸微陸纖玖塵貳渺玖沙。遇閏加銀捌兩，內除荒銀陸兩貳錢伍分壹釐壹絲陸忽陸微玖纖捌塵捌渺，實支銀壹兩柒錢肆分捌釐玖毫捌絲叁忽叁微壹塵貳渺。

馬快捌名，每名歲支工食銀壹拾陸兩捌錢，共支銀壹百叁拾肆兩肆錢，內除不敷銀貳拾壹兩柒錢肆分肆釐，止支銀壹百壹拾貳兩陸錢伍分陸釐，內除荒撥補銀捌拾捌兩壹分捌釐肆絲貳忽陸微肆纖肆塵，實支銀貳拾肆兩陸錢叁分柒釐玖毫伍絲柒忽叁微伍纖陸塵。遇閏加銀壹拾壹兩貳錢，內除荒銀捌兩柒錢伍分壹釐肆毫貳絲貳忽貳微柒纖捌塵肆渺，實支銀貳兩肆錢肆分捌釐伍毫柒絲柒忽柒微貳纖壹塵陸渺。

民壯叁拾壹名，每名歲支工食銀陸兩，共支銀壹百捌拾陸兩，內乾隆貳拾玖年奉裁民壯肆名，銀貳拾肆兩，止該銀壹百陸拾貳兩，內除不敷銀貳拾陸兩貳錢捌釐捌毫陸絲，止支銀壹百叁拾伍兩柒錢玖分壹釐壹毫肆絲，內除荒銀壹百陸兩玖分陸釐肆毫貳絲叁忽捌渺陸漠，實支銀貳拾玖兩陸錢玖分肆釐柒毫壹絲陸忽玖微玖纖玖塵壹渺肆漠。外撥補銀壹百叁拾貳兩陸錢肆釐壹毫伍絲玖忽叁微。遇閏加銀壹拾伍兩伍錢，內奉裁民壯肆名，銀貳兩，止該銀壹拾叁兩伍錢，內除荒銀壹拾兩伍錢肆分捌釐叁毫肆絲伍忽玖纖捌渺，實支銀貳兩玖錢伍分壹釐陸毫伍絲肆忽玖微玖塵貳渺。

看監禁卒捌名，每名歲支工食銀陸兩，共支銀肆拾捌兩，內除不敷銀柒兩柒錢陸分陸釐，止支銀肆拾兩貳錢叁分肆釐，內除荒撥補銀叁拾壹兩肆錢叁分肆釐柒毫捌絲捌忽玖微陸纖陸塵，實支銀捌兩柒錢玖分玖釐貳毫壹絲壹忽叁纖肆塵。遇閏加銀肆兩，內除荒銀叁兩壹錢貳分伍釐伍毫壹絲陸忽柒微貳纖肆塵肆渺，實支銀捌錢柒分肆釐肆毫捌絲叁忽貳微柒纖伍塵陸渺。

轎傘扇夫柒名，每名歲支工食銀陸兩，共支銀肆拾貳兩，內除不敷銀陸兩柒錢玖分伍釐，止支銀叁拾伍兩貳錢伍釐，內除荒撥補銀貳拾柒兩伍錢伍釐陸毫肆絲柒忽柒微玖纖伍塵，實支銀柒兩陸錢玖分玖釐叁毫伍絲貳忽貳微伍塵。

遇閏加銀叁兩伍錢，內除荒銀貳兩柒錢叁分肆釐捌毫貳絲壹忽貳微貳纖柒塵陸渺，實支銀柒錢陸分伍釐壹毫柒絲捌忽柒微柒纖貳塵肆渺。

庫子肆名，每名歲支工食銀陸兩，共支銀貳拾肆兩，內除不敷銀叁兩捌錢捌分叁釐，止支銀貳拾兩壹錢壹分柒釐，內除荒撥補銀壹拾伍兩柒錢壹分柒釐肆毫壹絲柒忽玖微捌纖叁塵，實支銀肆兩叁錢玖分玖釐伍毫捌絲貳忽壹纖柒塵。遇閏加銀貳兩，內除荒銀壹兩伍錢陸分貳釐柒毫陸絲壹忽貳微叁纖柒塵貳渺，實支銀肆錢叁分柒釐貳毫叁絲捌忽柒微陸纖貳塵捌渺。

斗級肆名，每名歲支工食銀陸兩，共支銀貳拾肆兩，內除不敷銀叁兩捌錢捌分叁釐，止支銀貳拾兩壹錢壹分柒釐，內除荒撥補銀壹拾伍兩柒錢壹分柒釐肆毫壹絲柒忽玖微捌纖叁塵，實支銀肆兩叁錢玖分玖釐伍毫捌絲貳忽壹纖柒塵。遇閏加銀貳兩，內除荒銀壹兩伍錢陸分貳釐柒毫陸絲壹忽貳微叁纖柒塵貳渺，實支銀肆錢叁分柒釐貳毫叁絲捌忽柒微陸纖貳塵捌渺。

舖司兵壹拾叁名，每名歲支工食銀肆兩壹錢肆分叁釐伍毫捌絲肆忽陸微，共支銀伍拾叁兩捌錢陸分陸釐陸毫，內除不敷銀捌兩柒錢壹分肆釐陸毫肆絲，止支銀肆拾伍兩壹錢伍分壹釐玖毫陸絲，內除荒銀叁拾伍兩壹錢捌分玖釐玖毫捌忽貳微伍纖捌塵陸渺玖漠，實支銀玖兩玖錢陸分貳釐伍絲壹忽柒微肆纖壹塵叁渺壹漠。外加增銀陸拾捌兩壹錢叁分柒釐叁毫貳絲柒忽柒微貳纖貳塵陸渺伍漠。遇閏加銀肆兩肆錢捌分捌釐捌毫，內除荒銀叁兩伍錢伍釐柒毫壹絲壹微捌纖陸塵貳渺，實支銀玖錢捌分叁釐捌絲玖忽捌微壹纖叁塵捌渺。外加增銀伍兩伍錢貳分陸釐柒毫玖絲貳微叁纖伍塵。

渡河水夫捌名，每名歲支工食銀貳兩肆錢，共支銀壹拾玖兩貳錢，內除不敷銀叁兩壹錢陸釐貳毫，止支銀壹拾陸兩玖分叁釐捌毫，內除荒撥補銀壹拾貳兩伍錢肆分伍釐柒忽伍微肆纖陸塵貳渺，實支銀叁兩伍錢肆分捌釐柒毫玖絲貳忽肆微伍纖叁塵捌渺。遇閏加銀壹兩陸錢，內除荒銀壹兩貳錢肆分玖釐伍毫柒絲捌忽柒微玖纖，實支銀叁錢伍分肆毫貳絲壹忽貳微壹纖。

水夫貳名，每名歲支工食銀貳兩肆錢，共支銀肆兩捌錢，內除不敷銀柒錢柒分陸釐陸毫，止支銀肆兩貳分叁釐肆毫，內除荒撥補銀叁兩壹錢叁分陸釐貳毫柒忽壹微玖纖陸塵陸渺，實支銀捌錢捌分柒釐壹毫玖絲貳忽捌微叁塵肆渺。遇閏加銀肆錢，內除荒銀叁錢壹分貳釐叁毫玖絲柒忽陸微玖纖柒塵貳渺，實支銀捌分柒釐陸毫貳忽叁微貳塵捌渺。

典史衙門

門子壹名，歲支工食銀陸兩，內除不敷銀玖錢柒分柒毫，止支銀伍兩貳分玖釐叁毫，內除荒撥補銀叁兩玖錢貳分玖釐叁毫柒絲壹忽壹纖柒渺，實支銀壹兩玖分玖釐玖毫貳絲捌忽玖微捌纖玖塵叁渺。遇閏加銀伍錢，內除荒銀叁錢玖分陸毫玖絲伍忽肆微玖纖陸塵捌渺，實支銀壹錢玖釐叁毫肆忽伍微叁塵貳渺。

皂隸肆名，每名歲支工食銀陸兩，共支銀貳拾肆兩，內除不敷銀叁兩捌錢捌分叁釐，止支銀貳拾兩壹錢壹分柒釐，內除荒撥補銀壹拾伍兩柒錢壹分柒釐肆毫壹絲柒忽玖微捌纖叁塵，實支銀肆兩叁錢玖分玖釐伍毫捌絲貳忽壹纖柒塵。遇閏加銀貳兩，內除荒銀壹兩伍錢陸分貳釐柒毫陸絲壹忽貳微叁纖柒塵貳渺，實支銀肆錢叁分柒釐貳毫叁絲捌忽柒微陸纖貳塵捌渺。

馬夫壹名，歲支工食銀陸兩，內除不敷銀玖錢柒分柒毫，止支銀伍兩貳分玖釐叁毫，內除荒撥補銀叁兩玖錢貳分玖釐叁毫柒絲壹忽壹纖柒渺，實支銀壹兩玖分玖釐玖毫貳絲捌忽玖微捌纖玖塵叁渺。遇閏加銀伍錢，內除荒銀叁錢玖分陸毫玖絲伍忽肆微玖纖陸塵捌渺，實支銀壹錢玖釐叁毫肆忽伍微叁塵貳渺。

訓導衙門

齋夫叁名，每名歲支工食銀壹拾貳兩，共支銀叁拾陸兩，內除不敷銀伍兩捌錢貳分肆釐壹毫，止支銀叁拾兩壹錢柒分伍釐，內除荒撥補銀貳拾叁兩伍錢柒分陸釐叁毫玖絲貳忽叁微貳纖伍塵，實支銀陸兩伍錢玖分捌釐陸毫柒忽陸微柒纖伍塵。遇閏加銀叁兩，內除荒銀貳兩叁錢肆分肆釐壹毫貳絲柒忽柒微叁纖捌渺，實支銀陸錢伍分伍釐捌毫柒絲貳忽貳微陸纖玖塵貳渺。

膳夫貳名，每名歲支工食銀陸兩陸錢陸分陸釐陸毫伍絲，共支銀壹拾叁兩叁錢叁分叁釐叁毫叁絲叁忽，內除不敷銀貳兩壹錢伍分柒釐貳毫，止支銀壹拾壹兩壹錢柒分陸釐壹毫叁絲叁忽，內除荒撥補銀捌兩柒錢叁分陸毫壹絲捌忽肆纖柒塵柒渺陸漠柒沙，實支銀貳兩肆錢肆分伍釐伍毫壹絲肆忽玖微伍纖貳塵貳渺叁漠叁沙係廩生支領。遇閏加銀壹兩壹錢壹分壹釐壹毫，內除荒撥補銀捌錢陸分捌釐壹毫貳絲玖忽柒微貳纖玖塵貳渺玖漠叁沙，實支銀貳錢肆分貳釐玖毫柒絲貳微柒纖柒渺柒沙。

門斗貳名，每名歲支工食銀柒兩貳錢，共支銀壹拾肆兩肆錢，內除不敷銀貳兩叁錢貳分玖釐陸毫柒絲，止支銀壹拾貳兩柒分叁毫叁絲，內除荒撥補銀玖兩肆錢叁分伍毫肆絲肆忽貳微叁塵陸渺柒漠，實支銀貳兩陸錢叁分玖釐柒毫捌絲伍忽柒微玖纖陸塵叁渺叁漠。遇閏加銀壹兩貳錢，內除荒銀玖錢叁分柒釐陸毫伍絲貳忽玖纖貳塵肆渺，實支銀貳錢陸分貳釐叁毫肆絲柒忽玖微柒塵陸渺。

廩生貳拾名，內撥支府學廩生貳名，安康廩生叁名，止該縣學廩生拾伍名，每名歲支月糧銀叁兩壹錢玖分玖釐玖毫玖絲玖忽，共支銀陸拾叁兩玖錢玖分玖釐玖毫玖絲玖忽，內除不敷銀壹拾兩叁錢伍分肆釐叁毫，止支銀伍拾叁兩陸錢肆分伍釐陸毫玖絲柒忽，內除荒撥補銀肆拾壹兩玖錢壹分貳釐捌毫玖絲玖微貳纖貳塵肆渺叁沙，實支銀壹拾壹兩柒錢叁分貳釐捌毫陸忽柒纖柒塵伍渺玖漠柒沙。遇閏加銀伍兩叁錢叁分叁釐叁毫，內除荒撥補銀肆兩壹錢陸分陸釐捌毫柒絲捌忽壹微貳纖叁塵壹渺，實支銀壹兩壹錢陸分陸釐肆毫貳絲壹忽捌微柒纖陸塵玖渺。

以上俸工項下，除廩生、膳夫貳欵照常支發外，其餘官役俸工於道光貳拾叁年奉文，均以貳兩平支放，每兩減平銀陸分，其減平銀兩，每年批解部庫交納，理合登明。

壹雜支項下

春秋貳季祭祀文廟及各壇祠並無祀鬼魂品物等項共銀捌拾肆兩，內除不敷銀壹拾叁兩伍錢捌分玖釐陸毫，止支銀柒拾兩肆錢壹分肆毫，內除荒銀伍拾肆兩捌錢捌分肆釐肆毫柒絲貳忽柒微玖塵陸渺，實支銀壹拾伍兩伍錢貳分伍釐玖毫貳絲柒忽貳微玖纖肆渺。

外均攤撥補不敷銀伍拾柒兩玖錢捌分壹釐貳毫捌絲貳微捌纖陸塵貳渺肆漠伍沙陸涯。

鄉飲銀叁兩，內除不敷銀肆錢捌分伍釐叁毫伍絲，止支銀貳兩伍錢壹分肆釐陸毫伍絲，內除荒銀壹兩玖錢陸分壹毫伍絲貳忽叁微伍纖伍塵叁渺伍漠，實支銀伍錢伍分肆釐肆毫玖絲柒忽陸微肆纖肆塵陸渺伍漠，於道光貳拾叁年奉文裁汰，其徵收銀兩，每年批解部庫交納，理合登明。

時憲書銀壹兩，內除不敷銀壹錢陸分壹釐柒毫捌絲，止支銀捌錢叁分捌釐貳毫貳絲，內除荒銀陸錢伍分叁釐貳毫叁絲叁忽柒微柒纖柒塵柒渺捌漠，實支銀壹錢捌分肆釐玖毫捌絲陸忽貳微貳纖貳塵貳渺貳漠。

壹孤貧項下

孤老壹拾名，共支口糧銀壹拾壹兩陸錢貳分壹釐叁毫陸絲，內除不敷銀壹兩捌錢柒分肆釐玖毫肆絲肆忽，止支銀玖兩柒錢肆分陸釐肆毫壹絲陸忽，內除荒銀柒兩伍錢捌分玖釐叁毫柒絲叁忽叁微肆纖柒塵伍渺捌漠肆沙，實支銀貳兩壹錢伍分柒釐肆絲貳忽陸微伍纖貳塵肆渺壹漠陸沙。外加增銀壹拾貳兩貳錢陸分伍釐壹毫玖絲捌忽貳微壹纖壹塵陸渺。遇閏加增銀壹兩貳錢叁毫貳絲捌忽陸微捌纖壹塵柒渺。

孤老花布銀陸兩伍錢，內除不敷銀壹兩肆分捌釐陸毫捌絲肆忽貳微柒纖，止支銀伍兩肆錢伍分壹釐叁毫壹絲伍忽柒微叁纖，內除荒銀肆兩伍錢陸分柒釐肆毫陸絲捌忽捌微捌纖貳塵捌渺柒漠捌沙貳洙柒涯，實支銀捌錢捌分叁釐捌毫肆絲陸忽捌微肆纖柒塵壹渺貳漠壹沙柒洙叁涯。

壹驛遞項下

驛站原額銀壹百伍拾兩陸錢柒分伍釐柒毫玖絲，內除荒銀壹百叁拾陸兩叁分玖釐叁毫肆絲玖微玖纖玖塵貳渺伍漠，實支銀壹拾肆兩陸錢叁分陸釐肆毫肆絲玖忽柒渺伍漠。

壹走遞項下

接遞募夫額銀肆兩陸錢陸釐，內除不敷銀柒錢肆分伍釐貳毫，止支銀叁兩捌錢陸分捌毫；接遞損轎夫貳拾壹名，額銀玖拾柒兩貳錢肆釐，內除不敷銀壹拾伍兩柒錢貳分伍釐捌毫，止支銀捌拾壹兩肆錢柒分捌釐貳毫；走遞馬壹拾匹，草料工食銀壹百陸拾捌兩肆錢壹釐陸毫，內除不敷銀貳拾玖兩壹錢貳分捌毫，止支銀壹百叁拾玖兩叁錢叁分捌毫；協濟鳳縣募夫銀肆拾兩，內除不敷銀柒兩壹錢壹分捌釐肆毫，止支銀叁拾陸兩捌錢捌分壹釐陸毫。共銀貳百陸拾壹兩伍錢伍分壹釐肆毫，內除荒銀貳百壹拾壹兩貳錢捌分壹釐陸毫陸絲捌忽叁微陸纖伍塵玖渺肆漠陸沙柒洙叁涯，實徵銀伍拾兩貳錢陸分玖釐柒毫叁絲壹忽陸微叁纖肆塵伍漠叁沙貳洙柒涯，內除裁站共銀貳拾肆兩伍錢柒分柒釐玖毫肆絲貳忽貳微壹纖叁塵陸渺，實支銀貳拾伍兩陸錢玖分壹釐柒毫捌絲玖忽肆微貳纖肆渺伍漠叁沙貳洙柒涯。

遇閏，接遞募、損轎夫額支銀捌兩壹錢叁毫叁絲；走遞馬匹額支銀壹拾伍兩。共銀貳拾叁兩壹錢叁毫叁絲，內除荒銀壹拾捌兩肆分叁釐伍毫柒絲伍忽壹微捌纖玖塵壹渺肆漠肆沙，實支銀伍兩伍分陸釐柒毫伍絲肆忽捌微壹纖捌渺伍漠陸沙。

以上存留實徵銀貳百肆拾柒兩捌錢陸分貳釐伍毫壹絲柒忽伍塵柒渺叁漠，內除驛遞之差使甚少並題明請將驛站等事貳案內，共裁站銀貳拾肆兩伍錢柒分柒釐玖毫肆絲貳忽貳微壹纖叁塵陸渺，實該銀貳百貳拾叁兩貳錢捌分肆釐伍毫柒絲肆忽柒微玖纖貳塵壹渺叁漠。

外加增撥補俸工銀壹百肆拾肆兩陸錢陸分壹釐捌絲捌忽貳微伍纖貳塵貳渺伍漠。

又加增夫馬工料銀陸拾陸兩捌錢。

共該銀肆百叁拾肆兩柒錢肆分伍釐陸毫陸絲叁忽肆纖肆塵叁渺捌漠於乾隆伍拾貳年奉文，全數解司，壹切支欵，俱由司按季領支，嗣於嘉慶伍年奉文，在縣留支並不解司，按季請領。

外於西安布政司庫撥補領支民壯均攤全支等項共銀伍百捌兩伍錢捌分叁絲玖忽肆微壹纖玖塵陸渺係動支起運銀兩。

又於西安布政司庫撥補均攤祭祀銀伍拾柒兩玖錢捌分壹釐貳毫捌絲貳微捌纖陸塵貳渺肆漠伍沙陸涯係動支耗羨銀兩。

外遇閏原加銀玖拾玖兩肆錢叁分陸釐捌毫陸絲貳忽，內裁民壯銀貳兩；又裁閏俸銀玖兩叁釐叁毫叁絲貳忽。實該銀捌拾捌兩肆錢叁分叁釐伍毫叁絲，內除荒銀陸拾玖兩玖分貳毫貳絲陸忽伍微陸塵玖渺叁漠柒沙，實徵銀壹拾玖兩叁錢肆分叁釐叁毫叁忽肆微玖纖叁塵陸漠叁沙，內除驛遞之差使甚少並題明請將驛站等事貳案內，共裁損夫閏月銀肆兩陸錢叁分柒釐捌絲陸忽陸微捌纖捌塵壹渺，止該銀壹拾肆兩柒錢陸釐貳毫壹絲陸忽捌微肆塵玖渺陸漠叁沙。

外加增撥補俸工銀壹拾壹兩柒錢柒分陸釐叁毫壹絲捌微玖纖叁塵肆渺玖漠叁沙。

共該銀貳拾陸兩肆錢捌分貳釐伍毫貳絲柒忽陸微玖纖捌塵肆渺伍漠陸沙乾隆伍拾貳年奉文，全數解司，壹切支欵，俱由司按季領支，嗣於嘉慶伍年奉文，在縣留支並不解司，按季請領。

外於西安布政司庫撥補夫馬閏月銀伍兩肆錢。

壹額外

課程銀肆兩貳錢係舖戶出辦。遇閏加銀叁錢伍分。

畜税銀捌兩捌錢貳分係買騾馬出辦，原無定額，儘收儘解。

牙税銀肆兩捌錢牙人肆名，每名納銀壹兩貳錢，並無上中下之分。

茶課銀壹百貳拾柒兩叁錢肆分柒釐係茶商出辦。

地税銀壹拾捌兩柒錢伍分係買房地業主出辦，原無定額，儘收儘解。

平利縣

原額上中下玖等共地壹百柒頃柒拾陸畝肆分肆釐貳毫捌絲叁忽陸纖陸塵，每畝起科不等，共額徵折色糧伍百叁拾陸石陸斗柒升柒合貳勺陸抄，每石折徵銀貳兩叁錢伍分貳釐捌毫陸絲玖忽伍微，共額徵銀壹千貳百陸拾貳兩柒錢叁分壹釐伍毫陸絲柒忽伍微捌纖。內：

上地壹頃伍畝肆分伍釐肆絲貳忽貳微，每畝科糧陸升肆合，共糧陸石柒斗肆升捌合捌勺貳抄柒撮貳圭，共銀壹拾伍兩捌錢柒分玖釐壹毫壹絲。順治柒年題明免過無主荒地玖拾柒畝陸釐陸毫，應免糧陸石貳斗壹升貳合貳勺貳抄，該除銀壹拾肆兩陸錢壹分陸釐伍毫肆絲叁忽。實在地捌畝叁分捌釐肆毫肆絲貳忽貳微，實徵糧伍斗叁升陸合陸勺柒撮貳圭，該徵銀壹兩貳錢陸分貳釐伍毫陸絲柒忽。

中地柒頃陸拾捌畝壹分捌釐陸毫叁絲柒忽貳微，每畝科糧伍升，共糧叁拾捌石肆斗玖合叁勺壹抄捌撮陸圭，共銀玖拾兩叁錢柒分貳釐壹毫壹絲肆忽貳微伍纖。順治柒年題明免過無主荒地柒頃柒畝壹分，應免糧叁拾伍石叁斗伍升伍合，該除銀捌拾叁兩壹錢捌分伍釐柒毫壹忽貳微。實在地陸拾壹畝捌釐陸毫叁絲柒忽貳微，實徵粮叁石伍升肆合叁勺壹抄捌撮陸圭，該徵銀柒兩壹錢捌分陸釐肆毫壹絲叁忽伍纖，內道光叁年在於知縣事案內，分撥磚坪廳地肆拾柒畝伍分捌釐陸毫，該折色糧貳石叁斗柒升玖合叁勺，該折色銀伍兩伍錢玖分捌釐壹毫捌絲肆忽壹微捌纖壹塵陸漠陸沙肆洙，止實地壹拾叁畝伍分叁絲柒忽貳微，實徵粮陸斗柒升伍合壹抄捌撮陸圭，實徵銀壹兩伍錢捌分捌釐貳毫貳絲捌忽捌微陸纖捌塵玖渺叁漠叁沙陸洙。

下地貳拾頃壹拾柒畝捌分貳釐貳毫陸絲壹忽陸微柒纖，每畝科糧叁升陸合，共糧柒拾貳石陸斗肆升壹合陸勺壹抄肆撮貳圭，共銀壹百柒拾兩玖錢壹分伍釐貳毫柒絲柒忽。

上田陸頃叁拾叁畝貳分捌釐捌絲柒忽陸微陸纖陸塵，每畝科糧玖升，共稻米糧伍拾陸石玖斗玖升伍合貳勺柒抄捌撮玖圭，共銀壹百叁拾肆兩壹錢貳釐肆毫伍絲叁忽肆微。順治柒年題明免過無主荒田伍頃捌拾貳畝玖分叁釐，應免糧伍拾貳石肆斗陸升叁合柒勺，該除銀壹百貳拾叁兩肆錢肆分貳毫肆絲。實在田伍拾畝叁分伍釐捌絲柒忽陸微陸纖陸塵，實徵糧肆石伍斗叁升壹合伍勺柒抄捌撮玖圭，該徵銀壹拾兩陸錢陸分貳釐貳毫壹絲叁忽肆微。

中田壹拾肆頃伍拾貳畝陸分伍釐叁毫叁絲壹忽貳微，每畝科糧捌升壹合，共稻米糧柒拾捌石叁升貳勺壹撮壹圭，共粟米叁拾玖石陸斗叁升肆合柒勺壹抄柒撮壹圭，共銀貳百柒拾陸兩捌錢伍分壹毫玖絲柒忽。順治柒年題明免過無主荒田壹拾叁頃叁拾柒畝壹分伍釐，應免糧壹百捌石叁斗玖合壹勺伍抄，該除銀貳百伍拾肆兩捌錢叁分柒釐叁毫。實在田壹頃壹拾伍畝伍分叁毫叁絲壹忽貳微，實徵糧玖石叁斗伍升伍合柒勺陸抄捌撮貳圭，該徵銀貳拾貳兩壹分貳釐捌毫玖絲柒忽。

下田肆頃柒拾壹畝陸分肆釐壹毫叁絲肆忽肆微，每畝科糧肆升捌合，共粟米糧貳拾貳石陸斗叁升捌合柒勺捌抄肆撮陸圭，共銀伍拾叁兩貳錢陸分陸釐壹毫伍忽捌微。順治柒年題明免過無主荒田肆頃叁拾肆畝壹分肆釐，應免糧貳拾石捌斗叁升捌合柒勺貳抄，該除銀肆拾玖兩叁分柒毫捌絲捌忽柒微。實在田叁拾柒畝伍分壹毫叁絲肆忽肆微，實徵糧壹石捌斗陸抄肆撮陸圭，該徵銀肆兩貳錢叁分伍釐叁毫壹絲柒忽壹微。

上地叁頃陸拾畝壹分陸釐肆毫壹絲，每畝科糧陸升肆合，共粟米糧貳拾叁石伍升伍勺貳撮肆圭，共銀伍拾肆兩貳錢叁分肆釐捌毫貳絲肆忽。順治柒年題明免過無主荒地叁頃叁拾壹畝伍分貳釐肆毫，應免糧貳拾壹石貳斗壹升柒合伍勺叁抄，該除銀肆拾玖兩玖錢貳分貳釐捌絲。實在地貳拾捌畝陸分肆釐壹絲，實徵糧壹石捌斗叁升貳合玖勺柒抄貳撮肆圭，該徵銀肆兩叁錢壹分貳釐柒毫肆絲肆忽。

中地壹拾肆頃柒畝伍分捌釐捌毫伍絲肆忽，每畝科糧伍升，共粟米糧柒拾石叁斗柒升玖合肆勺貳抄柒撮，共銀壹百陸拾伍兩伍錢玖分叁釐陸毫柒忽貳微。順治柒年題明免過無主荒地壹拾貳頃玖拾伍畝陸分柒釐叁毫，應免糧陸拾肆石柒斗捌升叁合陸勺伍抄，該除銀壹百伍拾貳兩肆錢貳分柒釐肆毫柒絲肆忽。實在地壹頃壹拾壹畝玖分壹釐伍毫伍絲肆忽，實徵糧伍石伍斗玖升伍合柒勺柒抄柒撮，該徵銀壹拾叁兩壹錢陸分陸釐壹毫叁絲叁忽貳微。

下地叁拾伍頃伍拾玖畝陸分伍釐伍毫貳絲肆忽柒微叁纖，每畝科糧叁升陸合，共粟米糧壹百貳拾陸石陸斗捌合捌抄捌撮玖圭，共黄豆糧壹石伍斗肆升伍勺，共銀叁百壹兩伍錢壹分柒釐捌毫柒絲捌忽玖微叁纖。順治柒年題明免過無主荒地叁拾貳頃柒拾陸畝柒分貳釐捌絲叁忽陸纖陸塵，應免糧壹百壹拾柒石玖斗伍升肆合捌勺玖抄，該除銀貳百柒拾柒兩伍錢叁分貳釐肆毫壹絲玖忽肆微，內前開墾並興屯及節次開墾共地貳拾陸頃玖拾叁畝貳分捌釐柒毫柒絲，該糧玖拾陸石玖斗伍升捌合叁勺伍抄柒撮貳圭，該徵銀貳百貳拾捌兩壹錢叁分叁毫貳絲肆忽柒微壹纖壹塵貳渺。實在地貳拾玖頃柒拾陸畝貳分貳釐貳毫壹絲壹忽陸微陸纖肆塵，實徵糧壹百柒石壹斗伍升貳合伍抄陸撮壹圭，該徵銀貳百伍拾貳兩壹錢壹分伍釐柒毫捌絲肆忽貳微肆纖壹塵貳渺。

以上各等共免過荒地捌拾頃陸拾貳畝叁分叁毫捌絲叁忽陸纖陸塵，應免糧肆百貳拾柒石壹斗叁升肆合捌勺陸抄，該除銀壹千肆兩玖錢玖分貳釐伍毫肆絲陸忽叁微，內前開墾並興屯及節年開墾共地貳拾陸頃玖拾叁畝貳分捌釐柒毫柒絲，該糧玖拾陸石玖斗伍升捌合叁勺伍抄柒撮貳圭，該徵銀貳百貳拾捌兩壹錢叁分叁毫貳絲肆忽柒微壹纖壹塵貳渺；又順治拾伍年免過續荒地並康熙捌年、貳拾叁年於秦屬蠲免、再疏籲請等事叁案內，題明（免）荒地共叁拾伍頃肆拾壹畝陸分伍釐陸毫，應免糧壹百叁拾捌石壹斗玖升陸合柒勺壹抄貳撮，該除銀叁百貳拾伍兩壹錢伍分捌釐陸毫捌絲壹忽肆微伍纖貳塵陸渺，內節年開墾地貳頃玖拾畝伍分，應徵糧壹拾石肆斗伍升捌合，該徵銀貳拾肆兩陸錢陸釐貳毫貳絲玖忽柒微柒纖柒塵玖渺。內實豁免地捌拾陸頃貳拾畝壹分柒釐貳毫壹絲叁忽陸纖陸塵，實應免糧肆百伍拾柒石玖斗壹升伍合貳勺壹抄肆撮捌圭，該除銀壹千柒拾柒兩肆錢壹分肆釐陸毫柒絲叁忽貳微陸纖叁塵伍渺。

止實熟地貳拾壹頃伍拾陸畝貳分柒釐柒絲，實徵粮柒拾捌石柒斗陸升貳合肆抄伍撮貳圭，該徵銀壹百捌拾伍兩叁錢壹分陸釐捌毫玖絲肆忽叁微壹纖陸塵伍渺，內道光叁年在於知照事案內，分撥磚坪廳地肆拾柒畝伍分捌釐陸毫，該折色粮貳石叁斗柒升玖合叁勺，該折色銀伍兩伍錢玖分捌釐壹毫捌絲肆忽壹微捌纖壹塵陸漠陸沙肆洙；又道光玖年在於移明事案內，建蓋衙署佔用上中下叁等地貳頃貳拾玖畝貳分叁釐，每畝應免折色粮不等，共免折色粮壹拾叁石叁斗捌升貳合叁勺，每畝應免折色銀不等，共免折色銀叁拾壹兩肆錢捌分玖釐貳毫貳絲叁微捌纖肆塵捌渺伍漠貳沙。

止實在地壹拾捌頃柒拾玖畝肆分伍釐肆毫柒絲，實徵糧陸拾叁石肆勺肆抄伍撮貳圭，實徵銀壹百肆拾捌兩貳錢貳分玖釐肆毫捌絲玖忽柒微伍纖伍渺捌漠壹沙陸洙遵照乾隆伍拾玖年奉准部咨令，將康熙年間易知由單內載：上地每畝折徵銀壹錢伍分陸毫叁微玖纖柒塵陸渺；中地每畝折徵銀壹錢壹分柒釐陸毫肆絲叁忽伍微壹纖貳塵肆渺；下地每畝折徵銀捌分肆釐柒毫叁忽叁微壹塵玖渺；上田每畝折徵銀貳錢壹分壹釐柒毫伍絲捌忽貳微伍纖伍塵；中田每畝折徵銀壹錢玖分伍毫捌絲貳忽肆微貳纖玖塵伍渺；下田每畝折徵銀壹錢壹分貳釐玖毫叁絲柒忽柒微叁纖陸塵；又上地、中地、下地每畝科徵銀數與前項上中下叁等地畝法同，逐一纂入書內，嗣後遇有墾豁，以便按畝增除。

額外本色祿米壹百壹拾壹石柒斗叁升解興安鎮支兵，內除荒米玖拾捌石壹斗壹升捌合捌抄捌撮叁圭伍粒伍顆肆糠，止實徵米壹拾叁石陸斗壹升壹合玖勺壹抄壹撮陸圭玖粟肆粒肆顆陸糠，內道光叁年在於知照事案內，分撥磚坪廳本色祿米肆斗玖升伍合叁勺肆抄貳撮柒圭伍粒貳顆玖糠貳粃，止實徵米壹拾叁石壹斗壹升陸合伍勺陸抄捌撮玖圭捌粟玖粒壹顆陸糠捌粃係按照玖等地科徵，上地每畝科米壹升叁合叁勺貳抄伍撮叁圭；中地每畝科米壹升肆勺玖撮肆圭貳粟貳粒；下地每畝科米柒合肆勺玖抄伍撮貳圭貳粟陸粒陸顆；上田每畝科米壹升捌合柒勺叁抄陸撮玖圭伍粟玖粒肆顆貳糠；中田每畝科米壹升陸合捌勺陸抄叁撮貳圭陸粟叁粒肆顆柒糠捌粃；下田每畝科米玖合玖勺玖抄叁撮肆粟伍粒貳糠肆粃；又上地、中地、下地每畝科徵米數與前項上中下叁等地畝法同。

原額人丁叁等玖則不等，共折下下丁伍千伍拾柒丁，每丁徵銀貳錢伍分肆釐柒毫陸絲捌忽玖微，共銀壹千貳百捌拾捌兩叁錢陸分玖釐叁毫，內除優免丁貳拾伍丁，共銀陸兩叁錢陸分玖釐叁毫。

行差丁伍千叁拾貳丁，共額徵銀壹千貳百捌拾貳兩。

順治柒年、拾伍年並再疏籲請等事叁案內，題明免過續絕殺擄、逃亡共丁肆千玖百玖拾壹丁，應除銀壹千貳百柒拾壹兩伍錢叁分叁釐貳毫柒絲捌忽，前招回並節年招回、審出共丁玖拾陸丁，該銀貳拾肆兩肆錢伍分柒釐玖毫陸絲伍忽壹微，以增抵除，實豁免丁肆千捌百玖拾伍丁，該除銀壹千貳百肆拾柒兩柒分伍釐叁毫壹絲貳忽玖微。

實行差應徵人丁壹百叁拾柒丁，該徵銀叁拾肆兩玖錢貳分肆釐陸毫捌絲柒忽壹微，內道光叁年在於知照事案內，分撥磚坪廳載丁銀壹兩捌錢伍分伍毫柒絲貳忽陸纖玖塵伍渺陸漠壹沙叁洙壹涯柒洒，止實在丁共徵銀叁拾叁兩柒分肆釐壹毫壹絲伍忽叁纖肆渺叁漠捌沙陸洙捌涯叁洒，於雍正伍年攤入地糧徵解。

康熙伍拾伍年起，至乾隆貳拾陸年止，編審出丁貳拾玖丁，乾隆叁拾壹年編審出丁叁丁，乾隆叁拾陸年編審出丁叁丁。共編審出丁叁拾伍丁，欽遵康熙伍拾貳年叁月拾捌日恩詔，後遇編審之期，但據康熙伍拾年丁冊定為常額，永不加賦。

原額均徭銀壹千肆百陸拾貳兩玖錢捌分壹釐捌毫伍絲叁忽叁微叁纖，內除荒銀壹千貳百捌拾肆兩柒錢伍分玖釐貳毫伍絲陸忽貳微陸纖壹塵陸渺伍漠，實徵銀壹百柒拾捌兩貳錢貳分貳釐伍毫玖絲柒忽陸纖捌塵叁渺伍漠，內道光叁年在於知照事案內，分撥磚坪廳均徭銀陸兩肆錢捌分伍釐玖毫陸絲捌忽貳微叁纖壹塵伍漠，實徵銀壹百柒拾壹兩柒錢叁分陸釐陸毫貳絲捌忽捌微叁纖柒塵叁渺係按照九等地畝科徵，上地每畝徵銀壹錢柒分肆釐肆毫捌絲壹微陸纖貳塵肆渺；中地每畝徵銀壹錢叁分陸釐貳毫玖絲玖忽玖微貳纖伍塵；下地每畝徵銀玖分捌釐壹毫叁絲伍忽玖微肆纖陸塵；上田每畝徵銀貳錢肆分伍釐叁毫叁絲玖忽玖微叁纖柒塵；中田每畝徵銀貳錢貳分捌毫伍忽玖微肆纖叁塵叁渺；下田每畝徵銀壹錢叁分捌毫肆絲柒忽玖微陸纖陸塵肆渺；又上地、中地、下地與前項上中下叁等地畝法相同。

外遇閏額徵銀壹百陸拾貳兩捌錢陸分伍釐伍毫壹絲壹忽，內除荒銀壹百肆拾玖兩肆錢肆分壹釐玖毫陸絲玖忽玖微陸纖捌塵貳渺叁漠，實徵銀壹拾叁兩肆錢貳分叁釐伍毫肆絲壹忽叁纖壹塵柒渺柒漠，內道光叁年在於知照事案內，分撥磚坪廳閏銀肆錢柒分伍釐玖毫柒絲陸微壹纖叁塵伍渺伍沙柒洙玖涯柒洒，止實徵銀壹拾貳兩玖錢肆分柒釐伍毫柒絲肆微壹纖捌塵貳渺陸漠肆沙貳洙叁洒。

以上地、丁貳項並均徭共該額徵銀肆千柒兩柒錢壹分叁釐肆毫貳絲玖微壹纖，內除荒銀叁千陸百肆拾兩柒錢叁分捌釐肆毫陸絲貳忽叁微壹纖貳沙，實徵銀叁百陸拾陸兩玖錢柒分肆釐玖毫伍絲捌忽伍微玖纖玖塵玖渺玖漠捌沙，內道光叁年在於知照事案內，分撥磚坪廳銀壹拾叁兩玖錢叁分肆釐柒毫貳絲肆忽肆微捌纖壹塵陸渺柒漠柒沙貳洙壹涯柒洒，實徵銀叁百伍拾叁兩肆分貳毫叁絲叁忽陸微壹纖捌塵叁渺貳漠貳洙捌涯叁洒。

外遇閏額徵銀壹百陸拾貳兩捌錢陸分伍釐伍毫壹絲壹忽，內除荒銀壹百肆拾玖兩肆錢肆分壹釐玖毫陸絲玖忽玖微陸纖捌塵貳渺叁漠，實徵銀壹拾叁兩肆錢貳分叁釐伍毫肆絲壹忽叁纖壹塵柒渺柒漠，內道光叁年在於知照事案內，分撥磚坪廳銀肆錢柒分伍釐玖毫柒絲陸微壹纖叁塵伍渺伍沙柒洙玖涯柒洒，止實徵銀壹拾貳兩玖錢肆分柒釐伍毫柒絲肆微壹纖捌塵貳渺陸漠肆沙貳洙叁洒。

額外本色祿米壹百壹拾壹石柒斗叁升解與安鎮支兵，內除荒米玖拾捌石壹斗壹升捌合捌抄捌撮叁圭伍粒伍顆肆糠，實徵米壹拾叁石陸斗壹升壹合玖勺壹抄壹撮陸圭玖粟肆粒肆顆陸糠，內道光叁年在於知照事案內，分撥磚坪廳本色祿米肆斗玖升伍合叁勺肆抄貳撮柒圭伍粒貳顆玖糠貳粃，止實徵米壹拾叁石壹斗壹升陸合伍勺陸抄捌撮玖圭捌粟玖粒壹顆陸糠捌粃。

一起運項下

本色祿米壹百壹拾壹石柒斗叁升，內除荒米玖拾捌石壹斗壹升捌合捌抄捌撮叁圭伍粒伍顆肆糠，實徵米壹拾叁石陸斗壹升壹合玖勺壹抄壹撮陸圭玖粟肆粒肆顆陸糠，內道光叁年在於知照事案內，分撥磚坪廳本色祿米肆斗玖升伍合叁勺肆抄貳撮柒圭伍粒貳顆玖糠貳粃，止實徵米壹拾叁石壹斗壹升陸合伍勺陸抄捌撮玖圭捌粟玖粒壹顆陸糠捌粃。

原編起運糧石折價銀玖百陸拾柒兩捌錢柒分陸釐柒毫捌絲柒忽伍微捌纖，內除荒銀捌百貳拾伍兩捌錢肆分貳釐陸毫陸絲伍忽壹微陸纖柒塵玖渺叁漠柒沙，實徵銀壹百肆拾貳兩叁分肆釐壹毫貳絲貳忽肆微壹纖貳塵陸漠叁沙。

節裁民校、藥味、牲口、年例、軍器、毛襖等項銀伍百叁拾壹兩叁錢玖分肆釐，內除荒銀肆百捌拾叁兩伍分伍釐叁毫壹絲柒忽貳微叁纖壹塵伍渺玖漠叁沙，實徵銀肆拾捌兩叁錢叁分捌釐陸毫捌絲貳忽柒微陸纖捌塵肆渺柒沙。

舊編存留，內順治玖年裁扣各役工食銀貳百貳拾伍兩貳錢；拾貳年裁傘扇銀捌兩；拾叁年裁汰冗員銀肆拾玖兩伍錢貳分；拾肆年裁扣官生俸廩銀壹百伍拾貳兩玖錢捌分壹釐陸毫。康熙元年裁吏書工食銀玖拾柒兩貳錢；叁年裁門、齋工食銀肆拾叁兩貳錢；雜費丁銀肆拾陸兩貳錢貳分貳釐貳毫；拾伍年裁心紅紙張、修理監倉、喂馬草料、歲季考試卷、搭棚卷廂、修理倉厫、鋪墊板蓆、買船、科舉盤纏等項共銀捌拾陸兩；貳拾柒年裁歲考貢盤纏、舉人坊價盤纏共銀叁拾肆兩叁分捌釐伍毫伍絲叁忽叁微叁纖。雍正陸年裁燈夫工食銀貳拾肆兩；拾貳年裁民壯工食銀壹百叁拾捌兩。乾隆玖年裁舖司工食銀肆兩肆錢叁分叁釐叁毫貳絲伍忽，又舊編冗費裁剩解部銀貳拾陸兩叁釐壹毫捌絲。

共裁歸起運銀玖百叁拾肆兩柒錢玖分捌釐捌毫伍絲捌忽叁微叁纖，內除荒銀捌百肆拾叁兩柒錢陸分叁釐肆絲柒微壹纖玖塵叁渺，實起運銀玖拾壹兩叁分伍釐捌毫壹絲柒忽陸微壹纖柒渺。

共該起運銀貳百捌拾壹兩肆錢捌釐陸毫貳絲貳忽柒微玖纖壹塵壹渺柒漠，

又在於請做以糧載丁等事案內，通省以糧載丁增銀貳拾捌兩伍錢肆分貳毫陸絲肆忽玖微捌纖陸塵陸渺，共該起運銀叁百玖兩玖錢肆分捌釐捌毫捌絲柒忽柒微柒纖柒塵柒渺柒漠，內留支加增撥補俸工銀貳百陸拾玖兩肆錢貳分柒毫壹絲捌忽陸纖玖塵貳渺壹漠伍沙；又道光叁年在於知照事案內，分撥磚坪廳銀壹拾叁兩玖錢叁分肆釐柒毫貳絲肆忽肆微捌纖壹塵陸渺柒漠柒沙柒洙壹涯柒洒。止實該起運銀貳拾陸兩伍錢玖分叁釐肆毫肆絲伍忽貳微貳纖陸塵捌渺柒漠柒沙貳洙捌涯叁洒。

外遇閏，玖年裁扣銀壹拾柒兩壹錢；拾叁年裁汰銀肆兩壹錢貳分陸釐陸毫陸絲陸忽；拾肆年裁扣銀壹拾兩貳錢陸分陸釐玖毫伍絲。康熙元年裁吏書銀捌兩壹錢；叁年裁門斗、齋夫銀叁兩陸錢；拾伍年裁心紅紙張、喂馬草料共銀貳兩陸錢陸分陸釐陸毫柒絲。雍正陸年裁燈夫銀貳兩；拾貳年裁民壯銀壹拾壹兩伍錢。乾隆玖年裁舖司工食銀叁錢陸分玖釐肆毫叁絲柒忽伍微，又各官閏俸銀玖兩叁釐叁毫叁絲貳忽。

共銀陸拾捌兩柒錢叁分叁釐伍絲伍忽伍微，內除荒銀陸拾貳兩貳錢叁分柒釐捌毫捌絲叁忽壹微捌纖叁塵叁渺柒漠伍沙，實徵銀陸兩肆錢玖分伍釐壹毫柒絲貳忽叁微壹纖陸塵陸渺貳漠伍沙。

又在於請做以糧載丁等事案內，通省以糧載丁增銀貳兩叁錢肆分伍釐叁毫陸絲陸忽肆微柒纖壹塵壹渺。

共該起運銀捌兩捌錢肆分伍毫叁絲捌忽柒微捌纖柒塵柒渺貳漠伍沙，內道光叁年在於知照事案內，分撥磚坪廳銀肆錢柒分伍釐玖毫柒絲陸微壹纖叁塵伍渺伍沙柒洙玖涯柒洒，共該起運銀捌兩叁錢陸分肆釐伍毫陸絲捌忽壹微柒纖肆塵貳渺壹漠玖沙貳洙叁洒，全數留支加增撥補工食訖，尚不敷留支銀陸錢陸釐叁毫壹絲捌忽壹微玖纖壹塵壹渺叁漠伍沙柒洙玖涯柒洒，在於上項起運正銀內留支，理合登明。

一存留項下

原編存留銀壹千伍百柒拾叁兩陸錢肆分叁釐柒毫柒絲伍忽，內除荒銀壹千肆百貳拾兩壹錢伍釐柒毫肆絲柒忽捌微柒纖壹渺柒漠，實存留銀壹百伍拾叁兩伍錢叁分捌釐貳絲柒忽壹微貳纖玖塵捌渺叁漠。

一俸工項下

知縣額支俸薪銀肆拾伍兩，內除荒銀肆拾兩陸錢壹分伍釐肆毫柒絲陸忽陸微叁纖捌塵，實徵支銀肆兩叁錢捌分肆釐伍毫貳絲叁忽叁微陸纖貳塵。外均攤撥補銀壹拾玖兩捌錢玖分壹釐貳毫陸絲柒忽肆微柒塵伍渺。

典史壹員，額支俸薪銀叁拾壹兩伍錢貳分，內除荒撥補銀貳拾捌兩肆錢肆分捌釐捌毫捌絲捌忽肆微捌纖壹塵壹渺，實徵支銀叁兩柒分壹釐壹毫壹絲壹忽伍微壹纖捌塵玖渺。

訓導壹員，額支俸薪銀叁拾壹兩伍錢貳分，內除荒撥補銀貳拾捌兩肆錢肆分捌釐捌毫捌絲捌忽肆微捌纖壹塵壹渺，實徵支銀叁兩叁分壹釐壹毫壹絲壹忽伍微壹纖捌塵玖渺。外撥補全俸銀捌兩肆錢捌分。

知縣衙門

門子貳名，每名歲支工食銀陸兩，共支銀壹拾貳兩，內除荒撥補銀壹拾兩捌錢叁分柒毫玖絲伍忽伍微肆纖柒塵陸渺，實徵支銀壹兩壹錢陸分玖釐貳毫肆忽肆微伍纖貳塵肆渺。遇閏加銀壹兩，內除荒銀玖錢壹分伍毫壹絲肆忽陸微捌纖肆塵叁渺，實徵支銀捌分玖釐肆毫捌絲伍忽叁微壹纖伍塵柒渺。

皂隸、仵作壹拾陸名，每名歲支工食銀陸兩，共支銀玖拾陸兩，內除荒撥補銀捌拾陸兩陸錢肆分陸釐叁毫柒絲壹忽陸微壹纖捌渺，實徵支銀玖兩叁錢伍分叁釐陸毫貳絲捌忽叁微捌纖玖塵貳渺。遇閏加銀捌兩，內除荒銀柒兩貳錢捌分肆釐貳毫壹絲捌忽捌纖叁渺，實徵支銀柒錢壹分伍釐柒毫捌絲壹忽玖微壹纖玖塵柒渺。

馬快捌名，每名歲支工食草料銀壹拾陸兩捌錢，共支銀壹百叁拾肆兩肆錢，內除荒撥補銀壹百貳拾壹兩叁錢肆釐玖毫貳絲柒忽玖微伍纖肆塵，實徵支銀壹拾叁兩玖分伍釐柒絲貳忽肆微陸塵。遇閏加銀壹拾壹兩貳錢，內除荒銀壹拾兩壹錢玖分捌釐叁毫叁絲陸忽肆微柒纖肆塵玖渺，實徵支銀壹兩壹釐陸毫陸絲叁忽伍微貳纖伍塵壹渺。

民壯貳拾柒名，每名歲支工食銀陸兩，共支銀壹百陸拾貳兩，內除荒撥補銀壹百肆拾陸兩壹錢玖分伍釐伍毫陸忽壹微捌纖捌塵陸渺，實徵支銀壹拾伍兩捌錢肆釐肆毫玖絲叁忽捌微壹纖壹塵肆渺。遇閏加銀壹拾叁兩伍錢，內除荒銀壹拾貳兩貳錢玖分貳釐伍毫壹絲叁忽玖微伍纖陸塵叁渺貳漠，實徵支銀壹兩貳錢柒釐肆毫捌絲陸忽肆纖叁塵陸渺捌漠。

看監禁子捌名，每名歲支工食銀陸兩，共支銀肆拾捌兩，內除荒撥補銀肆拾叁兩叁錢貳分叁釐壹毫玖絲壹忽壹微肆塵捌渺，實徵支銀肆兩陸錢柒分陸釐捌毫捌忽捌微玖纖伍塵貳渺。遇閏加銀肆兩，內除荒銀叁兩陸錢肆分貳釐玖絲貳忽陸微玖纖柒渺，實徵支銀叁錢伍分柒釐玖毫柒忽叁微玖塵叁渺。

轎傘扇夫柒名，每名歲支工食銀陸兩，共支銀肆拾貳兩，內除荒撥補銀叁拾柒兩玖錢柒釐柒毫捌絲壹忽陸微伍纖陸塵貳渺，實徵支銀肆兩玖分貳釐貳毫壹絲捌忽叁微肆纖叁塵捌渺。遇閏加銀叁兩伍錢，內除荒銀叁兩壹錢捌分陸釐捌毫叁絲壹忽玖微伍纖肆塵肆渺，實徵支銀叁錢壹分叁釐壹毫陸絲捌忽肆纖伍塵陸渺。

庫子肆名，每名歲支工食銀陸兩，共銀貳拾肆兩，內除荒撥補銀貳拾壹兩陸錢陸分壹釐陸毫貳微貳塵貳渺，實徵支銀貳兩叁錢叁分捌釐叁毫玖絲玖忽柒微玖纖柒塵捌渺。遇閏加銀貳兩，內除荒銀壹兩捌錢貳分壹釐肆絲柒忽肆微肆纖伍塵陸渺，實徵支銀壹錢柒分捌釐玖毫伍絲貳忽伍微伍纖肆塵肆渺。

斗級肆名，每名歲支工食銀陸兩，共銀貳拾肆兩，內除荒撥補銀貳拾壹兩陸錢陸分壹釐陸毫貳微貳塵貳渺，實徵支銀貳兩叁錢叁分捌釐叁毫玖絲玖忽柒微玖纖柒塵捌渺。遇閏加銀貳兩，內除荒銀壹兩捌錢貳分壹釐肆絲柒忽肆微肆纖伍塵陸渺，實徵支銀壹錢柒分捌釐玖毫伍絲貳忽伍微伍纖肆塵肆渺。

各舖司兵柒名，額支工食銀叁拾壹兩叁分叁釐貳毫柒絲伍忽，內除荒銀貳拾捌兩柒釐叁毫捌絲柒微伍纖陸塵捌渺壹漠，實徵支銀叁兩貳分伍釐捌毫玖絲肆忽貳微肆纖叁塵壹渺玖漠。外加增銀叁拾捌兩玖錢柒分肆釐壹毫伍忽柒微伍纖陸塵捌渺壹漠。遇閏加銀貳兩伍錢捌分陸釐陸絲貳忽伍微，內除荒銀貳兩叁錢伍分肆釐捌毫陸絲捌忽玖微貳纖伍塵叁渺貳漠伍沙，實徵支銀貳錢叁分壹釐壹毫玖絲叁忽伍微柒纖肆塵陸渺柒漠伍沙。外加增銀叁兩貳錢陸分捌釐捌毫陸忽肆微貳纖伍塵叁渺貳漠伍沙。

典史衙門

門子壹名，歲支工食銀陸兩，內除荒撥補銀伍兩肆錢壹分伍釐叁毫捌絲壹忽柒微伍纖捌塵捌渺，實徵支銀伍錢捌分肆釐陸毫壹絲捌忽貳微肆纖壹塵貳渺。遇閏加銀伍錢，內除荒銀肆錢伍分伍釐貳毫陸絲貳忽叁微叁纖陸塵玖渺，實徵支銀肆分肆釐柒毫叁絲柒忽陸微陸纖叁塵壹渺。

皂隸肆名，每名歲支工食銀陸兩，共銀貳拾肆兩，內除荒撥補銀貳拾壹兩陸錢陸分壹釐陸毫貳微貳塵貳渺，實徵支銀貳兩叁錢叁分捌釐叁毫玖絲玖忽柒微玖纖柒塵捌渺。遇閏加銀貳兩，內除荒銀壹兩捌錢貳分壹釐肆絲柒忽肆微肆纖伍塵陸渺，實徵支銀壹錢柒分捌釐玖毫伍絲貳忽伍微伍纖肆塵肆渺。

馬夫壹名，歲支工食銀陸兩，內除荒撥補銀伍兩肆錢壹分伍釐叁毫捌絲壹忽柒微伍纖捌塵捌渺，實徵支銀伍錢捌分肆釐陸毫壹絲捌忽貳微肆纖壹塵貳渺。遇閏加銀伍錢，內除荒銀肆錢伍分伍釐貳毫陸絲貳忽叁微叁纖陸塵玖渺，實徵支銀肆分肆釐柒毫叁絲柒忽陸微陸纖叁塵壹渺。

教職衙門

齋夫叁名，每名歲支工食銀壹拾貳兩，共支銀叁拾陸兩，內除荒撥補銀叁拾貳兩肆錢玖分貳釐叁毫捌絲肆忽貳微柒纖捌塵捌渺，實徵支銀叁兩伍錢柒釐陸毫壹絲伍忽柒微貳纖壹塵貳渺。遇閏加銀叁兩，內除荒銀貳兩柒錢叁分壹釐叁絲玖忽陸微捌纖伍塵貳渺，實徵支銀貳錢陸分捌釐玖毫陸絲叁微壹纖肆塵捌渺。

膳夫貳名，額支工食銀壹拾叁兩叁錢叁分叁釐叁毫叁絲叁忽，內除荒撥補銀壹拾貳兩叁分肆釐貳毫陸絲捌忽捌纖捌塵捌渺陸漠伍沙，實徵支銀壹兩貳錢玖分玖釐陸絲肆忽玖微壹纖壹塵壹渺叁漠伍沙係廩生支領。遇閏加銀壹兩壹錢壹分壹釐壹毫，內除荒撥補銀壹兩壹分柒絲柒忽捌微伍纖陸塵陸渺叁漠，實徵支銀壹錢壹釐貳絲貳忽壹微肆纖叁塵叁渺柒漠係廩生支領。

門斗貳名，每名歲支工食銀柒兩貳錢，共支銀壹拾肆兩肆錢，內除荒撥補銀壹拾貳兩玖錢玖分陸釐玖毫陸絲捌忽貳微肆纖壹塵叁渺，實徵支銀壹兩肆錢叁釐叁絲壹忽柒微伍纖捌塵柒渺。遇閏加銀壹兩貳錢，內除荒銀壹兩玖分貳釐陸毫貳絲玖忽捌微肆纖陸塵玖渺，實徵支銀壹錢柒釐叁毫柒絲壹微伍纖叁塵壹沙。

廪生貳拾名內撥支府學廪生貳名，安康縣叁名，止該縣學廪生壹拾伍名，歲支月糧銀叁拾肆兩貳分叁釐伍毫陸絲柒忽，內除荒撥補銀叁拾兩柒錢玖釐玖絲陸忽陸微柒纖壹塵伍渺伍漠，實徵支銀叁兩叁錢壹分肆釐肆毫柒絲叁微貳纖捌塵肆渺肆漠。遇閏加銀貳兩捌錢叁分伍釐貳毫玖絲叁忽，內除荒撥補銀壹兩伍錢玖分貳釐貳忽捌纖叁塵肆渺，實徵支銀壹兩貳錢肆分叁釐貳毫玖絲玖微壹纖陸塵陸渺。

新設鎮坪縣丞衙門

步快陸名，每名歲支銀陸兩，共支銀叁拾陸兩，遇閏加銀叁兩。

民壯捌名，每名歲支銀陸兩，共支銀肆拾捌兩。

仵作壹名，歲支工食銀陸兩。遇閏加銀伍錢。

鋪司兵貳名，每名歲支銀陸兩，共支銀壹拾貳兩。遇閏加銀壹兩以上步快、民壯、仵作、鋪司正閏柒項銀兩，俱在司庫各屬解到裁汰支剩夫馬工料銀內領支。

以上俸工項下，除廪生、膳夫貳欵照常支發外，其餘官役俸工於道光貳拾叁年奉文，均以貳兩平支放，每兩減平銀陸分，其減平銀兩，每年批解部庫交納，理合登明。

壹雜支項下

春秋貳季祭祀文廟並各壇祠及無祀鬼魂品物等項共銀捌拾柒兩，內除荒銀柒拾捌兩伍錢壹分柒釐陸絲叁忽壹纖肆塵玖渺，實徵支銀捌兩肆錢捌分貳釐玖毫叁絲陸忽玖微捌纖伍塵壹渺。

外撥補均攤不敷銀陸拾肆兩捌錢陸分捌釐叁毫肆絲陸忽叁微壹塵壹渺肆漠伍沙陸涯。

鄉飲銀叁兩，內除荒銀貳兩柒錢柒釐叁毫捌絲柒忽叁微柒纖伍塵叁渺，實支銀貳錢玖分貳釐陸毫壹絲貳忽陸微貳纖肆塵柒渺於道光貳拾叁年奉文裁汰，其徵收銀兩，每年批解部庫交納，理合登明。

時憲書銀壹兩，內除荒銀玖錢貳釐伍毫捌忽玖微貳纖伍塵壹渺，實徵支銀玖分柒釐肆毫玖絲壹忽柒纖肆塵玖渺。

一孤貧項下

孤老壹拾名，口粮銀貳拾捌兩捌錢，內除荒銀貳拾伍兩玖錢玖分肆釐伍毫壹絲柒忽捌微叁纖叁塵叁渺捌漠，實徵支銀貳兩捌錢伍釐肆毫捌絲貳忽壹微陸纖陸塵陸渺貳漠。外加增銀叁拾叁兩壹錢玖分肆釐伍毫壹絲柒忽捌微叁纖叁塵叁渺捌漠。遇閏加增銀叁兩。

孤老布花銀柒兩伍錢，內除荒銀陸兩柒錢陸分玖釐肆毫貳忽貳微叁纖陸塵貳渺捌漠伍沙，實徵支銀柒錢叁分伍毫玖絲柒忽柒微陸纖叁塵柒渺壹漠伍沙。

壹驛站項下

原編站支銀貳兩叁錢貳分伍釐陸毫，內除荒銀壹兩玖錢伍分玖釐壹毫陸忽捌微壹纖柒塵叁渺，實徵支銀叁錢陸分陸釐肆毫玖絲叁忽壹微捌纖貳塵柒渺。

壹走遞項下

接遞募夫銀壹百陸拾貳兩叁錢捌分捌釐；走遞馬壹拾匹，工食草料銀叁百兩；協濟鳳縣募夫銀肆拾肆兩；損轎夫壹拾柒名，額支工食銀壹百貳拾貳兩肆錢。共銀陸百貳拾捌兩柒錢捌分捌釐，內除荒銀伍百陸拾柒兩肆錢柒分捌釐貳毫柒絲壹忽捌微肆纖肆塵壹渺柒漠，實徵支銀陸拾壹兩叁錢玖釐柒毫貳絲捌忽壹微伍纖伍塵捌渺叁漠。

又收付送原文事案內，新增夫馬工料銀伍拾玖兩陸錢，內在於本縣額解損轎募夫銀內留支銀壹拾伍兩伍錢捌分叁釐捌毫柒絲陸微伍纖伍塵柒渺捌漠，止撥支起運銀肆拾肆兩壹分陸釐壹毫貳絲玖忽叁微肆纖肆塵貳渺貳漠。

實徵支銀壹百伍兩叁錢貳分伍釐捌毫伍絲柒忽伍微伍漠。

走遞馬閏額銀貳拾伍兩；損轎夫閏額銀壹拾兩貳錢。共銀叁拾伍兩貳錢，內除荒銀叁拾貳兩肆分玖釐貳毫玖絲叁忽伍微叁纖伍塵捌渺捌漠，實徵銀叁兩壹錢伍分柒毫陸忽肆微陸纖肆塵壹渺貳漠。

又新增夫馬閏月工料銀肆兩捌錢係在司庫領支。

以上存留實徵銀壹百伍拾叁兩伍錢叁分捌釐貳絲柒忽壹微貳纖玖塵捌渺叁漠，外加增撥補均攤俸工銀貳百陸拾玖兩肆錢貳分柒毫壹絲捌忽陸纖玖塵貳渺壹漠伍沙，內除在於移明事案內，建蓋衙署營汛豁免留支不敷銀陸拾柒兩玖錢柒分壹釐陸毫玖絲壹忽叁微貳纖壹塵貳沙，共該銀叁百伍拾肆兩玖錢捌分柒釐伍絲叁忽捌微柒纖捌塵肆漠叁沙於乾隆伍拾貳年奉文，全數解司，一切支款，俱由司按季領支，嗣於嘉慶伍年奉文，照舊在縣留支，並不解司，按季請領。

又於西安布政司庫領支撥補均攤俸工銀肆百玖拾捌兩貳錢柒分叁釐捌毫伍忽叁微伍纖柒塵肆渺係動支各屬解到地、丁銀兩。

又於西安布政司庫領支豁免不敷留支官役俸工銀陸拾柒兩玖錢柒分壹釐係動支各屬解到裁汰支剩夫馬工料銀兩。

又於西安布政司庫領支均攤祭祀銀陸拾肆兩捌錢陸分捌釐叁毫肆絲陸忽叁微壹渺肆漠伍沙陸涯係動支各屬解到耗羨銀兩。

外又於西安布政司庫領支新設鎮坪縣丞各役工食銀壹百貳兩係動支各屬解到裁汰支剩夫馬工料銀兩。

遇閏加銀壹百叁兩壹錢叁分伍釐柒毫捌絲柒忽伍微，內除閏俸銀玖兩叁釐叁毫叁絲貳忽，止該銀玖拾肆兩壹錢叁分貳釐肆毫伍絲伍忽伍微，內除荒銀捌拾肆兩柒錢壹分捌釐捌絲陸忽柒微捌纖肆塵捌渺伍漠伍沙，實徵銀玖兩肆錢壹分肆釐叁毫陸絲捌忽柒微壹纖伍塵壹渺肆漠伍沙。

外加增撥補銀捌兩玖錢柒分捌毫捌絲陸忽叁微陸纖伍塵叁渺伍漠伍沙，內除在於移明事案內，建蓋衙署營汎豁免留支不敷銀貳兩肆錢捌分陸釐。

共該銀壹拾伍兩捌錢玖分玖釐貳毫伍絲伍忽捌纖伍渺於乾隆伍拾貳年奉文，全數解司，一切支欵，俱由司按季領支，嗣於嘉慶伍年奉文，照舊在縣留支，並不解司，按季請領。

又於西安布政司庫領支豁免不敷留支官役俸工銀貳兩肆錢捌分陸釐係動支各屬解到裁汰支剩夫馬工料銀兩。

外又於西安布政司庫領支新設鎮坪縣丞衙門各役閏銀肆兩伍錢係動支各屬解到裁汰支剩夫馬工料銀兩。

一額外

課程銀肆兩係鋪戶出辦。遇閏加銀叁錢叁分叁釐叁毫叁絲叁忽叁微叁纖。

地稅銀壹拾陸兩貳錢壹分捌釐係買房地業主出辦，原無定額，儘收儘解。

又鎮坪縣丞地稅銀貳兩貳錢叁分捌釐。

畜稅銀壹拾玖兩壹錢陸分壹釐係買騾馬出辦，原無定額，儘收儘解。

洵陽縣

原額稻田、夏、秋糧叁等共地叁百頃陸拾陸畝叁分叁釐伍絲陸忽，每畝起科不等，共徵額糧壹千伍百肆拾壹石壹升叁合柒勺伍抄叁撮，俱每石折徵銀貳兩叁錢肆釐柒毫肆絲，共額徵銀叁千伍百伍拾壹兩陸錢叁分伍釐壹毫伍絲肆忽叁微肆纖柒塵壹渺。內：

稻田地肆拾壹頃玖拾捌畝捌分壹釐伍毫伍絲，每畝科糧伍升捌合玖勺柒抄捌撮伍圭，共糧貳百肆拾柒石陸斗叁升捌合，共徵銀伍百柒拾兩柒錢肆分壹釐貳毫肆忽壹微貳纖。內順治柒、捌兩年題明免過無主、有主荒地叁拾壹頃肆畝貳分伍釐肆毫玖絲肆忽，應免糧壹百捌拾叁石玖升壹合貳勺肆抄柒撮，該除銀肆百貳拾壹兩玖錢柒分柒釐柒毫貳絲陸微壹纖，內興屯開墾並節年開墾共地貳拾陸畝壹分柒毫伍絲叁忽陸微，該徵糧壹石伍斗叁升玖合柒勺捌抄肆撮壹圭玖粟伍粒，該徵銀叁兩伍錢肆分捌釐捌毫貳忽貳微貳纖肆塵柒渺。實在地壹拾壹頃貳拾畝陸分陸釐捌毫玖忽陸微，該徵糧陸拾陸石捌升陸合伍勺叁抄柒撮壹圭玖粟伍粒，該徵銀壹百伍拾貳兩叁錢壹分貳釐貳毫捌絲伍忽柒微叁纖肆塵柒渺。

夏糧地捌拾柒頃柒拾壹畝柒分肆釐肆毫伍絲，每畝科糧伍升，共糧肆百叁拾捌石伍斗捌升柒合貳勺貳抄伍撮，該徵銀壹千壹拾兩捌錢貳分玖釐伍毫貳絲玖微肆纖陸塵伍渺。內順治柒、捌兩年題明免過無主、有主荒地陸拾肆頃陸拾捌畝玖分捌釐肆毫伍絲，應免糧叁百貳拾叁石肆斗肆升玖合貳勺貳抄伍撮，該除銀柒百肆拾伍兩肆錢陸分陸釐貳毫柒絲捌忽陸微柒纖陸塵伍渺，內節年開墾並興屯開墾共地貳拾壹頃陸拾捌畝肆分伍釐貳毫，應徵糧壹百捌石肆斗貳升貳合陸勺，該徵銀貳百肆拾玖兩捌錢捌分伍釐捌毫壹絲肆忽玖微柒纖肆塵。實在地肆拾肆頃柒拾壹畝貳分壹釐貳毫，該徵糧貳百貳拾叁石伍斗陸升陸勺，該徵銀伍百壹拾伍兩貳錢肆分玖釐伍絲柒忽貳微肆纖肆塵。

秋糧地壹百柒拾頃玖拾伍畝柒分柒釐伍絲陸忽，每畝科糧伍升，共糧捌百伍拾肆石柒斗捌升捌合伍勺貳抄捌撮，該徵銀壹千玖百柒拾兩陸分肆釐肆毫貳絲玖忽貳微捌纖陸渺。內順治柒、捌兩年題明免過無主、有主荒地壹百貳拾伍頃玖拾玖畝玖分玖釐伍絲陸忽，應免糧陸百貳拾玖石玖斗玖升玖合伍勺貳抄捌撮，應除銀壹千肆百伍拾壹兩玖錢捌分肆釐肆毫壹絲伍忽壹微陸纖陸渺，內節年開墾並丈首共地壹拾柒頃捌拾壹畝陸分貳釐壹毫陸絲，該徵糧捌拾玖石捌升壹合捌抄，該徵銀貳百伍兩叁錢捌釐柒毫叁絲捌忽伍微壹纖捌渺肆沙。實在地陸拾貳頃柒拾柒畝肆分壹毫陸絲，該徵糧叁百叁拾叁石捌斗柒升捌抄，該徵銀柒百貳拾叁兩叁錢捌分捌釐柒毫伍絲貳忽陸微叁纖捌渺肆沙。

以上各等共免過地貳百貳拾壹頃柒拾叁畝貳分叁釐，應免糧壹千壹百叁拾陸石伍斗肆升，該除銀貳千陸百壹拾玖兩肆錢貳分捌釐肆毫壹絲肆忽肆微肆纖柒塵壹渺，內前開墾及興屯墾過並節年開墾、自首共地叁拾玖頃柒拾陸畝壹分捌釐壹毫壹絲叁忽陸微，應徵糧壹百玖拾玖石肆升叁合肆勺陸抄肆撮壹圭玖粟伍粒，應徵銀肆百伍拾捌兩柒錢肆分叁釐叁毫伍絲伍忽柒微玖塵伍渺肆沙，以增抵除。實應免荒地壹百捌拾壹頃玖拾柒畝肆釐捌毫捌絲陸忽肆微，實免折色糧玖百叁拾柒石肆斗玖升陸合伍勺叁抄伍撮捌圭伍粒，應除銀貳千壹百陸拾兩陸錢捌分伍釐伍絲捌忽柒微叁纖柒塵伍渺玖漠陸沙。

實在地壹百壹拾捌頃陸拾玖畝貳分捌釐壹毫陸絲玖忽陸微，應徵折色糧陸百叁石伍斗壹升柒合貳勺壹抄柒撮壹圭玖粟伍粒，該折徵銀壹千叁百玖拾兩玖錢伍分玖絲伍忽陸微玖塵伍渺肆沙，內於康熙貳拾叁年題明免過荒地捌拾貳頃叁拾陸畝叁分柒釐壹毫伍絲貳忽，該除糧肆百壹拾壹石捌斗壹升捌合伍勺柒抄陸撮，該除銀玖百肆拾玖兩壹錢叁分肆釐柒毫肆絲肆忽捌微伍纖貳渺肆漠，內節年開墾並首報共地壹拾壹頃玖拾柒畝柒釐伍毫伍絲，應徵糧伍拾玖石捌斗伍升叁合柒勺柒抄伍撮，應徵銀壹百叁拾柒兩玖錢肆分柒釐肆毫柒絲玖忽玖微肆纖玖塵貳渺壹漠伍沙，貳項共實免地貳百伍拾貳頃叁拾陸畝叁分肆釐肆毫捌絲捌忽肆微，實應免折色糧壹千貳百捌拾玖石肆斗陸升壹合叁勺叁抄陸撮捌圭伍粒，應除銀貳千玖百柒拾壹兩捌錢柒分貳釐叁毫貳絲叁忽陸微叁纖捌塵陸渺貳漠壹沙。

止實在熟地肆拾捌頃貳拾玖畝玖分捌釐伍毫陸絲柒忽陸微，應徵折色糧貳百伍拾壹石伍斗伍升貳合肆勺壹抄陸撮壹圭玖粟伍粒，該折徵銀伍百柒拾玖兩柒錢陸分貳釐捌毫叁絲柒微捌塵肆渺柒漠玖沙遵照乾隆伍拾玖年奉准部咨令，將康熙年間易知由單內載：稻田每畝折徵銀壹錢叁分伍釐玖毫壹絲貳忽叁纖捌塵柒渺玖漠；夏糧地每畝折徵銀壹錢壹分伍釐貳毫叁絲柒忽；秋糧地每畝折徵銀壹錢壹分伍釐貳毫叁絲陸忽玖微陸纖玖塵肆渺玖漠，逐一纂入書內，嗣後遇有墾豁，以便按畝增除。

額外祿米叁百壹拾壹石貳斗肆升，內除荒米貳百陸拾石肆斗叁升肆合壹抄壹撮貳圭玖粟伍粒伍顆柒糠伍粃，實徵米伍拾石捌斗伍合玖勺捌抄捌撮柒圭肆粒肆顆貳糠伍粃係按稻田、夏、秋糧叁等地畝科徵，壹等稻田每畝科米壹升壹合玖勺壹抄壹撮捌圭伍粟肆顆捌顆；夏秋貳等地每畝科米壹升玖抄捌撮伍圭肆粟柒粒壹顆。

原額人丁叁門玖則不等，俱折下下丁壹萬叁千叁百貳拾捌丁，每丁徵銀肆錢捌釐肆毫壹絲叁忽捌微陸纖，應徵銀伍千肆百肆拾叁兩叁錢肆分，內除優免丁貳百貳拾柒丁，共銀玖拾貳兩柒錢壹分。

行差丁壹萬叁千壹百壹丁，共額銀伍千叁百伍拾兩陸錢叁分，內：

順治柒年及康熙貳拾叁年題明免過逃亡、殺擄死亡丁壹萬壹千叁百柒拾叁丁，該除銀肆千陸百肆拾肆兩捌錢玖分捌毫肆絲玖忽玖微貳纖，內前招回及節年招回並審出丁柒百肆拾玖丁，應徵銀叁百伍兩玖錢壹釐捌毫壹忽肆微捌纖，實豁免丁壹萬陸百貳拾肆丁，該除銀肆千叁百叁拾捌兩玖錢捌分玖釐肆絲捌忽肆微肆纖。

實在應徵行差人丁貳千肆百柒拾柒丁，共徵銀壹千壹拾壹兩陸錢肆分玖毫伍絲壹忽伍微陸纖於雍正伍年攤入前項地糧內徵收。

康熙伍拾伍年起，至乾隆貳拾陸年編審出丁伍拾捌丁；叁拾壹年編審出丁肆丁；叁拾陸年編審出丁肆丁。共編審出丁陸拾陸丁，欽遵康熙伍拾貳年叁月拾捌日恩詔，後遇編審之期，但據康熙伍拾年丁冊定為常額，續生人丁，永不加賦。

原額均徭銀柒百貳拾柒兩柒錢伍分玖釐玖毫伍絲叁忽肆微，內除荒銀陸百捌兩玖錢伍分柒釐貳毫叁絲陸忽陸微陸纖捌塵壹渺玖漠壹沙，實徵銀壹百壹拾捌兩捌錢貳釐柒毫壹絲陸忽柒微叁纖壹塵捌渺玖沙係按前項稻田、夏、秋叁等地畝科徵，稻田每畝科徵銀貳分柒釐捌毫伍絲玖塵捌渺柒漠；夏秋貳等地畝每畝徵銀貳分叁釐陸毫壹絲叁忽肆微肆纖伍塵玖渺玖漠。

外遇閏加銀叁百伍拾叁兩陸錢伍分陸毫捌絲貳忽，內除荒銀貳百捌拾捌兩玖錢壹分肆釐肆絲貳微陸纖捌塵伍渺陸漠伍沙，實徵銀陸拾肆兩柒錢叁分陸釐陸毫肆絲壹忽柒微叁纖壹塵肆渺叁漠伍沙。

額外徵收匠價銀壹兩肆錢捌分伍釐。遇閏加銀壹錢貳分叁釐柒毫伍絲。

停免銀捌拾柒兩陸錢伍分玖釐柒毫柒絲肆微貳纖。

以上正閏叁項攤入前項地糧內徵解。

以上地、丁貳項並均徭、匠價、停免，除優免丁銀外，共額徵銀玖千柒百壹拾玖兩壹錢陸分玖釐捌毫柒絲捌忽壹微陸纖柒塵壹渺，內除荒銀柒千玖百壹拾玖兩捌錢壹分捌釐陸毫捌忽柒微肆纖陸塵捌渺壹漠貳沙，實徵銀壹千柒百玖拾玖兩叁錢伍分壹釐貳毫陸絲玖忽肆微貳纖貳渺捌漠捌沙。

原額祿米叁百壹拾壹石貳斗肆升，內除荒米貳百陸拾石肆斗叁升肆合壹抄壹撮貳圭玖粟伍粒伍顆柒糠伍粃，實徵米伍拾石捌斗伍合伍勺捌沙（抄）捌撮柒圭肆粒肆顆貳糠伍粃解興鎮支兵。

遇閏加銀叁百伍拾叁兩陸錢伍分陸毫捌絲貳忽，內除荒銀貳百捌拾捌兩玖錢壹分肆釐肆絲貳微陸纖捌塵伍渺陸漠伍沙，實徵銀陸拾肆兩柒錢叁分陸釐陸毫肆絲壹忽柒微叁纖壹塵肆渺叁漠伍沙。

又收匠價閏銀壹錢貳分叁釐柒毫伍絲。

貳項共銀陸拾肆兩捌錢陸分叁毫玖絲壹忽柒微叁纖壹塵肆渺叁漠伍沙。

壹起運項下

原額本色祿米叁百壹拾壹石貳斗肆升，內除荒米貳百陸拾石肆斗叁升肆合壹抄壹撮貳圭玖粟伍粒伍顆柒糠伍粃，實徵米伍拾石捌斗伍合玖勺捌抄捌撮柒圭肆粒肆顆貳糠伍粃。

原編糧石折價共銀壹千叁百柒拾玖兩肆錢貳分叁釐伍毫叁絲壹忽玖纖柒塵壹渺，內除荒銀壹千壹百伍拾肆兩貳錢伍分伍釐肆毫柒忽玖纖柒塵壹渺，實徵銀貳百貳拾伍兩壹錢陸分捌釐壹毫貳絲肆忽。

民校、節裁藥味、牲口、年例、軍器、毛襖折價共銀壹千壹百陸拾伍兩柒錢伍分壹釐陸毫，內除荒銀玖百肆拾玖兩壹錢捌分肆釐肆毫玖忽貳微叁纖壹渺肆漠，實徵銀貳百壹拾陸兩伍錢陸分柒釐壹毫玖絲柒微陸纖玖塵捌渺陸漠。

舊編存留，內順治玖年裁扣各役工食銀貳百貳拾捌兩捌錢；拾貳年裁扣傘扇銀捌兩；拾叁年裁汰冗員銀肆拾玖兩伍錢貳分；拾肆年裁扣官生俸廩等項銀叁百陸拾捌兩伍錢陸分叁釐捌毫壹絲叁忽叁微；拾伍年裁冗員銀伍拾柒兩玖錢貳分，接遞夫、走遞馬騾叁分裁壹，銀叁百壹拾貳兩貳錢柒分叁釐陸毫柒絲玖忽柒微柒纖捌塵陸渺。康熙元年裁吏書工食銀壹百玖拾玖兩貳錢；叁年裁門斗、齋夫工食銀肆拾叁兩貳錢，雜費丁銀肆拾兩叁錢貳分貳釐貳毫；拾伍年裁心紅紙張、喂馬草料、修監、倉厫、鋪墊、紙劄、考試搭棚、歲季考、船價、補置花船等項共銀玖拾壹兩伍錢伍分；貳拾壹年裁道官門快工食銀玖拾陸兩；貳拾叁年裁官役俸食銀肆拾叁兩伍錢貳分；貳拾柒年裁貢考、貢舉人、生員盤纏、舉人坊價、花紅綵旗等項共銀肆拾陸兩肆錢伍釐伍毫伍絲叁忽肆微。雍正陸年裁燈夫銀貳拾肆兩；拾貳年裁民壯銀壹百肆拾肆兩。乾隆玖年裁舖司銀陸拾貳兩肆錢，又舊編冗費裁剩解部銀玖百柒拾兩肆錢叁釐叁忽貳微伍纖。

共銀貳千柒百捌拾陸兩柒分捌釐貳毫肆絲玖忽柒微貳纖捌塵陸渺，內除荒銀貳千伍拾玖兩陸分伍釐肆毫柒絲叁忽壹微壹纖壹塵玖漠貳沙，實徵銀柒百貳拾柒兩壹分貳釐柒毫柒絲陸忽陸微壹纖柒塵伍渺捌沙。

又額外徵收匠價、停免銀捌拾玖兩壹錢肆分肆釐柒毫柒絲肆微貳纖。

以上共銀壹千貳百伍拾柒兩捌錢玖分貳釐捌毫陸絲壹忽捌微柒塵叁渺陸漠捌沙。

又收存留驛遞之差使甚少並題明請將驛站等事案內，裁站銀壹百伍拾陸兩肆錢叁分貳毫肆絲貳忽伍微叁纖叁塵柒渺伍漠，內在於題明請將驛站等事案內，留支本縣新增夫馬工料銀壹百貳拾捌兩叁錢伍分肆釐陸毫叁絲陸忽壹微玖纖玖塵叁渺柒漠，實裁站銀貳拾捌兩柒分伍釐陸毫陸忽叁微叁纖肆塵叁渺捌漠。

貳項共該起運銀壹千貳百捌拾伍兩玖錢陸分捌釐肆毫陸絲捌忽壹微肆纖壹塵柒渺肆漠捌沙，內除受協驛站兑留兵餉應支銀貳百兩叁錢壹分捌釐柒毫柒絲壹忽伍微玖塵壹渺；又在於請倣以糧載丁等事案內，通省均丁減銀玖百伍拾陸兩貳錢肆分叁釐壹毫貳絲壹忽肆微玖纖叁塵叁渺，內除乾隆元、陸、拾壹、拾陸、貳拾壹、貳拾陸等年編審案內，共增抵補屯更丁銀貳百壹拾貳兩貳錢肆分肆釐陸毫伍絲柒忽捌纖陸塵玖渺叁漠叁沙叁洙叁涯貳洒，又乾隆叁拾壹、叁拾陸兩年編審案內，共增抵補屯更丁銀壹百貳兩肆錢肆分陸釐陸毫叁忽捌微叁塵肆渺陸漠陸沙陸洙陸涯陸洒，止該減銀陸百肆拾壹兩伍錢伍分壹釐捌毫陸絲陸微貳塵玖渺貳洒。

實該起運銀肆百肆拾肆兩玖分柒釐捌毫叁絲陸忽貳纖玖塵柒渺肆漠柒沙玖洙玖涯捌洒，內除留支加增撥補俸工銀壹百玖兩貳錢叁分柒釐柒毫陸絲捌忽伍微壹纖陸塵壹渺貳漠，止該起運銀叁百叁拾肆兩捌錢陸分陸絲柒忽伍微壹纖叁塵陸渺貳漠柒沙玖洙玖涯捌洒。

外遇閏裁扣，內順治玖年裁銀壹拾柒兩肆錢；拾叁年裁銀肆兩壹錢貳分陸釐陸毫陸絲陸忽；拾肆年裁銀貳拾柒兩壹錢叁分陸釐貳毫玖絲貳忽；拾伍年裁銀肆兩捌錢貳分陸釐陸毫陸絲陸忽。康熙元年裁銀壹拾陸兩陸錢；叁年裁銀叁兩陸錢；拾伍年裁心紅紙張、喂馬草料銀貳兩陸錢陸分陸釐陸毫柒絲；貳拾壹年裁銀捌兩；貳拾叁年裁巡檢、皂隸俸工銀叁兩陸錢貳分陸釐陸毫陸絲陸忽。雍正陸年裁燈夫銀貳兩；拾貳年裁民壯銀壹拾貳兩。乾隆玖年裁舖司銀伍兩貳錢，又裁閏俸銀玖兩叁釐叁毫叁絲叁忽。

共銀壹百壹拾陸兩壹錢捌分陸釐貳毫玖絲叁忽，內除荒銀玖拾肆兩捌錢玖分伍釐柒毫貳絲柒忽陸微陸纖貳塵陸渺壹漠伍沙，實徵銀貳拾壹兩貳錢玖分伍毫陸絲伍忽叁微叁纖柒塵叁渺捌漠伍沙。

又額外匠價閏銀壹錢貳分叁釐柒毫伍絲。

貳共起運閏銀貳拾壹兩肆錢壹分肆釐叁毫壹絲伍忽叁微叁纖柒塵叁渺捌漠伍沙。

又收存留內驛遞之差使甚少並題明請將驛站等事貳案內，共實裁站閏月銀玖兩叁分伍釐陸毫柒絲肆忽叁微壹纖捌塵。

貳項共銀叁拾兩肆錢肆分玖釐玖毫捌絲玖忽陸微伍纖伍塵叁渺捌漠伍沙，內除在於以糧載丁等事案內，應減銀肆拾伍兩捌錢貳分貳釐肆毫壹絲伍忽貳微貳纖壹塵陸渺，內除節次抵補屯更丁增銀壹拾伍兩陸錢玖釐柒毫捌絲肆忽捌微肆纖壹塵壹渺，止應減銀叁拾兩貳錢壹分貳釐陸毫叁絲叁微捌纖伍渺。

實該起運閏銀貳錢叁分柒釐叁毫伍絲玖忽貳微柒纖肆塵捌渺捌漠伍沙，全數留支撥補廪膳銀兩訖，尚不敷留支銀肆兩捌錢肆分肆釐伍毫玖絲陸忽陸微柒纖壹塵柒渺陸漠伍沙。

又不敷留支夫馬工料銀貳兩捌分伍毫遇閏之年在於上項正銀內留支，理合登明。

壹存留項下

原編存留銀肆千貳百玖拾捌兩柒錢柒分壹釐柒毫貳絲陸忽玖微貳纖壹塵肆渺，內除荒銀叁千柒百伍拾柒兩叁錢壹分叁釐叁毫壹絲玖忽叁微捌塵肆渺捌漠，實徵銀伍百肆拾壹兩貳錢伍分捌釐肆毫柒忽陸微壹纖貳塵玖渺貳漠。

壹俸工項下

知縣俸薪銀肆拾伍兩，內除荒銀叁拾陸兩柒錢陸分壹釐伍絲肆忽捌微玖纖伍渺，實徵支銀捌兩貳錢叁分捌釐玖毫肆絲伍忽壹微玖塵伍渺。又收均攤俸工銀壹拾陸兩壹錢壹分叁釐柒毫玖絲柒忽柒微伍纖。

典史壹員，額支俸薪銀叁拾壹兩伍錢貳分，內除荒撥補銀貳拾伍兩柒錢肆分玖釐伍毫柒絲叁忽玖微伍纖伍塵肆渺，實徵支銀伍兩柒錢柒分肆毫貳絲陸忽肆纖肆塵陸渺。

教諭壹員，額支俸薪銀壹拾伍兩柒錢陸分，內除荒撥補銀壹拾貳兩捌錢柒分肆釐柒毫捌絲陸忽玖微柒纖柒塵柒渺，實徵支銀貳兩捌錢捌分伍釐貳毫壹絲叁忽貳纖貳塵叁渺。外加增全俸銀貳拾肆兩貳錢肆分。

撥支孝義廳訓導壹員，額支俸薪銀壹拾伍兩柒錢陸分，內除荒撥補銀壹拾貳兩捌錢柒分肆釐柒毫捌絲陸忽玖微柒纖柒塵柒渺，實徵支銀貳兩捌錢捌分伍釐貳毫壹絲叁忽貳纖貳塵叁渺。外加增全俸銀貳拾肆兩貳錢肆分。

以上撥支俸薪銀兩，由該縣按季解司支領。

知縣衙門

門子貳名，每名歲支銀陸兩，共支銀壹拾貳兩，內除荒撥補銀玖兩捌錢叁釐貳毫壹忽伍微壹纖捌渺，實徵支銀貳兩壹錢玖分陸釐柒毫玖絲捌忽肆微捌纖玖塵貳渺。遇閏加銀壹兩，內除荒銀捌錢壹分陸釐玖毫肆絲肆忽柒微伍纖玖渺，實徵支銀壹錢捌分叁釐伍絲伍忽貳微肆纖玖塵壹渺。

皂隸、仵作壹拾陸名，每名歲支工食銀陸兩，共支銀玖拾陸兩，內除荒撥補銀柒拾捌兩肆錢貳分肆釐肆毫柒絲柒忽肆微壹纖壹塵肆渺，實徵支銀壹拾柒兩伍錢柒分伍釐伍毫貳絲貳忽伍微捌纖捌塵陸渺。遇閏加銀捌兩，內除荒銀陸兩伍錢叁分肆釐肆毫捌絲貳微叁纖柒塵貳渺，實徵支銀壹兩肆錢陸分伍釐伍毫壹絲玖忽柒微陸纖貳塵捌渺。

馬快捌名，每名歲支工食草料銀壹拾陸兩捌錢，共支銀壹百叁拾肆兩肆錢，內除荒撥補銀壹百玖兩柒錢捌分玖釐捌毫肆絲柒忽捌微捌纖伍塵玖渺捌漠，實徵支銀貳拾肆兩陸錢壹分壹毫伍絲貳忽壹微壹纖肆塵貳漠。遇閏加銀壹拾壹兩貳錢，內除荒銀玖兩壹錢肆分陸釐貳毫玖絲叁忽伍微捌纖肆漠，實徵支銀貳兩伍分叁釐柒毫陸忽肆微壹纖玖塵玖渺陸漠。

民壯貳拾陸名，每名歲支銀陸兩，共支銀壹百伍拾陸兩，內除荒撥補銀壹百貳拾柒兩肆錢肆分肆釐玖絲肆忽壹微陸纖貳塵肆渺，實徵支銀貳拾捌兩伍錢伍分伍釐玖毫伍忽捌微叁纖柒塵陸渺。遇閏加銀壹拾叁兩，內除荒銀壹拾兩陸錢捌釐陸毫陸絲伍微貳纖肆塵柒渺玖漠，實徵支銀貳兩叁錢玖分壹釐叁毫叁絲玖忽肆微柒纖伍塵貳渺壹漠。

看監禁子捌名，每名歲支銀陸兩，共支銀肆拾捌兩，內除荒撥補銀叁拾玖兩貳錢壹分貳釐伍毫捌絲壹忽柒微肆纖叁塵貳渺，實徵支銀捌兩柒錢捌分柒釐肆毫壹絲捌忽貳微伍纖陸塵捌渺。外每名加銀貳兩，共增銀壹拾陸兩。遇閏加銀肆兩，內除荒銀叁兩貳錢陸分柒釐柒毫柒絲肆忽玖微壹纖叁塵陸渺，實徵支銀柒錢叁分貳釐貳毫貳絲伍忽捌纖陸塵肆渺。

轎傘扇夫柒名，每名歲支銀陸兩，共支銀肆拾貳兩，內除荒撥補銀叁拾肆兩叁錢壹分捌毫陸絲玖忽柒微叁纖陸塵捌渺，實徵支銀柒兩陸錢捌分玖釐壹毫叁絲貳微陸纖叁塵貳渺。遇閏加銀叁兩伍錢，內除荒銀貳兩捌錢伍分陸釐玖毫貳絲陸忽捌微玖纖柒渺，實徵支銀陸錢肆分叁釐柒絲叁忽壹微玖塵叁渺。

庫子肆名，每名歲支銀陸兩，共支銀貳拾肆兩，內除荒撥補銀壹拾玖兩陸錢陸釐叁毫玖絲貳忽貳纖壹塵陸渺，實徵支銀肆兩叁錢玖分叁釐陸毫柒忽玖微柒纖捌塵肆渺。遇閏加銀貳兩，內除荒銀壹兩陸錢叁分叁釐捌毫捌絲叁忽肆微壹塵捌渺，實徵支銀叁錢陸分陸釐壹毫壹絲陸忽伍微玖纖捌塵貳渺。

斗級肆名，每名歲支工食銀陸兩，共支銀貳拾肆兩，內除荒撥補銀壹拾玖兩陸錢陸釐叁毫玖絲貳忽貳纖壹塵陸渺，實徵支銀肆兩叁錢玖分叁釐陸毫柒忽玖微柒纖捌塵肆渺。遇閏加銀貳兩，內除荒銀壹兩陸錢叁分叁釐捌毫捌絲叁忽肆微壹塵捌渺，實徵支銀叁錢陸分陸釐壹毫壹絲陸忽伍微玖纖捌塵貳渺。

舖司兵叁拾玖名，每名歲支銀肆兩捌錢，共支銀壹百捌拾柒兩貳錢，內除荒銀壹百伍拾叁兩陸釐伍絲柒忽肆微陸纖玖塵伍渺陸漠，實徵支銀叁拾肆兩壹錢玖分叁釐玖毫肆絲貳忽伍微叁纖肆渺肆漠。外加增銀壹百玖拾玖兩捌錢陸釐伍絲柒忽肆微陸纖玖塵伍渺陸漠。遇閏加銀壹拾伍兩陸錢，內除荒銀壹拾貳兩柒錢陸分伍釐伍毫柒絲伍忽陸微貳纖玖塵捌渺，實徵支銀貳兩捌錢叁分肆釐肆毫貳絲肆忽叁微柒纖貳渺。外加增銀壹拾陸兩陸錢陸分伍釐伍毫柒絲伍忽陸微貳纖玖塵捌渺。

縣西等渡水夫壹拾壹名，每名歲支銀貳兩柒錢貳分柒釐貳毫，共支銀叁拾兩，內除荒撥補銀貳拾肆兩伍錢陸釐玖毫陸絲叁忽叁微貳纖柒塵，實徵支銀伍兩肆錢玖分叁釐叁絲陸忽陸微柒纖叁塵。遇閏加銀貳兩伍錢，內除荒銀貳兩肆分貳釐叁毫叁絲貳忽壹微陸纖肆塵貳渺，實徵支銀肆錢伍分柒釐陸毫陸絲柒忽捌微叁纖伍塵捌渺。

竹根灘水手壹名，歲支銀貳兩柒錢叁分叁釐，內除荒撥補銀貳兩貳錢叁分貳釐陸毫壹絲壹忽捌微玖纖伍塵貳渺，實徵支銀伍錢叁毫捌絲捌忽壹微肆塵捌渺。

接遞船水手貳名，每名歲支銀壹兩陸錢，共銀叁兩貳錢，係漢江接遞船隻，內除荒撥補銀貳兩伍錢玖分肆釐陸毫柒絲捌微壹纖柒塵捌渺，實徵支銀陸錢伍釐叁毫貳絲玖忽壹微捌纖貳塵貳渺。遇閏加銀貳錢陸分陸釐陸毫伍絲，內除荒銀貳錢壹分捌釐貳毫伍絲貳忽伍微玖纖捌塵，實徵支銀肆分捌釐叁毫玖絲柒忽肆微貳塵。

典史衙門

門子壹名，歲支工食銀陸兩，內除荒撥補銀肆兩玖錢壹釐伍毫玖絲壹忽叁微伍塵肆渺，實徵支銀壹兩玖分捌釐肆毫捌忽陸微玖纖肆塵陸渺。遇閏加銀伍錢，內除荒銀肆錢捌釐叁毫玖絲柒忽玖微陸纖貳塵玖渺，實徵支銀玖分壹釐陸毫貳忽叁纖柒塵壹渺。

皂隸肆名，每名歲支工食銀陸兩，共支銀貳拾肆兩，內除荒撥補銀壹拾玖兩陸錢陸釐叁毫玖絲貳忽貳纖壹塵陸渺，實徵支銀肆兩叁錢玖分叁釐陸毫柒忽玖微柒纖捌塵肆渺。遇閏加銀貳兩，內除荒銀壹兩陸錢叁分叁釐捌毫捌絲叁忽肆微壹塵捌渺，實徵支銀叁錢陸分陸釐壹毫壹絲陸忽伍微玖纖捌塵貳渺。

馬夫壹名，歲支工食銀陸兩，內除荒撥補銀肆兩玖錢壹釐伍毫玖絲壹忽叁微伍塵肆渺，實徵支銀壹兩玖分捌釐肆毫捌忽陸微玖纖肆塵陸渺。遇閏加銀伍錢，內除荒銀肆錢捌釐叁毫玖絲柒忽玖微陸纖貳塵玖渺，實徵支銀玖分壹釐陸毫貳忽叁纖柒塵壹渺。

教諭衙門

齋夫叁名，每名歲支工食銀陸兩，共支銀壹拾捌兩，內除荒撥補銀壹拾肆兩柒錢肆釐陸毫貳絲柒忽肆微叁纖貳塵陸渺，實徵支銀叁兩貳錢玖分伍釐叁毫柒絲貳忽伍微陸纖柒塵肆渺。遇閏加銀壹兩伍錢，內除荒銀壹兩貳錢貳分伍釐肆毫叁絲伍忽壹微貳纖柒塵陸漠伍沙，實徵支銀貳錢柒分肆釐伍毫陸絲肆忽捌微柒纖貳塵玖渺叁漠伍沙。

膳夫貳名，額支銀壹拾叁兩叁錢叁分叁釐叁毫叁絲叁忽，內除荒撥補銀壹拾兩捌錢玖分貳釐叁毫叁絲陸忽貳纖柒塵玖渺，實徵支銀貳兩肆錢肆分玖毫玖絲陸忽玖微柒纖貳塵壹渺係廩生支領。遇閏加銀壹兩壹錢壹分壹釐壹毫，內除荒撥補銀玖錢貳分伍釐貳毫捌絲貳微捌纖玖塵柒渺伍漠，實徵支銀壹錢捌分伍釐捌毫壹絲玖忽柒微壹纖貳渺伍漠係廩生支領。

門斗壹名，額支銀柒兩貳錢，內除荒撥補銀伍兩捌錢捌分壹釐柒毫玖絲玖忽玖塵伍渺，實徵支銀壹兩叁錢壹分捌釐貳毫玖微玖纖伍渺。遇閏加銀陸錢，內除荒銀肆錢玖分貳毫叁忽叁微貳纖捌渺柒漠，實徵支銀壹錢玖釐柒毫玖絲陸忽陸微柒纖玖塵壹渺叁漠。

廩生貳拾名，內府學貳名，撥支安康縣叁名，本縣壹拾伍名，每名歲支銀叁兩伍分壹釐玖毫捌絲叁忽陸微捌纖伍塵，共支銀陸拾壹兩叁分玖釐陸毫柒絲叁忽柒微，內除荒撥補銀肆拾玖兩捌錢陸分伍釐肆毫叁絲貳忽肆微捌纖捌塵貳渺貳漠，實徵支銀壹拾壹兩壹錢柒分肆釐貳毫肆絲壹忽貳微壹纖壹塵柒渺捌漠。遇閏加銀伍兩捌分陸釐陸毫叁絲玖忽，內除荒撥補銀肆兩壹錢伍分陸釐陸毫柒絲伍忽陸微伍纖陸塵玖渺，實徵支銀玖錢貳分玖釐玖毫陸絲叁忽叁微肆纖叁塵壹渺。

撥支孝義廳訓導衙門

齋夫叁名，每名歲支工食銀陸兩，共支銀壹拾捌兩，內除荒撥補銀壹拾肆兩柒錢肆釐陸毫貳絲柒忽肆微叁纖貳塵陸渺，實徵支銀叁兩貳錢玖分伍釐叁毫柒絲貳忽伍微陸纖柒塵肆渺。遇閏加銀壹兩伍錢，內除荒銀壹兩貳錢貳分伍釐肆毫叁絲伍忽壹微貳纖柒塵陸漠伍沙，實徵支銀貳錢柒分肆釐伍毫陸絲肆忽捌微柒纖貳塵玖渺叁漠伍沙。

門斗壹名，額支銀柒兩貳錢，內除荒撥補銀伍兩捌錢捌分壹釐柒毫玖絲玖忽玖塵伍渺，實徵支銀壹兩叁錢壹分捌釐貳毫玖微玖纖伍渺。遇閏加銀陸錢，內除荒銀肆錢玖分貳毫叁忽叁微貳纖捌渺柒漠，實徵支銀壹錢玖釐柒毫玖絲陸忽陸微柒纖玖塵壹渺叁漠。

以上撥支工食正閏銀兩，俱由該縣按季解司支領。

以上俸工項下，除廩生、膳夫貳欵照常支發外，其餘官役俸工於道光貳拾叁年奉文，均以貳兩平支放，每兩減平銀陸分，其減平銀兩，每年批解部庫交納，理合登明。

壹雜支項下

春秋貳丁並清明、柒月拾伍等節祭文廟及各壇祠並無祀鬼魂品物等項共銀捌拾伍兩，內除荒銀陸拾玖兩肆錢肆分伍釐貳毫玖絲貳忽伍微貳纖伍塵陸渺，實徵銀壹拾伍兩伍錢伍分肆釐柒毫柒忽肆微柒纖肆塵肆渺。

外收均攤撥補銀伍拾柒兩柒錢玖分陸釐伍毫柒絲伍忽捌微壹纖壹塵捌渺肆漠伍沙陸涯，內除荒銀貳兩肆錢肆分玖釐壹毫伍絲壹忽壹微伍纖貳塵柒渺，實徵銀伍錢伍分捌毫肆絲捌忽捌微肆纖柒塵叁渺。

時憲書銀壹兩，內除荒銀捌錢壹分陸釐玖毫伍絲叁忽捌微壹纖玖渺，實徵銀壹錢捌分叁釐肆絲陸忽壹微捌纖玖塵壹渺。

布政司紙劄銀壹兩捌錢，內除荒銀壹兩肆錢柒分陸毫叁絲玖忽陸微捌纖壹塵柒渺，實徵銀叁錢貳分玖釐叁毫陸絲叁微壹纖捌塵叁渺於道光貳拾叁年奉文裁汰，其徵收銀兩，每年批解部庫交納，理合登明。

壹孤貧項下

孤老貳名，口糧銀壹拾壹兩貳錢捌分，內除荒銀玖兩貳錢壹分陸釐叁毫伍絲肆忽玖微貳纖壹塵玖渺肆漠，實徵銀貳兩陸分叁釐陸毫肆絲伍忽柒纖捌塵陸漠。外加增銀伍兩壹錢叁分陸釐叁毫伍絲肆忽玖微貳纖壹塵玖渺肆漠。遇閏加銀陸錢。

孤老冬衣布花銀陸兩，內除荒銀肆兩玖錢叁毫柒絲陸忽叁微貳纖叁塵陸渺壹漠，實徵銀壹兩玖分玖釐陸毫貳絲叁忽陸微柒纖陸塵叁渺玖漠。

壹驛站項下

站支額銀壹千肆百叁拾陸兩柒錢捌分捌釐；船價額銀陸兩肆錢捌分壹釐肆毫。共額銀壹千肆百肆拾叁兩貳錢陸分玖釐肆毫，內除荒銀壹千貳百柒兩陸錢柒分貳毫捌絲貳忽伍微玖纖玖塵肆渺，實徵銀貳百叁拾伍兩伍錢玖分玖釐壹毫壹絲柒忽肆微陸渺，內除驛遞之差使甚少並題明請將驛站等事案內，裁站銀壹百伍拾陸兩肆錢叁分貳毫肆絲貳忽伍微叁纖叁塵柒渺伍漠，內在於題明請將驛站等事案內，留支本縣夫馬工料銀壹百貳拾捌兩叁錢伍分肆釐陸毫叁絲陸忽壹微玖纖玖塵叁渺柒漠，實支銀貳百柒兩伍錢貳分叁釐伍毫壹絲壹忽陸纖陸塵貳渺貳漠。

壹走遞項下

接遞募夫額銀玖拾玖兩叁錢伍分；接遞夫柒拾名，每名歲支工食銀陸兩肆錢玖分玖釐肆毫零，共該銀肆百伍拾肆兩玖錢陸分肆釐玖毫捌絲陸忽捌微捌纖捌塵；走遞馬騾叁拾肆匹頭，草料工食銀壹千壹百陸拾肆兩柒錢陸分壹釐叁毫叁絲叁忽叁微叁纖叁塵肆渺。共額銀壹千柒百壹拾玖兩柒分陸釐叁毫貳絲貳微貳纖壹塵肆渺，內除荒銀壹千陸百貳拾壹兩貳錢伍釐柒毫玖忽肆微伍纖伍塵貳渺柒漠，實徵銀玖拾柒兩捌錢柒分陸毫壹絲柒微陸纖陸塵壹渺叁漠。

又收受協驛站兌留兵餉應支銀貳百兩叁錢壹分捌釐柒毫柒絲壹忽伍微玖塵壹渺。

貳項共銀貳百玖拾捌兩壹錢捌分玖釐叁毫捌絲貳忽貳微柒纖伍塵貳渺叁漠。

遇閏，接遞夫並走遞馬騾共額銀壹百陸拾壹兩，內除荒銀壹百叁拾壹兩伍錢貳分玖釐叁毫玖絲貳忽叁微肆纖叁塵，實徵銀貳拾玖兩肆錢柒分陸毫柒忽陸微伍纖柒塵，內除裁站閏月銀玖兩叁分伍釐陸毫柒絲肆忽叁微壹纖捌塵，實支銀貳拾兩肆錢叁分肆釐玖毫叁絲叁忽叁微叁纖玖塵。

外收撥補夫馬閏月工料不敷銀貳兩捌分伍毫。

貳項共銀貳拾貳兩伍錢壹分伍釐肆毫叁絲叁忽叁微叁纖玖塵。

以上存留實徵銀伍百肆拾壹兩肆錢伍分捌釐肆毫柒忽陸微壹纖貳塵玖渺貳漠。

又收起運內受協驛站兑留兵餉應支銀貳百兩叁錢壹分捌釐柒毫柒絲壹忽伍微玖塵壹渺。

貳項共銀柒百肆拾壹兩柒錢柒分柒釐壹毫柒絲玖忽壹微貳纖貳塵貳漠，內除驛遞之差使甚少並題明請將驛站等事貳案內，裁站銀壹百伍拾陸兩肆錢叁分貳毫肆絲貳忽伍微陸纖叁塵柒渺伍漠，內在於題明請將驛站等事案內，留支本縣新增夫馬工料銀壹百貳拾捌兩叁錢伍分肆釐陸毫叁絲陸忽壹微玖纖玖塵叁渺柒漠，實裁銀貳拾捌兩柒分伍釐陸忽（毫）陸忽叁微叁纖肆塵叁渺捌漠。

止實該存留銀柒百壹拾叁兩柒錢壹釐伍毫柒絲貳忽柒微捌纖柒塵陸渺肆漠，外加增撥補俸工支銀壹百玖兩貳錢叁分柒釐柒毫陸絲捌忽伍微壹纖陸塵壹渺貳漠，共該存留銀捌百貳拾貳兩玖錢叁分玖釐叁毫肆絲壹忽叁微叁塵柒渺陸漠於乾隆伍拾貳年奉文，全數解司，一切支款，俱由司按季請支，嗣於嘉慶伍年奉文，照舊在縣留支，並不解司，按季請領。

外於布政司庫撥補領支舖司、民壯、均攤各役、廩膳、孤貧等項共銀捌百貳拾陸兩陸錢陸分玖釐捌毫捌絲捌忽壹微貳塵陸渺捌漠係動支起運銀兩。

又於布政司庫領支均攤祭祀銀伍拾柒兩柒錢玖分陸釐伍毫柒絲伍忽捌微壹纖壹塵捌渺肆漠伍沙陸涯係動支耗羡銀兩。

遇閏原加銀貳百肆拾陸兩肆錢陸分柒釐柒毫貳絲貳忽，內除各官閏俸銀玖兩叁釐叁毫叁絲叁忽入起運外，止該銀貳百叁拾柒兩肆錢陸分肆釐叁毫捌絲玖忽，內除荒銀壹百玖拾肆兩壹分捌釐叁毫壹絲貳忽陸微伍塵玖渺伍漠，實徵銀肆拾叁兩肆錢肆分陸釐柒絲陸忽叁微玖纖肆塵伍漠，內除驛遞之差使甚少並題明請將驛站等事貳案內，共裁站閏月銀玖兩叁分伍釐陸毫柒絲肆忽叁微壹纖捌塵，止該存留銀叁拾肆兩肆錢壹分肆毫貳忽柒纖陸塵伍漠。

外加增撥補留支廩膳月糧銀伍兩捌分壹釐玖毫伍絲伍忽玖微肆纖陸塵陸漠伍沙。

又撥補留支夫馬工料不敷銀貳兩捌分伍毫。

共該存留閏銀肆拾壹兩伍錢柒分貳釐捌毫伍絲捌忽貳纖貳塵柒渺於乾隆伍拾貳年奉文，全數解司，一切支欵，俱由司按季請支，嗣於嘉慶伍年奉文，照舊在縣留支，並不解司，按季請領。

外於西安布政司庫領支舖司、孤貧銀壹拾柒兩貳錢陸分伍釐伍毫柒絲伍忽陸微貳纖玖塵捌渺。

壹額外

課程銀柒兩伍錢。遇閏加銀陸錢貳分伍釐。

畜税銀壹拾肆兩肆錢陸分係買騾馬人戶出辦，每歲儘收儘解。

牙税銀伍兩壹錢共牙人陸名，內壹等者納銀壹兩肆錢；貳等者共納銀貳兩；叁等者共納銀壹兩貳錢；肆等者納銀伍錢。

地税銀叁拾壹兩壹錢壹分係買田產人戶出辦，每歲儘收儘解。

當税銀伍兩係當商出辦，當鋪壹座。

石泉縣

原額上中下陸等並棉花共地肆百玖拾伍頃柒拾柒畝壹釐叁毫，每畝起科糧不等，共額徵糧伍百陸拾石伍斗玖升肆合貳勺貳抄叁撮陸圭，每石折徵銀貳兩壹錢伍分叁釐柒毫叁絲叁忽玖微貳纖，共折銀壹千貳百柒兩叁錢柒分柒毫玖絲貳忽肆微捌纖，又棉花地布折銀貳兩貳錢陸分柒釐壹毫，貳項共徵銀壹千貳百玖兩陸錢叁分柒釐捌毫玖絲貳忽肆微捌纖。內：

上田地貳拾伍頃叁拾畝柒分陸釐伍毫，每畝科糧貳升玖合陸勺柒抄玖撮玖圭叁粟柒粒，共糧柒拾伍石壹斗壹升貳合玖勺伍抄，該徵銀壹百陸拾壹兩柒錢柒分叁釐叁毫捌忽貳微伍纖。順治柒年題明豁免過無主荒地及順治捌年題明免過有主荒地肆頃伍拾陸畝叁分柒釐，應免糧壹拾叁石伍斗叁升捌合玖勺伍抄伍撮叁圭貳粟玖粒，應除銀貳拾玖兩壹錢伍分玖釐貳毫玖絲叁忽玖微。實在地貳拾頃柒拾肆畝叁分玖釐伍毫，應徵糧陸拾壹石伍斗柒升叁合玖勺玖抄肆撮陸圭柒粟壹粒，該銀壹百叁拾貳兩陸錢壹分肆釐壹絲肆忽叁微伍纖。

中田地貳拾肆頃壹拾柒畝柒分伍釐陸毫，每畝科糧貳升，共糧肆拾捌石叁斗伍升伍合壹勺貳抄，該徵銀壹百肆兩壹錢肆分肆釐陸絲貳忽壹微肆纖玖塵。順治柒年題明豁免過無主荒地及順治捌年題明免過有主荒地柒頃捌拾柒畝伍分陸釐伍毫，應免糧壹拾伍石柒斗伍升壹合叁勺，該除銀叁拾叁兩玖錢貳分叁釐陸毫柒絲捌忽貳微肆纖，內前開墾及興屯並節年開墾過地柒頃肆分捌毫，應徵糧壹拾肆石捌合壹勺陸抄，應徵銀叁拾兩壹錢柒分肆釐陸毫肆絲玖忽叁微捌塵肆渺。實在地貳拾叁頃叁拾畝伍分玖釐玖毫，應徵糧肆拾陸石陸斗壹升壹合玖勺捌抄，應徵銀壹百兩叁錢玖分伍釐叁絲叁忽貳微壹纖柒塵肆渺。

下田地叁頃伍拾叁畝叁釐貳毫，每畝科糧壹升貳合捌勺，共糧肆石伍斗壹升捌合柒勺玖抄陸撮捌圭，該徵銀玖兩柒錢叁分貳釐貳毫捌絲伍忽玖微肆纖陸塵。順治柒年題明豁免過無主荒地及順治捌年免過有主荒地壹頃伍拾肆畝叁分壹釐，應免糧壹石玖斗柒升陸合陸抄肆撮，該除銀肆兩貳錢伍分玖釐叁毫壹絲陸忽柒纖，內節年開墾過地壹頃壹拾陸畝貳分，應徵糧壹石肆斗捌升柒合叁勺陸抄，該徵銀叁兩貳錢叁釐叁毫柒絲柒忽陸微柒纖捌渺。實在地叁頃壹拾肆畝玖分貳釐貳毫，應徵糧肆石叁升玖抄貳撮捌圭，該徵銀捌兩陸錢柒分陸釐叁毫肆絲柒忽伍微肆纖陸塵捌渺。

上地貳拾頃捌拾伍畝柒分伍毫，每畝科糧貳升，共糧肆拾壹石柒斗壹升肆勺肆抄，該徵銀捌拾玖兩捌錢叁分叁釐壹毫捌絲玖忽肆微伍纖。順治柒年題明豁免過無主荒地及順治捌年題明免過有主荒地玖頃柒拾伍畝玖分肆釐，應免糧壹拾玖石伍斗壹升捌合捌勺，該除銀肆拾貳兩叁分捌釐肆毫壹忽陸微，內節年開墾過地肆頃柒拾叁畝柒分貳釐玖毫陸絲，應徵糧玖石肆斗柒升肆合伍勺玖抄貳撮，應徵銀貳拾兩肆錢肆分肆毫貳絲伍忽玖微伍纖叁塵貳渺。實在地壹拾伍頃捌拾叁畝肆分玖釐肆毫陸絲，應徵糧叁拾壹石陸斗陸升陸合貳勺叁抄貳撮，該徵銀陸拾捌兩貳錢叁分伍釐貳毫壹絲叁忽捌微叁塵貳渺。

中地陸拾捌頃柒畝捌分柒釐捌毫，每畝科糧壹升貳合，共糧捌拾壹石陸斗玖升玖勺叁抄陸撮，該徵銀壹百柒拾伍兩玖錢肆分貳釐柒毫貳忽玖微捌纖柒塵。順治柒年題明豁免過無主荒地及順治捌年題明免過有主荒地叁拾玖頃柒拾陸畝肆分陸釐叁毫叁絲肆忽捌纖，應免糧肆拾柒石柒斗壹升柒合伍勺陸抄玖粟，該除銀壹百貳兩柒錢柒分陸釐玖毫肆絲壹忽玖微伍纖伍塵，內節年開墾過地肆頃玖拾壹畝肆分壹釐柒毫肆絲壹忽，應徵糧伍石捌斗玖升玖合伍勺捌抄玖撮柒圭壹粟肆粒，該徵銀壹拾貳兩柒錢壹分柒釐陸毫陸絲捌忽玖微玖塵陸渺。實在地叁拾叁頃貳拾貳畝捌分叁釐貳毫陸忽玖微貳纖，應徵糧叁拾玖石捌斗柒升貳合玖勺陸抄伍撮陸圭貳粟肆粒，該徵銀捌拾伍兩捌錢捌分叁釐肆毫貳絲玖忽玖微肆纖壹塵陸渺，內乾隆伍拾年在於遵旨會核酌議等事案內，分撥寧陝廳地壹拾壹頃伍拾壹畝貳分柒釐壹毫柒絲貳忽陸微伍纖，該折色糧壹拾叁石捌斗壹升伍合貳勺陸抄柒圭壹粟捌粒，該折徵銀貳拾玖兩柒錢伍分陸釐肆毫伍絲壹微叁纖伍塵肆渺柒漠貳沙叁洙玖涯柒洒。止實地貳拾壹頃柒拾壹畝伍分陸釐叁絲肆忽貳微柒纖，應徵糧貳拾陸石伍升柒合柒勺肆撮玖圭陸粒，該徵銀伍拾陸兩壹錢貳分陸釐玖毫柒絲玖忽捌微陸塵壹渺貳漠柒沙陸洙叁洒。

下地叁百伍拾叁頃肆拾柒畝捌分柒釐柒毫，每畝科糧捌合柒勺肆抄柒撮肆圭肆粒，共糧叁百玖石貳斗伍合玖勺捌抄捌圭，該徵銀陸百陸拾伍兩玖錢肆分伍釐貳毫肆絲叁忽陸微玖纖捌塵。順治柒年題明豁免過無主荒地及順治捌年題明免過有主荒地壹百叁頃捌拾伍畝肆分玖毫肆忽玖微貳纖，應免糧玖拾石捌斗肆升伍合叁勺陸抄捌撮伍圭捌粟壹粒，該除銀壹百玖拾伍兩陸錢陸分壹釐伍毫陸絲柒微壹纖伍塵，內前開墾及興屯並節年開墾過地叁拾伍頃肆拾伍畝伍分陸釐壹毫叁絲伍忽，應徵糧叁拾壹石壹升肆合貳勺陸抄捌撮柒粟捌粒肆顆，該徵銀陸拾柒兩伍錢柒分捌毫陸絲肆忽壹微玖纖伍塵壹渺玖漠捌沙；又乾隆伍拾玖年開墾地壹頃玖畝，應徵糧玖斗伍升叁合肆勺陸抄柒撮叁粟陸粒，該徵銀貳兩伍分叁釐肆毫捌忽肆微貳纖肆塵陸渺。實在地貳百捌拾陸頃壹拾柒畝貳釐玖毫叁絲捌纖，應徵糧貳百伍拾石叁斗貳升捌合叁勺肆抄柒撮叁圭叁粟叁粒肆顆，該徵銀伍百叁拾玖兩玖錢柒釐玖毫伍絲伍忽陸微貳塵柒渺玖漠捌沙。

棉花地叁拾肆畝，每畝科布陸尺，共布陸疋貳丈肆尺，該折徵銀貳兩貳錢陸分柒釐壹毫。順治柒年題明豁免過銀柒錢伍分柒毫，實徵銀壹兩伍錢壹分陸釐肆毫。

各等原免共地壹百陸拾柒頃叁拾陸畝伍釐柒毫叁絲玖忽，應免糧壹百捌拾玖石叁斗肆升捌合肆抄捌撮，並棉花地應除銀肆百捌兩伍錢陸分玖釐捌毫玖絲貳忽肆微捌纖，內前開墾及興屯並節年開墾過共地伍拾叁頃貳拾柒畝叁分壹釐陸毫叁絲陸忽，應徵糧陸拾壹石捌斗捌升叁合玖勺陸抄玖撮柒圭玖粟貳粒肆顆，應徵銀壹百叁拾肆兩壹錢陸釐玖毫捌絲陸忽叁纖柒塵壹渺玖漠捌沙，實應免糧壹百貳拾柒石肆斗陸升肆合柒抄捌撮貳圭柒粒陸顆，並棉花地應除銀貳百柒拾肆兩肆錢陸分貳釐玖毫陸忽肆微肆纖貳塵捌渺貳沙。

又康熙捌年在於秦屬蠲免並康熙貳拾叁年在於再疏籲請等事案內，題明豁免過地貳百壹拾貳頃壹畝伍分叁釐陸毫肆絲，應免糧貳百叁拾陸石壹斗柒升肆合肆勺叁抄壹撮肆粟壹粒，該除銀伍百捌兩陸錢伍分陸釐捌毫捌絲叁忽壹微陸纖玖塵柒渺，內節年開墾過地貳拾壹頃壹畝玖分玖釐捌毫陸絲肆忽捌微叁纖玖塵肆渺，該徵糧貳拾叁石伍斗叁升肆合伍勺陸抄貳撮壹圭捌顆陸糠，應徵銀肆拾玖兩捌錢捌分玖釐壹毫肆絲貳微肆纖叁塵肆渺伍漠貳沙以增抵除。

實豁免荒地叁百伍頃捌畝貳分柒釐捌毫柒絲捌忽壹微陸纖陸渺，實免折色糧叁百肆拾石壹斗叁合玖勺肆抄柒撮壹圭肆粟柒粒柒顆肆糠，並棉花地應除銀柒百叁拾叁兩貳錢叁分陸毫肆絲玖忽叁微陸纖玖塵伍漠。

以上實熟地壹百玖拾頃陸拾捌畝柒分叁釐肆毫貳絲壹忽捌微叁纖玖塵肆渺，實徵折色糧貳百貳拾石肆斗玖升貳勺柒抄陸撮肆圭伍粟貳粒貳顆陸糠，並棉花地折徵銀肆百柒拾陸兩肆錢柒釐貳毫肆絲叁忽壹微壹纖玖渺伍漠，內除分撥寧陝廳中地壹拾壹頃伍拾壹畝貳分柒釐壹毫柒絲貳忽陸微伍纖，該折色糧壹拾叁石捌斗壹升伍合貳勺陸抄柒圭壹粟捌粒，該折徵銀貳拾玖兩柒錢伍分陸釐肆毫伍絲壹微叁纖伍塵肆渺柒漠貳沙叁洙玖涯柒洒。止該地壹百柒拾玖頃壹拾柒畝肆分陸釐貳毫肆絲玖忽壹微捌纖玖塵肆渺，實徵折色糧貳百陸石陸斗柒升伍合壹抄伍撮柒圭叁粟肆粒貳顆陸糠，並棉地折徵銀肆百肆拾陸兩陸錢伍分柒毫玖絲貳忽玖微柒纖伍塵肆渺柒漠柒沙陸洙叁洒於乾隆伍拾玖年奉准部咨令，將康熙年間易知由單內載：上田地每畝折徵銀陸分叁釐玖毫貳絲玖忽柒塵捌渺玖漠；中田地每畝折徵銀肆分叁釐柒絲陸忽玖微玖纖捌塵叁渺；下田地每畝折徵銀貳分柒釐伍毫伍絲伍微捌塵壹渺；上地每畝折徵銀肆分叁釐玖絲貳忽叁纖玖塵玖渺；中地每畝折徵銀貳分伍釐捌毫肆絲陸忽伍微玖纖壹塵陸渺；下地每畝折徵銀壹分捌釐捌毫叁絲捌忽陸微玖塵肆渺；棉花地每畝折徵銀肆分肆釐陸毫，纂入書內，嗣後遇有墾豁，按畝增除。

額外本色祿米壹百壹拾陸石柒斗壹升，內除荒米伍拾叁石陸斗陸升柒合柒抄玖圭貳粟捌粒叁顆陸糠捌粃壹粺，實徵米陸拾叁石肆升貳合玖勺貳抄玖撮柒粟壹粒陸顆叁糠壹粃玖粺，內乾隆伍拾年在於遵旨會核酌議等事案內，分撥寧陝廳米叁石玖斗柒升玖合玖勺壹抄伍撮捌圭捌粟陸粒伍顆叁糠肆粺，止該米伍拾玖石陸升叁合壹抄叁撮壹圭捌粟伍粒壹顆壹粃伍粺係按前項上中下陸等地畝科徵：上田地每畝科米陸合壹勺柒抄玖撮陸粟；中田地每畝科米肆合壹勺陸抄叁撮柒圭玖粟陸顆；下田地每畝科米貳合陸勺陸抄肆撮捌圭貳粟貳粒；上地每畝科米肆合壹勺陸抄叁撮肆圭叁粟；中地每畝科米貳合肆勺玖抄捌撮壹圭陸粟柒粒；下地每畝科米壹合捌勺貳抄壹撮壹圭肆粟叁粒。

原額人丁叁門玖則不等，俱折下下丁壹萬貳千叁百陸拾柒丁，每丁徵銀貳錢叁分伍釐叁毫柒絲壹忽叁微玖纖，共銀貳千玖百壹拾兩捌錢貳分貳釐柒毫叁絲柒忽叁微捌纖，內除優免丁壹百肆拾貳丁，共該銀叁拾叁兩肆錢貳分貳釐柒毫叁絲柒忽叁微捌纖。

行差丁壹萬貳千貳百貳拾伍丁，共額徵銀貳千捌百柒拾柒兩肆錢。

順治柒年題明豁免過逃亡丁並康熙捌年在於秦屬蠲免案內及康熙貳拾叁年再疏籲請等事案內，豁免過絕丁共壹萬壹千陸百壹拾玖丁，應免銀貳千柒百叁拾肆兩柒錢陸分肆釐捌毫捌忽壹微陸纖，內前招回、節年招回並編審出丁肆百柒拾叁丁，該銀壹百壹拾壹兩叁錢叁分肆毫肆絲肆忽玖微叁纖以增抵除，實免丁壹萬壹千壹百肆拾陸丁，應免銀貳千陸百貳拾叁兩肆錢叁分肆釐叁毫陸絲叁忽貳微叁纖。

以上實在行差應徵人丁共壹千柒拾玖丁，實徵丁銀貳百伍拾叁兩玖錢陸分伍釐陸毫叁絲陸忽柒微柒纖，內乾隆伍拾年在於遵旨會核酌議等事案內，分撥寧陜廳丁銀壹拾兩柒錢捌分玖釐壹毫貳忽叁微壹纖陸塵肆渺捌漠伍洙伍涯肆洒，止實在丁壹千柒拾玖丁，銀貳百肆拾叁兩壹錢柒分陸釐伍毫叁絲肆忽肆微伍纖叁塵伍渺壹漠玖沙肆洙肆涯陸洒於雍正伍年攤入前項地糧內徵解。

康熙伍拾伍年起，至乾隆叁拾陸年止，共編審出丁伍拾伍丁，欽遵康熙伍拾貳年叁月拾捌日恩詔，後遇編審之期，但據康熙伍拾年丁冊定為常額，續生人丁，永不加賦。

原額均徭銀壹千柒百玖拾陸兩柒錢叁釐伍絲，內除荒銀壹千玖拾兩叁分貳釐玖毫貳絲玖忽肆微玖纖壹塵玖渺陸漠捌沙，實徵銀柒百陸兩陸錢柒分壹毫貳絲伍微捌塵叁漠貳沙，內乾隆伍拾年在於遵旨會核酌議等事案內，分撥寧陜廳銀肆拾肆兩貳錢柒分陸釐陸毫捌絲玖忽肆微柒纖貳渺玖漠伍沙壹洙叁涯伍洒，止該銀陸百陸拾貳兩叁錢玖分叁釐肆毫叁絲壹忽叁纖柒塵柒渺叁漠陸沙捌洙陸涯伍洒係按前項上中下陸等地畝科徵，上田地每畝徵銀玖分伍釐壹毫叁絲叁忽陸微肆塵陸漠；中田地每畝徵銀陸分肆釐壹毫伍塵陸渺捌漠；下田地每畝徵銀肆分壹釐壹絲肆忽陸微伍塵捌渺陸漠；上地每畝徵銀陸分肆釐玖絲貳忽伍微叁纖伍塵柒渺叁漠；中地每畝徵銀叁分捌釐肆毫伍絲捌忽玖微叁纖玖塵叁渺貳漠；下地每畝徵銀貳分捌釐叁絲伍忽捌微肆纖玖塵捌渺伍漠。

外遇閏原額加徵銀貳百捌拾捌兩陸錢肆分柒釐叁毫捌絲貳忽壹微陸纖陸

塵，內除荒銀貳百貳拾陸兩貳錢肆分柒釐捌毫陸絲貳忽陸微捌纖肆塵柒渺陸沙柒洙玖涯陸洒，實徵銀陸拾貳兩叁錢玖分玖釐伍毫壹絲玖忽肆微捌纖壹塵貳渺玖漠叁沙貳洙肆洒，內除乾隆伍拾年在於遵旨會核酌議等事案內，分撥寧陝廳銀叁兩捌錢壹分捌釐陸絲壹忽貳纖叁塵捌渺捌漠叁沙陸洙叁涯陸洒，止該銀伍拾捌兩伍錢捌分壹釐肆毫伍絲捌忽肆微伍纖柒塵肆渺玖沙伍洙陸涯捌洒。

額外徵收停免銀壹拾捌兩叁錢伍分捌釐玖毫陸絲捌忽肆微貳纖，內除分撥寧陝廳停免銀壹兩壹錢伍分肆釐貳毫柒絲伍忽叁微貳纖伍塵玖渺壹漠壹洙捌涯肆洒，止該停免銀壹拾柒兩貳錢肆釐陸毫玖絲叁忽玖纖肆塵捌漠玖沙捌洙壹涯陸洒攤入前項地糧內徵解。

地、丁貳項並均徭、停免，除優免丁銀外，額徵銀伍千玖百貳兩玖分玖釐玖毫壹絲玖微，內除荒銀肆千肆百肆拾陸兩陸錢玖分柒釐玖毫肆絲貳忽玖纖壹塵壹漠捌沙，實徵銀壹千肆百伍拾伍兩肆錢壹釐玖毫陸絲捌忽捌微捌塵玖渺捌漠貳沙，內除乾隆伍拾年在於遵旨會核酌議等事案內，分撥寧陝廳銀捌拾伍兩玖錢柒分陸釐伍毫壹絲柒忽貳微肆纖捌塵壹渺伍漠捌沙貳洙柒涯，止該銀壹千叁百陸拾玖兩肆錢貳分伍釐肆毫伍絲壹忽伍微陸纖捌渺貳漠叁沙柒洙叁涯。

本色祿米壹百壹拾陸石柒斗壹升，內除荒米伍拾叁石陸斗陸升柒合柒抄玖圭貳粟捌粒叁顆陸糠捌粃壹粄，實徵米陸拾叁石肆升貳合玖勺貳抄玖撮柒粟壹粒陸顆叁糠壹粃玖粄，內分撥寧陝廳米叁石玖斗柒升玖合玖勺壹抄伍撮捌圭捌粟陸粒伍顆叁糠肆粄，止該米伍拾玖石陸升叁合壹抄叁撮壹圭捌粟伍粒壹顆壹粃伍粄解興鎮支兵。

外遇閏加徵銀貳百捌拾捌兩陸錢肆分柒釐叁毫捌絲貳忽壹微陸纖陸塵，內除荒銀貳百貳拾陸兩貳錢肆分柒釐捌毫陸絲貳忽陸微捌纖肆塵柒渺陸沙柒洙柒涯陸洒，實徵銀陸拾貳兩叁錢玖分玖釐伍毫壹絲玖忽肆微捌纖壹塵貳渺玖漠叁沙貳洙肆洒，內除分撥寧陝廳銀叁兩捌錢壹分捌釐陸絲壹忽貳纖叁塵捌渺捌漠叁沙陸洙叁涯陸洒，止該銀伍拾捌兩伍錢捌分壹釐肆毫伍絲捌忽肆微伍纖柒塵肆渺玖沙伍洙陸涯捌洒。

壹起運項下

本色祿米壹百壹拾陸石柒斗壹升，內除荒米伍拾叁石陸斗陸升柒合柒抄玖圭貳粟捌粒叁顆陸糠捌粃壹粄，實徵起運米陸拾叁石肆升貳合玖勺貳抄玖撮柒粟壹粒陸顆叁糠壹粃玖粇，內除分撥寧陝廳米叁石玖斗柒升玖合玖勺壹抄伍撮捌圭捌粟陸粒伍顆叁糠肆粇，止該米伍拾玖石陸升叁合壹抄叁撮壹圭捌粟伍粒壹顆壹粃伍粇解興鎮支兵。

原編起運糧石折價銀肆百伍拾貳兩捌錢陸釐貳毫叁絲柒忽貳微，內除荒銀貳百柒拾伍兩叁錢玖分陸釐叁毫陸絲壹忽柒微陸纖壹塵捌渺伍漠伍沙叁洙捌涯叁洒，實起運銀壹百柒拾柒兩肆錢玖釐捌毫柒絲伍忽肆微叁纖捌塵壹渺肆漠肆沙陸洙壹涯柒洒。

節裁民校、藥味、年例、軍器、毛襖等項銀陸百肆拾伍兩捌錢捌分貳釐伍毫，內除荒銀陸百叁拾兩壹錢玖分陸釐伍毫捌絲柒忽捌微捌纖玖塵肆渺叁漠叁沙陸洙，實起運銀壹拾伍兩陸錢捌分伍釐玖毫壹絲貳忽壹微壹纖伍渺陸漠陸沙肆洙。

舊編存留，內順治玖年裁扣各役工食銀貳百貳拾壹兩陸錢；拾貳年裁扣傘扇銀捌兩；拾肆年裁扣官生俸廩等項銀貳百貳拾陸兩伍錢貳分玖釐壹毫陸絲叁忽伍微貳纖，損轎夫走遞叁分裁壹，銀伍百壹拾壹兩捌錢伍分捌釐。康熙元年裁吏書工食銀玖拾柒兩貳錢；叁年裁門斗、齋夫工食銀肆拾叁兩貳錢，雜費丁銀肆拾肆兩貳錢貳分貳釐貳毫；拾伍年裁心紅紙張、修理監倉、喂馬草料、芒神土牛等項銀壹百貳拾肆兩；貳拾柒年裁歲貢、舉人盤纏、花紅、坊價等項銀肆拾叁兩叁分捌釐伍毫伍絲。雍正陸年裁燈夫工食銀貳拾肆兩；拾貳年裁民壯工食銀壹百貳拾兩。乾隆玖年裁舖司工食銀肆拾叁兩貳錢，又舊編冗費裁剩銀貳百玖拾壹兩壹錢壹分伍釐伍毫。

共裁扣歸入起運銀壹千柒百玖拾柒兩玖錢陸分叁釐肆毫壹絲叁忽伍微貳纖，內除荒銀壹千玖拾肆兩玖錢肆分陸毫伍絲肆忽玖微陸纖伍塵貳漠柒洙叁涯貳洒，實起運銀柒百叁兩貳分貳釐柒毫伍絲捌忽伍微伍纖肆塵玖渺柒漠玖沙貳洙陸涯捌洒。

又額外徵收停免銀壹拾捌兩叁錢伍分捌釐玖毫陸絲捌忽肆微貳纖。

共該實起運銀玖百壹拾肆兩肆錢柒分柒釐伍毫壹絲肆忽伍微貳纖叁塵陸渺玖漠貳洙捌涯伍洒，內除分撥寧陝廳起運銀壹拾玖兩陸分捌釐伍毫壹絲柒忽貳微肆纖捌塵壹渺伍漠捌沙貳洙柒涯，止實徵起運銀捌百玖拾伍兩肆錢捌釐玖毫玖絲柒忽貳微柒纖伍塵伍渺叁漠貳沙壹涯伍洒。

又收存留內驛遞之差使甚少並題明請將驛站等事貳案內，共裁站銀肆百玖兩叁分柒釐壹毫肆絲貳忽叁微叁纖貳塵伍渺。

共該起運銀壹千叁百肆兩肆錢肆分陸釐壹毫叁絲玖忽陸微捌塵叁漠貳沙壹涯伍洒，內除受協渭南等縣驛站兊留兵餉應支銀柒百肆拾伍兩壹錢玖分柒釐叁毫叁絲；又在於請倣以糧載丁之例等事案內，通省均丁減銀捌拾貳兩叁錢陸分貳釐玖毫壹絲叁忽柒微捌纖捌塵叁渺，內除乾隆元、陸、拾壹、拾陸、貳拾壹、貳拾陸、叁拾壹、叁拾陸等年編審案內，共增抵補屯更丁銀貳拾柒兩壹錢肆釐玖毫壹絲伍忽陸微玖纖叁塵伍渺玖漠玖沙玖涑玖涯捌洒，內除分撥寧陝廳抵補屯更丁銀壹兩柒錢伍釐陸毫捌絲捌忽柒微叁纖捌渺壹漠叁沙貳涑貳涯肆洒，止該抵補屯更丁銀貳拾伍兩叁錢玖分玖釐貳毫貳絲陸忽玖微陸纖貳塵柒渺捌漠陸沙柒涑柒涯肆洒，止該減銀伍拾伍兩貳錢伍分柒釐玖毫玖絲捌忽玖纖肆塵柒渺貳洒。

實該銀伍百貳兩貳錢捌分伍釐壹毫貳絲貳忽柒微捌纖貳塵伍渺壹漠捌沙柒涑捌涯玖洒，內除留支加增撥補俸工銀肆百玖拾捌兩貳錢捌釐伍毫玖絲肆忽壹微柒纖陸塵陸渺叁漠柒沙玖涑貳洒，內在於遵旨會核酌議等案內，分撥寧陝廳地畝，因起運不敷動撥銀陸拾陸兩玖錢捌釐，仍在於該廳起運銀內照數撥補足額訖，其遇閏之年較比無閏少撥銀捌兩壹錢肆釐，係將起運閏銀全數動撥外，下餘不敷之數理合登明，止實該起運銀肆兩柒分陸釐伍毫貳絲捌忽陸微伍塵捌渺捌漠捌涑捌涯柒洒。

遇閏裁扣，內順治玖年裁扣銀壹拾陸兩捌錢；拾肆年裁扣銀壹拾肆兩貳錢柒分玖毫貳絲壹微陸纖陸塵。康熙元年裁吏書工食銀捌兩壹錢；叁年裁門斗、齋夫工食銀叁兩陸錢；拾伍年裁心紅紙張、喂馬草料銀貳兩陸錢陸分陸釐陸毫柒絲。雍正陸年裁燈夫工食銀貳兩；拾貳年裁民壯工食銀壹拾兩。乾隆玖年裁舖司工食銀叁兩陸錢，又閏俸裁銀玖兩叁釐叁毫叁絲貳忽。

共銀柒拾兩肆分玖毫貳絲貳忽壹微陸纖陸塵，內除荒銀伍拾肆兩捌錢柒分肆釐貳毫捌絲貳忽肆微玖纖貳塵捌漠伍沙叁涑肆涯壹洒，實徵銀壹拾伍兩壹錢陸分陸釐陸毫叁絲玖忽陸微柒纖叁塵玖渺壹漠肆沙陸涑伍涯玖洒，內除分撥寧陝廳閏銀叁兩捌錢壹分捌釐陸絲壹忽貳纖叁塵捌渺捌漠叁沙陸涑叁涯陸洒，止該徵銀壹拾壹兩叁錢肆分捌釐伍毫柒絲捌忽陸微伍纖叁漠壹沙貳涯叁洒。

又收存留內驛遞之差使甚少並題明請將驛站等事貳案內，裁站閏月銀壹拾貳兩伍錢叁分陸釐捌毫陸絲陸忽肆微伍塵柒渺。

貳項共銀貳拾叁兩捌錢捌分伍釐肆毫肆絲伍忽伍纖伍塵柒渺叁漠壹沙貳涯叁洒，內在於請做以糧載丁之例等事案內，通省以糧載丁減銀壹兩伍錢壹分壹釐叁忽柒微陸纖捌渺，節裁抵補屯更丁增閏銀伍錢肆分壹釐陸毫貳絲貳忽肆纖叁塵陸渺玖漠玖沙玖洙陸涯，內除分撥寧陜廳抵補屯更丁閏銀叁分肆釐捌絲叁忽捌微叁塵柒渺捌漠玖沙陸洙陸涯貳洒，止該抵補屯更丁銀伍錢柒釐伍毫叁絲捌忽貳微叁纖玖塵玖渺壹漠貳洙玖涯捌洒，止該減銀玖錢陸分玖釐叁毫捌絲壹忽柒微壹纖柒塵壹渺肆涯。

實該銀貳拾貳兩捌錢捌分壹釐玖毫柒絲玖忽伍微叁纖肆塵捌渺肆漠壹沙叁洙貳涯壹洒，內留支加增撥補役廪並夫馬閏月銀壹拾壹兩捌錢伍分玖釐壹毫伍絲壹忽肆微叁纖伍渺陸漠伍沙壹洙壹涯伍洒，止實該起運閏銀壹拾壹兩貳分貳釐捌毫貳絲捌忽壹微肆塵貳渺柒漠陸沙貳洙陸洒。

壹存留項下

原編存留銀貳千玖百捌拾柒兩捌分捌釐柒毫玖絲壹忽柒微陸纖，內除荒銀貳千肆百肆拾陸兩壹錢陸分肆釐叁毫叁絲柒忽肆微柒纖肆塵柒渺捌沙貳洙捌涯伍洒，實徵存留銀伍百肆拾兩玖錢貳分肆釐肆毫伍絲肆忽貳微捌纖伍塵貳渺玖漠壹沙柒洙壹涯伍洒。

壹俸工項下

知縣俸薪銀肆拾伍兩，內除荒銀叁拾伍兩叁錢壹分伍釐壹毫捌絲柒忽壹微貳纖貳渺伍漠，實徵支銀玖兩陸錢捌分肆釐捌毫壹絲貳忽捌微柒纖玖塵柒渺伍漠。外撥補銀壹拾肆兩陸錢捌釐陸忽肆微貳纖玖塵。

典史壹員，額支俸薪銀叁拾壹兩伍錢貳分，內除荒撥補銀貳拾肆兩柒錢叁分陸釐壹毫捌微壹纖壹塵柒渺陸漠，實徵支銀陸兩柒錢捌分叁釐捌毫玖絲玖忽壹微捌纖捌塵貳渺肆漠。

訓導壹員，額支俸薪銀叁拾壹兩伍錢貳分，內除荒撥補銀貳拾肆兩柒錢叁分陸釐壹毫捌微壹纖壹塵柒渺陸漠，實徵支銀陸兩柒錢捌分叁釐捌毫玖絲玖忽壹微捌纖捌塵貳渺肆漠。外撥補全俸銀捌兩肆錢捌分。

知縣衙門

門子貳名，每名歲支銀陸兩，共支銀壹拾貳兩，內除荒撥補銀玖兩肆錢壹分柒釐貳毫肆忽捌微壹纖伍塵肆渺，實徵支銀貳兩伍錢捌分貳釐柒毫玖絲伍忽壹微捌纖肆塵陸渺。遇閏加銀壹兩，內除荒銀柒錢捌分肆釐壹毫柒絲伍忽肆微叁纖壹塵貳渺貳漠伍沙，實徵支銀貳錢壹分伍釐捌毫貳絲肆忽伍微陸纖捌塵柒渺柒漠伍沙。

皂隸、仵作壹拾陸名，每名歲支銀陸兩，共支銀玖拾陸兩，內除荒撥補銀柒拾伍兩叁錢叁分捌釐壹毫玖絲肆忽伍微貳纖叁塵貳渺，實徵支銀貳拾兩陸錢陸分壹釐捌毫伍忽肆微柒纖陸塵捌渺。遇閏加銀捌兩，內除荒銀陸兩貳錢柒分貳釐叁毫壹絲玖忽叁微陸纖伍塵柒渺，實徵支銀壹兩柒錢貳分柒釐陸毫捌絲陸微叁纖肆塵叁渺。

馬快捌名，每名歲支銀壹拾陸兩捌錢，共支銀壹百叁拾肆兩肆錢，內除荒撥補銀壹百伍兩肆錢柒分叁釐陸忽叁纖貳塵伍渺，實徵支銀貳拾捌兩玖錢貳分陸釐玖毫玖絲叁忽玖微陸纖柒塵伍渺。遇閏加銀壹拾壹兩貳錢，內除荒銀捌兩柒錢捌分壹釐伍絲陸忽陸微陸纖玖渺，實徵支銀貳兩肆錢壹分捌釐玖毫肆絲叁忽叁微叁纖玖塵壹渺。

民壯叁拾名，每名歲支銀陸兩，共支銀壹百捌拾兩，內除荒撥補銀壹百肆拾壹兩貳錢陸分壹釐肆毫玖絲叁忽肆微捌纖壹塵，實徵支銀叁拾捌兩柒錢叁分捌釐伍毫陸忽伍微壹纖玖塵。遇閏加銀壹拾伍兩，內除荒銀壹拾壹兩柒錢陸分捌釐叁毫貳忽叁微玖纖捌塵伍渺伍漠，實徵支銀叁兩貳錢叁分壹釐陸毫玖絲柒忽陸微壹塵肆渺伍漠遇閏之年，抵支撥補民壯不敷工食正銀訖。

看監禁子捌名，每名歲支銀陸兩，共支銀肆拾捌兩，內除荒撥補銀叁拾柒兩陸錢陸分玖釐貳毫陸絲捌忽伍微壹纖壹塵陸渺，實徵支銀壹拾兩叁錢叁分柒毫叁絲壹忽肆微捌纖捌塵肆渺。遇閏加銀肆兩，內除荒銀叁兩壹錢叁分陸釐叁毫陸絲柒忽陸微玖纖伍塵，實徵支銀捌錢陸分叁釐陸毫叁絲貳忽叁微伍塵。

轎傘扇夫柒名，每名歲支銀陸兩，共支銀肆拾貳兩，內除荒撥補銀叁拾貳兩玖錢陸分陸毫伍絲壹忽貳微貳纖捌塵玖渺，實徵支銀玖兩叁分玖釐叁毫肆絲捌忽柒微柒纖壹塵壹渺。遇閏加銀叁兩伍錢，內除荒銀貳兩柒錢肆分肆釐肆毫貳絲貳忽叁纖玖塵捌渺柒漠伍沙，實徵支銀柒錢伍分伍釐伍毫柒絲柒忽玖微陸纖壹渺貳漠伍沙。

庫丁肆名，每名歲支銀陸兩，共支銀貳拾肆兩，內除荒撥補銀壹拾捌兩捌錢叁分肆釐貳毫陸絲柒忽捌微捌纖捌渺，實徵支銀伍兩壹錢陸分伍釐柒毫叁絲貳忽壹微壹纖玖塵貳渺。遇閏加銀貳兩，內除荒銀壹兩伍錢陸分捌釐壹毫柒絲伍忽捌微肆纖柒塵伍渺，實徵支銀肆錢叁分壹釐捌毫貳絲肆忽壹微伍纖貳塵伍渺。

斗級肆名，每名歲支銀陸兩，共支銀貳拾肆兩，内除荒撥補銀壹拾捌兩捌錢叁分肆釐貳毫陸絲柒忽捌微捌纖捌渺，實徵支銀伍兩壹錢陸分伍釐柒毫叁絲貳忽壹微壹纖玖塵貳渺。遇閏加銀貳兩，内除荒銀壹兩伍錢陸分捌釐壹毫柒絲伍忽捌微肆纖柒塵伍渺，實徵支銀肆錢叁分壹釐捌毫貳絲肆忽壹微伍纖貳塵伍渺。

漢江水手壹拾貳名，池河水手壹名，額支銀叁拾兩，内除荒撥補銀貳拾叁兩玖分壹釐壹毫陸絲陸忽玖纖肆塵，實徵支銀陸兩玖錢捌釐捌毫叁絲叁忽玖微陸塵。遇閏加銀貳兩伍錢，内除荒銀壹兩玖錢柒分捌毫伍絲陸忽叁微柒纖陸渺貳漠伍沙，實徵支銀伍錢貳分玖釐壹毫肆絲叁忽陸微貳纖玖塵叁渺柒漠伍沙。

舖司兵壹拾肆名，額支銀陸拾柒兩貳錢，内除荒銀伍拾壹兩柒錢柒分伍釐伍毫陸絲伍忽肆微肆纖肆塵陸渺伍漠，實徵支銀壹拾伍兩肆錢貳分肆釐肆毫叁絲肆忽伍微伍纖伍塵叁渺伍漠。外加增撥補銀陸拾捌兩陸錢貳分叁釐捌絲貳忽貳微柒纖玖塵伍漠。遇閏加銀伍兩陸錢，内除荒銀肆兩肆錢壹分肆釐壹毫玖絲肆忽陸纖陸塵，實徵支銀壹兩壹錢捌分伍釐捌毫伍忽玖微叁纖肆塵。外加增銀伍兩捌錢壹分捌釐壹毫伍絲叁忽捌微貳塵貳渺。

典史衙門

門子壹名，額支銀陸兩，内除荒撥補銀肆兩柒錢捌釐伍毫捌絲玖忽伍微叁纖貳塵柒渺，實徵支銀壹兩貳錢玖分壹釐肆毫壹絲肆微陸纖柒塵叁渺，遇閏加銀伍錢，内除荒銀叁錢玖分貳釐玖絲玖忽貳微貳纖柒塵壹渺貳漠伍沙，實徵支銀壹錢柒釐玖毫柒微柒纖貳塵捌渺柒漠伍沙。

皂隸肆名，每名歲支銀陸兩，共支銀貳拾肆兩，内除荒撥補銀壹拾捌兩捌錢叁分肆釐貳毫陸絲柒忽捌微捌纖捌渺，實徵支銀伍兩壹錢陸分伍釐柒毫叁絲貳忽壹微壹纖玖塵貳渺。遇閏加銀貳兩，内除荒銀壹兩伍錢陸分捌釐壹毫柒絲伍忽捌微肆纖柒塵伍渺，實徵支銀肆錢叁分壹釐捌毫貳絲肆忽壹微伍纖貳塵伍渺。

馬夫壹名，額支銀陸兩，内除荒撥補銀肆兩柒錢捌釐伍毫捌絲玖忽伍微叁纖貳塵柒渺，實徵支銀壹兩貳錢玖分壹釐肆毫壹絲肆微陸纖柒塵叁渺，遇閏加銀伍錢，內除荒銀叁錢玖分貳釐玖絲玖忽貳微貳纖柒塵壹渺貳漠伍沙，實徵支銀壹錢柒釐玖毫柒微柒纖貳塵捌渺柒漠伍沙。

訓導衙門

齋夫叁名，每名歲支銀壹拾貳兩，共支銀叁拾陸兩，內除荒撥補銀貳拾捌兩貳錢伍分貳釐捌毫陸絲捌忽陸微玖纖陸塵貳渺，實徵支銀柒兩柒錢肆分柒釐壹毫叁絲壹忽叁微叁塵捌渺。遇閏加銀叁兩，內除荒銀貳兩叁錢伍分貳釐陸毫伍絲陸忽陸微陸纖貳塵柒渺伍漠，實徵支銀陸錢肆分柒釐叁毫肆絲叁忽叁微叁纖柒塵貳渺伍漠。

膳夫貳名，額支銀壹拾叁兩叁錢叁分叁釐叁毫叁絲叁忽，內除荒撥補銀壹拾兩肆錢陸分貳釐肆毫壹絲壹忽捌纖叁塵捌渺貳沙叁洙陸涯伍洒，實徵支銀貳兩捌錢柒分玖毫貳絲壹忽玖微壹纖陸塵壹渺玖漠柒沙陸洙叁涯伍洒係廩生支領。遇閏加銀壹兩壹錢壹分壹釐壹毫，內除荒撥補銀捌錢柒分壹釐叁毫玖絲玖忽肆微肆纖伍塵玖渺壹漠貳沙壹洙柒涯伍洒，實徵支銀貳錢叁分玖釐柒毫伍微伍纖肆塵捌漠柒沙捌洙貳涯伍洒係廩生支領。

門斗貳名，每名歲支銀柒兩貳錢，共銀壹拾肆兩肆錢，內除荒撥補銀壹拾壹兩叁錢捌毫伍絲叁忽壹微貳纖捌塵伍渺，實徵支銀叁兩玖分玖釐壹毫肆絲陸忽捌微柒纖壹塵伍渺。遇閏加銀壹兩貳錢，內除荒銀玖錢肆分貳毫柒絲叁忽壹微捌纖伍塵壹渺，實徵支銀貳錢伍分玖釐柒毫貳絲陸忽捌微壹纖肆塵玖渺。

廩生貳拾名，內撥支府學廩生貳名，安康縣廩生叁名，止該縣學廩生拾伍名，每名歲支銀貳兩壹錢伍分貳釐叁毫陸絲柒忽肆微叁纖捌塵，共銀肆拾叁兩肆分柒釐叁毫肆絲捌忽柒微陸纖，內除荒撥補銀叁拾叁兩柒錢柒分玖釐捌毫伍絲叁忽陸微伍纖伍塵肆渺肆漠捌沙叁涯柒洒，實徵支銀玖兩貳錢陸分柒釐肆毫玖絲伍忽壹微肆塵伍渺伍漠壹沙玖洙陸涯叁洒。遇閏加銀叁兩伍錢捌分柒釐貳毫捌絲，內除荒撥補銀貳兩捌錢壹分貳毫伍絲壹忽玖微捌纖肆塵陸渺伍漠貳沙玖洙肆涯，實徵支銀柒錢柒分柒釐貳絲捌忽壹纖伍塵叁渺肆漠柒沙陸涯。

以上俸工項下，除廩生、膳夫貳欵照常支發外，其餘官役俸工於道光貳拾叁年奉文，均以貳兩平支放，每兩減平銀陸分，其減平銀兩，每年批解部庫交納，理合登明。

壹雜支項下

春丁並清明等節、秋丁並柒月拾伍等節致祭文廟及各壇祠並無祀鬼魂品物等項共銀捌拾陸兩陸錢，內除荒銀陸拾陸兩柒錢捌釐陸毫伍絲肆忽肆微柒塵玖渺伍漠，實徵支銀壹拾玖兩捌錢玖分壹釐叁毫肆絲伍忽伍微玖纖貳塵伍漠。外撥補均攤祭祀不敷銀伍拾叁兩伍錢貳分壹釐壹毫柒絲貳忽壹微捌纖陸塵壹渺肆漠伍沙陸涯。

鄉飲額支銀叁兩，內除荒銀貳兩叁錢捌釐伍毫伍絲肆忽陸微叁塵壹渺伍漠，實徵支銀陸錢玖分壹釐肆毫肆絲伍忽叁微玖纖陸塵捌渺伍漠，於道光貳拾叁年奉文裁汰，其徵收銀兩，每年批解部庫交納，理合登明。

時憲書銀壹兩，內除荒銀柒錢陸分玖釐伍毫叁絲捌忽柒微伍纖伍塵肆渺伍漠，實徵支銀貳錢叁分肆毫陸絲壹忽貳微肆纖肆塵伍渺伍漠。

壹孤貧項下

孤貧貳拾名口，共支月糧銀伍拾柒兩陸錢，內除荒銀肆拾伍兩壹錢捌分貳釐捌毫伍絲貳忽叁微玖纖貳塵壹渺陸漠，實徵支銀壹拾貳兩肆錢壹分柒釐壹毫肆絲柒忽陸微柒塵捌渺肆漠。外加增撥補銀伍拾玖兩陸錢貳分叁釐伍毫捌絲壹忽壹微柒塵叁渺陸漠。遇閏加增銀陸兩。

孤貧布花銀肆兩，內除荒銀叁兩壹錢叁分叁毫陸絲捌忽叁微叁纖貳塵壹渺捌漠，實徵支銀捌錢陸分玖釐陸毫叁絲壹忽陸微陸纖柒塵捌渺貳漠。

壹驛站項下

站支原額銀伍百肆拾兩伍分伍釐壹毫壹絲，內除荒銀叁百貳拾捌兩壹分伍釐叁毫捌忽叁微叁塵玖渺柒漠玖沙陸洙叁涯叁洒，實徵支銀貳百壹拾貳兩叁分玖釐捌毫壹忽陸微玖纖陸塵貳漠叁洙陸涯柒洒。

外收受協銀柒百肆拾伍兩壹錢玖分柒釐叁毫叁絲，共銀玖百伍拾柒兩貳錢叁分柒釐壹毫叁絲壹忽陸微玖纖陸塵貳漠叁洙陸涯柒洒，內除裁站銀肆百捌兩肆錢壹分肆釐捌毫伍絲陸忽玖微叁纖叁塵，實支銀伍百肆拾捌兩捌錢貳分貳釐貳毫柒絲肆忽柒微陸纖叁塵貳漠叁洙陸涯柒洒。

走遞募夫額銀伍拾伍兩叁錢柒分肆釐；損轎夫陸拾叁名，額銀叁百叁拾壹兩貳錢；走遞馬肆拾匹，額銀玖百柒拾玖兩捌錢叁分玖釐；協濟西鄉茶溪灘夫馬額銀貳拾兩。共額支銀壹千叁百捌拾陸兩肆錢壹分叁釐，內除荒銀壹千貳百捌拾捌兩伍錢伍分玖釐壹毫伍絲貳忽伍微叁纖叁塵陸漠捌沙貳洙伍涯，實徵銀玖拾柒兩捌錢伍分叁釐捌毫肆絲柒忽肆微陸纖陸塵玖渺叁漠壹沙柒洙伍涯，內裁減銀陸錢貳分貳釐貳毫捌絲伍忽叁微玖纖玖塵伍渺，實支銀玖拾柒兩貳錢叁分壹釐伍毫陸絲貳忽陸纖柒塵肆渺叁漠壹沙柒洙伍涯。

遇閏，損轎夫加銀叁拾柒兩捌錢；走遞馬加銀壹百壹拾肆兩壹錢捌釐捌絲。共銀壹百伍拾壹兩玖錢捌釐捌絲，內除荒銀壹百壹拾玖兩叁分捌釐伍毫柒絲捌忽捌微捌纖玖塵伍渺捌漠壹沙叁洙肆涯，實徵支銀叁拾貳兩捌錢陸分玖釐伍毫壹忽壹微壹纖肆渺壹漠捌沙陸洙陸涯，內除裁減銀壹拾貳兩伍錢叁分陸釐捌毫陸絲陸忽肆微伍塵柒渺，實支銀貳拾兩叁錢叁分貳釐陸毫叁絲肆忽柒微肆塵柒渺壹漠捌沙陸洙陸涯。

外撥補夫馬閏月銀貳兩壹錢柒分柒釐伍毫。

以上存留實徵共銀伍百肆拾兩玖錢貳分肆釐肆毫伍絲肆忽貳微捌纖伍塵貳渺玖漠壹沙柒洙壹涯伍洒。

又收起運內受協渭南等縣驛站兌留兵餉應支銀柒百肆拾伍兩壹錢玖分柒釐叁毫叁絲。

共該銀壹千貳百捌拾陸兩壹錢貳分壹釐柒毫捌絲肆忽貳微捌纖伍塵貳渺玖漠壹沙柒洙壹涯伍洒，內除驛遞之差使甚少並題明請將驛站等事貳案內，共裁站銀肆百玖兩叁分柒釐壹毫肆絲貳忽叁微叁纖貳塵伍渺入起運外，實該銀捌百柒拾柒兩捌分肆釐陸毫肆絲壹忽玖微伍纖貳塵柒渺玖漠壹沙柒洙壹涯伍洒。

外加增撥補俸工留支銀肆百玖拾捌兩貳錢捌釐伍毫玖絲肆忽壹微柒纖陸塵陸渺叁漠柒沙玖洙貳洒，內在於遵旨會核酌議等事案內，分撥寧陝廳地畝，因起運不敷動撥銀陸拾陸兩玖錢捌釐，仍在於該廳起運銀內照數撥補足額訖，其遇閏之年較比無閏少撥銀捌兩壹錢肆釐，係將起運閏銀全數動撥外，下餘不敷之數，理合登明。

共該銀壹千叁百柒拾伍兩貳錢玖分叁釐貳毫叁絲陸忽壹微貳纖玖塵肆渺貳漠玖沙陸洙壹涯柒洒於乾隆伍拾貳年奉文，全數解司，一切支欵，俱由司按季領支，嗣於嘉慶伍年奉文，在縣留支，並不解司，按季請領。

外於西安布政司庫撥補領支各役等項不敷銀貳百柒拾柒兩伍錢貳分伍釐貳毫叁絲壹忽貳微貳纖陸渺肆漠貳沙伍洙係動支司庫收貯起運銀兩。

又領支均攤祭祀不敷銀伍拾叁兩伍錢貳分壹釐壹毫柒絲貳忽壹微捌纖陸塵

壹渺肆漠伍沙陸涯係動支司庫收貯耗羨銀兩。

遇閏原加銀貳百貳拾柒兩陸錢玖釐柒毫玖絲貳忽，內除裁扣閏俸銀玖兩叁釐叁毫叁絲貳忽入起運外，實該銀貳百壹拾捌兩陸錢陸釐肆毫陸絲，內除荒銀壹百柒拾壹兩叁錢柒分叁釐伍毫捌絲壹微玖纖貳塵陸渺貳漠壹沙肆洙伍涯伍洒，實徵銀肆拾柒兩貳錢叁分貳釐捌毫柒絲玖忽捌微柒塵叁渺柒漠捌沙伍洙肆涯伍洒，內除驛遞之差使甚少並題明請將驛站等事貳案內，裁站閏月銀壹拾貳兩伍錢叁分陸釐捌毫陸絲陸忽肆微伍塵柒渺，止該銀叁拾肆兩陸錢玖分陸釐壹絲叁忽肆微壹塵陸渺柒漠捌沙伍洙肆涯伍洒。

外加增撥補留支銀壹拾壹兩捌錢伍分玖釐壹毫伍絲壹忽肆微叁纖伍渺陸漠伍沙壹洙壹涯伍洒。

共該閏月銀肆拾陸兩伍錢伍分伍釐壹毫陸絲肆忽捌微叁纖貳塵貳渺肆漠叁沙陸洙陸涯於乾隆伍拾貳年奉文，全數解司，一切支欵，俱由司按季領支，嗣於嘉慶伍年奉文，在縣留支，並不解司，按季請領。

外於西安布政司庫撥補領支舖司加增閏月銀伍兩捌錢壹分捌釐壹毫伍絲叁忽捌微貳塵貳渺係動支司庫收貯起運銀兩。

壹額外

課程銀玖兩貳分係街房舖戶出辦。遇閏加銀柒錢伍分壹釐陸毫陸絲陸忽陸微陸纖。

畜稅銀壹拾兩肆錢肆分係買騾馬出辦，原無定額，儘收儘解。

牙稅銀叁兩捌錢共牙人伍名，每名各納稅銀陸錢至壹兩，下等差參不齊，俱係按年照帖收報，理合登明。

茶課銀貳拾伍兩叁錢貳分玖釐係茶戶出辦。

地稅銀壹拾兩柒錢肆分係買房地業主出辦，原無定額，儘收儘解。

當稅銀伍兩典舖壹座，每年當稅銀伍兩，係典舖出辦。

磚坪廳

原接收安康、平利貳縣分撥實熟地叁拾貳頃柒拾畝貳分貳毫陸忽柒微陸纖肆塵壹渺，每畝起科不等，共折色糧陸拾捌石捌斗捌升叁合壹勺貳抄陸撮貳粟，共額徵折色銀壹百陸拾兩肆錢捌分陸釐叁毫柒微壹纖肆塵捌渺貳漠肆沙玖洙陸洒。

內原接收安康縣分撥實熟地叁拾貳頃貳拾貳畝陸分壹釐陸毫陸忽柒微陸纖肆塵壹渺，每畝科糧貳升陸勺叁抄陸撮伍圭玖粟陸粒，共折色糧陸拾陸石伍斗叁合捌勺貳抄陸撮貳粟，共徵折色銀壹百伍拾肆兩捌錢捌分捌釐壹毫壹絲陸忽伍微叁纖叁塵柒渺伍漠捌沙伍洙陸洒按照安康縣全書內載：每畝折徵銀肆分捌釐陸絲貳忽捌微伍纖壹塵貳渺，遇有墾豁，按畝增減。

又接收平利縣分撥中地肆拾柒畝伍分捌釐陸毫，每畝科折色糧伍升，共折色糧貳石叁斗柒升玖合叁勺，每畝徵折色銀壹錢壹分柒釐陸毫肆絲叁忽伍微壹纖貳釐肆渺，共折色銀伍兩伍錢玖分捌釐壹毫捌絲肆忽壹微捌纖壹塵陸漠陸沙肆洙。

以上共接收實熟地叁拾貳頃柒拾畝貳分貳毫陸忽柒微陸纖肆塵壹渺，共折色糧陸拾捌石捌斗捌升叁合壹勺貳抄陸撮貳粟，共徵折色銀壹百陸拾兩肆錢捌分陸釐叁毫柒微壹纖肆塵捌渺貳漠肆沙玖洙陸洒。

接收安康縣分撥祿米壹拾叁石壹斗伍升柒合柒抄伍撮壹圭壹粟柒粒壹顆捌糠玖粃貳粺。

接收平利縣分撥祿米肆斗玖升伍合叁勺肆抄貳撮柒圭伍粒貳顆玖糠貳粃。

貳項共米壹拾叁石陸斗伍升叁合壹勺壹抄柒撮捌圭貳粟貳粒肆顆捌糠壹粃貳粺。

接收安康、平利貳縣分撥均載丁銀貳拾捌兩陸錢捌分陸釐柒毫肆絲肆忽伍微壹纖柒塵柒渺肆漠貳沙伍洙壹涯柒洒按照每銀壹兩，均載丁銀壹錢伍分叁釐壹毫肆絲肆微。

接收安康、平利二縣均徭銀貳拾陸兩捌錢叁分陸釐玖毫貳絲伍忽壹纖肆塵捌渺捌漠伍沙肆洙壹涯玖洒，每畝徵銀法則，在於原分撥各該縣全書內分晰登明。

外遇閏，接收安康、平利貳縣銀肆兩玖錢貳分陸釐肆毫叁絲貳忽捌微柒纖玖塵貳渺玖漠玖沙肆洙肆涯玖洒。

接收安康縣分撥匠價銀捌分貳釐叁毫叁絲壹忽柒微叁纖陸塵陸渺。遇閏接收匠價閏銀捌釐壹毫。

接收安康縣分撥停免銀伍兩壹分玖釐柒毫捌忽捌微。

以上正閏各項俱攤入前項地糧內徵解。

地、丁、均徭並匠價、停免等項共額徵銀貳百貳拾壹兩壹錢壹分貳釐壹絲柒微捌纖肆塵伍漠貳沙捌洙肆涯貳洒。

遇閏加徵銀肆兩玖錢貳分陸釐肆毫叁絲貳忽捌微柒纖玖塵貳渺玖漠玖沙肆洙肆涯玖洒。

接收安康、平利貳縣本色祿米壹拾叁石陸斗伍升叁合壹勺壹抄柒撮捌圭貳粟貳粒肆顆捌糠壹粃貳粺，解支兵糧。

接收安康縣分撥匠價銀捌分貳釐叁毫叁絲壹忽柒微叁纖陸塵陸渺。遇閏加徵銀捌釐壹毫。

貳項共閏銀肆兩玖錢叁分肆釐伍毫叁絲貳忽捌微柒纖玖塵貳渺玖漠玖沙肆洙肆涯玖洒。

接收安康縣分撥停免銀伍兩壹分玖釐柒毫捌忽捌微。

壹起運項下

原接收安康、平利貳縣分撥本色祿米壹拾叁石陸斗伍升叁合壹勺壹抄柒撮捌圭貳粟貳粒肆顆捌糠壹粃貳粺解支兵糧。

原接收安康、平利貳縣分撥起運銀貳百貳拾壹兩壹錢壹分貳釐壹絲柒微捌纖肆塵伍漠貳沙捌洙肆涯貳洒。

接收安康縣分撥抵補屯更丁銀貳拾肆兩陸錢貳分肆釐壹毫柒絲貳忽壹微柒纖。

共實起運銀貳百肆拾伍兩柒錢叁分陸釐壹毫捌絲貳忽玖微伍纖肆塵伍漠貳沙捌洙肆涯貳洒。

原接收安康、平利貳縣分撥起運閏銀肆兩玖錢貳分陸釐肆毫叁絲貳忽捌微柒纖玖塵貳渺玖漠玖沙肆洙肆涯玖洒。

接收安康縣分撥抵補屯更丁增閏銀壹兩貳錢貳分壹釐捌毫陸絲柒忽。

接收安康縣分撥匠價閏銀捌釐壹毫。

以上共起運閏銀陸兩壹錢伍分陸釐叁毫玖絲玖忽捌微柒纖玖塵貳渺玖漠玖沙肆洙肆涯玖洒。

壹俸工項下

通判壹員，額支俸薪銀肆拾貳兩貳錢叁釐，內鳳翔縣徵解撥支銀叁拾貳兩叁錢陸分叁釐。在司領支裁汰夫馬工料項下銀玖兩捌錢肆分。

巡檢壹員，額支俸薪銀叁拾壹兩伍錢貳分係由沔縣存留項下徵解支領。

通判衙門

門子貳名，每名歲支工食銀陸兩，共支銀壹拾貳兩。遇閏加銀玖錢壹分肆釐。

步快捌名，每名歲支工食銀陸兩，共支銀肆拾捌兩。遇閏加銀叁兩陸錢伍分陸釐。

皂隸壹拾貳名，每名歲支工食銀陸兩，共支銀柒拾貳兩。遇閏加銀伍兩肆錢捌分叁釐。

轎傘扇夫柒名，每名歲支工食銀陸兩，共支銀肆拾貳兩。遇閏加銀叁兩壹錢玖分玖釐。

以上正閏各項俱在於鳳翔縣徵解司庫存留銀內領支，其額荒實徵撥補各銀數，在於該縣全書內登明。

民壯貳拾伍名，每名歲支工食銀陸兩，共支銀壹百伍拾兩。遇閏不加。

舖司叁拾名，每名歲支工食銀陸兩，共支銀壹百捌拾兩。遇閏加銀壹拾伍兩。

仵作貳名，每名歲支工食銀陸兩，共支銀壹拾貳兩。遇閏加銀壹兩。

庫子肆名，每名歲支工食銀陸兩，共支銀貳拾肆兩。遇閏加銀貳兩。

斗級肆名，每名歲支工食銀陸兩，共支銀貳拾肆兩。遇閏加銀貳兩。

禁卒捌名，每名歲支工食銀陸兩，共支銀肆拾捌兩。遇閏加銀肆兩以上正閏各項，原請在於司庫裁汰支剩夫馬工料項下領支。

巡檢衙門

皂隸貳名，每名歲支工食銀陸兩，共支銀壹拾貳兩。遇閏加銀伍錢叁分貳釐正閏銀兩在於汧縣存留內徵解支領。

弓兵肆名，每名歲支工食銀陸兩，共支銀貳拾肆兩。遇閏加銀貳兩俱在於司庫耗羨項下請領支發。

以上官役俸工項下於道光貳拾叁年奉文，均以貳兩平支放，每兩減平銀陸分，其減平銀兩，每年批解部庫交納，理合登明。

一驛站項下

原設遞馬貳匹，每匹日支草料銀陸分，每年共支銀肆拾叁兩貳錢。遇閏加銀叁兩陸錢。

藥、油、籠、韁等項銀貳兩。

馬夫壹名，日支工食銀叁分，每年共支銀壹拾兩捌錢。遇閏加銀玖錢以上正閏銀兩，每年俱在於司庫裁汰支剩夫馬工料項下領支。

一額外

茶課銀貳拾叁兩玖錢叁分叁釐係茶商出辦。

畜稅銀陸兩陸錢陸釐係買主輸納，原無定額，儘收儘解，理合登明。

地稅銀貳拾伍兩壹錢肆分叁釐係買房地業主輸納，原無定額，儘收儘解，理合登明。

邠州屬：本州、三水、長武、淳化

原額各等並農桑共地貳萬叁千玖百貳拾伍頃肆拾捌畝伍分貳釐壹毫叁絲伍忽，每畝各徵糧不等，共本折糧捌萬捌千伍百捌拾捌石柒斗捌升玖合捌勺貳撮，內本色糧壹千壹百捌拾叁石陸斗，折色糧捌萬柒千肆百伍石壹斗捌升玖合捌勺貳撮，每石折徵銀不等，共銀玖萬肆千叁百伍拾捌兩叁錢貳分捌釐柒毫陸絲壹忽壹微肆纖捌塵，內：

順治柒、捌、拾伍、叁年並康熙肆年、捌年、貳拾叁年，雍正元年及乾隆伍年、拾捌年在於陳荒苦情、秦屬蠲免、再疏籲請、請免無着浮糧、遵旨詳查議奏、河水沖坍地畝等事各案內，題明免過無主、有主、續荒豁免共地壹萬捌千壹百叁拾玖頃捌拾陸畝捌分玖釐貳毫肆絲伍忽，應免本折糧柒萬肆百陸拾捌石壹斗壹升柒合玖勺陸抄陸撮肆圭伍粟叁粒捌顆。

又長武縣乾隆肆拾貳年在於遵旨議奏事案內，豁免地壹頃肆拾畝，應免本折糧貳石陸斗肆升壹合肆勺捌抄柒撮伍圭，內前墾並興屯及節年清丈自首並乾隆貳拾叁、肆、捌、叁拾貳、陸、捌、肆拾貳等年開墾共地叁千肆百玖拾陸頃陸拾肆畝壹分叁釐肆絲陸忽，應徵本折糧壹萬貳千壹百捌拾玖石貳斗捌升玖合壹勺壹抄陸撮捌圭貳粟捌粒捌顆肆粃。

又三水縣嘉慶元年起科地壹頃壹拾玖畝玖釐，該糧壹石柒斗伍升捌合叁勺肆抄叁圭伍粒該銀壹兩捌錢肆分叁釐肆毫陸絲貳忽陸微伍纖捌塵貳渺肆沙。

實豁免地壹萬肆千陸百肆拾叁頃肆拾叁畝陸分柒釐壹毫玖絲玖忽，實應免本折糧伍萬捌千貳百柒拾玖石柒斗壹升貳合叁抄貳撮捌圭壹粟玖粒玖顆玖糠陸粃，內實應免本色起運糧玖拾陸石叁斗伍升貳合陸勺捌抄玖撮伍圭貳粟伍粒叁顆貳糠叁粃伍粺，實應免存留官學倉糧貳百貳石貳斗伍升叁合捌勺陸抄柒撮陸圭貳粟陸粒壹顆，實應免存留驛倉糧肆百貳拾叁石捌斗伍升貳合肆抄叁撮柒圭貳粒貳糠，實應免折色糧伍萬柒千伍百伍拾柒石貳斗伍升叁合肆勺叁抄壹撮玖圭陸粟陸粒伍顆伍糠貳秕伍粄，該免銀陸萬壹千玖百捌拾柒兩貳錢玖分叁釐壹毫壹絲壹忽捌微貳纖柒塵叁渺陸漠伍洙壹涯。

實熟地玖千貳百捌拾貳頃肆畝捌分肆釐玖毫叁絲陸忽，實徵本折糧叁萬叁百玖石柒升柒合柒勺陸抄玖撮壹圭捌粟肆秕，內實徵本色起運糧陸拾叁石陸斗肆升柒合叁勺壹抄肆圭柒粟肆粒陸顆柒糠陸秕伍粄，實徵存留官學倉糧壹百貳拾捌石肆斗貳升玖合貳勺叁抄貳撮叁圭柒粟叁粒玖顆，實徵存留驛倉糧貳百陸拾玖石陸升肆合捌勺伍抄陸撮貳圭玖粟柒粒玖顆捌糠，實徵折色糧貳萬玖千捌百肆拾柒石玖斗叁升陸合叁勺柒抄叁粟叁粒肆顆肆糠柒秕伍粄，該徵銀叁萬貳千叁百柒拾壹兩叁分伍釐陸毫肆絲玖忽叁微貳纖陸渺叁漠玖沙肆洙玖涯。

原額人丁叁門玖則不等，共折下下丁陸萬壹千陸拾玖丁，各徵銀不等，共徵銀柒千柒百壹拾捌兩玖錢捌分貳釐柒毫柒絲柒微玖纖貳塵捌渺，內除優免丁壹千伍百柒拾柒丁，應免銀貳百叁拾壹兩叁錢叁分伍釐捌毫伍絲捌忽柒微玖纖貳塵捌渺。

行差丁伍萬玖千肆百玖拾貳丁，該徵銀柒千肆百捌拾柒兩陸錢肆分陸釐玖毫壹絲貳忽。

內順治柒年並康熙貳拾叁年在於再疏籲請等事案內，題明免過殺擄、逃亡共丁貳萬陸千肆拾陸丁，共免銀叁千伍百肆拾陸兩玖錢肆釐柒毫貳絲捌忽陸微玖纖捌塵，內前招回並節年招回及編審出新增共丁肆千柒百肆拾伍丁，該徵銀陸百玖拾叁兩柒錢伍分肆釐肆毫柒絲柒纖陸塵柒渺以增抵除，實豁免丁貳萬壹千叁百壹丁，該除銀貳千捌百伍拾叁兩壹錢伍分貳毫伍絲捌忽陸微貳纖壹塵叁渺。

以上實在行差人丁叁萬捌千壹百玖拾壹丁，該徵銀肆千陸百叁拾肆兩肆錢玖分陸釐陸毫伍絲叁忽叁微柒纖捌塵柒渺，於雍正伍年攤入地糧內徵解。

康熙伍拾伍年起，至乾隆貳拾陸年止，編審出丁玖百叁拾伍丁；乾隆叁拾壹年編審出丁捌拾丁；乾隆叁拾陸年編審出丁壹百叁丁。共編審出丁壹千壹百壹拾捌丁，欽遵康熙伍拾貳年叁月拾捌日恩詔，後遇編審之期，但據康熙伍拾年丁冊定為常額，永不加賦。

原額均徭銀肆千柒百叁拾伍兩壹分捌釐肆毫貳絲柒忽玖微柒纖，內除荒銀叁千伍拾玖兩貳分陸釐玖毫柒絲叁忽柒微柒纖陸塵柒渺伍漠伍沙貳洙，實徵銀壹千陸百柒拾伍兩玖錢玖分壹釐肆毫伍絲肆忽壹微玖纖叁塵貳渺肆漠肆沙捌洙。

外遇閏加徵銀柒百玖拾肆兩壹錢陸毫柒絲捌忽，內除荒銀肆百叁拾兩捌錢陸分叁釐陸毫玖絲玖忽貳微壹纖捌塵柒渺叁漠陸沙伍洙柒涯叁洒，實徵銀叁百陸拾叁兩貳錢叁分陸釐玖毫柒絲捌忽柒微捌纖壹塵貳渺陸漠叁沙肆洙貳涯柒洒。

額外應徵匠價銀壹百叁拾伍兩捌分叁釐伍毫。遇閏加銀壹拾壹兩貳錢伍分陸釐玖毫伍絲捌忽叁微叁纖叁塵叁渺。

年例、盤纏銀貳兩肆錢柒分伍毫，內除荒銀捌錢叁釐柒毫貳絲肆忽玖微，實徵銀壹兩陸錢陸分陸釐柒毫柒絲伍忽壹微。遇閏加銀貳錢伍釐捌毫柒絲肆忽，內除荒銀陸分陸釐玖毫壹絲，實徵銀壹錢叁分捌釐玖毫陸絲肆忽。

停免銀貳百叁兩叁錢壹分玖毫壹絲壹忽伍纖。

軍籍銀貳千伍拾伍兩陸錢柒分肆釐陸毫伍絲壹忽柒微貳纖柒塵。

以上額外正閏陸項攤入前項地糧內徵解。

以上地、丁貳項並均徭、匠價、年例、停免、軍籍等項，除優免丁銀外，共額徵銀壹拾萬捌千玖百柒拾柒兩伍錢叁分叁釐陸毫陸絲叁忽捌微玖纖伍塵，內除荒銀陸萬柒千玖百兩貳錢柒分肆釐陸絲玖忽壹微貳纖伍塵肆渺壹漠伍沙柒洙壹涯，實徵銀肆萬壹千柒拾柒兩貳錢伍分玖釐伍毫玖絲肆忽柒微陸纖玖塵伍渺捌漠肆沙貳洙玖涯。

額徵本色糧壹千壹百捌拾叁石陸斗，內除荒粮柒百貳拾貳石肆斗伍升捌合陸勺捌圭伍粟叁粒肆顆肆糠叁粃伍粺，實徵粮肆百陸拾壹石壹斗肆升壹合叁勺玖抄玖撮壹圭肆粟陸粒伍顆伍糠陸粃伍粺。

外遇閏加銀柒百玖拾肆兩壹錢陸毫柒絲捌忽，內除荒銀肆百叁拾兩捌錢陸分叁釐陸毫玖絲玖忽貳微壹纖捌塵柒渺叁漠陸沙伍洙柒涯叁洒，實徵銀叁百陸拾叁兩貳錢叁分陸釐玖毫柒絲捌忽柒微捌纖壹塵貳渺陸漠叁沙肆洙貳涯柒洒。

又匠價閏銀壹拾壹兩貳錢伍分陸釐玖毫伍絲捌忽叁微叁纖叁塵叁渺。

又年例閏額銀貳錢伍釐捌毫柒絲肆忽，內除荒銀陸分陸釐玖毫壹絲，實徵銀壹錢叁分捌釐玖毫陸絲肆忽。

叁項共該實徵閏銀叁百柒拾肆兩陸錢叁分貳釐玖毫壹忽壹微壹纖肆塵伍渺陸漠叁沙肆洙貳涯柒洒。

壹起運項下

原額本色起運糧壹百陸拾石，內除荒糧玖拾陸石叁斗伍升貳合陸勺捌抄玖撮伍圭貳粟伍粒叁顆貳糠叁粃伍粺，實起運糧陸拾叁石陸斗肆升柒合叁勺壹抄肆圭柒粟肆粒陸顆柒糠陸粃伍粺。

原編起運糧石折價銀柒萬貳千壹百貳拾玖兩叁錢玖分叁釐肆毫叁絲壹忽玖微玖纖叁塵，內除荒銀肆萬陸千玖百叁拾玖兩伍錢伍分柒釐柒毫柒絲壹忽壹微捌纖捌塵玖渺陸漠柒洙壹涯玖洒，實起運銀貳萬伍千壹百捌拾玖兩捌錢叁分伍釐陸毫陸絲捌微肆塵叁漠玖沙貳洙捌涯壹洒。

節裁藥味、軍器、毛襖、年例、鹽鈔、抵録等項共銀貳千叁百壹拾陸兩肆錢陸分肆釐貳毫捌絲伍忽，內除荒銀壹千壹百柒拾叁兩柒分肆釐伍毫壹忽陸微叁纖柒塵玖渺貳漠玖沙肆洙陸涯，實起運銀壹千壹百肆拾叁兩叁錢捌分玖釐柒毫捌絲叁忽叁微陸纖貳塵柒漠伍洙肆涯。

舊編存留，內順治玖年裁扣各役工食銀玖百壹拾陸兩肆錢；拾貳年裁扣傘扇銀叁拾貳兩；拾肆年裁扣官生俸廩等項銀玖百伍拾捌兩玖分叁釐貳毫貳絲；拾伍年裁冗員銀壹百柒拾叁兩柒錢陸分；拾柒年裁驛丞俸食銀玖拾貳兩叁錢柒分壹釐肆毫肆絲；裁站銀伍百壹拾壹兩伍錢伍分玖釐柒毫叁微陸纖伍渺；原裁里馬損轎夫叁分裁壹，銀壹百伍拾壹兩伍錢柒釐叁毫柒絲陸忽伍微陸塵陸渺。康熙元年裁吏書工食銀叁百玖拾捌兩玖分肆釐陸毫；康熙叁年裁齋夫、門斗工食銀壹百伍拾玖兩柒錢捌分貳釐肆毫伍絲，雜費丁銀玖百貳拾玖兩伍分柒釐伍毫玖絲；拾伍年裁心紅紙張、喂馬草料等項銀叁百捌拾兩貳錢柒分叁釐壹毫伍絲；拾陸年裁大使俸食銀肆拾叁兩伍錢貳分；貳拾柒年裁舉貢盤纏、進士坊價銀壹百壹拾陸兩柒錢陸毫伍絲柒忽；叁拾玖年裁大使俸食銀叁拾柒兩陸錢伍分玖釐肆毫；伍拾陸年裁表箋銀叁兩捌錢貳分伍釐。雍正陸年裁燈夫工食銀玖拾貳兩柒錢陸分捌釐；捌年裁大使俸食銀叁拾柒兩陸錢伍分玖釐肆毫；拾貳年裁民壯工食銀叁百貳拾陸兩柒錢陸分捌釐。乾隆柒年裁民壯工食銀壹百柒拾捌兩陸錢肆分伍釐貳毫；玖年裁舖司工食銀貳百柒拾兩捌錢貳分玖釐壹毫，舊編冗費裁剩解部銀叁千柒百陸拾捌兩柒錢貳釐捌毫壹絲叁忽壹微貳纖伍塵，又裁黑水渡水夫工食銀貳拾肆兩玖錢貳分貳釐。

共裁歸起運銀玖千陸百肆兩捌錢玖分玖釐玖絲陸忽玖微玖纖貳塵壹渺，內除荒銀伍千叁百陸拾玖兩貳錢壹分捌釐柒毫伍絲柒忽伍微壹纖貳塵陸渺壹漠柒沙玖涯柒洒，實起運銀肆千貳百叁拾伍兩陸錢捌分叁毫叁絲玖忽肆微柒纖玖塵肆渺捌漠貳沙玖洙叁洒。

又額外應徵匠價、停免、軍籍等項共銀貳千叁百玖拾肆兩陸分玖釐陸絲貳忽柒微柒纖柒塵。

年例、盤纏銀貳兩肆錢柒分伍毫，內除荒銀捌錢叁釐柒毫貳絲肆忽玖微，實徵銀壹兩陸錢陸分陸釐柒毫柒絲伍忽壹微。

以上實徵起運銀叁萬貳千玖百陸拾肆兩陸錢肆分壹釐陸毫貳絲壹忽伍微貳纖貳塵伍渺玖漠貳沙柒洙貳涯肆洒。

又收存留內額協京兆等驛站支抵餉銀壹百壹拾捌兩貳錢柒釐貳毫伍絲貳忽伍微叁纖叁塵。

又收額協臨洮等府屬驛站抵餉銀貳千肆百貳拾伍兩肆錢玖分肆釐玖毫陸絲玖忽伍微玖纖。

又收存留內欽奉上諭並驛遞之差使甚少及題明請將驛站等事叁案內，共裁站銀叁千壹百柒拾玖兩柒錢貳分陸釐伍毫壹絲陸忽貳微伍纖壹塵肆渺捌漠，內留支邠州新增夫馬工料銀伍百肆拾陸兩伍分伍釐陸毫壹絲伍忽玖微貳纖伍塵捌渺捌漠，止實收銀貳千陸百叁拾叁兩陸錢柒分玖毫叁微貳纖伍塵陸渺。

又三水、淳化貳縣在於請倣以糧載丁等事案內，通省以糧均丁增銀陸百壹拾貳兩壹錢貳分叁毫柒絲叁忽肆微叁塵。

又收付送原文事案內，裁撥夫馬工料銀陸拾陸兩捌錢。

共該起運銀叁萬捌千捌百貳拾兩玖錢叁分伍釐壹毫壹絲柒忽叁微柒纖肆塵壹渺玖漠貳沙柒洙貳涯肆洒，內除受協蒲城、邠州等州縣站支兑留兵餉銀伍千柒百肆拾肆兩壹錢陸分玖釐貳毫柒絲伍忽肆微柒纖叁塵伍渺；又在於請倣以糧載丁等事案內，通省以糧均丁減銀壹千柒百貳拾陸兩壹錢肆分肆釐捌毫玖絲陸微貳纖壹塵陸渺，內除乾隆元、陸、拾壹、拾陸、貳拾壹、貳拾陸等年編審案內，共增抵補屯更丁銀叁百捌拾貳兩捌分捌釐伍毫壹絲陸忽肆微叁纖玖塵捌渺，又乾隆叁拾壹、叁拾陸兩年編審案內，共增抵補屯更丁銀壹百捌拾伍兩玖錢柒分陸毫玖絲叁忽伍微叁塵伍渺，止該減銀壹千壹百伍拾捌兩捌分伍釐陸毫捌絲陸微柒纖捌塵叁渺。

實該起運銀叁萬壹千玖百壹拾捌兩陸錢捌分壹毫陸絲壹忽貳微貳纖貳塵叁渺玖漠貳沙柒洙貳涯肆洒，內留支加增撥補俸工銀貳千肆百陸拾兩陸錢肆分肆釐伍毫陸絲叁忽玖塵叁渺貳漠壹沙捌洙壹涯叁洒，止該起運銀貳萬玖千肆百伍拾捌兩叁分伍釐伍毫玖絲捌忽貳微壹纖叁塵柒漠玖洙壹涯壹洒。

外遇閏，玖年裁扣銀陸拾玖兩柒錢；拾肆年裁扣銀柒拾貳兩叁錢貳分陸釐叁毫貳忽；拾伍年裁扣銀壹拾肆兩肆錢柒分玖釐玖毫玖絲捌忽；拾柒年裁扣銀捌兩貳錢伍分叁釐叁毫叁絲貳忽。康熙元年裁扣銀叁拾肆兩肆錢；叁年裁銀壹拾叁兩捌錢；拾伍年裁扣銀壹拾兩陸錢陸分陸釐陸毫捌絲；拾陸年裁扣銀叁兩陸錢貳分陸釐陸毫陸絲陸忽；叁拾玖年裁扣銀叁兩陸錢貳分陸釐陸毫陸絲陸忽。雍正陸年裁扣銀捌兩；捌年裁扣銀叁兩陸錢貳分陸釐陸毫陸絲陸忽；拾貳年裁扣民壯工食銀貳拾柒兩伍錢。乾隆柒年裁扣民壯工食銀壹拾伍兩伍錢；玖年裁扣銀貳拾貳兩玖錢玖分捌釐貳毫陸絲肆忽，又黑水渡水夫工食銀貳兩肆錢，又各官閏俸銀肆拾貳兩陸錢柒分玖釐玖毫捌絲捌忽。

共裁銀叁百伍拾叁兩伍錢捌分肆釐伍毫陸絲貳忽，內除荒銀壹百捌拾玖兩肆錢陸分貳釐捌毫捌絲壹忽伍微肆塵捌渺捌漠肆沙玖洙叁涯肆洒，實徵銀壹百陸拾肆兩壹錢貳分壹釐陸毫捌絲肆微玖纖伍塵壹渺壹漠伍沙陸涯陸洒。

又額外匠價閏銀壹拾壹兩貳錢伍分陸釐玖毫伍絲捌忽叁微叁纖叁塵叁渺。

年例、盤纏閏銀貳錢伍釐捌毫柒絲肆忽，內除荒銀陸分陸釐玖毫壹絲，實徵銀壹錢叁分捌釐玖毫陸絲肆忽。

叁項實起運閏銀壹百柒拾伍兩伍錢壹分柒釐陸毫貳忽捌微貳纖捌塵肆渺壹漠伍沙陸涯陸洒。

又收存留內驛遞之差使甚少及題明請將驛站等事叁案內，共裁站銀貳拾捌兩陸錢叁分陸釐捌毫叁微壹纖叁塵陸渺陸漠，內在於題明請將驛站等事案內，留支新增夫馬工料銀伍兩叁錢陸釐貳毫貳忽陸微壹纖柒渺，止實收銀貳拾叁兩叁錢叁分伍毫玖絲柒忽柒微貳塵玖渺陸漠。

又收淳化、三水貳縣在於均丁案內，增銀叁拾玖兩柒錢玖分柒釐柒毫陸絲貳忽貳微陸纖肆塵肆渺。

共該起運銀貳百叁拾捌兩陸錢肆分伍釐玖毫陸絲貳忽柒微玖纖伍塵柒渺柒漠伍沙陸涯陸洒，內除邠州、長武貳州縣在於請放以糧載丁之例等事案內，通省以糧均丁減銀陸拾柒兩玖錢陸釐玖毫伍忽伍微貳纖貳渺，內節次抵補屯更丁增銀壹拾叁兩貳錢玖分陸釐伍毫柒忽肆微柒纖貳塵捌渺玖漠玖沙玖洙捌涯，止該減銀肆拾肆兩陸錢壹分叁毫玖絲捌忽肆纖柒塵叁渺貳涯。

實該銀壹百玖拾肆兩叁分伍釐伍毫陸絲肆忽柒微肆纖捌塵肆渺柒漠伍沙肆涯陸洒，內留支加增撥補工食銀伍拾玖兩伍錢叁釐壹絲肆微陸纖壹塵貳渺壹漠捌沙陸洙叁涯叁洒，止該銀壹百叁拾肆兩伍錢叁分貳釐伍毫伍絲肆忽貳微捌纖柒塵貳渺伍漠陸沙肆洙壹涯叁洒。

壹存留項下

原編存留官學驛倉並奉復孤貧口糧共壹千貳拾叁石陸斗，內除荒糧陸百貳拾陸石壹斗伍合玖勺壹抄壹撮叁圭貳粟捌粒壹顆貳糠，實存留糧叁百玖拾柒石肆斗玖升肆合捌抄捌撮陸圭柒粟壹粒捌顆捌糠聽支孤貧並歸入常平倉內壹體辦理。

原編存留銀貳萬貳千伍百叁拾兩貳錢叁分柒釐貳毫捌絲柒忽壹微叁纖貳塵玖渺，內除荒銀壹萬肆千肆百壹拾柒兩陸錢壹分玖釐叁毫壹絲叁忽捌微捌纖伍塵玖渺捌沙肆洙叁涯肆洒，實存留銀捌千壹百壹拾貳兩陸錢壹分柒釐玖毫柒絲叁忽貳微肆纖陸塵玖渺玖漠壹沙伍洙陸涯陸洒。

又收受協蒲城、邠州等州縣驛站兑留兵餉銀伍千柒百肆拾肆兩壹錢陸分玖釐貳毫柒絲伍忽肆微柒纖叁塵伍渺。

貳項共銀壹萬叁千捌百伍拾陸兩柒錢捌分柒釐貳毫肆絲捌忽柒微貳纖肆渺玖漠壹沙伍洙陸涯陸洒，內除額協京兆等驛站支抵餉銀壹百壹拾捌兩貳錢柒釐貳毫伍絲貳忽伍微叁纖叁塵。

又除額協臨洮等府屬驛站抵餉銀貳千肆百貳拾伍兩肆錢玖分肆釐玖毫陸絲玖忽伍微玖纖。

又除欽奉上諭事並驛遞之差使甚少及題明請將驛站等事叁案內，共裁站銀叁千壹百柒拾玖兩柒錢貳分陸釐伍毫壹絲陸忽貳微伍纖壹塵肆渺捌漠，內在於題明請將驛站等事案內，留支邠州新增夫馬工料銀伍百肆拾陸兩伍分伍釐陸毫壹絲伍忽玖微貳纖伍塵捌渺捌漠，實裁銀貳千陸百叁拾叁兩陸錢柒分玖毫叁微貳纖伍塵陸渺。

又邠州、長武在於付送原文事案內，裁撥夫馬工料銀陸拾陸兩捌錢。

止該銀捌千陸百壹拾貳兩陸錢壹分肆釐壹毫貳絲陸忽貳微柒纖壹塵捌渺玖漠壹沙伍洙陸涯陸洒。

又收加增撥補留支俸工，除正印各官攤俸留抵外，實該銀貳千叁百玖拾兩貳錢肆分肆釐伍毫陸絲叁忽玖塵叁渺貳漠壹沙捌洙壹涯叁洒。

又收三水縣新添夫馬工料銀柒拾兩肆錢。

共該存留銀壹萬壹千柒拾叁兩貳錢伍分捌釐陸毫捌絲玖忽貳微捌纖壹塵貳

渺壹漠叁沙叁洙柒涯玖洒。

外於西安布政司庫領支祭祀銀壹百肆拾捌兩捌錢肆分柒釐貳毫貳絲玖忽陸微柒纖陸渺捌漠貳洙肆涯係動支司庫耗羨銀兩。

遇閏原加銀肆百捌拾叁兩壹錢玖分陸釐壹毫肆忽，內除各官閏俸銀肆拾貳兩陸錢柒分玖釐玖毫捌絲捌忽入起運外，實該銀肆百肆拾兩伍錢壹分陸釐壹毫壹絲陸忽，內除荒銀貳百肆拾壹兩肆錢捌毫壹絲柒忽柒微壹纖叁塵捌渺伍漠壹沙陸洙叁涯玖洒，實徵銀壹百玖拾玖兩壹錢壹分伍釐貳毫玖絲捌忽貳微捌纖陸塵壹渺肆漠捌沙叁洙陸涯壹洒，內除欽奉上諭並驛遞之差使甚少及題明請將驛站等事叁案內，共裁站閏月銀貳拾捌兩陸錢叁分陸釐捌毫叁微壹纖叁塵陸渺陸漠，內在於題明請將驛站等事案內，留支邠州、長武新增夫馬工料銀伍兩叁錢陸釐貳毫貳忽陸微壹纖柒渺，實裁銀貳拾叁兩叁錢叁分伍毫玖絲柒忽柒微貳塵玖渺陸漠。

止該銀壹百柒拾伍兩柒錢捌分肆釐柒毫伍微捌纖叁塵壹渺捌漠捌沙叁洙伍涯壹洒。

外加增撥補銀伍拾叁兩捌錢叁釐壹絲肆微陸纖壹塵貳渺壹漠捌沙陸洙叁涯叁洒。

又三水縣新添夫馬閏月銀伍兩柒錢。

叁項共銀貳百叁拾伍兩貳錢捌分柒釐柒毫壹絲壹忽肆纖肆塵肆渺陸沙玖洙玖涯肆洒。

外於西安布政司庫領支夫馬閏月銀肆百叁拾肆兩柒錢，係動支司庫起運銀兩。

本色存留官學驛倉糧玖百玖拾壹石貳斗，內除荒糧陸百陸石貳斗玖升貳合壹勺陸抄肆圭捌粟玖粒壹顆貳糠，實徵糧叁百捌拾肆石玖斗柒合捌勺叁抄玖撮伍圭壹粟捌顆捌糠，內除撥給加增孤貧糧玖石壹升叁合柒勺伍抄捌圭叁粟玖粒，止該糧叁百柒拾伍石捌斗玖升肆合捌抄捌撮陸圭柒粟壹粒捌顆捌糠聽支孤貧閏月並歸入常平倉內一體辦理。

遇閏又撥給加增孤貧糧壹石捌斗。

壹額外

課程銀玖拾叁兩壹錢陸分。遇閏加銀柒兩柒錢陸分叁釐叁毫叁絲叁忽叁微貳纖。

畜稅銀壹百貳拾陸兩叁分。

牙稅銀伍拾伍兩玖錢伍分。

地稅銀壹百兩玖錢肆分肆釐。

當稅銀玖拾伍兩。

邠州

原額上中下叁等共地叁千貳百捌拾捌頃貳拾畝柒分柒釐肆毫陸絲，每畝起科不等，共額徵本折糧貳萬肆千柒百貳石貳升捌合壹勺捌抄柒撮，每糧壹石，科本色糧肆合貳勺叁抄伍撮玖圭陸粟柒粒，共糧壹百肆石陸斗叁升柒合，科折色糧玖斗玖升伍合柒勺陸抄肆撮叁粟叁粒，共折色糧貳萬肆千伍百玖拾柒石叁斗玖升壹合壹勺捌抄柒撮，每石折徵銀壹兩壹錢陸分叁釐壹毫玖絲捌忽貳微伍纖捌塵，共額徵銀貳萬捌千陸百壹拾壹兩陸錢貳分壹釐柒毫貳絲壹忽叁微伍塵貳渺。內：

上等地壹千捌拾陸頃肆拾陸畝貳分叁釐貳毫，每畝科本折糧玖升貳合，內本色糧叁勺捌抄玖撮陸圭捌粟柒粒壹顆，折色糧玖升壹合陸勺壹抄叁圭壹粟貳粒貳顆，共糧玖千伍百玖拾伍石肆斗伍升叁合叁勺肆抄肆撮。順治柒、捌兩年題明免過無主、有主荒地陸百捌拾伍頃玖拾畝貳分，應免糧陸千叁百壹拾石貳斗玖升捌合肆勺，內興屯墾過地貳拾柒頃叁畝柒分叁釐叁毫，應徵糧貳百肆拾捌石柒斗肆升叁合肆勺叁抄陸撮。實在地肆百貳拾柒頃伍拾玖畝柒分陸釐伍毫，實徵本折糧叁千玖百叁拾叁石捌斗玖升捌合叁勺捌抄。

中等地壹千叁百壹拾伍頃貳拾捌畝叁分壹釐，每畝科本折糧柒升捌合，內本色糧叁勺叁抄肆圭貳粟捌粒，折色糧柒升柒合陸勺陸抄玖撮伍圭柒粟貳粒，共糧壹萬貳百伍拾玖石貳斗捌合壹勺捌抄柒撮。順治柒、捌兩年題明免過無主、有主荒地及乾隆伍年遵旨詳查議奏事案內，豁免共地伍百肆拾伍頃伍拾壹畝捌分，應免糧肆千貳百伍拾伍石肆升肆勺，內節年開墾及興屯並節年開墾過共地伍百肆拾貳頃肆拾伍畝壹分貳釐柒毫，應徵糧肆千貳百叁拾壹石壹斗壹升玖合玖勺陸撮。實在地壹千叁百壹拾貳頃貳拾壹畝陸分叁釐柒毫，該糧壹萬貳百叁拾伍石貳斗捌升柒合陸勺玖抄叁撮。

下等地捌百捌拾陸頃肆拾陸畝貳分叁釐貳毫陸絲，每畝科本折糧伍升壹勺陸抄玖撮捌圭叁粟貳粒，內本色糧貳勺壹抄貳撮肆圭玖粟肆粒伍顆，折色糧肆升玖合玖勺伍抄柒撮叁圭叁粟柒粒伍顆，共糧肆千肆百肆拾柒石叁斗陸升陸合陸勺伍抄陸撮。在於乾隆伍年遵旨詳查議奏事案內並乾隆拾捌年河水冲坍地畝事案內，豁免共地玖頃陸拾貳畝，應免糧肆拾捌石貳斗陸升叁合叁勺柒抄捌撮叁圭捌粟肆粒。止實在地捌百柒拾陸頃捌拾肆畝貳分叁釐貳毫陸絲，該糧肆千叁百玖拾玖石壹斗叁合貳勺柒抄柒撮陸圭壹粟陸粒。

以上各等原免共地并沿河冲崩地壹千貳百肆拾壹頃肆畝，應免本折糧壹萬陸百壹拾叁石陸斗貳合壹勺柒抄捌撮叁圭捌粟肆粒，內前墾及興屯並節年開墾共地伍百陸拾玖頃肆拾捌畝捌分陸釐，應徵本折糧肆千肆百柒拾玖石捌斗陸升叁合叁勺肆抄貳撮，實應免本折糧陸千壹百叁拾叁石柒斗叁升捌合捌勺叁抄陸撮叁圭捌粟肆粒。

又康熙肆年在於陳荒苦情壹案並康熙貳拾叁年在於再疏籲請等事貳案內，題明豁免共地壹千叁百貳拾貳頃柒拾畝壹分陸釐柒毫叁絲，應免本折糧玖千伍拾肆石肆升壹合肆勺伍抄柒撮壹圭肆粟陸粒捌顆，內節年開墾、自首並雍正拾年開墾共地陸拾伍頃柒拾伍畝玖分肆釐肆毫，應徵本折糧肆百叁拾肆石柒斗壹升玖合伍勺伍抄壹撮玖圭貳粒壹顆肆粃，以增抵除。

以上豁免實荒地壹千玖百貳拾捌頃肆拾玖畝叁分陸釐叁毫叁絲，實應免本折糧壹萬肆千柒百伍拾叁石陸升柒勺肆抄壹撮陸圭貳粟捌粒陸顆玖糠陸粃，內實應免本色糧陸拾貳石肆斗玖升叁合柒勺肆抄伍撮叁圭叁粟捌粒貳顆壹糠捌粃伍粄，實應免折色糧壹萬肆千陸百玖拾石伍斗陸升陸合玖勺玖抄陸撮貳圭玖粟肆顆柒糠柒粃伍粄，應免銀壹萬柒千捌拾柒兩玖錢捌分柒釐叁毫陸絲玖忽柒微壹纖壹塵壹渺壹漠玖沙伍洙壹涯。

止實在熟地壹千叁百伍拾玖頃柒拾壹畝肆分壹釐壹毫叁絲，該徵本折糧玖千玖百肆拾捌石玖斗陸升柒合肆勺肆抄伍撮叁圭柒粟壹粒叁顆肆粃，內實徵本色起運糧肆拾貳石壹斗肆升叁合貳勺伍抄肆撮陸圭陸粟壹粒柒顆捌糠壹粃伍粄，實徵折色糧玖千玖百陸石捌斗貳升肆合壹勺玖抄柒圭玖粒伍顆貳糠貳粃伍粄，該徵折色銀壹萬壹千伍百貳拾叁兩陸錢叁分肆釐叁毫伍絲壹忽伍微玖纖肆塵捌漠肆洙玖涯遵照乾隆伍拾玖年奉准部咨令，將康熙年間易知由單內載：上等地每畝折徵銀壹錢陸釐伍毫陸絲壹忽貳微玖塵捌渺；中等地每畝折徵銀玖分叁毫肆絲肆忽貳微叁纖柒塵陸渺柒漠；下等地每畝折徵銀伍分捌釐壹毫壹絲貳忽壹微肆纖叁塵壹渺叁漠，逐一纂入書內，嗣後遇有墾豁，以便按畝增除。

原額人丁叁門玖則不等，共折下下人丁叁萬壹百肆拾陸丁，每丁徵銀壹錢貳分陸毫叁絲貳忽貳微捌纖，共銀叁千陸百叁拾陸兩伍錢玖分叁釐叁毫捌忽捌微，內除優免丁肆百叁拾伍丁，共銀伍拾貳兩肆錢柒分伍釐肆絲壹忽捌微。

行差丁貳萬玖千柒百壹拾壹丁，該銀叁千伍百捌拾肆兩壹錢壹分捌釐貳毫陸絲柒忽。

順治柒年題明豁免逃亡及康熙貳拾叁年再疏籲請等事案內，題明豁免過死亡共丁壹萬貳千捌百伍拾陸丁，應除銀壹千伍百肆拾壹兩捌錢伍分伍釐叁絲玖忽柒微貳纖，內前招回及節年招回並審出共丁貳千壹百伍丁，該銀貳百伍拾肆兩肆錢柒分貳釐陸絲叁忽玖微玖纖，實應免丁壹萬柒百伍拾壹丁，應免銀壹千貳百捌拾柒兩叁錢捌分貳釐玖毫柒絲伍忽柒微叁纖。

以上實在行差應徵人丁壹萬捌千玖百陸拾丁，該徵銀貳千貳百玖拾陸兩柒錢叁分伍釐貳毫玖絲壹忽貳微柒纖雍正伍年攤入前項地糧內徵解。

康熙伍拾伍年起，至乾隆貳拾陸年止，編審出丁叁百捌拾丁；乾隆叁拾壹年編審出丁貳拾肆丁；乾隆叁拾陸年編審出丁肆拾壹丁。共編審出丁肆百肆拾伍丁，欽遵康熙伍拾貳年叁月拾捌日恩詔，後遇編審之期，但據康熙伍拾年丁冊定為常額，永不加賦。

原額均徭銀陸百肆拾捌兩，內除荒銀叁百柒拾柒兩捌錢壹分柒釐玖毫叁忽壹微壹纖叁塵陸渺叁漠柒沙貳洙，實徵銀貳百柒拾兩壹錢捌分貳釐玖絲陸忽捌微捌纖陸塵叁渺陸漠貳沙捌洙遵照由單內載：上等地每畝徵均徭銀貳釐肆毫捌絲壹忽柒微貳纖伍塵貳渺柒漠；中等地每畝徵均徭銀貳釐壹毫肆忽柒纖壹塵陸渺壹漠；下等地每畝徵均徭銀壹釐叁毫伍絲叁忽叁微肆纖肆塵柒渺捌漠。

外遇閏加徵銀貳百肆拾壹兩陸錢肆釐玖毫陸絲叁忽，內除荒銀壹百壹拾兩捌錢伍分貳釐叁毫叁絲叁忽柒微陸纖貳塵肆渺，實徵銀壹百叁拾兩柒錢伍分貳釐陸毫貳絲玖忽貳微叁纖柒塵陸渺。

額外

應徵匠價銀肆拾捌兩肆錢伍分捌釐伍毫。遇閏加銀肆兩叁分捌釐貳毫捌忽叁微叁纖叁塵叁渺。

年例應徵銀貳兩肆錢柒分伍毫，內除荒銀捌錢叁釐柒毫貳絲肆忽玖微，實徵銀壹兩陸錢陸分陸釐柒毫柒絲伍忽壹微。遇閏加銀貳錢伍釐捌毫柒絲肆忽，內除荒銀陸分陸釐玖毫壹絲，實徵銀壹錢叁分捌釐玖毫陸絲肆忽。

停免銀陸拾兩玖分陸釐陸毫伍絲陸忽貳微伍纖。

軍籍應徵銀柒百伍拾叁兩柒錢玖分叁釐玖毫貳絲肆忽柒微壹纖肆塵捌渺以上正閏陸項攤入前項地糧內徵解。

以上地、丁貳項並均徭、停免、匠價、年例、軍籍等項銀叁萬叁千柒百捌兩伍錢伍分玖釐伍毫陸絲玖忽貳微柒纖，內除荒銀壹萬捌千柒百伍拾叁兩玖錢玖分壹釐玖毫柒絲叁忽肆微伍纖肆塵柒渺伍漠陸沙柒洙壹涯，實徵銀壹萬肆千玖百伍拾肆兩伍錢陸分柒釐伍毫玖絲伍忽捌微壹纖伍塵貳渺肆漠叁沙貳洙玖涯。

本色起運糧壹百肆石陸斗叁升柒合，內除荒糧陸拾貳石肆斗玖升叁合柒勺肆抄伍撮叁圭叁粟捌粒貳顆壹糠捌粃伍粄，實徵糧肆拾貳石壹斗肆升叁合貳勺伍抄肆撮陸圭陸粟壹粒柒顆捌糠壹粃伍粄。

外遇閏加徵銀貳百肆拾壹兩陸錢肆釐玖毫陸絲叁忽，內除荒銀壹百壹拾兩捌錢伍分貳釐叁毫叁絲叁忽柒微陸纖貳塵肆渺，實徵銀壹百叁拾兩柒錢伍分貳釐陸毫貳絲玖忽貳微叁纖柒塵陸渺。

又匠價閏銀肆兩叁分捌釐貳毫捌忽叁微叁纖叁塵叁渺。

年例閏銀貳錢伍釐捌毫柒絲肆忽，內除荒銀陸分陸釐玖毫壹絲，實徵銀壹錢叁分捌釐玖毫陸絲肆忽。

叁項共銀壹百叁拾肆兩玖錢貳分玖釐捌毫壹忽伍微柒纖玖渺。

壹起運項下

本色起運糧壹百肆石陸斗叁升柒合，內除荒糧陸拾貳石肆斗玖升叁合柒勺肆抄伍撮叁圭叁粟捌粒貳顆壹糠捌粃伍粄，實徵糧肆拾貳石壹斗肆升叁合貳勺伍抄肆撮陸圭陸粟壹粒柒顆捌糠壹粃伍粄。

原編起運糧石等項折價銀貳萬肆千貳百伍兩捌錢貳分柒毫壹絲壹忽叁微伍塵貳渺，內除荒銀壹萬肆千叁百貳兩壹錢玖分伍釐玖毫伍絲柒忽捌微壹纖貳塵陸渺，實起運銀玖千玖百叁兩陸錢貳分肆釐柒毫伍絲叁忽肆微玖纖貳塵陸渺。

節裁藥味、年例、軍器、毛襖等項銀捌百伍拾兩捌錢玖分叁釐玖毫，內除荒銀肆百柒拾壹兩伍分肆釐肆毫肆絲捌忽肆微伍纖捌塵肆渺伍漠玖沙肆洙陸涯，實起運銀叁百柒拾玖兩捌錢叁分玖釐肆毫伍絲壹忽伍微肆纖壹塵伍渺肆漠伍洙肆涯。

舊編存留，內順治玖年裁扣各役工食銀貳百肆拾兩捌錢；拾貳年裁扣傘扇銀捌兩；拾肆年裁扣官生俸廩銀叁百貳拾捌兩玖錢玖分壹釐玖毫肆絲；拾伍年奉裁訓導俸薪等項銀伍拾柒兩玖錢貳分；拾柒年奉裁驛丞俸薪銀肆拾玖兩伍錢貳分。康熙元年奉裁吏書工食銀壹百玖兩貳錢；康熙叁年奉裁斋夫銀叁拾陸兩，裁雜費丁銀肆百柒拾兩叁錢柒分貳釐貳毫叁絲；康熙拾伍年裁心紅紙張、修理監倉、喂馬草料、芒神、紙劄、鋪墊板蓆、倉厫、舡板、橋木等項銀壹百柒兩肆錢壹分柒釐伍毫；康熙拾陸年奉裁大使俸薪等項銀肆拾叁兩伍錢貳分；康熙貳拾柒年奉裁歲貢、舉人盤纏、進士坊價銀叁拾叁兩陸分陸釐陸毫陸絲柒忽；康熙伍拾陸年裁表箋銀叁兩捌錢貳分伍釐。雍正陸年裁燈夫銀貳拾肆兩；拾貳年裁民壯銀肆拾捌兩。乾隆柒年裁民壯銀肆拾捌兩；玖年裁舖司銀壹百伍拾叁兩陸錢，冗費裁剩解部銀柒百壹拾伍兩柒錢捌分捌釐伍毫伍絲。

共裁銀貳千肆百柒拾捌兩貳分壹釐捌毫捌絲柒忽，內除荒銀壹千壹百陸兩柒分壹釐貳毫捌絲伍忽壹微叁纖叁塵壹渺柒沙，實起運銀壹千叁百柒拾壹兩玖錢伍分陸毫壹忽捌微陸纖陸塵捌渺玖漠叁沙。

又額外徵收停免、匠價、年例、軍籍共銀捌百陸拾肆兩捌錢壹分玖釐伍毫捌絲玖微陸纖肆塵捌渺，內除荒銀捌錢叁釐柒毫貳絲肆忽玖微，實起運銀捌百陸拾肆兩壹分伍釐捌毫伍絲陸忽陸纖肆塵捌渺。

以上肆項共該實起運銀壹萬貳千伍百壹拾玖兩肆錢叁分陸毫陸絲貳忽玖微陸纖伍塵捌渺叁漠叁沙伍洙肆涯。

又收存留內額協抵餉銀壹兩肆分捌釐壹毫肆絲貳忽玖微壹纖叁塵。

又收協臨洮府狄道、渭源貳縣驛站抵餉銀壹拾貳兩叁錢柒分玖釐陸毫捌絲捌忽玖微玖纖肆塵肆渺。

又收存留內驛遞之差使甚少等事案內，裁站銀壹千伍百叁拾貳兩玖錢貳分壹釐肆毫陸絲柒忽捌微陸纖陸塵陸渺捌漠，內在於題明請將驛站等事案內，留支本州新增夫馬工料銀伍百肆拾陸兩伍分伍釐陸毫壹絲伍忽玖微貳纖伍塵捌渺捌漠，止實收銀玖百捌拾陸兩捌錢陸分伍釐捌毫伍絲壹忽玖微肆纖捌渺。

又收付送原文事案內，裁撥夫馬工料銀叁拾叁兩肆錢。

共該起運銀壹萬叁千伍百伍拾叁兩壹錢貳分肆釐叁毫肆絲陸忽捌微壹纖肆

塵叁漠叁沙伍洙肆涯，內除受協驛站兑留兵餉應支銀壹千玖百壹拾捌兩肆錢叁分壹釐陸毫玖絲捌忽肆微伍纖壹塵柒渺；又在於請做以糧載丁等事案內，通省均（丁）減銀玖百壹拾伍兩柒錢壹分叁釐玖毫貳絲肆忽叁微肆纖叁渺，內除乾隆元、陸、拾壹、拾陸、貳拾壹、貳拾陸等年編審案內，共增抵補屯更丁銀貳百叁兩柒分叁釐陸毫捌絲伍忽伍纖玖塵，又乾隆叁拾壹、陸兩年編審案內，共增抵補屯更丁銀玖拾捌兩貳錢柒分玖釐柒毫柒絲玖微陸纖玖塵伍渺，止該減銀陸百壹拾肆兩叁錢陸分肆毫陸絲捌忽叁微壹纖壹塵捌渺。

實該起運銀壹萬壹千貳拾兩叁錢叁分貳釐壹毫捌絲伍纖伍渺叁漠叁沙伍洙肆涯，內除留支撥補俸工銀陸百柒拾伍兩肆錢捌分肆釐肆毫叁絲柒忽捌微柒纖玖塵叁漠壹沙，止該起運銀壹萬叁百肆拾肆兩捌錢肆分柒釐柒毫肆絲貳忽壹微柒纖壹塵伍渺貳沙伍洙肆涯。

遇閏裁扣，順治玖年裁銀壹拾捌兩肆錢；拾肆年裁銀貳拾叁兩柒錢叁分柒釐貳毫叁忽；拾伍年裁銀肆兩捌錢貳分陸釐陸毫陸絲陸忽；拾柒年裁銀肆兩壹錢貳分陸釐陸毫陸絲陸忽。康熙元年裁銀玖兩壹錢；叁年裁銀叁兩；拾伍年裁銀貳兩陸錢陸分陸釐陸毫柒絲；拾陸年裁銀叁兩陸錢貳分陸釐陸毫陸絲陸忽。雍正陸年裁銀貳兩；拾貳年裁銀肆兩。乾隆柒年裁銀肆兩；玖年裁銀壹拾貳兩捌錢，又閏俸銀壹拾伍兩陸錢陸分玖釐玖毫玖絲貳忽。

共裁銀壹百柒兩玖錢伍分叁釐捌毫陸絲叁忽，內除荒銀伍拾兩貳錢陸釐玖絲陸忽柒微壹纖叁渺，實徵銀伍拾柒兩柒錢肆分柒釐柒毫陸絲陸忽貳微捌纖玖塵柒渺。

又額外匠價閏銀肆兩叁分捌釐貳毫捌忽叁微叁纖叁塵叁渺。

年例閏銀貳錢伍釐捌毫柒絲肆忽，內除荒銀陸分陸釐玖毫壹絲，實徵銀壹錢叁分捌釐玖毫陸絲肆忽。

共銀陸拾壹兩玖錢貳分肆釐玖毫叁絲捌忽陸微貳纖叁塵。

又收存留內驛遞之差使甚少等事案內，裁站閏月銀壹拾貳兩柒錢叁分貳釐玖毫肆忽伍微陸纖肆塵玖渺，內在於題明請將驛站等事案內，留支本州新增夫馬工料閏月銀柒錢叁分壹釐伍毫玖絲伍忽肆微叁纖伍塵壹渺，止實收銀壹拾貳兩壹釐叁毫玖忽壹微貳纖玖塵捌渺。

叁項共銀柒拾叁兩玖錢貳分陸釐貳毫肆絲柒忽柒微伍纖貳塵捌渺，內除請做以糧載丁等事案內，通省以糧均丁減銀叁拾叁兩伍錢叁釐貳毫貳絲捌微捌纖陸塵叁渺，內節次抵補屯更丁增銀壹拾壹兩伍錢貳分柒釐陸毫玖絲貳忽壹微陸纖柒塵壹渺，止該減銀貳拾壹兩玖錢柒分伍釐伍毫貳絲捌忽柒微壹纖玖塵貳渺。

實該銀伍拾壹兩玖錢伍分柒毫壹絲玖忽叁纖叁塵陸渺，內留支加增撥補俸工銀貳拾兩陸錢貳分叁釐壹毫叁絲叁忽肆微陸纖玖塵柒渺，止該銀叁拾壹兩叁錢貳分柒釐伍毫捌絲伍忽伍微陸纖叁塵玖渺。

壹存留項下

原編存留銀伍千叁百玖兩叁釐肆毫玖絲，內除荒銀貳千捌百柒拾叁兩捌錢陸分陸釐伍毫伍絲柒忽壹微伍纖伍渺玖漠貳洙伍涯，實徵銀貳千肆百叁拾伍兩壹錢叁分陸釐玖毫叁絲貳忽捌微肆纖玖塵肆渺玖沙柒洙伍涯。

壹俸工項下

本州知州壹員，額支俸薪銀捌拾兩，內除荒銀叁拾陸兩肆錢壹分陸毫叁絲貳忽，實徵支銀肆拾叁兩伍錢捌分玖釐叁毫陸絲捌忽，內均攤俸工銀肆錢貳分伍釐捌毫肆絲叁忽肆微柒纖貳塵，即留抵撥補各官役俸工訖。

州判壹員，額支俸薪銀肆拾伍兩，內除荒撥補銀貳拾兩肆錢捌分玖毫柒絲肆忽，實徵支銀貳拾肆兩伍錢壹分玖釐貳絲陸忽，以州判於嘉慶貳拾壹年奉文，在於北山移駐州判以資彈壓事案內，裁移鄜州王家角州判應支俸薪銀兩，每年俱係邠州徵收，按季解司，由該州判赴司請領。

吏目壹員，額支俸薪銀叁拾壹兩伍錢貳分，內除荒撥補銀壹拾肆兩叁錢肆分伍釐柒毫玖絲肆忽，實徵支銀壹拾柒兩壹錢柒分肆釐貳毫陸忽。

學正訓導貳員，額支俸薪銀叁拾壹兩伍錢貳分，內除荒撥補銀壹拾肆兩叁錢肆分伍釐柒毫玖絲肆忽，實徵支銀壹拾柒兩壹錢柒分肆釐貳毫陸忽。外撥補全俸銀肆拾捌兩肆錢捌分。

知州衙門

門子貳名，每名歲支銀陸兩，共支銀壹拾貳兩，內除荒撥補銀伍兩肆錢陸分壹釐伍毫玖絲玖忽，實徵支銀陸兩伍錢叁分捌釐肆毫壹忽。遇閏加銀壹兩，內除荒銀肆錢伍分肆釐捌毫捌絲壹忽，實徵銀伍錢肆分伍釐壹毫壹絲玖忽。

皂隸、仵作壹拾陸名，每名歲支銀陸兩，共支銀玖拾陸兩，內除荒撥補銀肆拾叁兩陸錢玖分貳釐柒毫肆絲貳忽，實徵支銀伍拾貳兩叁錢柒釐貳毫伍絲捌忽。遇閏加銀捌兩，內除荒銀叁兩陸錢叁分玖釐叁絲叁忽，實徵支銀肆兩叁錢陸分玖毫陸絲柒忽。

馬快手捌名，每名歲支銀壹拾陸兩捌錢，共支銀壹百叁拾肆兩肆錢，內除荒撥補銀陸拾壹兩壹錢陸分玖釐捌毫叁絲柒忽，實徵支銀柒拾叁兩貳錢叁分壹毫陸絲叁忽。遇閏加銀壹拾壹兩貳錢，內除荒銀伍兩玖分肆釐陸毫肆絲叁忽伍微，實徵支銀陸兩壹錢伍釐叁毫伍絲陸忽伍微。

民壯叁拾肆名，每名歲支銀陸兩，共支銀貳百肆兩，內除荒撥補銀玖拾貳兩捌錢肆分柒釐壹毫柒忽陸微壹纖玖塵貳渺，實徵支銀壹百壹拾壹兩壹錢伍分貳釐捌毫玖絲貳忽叁微捌纖捌渺。遇閏加銀壹拾柒兩，內除荒銀柒兩柒錢肆分叁釐肆絲叁忽，實徵支銀玖兩貳錢伍分陸釐玖毫伍絲柒忽。

看監禁子捌名，每名歲支銀陸兩，共支銀肆拾捌兩，內除荒撥補銀貳拾壹兩捌錢肆分陸釐叁毫叁絲玖忽，實徵支銀貳拾陸兩壹錢伍分叁釐陸毫陸絲壹忽。外每名加增銀貳兩，共銀壹拾陸兩。遇閏加銀肆兩，內除荒銀壹兩捌錢壹分玖釐伍毫壹絲柒忽，實徵支銀貳兩壹錢捌分肆毫捌絲叁忽。

轎傘扇夫柒名，每名歲支銀陸兩，共支銀肆拾貳兩，內除荒撥補銀壹拾玖兩壹錢壹分伍釐伍毫柒絲肆忽，實徵支銀貳拾貳兩捌錢捌分肆釐肆毫貳絲陸忽。遇閏加銀叁兩伍錢，內除荒銀壹兩伍錢玖分貳釐柒絲柒忽，實徵支銀壹兩玖錢柒釐玖毫貳絲叁忽。

庫子肆名，每名歲支銀陸兩，共支銀貳拾肆兩，內除荒撥補銀壹拾兩玖錢貳分叁釐壹毫玖絲叁忽，實徵支銀壹拾叁兩柒分陸釐捌毫柒忽。遇閏加銀貳兩，內除荒銀玖錢玖釐柒毫伍絲捌忽伍微，實徵支銀壹兩玖分貳毫肆絲壹忽伍微。

斗級肆名，每名歲支銀陸兩，共支銀貳拾肆兩，內除荒撥補銀壹拾兩玖錢貳分叁釐壹毫玖絲叁忽，實徵支銀壹拾叁兩柒分陸釐捌毫柒忽。遇閏加銀貳兩，內除荒銀玖錢玖釐柒毫伍絲捌忽伍微，實徵支銀壹兩玖分貳毫肆絲壹忽伍微。

永豐倉斗級壹名，歲支銀壹拾兩陸錢陸分陸釐陸毫，內除荒撥補銀肆兩玖錢壹分伍釐捌毫伍絲叁忽伍微壹纖柒塵壹渺玖漠，實徵支銀伍兩柒錢伍分柒毫肆絲陸忽肆微捌纖貳塵捌渺壹漠。遇閏加銀捌錢捌分，內除荒銀叁錢玖分柒釐捌毫捌絲肆忽伍微，實徵支銀肆錢捌分貳釐壹毫壹絲伍忽伍微。

各河渡口水夫壹拾肆名，每名歲支銀貳兩肆錢，共支銀叁拾叁兩陸錢，內除荒撥補銀壹拾伍兩肆錢捌分肆釐肆毫肆絲叁忽，實徵支銀壹拾捌兩壹錢壹分伍釐伍毫伍絲柒忽。遇閏加銀貳兩捌錢，內除荒銀壹兩貳錢陸分伍釐玖毫玖絲壹忽，實徵支銀壹兩伍錢叁分肆釐玖忽。

鋪司兵叁拾叁名，每名歲支銀肆兩捌錢，共支銀壹百伍拾捌兩肆錢，內除荒銀柒拾貳兩玖錢玖分捌釐陸絲壹忽，實徵支銀捌拾伍兩肆錢壹釐玖毫叁絲玖忽。外加增銀壹百壹拾貳兩肆錢玖分捌釐陸絲壹忽。遇閏加銀壹拾叁兩貳錢，內除荒銀伍兩玖錢陸分叁釐伍毫玖絲叁忽玖微柒纖肆渺，實徵支銀柒兩貳錢叁分陸釐肆毫陸忽貳纖玖塵陸渺。外加增銀玖兩貳錢陸分叁釐伍毫玖絲叁忽玖微柒纖肆渺。

州判衙門

門子壹名，歲支銀陸兩，內除荒撥補銀貳兩柒錢叁分柒毫玖絲玖忽，實徵支銀叁兩貳錢陸分玖釐貳毫壹忽，遇閏加銀伍錢，內除荒銀貳錢貳分柒釐肆毫肆絲，實徵支銀貳錢柒分貳釐伍毫陸絲。

皂隸陸名，每名歲支銀陸兩，共支銀叁拾陸兩，內除荒撥補銀壹拾陸兩叁錢捌分肆釐柒毫玖絲壹忽，實徵支銀壹拾玖兩陸錢壹分伍釐貳毫玖忽。遇閏加銀叁兩，內除荒銀壹兩叁錢陸分肆釐陸毫叁絲玖忽，實徵支銀壹兩陸錢叁分伍釐叁毫陸絲壹忽。

籠馬傘夫貳名，每名歲支銀陸兩，共支銀壹拾貳兩，內除荒撥補銀伍兩肆錢陸分壹釐伍毫玖絲捌忽，實徵支銀陸兩伍錢叁分捌釐肆毫貳忽。遇閏加銀壹兩，內除荒銀肆錢伍分肆釐捌毫捌絲壹忽，實徵支銀伍錢肆分伍釐壹毫壹絲玖忽。

以上州判額設各役玖名，於嘉慶貳拾壹年奉文，在於北山移駐州判以資彈壓事案內，裁移鄜州王家角州判應支工食銀兩，每年俱係邠州徵收，按季解司，由該州判赴司請領。

吏目衙門

門子壹名，歲支銀陸兩，內除荒撥補銀貳兩柒錢叁分柒毫玖絲玖忽，實徵支銀叁兩貳錢陸分玖釐貳毫壹忽，遇閏加銀伍錢，內除荒銀貳錢貳分柒釐肆毫肆絲，實徵支銀貳錢柒分貳釐伍毫陸絲。

皂隸肆名，每名歲支銀陸兩，共支銀貳拾肆兩，內除荒撥補銀壹拾兩玖錢貳分叁釐壹毫玖絲叁忽，實徵支銀壹拾叁兩柒分陸釐捌毫柒忽。遇閏加銀貳兩，內除荒銀玖錢玖釐柒毫伍絲捌忽伍微，實徵支銀壹兩玖分貳毫肆絲壹忽伍微。

馬夫壹名，歲支銀陸兩，內除荒撥補銀貳兩柒錢叁分柒毫玖絲玖忽，實徵支銀叁兩貳錢陸分玖釐貳毫壹忽，遇閏加銀伍錢，內除荒銀貳錢貳分柒釐肆毫肆絲，實徵支銀貳錢柒分貳釐伍毫陸絲。

教職衙門

齋夫叁名，每名歲支銀壹拾貳兩，共支銀叁拾陸兩，內除荒撥補銀壹拾陸兩叁錢捌分肆釐柒毫玖絲壹忽，實徵支銀壹拾玖兩陸錢壹分伍釐貳毫玖忽。遇閏加銀叁兩，內除荒銀壹兩叁錢陸分肆釐陸毫叁絲玖忽，實徵支銀壹兩陸錢叁分伍釐叁毫陸絲壹忽。

膳夫貳名，額支銀壹拾叁兩叁錢叁分叁釐叁毫叁絲，內除荒撥補銀陸兩陸分捌釐伍毫肆微伍纖玖塵捌漠壹沙，實徵支銀柒兩貳錢陸分肆釐捌毫貳絲玖忽伍微肆纖玖渺壹漠玖沙係廩生支領。遇閏加銀壹兩壹錢壹分壹釐壹毫，內除荒撥補銀伍錢壹分伍釐壹毫貳絲玖忽肆微玖纖玖塵叁渺，實徵支銀伍錢玖分伍釐玖毫柒絲伍微柒渺。

門斗叁名，每名歲支銀柒兩貳錢，共支銀貳拾壹兩陸錢，內除荒撥補銀玖兩捌錢叁分捌毫玖絲，實徵支銀壹拾壹兩柒錢陸分玖釐壹毫壹絲。遇閏加銀壹兩捌錢，內除荒銀捌錢壹分捌釐柒毫捌絲壹忽，實徵支銀玖錢捌分壹釐貳毫壹絲玖忽。

廩生叁拾名，每名歲支月糧銀叁兩貳錢，共支銀玖拾陸兩，內除荒撥補銀肆拾貳兩叁錢玖分陸釐壹毫玖絲壹忽肆微，實徵支銀伍拾叁兩陸錢叁釐捌毫捌忽陸微。遇閏加銀捌兩，內除荒撥補銀叁兩陸錢肆分肆釐肆毫壹絲，實徵支銀肆兩叁錢伍分伍釐伍毫玖絲。

以上俸工項下，除廩生、膳夫貳欵照常支發外，其餘官役俸工於道光貳拾叁年奉文，均以貳兩平支放，每兩減平銀陸分，其減平銀兩，每年批解部庫交納，理合登明。

壹祼支項下

春秋貳季祭祀文廟並各壇祠及無祀鬼魂品物等項共銀玖拾肆兩，內除荒銀肆拾叁兩叁錢壹分玖釐伍毫捌絲捌忽，實徵支銀伍拾兩陸錢捌分肆毫壹絲貳忽。

外撥補豁免不敷銀伍分捌釐伍毫肆絲貳忽。

外均攤撥補不敷銀貳拾貳兩陸錢壹分貳釐叁毫貳絲玖忽貳微捌纖陸塵貳渺肆漠伍沙陸涯。

鄉飲額支銀叁兩，內除荒銀壹兩叁錢捌分貳釐叁毫肆絲壹忽陸微，實徵支銀壹兩陸錢壹分柒釐陸毫伍絲捌忽肆微。

解布政司紙劄銀壹兩捌錢柒分伍釐，內除荒銀捌錢陸分肆釐壹絲叁忽，實徵支銀壹兩壹分玖毫捌絲柒忽。

以上鄉飲、紙劄貳欵於道光貳拾叁年奉文裁汰，其徵收銀兩，每年批解部庫交納，理合登明。

壹孤貧口糧項下

孤貧貳拾肆名口，共支口糧銀陸拾玖兩壹錢貳分，內除荒銀叁拾兩貳錢玖分捌釐捌毫捌絲叁忽叁微伍纖伍塵伍渺陸漠，實徵支銀叁拾捌兩捌錢貳分壹釐壹毫壹絲陸忽陸微肆纖肆渺肆漠。外加增銀肆拾柒兩伍錢柒分捌釐捌毫捌絲叁忽叁微伍纖伍塵伍渺陸漠。遇閏加銀柒兩貳錢。

孤貧冬衣布花銀壹拾貳兩，內除荒銀伍兩貳錢陸分貳毫壹絲陸忽叁微玖塵伍渺貳漠，實徵支銀陸兩柒錢叁分玖釐柒毫捌絲叁忽陸微玖纖肆渺捌漠。

壹驛站項下

新平驛站銀貳千叁拾玖兩壹錢柒分壹釐叁毫；遞運所站銀壹千貳百柒拾兩叁錢玖分肆釐柒毫；京兆驛支直銀貳兩陸錢伍分貳釐；宜祿驛站銀壹拾壹兩柒錢玖分捌釐柒毫；議裁人役工食銀壹拾貳兩玖錢伍分壹釐捌毫陸絲。共銀叁千叁百叁拾陸兩玖錢陸分捌釐伍毫陸絲，內除荒銀壹千玖百柒拾肆兩陸分叁釐伍毫壹絲貳忽壹微貳纖柒塵伍渺肆漠，實徵支銀壹千叁百陸拾貳兩玖錢伍釐肆絲柒忽捌微柒纖貳塵肆渺陸漠。

外收受協蒲城、韓城等州縣驛站兌留兵餉應支銀壹千玖百壹拾捌兩肆錢叁分壹釐陸毫玖絲捌忽肆微伍纖壹塵柒渺。

貳項共銀叁千貳百捌拾壹兩叁錢叁分陸釐柒毫肆絲陸忽叁微貳纖肆塵壹渺陸漠，內除額協裁站並裁撥夫馬工料銀捌百玖拾伍兩貳錢肆分伍釐柒毫捌絲叁忽捌微肆纖捌塵貳渺，實支銀貳千叁百捌拾陸兩玖分玖毫陸絲貳忽肆微柒纖伍塵玖渺陸漠。

外收增給所夫閏月工食銀陸拾伍兩柒錢。

又收增給夫馬閏月工料銀壹百壹拾捌兩捌錢。

壹走遞項下

走遞馬壹拾肆匹，草料工食銀伍百陸拾兩，內除荒銀貳百伍拾捌兩柒分肆釐伍毫壹絲肆忽柒微陸纖貳塵肆渺玖漠玖沙貳洙伍涯，實徵支銀叁百壹兩玖錢貳分伍釐肆毫捌絲伍忽貳微叁纖柒塵伍渺柒洙伍涯，內除裁撥驛站銀壹百叁拾捌兩肆錢肆分柒釐玖毫，實支銀壹百陸拾叁兩肆錢柒分柒釐伍毫捌絲伍忽貳微叁纖柒塵伍渺柒洙伍涯。

遇閏加銀肆拾陸兩陸錢陸分，內除荒銀貳拾壹兩壹錢壹釐肆毫玖絲捌忽捌纖貳塵肆渺，實徵銀貳拾伍兩伍錢伍分捌釐伍毫壹忽玖微壹纖柒塵陸渺，內除裁站閏月銀壹拾貳兩壹釐叁毫玖忽壹微貳纖玖塵捌渺，實支銀壹拾叁兩伍錢伍分柒釐壹毫玖絲貳忽柒微捌纖柒塵捌渺。

以上存留實徵銀貳千肆百叁拾伍兩壹錢叁分陸釐玖毫叁絲貳忽捌微肆纖玖塵肆渺玖沙柒洙伍涯。

又收起運內受協蒲城、韓城等州縣驛站兌留兵餉應支銀壹千玖百壹拾捌兩肆錢叁分壹釐陸毫玖絲捌忽肆微伍纖壹塵柒渺。

共銀肆千叁百伍拾叁兩伍錢陸分捌釐陸毫叁絲壹忽叁微壹塵壹渺玖沙柒洙伍涯，內除額協京兆驛支直抵餉銀壹兩肆分捌釐壹毫肆絲貳忽玖微壹纖叁塵；又除協臨洮府狄道、渭源貳縣站支抵餉銀壹拾貳兩叁錢柒分玖釐陸毫捌絲捌忽玖微玖纖肆塵肆渺；又除驛遞之差事甚少等事案內，裁站銀壹千伍百叁拾貳兩玖錢貳分壹釐肆毫陸絲柒忽捌微陸纖陸塵陸渺捌漠，內在於題明請將驛站等事案內，留支本州新增夫馬工料銀伍百肆拾陸兩伍分伍釐陸毫壹絲伍忽玖微貳纖伍塵捌渺捌漠，實裁站銀玖百捌拾陸兩捌錢陸分伍釐捌毫伍絲壹忽玖微肆纖捌渺；又在於付送原文事案內，裁撥夫馬工料銀叁拾叁兩肆錢。

實該銀叁千叁百壹拾玖兩捌錢柒分肆釐玖毫肆絲柒忽肆微伍纖貳塵玖渺玖沙柒洙伍涯。

外加增撥補俸工，除知州攤俸留抵外，實該留支銀陸百柒拾伍兩肆錢捌分肆釐肆毫叁絲柒忽捌微柒纖玖塵叁漠壹沙。

共該銀叁千玖百玖拾伍兩叁錢伍分玖釐叁毫捌絲伍忽叁微叁纖壹塵玖渺肆漠柒洙伍涯乾隆伍拾貳年奉文，全數解司，壹切支欵，俱由司庫按季領支，嗣於嘉慶伍年奉文，在州留支，並不按季赴司請領。

外於西安布政司庫撥補領支文廟均攤祭祀銀貳拾貳兩陸錢壹分貳釐叁毫貳絲玖忽貳微捌纖陸塵貳渺肆漠伍沙陸涯。

外遇閏原加銀壹百肆拾玖兩叁錢貳分壹釐玖絲貳忽，內除各官閏俸銀壹拾伍兩陸錢陸分玖釐玖毫玖絲貳忽入起運外，實該銀壹百叁拾叁兩陸錢伍分壹釐壹毫，內除荒銀陸拾兩陸錢肆分陸釐貳毫叁絲柒忽伍纖貳塵壹渺，實徵銀柒拾叁兩肆釐捌毫陸絲貳忽玖微肆纖柒塵玖渺，內除驛遞之差事甚少等事案內，裁站閏月銀壹拾貳兩柒錢叁分貳釐玖毫肆忽伍微陸纖肆塵玖渺，內在於題明請將驛站等事案內，留支本州新增夫馬工料閏月銀柒錢叁分壹釐伍毫玖絲伍忽肆微叁纖伍塵壹渺，實裁銀壹拾貳兩壹釐叁毫玖忽壹微貳纖玖塵捌渺。

止該銀陸拾壹兩叁釐伍毫伍絲叁忽捌微壹纖捌塵壹渺。

外加增撥補役廩閏月銀貳拾兩陸錢貳分叁釐壹毫叁絲叁忽肆微陸纖玖塵柒渺。

共該銀捌拾壹兩陸錢貳分陸釐陸毫捌絲柒忽貳微捌纖柒塵捌渺乾隆伍拾貳年奉文，全數解司，壹切支欵，俱由司庫按季領支，嗣於嘉慶伍年奉文，在州留支，並不按季赴司請領。

外於西安布政司庫領支所夫、夫馬閏月銀壹百捌拾肆兩伍錢係動支司庫收貯起運銀兩。

壹額外

課程銀肆拾叁兩陸分係舖戶出辦。遇閏加銀叁兩伍錢捌分捌釐叁毫叁絲叁忽叁微叁纖。

壹裸稅項下

畜稅銀陸拾兩陸錢係買騾馬人戶出辦，每兩叁分，原無定額，儘收儘解，理合登明。遇閏加銀叁兩伍錢捌分捌釐叁毫叁絲叁忽叁微叁纖。

壹裸稅項下

畜稅銀陸拾兩陸錢係買騾馬人戶出辦，每兩叁分，原無定額，儘收儘解，理合登明。

牙稅銀壹拾陸兩柒錢伍分上帖牙人叁名，每名原額銀貳兩，共銀陸兩；中帖牙人貳名，原額銀壹兩伍錢，共銀叁兩；下上牙人玖名，原額銀柒錢伍分，共銀陸兩柒錢伍分；下下帖牙人貳名，原額銀伍錢，共銀壹兩。

地稅銀伍拾玖兩伍錢貳分係買田房人戶出辦，每兩叁分，原無定額，儘收儘解，理合登明。

當稅銀肆拾兩係當商出辦，當舖捌座，每座每年納稅銀伍兩。（道光拾肆年刊造）

牙稅銀壹拾陸兩柒錢伍分上帖牙人叁名，每名原額銀貳兩，共銀陸兩；中帖牙人貳名，原額銀壹兩伍錢，共銀叁兩；下上牙人玖名，原額銀柒錢伍分，共銀陸兩柒錢伍分；下下帖牙人貳名，原額銀伍錢，共銀壹兩。

地稅銀伍拾玖兩肆錢叁分係買田房人戶出辦，每兩叁分，原無定額，儘收儘解，理合登明。

當稅銀叁拾伍兩係當商出辦，當舖柒座，每座每年納稅銀伍兩。（道光貳拾肆年刊造）

乾州屬叁州縣：本州、永壽、武功

原額各等民地並寄莊共地貳萬肆百捌拾叁頃玖拾畝柒分陸釐壹毫柒絲，各地徵糧不等，共徵本折糧伍萬肆百伍石陸斗陸升陸合陸勺肆抄肆撮肆圭肆粟，內本色糧壹百柒拾石捌升壹合，折色糧伍萬貳百叁拾伍石伍斗捌升伍合陸勺肆抄肆撮肆圭肆粟，各徵銀不等，共徵銀陸萬叁千捌百伍拾捌兩捌分肆釐玖毫叁絲陸忽捌微貳纖玖塵捌渺。

順治柒、捌並康熙捌年，雍正拾、拾貳，乾隆伍、拾、拾陸等年免過無主並在於實陳墾荒、秦屬蠲免、泣陳河沖、遵旨詳查議奏，奏聞秋禾情形、報明被水等事各案內，共免過荒地伍千陸百玖拾肆頃陸拾捌畝壹分伍釐壹毫壹絲，應免本折糧壹萬壹千壹百柒拾肆石壹斗貳升柒合伍勺貳抄柒撮陸圭叁粟貳粒陸糠貳粃，內前開墾並興屯及節年開墾、清查自首折徵共地壹千捌百捌拾肆頃陸拾畝柒分柒釐貳毫壹絲捌忽玖微貳纖，應徵本折糧貳千玖百玖拾石陸斗伍升伍合伍勺叁抄貳撮捌圭玖粟捌粒叁顆肆糠。又乾隆貳拾年起科折徵地壹頃陸拾壹畝陸分柒釐貳毫柒絲玖忽，該糧壹石肆斗捌升柒合叁勺捌抄玖撮陸圭陸粟捌粒，以增抵除；又武功縣乾隆貳拾伍、貳拾柒兩年在於報明河水泛漲、河水沖灘地畝事貳案內，題明豁免地叁頃玖拾貳畝柒分，免折色糧壹拾肆石柒升貳勺肆抄捌撮玖圭壹粟叁顆；又武功縣乾隆肆拾柒年在於欽奉恩詔事案內，題明豁免地肆頃壹拾肆畝柒分，應免本折糧壹拾肆石捌斗伍升捌合肆勺玖抄貳撮捌圭貳粟陸顆；又武功縣嘉慶拾玖年在於欽奉恩詔事案內，題明豁免地壹拾肆頃陸拾肆畝玖分玖釐叁毫，共免本折糧伍拾貳石肆斗捌升玖合玖勺陸抄叁撮柒圭陸粟叁粒伍顆壹糠肆粃；又武功縣道光伍年在於欽奉恩詔事案內，豁免地叁頃陸拾捌畝貳釐叁毫，共免本折糧壹拾叁石壹斗捌升陸合柒抄玖撮叁圭肆粟貳粒肆顆伍糠肆粃。

以上原免共地伍千柒百貳拾壹頃捌畝伍分陸釐柒毫壹絲，應免本折糧壹萬壹千貳百陸拾捌石柒斗叁升貳合叁勺壹抄貳撮肆圭陸粟捌粒玖顆叁糠，內前開墾並興屯及節年開墾、清查自首折徵共地壹千捌百捌拾肆頃陸拾畝柒分柒釐貳毫壹絲捌忽玖微貳纖，應徵本折糧貳千玖百玖拾石陸斗伍升伍合伍勺叁抄貳撮捌圭玖粟捌粒叁顆肆糠，又乾隆貳拾年起科折正地壹頃陸拾壹畝陸分柒釐貳毫柒絲玖忽，該糧壹石肆斗捌升柒合叁勺捌抄玖撮陸圭陸粟捌粒。

實荒地叁千捌百叁拾肆頃捌拾陸畝壹分貳釐貳毫壹絲貳忽捌纖，免本折糧捌千貳百柒拾陸石伍斗捌升玖合叁勺捌抄玖撮玖圭貳粒伍顆玖糠，實應免本色糧陸石貳斗貳升陸合伍勺肆抄伍撮貳圭肆粟玖粒玖顆貳糠肆粃，實應免折色糧捌千貳百柒拾石叁斗陸升貳合捌勺肆抄肆撮陸圭伍粟貳粒陸顆陸糠陸粃，該免銀壹萬肆百柒拾兩肆錢陸分貳釐捌毫柒絲陸忽柒微肆纖壹塵柒渺貳漠柒沙陸洙伍涯。

實熟地壹萬陸千陸百肆拾玖頃肆畝陸分叁釐玖毫伍絲柒忽玖微貳纖，應徵本折糧肆萬貳千壹百貳拾玖石柒升柒合貳勺伍抄肆撮伍圭叁粟柒粒肆顆壹糠，實應徵本色糧壹百陸拾叁石捌斗伍升肆合肆勺伍抄肆撮柒圭伍粟柒糠陸粃，實應徵折色糧肆萬壹千玖百陸拾伍石貳斗貳升貳合柒勺玖抄玖撮柒圭捌粟柒粒叁顆叁糠肆粃，該徵折色銀伍萬叁千叁百捌拾柒兩陸錢貳分貳釐陸絲捌纖捌塵柒漠貳沙叁洙伍涯。

又額外清丈自首、勘實並加增清查溢額自首額外共地肆百伍頃陸拾叁畝壹分柒釐肆毫，该本色糧柒斗壹合叁勺肆抄玖撮肆圭陸粟，該折色糧柒百捌拾肆石玖斗玖升陸合玖勺壹抄柒撮壹粒，各折銀不等，共徵折色銀伍百叁拾柒兩貳錢陸分捌毫叁絲陸忽叁纖伍塵貳漠。

又武功縣籽粒地租銀玖拾壹兩貳錢柒分陸釐貳毫柒絲。

以上實熟民地並額外加增自首、籽粒等項共地壹萬柒千伍拾肆頃陸拾柒畝捌分壹釐叁毫伍絲柒忽玖微貳纖，實徵本色糧壹百陸拾肆石伍斗伍升伍合捌勺肆撮貳圭壹粟柒糠陸粃，實徵折色糧折銀并加增籽粒地租共銀伍萬肆千壹拾陸兩壹錢伍分玖釐壹毫陸絲陸忽壹微貳纖叁塵玖漠貳沙叁洙伍涯。

原額人丁叁門玖則不等，共折下下丁陸萬柒千肆百玖拾柒丁，每丁各徵銀不等，共徵銀捌千玖百伍拾肆兩玖錢柒分陸釐陸絲玖忽壹微叁纖貳塵捌沙，內除優免丁壹千肆百捌拾玖丁，免銀壹百玖拾叁兩叁錢肆分玖釐陸絲壹微叁纖貳塵捌渺。

實行差並招回及節年招回，編審抵補豁免共丁陸萬陸千捌丁，該徵銀捌千柒百陸拾壹兩陸錢貳分柒釐玖忽。

順治柒年題明免過逃亡丁叁千叁百貳拾柒丁，該除銀陸百叁拾伍兩肆錢伍分柒釐，內節年招回並編審出丁捌百壹拾丁，該銀壹百伍拾肆兩柒錢壹分，以增抵除，實應免丁貳千伍百壹拾柒丁，免銀肆百捌拾兩柒錢肆分柒釐。

以上實在行差丁陸萬叁千肆百玖拾壹丁，該徵銀捌千貳百捌拾兩捌錢捌分玖忽。

又乾州、武功貳州縣康熙元年起，至肆拾年止，編審出溢額丁貳千柒百玖拾捌丁，共徵銀貳百叁拾玖兩柒分壹釐肆毫肆絲陸忽伍微玖纖肆塵肆渺。

共實在丁陸萬陸千貳百捌拾玖丁，共徵銀捌千伍百壹拾玖兩玖錢伍分壹釐肆毫伍絲伍忽伍微玖纖肆塵肆渺于雍正伍年攤入地糧徵收。

康熙伍拾伍年起，至乾隆貳拾陸年止，編審出丁陸百叁拾肆丁；乾隆叁拾壹年編審出丁伍拾陸丁；乾隆叁拾陸年編審出丁伍拾肆丁。共編審出丁柒百肆拾肆丁，欽遵康熙伍拾貳年叁月拾捌日恩詔，後遇編審之期，但據康熙伍拾年丁冊定為常額，續生人丁，永不加賦。

原額均徭銀肆千肆百壹拾捌兩叁錢陸分叁釐肆毫叁絲伍忽柒微，內除荒銀陸百柒拾伍兩捌錢貳毫玖微叁纖陸塵壹渺叁漠玖沙壹洙伍涯，實徵銀叁千柒百肆拾貳兩伍錢陸分叁釐貳毫叁絲肆忽柒微陸纖叁塵捌渺陸漠捌洙伍涯。

額外清查自首地畝額徵均徭銀壹拾伍兩陸錢壹分貳釐捌絲叁忽玖微陸纖叁塵壹渺。

以上實徵均徭銀叁千柒百伍拾捌兩壹錢柒分伍釐叁毫壹絲捌忽柒微貳纖陸塵玖渺陸漠捌洙伍涯。

外遇閏額銀捌百玖兩陸錢捌分壹釐柒毫貳絲陸忽，內除荒銀捌拾肆兩柒錢伍分肆釐柒毫捌絲玖微肆塵捌渺玖漠陸沙柒涯肆洒，實徵銀柒百貳拾肆兩玖錢貳分陸釐玖毫肆絲伍忽玖纖伍塵壹渺叁沙玖洙貳涯陸洒。

額外匠價並盤纏銀陸拾玖兩叁錢。遇閏加銀伍兩柒錢柒分伍釐。

停免銀叁百壹拾捌兩捌錢捌分陸釐捌毫叁絲伍微。

軍籍丁糧銀叁千柒百肆拾貳兩陸錢貳分玖釐玖絲玖忽陸微捌纖壹塵捌渺以上正閏肆項攤入前項地糧徵解，理合登明。

以上地、丁貳項並均徭、地租、匠價、停免、軍籍等項，除優免丁銀外，應徵銀捌萬貳千伍拾貳兩壹錢壹分壹釐玖毫肆絲捌忽叁微肆塵壹渺貳漠，內除荒銀壹萬壹千陸百貳拾柒兩壹分柒絲柒忽陸微柒纖柒塵捌渺陸漠陸沙捌洙，實徵銀柒萬肆百貳拾伍兩壹錢壹釐捌毫柒絲陸微貳纖陸塵貳渺伍漠叁沙貳洙。

外遇閏加徵銀捌百玖兩陸錢捌分壹釐柒毫貳絲陸忽，內除荒銀捌拾肆兩柒錢伍分肆釐柒毫捌絲玖微肆塵捌渺玖漠陸沙柒涯肆洒，實徵銀柒百貳拾肆兩玖錢貳分陸釐玖毫肆絲伍忽玖纖伍塵壹渺叁沙玖洙貳涯陸洒。

又額外匠價閏銀伍兩柒錢柒分伍釐。

以上共閏銀柒百叁拾兩柒錢壹釐玖毫肆絲伍忽玖纖伍塵壹渺叁沙玖洙貳涯陸洒。

額徵本色糧壹百柒拾石柒斗捌升貳合叁勺肆抄玖撮肆圭陸粟，內除荒糧陸石貳斗貳升陸合伍勺肆抄伍撮貳圭肆粟玖粒玖顆貳糠肆粃，實徵糧壹百陸拾肆石伍斗伍升伍合捌勺肆撮貳圭壹粟柒糠陸粃。

壹起運項下

原編起運糧石折價銀伍萬壹千壹百貳拾壹兩捌錢陸分叁釐陸毫伍絲壹忽叁微陸纖玖塵捌渺，內除荒銀捌千壹百叁拾肆兩柒分壹釐肆毫柒絲壹忽叁微玖渺貳漠貳沙伍洙柒涯柒洒，實起運銀肆萬貳千玖百捌拾柒兩柒錢玖分貳釐壹毫捌絲陸纖捌塵捌渺柒漠柒沙肆洙貳涯叁洒。

節裁鹽鈔、抵祿、藥味、軍器、年例、毛襖、盤纏等項歸入起運銀貳千貳百貳拾壹兩玖錢陸分叁釐肆毫貳絲肆忽柒微，內除荒銀貳百貳拾柒兩貳錢捌分柒釐柒毫捌絲壹忽叁微伍纖捌塵玖渺壹漠肆沙壹洙，實起運銀壹千玖百玖拾肆兩陸錢柒分伍釐陸毫肆絲叁忽叁微肆纖壹塵捌漠伍沙柒洙。

舊編存留，內順治玖年裁扣各役工食銀柒百叁兩貳錢；拾貳年裁扣傘扇銀貳拾肆兩；拾叁年裁扣冗員銀捌拾貳兩；拾肆年裁扣官生俸廩等項，除奉復孤貧外，止裁銀柒百捌拾柒兩叁錢壹分捌毫捌絲；拾伍年奉裁冗員俸食等項銀壹百壹拾伍兩捌錢肆分；拾柒年奉裁驛丞俸食等項銀壹百肆拾捌兩伍錢陸分。康熙元年裁吏書工食銀叁百玖兩陸錢；叁年裁門斗、齋夫銀壹百貳拾貳兩肆錢，雜費丁銀叁百陸拾伍兩柒錢伍分伍釐陸毫叁絲；拾伍年裁心紅紙張等項銀叁百捌拾伍兩伍錢伍分捌釐壹毫；拾陸年裁遞運所大使俸食等項銀肆拾叁兩伍錢貳分；貳拾柒年裁歲貢盤纏等項銀壹百貳拾捌兩貳錢玖分捌釐陸毫貳絲；伍拾陸年裁表箋銀貳兩叁錢伍分伍釐。雍正陸年裁燈夫工食銀柒拾貳兩；拾貳年裁民壯工食銀玖拾陸兩。乾隆柒年裁民壯銀壹百伍拾陸兩；玖年奉裁均攤祭祀銀貳拾捌兩捌錢貳分，裁舖司銀貳拾兩壹錢陸分，冗費裁剩解部銀壹千捌百陸兩貳錢玖分伍釐貳毫玖絲伍忽肆微陸纖，又裁蒿店所大使俸工銀肆拾叁兩伍錢貳分，又裁廣豐倉斗級工食銀柒兩貳錢。

共裁歸起運銀伍千肆百肆拾捌兩叁錢玖分叁釐伍毫貳絲伍忽肆微陸纖，內除荒銀陸百陸拾捌兩柒分柒釐壹毫陸絲玖忽柒微柒纖柒塵叁漠柒沙柒洙玖涯叁洒，實起運銀肆千柒百捌拾兩叁錢壹分陸釐叁毫伍絲伍忽陸微捌纖貳塵玖渺陸漠貳沙貳洙柒洒。

又額外地畝應徵地、丁、均徭銀伍百壹拾兩貳錢捌分叁釐伍毫陸絲陸忽伍微玖纖貳塵伍渺貳漠。

又額外徵收匠價、停免、軍籍丁糧共銀肆千壹百叁拾兩捌錢壹分伍釐玖毫叁絲壹微捌纖壹塵捌渺。

以上共實起運銀伍萬肆千肆百叁兩捌錢捌分叁釐陸毫柒絲伍忽捌微陸纖柒塵貳渺肆漠伍沙叁洙叁涯。

又收存留內額協白渠、京兆等驛站兌留兵餉銀壹百玖兩伍錢玖分壹釐叁毫貳絲肆忽壹纖伍塵玖渺。

又收臨洮府屬渭源、狄道貳州縣驛站抵兌兵餉銀貳百伍拾兩陸錢玖分陸釐捌毫貳絲陸忽玖微柒纖陸塵壹渺。

又收存留內驛遞之差使甚少並題明請將驛站等事貳案內，共裁站銀柒千陸拾伍兩壹錢叁分伍釐陸毫貳絲陸忽陸微貳纖叁塵捌渺，內留支本縣新增夫馬工料銀壹百肆拾肆兩玖錢叁釐陸毫，止實收銀陸千玖百貳拾兩貳錢叁分貳釐貳絲陸忽陸微貳纖叁塵捌渺。

又收乾州均丁案內，增銀捌百捌拾捌兩肆錢陸分壹釐玖毫貳絲伍忽伍微陸塵柒渺。

又收乾州、永壽貳州縣付送原文事案內，裁站夫馬工料銀陸拾陸兩捌錢。

柒項共起運銀陸萬貳千陸百叁拾玖兩陸錢陸分伍釐柒毫柒絲捌忽玖微捌纖玖塵柒渺肆漠伍沙叁洙叁涯，內除受協各州縣驛站兌留兵餉應支銀肆千肆百捌拾兩壹錢柒分叁釐陸毫肆絲伍忽陸微肆纖陸塵叁渺；又永、武貳縣在於請倣以糧載丁之例等事案內，通省以糧均丁減銀叁千肆百肆拾叁兩伍錢捌分柒釐壹毫陸絲叁忽伍微捌纖捌塵貳渺，内除乾隆元、陸、拾壹、拾陸、貳拾壹、貳拾陸等年編審案内，共增抵補屯更丁銀柒百陸拾兩伍錢壹分叁釐伍毫柒絲玖忽玖微肆纖壹塵叁渺叁漠叁沙叁洙叁涯貳洒，又乾隆叁拾壹、叁拾陸兩年編審案内，共增抵補屯更丁銀叁百柒拾貳兩柒錢肆分捌毫捌絲肆忽肆微柒纖陸渺陸漠陸沙陸洙陸涯陸洒，止該減銀貳千叁百壹拾兩叁錢叁分貳釐陸毫玖絲玖忽壹微柒纖陸塵貳渺貳洒。

實該銀伍萬伍千捌百肆拾玖兩壹錢伍分玖釐肆毫叁絲肆忽壹微陸纖柒塵貳渺肆漠伍沙叁洙貳涯捌洒，内留支加增撥補俸工銀陸百伍拾陸兩陸錢叁分貳釐叁毫壹絲柒忽捌微伍塵柒渺柒漠玖沙柒洙叁涯壹洒，止該起運銀伍萬伍千壹百玖拾貳兩伍錢貳分柒釐壹毫壹絲陸忽叁微陸纖壹塵肆渺陸漠伍沙伍洙玖涯柒洒。

外遇閏裁扣，順治玖年裁各役工食銀伍拾叁兩陸錢；拾叁年裁扣冗員銀陸兩捌錢叁分叁釐叁毫叁絲叁忽；拾肆年裁扣銀伍拾壹兩陸錢陸釐玖毫叁絲玖忽；拾伍年裁扣銀玖兩陸錢伍分叁釐叁毫叁絲貳忽；拾柒年裁扣驛丞俸食銀壹拾貳兩叁錢柒分玖釐玖毫玖絲捌忽。康熙元年裁扣吏書工食銀貳拾伍兩捌錢；叁年裁扣銀壹拾兩貳錢；拾伍年裁扣心紅紙張等項銀捌兩壹絲；拾陸年裁扣大使俸食銀叁兩陸錢貳分陸釐陸毫陸絲陸忽。雍正陸年裁扣燈夫工食銀陸兩；拾貳年裁扣民壯工食銀捌兩。乾隆柒年裁扣民壯銀壹拾叁兩；玖年裁舖司銀壹兩陸錢捌分，又裁蒿店所大使俸工銀叁兩陸錢貳分陸釐陸毫陸絲陸忽，又廣豐倉斗級工食銀陸錢，又各官閏俸銀叁拾肆兩貳錢貳分肆釐捌毫貳絲貳忽。

共銀貳百肆拾捌兩捌錢叁分壹釐柒毫陸絲陸忽，内除荒銀叁拾貳兩陸錢肆分肆釐壹毫玖絲貳忽柒微肆纖柒渺叁漠伍沙玖洙柒涯叁洒，實徵銀貳百壹拾陸兩壹錢捌分柒釐伍毫柒絲叁忽貳微伍纖玖塵貳渺陸漠肆沙貳涯柒洒。

又額外匠價閏銀伍兩柒錢柒分伍釐。

貳項共銀貳百貳拾壹兩玖錢陸分貳釐伍毫柒絲叁忽貳微玖纖玖塵貳渺陸漠肆沙貳涯柒洒。

又收存留内驛遞之差使甚少並題明請將驛站等事貳案内，共裁站閏月銀貳百貳兩陸錢柒分捌釐肆絲壹忽伍微肆纖伍塵叁渺，内在於題明請將驛站等事案内，留支新增夫馬工料銀伍兩伍錢柒分柒釐柒絲伍忽，止實收銀壹百玖拾柒兩壹錢玖毫陸絲陸忽伍微肆纖伍塵叁渺。

又收乾州均丁案內增銀叁拾肆兩柒錢肆釐柒毫柒絲貳忽壹微肆纖捌塵玖渺。

叁項共銀肆百伍拾叁兩柒錢陸分捌釐叁毫壹絲壹忽玖微玖纖叁塵肆渺陸漠肆沙貳涯柒洒，內除請做以糧載丁減銀壹百肆拾兩壹錢陸釐肆毫陸絲陸忽壹微捌纖貳塵捌渺，節次抵補屯更丁增銀肆拾捌兩叁釐叁毫伍絲柒忽陸微捌纖壹塵叁渺，止減銀玖拾貳兩壹錢叁釐壹毫捌忽伍微壹塵伍渺。

實該銀叁百陸拾壹兩陸錢陸分伍釐貳毫叁忽肆微玖纖壹塵玖渺陸漠肆沙貳涯柒洒，內留支加增撥補工食銀貳拾捌兩捌錢陸分貳釐肆毫柒忽肆微貳纖玖塵貳渺叁漠伍沙柒洙壹洒。

又武功縣留支撥補夫馬閏月銀叁兩捌錢玖分玖釐。

止該起運閏銀叁百貳拾捌兩玖錢叁釐柒毫玖絲陸忽陸纖貳塵柒渺貳漠捌沙叁洙貳涯陸洒。

壹存留項下

原編存留官學倉糧並奉復孤貧口糧共壹百柒拾石捌升壹合，內除荒糧陸石貳斗貳升陸合伍勺肆抄伍撮貳圭肆粟玖粒玖顆貳糠肆粃，實徵糧壹百陸拾叁石捌斗伍升肆合肆勺伍抄肆撮柒圭伍粟柒糠陸粃，聽支孤貧並歸入常平倉內一體辦理。

又溢額地畝本色糧柒斗壹合叁勺肆抄玖撮肆圭陸粟，歸入常平倉內辦理。

原編存留銀壹萬捌千陸百壹拾捌兩柒錢玖分壹釐捌毫伍絲，內除荒銀貳千伍百玖拾柒兩伍錢柒分叁釐陸毫伍絲伍忽貳微肆纖玖渺玖漠貳沙壹洙壹涯，實徵銀壹萬陸千貳拾壹兩貳錢壹分捌釐壹毫玖絲肆忽柒微伍纖玖塵柒沙捌洙柒涯。

又收起運內受協蒲城等縣驛站兌留兵餉應支銀肆千肆百捌拾兩壹錢柒分叁釐陸毫肆絲伍忽陸微肆纖陸塵叁渺。

貳項共銀貳萬伍百壹兩叁錢玖分壹釐捌毫肆絲肆微伍塵叁渺柒沙捌洙柒涯，內除額協京兆、白渠等驛站抵餉銀壹百玖兩伍錢玖分壹釐叁毫貳絲肆忽壹纖伍塵玖渺。

又除額協臨洮府屬渭源、狄道貳州縣驛站抵餉銀貳百伍拾兩陸錢玖分陸釐捌毫貳絲陸忽玖微柒纖陸塵壹渺。

又除驛遞之差使甚少等事貳案內，共裁站銀柒千陸拾伍兩壹錢叁分伍釐陸毫貳絲陸忽陸微貳纖叁塵捌渺，內在於題明請將驛站等事案內，留支本縣新增夫馬工料銀壹百肆拾肆兩玖錢叁釐陸毫，實裁銀陸千玖百貳拾兩貳錢叁分貳釐貳絲陸忽陸微貳纖叁塵捌渺。

又乾州、永壽貳州縣于付送原文事案內，裁站夫馬工料銀陸拾陸兩捌錢。

止該銀壹萬叁千壹百伍拾肆兩柒分壹釐陸毫陸絲貳忽柒微捌纖玖塵伍渺柒沙捌洙柒涯。

外加增撥補俸工，除知縣攤俸留抵外，實該銀陸百伍拾陸兩陸錢叁分貳釐叁毫壹絲柒忽捌微伍塵柒渺柒漠玖沙柒洙叁涯壹洒。

共實該銀壹萬叁千捌百壹拾兩柒錢叁釐玖毫捌絲伍微玖纖伍塵貳渺捌漠柒沙陸洙壹洒。

外永壽縣在於西安布政司庫領支均攤祭祀銀壹拾玖兩柒錢伍分陸釐柒毫叁絲壹忽貳微捌纖陸塵貳渺肆漠伍沙陸涯，係動支司庫耗羡公用銀兩。

遇閏原加銀伍百玖拾伍兩柒分肆釐柒毫捌絲貳忽，內除各官閏俸銀叁拾肆兩貳錢貳分肆釐捌毫貳絲貳忽入起運外，止該銀伍百陸拾兩捌錢肆分玖釐玖毫陸絲，內除荒銀伍拾貳兩壹錢壹分伍毫捌絲捌忽壹微陸纖肆塵壹渺陸漠壹洙壹洒，實徵銀伍百捌兩柒錢叁分玖釐叁毫柒絲壹忽捌微叁纖伍塵捌渺叁漠玖沙捌洙玖涯玖洒，內除驛遞之差使甚少等事貳案內，共裁站閏月銀貳百貳兩陸錢柒分捌釐肆絲壹忽伍微肆纖伍塵叁渺，內留支本縣新增夫馬工料銀伍兩伍錢柒分柒釐柒絲伍忽，實裁銀壹百玖拾柒兩壹錢玖毫陸絲陸忽伍微肆纖伍塵叁渺。

止該銀叁百壹拾壹兩陸錢叁分捌釐肆毫伍忽貳微玖纖伍渺叁漠玖沙捌洙玖涯玖洒。

外收加增撥補俸工銀貳拾捌兩捌錢陸分貳釐肆毫柒忽肆微貳纖玖塵貳渺叁漠伍沙柒洙壹洒。

又武功縣撥補夫馬閏月銀叁兩捌錢玖分玖釐。

以上存留實支銀叁百肆拾肆兩叁錢玖分玖釐捌毫壹絲貳忽柒微壹纖玖塵柒渺柒漠伍沙陸洙。

外于西安布政司庫撥補增給所夫並夫馬閏月銀陸百壹拾兩陸錢伍分。

本色存留官學倉糧玖拾叁石貳斗捌升壹合，內除荒糧叁石肆斗壹升肆合玖勺壹抄捌撮貳圭壹粟捌粒伍顆貳糠肆粃，實徵糧捌拾玖石捌斗陸升陸合捌抄壹撮柒圭捌粟壹粒肆顆柒糠陸粃，內除撥給加增孤貧糧肆拾壹石貳斗壹升壹合陸勺貳抄柒撮叁粟壹粒肆顆，實存撥糧肆拾捌石陸斗伍升肆合肆勺伍抄肆撮柒圭伍粟柒糠陸粃。

遇閏又撥給加增孤貧口糧玖石陸斗，止實存撥糧叁拾玖石伍升肆合肆勺伍抄肆撮柒圭伍粟柒糠陸粃，聽候撥餉。

壹額外

課程銀伍拾叁兩伍錢伍分。遇閏加銀肆兩肆錢陸分貳釐肆毫玖絲陸忽陸微陸纖叁塵叁渺。

畜稅銀貳百叁拾陸兩伍錢捌分。

牙稅銀捌拾玖兩貳錢陸分。

當稅銀壹百叁拾伍兩。

地稅銀陸拾貳兩貳錢伍分陸釐。

乾州

原額上、中、下並寄庄叁等共地壹萬壹百頃捌拾玖畝陸分伍毫，各地徵糧不等，共徵折色糧貳萬陸千玖百柒拾柒石叁斗陸升貳合陸勺肆抄柒撮，每石折徵銀壹兩貳錢陸分陸釐壹毫肆絲叁忽叁微捌纖肆塵貳渺，共額徵銀叁萬肆千壹百伍拾柒兩貳錢玖釐壹毫捌絲柒微壹纖貳塵肆渺。內：

上地伍千柒百貳拾貳頃玖拾貳畝柒分叁釐捌毫，每畝科糧叁升叁合，共糧壹萬捌千捌百捌拾伍石陸斗陸升叁合伍勺捌抄柒撮伍圭，該徵銀貳萬叁千玖百壹拾壹兩玖錢伍分柒釐貳毫伍絲陸忽柒微。順治柒、捌兩年題明免過無主荒地伍百陸拾肆頃肆拾捌畝肆分叁釐貳毫，應免糧壹千捌百陸拾貳石柒斗玖升捌合貳勺伍抄伍撮，該除銀貳千叁百貳拾柒兩陸錢柒分伍釐貳毫叁絲，內興屯並節年首報及清查首報共地壹百貳頃柒拾壹畝陸分玖釐柒毫玖絲陸忽叁微，該糧叁百叁拾捌石玖斗陸升貳合柒抄捌撮壹圭柒粟玖粒，該銀肆百貳拾玖兩捌錢貳分柒釐玖毫柒絲陸忽叁微貳纖壹塵伍渺壹沙捌洙玖涯。實在地伍千貳百陸拾壹頃壹拾陸畝叁毫玖絲陸忽叁微，實徵糧壹萬柒千叁百陸拾壹石捌斗貳升柒合肆勺壹抄陸圭柒粟玖粒，該徵銀貳萬貳千壹拾叁兩伍錢柒分貳忽玖微叁纖壹塵伍渺壹沙捌洙玖涯。

中地壹千伍百伍拾柒頃貳拾畝玖分伍釐，每畝科糧貳升肆合伍勺，該糧叁千捌百壹拾伍石壹斗陸升叁合貳勺柒抄伍撮，該徵銀肆千捌百叁拾兩伍錢肆分叁釐陸毫叁絲陸忽柒微肆纖柒塵肆渺。順治柒、捌兩年題明免過無主荒地陸百柒拾柒頃捌拾壹畝陸分壹釐肆毫，應免糧壹千陸百陸拾石陸斗肆升玖合伍勺肆抄貳撮，應除銀貳千柒拾伍兩玖分伍釐伍毫貳絲玖忽，内前開墾並節年及興屯開墾共地叁百陸拾壹頃捌拾叁畝壹分壹釐貳毫壹絲柒忽肆微陸纖，該糧捌百玖拾陸石壹斗玖升伍合貳勺貳抄玖撮貳圭柒粟捌粒，該銀壹千壹百叁拾叁兩伍錢叁分叁釐叁毫伍忽壹微陸纖貳塵叁渺捌漠柒沙玖洙貳涯。實在地壹千貳百肆拾壹頃貳拾貳畝肆分肆釐捌毫壹絲柒忽肆微陸纖，實徵糧叁千伍拾石柒斗捌合玖勺陸抄貳撮貳圭柒粟捌粒，該徵銀叁千捌百捌拾捌兩玖錢捌分壹釐肆毫壹絲貳忽玖微玖塵柒渺捌漠柒沙玖洙貳涯。

下地貳千伍百壹拾陸頃玖拾捌畝壹分，每畝科糧壹升叁合貳勺捌抄，共糧叁千叁百肆拾貳石伍斗伍升柒勺陸抄捌撮，該徵銀肆千貳百叁拾貳兩壹錢肆分捌釐肆毫叁絲伍忽柒微柒纖壹塵。順治柒、捌兩年題明免過無主荒地肆百捌頃捌拾貳畝伍分捌毫，應免糧伍百肆拾貳石玖斗壹升玖合柒勺叁撮，該除銀陸百柒拾捌兩肆錢玖釐捌毫柒絲，内節年開墾并興屯及清查首報共地叁百陸拾玖頃壹拾伍畝伍釐壹毫伍忽壹微陸纖，該糧肆百玖拾石貳斗叁升玖勺貳抄叁撮伍圭陸粟伍粒，該銀陸百貳拾壹兩貳錢肆分柒釐壹毫柒絲壹忽叁微伍纖伍塵肆渺壹漠壹沙伍洙陸涯。實在地貳千肆百柒拾柒頃叁拾畝陸分肆釐叁毫伍忽壹微陸纖，實徵糧叁千貳百捌拾玖石捌斗陸升壹合玖勺捌抄捌撮伍圭陸粟伍粒，該徵銀肆千壹百柒拾肆兩玖錢捌分伍釐柒毫叁絲柒忽壹微貳纖陸塵肆渺壹漠壹沙伍洙陸涯。

寄莊：

上地貳百貳拾叁頃貳拾壹畝，每畝科糧叁升叁合，共糧柒百叁拾陸石伍斗玖升叁合，該徵銀玖百叁拾貳兩陸錢叁分叁釐貳毫伍絲貳忽肆纖貳塵。

中地捌拾頃伍拾陸畝捌分壹釐柒毫，每畝科糧貳升肆合伍勺，共糧壹百玖拾柒石叁斗玖升貳合壹抄陸撮伍圭，該徵銀貳百肆拾玖兩玖錢貳分陸釐伍毫玖絲玖忽肆微伍纖貳塵。

（下等地原缺）

以上各等原免共地壹千陸百伍拾壹頃壹拾貳畝伍分伍釐肆毫，應免糧肆千陸拾陸石叁斗陸升柒合伍勺，該除銀伍千捌拾壹兩壹錢捌分陸毫貳絲玖忽，內前墾並興屯及節年開墾、清查首報共地捌百叁拾叁頃陸拾玖畝捌分陸釐壹毫壹絲捌忽玖微貳纖，該糧壹千柒百貳拾伍石叁斗捌升捌合貳勺叁抄壹撮貳粟貳粒，該銀貳千壹百捌拾肆兩陸分捌釐肆毫伍絲貳忽柒微肆纖玖塵玖渺叁漠壹沙叁洙柒涯以增抵除。實豁免地捌百壹拾柒頃肆拾貳畝陸分玖釐貳毫捌絲壹忽捌纖，應免折色糧貳千叁百肆拾石玖斗柒升玖合貳勺陸抄捌撮玖圭柒粟捌粒，該除銀貳千捌百玖拾柒兩壹錢壹分貳釐壹毫柒絲陸忽貳微伍纖陸渺玖漠捌沙陸洙叁涯。

又在於雍正拾年實陳墾荒等事案內，題明豁免過逃荒地玖頃玖拾肆畝貳分柒釐伍毫壹絲，應免折色糧壹拾陸石柒斗玖升伍合柒勺陸抄伍撮柒圭叁粟，該除銀貳拾壹兩叁錢玖分貳釐捌毫貳絲伍忽柒微伍纖伍塵貳渺柒漠玖沙肆洙柒涯。

共免過地捌百貳拾柒頃叁拾陸畝玖分陸釐柒毫玖絲壹忽捌纖，應免折色糧貳千叁百伍拾柒石柒斗柒升伍合叁抄肆撮柒圭捌粒，該除銀貳千玖百壹拾捌兩伍錢伍釐貳忽伍塵玖渺柒漠捌沙壹洙。

實熟地玖千貳百柒拾叁頃伍拾貳畝陸分叁釐柒毫捌忽玖微貳纖，該徵糧貳萬肆千陸百壹拾玖石伍斗捌升柒合陸勺壹抄貳撮貳圭玖粟貳粒，折徵銀叁萬壹千貳百叁拾捌兩柒錢肆釐壹毫柒絲捌忽柒微陸塵肆渺貳漠壹沙玖洙。

外新收地實並加增貳項共地叁百壹拾頃柒畝陸分肆釐貳毫，該糧伍百捌拾叁石伍斗叁升柒合伍勺肆抄伍撮，共徵銀貳百捌拾壹兩陸錢陸分捌毫。

又額外清丈出並自首共地捌拾頃肆拾畝捌分，每畝科糧壹升捌合捌勺捌抄貳撮肆圭貳粟肆粒，共糧壹百伍拾壹石捌斗貳升玖合捌勺，該徵銀壹百玖拾貳兩口口叁分捌釐叁毫。

以上實熟民地並加增及額外清丈自首共地玖千陸百陸拾肆頃壹畝柒釐玖毫捌忽玖微貳纖，該徵糧貳萬伍千叁百伍拾肆石玖斗伍升肆合玖勺伍抄柒撮貳圭玖粟貳粒，該徵銀叁萬壹千柒百壹拾貳兩陸錢叁釐貳毫柒絲捌忽柒微陸塵肆渺貳漠壹沙玖洙於乾隆伍拾玖年奉准部咨令，將康熙年間易知由單內載：上地每畝折徵銀肆分壹釐捌毫肆絲壹忽柒微叁纖伍塵柒漠；中地每畝折徵銀叁分壹釐叁毫叁絲肆忽叁微玖纖肆渺肆漠；下地每畝折徵銀壹分陸釐捌毫伍絲叁忽陸微玖纖叁渺柒漠。寄莊上地每畝折徵銀肆分壹釐柒毫捌絲貳忽柒微柒纖壹塵玖渺；中地每畝折徵銀叁分壹釐貳絲伍微壹纖叁塵叁渺柒漠；新收地每畝折徵銀玖釐捌絲叁忽伍微玖纖叁塵；額外清丈出地每畝折徵銀貳分叁釐玖毫柒忽捌微伍纖柒塵肆渺，纂入書內，嗣後遇有墾豁，按畝增除。

原額人丁叁門玖則不等，共折下下丁叁萬玖千肆百捌拾捌丁，每丁徵銀捌分肆釐貳毫貳絲玖纖貳塵，共銀叁千叁百貳拾伍兩陸錢捌分貳釐柒毫壹絲叁忽壹微叁纖貳塵捌渺，內除優免丁捌百捌拾肆丁，該銀柒拾肆兩肆錢伍分肆毫捌絲捌忽壹微叁纖貳塵捌渺。

實行差並招回及節年招回、編審抵補豁免共丁叁萬捌千陸百肆丁，該徵銀叁千貳百伍拾壹兩貳錢叁分貳釐貳毫貳絲伍忽。

康熙元年至貳拾壹年編審溢額丁貳千柒百柒拾丁，共徵銀貳百叁拾叁兩貳錢玖分貳絲伍微玖纖肆塵肆渺。

以上實行差並查出溢額應徵人丁肆萬壹千叁百柒拾肆丁，實徵丁銀叁千肆百捌拾肆兩伍錢貳分貳釐貳毫肆絲伍忽伍微玖纖肆塵肆渺于雍正伍年攤入地糧內徵收。

康熙伍拾伍年起 ，至乾隆貳拾陸年止，編審出丁貳百陸拾丁；乾隆叁拾壹年編審出丁貳拾丁；乾隆叁拾陸年編審出丁貳拾丁。共編審出丁叁百丁，欽遵康熙伍拾貳年叁月拾捌日恩詔，後遇編審之期，但據康熙伍拾年丁冊定為常額，永不加賦。

原額均徭銀壹千捌拾兩肆錢柒分捌釐貳毫，內除荒銀玖拾兩玖錢肆分陸釐壹毫捌絲叁忽捌微捌纖玖塵捌漠柒沙柒洙柒涯，實徵銀玖百捌拾玖兩伍錢叁分貳釐壹絲陸忽壹微壹纖玖渺壹漠貳沙貳洙叁涯。

又清丈出自首溢額民地額徵均徭銀陸兩捌分玖毫捌絲壹忽。

以上實徵均徭共銀玖百玖拾伍兩陸錢壹分貳釐玖毫玖絲柒忽壹微壹纖玖渺壹漠貳沙貳洙叁涯係按前項上中下並寄莊、自首叁等地畝科銀，上地每畝徵銀壹釐叁毫貳絲陸忽叁微柒纖陸塵壹渺壹漠；中地每畝徵銀玖毫捌絲柒忽玖微柒纖捌塵陸渺伍漠；下地每畝徵銀伍毫叁絲叁忽柒微陸纖肆塵玖渺伍漠；寄莊上地每畝徵銀壹釐叁毫貳絲陸忽叁微柒纖肆塵壹渺柒漠；中地每畝徵銀玖毫捌絲肆忽柒微叁纖貳塵叁渺肆漠；清丈自首地每畝徵銀柒毫伍絲陸忽貳微陸纖伍塵陸渺柒漠。

外遇閏加徵銀貳百貳拾玖兩陸錢貳分肆釐玖毫陸絲陸忽，內除荒銀捌兩壹錢貳分貳釐伍毫叁絲叁忽捌微柒纖捌塵叁渺，實徵銀貳百貳拾壹兩伍錢貳釐肆毫叁絲貳忽壹微貳纖壹塵柒渺。

額外徵收匠價銀貳拾玖兩柒錢，遇閏加徵銀貳兩肆錢柒分伍釐。

停免銀肆拾貳兩伍錢捌分叁釐捌毫。

軍籍銀壹千肆兩柒錢叁釐伍毫肆忽玖微玖纖柒塵伍渺。

以上正閏肆項攤入前項地糧內徵解。

地、丁貳項並均徭、停免，除優免丁銀外，共額徵銀肆萬貳百柒拾玖兩壹錢柒分柒釐壹絲貳忽叁微肆塵叁渺，內除荒銀叁千玖兩肆錢伍分壹釐壹毫捌絲伍忽捌微玖纖伍塵陸漠伍沙捌洙柒涯，實徵銀叁萬柒千貳百陸拾玖兩柒錢貳分伍釐捌毫貳絲陸忽肆微玖塵貳渺叁漠肆沙壹洙叁涯。

外遇閏加徵銀貳百貳拾玖兩陸錢貳分肆釐玖毫陸絲陸忽，內除荒銀捌兩壹錢貳分貳釐伍毫叁絲叁忽捌微柒纖捌塵叁渺，實徵銀貳百貳拾壹兩伍錢貳釐肆毫叁絲貳忽壹微貳纖壹塵柒渺。

又匠價閏銀貳兩肆錢柒分伍釐。

貳項共徵閏銀貳百貳拾叁兩玖錢柒分柒釐肆毫叁絲貳忽壹微貳纖壹塵柒渺。

壹起運項下

原編糧石折價共銀貳萬捌千肆百柒拾貳兩玖錢伍分柒毫玖絲捌忽伍微壹纖貳塵肆渺，內除荒銀貳千肆百貳兩陸錢伍釐陸毫玖絲柒忽柒微貳纖玖塵壹渺，實徵銀貳萬陸千柒拾兩叁錢肆分伍釐壹毫柒微捌纖叁塵叁渺。

節裁鹽鈔、藥味、軍器、年例折價共銀壹千壹拾壹兩壹錢玖分柒釐柒毫貳絲伍忽，內除荒銀貳拾陸兩捌錢捌分壹釐貳毫玖絲玖微伍纖柒塵貳渺陸漠壹沙柒洙，實徵銀玖百捌拾肆兩叁錢壹分陸釐肆毫叁絲肆忽肆纖貳塵柒渺叁漠捌沙叁洙。

舊編存留，內順治玖年裁扣各役工食銀貳百肆拾兩捌錢；拾貳年裁扣傘扇銀捌兩；拾肆年裁扣官生俸廩等項銀叁百肆拾玖兩叁錢肆分陸釐玖毫柒絲；拾伍年奉裁訓導俸薪等項銀伍拾柒兩玖錢貳分；拾柒年奉裁威勝驛驛丞俸薪等項銀肆拾玖兩伍錢貳分。康熙元年裁吏書工食銀壹百玖兩貳錢；叁年裁齋夫叁名，工食銀叁拾陸兩，雜費丁銀柒拾捌兩陸錢肆分捌釐貳毫；拾伍年裁心紅紙張、喂馬草料、修監倉厫、草墊板蓆、春晏、紙劄、芒神土牛、生員歲季考、院道觀風、科舉盤纏等項共銀壹百柒拾貳兩陸錢叁分壹釐捌毫；拾陸年裁遞運所大使俸食等項銀肆拾叁兩伍錢貳分；貳拾柒年裁歲貢盤纏、正倍旂扁、進士坊價等項共銀伍拾叁兩貳錢；伍拾陸年裁表箋銀貳兩叁錢伍分伍釐。雍正陸年裁燈夫銀貳拾肆兩；拾貳年裁民壯銀肆拾捌兩。乾隆柒年裁民壯銀肆拾捌兩；玖年裁祭祀銀壹拾陸兩玖錢貳分；玖年裁舖司銀玖兩陸錢，冗費裁剩解部銀捌百柒拾玖兩捌錢玖分叁釐貳忽貳微。

共銀貳千貳百貳拾柒兩伍錢伍分肆釐玖毫柒絲貳忽貳微，內除荒銀捌拾壹兩捌錢陸分貳釐柒毫柒絲壹忽柒微叁纖柒塵貳渺玖漠肆沙柒洙貳涯，實徵銀貳千壹百肆拾伍兩陸錢玖分貳釐貳毫肆微陸纖貳塵柒渺伍沙貳洙捌涯。

又溢額地、丁并均徭等銀肆百叁拾壹兩陸錢玖釐叁毫壹忽伍微玖纖肆塵肆渺。

又額外徵收匠價、停免、軍籍共銀壹千柒拾陸兩玖錢捌分柒釐叁毫肆忽玖微玖纖柒塵伍渺。

以上共實該起運銀叁萬柒百捌兩玖錢伍分叁毫肆絲壹忽捌微捌纖陸渺肆漠叁沙伍洙捌涯。

又收存留內額協京兆等驛站抵餉銀伍拾捌兩壹錢伍分陸釐壹絲柒忽伍微伍纖叁塵。

又收額協臨屬渭源縣驛站抵餉銀壹百捌拾兩柒錢壹分玖釐伍毫捌忽柒纖伍塵捌渺。

又收存留內驛遞之差使甚少并題明請將驛站等事貳案內，裁站銀貳千伍百肆拾玖兩捌錢陸分陸釐肆毫叁絲玖忽柒微壹纖玖塵貳渺。

又收請做以糧載丁等事案內，通省以糧均丁增銀捌百捌拾捌兩肆錢陸分壹釐玖毫貳絲伍忽伍微陸塵柒渺。

又收付送原文事案內，夫馬工料銀叁拾叁兩肆錢。

以上共該銀叁萬肆千肆百壹拾玖兩伍錢伍分肆釐貳毫叁絲貳忽柒微叁纖伍塵叁渺肆漠叁沙伍洙捌涯，內除受協蒲城等縣驛站兌留兵餉應支銀貳百捌拾肆兩捌錢壹釐壹毫貳絲貳忽玖微壹纖捌塵，實該銀叁萬肆千壹百叁拾肆兩柒錢伍分叁釐壹毫玖忽捌微壹纖柒塵叁渺肆漠叁沙伍洙捌涯，內留支加增撥補俸工銀壹百叁拾壹兩壹錢柒分柒釐捌毫肆絲捌忽柒微伍纖伍塵捌渺陸漠，止該實起運銀叁萬肆千叁兩伍錢柒分伍釐貳毫陸絲壹忽陸纖壹塵肆渺捌漠叁沙伍洙捌涯。

遇閏裁扣，內順治玖年裁扣銀壹拾捌兩肆錢；拾肆年裁扣銀貳拾兩叁錢捌分玖釐肆絲；拾伍年奉裁銀肆兩捌錢貳分陸釐陸毫陸絲陸忽；拾柒年奉裁銀肆兩壹錢貳分陸釐陸毫陸絲陸忽。康熙元年裁吏書工食銀玖兩壹錢；叁年裁齋夫銀叁兩；拾伍年裁心紅紙張、喂馬草料銀貳兩陸錢陸分陸釐陸毫柒絲；拾陸年奉裁銀叁兩陸錢貳分陸釐陸毫陸絲陸忽。雍正陸年裁燈夫銀貳兩；拾貳年裁民壯銀肆兩。乾隆柒年裁民壯銀肆兩；玖年裁舖司銀捌錢，又閏俸銀壹拾陸兩貳錢壹分捌釐壹毫伍絲捌忽。

共銀玖拾叁兩壹錢伍分叁釐捌毫陸絲陸忽，內除荒銀叁兩貳錢陸分玖釐伍毫陸絲壹忽貳微玖纖貳塵伍渺，實徵銀捌拾玖兩捌錢捌分肆釐叁毫肆忽柒微柒塵伍渺。

又額外匠價閏銀貳兩肆錢柒分伍釐。

貳項共閏銀玖拾貳兩叁錢伍分玖釐叁毫肆忽柒微柒塵伍渺。

又收存留內驛遞之差使甚少並題明請將驛站等事貳案內，共裁站閏月銀叁拾伍兩貳錢叁分壹釐肆毫伍絲柒忽貳微。

又收請放（倣）以糧載丁等事案內，通省以糧均丁增銀叁拾肆兩柒錢肆釐柒毫柒絲貳忽壹微肆纖捌塵玖渺。

叁項共銀壹百陸拾貳兩貳錢玖分伍釐伍毫叁絲肆忽伍纖陸塵肆渺，內留支加增撥補工食銀壹拾壹兩捌錢玖分肆釐壹毫陸絲叁忽肆微叁纖柒渺，止該起運閏銀壹百伍拾兩肆錢壹釐叁毫柒絲陸微貳纖伍塵柒渺。

壹存留項下

原編存留額銀柒千伍拾捌兩捌錢柒分陸釐玖毫壹絲，內除荒銀肆百玖拾捌兩壹錢壹釐肆毫貳絲伍忽肆微柒纖壹塵肆渺玖沙肆洙伍涯，實徵銀陸千伍百陸拾兩柒錢柒分伍釐肆毫捌絲肆忽伍微貳纖捌塵伍渺玖漠伍洙伍涯。

壹俸工項下

知州俸薪銀捌拾兩，內除荒銀貳兩捌錢肆分肆釐柒毫玖忽，實徵支銀柒拾柒兩壹錢伍分伍釐貳毫玖絲壹忽，內均攤銀叁拾叁兩柒錢捌分肆釐貳毫捌絲玖忽肆微柒纖貳塵，即留抵各員役俸工訖。

州判壹員，額支俸薪銀肆拾伍兩，內除荒撥補銀壹兩陸錢壹毫肆絲玖忽，實徵支銀肆拾叁兩叁錢玖分玖釐捌毫伍絲壹忽。

吏目壹員，額支俸薪銀叁拾壹兩伍錢貳分，內除荒撥補銀壹兩壹錢貳分柒毫貳絲伍忽，實徵支銀叁拾兩叁錢玖分玖釐貳毫柒絲伍忽。

學正訓導貳員，額支俸薪銀叁拾壹兩伍錢貳分，內除荒撥補銀壹兩壹錢貳分柒毫貳絲伍忽，實徵支銀叁拾兩叁錢玖分玖釐貳毫柒絲伍忽。外加增全俸銀肆拾捌兩肆錢捌分。

知州衙門

門子貳名，每名歲支工食銀陸兩，該支銀壹拾貳兩，內除荒撥補銀肆錢貳分陸釐柒毫柒忽，實徵支銀壹拾壹兩伍錢柒分叁釐貳毫玖絲叁忽。遇閏加銀壹兩，內除荒銀叁分伍釐伍毫玖絲玖忽，實徵支銀玖錢陸分肆釐肆毫壹忽。

皂隸、仵作壹拾陸名，每名歲支工食銀陸兩，該支銀玖拾陸兩，內除荒撥補銀叁兩肆錢壹分叁釐陸毫伍絲壹忽，實徵支銀玖拾貳兩伍錢捌分陸口口口口絲玖忽。遇閏加銀捌兩，內除荒銀貳錢捌分肆釐柒毫捌絲柒忽，實徵支銀柒兩柒錢壹分伍釐貳毫壹絲叁忽。

馬快捌名，每名歲支工食銀壹拾陸兩捌錢，共支銀壹百叁拾肆兩肆錢，內除荒撥補銀肆兩柒錢柒分玖釐壹毫壹絲，實徵支銀壹百貳拾玖兩陸錢貳分捌毫玖絲。遇閏加銀壹拾壹兩貳錢，內除荒銀叁錢玖分捌釐柒毫叁忽，實徵支銀壹拾兩捌錢壹釐貳毫玖絲柒忽。

民壯叁拾肆名，每名歲支工食銀陸兩，共支銀貳百肆兩，內除荒撥補銀柒兩貳錢伍分肆釐伍忽伍微伍纖柒塵貳渺，實徵支銀壹百玖拾陸兩柒錢肆分伍釐玖毫玖絲肆忽肆微肆纖貳塵捌渺。遇閏加銀壹拾柒兩，內除荒銀陸錢伍釐壹毫柒絲叁微，實徵支銀壹拾陸兩叁錢玖分肆釐捌毫貳絲玖忽柒微。

看監禁子捌名，每名歲支工食銀陸兩，共支銀肆拾捌兩，內除荒撥補銀壹兩柒錢陸釐柒毫肆絲捌忽，實徵支銀肆拾陸兩貳錢玖分叁釐貳毫伍絲貳忽。外加增銀壹拾陸兩。遇閏加銀肆兩，內除荒銀壹錢肆分貳釐叁毫玖絲肆忽，實徵支銀叁兩捌錢伍分柒釐陸毫陸忽。

轎傘扇夫柒名，每名歲支工食銀陸兩，共支銀肆拾貳兩，內除荒撥補銀壹兩肆錢玖分叁釐肆毫陸絲叁忽，實徵支銀肆拾兩伍錢陸釐伍毫叁絲柒忽。遇閏加銀叁兩伍錢，內除荒銀壹錢貳分肆釐伍毫玖絲伍忽，實徵支銀叁兩叁錢柒分伍釐肆毫伍忽。

庫子肆名，每名歲支工食銀陸兩，共支銀貳拾肆兩，內除荒撥補銀捌錢伍分叁釐肆毫壹絲叁忽，實徵支銀貳拾叁兩壹錢肆分陸釐伍毫捌絲柒忽。遇閏加銀貳兩，內除荒銀柒分壹釐貳毫肆忽，實徵支銀壹兩玖錢貳分捌釐柒毫玖絲陸忽。

斗級肆名，每名歲支工食銀陸兩，共銀貳拾肆兩，內除荒撥補銀捌錢伍分叁釐肆毫壹絲叁忽，實徵支銀貳拾叁兩壹錢肆分陸釐伍毫捌絲柒忽。遇閏加銀貳兩，內除荒銀柒分壹釐貳毫肆忽，實徵支銀壹兩玖錢貳分捌釐柒毫玖絲陸忽。

鐘鼓夫叁名，每名歲支工食銀貳兩陸錢陸分陸釐陸毫，共支銀捌兩，內除荒撥補銀貳錢捌分肆釐貳毫伍絲伍忽，實徵支銀柒兩柒錢壹分伍釐柒毫肆絲伍忽。遇閏加銀陸錢陸分，內除荒銀貳分叁釐肆毫玖絲壹忽，實徵支銀陸錢叁分陸釐伍毫玖忽。

舖司兵叁拾叁名，每名歲支工食銀肆兩捌錢，共支銀壹百伍拾捌兩肆錢，內除荒銀伍兩陸錢貳分叁釐柒毫陸絲柒忽肆微玖纖柒塵叁渺陸漠，實徵支銀壹百伍拾貳兩柒錢柒分陸釐貳毫叁絲貳忽伍微貳塵陸渺肆漠。外加增銀肆拾伍兩貳錢貳分叁釐柒毫陸絲柒忽肆微玖纖柒塵叁渺陸漠。遇閏加銀壹拾叁兩貳錢，內除荒銀肆錢陸分玖釐柒毫玖絲伍忽柒微叁塵叁渺，實徵支銀壹拾貳兩柒錢叁分貳毫肆忽貳微玖纖陸塵柒渺。外加增銀叁兩柒錢陸分玖釐柒毫玖絲伍忽柒微叁塵叁渺。

州判衙門

門子壹名，歲支工食銀陸兩，內除荒撥補銀貳錢壹分叁釐叁毫伍絲叁忽，實徵支銀伍兩柒錢捌分陸釐陸毫肆絲柒忽。遇閏加銀伍錢，內除荒銀壹分柒釐捌毫，實徵支銀肆錢捌分貳釐貳毫。

皂隸陸名，每名歲支工食銀陸兩，共支銀叁拾陸兩，內除荒撥補銀壹兩貳錢捌分壹毫壹絲柒忽，實徵支銀叁拾肆兩柒錢壹分玖釐捌毫捌絲叁忽。遇閏加銀叁兩，內除荒銀壹錢陸釐柒毫捌絲玖忽叁微，實徵支銀貳兩捌錢玖分叁釐貳毫壹絲柒微。

籠馬傘夫貳名，每名歲支工食銀陸兩，共支銀壹拾貳兩，內除荒撥補銀肆錢貳分陸釐柒毫柒忽，實徵支銀壹拾壹兩伍錢柒分叁釐貳毫玖絲叁忽。遇閏加銀壹兩，內除荒銀叁分伍釐伍毫玖絲玖忽，實徵支銀玖錢陸分肆釐肆毫壹忽。

吏目衙門

門子壹名，歲支工食銀陸兩，內除荒撥補銀貳錢壹分叁釐叁毫伍絲叁忽，實徵支銀伍兩柒錢捌分陸釐陸毫肆絲柒忽。遇閏加銀伍錢，內除荒銀壹分柒釐捌毫，實徵支銀肆錢捌分貳釐貳毫。

皂隸肆名，每名歲支工食銀陸兩，共支銀貳拾肆兩，内除荒撥補銀捌錢伍分叁釐肆毫壹絲叁忽，實徵支銀貳拾叁兩壹錢肆分陸釐伍毫捌絲柒忽。遇閏加銀貳兩，内除荒銀柒分壹釐貳毫肆忽，實徵支銀壹兩玖錢貳分捌釐柒毫玖絲陸忽。

馬夫壹名，歲支工食銀陸兩，内除荒撥補銀貳錢壹分叁釐叁毫伍絲叁忽，實徵支銀伍兩柒錢捌分陸釐陸毫肆絲柒忽。遇閏加銀伍錢，内除荒銀壹分柒釐捌毫，實徵支銀肆錢捌分貳釐貳毫。

訓導衙門

齋夫叁名，每名歲支銀壹拾貳兩，共支銀叁拾陸兩，内除荒撥補銀壹兩貳錢捌分壹毫壹絲柒忽，實徵支銀叁拾肆兩柒錢壹分玖釐捌毫捌絲叁忽。遇閏加銀叁兩，内除荒銀壹錢陸釐柒毫捌絲玖忽叁微，實徵支銀貳兩捌錢玖分叁釐貳毫壹絲柒忽柒微。

膳夫貳名，額支工食銀壹拾叁兩叁錢叁分叁釐叁毫叁絲，内除荒撥補銀肆錢柒分叁釐柒毫肆絲陸忽玖微柒纖捌塵陸渺，實徵支銀壹拾貳兩捌錢伍分玖釐伍毫捌絲叁忽貳纖壹塵肆渺。遇閏加銀壹兩壹錢壹分壹釐壹毫，内除荒撥補銀叁分玖釐陸毫伍絲壹忽叁微肆纖肆塵，實徵支銀壹兩柒分壹釐肆毫肆絲捌忽貳微伍纖陸塵。

門斗叁名，每名歲支工食銀柒兩貳錢，共支銀貳拾壹兩陸錢，内除荒撥補銀柒錢陸分捌釐貳毫肆絲捌忽玖微玖塵肆渺，實徵支銀貳拾兩捌錢叁分壹釐柒毫伍絲壹忽玖纖陸渺。遇閏加銀壹兩捌錢，内除荒銀陸分肆釐柒絲伍忽，實徵支銀壹兩柒錢叁分伍釐玖毫貳絲伍忽。

廩生叁拾名，每名額支銀叁兩貳錢，共支銀玖拾陸兩，内除荒撥補銀叁兩肆錢肆分肆釐柒毫叁絲叁忽叁微捌纖柒塵伍渺，實徵支銀玖拾貳兩伍錢伍分伍釐貳毫陸絲陸忽陸微壹纖貳塵伍渺。遇閏加銀捌兩，内除荒撥補銀貳錢捌分肆釐柒毫壹絲陸忽叁微捌纖叁塵肆渺，實徵支銀柒兩柒錢壹分伍釐貳毫捌絲叁忽陸微壹纖陸塵陸渺。

以上俸工項下除廩生、膳夫貳欵照常支發外，其餘官役俸工於道光貳拾叁年奉文，均以貳兩平支放，每兩減平銀陸分，其減平銀兩，每年批解部庫交納，理合登明。

壹雜支項下

春秋貳丁並清明、柒月十伍等節致祭文廟並各壇祠及無祀鬼魂品物等項價銀柒拾陸兩捌分，內除荒銀貳兩柒錢壹釐伍絲伍忽柒微壹纖叁塵柒渺伍漠肆沙玖洙肆涯，實徵支銀柒拾叁兩叁錢柒分捌釐玖毫肆絲肆忽貳微捌纖陸塵貳渺肆漠伍沙陸涯。

霜降祭旂纛、操賞銀伍兩伍錢，內除荒銀壹錢玖分伍釐肆毫貳絲柒忽，實徵支銀伍兩叁錢肆釐伍毫柒絲叁忽。

鄉飲銀叁兩，內除荒銀壹錢陸釐伍毫玖絲伍忽，實徵支銀貳兩捌錢玖分叁釐肆毫伍忽。

印刷時憲書銀壹兩貳錢，內除荒銀叁分捌釐柒毫壹絲壹忽，實徵支銀壹兩壹錢陸分壹釐貳毫捌絲玖忽。

春秋祭祀修補器皿銀肆兩，內除荒銀壹錢肆分貳釐壹毫貳絲捌忽，實徵支銀叁兩捌錢伍分柒釐捌毫柒絲貳忽。

解布政司紙劄銀貳兩伍錢伍分，內除荒銀玖分陸毫陸絲伍忽，實徵支銀貳兩肆錢伍分玖釐叁毫叁絲伍忽。

朔望行香、下學講書、生員、禮生紙價銀肆兩叁錢伍分，內除荒銀壹錢伍分肆釐伍毫陸絲捌忽，實徵支銀肆兩壹錢玖分伍釐肆毫叁絲貳忽。

以上鄉飲、紙劄貳欵於道光貳拾叁年奉文裁汰，其徵收銀兩，每年批解部庫交納，理合登明。

壹孤貧項下

孤貧貳拾陸名，共歲支口糧銀柒拾伍兩玖分柒釐肆毫，內除荒銀貳兩陸錢捌分貳釐貳毫陸絲叁忽捌微玖纖柒塵捌渺，實徵支銀柒拾貳兩肆錢壹分伍釐壹毫叁絲陸忽壹微貳塵貳渺。外加增銀貳拾壹兩壹錢捌分肆釐捌毫陸絲叁忽捌微玖纖柒塵捌渺。遇閏加銀柒兩捌錢。

孤貧冬衣布花銀壹拾叁兩，內除荒銀肆錢陸分肆釐貳毫捌絲伍忽叁微壹纖貳塵陸渺，實徵支銀壹拾貳兩伍錢叁分伍釐柒毫壹絲肆忽陸微捌纖柒塵肆渺。

壹驛站項下

威勝驛站銀貳千陸百捌拾柒兩玖錢捌分陸釐貳毫捌絲；支直銀貳百柒拾肆兩玖錢柒分伍釐；遞運所銀貳千肆拾陸兩壹錢陸分玖毫；京兆驛支直銀叁兩貳

錢肆釐；宜祿驛改兑臨洮府站銀壹拾陸兩；臨洮府站銀貳拾兩。共銀伍千肆拾捌兩叁錢貳分陸釐壹毫捌絲，內除荒銀肆百貳拾陸兩肆錢玖分叁毫陸絲貳微玖纖貳塵柒渺，實徵銀肆千陸百貳拾壹兩捌錢叁分伍釐捌毫壹絲玖忽柒微柒塵叁渺。

外收受協銀貳百捌拾肆兩捌錢壹釐壹毫貳絲貳忽玖微壹纖捌塵。

共銀肆千玖百陸兩陸錢叁分陸釐玖毫肆絲貳忽陸微貳纖伍塵叁渺，內除額協裁站並裁撥夫馬工料銀貳千伍百伍拾玖兩伍錢陸分柒釐陸毫肆絲玖忽壹微捌塵，實支銀貳千叁百肆拾柒兩陸分玖釐貳毫玖絲叁忽伍微壹纖柒塵叁渺。

外撥補增給所夫並（夫）馬閏月銀壹百捌拾肆兩伍錢。

壹走遞馬

里馬壹拾捌匹，工食草料銀陸百叁拾兩，內除荒銀貳拾貳兩肆錢玖分叁釐叁毫捌絲貳忽玖微貳纖肆塵肆渺玖漠肆沙伍洙壹涯，實徵銀陸百柒兩伍錢陸釐陸毫壹絲柒忽柒纖伍塵伍渺伍沙肆洙玖涯，內除額協裁站銀貳百陸拾貳兩伍錢柒分肆釐叁毫壹絲陸忽貳微肆纖，實支銀叁百肆拾肆兩玖錢叁分貳釐叁毫捌微叁纖伍塵伍渺伍沙肆洙玖涯。

遇閏加銀伍拾貳兩伍錢，內除荒銀壹兩捌錢陸分叁釐捌毫伍忽貳微伍纖伍塵壹渺，實徵銀伍拾兩陸錢叁分陸釐壹毫玖絲肆忽柒微肆纖肆塵玖渺，內除額協并裁站閏月銀叁拾伍兩貳錢叁分壹釐肆毫伍絲柒忽貳微，實支銀壹拾伍兩肆錢肆釐柒毫叁絲柒忽伍微肆纖肆塵玖渺。

以上存留實徵銀陸千伍百陸拾兩柒錢柒分伍釐肆毫捌絲肆忽伍微貳纖捌塵伍渺玖漠伍洙伍涯。

又收起運內受協蒲城等縣驛站兑留兵餉應支銀貳百捌拾肆兩捌錢壹釐壹毫貳絲貳忽玖微壹纖捌塵。

共該銀陸千捌百肆拾伍兩伍錢柒分陸釐陸毫柒忽肆微肆纖陸塵伍渺玖漠伍洙伍涯，內額協京兆等驛站抵餉銀伍拾捌兩壹錢伍分陸釐壹絲柒忽伍微伍纖叁塵；又除額協臨屬渭源抵餉銀壹百捌拾兩柒錢壹分玖釐伍毫捌忽柒纖伍塵捌渺；又除驛遞之差使甚少并題明請將驛站等事貳案內，共裁站銀貳千伍百肆拾玖兩捌錢陸分陸釐肆毫叁絲玖忽柒微壹纖玖塵貳渺；又於付送原文事案內，裁撥夫馬工料銀叁拾叁兩肆錢。實該銀肆千貳拾叁兩肆錢叁分肆釐陸毫肆絲貳忽玖纖捌塵伍渺玖漠伍洙伍涯。

外加增撥補俸工，除知州俸薪留抵外，實該銀壹百叁拾壹兩壹錢柒分柒釐捌毫肆絲捌忽柒微伍纖伍塵捌渺陸漠。共該銀肆千壹百伍拾肆兩陸錢壹分貳釐肆毫玖絲捌微伍纖肆塵肆渺伍漠伍洙伍涯於乾隆伍拾貳年奉文，全數解司，一切支欵，俱由司按季領支，嗣於嘉慶伍年奉文，照舊在縣留支，並不解司，按季請領。

遇閏原加銀壹百伍拾貳兩陸錢捌分玖釐貳毫伍絲捌忽，內除各官閏俸銀壹拾陸兩貳錢壹分捌釐壹毫伍絲捌忽入起運外，止該銀壹百叁拾陸兩肆錢柒分壹釐壹毫，內除荒銀肆兩捌錢伍分貳釐玖毫柒絲貳忽伍微捌纖伍塵捌渺，實徵銀壹百叁拾壹兩陸錢壹分捌釐壹毫貳絲柒忽肆微壹纖肆塵貳渺，內除驛遞之差使甚少并題明請將驛站等事貳案內，裁站閏月銀叁拾伍兩貳錢叁分壹釐肆毫伍絲柒忽貳微，止該銀玖拾陸兩叁錢捌分陸釐陸毫柒絲貳微壹纖肆塵貳渺。

外撥補加增銀壹拾壹兩捌錢玖分肆釐壹毫陸絲叁忽肆微叁纖柒渺。

共該存留閏月銀壹百捌兩貳錢捌分捌毫叁絲叁忽陸微肆纖肆塵玖渺於乾隆伍拾貳年奉文，全數解司，一切支欵，俱由司按季領支，嗣於嘉慶伍年奉文，照舊在縣留支，並不解司，按季請領。

外於西安司庫撥補增所夫并夫馬閏月銀壹百捌拾肆兩伍錢在於各屬解到地、丁銀內動支。

壹額外

課程銀壹拾陸兩陸錢玖分。遇閏加銀壹兩叁錢玖分捌毫叁絲。

牙稅銀肆拾柒兩柒錢陸分共牙人玖拾柒名，每名各徵銀貳錢至壹兩捌分，參差不齊，俱係按年照帖收報，理合登明。

當稅銀陸拾伍兩係典舖出辦，共典舖壹拾叁座，每座每年當稅銀伍兩。

畜稅銀柒拾伍兩陸錢陸分係買騾馬出辦，原無定額，儘收儘解。

地稅銀叁拾陸兩捌錢柒分陸釐係買房地業主出辦，原無定額，儘收儘解。

永壽縣

原額壹、貳、叁、肆、伍等共地柒千陸拾捌頃陸拾壹畝肆分捌釐壹毫柒絲，每畝起科不等，共額徵糧壹萬壹千伍百伍拾貳石玖斗柒升伍合捌勺陸撮肆圭肆粟，每石折徵銀壹兩貳錢柒分柒釐叁毫肆絲捌忽伍纖伍塵，共額徵銀壹萬肆千柒百伍拾柒兩捌分陸釐柒毫柒絲伍忽玖微玖纖貳渺。

壹等地陸百壹拾伍頃叁拾畝陸分陸釐，每畝科糧叁升，共糧壹千捌百肆拾伍石玖斗壹升玖合捌勺，共銀貳千叁百伍拾柒兩捌錢陸分玖釐肆絲叁忽貳微伍纖壹塵捌渺。順治柒年題明免過無主荒地壹百叁拾伍頃肆拾貳畝伍分，應免糧肆百陸石貳斗柒升伍合，該除銀伍百壹拾捌兩玖錢肆分捌釐，內前墾、興屯並節年開墾、清查自首共地壹拾伍頃伍拾叁畝玖分陸釐，該糧肆拾陸石陸斗壹升捌合捌勺，該銀伍拾玖兩伍錢伍分捌釐肆毫叁絲陸忽伍微肆塵柒渺柒漠。又報墾以肆畝折徵壹畝，地捌拾伍頃肆拾叁畝肆釐，實折地貳拾壹頃叁拾伍畝柒分陸釐，以伍畝折徵壹畝，地叁拾肆頃叁拾畝伍分，實折地陸頃捌拾陸畝壹分，貳共實折地貳拾捌頃貳拾壹畝捌分陸釐，俱照伍等科糧貳拾伍石玖斗陸升壹合壹勺壹抄貳撮，徵銀叁拾叁兩壹錢陸分壹釐陸毫玖絲壹忽玖微貳纖貳塵柒沙肆洙。實在地伍百貳拾叁頃陸拾叁畝玖分捌釐，實徵糧壹千伍百壹拾貳石貳斗貳升肆合柒勺壹抄貳撮，實徵銀壹千玖百叁拾壹兩陸錢肆分壹釐壹毫柒絲壹忽陸微柒纖捌塵伍渺柒漠柒沙肆洙。

貳等地柒百壹拾壹頃玖拾伍畝玖分壹釐貳毫，每畝科糧貳升伍合，共糧壹千柒百柒拾玖石捌斗玖升柒合捌勺，共銀貳千貳百柒拾叁兩伍錢叁分陸釐肆毫叁絲伍忽柒微肆纖玖塵捌渺。順治柒年題明免過無主荒地伍百伍拾壹頃陸拾玖畝柒分柒釐，應免糧壹千叁百柒拾玖石貳斗肆升肆合貳勺伍抄，該銀壹千柒百陸拾壹兩柒錢叁分肆釐玖毫捌絲，內前墾、興屯並節年開墾共地貳拾叁頃叁拾柒畝玖釐，該糧伍拾捌石肆斗貳升柒合貳勺伍抄，該銀柒拾肆兩陸錢叁分玖釐肆毫叁絲伍忽陸微伍纖叁塵玖渺。又報墾以肆畝折徵壹畝，地肆百壹拾捌頃貳拾貳畝捌釐，實折地壹百肆頃伍拾伍畝伍分貳釐，以伍畝折徵壹畝，地壹百壹拾頃壹拾畝陸分，實折地貳拾貳頃貳畝壹分貳釐，貳共實折地壹百貳拾陸頃伍拾柒畝陸分肆釐，俱照伍等科糧壹百壹拾陸石肆斗伍升貳勺捌抄捌撮，徵銀壹百肆拾捌兩柒錢肆分捌釐玖毫陸絲陸忽叁微叁纖肆塵壹渺肆漠柒沙陸洙。實在地叁百壹拾頃貳拾畝捌分柒釐貳毫，實徵糧伍百柒拾伍石伍斗叁升壹合捌抄捌撮，該徵銀柒百叁拾伍兩壹錢捌分玖釐捌毫伍絲柒忽柒微叁纖柒塵捌渺肆漠柒沙陸洙。

叁等地壹千肆百貳拾玖頃柒拾伍畝伍分肆釐貳毫，每畝科糧貳升，共糧貳千捌百伍拾玖石伍斗壹升捌勺肆抄，共銀叁千陸百伍拾貳兩伍錢柒分肆毫叁絲伍忽捌微柒纖陸塵肆渺。順治柒年題明免過無主荒地壹千壹拾貳頃貳拾壹畝伍分，應免糧貳千貳拾肆石肆斗叁升，該除銀貳千伍百捌拾伍兩玖錢，內前墾、興屯並節年開墾、清查自首共地玖拾玖頃捌拾伍畝叁分柒釐，該糧壹百玖拾玖石柒斗柒合肆勺，該銀貳百伍拾伍兩壹錢肆分肆毫伍忽貳微伍纖陸塵捌渺玖漠。又報墾以肆畝折徵壹畝，地叁百貳拾伍頃玖拾柒畝伍分貳釐，實折地捌拾壹頃肆拾玖畝叁分捌釐，以伍畝折徵壹畝，地伍百伍拾玖頃肆拾畝捌分玖釐，實折地壹百壹拾壹頃捌拾捌畝壹分柒釐捌毫，貳共實折地壹百玖拾叁頃叁拾柒畝伍分伍釐捌毫，俱照伍等科糧壹百柒拾柒石玖斗伍合伍勺叁抄叁撮陸圭，徵銀貳百貳拾柒兩貳錢肆分玖釐肆毫伍絲貳忽捌微壹纖肆塵柒渺玖漠貳沙貳洙貳涯。實在地柒百壹拾頃柒拾陸畝玖分柒釐，實徵糧壹千貳百壹拾貳石陸斗玖升叁合柒勺柒抄叁撮陸圭，實徵銀壹千伍百肆拾玖兩陸分貳毫玖絲叁忽玖微肆纖捌塵捌漠貳沙貳洙貳涯。

肆等地壹千捌百玖拾捌頃貳拾肆畝叁分肆釐貳毫，每畝科糧壹升伍合，共糧貳千捌百肆拾柒石叁斗陸升伍合壹勺叁抄，共銀叁千陸百叁拾柒兩伍分陸釐貳毫貳絲貳忽伍微壹纖玖塵。順治柒年題明免過無主荒地壹千肆百陸拾捌頃柒拾貳畝陸分，應免糧肆千貳百叁石捌升玖合，該除銀貳千捌百壹拾肆兩壹錢壹分叁釐，內前墾、興屯並節年開墾、清查自首共地壹百伍拾玖頃伍拾貳畝柒分壹釐，該糧貳百叁拾玖石貳斗捌升捌合壹勺陸抄，該銀叁百伍兩陸錢捌分柒釐捌毫陸絲陸忽柒微陸纖壹塵叁渺柒漠。又報懇以肆畝折徵壹畝，地捌拾玖頃貳拾叁畝陸分貳釐，實折地貳拾貳頃叁拾畝玖分伍毫，以伍畝折徵壹畝，地肆百壹拾捌頃玖拾叁畝叁分捌釐，實折地捌拾叁頃柒拾捌畝陸分柒釐陸毫，貳共實折地壹百陸頃玖畝伍分捌釐壹毫，俱照伍等科糧玖拾柒石陸斗捌合壹勺肆抄伍撮貳圭，徵銀壹百貳拾肆兩陸錢捌分柒毫陸絲貳忽伍微貳纖陸塵陸渺玖漠陸沙貳洙玖涯。實在地陸百玖拾伍頃壹拾肆畝叁釐叁毫，實徵糧玖百捌拾壹石壹斗柒升貳合肆勺叁抄伍撮貳圭，實徵銀壹千貳百伍拾叁兩叁錢壹分壹釐捌毫伍絲壹忽捌微柒塵陸漠陸沙貳洙玖涯。

伍等地貳千肆百壹拾叁頃叁拾伍畝貳釐伍毫柒絲，每畝科糧玖合貳勺，共糧貳千貳百貳拾石貳斗捌升貳合貳勺叁抄陸撮肆圭肆粟，共銀貳千捌百叁拾陸兩伍分肆釐陸毫叁絲捌忽伍微玖纖叁塵貳渺。順治柒年題明免過無主荒地柒百伍拾玖頃柒拾玖畝肆分伍釐，應免糧陸百玖拾玖石壹升玖勺伍抄，該除銀捌百玖拾貳兩捌錢柒分玖釐，內前墾、興屯並節年開墾、自首共地貳百捌拾肆頃伍拾柒畝陸分貳釐，該糧貳百陸拾壹石捌斗壹升伍勺叁抄，該銀叁百叁拾肆兩肆錢陸分肆毫伍絲叁忽肆微玖渺叁沙伍洙。又報懇以肆畝折徵壹畝，地伍頃玖拾柒畝肆分捌釐，實折地壹頃肆拾玖畝叁分柒釐，以伍畝折徵壹畝，地柒頃叁拾畝陸釐，實折地壹頃肆拾陸畝壹釐貳毫，貳共實折地貳頃玖拾伍畝叁分捌釐貳毫，俱照伍等科糧貳石柒斗壹升柒合伍勺壹抄肆撮肆圭，徵銀叁兩肆錢柒分壹釐貳毫肆絲肆忽捌微壹纖壹塵叁渺叁漠貳沙叁洙捌涯；又乾隆貳拾年起科，以肆畝折徵壹畝，地叁頃壹拾柒畝肆分柒釐玖毫捌絲，實折地柒拾玖畝叁分陸釐玖毫玖絲伍忽，以伍畝折徵壹畝，地肆頃壹拾壹畝伍分壹釐肆毫貳絲，實折地捌拾貳畝叁分貳毫捌絲肆忽，共實折地壹頃陸拾壹畝陸分柒釐貳毫柒絲玖忽，俱照伍等科糧壹石肆斗捌升柒合叁勺捌抄玖撮陸圭陸粟捌粒，徵銀壹兩捌錢玖分玖釐玖毫叁絲貳忽肆微肆塵貳渺壹漠壹沙叁洙肆涯。實在地壹千玖百肆拾貳頃柒拾畝貳分伍釐肆絲玖忽，實徵糧壹千柒百捌拾柒石貳斗捌升陸合柒勺貳抄伍圭捌粒，實徵銀貳千貳百捌拾叁兩柒釐貳毫陸絲玖忽貳微玖塵陸渺肆漠柒沙貳洙貳涯。

以上各等原免共地叁千玖百貳拾柒頃捌拾伍畝捌分貳釐，應免糧陸千柒百壹拾貳石肆升玖合貳勺，該除銀捌千伍百柒拾叁兩伍錢柒分肆釐玖毫捌絲，內前墾、興屯並節年開墾、清查自首共地伍百捌拾貳頃捌拾陸畝柒分伍釐，該糧捌百伍石捌斗伍升貳合壹勺肆抄，該銀壹千貳拾玖兩肆錢捌分陸釐伍毫玖絲柒忽伍微柒纖柒塵捌渺叁漠叁沙伍洙；又報懇折徵地肆百伍拾柒頃貳拾貳畝貳釐壹毫，該糧肆百貳拾石陸斗肆升貳合伍勺玖抄叁撮貳圭，該銀伍百叁拾柒兩叁錢壹分貳釐壹毫壹絲捌忽肆微捌塵玖渺柒漠伍沙捌洙玖涯；又乾隆貳拾年起科地壹頃陸拾壹畝陸分柒釐貳毫柒絲玖忽，該糧壹石肆斗捌升柒合叁勺捌抄玖撮陸圭陸粟捌粒，徵銀壹兩捌錢玖分玖釐玖毫叁絲貳忽肆微肆塵貳渺壹漠壹沙叁洙肆涯，以增抵除。實應免荒地貳千捌百捌拾陸頃壹拾伍畝叁分柒釐陸毫貳絲壹忽，實免糧伍千肆百捌拾肆石陸升柒合柒抄柒撮壹圭叁粟貳粒，該除銀柒千肆兩捌錢柒分陸釐叁毫叁絲壹忽陸微捌塵玖渺柒漠玖沙貳洙柒涯。

實熟地肆千壹百捌拾貳頃肆拾陸畝壹分伍毫肆絲玖忽，實徵糧陸千陸拾捌石玖斗捌合柒勺貳抄玖撮叁圭捌粒，實徵銀柒千柒百伍拾貳兩貳錢壹分肆毫肆絲肆忽叁微捌纖壹塵貳渺貳漠柒洙叁涯。

又自首額外伍等地壹頃肆拾捌畝，額徵折色糧壹石叁斗陸升壹合陸勺，折徵銀壹兩柒錢叁分玖釐貳毫伍絲叁忽陸微捌纖伍塵叁渺貳漠。

以上實熟民地肆千壹百捌拾叁頃玖拾肆畝壹分伍毫肆絲玖忽，實徵折色糧陸千柒拾石貳斗柒升叁勺貳抄玖撮叁圭捌粒，實徵銀柒千柒百伍拾叁兩玖錢肆分玖釐陸毫玖絲捌忽陸纖陸塵伍渺肆漠柒洙叁涯遵照乾隆伍拾玖年奉准部咨令，將康熙年間易知由單內載：壹等地每畝折徵銀叁分捌釐叁毫貳絲伍微壹纖叁塵柒渺；貳等地每畝徵銀叁分壹釐玖毫叁絲伍忽陸微叁塵貳渺肆漠；叁等地每畝徵銀貳分伍釐伍毫肆絲柒忽肆微陸纖捌塵伍渺捌漠；肆等地每畝徵銀壹分玖釐壹毫陸絲叁微柒纖叁塵肆渺柒漠；伍等地每畝徵銀壹分壹釐柒毫伍絲壹忽柒微壹纖肆塵玖漠，逐一纂入書內，嗣後遇有墾豁，以便按畝增除。

原額人丁叁門玖則不等，共折下下丁玖千玖百肆拾捌丁，每丁徵銀壹錢玖分壹釐，共徵銀壹千玖百兩陸分捌釐，內除優免丁叁百捌拾玖丁，共銀柒拾肆兩貳錢玖分玖釐。

行差丁玖千伍百伍拾玖丁，共徵銀壹千捌百貳拾伍兩柒錢陸分玖釐。

順治柒年題明免過逃亡丁叁千叁百貳拾柒丁，該除銀陸百叁拾伍兩肆錢伍分柒釐，內節年招回并編審出丁捌百壹拾丁，該銀壹百伍拾肆兩柒錢壹分，以增抵除，實應免丁貳千伍百壹拾柒丁，應免銀肆百捌拾兩柒錢肆分柒釐。

以上實在行差應徵人丁柒千肆拾貳丁，實徵丁銀壹千叁百肆拾伍兩貳分貳釐，於雍正伍年攤入地糧徵解。

康熙伍拾伍年起，至乾隆貳拾陸年止，編審出丁玖拾肆丁；乾隆叁拾壹年編審出丁捌丁；乾隆叁拾陸年編審出丁壹拾丁。共編審出丁壹百壹拾貳丁，欽遵康熙伍拾貳年叁月拾捌日恩詔，後遇編審之期，但據康熙伍拾年丁冊定為常額，永不加賦。

原額均徭銀壹千伍拾陸兩柒錢伍分玖釐捌毫玖絲玖忽柒微，內除荒銀伍百壹兩叁錢肆分叁釐陸毫叁絲壹忽玖微陸纖伍塵玖渺叁漠壹沙捌洙肆涯，實徵銀伍百伍拾伍兩肆錢壹分陸釐貳毫陸絲柒忽柒微叁纖肆塵陸漠捌沙壹洙陸涯。

額外自首地畝額徵均徭銀壹錢貳分肆釐陸毫壹絲貳忽陸微肆纖柒塵捌渺。

以上實徵均徭銀伍百伍拾伍兩伍錢肆分捌毫捌絲叁微捌纖壹塵捌渺陸漠捌沙壹洙陸涯係按前項壹、貳、叁、肆、伍等地畝科徵，壹等地每畝徵銀貳釐柒毫肆絲伍忽伍微柒纖柒塵柒渺壹漠；貳等地每畝徵銀貳釐貳毫捌絲柒忽玖微捌纖壹塵肆渺貳漠；叁等地每畝徵銀壹釐捌毫叁絲叁微捌纖伍塵壹渺肆漠；肆等地每畝徵銀壹釐叁毫柒絲貳忽柒微捌纖肆塵玖渺貳漠；伍等地每畝徵銀捌毫肆絲壹忽玖微柒纖柒塵叁渺伍漠。

外遇閏加徵銀壹百捌拾兩捌錢伍分柒毫玖絲柒忽，內除荒銀柒拾兩叁錢柒釐壹毫捌絲柒忽肆微貳纖柒塵肆渺玖漠叁沙，實徵銀壹百壹拾兩伍錢肆分叁釐陸毫玖忽伍微柒纖貳塵伍渺柒沙。

額外徵收匠價並盤纏銀壹拾陸兩捌錢叁分。遇閏加銀壹兩肆錢貳釐伍毫。

停免銀叁拾兩叁錢陸分玖釐。

額外正閏叁項俱攤入前項地糧內徵解。

以上地、丁貳項併均徭、匠價、停免，除優免丁銀外，應徵銀壹萬柒千陸百捌拾捌兩陸錢柒分捌釐伍毫肆絲貳忽貳纖叁塵叁渺貳漠，內除荒銀柒千玖百捌拾陸兩玖錢陸分陸釐玖毫陸絲叁忽伍微柒纖肆塵玖渺壹漠壹沙壹洙壹涯，實徵銀玖千柒百壹兩柒錢壹分壹釐伍毫柒絲捌忽肆微肆纖捌塵肆渺捌沙捌洙玖涯。

外遇閏加徵銀壹百捌拾兩捌錢伍分柒毫玖絲柒忽，內除荒銀柒拾兩叁錢柒釐壹毫捌絲柒忽肆微貳纖柒塵肆渺玖漠叁沙，實徵銀壹百壹拾兩伍錢肆分叁釐陸毫玖忽伍微柒纖貳塵伍渺柒沙。

又額外匠價並盤纏銀壹兩肆錢貳釐伍毫，攤入地糧徵解。

以上共閏銀壹百壹拾壹兩玖錢肆分陸釐壹毫玖忽伍微柒纖貳塵伍渺柒沙。

壹起運項下

原編起運糧石折價銀壹萬壹千壹百捌拾叁兩玖錢伍分壹毫伍絲叁忽柒微叁纖貳渺，內除荒銀伍千叁百壹拾叁兩陸錢捌分陸毫伍絲壹忽玖微叁纖伍塵貳渺，實起運銀伍千捌百柒拾兩貳錢陸分玖釐伍毫壹忽柒微玖纖伍塵。

節裁鹽鈔、抵祿、藥味、軍器共銀伍百捌拾叁兩柒錢捌分叁釐捌毫玖絲玖忽柒微，內除荒銀壹百玖拾貳兩貳錢陸分壹釐伍毫柒絲捌微壹纖伍塵捌渺肆漠伍沙，起運銀叁百玖拾壹兩伍錢貳分貳釐叁毫貳絲捌忽捌微捌纖肆塵壹渺伍漠伍沙。

舊編存留，內順治玖年裁扣各役工食銀貳百貳拾捌兩捌錢；拾貳年裁銀捌兩；拾肆年裁銀壹百玖拾壹兩玖錢叁分肆釐肆毫柒絲；拾柒年奉裁驛丞俸食銀肆拾玖兩伍錢貳分。康熙元年奉裁吏書工食銀壹百叁兩貳錢；叁年奉裁門斗、齋夫工食銀肆拾叁兩貳錢，雜費丁銀貳百肆拾叁兩肆錢伍分貳釐捌毫；拾伍年裁心紅紙張、修理監倉、喂馬草料等項共銀柒拾柒兩；貳拾柒年裁進士坊價、舉貢盤纏銀貳拾肆兩捌錢叁分叁釐肆毫。雍正陸年裁燈夫工食銀貳拾肆兩；拾貳年裁民壯工食銀貳拾肆兩。乾隆柒年裁民壯工食銀伍拾肆兩；乾隆玖年裁舖司工食銀伍兩柒錢陸分，冗費裁剩解部銀叁百捌拾柒兩貳錢玖分肆釐陸毫捌絲貳忽貳微陸纖，又奉裁蒿店所大使俸食充餉銀肆拾叁兩伍錢貳分。

共銀壹千伍百捌兩伍錢口口口口毫伍絲貳忽貳微陸纖，內除荒銀伍百陸拾壹兩壹錢玖釐壹毫叁微貳纖壹渺叁漠陸沙壹洙壹涯，實起運銀玖百肆拾柒兩肆錢陸釐貳毫伍絲壹忽玖微叁纖玖塵捌渺陸漠叁沙捌洙玖涯。

額外自首地畝額徵均徭等銀壹兩捌錢陸分叁釐捌毫陸絲陸忽叁微叁纖叁塵壹渺貳漠。

又額外徵收停免、匠價、盤纏等項共銀肆拾柒兩壹錢玖分玖釐。

共該實徵起運銀柒千貳百伍拾捌兩貳錢陸分玖毫肆絲捌忽玖微伍纖貳塵壹渺叁漠捌沙捌洙玖涯。

又收存留內額協京兆驛站內兌留兵餉銀伍錢陸分玖釐肆毫肆絲捌忽。

又收存留內協臨洮府屬狄道縣驛站抵餉銀肆拾貳兩肆錢伍分陸釐伍毫貳絲伍忽柒纖貳塵叁渺。

又收驛遞之差使甚少等事案內，共裁站銀壹千柒百貳拾伍兩柒錢柒分肆釐貳毫陸絲肆忽，在於題明請將驛站等事案內，留支本縣新增夫馬工料銀壹百肆拾肆兩玖錢叁釐陸毫，實收裁站銀壹千伍百捌拾兩捌錢柒分陸毫陸絲肆忽。

又收付送原文事案內，裁站夫馬工料銀叁拾叁兩肆錢。

共該起運銀捌千玖百壹拾伍兩伍錢伍分柒釐伍毫捌絲陸忽貳纖肆塵肆渺叁漠捌沙捌洙玖涯，內除受協醴泉、渭南等縣驛站兌留兵餉應支銀叁千伍百柒拾柒兩陸錢肆分壹釐壹絲壹忽壹微貳纖；又在於請倣以糧載丁之例等事案內，通省均丁減銀貳百伍兩叁錢捌分玖釐壹毫柒絲陸忽捌微叁纖捌塵玖渺，內除乾隆元、陸、拾壹、拾陸、貳拾壹、貳拾陸等年編審案內，共增抵補屯更丁銀肆拾陸兩柒分玖釐捌毫伍絲陸忽叁微伍纖柒塵捌渺，又乾隆叁拾壹、叁拾陸兩年編審案內，共增抵補屯更丁銀貳拾壹兩伍錢壹分壹釐玖毫貳絲捌忽壹微柒纖捌塵玖渺，止該減銀壹百叁拾柒兩柒錢玖分柒釐叁毫玖絲貳忽叁微貳塵貳渺。

實該銀伍千貳百兩壹錢壹分玖釐壹毫捌絲貳忽陸微貳塵貳渺叁漠捌沙捌洙玖涯，內留支加增撥補俸工銀肆百肆拾壹兩玖錢柒分捌釐玖毫貳絲伍纖玖塵貳渺，止實該起運銀肆千柒百伍拾捌兩壹錢肆分貳毫陸絲貳忽伍微肆纖叁塵叁漠捌沙捌洙玖涯。

遇閏，順治玖年裁扣銀壹拾柒兩肆錢；拾肆年裁扣銀壹拾伍兩貳錢陸分叁釐叁絲叁忽；拾柒年裁驛丞俸食銀肆兩壹錢貳分陸釐陸毫陸絲陸忽。康熙元年裁吏書工食銀捌兩陸錢；叁年裁門斗、齋夫工食銀叁兩陸錢；拾伍年裁心紅紙張、喂馬草料銀貳兩陸錢陸分陸釐陸毫柒絲。雍正陸年裁燈夫工食銀貳兩；拾貳年裁民壯工食銀貳兩。乾隆柒年裁民壯工食銀肆兩伍錢；乾隆玖年裁舖司工食銀肆錢捌分，又裁蒿店所大使閏俸工銀叁兩陸錢貳分陸釐陸毫陸絲陸忽，又裁各官閏俸銀玖兩叁釐叁毫叁絲貳忽。

共銀柒拾叁兩貳錢陸分陸釐叁毫陸絲柒忽，內除荒銀貳拾捌兩陸分柒釐叁毫捌絲伍忽壹微壹纖貳塵貳渺玖漠叁沙，實徵銀肆拾伍兩壹錢玖分捌釐玖毫捌絲壹忽捌微捌纖柒塵柒渺柒沙。

又額外匠價并盤纏閏銀壹兩肆錢貳釐伍毫。

貳項共銀肆拾陸兩陸錢壹釐肆毫捌絲壹忽捌微捌纖柒塵柒渺柒沙。

又收驛遞之差使甚少等事案內，共裁閏月銀柒兩捌錢捌分柒釐肆毫貳絲伍忽，內在於題明請將驛站等事案內，留支新增夫馬工料銀伍兩伍錢柒分柒釐柒絲伍忽，止實收銀貳兩叁錢壹分叁毫伍絲。

貳項共銀肆拾捌兩玖錢壹分壹釐捌毫叁絲壹忽捌微捌纖柒塵柒渺柒沙，內在於請倣以糧載丁之例等事案內，通省以糧載丁減銀貳拾貳兩柒錢玖分柒釐壹毫玖絲捌忽伍微玖塵柒渺，節次抵補屯更丁增閏銀柒兩陸錢貳分叁釐肆絲捌忽貳微伍纖捌塵，止該減銀壹拾伍兩壹錢柒分肆釐壹毫叁絲貳微伍纖壹塵柒渺。

實該銀叁拾叁兩柒錢叁分柒釐柒毫壹忽陸微叁纖陸塵柒渺，內留支加增撥補俸工銀壹拾肆兩捌錢叁分伍釐貳毫壹絲陸忽叁微壹纖玖塵玖渺壹漠，止實該起運閏銀壹拾捌兩玖錢貳釐肆毫捌絲伍忽叁微壹纖陸塵玖漠柒沙。

壹存留項下

原編存留銀肆千叁百陸拾叁兩叁錢陸分陸釐貳毫柒絲，內除荒銀壹千玖百壹拾玖兩玖錢壹分伍釐陸毫肆絲伍微叁塵柒渺叁漠，實存留銀貳千肆百肆拾叁兩肆錢伍分陸毫貳絲玖忽肆微玖纖陸塵貳渺柒漠。

壹俸工項下

本縣知縣壹員，俸薪銀肆拾伍兩，內除荒銀壹拾陸兩捌錢陸分貳釐伍絲壹忽，實徵支銀貳拾捌兩壹錢叁分柒釐玖毫肆絲玖忽，內均攤銀叁兩壹分捌釐陸絲壹微肆纖伍渺，即留抵撥補各員役俸工訖。

典史壹員，額支俸薪銀叁拾壹兩伍錢貳分，內除荒撥補銀壹拾壹兩柒錢貳分玖毫貳絲玖忽，實徵支銀壹拾玖兩柒錢玖分玖釐柒絲壹忽。

訓導壹員，額支俸薪銀叁拾壹兩伍錢貳分，內除荒撥補銀壹拾壹兩柒錢貳分玖毫貳絲玖忽，實徵支銀壹拾玖兩柒錢玖分玖釐柒絲壹忽。外撥補全俸銀捌兩肆錢捌分。

知縣衙門

門子貳名，每名歲支銀陸兩，共支銀壹拾貳兩，內除荒撥補銀肆兩肆錢捌分捌釐伍毫柒絲陸忽肆微，實徵支銀柒兩伍錢壹分壹釐肆毫貳絲叁忽陸微。遇閏加銀壹兩，內除荒銀叁錢捌分玖釐叁毫肆絲肆微伍纖，實徵支銀陸錢壹分陸毫伍絲玖忽伍微伍纖。

皂隸壹拾陸名，每名歲支工食銀陸兩，共支銀玖拾陸兩，內除荒撥補銀叁拾伍兩玖錢柒分貳釐叁毫柒絲叁忽壹微，實徵支銀陸拾兩貳分柒釐陸毫貳絲陸忽玖微。遇閏加銀捌兩，內除荒銀叁兩壹錢壹分肆釐玖毫陸絲貳忽陸微，實徵支銀肆兩捌錢捌分伍釐叁絲柒忽肆微。

馬快捌名，每名歲支銀壹拾陸兩捌錢，共銀壹百叁拾肆兩肆錢，內除荒撥補銀伍拾兩叁錢陸分壹釐叁毫貳絲貳忽壹微，實徵支銀捌拾肆兩叁分捌釐陸毫柒絲柒忽玖微。遇閏加銀壹拾壹兩貳錢，內除荒銀肆兩叁錢柒分玖毫肆絲玖忽，實徵支銀陸兩捌錢貳分玖釐伍絲壹忽。

民壯叁拾柒名，每名歲支工食銀陸兩，共支銀貳百貳拾貳兩，內除荒撥補銀捌拾叁兩壹錢捌分陸釐壹毫玖忽玖微壹纖伍塵，實徵支銀壹百叁拾捌兩捌錢壹分叁釐捌毫玖絲捌纖伍塵。遇閏加銀壹拾捌兩伍錢，內除荒銀柒兩貳錢叁釐叁毫伍絲壹忽，實徵支銀壹拾壹兩貳錢玖分陸釐陸毫肆絲玖忽。

看監禁子捌名，每名歲支工食銀陸兩，共支銀肆拾捌兩，內除荒撥補銀壹拾柒兩玖錢捌分陸釐壹毫捌絲柒忽，實徵支銀叁拾兩壹分叁釐捌毫壹絲叁忽。外每名加銀貳兩，共加增銀壹拾陸兩。遇閏加銀肆兩，內除荒銀壹兩伍錢伍分柒釐肆毫捌絲捌微，實徵支銀貳兩肆錢肆分貳釐伍毫壹絲玖忽貳微。

轎傘扇夫柒名，每名歲支工食銀陸兩，共支銀肆拾貳兩，內除荒撥補銀壹拾伍兩柒錢叁分柒釐貳毫伍絲捌忽，實徵支銀貳拾陸兩貳錢陸分貳釐柒毫肆絲貳忽。遇閏加銀叁兩伍錢，內除荒銀壹兩叁錢陸分貳釐柒毫玖絲陸忽，實徵支銀貳兩壹錢叁分柒釐貳毫肆忽。

庫丁肆名，每名歲支工食銀陸兩，共支銀貳拾肆兩，內除荒撥補銀捌兩玖錢玖分叁釐玖絲肆忽，實徵支銀壹拾伍兩陸釐玖毫陸忽。遇閏加銀貳兩，內除荒銀柒錢柒分捌釐柒毫肆絲玖微，實徵支銀壹兩貳錢貳分壹釐貳毫伍絲玖忽壹微。

斗級肆名，每名歲支工食銀陸兩，共支銀貳拾肆兩，內除荒撥補銀捌兩玖錢玖分叁釐玖絲肆忽，實徵支銀壹拾伍兩陸釐玖毫陸忽。遇閏加銀貳兩，內除荒銀柒錢柒分捌釐柒毫肆絲玖微，實徵支銀壹兩貳錢貳分壹釐貳毫伍絲玖忽壹微。

舖司兵貳拾玖名，每名歲支工食銀伍兩柒錢陸分，共支銀壹百陸拾柒兩肆分，內除荒銀陸拾叁兩伍錢壹分貳釐陸毫貳絲肆忽，實徵支銀壹百叁兩伍錢貳分柒釐叁毫柒絲陸忽。加增銀柒拾兩肆錢柒分貳釐陸毫貳絲肆忽。遇閏加銀壹拾叁兩玖錢貳分，內除荒銀伍兩叁錢柒分叁釐陸毫叁絲貳忽陸纖陸塵捌渺壹漠，實徵支銀捌兩伍錢肆分陸釐叁毫陸絲柒忽玖微叁纖叁塵壹渺玖漠，加增銀伍兩玖錢伍分叁釐陸毫叁絲貳忽陸纖陸塵捌渺壹漠。

鐘鼓夫叁名，每名歲支銀貳兩陸錢陸分陸釐陸毫陸絲陸忽，共銀捌兩，內除荒撥補銀叁兩肆分壹釐捌毫壹絲陸忽，實徵支銀肆兩玖錢伍分捌釐壹毫捌絲肆忽。遇閏加銀陸錢陸分，內除荒銀貳錢伍分陸釐柒毫伍絲伍忽伍微捌纖伍塵柒渺玖漠，實徵支銀肆錢叁釐貳毫肆絲肆忽肆微壹纖肆塵貳渺壹漠。

典史衙門

門子壹名，額支銀陸兩，內除荒撥補銀貳兩貳錢肆分捌釐貳毫柒絲叁忽伍微，實徵支銀叁兩柒錢伍分壹釐柒毫貳絲陸忽伍微。遇閏加銀伍錢，內除荒銀壹錢玖分肆釐陸毫捌絲伍忽貳微貳纖伍塵，實徵支銀叁錢伍釐叁毫壹絲肆忽柒微柒纖伍塵。

皂隸肆名，每名歲支銀陸兩，共支銀貳拾肆兩，內除荒撥補銀捌兩玖錢玖分叁釐玖絲肆忽，實徵支銀壹拾伍兩陸釐玖毫陸忽。遇閏加銀貳兩，內除荒銀捌錢柒釐叁毫玖絲陸忽玖微，實徵支銀壹兩壹錢玖分貳釐陸毫叁忽壹微。

馬夫壹名，額支銀陸兩，內除荒撥補銀貳兩貳錢肆分捌釐貳毫柒絲叁忽伍微，實徵支銀叁兩柒錢伍分壹釐柒毫貳絲陸忽伍微。遇閏加銀伍錢，內除荒銀壹錢玖分肆釐陸毫捌絲伍忽貳微貳纖伍塵，實徵支銀叁錢伍釐叁毫壹絲肆忽柒微柒纖伍塵。

訓導衙門

齋夫叁名，每名歲支銀壹拾貳兩，共銀叁拾陸兩，內除荒撥補銀壹拾叁兩肆錢捌分玖釐陸毫肆絲，實徵支銀貳拾貳兩伍錢壹分叁毫陸絲。遇閏加銀叁兩，內除荒銀壹兩壹錢陸分捌釐壹毫壹絲叁微伍纖，實徵支銀壹兩捌錢叁分壹釐捌毫捌絲玖忽陸微伍纖。

膳夫貳名，額支銀壹拾叁兩叁錢叁分叁釐叁毫叁絲，內除荒撥補銀伍兩肆釐捌毫捌忽叁微叁渺，實徵支銀捌兩叁錢貳分捌釐伍毫貳絲壹忽陸微玖纖玖塵柒渺係廩生支領。遇閏加銀壹兩壹錢壹分壹釐壹毫，內除荒撥補銀肆錢叁分貳釐陸毫貳絲肆忽肆微伍纖叁塵壹渺，實徵支銀陸錢柒分捌釐肆毫柒絲伍忽伍微肆纖陸塵玖渺。

門斗貳名，每名歲支工食銀柒兩貳錢，共銀壹拾肆兩肆錢，內除荒撥補銀伍兩叁錢玖分伍釐捌毫伍絲伍忽，實徵支銀玖兩肆釐壹毫肆絲伍忽。遇閏加銀壹兩貳錢，內除荒銀肆錢陸分柒釐貳毫肆絲陸忽，實徵支銀柒錢叁分貳釐柒毫伍絲肆忽。

廩生貳拾名，每名歲支銀叁兩貳錢，共銀陸拾肆兩，內除荒撥補銀貳拾肆兩伍錢壹分玖釐貳毫玖絲貳忽，實徵支銀叁拾玖兩肆錢捌分柒毫捌忽。遇閏加銀伍兩叁錢叁分叁釐叁毫叁絲，內除荒撥補銀貳兩肆錢肆分捌釐玖毫伍絲玖忽捌微，實徵支銀貳兩捌錢捌分肆釐叁毫柒絲貳微。

以上俸工項下，除廩生、膳夫貳欵照常支領外，其餘官役俸工於道光貳拾叁年奉文，均以貳兩平支放，每兩減平銀陸分，其減平銀兩，每年批解部庫交納，理合登明。

一祭祀項下

雜支春秋貳季并清明等節祭文廟并各壇祠及無祀鬼魂品物等項共銀捌拾肆兩，內除荒銀貳拾捌兩玖錢柒分伍釐叁絲捌忽，實徵支銀伍拾伍兩貳分肆釐玖毫陸絲貳忽。

外均攤撥補不敷銀壹拾玖兩柒錢伍分陸釐柒毫叁絲壹忽貳微捌纖陸塵貳渺肆漠伍沙陸涯。

鄉飲該支銀叁兩，內除荒銀壹兩壹錢肆分陸毫捌絲壹忽陸微，實徵支銀壹兩捌錢伍分玖釐叁毫壹絲捌忽肆微。

以上鄉飲壹欵於道光貳拾叁年奉文裁汰，其徵收銀兩，每年批解部庫交納，理合登明。

一孤貧項下

孤貧布花銀壹拾兩，內除荒銀叁兩柒錢叁分玖釐肆毫貳絲叁忽柒微玖纖陸塵玖渺，實徵支銀陸兩貳錢陸分伍毫柒絲陸忽貳微叁塵壹渺。

孤貧貳拾名口，共支月糧銀伍拾柒兩陸錢，內除荒銀貳拾壹兩伍錢肆分叁釐肆毫叁絲壹忽叁微捌纖肆塵肆渺，實徵支銀叁拾陸兩伍分陸釐伍毫陸絲捌忽陸微壹纖伍塵陸渺。外加增銀叁拾伍兩玖錢肆分叁釐肆毫叁絲壹忽叁微捌纖肆塵肆渺。遇閏加增銀陸兩。

一驛站項下

永安驛站銀壹千叁百壹拾玖兩捌錢伍分捌釐伍毫陸忽肆微；蒿店所站銀柒百貳拾伍兩壹錢叁分陸釐貳毫貳絲；底窑所站銀柒百貳拾伍兩肆錢叁分柒釐貳毫；京兆驛支直銀壹兩叁錢伍分玖釐；漢中府站抵永豐倉稻米銀壹拾伍兩玖錢陸分叁釐叁毫壹絲叁忽陸微；宜祿驛改兑臨洮府站銀壹拾壹兩柒錢玖分捌釐柒毫；議裁考試棚改兑臨洮府站銀壹拾兩。

以上共額銀貳千捌百玖兩伍錢伍分貳釐玖毫肆絲，內除荒銀壹千叁百叁拾叁兩捌錢壹分柒釐伍毫捌絲玖忽玖微肆纖貳塵陸渺貳漠，實徵支銀壹千肆百柒拾伍兩柒錢叁分伍釐叁毫伍絲伍纖柒塵叁渺捌漠。

又收受協銀叁千伍百壹拾捌兩捌錢柒分貳釐柒毫玖絲玖忽壹微貳纖。

貳項共銀肆千玖百玖拾肆兩陸錢捌釐壹毫肆絲玖忽壹微柒纖柒塵叁渺捌漠，內除額協裁站、裁撥夫馬工料共銀壹千伍百貳拾陸兩玖錢叁分玖釐捌毫貳絲柒纖貳塵叁渺，止實支銀叁千肆百陸拾貳兩玖分壹釐貳毫伍絲肆忽壹微伍塵捌漠。

外收增給所夫閏月銀壹百叁拾壹兩肆錢。

又收增給夫馬閏月銀壹百壹拾捌兩捌錢。

一走遞項下

里馬拾匹，銀叁百伍拾兩，內除荒銀壹百叁拾陸兩貳錢貳分叁釐捌毫柒絲伍忽玖微陸纖肆塵伍渺壹漠，實徵支銀貳百壹拾叁兩柒錢柒分陸釐壹毫貳絲肆忽叁纖伍塵肆渺玖漠。

又收受協銀伍拾捌兩柒錢陸分捌釐貳毫壹絲貳忽。

貳項共銀貳百柒拾貳兩伍錢肆分肆釐叁毫叁絲陸忽叁纖伍塵肆渺玖漠，內除額協並裁縣馬共銀壹百貳拾肆兩柒錢柒分玖釐柒毫肆絲貳忽，止實支銀壹百肆拾柒兩柒錢陸分肆釐伍毫玖絲肆忽叁纖伍塵肆渺玖漠。

遇閏加銀貳拾玖兩壹錢陸分，內除荒銀壹拾壹兩叁錢叁分玖釐叁毫肆絲伍忽伍纖玖塵伍渺，實徵支銀壹拾柒兩捌錢貳分陸毫伍絲肆忽玖微肆纖伍渺，內共裁站閏月銀柒兩捌錢捌分柒釐肆毫貳絲伍忽，內留支夫馬閏月銀伍兩伍錢柒分柒釐柒絲伍忽，實裁銀貳兩叁錢壹分叁毫伍絲。止實支銀壹拾伍兩伍錢壹分叁毫肆忽玖微肆纖伍渺。

以上存留實徵銀貳千肆百肆拾叁兩肆錢伍分陸毫貳絲玖忽肆微玖纖陸塵貳渺柒漠。

又收起運內受協醴泉、渭南、郃陽等縣驛站充留兵餉應支銀叁千伍百柒拾柒兩陸錢肆分壹釐壹絲壹忽壹微貳纖。

共該銀陸千貳拾壹兩玖分壹釐陸毫肆絲陸微壹纖陸塵貳渺柒漠，內除額協京兆驛站抵餉銀伍錢陸分玖釐肆毫肆絲捌忽；又除協臨洮府屬狄道縣驛站抵餉銀肆拾貳兩肆錢伍分陸釐伍毫貳絲伍忽柒纖貳塵叁渺。止該銀伍千玖百柒拾捌兩陸分伍釐陸毫陸絲柒忽伍微肆纖叁塵玖渺柒漠，內除驛遞之差使甚少等事案內，共裁站銀壹千柒百貳拾伍兩柒錢柒分肆釐貳毫陸絲肆忽，在於題明請將驛站等事案內，留支本縣新增夫馬工料銀壹百肆拾肆兩玖錢叁釐陸毫，實裁銀壹千伍百捌拾兩捌錢柒分陸毫陸絲肆忽；又除付送原文事案內，裁撥夫馬工料銀叁拾叁兩肆錢入起運外。止實該銀肆千叁百陸拾叁兩柒錢玖分伍釐叁忽伍微肆纖叁塵玖渺柒漠。

外加增撥補俸工，除知縣攤俸留抵外，實該銀肆百肆拾壹兩玖錢柒分捌釐玖毫貳絲伍纖玖塵貳渺。

共實該銀肆千捌百伍兩柒錢柒分叁釐玖毫貳絲叁忽陸微叁塵壹渺柒漠於乾隆伍拾貳年奉文，全數解司，一切支欵，俱由司按季領支，嗣於嘉慶伍年奉文，在縣留支，並不解司，按季請領。

外於西安布政司庫撥補領支均攤祭祀銀壹拾玖兩柒錢伍分陸釐柒毫叁絲壹忽貳微捌纖陸塵貳渺肆漠伍沙陸涯係動支司庫耗羨銀兩。

遇閏加銀壹百壹拾陸兩伍錢捌分柒釐柒毫陸絲貳忽，內除各官閏俸銀玖兩叁釐叁毫叁絲貳忽，止該銀壹百柒兩伍錢捌分肆釐肆毫叁絲，內除荒銀肆拾貳兩貳錢叁分玖釐捌毫貳忽叁微壹纖伍塵貳渺，實徵銀陸拾伍兩叁錢肆分肆釐陸毫貳絲柒忽陸微捌纖肆塵捌渺，內除驛遞之差使甚少等事案內，共裁站閏月銀柒兩捌錢捌分柒釐肆毫貳絲伍忽，內留支本縣新增夫馬工料銀伍兩伍錢柒分柒釐柒絲伍忽，實裁銀貳兩叁錢壹分叁毫伍絲。

止該銀陸拾叁兩叁分肆釐貳毫柒絲柒忽陸微捌纖肆塵捌渺。

外加增撥補銀壹拾肆兩捌錢叁分伍釐貳毫壹絲陸忽叁微壹纖玖塵玖渺壹漠。

實支銀柒拾柒兩捌錢陸分玖釐肆毫玖絲肆忽肆塵柒渺壹漠於乾隆伍拾貳年奉文，全數解司，一切支欵，俱由司按季領支，嗣於嘉慶伍年奉文，在縣留支，並不解司，按季請領。

外於西安布政司庫撥補領支所夫並夫馬閏月銀貳百伍拾兩貳錢係動支司庫地、丁銀兩。

一額外

課程銀伍兩肆錢柒分，遇閏加銀肆錢伍分伍釐捌毫叁絲叁忽叁微叁纖叁塵叁渺以上正閏貳項係鋪戶出辦。

畜稅銀壹拾肆兩捌錢伍分係買騾馬出辦，每價銀壹兩納稅銀叁分，原無定額，儘收儘解。

牙稅銀壹拾玖兩貳錢牙行貳拾戶，每戶納銀壹兩貳錢至捌錢、陸錢不等，係按行市多寡收納。

當稅銀壹拾兩當鋪貳座，每座納稅銀伍兩。

地稅銀壹拾肆兩柒錢玖分係買房地業主出辦，每價銀壹兩納稅銀叁分，儘收儘解。

武功縣

原額民地共叁千叁百壹拾肆頃叁拾玖畝陸分柒釐伍毫，每畝科本折糧叁升伍合捌勺貳抄玖撮肆圭玖粟捌粒，共額徵本折糧壹萬壹千捌百柒拾伍石叁斗貳升捌合壹勺玖抄壹撮，每畝徵本色糧伍勺壹抄叁撮壹圭伍粟捌粒，共本色糧壹百柒拾石捌升壹合，每畝徵折色糧叁升伍合叁勺壹抄陸撮叁圭肆粟，共折色糧壹萬壹千柒百伍石貳斗肆升柒合壹勺玖抄壹撮，每石折徵銀壹兩貳錢柒分陸釐陸毫柒絲肆忽叁微陸纖壹塵捌渺，共額徵銀壹萬肆千玖百肆拾叁兩柒錢捌分捌釐玖毫捌絲壹微貳纖柒塵貳渺，內：

康熙捌年秦屬蠲免並雍正拾貳年泣陳河沖、乾隆伍年遵旨詳查議奏、乾隆拾年奏聞秋禾情形、報明被水、乾隆拾陸年報明被水等事陸案內，題明豁免荒地壹百伍頃柒拾伍畝伍分貳毫，共免本折糧叁百柒拾捌石玖斗壹升伍合陸抄壹撮玖圭貳粒陸糠貳粃；又乾隆貳拾伍年在于報明河水沖坍地畝事案內，題明豁免地壹頃伍拾貳畝玖分，應免本折糧伍石肆斗柒升捌合叁勺壹抄伍撮貳圭捌粟玖粒玖顆；又乾隆貳拾柒年在于報明河水泛漲事案內，題明豁免地貳頃叁拾玖畝捌分，應免本折糧捌石伍斗玖升壹合玖勺壹抄叁撮陸圭貳粟肆顆；又乾隆肆拾柒年在于欽奉恩詔事案內，奉旨豁免地肆頃壹拾肆畝柒分，應免本折糧壹拾肆石捌斗伍升捌合肆勺玖抄貳撮捌圭貳粟陸顆；又嘉慶拾玖年在于欽奉恩詔事案內，題明豁免地壹拾肆頃陸拾肆畝玖分玖釐叁毫，共免本折糧伍拾貳石肆斗捌升玖合玖勺捌抄叁撮柒圭陸粟叁粒伍顆壹糠肆粃；又道光伍年在於欽奉恩詔事案內，豁免地叁頃陸拾捌畝貳釐叁毫，共免本折糧壹拾叁石壹斗捌升陸合柒抄玖撮叁圭肆粟貳粒肆顆伍糠肆粃。

共原免地壹百叁拾貳頃壹拾伍畝玖分壹釐捌毫，共免本折糧肆百柒拾叁石伍斗壹升玖合捌勺肆抄陸撮柒圭叁粟捌粒玖顆叁糠，又雍正拾壹年開墾地壹拾頃捌拾貳畝壹分肆釐，應徵本折糧叁拾捌石柒斗柒升貳合伍勺陸抄捌撮陸圭柒粟陸粒叁顆肆糠，以增抵除，實豁免地壹百貳拾壹頃叁拾叁畝柒分柒釐捌毫，實豁免本色糧陸石貳斗貳升陸合伍勺肆抄伍撮貳圭肆粟玖粒玖顆貳糠肆粃，實免折色糧肆百貳拾捌石伍斗貳升柒勺叁抄貳撮捌圭壹粟貳粒陸顆陸糠陸粃，折銀伍百肆拾柒兩捌分壹釐伍毫肆絲叁忽壹微貳纖陸塵柒渺柒漠貳洙捌涯。

實熟地叁千壹百玖拾叁頃伍畝捌分玖釐柒毫，該徵本折糧壹萬壹千肆百肆拾石伍斗捌升玖勺壹抄貳撮玖圭叁粟柒粒肆顆壹糠，實徵本色糧壹百陸拾叁石捌斗伍升肆合肆勺伍抄肆撮柒圭伍粟柒糠陸粃，實徵折色糧壹萬壹千貳百柒拾陸石柒斗貳升陸合肆勺伍抄捌撮壹圭捌粟柒粒叁顆叁糠肆粃，折徵銀壹萬肆千叁百玖拾陸兩柒錢柒釐肆毫叁絲柒忽肆渺貳漠玖沙柒洙貳涯。

又加增耔粒地租銀玖拾壹兩貳錢柒分陸釐貳毫柒絲，康熙拾陸年清查首出溢額民地壹拾叁頃陸拾陸畝柒分叁釐貳毫，共本折糧肆拾捌石玖斗陸升玖合叁勺貳抄壹撮肆圭陸粟壹粒，內本色糧柒斗壹合叁勺肆抄玖撮肆圭陸粟，折色糧肆拾捌石貳斗陸升柒合玖勺柒抄貳撮壹粒，折徵銀陸拾壹兩陸錢貳分貳釐肆毫捌絲貳忽叁微肆纖玖塵柒渺。

以上實熟民地並加增首出民地共叁千貳百陸頃柒拾貳畝陸分貳釐玖毫，實徵本色糧共壹百陸拾肆石伍斗伍升伍合捌勺肆撮貳圭壹粟柒糠陸粃，實徵折色銀并加增耔粒地租銀共壹萬肆千伍百肆拾玖兩陸錢陸釐壹毫捌絲玖忽叁微伍纖壹渺貳漠玖沙柒洙貳涯遵照乾隆伍拾玖年奉准部咨令，將康熙年間易知由單內載：每畝徵銀肆分伍釐捌絲柒忽伍微柒塵玖渺肆漠，逐壹纂入書內，嗣後遇有墾豁，以便按畝增除。

原額人丁叁門玖則不等，共折下下丁壹萬捌千陸拾壹丁，每丁徵銀貳錢陸釐肆毫柒絲玖忽伍微，共該銀叁千柒百貳拾玖兩貳錢貳分伍釐叁毫伍絲陸忽，內除優免丁貳百壹拾陸丁，共銀肆拾肆兩伍錢玖分玖釐伍毫柒絲貳忽，實行差並節年招回、編審抵補豁免共丁壹萬柒千捌百肆拾伍丁，該徵銀叁千陸百捌拾肆兩陸錢貳分伍釐柒毫捌絲肆忽。

康熙拾壹年至肆拾年編審溢額丁貳拾捌丁，共徵銀伍兩柒錢捌分壹釐肆毫貳絲陸忽。

外康熙伍拾伍年起，至乾隆貳拾陸年止，編審出丁貳百捌拾丁；乾隆叁拾壹年編審出丁貳拾捌丁；乾隆叁拾陸年編審出丁貳拾肆丁。共編審出丁叁百叁拾貳丁，欽遵康熙伍拾貳年叁月拾捌日恩詔，後遇編審之期，但據康熙伍拾年丁冊定為常額，續生人丁，永不加賦。

以上實在行差並查出溢額應徵人丁共壹萬柒千捌百柒拾叁丁，實徵丁銀叁千陸百玖拾兩肆錢柒釐貳毫壹絲，于雍正伍年攤入地糧徵解。

原額均徭銀貳千貳百捌拾壹兩壹錢貳分伍釐叁毫叁絲陸忽，內除荒銀捌拾叁兩伍錢壹分叁毫捌絲伍忽捌纖壹塵壹渺壹漠玖沙伍洙肆涯，實徵銀貳千壹百玖拾柒兩陸錢壹分肆釐玖毫伍絲玖微壹纖捌塵捌渺捌漠肆洙陸涯。

康熙拾陸年清查出自首溢額民地額徵均徭銀玖兩肆錢陸釐肆毫玖絲叁微壹纖伍塵叁渺。

以上實徵均徭銀貳千貳百柒兩貳分壹釐肆毫肆絲壹忽貳微叁纖肆塵壹渺捌漠肆洙陸涯係按前項地畝科徵，每畝徵銀陸釐捌毫捌絲貳忽肆微柒纖伍塵壹渺柒漠。

地、丁、均徭遇閏加徵銀叁百玖拾玖兩貳錢伍釐玖毫陸絲叁忽，內除荒銀陸兩叁錢貳分伍釐伍絲玖忽伍微玖纖玖塵壹渺叁沙柒涯肆洒，實徵銀叁百玖拾貳兩捌錢捌分玖毫叁忽肆微捌渺玖漠陸沙玖洙貳涯陸洒。

額外徵收匠價銀貳拾貳兩柒錢柒分。遇閏加銀壹兩捌錢玖分柒釐伍毫。

停免銀貳百肆拾伍兩玖錢叁分肆釐叁絲伍微。

軍籍丁糧銀貳千柒百叁拾柒兩玖錢貳分伍釐伍毫玖絲肆忽陸微捌纖肆塵叁渺以上額外正閏肆項攤入前項地糧內徵解。

以上地、丁貳項並均徭、地租、額外匠價、停免、新增軍籍丁糧，除優免丁銀外，應徵銀貳萬肆千捌拾肆兩貳錢伍分陸釐叁毫玖絲叁忽玖微柒纖陸塵伍渺，內除荒銀陸百叁拾兩伍錢玖分壹釐玖毫貳絲捌忽貳微柒塵捌渺捌漠玖沙捌洙貳涯，實徵銀貳萬叁千肆百伍拾叁兩陸錢陸分肆釐肆毫陸絲伍忽柒微陸纖捌塵陸渺壹漠壹洙捌涯。

外遇閏加徵銀叁百玖拾玖兩貳錢伍釐玖毫陸絲叁忽，內除荒銀陸兩叁錢貳分伍釐伍絲玖忽伍微玖纖玖塵壹渺叁沙柒涯肆洒，實徵銀叁百玖拾貳兩捌錢捌分玖毫叁忽肆微捌渺玖漠陸沙玖洙貳涯陸洒。

又額外匠價銀壹兩捌錢玖分柒釐伍毫，攤入地糧徵解。

貳項實徵閏銀叁百玖拾肆兩柒錢柒分捌釐肆毫叁忽肆微捌渺玖漠陸沙玖洙貳涯陸洒。

額徵本色糧壹百柒拾石柒斗捌升貳合叁勺肆抄玖撮肆圭陸粟，內除荒糧陸石貳斗貳升陸合伍勺肆抄伍撮貳圭肆粟玖粒玖顆貳糠肆粃，實徵糧壹百陸拾肆石伍斗伍升伍合捌勺肆撮貳圭壹粟柒糠陸粃。

壹起運項下

原編起運糧石折價銀壹萬壹千肆百陸拾肆兩玖錢陸分貳釐陸毫玖絲玖忽壹微貳纖柒塵貳渺，內除荒銀肆百壹拾叁兩伍錢壹釐玖毫壹忽壹微柒纖柒塵貳漠壹洙陸涯伍洒，實起運銀壹萬壹千伍拾壹兩肆錢陸分柒毫玖絲柒忽玖微伍纖壹渺柒漠玖沙捌洙叁涯伍洒。

節裁藥味、軍器、毛襖、年例、盤纏等項歸入起運銀陸百貳拾陸兩玖錢捌分壹釐捌毫，內除荒銀玖兩貳錢肆釐伍毫捌絲捌忽捌纖捌塵叁渺柒漠叁沙捌洙陸涯捌洒，實起運銀陸百壹拾柒兩柒錢柒分柒釐貳毫壹絲壹忽玖微壹纖壹塵陸渺貳漠陸沙壹洙叁涯貳洒。

舊編存留，內順治玖年裁扣各役工食銀貳百叁拾叁兩陸錢；拾貳年裁扣傘扇銀捌兩；拾叁年裁扣冗員銀捌拾貳兩；拾肆年裁扣官生俸廩等項銀貳百肆拾陸兩貳分玖釐肆毫肆絲；拾伍年奉裁冗員俸食等項銀伍拾柒兩玖錢貳分；拾柒年奉裁驛丞俸食等項銀肆拾玖兩伍錢貳分。康熙元年裁吏書工食銀玖拾柒兩貳錢；叁年奉裁門斗 、齋夫銀肆拾叁兩貳錢，雜費丁銀肆拾叁兩陸錢伍分肆釐陸毫叁絲；拾伍年奉裁心紅紙張、喂馬草料、修理倉厫、鋪墊板蓆、歲季考、芒神土牛、謄録書手、科舉生員等項共銀壹百叁拾伍兩玖錢貳分陸釐叁毫；貳拾柒年奉裁歲貢、舉人、進士坊價、盤纏等項共銀伍拾兩貳錢陸分伍釐貳毫貳絲。雍正陸年奉裁燈夫銀貳拾肆兩；拾貳年奉裁民壯銀貳拾肆兩。乾隆柒年奉裁民壯銀伍拾肆兩；玖年奉裁均攤祭祀銀壹拾壹兩玖錢，舖司銀肆兩捌錢，冗費裁剩解部銀伍百叁拾玖兩壹錢柒釐陸毫壹絲壹忽，又廣豐倉斗級工食銀柒兩貳錢。

共銀壹千柒百壹拾貳兩叁錢貳分叁釐貳毫壹忽，內除荒銀貳拾捌兩叁錢貳分捌釐捌毫肆絲玖忽陸微捌纖叁塵貳渺玖漠叁沙叁洙陸涯，實起運銀壹千陸百捌拾叁兩玖錢玖分肆釐叁毫伍絲壹忽叁微壹纖陸塵柒渺陸沙陸洙肆涯。

又溢額地、丁並軍徭等銀柒拾陸兩捌錢壹分叁毫玖絲捌忽陸微陸纖伍塵。

又額外徵收匠價、停免、新增軍籍丁糧銀叁千陸兩陸錢貳分玖釐陸毫貳絲伍忽壹微捌纖肆塵叁渺。

以上伍項共該實起運銀壹萬陸千肆百叁拾陸兩陸錢柒分貳釐叁毫捌絲伍忽貳纖柒塵捌渺壹漠貳沙陸洙柒洒。

又收存留內額協白渠等驛站抵充兵餉應解銀伍拾兩捌錢陸分伍釐捌毫伍絲捌忽肆微陸纖貳塵玖渺。

又收臨洮府屬渭源縣驛站充兵餉銀貳拾柒兩伍錢貳分柒毫玖絲叁忽捌微貳纖捌塵。

又收存留內驛遞之差使甚少並題明請將驛站等事貳案內，共裁銀貳千柒百捌拾玖兩肆錢玖分肆釐玖毫貳絲貳忽玖微肆塵陸渺。

共該起運銀壹萬玖千叁百肆兩伍錢伍分叁釐玖毫陸絲貳微貳纖叁塵叁渺壹漠貳沙陸洙柒洒，內除額協鄠縣等驛站兌留兵餉應支銀陸百壹拾柒兩柒錢叁分壹釐伍毫壹絲壹忽陸微捌塵叁渺；又在於請倣以糧載丁等事案內，通省均丁減銀叁千貳百叁拾捌兩壹錢玖分柒釐玖毫捌絲陸忽柒微肆纖玖塵叁渺，內除乾隆元、陸、拾壹、拾陸、貳拾壹、貳拾陸等年編審案內，共增抵補屯更丁銀柒百壹拾肆兩肆錢叁分叁釐柒毫貳絲叁忽伍微捌纖叁塵伍渺叁漠叁沙叁洙叁渺貳洒，又乾隆叁拾壹、叁拾陸兩年編審案內，共增抵補屯更丁銀叁百伍拾壹兩貳錢貳分捌釐玖毫伍絲陸忽貳微玖纖壹塵柒渺陸漠陸沙陸洙陸涯陸洒，止該減銀貳千壹百柒拾貳兩伍錢叁分伍釐叁毫陸忽捌微柒纖肆塵貳洒。

實該銀壹萬陸千伍百壹拾肆兩貳錢捌分柒釐壹毫肆絲壹忽柒微肆纖壹塵壹漠貳沙陸洙伍洒，內留支加增撥補俸工銀捌拾叁兩肆錢柒分伍釐伍毫肆絲捌忽玖微玖纖柒渺壹漠玖沙柒洙叁涯壹洒，止實該銀壹萬陸千肆百叁拾兩捌錢壹分壹釐伍毫玖絲貳忽柒微伍纖貳渺玖漠貳沙捌洙柒涯肆洒。

遇閏裁扣，順治玖年裁各役工食銀壹拾柒兩捌錢；拾叁年裁汰冗員銀陸兩捌錢叁分叁釐叁毫叁絲叁忽；拾肆年裁官生俸廩銀壹拾伍兩玖錢伍分肆釐捌毫陸絲陸忽；拾伍年裁冗員俸食銀肆兩捌錢貳分陸釐陸毫陸絲陸忽；拾柒年裁驛丞俸食銀肆兩壹錢貳分陸釐陸毫陸絲陸忽。康熙元年裁吏書工食銀捌兩壹錢；叁年裁門斗、齋夫銀叁兩陸錢；拾伍年裁心紅紙張等項銀貳兩陸錢陸分陸釐陸毫柒絲。雍正陸年裁燈夫銀貳兩；拾貳年裁民壯銀貳兩。乾隆柒年裁民壯銀肆兩伍錢；玖年裁舖司銀肆錢，又廣豐倉斗級工食銀陸錢，又閏俸銀玖兩叁釐叁毫叁絲貳忽。

共銀捌拾貳兩肆錢壹分壹釐伍毫叁絲叁忽，內除荒銀壹兩叁錢柒釐貳毫肆絲陸忽叁微叁纖伍塵玖渺肆漠貳沙玖洙柒涯叁洒，實徵銀捌拾壹兩壹錢肆釐貳毫捌絲陸忽陸微陸纖肆塵伍漠柒沙貳涯柒洒。

又額外匠價銀壹兩捌錢玖分柒釐伍毫。

又收存留內驛遞之差使甚少並題明請將驛站等事貳案內，共裁站閏月銀壹百伍拾玖兩伍錢伍分玖釐壹毫伍絲玖忽叁微肆纖伍塵叁渺。

叁項共銀貳百肆拾貳兩伍錢陸分玖毫肆絲陸忽玖塵叁渺伍漠柒沙貳涯柒

洒，内除請做以糧載丁等事案内，通省以糧均丁減銀壹百壹拾柒兩叁錢玖釐貳毫捌絲柒忽陸微柒纖叁塵壹渺，節次抵補屯更丁增銀肆拾兩叁錢捌分叁毫玖忽肆微貳纖叁塵叁渺，止該減銀柒拾陸兩玖錢貳分捌釐玖毫柒絲捌忽貳微肆纖玖塵捌渺。

實該銀壹百陸拾伍兩陸錢叁分壹釐玖毫陸絲柒忽柒微伍纖玖塵伍渺伍漠柒沙貳涯柒洒，内留支加增撥補工食銀貳兩壹錢叁分叁釐貳絲柒忽陸微柒纖捌塵陸渺壹漠捌沙伍洙壹洒。

又留支加增撥補夫馬閏月銀叁兩捌錢玖分玖釐。

止實該起運閏銀壹百伍拾玖兩伍錢玖分玖釐玖毫肆絲捌纖玖渺叁漠捌沙伍洙貳涯陸洒。

壹存留項下

原編存留官學倉糧並奉復孤貧口糧共壹百柒拾石捌升壹合，内除荒糧陸石貳斗貳升陸合伍勺肆抄伍撮貳圭肆粟玖粒玖顆貳糠肆粃，實該存留糧壹百陸拾叁石捌斗伍升肆合肆勺伍抄肆撮柒圭伍粟柒糠陸粃，聽支孤貧並過往兵馬。

又溢額地畝本色糧柒斗壹合叁勺肆抄玖撮肆圭陸粟，聽候撥餉。

原編存留銀柒千壹百玖拾陸兩伍錢肆分捌釐陸毫柒絲，内除荒銀壹百柒拾玖兩伍錢伍分陸釐伍毫捌絲玖忽貳微陸纖伍塵捌渺伍漠貳沙陸洙捌涯，實存留銀柒千壹拾陸兩玖錢玖分貳釐捌絲柒微叁纖肆塵壹渺肆漠柒沙叁洙貳涯。

壹俸工項下

知縣俸薪銀肆拾伍兩，内除荒銀陸錢捌分柒釐肆毫玖忽捌微玖纖伍渺，實徵支銀肆拾肆兩叁錢壹分貳釐伍毫玖絲壹微玖塵伍渺，内均攤俸工銀貳拾兩叁錢陸分捌釐玖毫捌絲伍忽壹微肆纖伍渺，即留抵撥補各員役俸工訖。

典史壹員，額支俸薪銀叁拾壹兩伍錢貳分，内除荒撥補銀肆錢玖分玖釐柒毫貳絲柒忽叁微陸纖陸塵貳渺陸漠肆沙，實徵支銀叁拾壹兩貳分貳毫柒絲貳忽陸微叁纖叁塵柒渺叁漠陸沙。

教諭、訓導貳員，額支俸食銀叁拾壹兩伍錢貳分，内除荒撥補銀肆錢玖分玖釐柒毫貳絲柒忽叁微陸纖陸塵貳渺陸漠肆沙，實支銀叁拾壹兩貳分貳毫柒絲貳忽陸微叁纖叁塵柒渺叁漠陸沙。撥補全俸銀肆拾捌兩肆錢捌分。

知縣衙門

門子貳名，每名歲支銀陸兩，共支銀壹拾貳兩，內除荒撥補銀壹錢玖分貳毫柒絲柒忽捌微捌纖陸塵肆渺，實支銀壹拾壹兩捌錢玖釐柒毫貳絲貳忽壹微壹纖叁塵陸渺。遇閏加銀壹兩，內除荒銀壹分伍釐捌毫伍絲貳忽叁微肆纖肆塵肆渺，實支銀玖錢捌分肆釐壹毫肆絲柒忽陸微伍纖伍塵陸渺。

皂隸、仵作壹拾陸兩，歲支銀玖拾陸兩，內除荒撥補銀壹兩伍錢貳分貳釐叁毫叁絲伍微肆纖叁塵貳渺，實支銀玖拾肆兩肆錢柒分柒釐陸毫陸絲玖忽肆微伍纖陸塵捌渺。遇閏加銀捌兩，內除荒銀壹錢貳分陸釐叁毫壹忽伍微肆纖陸塵，實支銀柒兩捌錢柒分叁釐陸毫玖絲捌忽肆微伍纖肆塵。

馬快捌名，每名歲支銀壹拾陸兩捌錢，共支銀壹百叁拾肆兩肆錢，內除荒撥補銀貳兩壹錢肆分陸釐陸毫伍絲柒忽陸微叁纖壹塵捌漠，實支銀壹百叁拾貳兩貳錢伍分叁釐叁毫肆絲貳忽叁微陸纖捌塵玖渺貳漠。遇閏加銀壹拾壹兩貳錢，內除荒銀壹錢柒分柒釐貳毫伍絲柒忽玖微貳纖貳塵壹渺肆漠，實支銀壹拾壹兩貳分貳釐柒毫肆絲貳忽柒纖柒塵捌渺陸漠。

民壯叁拾柒名，每名歲支銀陸兩，共支銀貳百貳拾貳兩，內除荒撥補銀叁兩伍錢叁分柒毫玖絲肆忽肆纖貳塵玖渺，實支銀貳百壹拾捌兩肆錢陸分玖釐貳毫伍忽玖微伍纖柒塵壹渺。遇閏加銀壹拾捌兩伍錢，內除荒銀貳錢玖分陸毫玖絲貳忽貳微壹纖柒塵捌渺伍漠，實支銀壹拾捌兩貳錢玖釐叁毫柒忽柒微捌纖貳塵壹渺伍漠。

看監禁卒捌名，每名歲支銀陸兩，共支銀肆拾捌兩，內除荒撥補銀柒錢陸分壹釐壹毫陸絲捌忽陸微捌纖壹塵陸渺，實支銀肆拾柒兩貳錢叁分捌釐捌毫叁絲壹忽叁微壹纖捌塵肆渺。每名加增銀貳兩，共增銀壹拾陸兩。遇閏加銀肆兩，內除荒銀陸分叁釐肆毫貳絲伍忽貳微叁纖肆塵陸渺，實支銀叁兩玖錢叁分陸釐伍毫柒絲肆忽柒微陸纖伍塵肆渺。

轎傘扇夫柒名，每名歲支銀陸兩，共支銀肆拾貳兩，內除荒撥補銀陸錢陸分陸釐貳絲壹微捌纖陸塵肆渺，實支銀肆拾壹兩叁錢叁分叁釐玖毫柒絲玖忽捌微壹纖叁塵陸渺。遇閏加銀叁兩伍錢，內除荒銀伍分伍釐陸毫貳微柒渺伍漠，實支銀叁兩肆錢肆分肆釐叁毫玖絲玖忽柒微玖纖玖塵貳渺伍漠。

庫丁肆名，每名歲支銀陸兩，共銀貳拾肆兩，內除荒撥補銀叁錢捌分伍毫捌絲柒忽捌微玖纖捌渺，實支銀貳拾叁兩陸錢壹分玖釐肆毫壹絲貳忽壹微玖塵貳渺。遇閏加銀貳兩，內除荒銀叁分壹釐柒毫壹絲陸忽陸微貳纖玖塵，實支銀壹兩玖錢陸分捌釐貳毫捌絲叁忽叁微柒纖壹塵。

斗級肆名，每名歲支銀陸兩，共銀貳拾肆兩，內除荒撥補銀叁錢捌分伍毫捌絲柒忽捌微玖纖捌渺，實支銀貳拾叁兩陸錢壹分玖釐肆毫壹絲貳忽壹微玖塵貳渺。遇閏加銀貳兩，內除荒銀叁分壹釐柒毫壹絲陸忽陸微貳纖玖塵，實支銀壹兩玖錢陸分捌釐貳毫捌絲叁忽叁微柒纖壹塵。

各舖司兵壹拾玖名，額支銀玖拾壹兩貳錢，內除荒銀壹兩肆錢肆分柒釐貳毫肆絲玖忽叁微叁纖陸塵捌渺肆漠，實支銀捌拾玖兩柒錢伍分貳釐柒毫伍絲陸微陸纖叁塵壹渺陸漠。外加增銀貳拾肆兩貳錢肆分柒釐貳毫肆絲玖忽叁微叁纖陸塵捌渺肆漠。遇閏加銀柒兩陸錢，內除荒銀壹錢叁分壹毫貳絲柒忽陸微伍纖柒塵貳漠，實支銀柒兩肆錢陸分玖釐捌毫柒絲貳忽叁微肆纖貳塵玖渺捌漠。外加增銀貳兩叁分壹毫貳絲柒忽陸微伍纖柒塵貳漠。

鐘鼓夫叁名，每名歲支銀貳兩肆錢，共銀柒兩貳錢，內除荒撥補銀壹錢壹分肆釐壹毫柒絲壹忽壹微陸纖柒塵肆漠，實支銀柒兩捌分伍釐捌毫貳絲捌忽捌微叁纖貳塵玖渺陸漠。遇閏加銀陸錢，內除荒銀玖釐伍毫壹絲貳忽玖微玖纖柒塵貳渺貳漠，實支銀伍錢玖分肆毫捌絲柒忽貳塵柒渺捌漠。

典史衙門

門子壹名，額支銀陸兩，內除荒撥補銀玖分伍釐壹毫肆絲肆忽肆微柒纖壹塵貳渺，實支銀伍兩玖錢肆釐捌毫伍絲伍忽伍微貳纖捌塵捌渺。遇閏加銀伍錢，內除荒銀柒釐玖毫貳絲伍忽壹微伍纖柒塵貳渺伍漠，實支銀肆錢玖分貳釐柒絲肆忽捌微肆纖貳塵柒渺伍漠。

皂隸肆名，每名歲支銀陸兩，共銀貳拾肆兩，內除荒撥補銀叁錢捌分伍毫捌絲柒忽捌微玖纖捌渺，實支銀貳拾叁兩陸錢壹分玖釐肆毫壹絲貳忽壹微玖塵貳渺。遇閏加銀貳兩，內除荒銀叁分壹釐柒毫壹絲陸忽陸微貳纖玖塵，實支銀壹兩玖錢陸分捌釐貳毫捌絲叁忽叁微柒纖壹塵。

馬夫壹名，額支銀陸兩，內除荒撥補銀玖分伍釐壹毫肆絲肆忽肆微柒纖壹塵貳渺，實支銀伍兩玖錢肆釐捌毫伍絲伍忽伍微貳纖捌塵捌渺。遇閏加銀伍錢，內除荒銀柒釐玖毫貳絲伍忽壹微伍纖柒塵貳渺伍漠，實支銀肆錢玖分貳釐柒絲肆忽捌微肆纖貳塵柒渺伍漠。

教職衙門

齋夫叁名，每名歲支銀壹拾貳兩，共支銀叁拾陸兩，內除荒撥補銀伍錢柒分捌毫柒絲陸忽捌微叁纖壹塵貳渺，實支銀叁拾伍兩肆錢貳分玖釐壹毫貳絲叁忽壹微陸纖捌塵捌渺。遇閏加銀叁兩，內除荒銀肆分柒釐伍毫柒絲壹忽貳微叁塵伍渺，實支銀貳兩玖錢伍分貳釐肆毫貳絲捌忽柒微玖纖陸塵伍渺。

膳夫貳名，額支銀壹拾叁兩叁錢叁分叁釐叁毫叁絲，內除荒撥補銀貳錢壹分壹釐玖毫肆絲陸忽肆微陸纖陸塵陸渺捌漠壹沙柒洙叁涯壹洒，實支銀壹拾叁兩壹錢貳分壹釐叁毫捌絲叁忽伍微叁纖叁塵叁渺壹漠捌沙貳洙陸涯玖洒。遇閏加銀壹兩壹錢壹分壹釐壹毫，內除荒撥補銀壹分捌釐伍毫玖忽玖微貳纖伍塵陸渺貳漠叁沙柒洙柒涯，實支銀壹兩玖分貳釐伍毫玖絲柒纖肆塵叁渺柒漠陸沙貳洙叁涯。

門斗貳名，每名歲支銀柒兩貳錢，共支銀壹拾肆兩肆錢，內除荒撥補銀貳錢貳分捌釐叁毫伍絲貳忽叁微叁纖壹塵捌漠，實支銀壹拾肆兩壹錢柒分壹釐陸毫肆絲柒忽陸微陸纖捌塵玖渺貳漠。遇閏加銀壹兩貳錢，內除荒銀壹分玖釐叁絲叁忽貳微柒纖柒塵肆渺肆漠，實支銀壹兩壹錢捌分玖毫陸絲陸忽柒微貳纖貳塵伍渺陸漠。

廩生貳拾名，每名歲支銀叁兩貳錢，共支銀陸拾肆兩，內除荒撥補銀壹兩壹分肆釐捌毫捌絲柒忽陸微玖纖捌塵捌渺，實支銀陸拾貳兩玖錢捌分伍釐壹毫壹絲貳忽叁微壹塵貳渺。遇閏加銀伍兩叁錢叁分叁釐叁毫叁絲，內除荒撥補銀捌分肆釐叁毫玖絲叁纖叁塵陸渺叁漠柒沙壹洙叁涯壹洒，實支銀伍兩貳錢肆分捌釐玖毫叁絲玖忽玖微陸纖陸塵叁渺陸漠貳沙捌洙陸涯玖洒。

以上俸工項下，除廩生、膳夫貳欵照常支發外，其餘官役俸工於道光貳拾叁年奉文，均以貳兩平支放，每兩減平銀陸分，其減平銀兩，每年批解部庫交納，理合登明。

壹祭祀項下

雜支春秋貳季並清明節祭文廟並各壇祠及無祭鬼魂品物等項價額支銀柒拾肆兩壹錢，內除荒銀壹兩壹錢柒分陸釐陸毫玖絲壹忽玖微壹塵柒渺貳漠肆沙玖洙肆涯，實支銀柒拾貳兩玖錢貳分叁釐叁毫捌忽玖纖捌塵貳渺柒漠伍沙陸涯。

外撥補銀肆錢貳分柒釐陸毫玖絲壹忽玖微壹塵柒渺貳漠肆沙玖洙肆涯。

祭旗纛並犒賞民壯銀肆兩，內除荒銀陸分叁釐肆毫貳絲伍忽玖微捌纖捌渺，實支銀叁兩玖錢叁分陸釐伍毫柒絲肆忽壹纖玖塵貳渺。

鄉飲額支銀伍兩，內除荒銀柒分玖釐貳毫捌絲玖忽叁微壹塵肆渺，實支銀肆兩玖錢貳分柒毫壹絲陸微玖纖捌塵陸渺於道光貳拾叁年奉文裁汰，其徵收銀兩，每年批解部庫交納，理合登明。

壹孤貧口糧項下

孤貧叁拾貳名口，共支月糧柒拾陸石捌斗，內除荒糧貳石捌斗壹升壹合陸勺貳抄柒撮叁粟壹粒肆顆，實支糧柒拾叁石玖斗捌升捌合叁勺柒抄貳撮玖圭陸粟捌粒陸顆。外加增糧肆拾壹石貳斗壹升壹合陸勺貳抄柒撮叁粟壹粒肆顆。遇閏加增糧玖石陸斗。

孤貧布花銀壹拾玖兩，內除荒銀叁錢壹分壹釐肆毫肆絲捌忽陸微貳纖壹塵叁渺，實支銀壹拾捌兩陸錢捌分捌釐伍毫伍絲壹忽叁微柒纖捌塵柒渺。

壹驛站項下

郃城驛站銀貳千玖百壹拾肆兩貳錢；郃城驛支直銀壹百壹拾陸兩柒錢捌分捌釐陸毫；白渠驛站銀貳拾柒兩貳分叁釐陸毫叁絲；威勝驛站銀柒拾貳兩壹錢壹分壹毫壹絲；京兆驛支直銀壹兩叁錢伍分叁釐；宜祿驛改兊臨洮府站銀壹拾陸兩；議裁民壯並織造局皂隸工食抵臨洮府站銀壹拾叁兩肆錢。共額銀叁千壹百陸拾兩捌錢柒分伍釐叁毫肆絲，內除荒銀壹百壹拾伍兩伍錢肆分捌釐陸毫玖絲玖微叁纖肆塵肆渺貳漠伍沙陸涯玖洒，實支銀叁千肆拾伍兩叁錢貳分陸釐陸毫肆絲玖忽陸纖伍塵伍渺柒漠肆沙玖洙叁涯壹洒。

又收受協鄠縣等縣協站兊留兵餉銀陸百壹拾柒兩柒錢叁分壹釐伍毫壹絲壹忽陸微捌塵叁渺。

貳項共銀叁千陸百陸拾叁兩伍分捌釐壹毫陸絲陸微柒纖叁塵捌渺柒漠肆沙玖洙叁涯壹洒，內除額協並裁站共銀壹千肆百柒拾捌兩貳錢伍分伍毫貳絲柒微玖纖伍塵伍渺，止該支銀貳千壹百捌拾肆兩捌錢柒釐陸毫叁絲玖忽捌微柒纖捌塵叁渺柒漠肆沙玖洙叁涯壹洒。

外收增給夫馬閏月銀壹百柒拾伍兩玖錢伍分。

壹走遞項下

走遞夫馬、損轎夫額支銀貳千貳百柒拾柒兩；又車夫工食銀貳拾肆兩；又走遞馬騾貳拾貳匹，工食草料銀陸百陸拾兩。共額銀貳千玖百陸拾壹兩，內除荒銀肆拾陸兩玖錢伍分叁釐叁毫玖絲壹忽捌微捌纖肆塵柒渺伍漠柒沙柒洙肆涯，實徵銀貳千玖百壹拾肆兩肆分陸釐陸毫捌忽壹微壹纖伍塵貳渺肆漠貳沙貳洙陸涯，內除額協裁站銀壹千叁百捌拾玖兩陸錢叁分壹釐伍絲肆忽肆微，實支銀壹千伍百貳拾肆兩肆錢壹分伍釐伍毫伍絲叁忽柒微壹纖伍塵貳渺肆漠貳沙貳洙陸涯。

遇閏加銀貳百肆拾肆兩柒錢伍分，內除荒銀叁兩捌錢陸分捌釐伍毫叁絲捌忽伍微貳塵捌渺柒漠肆沙肆洙，實徵銀貳百肆拾兩捌錢捌分壹釐肆毫陸絲壹忽肆微玖纖柒塵壹渺貳漠伍沙陸洙，內除裁站銀壹百伍拾玖兩伍錢伍分玖釐壹毫伍絲玖忽叁微肆纖伍塵叁渺，止該實支銀捌拾壹兩叁錢貳分貳釐叁毫貳忽壹微伍纖壹塵捌渺貳漠伍沙陸洙。

又收撥補夫馬閏月銀叁兩捌錢玖分玖釐。

以上實支銀捌拾伍兩貳錢貳分壹釐叁毫貳忽壹微伍纖壹塵捌渺貳漠伍沙陸洙。

以上存留實徵銀柒千壹拾陸兩玖錢玖分貳釐捌絲柒微叁纖肆塵壹渺肆漠柒沙叁洙貳涯。

又收受鄠縣等縣協站銀陸百壹拾柒兩柒錢叁分壹釐伍毫壹絲壹忽陸微捌塵叁渺。

共該銀柒千陸百叁拾肆兩柒錢貳分叁釐伍毫玖絲貳忽叁微肆纖貳塵肆渺肆漠柒沙叁洙貳涯，內額協白渠等驛站抵餉銀伍拾兩捌錢陸分伍釐捌毫伍絲捌忽肆微陸纖貳塵玖渺；又除臨洮府屬渭源縣驛站抵餉銀貳拾柒兩伍錢貳分柒毫玖絲叁忽捌微貳纖捌塵；又除驛遞之差使甚少並題明請將驛站等事貳案內，共裁銀貳千柒百捌拾玖兩肆錢玖分肆釐玖毫貳絲貳忽玖微肆塵陸渺。

止該存留銀肆千柒百陸拾陸兩捌錢肆分貳釐壹絲柒忽壹微肆纖陸塵玖渺肆漠柒沙叁洙貳涯。

外加增撥補俸工，除知縣攤俸留抵外，實該銀捌拾叁兩肆錢柒分伍釐伍毫肆絲捌忽玖微玖纖柒渺壹漠玖沙柒洙叁涯貳洒以上貳項於乾隆伍拾貳年奉文，全數解司，壹切支欵，俱由司按季領支，嗣於嘉慶伍年奉文，在縣留支，並不解司，按季請領。

遇閏原加銀叁百貳拾伍兩柒錢玖分柒釐柒毫陸絲貳忽，又裁扣俸銀玖兩叁釐叁毫叁絲貳忽入起運外，實該銀叁百壹拾陸兩柒錢玖分肆釐肆毫叁絲，內除荒銀伍兩壹分柒釐捌毫壹絲叁忽貳微陸纖叁塵壹渺陸漠壹洙壹洒，實支銀叁百壹拾壹兩柒錢柒分陸釐陸毫壹絲陸忽柒微叁纖陸塵捌渺叁漠玖沙捌洙玖涯玖洒，內除驛遞之差使甚少並題明請將驛站等事貳案內，共裁站閏月銀壹百伍拾玖兩伍錢伍分玖釐壹毫伍絲玖忽叁微肆纖伍塵叁渺。

止該銀壹百伍拾貳兩貳錢壹分柒釐肆毫伍絲柒忽叁微玖纖壹塵伍渺叁漠玖沙捌洙玖涯玖洒。

外加增撥補銀貳兩壹錢叁分叁釐貳絲柒忽陸微柒纖捌塵陸渺壹漠捌沙伍洙壹洒。

又撥補夫馬閏月銀叁兩捌錢玖分玖釐。

以上存留實徵銀壹百伍拾捌兩貳錢肆分玖釐肆毫捌絲伍忽柒纖壹渺伍漠捌沙肆洙於乾隆伍拾貳年奉文，全數解司，壹切支欵，俱由司按季領支，嗣於嘉慶伍年奉文，在縣留支，並不解司，按季請領。

外於布政司庫撥補夫馬閏月銀壹百柒拾伍兩玖錢伍分遇閏之年在於各屬解到地、丁銀內動支。

本色存剩官學倉糧玖拾叁石貳斗捌升壹合，內除荒糧叁石肆斗壹升肆合玖勺壹抄捌撮貳圭壹粟捌粒伍顆貳糠肆粃，實徵糧捌拾玖石捌斗陸升陸合捌抄壹撮柒圭捌粟壹粒肆顆柒糠陸粃，內除撥補給加增孤貧糧肆拾壹石貳斗壹升壹合陸勺貳抄柒撮叁粟壹粒肆顆，實存剩糧肆拾捌石陸斗伍升肆合肆勺伍抄肆撮柒圭伍粟柒糠陸粃。

遇閏又撥給加增孤貧糧玖石陸斗，止實餘剩糧叁拾玖石貳斗伍升肆合肆勺伍抄肆撮柒圭伍粟柒糠陸粃，聽候撥餉。

壹額外

課程銀叁拾壹兩叁錢玖分係舖戶出辦。遇閏加銀貳兩陸錢壹分伍釐捌毫叁絲叁忽叁微叁纖。

畜稅銀壹百肆拾陸兩柒分係買騾馬出辦，原無定額，儘收儘解。

牙稅銀貳拾貳兩叁錢（原缺上帖牙人）中帖牙人伍拾叁名，每名原額銀肆錢，共銀貳拾壹兩貳錢；下帖牙人肆名，每名原額銀貳錢，共銀捌錢；下下帖牙人叁名，每名原額銀壹錢，共銀叁錢。

當稅銀陸拾兩係典舖出辦，共典舖壹拾貳座，每座每年當稅銀伍兩。

地稅銀壹拾兩伍錢玖分係買房地業主出辦，原無定額，儘收儘解。

商州屬伍州縣：本州、雒南、商南、山陽、鎮安

原額各等共地柒千柒百貳拾玖頃貳畝柒分伍釐伍毫伍絲肆忽，各徵糧不等，共額徵本折並山坡租籽共糧壹萬陸千貳百肆拾陸石伍合玖勺貳抄捌撮陸圭，內本色糧壹百壹拾石叁斗壹升壹合玖勺玖抄肆撮叁圭，折色糧壹萬陸千壹百叁拾伍石陸斗玖升叁合玖勺叁抄肆撮叁圭，各徵銀不等，共徵銀貳萬壹千叁百肆拾壹兩捌錢柒分陸釐伍毫陸絲玖忽伍微伍纖貳塵肆渺。

順治柒、捌兩年並乾隆叁、捌兩年題明免過有主、無主並康熙玖年申報災傷及乾隆叁、捌兩年水沖共地伍千柒百玖拾陸頃玖拾陸畝伍分貳釐陸毫肆絲肆忽，應免並租籽本折糧壹萬壹千捌百柒石壹斗肆升貳勺陸抄肆撮肆圭肆粟，內前開墾並興屯及節年丈首出內前開墾地柒百陸拾肆頃陸畝玖分叁釐伍毫壹忽貳微，應徵糧壹千貳百玖拾捌石柒升柒合伍勺壹抄柒圭捌粟柒粒；又乾隆貳拾年開墾地柒頃柒拾畝捌分，該糧叁石玖斗捌升伍合叁勺伍抄伍撮捌圭捌粟貳粒。實應免地伍千貳拾伍頃壹拾捌畝柒分玖釐壹毫肆絲貳忽捌微，實應免本折糧壹萬伍百伍石柒升柒合叁勺玖抄柒撮柒圭柒粟壹粒，內實應免本色起運糧捌拾石柒斗叁升玖合肆勺叁抄玖撮肆圭壹粟柒粒捌顆陸糠柒粃貳粄，實應免折色糧壹萬肆百貳拾肆石叁斗叁升柒合玖勺伍抄捌撮叁圭伍粟叁粒壹顆叁糠貳粃捌粄，該除銀壹萬叁千捌百壹拾柒兩玖錢肆分壹釐肆毫叁絲陸忽玖微玖纖捌塵肆渺柒漠壹沙陸洙叁涯。

實在共地貳千柒百叁頃捌拾叁畝玖分陸釐肆毫壹絲壹忽貳微，該本折糧伍千柒百肆拾石玖斗貳升捌合伍勺叁抄捌圭貳粟玖粒，內除鎮安縣乾隆伍拾年在於遵旨會核酌議等事案內，分撥孝義、寧陝貳廳共地貳拾貳頃壹拾柒畝肆釐玖毫，該糧壹拾肆石貳斗捌升柒合玖勺肆抄壹撮伍圭，該徵銀壹拾捌兩捌錢柒分捌釐壹毫柒忽壹微柒纖叁塵捌渺。

止實在地貳千陸百捌拾壹頃陸拾陸畝玖分壹釐伍毫壹絲壹忽貳微，該糧伍

千柒百貳拾陸石陸斗肆升伍勺捌抄玖撮叁圭貳粟玖粒，內除鎮安縣嘉慶拾柒年在於遵旨等事案內，分撥孝義廳上下貳等共地壹頃陸拾畝肆分玖釐，该糧壹石叁斗壹升貳合，止實在地貳千陸百捌拾頃陸畝肆分貳釐伍毫壹絲壹忽貳微，該糧伍千柒百貳拾伍石叁斗貳升捌合伍勺捌抄玖撮叁圭貳粟玖粒。

外鎮安縣乾隆伍拾年在於遵旨會核酌議等事案內，改收孝義廳野字號地肆拾肆頃貳拾肆畝伍分壹釐捌毫柒絲伍忽，共本折糧壹拾柒石陸斗玖升捌合柒抄伍撮，內本色糧伍斗叁升陸合捌勺肆抄壹圭叁粟叁粒肆顆玖糠叁粃柒粎，折色糧壹拾柒石壹斗陸升壹合貳勺叁抄肆撮捌圭陸粟陸粒伍顆陸粃叁粎，折徵銀貳拾叁兩陸錢捌分肆釐捌毫柒絲捌忽柒微壹纖柒渺肆漠陸沙伍洙陸涯叁洒，內除鎮安縣嘉慶拾柒年在於遵旨等事案內，分撥孝義廳野字號地壹頃柒拾貳畝捌分伍釐，該本折糧陸斗玖升壹合肆勺，內本色糧貳升壹合，折色糧陸斗柒升肆勺，該折徵銀玖錢貳分伍釐。

止實地肆拾貳頃伍拾壹畝陸分陸釐捌毫柒絲伍忽，共本折糧壹拾柒石陸合陸勺柒抄伍撮，內本色糧伍斗壹升伍合捌勺肆抄壹圭叁粟叁粒肆顆玖糠叁粃柒粎，折色糧壹拾陸石肆斗玖升捌勺叁抄肆撮捌圭陸粟陸粒伍顆陸粃叁粎，折徵銀貳拾貳兩柒錢伍分玖釐捌毫柒絲捌忽柒微壹纖柒渺肆漠陸沙伍洙陸涯叁洒。

又鎮安縣改收孝義廳山穀租糧貳石伍斗捌升玖合伍勺柒抄，該徵銀陸錢貳分貳釐柒絲玖忽壹微伍纖捌塵叁漠玖沙貳涯，內除鎮安縣嘉慶拾柒年在於遵旨等事案內，分撥孝義廳山穀租糧叁斗壹升柒合，該折徵銀柒分柒釐，止實糧貳石貳斗柒升貳合伍勺柒抄，該折徵銀伍錢肆分伍釐柒絲玖忽壹微伍纖捌塵叁漠玖沙貳涯。

以上實在並改收共地貳千柒百貳拾貳頃伍拾捌畝玖釐叁毫捌絲陸忽貳微，該本折並改收山穀租糧伍千柒百肆拾肆石陸斗柒合捌勺叁抄肆撮叁圭貳粟玖粒，內實徵本色起運糧貳拾玖石伍斗柒升貳合伍勺伍抄肆撮捌圭捌粟貳粒壹顆叁糠貳粃捌粎，該折銀伍拾兩壹錢玖分捌釐叁毫肆絲柒忽柒微肆纖貳塵叁渺肆漠捌沙伍洙肆涯，實徵折色並改收山穀租糧伍千柒百壹拾肆石伍斗壹升玖合肆勺叁抄玖撮叁圭壹粟叁粒叁顆柒糠叁粃伍粎，折色銀柒千伍百貳拾伍兩捌錢貳分陸釐玖毫捌絲叁忽貳微肆纖捌塵玖渺壹漠叁沙玖洙伍涯叁洒。

外鎮安縣接收孝義廳改撥起運本色糧伍斗叁升陸合捌勺肆抄壹圭叁粟叁粒肆顆玖糠叁粃柒粎，內除鎮安縣分撥孝義廳本色糧貳升壹合，止實本色糧伍斗壹升伍合捌勺肆抄壹圭叁粟叁粒肆顆玖糠叁粃柒粄。

外籽租並防守月糧，共糧壹千壹百捌拾陸石肆斗捌升貳合叁勺肆抄伍撮叁圭，共該折徵銀壹千伍百叁拾肆兩肆錢肆分玖釐陸毫壹絲肆忽肆微捌纖壹塵玖渺。

原額人丁叁等玖則不等，共折下下丁伍萬叁千柒百貳拾玖丁，各徵銀不等，共徵銀壹萬玖千伍百柒拾貳兩捌錢伍分伍釐捌毫捌絲陸忽伍微肆塵捌渺，內除優免丁玖百柒拾捌丁，應免銀叁百伍拾柒兩玖錢捌分柒釐肆毫陸絲捌忽伍微肆塵捌渺。

行差丁伍萬貳千柒百伍拾壹丁，共徵銀壹萬玖千貳百壹拾肆兩捌錢陸分捌釐肆毫壹絲捌忽。

順治柒、捌兩年並康熙拾陸年題明免過逃亡、殺傷共丁叁萬玖千伍百肆拾叁丁，應除銀壹萬肆千陸百陸拾貳兩貳錢捌分貳釐柒毫伍絲陸忽肆微肆纖肆塵，前招回又節年招回丁壹千玖百叁拾玖丁，該銀捌百肆拾肆兩伍錢柒分貳釐伍毫叁絲肆微伍塵肆渺，實豁免丁叁萬柒千陸百肆丁，該除銀壹萬叁千捌百壹拾柒兩柒錢壹分貳毫貳絲陸忽叁纖捌塵陸渺。

止實在丁壹萬伍千壹百肆拾柒丁，該徵銀伍千叁百玖拾柒兩壹錢伍分捌釐壹毫玖絲壹忽玖微陸纖壹塵肆渺，內除鎮安縣分撥孝義、寧陝貳廳銀貳兩捌錢玖分壹釐貳忽捌纖柒塵柒渺，止實該銀伍千叁百玖拾肆兩貳錢陸分柒釐壹毫捌絲玖忽捌微柒纖叁塵柒渺。

外鎮安縣接收孝義廳改撥銀肆兩肆錢陸釐陸毫伍絲叁纖玖塵柒渺伍漠伍沙叁涯伍洒，內除鎮安縣分撥孝義廳銀伍錢陸分壹釐，止實徵銀伍千叁百玖拾捌兩壹錢壹分貳釐捌毫叁絲玖忽玖微壹纖叁塵肆渺伍漠伍沙叁涯伍洒。

康熙伍拾伍年起，至乾隆貳拾陸年止，編審出丁壹千伍百叁拾捌丁；乾隆叁拾壹年編審出丁玖拾伍丁；乾隆叁拾陸年編審出丁壹百陸丁。共編審出丁壹千柒百叁拾玖丁，欽遵康熙伍拾貳年叁月拾捌日恩詔，後遇編審之期，但據康熙伍拾年丁冊定為常額，續生人丁，永不加賦。

原額均徭銀壹萬捌百伍拾柒兩壹錢玖分捌釐貳毫壹絲陸忽伍微玖纖玖塵玖渺，內除荒銀柒千壹百柒拾壹兩玖錢肆分捌釐肆毫陸絲肆忽柒微玖纖伍塵肆渺陸沙貳洙玖涯，實徵銀叁千陸百捌拾伍兩貳錢肆分玖釐柒毫伍絲壹忽捌微肆塵肆渺玖漠叁沙柒洙壹涯，內除鎮安縣分撥孝義、寧陝貳廳銀貳拾壹兩玖錢柒分玖釐叁毫肆絲陸忽伍微叁纖柒塵玖渺玖漠，止該銀叁千陸百陸拾叁兩貳錢柒分肆毫伍忽貳微陸纖陸塵伍渺叁沙柒洙壹涯，外鎮安縣接收孝義廳改撥銀肆兩捌分玖釐陸毫柒絲捌忽壹微壹纖柒塵肆渺玖漠肆沙肆洙叁涯柒洒，內除分撥孝義廳銀叁兩壹錢貳分陸釐，止實徵銀叁千陸百陸拾肆兩貳錢叁分肆釐捌絲叁忽叁微捌纖叁塵玖渺玖漠捌沙壹洙肆涯柒洒。

外遇閏額徵銀壹千肆百玖拾兩陸錢貳分伍釐伍毫壹絲貳忽叁微，內除荒銀壹千叁拾兩柒錢捌分叁釐玖毫叁絲壹忽貳微陸漠，實徵銀肆百伍拾玖兩捌錢肆分壹釐伍毫捌絲壹忽玖纖玖塵玖渺肆漠，內除鎮安縣分撥孝義、寧陝貳廳銀壹兩肆錢貳分貳釐伍毫柒絲貳忽叁微肆塵捌渺，止該銀肆百伍拾捌兩肆錢壹分玖釐捌忽柒微玖纖伍塵壹渺肆漠，外鎮安縣接收孝義廳改撥銀叁錢陸分捌釐肆毫捌絲玖忽壹微捌纖貳塵肆渺玖沙肆洙柒涯柒洒，內除鎮安縣分撥孝義廳銀貳錢陸分捌釐，實該銀肆百伍拾捌兩伍錢壹分玖釐肆毫玖絲柒忽玖微柒纖柒塵伍渺肆漠玖沙肆洙柒涯柒洒。

額外匠價銀叁拾兩陸錢玖分，內除鎮安縣分撥孝義、寧陝貳廳銀貳分捌釐貳毫肆絲貳忽玖微伍纖肆塵伍渺，止該銀叁拾兩陸錢陸分壹釐柒毫伍絲柒忽肆纖伍塵伍渺，外鎮安縣接收孝義廳改撥銀貳錢叁分陸釐陸毫伍絲叁忽肆微肆纖柒塵伍渺肆漠壹沙壹洙玖涯陸洒，內除分撥孝義廳銀壹分伍釐，實該銀叁拾兩捌錢捌分叁釐肆毫壹絲肆微玖纖叁塵肆漠壹沙壹洙玖涯陸洒。遇閏加銀貳兩伍錢伍分柒釐伍毫，內除鎮安縣分撥孝義、寧陝貳廳銀貳釐叁毫伍絲叁忽捌纖肆塵貳渺，止該銀貳兩伍錢伍分伍釐壹毫肆絲陸忽玖微壹纖伍塵捌渺，外鎮安縣接收孝義廳改撥銀壹分玖釐柒毫貳絲壹忽壹微貳纖陸渺貳漠捌沙肆洙叁涯叁洒，內除分撥孝義廳銀貳釐，實該銀貳兩伍錢柒分貳釐捌毫陸絲捌忽叁纖陸塵肆渺貳漠捌沙肆洙叁涯叁洒。

停免銀伍百叁拾貳兩壹錢貳分伍釐貳絲貳忽叁微柒纖陸塵陸渺，內除鎮安縣分撥孝義、寧陝貳廳銀伍錢伍分叁釐叁毫，止該銀伍百叁拾壹兩伍錢柒分壹釐柒毫貳絲貳忽叁微柒纖陸塵陸渺，外鎮安縣接收孝義廳改撥銀肆錢肆釐伍毫捌絲玖忽柒微捌纖貳塵貳渺伍漠貳沙陸洙玖涯柒洒，內除鎮安縣分撥孝義廳銀陸分貳釐玖毫，實該銀伍百叁拾壹兩玖錢壹分叁釐肆毫壹絲貳忽壹微伍纖捌塵捌渺伍漠貳沙陸洙玖涯柒洒。

外鎮安縣接收孝義廳改撥軍籍銀叁分壹釐肆毫壹絲伍忽捌微壹纖捌塵陸渺

叁漠肆沙陸洙貳涯壹洒，內除鎮安縣分撥孝義廳銀壹分，實該銀貳分壹釐肆毫壹絲伍忽捌微壹纖捌塵陸渺叁漠肆沙陸洙貳涯壹洒。

外鎮安縣接收孝義廳改撥地骨皮折價銀貳毫壹絲貳忽柒微捌纖肆塵玖渺叁漠伍沙捌洙壹涯捌洒，內除鎮安縣分撥孝義廳銀壹毫，實該銀壹毫壹絲貳忽柒微捌纖肆塵玖渺叁漠伍沙捌洙壹涯捌洒。

以上各項正閏銀兩攤入前項地糧內徵解，理合登明。

以上地、丁貳項並均徭、糧石折價及額外匠價、停免，除優免丁銀外，共額徵銀伍萬叁千伍百陸拾壹兩肆錢陸釐壹毫捌絲捌忽柒微伍纖叁塵壹渺肆漠捌沙伍洙肆涯，除荒亡缺額銀叁萬肆千捌百柒兩陸錢壹毫貳絲柒忽捌微叁纖貳塵肆渺柒漠柒沙玖洙貳涯，實徵銀壹萬捌千柒百伍拾叁兩捌錢陸釐陸絲玖微貳纖陸渺柒漠陸洙貳涯，內除鎮安縣分撥孝義、寧陜貳廳銀肆拾肆兩叁錢貳分玖釐玖毫玖絲捌忽柒微伍纖叁塵玖渺玖漠，止該銀壹萬捌千柒百玖兩肆錢柒分陸釐陸絲貳忽壹微陸纖陸塵陸渺捌漠陸洙貳涯，外鎮安縣接收孝義廳改撥銀叁拾叁兩肆錢柒分陸釐壹毫伍絲柒忽捌微伍纖玖塵叁渺玖漠玖沙叁洙捌涯柒洒，內除鎮安縣分撥孝義廳銀柒兩叁錢壹分貳釐，實該銀壹萬捌千柒百叁拾伍兩陸錢肆分貳毫貳絲貳纖陸塵捌漠柒洒。

外鎮安縣接收孝義廳改撥本色糧伍斗叁升陸合捌勺肆抄壹圭叁粟叁粒肆顆玖糠叁粃柒粺，內除分撥孝義廳糧貳升壹合，止該本色糧伍斗壹升伍合捌勺肆抄壹圭叁粟叁粒肆顆玖糠叁粃柒粺。

外遇閏加徵銀壹千肆百玖拾兩陸錢貳分伍釐伍毫壹絲貳忽叁微，內除荒銀壹千叁拾兩柒錢捌分叁釐玖毫叁絲壹忽貳微陸漠，實徵銀肆百伍拾玖兩捌錢肆分壹釐伍毫捌絲壹忽玖纖玖塵玖渺肆漠，內除鎮安縣分撥孝義、寧陜貳廳閏銀壹兩肆錢貳分貳釐伍毫柒絲貳忽叁微肆塵捌渺，止該銀肆百伍拾捌兩肆錢壹分玖釐捌忽柒微玖纖伍塵壹渺肆漠，外鎮安縣接收孝義廳改撥銀叁錢陸分捌釐肆毫捌絲玖忽壹微捌纖貳塵肆渺玖沙肆洙柒涯柒洒，內除鎮安縣分撥孝義廳銀貳錢陸分捌釐，實該銀肆百伍拾捌兩伍錢壹分玖釐肆毫玖絲柒忽玖微柒纖柒塵伍渺肆漠玖沙肆洙柒涯柒洒。

匠價閏銀貳兩伍錢伍分柒釐伍毫，內除鎮安縣分撥孝義、寧陜貳廳銀貳釐叁毫伍絲叁忽捌纖肆塵貳渺，止該銀貳兩伍錢伍分伍釐壹毫肆絲陸忽玖微壹纖伍塵捌渺，外鎮安縣接收孝義廳改撥銀壹分玖釐柒毫貳絲壹忽壹微貳纖陸渺貳漠捌沙肆洙叁涯叁洒，內除分撥孝義廳銀貳兩，實該銀貳兩伍錢柒分貳釐捌毫陸絲捌忽叁纖陸塵肆渺貳漠捌沙肆洙叁涯叁洒。

壹起運項下

外接收孝義廳改撥地畝應徵起運本色糧伍斗叁升陸合捌勺肆抄壹圭叁粟叁粒肆顆玖糠叁粃柒粄，內除分撥孝義廳糧貳升壹合，止該糧伍斗壹升伍合捌勺肆抄壹圭叁粟叁粒肆顆玖糠叁粃柒粄。

原編起運糧石折價銀壹萬伍千捌百柒拾叁兩陸錢陸分肆毫壹絲肆忽肆微伍纖玖塵叁渺肆漠捌沙伍洙肆涯，內除荒銀玖千伍百肆拾捌兩肆釐貳毫捌絲貳忽叁微貳纖叁塵壹渺肆漠肆沙壹洙肆涯，實起運銀陸千叁百貳拾伍兩陸錢伍分陸釐壹毫叁絲貳忽壹微叁纖陸塵貳渺肆沙肆洙。

節裁藥味、牲口、軍器、毛襖、年例等項共銀柒千貳百叁拾捌兩叁錢陸分叁釐貳毫伍絲陸忽伍微，內除荒銀伍千玖拾玖兩陸分肆釐壹絲陸忽玖微柒纖捌塵柒渺陸漠伍沙伍洙肆涯，實起運銀貳千壹百叁拾玖兩貳錢玖分玖釐貳毫叁絲玖忽伍微貳纖壹塵貳渺叁漠肆沙肆洙陸涯。

舊編存留，內順治玖年裁銀壹千壹百陸拾兩捌錢；拾貳年裁棹圍、傘扇銀壹百叁拾兩；拾叁年裁扣冗員銀貳百叁拾兩伍錢陸分；拾肆年裁扣官生俸廩等項，除奉復孤貧口糧、布花外，實裁銀壹千叁百叁拾捌兩壹錢叁分壹釐玖絲叁忽捌微伍纖玖塵玖渺；拾伍年奉裁銀肆百肆拾叁兩貳分陸釐陸毫壹絲壹忽陸微，遞馬、損轎夫叁分裁壹，銀壹千陸百陸拾陸兩捌錢叁分肆釐捌毫柒忽捌纖壹塵叁渺。康熙元年裁吏書工食銀伍百捌拾壹兩壹錢肆分叁釐貳絲陸忽；叁年裁門斗、齋夫工食銀壹百陸拾玖兩柒錢伍分貳釐肆毫伍絲陸忽，雜費丁銀肆百玖拾肆兩叁錢叁分捌釐貳絲貳忽叁微伍纖；拾伍年裁心紅紙張、修理監倉等項銀伍百壹兩玖錢捌分貳釐陸毫貳絲肆忽捌微柒纖伍塵；貳拾柒年裁歲貢、舉人、進士盤纏、坊價等項銀壹百陸拾捌兩肆錢壹分伍釐陸毫陸絲；伍拾陸年裁表箋銀肆兩叁錢貳分伍釐。雍正陸年裁燈夫工食銀壹百壹拾捌兩叁錢陸釐玖毫貳絲；拾貳年裁民壯工食銀伍百叁拾陸兩陸錢捌分捌釐陸絲。乾隆玖年裁舖司工食銀壹百玖拾貳兩陸錢肆分伍釐玖毫陸絲伍忽，舊編冗費裁剩解部銀伍千肆百柒拾壹兩叁錢柒分捌釐壹毫貳絲陸忽伍微壹纖柒塵貳渺，又潼商道按品食俸裁銀貳拾伍兩。

共裁歸起運銀壹萬叁千貳百叁拾叁兩叁錢貳分捌釐叁毫柒絲叁忽貳微捌纖叁塵肆渺，內除荒銀捌千捌百柒拾伍兩肆錢捌釐叁毫伍絲玖忽柒微捌纖捌塵捌渺肆漠叁洙陸涯，實起運銀肆千叁百伍拾柒兩玖錢貳分壹絲叁忽肆微玖纖肆塵伍渺伍漠玖沙陸洙肆涯。

又額外匠價、停免共銀伍百陸拾貳兩捌錢壹分伍釐貳絲貳忽叁微柒纖陸塵陸渺。

以上共實該起運銀壹萬叁千叁百捌拾伍兩陸錢玖分肆毫柒忽伍微貳纖捌塵伍渺玖漠捌沙伍洙，內除鎮安縣分撥孝義、寧陝貳廳銀肆拾肆兩叁錢貳分玖釐玖毫玖絲捌忽柒微伍纖叁塵玖渺玖漠，止該銀壹萬叁千叁百肆拾壹兩叁錢陸分肆毫捌忽柒微柒纖肆塵陸渺捌沙伍洙，外鎮安縣接收孝義廳改撥銀叁拾叁兩肆錢柒分陸釐壹毫伍絲柒忽捌微伍纖玖塵叁渺玖漠玖沙叁洙捌涯柒洒，內除鎮安縣分撥孝義廳銀柒兩叁錢壹分貳釐，實該銀壹萬叁千叁百陸拾柒兩伍錢貳分肆釐伍毫陸絲陸忽陸微叁纖肆塵柒沙捌洙捌涯柒洒。

又收存留內額協西、漢貳府屬涇陽等州縣驛站抵餉銀壹千陸百壹兩壹錢貳分叁釐肆毫壹忽柒微玖纖叁塵玖渺。

又收額協臨洮、平涼貳府屬站支抵餉銀貳百肆拾兩壹錢陸分肆釐伍絲捌忽陸微壹纖壹塵肆渺。

又收欽奉上諭並驛遞之差使甚少及題明請將等事叁案內，共裁站銀伍百伍拾兩柒錢柒分貳釐陸毫壹絲叁忽肆微柒纖壹渺捌漠。

又收商南縣在於請倣以糧載丁等事案內，應增銀玖兩玖錢肆釐壹毫玖絲伍忽捌微捌纖貳塵柒渺。

伍項共銀壹萬伍千柒百陸拾玖兩肆錢捌分捌釐捌毫叁絲陸忽叁微玖纖貳塵壹渺捌漠柒沙捌洙捌涯柒洒，內除受協驛站兑留兵餉應支銀柒拾伍兩壹分壹釐柒毫伍絲捌忽捌微玖纖叁塵陸渺；又除商州、雒南、山陽、鎮安肆州縣在於雍正伍年請倣以糧載丁等事案內，通省以糧均丁減銀叁千伍百捌拾肆兩叁錢柒分陸釐柒毫伍絲叁微伍纖叁塵叁渺，除乾隆元、陸、拾壹、拾陸、貳拾壹、貳拾陸等年編審案內，共增抵補屯更丁銀捌百柒拾捌兩伍錢陸分柒釐伍毫叁絲貳忽壹微伍纖壹塵伍渺玖漠玖沙玖洙玖涯貳洒，又乾隆叁拾壹、叁拾陸兩年編審案內，共增抵補屯更丁銀叁百壹兩壹分玖釐伍毫伍絲伍忽捌微壹纖玖塵陸渺玖漠玖沙玖洙玖涯陸洒，內除鎮安縣分撥孝義、寧陝貳廳銀伍兩貳錢壹分柒釐，止增銀貳百玖拾伍兩捌錢捌釐捌毫伍絲伍忽捌微壹纖玖塵陸渺玖漠玖沙玖洙玖涯陸洒，止該減銀貳千肆百肆兩柒錢捌分玖釐陸毫陸絲貳忽叁微捌纖貳塵壹涯貳洒。

外鎮安縣接收孝義廳改撥抵補屯更丁增銀陸錢壹分柒釐陸毫肆絲貳忽壹微壹纖壹塵玖渺肆漠陸沙柒涯陸洒，內除鎮安縣分撥孝義廳銀伍錢壹釐。

實該銀壹萬叁千貳百玖拾壹兩捌錢玖分陸釐叁毫伍絲柒忽貳微貳纖捌塵伍渺叁漠叁沙玖洙伍涯壹洒，內留支加增撥補俸工銀叁千陸百叁拾伍兩捌錢貳分貳釐捌毫玖絲陸忽陸微柒纖肆塵柒渺叁漠柒沙捌洙捌涯；又留支新設夫馬工料銀伍拾玖兩陸錢。止該起運銀玖千伍百玖拾陸兩肆錢捌分貳釐肆毫陸絲伍微伍纖叁塵柒渺玖漠陸沙柒涯壹洒。

外遇閏裁扣，順治玖年內裁扣銀捌拾捌兩肆錢；拾叁年裁扣銀壹拾玖兩貳錢壹分叁釐叁毫貳絲捌忽；拾肆年裁扣銀壹百兩肆錢伍分捌釐貳毫伍絲伍忽玖微；拾伍年裁扣銀叁拾柒兩貳錢玖釐玖毫玖絲陸忽伍微，遞（馬）損轎夫叁分裁壹，銀玖拾兩。康熙元年裁扣銀肆拾玖兩；叁年裁扣銀壹拾肆兩肆錢；拾伍年裁扣銀壹拾柒兩肆錢玖分玖釐玖毫肆絲柒忽。雍正陸年裁扣銀壹拾兩；拾貳年裁扣銀肆拾伍兩伍錢。乾隆玖年裁扣銀壹拾陸兩叁錢玖分貳釐壹毫叁絲捌忽，又各官閏俸銀陸拾壹兩叁錢玖分叁釐叁毫貳絲貳忽伍微。

共裁扣銀伍百肆拾玖兩肆錢陸分陸釐玖毫伍絲柒忽玖微，內除荒銀叁百玖拾肆兩叁錢叁分陸毫陸絲肆忽肆微肆纖貳塵伍渺壹漠玖沙壹洙肆涯，實徵銀壹百伍拾伍兩壹錢叁分陸釐貳毫玖絲叁忽肆微伍纖柒塵肆渺捌漠捌洙陸涯。

又收欽奉上諭並驛遞之差使甚少及題明請將驛站等事叁案內，共裁站銀陸拾伍兩貳錢陸分伍釐貳絲伍忽捌微伍纖壹渺伍漠叁沙。

又收額外匠價閏銀貳兩伍錢伍分柒釐伍毫。

又收商南縣請倣以糧載丁等事案內，通省均丁增銀壹兩肆錢玖分玖釐肆毫叁絲捌微叁纖伍塵壹渺。

以上共銀貳百貳拾肆兩捌錢伍分捌釐貳毫伍絲壹微肆纖貳塵柒渺叁漠叁沙捌洙陸涯，內除鎮安縣分撥孝義、寧陝貳廳銀壹兩肆錢貳分肆釐玖毫貳絲伍忽叁微捌纖玖塵，止該銀貳百貳拾叁兩肆錢叁分叁釐叁毫貳絲肆忽柒微伍纖叁塵柒渺叁漠叁沙捌洙陸涯。

外鎮安縣接收孝義廳改撥銀叁錢捌分捌釐貳毫壹絲叁微叁塵叁漠柒沙玖洙壹涯，內除鎮安縣分撥孝義廳銀貳錢柒分。

實該銀貳百貳拾叁兩伍錢伍分壹釐伍毫叁絲伍忽伍纖陸塵柒渺柒漠壹沙柒洙柒涯，內除商州、鎮安、雒南、山陽肆州縣在於請做以糧載丁等事案內，均丁減銀壹百玖拾貳兩伍錢肆分叁釐貳毫壹絲伍忽叁微陸纖玖塵玖渺，除節次抵補屯更丁增共銀陸拾伍兩叁錢陸分貳釐叁絲捌忽貳微貳纖貳塵柒渺玖漠玖沙玖洙玖涯陸洒，內除鎮安縣分撥孝義、五郎貳廳銀貳錢叁分叁釐柒絲肆忽陸微壹纖壹塵，止增銀陸拾伍兩壹錢貳分捌釐玖毫陸絲叁忽陸微壹纖壹塵柒渺玖漠玖沙玖洙玖涯陸洒，止減銀壹百貳拾柒兩壹錢捌分壹釐壹毫柒絲柒忽壹微肆纖柒塵壹渺肆洒。

外鎮安縣接收孝義廳改撥銀伍分肆毫柒絲叁忽捌微貳塵肆渺壹漠壹沙柒洙壹涯捌洒，內除鎮安縣分撥孝義廳銀貳分。

實該起運銀玖拾陸兩肆錢叁分柒釐柒毫伍絲柒忽壹微壹塵捌漠叁沙肆洙捌涯肆洒，內除商州、鎮安、雒南、商南、山陽伍州縣留支撥補役廩並夫馬閏月銀陸拾柒兩貳錢肆分叁釐伍毫陸絲貳忽肆微壹纖肆塵伍渺玖漠肆沙捌洙伍涯陸洒，內山陽縣應留支不敷銀壹兩捌錢陸分玖釐肆毫貳絲肆忽壹微壹纖貳塵陸渺肆漠柒沙，又商州不敷留支銀貳拾柒兩貳錢伍分陸釐貳毫柒絲貳微陸纖肆塵玖渺陸漠肆洒，遇閏之年俱在上項起運正銀內留支，理合登明。

止該起運閏銀貳拾捌兩玖錢貳分肆釐壹毫玖絲肆忽陸微捌纖陸塵肆渺捌漠捌沙陸洙貳涯捌洒。

壹存留項下

原編存留銀壹萬陸千陸百伍拾叁兩貳錢叁分玖釐壹毫貳絲貳忽壹微叁纖叁塵捌渺，內除荒銀壹萬壹千貳百捌拾伍兩壹錢貳分叁釐肆毫陸絲捌忽柒微肆纖壹塵柒渺貳漠柒沙捌洙捌涯，實徵銀伍千叁百陸拾捌兩壹錢壹分伍釐陸毫伍絲叁忽叁微玖纖貳塵柒漠貳沙壹洙貳涯。

又收起運內受協驛站兌留兵餉應支銀柒拾伍兩壹分壹釐柒毫伍絲捌忽捌微玖纖叁塵陸渺。

貳項共銀伍千肆百肆拾叁兩壹錢貳分柒釐肆毫壹絲貳忽貳微捌纖伍塵陸渺柒漠貳沙壹洙貳涯，內除額協西、漢貳府、涇陽等州縣驛站抵餉銀壹千陸百壹兩壹錢貳分叁釐肆毫壹忽柒微玖纖叁塵玖渺；又除額協臨洮、平涼貳府屬站支抵餉銀貳百肆拾兩壹錢陸分肆釐伍絲捌忽陸微壹纖壹塵肆渺，止該銀叁千陸百壹兩捌錢叁分玖釐玖毫伍絲壹忽捌微捌纖叁渺柒漠貳沙壹洙貳涯，內除欽奉上諭並驛遞之差使甚少及題明請將驛站等事叁案內，共裁站銀伍百伍拾兩柒錢柒分貳釐陸毫壹絲叁忽肆微柒纖壹渺捌漠，實存留銀叁千伍拾壹兩陸分柒釐叁毫叁絲捌忽肆微壹纖壹渺玖漠貳沙壹洙貳涯。

外加增撥補俸工銀叁千陸百叁拾伍兩捌錢貳分貳釐捌毫玖絲陸忽陸微柒纖肆塵柒渺叁漠柒沙捌洙捌涯。

又撥補新設夫馬工料銀伍拾玖兩陸錢。

共該存留銀陸千柒百肆拾陸兩肆錢玖分貳毫叁絲伍忽捌纖肆塵玖渺叁漠。

外於西安布政司庫撥補各役工食不敷銀陸百玖拾叁兩玖錢貳分捌釐伍毫玖絲玖忽肆微貳纖玖塵叁渺伍漠係動支起運銀兩。

又於西安布政司庫撥補文廟祭祀銀貳百伍拾捌兩伍錢玖分伍釐柒毫玖絲叁微壹纖柒塵壹渺貳漠伍沙叁洙係動支公用銀兩。

遇閏原加銀壹千貳兩伍錢伍分壹釐捌毫柒絲陸忽玖微，內除閏俸銀陸拾壹兩叁錢玖分叁釐叁毫貳絲貳忽伍微，止該銀玖百肆拾壹兩壹錢伍分捌釐伍毫伍絲肆忽肆微，內除荒銀陸百叁拾陸兩肆錢伍分叁釐貳毫陸絲陸忽柒微伍纖柒塵伍渺肆漠捌洙陸涯，實徵銀叁百肆兩柒錢伍釐貳毫捌絲柒忽陸微肆纖貳塵肆渺伍漠玖沙壹洙肆涯，內除欽奉上諭並驛遞之差使甚少及題明請將驛站等事叁案內，共裁站銀陸拾伍兩陸錢陸分伍釐貳絲伍忽捌微伍纖壹渺伍漠叁沙，止該存留銀貳百叁拾玖兩肆分貳毫陸絲壹忽柒微玖纖貳塵叁渺陸沙壹洙肆涯。

外加增撥補役廩並夫馬閏月銀玖拾陸兩叁錢陸分玖釐貳毫伍絲陸忽柒微玖纖貳塵貳渺壹沙捌洙陸涯。

共該存留閏銀叁百叁拾伍兩肆錢玖釐伍毫壹絲捌忽伍微捌纖肆塵伍渺捌沙。

外於西安布政司庫撥補舖司、孤貧閏月銀貳拾柒兩壹錢玖分肆釐伍毫捌絲捌忽柒微柒塵係動支起運銀兩。

壹額外

課程銀貳拾捌兩伍錢肆分。遇閏加銀貳兩叁錢柒分捌釐叁毫叁絲叁忽叁微貳纖。

畜稅銀陸拾兩伍分肆釐。

地稅銀肆百肆拾兩伍錢叁分貳釐。

牙稅銀壹拾肆兩陸錢捌分。

龍駒寨商稅及歸併三原共銀叁千玖百貳拾貳兩玖錢陸分。

當稅銀肆拾伍兩係典舖玖座，每座納稅銀伍兩。

商州

原額金、銀、銅、鐵肆等共地壹千陸百肆拾玖頃叁拾捌畝貳分捌釐捌毫伍絲肆忽，每畝起科不等，共應徵糧伍千肆百貳拾石叁斗玖升伍合捌勺壹抄伍撮肆圭，每石折徵銀壹兩貳錢捌分捌釐叁毫叁絲柒忽柒微陸纖伍塵貳渺，共額徵銀陸千玖百捌拾叁兩叁錢陸毫叁絲捌忽柒微伍纖捌塵捌渺。內：

金地壹拾捌頃伍拾陸畝肆分玖釐陸毫柒絲，每畝科糧陸升壹合捌勺，共糧壹百壹拾肆石柒斗叁升壹合伍勺，共徵銀壹百肆拾柒兩捌錢壹分貳釐玖毫貳絲肆忽叁微壹纖伍塵叁渺。順治柒、捌兩年題明豁免過無主、有主荒地壹拾伍頃捌拾畝肆分伍釐，應免糧玖拾柒石陸斗柒升柒合叁勺伍抄，應除銀壹百貳拾伍兩捌錢叁分貳釐，內節年開墾過地壹頃陸拾肆畝捌分肆釐壹毫，該糧壹拾石壹斗捌升柒合壹勺柒抄叁撮捌圭，應徵銀壹拾叁兩壹錢貳分肆釐肆毫貳絲。實在地肆頃肆拾畝捌分捌釐柒毫柒絲，該糧貳拾柒石貳斗肆升壹合叁勺貳抄叁撮捌圭，該銀叁拾伍兩壹錢伍釐叁毫肆絲肆忽叁微壹纖伍塵叁渺。

銀地貳百貳拾貳頃壹拾叁畝柒分貳釐柒毫捌絲肆忽，每畝科糧伍升，共糧壹千壹百壹拾石陸斗捌升陸合叁勺玖抄貳撮，共徵銀壹千肆百叁拾兩玖錢叁分玖釐貳毫貳絲貳忽叁纖陸渺。順治柒年題明豁免過無主荒地貳百壹拾肆頃伍畝肆分伍釐捌毫，應免糧壹千柒拾石貳斗柒升貳合玖勺，應除銀壹千叁百柒拾捌兩捌錢肆分貳釐玖毫陸絲柒忽伍微，前墾並興屯開墾、清丈，又節年開墾、清丈自首共地壹拾捌頃玖分貳釐貳毫玖絲陸忽，該糧玖拾石叁升柒合肆勺壹抄捌撮，應徵銀壹百壹拾陸兩捌錢捌釐肆絲玖忽肆微肆纖貳塵柒渺。實在地貳拾陸頃玖畝壹分玖釐貳毫捌絲，該糧壹百叁拾石肆斗伍升玖勺壹抄，該銀壹百陸拾捌兩玖錢肆釐叁毫叁忽玖微柒纖叁塵叁渺。

銅地肆百柒拾柒頃柒拾捌畝玖分壹釐，每畝科糧叁升伍合，共糧壹千陸百柒拾貳石貳斗陸升壹合捌勺伍抄，共徵銀貳千壹百伍拾肆兩肆錢肆分叁釐捌毫壹絲肆微陸纖伍塵捌渺。順治柒、捌兩年題明豁免過無主、有主荒地肆百柒拾柒頃柒拾捌畝玖分壹釐，應免糧壹千陸百柒拾貳石貳斗陸升壹合捌勺伍抄，應除銀貳千壹百伍拾肆兩肆錢肆分叁釐捌毫壹絲肆微陸纖伍塵捌渺，前墾並興屯開墾、清丈，又節年開墾、清丈自首共地伍拾玖頃壹拾貳畝陸分肆毫玖絲捌忽貳微，該糧貳百陸石玖斗肆升陸勺柒抄肆撮叁圭柒粟，該銀貳百陸拾伍兩捌錢壹分壹釐玖毫肆忽捌微貳纖叁渺伍漠貳沙伍洙叁涯。實在地伍拾玖頃壹拾貳畝陸分肆毫玖絲捌忽貳微，該糧貳百陸石玖斗肆升陸勺柒抄肆撮叁圭柒粟，該銀貳百陸拾伍兩捌錢壹分壹釐玖毫肆忽捌微貳纖叁渺伍漠貳沙伍洙叁涯。

鐵地玖百叁拾頃捌拾玖畝壹分伍釐肆毫，每畝科糧貳升柒合壹勺，共糧貳千伍百貳拾貳石柒斗壹升陸合柒抄叁撮肆圭，共徵銀叁千貳百伍拾兩壹錢肆釐陸毫捌絲壹忽玖微肆纖柒塵壹渺。順治柒年題明免過無主荒地並乾隆捌年在於報明水災情形等事案內，豁免共地壹百壹頃陸拾玖畝肆分捌釐柒毫肆絲肆忽，應免糧貳百柒拾伍石伍斗玖升叁合肆抄，應除銀叁百伍拾伍兩伍分肆釐壹毫玖絲肆忽陸微肆纖柒塵柒渺捌漠，內前墾及興屯並節年清丈、開墾過地捌拾玖頃捌拾伍畝叁釐捌毫貳絲肆忽，該糧貳百肆拾叁石伍斗伍合壹勺壹抄叁撮柒圭捌粟，該徵銀叁百壹拾叁兩柒錢貳分肆釐陸絲捌忽肆微叁纖陸塵陸渺叁漠陸洙陸涯。實在地玖百壹拾玖頃肆畝柒分肆毫捌絲，該徵糧貳千肆百玖拾石陸斗貳升捌合壹勺肆抄柒撮壹圭捌粟，該銀叁千貳百捌兩柒錢柒分肆釐伍毫伍絲伍忽柒微叁纖伍塵玖渺伍漠陸洙陸涯。

以上共免過荒地捌百玖頃叁拾肆畝叁分伍毫肆絲肆忽，應免糧叁千壹百壹拾伍石捌斗伍合壹勺肆抄，應除銀肆千壹拾肆兩壹錢柒分貳釐玖毫柒絲貳忽陸微壹纖叁塵伍渺捌漠，內前墾及興屯並節年清丈自首、開墾共地壹百陸拾捌頃陸拾叁畝肆分玖毫壹絲捌忽貳微，該糧伍百伍拾石陸斗柒升叁勺柒抄玖撮玖圭伍粟，該徵銀柒百玖兩肆錢陸分捌釐肆毫肆絲貳忽陸微玖纖玖塵陸渺捌漠叁沙壹洙玖涯，以增抵除。實應免地陸百肆拾頃柒拾畝捌分玖釐捌毫貳絲伍忽捌微，應免糧貳千伍百陸拾伍石壹斗叁升肆合柒勺陸抄伍粟，該除銀叁千叁百肆兩柒錢肆釐伍毫貳絲玖忽玖微壹纖叁塵捌渺玖漠陸沙捌洙壹涯。

實在地壹千捌頃陸拾柒畝叁分玖釐貳絲捌忽貳微，該糧貳千捌百伍拾伍石貳斗陸升壹合伍抄伍撮叁圭伍粟，應徵銀叁千陸百柒拾捌兩伍錢玖分陸釐壹毫捌忽捌微肆纖肆塵玖渺叁沙壹洙玖涯。

外山坡陡岩難以丈量，約租種籽糧貳萬玖百陸拾伍石捌斗，每石科糧叁升壹合伍勺，共糧陸百陸拾石肆斗貳升貳合柒勺，共徵銀捌百伍拾兩捌錢肆分柒釐伍毫陸忽貳微捌纖貳塵捌渺。

外節年收糧、防守月糧壹百叁拾肆石貳斗陸升伍合陸勺肆抄伍撮叁圭，共徵銀壹百柒拾貳兩玖錢柒分玖釐肆毫玖絲叁忽貳微肆纖柒塵伍渺。

以上實熟民地壹千捌頃陸拾柒畝叁分玖釐貳絲捌忽貳微，實徵折色糧折銀肆千柒百貳兩肆錢貳分叁釐壹毫捌忽叁微柒纖伍塵貳渺叁沙壹洙玖涯遵照乾隆伍拾玖年奉准部咨令，將康熙年間易知由單內載：壹等金地每畝折徵銀柒分玖釐陸毫貳絲肆忽貳微叁纖壹塵伍渺；貳等銀地每畝折徵銀陸分肆釐肆毫貳絲玖忽壹纖貳渺；叁等銅地每畝折徵銀肆分伍釐玖絲壹忽陸微柒纖柒渺；肆等铁地每畝折徵銀叁分肆釐玖毫壹絲肆忽壹微肆纖玖塵柒渺；租種籽糧每石徵銀壹兩貳錢捌分捌釐叁毫叁絲柒忽柒微陸纖伍塵貳渺，逐壹纂入書內，嗣後遇有墾豁，以便按畝增除。

原額人丁叁門玖則不等，共折下下丁壹萬肆千玖百叁拾捌丁，每丁徵銀肆錢叁分捌釐柒毫玖絲肆微貳纖貳塵貳渺，共徵銀陸千伍百伍拾肆兩陸錢伍分壹毫貳絲叁忽，內除優免丁肆百捌拾貳丁，除銀貳百壹拾壹兩肆錢玖分柒釐，行差丁壹萬肆千肆百伍拾陸丁，共額徵銀陸千叁百肆拾叁兩壹錢伍分叁釐壹毫貳絲叁忽，內：

順治柒年並秦屬蠲免等事案內，題明免過逃亡並包賠殺傷丁柒千叁拾叁丁，應免銀叁千捌拾陸兩壹分壹釐柒毫捌絲叁忽伍微陸纖肆塵捌渺，前招回並節年招回及審出自首共丁捌百玖丁，該銀叁百伍拾肆兩玖錢捌分貳釐貳毫捌絲肆忽玖微捌纖伍塵，實應免丁陸千貳百貳拾肆丁，應免銀貳千柒百叁拾壹兩貳分玖釐肆毫玖絲捌忽伍微柒纖玖塵捌渺。

以上實在行差共丁捌千貳百叁拾貳丁，該銀叁千陸百壹拾貳兩壹錢貳分叁釐陸毫貳絲肆忽肆微貳纖貳渺，於雍正伍年攤入地糧徵解。

康熙伍拾伍年起，至乾隆貳拾陸年止，編審出丁柒百貳拾叁丁；乾隆叁拾壹年編審出丁壹拾捌丁；乾隆叁拾陸年編審出丁貳拾丁。共編審出丁柒百陸拾壹丁，欽遵康熙伍拾貳年叁月拾（捌）日恩詔，後遇編審之期，但據康熙伍拾年丁冊定為常額，永不加賦。

原額均徭銀貳千壹百伍拾肆兩壹錢玖分玖釐玖毫伍絲肆忽陸微壹塵玖渺，內除荒銀捌百柒拾柒兩玖錢壹毫柒絲捌忽柒微肆纖叁塵貳渺肆漠柒沙捌洙肆涯，實徵銀壹千貳百柒拾陸兩貳錢玖分玖釐柒毫柒絲伍忽捌微伍纖捌塵陸渺伍漠貳沙壹洙陸涯按照前項各等地畝科徵，金地每畝徵均徭銀貳分壹釐陸毫壹絲貳忽貳微柒纖；銀地每畝徵銀壹分柒釐肆毫捌絲柒忽玖微玖纖肆塵陸渺；銅地每畝徵銀壹分貳釐貳毫肆絲貳忽肆微肆纖陸塵肆渺；鐵地每畝徵銀玖釐肆毫柒絲玖忽壹微玖纖貳塵；租種籽糧每石徵銀肆分玖釐柒毫捌絲肆忽壹微捌纖肆塵捌渺。

外遇閏加增原額銀肆百肆拾陸兩壹錢陸分肆釐肆毫陸絲壹忽，內除荒銀壹百捌拾捌兩壹分捌釐捌毫貳絲貳忽陸微玖塵陸渺陸漠，實徵銀貳百伍拾捌兩壹錢肆分伍釐陸毫叁絲捌忽叁微玖纖叁渺肆漠。

額外徵收匠價銀壹拾壹兩捌錢捌分。遇閏加銀玖錢玖分。

停免銀貳百捌拾玖兩壹錢伍分以上額外、正、閏叁項攤入前項地糧內徵解。

以上地、丁貳項並均徭、租種月糧、匠價、停免等項共應徵銀壹萬陸千捌百伍兩伍錢壹分柒毫壹絲伍忽捌微玖纖壹塵，內除荒銀陸千玖百壹拾叁兩陸錢叁分肆釐貳毫柒忽貳微叁纖陸塵玖渺肆漠肆沙陸洙伍涯，實徵銀玖千捌百玖拾壹兩捌錢柒分陸釐伍毫捌忽陸微伍纖肆塵伍漠伍沙叁洙伍涯。

外遇閏加徵銀肆百肆拾陸兩壹錢陸分肆釐肆毫陸絲壹忽，內除荒銀壹百捌拾捌兩壹分伍釐陸毫貳絲貳忽陸微玖塵陸渺陸漠，實徵銀貳百伍拾捌兩壹錢肆分捌釐捌毫叁絲捌忽叁微玖纖叁渺肆漠。

又額外應徵匠價閏銀玖錢玖分。

貳共銀貳百伍拾玖兩壹錢叁分伍釐陸毫叁絲捌忽叁微玖纖叁渺肆漠。

壹起運項下

原編起運糧石折價等項銀伍千貳百伍拾肆兩壹錢壹分壹釐伍絲伍忽肆微玖纖壹塵，內除荒銀貳千玖拾捌兩貳錢叁分柒絲叁忽壹微肆纖壹塵陸渺，實起運銀叁千壹百伍拾伍兩捌錢捌分玖毫柒絲玖忽叁微肆纖玖塵肆渺。

節裁藥味、軍器、年例等項起運銀壹千玖百陸拾捌兩壹錢陸分貳釐肆毫伍絲，內除荒銀捌百玖拾玖兩貳錢肆分壹釐壹毫捌絲叁忽柒微伍塵貳渺肆漠，實徵起運銀壹千陸拾捌兩玖錢貳分壹釐貳毫陸絲陸忽貳微玖纖肆塵柒渺陸漠。

舊編存留，內順治玖年裁扣各役工食銀貳百肆拾兩捌錢；拾貳年裁扣桌圍、傘扇銀玖拾捌兩；拾肆年裁扣官生廩膳等項銀伍百玖拾柒兩伍錢肆分玖釐捌毫柒絲；拾伍年裁巡檢、訓導、冗員銀貳百玖拾柒兩玖錢陸分，裁遞馬、損轎叁分裁壹，銀肆百玖拾捌兩伍錢壹分貳毫伍絲叁忽叁微叁纖叁塵叁渺。康熙元年奉裁吏書工食銀壹百玖拾叁兩貳錢，奉裁扣雜費丁銀肆拾肆兩；拾伍年裁扣心紅紙張、修理監倉、喂馬草料、土牛、紙劄、歲季考等項銀壹百捌拾陸兩壹錢捌分肆釐壹毫；貳拾柒年裁扣歲貢、舉人盤纏、坊價、彩旗、進士坊價等項銀柒拾叁兩叁錢叁分陸釐捌毫；伍拾陸年裁表箋銀肆兩叁錢貳分伍釐。雍正陸年裁燈夫工食銀貳拾肆兩；拾貳年裁民壯工食銀貳拾肆兩，舊編冗費裁剩解部銀壹千陸百叁拾陸兩捌錢肆分叁釐叁毫壹絲肆微，又潼商道按品食俸奉裁銀貳拾伍兩。

共銀叁千玖百肆拾叁兩柒錢玖釐叁毫叁絲叁忽柒微叁纖叁塵叁渺，內除荒銀壹千伍百肆拾玖兩伍錢捌分柒釐肆絲陸忽貳微玖纖伍塵壹漠肆沙肆洙伍涯，實起運銀貳千叁百玖拾肆兩壹錢貳分貳釐貳毫捌絲柒忽肆微叁纖捌塵貳渺捌漠伍沙伍洙伍涯。

又額外應徵匠價、停免銀叁百壹兩叁分。

以上共該實起運銀陸千玖百壹拾玖兩玖錢伍分肆釐伍毫叁絲叁忽捌纖貳塵肆渺肆漠伍沙伍洙伍涯。

又收存留內額協邠州、朝邑等州縣抵餉銀玖百玖拾玖兩伍錢叁分貳釐陸毫叁絲壹忽柒微陸纖陸塵玖渺。

又收額協臨洮府金縣站支抵餉銀伍拾兩陸錢肆分柒釐叁毫柒絲肆忽肆纖壹塵捌渺。

又收存留內驛遞之差使甚少並題明請將驛站等事貳案內，共裁站銀叁百柒兩貳錢捌分伍釐伍毫玖忽叁微陸纖叁塵伍渺捌漠。

共該起運銀捌千貳百柒拾柒兩肆錢貳分肆絲捌忽貳微伍纖肆塵柒渺貳漠伍沙伍洙伍涯，內在於請做以糧載丁等事案內，通省均丁減銀貳千柒百肆拾伍兩伍錢玖分伍毫伍絲陸忽伍微肆纖壹塵柒渺，內除乾隆元、陸、拾壹、拾陸、貳拾壹、貳拾陸等年編審案內，共增抵補屯更丁銀陸百柒拾柒兩玖錢捌分肆釐捌毫貳微捌纖肆塵陸渺陸漠陸沙陸洙陸涯肆洒，又乾隆叁拾壹、叁拾陸兩年編審案內，共增抵補屯更丁銀貳百貳拾伍兩伍錢陸分伍釐柒絲陸忽叁塵陸渺叁漠叁沙叁洙叁涯貳洒，止該減銀壹千捌百肆拾貳兩肆分陸毫捌絲貳微伍纖叁塵肆渺肆洒。

實該銀陸千肆百叁拾伍兩叁錢柒分玖釐叁毫陸絲捌忽壹塵叁渺貳漠伍沙伍洙肆涯陸洒，內留支加增撥補俸工銀壹千貳拾貳兩柒錢捌分玖釐壹毫叁忽玖微捌纖捌塵肆渺貳洙，止該起運銀伍千肆百壹拾貳兩伍錢玖分貳毫陸絲肆忽壹纖貳塵玖渺貳漠伍沙叁洙肆涯陸洒。

遇閏裁扣，順治玖年裁扣銀壹拾捌兩肆錢；拾肆年奉裁扣銀肆拾壹兩柒錢肆分陸釐柒毫柒絲；拾伍年裁銀貳拾肆兩捌錢貳分玖釐玖毫玖絲捌忽伍微。康熙元年奉裁銀壹拾陸兩壹錢；拾伍年裁扣銀陸兩捌錢叁分叁釐貳毫陸絲柒忽。雍正陸年裁扣銀貳兩；拾貳年裁扣銀貳兩，又閏俸銀貳拾貳兩柒錢伍分叁釐叁毫貳絲捌忽伍微。

共銀壹百叁拾肆兩陸錢陸分叁釐叁毫陸絲肆忽，內除荒銀伍拾陸兩玖錢叁分肆釐柒毫玖絲陸忽陸微玖纖叁塵貳渺捌漠，實徵銀柒拾柒兩柒錢貳分捌釐伍毫陸絲柒忽叁微陸塵柒渺貳漠。

又額外應徵匠價銀玖錢玖分。

又收存留內驛遞之差使甚少並題明請將驛站等事貳案內，共裁站銀肆拾兩叁錢陸分肆釐貳毫伍絲肆忽陸微玖纖叁塵叁渺。

叁項共銀壹百壹拾玖兩捌分貳釐捌毫貳絲貳忽貳漠，在於請倣以糧載丁等事案內，通省以糧均丁減除訖，尚不敷減銀肆拾捌兩捌錢玖分壹釐叁毫貳絲柒忽柒微肆纖柒塵貳渺捌漠，除節次抵補屯更丁增銀伍拾陸兩捌錢壹分玖釐玖毫壹絲叁忽玖微肆纖叁塵陸渺玖漠玖沙玖洙玖涯陸洒，查抵補屯更丁銀，除將不敷減並實徵銀抵補外，尚該減銀壹百壹拾壹兩壹錢伍分肆釐貳毫叁絲伍忽捌微叁塵陸渺肆洒，止該起運閏銀柒兩玖錢貳分捌釐伍毫捌絲陸忽壹微玖纖陸塵肆渺壹漠玖沙玖洙玖涯陸洒，全數留支加增撥補俸工銀兩訖，尚不敷留支加增撥補俸工銀貳拾柒兩貳錢伍分陸釐貳毫柒絲貳微陸纖肆塵玖渺陸漠肆洒，遇閏之年在於上項起運正銀內減除留支，理合壹併登明。

壹存留項下

原編存留銀伍千叁百叁拾捌兩肆錢玖分柒釐捌毫柒絲陸忽陸微陸纖陸塵柒渺，內除荒銀貳千叁百陸拾陸兩伍錢柒分伍釐玖毫壹忽玖纖伍塵玖漠貳洙，實徵銀貳千玖百柒拾壹兩玖錢貳分壹釐玖毫柒絲伍忽伍微柒纖壹塵陸渺玖沙捌洙。

壹俸工項下

潼商道壹員，額支俸薪銀壹百叁拾兩，按品食俸奉裁銀貳拾伍兩，該支銀壹百伍兩，內除荒銀肆拾叁兩玖錢玖分玖釐伍絲捌忽伍微肆纖貳塵柒渺，實徵支銀陸拾壹兩玖毫肆絲壹忽肆微伍纖柒塵叁渺，內均攤俸工銀肆兩肆錢壹分伍釐貳毫叁絲肆忽伍微壹纖柒塵，即留抵撥補各官役俸工訖。

知州壹員，額支俸薪銀捌拾兩，內除荒銀叁拾肆兩壹錢柒分壹絲玖微伍纖陸塵，實徵支銀肆拾伍兩捌錢貳分玖釐玖毫捌絲玖忽肆纖肆塵，內均攤俸工銀貳兩柒錢壹分柒釐陸絲玖忽肆微柒纖貳塵，即留抵撥補各官役俸工訖。

州同壹員，額支俸薪銀陸拾兩原請在於起運銀內動支。

吏目壹員，額支俸薪銀叁拾壹兩伍錢貳分，內除荒撥補銀壹拾叁兩肆錢陸分貳釐玖毫捌絲肆忽伍微貳纖叁塵陸渺，實徵支銀壹拾捌兩伍分柒釐壹絲伍忽肆微柒纖陸塵肆渺。

學正訓導貳員，額支俸薪銀叁拾壹兩伍錢貳分，內除荒撥補銀壹拾叁兩肆錢陸分貳釐玖毫捌絲肆忽伍微貳纖叁塵陸渺，實徵支銀壹拾捌兩伍分柒釐壹絲伍忽肆微柒纖陸塵肆渺。外撥補全俸銀肆拾捌兩肆錢捌分。

潼商道衙門

門子肆名，每名歲支工食銀陸兩，共支銀貳拾肆兩，內除荒撥補銀壹拾兩貳錢伍分壹釐肆忽叁微玖纖捌渺，實徵支銀壹拾叁兩柒錢肆分捌釐玖毫玖絲伍忽陸微玖塵貳渺。遇閏加銀貳兩，內除荒銀捌錢肆分壹釐肆毫捌絲捌忽貳微肆纖捌塵肆渺，實徵支銀壹兩壹錢伍分捌釐伍毫壹絲壹忽柒微伍纖壹塵陸渺。

快手壹拾貳名，每名歲支工食銀陸兩，共支銀柒拾貳兩，內除荒撥補銀叁拾兩柒錢伍分叁釐壹絲壹微陸纖貳塵肆渺，實徵支銀肆拾壹兩貳錢肆分陸釐玖毫捌絲玖忽捌微叁纖柒塵陸渺。遇閏加銀陸兩，內除荒銀貳兩伍錢貳分肆釐肆毫陸絲伍忽柒微肆纖伍塵貳渺，實徵支銀叁兩肆錢柒分伍釐伍毫叁絲肆忽貳微伍纖肆塵捌渺。

皂隸壹拾貳名，每名歲支工食銀陸兩，共支銀柒拾貳兩，內除荒撥補銀叁拾兩柒錢伍分叁釐壹絲壹微陸纖貳塵肆渺，實徵支銀肆拾壹兩貳錢肆分陸釐玖毫捌絲玖忽捌微叁纖柒塵陸渺。遇閏加銀陸兩，內除荒銀貳兩伍錢貳分肆釐肆毫陸絲伍忽柒微肆纖伍塵貳渺，實徵支銀叁兩肆錢柒分伍釐伍毫叁絲肆忽貳微伍纖肆塵捌渺。

轎傘扇夫柒名，每名歲支工食銀陸兩，共支銀肆拾貳兩，內除荒撥補銀壹拾柒兩玖錢叁分玖釐貳毫伍絲伍忽肆微貳纖陸塵肆渺，實徵支銀貳拾肆兩陸分柒毫肆絲肆忽伍微柒纖叁塵陸渺。遇閏加銀叁兩伍錢，內除荒銀壹兩肆錢柒分貳釐伍毫玖絲伍忽壹微貳纖肆塵柒渺，實徵支銀貳兩貳分柒釐肆毫肆忽捌微柒纖伍塵叁渺。

聽事吏貳名，歲支工食銀陸兩，共支銀壹拾貳兩，內除荒撥補銀伍兩壹錢貳分伍釐伍毫貳忽陸微玖纖肆渺，實徵支銀陸兩捌錢柒分肆釐肆毫玖絲柒忽叁微玖塵陸渺。遇閏加銀壹兩，內除荒銀肆錢貳分柒毫肆絲肆忽陸微柒纖柒塵叁渺，實徵支銀伍錢柒分玖釐貳毫伍絲伍忽叁微貳纖貳塵柒渺。

舖兵貳名，每名歲支銀陸兩，共支銀壹拾貳兩，內除荒撥補銀伍兩壹錢貳分伍釐伍毫貳忽陸微玖纖肆渺，實徵支銀陸兩捌錢柒分肆釐肆毫玖絲柒忽叁微玖塵陸渺。遇閏加銀壹兩，內除荒銀肆錢貳分柒毫肆絲肆忽陸微柒纖柒塵叁渺，實徵支銀伍錢柒分玖釐貳毫伍絲伍忽叁微貳纖貳塵柒渺。

知州衙門

門子貳名，每名歲支銀陸兩，共支銀壹拾貳兩，內除荒撥補銀伍兩壹錢貳分伍釐伍毫貳忽陸微玖纖肆渺，實徵支銀陸兩捌錢柒分肆釐肆毫玖絲柒忽叁微玖塵陸渺。遇閏加銀壹兩，內除荒銀肆錢貳分柒毫肆絲肆忽陸微柒纖柒塵叁渺，實徵支銀伍錢柒分玖釐貳毫伍絲伍忽叁微貳纖貳塵柒渺。

皂隸、仵作壹拾陸名，每名歲支銀陸兩，共支銀玖拾陸兩，內除荒撥補銀肆拾壹兩肆釐壹絲伍忽伍微肆纖叁塵貳渺，實徵支銀伍拾肆兩玖錢玖分伍釐玖毫捌絲肆忽肆微伍纖陸塵捌渺。遇閏加銀捌兩，內除荒銀叁兩叁錢陸分伍釐柒毫肆絲壹忽貳纖叁塵陸渺，實徵支銀肆兩陸錢叁分肆釐貳毫伍絲捌忽玖微柒纖陸塵肆渺。

馬快捌名，每名歲支銀壹拾陸兩捌錢，共支銀壹百叁拾肆兩肆錢，內除荒撥補銀伍拾柒兩肆錢伍釐陸毫壹絲捌忽柒微玖纖玖塵伍渺，實徵支銀柒拾陸兩玖錢玖分肆釐叁毫捌絲壹忽貳微伍渺。遇閏加銀壹拾壹兩貳錢，內除荒銀肆兩柒錢壹分貳釐叁毫叁絲伍忽叁纖玖塵，實徵支銀陸兩肆錢捌分柒釐陸毫陸絲肆忽玖微陸纖壹塵。

民壯肆拾陸名，每名歲支銀陸兩，共支銀貳百柒拾陸兩，內除荒撥補銀壹百壹拾柒兩捌錢捌分陸釐伍毫叁絲捌忽玖微叁纖玖塵貳渺，實徵支銀壹百伍拾捌兩壹錢壹分叁釐肆毫陸絲壹忽陸纖捌渺。遇閏加銀貳拾叁兩，內除荒銀玖兩陸錢柒分柒釐壹毫壹絲伍忽伍微陸塵陸渺，實徵支銀壹拾叁兩叁錢貳分貳釐捌毫捌絲肆忽肆微玖纖叁塵肆渺。

看監禁子捌名，每名歲支銀陸兩，共支銀肆拾捌兩，內除荒撥補銀貳拾兩伍錢貳釐壹毫伍忽柒微柒纖壹塵陸渺，實徵支銀貳拾柒兩肆錢玖分柒釐捌毫玖絲肆忽貳微貳纖捌塵肆渺。每名外加增銀貳兩，共加增銀壹拾陸兩。遇閏加銀肆兩，內除荒銀壹兩陸錢捌分叁釐壹毫叁絲肆忽肆微玖纖陸塵捌渺，實徵支銀貳兩叁錢壹分陸釐捌毫陸絲伍忽伍微叁塵貳渺。

轎傘扇夫柒名，每名歲支銀陸兩，共支銀肆拾貳兩，內除荒撥補銀壹拾柒兩玖錢叁分玖釐貳毫伍絲伍忽肆微貳纖陸塵肆渺，實徵支銀貳拾肆兩陸分柒毫肆絲肆忽伍微柒纖叁塵陸渺。遇閏加銀叁兩伍錢，內除荒銀壹兩肆錢柒分貳釐陸毫叁忽柒微陸纖肆塵柒渺，實徵支銀貳兩貳分柒釐叁毫玖絲陸忽貳微叁纖伍塵叁渺。

庫子肆名，每名歲支銀陸兩，共支銀貳拾肆兩，內除荒撥補銀壹拾兩貳錢伍分壹釐肆忽叁微玖纖捌渺，實徵支銀壹拾叁兩柒錢肆分捌釐玖毫玖絲伍忽陸微玖塵貳渺。遇閏加銀貳兩，內除荒銀捌錢肆分壹釐肆毫捌絲捌忽貳微肆纖捌塵肆渺，實徵支銀壹兩壹錢伍分捌釐伍毫壹絲壹忽柒微伍纖壹塵陸渺。

斗級肆名，每名歲支銀陸兩，共支銀貳拾肆兩，內除荒撥補銀壹拾兩貳錢伍分壹釐肆忽叁微玖纖捌渺，實徵支銀壹拾叁兩柒錢肆分捌釐玖毫玖絲伍忽陸微玖塵貳渺。遇閏加銀貳兩，內除荒銀捌錢肆分壹釐肆毫捌絲捌忽貳微肆纖捌塵肆渺，實徵支銀壹兩壹錢伍分捌釐伍毫壹絲壹忽柒微伍纖壹塵陸渺。

新設更夫拾名，每名歲支銀陸兩，共支銀陸拾兩原未請閏，在於起運銀內動支。

各舖司兵陸拾名，每名歲支銀伍兩陸錢貳分壹釐壹毫，共支銀叁百叁拾柒兩貳錢陸分陸釐貳毫，內除荒銀壹百肆拾肆兩肆錢肆分伍釐捌毫柒絲玖忽伍微貳纖，實徵支銀壹百玖拾貳兩捌錢貳分叁毫貳絲肆微捌纖。外加增銀壹百陸拾柒兩壹錢柒分玖釐陸毫柒絲玖忽伍微貳纖。遇閏加銀貳拾捌兩壹錢，內除荒銀壹拾壹兩捌錢貳分貳釐捌毫玖絲捌忽貳微肆塵，實徵支銀壹拾陸兩貳錢柒分柒釐壹毫壹忽柒微玖纖陸塵。外加增銀壹拾叁兩柒錢貳分貳釐捌毫玖絲捌忽貳微肆塵。

州同衙門

門子壹名，額支工食銀陸兩。遇閏加銀貳錢捌分玖釐陸毫貳絲柒忽陸微陸纖壹塵叁渺。

皂隸陸名，每名歲支銀陸兩，共支銀叁拾陸兩。遇閏加銀壹兩柒錢叁分柒釐柒毫陸絲伍忽玖微陸纖捌塵壹渺。

傘扇夫貳名，每名歲支銀陸兩，共支銀壹拾貳兩。遇閏加銀伍錢柒分玖釐貳毫伍絲伍忽叁微貳纖貳塵柒渺。

以上門、皂、扇夫各役工食銀兩，俱在於起運銀內動支。

吏目衙門

門子壹名，額支工食銀陸兩，內除荒撥補銀貳兩伍錢陸分貳釐柒毫伍絲壹忽叁微肆纖伍塵貳渺，實徵支銀叁兩肆錢叁分柒釐貳毫肆絲捌忽陸微伍纖肆塵捌渺。遇閏加銀伍錢，內除荒銀貳錢壹分叁毫柒絲玖微肆纖貳塵壹渺，實徵支銀貳錢捌分玖釐陸毫貳絲玖忽伍纖柒塵玖渺。

皂隸肆名，每名歲支銀陸兩，共支銀貳拾肆兩，內除荒撥補銀壹拾兩貳錢伍分壹釐肆忽叁微玖纖捌渺，實徵支銀壹拾叁兩柒錢肆分捌釐玖毫玖絲伍忽陸微玖塵貳渺。遇閏加銀貳兩，內除荒銀捌錢肆分壹釐肆毫捌絲捌忽貳微肆纖捌塵肆渺，實徵支銀壹兩壹錢伍分捌釐伍毫壹絲壹忽柒微伍纖壹塵陸渺。

馬夫壹名，額支工食銀陸兩，內除荒撥補銀貳兩伍錢陸分貳釐柒毫伍絲壹忽叁微肆纖伍塵貳渺，實徵支銀叁兩肆錢叁分柒釐貳毫肆絲捌忽陸微伍纖肆塵捌渺。遇閏加銀伍錢，內除荒銀貳錢壹分叁毫柒絲玖微肆纖貳塵壹渺，實徵支銀貳錢捌分玖釐陸毫貳絲玖忽伍纖柒塵玖渺。

教職衙門

齋夫叁名，每名歲支銀壹拾貳兩，共支銀叁拾陸兩，內除荒撥補銀壹拾伍兩叁錢柒分陸釐伍毫柒忽捌纖壹塵貳渺，實徵支銀貳拾兩陸錢貳分叁釐肆毫玖絲貳忽玖微壹纖捌塵捌渺。遇閏加銀叁兩，內除荒銀壹兩貳錢陸分貳釐貳毫叁絲貳忽玖微貳纖貳塵陸渺，實徵支銀壹兩柒錢叁分柒釐柒毫陸絲柒忽柒纖柒塵肆渺。

膳夫貳名，共額支銀壹拾叁兩叁錢叁分叁釐叁毫叁絲，內除荒撥補銀伍兩陸錢玖分肆釐捌毫玖絲捌忽玖微壹纖叁塵捌渺貳洙，實徵支銀柒兩陸錢叁分捌釐肆毫叁絲壹忽捌纖陸塵壹渺玖漠玖沙捌洙廩生支領。遇閏加銀壹兩壹錢壹分壹釐壹毫，內除荒撥補銀肆錢陸分柒釐伍毫叁絲伍忽叁微壹纖壹塵陸渺捌漠，實徵支銀陸錢肆分叁釐伍毫陸絲肆忽陸微捌纖捌塵叁渺貳漠。

門斗叁名，每名歲支銀柒兩貳錢，共支銀貳拾壹兩陸錢，內除荒撥補銀玖兩貳錢貳分伍釐玖毫肆忽貳微陸塵柒渺，實徵支銀壹拾貳兩叁錢柒分肆釐玖絲伍忽柒微玖纖叁塵叁渺。遇閏加銀壹兩捌錢，內除荒銀柒錢伍分柒釐貳毫伍絲貳微叁纖伍塵伍渺，實徵支銀壹兩肆分貳釐柒毫肆絲玖忽柒微陸纖肆塵伍渺。

廩生叁拾名，每名歲支銀叁兩貳錢，共支銀玖拾陸兩，內除荒撥補銀肆拾兩肆錢肆分伍釐肆毫貳絲貳忽伍微肆纖叁塵貳渺，實徵支銀伍拾伍兩伍錢伍分肆釐伍毫柒絲柒忽肆微伍纖陸塵捌渺。遇閏加銀捌兩，內除荒撥補銀叁兩叁錢捌分柒釐柒毫柒絲叁忽玖微玖纖叁塵陸渺，實徵支銀肆兩陸錢壹分貳釐貳毫貳絲陸忽陸塵肆渺。

以上俸工項下，除廩生、膳夫貳欵照常支發外，其餘官役俸工於道光貳拾叁年奉文，均以貳兩平支放，每兩減平銀陸分，其減平銀兩，每年批解部庫交納，理合登明。

壹禩支項下

春秋貳季祭祀文廟及各壇祠並無祀鬼魂品物等銀玖拾兩，內除荒銀叁拾捌兩伍錢肆分伍釐陸毫貳忽壹微玖纖捌塵，實徵支銀伍拾壹兩肆錢伍分肆釐叁毫玖絲柒忽捌微貳塵。

外撥補均攤祭祀銀貳拾壹兩捌錢玖分陸釐捌毫捌絲伍忽肆微捌纖肆塵貳渺肆漠伍沙陸涯。

鄉飲銀伍兩，內除荒銀貳兩壹錢肆分壹釐肆毫貳絲貳忽陸微柒纖壹塵，實徵支銀貳兩捌錢伍分捌釐伍毫柒絲柒忽叁微貳纖玖塵。

永豐倉斗級壹名，額支銀壹拾兩陸錢陸分陸釐陸毫，內除荒撥補銀肆兩伍錢陸分捌釐叁毫叁絲玖忽肆微壹纖貳塵捌渺，實徵支銀陸兩玖分捌釐貳毫陸絲伍微捌纖柒塵貳渺。遇閏加銀捌錢捌分，內除荒銀叁錢柒分貳毫伍絲肆忽陸微捌纖陸塵伍渺，實徵支銀伍錢玖釐柒毫肆絲伍忽叁微壹纖叁塵伍渺。

布政司紙劄銀壹兩柒錢貳分伍釐，內除荒銀柒錢叁分捌釐柒毫玖絲壹忽壹微叁纖捌渺，實徵支銀玖錢捌分陸釐貳毫捌忽捌微陸纖玖塵貳渺。

祭旗纛銀伍兩，內除荒銀貳兩壹錢肆分壹釐肆毫貳絲貳忽陸微柒纖壹塵，實徵支銀貳兩捌錢伍分捌釐伍毫柒絲柒忽叁微貳纖玖塵。

以上鄉飲、紙劄貳欵，於道光貳拾叁年奉文裁汰，其徵收銀兩，每年批解部庫交納，理合登明。

壹孤貧口糧項下

孤貧伍拾名，共支月糧銀捌拾柒兩壹錢貳分，內除荒銀叁拾陸兩玖錢貳分陸釐肆毫貳絲叁忽玖微壹纖伍塵貳渺，實徵支銀伍拾兩壹錢玖分叁釐伍毫柒絲陸忽捌纖肆塵捌渺。外加增銀壹百壹拾捌兩壹錢玖分伍釐陸毫伍絲貳忽貳微陸纖。遇閏加銀壹拾伍兩。

孤貧鹽價銀陸兩，內除荒銀貳兩伍錢貳分玖釐肆毫貳絲肆忽柒微捌纖壹塵肆渺，實徵支銀叁兩肆錢柒分伍毫柒絲伍忽貳微壹纖捌塵陸渺。外加增銀捌兩壹錢肆分壹毫玖絲陸忽肆微叁纖陸塵陸渺。

布花銀貳拾伍兩，內除荒銀壹拾兩伍錢肆分陸毫陸絲柒忽壹微叁纖陸塵叁渺，實徵支銀壹拾肆兩肆錢伍分玖釐叁毫叁絲貳忽捌微陸纖叁塵柒渺。

壹驛站項下

新平驛站額銀陸拾陸兩柒分叁釐伍毫叁絲貳忽貳纖柒塵伍渺；華山驛站額銀貳百叁拾伍兩玖錢貳分玖釐伍毫伍絲柒忽玖微柒纖貳塵伍渺；京兆驛支直額銀貳百玖拾柒兩柒錢陸分肆釐伍毫，站抵馬草銀壹千玖兩捌分貳釐肆毫壹絲；宜祿驛改兌臨洮府站銀壹拾陸兩，議裁大木改兌臨洮府站銀陸兩柒釐。共額銀壹千陸百叁拾兩捌錢伍分柒釐，內除荒銀陸百陸拾壹兩陸錢柒分肆釐叁毫壹忽玖微壹纖柒塵肆渺，實徵銀玖百陸拾玖兩壹錢捌分貳釐陸毫玖絲捌忽捌纖貳塵陸渺，內除額協銀捌百捌拾玖兩伍分壹釐柒毫伍絲伍忽捌微捌塵柒渺，實支銀捌拾兩壹錢叁分玖毫肆絲貳忽貳微柒纖叁塵玖渺。

走遞馬騾肆拾匹頭，額銀壹千叁百壹拾伍兩叁錢玖分伍釐貳毫；本州募夫壹百名，額銀肆百捌拾叁兩玖分肆釐伍毫肆絲陸忽陸微陸纖陸塵柒渺。共銀壹千柒百玖拾捌兩肆錢捌分玖釐柒毫肆絲陸忽陸微陸纖陸塵柒渺，內除荒銀捌百玖拾兩柒錢玖分柒釐壹絲伍忽捌微玖纖肆塵肆渺玖漠，實徵銀玖百柒兩陸錢玖分貳釐柒毫叁絲柒微柒纖貳塵貳渺壹漠，內除額協並裁夫馬銀肆百陸拾捌兩肆錢壹分叁釐柒毫伍絲玖忽叁微陸纖叁塵伍渺捌漠，實支銀肆百叁拾玖兩貳錢柒分捌釐玖毫柒絲壹忽肆微捌塵陸渺叁漠。

遇閏加銀壹百玖拾壹兩肆錢壹分，內除荒銀捌拾兩伍錢叁分肆釐陸毫玖絲捌忽貳微柒塵，實徵銀壹百壹拾兩捌錢柒分伍釐叁毫壹忽柒微玖纖叁塵，內除奉裁夫馬閏月銀肆拾兩叁錢陸分肆釐貳毫伍絲肆忽陸微玖纖叁塵叁渺，實支銀柒拾兩伍錢壹分壹釐肆絲柒忽玖纖玖塵柒渺。

以上存留實徵銀貳千玖百柒拾壹兩玖錢貳分壹釐玖毫柒絲伍忽伍微柒纖壹塵陸渺玖沙捌洙，內除額協邠州、朝邑等州縣站支抵餉銀玖百玖拾玖兩伍錢叁分貳釐陸毫叁絲壹忽柒微陸纖陸塵玖渺；又除額協臨洮府金縣站支抵餉銀伍拾兩陸錢肆分柒釐叁毫柒絲肆忽肆纖壹塵捌渺；又除驛遞之差使甚少並題明請將驛站等事貳案內，共裁站銀叁百柒兩貳錢捌分伍釐伍毫玖忽叁微陸纖叁塵伍渺捌漠。實該銀壹千陸百壹拾肆兩肆錢伍分陸釐肆毫陸絲叁微玖纖玖塵叁渺貳漠玖沙捌洙。

外加增撥補俸工，除道員、知州攤俸留抵外，實該銀壹千貳拾貳兩柒錢捌分玖釐壹毫叁忽玖微捌纖捌塵肆渺貳洙。

共該銀貳千陸百叁拾柒兩貳錢肆分伍釐伍毫陸絲肆忽叁微捌纖柒塵柒渺叁漠於乾隆伍拾貳年奉文，全數解司，壹切支欵，俱由司按季領支，嗣於嘉慶伍年奉文，照舊在州留支，並不解司，按季請領。

外於西安布政司庫撥補均攤祭祀銀貳拾壹兩捌錢玖分陸釐捌毫捌絲伍忽肆微捌纖肆塵貳渺肆漠伍沙陸涯係領支公用銀兩。

外遇閏原加銀叁百叁拾肆兩貳錢伍分肆釐肆毫貳絲伍忽伍微，內除裁閏俸銀貳拾貳兩柒錢伍分叁釐叁毫貳絲捌忽伍微入起運外，實該銀叁百壹拾壹兩伍錢壹釐玖絲柒忽，內除荒銀壹百叁拾壹兩捌分肆釐貳絲伍忽玖微壹纖陸塵叁渺捌漠，實徵銀壹百捌拾兩肆錢壹分柒釐柒絲壹忽捌纖叁塵陸渺貳漠，內除驛遞之差使甚少並題明請將驛站等事貳案內，共裁站閏月銀肆拾兩叁錢陸分肆釐貳毫伍絲肆忽陸微玖纖叁塵叁渺，止該銀壹百肆拾兩伍分貳釐捌毫壹絲陸忽叁微玖纖叁渺貳漠。

外加增撥補工食銀叁拾伍兩壹錢捌分肆釐捌毫伍絲陸忽肆微陸纖壹塵叁渺捌漠。

共該銀壹百柒拾伍兩貳錢叁分柒釐陸毫柒絲貳忽捌微伍纖壹塵柒渺於乾隆伍拾貳年奉文，全數解司，壹切支欵，俱由司按季領支，嗣於嘉慶伍年奉文，照舊在州留支，並不解司，按季請領。

壹額外

課程銀貳拾貳兩叁錢。遇閏加銀壹兩捌錢伍分捌釐叁毫叁絲叁忽叁微叁纖。

畜稅銀貳拾肆兩貳錢壹分叁釐係買騾馬出辦，原無定額，儘收儘解。

牙稅銀肆兩伍錢捌分內布行納稅銀壹兩捌分；腳行納稅銀壹兩貳錢壹分；舫行納稅銀壹兩貳錢壹分；斗行納稅銀壹兩捌分。

當稅銀貳拾伍兩查當商伍名，每名歲徵銀伍兩。

地稅銀壹百陸拾肆兩壹錢叁分叁釐係買房地業主出辦，原無定額，儘收儘解。

分徵三原歸併銀貳百肆兩。

龍駒寨商稅銀叁千柒百壹拾捌兩玖錢陸分查商稅原無定額，增減不一，儘收儘解。

雒南縣

原額金、銀、銅、鐵、錫伍等共地叁千壹百陸拾頃陸拾貳畝陸分捌釐，每畝科糧不等，共額徵折色糧柒千肆百伍拾壹石玖斗伍合壹勺伍抄叁撮伍圭，每石折徵銀壹兩叁錢叁釐貳毫玖絲叁忽陸微伍塵柒渺，共額徵銀玖千柒百壹拾貳兩貳分貳毫柒絲玖忽貳微玖纖玖塵。內：

金地壹頃伍拾伍畝捌分叁釐，每畝科糧柒升，共糧壹拾石玖斗捌合壹勺，該徵銀壹拾肆兩貳錢壹分陸釐肆毫伍絲陸忽玖微捌纖叁渺。

銀地玖頃伍拾陸畝壹分，每畝科糧陸升，共糧伍拾柒石叁斗陸升陸合，該徵銀柒拾肆兩柒錢陸分肆釐柒毫肆絲玖微捌纖肆渺。順治捌年題明免過有主荒地捌拾貳畝，應免糧肆石玖斗貳升，該除銀陸兩肆錢壹分貳釐貳毫，內前墾並興屯墾過共地柒畝柒分柒釐，共糧肆斗陸升陸合貳勺，該徵銀陸錢柒釐伍毫玖絲玖忽。實在地捌頃捌拾壹畝捌分柒釐，實徵糧伍拾貳石玖斗壹升貳合貳勺，該徵銀陸拾捌兩玖錢陸分壹毫叁絲玖忽玖微捌纖肆渺。

銅地叁百肆拾頃柒拾玖畝玖分貳釐，每畝科糧肆升伍合，共糧壹千伍百叁拾叁石伍斗玖升陸合肆勺，該徵銀壹千玖百玖拾捌兩柒錢貳分陸釐叁毫捌絲壹忽捌微肆纖肆塵伍渺。順治柒、捌兩年題明免過無主、有主荒地貳百貳頃玖拾捌畝壹分肆毫壹絲，應免糧玖百壹拾叁石肆斗壹升肆合陸勺捌抄肆撮，該除銀壹千壹百玖拾兩肆錢叁分伍釐伍毫伍絲柒忽貳微壹纖肆塵，內前墾並興屯、節年開墾共地肆頃伍拾壹畝伍分肆釐捌毫，該糧貳拾石叁斗壹升玖合伍勺貳抄，該徵銀貳拾陸兩肆錢捌分貳釐叁毫伍微壹纖肆渺柒漠。實在地壹百肆拾貳頃叁拾叁畝叁分陸釐叁毫玖絲，實徵糧陸百肆拾石伍斗壹合貳勺叁抄陸撮，該徵銀捌百叁拾肆兩柒錢柒分叁釐壹毫貳絲伍忽壹微肆纖玖渺柒漠。

鐵地玖百叁拾捌頃壹拾柒畝叁分壹釐，每畝科糧叁升貳合，共糧叁千貳石壹斗伍升貳合玖勺貳抄，該徵銀叁千玖百壹拾貳兩陸錢捌分陸釐陸毫肆絲陸忽肆微叁纖叁塵伍渺。順治柒、捌兩年題明免過無主、有主荒地捌百叁拾陸頃伍拾玖畝玖分肆釐肆毫，應免糧貳千陸百柒拾柒石壹斗壹升捌合貳勺捌撮，該除銀叁千肆百捌拾玖兩陸分陸釐肆毫貳絲捌忽，內前墾並興屯、節年開墾、丈首共地叁拾肆頃貳拾肆畝捌分伍釐肆毫，該糧壹百玖石陸斗陸升陸抄肆撮叁圭伍粟，該徵銀壹百肆拾貳兩玖錢叁分貳釐柒毫貳絲捌忽叁微叁纖貳塵貳渺。實在地壹百叁拾伍頃捌拾貳畝貳分貳釐，實徵糧肆百叁拾肆石陸斗玖升肆合柒勺柒抄陸撮叁圭伍粟，該徵銀伍百陸拾陸兩伍錢伍分貳釐玖毫肆絲陸忽柒微陸纖伍塵柒渺。

錫地壹千捌百柒拾頃伍拾叁畝伍分貳釐，每畝科糧壹升伍合貳勺貳抄伍撮，共糧貳千捌百肆拾柒石捌斗捌升壹合柒勺叁抄叁撮伍圭，該徵銀叁千柒百壹拾壹兩陸錢貳分陸釐伍絲叁忽陸纖叁渺。順治柒、捌兩年題明免過無主、有主荒地壹千伍拾陸頃肆拾肆畝伍分叁釐壹毫玖絲，應免糧壹千陸百捌石肆斗叁升捌合壹抄壹撮伍圭，該除銀貳千玖拾陸兩貳錢陸分壹釐伍毫玖絲叁忽，內前墾並興屯、節年丈首共地壹百叁拾貳頃貳拾伍畝伍分陸釐叁毫，該糧貳百壹石叁斗貳升捌合陸勺肆抄捌撮伍粟，該徵銀貳百陸拾貳兩叁錢捌分陸釐叁毫陸絲伍忽柒微玖纖壹塵叁渺貳漠壹沙叁洙陸涯。實在地玖百肆拾陸頃叁拾肆畝伍分伍釐壹毫壹絲，實徵糧壹千肆百肆拾石柒斗柒升貳合叁勺柒抄伍粟，該徵銀壹千捌百柒拾柒兩柒錢伍分捌毫貳絲伍忽捌微伍纖壹塵陸渺貳漠壹沙叁洙陸涯。

以上共免過荒地貳千玖拾陸頃捌拾肆畝伍分捌釐，應免糧伍千貳百叁石捌斗玖升玖勺叁撮伍圭，應除銀陸千柒百捌拾貳兩壹錢柒分伍釐柒毫柒絲捌忽貳微壹纖肆塵，前墾過並興屯、節年丈首共地壹百柒拾壹頃玖畝柒分叁釐伍毫，應徵糧叁百叁拾壹石柒斗柒升肆合肆勺叁抄貳撮肆圭，該徵銀肆百叁拾貳兩肆錢捌釐玖毫玖絲叁忽陸微叁纖叁塵玖渺玖漠壹沙叁洙陸涯。實豁免地壹千玖百貳拾伍頃柒拾肆畝捌分肆釐伍毫，實應免折色糧肆千捌百柒拾貳石壹斗壹升陸合肆勺柒抄壹撮壹圭，應除銀陸千叁百肆拾玖兩柒錢陸分陸釐柒毫捌絲肆忽伍微捌纖捌沙陸洙肆涯。

以上實在地壹千貳百叁拾肆頃捌拾柒畝捌分叁釐伍毫，該糧貳千伍百柒拾玖石柒斗捌升捌合陸勺捌抄貳撮肆圭，該折徵銀叁千叁百陸拾貳兩貳錢伍分叁釐肆毫玖絲肆忽柒微壹纖捌塵玖渺玖漠壹沙叁洙陸涯，內於康熙玖年題明免過永難墾耕地貳百玖頃捌拾肆畝，應免糧陸百陸石陸斗柒升陸合貳勺壹抄貳撮伍圭，應免銀柒百玖拾兩柒錢陸分肆釐捌毫捌絲伍忽貳微肆纖伍塵壹渺柒漠。

實熟地壹千貳拾伍頃叁畝捌分叁釐伍毫，該徵折色糧壹千玖百柒拾叁石壹斗壹升貳合肆勺陸抄玖撮玖圭，該折徵銀貳千伍百柒拾壹兩肆錢捌分捌釐陸毫玖忽肆微柒纖叁塵捌渺貳漠壹沙叁洙陸涯遵照乾隆伍拾玖年奉准部咨令，將康熙年間易知由單內載：金地每畝折徵銀玖分壹釐貳毫叁絲伍微伍纖貳塵叁渺；銀地每畝折徵銀柒分捌釐壹毫玖絲柒忽陸微貳纖伍塵肆渺；銅地每畝折徵銀伍分捌釐陸毫肆絲玖忽肆纖陸塵柒渺；鐵地每畝折徵銀肆分壹釐柒毫壹絲叁忽貳微伍纖玖塵捌渺壹漠；錫地每畝折徵銀壹分玖釐捌毫肆絲貳忽壹微貳纖陸塵貳漠，逐一纂入書內，嗣後遇有墾豁，以便按畝增除。

外租課糧叁百玖拾壹石柒斗玖升肆合，每石折徵銀壹兩叁錢叁釐貳毫玖絲叁忽陸微伍塵柒渺，共該折徵銀伍百壹拾兩陸錢貳分貳釐陸毫壹絲肆忽玖微伍纖壹塵陸渺。

原額人丁叁等玖則不等，共折下下丁壹萬捌千陸百肆拾貳丁，每丁徵銀貳錢，共銀叁千柒百貳拾捌兩肆錢，內除優免丁叁百柒丁，共銀陸拾壹兩肆錢。

行差丁壹萬捌千叁百叁拾伍丁，共額徵銀叁千陸百陸拾柒兩，內除豁免過逃絕丁壹萬叁千壹拾叁丁，應除銀貳千陸百貳兩陸錢，前招回並節年招回、審出共丁壹百陸拾捌丁，該徵銀叁拾叁兩陸錢，實免丁壹萬貳千捌百肆拾伍丁，該免銀貳千伍百陸拾玖兩。

實在丁共伍千肆百玖拾丁，共徵銀壹千玖拾捌兩。

康熙伍拾伍年起，至乾隆貳拾陸年止，編審出丁叁百壹拾玖丁；乾隆叁拾壹年編審出丁貳拾伍丁；乾隆叁拾陸年編審出丁貳拾伍丁。共編審出丁叁百陸拾玖丁，欽遵康熙伍拾貳年叁月拾捌日恩詔，後遇編審之期，但據康熙伍拾年丁冊定為常額，永不加賦。

原額均徭銀貳千柒百玖拾玖兩貳錢壹分捌釐柒毫陸絲貳忽肆微玖纖捌塵，

內除荒銀貳千貳拾柒兩伍錢壹分陸釐貳毫叁絲捌忽貳微柒纖伍塵柒渺叁漠貳沙捌涯，實徵銀柒百柒拾壹兩柒錢貳釐伍毫貳絲肆忽貳微貳纖貳塵貳渺陸漠柒沙玖洙貳涯係按前項伍等地畝科徵，金地每畝徵銀貳分柒釐叁毫玖絲柒忽伍微柒纖壹塵陸渺玖漠；銀地每畝徵銀貳分叁釐肆毫捌絲叁忽肆微叁纖叁塵伍渺玖漠；銅地每畝徵銀壹分柒釐陸毫壹絲貳忽柒微貳纖柒渺玖漠；鐵地每畝徵銀壹分貳釐伍毫貳絲陸忽伍微伍纖貳塵肆渺伍漠；錫地每畝徵銀伍釐玖毫伍絲捌忽捌微捌塵肆渺肆漠。

外遇閏額徵銀貳百柒拾叁兩壹錢陸分伍釐玖毫陸絲，內除荒銀壹百玖拾伍兩柒錢伍分叁釐伍毫肆絲伍忽捌微貳纖捌塵玖渺肆漠，實徵銀柒拾柒兩肆錢壹分貳釐肆毫壹絲肆忽壹微柒纖壹塵陸漠。

額外匠價銀壹拾捌兩叁錢壹分伍釐。遇閏加銀壹兩伍錢貳分陸釐貳毫伍絲。

停免銀壹百肆拾兩肆錢玖分貳釐叁絲肆忽陸微玖纖伍塵。

以上額外正閏攤入前項地糧內徵收。

以上地、丁貳項並均徭、租課、匠價、停免，除優免丁銀外，共額徵銀壹萬陸千捌百肆拾柒兩陸錢陸分捌釐陸毫玖絲壹忽肆微肆纖叁塵陸渺，內除荒銀壹萬壹千柒百叁拾柒兩肆分柒釐玖毫捌忽壹微玖渺壹漠柒洙貳涯，實徵銀伍千壹百壹拾兩陸錢貳分柒毫捌絲叁忽叁微肆纖貳塵陸渺捌漠玖沙貳洙捌涯。

遇閏加銀貳百柒拾叁兩壹錢陸分伍釐玖毫陸絲，內除荒銀壹百玖拾伍兩柒錢伍分叁釐伍毫肆絲伍忽捌微貳纖捌塵玖渺肆漠，實徵銀柒拾柒兩肆錢壹分貳釐肆毫壹絲肆忽壹微柒纖壹塵陸漠。

又額外匠價閏銀壹兩伍錢貳分陸釐貳毫伍絲。

壹起運項下

原編起運糧石折價銀柒千肆百玖拾柒兩伍錢肆分玖釐玖毫叁絲貳忽壹微柒纖陸渺，內除荒銀伍千貳百叁拾伍兩柒錢柒分貳釐陸忽伍微貳纖伍塵陸渺壹漠陸沙，實徵銀貳千貳百陸拾壹兩柒錢柒分柒釐玖毫貳絲伍忽陸微肆纖肆塵玖渺捌漠肆沙。

節裁藥味、牲口、軍器、毛襖、年例等項銀壹千陸百捌拾壹兩柒錢壹分玖釐伍毫陸絲貳忽伍微，內除荒銀壹千壹百伍拾玖兩玖錢柒分柒釐壹毫捌絲壹微貳纖肆塵柒渺柒漠肆沙，實徵銀伍百貳拾壹兩柒錢肆分貳釐叁毫捌絲貳忽叁微柒纖伍塵貳渺貳漠陸沙。

舊編存留，內順治玖年裁各役工食銀貳百叁拾柒兩貳錢；貳年裁傘扇銀捌兩；拾叁年裁冗員銀壹百叁拾壹兩伍錢貳分；拾肆年裁官生俸廩等項，除奉復孤貧外，止實裁銀貳百兩貳錢叁分陸釐肆毫柒絲，遞馬、損轎夫叁分裁壹，銀壹百貳兩捌錢玖分柒毫伍絲叁忽柒微肆纖捌塵。康熙元年裁吏書工食銀壹百叁兩貳錢；叁年裁門斗、齋夫工食銀肆拾叁兩貳錢，雜費丁銀壹百捌拾伍兩壹錢柒分貳釐陸毫；拾伍年裁心紅紙張、修理監倉、喂馬草料、芒神土牛、倉厫、板蓆、刑具、紙劄共銀壹百肆兩柒錢貳分伍釐；貳拾柒年裁舉貢盤纏、進士坊價共銀貳拾叁兩柒錢。雍正陸年裁燈夫工食銀貳拾肆兩；拾貳年裁民壯工食銀壹百貳拾陸兩。乾隆玖年裁舖司工食銀捌兩柒錢柒分玖釐肆毫玖絲貳忽，冗費裁剩解部銀壹千柒百肆拾叁兩壹錢伍分伍釐叁毫陸絲貳忽柒纖捌塵。

共裁歸起運銀叁千肆拾壹兩柒錢柒分玖釐陸毫柒絲柒忽捌微貳纖陸塵，內除荒銀貳千壹百貳拾肆兩肆錢捌分壹毫捌絲壹忽伍微玖纖肆塵陸渺貳漠叁沙肆涯，實徵銀玖百壹拾柒兩貳錢玖分玖釐肆毫玖絲陸忽貳微叁纖壹塵叁渺柒漠陸沙玖洙陸涯。

又額外匠價、停免共銀壹百伍拾捌兩捌錢柒釐叁絲肆忽陸微玖纖伍塵。

以上共該實起運銀叁千捌百伍拾玖兩陸錢貳分陸釐捌毫叁絲捌忽玖微肆纖陸塵伍渺捌漠陸沙玖洙陸涯。

又收存留內額協西、漢貳府屬蒲城等縣驛站抵餉銀肆百伍拾捌兩貳錢壹分肆釐叁毫捌絲伍忽玖微柒纖柒塵柒渺。

又收額協平涼、臨洮貳府屬固原、金縣等州縣驛站抵餉銀壹百捌拾玖兩伍錢壹分陸釐陸毫捌絲肆忽伍微陸纖玖塵陸渺。

又收欽奉上諭並驛遞之差使甚少及題明請將驛站等事叁案內，共裁銀壹百陸拾叁兩捌錢肆分捌釐柒毫玖絲伍忽伍微伍纖捌塵玖渺捌漠。

共該起運銀肆千陸百柒拾壹兩貳錢陸釐柒毫伍忽伍纖貳塵捌渺陸漠陸沙玖洙陸涯，又在於請倣以糧載丁等事案內，通省均丁減銀伍百貳拾貳兩肆錢陸釐伍毫壹絲肆忽玖微肆塵柒渺，內除乾隆元、陸、拾壹、拾陸、貳拾壹、貳拾陸等年編審案內，共增抵補屯更丁銀壹百壹拾柒兩捌錢壹分貳釐玖毫肆絲捌忽玖纖叁塵肆渺陸漠陸沙陸洙陸涯肆洒，又乾隆叁拾壹、叁拾陸兩年編審案內，共增抵補屯更丁銀伍拾肆兩壹錢陸釐肆毫柒絲肆忽肆纖陸塵柒渺叁漠叁沙叁洙叁涯貳洒，止該減銀叁百伍拾兩肆錢捌分柒釐玖絲貳忽柒微陸纖肆塵伍渺肆洒。

實起運銀肆千叁百貳拾兩柒錢壹分玖釐陸毫壹絲貳忽貳微捌纖捌塵叁渺陸漠陸沙玖洙伍涯陸洒，內留支加增撥補俸工銀柒百柒拾叁兩叁錢捌分捌釐叁毫陸絲陸忽叁微壹纖貳塵叁渺柒沙陸洙捌涯，止該起運銀叁千伍百肆拾柒兩叁錢叁分壹釐貳毫肆絲伍忽玖微柒纖陸塵伍漠玖沙貳洙柒涯陸洒。

遇閏，順治玖年裁銀壹拾捌兩壹錢；拾叁年裁銀壹拾兩玖錢伍分玖釐玖毫玖絲陸忽；拾肆年裁銀壹拾伍兩玖錢伍分肆釐捌毫陸絲陸忽。康熙元年裁吏書工食銀捌兩陸錢；叁年裁門斗、齋夫工食銀叁兩陸錢；拾伍年裁心紅紙張、訓導、喂馬草料共銀貳兩陸錢陸分陸釐陸毫柒絲。雍正陸年裁燈夫銀貳兩；拾貳年裁民壯銀壹拾兩伍錢。乾隆玖年裁舖司銀柒錢叁分壹釐伍毫叁絲捌忽。

共裁銀柒拾叁兩壹錢壹分叁釐柒絲，又各官閏俸銀壹拾壹兩陸錢貳分玖釐玖毫玖絲捌忽，共銀捌拾肆兩柒錢肆分叁釐陸絲捌忽，內除荒銀陸拾兩柒錢貳分玖釐叁絲陸忽肆纖叁塵伍渺柒漠玖沙壹洙肆涯，實徵銀貳拾肆兩壹分肆釐叁絲壹忽玖微伍纖陸塵肆渺貳漠捌洙陸涯。

又額外匠價閏銀壹兩伍錢貳分陸釐貳毫伍絲。

以上共該起運閏銀貳拾伍兩伍錢肆分貳毫捌絲壹忽玖微伍纖陸塵肆渺貳漠捌洙陸涯。

又收欽奉上諭並驛遞之差使甚少及題明請將驛站等事叁案內，共裁站銀壹拾捌兩伍錢玖釐陸毫玖絲肆忽柒微捌纖柒塵伍渺叁漠玖沙。

貳項共銀肆拾肆兩肆分玖釐玖毫柒絲陸忽柒微肆纖叁塵玖渺伍漠玖沙捌洙陸涯，內在於請做以糧載丁等事案內，通省均丁減銀壹拾伍兩陸錢柒分壹釐肆忽捌微伍纖捌塵肆渺，內除乾隆元、陸、拾壹、拾陸、貳拾壹、貳拾陸等年編審案內，共增抵補屯更丁銀叁兩柒錢肆分伍釐壹毫叁絲柒忽柒微陸纖貳塵肆渺，乾隆叁拾壹、叁拾陸兩年編審案內，共增抵補屯更丁銀壹兩陸錢玖分陸釐陸毫陸絲壹忽肆微肆纖伍塵貳渺，止該減銀壹拾兩貳錢貳分玖釐貳毫伍忽陸微伍纖捌渺。

止該起運銀叁拾叁兩捌錢貳分柒毫柒絲壹忽玖纖叁塵壹渺伍漠玖沙捌洙陸涯，內留支加增撥補役廪銀壹拾捌兩陸錢叁分伍毫肆絲貳忽貳塵捌渺陸漠捌洙陸涯，止該銀壹拾伍兩壹錢玖分貳毫貳絲玖忽玖纖貳渺玖漠玖沙。

壹存留項下

原編存留銀肆千肆百陸拾柒兩捌錢壹分貳釐肆毫捌絲肆忽貳微伍纖貳塵，內除荒銀叁千貳百壹拾陸兩捌錢壹分捌釐伍毫叁絲玖忽捌微伍纖伍塵捌渺玖漠柒沙陸洙捌涯，實徵銀壹千貳百伍拾兩玖錢玖分叁釐玖毫肆絲肆忽叁微玖纖陸塵壹渺貳沙叁洙貳涯。

壹俸工項下

知縣壹員，額支俸薪銀肆拾伍兩，內除荒銀叁拾貳兩貳錢肆分肆釐壹毫叁絲陸忽叁微捌纖玖塵伍渺，實徵支銀壹拾貳兩柒錢伍分伍釐捌毫陸絲叁忽陸微壹纖伍渺。外撥補銀壹拾壹兩伍錢叁分叁毫叁絲捌忽貳微壹纖伍渺。

典史壹員，額支俸薪銀叁拾壹兩伍錢貳分，內除荒撥補銀貳拾貳兩伍錢捌分伍釐貳毫貳絲柒忽壹微柒纖玖塵壹渺，實徵支銀捌兩玖錢叁分肆釐柒毫柒絲貳忽捌微貳纖玖渺。

訓導壹員，額支俸薪銀叁拾壹兩伍錢貳分，內除荒撥補銀貳拾貳兩伍錢捌分伍釐貳毫貳絲柒忽壹微柒纖玖塵壹渺，實徵支銀捌兩玖錢叁分肆釐柒毫柒絲貳忽捌微貳纖玖渺。外撥補銀捌兩肆錢捌分。

叁要司巡檢壹員，額支俸薪銀叁拾壹兩伍錢貳分，內除荒撥補銀貳拾貳兩伍錢捌分伍釐貳毫貳絲柒忽壹微柒纖玖塵壹渺，實徵支銀捌兩玖錢叁分肆釐柒毫柒絲貳忽捌微貳纖玖渺。

知縣衙門

門子貳名，每名歲支銀陸兩，共支銀壹拾貳兩，內除荒撥補銀捌兩伍錢玖分捌釐肆毫叁絲陸忽貳微貳纖捌塵肆渺，實徵支銀叁兩肆錢壹釐伍毫陸絲叁忽柒微柒纖壹塵陸渺。遇閏加銀壹兩，內除荒銀柒錢壹分陸釐捌絲柒忽壹微柒纖柒塵玖渺，實徵支銀貳錢捌分叁釐玖毫壹絲貳忽捌微貳纖貳塵壹渺。

皂隸、仵作壹拾陸名，每名歲支銀陸兩，共支銀玖拾陸兩，內除荒撥補銀陸拾捌兩柒錢捌分伍毫捌絲玖忽柒微叁纖捌塵捌渺，實徵支銀貳拾柒兩貳錢壹分玖釐肆毫壹絲貳微陸纖壹塵貳渺。遇閏加銀捌兩，內除荒銀伍兩柒錢貳分捌釐陸毫玖絲陸忽柒微貳纖叁塵貳渺，實徵支銀貳兩貳錢柒分壹釐叁毫叁忽貳微柒纖陸塵捌渺。

馬快捌名，每名歲支銀壹拾陸兩捌錢，共支銀壹百叁拾肆兩肆錢，內除荒撥補銀玖拾陸兩貳錢玖分貳釐肆毫捌絲柒忽玖纖肆渺，實徵支銀叁拾捌兩壹錢柒釐伍毫壹絲貳忽玖微玖塵陸渺。遇閏加銀壹拾壹兩貳錢，內除荒銀捌兩貳分肆毫柒絲伍忽叁微柒纖叁塵壹渺，實徵支銀叁兩壹錢柒分玖釐伍毫貳絲肆忽陸微貳纖陸塵玖渺。

民壯貳拾玖名，每名歲支銀陸兩，共支銀壹百柒拾肆兩，內除荒撥補銀壹百貳拾肆兩陸錢伍分伍釐肆毫叁絲捌忽玖纖柒塵貳渺，實徵支銀肆拾玖兩叁錢肆分肆釐伍毫陸絲壹忽玖微貳塵捌渺。遇閏加銀壹拾肆兩伍錢，內除荒銀壹拾兩叁錢捌分叁釐貳毫陸絲叁忽陸微伍纖肆塵伍渺，實徵支銀肆兩壹錢壹分陸釐柒毫叁絲陸忽叁微肆纖伍塵伍渺。

看監禁子捌名，每名歲支銀陸兩，共支銀肆拾捌兩，內除荒撥補銀叁拾肆兩叁錢玖分叁釐柒毫肆絲叁忽玖微伍纖叁塵陸渺，實徵支銀壹拾叁兩陸錢陸釐貳毫伍絲陸忽肆纖陸塵肆渺。遇閏加銀肆兩，內除荒銀貳兩捌錢陸分肆釐肆毫肆絲捌忽伍微壹纖壹塵陸渺，實徵支銀壹兩壹錢叁分伍釐伍毫伍絲壹忽肆微捌纖捌塵肆渺。

轎傘扇夫柒名，每名歲支銀陸兩，共支銀肆拾貳兩，內除荒撥補銀叁拾兩玖分肆釐伍毫貳絲陸忽捌微壹纖肆塵捌渺，實徵支銀壹拾壹兩玖錢伍釐肆毫柒絲叁忽壹微捌纖伍塵貳渺。遇閏加銀叁兩伍錢，內除荒銀貳兩伍錢陸釐叁毫肆忽玖微柒纖貳塵捌渺，實徵支銀玖錢玖分叁釐陸毫玖絲伍忽貳纖柒塵貳渺。

庫子肆名，每名歲支銀陸兩，共支銀貳拾肆兩，內除荒撥補銀壹拾柒兩壹錢玖分陸釐捌毫柒絲貳忽肆微柒纖陸塵捌渺，實徵支銀陸兩捌錢叁釐壹毫貳絲柒忽伍微貳纖叁塵貳渺。遇閏加銀貳兩，內除荒銀壹兩肆錢叁分貳釐壹毫柒絲肆忽貳微伍纖伍塵捌渺，實徵支銀伍錢陸分柒釐捌毫貳絲伍忽柒微肆纖肆塵貳渺。

斗級肆名，每名歲支銀陸兩，共支銀貳拾肆兩，內除荒撥補銀壹拾柒兩壹錢玖分陸釐捌毫柒絲貳忽肆微柒纖陸塵捌渺，實徵支銀陸兩捌錢叁釐壹毫貳絲柒忽伍微貳纖叁塵貳渺。遇閏加銀貳兩，內除荒銀壹兩肆錢叁分貳釐壹毫柒絲肆忽貳微伍纖伍塵捌渺，實徵支銀伍錢陸分柒釐捌毫貳絲伍忽柒微肆纖肆塵貳渺。

各舖司兵貳拾肆名，每名歲支銀肆兩叁錢捌分玖釐柒毫肆絲陸忽，共支銀壹百伍兩叁錢伍分叁釐玖毫捌忽，內除荒銀捌拾貳兩壹錢叁分伍釐伍毫肆忽捌微肆纖柒塵壹渺柒沙陸洙捌涯，實徵支銀貳拾叁兩貳錢壹分捌釐肆毫叁忽壹微伍纖貳塵捌渺玖漠貳沙叁洙貳涯。外加增銀壹百貳拾兩柒錢捌分壹釐伍毫玖絲陸忽捌微肆纖柒塵壹渺柒沙陸洙捌涯。遇閏加銀捌兩柒錢柒分捌釐肆毫陸絲貳忽，內除荒銀陸兩貳錢玖分貳釐伍毫陸絲玖忽叁微陸纖肆塵伍渺伍漠捌洙陸涯，實徵支銀貳兩肆錢捌分伍釐捌毫玖絲貳忽陸微叁纖伍塵肆渺肆漠玖沙壹洙肆涯。外加增銀玖兩伍錢壹分肆釐壹毫柒忽叁微陸纖肆塵伍渺伍漠捌洙陸涯。

典史衙門

門子壹名，歲支銀陸兩，內除荒撥補銀肆兩貳錢玖分玖釐貳毫壹絲捌忽壹微肆纖叁塵貳渺，實徵支銀壹兩柒錢柒毫捌絲壹忽捌微伍纖陸塵捌渺。遇閏加銀伍錢，內除荒銀叁錢伍分捌釐肆絲叁忽陸微叁纖玖塵壹渺，實徵支銀壹錢肆分壹釐玖毫伍絲陸忽叁微陸纖玖渺。

皂隸肆名，每名歲支銀陸兩，共支銀貳拾肆兩，內除荒撥補銀壹拾柒兩壹錢玖分陸釐捌毫柒絲貳忽肆微柒纖陸塵捌渺，實徵支銀陸兩捌錢叁釐壹毫貳絲柒忽伍微貳纖叁塵貳渺。遇閏加銀貳兩，內除荒銀壹兩肆錢叁分貳釐壹毫柒絲肆忽貳微伍纖伍塵捌渺，實徵支銀伍錢陸分柒釐捌毫貳絲伍忽柒微肆纖肆塵貳渺。

馬夫壹名，歲支銀陸兩，內除荒撥補銀肆兩貳錢玖分玖釐貳毫壹絲捌忽壹微肆纖叁塵貳渺，實徵支銀壹兩柒錢柒毫捌絲壹忽捌微伍纖陸塵捌渺。遇閏加銀伍錢，內除荒銀叁錢伍分捌釐肆絲叁忽陸微叁纖玖塵壹渺，實徵支銀壹錢肆分壹釐玖毫伍絲陸忽叁微陸纖玖渺。

教職衙門

齋夫叁名，每名歲支銀壹拾貳兩，共支銀叁拾陸兩，內除荒撥補銀貳拾伍兩柒錢玖分伍釐叁毫捌忽陸微陸纖伍塵貳渺，實徵支銀壹拾兩貳錢肆釐陸毫玖絲壹忽叁微叁纖肆塵捌渺。遇閏加銀叁兩，內除荒銀貳兩壹錢肆分捌釐貳毫陸絲壹忽肆微叁纖叁塵柒渺，實徵支銀捌錢伍分壹釐柒毫叁絲捌忽伍微陸纖陸塵叁渺。

膳夫貳名，每名歲支銀陸兩陸錢陸分陸釐陸毫陸絲伍忽，共支銀壹拾叁兩叁錢叁分叁釐叁毫叁絲，內除荒撥補銀玖兩伍錢伍分叁釐捌毫壹絲貳忽叁纖陸塵陸渺肆漠，實徵支銀叁兩柒錢柒分玖釐伍毫壹絲柒忽玖微陸纖叁塵叁渺陸漠係廩生支領。遇閏加銀壹兩壹錢壹分壹釐壹毫，內除荒撥補銀柒錢玖分伍釐陸毫叁絲貳忽壹微叁纖柒塵貳渺柒漠，實徵支銀叁錢壹分伍釐肆毫陸絲柒忽捌微陸纖貳塵柒渺叁漠。

門斗貳名，每名歲支銀柒兩貳錢，共支銀壹拾肆兩肆錢，內除荒撥補銀壹拾兩叁錢壹分捌釐壹毫貳絲叁忽伍微陸塵伍渺，實徵支銀肆兩捌分壹釐捌毫柒絲陸忽肆微玖纖肆塵伍渺。遇閏加銀壹兩貳錢，內除荒銀捌錢伍分玖釐叁毫肆忽伍微玖纖叁塵貳渺，實徵支銀叁錢肆分陸毫玖絲伍忽肆微陸塵捌渺。

廩生貳拾名，每名歲支月糧銀叁兩貳錢，共支銀陸拾肆兩，內除荒撥補銀肆拾伍兩捌錢伍分陸釐陸毫叁絲柒忽玖微肆塵伍渺，實徵支銀壹拾捌兩壹錢肆分叁釐叁毫陸絲貳忽玖纖伍塵伍渺。遇閏加銀伍兩叁錢叁分叁釐叁毫叁絲，內除荒撥補銀叁兩捌錢貳分捌毫貳忽伍微壹塵肆漠，實徵支銀壹兩伍錢壹分貳釐伍毫貳絲柒忽肆微玖纖捌塵玖渺陸漠。

叁要司衙門

皂隸貳名，每名歲支銀陸兩，共支銀壹拾貳兩，內除荒撥補銀捌兩伍錢玖分捌釐肆毫叁絲陸忽貳微貳纖捌塵肆渺，實徵支銀叁兩肆錢壹釐伍毫陸絲叁忽柒微柒纖壹塵陸渺。遇閏加銀壹兩，內除荒銀柒錢壹分陸釐叁絲伍忽玖纖肆塵肆渺，實徵支銀貳錢捌分叁釐玖毫陸絲肆忽玖微伍塵陸渺。

以上俸工項下，除廩生、膳夫貳欵照常支發外，其餘官役俸工於道光貳拾叁年奉文，均以貳兩平支放，每兩減平銀陸分，其減平銀兩，每年批解部庫交納，理合登明。

壹雜支項下

春秋貳季祭祀文廟並各壇祠及無祀鬼魂品物等項銀捌拾兩，內除荒銀陸拾貳兩叁錢陸分肆釐玖毫壹絲壹微叁纖伍塵肆渺，實徵支銀壹拾柒兩陸錢叁分伍釐捌絲玖忽捌微陸纖肆塵陸渺。

外均攤撥補銀伍拾伍兩柒錢壹分陸釐壹毫玖絲叁忽肆微貳纖壹塵陸渺肆漠伍沙陸涯。

鄉飲銀叁兩，內除荒銀貳兩叁錢叁分捌釐捌毫壹忽壹微貳纖貳塵壹渺，實徵支銀陸錢陸分壹釐壹毫玖絲捌忽捌微柒纖柒塵玖渺。

解布政司紙劄銀壹兩柒錢貳分伍釐，內除荒銀壹兩叁錢肆分叁釐柒毫柒絲捌忽貳微柒纖玖塵貳渺，實徵支銀叁錢捌分壹釐貳毫貳絲壹忽柒微貳纖捌渺。

以上鄉飲、紙劄貳欵於道光貳拾叁年奉文裁汰，其徵收銀兩，每年批解部庫交納，理合登明。

壹孤貧項下

孤貧壹拾伍名口，月糧銀肆拾叁兩貳錢，內除荒銀叁拾兩玖錢壹分肆釐壹毫伍絲伍忽柒微叁纖陸塵壹渺陸漠，實徵支銀壹拾貳兩貳錢捌分伍釐捌毫肆絲肆忽貳微陸纖叁塵捌渺肆漠。外加增銀肆拾壹兩柒錢壹分肆釐壹毫伍絲伍忽柒微叁纖陸塵壹渺陸漠。

外遇閏加增銀肆兩伍錢。

孤貧冬衣布花銀柒兩伍錢，內除荒銀伍兩叁錢柒分肆釐壹毫壹絲叁忽伍微貳塵玖渺貳漠，實徵支銀貳兩壹錢貳分伍釐捌毫捌絲陸忽肆微玖纖柒塵捌漠。

壹驛站項下

鎮戎下馬關站銀伍百貳拾伍兩；華山驛支直銀柒拾捌兩捌錢伍分捌釐肆毫；華陰所站銀壹千肆百壹拾叁兩捌錢伍分叁釐肆毫；京兆驛支直銀玖錢壹分玖釐貳毫；宜祿驛改兌臨洮府站銀壹拾陸兩。共銀貳千叁拾肆兩陸錢叁分壹釐，內除荒銀壹千肆百壹拾捌兩柒錢捌分叁釐貳毫伍絲叁忽玖微陸纖肆塵壹渺，實徵支銀陸百壹拾伍兩捌錢肆分柒釐柒毫肆絲陸忽叁纖伍塵玖渺，內除額協西安府屬蒲城等縣驛站支抵餉銀肆百壹拾陸兩玖錢貳釐肆毫肆絲玖忽叁微陸纖叁塵貳渺；又除額協臨洮、平涼貳府屬站支抵餉銀壹百捌拾捌兩玖錢捌分叁釐叁毫捌絲玖忽壹微肆纖柒塵。止實徵支銀玖兩玖錢陸分壹釐玖毫柒忽伍微貳纖伍塵柒渺。

走遞夫貳拾捌名，額支銀壹百捌拾兩陸錢貳釐柒毫柒絲捌忽肆纖捌塵；又騾馬叁拾陸匹，共工食草料銀壹千壹百肆拾貳兩壹錢陸釐肆毫陸絲捌忽貳微肆塵。共額銀壹千叁百貳拾貳兩柒錢玖釐貳毫肆絲陸忽貳微伍纖貳塵，內除荒銀玖百玖拾兩肆錢叁分柒釐陸毫壹絲叁微陸纖捌渺柒漠，實徵支銀叁百叁拾貳兩貳錢柒分壹釐陸毫叁絲伍忽捌微玖纖壹塵壹渺叁漠，內除額協西、漢貳府屬松林等驛站支抵餉銀肆拾壹兩叁錢壹分壹釐玖毫叁絲陸忽陸微壹纖肆塵伍渺；又除額協臨洮府屬定遠所銀伍錢叁分叁釐貳毫玖絲伍忽肆微貳纖貳塵陸渺；又除欽奉上諭並驛遞之差使甚少及題明請將驛站等事叁案內，共裁銀壹百陸拾叁兩捌錢肆分捌釐柒毫玖絲伍忽伍微伍纖捌塵玖渺捌絲。止實徵支銀壹百貳拾陸兩伍錢柒分柒釐陸毫捌忽貳微玖纖伍塵伍漠。

走遞夫閏額銀壹拾陸兩捌錢；又馬騾閏額銀壹百貳兩。共銀壹百壹拾捌兩捌錢，內除荒銀捌拾伍兩壹錢陸分壹絲捌忽貳微貳塵伍渺，實徵支銀叁拾叁兩陸錢叁分玖釐玖毫捌絲壹忽柒微玖纖柒塵伍渺，內除欽奉上諭並驛遞之差使甚少及題明請將驛站等事叁案內，共裁銀壹拾捌兩伍錢玖釐陸毫玖絲肆忽柒微捌纖柒塵伍渺叁漠玖沙。止實徵支銀壹拾伍兩壹錢叁分貳毫捌絲柒忽玖塵玖渺陸漠壹沙。

以上存留實徵銀壹千貳百伍拾兩玖錢玖分叁釐玖毫肆絲肆忽叁微玖纖陸塵壹渺貳沙叁洙貳涯，內除額協西、漢貳府屬蒲城等縣驛站抵餉銀肆百伍拾捌兩貳錢壹分肆釐叁毫捌絲伍忽玖微柒纖柒塵柒渺；又除額協平涼、臨洮貳府屬固原、金縣等州縣驛站抵餉銀壹百捌拾玖兩伍錢壹分陸釐陸毫捌絲肆忽伍微陸纖玖塵陸渺；又除欽奉上諭並驛遞之差使甚少並題明請將驛站等事叁案內，共裁銀壹百陸拾叁兩捌錢肆分捌釐柒毫玖絲伍忽伍微伍纖捌塵玖渺捌漠。實該銀肆百叁拾玖兩肆錢壹分肆釐柒絲捌忽貳微捌纖玖塵捌渺貳漠貳沙叁洙貳涯。

外加增撥補俸工銀柒百柒拾叁兩叁錢捌分捌釐叁毫陸絲陸忽叁微壹纖貳塵叁渺柒沙陸洙捌涯。

共該銀壹千貳百壹拾貳兩捌錢貳釐肆毫肆絲肆忽陸微貳塵壹渺叁漠於乾隆伍拾貳年奉文，全數解司，壹切支欵，俱由司按季領支，嗣於嘉慶伍年奉文，在縣留支，並不解司，按季請領。

外於西安布政司庫領支撥補均攤祭祀銀伍拾伍兩柒錢壹分陸釐壹毫玖絲叁忽肆微貳纖壹塵陸渺肆漠伍沙陸涯係動支各屬解到耗羨銀兩。

遇閏原加銀貳百兩伍分貳釐捌毫玖絲，內除閏俸銀壹拾壹兩陸錢貳分玖釐玖毫玖絲捌忽入起運外，止該銀壹百捌拾捌兩肆錢貳分貳釐捌毫玖絲貳忽，內除荒銀壹百叁拾伍兩貳分肆釐伍毫玖忽柒微捌纖伍塵叁渺陸漠捌洙陸涯，實徵銀伍拾叁兩叁錢玖分捌釐叁毫捌絲貳忽貳微壹纖肆塵陸渺叁漠玖沙壹洙肆涯，內除欽奉上諭並驛遞之差使甚少及題明請將驛站等事叁案內，共裁站銀壹拾捌兩伍錢玖釐陸毫玖絲肆忽柒微捌纖柒塵伍渺叁漠玖沙，實徵銀叁拾肆兩捌錢捌分捌釐陸毫捌絲柒忽肆微貳纖柒塵壹渺壹洙肆涯。

外加增撥補銀壹拾捌兩陸錢叁分伍毫肆絲貳忽貳塵捌渺陸漠捌洙陸涯。

共該銀伍拾叁兩伍錢壹分玖釐貳毫貳絲玖忽肆微貳纖玖塵玖渺陸漠壹沙於乾

隆伍拾貳年奉文，全數解司，壹切支欵，俱由司按季領支，嗣於嘉慶伍年奉文，在縣留支，並不解司，按季請領。

壹額外

課程銀肆兩肆錢肆分。遇閏加銀叁錢柒分。

畜稅銀捌兩陸錢玖分柒釐係買騾馬出辦，原無定額，儘收儘解。

牙稅銀肆兩玖錢牙行柒名，並無上中下之分，每名歲徵銀柒錢。

地稅銀壹百叁拾柒兩玖錢玖分壹釐係買房地業主出辦，原無定額，儘收儘解。

當稅銀壹拾兩係當商出辦，當鋪貳座，每座每年納稅銀伍兩。

商南縣

原額陸等共地陸百玖拾壹頃叁拾陸畝貳分伍釐壹毫，每畝起科不等，並山坡租籽，共額徵本折糧玖百伍拾貳石玖斗陸升柒合伍勺伍抄柒撮捌圭，內每糧壹石科本色糧壹斗壹升伍合柒勺伍抄陸撮叁圭，共本色糧壹百壹拾石叁斗壹升壹合玖勺玖抄肆撮叁圭，科折色糧捌斗捌升肆合貳勺肆抄叁撮柒圭，共折色糧捌百肆拾貳石陸斗伍升伍合伍勺陸抄叁撮伍圭，每石折徵銀壹兩肆錢陸分陸釐叁毫肆絲玖忽貳微肆纖壹塵柒渺，共額徵銀壹千貳百叁拾伍兩陸錢貳分柒釐陸毫肆絲陸忽陸微捌纖伍塵肆渺。內：

旱銀地陸拾陸頃陸拾貳畝叁分陸釐，每畝科糧壹升叁合，共糧捌拾陸石陸斗壹升陸勺捌抄，于順治柒、捌兩年豁免訖。

旱銅地貳百壹拾伍頃陸拾玖畝捌分貳釐，每畝科糧壹升，共糧貳百壹拾伍石陸斗玖升捌合貳勺。順治柒年題明免過無主荒地壹百柒拾伍頃玖畝，應免糧壹百柒拾伍石玖升，內前開墾並節年開墾地陸頃伍拾肆畝柒分壹釐貳毫，該糧陸石伍斗肆升柒合壹勺貳抄。實在地肆拾柒頃壹拾伍畝伍分叁釐貳毫，實徵糧肆拾柒石壹斗伍升伍合叁勺貳抄。

旱鐵地叁百伍拾頃伍畝陸分叁釐，每畝科糧柒合玖勺，共糧貳百柒拾陸石伍斗肆升肆合肆勺柒抄柒撮。順治柒、捌兩年題明免過無主、有主荒地叁百壹拾捌頃捌拾叁畝貳釐壹毫，應免糧貳百伍拾壹石捌斗柒升肆合壹抄壹撮陸圭，內興屯開墾並節年自首地壹百玖拾頃貳拾玖畝捌分肆釐捌毫，該糧壹百伍拾石叁斗柒升捌合肆勺伍抄捌圭。實在地貳百貳拾壹頃伍拾貳畝肆分伍釐柒毫，實徵糧壹百柒拾伍石肆升捌合玖勺壹抄陸撮貳圭。

水金地伍拾貳畝壹分玖釐壹毫，每畝科糧肆升貳合壹勺肆抄，共糧貳石壹斗玖升柒合柒勺貳抄捌撮捌圭。順治柒、捌兩年題明免過無主荒地叁拾畝貳分，應免糧壹石貳斗伍合貳勺叁抄貳撮。實在地貳拾壹畝玖分玖釐壹毫，實徵糧玖斗玖升貳合肆勺玖抄陸撮捌圭。

水銀地貳拾柒頃陸拾貳畝貳分肆釐，每畝科糧貳升捌合叁勺，共糧柒拾捌石壹斗柒升壹合叁勺玖抄貳撮。順治柒年題明免過無主荒地貳拾壹頃壹拾貳畝貳分肆釐，應免糧伍拾玖石柒斗柒升陸合叁勺玖抄貳撮，又節年開墾地貳畝，該糧伍升陸合陸勺。實在地陸頃伍拾貳畝，實徵糧壹拾捌石肆斗伍升壹合陸勺。

水銅地叁拾頃捌拾肆畝壹釐，每畝科糧貳升貳合，共糧陸拾柒石捌斗肆升捌合貳勺柒抄柒撮捌圭。順治柒年題明免過無主荒地貳拾玖頃玖拾玖畝，應免糧陸拾伍石玖斗柒升捌合，內前墾並節年開墾地柒頃叁拾叁畝伍分叁釐，該糧壹拾陸石壹斗叁升柒合陸勺柒撮。實在地捌頃壹拾捌畝伍分肆釐，實徵糧壹拾捌石柒合捌勺捌抄肆撮捌圭。

又山坡租籽糧壹萬玖千伍百貳拾貳石，每石科糧壹升壹合伍勺柒抄壹撮肆圭，共糧貳百貳拾伍石捌斗玖升陸合捌勺貳撮貳圭。順治柒、捌兩年題明免過無主、有主荒糧貳百貳拾伍石捌斗玖升陸合捌勺貳撮貳圭，又節年開墾糧陸石伍斗玖升壹合捌勺貳撮叁圭壹粟。實在糧陸石伍斗玖升壹合捌勺貳撮叁圭壹粟。

以上共免過荒地陸百壹拾壹頃玖拾伍畝捌分貳釐壹毫，並租籽，應免本折糧捌百陸拾陸石肆斗叁升壹合壹勺壹抄柒撮捌圭，內前墾並節年興屯開墾共地貳百肆頃貳拾畝玖釐，應徵糧壹百柒拾玖石柒斗壹升壹合伍勺捌抄壹圭壹粟以增抵除。實豁免地肆百柒頃柒拾伍畝柒分叁釐壹毫，實免本色起運糧捌拾石柒斗叁升玖合肆勺叁抄玖撮肆圭壹粟柒粒捌顆陸糠柒粃貳粺，實免折色糧陸百伍石玖斗捌升玖抄捌撮貳圭柒粟貳粒壹顆叁糠貳粃捌粺，該除銀捌百捌拾捌兩叁錢柒分貳釐伍毫貳絲伍微叁纖叁塵捌渺叁漠陸沙壹洙捌涯。

實熟地貳百捌拾叁頃陸拾畝伍分貳釐，該本折糧貳百陸拾陸石貳斗肆升捌合貳抄壹圭壹粟，實徵本色起運糧貳拾玖石伍斗柒升貳合伍勺伍抄肆撮捌圭捌粟貳粒壹顆叁糠貳粃捌粺，折銀伍拾兩壹錢玖分捌釐叁毫肆絲柒忽柒微肆纖貳塵叁渺肆漠捌沙伍洙肆涯，實徵折色糧貳百叁拾陸石陸斗柒升伍合肆勺陸抄伍撮貳圭貳粟柒粒捌顆陸糠柒粃貳粇，該折徵銀叁百肆拾柒兩貳錢伍分伍釐壹毫貳絲陸忽壹微伍纖壹塵伍渺陸漠叁沙捌洙貳涯遵照乾隆伍拾玖年奉准部咨令，將康熙年間易知由單內載：旱銅地每畝折徵銀壹分貳釐玖毫陸絲肆忽肆微捌纖叁渺；旱鐵地每畝折徵銀壹分貳毫伍絲叁忽捌微肆纖肆塵陸渺；水金地每畝折徵銀伍分捌釐伍毫壹絲捌忽伍微肆纖陸塵肆渺；水銀地每畝折徵銀叁分玖釐伍毫陸絲捌忽捌纖壹塵貳渺；水銅地每畝折徵銀貳分捌釐伍毫貳絲陸忽壹微陸纖叁塵陸渺；山坡租籽每石折徵銀壹兩肆錢陸分陸釐叁毫陸絲肆忽伍微肆纖叁渺肆漠，逐一纂入書內，嗣後遇有墾豁，以便按畝增除。

原額人丁叁門玖則不等，共折下下人丁肆千肆百肆拾捌丁，每丁徵銀肆錢貳分捌釐玖毫叁絲叁忽，共銀壹千玖百柒兩捌錢玖分陸釐壹毫，內除優免丁捌拾捌丁，共銀叁拾柒兩柒錢肆分陸釐壹毫。

行差丁肆千叁百陸拾丁，共額徵銀壹千捌百柒拾兩壹錢伍分。

順治柒年題明免過逃亡、殺傷丁肆千貳百柒拾壹丁，應除銀壹千捌百陸拾肆兩捌錢柒分貳釐柒毫貳絲玖忽，前招回並節年招回、審出丁壹百貳拾伍丁，該銀伍拾肆兩陸分貳釐伍毫叁絲貳忽伍微伍纖，實豁免丁肆千壹百肆拾陸丁，該除銀壹千捌百壹拾兩捌錢壹分壹毫玖絲陸忽肆微伍纖。

以上實行差丁貳百壹拾肆丁，該徵銀伍拾玖兩叁錢叁分玖釐捌毫叁忽伍微伍纖，于雍正伍年攤入地糧內徵解。

康熙伍拾伍年起，至乾隆貳拾陸年止，編審出丁捌拾貳丁；乾隆叁拾壹年編審出丁壹拾伍丁；乾隆叁拾陸年編審出丁壹拾捌丁。共編審出丁壹百壹拾伍丁，欽遵康熙伍拾貳年叁月拾捌日恩詔，後遇編審之期，但據康熙伍拾年丁冊定為常額，永不加賦。

原額均徭銀壹千陸百兩壹錢陸分肆釐壹毫叁絲肆忽，內除荒銀壹千壹百伍拾伍兩叁錢玖分伍釐柒毫柒絲壹忽叁微壹纖肆塵捌渺玖漠叁洙柒涯，實徵銀肆百肆拾肆兩柒錢陸分捌釐叁毫陸絲貳忽陸微捌纖伍塵壹渺玖沙陸洙叁涯係按前項陸等地畝科徵，旱銅地每畝徵銀壹分陸釐陸毫玖絲壹忽捌微壹纖玖塵叁渺柒漠；旱鐵地每畝徵銀壹分叁釐貳毫貳微壹纖貳塵壹漠；水金地每畝徵銀柒分伍釐叁毫叁絲叁忽肆微肆纖貳塵肆渺貳漠；水銀地每畝徵銀肆分柒釐貳毫叁絲柒忽捌微肆纖捌塵捌渺伍漠；水銅地每畝徵銀叁分陸釐柒毫貳絲貳忽玖微貳纖貳渺陸漠；山坡租籽每石徵銀壹兩陸錢柒分玖釐壹毫叁絲捌忽肆微玖纖柒塵壹渺。

外遇閏額徵銀貳百叁拾貳兩伍錢玖分貳釐壹毫陸絲肆忽，內除荒銀壹百玖拾伍兩肆錢柒分叁毫陸絲貳忽壹微肆塵陸渺伍漠，實徵銀叁拾柒兩壹錢貳分壹釐捌毫壹忽捌微玖纖伍塵叁渺伍漠。

又額外停免銀玖拾貳兩捌錢壹分伍釐壹毫玖絲玖忽，攤入前項地糧內徵解。

以上地、丁貳項並均徭、停免、本色糧石折價等項，除優免丁銀外，共徵銀肆千捌百肆拾捌兩玖錢伍分伍釐叁毫貳絲柒忽肆微貳纖柒塵柒渺肆漠捌沙伍洙肆涯，內除荒銀叁千捌百伍拾肆兩伍錢柒分捌釐肆毫捌絲捌忽貳微玖纖捌塵柒渺貳漠陸沙伍洙伍涯，實徵銀玖百玖拾肆兩叁錢柒分陸釐捌毫叁絲玖忽壹微貳纖玖塵貳漠壹沙玖洙玖涯。

外遇閏額徵銀貳百叁拾貳兩伍錢玖分貳釐壹毫陸絲肆忽，內除荒銀壹百玖拾伍兩肆錢柒分叁毫陸絲貳忽壹微肆塵陸渺伍漠，實徵銀叁拾柒兩壹錢貳分壹釐捌毫壹忽捌微玖纖伍塵叁渺伍漠。

壹起運項下

原編起運糧石折價銀玖百貳拾兩陸錢捌分叁釐貳毫壹絲伍忽伍微貳纖柒塵柒渺肆漠捌沙伍洙肆涯，內除荒銀陸百貳拾陸兩貳錢壹釐捌毫柒絲玖忽柒微壹纖貳塵肆渺捌漠捌沙壹洙肆涯，實起運銀貳百玖拾肆兩肆錢捌分壹釐叁毫叁絲伍忽捌微壹纖伍塵貳渺陸漠肆洙。

節裁藥味、軍器、年例等項起運銀陸百陸拾壹兩捌錢壹分壹釐陸毫肆絲肆忽，內除荒銀伍百捌拾壹兩壹錢叁分叁釐叁毫肆絲柒忽捌微肆纖伍塵壹沙伍洙肆涯，實徵起運銀捌拾兩陸錢柒分捌釐貳毫玖絲陸忽壹微伍纖肆塵玖渺玖漠捌沙肆洙陸涯。

舊編存留，內順治玖年裁扣各役工食銀貳百貳拾伍兩貳錢；拾貳年裁扣傘扇銀捌兩；拾肆年裁扣官生俸廩等項銀壹百玖拾肆兩壹錢玖分叁釐玖毫伍絲叁忽捌微伍纖玖塵玖渺；拾伍年裁扣冗員銀肆拾陸兩貳分陸釐陸毫壹絲壹忽陸微，遞馬、損轎夫叁分裁壹，銀壹千叁兩捌錢壹分壹釐肆毫。康熙元年裁吏書工食銀玖拾兩叁錢肆分叁釐貳絲陸忽；叁年裁門斗、齋夫工食銀肆拾兩壹錢伍分貳釐肆毫伍絲陸忽，雜費丁銀叁拾玖兩柒錢伍分伍釐貳絲貳忽叁微伍纖；拾伍年裁心紅紙張、修理監倉、喂馬草料、土牛、倉厫、鋪墊、紙劄共銀陸拾玖兩肆錢伍分叁釐伍毫貳絲肆忽捌微柒纖伍塵；貳拾柒年裁歲考花紅、舉貢盤纏、舉進坊價共銀貳拾捌兩捌錢柒分捌釐捌毫陸絲。雍正陸年裁燈夫工食銀貳拾貳兩叁錢陸釐玖毫貳絲；拾貳年裁民壯工食銀壹百貳拾貳兩陸錢捌分捌釐陸絲。乾隆玖年裁舖司工食銀伍拾叁兩伍錢叁分陸釐陸毫捌忽。

共裁歸起運銀壹千玖百肆拾肆兩叁錢肆分陸釐肆毫肆絲貳忽陸微捌纖肆塵玖渺，內除荒銀壹千陸百肆拾貳兩壹錢捌分捌絲柒忽陸微陸纖壹渺伍漠陸沙捌洙柒涯，實起運銀叁百貳兩壹錢陸分陸釐叁毫伍絲伍忽貳纖肆塵柒渺肆漠叁沙壹洙叁涯。

又額外停免銀玖拾貳兩捌錢壹分伍釐壹毫玖絲玖忽。

以上共該起運銀柒百柒拾兩壹錢肆分壹釐壹毫捌絲伍忽玖微玖纖伍塵壹渺玖洙玖涯。

又收存留內額協涇陽等縣站支抵餉銀貳拾陸兩柒錢陸分玖釐玖毫陸絲捌忽伍微捌纖伍塵伍渺。

又于請做以糧載丁之例等事案內，通省均丁增銀玖兩玖錢肆釐壹毫玖絲伍忽捌微捌纖貳塵柒渺。

實起運銀捌百陸兩捌錢壹分伍釐叁毫伍絲肆微陸纖叁塵貳渺壹沙玖洙玖涯，內留支加增撥補俸工銀伍百叁拾叁兩壹錢伍釐捌毫柒絲貳忽伍微壹纖捌塵陸渺捌漠；又留支新設夫馬工料銀伍拾玖兩陸錢。

止該起運銀貳百壹拾肆兩壹錢玖釐肆毫柒絲柒忽玖微肆纖肆塵伍渺貳漠壹沙玖洙玖涯。

外遇閏裁扣，內順治玖年裁扣銀壹拾柒兩壹錢；拾肆年裁扣銀壹拾伍兩肆錢伍分柒釐肆絲伍忽；拾伍年裁扣冗員銀肆兩壹錢貳分陸釐陸毫陸絲陸忽，遞馬、損轎夫叁分裁壹，銀玖拾兩。康熙元年裁吏書工食銀捌兩壹錢；叁年裁門斗、齋夫工食銀叁兩陸錢；拾伍年裁心紅紙張、喂馬草料共銀貳兩陸錢陸分陸釐陸毫柒絲。雍正陸年裁燈夫工食銀貳兩；拾貳年裁民壯工食銀壹拾壹兩。乾隆玖年裁舖司工食銀肆兩捌錢，又各官閏俸銀玖兩叁釐叁毫叁絲貳忽。

共裁歸起運銀壹百陸拾柒兩捌錢伍分叁釐柒毫壹絲叁忽，內除荒銀壹百肆拾壹兩陸分捌釐貳絲陸忽陸微叁塵貳渺叁漠捌沙，實徵銀貳拾陸兩柒錢捌分伍釐陸毫捌絲陸忽叁微玖纖陸塵柒渺陸漠貳沙。

又于請做以糧載丁之例等事案內，通省均丁增銀壹兩肆錢玖分玖釐肆毫叁絲捌微叁纖伍塵壹渺，實該起運銀貳拾捌兩貳錢捌分伍釐壹毫壹絲柒忽貳微叁纖壹塵捌渺陸漠貳沙，內留支加增撥補銀壹拾壹兩捌分柒釐貳毫壹忽玖微玖纖貳塵貳渺壹漠貳沙；又留支新設夫馬工料銀肆兩捌錢。止該起運閏銀壹拾貳兩叁錢玖分柒釐玖毫壹絲伍忽貳微叁纖玖塵陸渺伍漠。

壹存留項下

原編存留銀壹千貳百貳拾玖兩貳錢玖分捌釐捌毫貳絲陸忽貳微壹纖伍塵壹渺，內除荒銀壹千伍兩陸分叁釐壹毫柒絲叁忽捌纖壹塵捌漠，實徵存留銀貳百貳拾肆兩貳錢叁分伍釐陸毫伍絲叁忽壹微叁纖肆塵貳漠。

壹俸工項下

知縣俸薪銀肆拾伍兩，除不敷銀叁兩壹錢柒分肆釐伍毫貳絲伍忽，止支銀肆拾壹兩捌錢貳分伍釐肆毫柒絲伍忽，內除荒銀叁拾伍兩貳錢柒分玖釐柒毫叁絲柒忽玖微壹纖貳渺，實徵支銀陸兩伍錢肆分伍釐柒毫叁絲柒忽捌纖玖塵捌渺。外撥補均攤俸薪銀壹拾捌兩貳錢玖分捌釐伍毫叁絲貳忽肆微玖纖貳塵。

典史壹員，額支俸薪銀叁拾壹兩伍錢貳分，除不敷銀貳兩貳錢貳分叁釐伍毫柒絲捌忽肆微，止支銀貳拾玖兩貳錢玖分陸釐肆毫貳絲壹忽陸微，內除荒撥補銀貳拾肆兩柒錢壹分貳釐陸毫捌絲柒忽陸微陸纖壹渺，實徵支銀肆兩伍錢捌分叁釐柒毫叁絲叁忽玖微叁纖玖塵玖渺。

訓導壹員，額支俸薪銀叁拾壹兩伍錢貳分，除不敷銀貳兩貳錢叁分貳釐伍毫柒絲捌忽肆微，止支銀貳拾玖兩貳錢玖分陸釐肆毫貳絲壹忽陸微，內除荒撥補銀貳拾肆兩柒錢壹分貳釐陸毫捌絲柒忽陸微陸纖壹渺，實徵支銀肆兩伍錢捌分叁釐柒毫叁絲叁忽玖微叁纖玖塵玖渺。外撥補銀壹拾兩柒錢叁釐伍毫柒絲捌忽肆微。

知縣衙門

門子貳名，每名歲支銀陸兩，共支銀壹拾貳兩，除不敷銀捌錢肆分陸釐伍毫肆絲，止支銀壹拾壹兩壹錢伍分叁釐肆毫陸絲，內除荒撥補銀玖兩肆錢捌釐肆毫壹絲伍忽伍微玖纖叁渺，實徵支銀壹兩柒錢肆分伍釐肆絲肆忽肆微玖塵柒渺。遇閏加銀壹兩，內除荒銀捌錢肆分叁毫壹絲肆忽捌微貳纖壹塵伍渺，實徵支銀壹錢伍分玖釐陸毫捌絲伍忽壹微柒纖捌塵伍渺。

皂隸、仵作壹拾陸名，每名歲支銀陸兩，共支銀玖拾陸兩，除不敷銀陸兩柒錢柒分貳釐叁毫貳絲，止支銀捌拾玖兩貳錢貳分柒釐陸毫捌絲，內除荒撥補銀柒拾伍兩貳錢陸分陸釐柒毫捌絲肆忽肆微肆纖肆塵，實徵支銀壹拾叁兩玖錢陸分捌毫玖絲伍忽伍微伍纖陸塵。遇閏加銀捌兩，內除荒銀陸兩柒錢貳分貳釐伍毫壹絲玖忽柒微捌纖捌塵，實徵支銀壹兩貳錢柒分柒釐肆毫捌絲貳微壹纖貳塵。

馬快捌名，每名歲支銀壹拾陸兩捌錢，共銀壹百叁拾肆兩肆錢，除不敷銀玖兩肆錢捌分壹釐貳毫肆絲捌忽，止支銀壹百貳拾肆兩玖錢壹分捌釐柒毫伍絲貳忽，內除荒撥補銀壹百伍兩叁錢柒分叁釐貳毫貳絲肆忽叁微柒纖叁塵柒渺，實徵支銀壹拾玖兩伍錢肆分伍釐伍毫貳絲柒忽陸微貳纖陸塵叁渺。遇閏加銀壹拾壹兩貳錢，內除荒銀玖兩肆錢壹分壹釐伍毫貳絲捌忽柒纖貳塵壹渺，實徵支銀壹兩柒錢捌分捌釐肆毫柒絲壹忽玖微貳纖柒塵玖渺。

民壯貳拾捌名，每名歲支銀陸兩，共銀壹百陸拾捌兩，除不敷銀壹拾壹兩捌錢伍分壹釐伍毫陸絲，止支銀壹百伍拾陸兩壹錢肆分捌釐肆毫肆絲，內除荒撥補銀壹百叁拾壹兩柒錢壹分陸釐肆毫肆絲捌忽捌微肆纖伍塵伍渺，實徵支銀貳拾肆兩肆錢叁分壹釐玖毫玖絲壹忽壹微伍纖肆塵伍渺。外撥補銀壹拾壹兩捌錢伍分壹釐伍毫陸絲。遇閏加銀壹拾肆兩，內除荒銀壹拾壹兩柒錢陸分肆釐肆毫壹絲伍微壹纖玖塵，實徵支銀貳兩貳錢叁分伍釐伍毫捌絲玖忽肆微捌纖壹塵。

看監禁子捌名，每名歲支銀陸兩，共銀肆拾捌兩，除不敷銀叁兩叁錢捌分陸釐壹毫陸絲，止支銀肆拾肆兩陸錢壹分叁釐捌毫肆絲，內除荒撥補銀叁拾柒兩陸錢叁分叁釐伍毫伍忽捌纖壹塵壹渺，實徵支銀陸兩玖錢捌分叁毫叁絲肆忽玖微壹纖捌塵玖渺。遇閏加銀肆兩，內除荒銀叁兩叁錢陸分壹釐貳毫陸絲伍微捌纖伍塵，實徵支銀陸錢叁分捌釐柒毫叁絲玖忽肆微壹纖伍塵。

轎傘扇夫柒名，每名歲支銀陸兩，共銀肆拾貳兩，除不敷銀貳兩玖錢陸分貳釐捌毫玖絲，止支銀叁拾玖兩叁分柒釐壹毫壹絲，內除荒撥補銀叁拾貳兩玖錢貳分玖釐叁毫壹絲捌忽壹微貳塵陸渺，實徵支銀陸兩壹錢柒釐柒毫玖絲壹忽捌微玖纖柒塵肆渺。遇閏加銀叁兩伍錢，內除荒銀貳兩玖錢肆分壹釐壹毫陸忽伍微貳纖伍塵叁渺，實徵支銀伍錢伍分捌釐捌毫玖絲叁忽肆微柒纖肆塵柒渺。

庫子肆名，每名歲支銀陸兩，共銀貳拾肆兩，除不敷銀壹兩陸錢玖分叁釐捌絲，止支銀貳拾貳兩叁錢陸釐玖毫貳絲，內除荒撥補銀壹拾捌兩捌錢壹分陸釐柒毫玖絲伍忽肆微貳纖陸塵玖渺，實徵支銀叁兩肆錢玖分壹毫貳絲肆忽伍微柒纖叁塵壹渺。遇閏加銀貳兩，內除荒銀壹兩陸錢捌分陸毫叁絲壹微肆纖伍塵，實徵支銀叁錢壹分玖釐叁毫陸絲玖忽捌微伍纖伍塵。

斗級肆名，每名歲支銀陸兩，共銀貳拾肆兩，除不敷銀壹兩陸錢玖分叁釐捌絲，止支銀貳拾貳兩叁錢陸釐玖毫貳絲，內除荒撥補銀壹拾捌兩捌錢壹分陸釐柒毫玖絲伍忽肆微貳纖陸塵玖渺，實徵支銀叁兩肆錢玖分壹毫貳絲肆忽伍微柒纖叁塵壹渺。遇閏加銀貳兩，內除荒銀壹兩陸錢捌分陸毫叁絲壹微肆纖伍塵，實徵支銀叁錢壹分玖釐叁毫陸絲玖忽捌微伍纖伍塵。

各舖司兵壹拾叁名，每名歲支銀肆兩捌錢，共銀陸拾貳兩肆錢，除不敷銀肆兩肆錢貳釐捌忽，止支銀伍拾柒兩玖錢玖分柒釐玖毫玖絲貳忽，內除荒銀肆拾捌兩柒錢陸分陸毫陸絲伍忽伍微玖纖捌塵伍渺捌漠，實徵支銀玖兩貳錢叁分柒釐叁毫貳絲陸忽肆微壹塵肆渺貳漠。外加增銀陸拾捌兩柒錢陸分貳釐陸毫柒絲叁忽伍微玖纖捌塵伍渺捌漠。遇閏加銀伍兩貳錢，內除荒銀肆兩叁錢柒分壹毫貳絲陸忽叁微陸纖玖渺壹漠貳沙，實徵支銀捌錢貳分玖釐捌毫柒絲叁忽陸微叁纖玖塵捌漠捌沙。外加增銀伍兩陸錢柒分壹毫貳絲陸忽叁微陸纖玖渺壹漠貳沙。

畢家灣、徐家店渡河貳處水夫貳名，每名歲支銀壹兩壹錢陸分陸釐陸毫伍絲，共銀貳兩叁錢叁分叁釐叁毫，除不敷銀壹錢陸分肆釐陸毫貳忽陸微，止該銀貳兩壹錢陸分捌釐陸毫玖絲柒忽肆微，內除荒撥補銀壹兩捌錢貳分叁釐貳毫伍忽伍微捌纖陸塵貳渺，實支銀叁錢肆分伍釐肆毫玖絲壹忽捌微壹纖叁塵捌渺。遇閏加銀壹錢玖分肆釐，內除荒銀壹錢陸分貳釐伍毫壹絲叁忽捌微貳纖柒塵捌渺，實徵銀叁分壹釐肆毫捌絲陸忽壹微柒纖貳塵貳渺。

典史衙門

門子壹名，歲支銀陸兩，除不敷銀肆錢貳分叁釐貳毫柒絲，止支銀伍兩伍錢柒分陸釐柒毫叁絲，內除荒撥補銀肆兩柒錢肆釐貳毫玖微陸纖玖渺，實徵支銀捌錢柒分貳釐伍毫貳絲玖忽叁纖玖塵壹渺。遇閏加銀伍錢，內除荒銀肆錢貳分壹毫貳絲捌忽陸纖壹塵叁渺伍漠，實徵支銀柒分玖釐捌毫柒絲壹忽玖微叁纖捌塵陸渺伍漠。

皂隸肆名，每名歲支銀陸兩，共銀貳拾肆兩，除不敷銀壹兩陸錢玖分叁釐捌絲，止支銀貳拾貳兩叁錢陸釐玖毫貳絲，內除荒撥補銀壹拾捌兩捌錢壹分陸釐柒毫玖絲伍忽肆微貳纖陸塵玖渺，實徵支銀叁兩肆錢玖分壹毫貳絲肆忽伍微柒纖叁塵壹渺。遇閏加銀貳兩，內除荒銀壹兩陸錢捌分陸毫叁絲壹微肆纖伍塵，實徵支銀叁錢壹分玖釐叁毫陸絲玖忽捌微伍纖伍塵。

馬夫壹名，歲支銀陸兩，除不敷銀肆錢貳分叁釐貳毫柒絲，止支銀伍兩伍錢柒分陸釐柒毫叁絲，內除荒撥補銀肆兩柒錢肆釐貳毫玖微陸纖玖渺，實徵支銀捌錢柒分貳釐伍毫貳絲玖忽叁纖玖塵壹渺。遇閏加銀伍錢，內除荒銀肆錢貳分壹毫貳絲捌忽陸纖壹塵叁渺伍漠，實徵支銀柒分玖釐捌毫柒絲壹忽玖微叁纖捌塵陸渺伍漠。

教職衙門

齋夫叁名，每名歲支銀壹拾貳兩，共銀叁拾陸兩，內除不敷銀貳兩伍錢叁分玖釐陸毫貳絲，止支銀叁拾叁兩肆錢陸分叁毫捌絲，內除荒撥補銀貳拾捌兩貳錢貳分肆釐玖毫柒絲柒忽肆微玖纖伍塵伍渺，實徵支銀伍兩貳錢叁分伍釐肆毫貳忽伍微肆塵伍渺。遇閏加銀叁兩，內除荒銀貳兩伍錢貳分玖毫肆絲伍忽肆微陸纖肆塵伍渺，實徵支銀肆錢柒分玖釐伍絲肆忽伍微叁纖伍塵伍渺。

膳夫貳名，每名歲支銀陸兩陸錢陸分陸釐陸毫陸絲伍忽，共銀壹拾叁兩叁錢叁分叁釐叁毫叁絲，除不敷銀玖錢肆分伍毫柒絲陸忽肆微，止支銀壹拾貳兩叁錢玖分貳釐柒毫伍絲叁忽陸微，內除荒撥補銀壹拾兩肆錢伍分貳釐玖毫肆絲貳忽壹微肆纖貳塵叁渺，實徵支銀壹兩玖錢叁分玖釐捌毫壹絲壹忽肆微伍纖柒塵柒渺係廩生支領。遇閏加銀壹兩壹錢壹分壹釐壹毫壹絲壹忽，內除荒撥補銀玖錢叁分肆釐壹毫捌絲捌忽玖纖玖渺，實徵支銀壹錢柒分陸釐玖毫貳絲貳忽玖微玖塵壹渺係廩生支領。

門斗貳名，每名歲支銀柒兩貳錢，共銀壹拾肆兩肆錢，內除不敷銀壹兩壹分伍釐捌毫肆絲捌忽，止支銀壹拾叁兩叁錢捌分肆釐壹毫伍絲貳忽，內除荒撥補銀壹拾壹兩貳錢捌分貳釐叁絲陸忽玖微壹纖捌塵陸渺，實徵支銀貳兩壹錢貳釐壹毫壹絲伍忽捌纖壹塵肆渺。遇閏加銀壹兩貳錢，內除荒銀壹兩捌釐叁毫捌絲柒忽叁微肆纖捌塵叁渺，實徵支銀壹錢玖分壹釐陸毫壹絲貳忽陸微伍纖壹塵柒渺。

廩生貳拾名，每名歲支月糧銀叁兩貳錢，共銀陸拾肆兩，除不敷銀肆兩伍錢壹分肆釐捌毫捌絲，止支銀伍拾玖兩肆錢捌分伍釐壹毫貳絲，內除荒撥補銀伍拾兩貳錢叁分伍釐捌毫捌絲捌忽肆微貳纖叁塵貳渺，實徵支銀玖兩貳錢肆分玖釐貳毫叁絲壹忽伍微柒纖陸塵捌渺。遇閏加銀伍兩叁錢叁分叁釐叁毫肆絲，內除荒撥補銀肆兩肆錢捌分貳釐捌毫捌絲柒忽伍微肆纖肆渺，實徵支銀捌錢伍分肆毫伍絲貳忽肆微伍纖玖塵陸渺。

以上俸工項下，除廪生、膳夫貳欵照常支發外，其餘官役俸工於道光貳拾叁年奉文，均以貳兩平支放，每兩減平銀陸分，其減平銀兩，每年批解部庫交納，理合登明。

壹雜支項下

春秋貳季祭祀文廟並各壇祠及無祀鬼魂品物等項銀捌拾陸兩，除不敷銀陸兩陸分陸釐捌毫柒絲，止該銀柒拾玖兩玖錢叁分叁釐壹毫叁絲，內除荒銀陸拾柒兩貳錢貳釐壹毫陸絲陸忽柒微伍纖貳塵伍渺，實徵支銀壹拾貳兩柒錢叁分玖毫陸絲叁忽貳微肆纖柒塵伍渺。

又撥補均攤祭祀銀陸拾兩陸錢貳分叁毫貳絲叁纖捌塵柒渺肆漠伍沙陸涯。

霜降、端陽、操練犒賞銀肆兩，除不敷銀貳錢捌分貳釐壹毫捌絲，止該銀叁兩柒錢壹分柒釐捌毫貳絲，內除荒銀叁兩壹錢貳分伍釐捌毫肆絲肆忽貳微肆纖肆塵伍渺，實徵支銀伍錢玖分壹釐玖毫柒絲伍忽柒微伍纖伍塵伍渺。

鄉飲銀伍兩，除不敷銀叁錢伍分貳釐柒毫貳絲伍忽，止該銀肆兩陸錢肆分柒釐貳毫柒絲伍忽，內除荒銀叁兩玖錢陸釐玖毫玖絲壹忽捌微捌纖捌塵貳渺，實徵支銀柒錢肆分貳毫捌絲叁忽壹微壹纖壹塵捌渺。

布政司紙劄銀壹兩柒錢貳分伍釐，內除不敷銀壹錢貳分壹釐陸毫玖絲壹微貳纖伍塵，止該銀壹兩陸錢叁釐叁毫玖忽捌微柒纖伍塵，內除荒銀壹兩叁錢肆分柒釐陸毫叁絲陸微壹纖貳塵陸渺，實徵支銀貳錢伍分伍釐陸毫柒絲玖忽貳微陸纖貳塵肆渺。

以上鄉飲、紙劄貳欵於道光貳拾叁年奉文裁汰，其徵收銀兩，每年批解部庫交納，理合登明。

壹孤貧項下

孤貧貳拾壹名口，共支月糧銀陸拾兩肆錢捌分，除不敷銀肆兩貳錢陸分陸釐伍毫陸絲壹忽陸微，止該銀伍拾陸兩貳錢壹分叁釐肆毫叁絲捌忽肆微，內除荒銀肆拾柒兩壹錢貳分柒釐捌毫捌絲肆忽貳微貳纖玖塵壹渺，實徵支銀玖兩捌分伍釐伍毫伍絲肆忽壹微柒纖玖渺。外加增撥補銀陸拾陸兩伍錢壹分肆釐肆毫肆絲伍忽捌微貳纖玖塵壹渺。外遇閏加徵銀陸兩叁錢。

孤貧布花銀壹拾兩伍錢，除不敷銀柒錢肆分柒毫陸絲貳忽貳微伍纖玖塵玖渺，止該銀玖兩柒錢伍分玖釐貳毫叁絲柒忽柒微肆纖壹渺，內除荒銀捌兩貳錢叁分捌釐柒毫伍絲叁忽陸纖陸塵玖渺，實徵支銀壹兩伍錢貳分肆毫捌絲肆忽陸微柒纖叁塵壹渺。

壹驛站項下

驛站馬草料銀貳百叁拾玖兩叁分伍釐；京兆驛支直銀壹錢壹分；宜祿改兌臨洮府站銀壹拾壹兩柒錢玖分捌釐柒毫。共額銀貳百伍拾兩玖錢肆分叁釐柒毫，內除荒銀壹百捌拾兩肆錢肆分貳釐伍毫捌絲捌忽貳微伍纖貳塵捌渺，實徵銀柒拾兩伍錢壹釐壹毫壹絲壹忽柒微肆纖柒塵貳渺，內除額協涇陽等縣站支抵餉銀貳拾陸兩柒錢陸分玖釐玖毫陸絲捌忽伍微捌纖伍塵伍渺，實徵支銀肆拾叁兩柒錢叁分壹釐壹毫肆絲叁忽壹微陸纖壹塵柒渺。

外撥補增給夫馬工料銀伍拾玖兩陸錢。

外遇閏加增夫馬閏月銀肆兩捌錢。

以上存留實徵銀貳百貳拾肆兩貳錢叁分伍釐陸毫伍絲叁忽壹微叁纖肆塵貳漠，內除額協涇陽等縣站支抵餉銀貳拾陸兩柒錢陸分玖釐玖毫陸絲捌忽伍微捌纖伍塵伍渺入起運外，實該銀壹百玖拾柒兩肆錢陸分伍釐陸毫捌絲肆忽伍微肆纖捌塵伍渺貳漠。

外加增撥補俸工銀伍百叁拾叁兩壹錢伍釐捌毫柒絲貳忽伍微壹纖捌塵陸渺捌漠。

又撥補新設夫馬工料銀伍拾玖兩陸錢。

共該銀柒百玖拾兩壹錢柒分壹釐伍毫伍絲柒忽陸纖柒塵貳渺於乾隆伍拾貳年奉文，全數解司，壹切支欵，俱由司按季領支，嗣於嘉慶伍年奉文，在縣留支，並不解司，按季請領。

外于西安布政司庫撥補官役工食、孤貧不敷銀貳百伍拾貳兩陸錢伍分伍釐捌毫貳絲捌忽叁微貳纖陸塵柒渺，各屬解到地、丁銀兩內動支。

又于西安布政司庫撥補均攤祭祀銀陸拾兩陸錢貳分叁毫貳絲叁纖捌塵柒渺肆漠伍沙陸涯係領支公用銀兩。

遇閏原加銀柒拾叁兩柒錢肆分壹釐柒毫捌絲叁忽，內除閏俸銀玖兩叁釐叁毫叁絲貳忽入起運銀外，止該銀陸拾肆兩柒錢叁分捌釐肆毫伍絲壹忽，內除荒銀伍拾肆兩肆錢貳釐叁毫叁絲伍忽伍微壹塵肆渺壹漠貳沙，實徵銀壹拾兩叁錢叁分陸釐壹毫壹絲伍忽肆微玖纖捌塵伍渺捌漠捌沙。

外加增撥補銀壹拾壹兩捌分柒釐貳毫壹忽玖微玖纖貳塵貳渺壹漠貳沙。

又撥補新設夫馬工料銀肆兩捌錢。

共該銀貳拾陸兩貳錢貳分叁釐叁毫壹絲柒忽肆微玖纖捌渺於乾隆伍拾貳年奉文，全數解司，壹切支款，俱由司按季領支，嗣於嘉慶伍年奉文，在縣留支，並不解司，按季請領。

外於西安布政司庫撥補孤貧閏月銀陸兩叁錢係各屬解到地、丁銀兩。

壹額外

課程銀叁錢壹分係舖戶出辦。遇閏加銀貳分伍釐捌毫叁絲叁忽叁微叁纖。

畜稅銀壹拾貳兩柒錢捌分係買騾馬出辦，原無定額，儘收儘解。

地稅銀肆拾叁兩肆錢柒分係買房地業主出辦，每價銀壹兩，收稅銀叁分，原無定額，儘收儘解。

牙稅銀壹兩伍錢。

當稅銀伍兩係當商出辦，當鋪壹座，每年納稅銀伍兩。

山陽縣

原額伍等共地玖百肆拾玖頃叁拾伍畝玖分陸毫，每畝起科不等，共額徵夏秋糧壹千壹百肆拾叁石叁斗柒升壹合捌勺陸抄貳圭，每石折徵銀壹兩伍錢捌釐叁毫玖絲叁忽陸纖叁塵捌渺，共額徵銀壹千柒百貳拾肆兩陸錢伍分肆釐壹毫捌絲叁忽叁微捌渺。

內壹等稻地叁拾伍頃玖拾肆畝肆釐，每畝科糧叁升柒勺貳抄捌撮伍圭，共糧壹百壹拾石肆斗叁升玖合叁勺，徵銀壹百陸拾陸兩伍錢捌分陸釐陸毫柒絲肆忽。於順治柒年題明免過無主荒地玖頃壹拾貳畝壹分，應免糧貳拾捌石貳升柒合肆勺陸抄肆撮捌圭伍粟，應除銀肆拾貳兩貳錢柒分陸釐肆毫肆絲陸忽貳微玖纖柒塵叁渺，內節年開墾過地貳拾叁畝伍分肆釐陸毫叁絲肆忽，應徵糧柒斗伍升捌合肆勺捌抄伍撮捌圭，該徵銀壹兩壹錢肆分肆釐玖絲捌忽柒微肆纖貳塵貳渺。實在地貳拾柒頃伍畝肆分捌釐陸毫叁絲肆忽，實徵糧捌拾叁石壹斗柒升叁勺貳抄玖圭伍粟，該銀壹百貳拾伍兩肆錢伍分肆釐叁毫貳絲陸忽肆微肆纖肆塵玖渺。

庄園地壹拾伍頃陸拾貳畝玖分叁釐，每畝科糧叁升壹合叁勺柒抄壹撮，共糧肆拾玖石叁升伍合叁勺，該銀柒拾叁兩玖錢陸分肆釐伍毫陸微叁纖叁塵。於順治柒年題明免過無主荒地玖頃肆拾捌畝，應免糧貳拾玖石柒斗叁升玖合柒勺捌撮，該除銀肆拾肆兩捌錢伍分玖釐壹毫柒絲貳忽貳微捌纖叁塵肆渺，內節年墾地玖畝，應徵本折糧貳斗伍升玖勺陸抄捌撮，該銀叁錢柒分捌釐伍毫伍絲捌忽叁微玖纖肆渺。實在地陸頃貳拾貳畝玖分叁釐，實徵糧壹拾玖石伍斗肆升陸合伍勺陸抄，該徵銀貳拾玖兩肆錢捌分叁釐捌毫捌絲陸忽柒微肆纖。

貳等稻地叁拾貳頃陸拾柒畝貳分捌釐，每畝科糧貳升陸合伍勺捌抄，共糧捌拾陸石捌斗叁升捌合陸勺，該銀壹百叁拾兩玖錢捌分陸釐柒毫肆絲肆忽貳微貳纖。於順治柒年題明免過無主荒地貳拾陸頃叁拾伍畝貳分，應免糧柒拾石肆升叁合陸勺壹抄陸撮，該除銀壹百伍兩陸錢伍分叁釐叁毫叁忽陸微叁纖柒塵捌渺，內墾過、興屯並節年開墾、丈首地壹拾柒頃伍拾畝貳分壹釐肆毫叁絲叁忽，該糧肆拾陸石伍斗叁升玖合肆勺貳抄叁撮玖圭肆粟，該銀柒拾兩壹錢玖分柒釐肆毫玖忽伍微柒纖柒塵貳渺捌漠。實在地貳拾叁頃捌拾貳畝貳分玖釐肆毫叁絲叁忽，該糧陸拾叁石叁斗叁升肆合肆勺柒撮玖圭肆粟，該銀玖拾伍兩伍錢叁分捌毫伍絲壹微伍纖玖塵肆渺捌漠。

肥平旱地捌拾叁頃貳拾肆畝叁分陸釐，每畝科糧貳升壹合陸勺壹抄捌撮陸圭陸粟，共糧壹百柒拾玖石玖斗陸升壹合伍勺，該銀貳百柒拾壹兩肆錢伍分貳釐陸毫柒絲捌忽貳微。於順治柒年題明免過無主荒地陸拾叁頃叁拾伍畝貳分，應免糧壹百叁拾陸石玖斗伍升捌合伍勺壹抄柒撮，該除銀貳百陸兩伍錢捌分貳釐貳毫柒絲玖忽肆微壹纖肆塵捌渺，內墾過、興屯並節年開墾、丈首地陸拾柒畝肆釐肆毫陸絲，該糧壹石肆斗肆升玖合肆勺壹抄肆撮貳圭玖粟，該銀貳兩壹錢捌分陸釐叁毫肆絲玖忽陸微貳纖肆渺。實在地貳拾頃伍拾陸畝貳分肆毫陸絲，實徵糧肆拾肆石肆斗伍升貳合叁勺玖抄柒撮貳圭玖粟，該銀陸拾柒兩伍分陸釐柒毫肆絲捌忽叁微捌纖柒塵陸渺。

叁等瘦平旱地壹百捌拾壹頃壹拾壹畝伍分貳釐，每畝科糧壹升陸合貳勺叁抄捌撮，共糧貳百玖拾肆石玖升玖合，該銀肆百肆拾叁兩陸錢壹分陸釐捌毫玖絲壹忽。於順治柒年題明免過無主荒地壹百陸拾貳頃捌拾捌畝肆分貳釐伍毫，應免糧貳百陸拾肆石肆斗玖升壹合伍勺肆抄叁撮叁粟，該除銀叁百玖拾捌兩玖錢陸分貳釐壹毫柒絲伍忽玖微伍纖陸渺，內前墾並興屯及節年開墾、自首共地叁拾陸頃陸畝伍分壹毫，該糧伍拾捌石伍斗陸升叁合壹勺貳抄叁撮叁圭叁粟，該銀捌拾捌兩叁錢叁分陸釐玖毫玖絲壹忽肆微伍纖叁塵肆渺肆漠。實在地伍拾肆頃貳拾玖畝伍分玖釐陸毫，實徵糧捌拾捌石壹斗柒升伍勺捌抄叁圭，該銀壹百叁拾貳兩玖錢玖分壹釐柒毫陸忽伍微貳塵捌渺肆漠。

肆等平坡地壹百捌拾頃捌拾柒畝貳分壹釐，每畝科糧壹升壹合叁勺柒抄肆撮肆圭，共糧貳百伍石柒斗叁升壹合，該銀叁百壹拾兩叁錢貳分叁釐貳毫壹絲叁忽肆微。於順治柒年題明免過無主荒地壹百柒拾玖頃壹拾畝陸分陸釐伍毫，應免糧貳百叁石柒斗貳升叁合柒抄貳撮叁圭柒粟，該除銀叁百柒兩貳錢玖分肆釐肆毫捌絲捌微柒塵捌渺，內前墾過並興屯及節年開墾、丈首共地肆拾捌頃捌拾玖畝貳分伍釐柒毫伍絲捌忽，該糧伍拾伍石陸斗貳升壹合捌勺伍抄壹撮叁圭貳粟貳粒，該銀捌拾叁兩玖錢叁毫玖絲陸忽捌微肆纖貳塵玖渺肆漠。實在地伍拾頃陸拾伍畝捌分貳毫伍絲捌忽，實徵糧伍拾柒石陸斗貳升玖合柒勺柒抄捌撮玖圭伍粟貳粒，該銀捌拾陸兩玖錢貳分玖釐壹毫貳絲玖忽肆微叁纖伍塵壹渺肆漠。

伍等陂坡地肆百壹拾玖頃捌拾捌畝伍分陸釐陸毫，每畝科糧伍合壹勺柒抄肆圭壹粟伍粒，共糧貳百壹拾柒石貳斗陸升柒合壹勺陸抄貳圭，該銀叁百貳拾柒兩柒錢貳分叁釐肆毫捌絲壹忽捌微肆纖柒塵捌渺。順治柒年題明免過無主荒地叁百玖拾伍頃壹拾伍畝，應免糧貳百肆石肆斗陸升陸合玖勺陸抄捌撮柒圭伍粟，該除銀叁百捌兩肆錢壹分陸釐伍毫伍絲玖忽叁微，內前墾並興屯及節年開墾、清丈自首共地肆拾肆頃壹拾壹畝柒分貳釐玖毫玖絲捌忽，該糧貳拾貳石捌斗壹升肆合柒抄壹撮陸圭肆粟壹粒，該銀叁拾肆兩肆錢貳分貳毫貳絲肆微壹纖貳渺肆漠；又乾隆貳拾年開墾地柒頃柒拾畝捌分，該糧叁石玖斗捌升伍合叁勺伍抄伍撮捌圭捌粟貳粒，該銀陸兩壹分柒釐捌毫陸絲叁忽陸纖叁塵捌漠。實在地柒拾陸頃伍拾陸畝玖釐伍毫玖絲捌忽，實徵糧叁拾玖石伍斗玖升玖合陸勺壹抄捌撮玖圭柒粟叁粒，該銀伍拾玖兩柒錢肆分伍釐陸忽貳纖壹塵壹渺貳漠。

以上共免過無主荒地捌百肆拾伍頃肆拾肆畝伍分玖釐，應免糧玖百叁拾柒石肆斗伍升捌勺玖抄，該除銀壹千肆百壹拾肆兩肆分肆釐肆毫壹絲柒忽陸微玖纖壹塵柒渺，內前墾並興屯及節年開墾、丈首共地壹百肆拾柒頃伍拾陸畝貳分玖釐叁毫捌絲叁忽，該糧壹百捌拾伍石玖斗玖升柒合叁勺叁抄捌撮叁圭貳粟叁粒，該徵銀貳百捌拾兩伍錢陸分肆釐貳絲伍忽壹纖捌塵玖渺；又乾隆貳拾年開墾地柒頃柒拾畝捌分，該糧叁石玖斗捌升伍合叁勺伍抄伍撮捌圭捌粟貳粒，該銀陸兩壹分柒釐捌毫陸絲叁忽陸纖叁塵捌漠，以增抵除。

實應免地陸百玖拾頃壹拾柒畝肆分玖釐陸毫壹絲柒忽，折色糧柒百肆拾柒石肆斗陸升捌合壹勺玖抄伍撮柒圭玖粟伍粒，折徵銀壹千壹百貳拾柒兩肆錢陸分貳釐伍毫貳絲玖忽陸微玖塵柒渺貳漠。

以上實在熟地貳百伍拾玖頃壹拾捌畝肆分玖毫捌絲叁忽，該糧叁百玖拾伍石玖斗叁合陸勺陸抄肆撮肆圭伍粒，該折徵銀伍百玖拾柒兩壹錢玖分壹釐陸毫伍絲叁忽陸微玖纖壹塵捌漠遵照乾隆伍拾玖年奉准部咨令，將康熙年間易知由單內載：壹等稻地每畝折徵銀肆分陸釐叁毫伍絲捌微伍纖玖塵肆渺，庄園地每畝折徵銀肆分柒釐叁毫叁絲玖微柒纖捌塵玖渺；貳等稻地每畝折徵銀肆分捌絲貳忽柒纖捌塵貳渺，肥平旱熟地每畝折徵銀叁分貳釐陸毫壹絲壹忽玖微貳纖叁塵壹渺；叁等瘦平旱地每畝折徵貳分肆釐肆毫玖絲叁忽叁微玖纖貳塵貳渺；肆等平坡地每畝折徵銀壹分柒釐壹毫伍絲陸忽伍微玖纖伍塵捌渺；伍等陂坡地每畝折徵銀柒釐捌毫柒忽貳微玖纖伍塵壹渺，逐一纂入書內，嗣後遇有墾豁，以便按畝增除。

原額上中下叁等玖則（不等），俱折下下共丁柒千陸百陸拾叁丁，每丁徵銀肆錢捌分肆毫壹絲捌忽陸微玖纖，共徵銀叁千陸百捌拾壹兩肆錢肆分捌釐肆毫伍絲貳忽玖微，內除優免丁伍拾丁，該銀貳拾叁兩捌錢陸分伍釐肆毫伍絲貳忽玖微。

行差丁柒千陸百壹拾叁丁，該銀叁千陸百伍拾柒兩伍錢捌分叁釐。

順治柒年並康熙拾陸年經國之要務等事貳案內，豁免過逃亡並殺傷人丁柒千叁百叁拾柒丁，應除銀叁千肆百柒拾陸兩玖錢叁分貳釐貳毫玖絲陸忽陸纖，內前招回並節年招回、審出丁肆百貳拾玖丁，該徵銀貳百壹拾肆兩玖分陸釐肆毫壹絲柒忽玖微伍纖貳塵，實豁免丁陸千玖百捌丁，該除銀叁千貳百陸拾貳兩捌錢叁分伍釐捌毫柒絲捌忽壹微捌塵。

以上實在行差應徵人丁柒百伍丁，應徵銀叁百玖拾肆兩柒錢肆分柒釐壹毫貳絲壹忽捌微玖纖貳塵。

康熙伍拾伍年起，至乾隆貳拾陸年止，編審出丁壹百玖拾貳丁；乾隆叁拾壹年編審出丁壹拾陸丁；乾隆叁拾陸年編審出丁壹拾捌丁。共編審出丁貳百貳拾陸丁，欽遵康熙伍拾貳年叁月拾捌日恩詔，後遇編審之期，但據康熙伍拾年丁冊定為常額。永不加賦。

原額均徭銀貳千叁百叁拾兩玖錢貳分陸釐肆毫陸絲，內除荒銀壹千伍百貳拾叁兩捌錢壹釐叁毫柒絲柒忽壹微壹塵伍渺貳漠陸沙，實徵銀捌百柒兩壹錢貳分伍釐捌絲貳忽捌微玖纖捌塵肆渺柒漠肆沙係按前項各等地畝科徵，壹等稻地每畝徵銀陸分貳釐陸毫肆絲伍忽柒微伍纖叁塵伍渺捌漠；庄園地每畝徵銀陸分叁釐玖毫柒絲捌微陸纖捌渺肆漠；貳等稻地每畝徵銀伍分肆釐壹毫柒絲叁忽肆微玖纖壹塵玖渺叁漠，肥平旱熟地每畝徵銀肆分肆釐柒絲叁忽柒微肆纖陸塵肆渺壹漠；叁等瘦平地每畝徵銀叁分叁釐壹毫陸忽陸微柒纖伍塵貳渺貳漠，平坡地每畝徵銀貳分叁釐壹毫捌絲捌忽玖纖伍渺肆漠；伍等陡坡地每畝徵銀壹分伍毫伍絲肆微柒纖柒塵叁渺玖漠。

遇閏加徵銀貳百柒拾兩壹錢肆分壹釐捌毫玖絲柒忽，內除荒銀貳百壹拾肆兩伍分伍毫貳絲玖忽柒微壹纖貳塵肆渺，實徵銀伍拾陸兩玖分壹釐叁毫陸絲柒忽貳微捌纖柒塵陸渺。

以上地、丁貳項並均徭共額徵銀柒千柒百壹拾叁兩壹錢陸分叁釐陸毫肆絲叁忽叁微捌渺，內除荒亡缺額銀伍千玖百壹拾肆兩玖分玖釐柒毫捌絲肆忽捌微壹纖玖塵貳渺肆漠陸沙，實徵銀壹千柒百玖拾玖兩陸分叁釐捌毫伍絲捌忽肆微捌纖壹塵伍渺伍漠肆沙。

遇閏加徵銀貳百柒拾兩壹錢肆分壹釐捌毫玖絲柒忽，內除荒銀貳百壹拾肆兩伍分伍毫貳絲玖忽柒微壹纖貳塵肆渺，實徵銀伍拾陸兩玖分壹釐叁毫陸絲柒忽貳微捌纖柒塵陸渺。

壹起運項下

原編起運糧石等項折價銀壹千貳百壹拾壹兩陸錢肆分叁釐柒毫捌絲玖忽捌微肆纖捌渺，內除荒銀柒百玖拾壹兩貳錢叁分壹釐伍毫貳絲叁忽叁纖叁塵柒渺，實起運銀肆百貳拾兩肆錢壹分貳釐貳毫陸絲陸忽捌微柒塵壹渺。

節裁等項銀壹千陸百貳拾伍兩肆錢捌分捌毫，內除荒銀壹千叁百兩叁錢伍分叁釐陸絲玖忽柒微玖纖叁塵，實起運銀叁百貳拾伍兩壹錢貳分柒釐柒毫叁絲貳微柒塵。

舊編存留，內順治玖年裁扣各役工食銀貳百貳拾捌兩捌錢；拾貳年裁扣傘扇銀捌两；拾肆年裁扣官生俸廩等項銀壹百陸拾柒兩叁錢叁分肆釐肆毫柒絲；拾伍年裁冗員銀玖拾玖兩肆分，又里馬損轎夫銀陸拾壹兩陸錢貳分貳釐肆毫。康熙元年裁吏書銀玖拾柒兩貳錢；叁年裁門斗、齋夫銀肆拾叁兩貳錢，雜費丁銀壹百叁拾貳兩肆錢叁分貳釐貳毫；拾伍年裁心紅紙張、修理監倉等項銀柒拾肆兩捌錢玖分伍釐；貳拾柒年裁歲貢、舉人盤纏、坊價銀貳拾叁兩。雍正陸年裁燈夫銀貳拾肆兩；拾貳年裁民壯銀壹百叁拾貳兩。乾隆玖年裁舖司銀壹百貳拾貳兩陸分叁釐貳毫，舊編冗員裁剩解部銀玖百貳拾壹兩貳錢肆分柒毫伍絲叁忽肆微陸纖。

共裁扣歸入起運銀貳千壹百叁拾肆兩捌錢貳分捌釐貳絲叁忽肆微陸纖，內除荒銀壹千陸百肆拾貳兩叁錢壹分柒毫貳絲陸忽壹纖玖塵叁渺玖漠陸沙，實起運銀肆百玖拾貳兩伍錢壹分柒釐貳毫玖絲柒忽肆微肆纖陸渺肆沙。

以上叁項共該實起運銀壹千貳百叁拾捌兩伍分柒釐貳毫玖絲肆忽肆微伍纖肆塵柒渺肆沙。

又收存留內額協站支抵餉銀伍拾柒兩玖錢壹分玖釐捌毫貳絲貳忽伍微壹纖叁塵伍渺。

又收存留內驛遞之差使甚少案內，奉裁損夫工食銀捌兩柒錢肆分壹釐貳毫貳絲伍忽陸微壹纖陸渺陸漠。

共該起運銀壹千叁百肆兩柒錢壹分捌釐叁毫肆絲貳忽伍微柒纖捌塵捌渺陸漠肆沙，內在於請倣以糧載丁等事案內，通省均丁減銀壹百捌拾貳兩貳錢貳釐壹毫玖絲貳忽伍微貳纖伍塵柒渺，內除乾隆元、陸、拾壹、拾陸、貳拾壹、貳拾陸等年編審案內，共增抵補屯更丁銀肆拾柒兩伍錢陸毫伍絲玖忽柒微玖纖陸塵肆渺，又乾隆叁拾壹、叁拾陸兩年編審案內，共增抵補屯更丁銀壹拾貳兩肆錢陸分肆毫玖絲陸微捌纖叁塵貳渺，止該減銀壹百貳拾貳兩貳錢肆分壹釐肆絲貳忽肆纖陸塵壹渺。

實該起運銀壹千壹百捌拾貳兩肆錢柒分柒釐叁毫伍微叁纖貳塵柒渺陸漠肆沙，內留支加增撥補俸工銀柒百柒拾捌兩玖錢壹分壹釐伍毫伍絲叁忽捌微伍纖伍塵叁渺伍漠，實該銀肆百叁兩伍錢陸分伍釐柒毫肆絲陸忽陸微柒纖柒塵肆渺壹漠肆沙。

外遇閏裁扣，內順治玖年裁銀壹拾柒兩肆錢；拾肆年裁銀壹拾叁兩壹錢貳分玖釐陸毫玖絲叁忽；拾伍年裁銀捌兩貳錢伍分叁釐叁毫叁絲貳忽。康熙元年裁銀捌兩壹錢；叁年裁銀叁兩陸錢；拾伍年裁銀貳兩陸錢陸分陸釐陸毫柒絲。雍正陸年裁銀貳兩；拾貳年裁銀壹拾壹兩。乾隆玖年裁銀壹拾兩壹錢柒分貳釐壹毫，又閏俸銀玖兩叁釐叁毫叁絲貳忽。

共銀捌拾伍兩叁錢貳分伍釐壹毫貳絲柒忽，內除荒銀陸拾柒兩陸錢捌釐陸毫肆絲肆忽玖微肆纖叁渺壹漠貳沙，實徵銀壹拾柒兩柒錢壹分陸釐肆毫捌絲貳忽玖纖伍塵陸渺捌漠捌沙。

又收存留內裁損夫閏月銀壹兩壹錢貳分玖釐叁毫壹絲陸忽肆微伍纖貳塵叁渺壹漠肆沙。

貳項共銀壹拾捌兩捌錢肆分伍釐柒毫玖絲捌忽伍微肆纖捌塵貳沙，內除請倣以糧載丁等事案內，通省以糧均丁減銀肆兩叁錢貳分柒釐壹毫柒絲壹微伍纖陸塵柒渺，內節次抵補屯更丁增銀壹兩伍錢貳分貳釐陸毫玖絲伍忽玖微叁纖壹塵玖渺，止該減銀貳兩捌錢肆釐肆毫柒絲肆忽貳微貳纖肆塵捌渺。

實該銀壹拾陸兩肆分壹釐叁毫貳絲肆忽叁微貳纖叁塵貳渺貳沙，應留支加增撥補役廩閏月銀壹拾柒兩玖錢壹分柒毫肆絲捌忽肆微叁纖伍塵捌渺肆漠玖沙，除全數留支外，尚不敷銀壹兩玖錢玖分捌釐叁毫柒絲叁忽捌纖玖塵玖渺肆漠柒沙，遇閏之年在上項正銀內照數撥補。

壹存留項下

原編存留銀貳千柒百肆拾壹兩貳錢壹分壹釐叁絲，內除荒銀貳千壹百捌拾兩貳錢肆釐肆毫陸絲伍忽玖微柒纖叁塵壹渺伍漠，實存留銀伍百陸拾壹兩陸釐伍毫陸絲肆忽貳纖陸塵捌渺伍漠。

壹俸工項下

本縣知縣壹員，額支俸薪銀肆拾伍兩，內除荒銀叁拾伍兩陸錢貳分肆釐壹絲叁忽陸微，實徵支銀玖兩叁錢柒分伍釐玖毫捌絲陸忽肆微。外撥補俸工銀壹拾肆兩玖錢肆分陸釐柒毫陸絲肆忽伍纖玖塵伍渺。

典史壹員，額支俸薪銀叁拾壹兩伍錢貳分，內除荒撥補銀貳拾肆兩玖錢伍分貳釐陸毫叁絲玖忽陸微，實徵支銀陸兩伍錢陸分柒釐叁毫陸絲肆微。

訓導壹員，額支俸薪銀叁拾壹兩伍錢貳分，內除荒撥補銀貳拾肆兩玖錢伍分貳釐陸毫叁絲玖忽陸微，實徵支銀陸兩伍錢陸分柒釐叁毫陸絲肆微。外撥補全俸銀捌兩肆錢捌分。

知縣衙門

門子貳名，每名歲支工食銀陸兩，共銀壹拾貳兩，內除荒撥補銀玖兩肆錢玖分玖釐柒毫叁絲陸忽，實徵支銀貳兩伍錢貳毫陸絲肆忽。遇閏加銀壹兩，內除荒銀柒錢玖分貳釐貳絲貳忽伍微肆纖叁塵壹渺，實徵支銀貳錢柒釐玖毫柒絲柒忽肆微伍纖陸塵玖渺。

皂隸、仵作壹拾陸名，每名歲支工食銀陸兩，共銀玖拾陸兩，內除荒撥補銀柒拾伍兩玖錢玖分柒釐捌毫玖絲玖忽玖微，實徵支銀貳拾兩貳釐壹毫壹微。遇閏加銀捌兩，內除荒銀陸兩叁錢叁分陸釐壹毫陸絲捌忽壹微壹纖，實徵支銀壹兩陸錢陸分叁釐捌毫叁絲壹忽捌微玖纖。

馬快捌名，每名歲支工食銀壹拾陸兩捌錢，共銀壹百叁拾肆兩肆錢，內除荒撥補銀壹百陸兩叁錢玖分柒釐伍絲陸忽捌微，實徵支銀貳拾捌兩貳釐玖毫肆絲叁忽貳微。遇閏加銀壹拾壹兩貳錢，內除荒銀捌兩捌錢柒分陸毫叁絲壹忽伍微伍纖，實徵支銀貳兩叁錢貳分玖釐叁毫陸絲捌忽肆微伍纖。

民壯貳拾捌名，每名歲支工食銀陸兩，共銀壹百陸拾捌兩，內除荒撥補銀壹百叁拾貳兩玖錢玖分陸釐叁毫壹絲柒忽陸微，實徵支銀叁拾伍兩叁釐陸毫捌絲貳忽肆微。遇閏加銀壹拾肆兩，內除荒銀壹拾壹兩捌分捌釐貳毫柒絲捌忽肆微肆纖，實徵支銀貳兩玖錢壹分壹釐柒毫貳絲壹忽伍微陸纖。

看監禁子捌名，每名歲支工食銀陸兩，共銀肆拾捌兩，內除荒撥補銀叁拾柒兩玖錢玖分捌釐玖毫肆絲玖忽玖微，實徵支銀壹拾兩壹釐伍絲壹微。遇閏加銀肆兩，內除荒銀叁兩壹錢陸分捌釐捌絲壹忽伍微伍纖，實徵支銀捌錢叁分壹釐玖毫壹絲捌忽肆微伍纖。

轎傘扇夫柒名，每名歲支工食銀陸兩，共銀肆拾貳兩，內除荒撥補銀叁拾叁兩貳錢肆分玖釐柒絲玖忽肆微，實徵支銀捌兩柒錢伍分玖毫貳絲陸微。遇閏加銀叁兩伍錢，內除荒銀貳兩柒錢柒分貳釐柒絲壹忽壹微壹纖，實徵支銀柒錢貳分柒釐玖毫貳絲捌忽捌微玖纖。

庫子肆名，每名歲支工食銀陸兩，共銀貳拾肆兩，內除荒撥補銀壹拾捌兩玖錢玖分玖釐肆毫柒絲，實徵支銀伍兩伍毫叁絲。遇閏加銀貳兩，內除荒銀壹兩伍錢捌分肆釐肆絲柒微捌纖，實徵支銀肆錢壹分伍釐玖毫伍絲玖忽貳微貳纖。

斗級肆名，每名歲支工食銀陸兩，共銀貳拾肆兩，內除荒撥補銀壹拾捌兩玖錢玖分玖釐肆毫柒絲，實徵支銀伍兩伍毫叁絲。遇閏加銀貳兩，內除荒銀壹兩伍錢捌分肆釐肆絲柒微捌纖，實徵支銀肆錢壹分伍釐玖毫伍絲玖忽貳微貳纖。

舖司兵壹拾捌名，每名歲支銀肆兩叁錢伍分玖釐肆毫零，共支銀柒拾捌兩肆錢柒分壹毫，內除荒銀陸拾貳兩叁錢伍分壹釐陸毫伍絲伍忽陸微陸纖壹塵叁渺伍漠，實徵支銀壹拾陸兩壹錢壹分捌釐肆毫肆絲肆忽叁微叁纖捌塵陸渺伍漠。外加增銀玖拾壹兩捌錢捌分壹釐伍毫伍絲伍忽陸微陸纖壹塵叁渺伍漠。遇閏加銀陸兩伍錢叁分玖釐，內除荒銀伍兩壹錢捌分玖釐肆毫壹微捌纖肆塵伍渺肆漠玖沙，實徵支銀壹兩叁錢肆分玖釐伍毫玖絲玖忽捌微壹纖伍塵肆渺伍漠壹沙。外加增銀柒兩陸錢伍分肆毫壹微捌纖肆塵伍渺肆漠玖沙。

典史衙門

門子壹名，歲支工食銀陸兩，內除荒撥補銀肆兩柒錢肆分玖釐捌毫柒絲貳忽伍微，實徵支銀壹兩貳錢伍分壹毫貳絲柒忽伍微。遇閏加銀伍錢，內除荒銀叁錢玖分陸釐壹絲柒微柒纖陸塵陸渺，實徵支銀壹錢叁釐玖毫捌絲玖忽貳微貳纖叁塵肆渺。

皂隸肆名，每名歲支工食銀陸兩，共銀貳拾肆兩，內除荒撥補銀壹拾捌兩玖錢玖分玖釐肆毫柒絲，實徵支銀伍兩伍毫叁絲。遇閏加銀貳兩，內除荒銀壹兩伍錢捌分肆釐肆絲柒微捌纖，實徵支銀肆錢壹分伍釐玖毫伍絲玖忽貳微貳纖。

馬夫壹名，歲支工食銀陸兩，內除荒撥補銀肆兩柒錢肆分玖釐捌毫柒絲貳忽伍微，實徵支銀壹兩貳錢伍分壹毫貳絲柒忽伍微。遇閏加銀伍錢，內除荒銀叁錢玖分陸釐壹絲柒微柒纖陸塵陸渺，實徵支銀壹錢叁釐玖毫捌絲玖忽貳微貳纖叁塵肆渺。

訓導衙門

齋夫叁名，每名歲支工食銀壹拾貳兩，共銀叁拾陸兩，內除荒撥補銀貳拾捌兩肆錢玖分玖釐貳毫壹絲陸忽，實徵支銀柒兩伍錢柒毫捌絲肆忽。遇閏加銀叁兩，內除荒銀貳兩叁錢柒分陸釐伍絲陸忽陸微柒纖，實徵支銀陸錢貳分叁釐玖毫肆絲叁忽叁微叁纖。

膳夫貳名，額支工食銀壹拾叁兩叁錢叁分叁釐叁毫叁絲，內除荒撥補銀壹拾兩伍錢伍分伍釐貳毫伍絲陸忽肆微陸纖壹塵貳渺，實徵支銀貳兩柒錢柒分捌釐柒絲叁忽伍微叁纖捌塵捌渺係廩生支領。遇閏加銀壹兩壹錢壹分壹釐壹毫，內除荒撥補銀捌錢柒分玖釐玖毫柒絲柒忽陸微柒纖壹塵叁渺，實徵支銀貳錢叁分壹釐壹毫貳絲貳忽叁微貳纖捌塵柒渺。

門斗貳名，每名歲支工食銀柒兩貳錢，共銀壹拾肆兩肆錢，內除荒撥補銀壹拾壹兩叁錢玖分玖釐陸毫捌絲捌忽，實徵支銀叁兩叁毫壹絲貳忽。遇閏加銀壹兩貳錢，內除荒銀玖錢伍分肆毫貳絲陸忽陸微柒纖，實徵支銀貳錢肆分玖釐伍毫柒絲叁忽叁微叁纖。

廩生貳拾名，每名歲支月糧銀貳兩伍錢陸分，共支銀伍拾壹兩貳錢，內除荒撥補銀肆拾兩伍錢捌分玖絲叁忽壹微伍纖叁塵肆渺，實徵支銀壹拾兩陸錢壹分玖釐玖毫陸忽捌微肆纖陸塵陸渺。遇閏加銀肆兩貳錢陸分陸釐陸毫柒絲，內除荒撥補銀叁兩叁錢捌分叁毫柒絲伍微捌纖，實徵支銀捌錢捌分陸釐貳毫玖絲玖忽肆微貳纖。

以上俸工項下，除廩生、膳夫貳欵照常支發外，其餘官役俸工於道光貳拾叁年奉文，均以貳兩平支放，每兩減平銀陸分，其減平銀兩，每年批解部庫交納，理合登明。

壹雜支項下

春秋貳季祭祀文廟并各壇祠及無祀鬼魂品物等項銀捌拾兩，內除荒銀陸拾叁兩貳錢陸分壹釐肆毫肆絲叁忽捌微，實徵支銀壹拾陸兩柒錢叁分捌釐伍毫伍絲陸忽貳微。

外均攤撥補不敷銀伍拾陸兩柒錢貳分玖釐叁毫壹絲肆忽捌纖陸塵貳渺肆漠伍沙陸涯。

修理文廟祭器等銀壹拾兩，內除荒銀柒兩玖錢柒釐陸毫捌絲肆微捌纖，實徵支銀貳兩玖分貳釐叁毫壹絲玖忽伍微貳纖。

鄉飲額支銀肆兩，內除荒銀叁兩壹錢陸分叁釐柒絲肆忽，實徵支銀捌錢叁分陸釐玖毫貳絲陸忽。

解布政司紙劄額支銀壹兩捌錢玖分伍釐，內除荒銀壹兩肆錢玖分捌釐伍毫肆忽，實徵支銀叁錢玖分陸釐肆毫玖絲陸忽。

以上鄉飲、紙劄貳欵於道光貳拾叁年奉文裁汰，其徵收銀兩，每年批解部庫交納，理合登明。

孤貧貳拾名口，共支口糧銀伍拾柒兩陸錢，內除荒銀肆拾伍兩陸錢貳分陸釐伍毫陸忽柒微壹纖玖塵玖渺，實徵支銀壹拾壹兩玖錢柒分叁釐肆毫玖絲叁忽貳微捌纖壹渺。外加增銀陸拾兩貳分陸釐伍毫陸忽柒微壹纖玖塵玖渺。遇閏加增銀陸兩。

孤老冬衣布花銀柒兩伍錢，內除荒銀伍兩玖錢肆分玖毫伍絲貳忽陸微叁纖壹塵伍渺，實徵支銀壹兩伍錢伍分玖釐肆絲柒忽叁微陸纖捌塵伍渺,。

壹驛站項下

京兆驛支直銀壹錢叁分貳釐，站抵馬草料銀貳百玖拾玖兩捌錢陸分叁釐；宜祿驛站銀壹拾陸兩。共額銀叁百壹拾伍兩玖錢玖分伍釐，內除荒銀貳百玖兩柒錢陸分玖釐玖毫玖絲陸忽柒微伍纖玖塵叁渺，實徵銀壹百陸兩貳錢貳分伍釐叁忽貳微肆纖柒渺，內除額協涇陽並京兆驛站支抵餉銀伍拾柒兩玖錢壹分玖釐捌毫貳絲貳忽伍微壹纖叁塵伍渺入起運外，實支銀肆拾捌兩叁錢伍釐壹毫捌絲柒微貳纖柒塵貳渺。

壹走遞項下

損轎夫肆拾名，額支銀貳百柒拾伍兩陸錢柒分伍釐伍毫貳絲；走遞馬騾叁拾陸匹頭，額支銀壹千壹百貳兩柒錢貳釐捌絲。共額支銀壹千叁百柒拾捌兩叁錢柒分柒釐陸毫，內除荒銀壹千壹百肆拾壹兩肆錢捌分叁釐玖毫壹絲玖微陸塵伍渺，實徵銀貳百叁拾陸兩捌錢玖分叁釐陸毫捌絲玖忽玖纖叁塵伍渺，內除奉裁損夫工食銀捌兩柒錢肆分壹釐貳毫貳絲伍忽陸微壹纖陸渺陸漠，實支銀貳百貳拾捌兩壹錢伍分貳釐肆毫陸絲叁忽肆微捌纖貳塵捌渺肆漠。

遇閏加銀壹百貳拾兩，內除荒銀玖拾伍兩玖分肆釐貳毫伍絲伍忽捌微叁纖伍塵玖渺叁漠玖沙，實徵銀貳拾肆兩玖錢伍釐柒毫肆絲肆忽壹微陸纖肆塵陸漠壹沙，內除奉裁損夫閏月銀壹兩壹錢貳分玖釐叁毫壹絲陸忽肆微伍纖貳塵叁渺壹漠肆沙，實支銀貳拾叁兩柒錢柒分陸釐肆毫貳絲柒忽柒微壹纖壹塵柒渺肆漠柒沙。

以上存留實徵銀伍百陸拾壹兩陸釐伍毫陸絲肆忽貳纖陸塵捌渺伍漠，內除額協並京兆驛站支抵餉銀伍拾柒兩玖錢壹分玖釐捌毫貳絲貳忽伍微壹纖叁塵伍渺；又除驛遞之差使甚少等事案內，奉裁損夫工食銀捌兩柒錢肆分壹釐貳毫貳絲伍忽陸微壹纖陸渺陸漠。實徵銀肆百玖拾肆兩叁錢肆分伍釐伍毫壹絲伍忽玖微貳塵陸渺玖漠。

外加增撥補俸工銀柒百柒拾捌兩玖錢壹分壹釐伍毫伍絲叁忽捌微伍纖伍塵叁渺伍漠。

共該銀壹千貳百柒拾叁兩貳錢伍分柒釐陸絲玖忽柒微伍纖捌塵肆漠於乾隆伍拾

貳年奉文，全數解司，壹切支歀，俱由司按季領支，嗣于嘉慶伍年奉文，在縣留支，並不按季赴司請領。

外於西安布政司庫撥補領支文廟均攤祭祀銀伍拾陸兩柒錢貳分玖釐叁毫壹絲肆忽捌纖陸塵貳渺肆漠伍沙陸涯，在司庫收貯耗羨銀內動支。

遇閏原加銀壹百玖拾叁兩捌錢貳分壹毫貳忽，內除各官閏俸銀玖兩叁釐叁毫叁絲貳忽入起運外，實該銀壹百捌拾肆兩捌錢壹分陸釐柒毫柒絲，內除荒銀壹百肆拾陸兩肆錢肆分壹釐捌毫捌絲肆忽捌微捌塵捌漠捌沙，實徵銀叁拾捌兩叁錢柒分肆釐捌毫捌絲伍忽壹微玖纖壹塵玖渺壹漠貳沙，內除驛遞之差使甚少等事案內，裁損夫閏月銀壹兩壹錢貳分玖釐叁毫壹絲陸忽肆微伍纖貳塵叁渺壹漠肆沙。止該銀叁拾柒兩貳錢肆分伍釐伍毫陸絲捌忽柒微叁纖玖塵伍渺玖漠捌沙。

外加增撥補各役工食銀壹拾柒兩玖錢壹分柒毫肆絲捌忽肆微叁纖伍塵捌渺肆漠玖沙。

共該銀伍拾伍兩壹錢伍分陸釐叁毫壹絲柒忽壹微柒纖伍塵肆渺肆漠柒沙於乾隆伍拾貳年奉文，解司，壹切支歀，俱由司按季領支，嗣于嘉慶伍年奉文，在縣留支，並不按季赴司請領。

壹額外

課程銀柒錢肆分係鋪戶出辦。遇閏加銀陸分壹釐陸毫陸絲陸忽陸微陸纖。

畜税銀陸兩伍錢柒分係買騾馬人戶出辦，原無定額，儘收儘解。

地税銀伍拾伍兩壹錢肆分係買田房業主出辦，原無定額，儘收儘解。

牙税銀貳兩伍錢牙行伍名，每名歲納銀伍錢。

當税銀伍兩係當商出辦，當舖壹座，每年納税銀伍兩。

鎮安縣

原額上中下叁等共地壹千貳百柒拾捌頃貳拾玖畝陸分叁釐，各地起科不等，共徵夏秋糧壹千貳百柒拾柒石叁斗陸升伍合伍勺肆抄壹撮柒圭，每石折徵銀壹兩叁錢貳分壹毫壹絲柒忽柒微叁纖伍塵零，共額徵銀壹千陸百捌拾陸兩貳錢柒分叁釐捌毫貳絲壹忽伍微捌塵肆渺。內：

上等地肆百貳拾陸頃玖畝壹分肆釐，每畝科糧壹升陸合柒勺肆抄肆撮陸粟，共糧柒百壹拾叁石肆斗肆升玖合貳勺，該銀玖百肆拾壹兩捌錢叁分陸釐玖毫壹絲陸忽玖微。順治柒年玖月內題明免過無主荒地、又乾隆叁年拾壹月內在於報明事案內，豁免水沖貳共地叁百柒拾壹頃叁拾貳畝柒分肆釐，應免糧伍百壹拾貳石玖斗陸升玖合陸勺伍抄捌撮玖圭肆粟，應免銀陸百柒拾捌兩叁錢叁分捌釐伍毫肆絲捌忽叁微叁纖叁塵貳渺捌漠，內前墾過並節年墾過地伍頃伍拾貳畝玖分伍釐玖毫，該糧玖石貳斗伍升捌合柒勺柒抄肆圭叁粟陸粒，該徵銀壹拾貳兩貳錢貳分貳釐陸毫陸絲柒忽叁微肆塵。實在地陸拾頃貳拾玖畝叁分伍釐玖毫，該糧貳百玖石柒斗叁升捌合叁勺壹抄壹撮肆圭玖粟陸粒，該徵銀貳百柒拾伍兩柒錢貳分壹釐叁絲伍忽捌微柒纖柒渺貳漠，內除嘉慶拾柒年在于遵旨等事案內，改隸孝義廳地叁拾叁畝玖分柒釐，該糧伍斗陸升捌合捌勺，該徵銀壹兩伍錢伍分肆釐。止實在地伍拾玖頃玖拾伍畝叁分捌釐玖毫，該糧貳百玖石壹斗陸升玖合伍勺壹抄壹撮肆圭玖粟陸粒，該徵銀貳百柒拾肆兩壹錢陸分柒釐叁絲伍忽捌微柒纖柒渺貳漠。

中等地肆百貳拾陸頃壹拾畝壹分肆釐，每畝科糧柒合叁勺陸抄壹圭壹粟捌粒，共糧叁百壹拾叁石陸斗壹升肆合陸勺柒抄，該銀肆百壹拾肆兩玖釐貳毫叁絲叁微捌塵肆渺。順治柒年題明全免訖，內前墾過并節年開墾共地捌頃陸拾貳畝陸分，該糧陸石叁斗肆升捌合捌勺貳抄陸撮捌粟捌粒，該徵銀捌兩叁錢捌分壹釐貳毫肆微叁纖肆塵陸渺。實在地捌頃陸拾貳畝陸分，該糧陸石叁斗肆升捌合捌勺貳抄陸撮捌粟捌粒，該徵銀捌兩叁錢捌分壹釐貳毫肆微叁纖肆塵陸渺，內除乾隆伍拾年在於遵旨會核酌議等事案內，分撥孝義廳地肆頃壹畝肆分陸釐，該糧貳石玖斗伍升肆合柒勺玖抄叁撮伍圭，該徵銀叁兩玖錢陸毫陸絲肆忽陸微陸纖捌塵肆渺；分撥寧陝廳地肆頃伍拾柒畝玖分玖毫，該糧叁石叁斗柒升壹合陸勺，該徵銀肆兩肆錢肆分玖釐壹毫叁絲肆忽叁微叁塵玖渺。止實在地叁畝貳分叁釐壹毫，該糧貳升貳合肆勺叁抄貳撮伍圭捌粟捌粒，該徵銀叁分壹釐肆毫壹忽肆微陸纖貳塵叁渺。

下等地肆百貳拾陸頃壹拾畝叁分伍釐，每畝科糧伍合捌勺柒抄肆撮貳圭，共糧貳百伍拾石叁斗壹合陸勺柒抄壹撮柒圭，該銀叁百叁拾兩肆錢貳分柒釐陸毫柒絲肆忽叁微。順治柒年題明全免訖，內前墾過并興屯、又節年開墾共地伍拾捌頃肆拾壹畝捌分伍釐，該糧叁拾肆石叁斗壹升陸合壹勺捌抄叁撮肆圭捌粟，該徵銀肆拾伍兩叁錢壹釐叁毫玖絲捌忽捌纖柒塵貳渺肆漠。實在地伍拾捌頃肆拾壹畝捌分伍釐，該糧叁拾肆石叁斗壹升陸合壹勺捌抄叁撮肆圭捌粟，該徵銀肆拾伍兩叁錢壹釐叁毫玖絲捌忽捌纖柒塵貳渺肆漠，內除乾隆伍拾年在於遵旨會核酌議等事案內，分撥孝義廳地玖頃肆拾畝，該糧伍石伍斗貳升壹合柒勺肆抄捌撮，該徵銀柒兩貳錢捌分玖釐叁毫伍絲叁忽捌微玖纖貳塵；分撥寧陝廳地肆頃壹拾柒畝陸分捌釐，該糧貳石肆斗叁升玖合捌勺，該徵銀叁兩貳錢叁分捌釐玖毫伍絲肆忽叁微玖塵伍渺。止實在地肆拾肆頃捌拾肆畝壹分柒釐，該糧貳拾陸石叁斗伍升肆合陸勺叁抄伍撮肆圭捌粟，該徵銀叁拾肆兩柒錢柒分叁釐捌絲玖忽捌微捌纖伍塵柒渺肆漠，內除嘉慶拾柒年在於遵旨等事案內，改隸孝義廳地壹頃貳拾陸畝伍分貳釐，該糧柒斗肆升叁合貳勺，該徵銀玖錢捌分壹釐。止實在地肆拾叁頃伍拾柒畝陸分伍釐，該糧貳拾伍石陸斗壹升壹合肆勺叁抄伍撮肆圭捌粟，該徵銀叁拾叁兩柒錢玖分貳釐捌絲玖忽捌微捌纖伍塵柒渺肆漠。

各等原免共荒地壹千貳百貳拾叁頃伍拾叁畝貳分叁釐，共免折色糧壹千柒拾陸石捌斗捌升陸合陸圭肆粟，應免銀壹千肆百貳拾貳兩柒錢柒分伍釐肆毫伍絲貳忽玖微肆纖壹塵陸渺捌漠，內前墾過並興屯、又節年開墾共地柒拾貳頃伍拾柒畝肆分玖毫，共徵折色糧肆拾玖石玖斗貳升叁合柒勺捌抄肆粒，應徵銀陸拾伍兩玖錢伍釐貳毫陸絲伍忽捌微貳纖伍塵捌渺肆漠。實豁免荒地壹千壹百伍拾頃玖拾伍畝捌分貳釐壹毫，應免折色糧壹千貳拾陸石玖斗陸升貳合貳勺貳抄陸圭叁粟陸粒，應免銀壹千叁百伍拾陸兩捌錢柒分壹毫捌絲柒忽壹微壹纖伍塵捌渺肆漠。

以上實熟民地壹百貳拾柒頃叁拾叁畝捌分玖毫，應徵折色糧貳百伍拾石肆斗叁合叁勺貳抄壹撮陸粟肆粒，應徵銀叁百貳拾玖兩肆錢叁釐陸毫叁絲肆忽叁微玖纖貳塵伍渺陸漠，內除分撥孝義廳地壹拾叁頃肆拾壹畝肆分陸釐，該糧捌石肆斗柒升陸合伍勺肆抄壹撮伍圭，該徵銀壹拾壹兩壹錢玖分壹絲捌忽伍微陸纖肆渺；分撥寧陝廳地捌頃柒拾伍畝伍分捌釐玖毫，該糧伍石捌斗壹升壹合肆勺，該徵銀柒兩陸錢捌分捌釐捌絲捌忽陸微壹纖叁塵肆渺。止實熟地壹百伍頃壹拾陸畝柒分陸釐，應徵折色糧貳百叁拾陸石壹斗壹升伍合叁勺柒抄玖撮伍圭陸粟肆粒，應徵銀叁百壹拾兩伍錢貳分伍釐伍毫貳絲柒忽貳微壹纖捌塵柒渺陸漠，內除改隸孝義廳地壹頃陸拾畝肆分玖釐，該折色糧壹石叁斗壹升貳合，該徵銀貳兩伍錢叁分伍釐。

止實熟地壹百叁頃伍拾陸畝貳分柒釐，應徵折色糧貳百叁拾肆石捌斗叁合叁勺柒抄玖撮伍圭陸粟肆粒，應徵銀叁百柒兩玖錢玖分伍毫貳絲柒忽貳微壹纖捌塵柒渺陸漠遵照乾隆伍拾玖年奉准部咨令，將康熙年間易知由單內開載：上等地每畝徵折色銀肆分伍釐柒毫肆絲壹忽肆微玖纖玖塵玖渺貳漠；中等地每畝徵折色銀玖釐柒毫壹絲陸忽壹微玖纖柒塵伍渺伍漠；下等地每畝徵折色銀柒釐柒毫伍絲肆忽陸微叁纖壹塵捌漠，分晰纂入書內，以便遇有墾豁，按畝增除。

外乾隆伍拾年在於遵旨會核酌議等事案內，改收孝義廳野字號地肆拾肆頃貳拾肆畝伍分壹釐捌毫柒絲伍忽，共本折糧壹拾柒石陸斗玖升捌合柒抄伍撮，內本色糧伍斗叁升陸合捌勺肆抄壹圭叁粟叁粒肆顆玖糠叁粃柒粺，折色糧壹拾柒石壹斗陸升壹合貳勺叁抄肆撮捌圭陸粟陸粒伍顆陸粃叁粺，折徵銀貳拾叁兩陸錢捌分肆釐捌毫柒絲捌忽柒微壹纖柒渺肆漠陸沙伍洙陸涯叁洒；又嘉慶拾柒年在于遵旨等事案內，改隸孝義廳野字號地壹頃柒拾貳畝捌分伍釐，該本折糧陸斗玖升壹合肆勺，內本色糧貳升壹合，折色糧陸斗柒升肆勺，該折徵銀玖錢貳分伍釐。止實地肆拾貳頃伍拾壹畝陸分陸釐捌毫柒絲伍忽，共本折糧壹拾柒石陸合陸勺柒抄伍撮，內本色糧伍斗壹升伍合捌勺肆抄壹圭叁粟叁粒肆顆玖糠叁粃柒粺，折色糧壹拾陸石肆斗玖升捌勺叁抄肆撮捌圭陸粟陸粒伍顆陸粃叁粺，折徵銀貳拾貳兩柒錢伍分玖釐捌毫柒絲捌忽柒微壹纖柒渺肆漠陸沙伍洙陸涯叁洒。

又改收山谷租糧貳石伍斗捌升玖合伍勺柒抄，每石折徵銀貳錢肆分貳毫貳絲肆忽捌微捌纖陸塵，共徵銀陸錢貳分貳釐柒絲玖忽壹微伍纖捌塵叁漠玖沙貳涯，內除嘉慶拾柒年在于遵旨等事案內，改隸孝義廳山谷租糧叁斗壹升柒合，該折徵銀柒分柒釐，止實糧貳石貳斗柒升貳合伍勺柒抄，該折徵銀伍錢肆分伍釐柒絲玖忽壹微伍纖捌塵叁漠玖沙貳涯。

以上止實熟並改收共地壹百肆拾陸頃柒畝玖分叁釐捌毫柒絲伍忽，實徵本色糧伍斗壹升伍合捌勺肆抄壹圭叁粟叁粒肆顆玖糠叁粃柒粺，實徵折色糧折銀叁百叁拾壹兩貳錢玖分伍釐肆毫捌絲伍忽捌纖柒塵伍渺肆漠伍沙伍洙捌涯叁洒。

原額人丁叁門玖則不等，共折下下丁捌千叁拾捌丁，每丁徵銀肆錢陸分叁毫柒絲捌微捌纖玖塵陸渺，共徵銀叁千柒百兩肆錢陸分壹釐貳毫壹絲陸微肆塵捌渺，內除優免丁伍拾壹丁，共銀貳拾叁兩肆錢柒分捌釐玖毫壹絲伍忽陸微肆塵捌渺。

行差丁柒千玖百捌拾柒丁，共額徵銀叁千陸百柒拾陸兩玖錢捌分貳釐貳毫玖絲伍忽。

順治柒年並康熙拾陸年題明免過逃亡及殺傷人丁，共丁柒千捌百捌拾玖丁，應除銀叁千陸百叁拾壹兩捌錢陸分伍釐玖毫肆絲柒忽捌微壹纖玖塵貳渺，前招回並節年招回及編審出丁肆百捌丁，該徵銀壹百捌拾柒兩捌錢叁分壹釐貳毫玖絲肆忽玖微壹纖捌塵肆渺，實豁免丁柒千肆百捌拾壹丁，該除銀叁千肆百肆拾肆兩叁分肆釐陸毫伍絲貳忽玖微捌渺。

以上實在行差人丁伍百陸丁，共徵銀貳百叁拾貳兩玖錢肆分柒釐陸毫肆絲貳忽玖纖玖塵貳渺，內除分撥孝義廳銀壹兩柒錢壹分叁釐陸毫肆絲肆忽叁纖玖塵貳渺，分撥寧陝廳銀壹兩壹錢柒分柒釐叁毫伍絲捌忽肆纖捌塵伍渺，止該銀貳百叁拾兩伍分陸釐陸毫肆絲壹纖壹塵伍渺。

外收孝義廳改撥銀肆兩肆錢陸釐陸毫伍絲叁纖玖塵柒渺伍漠伍沙叁涯伍洒，實徵銀貳百叁拾肆兩肆錢陸分叁釐貳毫玖絲伍纖壹塵貳渺伍漠伍沙叁涯伍洒，內又除改隸孝義廳銀伍錢陸分壹釐，止實徵銀貳百叁拾叁兩玖錢貳釐貳毫玖絲伍纖壹塵貳渺伍漠伍沙叁涯伍洒雍正伍年攤入地糧內徵解。

康熙伍拾伍年起，至乾隆貳拾陸年止，編審出丁貳百壹拾貳丁；乾隆叁拾壹年編審出丁貳拾壹丁；乾隆叁拾陸年編審出丁貳拾伍丁。共編審共丁貳百伍拾捌丁，欽遵康熙伍拾貳年叁月拾捌日恩詔，後遇編審之期，但據康熙伍拾年丁冊定為常額，永不加賦。

原額均徭銀壹千玖百柒拾貳兩陸錢捌分捌釐玖毫伍忽伍微，內除荒銀壹千伍百捌拾柒兩叁錢叁分肆釐捌毫玖絲玖忽叁微陸纖壹漠，實徵銀叁百捌拾伍兩叁錢伍分肆釐陸忽壹微叁纖玖塵玖渺玖漠，內除分撥孝義廳銀壹拾叁兩玖分陸毫陸絲捌忽肆微玖塵伍渺玖漠；分撥寧陝廳銀捌兩捌錢捌分捌釐陸毫柒絲捌忽壹微貳纖捌塵肆渺。止該銀叁百陸拾叁兩叁錢柒分肆釐陸毫伍絲玖忽陸微貳塵。

外收孝義廳改撥銀肆兩捌分玖釐陸毫柒絲捌忽壹微壹纖柒塵肆渺玖漠肆沙肆洙叁涯柒洒。

實徵銀叁百陸拾柒兩肆錢陸分肆釐叁毫叁絲柒忽柒微壹纖玖塵肆渺玖漠肆沙肆洙叁涯柒洒，內又除改隸孝義廳銀叁兩壹錢貳分陸釐，止實徵銀叁百陸拾肆兩叁錢叁分捌釐叁毫叁絲柒忽柒微壹纖玖塵肆渺玖漠肆沙肆洙叁涯柒洒康熙年間易知由單內開載：上等地每畝徵均徭銀伍分叁釐伍毫壹絲捌微伍纖柒塵陸渺伍漠；中等地每畝徵均徭銀壹分壹釐叁毫陸絲陸忽肆微陸纖肆塵叁渺捌漠；下等地每畝徵均徭銀玖釐柒絲壹忽柒微玖纖伍塵叁渺肆漠。

外遇閏原額加銀貳百陸拾捌兩伍錢陸分壹釐叁絲叁微，內除荒銀貳百叁拾柒兩肆錢玖分陸毫柒絲玖微肆纖肆塵肆渺壹漠，實徵銀叁拾壹兩柒分叁毫伍絲玖忽叁微伍纖伍塵伍渺玖漠，內除分撥孝義廳銀捌錢肆分伍釐柒毫壹絲肆忽肆微柒纖伍塵捌渺；分撥寧陝廳銀伍錢柒分陸釐捌毫伍絲柒忽捌微貳纖玖塵。止該銀貳拾玖兩陸錢肆分柒釐柒毫捌絲柒忽伍纖柒渺玖漠。

外收孝義廳改撥銀叁錢陸分捌釐肆毫捌絲玖忽壹微捌纖貳塵肆渺玖沙肆洙柒涯柒洒。

實該銀叁拾兩壹分陸釐貳毫柒絲陸忽貳微叁纖叁塵壹渺玖漠玖沙肆洙柒涯柒洒，又除改隸孝義廳銀貳錢陸分捌釐，止實徵銀貳拾玖兩柒錢四分捌釐貳毫柒絲陸忽貳微叁纖叁塵壹渺玖漠玖沙肆洙柒涯柒洒。

額外徵收匠價銀肆錢玖分伍釐，內除分撥孝義廳銀壹分陸釐柒毫伍絲肆忽柒微陸纖肆塵；分撥寧陝廳銀壹分壹釐肆毫捌絲捌忽壹微玖纖伍渺。止該銀肆錢陸分陸釐柒毫伍絲柒忽肆纖伍塵伍渺。

外收孝義廳改撥銀貳錢叁分陸釐陸毫伍絲叁忽肆微肆纖柒塵伍渺肆漠壹沙壹洙玖涯陸洒。

實徵銀柒錢叁釐肆毫壹絲肆微玖纖叁塵肆漠壹沙壹洙玖涯陸洒，內又除改隸孝義廳銀壹分伍釐，止實徵銀陸錢捌分捌釐肆毫壹絲肆微玖纖叁塵肆漠壹沙壹洙玖涯陸洒。

遇閏加銀肆分壹釐貳毫伍絲，內除分撥孝義廳銀壹釐叁毫玖絲伍忽柒微捌纖肆塵貳渺；分撥寧陝廳銀玖毫伍絲柒忽叁微。止該銀叁分捌釐捌毫玖絲陸忽玖微壹纖伍塵捌渺。

外收孝義廳改撥銀壹分玖釐柒毫貳絲壹忽壹微貳纖陸渺貳漠捌沙肆洙叁涯叁洒。

實該銀伍分捌釐陸毫壹絲捌忽叁纖陸塵肆渺貳漠捌沙肆洙叁涯叁洒，內又除改隸孝義廳銀貳釐，止實徵銀伍分陸釐陸毫壹絲捌忽叁纖陸塵肆渺貳漠捌沙肆洙叁涯叁洒。

停免銀玖兩陸錢陸分柒釐柒毫捌絲捌忽陸微捌纖壹塵陸渺，內分撥孝義廳銀叁錢貳分柒釐；分撥寧陝廳銀貳錢貳分陸釐叁毫。止該銀玖兩壹錢壹分肆釐肆毫捌絲捌忽陸微捌纖壹塵陸渺。

外收孝義廳改撥銀肆錢肆釐伍毫捌絲玖忽柒微捌纖貳塵貳渺伍漠貳沙陸洙玖涯柒洒。

實該銀玖兩伍錢壹分玖釐柒絲捌忽肆微陸纖叁塵捌渺伍漠貳沙陸洙玖涯柒洒，內又除改隸孝義廳銀伍分壹釐，止實徵銀玖兩肆錢陸分捌釐柒絲捌忽肆微陸纖叁塵捌渺伍漠貳沙陸洙玖涯柒洒。

外收孝義廳改撥軍籍銀叁分壹釐肆毫壹絲伍忽捌微壹纖捌塵陸渺叁漠肆沙陸洙貳涯壹洒，内仍改歸該廳銀貳分貳釐，實該銀玖釐肆毫壹絲伍忽捌微壹纖捌塵陸渺叁漠肆沙陸洙貳涯壹洒。

外收孝義廳改撥地骨皮折價銀貳毫壹絲貳忽柒微捌纖肆塵玖渺叁漠伍沙捌洙壹涯捌洒。

以上額外正閏各項攤入前項地糧內徵解。

以上地、丁貳項並均徭、匠價、停免，除優免丁銀外，共額徵銀柒千叁百肆拾陸兩壹錢柒釐捌毫壹絲陸微玖纖，內除荒銀陸千叁百捌拾捌兩貳錢叁分玖釐柒毫叁絲玖忽叁微柒纖陸塵陸渺伍漠，實徵銀玖百伍拾柒兩捌錢陸分捌釐柒絲壹忽叁微壹纖叁塵叁渺伍漠，內除分撥孝義廳銀貳拾陸兩叁錢叁分捌釐捌絲伍忽柒微柒纖叁塵壹渺玖漠；分撥寧陝廳銀壹拾柒兩玖錢玖分壹釐玖毫壹絲貳忽玖微捌纖捌渺。止該銀玖百壹拾叁兩伍錢叁分捌釐柒絲貳忽伍微伍纖玖塵叁渺陸漠。

外收孝義廳改撥各項銀叁拾叁兩肆錢柒分陸釐壹毫伍絲柒忽捌微伍纖玖塵叁渺玖漠玖沙叁洙捌涯柒洒。

實該銀玖百肆拾柒兩壹分肆釐貳毫叁絲肆微壹纖捌塵柒渺伍漠玖沙叁洙捌涯柒洒，內又除改隸孝義廳銀柒兩叁錢壹分貳釐，止寔該銀玖百叁拾玖兩柒錢貳釐貳毫叁絲肆微壹纖捌塵柒渺伍漠玖沙叁洙捌涯柒洒。

實徵改撥本色糧伍斗壹升伍合捌勺肆抄壹圭叁粟叁粒肆顆玖糠叁粃柒秕。

外遇閏加徵銀貳百陸拾捌兩伍錢陸分壹釐叁絲叁微，內除荒銀貳百叁拾柒兩肆錢玖分陸毫柒絲玖微肆纖肆塵肆渺壹漠，實徵銀叁拾壹兩柒分叁毫伍絲玖忽叁微伍纖伍塵伍渺玖漠，內除分撥孝義廳銀捌錢肆分伍釐柒毫壹絲肆忽肆微柒纖伍塵捌渺；分撥寧陝廳銀伍錢柒分陸釐捌毫伍絲柒忽捌微貳纖玖塵。止該銀貳拾玖兩陸錢肆分柒釐柒毫捌絲柒忽伍纖柒渺玖漠。

外收孝義廳改撥銀叁錢陸分捌釐肆毫捌絲玖忽壹微捌纖貳塵肆渺玖沙肆洙柒涯柒洒。

實該銀叁拾兩壹分陸釐貳毫柒絲陸忽貳微叁纖叁塵壹渺玖漠玖沙肆洙柒涯

柒洒，內又除改隸孝義廳銀貳錢陸分捌釐，止實該銀貳拾玖兩柒錢肆分捌釐貳毫柒絲陸忽貳微叁纖叁塵壹渺玖漠玖沙肆洙柒涯柒洒。

又額外徵收匠價閏銀肆分壹釐貳毫伍絲，內除分撥孝義廳銀壹釐叁毫玖絲伍忽柒微捌纖肆塵貳渺；分撥寧陝廳銀玖毫伍絲柒忽叁微。止該銀叁分捌釐捌毫玖絲陸忽玖微壹纖伍塵捌渺。

外收孝義廳改撥銀壹分玖釐柒毫貳絲壹忽壹微貳纖陸渺貳漠捌沙肆洙叁涯叁洒。

實該銀伍分捌釐陸毫壹絲捌忽叁纖陸塵肆渺貳漠捌沙肆洙叁涯叁洒，內又除改隸孝義廳銀貳釐，止實該銀伍分陸釐陸毫壹絲捌忽叁纖陸塵肆渺貳漠捌沙肆洙叁涯叁洒。

貳項實徵閏銀貳拾玖兩捌錢肆釐捌毫玖絲肆忽貳微陸纖玖塵陸渺貳漠柒沙玖洙壹涯。

壹起運項下

外接收孝義廳改撥地畝應徵起運本色糧伍斗壹升伍合捌勺肆抄壹圭叁粟叁粒肆顆玖糠叁粃柒粃。

原編起運糧石折價銀玖百捌拾玖兩陸錢柒分貳釐肆毫貳絲壹忽肆微貳纖玖塵貳渺，內除荒銀柒百玖拾陸兩伍錢陸分捌釐柒毫玖絲陸忽玖微玖塵柒渺肆漠，實起運銀壹百玖拾叁兩壹錢叁釐陸毫貳絲肆忽伍微壹纖玖塵肆渺陸漠。

節裁軍器、毛襖、年例並脚價等項銀壹千叁百壹兩壹錢捌分捌釐捌毫，內除荒銀壹千壹百伍拾捌兩叁錢伍分玖釐貳毫叁絲伍忽伍微壹纖柒渺伍漠，實徵起運銀壹百肆拾貳兩捌錢貳分玖釐伍毫陸絲肆忽肆微捌纖玖塵貳渺伍漠。

舊編存留，內順治玖年裁扣各役工食銀貳百貳拾捌兩捌錢；拾貳年裁扣傘扇銀捌兩；拾叁年裁扣冗員銀玖拾玖兩肆分；拾肆年裁扣官生俸廩等銀壹百柒拾捌兩捌錢壹分陸釐叁毫叁絲。康熙元年裁扣吏書工食銀玖拾柒兩貳錢；叁年裁門斗、齋夫工食銀肆拾叁兩貳錢，裁雜費丁銀玖拾貳兩玖錢柒分捌釐貳毫；拾伍年裁心紅紙張、修理倉厫、喂馬草料、芒神土牛等項銀陸拾陸兩柒錢貳分伍釐；貳拾柒年裁歲貢盤纏、進士坊價銀壹拾玖兩伍錢。雍正陸年裁燈夫工食銀貳拾肆兩；拾貳年裁民壯工食銀壹百叁拾貳兩。乾隆玖年裁舖司工食銀捌兩貳錢陸分陸釐陸毫陸絲伍忽，又舊編冗費裁剩銀壹千壹百柒拾兩壹錢叁分捌釐柒毫伍微柒纖玖塵貳渺。

共裁扣歸入起運銀貳千壹百陸拾捌兩陸錢陸分肆釐捌毫玖絲伍忽伍微柒纖玖塵貳渺，內除荒銀壹千玖百壹拾陸兩捌錢伍分叁毫壹絲捌忽貳微壹纖玖塵陸渺伍漠，實起運銀貳百伍拾壹兩捌錢壹分肆釐伍毫柒絲柒忽叁微伍纖玖塵伍渺伍漠。

又額外匠價、停免等項銀壹拾兩壹錢陸分貳釐柒毫捌絲捌忽陸微捌纖壹塵陸渺，共該實起運銀伍百玖拾柒兩玖錢壹分伍毫伍絲伍忽肆纖玖塵捌渺陸漠，內除分撥孝義、寧陝貳廳銀肆拾肆兩叁錢貳分玖釐玖毫玖絲捌忽柒微伍纖叁塵玖渺玖漠，止該銀伍百伍拾叁兩伍錢捌分伍毫伍絲陸忽貳微玖纖伍塵捌渺柒漠。

又收改撥銀叁拾叁兩肆錢柒分陸釐壹毫伍絲柒忽捌微伍纖玖塵叁渺玖漠玖沙叁洙捌涯柒洒。

實該銀伍百捌拾柒兩伍分陸釐柒毫壹絲肆忽壹微伍纖伍塵貳渺陸漠玖沙叁洙捌涯柒洒，內又除改隸孝義廳銀柒兩叁錢壹分貳釐，止實該銀伍百柒拾玖兩柒錢肆分肆釐柒毫壹絲肆忽壹微伍纖伍塵貳渺陸漠玖沙叁洙捌涯柒洒。

又收存留內額協抵餉銀伍拾捌兩陸錢捌分陸釐伍毫玖絲貳忽玖微伍纖叁渺。

又收存留內驛遞之差使甚少等事案內，共裁站銀柒拾兩捌錢玖分柒釐捌絲貳忽玖微叁纖陸塵玖渺陸漠。

共該起運銀柒百玖兩叁錢貳分捌釐叁毫玖絲肆纖貳塵伍渺貳漠玖沙叁洙捌涯柒洒，內除受協驛站兌留兵餉應支銀柒拾伍兩壹分壹釐柒毫伍絲捌忽捌微玖纖叁塵陸渺；又在於請做以糧載丁等事案內，通省均丁減銀壹百叁拾肆兩壹錢柒分柒釐肆毫捌絲陸忽叁微捌纖壹塵貳渺，內除乾隆元、陸、拾壹、拾陸及貳拾壹、貳拾陸等年編審案內，共增抵補屯更丁銀叁拾伍兩貳錢陸分玖釐壹毫貳絲叁忽玖微柒纖柒塵陸漠陸沙陸洙陸涯肆洒，又乾隆叁拾壹、叁拾陸兩年編審案內，共增抵補屯更丁銀捌兩捌錢捌分柒釐伍毫壹絲伍忽捌纖陸塵壹渺叁漠叁沙叁洙叁涯貳洒，內除分撥孝義廳銀叁兩叁分捌釐，分撥寧陝廳銀貳兩壹錢柒分貳釐柒毫，止銀叁兩陸錢柒分陸釐捌毫壹絲伍忽捌纖陸塵壹渺叁漠叁沙叁洙叁涯貳洒，內又除改隸孝義廳銀肆錢柒分，止銀叁兩貳錢陸釐捌毫壹絲伍忽捌纖陸塵壹渺叁漠叁沙叁洙叁涯貳洒，止該減銀玖拾伍兩柒錢壹釐伍毫肆絲柒忽叁微壹纖捌塵肆洒。

外收孝義廳改撥抵補屯更丁增銀陸錢壹分柒釐陸毫肆絲貳忽壹微壹纖壹塵玖渺肆漠陸沙柒涯陸洒，仍歸該廳銀叁分壹釐，實該銀伍錢捌分陸釐陸毫肆絲貳忽壹微壹纖壹塵玖渺肆漠陸沙柒涯陸洒。

實該銀伍百叁拾玖兩貳錢壹釐柒毫貳絲伍忽玖微肆纖貳塵捌渺柒漠伍沙肆洙伍涯玖洒，內留加增撥補俸工銀伍百貳拾柒兩陸錢貳分捌釐，實在起運銀壹拾壹兩伍錢柒分叁釐柒毫貳絲伍忽玖微肆纖貳塵捌渺柒漠伍沙肆洙伍涯玖洒。

外遇閏裁扣，內順治玖年裁扣銀壹拾柒兩肆錢；拾叁年裁扣銀捌兩貳錢伍分叁釐叁毫叁絲貳忽；拾肆年裁銀壹拾肆兩壹錢陸分玖釐捌毫伍絲壹忽玖微。康熙元年裁銀捌兩壹錢；叁年裁銀叁兩陸錢；拾伍年裁銀貳兩陸錢陸分陸釐陸毫柒絲。雍正陸年裁銀貳兩；拾貳年裁銀壹拾壹兩。乾隆玖年裁銀陸錢捌分捌釐伍毫，又裁扣閏俸銀玖兩叁釐叁毫叁絲貳忽。

共銀柒拾陸兩捌錢捌分壹釐陸毫捌絲伍忽玖微，內除荒銀陸拾柒兩玖錢玖分壹毫陸絲壹微玖纖捌塵壹渺壹漠，實徵銀捌兩捌錢玖分壹釐伍毫貳絲伍忽柒微壹塵捌渺玖漠。

又匠價閏銀肆分壹釐貳毫伍絲。

貳共起運閏月銀捌兩玖錢叁分貳釐柒毫柒絲伍忽柒微壹塵捌渺玖漠，內除分撥孝義、寧陝貳廳銀壹兩肆錢貳分肆釐玖毫貳絲伍忽叁微捌纖玖塵，止該銀柒兩伍錢柒釐捌毫伍絲叁微壹纖貳塵捌渺玖漠。

外收改撥銀叁錢捌分捌釐貳毫壹絲叁微叁塵叁漠柒沙玖洙壹涯。

實該銀柒兩捌錢玖分陸釐陸絲陸微壹纖伍塵玖渺貳漠柒沙玖洙壹涯，內又除改隸孝義廳銀貳錢柒分，止實該銀柒兩陸錢貳分陸釐陸絲陸微壹纖伍塵玖渺貳漠柒沙玖洙壹涯。

又收存留內驛遞之差使甚少並題明請將驛站等事案內，裁站閏月銀伍兩陸錢陸分壹釐柒毫伍絲玖忽玖微壹纖柒塵。

貳項共銀壹拾叁兩貳錢捌分柒釐捌毫貳絲伍微叁纖貳塵玖渺貳漠柒沙玖洙壹涯，內除請倣以糧載丁等事案內，通省以糧均丁減銀肆兩伍錢柒分捌毫玖絲陸微柒塵伍渺，內除節次抵補屯更丁增閏銀壹兩伍錢柒分柒釐陸毫貳絲玖忽壹微叁纖玖塵陸沙，內除分撥孝義廳銀壹錢叁分伍釐捌毫捌絲玖忽柒微肆纖，寧陝廳銀玖分柒釐壹毫捌絲肆忽捌微柒纖壹塵，止增銀壹兩叁錢肆分肆釐伍毫伍絲肆忽伍微貳纖捌塵陸沙，內又除改隸孝義廳銀壹分柒釐，止增銀壹兩叁錢貳分柒釐伍毫伍絲肆忽伍微貳纖捌塵陸沙，止該減銀叁兩貳錢肆分叁釐叁毫叁絲陸忽柒纖玖塵肆渺玖漠肆沙。

外收改撥銀伍分肆毫柒絲叁忽捌微貳塵肆渺壹漠壹沙柒洙壹涯捌洒，內仍歸該廳銀叁釐，實該銀肆分柒釐肆毫柒絲叁忽捌微貳塵肆渺壹漠壹沙柒洙壹涯捌洒。

實該銀壹拾兩玖分壹釐玖毫伍絲捌忽貳微伍纖伍塵捌渺肆漠伍沙陸洙貳涯捌洒，內留支撥補役廩並馬夫閏月銀捌兩柒錢伍分伍釐玖毫柒忽捌微玖纖玖塵玖渺，止該銀壹兩叁錢叁分陸釐伍絲叁微伍纖伍塵玖渺肆漠伍沙陸洙貳涯捌洒。

壹存留項下

原編存留銀貳千捌百柒拾陸兩肆錢壹分捌釐玖毫伍忽，內除荒銀貳千伍百壹拾陸兩肆錢陸分壹釐叁毫捌絲捌忽柒微叁纖陸塵伍渺壹漠，實徵銀叁百伍拾玖兩玖錢伍分柒釐伍毫壹絲陸忽貳微陸纖叁塵肆渺玖漠。

壹俸工項下

知縣壹員，額支俸薪銀肆拾伍兩，內除荒銀叁拾玖兩柒錢玖分伍釐壹毫捌絲伍忽，實徵支銀伍兩貳錢肆釐捌毫壹絲伍忽。外撥補銀壹拾玖兩伍分陸釐壹毫肆絲叁忽捌微伍纖玖塵伍渺。

典史壹員，額支俸薪銀叁拾壹兩伍錢貳分，內除荒撥補銀貳拾柒兩捌錢柒分肆釐叁毫壹絲陸忽，實徵支銀叁兩陸錢肆分伍釐陸毫捌絲肆忽。

訓導壹員，額支俸薪銀叁拾壹兩伍錢貳分，內除荒撥補銀貳拾柒兩捌錢柒分肆釐叁毫壹絲陸忽，實徵支銀叁兩陸錢肆分伍釐陸毫捌絲肆忽。外撥補全俸銀捌兩肆錢捌分。

知縣衙門

門子貳名，每名歲支銀陸兩，共支銀壹拾貳兩，內除荒撥補銀壹拾兩陸錢壹分叁釐捌毫柒絲玖忽，實徵支銀壹兩叁錢捌分陸釐壹毫貳絲壹忽。遇閏加銀壹兩，內除荒銀捌錢捌分肆釐叁毫壹絲伍忽，實徵支銀壹錢壹分伍釐陸毫捌絲伍忽。

皂隸、仵作壹拾陸名，每名歲支銀陸兩，共支銀玖拾陸兩，內除荒撥補銀捌拾肆兩捌錢玖分陸釐伍毫伍絲壹忽，實徵支銀壹拾壹兩壹錢叁釐肆毫肆絲玖忽。遇閏加銀捌兩，內除荒銀柒兩柒分肆釐伍毫貳絲肆忽，實徵支銀玖錢貳分伍釐肆毫柒絲陸忽。

馬快捌名，每名歲支銀壹拾陸兩捌錢，共支銀壹百叁拾肆兩肆錢，內除荒撥補銀壹百壹拾捌兩捌錢伍分伍釐壹毫柒絲貳忽，實徵支銀壹拾伍兩伍錢肆分肆釐捌毫貳絲捌忽。遇閏加銀壹拾壹兩貳錢，內除荒銀玖兩玖錢肆釐叁毫叁絲柒忽玖纖柒塵壹渺，實徵支銀壹兩貳錢玖分伍釐陸毫陸絲貳忽玖微貳塵玖渺。

民壯貳拾捌名，每名歲支銀陸兩，共支銀壹百陸拾捌兩，內除荒撥補銀壹百肆拾捌兩伍錢陸分捌釐玖毫伍絲伍忽肆微柒纖貳塵，實徵支銀壹拾玖兩肆錢叁分壹釐肆絲肆忽伍微貳纖捌塵。遇閏加銀壹拾肆兩，內除荒銀壹拾貳兩叁錢捌分肆毫壹絲壹忽，實徵支銀壹兩陸錢壹分玖釐伍毫捌絲玖忽。

看監禁卒捌名，每名歲支銀陸兩，共支銀肆拾捌兩，內除荒撥補銀肆拾貳兩肆錢肆分捌釐貳毫柒絲伍忽，實徵支銀伍兩伍錢伍分壹釐柒毫貳絲伍忽，每名加增銀貳兩，共增銀壹拾陸兩。遇閏加銀肆兩，內除荒銀叁兩伍錢叁分柒釐貳毫陸絲，實徵支銀肆錢陸分貳釐柒毫肆絲。

轎傘扇夫柒名，每名歲支銀陸兩，共支銀肆拾貳兩，內除荒撥補銀叁拾柒兩壹錢肆分貳釐貳毫肆絲壹忽，實徵支銀肆兩捌錢伍分柒釐柒毫伍絲玖忽。遇閏加銀叁兩伍錢，內除荒銀叁兩玖分伍釐壹毫叁忽，實徵支銀肆錢肆釐捌毫玖絲柒忽。

庫子肆名，每名歲支銀陸兩，共支銀貳拾肆兩，內除荒撥補銀貳拾壹兩貳錢貳分肆釐壹毫叁絲玖忽，實徵支銀貳兩柒錢柒分伍釐捌毫陸絲壹忽。遇閏加銀貳兩，內除荒銀壹兩柒錢陸分捌釐陸毫貳絲玖忽，實徵支銀貳錢叁分壹釐叁毫柒絲壹忽。

斗級肆名，每名歲支銀陸兩，共支銀貳拾肆兩，內除荒撥補銀貳拾壹兩貳錢貳分肆釐壹毫叁絲玖忽，實徵支銀貳兩柒錢柒分伍釐捌毫陸絲壹忽。遇閏加銀貳兩，內除荒銀壹兩柒錢陸分捌釐陸毫貳絲玖忽，實徵支銀貳錢叁分壹釐叁毫柒絲壹忽。

各舖司兵叁拾捌名，每名歲支銀肆兩壹錢叁分叁釐叁毫叁絲貳忽伍微，共支銀壹百伍拾柒兩陸分陸釐陸毫叁絲伍忽，內撥支孝義廳壹名，西鄉縣貳名，共正閏工食銀兩，俱由縣解司支領，內除荒銀壹百叁拾捌兩柒錢捌分柒釐肆絲伍忽，實徵支銀壹拾捌兩貳錢柒分玖釐伍毫玖絲。外加增銀貳百玖兩柒錢貳分肆毫壹絲。遇閏加銀壹拾叁兩捌分壹釐伍毫，內除荒銀壹拾壹兩陸錢柒分陸釐捌絲捌忽柒微柒塵，實徵支銀壹兩肆錢伍釐肆毫壹絲壹忽貳微玖纖叁塵。外加增銀壹拾柒兩伍錢玖分肆釐伍毫捌絲捌忽柒微柒塵。

典史衙門

門子壹名，歲支銀陸兩，內除荒撥補銀伍兩叁錢陸釐叁絲叁忽，實徵支銀陸錢玖分叁釐玖毫陸絲柒忽。遇閏加銀伍錢，內除荒銀肆錢肆分貳釐壹毫伍絲玖忽，實徵支銀伍分柒釐捌毫肆絲壹忽。

皂隸肆名，每名歲支銀陸兩，共支銀貳拾肆兩，內除荒撥補銀貳拾壹兩貳錢貳分肆釐壹毫叁絲玖忽，實徵支銀貳兩柒錢柒分伍釐捌毫陸絲壹忽。遇閏加銀貳兩，內除荒銀壹兩柒錢陸分捌釐陸毫貳絲玖忽，實徵支銀貳錢叁分壹釐叁毫柒絲壹忽。

馬夫壹名，歲支銀陸兩，內除荒撥補銀伍兩叁錢陸釐叁絲叁忽，實徵支銀陸錢玖分叁釐玖毫陸絲柒忽。遇閏加銀伍錢，內除荒銀肆錢肆分貳釐壹毫伍絲玖忽，實徵支銀伍分柒釐捌毫肆絲壹忽。

教職衙門

齋夫叁名，每名歲支銀壹拾貳兩，共支銀叁拾陸兩，內除荒撥補銀叁拾壹兩捌錢叁分陸釐貳毫陸忽，實徵支銀肆兩壹錢陸分叁釐柒毫玖絲肆忽。遇閏加銀叁兩，內除荒銀貳兩陸錢伍分貳釐玖毫肆絲陸忽，實徵支銀叁錢肆分柒釐伍絲肆忽。

膳夫貳名，額支銀壹拾叁兩叁錢叁分叁釐叁毫叁絲，內除荒撥補銀壹拾壹兩柒錢捌分玖釐伍毫壹絲肆微貳纖捌塵柒渺伍漠，實徵支銀壹兩伍錢肆分叁釐捌毫壹絲玖忽伍微柒纖壹塵貳渺伍漠係廩生支領。遇閏加銀壹兩壹錢壹分壹釐壹毫，內除荒撥補銀玖錢捌分貳釐伍毫柒絲陸忽壹微玖纖玖塵玖渺，實徵支銀壹錢貳分捌釐伍毫貳絲叁忽捌微壹渺。

門斗貳名，每名歲支銀柒兩貳錢，共支銀壹拾肆兩肆錢，內除荒撥補銀壹拾貳兩柒錢叁分肆釐肆毫捌絲肆忽，實徵支銀壹兩陸錢陸分伍釐伍毫壹絲陸忽。遇閏加銀壹兩貳錢，內除荒銀壹兩陸分壹釐壹毫柒絲捌忽，實徵支銀壹錢叁分捌釐捌毫貳絲貳忽。

廩生貳拾名，每名歲支銀貳兩捌錢柒分貳釐肆絲柒忽，共支銀伍拾柒兩肆錢肆分玖毫肆絲，內除荒撥補銀伍拾兩柒錢玖分柒釐叁毫貳忽，實徵支銀陸兩陸錢肆分叁釐陸毫叁絲捌忽。遇閏加銀肆兩柒錢捌分陸釐柒毫肆絲肆忽肆微，內除荒撥補銀肆兩貳錢叁分貳釐玖毫玖絲壹忽玖微，實徵支銀伍錢伍分叁釐柒毫伍絲貳忽伍微。

以上俸工項下，除廩生、膳夫貳欵照常支發外，其餘官役俸工於道光貳拾叁年奉文，均以貳兩平支放，每兩減平銀陸分，其減平銀兩，每年批解部庫交納，理合登明。

壹祭祀項下

春秋貳季致祭文廟及各壇祠并無祀鬼魂品物等項額支銀捌拾肆兩，內除荒銀柒拾肆兩貳錢捌分壹釐柒毫玖絲肆忽，實徵支銀玖兩柒錢壹分捌釐貳毫陸忽。

又加撥補均攤銀陸拾叁兩陸錢叁分叁釐柒絲柒忽貳微捌纖陸塵貳渺肆漠伍沙陸涯。

鄉飲銀叁兩，內除荒銀貳兩陸錢伍分貳釐捌毫貳絲，實徵支銀叁錢肆分柒釐壹毫捌絲。

布政司紙劄銀壹兩柒錢貳分伍釐，內除荒銀壹兩伍錢貳分伍釐肆毫玖絲貳忽，實徵支銀壹錢玖分玖釐伍毫捌忽。

以上鄉飲、紙劄貳欵於道光貳拾叁年奉文裁汰，其徵收銀兩，每年批解部庫交納，理合登明。

壹孤貧口糧項下

孤貧壹拾壹名口，共支月糧銀叁拾壹兩陸錢捌分，內除荒銀貳拾捌兩捌釐伍毫貳絲陸忽叁微肆纖貳塵肆渺，實徵支銀叁兩陸錢柒分壹釐肆毫柒絲叁忽陸微伍纖柒塵陸渺。外加增銀叁拾伍兩玖錢貳分捌釐伍毫貳絲陸忽叁微肆纖貳塵肆渺。遇閏加銀叁兩叁錢。

孤貧布花銀伍兩伍錢，內除荒銀肆兩捌錢陸分貳釐壹毫玖絲陸忽壹纖肆塵玖渺，實徵支銀陸錢叁分柒釐捌毫叁忽玖微捌纖伍塵壹渺。

壹驛站項下

站抵馬草額銀叁百貳拾陸兩捌分肆釐；京兆驛支直額銀壹錢肆分玖釐；宜祿驛改兌臨洮站額銀壹拾陸兩。共額銀叁百肆拾貳兩貳錢叁分叁釐，內除荒銀貳百柒拾伍兩肆錢叁分捌釐玖毫伍絲捌忽伍微肆纖捌塵柒渺伍漠，實徵銀陸拾陸兩柒錢玖分肆釐肆絲壹忽肆微伍纖壹塵貳渺伍漠。

又收受協驛站兌留兵餉應支銀柒拾伍兩壹分壹釐柒毫伍絲捌忽捌微玖纖叁塵陸渺。

貳項共銀壹百肆拾壹兩捌錢伍釐捌毫叁微肆纖肆塵捌渺伍漠，內除額協抵餉銀伍拾捌兩陸錢捌分陸釐伍毫玖絲貳忽玖微伍纖叁渺，實徵支銀捌拾叁兩壹錢壹分玖釐貳毫柒忽叁微玖纖肆塵伍渺伍漠。

壹走遞項下

走遞騾叁拾頭，工食草料額銀壹千貳百兩；損轎夫肆拾名，額銀貳百叁拾柒兩陸錢。共銀壹千肆百叁拾柒兩陸錢，內除荒銀壹千貳百叁拾壹兩叁錢玖分叁釐陸毫捌絲玖微貳纖玖塵柒渺壹漠，實徵支銀壹百陸拾陸兩貳錢陸釐叁毫壹絲玖忽柒纖貳渺玖漠，內除驛遞之差使甚少並題明請將驛站等事案內，共裁站銀柒拾兩捌錢玖分柒釐捌絲貳忽玖微叁纖陸塵玖渺陸漠，實徵支銀玖拾伍兩叁錢玖釐貳毫叁絲陸忽壹微叁纖叁塵叁渺叁漠。

遇閏加銀壹百壹拾玖兩捌錢，內除荒銀壹百伍兩捌錢貳分捌釐伍毫柒絲肆忽捌微肆纖貳塵叁渺，實徵銀壹拾叁兩玖錢柒分壹釐肆毫貳絲伍忽壹微伍纖柒塵柒渺，內除驛遞之差使甚少並題明請將驛站等事案內，裁站閏月銀伍兩陸錢陸分壹釐柒毫伍絲玖忽玖微壹纖柒塵，實徵支銀捌兩叁錢玖釐陸毫陸絲伍忽貳微肆纖柒渺。

撥補增給夫馬閏月工料銀叁兩伍錢肆分叁毫叁絲玖忽捌微。

以上存留實徵銀叁百伍拾玖兩玖錢伍分柒釐伍毫壹絲陸忽貳微陸纖叁塵肆渺玖漠。

又收起運內受協驛站兌留兵餉應支銀柒拾伍兩壹分壹釐柒毫伍絲捌忽捌微玖纖叁塵陸渺。

貳項共該銀肆百叁拾肆兩玖錢陸分玖釐貳毫柒絲伍忽壹微伍纖柒塵玖漠，內除額協抵餉銀伍拾捌兩陸錢捌分陸釐伍毫玖絲貳忽玖微伍纖叁渺；又除驛遞之差使甚少等事案內，共裁站銀柒拾兩捌錢玖分柒釐捌絲貳忽玖微叁纖陸塵玖渺陸漠。實該銀叁百伍兩叁錢捌分伍釐伍毫玖絲玖忽貳微陸纖玖塵捌渺叁漠。

外加增撥補俸工留支銀伍百貳拾柒兩陸錢貳分捌釐。

共該存留銀捌百叁拾叁兩壹分叁釐伍毫玖絲玖忽貳微陸纖玖塵捌渺叁漠乾隆伍拾貳年奉文，全數解司，壹切支款，俱由司庫按季領支，嗣於乾隆（嘉慶）伍年奉文，在縣留支，並不解司，按季請領。

外於西安布政司庫撥補領支舖司各役等項銀肆百肆拾壹兩貳錢柒分貳釐柒毫柒絲壹忽壹微貳塵陸渺伍漠係動支起運銀兩。

又於西安布政司庫撥補領支祭祀銀陸拾叁兩陸錢叁分叁釐柒絲柒忽貳微捌纖陸塵貳渺肆漠伍沙陸涯係動支耗羨銀兩。

遇閏原加銀貳百兩陸錢捌分貳釐陸毫柒絲陸忽肆微，內除裁扣閏俸銀玖兩叁釐叁毫叁絲貳忽入起運外，實該銀壹百玖拾壹兩陸錢柒分玖釐叁毫肆絲肆忽肆微，內除荒銀壹百陸拾玖兩伍錢伍毫壹絲柒微肆纖陸塵叁渺，實徵銀貳拾貳兩壹錢柒分捌釐捌毫叁絲叁忽陸微伍纖叁塵柒渺，內除驛遞之差使甚少並題明請將驛站等事案內，共裁站閏月銀伍兩陸錢陸分壹釐柒毫伍絲玖忽玖微壹纖柒塵，共該銀壹拾陸兩伍錢壹分柒釐柒絲叁忽柒微叁纖陸塵柒渺。

外加增撥補役廪並夫馬閏月留支銀捌兩柒錢伍分伍釐玖毫柒忽捌微玖纖玖塵玖渺。

共該存留閏銀貳拾伍兩貳錢柒分貳釐玖毫捌絲壹忽陸微叁纖陸塵陸渺俱由司庫按季領支，嗣於嘉慶伍年奉文，留支，並不請領。

外於西安布政司庫領支舖司、孤貧閏月銀貳拾兩捌錢玖分肆釐伍毫捌絲捌忽柒微柒塵係動支起運銀兩。

壹額外

課程銀柒錢伍分係鋪戶出辦。遇閏加銀陸分貳釐伍毫。

畜税銀柒兩柒錢玖分肆釐係買賣騾馬出辦，原無定額，儘收儘解。

牙税銀壹兩貳錢共牙人貳名，每名銀陸錢，共銀壹兩貳錢。

地税銀叁拾玖兩柒錢玖分捌釐係買房地業主出辦，原無定額，儘收儘解。

鄜州屬：本州、洛川縣、中部縣、宜君縣

原額壹等共地壹萬陸千玖拾捌頃肆拾叁畝叁分伍毫，各地徵糧不等，共額徵本折糧柒萬玖千伍百伍拾壹石捌斗柒升玖合貳勺貳撮，內本色糧伍萬陸拾石柒斗玖升叁合貳勺貳抄捌撮壹圭，內除拋荒召佃減納糧伍千玖百陸拾伍石叁斗叁升陸合肆勺肆抄玖撮肆圭，止該折徵本色糧肆萬肆千玖拾伍石肆斗伍升陸合柒勺柒抄捌撮柒圭，折色糧貳萬玖千肆百玖拾壹石捌升伍合玖勺柒抄叁撮玖圭，共額徵銀伍萬肆千伍百捌拾陸兩伍錢捌分陸釐陸毫叁絲叁忽捌微。

順治柒、捌、拾壹等年共免過無主、有主、續荒共地壹萬肆千壹百叁拾陸頃陸拾玖畝貳分伍釐，應免折正本色糧伍萬陸千玖百玖拾捌石伍斗柒升叁合捌勺肆撮捌圭叁粟叁粒；又本州乾隆貳拾玖年在於欽奉恩詔事案內，題明豁免地壹頃捌拾叁畝叁分，應免糧壹拾壹石陸斗柒升柒合陸勺肆抄陸撮陸圭叁粟肆粒伍顆玖糠壹粃貳粄；又洛川縣乾隆叁拾貳年在於遵旨議奏事案內，移建城垣豁免折正地壹拾捌畝陸分捌釐捌絲柒忽陸微，應免糧壹石陸斗柒升壹勺。

以上共免過地壹萬肆千壹百叁拾捌頃柒拾壹畝貳分叁釐捌絲柒忽陸微，該免糧伍萬柒千壹拾壹石玖斗貳升壹合伍勺伍抄壹撮肆圭陸粟柒粒伍顆玖糠壹粃貳粄，內前墾並興屯及節年開墾、丈出共地壹千捌百壹拾壹頃陸拾肆畝柒分肆釐貳毫，應徵本折糧柒千柒百陸石柒斗陸升捌合貳勺捌撮壹圭柒粟伍粒伍顆伍粃；又本州並中部縣乾隆拾伍、拾玖、貳拾等年開墾地壹頃叁拾貳畝玖分，該糧柒石柒斗伍升肆合壹勺肆抄玖撮陸圭伍粟柒粒伍顆伍糠玖粃捌粄。共開墾地壹千捌百壹拾貳頃玖拾柒畝陸分肆釐貳毫，該糧柒千柒百壹拾肆石伍斗貳升貳合叁勺伍抄柒撮捌圭叁粟叁粒陸糠肆粃捌粄，又除洛川縣於康熙柒年秦地折正等事案內，奉旨諭允准令地畝折正，應在前項前墾並興屯、丈首、節年開墾地內應除虛報溢額地玖百肆拾陸頃柒拾柒畝壹分柒釐叁毫，應除本折糧捌千肆百陸拾肆石肆斗陸升陸合壹勺伍抄柒撮柒圭壹粟陸粒；又清丈自首出折正地貳頃

肆拾陸畝柒分玖釐玖毫肆絲陸忽，應徵折正本折糧貳拾貳石陸升肆合捌勺肆抄柒撮肆圭玖粟叁粒壹顆壹粃；又乾隆肆拾貳年開墾折正共地貳拾肆頃陸拾捌畝壹分壹釐壹絲貳忽肆微，折正本折糧貳百貳拾石陸斗伍升捌合陸勺。

實豁免地壹萬叁千貳百肆拾伍頃叁拾伍畝捌分伍釐貳毫貳絲玖忽貳微，免糧伍萬柒千伍百壹拾玖石壹斗肆升壹合玖勺叁撮捌圭伍粟柒粒肆顆貳糠伍粃肆粄，內實應免本色起運糧貳萬陸千貳百玖拾壹石柒升柒合玖勺陸抄捌撮柒圭貳粟陸粒捌顆壹粃捌粄，實應免本色存留驛倉糧玖百貳拾陸石貳斗伍合肆勺柒抄捌撮玖圭捌顆叁糠柒粄，實應免本色存留官學倉糧陸千捌百玖拾柒石貳斗壹升叁勺陸抄玖撮壹圭肆粟叁粒叁顆貳糠叁粃柒粄，各折銀不等，該除銀肆千伍百叁兩肆釐捌毫柒絲貳忽柒纖貳塵玖渺柒漠肆沙壹洙捌涯，實應免折色糧貳萬叁千肆百肆石陸斗肆升捌合捌抄柒撮捌粟陸粒肆顆陸糠玖粃貳粄，該除銀肆萬貳千捌百肆拾陸兩壹錢伍分玖釐肆毫壹絲陸忽叁微壹纖玖塵玖渺柒漠伍沙壹洙捌涯。

實在熟地貳千捌百伍拾叁頃柒畝肆分伍釐貳毫柒絲捌微，應徵本折糧壹萬陸千陸拾柒石肆斗捌勺肆抄捌撮柒圭肆粟貳粒伍顆柒糠肆粃陸粄，實徵本色起運糧柒千伍百叁拾伍石壹斗壹升肆合陸勺玖撮叁圭柒粟叁粒壹顆玖糠捌粃貳粄，實徵本色存留驛倉糧肆百肆石玖斗貳升肆合肆勺玖抄壹撮玖粟玖粒壹顆陸糠玖粃叁粄，實徵本色官學倉糧貳千肆拾石玖斗貳升叁合捌勺陸抄壹撮肆圭伍粟陸粒陸顆柒糠陸粃叁粄，該徵銀壹千叁百陸拾玖兩陸錢伍分伍毫伍絲叁忽捌微陸纖柒塵貳漠伍沙捌洙貳涯，實徵折色糧陸千捌拾陸石肆斗叁升柒合捌勺捌抄陸撮捌圭壹粟叁粒伍顆叁糠捌粄，該徵銀壹萬壹千柒百肆拾兩肆錢貳分柒釐貳毫壹絲柒忽肆微捌纖貳漠肆沙捌洙貳涯。

原額人丁叁門玖則不等，共折下下丁貳萬玖千捌百叁拾伍丁，各徵銀不等，除匠價外，應徵銀壹萬柒千陸百玖拾叁兩捌錢壹分貳釐叁毫叁絲貳忽，內除優免丁壹千玖百伍拾壹丁，該除銀壹千肆百柒拾肆兩玖錢肆分柒釐壹毫壹絲貳忽。

行差丁貳萬柒千捌百捌拾肆丁，共額徵銀壹萬陸千貳百壹拾捌兩捌錢陸分伍釐貳毫貳絲。

順治柒年、拾壹年并康熙捌年，題明豁免過逃亡、續逃並包賠丁壹萬壹千柒百伍拾貳丁，該除銀捌千壹百肆拾伍兩貳錢貳分貳釐柒毫玖絲伍忽肆微，前招回並節年招回及清查并編審出丁壹千叁百陸拾伍丁，該徵銀陸百貳拾捌兩叁錢柒分叁釐柒毫伍絲壹忽叁微貳纖，實免丁壹萬叁百捌拾柒丁，該除銀柒千伍百壹拾陸兩捌錢肆分玖釐肆絲肆忽捌纖。

以上實在行差丁壹萬柒千肆百玖拾柒丁，該徵銀捌千柒百貳兩壹分陸釐壹毫柒絲伍忽玖微貳纖。

康熙伍拾伍年起，至乾隆貳拾陸年止，編審出丁貳百捌拾貳丁；乾隆叁拾壹年編審出丁叁拾捌丁；乾隆叁拾陸年編審出丁肆拾壹丁。共編審出丁叁百陸拾壹丁，欽遵康熙伍拾貳年叁月拾捌日恩詔，後遇編審之期，但據康熙伍拾年丁冊定為常額，永不加賦。

原額均徭銀壹千伍百玖拾玖兩叁錢肆分陸釐貳毫，內除荒銀壹千叁百壹拾兩玖錢叁分柒釐柒毫壹絲肆忽玖微肆纖肆塵捌渺貳漠壹沙，實徵銀貳百捌拾捌兩肆錢捌釐肆毫捌絲伍忽伍纖伍塵壹渺柒漠玖沙。

外遇閏加徵銀壹千貳百柒拾貳兩捌分壹釐陸毫肆絲玖忽，內除荒銀柒百肆拾捌兩捌錢肆釐貳毫玖絲貳微柒纖伍塵伍渺陸漠柒沙叁涯，實徵銀伍百貳拾叁兩貳錢柒分柒釐叁毫伍絲捌忽柒微貳纖肆塵肆渺叁漠貳沙玖洙柒涯。

額外停免銀伍百壹拾伍兩貳錢捌分捌絲柒忽叁微玖纖叁塵伍渺。

又額外協濟膚施縣額解延安府廩生月糧奉裁充餉銀肆拾陸兩捌分，內除荒銀叁拾陸兩壹錢捌分叁釐柒毫陸絲肆忽肆微玖纖陸塵叁渺壹漠捌沙柒洙肆涯，實徵銀玖兩捌錢玖分陸釐貳毫叁絲伍忽伍微叁塵陸渺捌漠壹沙貳洙陸涯。外遇閏加銀叁兩捌錢肆分，內除荒銀叁兩伍釐伍毫陸絲貳微陸纖肆塵捌渺貳沙，實徵銀捌錢叁分肆釐肆毫叁絲玖忽柒微叁纖伍塵壹渺玖漠捌沙。

舉人花盤、坊價銀叁拾陸兩陸分貳釐陸毫肆絲，每年額徵全裁充餉銀壹拾貳兩貳分捌毫捌絲，內除荒銀玖兩玖錢壹分柒釐貳毫玖絲壹忽肆微伍纖捌漠玖沙壹洙陸涯，實徵銀貳兩壹錢叁釐伍毫捌絲捌忽伍微肆纖玖塵玖渺壹漠捌洙肆涯。

匠價銀壹百陸兩伍錢陸分柒釐。外遇閏加銀捌兩捌錢捌分伍毫捌絲叁忽叁微叁纖叁塵叁渺。

原額郁李仁貳拾觔，奉文折價銀貳兩捌錢前項以上攤入地糧內徵收。

以上地、丁並均徭及額外匠價等項共銀柒萬捌千玖百陸拾兩貳錢壹釐肆毫肆絲柒忽壹微叁纖叁塵伍渺，內除荒銀伍萬陸千貳百貳拾叁兩伍分貳釐壹毫叁忽叁微陸纖肆塵壹渺柒漠捌沙貳洙陸涯，實徵銀貳萬貳千柒百叁拾柒兩壹錢肆分玖釐叁毫肆絲叁忽柒微陸纖玖塵叁渺貳漠壹沙柒洙肆涯。

本色起運糧叁萬叁千捌百貳拾陸石壹斗玖升貳合伍勺柒抄捌撮壹圭，內除荒糧貳萬陸千貳百玖拾壹石柒升柒合玖勺陸抄捌撮柒圭貳粟陸粒捌顆壹粃捌粄，實徵糧柒千伍百叁拾伍石壹斗壹升肆合陸勺玖撮叁圭柒粟叁粒壹顆玖糠捌粃貳粄，本色存留驛倉糧壹千叁百叁拾壹石壹斗貳升玖合玖勺柒抄，內除荒糧玖百貳拾陸石貳斗伍合肆勺柒抄捌撮玖圭捌顆叁糠柒粄，實徵糧肆百肆石玖斗貳升肆合肆勺玖抄壹撮玖粟玖粒壹顆陸糠玖粃叁粄。

遇閏加徵銀壹千貳百柒拾貳兩捌分壹釐陸毫肆絲玖忽，內除荒銀柒百肆拾捌兩捌錢肆釐貳毫玖絲貳微柒纖伍塵伍渺陸漠柒沙叁涯，實徵銀伍百貳拾叁兩貳錢柒分柒釐叁毫伍絲捌忽柒微貳纖肆塵肆渺叁漠貳沙玖洙柒涯。

額外協濟廩生閏月充餉銀叁兩捌錢肆分，內除荒銀叁兩伍釐伍毫陸絲貳微陸纖肆塵捌渺貳沙，實徵銀捌錢叁分肆釐肆毫叁絲玖忽柒微叁纖伍塵壹渺玖漠捌沙。

匠價閏銀捌兩捌錢捌分伍毫捌絲叁忽叁微叁纖叁塵叁渺。

叁項共銀伍百叁拾貳兩玖錢玖分貳釐叁毫捌絲壹忽柒微玖纖貳塵玖渺叁漠玖洙柒涯。

壹起運項下

本色起運糧叁萬叁千捌百貳拾陸石壹斗玖升貳合伍勺柒抄捌撮壹圭，內除荒糧貳萬陸千貳百玖拾壹石柒升柒合玖勺陸抄捌撮柒圭貳粟陸粒捌顆壹粃捌粄，實徵起運糧柒千伍百叁拾伍石壹斗壹升肆合陸勺玖撮叁圭柒粟叁粒壹顆玖糠捌粃貳粄。

原編起運糧石折價銀叁萬捌千捌百柒拾壹兩玖錢叁分叁釐壹毫捌絲捌微，內除荒銀叁萬陸百柒拾捌兩柒錢叁分玖釐伍毫肆絲叁忽壹微叁纖貳塵貳渺陸漠伍洙伍涯，實徵起運銀捌千壹百玖拾叁兩壹錢玖分叁釐陸毫叁絲柒忽陸微陸纖柒塵柒渺叁漠玖沙肆洙伍涯。

節裁藥味、軍器等項銀柒千伍百捌拾壹兩玖錢叁分壹釐肆毫，內除荒銀肆千捌百捌拾肆兩貳分壹釐肆毫玖絲貳忽肆微伍纖捌渺叁漠叁沙伍洙捌涯，實徵起運銀貳千陸百玖拾柒兩玖錢玖釐玖毫柒忽伍微肆纖玖塵壹渺陸漠陸沙肆洙貳涯。

舊編存留，內順治玖年裁各役工食銀壹千陸百陸拾肆兩；拾貳年裁扣修宅、傢伙、傘扇銀叁百壹拾肆兩；拾肆年裁扣官生俸廩等項銀壹千壹百捌拾玖兩玖分捌釐伍毫肆絲肆忽；拾伍年裁汰冗員銀陸百陸拾伍兩玖錢陸分；拾陸年裁冗員銀玖拾玖兩肆分，裁站銀貳拾貳兩玖錢玖分叁毫捌絲伍忽玖微玖纖。康熙元年裁吏書工食銀玖百貳拾肆兩；叁年裁教諭、門斗、齋夫俸食銀肆百叁拾叁兩貳錢捌分；伍年裁本府清軍同知俸食銀貳百捌拾陸兩；陸年裁道官各役俸食銀肆百陸拾兩，雜費丁銀伍百陸拾叁兩叁錢柒分柒釐；拾伍年裁心紅紙張、修理監倉等項銀玖百叁拾玖兩陸錢伍釐貳毫貳絲；拾陸年裁驛丞俸食銀肆拾叁兩伍錢貳分；貳拾柒年裁舉貢盤纏等項銀壹百壹拾貳兩；康熙伍拾陸年裁表箋銀壹拾肆兩。雍正陸年裁燈夫工食銀壹百陸拾捌兩；捌年裁驛丞俸食銀肆拾叁兩伍錢貳分；拾壹年裁同榆、靖貳廳並經歷俸食共銀陸百玖拾捌兩；拾貳年裁民壯工食銀壹百伍拾陸兩。乾隆陸年裁扣舖司工食銀玖兩陸錢；乾隆玖年裁舖司銀壹百貳拾肆兩捌錢，又舊編冗費裁剩解部銀柒百壹拾叁兩壹錢叁釐壹毫柒絲捌忽玖微肆纖，裁縣丞久缺直羅巡檢、皂隸、馬夫俸工銀壹百陸拾叁兩肆分。

共裁扣歸入起運銀玖千捌百陸兩玖錢叁分肆釐叁毫貳絲捌忽玖微叁纖，內除荒銀伍千伍百叁兩貳錢壹分壹毫伍忽肆微陸纖柒塵肆渺陸漠叁沙貳涯，實徵銀肆千叁百叁兩柒錢貳分肆釐貳毫貳絲叁忽肆微陸纖貳塵伍渺叁漠陸沙玖洙捌涯。

又收額外協濟膚施縣額解延安府廩生月糧奉裁貳分，充餉銀肆拾陸兩捌分，內除荒銀叁拾陸兩壹錢捌分叁釐柒毫陸絲肆忽肆微玖纖陸塵叁渺壹漠捌沙柒洙肆涯，實徵銀玖兩捌錢玖分陸釐貳毫叁絲伍忽伍微叁塵陸渺捌漠壹沙貳洙陸涯。

又舉人花盤、坊價銀叁拾陸兩陸分貳釐陸毫肆絲，每年徵銀壹拾貳兩貳分捌毫捌絲，內除荒銀玖兩玖錢壹分柒釐貳毫玖絲壹忽肆微伍纖捌漠玖沙壹洙陸涯，實徵銀貳兩壹錢叁釐伍毫捌絲捌忽伍微肆纖玖塵玖渺壹漠捌洙肆涯。

額外停免、匠價並郁李仁折價等項共銀陸百貳拾肆兩陸錢肆分柒釐捌絲柒忽叁微玖纖叁塵伍渺。

以上共實該起運銀壹萬伍千捌百叁拾壹兩肆錢柒分肆釐陸毫捌絲壹微貳纖

陸塵伍渺叁漠肆沙玖洙伍涯。

又收存留內額協各州縣驛站抵餉銀壹千伍百貳拾兩肆分叁釐貳毫玖絲伍忽肆微貳纖肆塵。

又收存留內驛遞之差使甚少等事貳案內，共裁站銀壹千肆百伍拾兩陸錢肆分陸釐陸毫叁絲伍忽捌纖柒塵肆渺，內在於題明請將驛站等事案內，留支各州縣新增夫馬工料銀伍百壹拾陸兩陸分玖釐捌毫貳絲，又撥給甘泉縣新增夫馬工料銀伍拾壹兩柒錢玖分柒釐壹毫陸忽肆微伍纖玖塵玖渺玖漠，止實收銀捌百捌拾貳兩柒錢柒分玖釐柒毫捌忽陸微貳纖柒塵肆渺壹漠。

以上共銀壹萬捌千貳百叁拾肆兩貳錢玖分柒釐陸毫捌絲肆忽壹微柒纖柒塵玖渺肆漠肆沙玖洙伍涯，內除受協涇陽、宜君、神木、鄜州等州縣站支兌留兵餉銀貳百柒拾肆兩伍錢肆分肆釐伍絲玖忽玖微玖纖；內除各州縣在於雍正伍年請放（做）以糧載丁等事案內，通省以糧均丁減銀陸千伍兩肆錢肆分肆釐玖毫叁絲壹忽柒微叁纖貳塵叁渺，內乾隆元、陸、拾壹、拾陸、貳拾壹、貳拾陸等年編審案內，共增抵補屯更丁銀壹千叁百叁拾兩壹錢柒分捌釐壹毫壹絲玖忽叁塵肆渺陸漠陸沙陸洙陸涯，又乾隆叁拾壹、叁拾陸兩年編審案內，共增抵補屯更丁銀陸百肆拾陸兩壹錢陸分貳釐壹毫陸絲伍忽肆微捌纖壹塵柒渺叁漠叁沙叁洙叁涯肆洒，止該減銀肆千貳拾玖兩壹錢肆釐陸毫肆絲柒忽貳微肆纖柒塵壹渺陸洒。

實該銀壹萬叁千玖百叁拾兩陸錢肆分捌釐玖毫柒絲陸忽玖微肆纖捌渺肆漠肆沙玖洙肆涯肆洒，內留支加增撥補額外俸廩等項銀貳千柒百陸拾柒兩捌錢柒分陸釐伍毫肆絲陸忽柒微玖纖玖塵陸渺柒漠玖沙叁洙叁涯，止該起運銀壹萬壹千壹百陸拾貳兩柒錢柒分貳釐肆毫叁絲壹微肆纖壹塵壹渺陸漠伍沙陸洙壹涯肆洒。

外遇閏，順治玖年裁扣銀壹百叁拾貳兩；拾肆年裁扣銀玖拾兩肆錢玖分捌釐肆毫叁絲肆忽；拾伍年裁汰銀伍拾伍兩肆錢玖分陸釐伍毫伍絲捌忽；拾陸年裁汰銀捌兩貳錢伍分叁釐叁毫叁絲貳忽。康熙元年裁吏書工食銀柒拾柒兩；叁年裁訓導、門斗、齋夫等銀叁拾陸兩壹錢陸釐陸毫陸絲伍忽；伍年裁銀貳拾叁兩捌錢叁分叁釐叁毫貳絲陸忽；陸年裁道官各役俸食銀叁拾捌兩叁錢叁分叁釐貳毫；拾伍年裁心紅紙張、喂馬草料銀貳拾貳兩肆錢玖分玖釐陸毫捌絲；拾陸年裁汰冗員銀叁兩陸錢貳分陸釐陸毫陸絲陸忽。雍正陸年裁燈夫工食銀壹拾肆兩；捌年裁驛丞銀叁兩陸錢貳分陸釐陸毫陸絲陸忽；拾壹年裁冗員銀伍拾捌兩壹錢陸分陸釐陸毫貳絲；拾貳年裁民壯工食銀壹拾叁兩。乾隆陸年舖司工食，除玖年奉復外，實裁銀捌錢；乾隆玖年裁舖司工食銀壹拾兩肆錢，又縣丞、巡檢、門、皂等役工食銀伍兩，又各官閏俸銀柒拾肆兩捌錢伍分叁釐叁毫貳忽。

共裁扣歸入起運銀陸百陸拾柒兩肆錢玖分肆釐肆毫肆絲玖忽，內除荒銀叁百玖拾貳兩陸錢陸分柒釐捌毫柒絲陸微陸纖玖塵捌渺叁漠叁沙肆涯，實徵銀貳百柒拾肆兩捌錢貳分陸釐伍毫柒絲捌忽叁微叁纖壹渺陸漠陸沙玖洙陸涯。

額外協濟膚施縣額解延安府廩生月糧銀叁兩捌錢肆分，內除荒銀叁兩伍釐伍毫陸絲貳微陸纖肆塵捌渺貳沙，實徵銀捌錢叁分肆釐肆毫叁絲玖忽柒微叁纖伍塵壹渺玖漠捌沙。

又額外匠價閏銀捌兩捌錢捌分伍毫捌絲叁忽叁微叁纖叁塵叁渺。

以上共該閏銀貳百捌拾肆兩伍錢肆分壹釐陸毫壹忽叁微玖纖捌塵陸渺陸漠肆沙玖洙陸涯。

又收存留內各州縣額協裁站閏銀捌拾伍兩壹錢貳分捌毫柒忽玖微壹纖陸塵肆渺。

貳項共銀叁百陸拾玖兩陸錢陸分貳釐肆毫玖忽叁微壹纖伍塵陸漠肆沙玖洙陸涯，內在於請倣以糧載丁等事案內，通省以糧均丁減銀叁百玖兩柒錢叁釐貳絲貳忽肆微玖纖陸塵陸渺，內節次抵補屯更丁增銀壹百伍兩貳錢陸分貳毫陸絲壹忽柒微叁纖陸塵捌渺玖漠玖沙玖洙玖涯貳洒，止該減銀貳百肆兩肆錢肆分貳釐柒毫陸絲柒微伍纖玖塵柒渺捌洒。

實該銀壹百陸拾伍兩貳錢壹分玖釐陸毫肆絲捌忽伍微伍纖伍塵叁渺陸漠肆沙玖洙伍涯貳洒，內除鄜州、洛川、中部叁州縣留支加增撥補工食銀伍拾肆兩叁錢伍分叁釐叁毫柒絲貳忽貳微陸纖柒塵叁渺陸漠柒沙叁洙叁涯；又除宜君縣留支加增撥補舖司等項銀壹兩捌錢壹分貳釐伍毫肆絲肆忽肆微玖纖柒塵柒渺肆漠陸沙陸洙陸涯，尚不敷留支銀捌兩貳錢柒分壹釐伍毫陸絲捌忽陸纖肆塵陸渺玖漠叁沙叁洙肆涯，遇閏之年在於上項正銀內留支，理合登明。

止該起運銀壹百玖兩伍分叁釐柒毫叁絲壹忽柒微玖纖貳渺伍漠玖洙陸涯貳洒。

壹存留項下

原編存留本色驛倉糧壹千叁百叁拾壹石壹斗貳升玖合玖勺柒抄，內除荒糧玖百貳拾陸石貳斗伍合肆勺柒抄捌撮玖圭捌顆叁糠柒粃，實該糧肆百肆石玖斗貳升肆合肆勺玖抄壹撮玖粟玖粒壹顆陸糠玖粃叁粃。

原編存留銀貳萬貳千壹拾陸兩陸錢伍分肆釐伍毫柒絲壹纖，內除荒銀壹萬伍千壹百壹拾兩玖錢柒分玖釐玖毫陸忽叁微陸纖柒塵貳渺壹漠叁沙貳洙壹涯，實該銀陸千玖百伍兩陸錢柒分肆釐陸毫陸絲叁忽陸微肆纖貳塵柒渺捌漠陸沙柒洙玖涯。

又收起運內受協各州縣站支兌留兵餉應支銀貳百柒拾肆兩伍錢肆分肆釐伍絲玖忽玖微玖纖。

共該銀柒千壹百捌拾兩貳錢壹分捌釐柒毫貳絲叁忽陸微叁纖貳塵柒渺捌漠陸沙柒洙玖涯，內除額協各州縣站支抵餉銀壹千伍百貳拾兩肆分叁釐貳毫玖絲伍忽肆微貳纖肆塵。

又除欽奉上諭事並驛遞之差使甚少等事貳案內，共裁站銀壹千肆百伍拾兩陸錢肆分陸釐陸毫叁絲伍忽捌纖柒塵肆渺，內在於題明請將驛站等事案內，留支各州縣新增夫馬工料銀伍百壹拾陸兩陸分玖釐捌毫貳絲，又撥給甘泉縣新增夫馬工料銀伍拾壹兩柒錢玖分柒釐壹毫陸忽肆微伍纖玖塵玖渺玖漠，實裁銀捌百捌拾貳兩柒錢柒分玖釐柒毫捌忽陸微貳纖柒塵肆渺壹漠。

止該銀肆千柒百貳拾伍兩伍錢玖分捌釐陸毫壹絲叁忽壹微貳纖壹塵叁渺捌漠陸沙柒洙玖涯，撥補均攤俸工銀貳千柒百肆拾玖兩柒錢捌分肆釐伍毫陸絲貳微玖纖玖塵柒渺叁漠玖沙叁洙叁涯，共該銀柒千肆百柒拾伍兩叁錢捌分叁釐壹毫柒絲叁忽肆微貳纖壹塵壹渺貳漠陸沙壹洙貳涯。

西安布政司庫領支加增撥補官役俸工不敷銀捌百玖兩陸錢壹分肆釐貳毫玖絲捌忽壹微叁纖壹塵玖渺叁漠捌沙捌洙捌涯係動支各屬解到地、丁銀兩。

又於西安布政司庫驛站裁存支剩銀內領支宜君縣新設馬欄鎮巡檢俸工銀陸拾柒兩伍錢貳分。

又於西安布政司庫領支撥補春秋祭祀銀壹百肆拾捌兩陸錢肆分貳釐柒毫貳忽捌微陸塵捌漠貳洙肆涯係動支各屬解到耗羨銀兩。

遇閏加銀陸百柒拾玖兩肆錢肆分伍毫貳忽，內除閏俸銀柒拾肆兩捌錢伍分叁釐叁毫貳忽入起運外，止該銀陸百肆兩伍錢捌分柒釐貳毫，內除荒銀叁百伍拾陸兩壹錢叁分陸釐肆毫壹絲玖忽陸微伍塵柒渺叁漠叁沙玖洙玖涯，實該銀貳百肆拾捌兩肆錢伍分柒毫捌絲叁微玖纖肆塵貳渺陸漠陸沙壹涯，內除共裁站銀捌拾伍兩壹錢貳分捌毫柒忽玖微壹纖陸塵肆渺，止該銀壹百陸拾叁兩叁錢貳分玖釐玖毫柒絲貳忽肆微柒纖柒塵捌渺陸漠陸沙壹涯。

外加增撥補閏月銀陸拾貳兩玖錢叁分肆釐柒毫捌絲壹忽伍微貳纖捌塵壹渺伍漠柒沙叁洙叁涯。

共該存留閏月銀貳百貳拾陸兩貳錢陸分肆釐柒毫伍絲肆忽陸塵貳漠叁沙叁洙肆涯。

又於奏聞事案內，增給閏月夫馬工料銀貳拾兩柒錢。

外於西安布政司領支撥補舖司等項銀伍兩玖錢柒分玖毫柒絲伍忽玖微陸纖柒塵壹渺陸漠陸沙陸洙陸涯。

又於西安布政司庫驛站裁存支剩銀內領支宜君縣新設馬欄鎮巡檢各役工食閏銀壹兩。

又於西安布政司領支增給夫馬閏月銀陸拾貳兩壹錢。

壹額外

協濟膚施縣額解延安府廩生月糧奉復叁分裁壹，銀貳拾叁兩肆分，內除荒銀壹拾捌兩玖分壹釐玖毫捌絲陸忽肆微玖纖玖塵玖渺肆漠，實徵支銀肆兩玖錢肆分捌釐壹絲叁忽伍微陸漠。遇閏加銀壹兩玖錢貳分，內除荒銀壹兩伍錢貳釐柒毫叁忽叁微壹塵陸渺伍漠，實徵銀肆錢壹分柒釐貳毫玖絲陸忽陸微玖纖捌塵叁渺伍漠。

課程銀柒拾伍兩玖錢肆分捌釐捌毫貳絲伍忽。遇閏加銀陸兩叁錢貳分玖釐陸絲玖忽貳微肆纖。

畜稅銀肆拾叁兩叁錢叁分伍釐。

牙稅銀玖兩柒錢。

當稅銀貳百捌拾伍兩。

地稅銀壹百貳拾兩柒錢貳分壹釐。

鹽課銀壹千壹百肆拾貳兩柒錢捌分肆釐。

鄜州

原額折正壹等共地貳千貳百捌拾柒頃柒拾畝，共額徵本折糧壹萬伍千叁百玖拾陸石陸升伍合捌勺柒抄，每畝科本色糧伍升肆合壹勺壹抄柒撮叁圭伍粟，共本色糧壹萬貳千叁百捌拾石肆斗叁升陸合伍勺，內除拋荒召佃減納糧捌百貳拾壹石陸斗貳升貳合叁勺貳抄柒撮伍圭，止該折正糧壹萬壹千伍百伍拾捌石捌斗壹升肆合壹勺柒抄貳撮伍圭，科折色糧壹升叁合壹勺捌抄壹撮玖圭貳粟，共折色糧叁千壹拾伍石陸斗貳升玖合叁勺柒抄，每畝折徵銀肆分叁釐叁毫肆絲伍忽陸微貳纖肆塵壹渺，共額徵銀玖千玖百壹拾陸兩壹錢柒分捌釐肆毫叁絲柒忽。

順治柒年題明免過無主荒地壹千捌百叁拾陸頃壹拾貳畝貳分叁釐，應免糧壹萬叁百伍拾陸石伍斗捌合玖勺玖抄玖撮伍圭；又乾隆貳拾玖年在于欽奉恩詔事案內，題明豁免地壹頃捌拾叁畝叁分，應免糧壹拾壹石陸斗柒升柒合陸勺肆抄陸撮陸圭叁粟肆粒伍顆玖糠壹秕貳粃。

貳項共免過荒地壹千捌百叁拾柒頃玖拾伍畝伍分叁釐，共免糧壹萬叁百陸拾捌石壹斗捌升陸合陸勺肆抄陸撮壹圭叁粟肆粒伍顆玖糠壹秕貳粃，內前墾並興屯及節年墾過共地貳百貳拾玖頃捌畝貳分捌釐玖毫，該糧壹千伍拾叁石肆斗伍合叁勺叁抄壹撮壹圭玖粟貳粒叁顆；又乾隆貳拾年開墾地壹頃壹拾柒畝伍分，該糧柒石肆斗捌升伍合陸勺柒抄玖圭壹粟玖粒陸顆玖秕捌粃。

實應免地壹千陸百柒頃陸拾玖畝柒分肆釐壹毫，應免糧玖千叁百柒石貳斗玖升伍合陸勺肆抄肆撮貳粟貳粒陸顆捌糠壹秕肆粃，內實應免本色起運糧伍千伍百陸拾柒石陸斗捌合貳勺伍抄捌撮陸圭柒粒伍顆貳秕，實應免本色存留驛倉糧陸百叁拾伍石肆斗壹合玖勺玖抄陸撮捌圭伍粟肆粒捌顆貳糠陸秕柒粃，實應免本色官學倉糧壹千壹百柒拾捌石肆斗玖升貳合貳勺叁抄玖撮壹圭柒粟壹粒叁顆伍糠貳秕柒粃，每石折銀捌錢，該除銀玖百肆拾貳兩捌錢捌分伍釐玖毫叁絲柒忽捌微壹塵肆渺肆漠，實應免折色糧壹千玖百貳拾伍石柒斗玖升叁合壹勺肆抄玖撮叁圭捌粟玖粒，該除銀陸千叁百叁拾貳兩伍錢壹分陸毫陸絲捌微肆纖壹塵捌渺捌漠。

實熟地陸百捌拾頃貳分伍釐玖毫，該徵本折糧伍千貳百陸拾柒石壹斗肆升柒合捌勺玖抄捌撮肆圭柒粟柒粒叁顆壹糠捌粃陸粺，實徵本色起運糧叁千壹百伍拾石捌斗肆勺伍抄叁圭玖粟貳粒肆顆玖糠捌粃遵照乾隆伍拾玖年奉准部咨令，將康熙年間易知由單內載：每畝徵本色起運糧叁升柒合壹勺柒抄壹撮貳圭柒粟肆粒捌顆叁糠伍粃叁粺，實徵本色存留驛倉糧叁百伍拾玖石伍斗玖升捌合叁撮壹圭肆粟伍粒壹顆柒糠叁粃叁粺每畝徵驛倉糧伍合貳勺捌抄捌撮壹粒柒顆柒糠，實徵本色官學倉糧陸百陸拾陸石玖斗壹升叁合貳勺貳抄肆撮叁圭貳粟捌粒陸顆肆糠柒粃叁粺，該徵銀伍百叁拾叁兩肆錢叁分捌釐肆毫叁絲貳忽玖微玖纖捌塵伍渺陸漠每畝科本色官學倉糧捌合陸抄陸撮陸圭肆粟壹粒捌粃肆粺，每畝徵銀柒釐捌毫伍絲伍忽捌纖伍塵叁渺，實徵折色糧壹千捌拾玖石捌斗叁升陸合貳勺貳抄陸圭壹粟壹粒，該折徵銀叁千伍百捌拾叁兩陸錢陸分柒釐柒毫柒絲陸忽壹微伍纖捌塵壹渺貳漠遵照乾隆伍拾玖年奉准部咨令，將康熙年間易知由單內載：每畝折徵銀肆分叁釐叁毫肆絲伍忽陸微貳纖肆塵壹渺纂入書內，嗣後遇有墾豁，以便按畝增除。

原額人丁叁等玖則不等，共折下下人丁柒千叁百陸拾叁丁，每丁徵銀柒錢壹分陸釐玖毫肆絲捌忽肆微貳纖，共銀伍千貳百柒拾捌兩捌錢玖分壹釐貳毫叁絲貳忽，內除優免丁伍百陸拾貳丁，共銀肆百貳兩玖錢貳分伍釐壹絲貳忽。

行差丁陸千捌百壹丁，共額徵銀肆千捌百柒拾伍兩玖錢陸分陸釐貳毫貳絲。

順治柒年、拾壹年題明豁免過逃亡丁貳千肆百肆拾捌丁，應除銀壹千柒百伍拾肆兩貳分伍毫叁絲柒忽叁微，內前招回並節年招回及編審清查共丁壹百壹拾玖丁，該銀捌拾伍兩貳錢捌分壹釐捌毫柒絲捌忽玖微肆纖，實豁免丁貳千叁百貳拾玖丁，應免銀壹千陸百陸拾捌兩柒錢叁分捌釐陸毫伍絲捌忽叁微陸纖。

實在行差丁肆千肆百柒拾貳丁，共徵銀叁千貳百柒兩貳錢貳分柒釐伍毫陸絲壹忽陸微肆纖，於雍正伍年攤入地糧內徵收。

康熙伍拾伍年起，至乾隆貳拾陸年止，編審出丁陸拾捌丁；乾隆叁拾壹年編審出丁捌丁；乾隆叁拾陸年編審出丁拾丁。共編審出丁捌拾陸丁，欽遵康熙伍拾貳年叁月拾捌日恩詔，後遇編審之期，但據康熙伍拾年丁冊定為常額，永不加賦。

外遇閏加徵銀貳百柒拾叁兩叁錢叁分捌釐貳絲捌忽，內除荒銀壹百壹拾捌兩伍錢伍分柒毫伍絲叁忽伍微肆纖叁塵柒渺陸漠，實徵銀壹百伍拾肆兩柒錢捌分柒釐貳毫柒絲肆忽肆微伍纖陸塵貳渺肆漠。

又額外協濟膚施縣額解延安府廩生月糧奉裁充餉銀壹拾壹兩伍錢貳分，內除荒銀柒兩叁錢伍分肆釐伍毫玖絲柒忽伍纖肆塵玖渺叁漠，實徵銀肆兩壹錢陸分伍釐肆毫貳忽玖微肆纖伍塵柒漠。

外遇閏加徵銀玖錢陸分，內除荒銀陸錢壹分叁釐肆絲肆忽壹纖捌塵壹渺，實徵銀叁錢肆分陸釐玖毫伍絲伍忽玖微捌纖壹塵玖渺。

匠價銀捌拾伍兩叁錢陸分柒釐。外遇閏加徵銀柒兩壹錢壹分叁釐玖毫壹絲陸忽陸微陸纖陸塵陸渺。

原額郁李仁貳拾觔，奉文折價銀貳兩捌錢。

以上額外正閏伍項攤入地糧內徵解。

以上地、丁貳項並額外匠價等項，除優免丁銀外，額徵銀壹萬陸千叁百陸拾捌兩壹錢伍分陸釐貳絲柒忽捌微，內除荒銀捌千玖百伍拾壹兩肆錢捌分玖釐捌毫伍絲肆忽伍纖捌塵貳渺伍漠，實徵銀柒千肆百壹拾陸兩陸錢陸分陸釐壹毫柒絲叁忽柒微肆纖壹塵柒渺伍漠。

本色起運糧捌千柒百壹拾捌石肆斗捌合柒勺玖撮，內除荒銀伍千伍百陸拾柒石陸斗捌合貳勺伍抄捌撮陸圭柒粒伍顆貳粃，實徵糧叁千壹百伍拾石捌斗肆勺伍抄叁圭玖粟貳粒肆顆玖糠捌粃，本色存留驛倉糧玖百玖拾伍石，內除荒糧陸百叁拾伍石肆斗壹合玖勺玖抄陸撮捌圭伍粟肆粒捌顆貳糠陸粃柒粺，實徵糧叁百伍拾玖石伍斗玖升捌合叁撮壹圭肆粟伍粒壹顆柒糠叁粃叁粺。

外遇閏加徵銀貳百柒拾叁兩叁錢叁分捌釐貳絲捌忽，內除荒銀壹百壹拾捌兩伍錢伍分柒毫伍絲叁忽伍微肆纖叁塵柒渺陸漠，實徵銀壹百伍拾肆兩柒錢捌分柒釐貳毫柒絲肆忽肆微伍纖陸塵貳渺肆漠。

又額外協濟廩生閏月充餉銀玖錢陸分，內除荒銀陸錢壹分叁釐肆絲肆忽壹纖捌塵壹渺，實徵銀叁錢肆分陸釐玖毫伍絲伍忽玖微捌纖壹塵玖渺。

匠價閏銀柒兩壹錢壹分叁釐玖毫壹絲陸忽陸微陸纖陸塵陸渺。

叁項實徵共銀壹百陸拾貳兩貳錢肆分捌釐壹毫肆絲柒忽壹微肆塵柒渺肆漠。

壹起運項下

原額本色起運糧捌千柒百壹拾捌石肆斗捌合柒勺玖撮，內除荒糧伍千伍百陸拾柒石陸斗捌合貳勺伍抄捌撮陸圭柒粒伍顆貳粃，實徵銀（糧）叁千壹百伍拾石捌斗肆勺伍抄叁圭玖粟貳粒肆顆玖糠捌粃。

原編起運糧石折價銀陸千捌百玖拾伍兩柒錢叁分壹釐壹毫叁絲肆忽，內除荒銀肆千肆百壹兩貳錢陸分玖釐柒毫柒絲陸微捌纖肆渺，實徵起運銀貳千肆百玖拾肆兩肆錢陸分壹釐叁毫陸絲叁忽叁微壹纖玖塵陸渺。

節裁藥味、牲口、軍器、毛襖歸入起運銀壹千貳兩伍錢叁釐叁毫，內除荒銀叁百肆拾叁兩玖分肆釐叁毫陸絲壹忽肆微，實徵起運銀陸百伍拾玖兩肆錢捌釐玖毫叁絲捌忽陸微。

舊編存留內裁扣，順治玖年裁扣各役工食銀貳百陸拾叁兩陸錢；拾貳年裁扣修宅、傢伙、傘扇銀玖拾捌兩；拾肆年裁扣官生俸廩等項銀肆百捌拾陸兩玖錢伍分貳釐肆毫陸絲柒忽；拾伍年裁汰冗員銀貳百陸拾壹兩玖錢陸分。康熙元年裁吏書工食銀貳百壹拾柒兩貳錢；叁年裁齋夫銀叁拾陸兩；陸年裁道官俸食銀貳百玖兩，雜費丁銀壹百伍拾叁兩捌錢貳釐貳毫；拾伍年裁心紅紙張、修理監倉、喂馬草料、芒神土牛、修理倉厫、紙劄、張村、隆益貳驛月夫、傘扇、歲貢盤纏、舉人盤纏、舉人牌坊共銀伍百柒拾兩柒錢伍釐貳毫貳絲；拾陸年裁驛丞俸食銀肆拾叁兩伍錢貳分；伍拾陸年裁表箋銀壹拾肆兩。雍正陸年裁燈夫工食銀貳拾肆兩；雍正捌年裁叁川驛驛丞俸食銀肆拾叁兩伍錢貳分；雍正拾壹年裁州同俸食銀壹百壹拾肆兩；雍正拾貳年裁民壯工食銀貳拾肆兩。乾隆玖年裁舖司工食銀壹百壹拾伍兩貳錢，又舊編冗费裁剩解部銀伍百柒拾壹兩伍錢陸釐叁毫柒絲叁忽捌微，內又久缺直羅巡檢、皂隸俸工銀肆拾叁兩伍錢貳分。

共裁歸起運銀叁千貳百玖拾兩肆錢捌分陸釐貳毫陸絲捌微，內除荒銀壹千叁百捌拾捌兩肆錢叁分貳釐捌毫貳絲柒忽壹微柒纖壹塵捌渺伍漠肆沙，實該起運銀壹千玖百貳兩伍分叁釐肆毫叁絲叁忽陸微貳纖捌塵壹渺肆漠陸沙。

又額外協濟廩生月糧奉裁貳分，充餉銀壹拾壹兩伍錢貳分，內除荒銀柒兩叁錢伍分肆釐伍毫玖絲柒忽伍纖肆塵玖渺叁漠，實徵銀肆兩壹錢陸分伍釐肆毫貳忽玖微肆纖伍塵柒漠。

匠價銀捌拾伍兩叁錢陸分柒釐。

原額郁李仁貳拾觔，奉文折價銀貳兩捌錢。

以上共該實起運銀伍千壹百肆拾捌兩貳錢伍分陸釐壹毫叁絲捌忽肆微玖纖貳塵捌渺壹漠陸沙。

又收存留內額協吴堡、米脂等縣站支抵餉銀伍百叁拾捌兩柒錢玖釐貳毫陸絲壹忽捌微壹纖。

又收欽奉上諭並驛遞之差使甚少等事貳案內，共裁站銀叁百柒拾伍兩柒錢壹分陸釐捌毫叁絲，內除在於題明請將驛站等事案內，留支本州夫馬工料銀貳百伍兩玖錢捌分陸釐捌毫叁絲；又除撥給甘泉縣新增夫馬工料銀伍拾壹兩柒錢玖分柒釐壹毫陸忽肆微伍纖玖塵玖渺玖漠。止實收銀壹百壹拾柒兩玖錢叁分貳釐捌毫玖絲叁忽伍微肆纖壹漠。

叁項共該起運銀伍千捌百肆兩捌錢玖分捌釐貳毫玖絲叁忽捌微肆纖貳塵捌渺貳漠陸沙，內於請做以糧載丁等事案內，通省以糧均丁減銀貳千叁拾陸兩捌錢陸分壹釐肆毫叁忽柒微壹纖伍塵柒渺，內除乾隆元、陸、拾壹、拾陸、貳拾壹、貳拾陸等年編審案內，共增抵補屯更丁銀肆百肆拾捌兩柒錢捌分柒釐叁毫玖絲陸忽伍微肆渺，又乾隆叁拾壹、叁拾陸兩年編審案內，共增抵補屯更丁銀貳百貳拾壹兩伍錢貳分伍釐玖毫肆忽伍微柒纖貳渺，止該減銀壹千叁百陸拾陸兩伍錢肆分捌釐壹毫貳忽陸微肆纖伍塵壹渺。

實該銀肆千肆百叁拾捌兩叁錢伍分壹毫玖絲壹忽壹微玖纖柒塵柒渺貳漠陸沙，內留支撥補俸工並額外廩糧銀陸百叁拾貳兩叁錢肆分柒釐肆毫貳絲玖微叁纖玖塵玖渺壹漠陸沙，止該起運銀叁千捌百陸兩貳釐柒毫柒絲貳微伍纖柒塵捌渺壹漠。

外遇閏，順治玖年裁扣銀貳拾兩叁錢；拾肆年裁扣銀叁拾柒兩捌錢肆分柒釐陸毫柒絲；拾伍年裁汰冗員銀貳拾壹兩捌錢貳分玖釐玖毫玖絲捌忽。康熙元年裁吏書工食銀壹拾捌兩壹錢；叁年裁齋夫銀叁兩；陸年裁道官俸食銀壹拾柒兩肆錢壹分陸釐陸毫；拾伍年裁心紅紙張、喂馬草料銀貳兩陸錢陸分陸釐陸毫柒絲；拾陸年裁驛丞俸食銀叁兩陸錢貳分陸釐陸毫陸絲陸忽。雍正陸年裁燈夫銀貳兩；雍正捌年裁叁川驛驛丞銀叁兩陸錢貳分陸釐陸毫陸絲陸忽；雍正拾壹年裁州同銀玖兩伍錢；雍正拾貳年裁民壯銀貳兩。乾隆玖年裁舖司銀玖兩陸錢，又久缺直羅巡檢、皂隸工食銀壹兩，又閏俸銀壹拾肆兩伍錢肆分陸釐陸毫伍絲捌忽。

共裁歸起運銀壹百陸拾柒兩陸分玖毫貳絲捌忽，內除荒銀柒拾貳兩肆錢伍分伍釐貳毫叁絲伍忽捌微叁纖肆塵肆渺柒漠陸沙，實徵銀玖拾肆兩陸錢伍釐陸毫玖絲貳忽壹微陸纖伍塵伍渺貳漠肆沙。

又協濟廩生閏月銀玖錢陸分，內除荒銀陸錢壹分叁釐肆絲肆忽壹纖捌塵壹渺，實徵銀叁錢肆分陸釐玖毫伍絲伍忽玖微捌纖壹塵玖渺。

又匠價閏銀柒兩壹錢壹分叁釐玖毫壹絲陸忽陸微陸纖陸塵陸渺。

叁項實徵共銀壹百貳兩陸分陸釐伍毫陸絲肆忽捌微壹纖肆塵貳漠肆沙。

又收欽奉上諭並驛遞之差使甚少等事貳案內，共裁站銀壹拾壹兩玖錢伍分肆釐陸毫。

貳共銀壹百壹拾肆兩貳分壹釐壹毫陸絲肆忽捌微壹纖肆塵貳漠肆沙，內除在於請做以糧載丁等事案內，通省以糧均丁減銀捌拾柒兩玖錢伍分柒釐陸毫壹絲壹忽肆微壹纖玖塵伍渺，節次抵補屯更丁增銀叁拾兩陸分玖釐玖毫柒絲肆忽貳微肆纖捌塵玖渺玖漠玖沙玖洙玖涯陸洒，止该減銀伍拾柒兩捌錢捌分柒釐陸毫叁絲柒忽壹微柒纖伍渺肆洒。

實該銀伍拾陸兩壹錢叁分叁釐伍毫貳絲柒忽陸微肆纖叁塵伍渺貳漠叁沙玖洙玖涯陸洒，內留支加增撥補工食並額外廩糧銀貳拾叁兩捌錢叁分陸釐壹毫叁絲貳忽柒微陸纖壹塵捌渺捌漠肆沙，止該銀叁拾貳兩貳錢玖分柒釐叁毫玖絲肆忽捌微捌纖壹塵陸渺叁漠玖沙玖洙玖涯陸洒。

存留項下

原編存留本色驛倉糧玖百玖拾伍石，內除荒糧陸百叁拾伍石肆斗壹合玖勺玖抄陸撮捌圭伍粟肆粒捌顆貳糠陸粃柒粺，實徵存留糧叁百伍拾玖石伍斗玖升捌合叁撮壹圭肆粟伍粒壹顆柒糠叁粃叁粺。

原編存留銀伍千柒拾玖兩柒錢肆分捌釐叁毫叁絲叁忽，內除荒銀貳千捌百壹拾壹兩叁錢叁分捌釐貳毫玖絲柒忽柒微伍纖壹塵陸漠陸沙，實徵銀貳千貳百陸拾捌兩肆錢壹分叁絲伍忽貳微肆纖捌塵玖渺叁漠肆沙。

壹俸工項下

知州壹員，額支俸薪銀捌拾兩，內除荒銀叁拾肆兩陸錢玖分壹釐玖毫叁絲叁忽陸微壹纖貳塵，實徵支銀肆拾伍兩叁錢捌釐陸絲陸忽叁微捌纖捌塵。內均攤銀貳兩壹錢玖分貳釐捌絲捌忽捌微玖纖貳塵，即留抵各官役俸工訖。

吏目壹員，額支俸薪銀叁拾壹兩伍錢貳分，內除荒撥補銀壹拾叁兩陸錢陸分捌釐陸毫貳絲壹忽叁微伍纖玖塵肆渺，實徵支銀壹拾柒兩捌錢伍分壹釐叁毫柒絲捌忽陸微肆纖陸渺。

學正訓導貳員，額支俸薪銀叁拾壹兩伍錢貳分，內除荒撥補銀壹拾叁兩陸錢陸分捌釐陸毫貳絲壹忽叁微伍纖玖塵肆渺，實徵支銀壹拾柒兩捌錢伍分壹釐叁毫柒絲捌忽陸微肆纖陸渺。外撥補全俸銀肆拾捌兩肆錢捌分。

知州衙門

門子貳名，每名歲支銀陸兩，共支銀壹拾貳兩，內除荒撥補銀伍兩貳錢叁釐柒毫玖絲柒微貳纖肆塵捌渺，實徵支銀陸兩柒錢玖分陸釐貳毫玖忽貳微柒纖伍塵貳渺。遇閏加銀壹兩，內除荒銀肆錢叁分叁釐柒毫叁絲肆忽貳微陸纖伍塵肆渺，實徵支銀伍錢陸分陸釐貳毫陸絲伍忽柒微叁纖肆塵陸渺。

皂隸、仵作壹拾陸名，每名歲支工食銀陸兩，共支銀玖拾陸兩，內除荒撥補銀肆拾壹兩陸錢叁分叁毫貳絲玖微柒纖捌塵肆渺，實徵支銀伍拾肆兩叁錢陸分玖釐陸毫柒絲玖忽貳纖壹塵陸渺。遇閏加銀捌兩，內除荒銀叁兩肆錢陸分玖釐捌毫柒絲叁忽貳微貳纖叁塵貳渺，實徵支銀肆兩伍錢叁分壹毫貳絲陸忽柒微柒纖陸塵捌渺。

馬快捌名，每名歲支工食草料銀壹拾陸兩捌錢，共支銀壹百叁拾肆兩肆錢，內除荒撥補銀伍拾捌兩貳錢捌分貳釐肆毫肆絲玖忽捌微壹纖玖塵柒渺，實徵支銀柒拾陸兩壹錢壹分柒釐伍毫伍絲壹微捌纖叁渺。遇閏加銀壹拾壹兩貳錢，內除荒銀肆兩捌錢伍分柒釐捌毫貳絲貳忽貳微壹纖貳塵肆渺，實徵支銀陸兩叁錢肆分貳釐壹毫柒絲柒忽柒微捌纖柒塵陸渺。

民壯肆拾陸名，每名歲支工食銀陸兩，共支銀貳百柒拾陸兩，內除荒撥補銀壹百壹拾玖兩陸錢捌分柒釐壹毫柒絲貳忽貳微叁纖肆渺，實徵支銀壹百伍拾陸兩叁錢壹分貳釐捌毫貳絲柒忽柒微陸纖玖塵陸渺。遇閏加銀貳拾叁兩，內除荒銀玖兩玖錢柒分伍釐捌毫捌絲柒忽貳微肆塵貳渺，實徵支銀壹拾叁兩貳分肆釐壹毫壹絲貳忽柒微玖纖伍塵捌渺。

看監禁子捌名，每名歲支工食銀陸兩，共支銀肆拾捌兩，內除荒撥補銀貳拾兩捌錢壹分伍釐壹毫陸絲捌微玖纖玖塵貳渺，實徵支銀貳拾柒兩壹錢捌分肆釐捌毫叁絲玖忽壹微捌渺。外加增銀壹拾陸兩。遇閏加銀肆兩，內除荒銀壹兩柒錢叁分肆釐玖毫叁絲貳忽捌微陸纖壹塵陸渺，實徵支銀貳兩貳錢陸分伍釐陸絲柒忽壹微叁纖捌塵肆渺。

轎傘扇夫柒名，每名歲支工食銀陸兩，共支銀肆拾貳兩，內除荒撥補銀壹拾捌兩貳錢壹分叁釐壹毫玖絲陸忽叁纖陸塵捌渺，實徵支銀貳拾叁兩柒錢捌分陸釐捌毫叁忽玖微陸纖叁塵貳渺。遇閏加銀叁兩伍錢，內除荒銀壹兩伍錢壹分捌釐陸絲捌忽柒微貳纖捌塵玖渺，實徵支銀壹兩玖錢捌分壹釐玖毫叁絲壹忽貳微柒纖壹塵壹渺。

庫子肆名，每名歲支工食銀陸兩，共支銀貳拾肆兩，內除荒撥補銀壹拾兩肆錢柒釐伍毫捌絲肆微肆纖玖塵陸渺，實徵支銀壹拾叁兩伍錢玖分貳釐肆毫壹絲玖忽伍微伍纖肆渺。遇閏加銀貳兩，內除荒銀捌錢陸分柒釐肆毫陸絲陸忽肆微叁纖捌渺，實徵支銀壹兩壹錢叁分貳釐伍毫叁絲叁忽伍微陸纖玖塵貳渺。

斗級肆名，每名歲支工食銀陸兩，共支銀貳拾肆兩，內除荒撥補銀壹拾兩肆錢柒釐伍毫捌絲肆微肆纖玖塵陸渺，實徵支銀壹拾叁兩伍錢玖分貳釐肆毫壹絲玖忽伍微伍纖肆渺。遇閏加銀貳兩，內除荒銀捌錢陸分柒釐肆毫陸絲陸忽肆微叁纖捌渺，實徵支銀壹兩壹錢叁分貳釐伍毫叁絲叁忽伍微陸纖玖塵貳渺。

各舖司兵叁拾壹名，額支工食銀壹百肆拾捌兩捌錢，內撥支西鄉縣舖司壹名，其應支工食銀兩，由該縣按季解司支領除荒銀陸拾肆兩伍錢叁分陸釐捌毫壹絲壹忽肆微伍纖陸塵肆漠陸沙，實徵支銀捌拾肆兩貳錢陸分叁釐壹毫捌絲捌忽伍微肆纖叁塵玖渺伍漠肆沙。外加增撥補銀壹百壹兩柒錢叁分陸厘捌毫壹絲壹忽肆微伍纖陸塵肆漠陸沙內道光拾貳年奉文裁汰撥支黃龍山州同舖司壹名，其正閏工食銀兩，由該州解司報撥。遇閏加銀壹拾貳兩肆錢，內除荒銀伍兩叁錢柒分捌釐壹毫叁絲捌忽肆微伍纖貳塵捌漠肆沙，實徵支銀柒兩貳分壹釐捌毫陸絲壹忽伍微肆纖柒塵玖渺壹漠陸沙。外加增並撥補銀捌兩肆錢柒分捌釐壹毫叁絲捌忽肆微伍纖貳塵捌漠肆沙。

鐘鼓夫叁名，每名歲支工食銀貳兩肆錢，共銀柒兩貳錢，內除荒撥補銀叁兩壹錢貳分貳釐柒毫肆絲捌忽陸微玖纖捌渺，實徵支銀肆兩柒分柒釐貳毫伍絲壹忽叁微玖塵貳渺。遇閏加銀陸錢，內除荒銀貳錢陸分貳毫叁絲柒忽捌微柒纖玖塵貳渺，實徵支銀叁錢叁分玖釐柒毫陸絲貳忽壹微貳纖捌渺。

吏目衙門

門子壹名，歲支工食銀陸兩，內除荒撥補銀貳兩陸錢壹釐玖毫陸絲肆忽捌微陸纖貳塵肆渺，實徵支銀叁兩叁錢玖分捌釐叁絲伍忽壹微叁纖柒塵陸渺。遇閏加銀伍錢，內除荒銀貳錢壹分陸釐捌毫陸絲柒忽壹微叁纖貳塵柒渺，實徵支銀貳錢捌分叁釐壹毫叁絲貳忽捌微陸纖柒塵叁渺。

皂隸肆名，每名歲支工食銀陸兩，共支銀貳拾肆兩，內除荒撥補銀壹拾兩肆錢柒釐伍毫捌絲肆微肆纖玖塵陸渺，實徵支銀壹拾叁兩伍錢玖分貳釐肆毫壹絲玖忽伍微伍纖肆渺。遇閏加銀貳兩，內除荒銀捌錢陸分柒釐肆毫陸絲陸忽肆微叁纖捌渺，實徵支銀壹兩壹錢叁分貳釐伍毫叁絲叁忽伍微陸纖玖塵貳渺。

馬夫壹名，歲支工食銀陸兩，內除荒撥補銀貳兩陸錢壹釐玖毫陸絲肆忽捌微陸纖貳塵肆渺，實徵支銀叁兩叁錢玖分捌釐叁絲伍忽壹微叁纖柒塵陸渺。遇閏加銀伍錢，內除荒銀貳錢壹分陸釐捌毫陸絲柒忽壹微叁纖貳塵柒渺，實徵支銀貳錢捌分叁釐壹毫叁絲貳忽捌微陸纖柒塵叁渺。

教職衙門

齋夫叁名，每名歲支工食銀壹拾貳兩，共支銀叁拾陸兩，內除荒撥補銀壹拾伍兩陸錢壹分壹釐叁毫柒絲壹微柒纖肆塵肆渺，實徵支銀貳拾兩叁錢捌分捌釐陸毫貳絲玖忽捌微貳纖伍塵陸渺。遇閏加銀叁兩，內除荒銀壹兩叁錢壹釐貳毫壹忽叁微玖纖陸塵貳渺，實徵支銀壹兩陸錢玖分捌釐柒毫玖絲捌忽陸微叁塵捌渺。

膳夫貳名，額支工食銀壹拾叁兩叁錢叁分叁釐叁毫叁絲叁忽，內除荒撥補銀伍兩柒錢捌分壹釐玖毫壹絲玖忽捌微玖纖捌塵玖渺，實徵支銀柒兩伍錢伍分壹釐肆毫壹絲叁忽壹微壹塵壹渺係廩生支領。遇閏加銀壹兩壹錢壹分壹釐壹毫，內除荒撥補銀肆錢捌分壹釐玖毫貳絲壹微捌塵陸渺，實徵支銀陸錢貳分玖釐壹毫柒絲玖忽捌微玖纖壹塵肆渺係廩生支領。

門斗叁名，每名歲支工食銀柒兩貳錢，共支銀貳拾壹兩陸錢，內除荒撥補銀玖兩叁錢陸分陸釐捌毫貳絲壹忽玖微捌纖貳塵陸渺，實徵支銀壹拾貳兩貳錢叁分叁釐壹毫柒絲捌忽壹纖柒塵肆渺。遇閏加銀壹兩捌錢，內除荒銀柒錢捌分柒毫貳絲柒微叁纖柒塵柒渺，實徵支銀壹兩壹分玖釐貳毫柒絲玖忽貳微陸纖貳塵叁渺。

廩生叁拾名，每名歲支月糧銀叁兩貳錢，共支銀玖拾陸兩，內除荒撥補銀肆拾壹兩柒錢壹分柒釐肆毫伍忽玖微柒纖捌塵肆渺，實徵支銀伍拾肆兩貳錢捌分貳釐伍毫玖絲肆忽貳纖壹塵陸渺。遇閏加銀捌兩，內除荒撥補銀叁兩肆錢陸分玖釐伍毫伍絲貳忽貳微貳纖叁塵貳渺，實徵支銀肆兩伍錢叁分肆毫肆絲柒忽柒微柒纖陸塵捌渺。

以上俸工項下，除廩生、膳夫貳欵照常支發外，其餘官役俸工於道光貳拾叁年奉文，均以貳兩平支放，每兩減平銀陸分，其減平銀兩，每年批解部庫交納，理合登明。

壹祭祀項下

雜支春秋貳祭文廟並各壇祠及無祀鬼魂品物等項共銀捌拾玖兩，內除荒銀叁拾捌兩陸錢陸毫肆絲柒忽壹纖陸渺，實徵支銀伍拾兩叁錢玖分玖釐叁毫伍絲貳忽玖微捌纖玖塵肆渺。

又撥補豁免銀捌釐柒毫陸絲陸忽陸微貳纖陸渺。

外撥補均攤不敷銀貳拾貳兩玖錢肆分叁釐壹毫陸絲叁忽陸微柒纖陸塵貳渺肆漠伍沙陸涯。

鄉飲銀叁兩，內除荒銀壹兩叁錢壹釐壹毫肆絲伍忽伍微壹纖貳塵陸渺，實徵支銀壹兩陸錢玖分捌釐捌毫伍絲肆忽肆微捌纖柒塵肆渺。

布政司紙劄銀壹兩捌錢，內除荒銀柒錢捌分陸毫捌絲柒忽壹微玖纖柒塵柒渺，實徵支銀壹兩壹分玖釐叁毫壹絲貳忽捌微貳塵叁渺。

以上鄉飲、紙劄貳欵於道光貳拾叁年奉文裁汰，其徵收銀兩，每年批解部庫交納，理合登明。

壹孤貧項下

孤老叁拾柒名，口糧銀壹百貳拾陸兩柒錢貳分，內除荒銀伍拾肆兩玖錢陸分叁毫陸絲貳忽貳纖壹塵，實徵支銀柒拾壹兩柒錢伍分玖釐陸毫叁絲柒忽玖微柒纖玖塵。外加增並撥補共銀陸拾壹兩肆錢肆分叁毫陸絲貳忽貳纖壹塵。外加增閏銀壹拾壹兩壹錢。

孤老冬衣布花銀壹拾捌兩伍錢，內除荒銀捌兩肆錢貳釐伍毫捌絲玖忽柒微捌纖玖渺，實徵支銀壹拾兩玖分柒釐肆毫壹絲貳微壹纖玖塵壹渺。

壹驛站項下

鄜城驛站銀壹千陸百叁拾兩壹錢伍分伍釐；隆益驛站銀陸百肆拾捌兩；張村驛站銀陸百肆拾捌兩；榆林驛站銀肆拾兩貳錢。共銀貳千玖百陸拾陸兩叁錢伍分伍釐，內除荒銀壹千捌百玖拾肆兩叁錢貳分柒釐捌毫壹絲陸忽肆微捌塵叁渺，實徵銀壹千柒拾貳兩貳分柒釐壹毫捌絲叁忽伍微玖纖壹塵柒渺，內除額協並裁站銀伍百陸拾肆兩玖錢捌分陸絲壹忽捌微壹纖，實支銀伍百柒兩肆分柒釐壹毫貳絲壹忽柒微捌纖壹塵柒渺。

又撥補增給夫馬閏月工料銀貳拾兩柒錢。

走遞馬貳拾伍匹，工食草料共銀貳百陸拾兩，內除荒銀壹百壹拾貳兩柒錢陸分伍釐玖毫叁絲叁忽捌微貳纖壹塵伍渺貳漠，實徵銀壹百肆拾柒兩貳錢叁分肆釐陸絲陸忽壹微柒纖捌塵肆渺捌漠，內額協並裁站銀玖拾壹兩陸錢陸分貳釐玖絲叁忽伍微肆纖壹漠，又撥給甘泉縣新增夫馬工料銀伍拾壹兩柒錢玖分柒釐壹毫陸忽肆微伍纖玖塵玖渺玖漠，實支銀叁兩柒錢柒分肆釐捌毫陸絲陸忽壹微柒纖捌塵肆渺捌漠。

遇閏加銀貳拾壹兩陸錢陸分陸釐，內除荒銀玖兩叁錢玖分柒釐貳毫玖絲肆忽捌微伍纖捌塵捌渺，實徵銀壹拾貳兩貳錢陸分捌釐柒毫伍忽壹微肆纖壹塵貳渺，內除裁站銀壹拾壹兩玖錢伍分肆釐陸毫，實支銀叁錢壹分肆釐壹毫伍忽壹微肆纖壹塵貳渺。

鄜城驛月夫並傘夫陸拾陸名，每名歲支工食銀陸兩玖錢玖釐，共支銀肆百伍拾陸兩，內除荒銀壹百玖拾柒兩柒錢柒分肆釐玖絲玖忽柒微貳纖叁塵陸渺，實支銀貳百伍拾捌兩貳錢貳分伍釐玖毫貳微柒纖陸塵肆渺。

以上存留實徵銀貳千貳百陸拾捌兩肆錢壹分叁絲伍忽貳微肆纖捌塵玖渺叁漠肆沙，內除額協吴堡、米脂等縣站支抵餉銀伍百叁拾捌兩柒錢玖釐貳毫陸絲壹忽捌微壹纖；又除欽奉上諭並驛遞之差使甚少等事貳案內，共裁站銀叁百柒拾伍兩柒錢壹分陸釐捌毫叁絲，內在於題明請將驛站等事案內，留支本州新增夫馬工料銀貳百伍兩玖錢捌分陸釐捌毫叁絲，又撥給甘泉縣新增夫馬工料銀伍拾壹兩柒錢玖分柒釐壹毫陸忽肆微伍纖玖塵玖渺玖漠，實裁銀壹百壹拾柒兩玖錢叁分貳釐捌毫玖絲叁忽伍微肆纖壹漠。實該銀壹千伍百伍拾玖兩玖錢柒分柒毫柒絲叁忽肆微叁纖捌塵玖渺叁漠肆沙。

外撥補均攤俸工，除知州攤俸留抵外，實該銀陸百貳拾捌兩陸錢柒分壹毫貳絲貳忽肆微壹纖貳塵肆渺肆漠陸沙。

共該銀貳千壹百捌拾捌兩陸錢肆分捌毫玖絲伍忽捌微伍纖壹塵叁渺捌漠於乾隆伍拾貳年奉文，全數解司，壹切支欵，俱由司按季領支，嗣於嘉慶五年奉文，在州留支，並不按季赴司請領。

外於司庫領支祭祀銀貳拾貳兩玖錢肆分叁釐壹毫陸絲叁忽陸微柒纖陸塵貳渺肆漠伍沙陸涯係動支各屬解到耗羨銀兩。

遇閏加銀壹百貳拾兩捌錢貳分叁釐柒毫伍絲捌忽，內除各官閏俸銀壹拾肆兩伍錢肆分陸釐陸毫伍絲捌忽入起運外，止該銀壹百陸兩貳錢柒分柒釐壹毫，內除荒銀肆拾陸兩玖分伍釐伍毫壹絲柒忽柒微玖塵貳渺捌漠肆沙，實徵銀陸拾兩壹錢捌分壹釐伍毫捌絲貳忽貳微玖纖柒渺壹漠陸沙，內除欽奉上諭並驛遞之差使甚少等事貳案內，共裁站閏銀壹拾壹兩玖錢伍分肆釐陸毫，止該銀肆拾捌兩貳錢貳分陸釐玖毫捌絲貳忽貳微玖纖柒渺壹漠陸沙。

外撥補加增閏月銀貳拾叁兩伍錢貳分玖釐陸毫壹絲柒微捌纖叁塵捌渺捌漠肆沙。

共該銀柒拾壹兩柒錢伍分陸釐伍毫玖絲叁忽柒纖肆塵陸渺於乾隆伍拾貳年奉文，全數解司，壹切支欸，俱由司按季領支，嗣於嘉慶五年奉文，在州留支，並不按季赴司請領。

外於西安布政司庫領支增給夫馬閏月銀貳拾兩柒錢係動各屬解到地、丁銀兩。

壹額外

協濟膚施縣額解延安府儒學廩生月糧奉復壹分，銀伍兩柒錢陸分，內除荒撥補銀叁兩陸錢柒分柒釐貳毫玖絲捌忽伍微貳纖柒塵肆渺柒漠，實徵銀貳兩捌分貳釐柒毫壹忽肆微柒纖貳塵伍渺叁漠。遇閏加銀肆錢捌分，內除荒撥補銀叁錢陸釐伍毫貳絲壹忽玖微柒纖捌塵，實徵銀壹錢柒分叁釐肆毫柒絲捌忽貳纖貳塵。

課程銀貳拾捌兩玖錢肆分肆釐玖毫伍絲係舖戶出辦。遇閏加銀貳兩肆錢壹分貳釐柒絲玖忽陸微陸纖。

畜稅銀貳拾陸兩捌錢捌分係買騾馬出辦，原無定額，儘收儘解。

牙稅銀叁兩陸錢共牙人叁名，內上則牙人壹名，每年稅銀壹兩叁錢；中則牙人壹名，每年稅銀壹兩貳錢；下則牙人壹名，每年稅銀壹兩壹錢。

地稅銀貳拾伍兩肆錢貳分係買房地業主出辦，原無定額，儘收儘解。

當稅銀肆拾伍兩係典舖出辦，共典舖玖座，每座每年當稅銀伍兩。

鹽課銀貳百玖拾肆兩玖錢壹分貳釐奉文攤入前項地、丁銀內徵收，每正銀壹兩攤徵銀肆分捌釐柒毫叁絲叁微零，遇閏無增，永不加耗，凡遇蠲豁蠲免之年亦不增減蠲免。

洛川縣

原額壹等地叁千玖百玖拾玖頃貳拾陸畝肆分伍釐伍毫，共額徵本折糧叁萬捌千伍百玖拾玖石柒升柒合壹勺玖抄，每畝科本色糧肆升玖合肆勺貳抄陸撮肆圭伍粟，共糧壹萬玖千柒百陸拾陸石玖斗肆升伍合柒勺，內除拋荒召佃減納糧貳千捌百肆拾肆石貳升貳合叁勺柒抄叁撮柒圭，止該折正本色糧壹萬陸千玖百貳拾貳石玖斗貳升叁合叁勺貳抄陸撮叁圭，科折色糧肆升柒合捌抄捌撮玖圭捌粟，共折色糧壹萬捌千捌百叁拾貳石壹斗叁升壹合肆勺玖抄，每石折徵銀壹兩肆錢肆分貳釐叁毫捌絲壹忽柒微柒纖，共額徵銀貳萬柒千壹百陸拾叁兩壹錢貳分叁釐貳毫叁絲貳忽。

順治柒年、拾壹年題明免過無主並續荒地叁千貳百伍拾頃壹拾畝肆分壹釐，應免折正本折糧貳萬肆千玖百玖拾捌石捌斗玖升肆合伍勺捌抄叁撮叁圭叁粟叁粒；乾隆叁拾貳年在於遵旨議奏事案內，移建城垣豁免折正地壹拾捌畝陸分捌釐捌絲柒忽陸微，應免糧壹石陸斗柒升壹勺。

貳項共免過荒地叁千貳百伍拾頃貳拾玖畝玖釐捌絲柒忽陸微，共免糧貳萬伍千石伍斗陸升肆合陸勺捌抄叁撮叁圭叁粟叁粒，內興屯、丈首並節年開墾並揑報地壹千柒拾叁頃玖拾肆畝伍釐叁毫，該本折糧伍千伍百肆拾叁石肆升伍合玖勺壹抄貳圭肆粟玖粒。

於康熙柒年拾壹月內蒙督撫會題為秦地折正事案內，奉旨俞允准令折正，照依古額捌畝肆分肆釐伍毫，折正壹畝，該折正地壹百貳拾柒頃壹拾陸畝捌分捌釐，該折正本折糧壹千壹百叁拾陸石玖斗肆升捌勺肆撮，應除溢額虛地玖百肆拾陸頃柒拾柒畝壹分柒釐叁毫，應除本折虛糧肆千肆百陸石壹斗伍合壹勺陸撮貳圭肆粟玖粒。

又奉除豁舊全書內除荒不清之糧肆千伍拾捌石叁斗陸升壹合伍抄壹撮肆圭陸粟柒粒。

貳項共應除糧捌千肆百陸拾肆石肆斗陸升陸合壹勺伍抄柒撮柒圭壹粟陸粒，又清丈自首並節年開墾折正地貳頃肆拾陸畝柒分玖釐玖毫肆絲陸忽，應徵折正本折糧貳拾貳石陸升肆合捌勺肆抄柒撮肆圭玖粟叁粒壹顆壹粃；又乾隆肆拾貳年開墾折正共地貳拾肆頃陸拾捌畝壹分壹釐壹絲貳忽肆微，應徵折正本折糧貳百貳拾石陸斗伍升捌合陸勺。

實豁免地叁千玖拾伍頃玖拾柒畝叁分壹毫貳絲玖忽貳微，該除本折糧貳萬柒千陸百柒拾玖石貳斗陸升壹合肆勺捌抄叁撮叁圭陸粒捌顆玖糠玖粃，實應免本色起運糧玖千肆百叁拾石玖斗柒升叁合陸勺捌抄捌撮肆圭伍粟伍粒柒顆陸糠捌粃捌粇，實應免本色本府延豐並官學倉糧叁千陸百陸拾玖石陸斗陸升玖合壹勺壹抄柒撮陸圭柒粟陸粒肆顆陸糠壹粃，每石折銀陸錢，該除銀貳千貳百壹兩捌錢壹釐玖毫柒絲柒微玖塵壹漠玖沙壹洙捌涯，實應免折色糧壹萬肆千伍百柒拾捌石陸斗壹升捌合陸勺柒抄柒撮壹圭柒粟肆粒陸顆陸糠玖粃貳粀，該除銀貳萬壹千貳拾柒兩玖錢貳分肆釐陸毫玖絲捌微柒纖叁塵陸渺捌漠壹沙壹泆捌涯。

實熟地玖百叁頃貳拾玖畝壹分伍釐叁毫柒絲捌微，該本折糧捌千柒拾伍石柒斗玖升叁合叁勺叁抄貳撮玖圭玖粟叁粒壹顆壹粃，內實徵本色起運糧貳千柒百伍拾壹石陸斗叁升捌合貳勺貳抄陸撮伍圭肆粟肆粒貳顆叁糠壹粃貳粀遵照乾隆伍拾玖年奉准部咨令，將康熙年間易知由單內載：每畝科征本色糧叁升肆勺陸抄貳撮壹圭貳粟捌粒肆顆，實徵本色本府延豐並官學倉糧壹千柒拾石陸斗肆升貳合貳勺玖抄叁撮陸圭貳粟叁粒伍顆叁糠玖粃，該折徵銀陸百肆拾貳兩叁錢捌分肆釐捌毫柒絲陸忽柒纖玖渺捌漠捌泆貳涯每畝科本色糧壹升壹合捌勺伍沙（抄）貳撮柒圭柒粟捌粒柒顆，每畝征銀柒釐壹毫壹絲壹忽陸微陸纖柒塵貳渺，實徵折色糧肆千貳百伍拾叁石伍斗壹升貳合捌勺壹抄貳撮捌圭貳粟伍粒叁顆叁糠捌粀，該折徵銀陸千壹百叁拾伍兩壹錢玖分捌釐伍毫肆絲壹忽壹微貳纖陸塵叁渺壹漠捌沙捌泆貳涯遵照乾隆伍拾玖年奉准部咨令，將康熙年間易知由單內載：每畝折徵銀陸分柒釐玖毫貳絲壹微肆纖壹塵捌渺，纂入書內，嗣後遇有墾豁，以便按畝增除。

原額人丁叁等玖則不等，共折下下人丁肆千玖百伍拾丁，每丁徵銀壹兩壹錢陸分陸釐肆毫玖絲捌忽玖微肆纖，共銀伍千柒百柒拾肆兩壹錢陸分玖釐捌毫，內除優免丁陸百柒拾壹丁，共銀柒百捌拾貳兩柒錢貳分捌毫。

行差丁肆千貳百柒拾玖丁，共額徵銀肆千玖百玖拾壹兩肆錢肆分玖釐。

順治柒年、拾壹年免過逃亡丁貳千陸百肆拾伍丁，應除銀叁千捌拾伍兩玖錢伍分貳釐貳毫柒絲肆忽，招回並審出丁捌丁，應徵銀玖兩叁錢叁分叁釐貳毫玖絲柒忽捌微捌纖，實應免丁貳千陸百叁拾柒丁，應免銀叁千柒拾陸兩陸錢壹分捌釐玖毫柒絲陸忽壹微貳纖。

以上實行差丁壹千陸百肆拾貳丁，該徵銀壹千玖百壹拾肆兩捌錢叁分貳絲叁忽捌微捌纖。

康熙伍拾伍年起，至乾隆貳拾陸年止，編審出丁壹百壹拾叁丁；乾隆叁拾壹年編審出丁壹拾玖丁；乾隆叁拾陸年編審出丁貳拾貳丁。共編審出丁壹百伍拾肆丁，欽遵康熙伍拾貳年叁月拾捌日恩詔，後遇編審之期，但據康熙伍拾年丁冊定為常額，永不加賦。

外遇閏加徵銀肆百肆拾柒兩肆錢捌分壹釐叁毫貳絲捌忽，內除荒銀叁百伍兩柒錢陸分肆釐伍毫柒絲柒忽伍微貳纖伍塵捌渺肆漠柒沙叁涯，實徵銀壹百肆拾壹兩柒錢壹分陸釐柒毫伍絲肆微柒纖肆塵壹渺伍漠貳沙玖泆柒涯。

又額外停免銀叁百叁拾兩貳分壹厘柒毫伍絲壹忽捌微。

協濟膚施縣額解延安府儒學廩生月糧奉裁貳分，充餉銀壹拾壹兩伍錢貳分，內除荒銀捌兩玖錢陸分壹釐叁毫陸絲肆忽柒微伍纖玖塵陸渺肆漠捌沙柒洙肆涯，實徵銀貳兩伍錢伍分捌釐陸毫叁絲伍忽貳微肆纖叁渺伍漠壹沙貳洙陸涯。遇閏加銀玖錢陸分，內除荒銀柒錢肆分柒釐叁毫陸絲壹微陸纖壹塵柒渺壹漠貳沙，實徵銀貳錢壹分貳釐陸毫叁絲玖忽捌微叁纖捌塵貳渺捌漠捌沙。

舉人坊價銀叁拾兩玖錢肆分陸釐玖毫捌絲，每年徵銀壹拾兩叁錢壹分伍釐陸毫陸絲，內除荒銀捌兩伍錢貳分玖釐壹毫壹絲壹忽伍微貳纖伍塵肆渺捌漠玖沙壹洙陸涯，實徵銀壹兩柒錢捌分陸釐伍毫肆絲捌忽肆微柒纖肆塵伍渺壹漠捌洙肆涯以上攤入前項地糧內徵收。

以上地、丁貳項並額外停免，除優免丁銀外，共額徵銀叁萬伍千叁百伍拾兩陸錢壹分陸釐肆毫玖絲伍微捌纖，內除荒亡缺額銀貳萬陸千叁百貳拾叁兩捌錢叁分陸釐壹毫壹絲叁忽玖微捌纖柒塵捌渺叁漠捌沙貳洙陸涯，實徵銀玖千貳拾陸兩柒錢捌分叁毫柒絲陸忽伍微玖纖貳塵壹渺陸漠壹沙柒洙肆涯。

本色起運糧壹萬貳千壹百捌拾貳石陸斗壹升壹合玖勺壹抄伍撮，內除荒糧玖千肆百叁拾石玖斗柒升叁合陸勺捌抄捌撮肆圭伍粟伍粒柒顆陸糠捌粃捌粺，實徵糧貳千柒百伍拾壹石陸斗叁升捌合貳勺貳抄陸撮伍圭肆粟肆粒貳顆叁糠壹粃貳粺。

外遇閏加徵銀肆百肆拾柒兩肆錢捌分壹釐叁毫貳絲捌忽，內除荒銀叁百伍兩柒錢陸分肆釐伍毫柒絲柒忽伍微貳纖伍塵捌渺肆漠柒沙叁涯，實徵銀壹百肆拾壹兩柒錢壹分陸釐柒毫伍絲肆微柒纖肆塵壹渺伍漠貳沙玖洙柒涯。

又額外遇閏奉裁廩生閏月充餉銀玖錢陸分，內除荒銀柒錢肆分柒釐叁毫陸絲壹微陸纖壹塵柒渺壹漠貳沙，實徵銀貳錢壹分貳釐陸毫叁絲玖忽捌微叁纖捌塵貳渺捌漠捌沙。

貳項實徵共銀壹百肆拾壹兩玖錢貳分玖釐叁毫玖絲叁微壹纖貳塵肆渺肆漠玖洙柒涯。

壹起運項下

本色起運糧壹萬貳千壹百捌拾貳石陸斗壹升壹合玖勺壹抄伍撮，內除荒糧玖千肆百叁拾石玖斗柒升叁合陸勺捌抄捌撮肆圭伍粟伍粒柒顆陸糠捌粃捌粺，實徵糧貳千柒百伍拾壹石陸斗叁升捌合貳勺貳抄陸撮伍圭肆粟肆粒貳顆叁糠壹粃貳粠。

原編起運糧石、草束折價銀壹萬捌千肆百陸兩玖錢陸分陸釐伍毫叁絲貳忽，內除荒銀壹萬肆千貳百肆拾壹兩捌錢伍分肆釐伍毫陸忽肆微肆纖叁塵貳渺陸漠伍洙伍涯，實徵起運銀肆千壹百陸拾伍兩壹錢壹分貳釐貳絲伍忽伍微伍纖陸塵柒渺叁漠玖沙肆洙伍涯。

節裁藥味等項起運銀伍千兩壹錢伍分肆釐玖毫，內除荒銀叁千柒百貳拾柒兩伍錢玖分叁毫貳絲捌忽肆微捌纖壹塵玖渺壹漠叁沙伍洙捌涯，實徵起運銀壹千貳百柒拾貳兩伍錢陸分肆釐伍毫柒絲壹忽伍微壹纖捌塵捌漠陸沙肆洙貳涯。

舊編存留，內順治玖年裁扣各役工食銀陸百肆拾柒兩陸錢；拾貳年裁扣修宅、傢伙、傘扇銀壹百壹拾陸兩；拾肆年裁扣官生俸廩等項銀貳百捌拾陸兩叁錢柒分伍釐壹毫叁絲柒忽；拾伍年裁汰冗員銀叁百貳拾貳兩。康熙元年裁吏書工食銀叁百壹拾肆兩肆錢；叁年裁教諭、訓導各役工食銀壹百玖拾伍兩肆分；陸年裁官各役工食銀貳百伍拾壹兩，雜費丁銀貳百叁拾貳兩叁錢貳分貳釐貳毫；拾伍年裁心紅紙張、修理監倉、喂馬草料、芒神土牛、倉厫、紙劄共銀壹百伍拾肆兩肆錢伍分；貳拾柒年裁歲貢、舉人盤纏銀肆拾叁兩。雍正陸年裁燈夫工食銀柒拾貳兩；拾壹年裁榆、靖貳廳並經歷俸食共銀伍百捌拾肆兩；拾貳年裁民壯工食銀貳拾肆兩。乾隆陸年裁舖司陸名，除玖年議添肆名，止裁貳名，工食銀玖兩陸錢，舊編冗費裁剩解部銀壹百叁拾伍兩玖錢玖分叁毫肆絲陸忽柒微捌纖，又縣丞、巡檢、門、皂、馬夫工食銀壹百壹拾玖兩伍錢貳分。

共裁歸起運銀叁千伍百柒兩貳錢玖分柒釐陸毫捌絲叁忽柒微捌纖，內除荒銀貳千叁百玖拾陸兩伍錢玖分肆釐柒毫捌絲陸忽貳微玖纖貳塵陸渺貳沙玖洙，實徵銀壹千壹百壹拾兩柒錢貳釐捌毫玖絲柒忽肆微捌纖柒塵叁渺玖漠柒沙壹洙。

又額外協濟膚施縣額解延安府儒學廩生月糧奉裁貳分，充餉銀壹拾壹兩伍錢貳分，內除荒銀捌兩玖錢陸分壹釐叁毫陸絲肆忽柒微伍纖玖塵陸渺肆漠捌沙柒洙肆涯，實徵銀貳兩伍錢伍分捌釐陸毫叁絲伍忽貳微肆纖叁渺伍漠壹沙貳洙陸涯。

又停免銀叁百叁拾兩貳分壹釐柒毫伍絲壹忽捌微。

又舉人坊價銀叁拾兩玖錢肆分陸釐玖毫捌絲，每年徵銀壹拾兩叁錢壹分伍釐陸毫陸絲，內除荒銀捌兩伍錢貳分玖釐壹毫壹絲壹忽伍微貳纖伍塵肆渺捌漠玖沙壹洙陸涯，實徵銀壹兩柒錢捌分陸釐伍毫肆絲捌忽肆微柒纖肆塵伍渺壹漠捌洙肆涯。

以上共該起運銀陸千捌百捌拾貳兩柒錢肆分陸釐肆毫叁絲柒纖柒塵捌漠伍沙柒涯。

又收存留內額協吴堡等州縣站支抵餉銀玖百柒拾柒兩伍錢伍分玖釐陸毫玖絲陸忽陸微壹纖肆塵。

又收欽奉上諭並驛遞之差使甚少等事案內，共裁站銀貳百柒拾兩壹錢貳分伍毫壹絲玖忽玖微叁纖貳塵肆渺，內在於題明請將驛站等事案內，留支本縣新增夫馬工料銀玖拾玖兩捌錢叁分伍釐叁毫叁絲，實收銀壹百柒拾兩貳錢捌分伍釐壹毫捌絲玖忽玖微叁纖貳塵肆渺。

肆項共該起運銀捌千叁拾兩伍錢玖分壹釐叁毫壹絲陸忽陸微貳纖叁塵肆渺捌漠伍沙柒涯，內除受協涇陽縣站支兑留兵餉銀叁拾肆兩肆錢玖分肆釐捌毫柒絲伍忽陸微；又在於請做以糧載丁等事案內，以糧載丁減銀捌百貳拾陸兩柒錢陸分壹釐肆毫捌絲叁微玖纖柒渺，內乾隆元、陸、拾壹、拾陸、貳拾壹、貳拾陸等年編審案內，抵補屯更丁銀壹百捌拾玖兩玖錢肆分玖毫捌絲壹忽貳微貳纖柒塵玖渺叁漠叁沙叁洙叁涯貳洒，又乾隆叁拾壹、叁拾陸兩年編審案內，共抵補屯更丁銀捌拾貳兩壹錢叁分玖釐貳忽貳微柒纖叁塵玖渺陸漠陸沙陸洙陸涯陸洒，止該減銀伍百伍拾肆兩陸錢捌分壹釐肆毫玖絲陸忽捌微捌纖捌塵捌渺貳洒。

實該起運銀柒千肆百肆拾壹兩肆錢壹分肆釐玖毫肆絲肆忽壹微叁纖肆塵陸渺捌漠伍沙陸涯捌洒，內留支加增撥補俸工並額外廩糧銀壹千貳百壹拾玖兩柒錢玖分壹釐柒毫玖絲捌忽玖微壹纖柒塵陸渺貳漠叁沙叁洙叁涯，止該起運銀陸千貳百貳拾壹兩陸錢貳分叁釐壹毫肆絲伍忽貳微壹纖柒塵陸漠壹沙柒洙叁涯捌洒。

外遇閏裁扣，內順治玖年裁扣銀伍拾貳兩叁錢；拾肆年裁扣銀貳拾貳兩壹錢叁分貳釐玖毫叁絲貳忽；拾伍年裁汰銀貳拾陸兩捌錢叁分叁釐貳毫陸絲。康熙元年裁吏書工食銀貳拾陸兩貳錢；叁年裁教諭、訓導、齋夫等項銀壹拾陸兩貳錢伍分叁釐叁毫叁絲貳忽；陸年裁官各役工食銀貳拾兩玖錢壹分陸釐陸毫；拾伍年裁心紅紙張、喂馬草料共銀壹拾兩叁錢叁分叁釐柒絲。雍正陸年裁燈夫工食銀陸兩；拾壹年裁榆、靖貳廳並經歷共銀肆拾捌兩陸錢陸分陸釐陸毫貳絲；拾貳年裁民壯工食銀貳兩。乾隆陸年裁舖司陸名，除玖年議添肆名外，止裁貳名，工食銀捌錢，又縣丞、巡檢、門、皂、馬夫工食銀肆兩，又各官閏俸銀叁拾兩玖錢貳分叁釐叁毫壹絲肆忽。

共裁歸起運銀貳百陸拾柒兩叁錢伍分玖釐壹毫貳絲捌忽，內除荒銀壹百捌拾貳兩陸錢捌分伍釐捌毫柒絲柒微捌纖玖塵陸渺陸漠叁沙柒洙，實徵銀捌拾肆兩陸錢柒分叁釐貳毫伍絲柒忽貳微壹纖叁渺叁漠陸沙叁洙。

外遇閏廩生月糧銀玖錢陸分，內除荒銀柒錢肆分柒釐叁毫陸絲壹微陸纖壹塵柒渺壹漠貳沙，實徵銀貳錢壹分貳釐陸毫叁絲玖忽捌微叁纖捌塵貳渺捌漠捌沙。

以上起運閏銀捌拾肆兩捌錢捌分伍釐捌毫玖絲柒忽肆纖捌塵陸渺貳漠肆沙叁洙。

又收驛遞之差使甚少等事案內，共裁站銀貳拾壹兩陸錢柒分貳釐貳毫貳絲柒忽。

貳項共銀壹百陸兩伍錢伍分捌釐壹毫貳絲肆忽肆纖捌塵陸渺貳漠肆沙叁洙，內在於請倣以糧載丁等事案內，以糧載丁減銀肆拾捌兩玖分玖釐叁毫伍絲玖忽陸纖伍塵玖渺，內節次抵補屯更丁銀壹拾陸兩貳錢玖分壹釐捌毫貳絲肆忽捌纖叁塵玖渺玖漠玖沙玖洙玖涯捌洒，止該減銀叁拾壹兩捌錢柒釐伍毫叁絲肆忽玖微捌纖壹塵玖渺貳洒。

實該起運銀柒拾肆兩柒錢伍分伍毫捌絲玖忽陸纖陸塵柒渺貳漠肆沙貳洙玖涯捌洒，內留支加增撥補各役工食並外廩糧銀壹拾柒兩叁錢陸分貳釐柒毫玖絲柒忽肆微壹塵柒渺壹漠叁沙叁洙叁涯，止該起運銀伍拾柒兩叁錢捌分柒釐柒毫玖絲壹忽陸微陸纖伍塵壹漠玖洙陸涯捌洒。

壹存留項下

原編存留銀捌千捌拾肆兩叁錢叁分玖釐玖毫陸絲叁忽，內除荒銀伍千玖百肆拾兩叁錢陸釐壹絲陸忽肆微捌纖肆塵玖渺貳漠叁沙叁洙叁涯，實存留銀貳千壹百肆拾肆兩叁分叁釐玖毫肆絲陸忽伍微壹纖伍塵柒漠陸沙陸洙柒涯。

壹俸工項下

神木同知壹員，額支俸薪銀捌拾兩，內除荒銀伍拾肆兩陸錢陸分肆釐肆毫柒絲肆忽捌微捌纖伍塵貳渺，實徵支銀貳拾伍兩叁錢叁分伍釐伍毫貳絲伍忽壹微壹纖肆塵捌渺。外收撥補銀壹拾捌兩伍釐叁毫肆絲玖忽壹微貳纖玖塵貳渺。

安邊同知壹員，額支俸薪銀捌拾兩，內除荒銀伍拾肆兩陸錢陸分肆釐肆毫柒絲肆忽捌微捌纖伍塵貳渺，實徵支銀貳拾伍兩叁錢叁分伍釐伍毫貳絲伍忽壹微壹纖肆塵捌渺。外收撥補銀壹拾捌兩伍釐叁毫肆絲玖忽壹微貳纖玖塵貳渺。

教授訓導貳員，額支俸薪銀叁拾壹兩伍錢貳分，內於道光拾貳年奉文裁汰訓導壹員，應支俸薪銀兩，解司報撥除荒撥補銀貳拾壹兩伍錢叁分柒釐壹毫肆絲玖忽伍微壹纖壹塵叁渺壹漠陸沙，實徵支銀玖兩玖錢捌分貳釐捌毫伍絲肆微捌纖捌塵陸渺捌漠肆沙。外撥補全俸銀伍拾叁兩肆錢捌分。

知縣壹員，額支俸薪銀肆拾伍兩，內除荒銀叁拾兩柒錢肆分捌釐捌毫貳絲玖忽壹微壹纖貳塵柒渺，實徵支銀壹拾肆兩貳錢伍分壹釐壹毫柒絲捌微捌纖柒塵叁渺。外收均攤俸薪銀壹拾兩壹錢貳分柒釐伍毫捌忽肆微伍塵柒渺。

典史壹員，額支俸薪銀叁拾壹兩伍錢貳分，內除荒撥補銀貳拾壹兩伍錢叁分柒釐壹毫肆絲玖忽伍微壹纖壹塵叁渺壹漠陸沙，實徵支銀玖兩玖錢捌分貳釐捌毫伍絲肆微捌纖捌塵陸渺捌漠肆沙。

教諭、訓導貳員，額支俸薪銀叁拾壹兩伍錢貳分，內除荒撥補銀貳拾壹兩伍錢叁分柒釐壹毫肆絲玖忽伍微壹纖壹塵叁渺壹漠陸沙，實徵支銀玖兩玖錢捌分貳釐捌毫伍絲肆微捌纖捌塵陸渺捌漠肆沙。外撥補全俸銀肆拾捌兩肆錢捌分。

神木同知衙門

門子貳名，每名歲支工食銀陸兩，共支銀壹拾貳兩，內除荒撥補銀捌兩壹錢玖分玖釐貳絲壹忽壹微玖纖捌塵肆渺，實徵支銀叁兩捌錢玖毫柒絲捌忽捌微陸渺。遇閏加銀壹兩，內除荒銀陸錢捌分叁釐叁毫貳絲柒忽玖微捌渺，實徵支銀叁錢壹分陸釐陸毫柒絲貳忽玖纖玖塵貳渺。

步快捌名，每名歲支工食銀陸兩，共支銀肆拾捌兩，內除荒撥補銀叁拾貳兩柒錢玖分玖釐捌絲伍忽伍微壹纖肆塵捌渺，實徵支銀壹拾伍兩貳錢玖毫壹絲壹忽肆微捌纖伍塵。遇閏加銀肆兩，內除荒銀貳兩柒錢叁分叁釐叁毫肆微柒纖壹塵陸渺，實徵支銀壹兩貳錢陸分陸釐陸毫玖絲玖忽伍微貳纖捌塵肆渺。

皂隸壹拾貳名，每名歲支工食銀陸兩，共支銀柒拾貳兩，內除荒撥補銀肆拾玖兩壹錢玖分柒釐壹毫貳絲陸忽玖微玖纖陸渺，實徵支銀貳拾貳兩捌錢貳釐捌毫柒絲叁忽玖塵肆渺。遇閏加銀陸兩，內除荒銀肆兩玖分玖釐玖毫陸絲伍忽壹微壹纖貳塵肆渺，實徵支銀壹兩玖錢叁絲肆忽捌微捌纖柒塵陸渺。

轎傘扇夫柒名，每名歲支工食銀陸兩，共支銀肆拾貳兩，內除荒撥補銀貳拾捌兩陸錢玖分捌釐伍毫柒絲肆忽貳微玖纖肆塵伍渺，實徵支銀壹拾叁兩叁錢壹釐肆毫貳絲伍忽柒微伍塵伍渺。遇閏加銀叁兩伍錢，內除荒銀貳兩叁錢玖分壹釐陸毫肆絲陸忽肆微貳纖陸塵陸渺，實徵支銀壹兩壹錢捌釐叁毫伍絲叁忽伍微柒纖叁塵肆渺。

安邊同知衙門

門子貳名，每名歲支工食銀陸兩，共支銀壹拾貳兩，內除荒撥補銀捌兩壹錢玖分玖釐貳絲壹忽壹微玖纖捌塵肆渺，實徵支銀叁兩捌錢玖毫柒絲捌忽捌微陸渺。遇閏加銀壹兩，內除荒銀陸錢捌分叁釐叁毫貳絲柒忽玖微捌渺，實徵支銀叁錢壹分陸釐陸毫柒絲貳忽玖纖玖塵貳渺。

步快捌名，每名歲支工食銀陸兩，共支銀肆拾捌兩，內除荒撥補銀叁拾貳兩柒錢玖分玖釐捌絲伍忽伍微壹纖肆塵捌渺，實徵支銀壹拾伍兩貳錢玖毫壹絲肆忽肆微捌纖伍塵貳渺。遇閏加銀肆兩，內除荒銀貳兩柒錢叁分叁釐叁毫肆微柒纖壹塵陸渺，實徵支銀壹兩貳錢陸分陸釐陸毫玖絲玖忽伍微貳纖捌塵肆渺。

皂隸壹拾貳名，每名歲支工食銀陸兩，共支銀柒拾貳兩，內除荒撥補銀肆拾玖兩壹錢玖分柒釐壹毫貳絲陸忽玖微玖纖陸渺，實徵支銀貳拾貳兩捌錢貳釐捌毫壹絲叁忽玖塵肆渺。遇閏加銀陸兩，內除荒銀肆兩玖分玖釐玖毫陸絲伍忽壹微壹纖貳塵肆渺，實徵支銀壹兩玖錢叁絲肆忽捌微捌纖柒塵陸渺。

轎傘扇夫柒名，每名歲支工食銀陸兩，共支銀肆拾貳兩，內除荒撥補銀貳拾捌兩陸錢玖分捌釐伍毫柒絲肆忽貳微玖纖肆塵伍渺，實徵支銀壹拾叁兩叁錢壹釐肆毫貳絲伍忽柒微伍塵伍渺。遇閏加銀叁兩伍錢，內除荒銀貳兩叁錢玖分壹釐陸毫肆絲陸忽肆微貳纖陸塵陸渺，實徵支銀壹兩壹錢捌釐叁毫伍絲叁忽伍微柒纖叁塵肆渺。

教授訓導衙門

齋夫叁名，每名歲支工食銀壹拾貳兩，共支銀叁拾陸兩，內於道光拾貳年奉文裁汰訓導、齋夫壹名半，應支工食銀兩，解司報撥除荒撥補銀貳拾肆兩伍錢玖分捌釐陸絲叁忽肆微玖纖伍塵叁渺，實徵支銀壹拾壹兩肆錢壹釐玖毫叁絲陸忽伍微肆塵柒渺。遇閏加銀叁兩，內除荒銀貳兩肆分玖釐玖毫捌絲叁忽壹微陸纖貳塵，實徵支銀玖錢伍分壹絲陸忽捌微叁纖捌塵。

膳夫貳名，額支工食銀壹拾叁兩叁錢叁分叁釐叁毫叁絲，內除荒撥補銀玖兩壹錢壹分壹釐伍毫玖絲玖忽玖微捌纖伍塵壹渺肆漠叁沙陸洙壹涯肆洒，實徵支銀肆兩貳錢貳分壹釐柒毫叁絲壹纖肆塵捌渺伍漠陸沙叁洙捌涯陸洒。遇閏加銀壹兩壹錢壹分壹釐壹毫，內除荒撥補銀柒錢伍分玖釐貳毫肆絲伍忽叁微叁纖叁渺，實徵支銀叁錢伍分壹釐捌毫伍絲肆忽陸微陸纖玖塵柒渺。

門斗叁名，每名歲支工食銀柒兩貳錢，共支銀貳拾壹兩陸錢，內於道光拾貳年奉文裁汰訓導、門斗壹名半，應支工食銀兩，解司報撥除荒撥補銀壹拾肆兩柒錢伍分玖釐捌毫叁絲捌忽伍微柒纖捌塵捌渺捌漠，實徵支銀陸兩捌錢肆分壹毫陸絲壹忽肆微貳纖壹塵壹渺貳漠。遇閏加銀壹兩捌錢，內除荒銀壹兩貳錢貳分玖釐玖毫叁絲壹忽玖微叁纖捌塵捌渺，實徵支銀伍錢柒分陸絲捌忽陸纖壹塵貳渺。

知縣衙門

門子貳名，每名歲支工食銀陸兩，共支銀壹拾貳兩，內除荒撥補銀捌兩壹錢玖分玖釐貳絲壹忽壹微玖纖捌塵肆渺，實徵支銀叁兩捌錢玖毫柒絲捌忽捌微壹塵陸渺。遇閏加銀壹兩，內除荒銀陸錢捌分叁釐叁毫貳絲柒忽玖微捌渺，實徵支銀叁錢壹分陸釐陸毫柒絲貳忽玖纖玖塵貳渺。

皂隸、仵作壹拾陸名，每名歲支工食銀陸兩，共支銀玖拾陸兩，內除荒撥補銀陸拾伍兩伍錢玖分柒釐貳毫柒忽貳微捌纖柒塵陸渺，實徵支銀叁拾兩肆錢貳釐柒毫玖絲貳忽柒微壹纖貳塵肆渺。遇閏加銀捌兩，內除荒銀伍兩肆錢陸分陸釐陸毫貳絲壹忽柒微肆纖叁塵貳渺，實徵支銀貳兩伍錢叁分叁釐叁毫柒絲捌忽貳微伍纖陸塵捌渺。

馬快捌名，每名歲支工食銀壹拾陸兩捌錢，共支銀壹百叁拾肆兩肆錢，內除荒撥補銀玖拾壹兩捌錢叁分玖釐玖毫柒絲陸微壹纖柒塵伍渺貳漠，實徵支銀肆拾貳兩伍錢陸分貳絲玖忽叁微捌纖貳塵肆渺捌漠。遇閏加銀壹拾壹兩貳錢，內除荒銀柒兩陸錢伍分叁釐貳毫陸絲玖忽叁微肆纖柒塵捌渺，實徵支銀叁兩伍錢肆分陸釐柒毫叁絲陸微伍纖貳塵貳渺。

民壯肆拾陸名，每名歲支工食銀陸兩，共支銀貳百柒拾陸兩，內撥支黃龍山州同民壯肆名，於道光拾貳年奉文裁汰，應支正閏銀兩，解司報撥除荒撥補銀壹百捌拾捌兩伍錢捌分捌釐伍毫玖忽叁纖捌塵，實徵支銀捌拾柒兩肆錢壹分壹釐肆毫肆絲貳微陸纖貳塵。遇閏加銀貳拾叁兩，內除荒銀壹拾伍兩柒錢壹分陸釐伍毫叁絲叁忽壹微貳塵貳渺，實徵支銀柒兩貳錢捌分叁釐肆毫陸絲陸忽捌微玖纖柒塵捌渺。

看監禁子捌名，每名歲支工食銀陸兩，共支銀肆拾捌兩，內除荒撥補銀叁拾貳兩柒錢玖分柒釐玖毫捌絲叁忽貳微貳纖肆塵，實徵支銀壹拾伍兩貳錢貳釐壹絲陸忽壹微柒纖玖塵。外加增銀壹拾陸兩。遇閏加銀肆兩，內除荒銀貳兩柒錢叁分叁釐叁毫壹絲肆微柒纖壹塵，實徵支銀壹兩貳錢陸分陸釐陸毫捌絲玖忽伍微貳纖玖塵。

轎傘扇夫柒名，每名歲支工食銀陸兩，共支銀肆拾貳兩，內除荒撥補銀貳拾捌兩陸錢玖分捌釐伍毫柒絲肆忽貳微玖纖肆塵伍渺，實徵支銀壹拾叁兩叁錢壹釐肆毫肆絲伍忽柒微伍塵伍渺。遇閏加銀叁兩伍錢，內除荒銀貳兩叁錢玖分壹釐陸毫肆絲陸忽肆微貳纖陸塵陸渺，實徵支銀壹兩壹錢捌釐叁毫伍絲叁忽伍微柒纖叁塵肆渺。

庫子肆名，每名歲支工食銀陸兩，共支銀貳拾肆兩，內除荒撥補銀壹拾陸兩肆錢肆絲壹忽伍微玖纖陸塵玖渺，實徵支銀柒兩伍錢玖分玖釐玖毫伍絲捌忽肆微叁塵壹渺。遇閏加銀貳兩，內除荒銀壹兩叁錢陸分陸釐陸毫伍絲肆忽捌微肆纖捌渺，實徵支銀陸錢叁分叁釐叁毫肆絲伍忽壹微伍纖玖塵貳渺。

斗級肆名，每名歲支工食銀陸兩，共支銀貳拾肆兩，內除荒撥補銀壹拾陸兩叁錢玖分玖釐肆絲壹忽伍微玖纖陸塵玖渺，實徵支銀柒兩陸錢玖毫伍絲捌忽肆微叁塵壹渺。遇閏加銀貳兩，內除荒銀壹兩叁錢陸分陸釐陸毫伍絲肆忽捌微肆纖捌渺，實徵支銀陸錢叁分叁釐叁毫肆絲伍忽壹微伍纖玖塵貳渺。

各舖司兵壹拾捌名，每名歲支工食銀肆兩捌錢，共支銀捌拾陸兩肆錢，內裁汰肆名，撥支黃龍山州同壹名，於道光拾貳年奉文裁汰，應支正閏銀兩，解司報撥除荒銀伍拾玖兩叁分伍釐肆毫叁絲捌忽肆微陸纖壹塵貳渺貳漠叁沙叁洙叁涯，實徵支銀貳拾柒兩叁錢陸分肆釐伍毫陸絲壹忽伍微叁纖捌塵柒漠陸沙陸洙柒涯。外加增銀捌拾兩捌錢陸分壹釐肆毫叁絲捌忽肆微陸纖壹塵貳渺貳漠叁沙叁洙叁涯。遇閏加銀柒兩貳錢，內除荒銀肆兩玖錢壹分玖釐玖毫伍絲玖微貳纖叁塵貳渺柒漠叁沙叁洙叁涯，實徵支銀貳兩貳錢捌分肆絲玖忽柒纖陸塵柒渺貳漠陸沙陸洙柒涯。外加增銀陸兩柒錢叁分捌釐柒毫玖絲伍忽陸纖貳塵柒渺柒漠叁沙叁洙叁涯。

鐘鼓夫伍名，每名歲支工食銀貳兩肆錢，共支銀壹拾貳兩，內除荒撥補銀捌兩壹錢玖分玖釐柒毫叁絲柒忽壹微玖纖捌塵肆渺，實徵支銀叁兩捌錢貳毫陸絲貳忽捌微壹塵陸渺。遇閏加銀壹兩，內除荒銀陸錢捌分叁釐叁毫貳絲貳忽伍微捌渺，實徵支銀叁錢壹分陸釐陸毫柒絲柒忽肆微玖纖玖塵貳渺。

典史衙門

門子壹名，額支工食銀陸兩，內除荒撥補銀肆兩玖分玖釐伍毫壹絲肆微肆纖玖塵貳渺，實徵支銀壹兩玖錢肆毫捌絲玖忽伍微伍纖捌渺。遇閏加銀伍錢，內除荒銀叁錢肆分壹釐陸毫陸絲叁忽玖微伍纖陸塵陸渺，實徵支銀壹錢伍分捌釐叁毫叁絲陸忽肆纖叁塵肆渺。

皂隸肆名，每名歲支工食銀陸兩，共支銀貳拾肆兩，內除荒撥補銀壹拾陸兩叁錢玖分玖釐肆絲壹忽伍微玖纖陸塵玖渺，實徵支銀柒兩陸錢玖毫伍絲捌忽肆微叁塵壹渺。遇閏加銀貳兩，內除荒銀壹兩叁錢陸分陸釐陸毫伍絲肆忽捌微肆纖捌渺，實徵支銀陸錢叁分叁釐叁毫肆絲伍忽壹微伍纖玖塵貳渺。

馬夫壹名，額支工食銀陸兩，內除荒撥補銀肆兩玖分玖釐伍毫壹絲肆微肆纖玖塵貳渺，實徵支銀壹兩玖錢肆毫捌絲玖忽伍微伍纖捌渺。遇閏加銀伍錢，內除荒銀叁錢肆分壹釐陸毫陸絲叁忽玖微伍纖陸塵陸渺，實徵支銀壹錢伍分捌釐叁毫叁絲陸忽肆纖叁塵肆渺。

教諭訓導衙門

齋夫叁名，每名歲支工食銀壹拾貳兩，共支銀叁拾陸兩，內除荒撥補銀貳拾肆兩伍錢玖分捌釐陸絲叁忽肆微玖纖伍塵叁渺，實徵支銀壹拾壹兩肆錢壹釐玖毫叁絲陸忽伍微肆塵柒渺。遇閏加銀叁兩，內除荒銀貳兩肆分玖釐玖毫捌絲叁忽壹微陸纖貳塵，實徵支銀玖錢伍分壹絲陸忽捌微叁纖捌塵。

膳夫貳名，額支工食銀壹拾叁兩叁錢叁分叁釐叁毫叁絲叁忽，內除荒撥補銀玖兩壹錢壹分陸毫叁忽肆微伍纖貳渺伍漠肆沙叁洙陸涯壹洒，實徵支銀肆兩貳錢貳分貳釐柒毫貳絲玖忽伍微肆纖玖塵柒渺肆漠伍沙陸洙叁涯玖洒係廩生支領。遇閏加銀壹兩壹錢壹分壹釐壹毫，內除荒撥補銀柒錢伍分玖釐貳毫肆絲伍忽叁微叁纖叁渺，實徵支銀叁錢伍分壹釐捌毫伍絲肆忽陸微陸纖玖塵柒渺。

門斗貳名，每名歲支工食銀柒兩貳錢，共支銀壹拾肆兩肆錢，內除荒撥補銀玖兩捌錢肆分壹毫肆絲肆忽玖微玖纖捌塵肆渺伍漠肆沙貳涯伍洒，實徵支銀肆兩伍錢伍分玖釐捌毫伍絲伍忽壹塵伍渺肆漠伍沙玖洙柒涯伍洒。遇閏加銀壹兩貳錢，內除荒銀捌錢貳分壹毫捌絲柒忽肆微陸纖貳塵捌渺，實徵支銀叁錢柒分玖釐捌毫壹絲貳忽伍微叁纖柒塵壹渺。

廩生貳拾名，月糧銀肆拾捌兩，內除荒撥補銀叁拾貳兩柒錢玖分玖釐壹毫陸絲陸微柒纖伍塵玖渺，實徵支銀壹拾伍兩貳錢捌毫叁絲玖忽叁微貳纖壹渺。遇閏加銀肆兩，內除荒撥補銀貳兩柒錢叁分貳釐捌毫叁絲玖忽伍微肆纖陸塵柒渺，實徵支銀壹兩貳錢陸分捌釐壹毫陸絲肆微伍纖叁塵叁渺。

以上俸工項下，除廩生、膳夫貳欵照常支發外，其餘官役俸工於道光貳拾叁年奉文，均以貳兩平支放，每兩減平銀陸分，其減平銀兩，每年批解部庫交納，理合登明。

壹雜支項下

春秋貳季祭祀文廟並各壇祠及無祀鬼魂品物等項共銀捌拾壹兩，內除荒銀伍拾伍兩叁錢肆分伍釐肆絲貳忽柒微捌纖，實支銀貳拾伍兩陸錢伍分肆釐玖毫伍絲柒忽貳微貳纖。

撥補均攤不敷銀肆拾柒兩玖錢壹分玖釐捌毫肆絲肆忽柒微玖纖玖塵壹渺肆漠伍沙陸涯。

協濟膚施縣額解延安府春秋祭祀銀伍拾兩，內除荒銀叁拾肆兩壹錢陸分叁釐叁毫陸絲捌忽柒微貳纖叁塵伍渺，實徵支銀壹拾伍兩捌錢叁分陸釐陸毫叁絲壹忽貳微柒纖陸塵伍渺。

鄉飲額支銀叁兩，內除荒銀貳兩肆分玖釐陸毫陸絲肆忽捌微伍纖壹渺，實徵支銀玖錢伍分叁毫叁絲伍忽壹微肆纖玖塵玖渺。

布政司紙劄額支銀壹兩玖錢伍分，內除荒銀壹兩叁錢叁分貳釐肆毫捌絲貳忽玖微壹渺，實徵支銀陸錢壹分柒釐伍毫壹絲柒忽玖纖玖塵玖渺。

以上鄉飲、紙劄貳欵於道光貳拾叁年奉文裁汰，其徵收銀兩，每年批解部庫交納，理合登明。

壹孤貧項下

孤貧貳拾名口，共支口糧銀叁拾貳兩肆錢貳分貳釐捌毫，內除荒銀貳拾貳兩壹錢伍分肆釐肆毫貳絲捌忽壹微貳塵捌渺，實徵支銀壹拾兩貳錢陸分捌釐叁毫柒絲壹忽捌微玖纖柒塵貳渺。外加增口糧銀陸拾壹兩捌錢壹分陸釐陸毫貳絲捌忽壹微貳塵捌渺。遇閏加增銀陸兩。

孤貧布花銀柒兩，內除荒銀肆兩柒錢捌分叁釐肆毫叁絲伍忽玖微壹纖陸塵柒渺，實徵支銀貳兩貳錢壹分陸釐伍毫陸絲肆忽捌纖叁塵叁渺。

壹驛站項下

站支銀肆千伍百壹拾柒兩玖錢叁分壹釐柒毫伍絲玖忽；鋪陳抵站銀陸拾陸兩捌釐柒毫肆絲壹忽。共額銀肆千伍百捌拾叁兩玖錢肆分伍毫，內除荒銀叁千伍百肆拾捌兩伍錢叁分叁釐肆毫陸絲肆忽壹微壹纖陸塵壹渺，實徵銀壹千叁拾伍兩肆錢柒釐叁絲伍忽捌微捌纖叁塵玖渺。

外收受協涇陽縣站支抵餉銀叁拾肆兩肆錢玖分肆釐捌毫柒絲伍忽陸微。

共該銀壹千陸拾玖兩玖錢壹釐玖毫壹絲壹忽肆微捌纖叁塵玖渺，內除額協吴堡等州縣站支抵餉銀陸百叁拾伍兩捌錢伍分伍釐壹毫陸絲陸忽捌微捌纖捌塵貳渺，實支銀肆百叁拾肆兩肆分陸釐柒毫肆絲肆忽伍微玖纖伍塵柒渺。

外撥補增給夫馬閏月工料銀貳拾兩柒錢。

壹走遞項下

走遞夫壹百貳拾名，額銀捌百陸拾肆兩；本縣撥遞夫叁拾名，額銀貳百壹拾陸兩；馬騾肆拾匹，工食草料銀陸百貳拾肆兩。共銀壹千柒百肆兩，內除荒銀壹千壹百陸拾肆兩貳錢玖分陸釐壹毫柒絲貳忽陸微玖纖柒塵貳渺，實徵銀伍百叁拾玖兩柒錢叁釐捌毫貳絲柒忽叁微貳塵捌渺，內除額協並裁站銀肆百陸拾貳兩柒錢叁分肆釐壹毫伍絲伍忽玖微玖纖壹塵肆渺捌漠，實徵支銀柒拾陸兩玖錢陸分玖釐陸毫柒絲壹忽叁微壹纖壹塵叁渺貳漠。

外遇閏，遞夫加銀壹拾捌兩；馬騾加銀伍拾貳兩。共銀柒拾兩，內除荒銀肆拾柒兩捌錢叁分肆毫柒絲叁忽陸微貳纖玖塵叁渺壹漠，實徵銀貳拾貳兩壹錢陸分玖釐伍毫貳絲陸忽叁微柒纖陸渺玖漠，內除裁站銀貳拾壹兩陸錢柒分貳釐貳毫貳絲柒忽，實支銀肆錢玖分柒釐貳毫玖絲玖忽叁微柒纖陸渺玖漠。

以上存留實徵銀貳千壹百肆拾肆兩叁分叁釐玖毫肆絲陸忽伍微壹纖伍塵柒

漠陸沙陸洙柒涯。

又收受協涇陽縣站支兌留兵餉銀叁拾肆兩肆錢玖分肆釐捌毫柒絲伍忽陸微。

共該銀貳千壹百柒拾捌兩伍錢貳分捌釐捌毫貳絲貳忽壹微壹纖伍塵柒漠陸沙陸洙柒涯，內除額協吴堡等州縣站支抵餉銀玖百柒拾柒兩伍錢伍分玖釐陸毫玖絲陸忽陸微壹纖肆塵；又除驛遞之差使甚少等事案內，共裁站銀貳百柒拾兩壹錢貳分伍毫壹絲玖忽玖微叁纖貳塵肆渺，內在於題明請將驛站等事案內，留支本縣新增夫馬工料銀玖拾玖兩捌錢叁分伍釐叁毫叁絲，實裁站銀壹百柒拾兩貳錢捌分伍釐壹毫捌絲玖忽玖微叁纖貳塵肆渺入起運外，實該銀壹千叁拾兩陸錢捌分叁釐玖毫叁絲伍忽伍微陸纖捌塵陸渺柒漠陸沙陸洙陸涯。

外加增撥補俸工銀壹千貳百壹拾伍兩叁錢壹分壹釐壹絲貳忽貳微捌纖貳塵貳渺貳漠叁沙叁洙叁涯。

共該銀貳千貳百肆拾伍兩玖錢玖分肆釐玖毫肆絲柒忽捌微伍纖玖渺於乾隆伍拾貳年奉文，全數解司，壹切支款，俱由司按季領支，嗣於嘉慶伍年奉文，在縣留支，並不按季赴司請領。

外於司庫領支祭祀銀肆拾柒兩玖錢壹分伍釐捌忽捌微貳纖玖塵叁渺肆漠伍沙陸涯係動支各屬解到耗羨銀兩。

遇閏加銀貳百壹拾壹兩肆分伍釐伍毫壹絲肆忽，內除各官閏俸銀叁拾兩玖錢貳分叁釐叁毫壹絲肆忽入起運外，止該銀壹百捌拾兩壹錢貳分貳釐貳毫，內除荒銀壹百貳拾叁兩柒分捌釐柒毫陸忽柒微叁纖陸塵壹渺捌漠叁沙叁洙叁涯，實徵銀伍拾柒兩肆分叁釐肆毫玖絲叁忽貳微陸纖叁塵捌渺壹漠陸沙陸洙柒涯，內除驛遞之差使甚少並題明請將驛站等事案內，共裁站銀貳拾壹兩陸錢柒分貳釐貳毫貳絲柒忽，止該銀叁拾伍兩叁錢柒分壹釐貳毫陸絲陸忽貳微陸纖叁塵捌渺壹漠陸沙陸洙柒涯。

外撥補加增閏月銀壹拾陸兩玖錢捌分玖釐壹毫貳絲伍忽貳微柒纖柒漠叁沙叁洙叁涯。

共該銀伍拾貳兩叁錢陸分叁毫玖絲壹忽伍微叁纖叁塵捌渺玖漠於乾隆伍拾貳年奉文，全數解司，壹切支款，俱由司按季領支，嗣於嘉慶伍年奉文，在縣留支，並不按季赴司請領。

又於奏聞事案內，增給閏月夫馬工料銀貳拾兩柒錢。

壹額外

協濟膚施縣額解延安府儒學廩生月糧奉復壹分，銀伍兩柒錢陸分，內除荒撥補銀肆兩肆錢捌分柒毫捌絲陸忽陸微叁纖伍塵肆渺，實徵銀壹兩貳錢柒分玖釐貳毫壹絲叁忽叁微陸纖肆塵陸渺。遇閏加銀肆錢捌分，內除荒撥補銀叁錢柒分叁釐陸毫柒絲貳忽壹微叁纖壹塵陸渺肆漠，實徵銀壹錢陸釐叁毫貳絲柒忽捌微陸纖捌塵叁渺陸漠。

課程銀貳拾貳兩捌錢捌分伍釐係舖戶出辦。遇閏加銀壹兩玖錢柒釐捌絲叁忽叁微叁纖。

畜稅銀伍兩陸錢貳分貳釐係買騾馬出辦，原無定額，儘收儘解。

牙稅銀貳兩陸錢陸分上帖牙人叁名，原額銀肆錢壹分；中帖牙人伍名，每名原額銀貳錢伍分貳釐；下帖牙人叁名，每名原額銀柒分。

當稅銀壹百壹拾兩係典舖戶出辦，共典舖貳拾貳座，每座每年稅銀伍兩。

地稅銀伍拾壹兩伍錢壹分係買房地業主出辦，每價銀壹兩，收稅銀叁分，原無定額，儘收儘解。

鹽課銀肆百伍兩伍錢肆釐於嘉慶拾玖年攤入前項地、丁銀內徵收，每正銀壹兩攤徵銀肆分柒釐捌毫伍絲肆忽捌微，遇閏無增，永不加耗，凡遇蠲豁、蠲免之年，亦不增減蠲免。

中部縣

原額折正地肆千陸拾肆頃捌畝柒分捌釐，共額徵本折糧柒千伍百壹拾肆石伍斗玖升肆合壹勺叁撮，每畝科本色糧壹升陸合貳勺陸抄壹撮捌圭叁粟，共糧陸千陸百捌石玖斗肆升玖合柒勺叁抄，內除拋荒召佃減納糧陸百貳拾石伍斗陸升肆合伍勺玖抄陸撮，止該折正糧伍千玖百捌拾捌石叁斗捌升伍合壹勺叁抄肆撮，科折色糧貳合貳勺貳抄捌撮肆圭捌粒，共折色糧玖百伍石陸斗肆升肆合叁勺柒抄叁撮，每畝徵銀壹分貳釐壹毫貳絲柒忽叁微，共額徵銀肆千玖百貳拾捌兩陸錢肆分玖釐柒絲陸忽。

順治柒、捌、拾壹等年共免過無主、有主並續荒地叁千伍百捌拾柒頃壹拾伍畝玖分捌釐，應免本折糧陸千伍拾叁石陸升肆合陸勺壹抄叁撮，內前開墾及興屯並節年開墾共地叁百頃伍拾叁畝伍分肆釐，應徵本折糧伍百玖石柒斗貳升玖合玖勺玖抄叁撮捌圭壹粟陸粒柒顆柒糠伍粃；又乾隆拾伍、拾玖兩年開墾共地壹拾伍畝肆分，應徵本折糧貳斗陸升捌合肆勺柒抄捌撮柒圭叁粟柒粒玖顆伍糠。

實豁免地叁千貳百捌拾陸頃肆拾柒畝肆釐，實免本折糧伍千伍百肆拾叁石陸升陸合壹勺肆抄肆圭肆粟伍粒貳顆柒糠伍粃，實應免本色起運糧叁千玖百叁拾壹石柒斗陸升陸合貳勺叁抄壹撮貳圭壹粟伍粒肆顆陸糠陸粃，實應免本色存留驛倉糧壹百貳拾貳石捌斗叁升陸合肆抄肆撮叁圭玖粟玖粒伍顆玖粃，實應免本色存留官學倉糧柒百陸拾石壹斗捌升叁合柒勺柒抄伍撮貳圭捌粟叁顆，每石折銀陸錢，應除銀肆百伍拾陸兩壹錢壹分壹釐貳毫捌絲柒忽伍微貳纖玖塵壹漠伍沙，實應免折色糧柒百貳拾捌石貳斗捌升捌抄玖撮伍圭伍粟，應除銀叁千玖百陸拾貳兩柒錢叁分陸釐叁絲貳忽伍微陸纖捌渺玖漠伍沙。

實在熟地柒百柒拾柒頃陸拾壹畝柒分肆釐，該本折糧壹千叁百伍拾石玖斗陸升叁合叁勺陸抄陸撮伍圭伍粟肆粒柒顆貳糠伍粃，實徵本色起運糧玖百伍拾捌石叁斗陸升叁合肆勺伍撮柒圭捌粟肆粒伍顆叁糠肆粃遵照乾隆伍拾玖年奉准部咨令，將康熙年間易知由單內載：每畝科徵本色起運糧壹升貳合叁勺貳抄肆撮壹圭柒粒伍糠，實徵本色存留驛倉糧貳拾玖石玖斗肆升肆抄伍撮陸圭肆顆玖糠壹粃每畝徵本色驛倉糧叁勺捌抄伍撮壹粟伍粒伍糠，實徵本色官學倉糧壹百捌拾伍石貳斗玖升伍合陸勺叁抄壹撮柒圭壹粟玖粒柒顆，折徵銀壹百壹拾壹兩壹錢柒分陸釐叁毫伍絲陸忽陸微柒纖玖渺捌漠伍沙每畝徵本色官學倉糧貳合叁勺捌抄叁撮陸圭柒粟捌粒捌顆，每畝折徵銀壹釐肆毫貳絲玖忽柒微伍纖柒塵玖渺貳漠，實徵折色糧壹百柒拾柒石叁斗陸升肆合貳勺捌抄叁撮肆圭伍粟，該折徵銀玖百陸拾伍兩玖錢壹分叁釐肆絲叁忽肆微叁纖玖塵壹渺伍沙遵照乾隆伍拾玖年奉准部咨令，將康熙年間易知由單內載：折正壹等地每畝科折色糧貳合貳勺貳抄捌撮肆圭捌粒，每畝折徵銀壹分貳釐肆毫貳絲壹忽玖微貳塵肆渺貳漠，纂入書內，嗣後遇有墾豁，以便按畝增除。

原額人丁上中下叁等玖則不等，俱折下下丁共壹萬貳千肆百叁拾陸丁，除匠價外，每丁徵銀壹錢玖分捌釐貳毫貳絲陸忽伍微，共銀貳千肆百陸拾伍兩壹錢肆分伍釐叁毫，內除優免丁肆百捌拾貳丁，該徵銀玖拾伍兩伍錢肆分伍釐叁毫。

行差丁壹萬壹千玖百伍拾肆丁，共額徵銀貳千叁百陸拾玖兩陸錢。

順治柒年並拾壹年題明免過逃亡丁肆千柒拾叁丁，應除銀捌百捌拾玖兩柒錢陸分柒釐陸毫肆絲，前招回並節年招回及編審出丁共丁柒百捌拾貳丁，共銀壹百伍拾陸兩捌錢伍分貳釐捌毫柒絲肆忽伍微，實豁免丁叁千貳百玖拾壹丁，該除銀柒百叁拾貳兩玖錢壹分肆釐柒毫陸絲伍忽伍微。

以上實在行差丁捌千陸百陸拾叁丁，該徵銀壹千陸百叁拾陸兩陸錢捌分伍釐貳毫叁絲肆忽伍微。

康熙伍拾伍年起，至乾隆貳拾陸年止，編審出丁陸拾伍丁；乾隆叁拾壹年編審出丁柒丁；乾隆叁拾陸年編審出陸丁。共編審出丁柒拾捌丁，康熙伍拾貳年叁月拾捌日恩詔，後遇編審之期，但據康熙伍拾年丁冊定為常額，永不加賦。

原額均徭銀壹千叁百柒拾陸兩壹分肆釐，內除荒銀壹千壹百陸兩叁錢肆分捌釐貳絲壹忽捌纖伍渺貳漠伍沙，實徵銀貳百陸拾玖兩陸錢陸分伍釐玖毫柒絲捌忽玖微壹纖玖塵肆渺柒漠伍沙遵照由單內載：折正壹等地每畝徵均徭銀叁釐肆毫叁絲捌忽貳纖柒塵玖渺。

遇閏加銀貳百柒拾貳兩貳錢貳分捌釐伍毫玖絲陸忽，內除荒銀壹百肆拾捌兩捌錢玖分壹釐玖毫玖絲伍忽捌微柒纖叁塵貳渺，實徵銀壹百貳拾叁兩叁錢叁分陸釐陸毫壹微貳纖陸塵捌渺。

額外協濟膚施縣額解延安府廩生月糧裁充餉銀壹拾壹兩伍錢貳分，內除荒銀玖兩貳錢玖分柒釐陸絲壹忽玖微玖塵陸渺貳漠捌沙，實徵銀貳兩貳錢貳分貳釐玖毫叁絲捌忽玖纖叁渺柒漠貳沙。外遇閏又裁銀玖錢陸分，內除荒銀柒錢陸分肆釐玖毫陸絲叁微肆纖貳渺叁漠，實徵銀壹錢玖分伍釐叁絲玖忽陸微伍纖玖塵柒渺柒漠。

舉人花盤銀伍兩壹錢壹分伍釐陸毫陸絲，每年額徵全俸充餉銀壹兩柒錢伍釐貳毫貳絲，內除荒銀壹兩叁錢捌分捌釐壹毫柒絲玖忽玖微貳纖肆塵陸渺，實徵銀叁錢壹分柒釐肆絲柒纖伍塵肆渺。

停免銀叁拾玖兩柒分肆釐伍毫捌絲。

匠價銀貳拾壹兩貳錢。遇閏加銀壹兩柒錢陸分陸釐陸毫陸絲陸忽陸微陸纖陸塵柒渺。

以上正閏陸項攤入前項地糧內徵解。

以上地、丁、均徭、停免、匠價並協濟膚施廩生月糧、舉人花盤等項共銀玖千叁百壹拾伍兩伍分伍毫貳絲貳微，內除荒銀陸千貳百陸拾捌兩柒錢玖分伍釐叁毫肆絲捌忽伍微肆塵陸渺陸漠叁沙，實徵銀叁千肆拾陸兩貳錢伍分伍釐壹毫柒絲壹忽陸微玖纖伍塵叁渺叁漠柒沙。

本色起運糧肆千捌百玖拾石壹斗貳升玖合陸勺叁抄柒撮，內除荒糧叁千玖百叁拾壹石柒斗陸升陸合貳勺叁抄壹撮貳圭壹粟伍粒肆顆陸糠陸粃，實徵糧玖百伍拾捌石叁斗陸升叁合肆勺伍撮柒圭捌粟肆粒伍顆叁糠肆粃。

本色存留驛倉糧壹百伍拾貳石柒斗柒升陸合玖抄，內除荒糧壹百貳拾貳石捌斗叁升陸合肆抄肆撮叁圭玖粟玖粒伍顆玖粃，實徵糧貳拾玖石玖斗肆升肆抄伍撮陸圭肆顆玖糠壹粃。

外遇閏加銀貳百柒拾貳兩貳錢貳分捌釐伍毫玖絲陸忽，內除荒銀壹百肆拾捌兩捌錢玖分壹釐玖毫玖絲伍忽捌微柒纖叁塵貳渺，實徵銀壹百貳拾叁兩叁錢叁分陸釐陸毫壹微貳纖陸塵捌渺。

又遇閏奉裁額解延安府廩生月糧充餉銀玖錢陸分，內除荒銀柒錢陸分肆釐玖毫陸絲叁微肆纖貳渺叁漠，實徵銀壹錢玖分伍釐叁絲玖忽陸微伍纖玖塵柒渺柒漠。

又匠價閏銀壹兩柒錢陸分陸釐陸毫陸絲陸忽陸微陸纖陸塵柒渺。

叁項共銀壹百貳拾伍兩貳錢玖分捌釐叁毫陸忽肆微伍纖叁塵貳渺柒漠。

壹起運項下

本色起運糧肆千捌百玖拾石壹斗貳升玖合陸勺叁抄柒撮，內除荒糧叁千玖百叁拾壹石柒斗陸升陸合貳勺叁抄壹撮貳圭壹粟伍粒肆顆陸糠陸粃，實徵糧玖百伍拾捌石叁斗陸升叁合肆勺伍撮柒圭捌粟肆粒伍顆叁糠肆粃。

原編起運糧石折價銀叁千肆百捌拾肆兩貳錢壹分貳釐陸毫貳絲陸忽，內除荒銀貳千柒百玖拾陸兩玖錢陸分叁釐玖絲伍忽叁微柒纖陸塵玖渺，實徵銀陸百捌拾柒兩貳錢肆分玖釐伍毫叁絲陸微貳纖叁塵壹渺。

節裁軍器、毛襖等項銀陸百捌拾陸兩肆錢陸釐陸毫，內除荒銀叁百叁拾柒兩伍分伍釐玖毫叁絲柒微陸纖伍塵伍渺，實徵銀叁百肆拾玖兩叁錢伍分陸毫陸絲玖忽貳微叁纖肆塵伍渺。

舊編存留，內順治玖年裁扣各役工食等銀叁百捌兩；拾貳年裁扣傘扇銀貳拾陸兩；拾肆年裁扣官生俸廩等項，除奉復孤貧外，止裁銀壹百捌拾兩柒錢玖分貳釐肆毫柒絲；拾伍年裁汰冗員銀捌拾貳兩；拾陸年裁驛丞俸薪等項銀肆拾玖兩伍錢貳分，裁站銀貳兩伍錢叁分叁釐陸毫捌絲伍忽玖微玖纖。康熙元年裁吏書工食銀壹百叁拾玖兩貳錢；叁年裁教諭等項銀壹百壹兩壹錢貳分；伍年裁本府清軍同知俸食等項銀貳百捌拾陸兩，裁雜費丁銀壹百叁拾陸兩柒錢肆分伍釐貳毫；拾伍年裁心紅紙張、修理監倉、倉厫、喂馬草料、芒神、紙劄等項銀陸拾兩玖錢伍分；貳拾柒年裁歲貢、舉人盤纏銀叁拾陸兩。雍正陸年裁燈夫銀貳拾肆兩；拾貳年裁民壯銀貳拾肆兩。乾隆玖年裁舖司工食銀肆兩捌錢，冗費裁剩解部銀壹兩伍錢肆分肆毫玖絲肆忽貳微。

共裁扣歸入起運銀壹千肆百陸拾叁兩貳錢壹釐捌毫伍絲壹微玖纖，內除荒銀柒百捌拾肆兩玖錢貳分陸釐伍毫柒絲玖忽肆微貳纖捌塵捌渺壹漠，實徵銀陸百柒拾捌兩貳錢柒分伍釐貳毫柒絲柒微陸纖壹塵壹渺玖漠。

協濟膚施縣額解延安府廩生月糧充餉銀壹拾壹兩伍錢貳分，內除荒銀玖兩貳錢玖分柒釐陸絲壹忽玖微玖塵陸渺貳漠捌沙，實徵銀貳兩貳錢貳分貳釐玖毫叁絲捌忽玖纖叁渺柒漠貳沙。

舉人花盤銀伍兩壹錢壹分伍釐陸毫陸絲。

每年額徵全裁充餉銀壹兩柒錢伍釐貳毫貳絲，內除荒銀壹兩叁錢捌分捌釐壹毫柒絲玖忽玖微貳纖肆塵陸渺，實徵銀叁錢壹分柒釐肆絲柒纖伍塵肆渺。

額外停免、匠價共銀陸拾兩貳錢柒分肆釐伍毫捌絲。

實該起運銀壹千柒百柒拾柒兩陸錢玖分貳絲捌忽柒微捌纖肆塵伍渺陸漠貳沙。

又收存留內驛遞之差使甚少並題明請將驛站等事貳案內，共裁站銀肆百玖兩柒錢叁分陸釐捌毫叁絲，內在於請將驛站等事案內，留支本縣新增夫馬工料銀玖拾伍兩捌錢貳分陸釐捌毫叁絲，實收銀叁百壹拾叁兩玖錢壹分。

共該起運銀貳千玖拾壹兩陸錢貳絲捌忽柒微捌纖肆塵伍渺陸漠貳沙。

又收受協宜君、鄜州等州縣驛站兑留兵餉應支銀伍拾捌兩貳錢玖釐陸毫叁絲伍忽玖微玖纖。

又在於請倣以糧載丁等事案內，通省均丁減銀壹千叁百貳拾捌兩柒分捌釐叁毫柒絲玖忽玖微壹纖肆塵捌渺，內除乾隆元、陸、拾壹、拾陸、貳拾壹、貳拾陸等年編審案內，共增抵補屯更丁銀貳百玖拾貳兩肆錢叁分貳毫柒絲貳忽玖微貳纖叁塵陸渺陸漠陸沙陸洙陸涯肆洒；又乾隆叁拾壹、叁拾陸兩年編審案內，共增抵補屯更丁銀壹百肆拾肆兩陸錢貳分玖釐伍毫貳絲肆忽肆微陸纖壹塵捌渺叁漠叁沙叁洙叁涯陸洒。止該減銀捌百玖拾壹兩壹分捌釐伍毫捌絲貳忽伍微貳纖玖塵叁渺。

實該銀壹千壹百肆拾貳兩叁錢柒分壹釐捌毫壹絲貳微陸纖伍塵貳渺陸漠貳沙，內留支加增撥補俸工並額外廩糧銀陸百伍拾捌兩叁錢柒分肆釐陸絲肆忽叁微陸纖陸塵肆渺壹漠，止該銀肆百捌拾叁兩玖錢玖分柒釐柒毫肆絲伍忽捌微玖纖捌塵捌渺伍漠貳沙。

外遇閏裁扣，順治玖年裁扣銀貳拾肆兩；拾肆年裁扣銀壹拾肆兩壹錢陸分柒釐捌毫陸絲玖忽；拾伍年裁銀陸兩捌錢叁分叁釐叁毫；拾陸年裁銀肆兩壹錢貳分陸釐陸毫陸絲陸忽。（康熙）元年裁銀壹拾壹兩陸錢；叁年裁銀捌兩肆錢貳分陸釐陸毫陸絲柒忽；伍年裁銀貳拾叁兩捌錢叁分叁釐叁毫貳絲陸忽；拾伍年裁心紅紙張、喂馬草料銀貳兩陸錢陸分陸釐陸毫柒絲。雍正陸年裁燈夫銀貳兩；拾貳年裁民壯銀貳兩。乾隆玖年裁舖司銀肆錢，又各官閏俸銀壹拾壹兩陸錢貳分玖釐玖毫玖絲捌忽。

共裁銀壹百壹拾壹兩陸錢捌分肆釐肆毫玖絲陸忽，內除荒銀陸拾壹兩壹錢叁分伍釐陸毫肆絲捌忽柒纖玖塵捌渺，實徵銀伍拾兩伍錢肆分捌釐捌毫肆絲柒忽玖微貳纖貳渺。

又額外協濟膚施縣額解延安府廩生閏月充餉銀玖錢陸分，內除荒銀柒錢陸分肆釐玖毫陸絲叁微肆纖貳渺叁漠，實徵銀壹錢玖分伍釐叁絲玖忽陸微伍纖玖塵柒渺柒漠。

又額外匠價銀壹兩柒錢陸分陸釐陸毫陸絲陸忽陸微陸纖陸塵柒渺。

共該起運閏銀伍拾貳兩伍錢壹分伍毫伍絲肆忽貳微肆纖陸塵陸渺柒漠。

又收存留內驛遞之差使甚少及題明請將驛站等事貳案內，共裁站閏月銀叁拾陸兩柒分貳釐柒毫。

貳項共銀捌拾捌兩伍錢捌分叁釐貳毫伍絲肆忽貳微肆纖陸塵陸渺柒漠，內除請倣以糧載丁等事案內，通省以糧均丁減銀捌拾肆兩陸錢柒分壹釐伍毫玖絲玖忽陸微伍纖貳渺，內節次抵補屯更丁增銀貳拾捌兩陸錢壹分壹釐叁毫叁絲貳忽柒微伍纖捌渺玖漠玖沙玖洙玖涯捌洒，止該減銀伍拾陸兩陸分貳毫陸絲陸忽捌微玖纖玖塵叁渺貳洒。

實該銀叁拾貳兩伍錢貳分貳釐玖毫捌絲柒忽叁微肆纖柒塵叁渺陸漠玖沙玖洙玖涯捌洒，內留支加增撥補工食並額外廩糧銀壹拾叁兩壹錢伍分肆釐肆毫肆絲貳忽壹微叁塵柒渺柒漠，止該銀壹拾玖兩叁錢陸分捌釐伍毫肆絲伍忽貳微肆纖叁塵伍渺玖漠玖沙玖洙玖涯捌洒。

壹存留項下

本色驛倉糧壹百伍拾貳石柒斗柒升陸合玖抄，內除荒糧壹百貳拾貳石捌斗叁升陸合肆抄肆撮叁圭玖粟玖粒伍顆玖粃，實徵糧貳拾玖石玖斗肆升肆抄伍撮陸圭肆顆玖糠壹粃。

原編存留銀叁千陸百柒兩柒錢貳分玖釐陸毫肆絲肆忽壹纖，內除荒銀貳千叁百叁拾玖兩壹錢陸分肆釐伍毫壹忽玖纖玖塵貳渺貳漠伍沙，實徵銀壹千貳百陸拾捌兩伍錢陸分伍釐壹毫肆絲貳忽玖微壹纖柒渺柒漠伍沙。

壹俸工項下

照磨壹員，額支俸薪銀叁拾壹兩伍錢貳分，內除荒撥補銀壹拾柒兩貳錢叁分捌釐貳毫叁絲柒忽肆微柒纖陸渺，實徵支銀壹拾肆兩貳錢捌分壹釐柒毫陸絲貳忽伍微貳纖玖塵肆渺。

知縣壹員，額支俸薪銀肆拾伍兩，內除荒銀貳拾肆兩陸錢壹分肆毫貳絲柒忽伍微叁纖叁塵伍渺，實徵支銀貳拾兩叁錢捌分玖釐伍毫柒絲貳忽肆微陸纖陸塵伍渺。外加增撥補銀叁兩玖錢捌分玖釐叁毫柒絲貳忽捌微伍纖玖塵伍渺。

典史壹員，額支俸薪銀叁拾壹兩伍錢貳分，內除荒撥補銀壹拾柒兩貳錢叁分捌釐貳毫叁絲柒忽肆微柒纖陸渺，實徵支銀壹拾肆兩貳錢捌分壹釐柒毫陸絲貳忽伍微貳纖玖塵肆渺。

訓導壹員，額支俸薪銀叁拾壹兩伍錢貳分，內除荒撥補銀壹拾柒兩貳錢叁分捌釐貳毫叁絲柒忽肆微柒纖陸渺，實徵支銀壹拾肆兩貳錢捌分壹釐柒毫陸絲貳忽伍微貳纖玖塵肆渺。外加增撥補銀捌兩肆錢捌分。

照磨衙門

門子壹名，歲支銀陸兩，內除荒撥補銀叁兩貳錢捌分壹釐叁毫玖絲壹微叁纖柒塵捌渺，實徵支銀貳兩柒錢壹分捌釐陸毫玖忽捌微陸纖貳塵貳渺。遇閏加銀伍錢，內除荒銀貳錢柒分叁釐壹毫叁絲捌忽肆微貳纖捌塵貳渺伍漠，實徵支銀貳錢貳分陸釐捌毫陸絲壹忽伍微柒纖壹塵柒渺伍漠。

皂隸肆名，每名歲支銀陸兩，共支銀貳拾肆兩，內除荒撥補銀壹拾叁兩壹錢貳分伍釐伍毫陸絲貳忽伍微伍纖壹塵貳渺，實徵支銀壹拾兩捌錢柒分肆釐肆毫叁絲柒忽肆微肆纖捌塵捌渺。遇閏加銀貳兩，內除荒銀壹兩玖分貳釐伍毫伍絲柒微壹纖貳塵陸渺，實徵支銀玖錢柒釐肆毫肆絲玖忽貳微捌纖柒塵肆渺。

馬夫壹名，歲支銀陸兩，內除荒撥補銀叁兩貳錢捌分壹釐叁毫玖絲壹微叁纖柒塵捌渺，實徵支銀貳兩柒錢壹分捌釐陸毫玖忽捌微陸纖貳塵貳渺。遇閏加銀伍錢，內除荒銀貳錢柒分叁釐壹毫叁絲捌忽肆微貳纖捌塵貳渺伍漠，實徵支銀貳錢貳分陸釐捌毫陸絲壹忽伍微柒纖壹塵柒渺伍漠。

知縣衙門

門子貳名，每名歲支銀陸兩，共支銀壹拾貳兩，內除荒撥補銀陸兩伍錢陸分貳釐柒毫捌絲貳微柒纖伍塵陸渺，實徵支銀伍兩肆錢叁分柒釐貳毫壹絲玖忽柒微貳纖肆塵肆渺。遇閏加銀壹兩，內除荒銀伍錢肆分陸釐貳毫柒絲伍忽捌微伍纖陸塵叁渺，實徵支銀肆錢伍分叁釐柒毫貳絲肆忽壹微肆纖叁塵柒渺。

皂隸、仵作壹拾陸名，每名歲支銀陸兩，共支銀玖拾陸兩，內除荒撥補銀伍拾貳兩伍錢貳釐貳毫肆絲肆忽貳微肆塵捌渺，實徵支銀肆拾叁兩肆錢玖分柒釐柒毫伍絲伍忽柒微玖纖伍塵貳渺。遇閏加銀捌兩，內除荒銀肆兩叁錢柒分貳毫叁忽捌微伍纖肆渺，實徵支銀叁兩陸錢貳分玖釐柒毫玖絲陸忽壹微伍纖玖塵陸渺。

馬快捌名，每名歲支銀壹拾陸兩捌錢，共支銀壹百叁拾肆兩肆錢，內除荒撥補銀柒拾叁兩伍錢叁釐壹毫肆絲壹忽陸微捌纖陸塵捌渺，實徵支銀陸拾兩捌錢玖分陸釐捌毫伍絲捌忽叁微壹纖叁塵貳渺。遇閏加銀壹拾壹兩貳錢，內除荒銀陸兩壹錢壹分捌釐貳毫捌絲肆忽叁微玖纖陸渺，實徵支銀伍兩捌分壹釐柒毫壹絲伍忽陸微玖塵肆渺。

民壯肆拾陸名，每名歲支銀陸兩，共支銀貳百柒拾陸兩，內奉文裁汰撥支黄龍山州同民壯肆名，其工食銀兩，由該縣解司報撥除荒撥補銀壹百伍拾兩玖錢肆分叁釐玖毫伍絲肆微肆纖捌塵捌渺，實徵支銀壹百貳拾伍兩伍分陸釐肆絲玖忽伍微伍纖壹塵貳渺。遇閏加銀貳拾叁兩，內除荒銀壹拾貳兩伍錢陸分肆釐叁毫叁絲貳忽陸微玖纖肆塵玖渺，實徵支銀壹拾兩肆錢叁分伍釐陸毫陸絲柒忽叁微伍塵壹渺。

看監禁卒捌名，每名歲支銀陸兩，共支銀肆拾捌兩，內除荒撥補銀貳拾陸兩貳錢伍分壹釐壹毫貳絲貳忽壹微貳塵肆渺，實徵支銀貳拾壹兩柒錢肆分捌釐捌毫柒絲柒忽捌微玖纖柒塵陸渺。外每名加增銀貳兩，共銀壹拾陸兩。遇閏加銀肆兩，內除荒銀貳兩壹錢捌分伍釐壹毫壹忽肆微貳纖伍塵貳渺，實徵支銀壹兩捌錢壹分肆釐捌毫玖絲捌忽伍微柒纖肆塵捌渺。

轎傘扇夫柒名，每名歲支銀陸兩，共支銀肆拾貳兩，內除荒撥補銀貳拾貳兩玖錢陸分玖釐柒毫叁絲壹忽玖微陸纖肆塵陸渺，實徵支銀壹拾玖兩叁分貳毫陸絲捌忽叁纖伍塵肆渺。遇閏加銀叁兩伍錢，內除荒銀壹兩玖錢壹分壹釐玖毫陸絲叁忽玖微玖纖柒塵壹渺，實徵支銀壹兩伍錢捌分捌釐叁絲陸忽貳塵玖渺。

庫子肆名，每名歲支銀陸兩，共支銀貳拾肆兩，內除荒撥補銀壹拾叁兩壹錢貳分伍釐伍毫陸絲貳忽伍微伍纖壹塵貳渺，實徵支銀壹拾兩捌錢柒分肆釐肆毫叁絲柒忽肆微肆纖捌塵捌渺。遇閏加銀貳兩，內除荒銀壹兩玖分貳釐伍毫伍絲柒微壹纖貳塵陸渺，實徵支銀玖錢柒釐肆毫肆絲玖忽貳微捌纖柒塵肆渺。

斗級肆名，每名歲支銀陸兩，共支銀貳拾肆兩，內除荒撥補銀壹拾叁兩壹錢貳分伍釐伍毫陸絲貳忽伍微伍纖壹塵貳渺，實徵支銀壹拾兩捌錢柒分肆釐肆毫叁絲柒忽肆微肆纖捌塵捌渺。遇閏加銀貳兩，內除荒銀壹兩玖分貳釐伍毫伍絲柒微壹纖貳塵陸渺，實徵支銀玖錢柒釐肆毫肆絲玖忽貳微捌纖柒塵肆渺。

鐘鼓夫伍名，每名歲支銀貳兩肆錢，共支銀壹拾貳兩，內除荒撥補銀陸兩伍錢陸分玖釐捌毫貳絲貳微柒纖伍塵陸渺，實徵支銀伍兩肆錢叁分壹毫柒絲玖忽柒微貳纖肆塵肆渺。遇閏加銀壹兩，內除荒銀伍錢肆分陸釐捌毫貳絲叁忽捌微伍纖陸塵叁渺，實徵支銀肆錢伍分叁釐壹毫柒絲陸忽壹微肆纖叁塵柒渺。

舖司兵貳拾名，每名歲支銀肆兩捌錢，共支銀玖拾陸兩，內奉文裁汰撥支黃龍山州同舖司壹名，正閏工食銀兩，由該縣解司報撥除荒銀伍拾貳兩伍錢伍分捌釐伍毫陸絲叁忽貳微肆塵捌渺，實徵支銀肆拾叁兩肆錢肆分壹釐肆毫叁絲陸忽柒微玖纖伍塵貳渺。外加增銀柒拾陸兩伍錢伍分捌釐伍毫陸絲叁忽貳微肆塵捌渺。遇閏加銀捌兩，內除荒銀肆兩叁錢柒分肆釐伍毫玖絲貳忽捌微伍纖肆渺，實徵支銀叁兩陸錢貳分伍釐肆毫柒忽壹微肆纖玖塵陸渺。外加增銀陸兩叁錢柒分肆釐伍毫玖絲貳忽捌微伍纖肆渺。

典史衙門

門子壹名，歲支銀陸兩，內除荒撥補銀叁兩貳錢捌分壹釐叁毫玖絲壹微叁纖柒塵捌渺，實徵支銀貳兩柒錢壹分捌釐陸毫玖忽捌微陸纖貳塵貳渺。遇閏加銀伍錢，內除荒銀貳錢柒分叁釐壹毫叁絲捌忽肆微貳纖捌塵貳渺伍漠，實徵支銀貳錢貳分陸釐捌毫陸絲壹忽伍微柒纖壹塵柒渺伍漠。

皂隸肆名，每名歲支銀陸兩，共支銀貳拾肆兩，內除荒撥補銀壹拾叁兩壹錢貳分伍釐伍毫陸絲貳忽伍微伍纖壹塵貳渺，實徵支銀壹拾兩捌錢柒分肆釐肆毫叁絲柒忽肆微肆纖捌塵捌渺。遇閏加銀貳兩，內除荒銀壹兩玖分貳釐伍毫伍絲柒微壹纖貳塵陸渺，實徵支銀玖錢柒釐肆毫肆絲玖忽貳微捌纖柒塵肆渺。

馬夫壹名，歲支銀陸兩，內除荒撥補銀叁兩貳錢捌分壹釐叁毫玖絲壹微叁纖柒塵捌渺，實徵支銀貳兩柒錢壹分捌釐陸毫玖忽捌微陸纖貳塵貳渺。遇閏加銀伍錢，內除荒銀貳錢柒分叁釐壹毫叁絲捌忽肆微貳纖捌塵貳渺伍漠，實徵支銀貳錢貳分陸釐捌毫陸絲壹忽伍微柒纖壹塵柒渺伍漠。

教職衙門

齋夫叁名，每名歲支銀壹拾貳兩，共支銀叁拾陸兩，內除荒撥補銀壹拾玖兩陸錢捌分捌釐叁毫肆絲壹忽捌微貳纖陸塵捌渺，實徵支銀壹拾陸兩叁錢壹分壹釐陸毫伍絲捌忽壹微柒纖叁塵貳渺。遇閏加銀叁兩，內除荒銀壹兩陸錢叁分捌釐捌毫貳絲伍忽伍微陸纖捌塵玖渺，實徵支銀壹兩叁錢陸分壹釐壹毫柒絲肆忽肆微叁纖壹塵壹渺。

膳夫貳名，每名歲支銀陸兩陸錢陸分陸釐陸毫陸絲伍忽，共支銀壹拾叁兩叁錢叁分叁釐叁毫叁絲，內除荒撥補銀柒兩貳錢玖分壹釐玖毫柒絲陸塵貳渺玖漠，實徵支銀陸兩肆分壹釐叁毫伍絲玖忽玖微玖纖叁塵柒渺壹漠係廩生支領。遇閏加銀壹兩壹錢壹分壹釐壹毫，內除荒撥補銀陸錢陸釐玖毫陸絲伍微捌塵伍渺，實徵支銀伍錢肆釐壹毫叁絲玖忽肆微玖纖壹塵伍渺。

門斗貳名，每名歲支銀柒兩貳錢，共支銀壹拾肆兩肆錢，內除荒撥補銀柒兩捌錢柒分伍釐叁毫叁絲柒忽玖微叁纖捌渺，實徵支銀陸兩伍錢貳分肆釐陸毫陸絲貳忽陸纖玖塵貳渺。遇閏加銀壹兩貳錢，內除荒銀陸錢伍分伍釐伍毫叁絲捌微貳纖柒塵陸渺，實徵支銀伍錢肆分肆釐肆毫陸絲玖忽壹微柒纖貳塵肆渺。

廩生貳拾名，每名歲支糧銀貳兩肆錢，共支銀肆拾捌兩，內除荒撥補銀貳拾伍兩柒錢肆分壹絲柒忽壹微貳塵肆渺，實徵支銀貳拾貳兩貳錢伍分玖釐玖毫捌絲貳忽捌微玖纖柒塵陸渺。遇閏加銀肆兩，內除荒撥補銀貳兩壹錢玖分肆毫柒絲柒忽肆微貳纖伍塵貳渺，實徵支銀壹兩捌錢玖釐伍毫貳絲貳忽伍微柒纖肆塵捌渺。

以上俸工項下，除廩生、膳夫貳欵照常支發外，其餘官役俸工於道光貳拾叁年奉文，均以貳兩平支放，每兩減平銀陸分，其減平銀兩，每年批解部庫交納，理合登明。

壹祭祀項下

額支春秋貳季致祭文廟及各壇祠并無祀鬼魂品物等項共銀玖拾兩，內除荒銀肆拾玖兩貳錢柒分叁釐陸毫伍絲肆忽陸纖柒塵貳渺，實徵支銀肆拾兩柒錢貳分陸釐叁毫肆絲伍忽玖微叁纖貳塵捌渺。

又加增均攤銀叁拾貳兩陸錢貳分柒釐貳毫貳微捌纖陸塵貳渺肆漠伍沙陸涯。

鄉飲額支銀叁兩，內除荒銀壹兩陸錢肆分貳釐肆毫伍絲伍忽伍微陸纖捌塵玖渺，實徵支銀壹兩叁錢伍分柒釐伍毫肆絲肆忽肆微叁纖壹塵壹渺。

布政司紙劄銀壹兩玖錢伍分，內除荒銀壹兩陸分柒釐伍毫玖絲柒忽壹微陸纖捌塵柒渺柒漠伍沙，實徵支銀捌錢捌分貳釐肆毫貳忽捌微叁纖壹塵貳渺貳漠伍沙。

以上鄉飲、紙劄貳欵於道光貳拾叁年奉文裁汰，其徵收銀兩，每年批解部庫交納，理合登明。

孤老壹拾貳名，口糧銀貳拾伍兩玖錢貳分，內除荒銀壹拾肆兩壹錢柒分陸釐陸毫壹絲陸忽叁微伍纖捌塵伍渺，實徵支銀壹拾壹兩柒錢肆分叁釐叁毫捌絲叁忽陸微肆纖壹塵伍渺。外加增銀叁拾壹兩肆錢伍分陸釐陸毫壹絲陸忽叁微伍纖捌塵伍渺。遇閏加銀叁兩陸錢。

冬衣布花額支銀叁兩，內除荒銀壹兩陸錢肆分捌毫壹絲肆忽肆微肆纖壹塵陸渺，實徵支銀壹兩叁錢伍分玖釐壹毫捌絲伍忽伍微伍纖捌塵肆渺。

壹驛站項下

驛站原額銀壹千肆百壹拾柒兩柒錢陸分陸釐叁毫壹絲肆忽壹纖，內除荒銀壹千壹百肆拾壹兩玖錢陸分壹釐陸毫伍絲伍忽伍纖陸塵，實徵銀貳百柒拾伍兩捌錢肆釐陸毫伍絲捌忽玖微伍纖肆塵。

又收受協銀伍拾捌兩貳錢玖釐陸毫叁絲伍忽玖微玖纖。

貳項共銀叁百叁拾肆兩壹分肆釐貳毫玖絲肆忽玖微肆纖肆塵，內除裁站銀捌拾柒兩貳分貳釐肆毫叁絲，實徵支銀貳百肆拾陸兩玖錢玖分壹釐捌毫陸絲肆忽玖微肆纖肆塵。

招募損轎夫額支銀陸百兩；又走遞馬騾貳拾貳匹頭，工食草料額支銀叁百柒拾捌兩肆錢。共額支銀玖百柒拾捌兩肆錢，內除荒銀伍百叁拾肆兩玖錢玖分壹釐柒毫叁絲陸忽柒微柒塵貳渺陸漠，實徵銀肆百肆拾叁兩肆錢捌釐貳毫陸絲叁忽貳微玖纖貳塵柒渺肆漠，內除裁站銀貳百貳拾陸兩捌錢陸分柒釐伍毫柒絲，實支銀貳百壹拾陸兩伍錢貳分陸毫玖絲叁忽貳微玖纖貳塵柒渺肆漠。

遇閏，募夫加銀伍拾兩；馬騾加銀叁拾壹兩伍錢叁分叁釐。共銀捌拾壹兩伍錢叁分叁釐，內除荒銀肆拾肆兩伍錢捌分肆釐貳毫壹絲柒忽玖微柒纖捌塵陸渺，實徵銀叁拾陸兩玖錢肆分捌釐柒毫捌絲貳忽貳纖壹塵肆渺，內除裁站閏月銀叁拾陸兩柒分貳釐柒毫，實徵支銀捌錢柒分陸釐捌絲貳忽貳纖壹塵肆渺。

以上存留實徵銀壹千貳百陸拾捌兩伍錢陸分伍釐壹毫肆絲貳忽玖微壹纖柒渺柒漠伍沙。

又收受協宜君、鄜州等州縣驛站兌留兵餉應支銀伍拾捌兩貳錢玖釐陸毫叁絲伍忽玖微玖纖。

貳項共銀壹千叁百貳拾陸兩柒錢柒分肆釐柒毫柒絲捌忽玖微柒渺柒漠伍沙，內除驛遞之差使甚少等事案內，共裁站銀肆百玖兩柒錢叁分陸釐捌毫叁絲，內在於題明請將（驛站）等事案內，留支本縣新增夫馬工料銀玖拾伍兩捌錢貳分陸釐捌毫叁絲，實裁銀叁百壹拾叁兩玖錢壹分，止該銀壹千壹拾貳兩捌錢陸分肆釐柒毫柒絲捌忽玖微柒渺柒漠伍沙。

外加增撥補俸工銀陸百伍拾叁兩柒錢貳分伍釐伍毫叁絲叁忽肆微壹纖伍塵肆渺玖漠。

共該存留銀壹千陸百陸拾陸兩伍錢玖分叁毫壹絲貳忽叁微壹纖陸塵貳渺陸漠伍沙乾隆伍拾貳年奉文，全數解司，壹切支欵，俱由司按季領支，嗣於嘉慶伍年奉文，留支，並不赴司請領。

外於西安布政司庫領支撥補均攤祭祀銀叁拾貳兩陸錢柒分柒釐貳絲貳微捌纖陸塵貳渺肆漠伍沙陸涯係動支耗羨銀兩。

外遇閏原加銀壹百柒拾貳兩壹錢柒分肆釐玖絲捌忽，內除奉裁扣閏俸銀壹拾壹兩陸錢貳分玖釐玖毫玖絲捌忽，實該銀壹百陸拾兩伍錢肆分肆釐壹毫，內除荒銀捌拾柒兩柒錢伍分陸釐叁毫肆絲柒忽柒微玖纖叁塵肆渺，實徵銀柒拾貳兩柒錢捌分柒釐柒毫伍絲貳忽貳微陸塵陸渺，內除共裁站閏月銀叁拾陸兩柒分貳釐柒毫，止該銀叁拾陸兩柒錢壹分伍釐伍絲貳忽貳微陸塵陸渺。

外加增撥補役廪閏銀壹拾貳兩柒錢柒分貳釐叁絲柒微捌纖肆塵壹渺，實該存留閏月銀肆拾玖兩肆錢捌分柒釐捌絲貳忽玖微玖纖柒渺乾隆伍拾貳年奉文，全數解司，壹切支欵，俱由司按季領支，嗣於嘉慶伍年奉文，留支，並不解司，按季請領。

外於西安布政司庫領支撥補夫馬閏月銀貳拾兩柒錢係動支起運銀兩。

壹額外

課程銀玖兩捌錢貳分捌釐玖毫叁絲係鋪戶出辦。遇閏加銀捌錢壹分玖釐柒絲柒忽伍微。

協濟膚施縣額解延安府麇生月糧銀伍兩柒錢陸分，內除荒撥補銀肆兩陸錢肆分捌釐伍毫叁絲玖微伍纖玖渺貳漠肆沙，實徵支銀壹兩壹錢壹分壹釐肆毫陸絲玖忽肆纖玖塵柒漠陸沙。遇閏加銀肆錢捌分，內除荒撥補銀叁錢捌分貳釐肆毫壹絲壹忽叁微壹纖玖塵陸渺柒漠，實徵支銀玖分柒釐伍毫捌絲捌忽陸微捌纖叁渺叁漠。

畜稅銀肆兩貳錢玖分叁釐係買騾馬出辦，儘收儘解。

牙稅銀壹兩肆錢肆分牙人叁名，每名納銀肆錢捌分。

當稅銀叁拾伍兩當鋪柒座，每座納稅銀伍兩。

地稅銀伍兩玖錢陸分壹釐係買房地業主出辦，原無定額，儘收儘解。

鹽課銀貳百貳拾壹兩壹錢捌分肆釐乾隆伍拾玖年，按照前項起存銀兩徵收，每正銀壹兩攤徵銀陸分陸釐捌毫叁絲柒忽貳微柒纖，永為定額，並不加耗增閏，遇有墾豁蠲免之年，亦不增減蠲免。

宜君縣

原額通融折正壹等地貳千捌拾肆頃叁拾柒畝陸分，內以坡凹不等，共丈量地伍千柒百肆拾柒頃叁拾捌畝柒釐，共額徵本折糧壹萬捌千肆拾貳石壹斗肆升貳合叁抄玖撮，每畝科本色糧壹升玖合陸勺陸抄捌撮捌圭玖粟，共糧壹萬壹千叁百肆石肆斗陸升壹合貳勺玖抄捌撮壹圭，內除拋荒召佃減納糧壹千陸百柒拾玖石壹斗貳升柒合壹勺伍抄貳撮貳圭，止該折正本色糧玖千陸百貳拾伍石叁斗叁升肆合壹勺肆抄伍撮玖圭，科折色糧壹升壹合柒勺貳抄叁撮肆粟，共折色糧陸千柒百叁拾柒石陸斗捌升柒勺肆抄玖圭，每石折徵銀壹兩捌錢陸分陸釐玖毫玖忽陸纖，共額徵銀壹萬貳千伍百柒拾捌兩陸錢叁分伍釐捌毫捌絲捌忽捌微。

順治柒年題明免過無主荒地伍千肆百陸拾叁頃叁拾畝陸分叁釐，應免糧壹萬伍千伍百玖拾石壹斗伍合陸勺玖撮，內興屯開過及節年開墾並丈首共地貳百捌頃捌畝捌分陸釐，該糧陸百石伍斗捌升陸合玖勺柒抄貳撮玖圭壹粟柒粒肆顆叁糠，以增抵除。

實免地伍千貳百伍拾伍頃貳拾壹畝柒分柒釐，實免本折糧壹萬肆千玖百捌拾玖石伍斗壹升捌合陸勺叁抄陸撮捌粟貳粒伍顆柒糠，實應免本色起運糧柒千叁百陸拾石柒斗貳升玖合柒勺玖抄肆圭肆粟捌粒陸糠伍粃，實應免本色存留驛倉糧壹百陸拾柒石玖斗陸升柒合肆勺叁抄柒撮陸圭肆粟陸粒肆顆玖糠伍粃，實應免本色存留官學倉糧壹千貳百捌拾捌石捌斗陸升伍合貳勺叁抄柒撮壹粟伍粒貳顆壹糠，每石各折不等，該除銀玖百貳兩貳錢伍釐陸毫柒絲陸忽叁纖叁塵伍渺，實應免折色糧陸千壹百柒拾壹石玖斗伍升陸合壹勺柒抄玖圭柒粟貳粒捌顆，該除銀壹萬壹千伍百貳拾貳兩玖錢捌分捌釐叁絲貳忽肆纖叁塵伍渺壹漠玖沙。

實在地肆百玖拾貳頃壹拾陸畝叁分，該本折糧壹千叁百柒拾叁石肆斗玖升陸合貳勺伍抄柒圭壹粟柒粒肆顆叁糠，實徵本色起運糧陸百柒拾肆石叁斗壹升貳合伍勺貳抄陸撮陸圭伍粟壹粒玖顆叁糠伍粃遵照乾隆伍拾玖年奉准部咨令，將康熙年間易知由單內載：每畝徵本色起運糧壹升叁合柒勺玖圭貳粟壹粒，實徵本色存留驛倉糧壹拾伍石叁斗捌升陸合肆勺肆抄貳撮叁圭伍粟叁粒伍顆伍粃每畝徵驛倉糧叁勺壹抄貳撮陸圭貳粟柒粒，實徵本色存留官學倉糧壹百壹拾捌石柒升貳合柒勺壹抄壹撮柒圭捌粟肆粒柒顆玖糠，該徵銀捌拾貳兩陸錢伍分捌毫捌絲捌忽壹微貳纖陸塵伍渺每畝科本色糧貳合叁勺玖抄玖撮肆粟叁粒，每畝折徵銀壹釐陸毫柒絲玖忽叁微叁纖，實徵折色糧伍百陸拾伍石柒斗貳升肆合伍勺陸抄玖撮玖圭貳粟柒粒貳顆，該折徵銀壹千伍拾伍兩陸錢肆分柒釐捌毫伍絲陸忽柒微伍纖陸塵肆渺捌漠壹沙遵照乾隆伍拾玖年奉准部咨令，將康熙年間易知由單內載：每畝折徵銀貳分壹釐肆毫肆絲玖忽貳微柒塵柒渺，纂入書內，嗣後遇有墾豁，以便按畝增除。

原額人丁叁等玖則不等，共折下下人丁伍千捌拾陸丁，每丁徵銀捌錢貳分壹釐，共銀肆千壹百柒拾伍兩陸錢陸釐，內除優免丁貳百叁拾陸丁，共銀壹百玖拾叁兩柒錢伍分陸釐。

行差丁肆千捌百伍拾丁，共額徵銀叁千玖百捌拾壹兩捌錢伍分。

順治柒、拾壹兩年並康熙捌年題明豁免過逃亡、續逃並包賠丁貳千伍百捌拾陸丁，應除銀貳千肆百壹拾伍兩肆錢捌分貳釐叁毫肆絲肆忽壹微，前招回及續查出並招回丁肆百伍拾陸丁，該銀叁百柒拾陸兩玖錢伍釐柒毫，以增抵除，實免丁貳千壹百叁拾丁，該免銀貳千叁拾捌兩伍錢柒分陸釐陸毫肆絲肆忽壹微。

實在丁貳千柒百貳拾丁，該徵銀壹千玖百肆拾叁兩貳錢柒分叁釐叁毫伍絲伍忽玖微。

康熙伍拾伍年起，至乾隆貳拾陸年止，編審出丁叁拾陸丁；乾隆叁拾壹年編審出丁肆丁；乾隆叁拾陸年編審出丁叁丁。共編審出丁肆拾叁丁，欽遵康熙伍拾貳年叁月拾捌日恩詔，後遇編審之期，但據康熙伍拾年丁冊定為常額，永不加賦。

原額均徭銀貳百貳拾叁兩叁錢叁分貳釐貳毫，內除荒銀貳百肆兩伍錢捌分玖釐陸毫玖絲叁忽捌微陸纖肆塵貳渺玖漠陸沙，實徵銀壹拾捌兩柒錢肆分貳釐伍毫陸忽壹微叁纖伍塵柒渺肆沙係按前項地畝科徵，每畝徵銀叁毫捌絲捌微壹纖陸塵捌渺。

遇閏加徵銀貳百柒拾玖兩叁分叁釐陸毫玖絲柒忽，內除荒銀壹百柒拾伍兩伍錢玖分陸釐玖毫陸絲叁忽叁微叁纖貳塵柒渺陸漠，實徵銀壹百叁兩肆錢叁分陸釐柒毫叁絲叁忽陸微陸纖柒塵貳渺肆漠。

又額外協濟膚施縣額解延安府廩生月糧奉裁充餉銀壹拾壹兩伍錢貳分，內除荒銀壹拾兩伍錢柒分柒毫肆絲柒微柒纖貳塵壹渺壹漠貳沙，實徵銀玖錢肆分玖釐貳毫伍絲玖忽貳微貳纖柒塵捌渺捌漠捌沙。遇閏加銀玖錢陸分，內除荒銀捌錢捌分壹毫玖絲伍忽柒微肆纖肆塵柒渺陸漠，實徵銀柒分玖釐捌毫肆忽貳微伍纖伍塵貳渺肆漠。

停免銀壹百肆拾陸兩壹錢捌分叁釐柒毫伍絲伍忽伍微玖纖叁塵伍渺以上額外正閏叁項攤入前項地糧內徵解。

以上地、丁貳項並均徭及額外停免等項，除優免丁銀外，共額徵銀壹萬柒千玖百貳拾陸兩叁錢柒分捌釐肆毫捌忽伍微伍纖叁塵伍渺，內除荒亡缺額銀壹萬肆千陸百柒拾捌兩玖錢叁分柒毫捌絲陸忽捌微壹纖叁塵肆渺貳漠柒沙，實徵銀叁千貳百肆拾柒兩肆錢肆分柒釐陸毫貳絲壹忽柒微肆纖柒漠叁沙。

本色起運糧捌千叁拾伍石肆升貳合叁勺壹抄柒撮壹圭，內除荒糧柒千叁百陸拾石柒斗貳升玖合柒勺玖抄肆圭肆粟捌粒陸糠伍粃，實徵糧陸百柒拾肆石叁斗壹升貳合伍勺貳抄陸撮陸圭伍粟壹粒玖顆叁糠伍粃。

本色存留驛倉糧壹百捌拾叁石叁斗伍升叁合捌勺捌抄，內除荒糧壹百陸拾柒石玖斗陸升柒合肆勺叁抄柒撮陸圭肆粟陸粒肆顆玖糠伍粃，實徵糧壹拾伍石叁斗捌升陸合肆勺肆抄貳撮叁圭伍粟叁粒伍顆伍粃。

外遇閏加銀貳百柒拾玖兩叁分叁釐陸毫玖絲柒忽，內除荒銀壹百柒拾伍兩伍錢玖分陸釐玖毫陸絲叁忽叁微叁纖貳塵柒渺陸漠，實徵銀壹百叁兩肆錢叁分陸釐柒毫叁絲叁忽陸微陸纖柒塵貳渺肆漠。

又額外協濟廩生閏月充餉銀玖錢陸分，內除荒銀捌錢捌分壹毫玖絲伍忽柒微肆纖肆塵柒渺陸漠，實徵銀柒分玖釐捌毫肆忽貳微伍纖伍塵貳渺肆漠。

貳項實徵共銀壹百叁兩伍錢壹分陸釐伍毫叁絲柒忽玖微貳纖貳塵肆渺捌漠。

壹起運項下

原編本色起運糧捌千叁拾伍石肆升貳合叁勺壹抄柒撮壹圭，內除荒糧柒千叁百陸拾石柒斗貳升玖合柒勺玖抄肆圭肆粟捌粒陸糠伍粃，實起運糧陸百柒拾肆石叁斗壹升貳合伍勺貳抄陸撮陸圭伍粟壹粒玖顆叁糠伍粃。

原編起運糧石、草束、布疋折價銀壹萬捌拾伍兩貳分貳釐捌毫捌絲捌忽捌微，內除荒銀玖千貳百叁拾捌兩陸錢伍分貳釐壹毫柒絲陸微叁纖壹塵柒渺，實起運銀捌百肆拾陸兩叁錢柒分柒毫壹絲捌忽壹微陸纖捌塵叁渺。

節裁民校、抵祿、藥味、軍器、毛襖等項銀捌百玖拾貳兩捌錢陸分陸釐陸毫，內除荒銀肆百柒拾陸兩貳錢捌分捌毫柒絲壹忽捌微叁塵肆渺貳漠，實起運銀肆百壹拾陸兩伍錢捌分伍釐柒毫貳絲捌忽壹微玖纖陸塵伍渺捌漠。

舊編存留，內順治玖年裁扣各役工食銀肆百肆拾肆兩捌錢；拾貳年裁扣修宅、傢伙、傘扇銀柒拾肆兩；拾肆年裁扣官生俸廩等項銀貳百叁拾肆兩玖錢柒分捌釐肆毫柒絲；拾陸年裁驛丞俸食銀肆拾玖兩伍錢貳分，裁站銀貳拾兩肆錢伍分陸釐柒毫。康熙元年裁吏書工食銀貳百伍拾叁兩貳錢；叁年裁教諭、門齋俸食銀壹百壹兩壹錢貳分，襍費丁銀肆拾兩伍錢柒釐肆毫；拾伍年裁心紅紙張、油燭、修理監倉、喂馬草料、芒神土牛、修理倉廒、歲季考、給賞花紅、紙劄、筆墨、綵旗、科舉生員盤纏等項銀壹百伍拾叁兩伍錢；貳拾柒年裁歲貢、舉人盤纏銀叁拾叁兩。雍正陸年裁燈夫工食銀肆拾捌兩；拾貳年裁民壯工食銀捌拾肆兩。乾隆玖年裁舖司工食銀肆兩捌錢，又舊編冗費裁剩解部銀肆兩陸分伍釐玖毫陸絲肆忽壹微陸纖。

共裁歸起運銀壹千伍百肆拾伍兩玖錢肆分捌釐伍毫叁絲肆忽壹微陸纖，內除荒銀玖百叁拾叁兩貳錢伍分伍釐玖毫壹絲貳忽伍微柒纖肆塵壹渺玖漠陸沙壹洙貳涯，實起運銀陸百壹拾貳兩陸錢玖分貳釐陸毫貳絲壹忽伍微捌纖伍塵捌渺叁沙捌洙捌涯。

又額外協濟膚施縣額解延安府廩生月糧奉裁充餉銀壹拾壹兩伍錢貳分，內除荒銀壹拾兩伍錢柒分柒毫肆絲柒微柒纖貳塵壹渺壹漠貳沙，實起運銀玖錢肆分玖釐貳毫伍絲玖忽貳微貳纖柒塵捌渺捌漠捌沙。

停免銀壹百肆拾陸兩壹錢捌分叁釐柒毫伍絲伍忽伍微玖纖叁塵伍渺。

以上實該起運銀貳千貳拾貳兩柒錢捌分貳釐捌絲貳忽柒微柒纖貳塵柒漠壹沙捌洙捌涯。

又收額協歸德、翟道貳驛站銀叁兩柒錢柒分肆釐叁毫叁絲柒忽。

又收欽奉上諭並驛遞之差使甚少貳案內，共裁銀叁百玖拾伍兩柒分貳釐肆毫伍絲伍忽壹微伍纖伍塵，內除在於題明請將驛站等事案內，留支本縣新增夫馬工料銀壹百壹拾肆兩肆錢貳分捌毫叁絲，實收銀貳百捌拾兩陸錢伍分壹釐陸毫貳絲伍忽壹微伍纖伍塵。

共該起運銀貳千叁百柒兩貳錢捌釐肆絲肆忽玖微貳纖柒塵柒漠壹沙捌洙捌涯，內除受協神木等縣站支兌留兵餉銀壹百捌拾壹兩捌錢叁分玖釐伍毫肆絲捌忽肆微，實該起運銀貳千壹百貳拾伍兩叁錢陸分捌釐肆毫玖絲陸忽伍微貳纖柒塵柒漠壹沙捌洙捌涯。

又於請做以糧載丁等事案內，通省以糧均丁減銀壹千捌百壹拾叁兩柒錢肆分叁釐陸毫陸絲柒忽柒微壹纖壹塵壹渺，內除乾隆元、陸、拾壹、拾陸、貳拾壹、貳拾陸等年編審案內，共增抵補屯更丁銀叁百玖拾玖兩壹分玖釐肆毫陸絲捌忽叁微伍纖壹塵肆渺陸漠陸沙陸洙陸涯肆洒；又於乾隆叁拾壹、叁拾陸等年編審案內，共增抵補屯更丁銀壹百玖拾柒兩捌錢陸分柒釐柒毫叁絲肆忽壹微柒纖伍塵柒渺叁漠叁沙叁洙叁涯貳洒。止該減銀壹千貳百壹拾陸兩捌錢伍分陸釐肆毫陸絲伍忽壹微捌纖叁塵玖渺肆洒。

實起運銀玖百捌兩伍錢壹分貳釐叁絲壹忽叁微肆纖叁塵壹渺柒漠壹沙捌洙柒涯陸洒，內留支撥補均攤俸工銀貳百伍拾柒兩叁錢陸分叁釐貳毫陸絲貳忽伍微柒纖伍塵柒渺貳漠陸沙，止該起運銀陸百伍拾壹兩壹錢肆分捌釐柒毫陸絲捌忽柒微陸纖柒塵肆渺肆漠伍沙捌洙柒涯陸洒。

外遇閏，順治玖年裁扣銀叁拾伍兩肆錢；拾肆年裁扣銀壹拾陸兩叁錢肆分玖釐玖毫陸絲叁忽；拾陸年裁扣冗員銀肆兩壹錢貳分陸釐陸毫陸絲陸忽。康熙元年裁吏書工食銀貳拾壹兩壹錢；叁年裁教諭、門齋俸食銀捌兩肆錢貳分陸釐陸毫陸絲陸忽；拾伍年裁心紅紙張、喂馬草料銀陸兩捌錢叁分叁釐貳毫柒絲。雍正陸年裁燈夫銀肆兩；拾貳年裁民壯銀柒兩。乾隆玖年裁舖司銀肆錢，又奉裁各官閏俸銀壹拾柒兩柒錢伍分叁釐叁毫叁絲貳忽。

共裁歸起運銀壹百貳拾壹兩叁錢捌分玖釐捌毫玖絲柒忽，內除荒銀柒拾陸兩叁錢玖分壹釐壹毫壹絲伍忽玖微陸纖伍塵捌渺玖漠叁沙叁洙肆涯，實徵銀肆拾肆兩玖錢玖分捌釐柒毫捌絲壹忽叁纖肆塵壹渺陸沙陸洙陸涯。

又額外奉裁廩生閏月充餉銀玖錢陸分，內除荒銀捌錢捌分壹毫玖絲伍忽柒微肆纖肆塵柒渺陸漠，實徵銀柒分玖釐捌毫肆忽貳微伍纖伍塵貳渺肆漠。

以上共起運閏月銀肆拾伍兩柒分捌釐伍毫捌絲伍忽貳微捌纖玖塵叁渺肆漠陸沙陸洙陸涯。

又收欽奉上諭並驛遞之差使甚少貳案內，共裁站銀壹拾伍兩肆錢貳分壹釐貳毫捌絲玖微壹纖陸塵肆渺。

貳項共銀陸拾兩肆錢玖分玖釐捌毫陸絲陸忽貳微伍塵柒渺肆漠陸沙陸洙陸涯，內在於請做以糧載丁等事案內，通省以糧均丁減除訖，尚不敷減銀貳拾捌兩肆錢柒分肆釐伍毫捌絲陸忽壹微伍纖伍塵貳渺伍漠叁沙叁洙肆涯，除節次抵補屯更丁增銀叁拾兩貳錢捌分柒釐壹毫叁絲陸微伍纖叁塵，節年抵補丁增銀兩，除將上項均丁案內減銀全數抵補外，尚該徵丁銀壹兩捌錢壹分貳釐伍毫肆絲肆忽肆微玖纖柒塵柒渺肆漠陸沙陸洙陸涯，全數留支加增撥補舖司等項銀兩，尚不敷留支銀捌兩貳錢柒分壹釐伍毫陸絲捌忽陸纖肆塵陸渺玖漠叁沙叁洙肆涯，遇閏之年在於前項正銀內減除留支。

壹存留項下

原編存留本色驛倉糧壹百捌拾叁石叁斗伍升叁合捌勺捌抄，內除荒糧壹百陸拾柒石玖斗陸升柒合肆勺叁抄柒撮陸圭肆粟陸粒肆顆玖糠伍粃，實存留糧壹拾伍石叁斗捌升陸合肆勺肆抄貳撮叁圭伍粟叁粒伍顆伍粃。

原編存留銀伍千貳百肆拾肆兩捌錢叁分陸釐陸毫叁絲，內除荒銀肆千貳拾兩壹錢柒分壹釐玖絲壹忽叁纖壹塵玖渺玖漠捌沙捌洙捌涯，實存留銀壹千貳百貳拾肆兩陸錢陸分伍釐伍毫叁絲捌忽玖微陸纖捌塵壹沙壹洙貳涯。

壹俸工項下

知府俸薪銀壹百伍兩，內除荒銀陸拾陸兩捌分叁釐貳毫玖絲壹微捌纖陸塵，實徵支銀叁拾捌兩玖錢壹分陸釐柒毫玖忽捌微壹纖肆塵。外均攤撥補銀壹拾柒兩陸錢玖分捌釐柒毫壹絲捌忽玖微陸纖伍渺。

知縣俸薪銀肆拾伍兩，內除荒銀貳拾捌兩叁錢壹分壹釐柒毫玖絲叁忽捌微伍纖肆塵，實徵支銀壹拾陸兩陸錢捌分捌釐貳毫陸忽壹微肆纖陸塵。外均攤撥補銀柒兩伍錢捌分伍釐壹毫陸絲玖忽伍微伍纖肆塵伍渺。

新設馬欄鎮巡檢壹員，額支俸薪銀叁拾壹兩伍錢貳分原請動支驛站裁存支剩銀兩。

典史壹員，額支俸薪銀叁拾壹兩伍錢貳分，內除荒撥補銀壹拾玖兩捌錢叁分伍釐伍毫肆絲玖忽捌渺貳漠，實徵支銀壹拾壹兩陸錢捌分肆釐肆毫伍絲玖微玖纖玖塵壹渺捌漠。

訓導壹員，額支俸薪銀叁拾壹兩伍錢貳分，內除荒撥補銀壹拾玖兩捌錢叁分伍釐伍毫肆絲玖忽捌渺貳漠，實徵支銀壹拾壹兩陸錢捌分肆釐肆毫伍絲玖微玖纖玖塵壹渺捌漠。外撥補全俸銀捌兩肆錢捌分。

知縣衙門

門子貳名，每名歲支工食銀陸兩，共支銀壹拾貳兩，內除荒撥補銀柒兩伍錢伍分壹釐陸毫叁忽伍微貳纖叁塵貳渺，實徵支銀肆兩肆錢肆分捌釐叁毫玖絲陸忽肆微柒纖陸塵捌渺。遇閏加銀壹兩，內除荒銀陸錢貳分玖釐叁毫伍忽貳微玖纖叁塵陸渺，實徵支銀叁錢柒分陸毫玖絲肆忽柒微陸塵肆渺。

馬快壹拾名，每名歲支工食草料銀壹拾陸兩捌錢，共支銀壹百陸拾捌兩，內除荒撥補銀壹百伍兩柒錢貳分貳釐肆毫捌絲玖忽叁微貳纖伍塵，實徵支銀陸拾貳兩貳錢柒分柒釐伍毫壹絲陸微柒纖伍塵。遇閏加銀壹拾肆兩，內除荒銀捌兩捌錢壹分貳毫捌絲叁忽玖微壹纖肆渺，實徵支銀伍兩壹錢捌分玖釐柒毫壹絲陸忽捌纖玖塵陸渺。

步快壹拾陸名，每名歲支工食銀陸兩，共支銀玖拾陸兩，內除荒撥補銀陸拾兩肆錢壹分貳釐捌毫肆絲捌忽壹微捌纖伍塵陸渺，實徵支銀叁拾伍兩伍錢捌分柒釐壹毫伍絲壹忽捌微壹纖肆塵肆渺。遇閏加銀捌兩，內除荒銀伍兩叁分肆釐肆毫叁絲貳忽叁微肆纖捌塵捌渺，實徵支銀貳兩玖錢陸分伍釐伍毫陸絲柒忽陸微伍纖壹塵貳渺。

皂隸壹拾陸名，每名歲支工食銀陸兩，共支銀玖拾陸兩，內除荒撥補銀陸拾兩肆錢壹分貳釐捌毫肆絲捌忽壹微捌纖伍塵陸渺，實徵支銀叁拾伍兩伍錢捌分柒釐壹毫伍絲壹忽捌微壹纖肆塵肆渺。遇閏加銀捌兩，內除荒銀伍兩叁分肆釐肆毫叁絲貳忽叁微肆纖捌塵捌渺，實徵支銀貳兩玖錢陸分伍釐伍毫陸絲柒忽陸微伍纖壹塵貳渺。

轎傘扇夫柒名，每名歲支工食銀陸兩，共支銀肆拾貳兩，內除荒撥補銀貳拾陸兩肆錢叁分陸毫貳絲壹微叁纖壹塵貳渺，實徵支銀壹拾伍兩伍錢陸分玖釐叁毫柒絲玖忽捌微陸纖捌塵捌渺。遇閏加銀叁兩伍錢，內除荒銀貳兩貳錢貳釐伍毫伍絲捌忽伍微貳纖柒塵捌渺，實徵支銀壹兩貳錢玖分柒釐肆毫肆絲壹忽肆微柒纖貳塵貳渺。

禁子壹拾貳名，每名歲支工食銀陸兩，共支銀柒拾貳兩，內除荒撥補銀肆拾伍兩叁錢玖釐陸毫肆絲壹忽壹微叁纖玖塵貳渺，實徵支銀貳拾陸兩陸錢玖分叁毫伍絲捌忽捌微陸纖捌渺。外加增銀貳拾肆兩。遇閏加銀陸兩，內除荒銀叁兩柒錢柒分伍釐捌毫貳絲壹忽柒微陸纖壹塵陸渺，實徵支銀貳兩貳錢貳分肆釐壹毫柒絲捌忽貳微叁纖捌塵肆渺。

庫子肆名，每名歲支工食銀陸兩，共支銀貳拾肆兩，內除荒撥補銀壹拾伍兩壹錢叁釐貳毫壹絲柒忽肆纖陸塵肆渺，實徵支銀捌兩捌錢玖分陸釐柒毫捌絲貳忽玖微伍纖叁塵陸渺。遇閏加銀貳兩，內除荒銀壹兩貳錢伍分捌釐陸毫壹絲伍微捌纖柒塵貳渺，實徵支銀柒錢肆分壹釐叁毫捌絲玖忽肆微壹纖貳塵捌渺。

斗級陸名，每名歲支工食銀陸兩，共支銀叁拾陸兩，內除荒撥補銀貳拾貳兩陸錢伍分肆釐捌毫貳絲伍微陸纖玖塵陸渺，實徵支銀壹拾叁兩叁錢肆分伍釐壹毫柒絲玖忽肆微叁纖肆渺。遇閏加銀叁兩，內除荒銀壹兩捌錢捌分柒釐玖毫壹絲伍忽捌微捌纖捌渺，實徵支銀壹兩壹錢壹分貳釐捌絲肆忽壹微壹纖玖塵貳渺。

知縣衙門

門子貳名，每名歲支工食銀陸兩，共支銀壹拾貳兩，內除荒撥補銀柒兩伍錢伍分壹釐陸毫叁忽伍微貳纖叁塵貳渺，實徵支銀肆兩肆錢肆分捌釐叁毫玖絲陸忽肆微柒纖陸塵捌渺。遇閏加銀壹兩，內除荒銀陸錢貳分玖釐叁毫伍忽貳微玖纖叁塵陸渺，實徵支銀叁錢柒分陸毫玖絲肆忽柒微陸塵肆渺。

皂隸、仵作壹拾陸名，每名歲支工食銀陸兩，共支銀玖拾陸兩，內除荒撥補銀陸拾兩肆錢壹分貳釐捌毫肆絲捌忽壹微捌纖伍塵陸渺，實徵支銀叁拾伍兩伍錢捌分柒釐壹毫伍絲壹忽捌微壹纖肆塵肆渺。遇閏加銀捌兩，內除荒銀伍兩叁分肆釐肆毫叁絲貳忽叁微肆纖捌塵捌渺，實徵支銀貳兩玖錢陸分伍釐伍毫陸絲柒忽陸微伍纖壹塵貳渺。

馬快捌名，每名歲支工食草料銀壹拾陸兩捌錢，共支銀壹百叁拾肆兩肆錢，內除荒撥補銀捌拾肆兩伍錢柒分捌釐肆絲叁忽伍微叁纖柒塵陸渺，實徵支銀肆拾玖兩捌錢貳分壹釐玖毫伍絲陸忽肆微陸纖貳塵肆渺。遇閏加銀壹拾壹兩貳錢，內除荒銀柒兩肆分捌釐壹毫玖絲叁忽肆微捌纖捌塵肆渺，實徵支銀肆兩壹錢伍分壹釐捌毫陸忽伍微壹纖壹塵陸渺。

民壯叁拾陸名，每名歲支工食銀陸兩，共支銀貳百壹拾陸兩，內撥支寧陝廳民壯捌名，其應支工食銀兩，由該縣按季解司支領除荒撥補銀壹百叁拾伍兩玖錢貳分捌釐玖毫壹絲叁忽肆微壹纖柒塵陸渺，實徵支銀捌拾兩柒分壹釐捌絲陸忽伍微捌纖貳塵肆渺奉文裁汰撥支黃龍山州同民壯貳名，其工食銀兩，由該縣解司報撥。遇閏加銀壹拾捌兩，內除荒銀壹拾壹兩叁錢貳分柒釐肆毫捌絲伍忽貳微捌纖肆塵陸渺，實徵支銀陸兩陸錢柒分貳釐伍毫壹絲肆忽柒微壹纖伍塵肆渺。

看監禁子捌名，每名歲支工食銀陸兩，共支銀肆拾捌兩，內除荒撥補銀叁拾兩貳錢陸釐肆毫貳絲肆忽玖纖貳塵捌渺，實徵支銀壹拾柒兩柒錢玖分叁釐伍毫柒絲伍忽玖微柒塵貳渺。外加增銀壹拾陸兩。遇閏加銀肆兩，內除荒銀貳兩伍錢壹分柒釐貳毫壹絲壹忽壹微柒纖肆塵貳渺，實徵支銀壹兩肆錢捌分貳釐柒毫捌絲捌忽捌微貳纖伍塵捌渺。

轎傘扇夫柒名，每名歲支工食銀陸兩，共支銀肆拾貳兩，內除荒撥補銀貳拾陸兩肆錢叁分陸毫貳絲壹微叁纖壹塵貳渺，實徵支銀壹拾伍兩伍錢陸分玖釐叁毫柒絲玖忽捌微陸纖捌塵捌渺。遇閏加銀叁兩伍錢，內除荒銀貳兩貳錢貳釐伍毫伍絲捌忽伍微貳纖柒塵捌渺，實徵支銀壹兩貳錢玖分柒釐肆毫肆絲壹忽肆微柒纖貳塵貳渺。

庫子肆名，每名歲支工食銀陸兩，共支銀貳拾肆兩，內除荒撥補銀壹拾伍兩壹錢叁釐貳毫壹絲柒忽肆纖陸塵肆渺，實徵支銀捌兩捌錢玖分陸釐柒毫捌絲貳忽玖微伍纖叁塵陸渺。遇閏加銀貳兩，內除荒銀壹兩貳錢伍分捌釐陸毫壹絲伍微捌纖柒塵貳渺，實徵支銀柒錢肆分壹釐叁毫捌絲玖忽肆微壹纖貳塵捌渺。

斗級肆名，每名歲支工食銀陸兩，共支銀貳拾肆兩，內除荒撥補銀壹拾伍兩壹錢叁釐貳毫壹絲柒忽肆纖陸塵肆渺，實徵支銀捌兩捌錢玖分陸釐柒毫捌絲貳忽玖微伍纖叁塵陸渺。遇閏加銀貳兩，內除荒銀壹兩貳錢伍分捌釐陸毫壹絲伍微捌纖柒塵貳渺，實徵支銀柒錢肆分壹釐叁毫捌絲玖忽肆微壹纖貳塵捌渺。

各舖司兵壹拾柒名，每名歲支工食銀肆兩捌錢，共支銀捌拾壹兩陸錢，內除荒銀伍拾壹兩叁錢肆分玖釐叁毫柒絲柒忽捌微玖塵壹漠捌沙捌洙捌涯，實徵支銀叁拾兩貳錢伍分陸毫貳絲貳忽壹微玖纖玖渺捌漠壹沙壹洙貳涯。外加增撥補銀柒拾壹兩柒錢肆分玖釐叁毫柒絲柒忽捌微玖塵壹漠捌沙捌洙捌涯奉文裁汰撥支黃龍山州同舖司壹名，其正閏工食銀兩，由該縣解司報撥。遇閏加銀陸兩捌錢，內除荒銀肆兩貳錢柒分捌釐玖毫玖絲貳忽壹微玖纖陸塵陸漠陸沙陸洙陸涯，實徵支銀貳兩伍錢貳分壹釐柒忽捌微叁塵玖渺叁漠叁沙叁洙肆涯。外加增撥補銀伍兩玖錢柒分捌釐玖毫玖絲貳忽壹微玖纖陸塵陸漠陸沙陸洙陸涯。

鐘鼓夫伍名，每名歲支工食銀貳兩肆錢，共支銀壹拾貳兩，內除荒撥補銀柒兩伍錢伍分壹釐叁毫陸絲伍忽伍微壹纖玖塵玖渺，實徵支銀肆兩肆錢肆分捌釐陸毫叁絲肆忽肆微捌纖壹渺。遇閏加銀壹兩，內除荒銀陸錢貳分玖釐叁毫貳忽貳微玖纖叁塵陸渺，實徵支銀叁錢柒分陸毫玖絲柒忽柒微陸塵肆渺。

巡檢衙門

新設皂隸貳名，工食銀壹拾貳兩。遇閏加銀壹兩。

新設民壯肆名，工食銀貳拾肆兩以上原請動支驛站裁存支剩銀兩。

典史衙門

門子壹名，歲支工食銀陸兩，內除荒撥補銀叁兩柒錢柒分伍釐捌毫壹忽柒微陸纖壹塵陸渺，實徵支銀貳兩貳錢貳分肆釐壹毫玖絲捌忽貳微叁纖捌塵肆渺。遇閏加銀伍錢，內除荒銀叁錢壹分肆釐陸毫伍絲貳忽陸微肆纖陸塵玖渺，實徵支銀壹錢捌分伍釐叁毫肆絲柒忽叁微伍纖叁塵壹渺。

皂隸肆名，每名歲支工食銀陸兩，共支銀貳拾肆兩，內除荒撥補銀壹拾伍兩壹錢叁釐貳毫壹絲柒忽肆纖陸塵肆渺，實徵支銀捌兩捌錢玖分陸釐柒毫捌絲貳忽玖微伍纖叁塵陸渺。遇閏加銀貳兩，內除荒銀壹兩貳錢伍分捌釐陸毫壹絲伍微捌纖柒塵貳渺，實徵支銀柒錢肆分壹釐叁毫捌絲玖忽肆微壹纖貳塵捌渺。

馬夫壹名，歲支工食銀陸兩，內除荒撥補銀叁兩柒錢柒分伍釐捌毫壹忽柒微陸纖壹塵陸渺，實徵支銀貳兩貳錢貳分肆釐壹毫玖絲捌忽貳微叁纖捌塵肆渺。遇閏加銀伍錢，內除荒銀叁錢壹分肆釐陸毫伍絲貳忽陸微伍纖貳塵玖渺，實徵支銀壹錢捌分伍釐叁毫肆絲柒忽叁微肆纖柒塵壹渺。

教職衙門

齋夫叁名，每名歲支工食銀壹拾貳兩，共支銀叁拾陸兩，內除荒撥補銀貳拾貳兩陸錢伍分肆釐捌毫貳絲伍微陸纖玖塵陸渺，實徵支銀壹拾叁兩叁錢肆分伍釐壹毫柒絲玖忽肆微叁纖肆渺。遇閏加銀叁兩，內除荒銀壹兩捌錢捌分柒釐玖毫壹絲伍忽捌微捌纖柒渺，實徵支銀壹兩壹錢壹分貳釐捌絲肆忽壹微壹纖玖塵叁渺。

膳夫貳名，額支工食銀壹拾叁兩叁錢叁分叁釐叁毫叁絲，內除荒撥補銀捌兩叁錢捌分貳釐叁毫柒絲叁忽陸纖叁塵叁渺捌漠，實徵支銀肆兩玖錢伍分玖毫伍絲陸忽玖微叁纖陸塵陸渺貳漠係廩生支領。遇閏加銀壹兩壹錢壹分壹釐壹毫，內除荒撥補銀陸錢玖分玖釐貳毫貳絲肆微肆纖叁塵肆渺，實徵支銀肆錢壹分壹釐捌毫柒絲玖忽伍微伍纖陸塵陸渺係廩生支領。

門斗貳名，每名歲支工食銀柒兩貳錢，共支銀壹拾肆兩肆錢，內除荒撥補銀玖兩陸分壹釐玖毫貳絲肆忽貳微肆纖玖塵捌渺捌漠，實徵支銀伍兩叁錢叁分捌釐柒絲伍忽柒微伍纖壹渺貳漠。遇閏加銀壹兩貳錢，內除荒銀柒錢伍分伍釐壹毫柒絲叁微伍纖貳塵伍渺，實徵支銀肆錢肆分肆釐捌毫貳絲玖忽陸微肆纖柒塵伍渺。

廩生貳拾名，每名月糧銀貳兩捌錢，共支銀伍拾陸兩，內除荒撥補銀叁拾叁兩玖錢玖分柒釐叁絲柒忽肆微肆纖壹塵陸渺，實徵支銀貳拾貳兩貳釐玖毫陸絲貳忽伍微伍纖捌塵肆渺。遇閏加銀肆兩陸錢陸分陸釐柒毫，內除荒撥補銀貳兩玖錢叁分陸釐柒毫柒絲捌忽壹纖柒塵捌渺，實徵支銀壹兩柒錢貳分玖釐玖毫貳絲壹忽玖微捌纖貳塵貳渺。

以上俸工項下，除廩生、膳夫貳欵照常支發外，其餘官役俸工於道光貳拾叁年奉文，均以貳兩平支放，每兩減平銀陸分，其減平銀兩，每年批解部庫交納，理合登明。

壹雜支項下

春秋貳季致祭文廟及各壇祠並無祀鬼魂品物等項共銀柒拾陸兩，內除荒銀肆拾柒兩柒錢肆分捌釐伍毫捌絲陸微叁纖貳塵肆渺，實徵支銀貳拾捌兩貳錢伍分壹釐肆毫壹絲玖忽叁微陸纖柒塵陸渺。

外均攤撥補銀肆拾伍兩壹錢柒釐叁毫叁絲壹纖肆塵貳渺肆漠伍沙陸涯。

鄉飲銀叁兩，內除荒銀壹兩捌錢捌分柒釐捌毫肆絲伍忽捌微捌纖捌渺，實徵支銀壹兩壹錢壹分貳釐壹毫伍絲肆忽壹微壹纖玖塵貳渺於道光貳拾叁年奉文裁汰，其徵收銀兩，每年批解部庫交納，理合登明。

壹孤貧口糧項下

孤老貳拾名，口糧銀伍拾兩肆錢，內除荒銀叁拾壹兩陸錢玖分貳釐伍毫玖忽肆微玖纖伍塵叁渺，實徵支銀壹拾捌兩柒錢柒釐肆毫玖絲伍微肆塵柒渺。外加增銀伍拾叁兩貳錢玖分貳釐伍毫玖忽肆微玖纖伍塵叁渺。遇閏加增銀陸兩。

孤老冬衣布花銀貳兩伍錢，內除荒銀壹兩伍錢柒分壹釐伍絲叁微玖塵肆渺，實徵支銀玖錢貳分捌釐玖毫肆絲玖忽陸微玖纖陸渺。

壹驛站項下

翟道驛站價銀陸拾伍兩；雲陽驛站銀壹千叁百貳拾叁兩伍錢肆分叁釐叁毫，支直銀壹百貳拾貳兩肆錢；鄜成驛站銀貳百肆拾貳兩陸錢肆分伍釐；隆益驛站銀壹百壹拾壹兩捌錢伍分伍釐；歸德驛站銀壹拾肆兩玖錢貳分；慶陽府站銀伍百陸拾柒兩捌錢。共銀貳千肆百肆拾捌兩壹錢陸分叁釐叁毫，內除荒銀貳千貳百陸拾壹兩伍錢陸分叁釐捌絲柒微肆纖玖塵壹渺，實徵銀壹百捌拾陸兩陸錢貳毫壹絲玖忽貳微伍纖玖渺。

又收受協神木等縣站支兌留兵餉銀壹百捌拾壹兩捌錢叁分玖釐伍毫肆絲捌忽肆微。

貳項共銀叁百陸拾捌兩肆錢叁分玖釐柒毫陸絲柒忽陸微伍纖玖渺，內除額協歸德、翟道貳驛站銀叁兩柒錢柒分肆釐叁毫叁絲柒忽；又除欽奉上諭並驛遞之差使甚少貳案內，共裁站銀玖拾貳兩叁錢壹分柒釐玖絲捌忽叁微陸纖。實支銀貳百柒拾貳兩叁錢肆分捌釐叁毫叁絲貳忽貳微玖纖玖渺。遇閏增給夫馬工料閏月銀貳拾兩柒錢。

走遞、雇覔損轎夫銀伍百陸拾兩；馬騾貳拾匹頭，工食草料銀伍百兩。共銀壹千陸拾兩，內除荒銀陸百陸拾柒兩柒分柒釐壹毫肆絲柒忽陸微壹纖叁塵柒渺捌漠，實徵銀叁百玖拾貳兩玖錢貳分貳釐捌毫伍絲貳忽叁微捌纖陸塵貳渺貳漠，內除欽奉上諭並驛遞之差使甚少貳案內，共裁站銀叁百貳兩柒錢伍分伍釐叁毫伍絲陸忽柒微玖纖伍塵，內在於題明請將驛站等事案內，留支本縣新增夫馬工料銀壹百壹拾肆兩肆錢貳分捌毫叁絲，實裁銀壹百捌拾捌兩叁錢叁分肆釐伍毫貳絲陸忽柒微玖纖伍塵。實支銀貳百肆兩伍錢捌分捌釐叁毫貳絲伍忽伍微玖纖壹塵貳渺貳漠。

遇閏加銀肆拾壹兩陸錢陸分陸釐，內除荒銀貳拾陸兩貳錢貳分柒毫捌絲肆忽叁微肆纖伍塵，實徵銀壹拾伍兩肆錢肆分伍釐貳毫壹絲伍忽陸微伍纖伍塵，內除欽奉上諭並驛遞之差使甚少貳案內，共裁站銀壹拾伍兩肆錢貳分壹釐貳毫捌絲玖微壹纖陸塵肆渺，實支銀貳分叁釐玖毫叁絲肆忽柒微叁纖捌塵陸渺。

以上實存留銀壹千貳百貳拾肆兩陸錢陸分伍釐伍毫叁絲捌忽玖微陸纖捌塵壹沙壹泆貳涯。

又收受協神木等縣站支兌留兵餉應支銀壹百捌拾壹兩捌錢叁分玖釐伍毫肆絲捌忽肆微。

貳項共銀壹千肆百陸兩伍錢伍釐捌絲柒忽叁微陸纖捌塵壹沙壹泆貳涯，內除額協歸德、翟道貳驛站銀叁兩柒錢柒分肆釐叁毫叁絲柒忽；又除欽奉上諭並驛遞之差使甚少貳案內，共裁銀叁百玖拾伍兩柒分貳釐肆毫伍絲伍忽壹微伍纖伍塵，內在於題明請將驛站等事案內，留支本縣新增夫馬工料銀壹百壹拾肆兩肆錢貳分捌毫叁絲，實裁銀貳百捌拾兩陸錢伍分壹釐陸毫貳絲伍忽壹微伍纖伍塵。實該銀壹千壹百貳拾貳兩柒分玖釐壹毫貳絲伍忽貳微壹纖叁塵壹沙壹泆貳涯。

外撥補均攤俸工銀貳百伍拾貳兩柒分柒釐捌毫玖絲貳忽壹微捌纖玖塵伍渺捌漠。

共該銀壹千叁百柒拾肆兩壹錢伍分柒釐壹絲柒忽肆微貳塵伍渺捌漠壹沙壹泆貳涯於乾隆伍拾貳年奉文，全數解司，一切支欵，俱由司按季領支，嗣於嘉慶伍年奉文，在縣留支，並不解司，按季請領。

外於西安布政司庫領支加增撥補官役俸工不敷銀捌百玖兩陸錢壹分肆釐貳毫玖絲捌忽壹微叁纖壹塵玖渺叁漠捌沙捌泆捌涯係動支各屬解到地、丁銀兩。

又於西安布政司庫驛站裁存支剩銀內領支新設馬欄鎮巡檢俸工銀陸拾柒兩

伍錢貳分。

又於西安布政司庫領支均攤祭祀銀肆拾伍兩壹錢柒釐叁毫叁絲壹纖肆塵貳渺肆漠伍沙陸涯係動支各屬解到耗羨銀兩。

遇閏加銀壹百柒拾伍兩叁錢玖分柒釐壹毫叁絲貳忽，內除奉裁各官閏俸銀壹拾柒兩柒錢伍分叁釐叁毫叁絲貳忽，止該銀壹百伍拾柒兩陸錢肆分叁釐捌毫，內除荒銀玖拾玖兩貳錢伍釐捌毫肆絲柒忽叁微陸纖陸塵捌渺陸漠陸沙陸洙陸涯，實徵銀伍拾捌兩肆錢叁分柒釐玖毫伍絲貳忽陸微叁纖叁塵壹渺叁漠叁沙叁洙肆涯，內除欽奉上諭並驛遞之差使甚少貳案內，共裁站銀壹拾伍兩肆錢貳分壹釐貳毫捌絲玖微壹纖陸塵肆渺。實該銀肆拾叁兩壹分陸釐陸毫柒絲壹忽柒微壹纖陸塵柒渺叁漠叁沙叁洙肆涯。

外加增撥補舖司等項銀玖兩陸錢肆分肆釐壹絲肆忽陸微玖纖壹渺。

共該銀伍拾貳兩陸錢陸分陸毫捌絲陸忽肆微陸塵捌渺叁漠叁沙叁洙肆涯於乾隆伍拾貳年奉文，全數解司，一切支欵，俱由司按季領支，嗣於嘉慶伍年奉文，照舊在縣留支，並不解司，按季請領。

外於西安布政司庫領支加增撥補舖司等項銀伍兩玖錢柒分玖毫柒絲伍忽玖微陸纖柒塵壹渺陸漠陸沙陸洙陸涯係動支各屬解到地、丁銀兩。

又於西安布政司庫驛站裁存支剩銀內領支新設馬欄鎮巡檢各役工食閏銀壹兩。

又於西安布政司庫領支增給夫馬閏月工料銀貳拾兩柒錢係動支各屬解到地、丁銀兩。

壹額外

課程銀壹拾肆兩貳錢捌分玖釐玖毫肆絲伍忽係舖戶出辦。遇閏加銀壹兩壹錢玖分捌毫貳絲捌忽柒微伍纖。

協濟膚施縣額解延安府儒學廩生月糧銀伍兩柒錢陸分，內除荒撥補銀伍兩貳錢捌分伍釐叁毫柒絲叁微捌纖陸塵壹渺肆漠陸沙，實徵支銀肆錢柒分肆釐陸毫貳絲玖忽陸微壹纖叁塵捌渺伍漠肆沙。遇閏加銀肆錢捌分，內除荒撥補銀肆錢肆分玖絲柒忽捌微柒纖貳塵叁渺肆漠，實徵支銀叁分玖釐玖毫貳忽壹微貳纖柒塵陸渺陸漠。

畜稅銀陸兩伍錢肆分係買騾馬出辦，原無定額，儘收儘解。

牙稅銀貳兩牙行肆名，每名每年納稅銀伍錢。

當稅銀玖拾伍兩係典舖出辦，共典舖壹拾玖座，每座每年當稅銀伍兩。

地稅銀叁拾柒兩捌錢叁分係買房地業主出辦，原無定額，儘收儘解。

鹽課銀貳百貳拾壹兩壹錢捌分肆釐。

綏德州屬總：本州、米脂縣、清澗縣、吴堡縣

原額山坡並折正壹等共地肆千貳百玖拾貳頃玖拾捌畝柒分叁釐肆毫柒絲，各徵本折糧不等，共糧貳萬伍千伍百玖拾石捌斗叁升玖合陸勺玖抄肆撮貳圭，每畝科本色糧不等，共本色糧壹萬柒千陸百伍石玖斗貳升陸勺捌抄壹圭，內除拋荒召佃減納糧伍百捌拾捌石玖斗壹升捌合壹勺壹抄玖撮伍圭伍粟，止該折正本色糧壹萬柒千壹拾柒石貳合伍勺陸抄伍圭伍粟，每畝科折色糧不等，共糧柒千玖百捌拾肆石玖斗壹升玖合壹抄肆撮壹圭，每石折徵銀不等，共銀壹萬柒千伍百叁拾陸兩柒分柒釐捌毫捌忽玖微肆纖捌塵。

內順治柒、捌、拾壹等年免過無主、有主、續荒並乾隆拾叁年在於清理寄莊寄糧等事案內，題明豁免共地叁千伍百貳拾肆頃捌拾叁畝捌分壹釐玖絲貳忽，共免本折糧貳萬壹千叁百肆拾石肆斗柒升陸合肆勺陸抄玖撮陸粟伍粒，內前墾並興屯及節年開墾、清查自守（首）共地捌百陸拾頃陸拾叁畝柒分柒釐叁毫捌絲貳忽，該徵本折糧伍千伍百壹拾柒石玖斗玖升陸合伍勺陸抄柒撮陸圭伍粟肆粒肆顆捌糠柒粃叁粺；又乾隆拾貳、貳拾肆、貳拾捌等年吴堡、綏德貳州縣開墾過地共陸拾玖畝柒分，該徵本折糧叁石捌斗叁升壹合伍勺柒抄肆撮肆圭玖粟捌粒捌顆。

實豁免地貳千陸百陸拾叁頃伍拾畝叁分叁釐柒毫壹絲，實應免本折糧壹萬伍千捌百壹拾捌石陸斗肆升捌合叁勺貳抄陸撮玖圭壹粟壹粒柒顆壹糠貳粃柒粺，內實應免本色起運糧捌千柒百捌拾玖石叁斗肆升柒合柒勺肆抄陸撮柒粟貳粒伍顆貳糠玖粃玖粺，實應免本色存留驛倉糧柒百壹拾伍石壹斗叁升叁合柒勺肆抄陸撮肆圭陸粟肆粒壹顆叁糠捌粃陸粺，實應免本色官學倉糧壹千貳百貳拾叁石壹斗柒升伍合玖抄捌撮柒粟陸粒肆顆陸糠壹粃陸粺，每石各折銀不等，該除銀捌百陸拾肆兩陸錢貳分壹釐貳毫柒絲伍忽肆微柒纖玖塵捌渺貳漠柒沙伍洙貳涯，實應免折色糧伍千玖拾石玖斗玖升壹合柒勺叁抄陸撮貳圭玖粟捌粒伍顆

捌糠貳粃陸粺，該除銀壹萬壹千壹百貳拾捌兩玖分陸絲玖忽貳微伍塵玖渺捌漠捌洙壹涯，實應免本色起運草陸百壹拾柒束壹拾捌觔壹拾肆兩貳毫玖絲貳忽伍微叁纖陸塵伍渺貳漠柒沙伍洙，實應免本色存留驛倉草貳千玖束伍觔叁兩柒錢玖分陸釐陸毫肆絲。

實熟地壹千陸百貳拾玖頃肆拾捌畝叁分玖釐柒毫陸絲，實徵本折糧玖千壹百捌拾叁石貳斗柒升叁合貳勺肆抄柒撮柒圭叁粟捌粒貳顆捌糠柒粃叁粺，内實徵本色起運糧肆千捌百陸拾貳石捌斗伍升壹合捌勺玖抄肆撮陸圭貳粟柒粒肆顆柒糠壹粺，實徵本色存留驛倉糧伍百捌拾壹石叁斗伍升捌合柒勺叁抄貳撮叁圭叁粟伍粒捌顆陸糠壹粃肆粺，實徵本色官學倉糧捌百肆拾伍石壹斗叁升伍合叁勺肆抄貳撮玖圭柒粟叁粒伍顆叁糠捌粃肆粺，該折徵銀伍百陸拾捌兩叁錢叁分貳毫貳絲叁忽貳微玖纖壹渺柒漠貳沙肆洙捌涯，實徵折色糧貳千捌百玖拾叁石玖斗貳升柒合貳勺柒抄柒撮捌圭壹粒肆顆壹糠柒粃肆粺，該徵銀陸千肆百柒兩玖錢捌分柒釐柒毫叁絲玖忽柒微肆纖貳塵壹漠壹沙玖洙玖涯，實徵本色起運草壹千玖百陸拾肆束壹拾伍觔壹兩肆錢玖分玖釐柒毫柒忽肆微陸纖叁塵肆渺柒漠貳沙伍洙，實徵本色存留驛倉草捌百陸拾玖束叁觔伍兩陸錢捌分叁釐叁毫陸絲。

乾隆拾叁年吴堡縣在於敬陳清理寄莊寄糧等事案內，奉旨改撥葭州地貳頃叁拾玖畝叁分貳毫，該本折糧壹拾石肆斗伍升陸合叁勺玖抄玖撮玖圭陸粟玖粒捌顆肆糠捌粃，内本色糧伍石陸斗壹升貳合叁勺捌抄陸撮陸圭陸粟柒粒叁顆貳糠捌粃，折色糧貳石伍斗肆升壹合肆勺肆抄玖撮肆圭伍粟捌粒伍顆貳糠，該折徵銀柒兩伍錢壹分肆釐貳毫叁絲捌忽柒微伍纖叁塵壹渺壹漠叁沙肆洙，該官學倉糧貳石叁斗貳合伍勺陸抄叁撮捌圭肆粟肆粒，該折徵銀壹兩叁錢捌分壹釐肆毫柒絲玖忽柒微玖纖柒塵陸渺壹沙，該草壹拾壹束伍觔肆兩陸錢。

止實在地壹千陸百貳拾柒頃玖畝玖釐伍毫陸絲，該徵本折糧玖千壹百柒拾貳石捌斗壹升陸合捌勺肆抄柒撮柒圭陸粟捌粒肆顆叁糠玖粃叁粺，實徵本色起運糧肆千捌百伍拾柒石貳斗叁升玖合伍勺柒撮玖圭陸粟壹顆肆糠貳粃壹粺，實徵本色存留驛倉糧伍百捌拾壹石叁斗伍升捌合柒勺叁抄貳撮叁圭叁粟伍粒捌顆陸糠壹粃肆粺，實徵本色官學倉糧捌百肆拾貳石捌斗叁升貳合柒勺柒抄玖撮壹圭貳粟玖粒伍顆叁糠捌粃肆粺，該折徵銀伍百陸拾陸兩玖錢肆分捌釐柒毫肆絲叁忽肆微玖纖叁塵壹渺壹漠壹沙肆洙捌涯，實徵折色糧貳千捌百玖拾壹石叁斗捌升伍合捌勺貳抄捌撮叁圭肆粟貳粒捌顆玖糠柒粃肆粄，該銀陸千肆百兩肆錢柒分叁釐伍毫玖微捌纖捌塵捌渺玖漠捌沙伍洙玖涯，實徵本色起運草壹千玖百伍拾叁束玖觔壹拾貳兩捌錢玖分玖釐柒毫柒忽肆微陸纖叁塵肆渺柒漠貳沙伍洙，實徵存留驛倉草捌百陸拾玖束叁觔伍兩陸錢捌分叁釐叁毫陸絲。

原額人丁叁門玖則不等，共折下下丁叁萬肆千柒百伍拾肆丁，每丁各徵銀不等，共徵銀壹萬壹千肆百壹拾肆兩肆錢捌釐陸毫柒絲貳忽，內除優免丁壹千肆百玖拾玖丁，該除銀肆百玖拾玖兩肆錢肆分叁釐壹絲貳忽。

行差丁叁萬叁千貳百伍拾伍丁，應徵銀壹萬玖百壹拾肆兩玖錢陸分伍釐陸毫陸絲。

內順治柒年、拾壹年題明免過逃亡並續逃亡共丁壹萬陸千捌百肆拾貳丁，該除銀伍千貳百捌拾兩捌錢叁分貳釐伍毫肆絲壹忽，內前招回及節年招回并編審出丁壹千陸拾肆丁，該徵銀叁百陸拾叁兩肆釐捌毫壹絲壹忽肆微捌纖貳塵，實應免丁壹萬伍千柒百柒拾捌丁，該除銀肆千玖百壹拾柒兩捌錢貳分柒釐柒毫貳絲玖忽伍微壹纖捌塵。

實在行差丁壹萬柒千肆百柒拾柒丁，該徵銀伍千玖百玖拾柒兩壹錢叁分柒釐玖毫叁絲肆微捌纖貳塵，以雍正伍年攤入地糧內徵解。

康熙伍拾伍年起，至乾隆貳拾陸年止，編審出丁貳百柒丁；乾隆叁拾壹年編審出丁貳拾肆丁；叁拾陸年編審出丁貳拾肆丁。共編審出丁貳百伍拾伍丁，欽遵康熙伍拾貳年叁月拾捌日恩詔，後遇編審之期，但據康熙伍拾年丁冊定為常額，續生人丁，永不加賦。

原額均徭銀壹千壹百捌拾陸兩壹錢壹分壹釐，內除荒銀伍百伍兩叁錢壹分壹釐叁毫陸絲叁忽叁微肆纖叁塵貳渺柒漠叁沙捌洙柒涯，實徵銀陸百捌拾兩柒錢玖分玖釐陸毫叁絲陸忽陸微伍纖陸塵柒渺貳漠陸沙壹洙叁涯，內除吴堡縣改撥葭州徵收銀陸錢柒分肆釐玖毫伍忽陸微伍纖陸塵叁渺肆漠叁沙玖涯，止實徵銀陸百捌拾兩壹錢貳分肆釐柒毫叁絲壹忽叁渺捌漠叁沙肆涯。

外遇閏加徵銀陸百捌拾兩捌錢壹分柒釐貳毫貳絲肆忽，內除荒銀叁百壹拾捌兩貳錢貳釐肆毫柒絲肆忽肆微叁纖柒塵玖渺柒漠，實徵銀叁百陸拾貳兩陸錢壹分肆釐柒毫肆絲玖忽伍微陸纖貳塵叁漠。

又額外協濟膚施縣額解延安府廩生月糧奉裁充餉銀貳拾捌兩捌錢，內除荒銀壹拾玖兩貳錢捌分壹釐肆毫玖絲柒忽肆微玖纖叁塵貳渺陸漠捌沙，實徵銀玖兩伍錢壹分捌釐伍毫貳忽伍微陸塵柒渺叁漠貳沙。遇閏加銀貳兩肆錢，內除荒銀壹兩陸錢貳分玖釐柒毫肆絲伍忽伍微捌纖叁塵柒渺捌漠，實徵銀柒錢柒分貳毫伍絲肆忽肆微壹纖陸釐貳渺貳漠。

匠價銀陸拾兩玖錢叁分。遇閏加銀伍兩叁分陸釐貳毫伍絲。

停免銀肆拾玖兩肆錢捌分叁釐貳毫伍絲肆忽貳微貳纖壹塵。

以上額外正閏伍項攤入前項地糧內徵解。

以上地、丁貳項並均徭、匠價、協濟額解廩生月糧、停免，除優免丁銀外，共應徵銀叁萬壹千貳百玖兩叁錢壹分玖釐貳毫貳絲壹忽玖微叁纖玖塵，內除荒銀壹萬柒千肆百叁拾伍兩壹錢叁分壹釐玖毫叁絲伍忽肆纖叁渺伍漠柒沙肆洙，實徵銀壹萬叁千柒百柒拾肆兩壹錢捌分柒釐貳毫捌絲陸忽捌微玖纖捌塵陸渺肆漠貳沙陸洙，內除吴堡縣改撥葭州徵收銀玖兩伍錢柒分陸毫貳絲肆忽貳微陸塵伍渺壹漠柒沙肆洙玖涯，止該銀壹萬叁千柒百陸拾肆兩陸錢壹分陸釐陸毫陸絲貳忽陸微玖纖貳塵壹渺貳漠伍沙壹洙壹涯。

額徵本色糧壹萬肆千玖百肆拾捌石陸斗玖升貳合壹勺壹抄玖撮伍圭，內除荒糧玖千伍百肆石肆斗捌升壹合肆勺玖抄貳撮伍圭叁粟陸粒陸顆陸糠捌粃伍粺，實徵糧伍千肆百肆拾肆石貳斗壹升陸勺貳抄陸撮玖圭陸粟叁粒叁顆叁糠壹粃伍粺，內除吴堡縣改撥葭州糧伍石陸斗壹升貳合叁勺捌抄陸撮陸圭陸粟柒粒叁顆貳糠捌粃，止實該糧伍千肆百叁拾捌石伍斗玖升捌合貳勺肆抄貳圭玖粟陸粒叁粃伍粺。

額徵本色起運草貳千伍百捌拾貳束壹拾叁觔壹拾伍兩伍錢，內除荒草陸百壹拾柒束壹拾捌觔壹拾肆兩貳毫玖絲貳忽伍微叁纖陸塵伍渺貳漠柒沙伍洙，實徵草壹千玖百陸拾肆束壹拾伍觔壹兩肆錢玖分玖釐柒毫柒忽肆微陸纖叁塵肆渺柒漠貳沙伍洙，內除吴堡縣改撥葭州徵收草壹拾壹束伍觔肆兩陸錢，止實徵草壹千玖百伍拾叁束玖觔壹拾貳兩捌錢玖分玖釐柒毫柒忽肆微陸纖叁塵肆渺柒漠貳沙伍洙。

額徵本色存留驛倉草貳千捌百柒拾捌束捌觔玖兩肆錢捌分，內除荒草貳千玖束伍觔叁兩柒錢玖分陸釐陸毫肆絲，實徵草捌百陸拾玖束叁觔伍兩陸錢捌分叁釐叁毫陸絲。

外遇閏加徵銀陸百捌拾兩捌錢壹分柒釐貳毫貳絲肆忽，內除荒銀叁百壹拾捌兩貳錢貳釐肆毫柒絲肆忽肆微叁纖柒塵玖渺柒漠，實徵銀叁百陸拾貳兩陸錢壹分肆釐柒毫肆絲玖忽伍微陸纖貳塵叁漠。

又額外奉裁廩生閏月充餉銀貳兩肆錢，內除荒銀壹兩陸錢貳分玖釐柒毫肆絲伍忽伍微捌纖叁塵柒渺捌漠，實徵銀柒錢柒分貳毫伍絲肆忽肆微壹纖陸塵貳渺貳漠。

匠價閏銀伍兩叁分陸釐貳毫伍絲。

叁項實徵閏銀叁百陸拾捌兩肆錢貳分壹釐貳毫伍絲叁忽玖微柒纖捌塵貳渺伍漠。

壹起運項下

原編起運糧壹萬叁千陸百伍拾貳石壹斗玖升玖合陸勺肆抄柒圭，內除荒糧捌千柒百捌拾玖石叁斗肆升柒合柒勺肆抄陸撮柒粟貳粒伍顆貳糠玖粃玖粺，實徵糧肆千捌百陸拾貳石捌斗伍升壹合捌勺玖抄肆撮陸圭貳粟柒粒肆顆柒糠壹粺，內除吴堡縣改撥葭州徵收糧伍石陸斗壹升貳合叁勺捌抄陸撮陸圭陸粟柒粒叁顆貳糠捌粃，止實起運糧肆千捌百伍拾柒石貳斗叁升玖合伍勺柒撮玖圭陸粟壹顆肆糠貳粃壹粺。

本色起運草貳千伍百捌拾貳束壹拾叁觔壹拾伍兩伍錢，內除荒草陸百壹拾柒束壹拾捌觔壹拾肆兩貳毫玖絲貳忽伍微叁纖陸塵伍渺貳漠柒沙伍洙，實徵草壹千玖百陸拾肆束壹拾伍觔壹兩肆錢玖分玖釐柒毫柒忽肆微陸纖叁塵肆渺柒漠貳沙伍洙，內除吴堡縣改撥葭州草壹拾壹束伍觔肆兩陸錢，止實徵草壹千玖百伍拾叁束玖觔壹拾貳兩捌錢玖分玖釐柒毫柒忽肆微陸纖叁塵肆渺柒漠貳沙伍洙。

原編起運糧石、草束折價銀壹萬壹千陸百伍兩捌錢貳分玖釐陸毫叁絲肆忽玖微肆纖捌塵，內除荒銀柒千叁百貳拾肆兩壹錢伍分肆釐肆毫伍絲肆忽壹纖捌塵，實徵銀肆千貳百捌拾壹兩陸錢柒分伍釐壹毫捌絲玖微叁纖。

節裁藥味、牲口、民校、柴薪、抵祿、軍器、毛襖等項共銀貳千伍百柒拾陸兩柒錢陸分貳釐玖毫，內除荒銀壹千貳百陸拾貳兩玖錢貳分捌釐柒毫玖絲肆忽玖微玖纖柒塵柒渺貳漠柒沙陸洙，實起運銀壹千叁百壹拾叁兩捌錢叁分肆釐壹毫伍忽貳塵貳渺柒漠貳沙肆洙。

舊編存留，內順治元年裁扣各役工食銀柒百肆拾肆兩柒錢肆分陸釐叁毫；拾貳年裁扣傘扇銀貳拾捌兩叁錢捌分捌釐；拾肆年裁扣官生俸廩等項銀柒百貳拾伍兩肆錢玖分叁釐壹毫柒絲叁忽肆微；拾伍年裁汰冗員銀叁百伍兩捌錢貳分肆釐。康熙元年裁吏書工食銀叁百柒拾捌兩柒錢陸釐叁毫；叁年裁教諭、門斗、齋夫銀壹百肆拾陸兩壹分叁釐捌毫叁絲叁忽，雜費丁銀玖百伍拾壹兩伍錢陸分肆釐柒毫；拾伍年裁心紅紙張、修理監倉、倉厫、喂馬草料等項銀貳百壹拾貳兩叁錢叁分玖釐肆毫捌絲；貳拾柒年裁歲貢、舉人盤纏等項銀壹百貳拾陸兩伍錢捌分伍釐玖毫捌絲；伍拾陸年裁表箋銀壹拾捌兩。雍正陸年裁燈夫工食銀捌拾伍兩壹錢貳分壹釐貳毫；捌年裁驛丞俸工銀壹百壹拾伍兩捌錢叁釐捌毫；壹拾年裁扣巡檢俸食銀肆拾叁兩伍錢貳分；拾貳年裁民壯工食銀壹百柒拾柒兩玖錢貳分肆釐陸絲。乾隆玖年裁舖司兵工食銀玖拾叁兩肆錢貳分肆釐捌毫肆絲，又舊編冗費裁剩解部銀壹百伍拾叁兩捌錢伍分伍釐捌毫柒絲玖忽伍微陸纖，又裁西延廳民壯工食銀壹百肆拾伍兩貳錢貳釐玖毫貳絲捌忽，又久缺巡檢、榆林廣有庫大使、皂隸俸工銀捌拾柒兩肆分。

共裁歸起運銀肆千伍百叁拾玖兩伍錢伍分肆釐肆毫柒絲叁忽玖微陸纖，內除荒銀貳千玖拾捌兩叁錢柒分貳釐捌絲玖忽捌微伍纖肆塵叁漠貳沙陸涯，實起運銀貳千肆百肆拾壹兩壹錢捌分貳釐叁毫捌絲肆忽壹微伍塵玖渺陸漠柒沙玖洙肆涯。

又額外協濟膚施縣額解延安府廩生月糧奉裁充餉銀貳拾捌兩捌錢，內除荒銀壹拾玖兩貳錢捌分壹釐肆毫玖絲柒忽肆微玖纖叁塵貳渺陸漠捌沙，實徵銀玖兩伍錢壹分捌釐伍毫貳忽伍微陸塵柒渺叁漠貳沙。

匠價、停免銀壹百壹拾兩肆錢壹分叁釐貳毫伍絲肆忽貳微貳纖壹塵。

以上共該起運銀捌千壹百伍拾陸兩陸錢貳分叁釐肆毫貳絲陸忽柒微陸纖伍塵玖渺柒漠貳沙叁洙肆涯。

又收存留內欽奉上諭並驛遞之差使甚少及題明請將驛站等事案內，共裁站銀貳千叁百壹拾伍兩柒錢肆分肆釐捌毫肆絲柒忽叁微玖纖肆渺，內留支新增夫馬工料銀伍百捌拾玖兩玖錢壹分捌釐貳毫陸絲，實收銀壹千柒百貳拾伍兩捌錢貳分陸釐伍毫捌絲柒忽叁微玖纖肆渺。

又收吴堡縣在於請倣以糧載丁等事案內，通省以糧均丁增銀壹百貳拾肆兩壹錢伍分肆釐伍毫伍絲肆微捌纖玖塵肆渺。

又收存留內額協驛站抵餉銀壹百壹拾肆兩肆錢壹分叁釐捌毫肆微叁纖。

共該起運銀壹萬壹百貳拾壹兩壹分捌釐叁毫陸絲伍忽柒纖伍塵柒渺柒漠貳

沙叁洙肆涯，內除受協兌留兵餉銀貳千壹百肆拾肆兩柒分陸釐叁毫柒絲伍忽捌微貳纖貳塵貳渺；又除吴堡縣改撥葭州徵收銀玖兩伍錢柒分陸毫貳絲肆忽貳微陸塵伍渺壹漠柒沙肆洙玖涯；又除清澗縣奉裁歸縣等事案內，撥補石嘴驛夫馬工料銀貳百伍兩肆錢壹分玖釐捌毫伍絲柒忽貳微陸纖伍渺壹沙；又於請倣以糧載丁等事案內，通省以糧均丁減銀肆千壹百柒拾伍兩肆錢貳分壹釐肆毫貳絲柒忽陸微伍纖伍塵捌渺，內乾隆元、陸、拾壹、拾陸、貳拾壹、貳拾陸等年編審案內，共增抵補屯更丁銀玖百壹拾玖兩伍錢玖分肆釐貳毫柒絲伍忽壹微捌纖玖塵貳渺陸漠陸沙陸洙陸涯，又乾隆叁拾壹、叁拾陸兩年編審案內，共增抵補屯更丁銀肆百伍拾肆兩伍錢肆毫伍絲肆忽柒微捌纖肆塵陸渺叁漠叁沙叁洙叁涯，止該減銀貳千捌百壹兩叁錢貳分陸釐陸毫玖絲柒忽陸微捌纖壹塵玖渺壹涯。

實該起運銀肆千玖百陸拾兩陸錢貳分肆釐捌毫壹絲壹微肆塵陸渺伍漠肆沙捌洙肆涯，內留支加增撥補俸工銀壹千陸百玖拾捌兩陸錢貳分捌釐叁毫伍絲壹忽肆微壹纖陸塵壹渺玖漠貳沙，止該起運銀叁千貳百陸拾壹兩玖錢玖分陸釐肆毫伍絲捌忽陸微捌纖捌塵肆渺陸漠貳沙捌洙肆涯。

遇閏，順治玖年裁銀柒拾兩玖錢；拾肆年裁銀陸拾貳兩伍分玖釐叁毫捌絲玖忽；拾伍年裁銀貳拾伍兩玖錢伍分陸釐陸毫陸絲肆忽。康熙元年裁吏書銀叁拾伍兩肆錢；叁年裁門斗、齋夫等項銀壹拾叁兩捌錢；拾伍年裁心紅紙張、喂馬草料等項銀壹拾兩陸錢陸分陸釐陸毫捌絲。雍正陸年裁燈夫銀捌兩，裁驛丞俸工銀拾兩捌錢柒分玖釐玖毫玖絲捌忽；拾壹年裁巡檢俸食銀叁兩陸錢貳分陸釐陸毫陸絲陸忽；拾貳年裁民壯銀拾捌兩。乾隆玖年裁舖司銀捌兩貳錢貳分叁釐玖毫玖絲陸忽，又裁西延廳民壯工食銀壹拾貳兩伍錢，又久缺榆林廣有庫大使、皂隸工食銀貳兩，又各官閏俸銀肆拾肆兩壹錢捌分叁釐貳毫伍絲柒忽。

共裁歸起運銀叁百貳拾陸兩壹錢玖分陸釐陸毫伍絲，內除荒銀壹百伍拾貳兩玖錢捌釐捌毫貳絲陸忽肆微柒纖柒塵肆渺陸漠柒沙陸洙捌涯，實徵銀壹百柒拾叁兩貳錢捌分柒釐捌毫貳絲叁忽伍微貳纖貳塵伍渺叁漠貳沙叁洙貳涯。

額外協濟膚施縣解延安府廩生月糧銀貳兩肆錢，內除荒銀壹兩陸錢貳分玖釐柒毫肆絲伍忽伍微捌纖叁塵柒渺捌漠，實徵銀柒錢柒分貳毫伍絲肆忽肆微壹纖陸塵貳渺貳漠。

匠價銀伍兩叁分陸釐貳毫伍絲。

又收清澗、吴堡貳縣欽奉上諭並驛遞之差使甚少等事貳案內，共裁站銀叁拾伍兩柒錢玖分叁釐伍毫。

又收吴堡縣在於請做以糧載丁等事案內，通省均丁增銀肆兩叁錢壹分叁釐捌絲陸忽肆微壹纖柒塵玖渺。

以上共起運銀貳百壹拾玖兩貳錢玖毫壹絲肆忽叁微伍纖陸塵陸渺伍漠貳沙叁洙貳涯，在於請做以糧載丁等事案內，通省以糧均丁減銀壹百玖拾玖兩壹錢貳分壹釐叁毫伍絲肆忽肆微柒繊玖渺，內除節次抵補屯更丁增銀陸拾柒兩捌錢肆分貳釐玖毫伍絲叁微肆纖貳渺玖漠玖沙玖洙柒涯陸洒，止該減銀壹百叁拾壹兩貳錢柒分捌釐肆毫肆忽壹微叁纖陸渺貳涯肆洒；又除吴堡縣改撥葭州徵收銀壹錢陸毫叁絲肆忽叁微壹纖陸塵壹渺柒漠。

實該起運銀捌拾柒兩捌錢貳分壹釐捌毫柒絲伍忽玖微玖塵捌渺捌漠貳沙貳洙玖涯陸洒，內留支加增撥補俸工銀肆拾兩叁錢壹分陸釐玖絲捌忽柒微柒纖柒塵玖渺玖漠捌沙叁洙柒涯捌洒，又綏德、米脂不敷留支銀叁兩玖錢叁分陸釐柒毫伍絲貳忽伍微肆纖壹塵陸渺捌漠貳涯貳洒，遇閏之年卽在各該縣正銀內留支訖，止該起運銀肆拾柒兩伍錢伍釐柒毫柒絲柒忽壹微叁纖壹塵捌渺捌漠叁沙玖洙壹涯捌洒。

壹存留項下

原編本色存留驛倉糧壹千貳百玖拾陸石肆斗玖升貳合肆勺柒抄捌撮捌圭，內除荒糧柒百壹拾伍石壹斗叁升叁合柒勺肆抄陸撮肆圭陸粟肆粒壹顆叁糠捌粃陸粺，實徵糧伍百捌拾壹石叁斗伍升捌合柒勺叁抄貳撮叁圭叁粟伍粒捌顆陸糠壹粃肆粺。

清澗縣本色存留驛倉草貳千捌百柒拾捌束捌觔玖兩肆錢捌分，內除荒草貳千玖束伍觔叁兩柒錢玖分陸釐陸毫肆絲，實徵草捌百陸拾玖束叁觔伍兩陸錢捌分叁釐叁毫陸絲。

原編存留銀壹萬貳千柒百伍拾兩陸錢捌分伍釐陸毫伍絲貳忽貳微，內除不敷銀肆百貳兩柒錢貳分陸釐陸毫玖絲叁忽叁微玖纖，止該存留銀壹萬貳千叁百肆拾柒兩玖錢伍分捌釐玖毫伍絲捌忽捌微壹纖，內除荒銀陸千柒百叁拾兩叁錢玖分伍釐玖絲捌忽陸微柒纖柒塵叁渺貳漠玖沙柒洙肆涯，實徵存留銀伍千陸百壹拾柒兩伍錢陸分叁釐捌毫陸絲壹微叁纖貳塵陸渺柒漠貳洙陸涯。

又收起運內受協兊留兵餉銀貳千壹百肆拾肆兩柒分陸釐叁毫柒絲伍忽捌微貳纖貳塵貳渺。

又收清澗縣驛遞奉裁歸縣等事案內，起運撥補銀貳百伍兩肆錢壹分玖釐捌毫伍絲柒忽貳微陸纖伍渺。

共該存留銀柒千玖百陸拾柒兩陸分玖絲叁忽貳微壹纖伍塵叁渺柒漠貳洙陸涯，內額協驛站抵餉銀壹百壹拾肆兩肆錢壹分叁釐捌毫肆微叁纖；又除欽奉上諭並驛遞之差使甚少及題明請將驛站等事案內，共裁站銀貳千肆百柒拾肆兩肆錢捌分玖釐陸毫肆絲柒忽叁微玖纖肆渺，內在於題明請將驛站等事案內，留支新增夫馬工料銀柒百肆拾捌兩陸錢陸分叁釐陸絲，實裁銀壹千柒百貳拾伍兩捌錢貳分陸釐伍毫捌絲柒忽叁微玖纖肆渺入起運外。實該存留銀陸千壹百貳拾陸兩捌錢壹分玖釐柒毫伍忽叁微玖纖肆塵玖渺柒漠貳洙陸涯。

外加增撥補，除正印攤俸留抵外，實該銀壹千陸百玖拾貳兩貳錢壹分貳釐玖毫陸絲陸忽貳微伍纖陸塵柒渺肆漠捌沙。

共該銀柒千捌百壹拾玖兩叁分貳釐陸毫柒絲壹忽陸微伍纖壹塵柒渺壹漠捌沙貳洙陸涯。

外清澗於西安布政司庫領支撥補各役工食不敷銀貳百柒拾伍兩捌錢壹分伍釐肆毫捌絲叁忽貳纖叁塵肆渺陸漠肆沙捌洙捌涯係動支地、丁銀兩。

又清澗、綏德、米脂、吴堡在於司庫領支撥補均攤祭祀銀壹百柒拾貳兩玖錢陸分壹釐陸絲捌忽壹微陸纖伍釐伍渺捌漠貳洙肆涯係動支耗羨銀兩。

遇閏加銀叁百玖拾捌兩捌錢叁釐捌毫叁絲壹忽，內除各官閏俸銀肆拾肆兩壹錢捌分叁釐貳毫伍絲柒忽入起運外，止該銀叁百伍拾肆兩陸錢貳分伍毫柒絲肆忽，內除荒銀壹百陸拾伍兩貳錢玖分叁釐陸毫肆絲柒忽玖微陸纖伍渺貳沙叁洙貳涯，實徵銀壹百捌拾玖兩叁錢貳分陸釐玖毫貳絲陸忽叁纖玖塵肆渺玖漠柒沙陸洙捌涯，內除驛遞之差使甚少並題明請將驛站等事貳案內，共裁站銀叁拾伍兩柒錢玖分叁釐伍毫，止該銀壹百伍拾叁兩伍錢叁分叁釐肆毫貳絲陸忽叁纖玖塵肆渺玖漠柒沙陸洙捌涯。

外加增撥補銀肆拾叁兩柒錢壹分捌釐貳毫叁絲捌忽陸纖壹塵伍漠捌沙肆洙。

共該銀壹百玖拾柒兩貳錢伍分壹釐陸毫陸絲肆忽壹微伍渺伍漠陸沙捌涯。

外清澗縣於西安布政司庫領支舖司閏月銀柒兩玖錢貳分伍釐肆忽捌纖玖塵叁渺捌漠叁沙玖洙貳涯係動支地、丁銀兩。

又清澗、綏德、米脂、吴堡等州縣在於西安布政司庫撥給夫馬工料銀壹百貳拾貳兩肆錢係動支地、丁銀兩。

壹額外

協濟膚施縣額解延安府廪生月糧銀叁分復壹，銀壹拾肆兩肆錢，內除荒撥補銀玖兩陸錢肆分柒毫肆絲捌忽柒微肆纖陸塵壹渺肆漠肆沙，實徵支銀肆兩柒錢伍分玖釐貳毫伍絲壹忽貳微伍纖叁塵捌渺伍漠陸沙。遇閏加銀壹兩貳錢，內除荒銀捌錢壹分肆釐捌毫柒絲貳忽柒微玖纖壹塵玖渺陸漠，實徵支銀叁錢捌分伍釐壹毫貳絲柒忽貳微捌塵肆漠。

課程銀貳拾捌兩柒錢壹分玖釐肆毫貳絲。遇閏加銀貳兩叁錢玖分叁釐貳毫捌絲肆忽玖微玖纖。

畜稅銀捌拾貳兩肆錢叁分貳釐。

牙稅銀壹拾兩玖錢。

當稅銀貳百肆拾兩。

地稅銀肆拾兩叁錢捌分玖釐。

鹽課銀壹百捌拾肆兩叁錢貳分。

綏德州

原額山坡壹等地壹千壹百陸拾頃玖拾捌畝貳分肆毫柒絲，共額徵本折糧捌千壹百肆拾石捌斗陸合壹勺壹抄叁撮伍圭，每畝科本色糧貳升捌合陸勺柒抄捌撮壹圭伍粟伍粒，共糧叁千叁百貳拾玖石肆斗捌升貳合貳勺陸抄壹撮，內除抛荒召佃減納糧陸拾叁石陸斗貳升肆合壹勺玖抄貳撮伍圭，止該折正本色糧叁千貳百陸拾伍石捌斗伍升捌合陸抄捌撮伍圭，科折色糧肆升壹合肆勺肆抄壹撮捌圭肆粟伍粒，共折色糧肆千捌百壹拾壹石叁斗貳升叁合捌勺伍抄貳撮伍圭，每石折徵銀壹兩肆錢叁分貳釐叁毫捌絲貳忽柒微，共額徵銀陸千捌百玖拾壹兩陸錢伍分陸釐柒毫玖絲叁忽叁微伍纖。

順治柒年、捌年、拾壹年題明免過無主、有主荒地玖百肆拾頃伍拾貳畝伍分捌釐玖絲貳忽，應免糧柒千捌拾貳石伍斗捌升柒合伍勺壹抄叁撮叁圭陸粟，內前墾并興屯、節年首報共地貳百陸拾伍頃玖拾玖畝肆分貳釐陸毫，應徵糧壹千玖百伍拾伍石肆斗捌升捌合貳勺捌抄陸撮玖圭壹粟叁粒叁顆玖糠玖秕捌粃；又乾隆貳拾肆、貳拾捌兩年開墾過地玖畝柒分，應徵糧陸斗叁升叁合肆勺伍抄陸撮伍圭玖粟捌粒捌顆。

實應免荒地陸百柒拾肆頃肆拾叁畝肆分伍釐肆毫玖絲貳忽，實應免本折糧伍千壹百貳拾陸石肆斗陸升伍合柒勺陸抄玖撮捌圭肆粟柒粒捌顆貳粄，實應免本色起運糧壹千叁百肆拾伍石捌斗叁升玖合捌勺貳抄捌撮貳圭壹粟捌粒肆顆肆糠玖粃玖粄，實應免本色存留驛倉糧貳百叁拾玖石貳斗捌升肆勺伍抄肆撮陸圭叁粟捌粒貳顆伍糠壹粄，實應免本色存留官學倉糧肆百捌拾捌石壹斗捌升陸合玖勺貳抄肆撮貳圭捌粒叁顆伍糠壹粄，每石折銀陸錢，該除銀貳百玖拾貳兩玖錢肆釐陸毫捌絲陸微貳纖柒塵叁渺陸漠貳涯，實應免折色糧叁千伍拾叁石壹斗伍升捌合伍勺陸抄貳撮柒圭捌粟貳粒柒顆伍糠壹粄，該除銀肆千叁百柒拾伍兩壹錢叁分玖釐叁毫壹絲貳忽玖纖陸塵叁渺柒漠壹涯。

實熟地肆百捌拾陸頃伍拾肆畝柒分肆釐玖毫柒絲捌忽，該本折糧貳千玖百伍拾石柒斗壹升陸合壹勺伍抄壹撮壹圭伍粟貳粒壹顆玖糠玖粃捌粄，實徵本色起運糧柒百柒拾肆石壹斗壹升貳合捌勺陸抄貳圭捌粟壹粒伍顆伍糠壹粄遵照乾隆伍拾玖年奉准部咨令，將康熙年間易知由單內載：每畝徵本色糧壹升陸合伍抄貳圭柒粟貳粒，實徵本色存留驛倉糧壹百叁拾柒石陸斗伍升陸合壹勺肆抄伍撮叁圭陸粟壹粒柒顆肆糠玖粃玖粄每畝（徵）本色驛倉糧貳合貳勺伍抄伍撮叁圭叁粟貳粒，實徵本色存留官學倉糧貳百捌拾石柒斗捌升壹合捌勺伍抄伍撮柒圭玖粟壹粒陸顆肆糠玖粃玖粄，該徵銀壹百陸拾捌兩肆錢柒分陸釐伍毫捌絲柒忽叁微柒纖貳塵陸渺叁漠玖沙玖洙捌涯每畝徵本色官學倉糧伍合伍勺伍抄柒撮叁圭伍粟，每畝折徵銀叁釐叁毫柒絲壹忽貳微壹纖捌塵捌渺，實徵折色糧壹千柒百伍拾捌石壹斗陸升伍合貳勺捌抄玖撮柒圭壹粟柒粒貳顆肆糠玖粃玖粄，該折徵銀貳千伍百壹拾陸兩伍錢壹分柒釐肆毫捌絲壹忽貳微伍纖叁塵陸渺貳漠玖沙玖洙玖涯遵照乾隆伍拾玖年奉准部咨令，將康熙年間易知由單內載：每畝折徵銀伍分貳毫伍絲伍忽玖微陸纖陸渺纂入書內，嗣後遇有墾豁，以便按畝增除。

原額人丁叁等玖則不等，共折下下人丁壹萬叁千壹丁，每丁徵銀叁錢肆分陸釐捌毫陸絲貳忽肆微柒纖，共銀肆千伍百玖兩伍錢伍分玖釐柒絲貳忽，內除優免丁伍百貳拾叁丁，共銀壹百捌拾壹兩肆錢玖釐柒絲貳忽。

行差丁壹萬貳千肆百柒拾捌丁，共額徵銀肆千叁百貳拾捌兩壹錢伍分。

順治柒年、拾壹年免過逃亡丁陸千壹百貳拾伍丁，應除銀貳千壹百貳拾肆兩陸錢玖分捌釐貳毫，前招回並節年招回並審出丁肆百壹拾貳丁，該銀壹百肆拾貳兩玖錢壹分壹釐捌毫柒絲肆忽捌微玖纖，實應免丁伍千柒百壹拾叁丁，應免銀壹千玖百捌拾壹兩柒錢捌分陸釐叁毫貳絲伍忽壹微壹纖。

以上實行差丁陸千柒百陸拾伍丁，共徵銀貳千叁百肆拾陸兩叁錢陸分叁釐陸毫柒絲肆忽捌微玖纖。

康熙伍拾伍年起，至乾隆貳拾陸年止，編審出丁叁拾捌丁；乾隆叁拾壹年編審出丁伍丁；乾隆叁拾陸年編審出丁伍丁。共編審出丁肆拾捌丁，欽遵康熙伍拾貳年叁月拾捌日恩詔，後遇編審之期，但據康熙伍拾年丁冊定為常額，永不加賦。

原額均徭銀伍百伍拾玖兩柒錢叁分，內除荒銀叁百伍拾伍兩貳錢玖分壹釐肆毫叁絲捌忽貳纖叁塵玖渺玖漠壹涯，實徵銀貳百肆兩肆錢叁分捌釐伍毫陸絲壹忽玖微柒纖陸塵玖沙玖洙玖涯係按前項地每畝徵銀肆釐玖絲壹忽貳纖陸塵貳渺。

外遇閏加徵銀壹百柒拾兩捌錢貳分肆釐捌毫玖絲陸忽，內除荒銀捌拾肆兩玖錢壹分壹毫柒絲壹忽伍微伍纖伍渺肆漠，實徵銀捌拾伍兩玖錢壹分肆釐柒毫貳絲肆忽肆微肆纖玖塵肆渺陸漠。

協濟膚施縣額解延安府學廩生月糧奉裁充餉銀玖兩陸錢，內除荒銀陸兩壹錢陸釐壹絲肆忽貳微壹纖肆渺捌漠捌沙，實徵銀叁兩肆錢玖分叁釐玖毫捌絲伍忽柒微捌纖玖塵伍渺壹漠貳沙。遇閏加銀捌錢，內除荒銀伍錢捌釐捌毫叁絲伍忽伍微肆纖柒塵貳渺陸漠，實徵銀貳錢玖分壹釐壹毫陸絲肆忽肆微伍纖貳塵柒渺肆漠。

又額外應徵匠價銀叁拾玖兩壹錢伍分。遇閏加銀叁兩貳錢陸分貳釐伍毫。

以上額外正閏攤入前項地糧內徵解。

以上地、丁貳項並均徭、額外匠價等項，除優免丁銀外，共徵銀壹萬貳千貳百捌拾玖兩陸錢陸分捌釐陸絲壹忽叁微伍纖，內除荒銀柒千壹拾壹兩貳錢貳分柒釐柒毫柒絲陸纖捌塵貳渺捌沙肆涯，實徵銀伍千貳百柒拾捌兩肆錢肆分貳毫玖絲壹忽貳微捌纖壹塵柒渺玖漠壹沙玖洙陸涯。

本色起運糧壹千壹百壹拾玖石玖斗伍升貳合陸勺捌抄捌撮伍圭，內除荒糧壹千叁百肆拾伍石捌斗叁升玖合捌勺貳抄捌撮貳圭壹粟捌粒肆顆肆糠玖粃玖粺，實徵糧柒百柒拾肆石壹斗壹升貳合捌勺陸抄貳圭捌粟壹粒伍顆伍糠壹粺。

本色存留驛倉糧叁百柒拾陸石玖斗叁升陸合陸勺，內除荒糧貳百叁拾玖石貳斗捌升肆勺伍抄肆撮陸圭叁粟捌粒貳顆伍糠壹粺，實徵糧壹百叁拾柒石陸斗伍升陸合壹勺肆抄伍撮叁圭陸粟壹粒柒顆肆糠玖粃玖粺。

外遇閏加徵銀壹百柒拾兩捌錢貳分肆釐捌毫玖絲陸忽，內除荒銀捌拾肆兩玖錢壹分壹毫柒絲壹忽伍微伍纖伍渺肆漠，實徵銀捌拾伍兩玖錢壹分肆釐柒毫貳絲肆忽肆微肆纖玖塵肆渺陸漠。

又額外廪生月糧閏銀捌錢，內除荒銀伍錢捌釐捌毫叁絲伍忽伍微肆纖柒塵貳渺陸漠，實徵銀貳錢玖分壹釐壹毫陸絲肆忽肆微伍纖貳塵柒渺肆漠。

又匠價閏銀叁兩貳錢陸分貳釐伍毫。

叁項實徵共銀捌拾玖兩肆錢陸分捌釐叁毫捌絲捌忽玖微貳塵貳渺。

壹起運項下

本色起運糧貳千壹百叁拾玖石玖斗伍升貳合陸勺捌抄捌撮伍圭，內除荒糧壹千叁百肆拾伍石捌斗叁升玖合捌勺貳抄捌撮貳圭壹粟捌粒肆顆肆糠玖粃玖粄，實徵糧柒百柒拾肆石壹斗壹升貳合捌勺陸抄貳圭捌粟壹粒伍顆伍糠壹粄。

原編起運糧石、草束折價銀肆千伍百陸兩伍分捌釐柒毫壹絲捌忽叁微伍纖，內除荒銀貳千捌百陸拾兩陸錢叁分捌釐貳毫伍絲伍微伍纖肆塵捌渺，實徵銀壹千陸百肆拾伍兩肆錢貳分肆毫陸絲柒忽柒微玖纖伍塵貳渺。

節裁藥味、牲口、軍器、毛襖歸入起運銀壹千壹百捌拾捌兩伍錢叁分叁釐柒毫，內除荒銀陸百陸拾玖兩叁錢貳分柒釐肆毫貳絲伍微玖纖陸塵壹渺柒漠柒沙陸洙，實徵起運銀伍百壹拾玖兩貳錢陸釐貳毫柒絲玖忽肆微叁塵捌渺貳漠貳沙肆洙。

舊編存留內裁扣，順治玖年裁扣各役工食銀貳百肆拾肆兩肆錢；拾貳年裁扣傘扇銀捌兩；拾肆年裁扣官生俸廉等項銀貳百肆拾玖兩伍錢叁分叁釐叁毫肆絲；拾伍年裁汰冗員銀貳百壹拾貳兩肆錢肆分。康熙元年裁吏書工食銀壹百玖兩貳錢；叁年裁齋夫銀叁拾陸兩，雜費丁銀叁百叁拾伍兩；康熙拾伍年裁心紅紙張、修理監倉、土牛等項共銀陸拾兩肆錢肆分叁釐叁毫叁絲；貳拾柒年裁歲貢盤纏、酒席花紅、舉人盤纏等項銀伍拾壹兩；伍拾柒年裁表箋銀壹拾捌兩。雍正陸年裁燈夫工食銀貳拾肆兩；捌年裁驛丞俸工銀肆拾叁兩伍錢貳分；拾貳年裁民壯銀貳拾肆兩。乾隆玖年裁舖司工食銀玖兩肆錢捌釐，舊編冗費裁剩解部銀壹百壹拾肆兩柒錢玖分玖釐陸毫肆絲叁忽，又久缺巡檢、皂隸俸工銀肆拾叁兩伍錢貳分。

共裁歸起運銀壹千伍百捌拾叁兩貳錢陸分肆釐叁毫壹絲叁忽，內除荒銀柒百柒拾捌兩貳錢伍分伍毫玖絲捌忽壹微捌纖伍塵叁渺伍漠肆沙肆洙肆涯，實起運銀捌百伍兩壹分叁釐柒毫壹絲肆忽捌微壹纖肆塵陸渺肆漠伍沙伍洙陸涯。

又額外協濟膚施縣額解延安府學廩生月糧奉裁充餉銀玖兩陸錢，內除荒銀陸兩壹錢陸釐壹絲肆忽貳微壹纖肆渺捌漠捌沙，實徵銀叁兩肆錢玖分叁釐玖毫捌絲伍忽柒微捌纖玖塵伍渺壹漠貳沙。

又應徵匠價銀叁拾玖兩壹錢伍分。

以上共該起運銀叁千壹拾貳兩貳錢捌分肆釐肆毫肆絲柒忽捌微叁塵壹渺柒漠玖沙玖洙陸涯。

又收存留內欽奉上諭事並驛遞之差使甚少及題明請將驛站等事案內，共裁站銀壹千貳百伍拾兩捌錢壹分捌釐柒毫伍絲陸忽伍微玖纖伍塵叁渺，內在於題明請將驛站等事案內，留支本州新增夫馬工料銀壹百伍拾捌兩柒錢肆分肆釐捌毫，實收銀壹千玖拾貳兩柒分叁釐玖毫伍絲陸忽伍微玖纖伍塵叁渺。

叁項共該銀肆千壹百肆兩叁錢伍分捌釐肆毫肆忽叁微玖纖捌塵肆渺柒漠玖沙玖洙陸涯，內除受協宜、洛等縣站支兌留兵餉銀捌百肆拾兩肆錢玖分壹釐伍絲陸忽伍微玖纖伍塵叁渺；又在於請做以糧載丁等事案內，通省以糧均載丁減銀壹千柒百陸拾伍兩捌錢捌釐壹毫肆絲玖忽柒微叁塵叁渺，內乾隆元、陸、拾壹、拾陸、貳拾壹、貳拾陸等年編審案內，共增抵補屯更丁銀叁百捌拾捌兩壹錢壹釐柒毫伍絲叁忽叁纖捌塵肆渺陸漠陸沙陸洙陸涯肆洒，又乾隆叁拾壹、叁拾陸兩年編審案內，共增抵補屯更丁銀壹百玖拾叁兩壹分貳毫捌絲玖忽壹微玖塵貳渺叁漠叁沙叁洙叁涯貳洒，止該減銀壹千壹百捌拾肆兩陸錢玖分陸釐壹毫柒忽伍微伍纖伍塵陸渺肆洒。

實該起運銀貳千柒拾玖兩壹錢柒分壹釐貳毫肆絲貳微肆纖柒塵伍渺柒漠玖沙玖洙伍涯陸洒，內留支加增撥補俸工並額外廩糧銀陸百肆拾貳兩壹錢玖分貳釐玖毫伍絲柒忽貳微玖纖叁塵肆渺玖漠貳沙，止該起運銀壹千肆百叁拾陸兩玖錢柒分捌釐貳毫捌絲貳忽玖微伍纖肆塵捌漠柒沙玖洙伍涯陸洒。

外遇閏裁扣，內順治玖年裁扣銀壹拾捌兩柒錢；拾肆年裁扣銀壹拾捌兩壹錢叁分柒釐壹毫柒絲；拾伍年裁汰銀壹拾柒兩柒錢叁釐叁毫叁絲貳忽。康熙元年裁吏書工食銀玖兩壹錢；叁年裁齋夫銀叁兩；拾伍年裁心紅紙張、喂馬草料銀貳兩陸錢陸分陸釐陸毫柒絲。雍正陸年裁燈夫工食銀貳兩；捌年裁驛丞俸工銀叁兩陸錢貳分陸釐陸毫陸絲陸忽；拾貳年裁民壯工食銀貳兩。乾隆玖年裁舖司工食銀柒錢捌分叁釐玖毫玖絲陸忽，又久缺巡檢、皂隸工食銀壹兩，又各官閏俸銀壹拾肆兩伍錢肆分陸釐陸毫伍絲捌忽。

共裁歸起運銀玖拾叁兩貳錢陸分肆釐肆毫玖絲貳忽，內除荒銀肆拾陸兩叁錢伍分柒釐陸毫貳絲柒忽柒微肆纖陸塵伍渺貳漠壹沙陸洙，實徵銀肆拾陸兩玖錢陸釐捌毫陸絲肆忽貳微伍纖叁塵肆渺柒漠捌沙肆洙。

額外廩生月糧閏銀捌錢，內除荒銀伍錢伍釐捌毫叁絲伍忽伍微肆纖柒塵貳渺陸漠，實徵銀貳錢玖分壹釐壹毫陸絲肆忽肆微伍纖貳塵柒渺肆漠。

又應徵匠價閏銀叁兩貳錢陸分貳釐伍毫。

叁項共起運銀伍拾兩肆錢陸分伍毫貳絲捌忽柒微陸塵貳渺壹漠捌沙肆洙，又在於請倣以糧載丁等事，通省以糧載丁等事案內，以糧均丁減銀伍拾叁兩壹分叁釐伍毫伍絲肆微壹纖肆塵玖渺，內節次抵補屯更丁增銀壹拾捌兩肆錢捌釐叁毫叁絲陸忽肆纖柒塵捌渺玖漠玖沙玖洙玖涯捌洒，止該減銀叁拾肆兩陸錢伍釐貳毫壹絲肆忽叁微陸纖柒塵貳洒。

實起運銀壹拾伍兩捌錢伍分伍釐叁毫壹絲肆忽叁微叁纖玖塵貳渺壹漠捌沙叁洙玖涯捌洒，照數留支加增撥補俸工並額外廩糧銀兩訖，尚不敷銀貳兩陸錢肆分貳釐壹毫肆絲貳忽壹微貳纖捌渺捌漠貳洒，遇閏之年在於上項起運正銀內留支，理合登明。

壹存留項下

本色存留驛倉糧叁百柒拾陸石玖斗叁升陸合陸勺，內除荒糧貳百叁拾玖石貳斗捌升肆勺伍抄肆撮陸圭叁粟捌粒貳顆伍糠壹粃，實徵糧壹百叁拾柒石陸斗伍升陸合壹勺肆抄伍撮叁圭陸粟壹粒柒顆肆糠玖粃玖粃。

原編存留銀肆千玖百陸拾叁兩陸分壹釐叁毫叁絲，內除荒銀貳千陸百玖拾陸兩玖錢伍釐肆毫捌絲陸忽伍微貳纖壹塵叁渺捌漠捌沙，實存留銀貳千貳百陸拾陸兩壹錢伍分伍釐捌毫肆絲叁忽肆微柒纖捌塵陸渺壹漠貳沙。

壹俸工項下

知州壹員，額支俸薪銀捌拾兩，內除荒銀叁拾玖兩柒錢陸分肆釐柒毫玖絲壹忽肆微陸塵肆渺，實徵支銀肆拾兩貳錢叁分伍釐貳毫捌忽伍微玖纖叁塵陸渺。外收均攤俸薪銀貳兩捌錢玖分伍釐捌毫玖絲伍忽柒微壹纖捌塵肆渺。

吏目壹員，額支俸薪銀叁拾壹兩伍錢貳分，內除荒撥補銀壹拾伍兩陸錢陸分柒釐叁毫貳絲陸忽壹微柒纖玖塵貳渺，實徵支銀壹拾伍兩捌錢伍分貳釐陸毫柒絲叁忽捌微貳纖捌渺。

學正壹員，額支俸薪銀叁拾壹兩伍錢貳分，內除荒撥補銀壹拾伍兩陸錢陸分柒釐叁毫貳絲陸忽壹微柒纖玖塵貳渺，實徵支銀壹拾伍兩捌錢伍分貳釐陸毫柒絲叁忽捌微貳纖捌渺。外撥補全俸銀捌兩肆錢捌分。

知州衙門

門子貳名，每名歲支工食銀陸兩，共支銀壹拾貳兩，內除荒撥補銀伍兩玖錢陸分肆釐柒毫壹絲捌忽壹微陸纖壹塵貳渺，實徵支銀陸兩叁分伍釐貳毫捌絲壹忽捌微叁纖捌塵捌渺。遇閏加銀壹兩，內除荒銀肆錢玖分柒釐陸絲柒忽叁纖壹渺，實徵支銀伍錢貳釐玖毫叁絲貳忽玖微陸纖玖塵玖渺。

皂隸、仵作壹拾陸名，每名歲支工食銀陸兩，共支銀玖拾陸兩，內除荒撥補銀肆拾柒兩柒錢壹分柒釐柒毫肆絲伍忽陸微玖纖貳塵柒渺，實徵支銀肆拾捌兩貳錢捌分貳釐貳毫伍絲肆忽叁微柒塵叁渺。遇閏加銀捌兩，內除荒銀叁兩玖錢柒分陸釐伍毫叁絲肆忽壹微肆纖陸渺，實徵支銀肆兩貳分叁釐肆毫陸絲伍忽捌微伍纖玖塵肆渺。

馬快捌名，每名歲支工食銀壹拾陸兩捌錢，共支銀壹百叁拾肆兩肆錢，內除荒撥補銀陸拾陸兩捌錢肆釐捌毫伍絲捌忽貳微玖塵叁渺，實徵支銀陸拾柒兩伍錢玖分伍釐壹毫肆絲壹忽柒微玖纖柒渺。遇閏加銀壹拾壹兩貳錢，內除荒銀伍兩伍錢陸分柒釐壹毫肆絲柒忽壹微玖纖陸塵，實徵支銀伍兩陸錢叁分貳釐捌毫伍絲貳忽捌微肆塵。

民壯肆拾陸名，每名歲支工食銀陸兩，共支銀貳百柒拾陸兩，內除荒撥補銀壹百叁拾柒兩壹錢捌分捌釐伍毫貳絲陸忽柒微叁纖壹塵陸渺，實徵支銀壹百叁拾捌兩捌錢壹分壹釐肆毫柒絲叁忽貳微陸纖捌塵肆渺。遇閏加銀貳拾叁兩，內除荒銀壹拾壹兩肆錢叁分貳釐伍毫叁絲肆忽叁微玖纖貳塵捌渺，實徵支銀壹拾壹兩伍錢陸分柒釐肆毫陸絲伍忽陸微柒塵貳渺。

看監禁子捌名，每名歲支工食銀陸兩，共支銀肆拾捌兩，內除荒撥補銀貳拾叁兩捌錢伍分捌釐捌毫柒絲叁忽捌微肆纖陸塵陸渺，實徵支銀貳拾肆兩壹錢肆分壹釐壹毫貳絲陸忽壹微伍纖叁塵肆渺。外加增銀壹拾陸兩。遇閏加銀肆兩，內除荒銀壹兩玖錢捌分捌釐貳毫陸絲柒忽壹微貳纖叁渺，實徵支銀貳兩壹分壹釐柒毫叁絲貳忽捌微柒纖玖塵柒渺。

轎傘扇夫柒名，每名歲支工食銀陸兩，共支銀肆拾貳兩，內除荒撥補銀貳拾兩捌錢柒分陸釐伍毫壹絲肆忽捌微陸纖叁塵陸渺，實徵支銀貳拾壹兩壹錢貳分叁釐肆毫捌絲伍忽壹微叁纖陸塵肆渺。遇閏加銀叁兩伍錢，內除荒銀壹兩柒錢叁分玖釐柒毫叁絲玖忽柒纖玖塵陸渺，實徵支銀壹兩柒錢陸分貳毫陸絲玖微貳纖肆渺。

庫子肆名，每名歲支工食銀陸兩，共支銀貳拾肆兩，內除荒撥補銀壹拾壹兩玖錢貳分玖釐肆毫叁絲陸忽玖微貳纖叁塵捌渺，實徵支銀壹拾貳兩柒分伍毫陸絲叁忽柒纖陸塵貳渺。遇閏加銀貳兩，內除荒銀玖錢玖分肆釐壹毫叁絲肆忽陸纖貳渺，實徵支銀壹兩伍釐捌毫陸絲伍忽玖微叁纖玖塵捌渺。

斗級肆名，每名歲支工食銀陸兩，共支銀貳拾肆兩，內除荒撥補銀壹拾壹兩玖錢貳分玖釐肆毫叁絲陸忽玖微貳纖叁塵捌渺，實徵支銀壹拾貳兩柒分伍毫陸絲叁忽柒纖陸塵貳渺。遇閏加銀貳兩，內除荒銀玖錢玖分肆釐壹毫叁絲肆忽陸纖貳渺，實徵支銀壹兩伍釐捌毫陸絲伍忽玖微叁纖玖塵捌渺。

鐘鼓夫伍名，每名歲支工食銀貳兩肆錢，共銀壹拾貳兩，內除荒撥補銀伍兩玖錢陸分壹釐叁毫陸絲玖忽壹微柒纖壹塵貳渺，實徵支銀陸兩叁分捌釐陸毫叁絲捌微貳纖捌塵捌渺。遇閏加銀壹兩，內除荒銀肆錢玖分柒釐伍絲玖忽玖微陸纖貳塵伍渺，實徵支銀伍錢貳釐玖毫肆絲叁纖柒塵伍渺。

舖司兵貳拾貳名，額支工食銀陸拾捌兩玖錢玖分貳釐，內除荒銀叁拾肆兩貳錢柒分叁釐捌毫玖絲玖忽伍微玖塵肆漠捌沙，實徵支銀叁拾肆兩柒錢壹分捌釐壹毫肆微玖纖玖渺伍漠貳沙。外加增銀玖拾柒兩貳錢捌分壹釐捌毫玖絲玖忽伍微玖塵肆漠捌沙。遇閏加銀伍兩柒錢肆分玖釐叁毫肆忽，內除荒銀貳兩捌錢伍分柒釐柒毫肆絲捌忽貳微玖纖玖塵柒渺壹漠捌沙肆洙，實徵支銀貳兩捌錢玖分壹釐伍毫伍絲伍忽柒微貳渺捌漠壹沙陸洙。外加增銀捌兩壹錢捌釐肆毫肆絲肆忽貳微玖纖玖塵柒渺壹漠捌沙肆洙。

各渡口水手壹拾貳名，額支工食銀壹拾肆兩肆錢，內除荒撥補銀柒兩壹錢伍分叁釐陸毫伍絲肆忽玖微伍纖貳塵玖渺，實徵支銀柒兩貳錢肆分陸釐叁毫肆絲伍忽肆纖柒塵壹渺。遇閏加銀壹兩貳錢，內除荒銀伍錢玖分陸釐肆毫柒絲壹忽捌微肆渺，實徵支銀陸錢叁釐伍毫貳絲捌忽壹微玖纖玖塵陸渺。

吏目衙門

門子壹名，歲支工食銀陸兩，內除荒撥補銀貳兩玖錢捌分貳釐叁毫伍絲玖忽玖微捌纖壹渺，實徵支銀叁兩壹分柒釐陸毫肆絲壹纖玖塵玖渺。遇閏加銀伍錢，內除荒銀貳錢肆分捌釐伍毫叁絲貳忽肆微陸纖伍塵貳渺，實徵支銀貳錢伍分壹釐肆毫陸絲柒忽伍微叁纖肆塵捌渺。

皂隸肆名，每名歲支工食銀陸兩，共支銀貳拾肆兩，內除荒撥補銀壹拾壹兩玖錢貳分玖釐肆毫叁絲陸忽玖微貳纖叁塵捌渺，實徵支銀壹拾貳兩柒分伍毫陸絲叁忽柒纖陸塵貳渺。遇閏加銀貳兩，內除荒銀玖錢玖分肆釐壹毫叁絲肆忽陸纖貳渺，實徵支銀壹兩伍釐捌毫陸絲伍忽玖微叁纖玖塵捌渺。

馬夫壹名，歲支工食銀陸兩，內除荒撥補銀貳兩玖錢捌分貳釐叁毫伍絲玖忽玖微捌纖壹渺，實徵支銀叁兩壹分柒釐陸毫肆絲壹纖玖塵玖渺。遇閏加銀伍錢，內除荒銀貳錢肆分捌釐伍毫叁絲貳忽肆微陸纖伍塵貳渺，實徵支銀貳錢伍分壹釐肆毫陸絲柒忽伍微叁纖肆塵捌渺。

學正衙門

齋夫叁名，每名歲支工食銀壹拾貳兩，共銀叁拾陸兩，內除荒撥補銀壹拾柒兩捌錢玖分叁釐壹毫伍絲陸忽捌微捌纖貳塵伍渺，實徵支銀壹拾捌兩壹錢陸釐捌毫肆絲叁忽壹微壹纖柒塵伍渺。遇閏加銀叁兩，內除荒銀壹兩肆錢玖分壹釐貳毫玖纖壹渺，實徵支銀壹兩伍錢捌釐柒毫玖絲玖忽玖微玖塵玖渺。

膳夫貳名，每名額支工食銀壹拾叁兩叁錢叁分叁釐叁毫叁絲，內除荒撥補銀陸兩陸錢貳分捌釐肆毫肆絲玖忽肆微貳纖肆塵伍渺，實徵支銀陸兩柒錢肆釐捌毫捌絲伍微柒纖伍塵伍渺係廩生支領。遇閏加銀壹兩壹錢壹分壹釐壹毫，內除荒撥補銀伍錢伍分貳釐貳毫捌絲捌忽貳微陸塵貳渺，實徵支銀伍錢伍分捌釐捌毫壹絲壹忽柒微玖纖叁塵捌渺。

門斗叁名，每名歲支工食銀柒兩貳錢，共銀貳拾壹兩陸錢，內除荒撥補銀壹拾兩柒錢叁分陸釐肆毫玖絲貳忽貳微叁纖壹塵陸渺，實徵支銀壹拾兩捌錢陸分叁釐伍毫柒忽柒微陸纖捌塵肆渺。遇閏加銀壹兩捌錢，內除荒銀捌錢玖分肆釐柒毫壹絲叁忽壹微玖纖肆塵貳渺，實徵支銀玖錢伍釐貳毫捌絲陸忽捌微伍塵捌渺。

廩生叁拾名，每名歲支銀貳兩肆錢，共銀柒拾貳兩，內除荒撥補銀叁拾伍兩叁錢玖釐捌毫陸絲壹忽柒微陸纖陸塵，實徵支銀叁拾陸兩陸錢玖分壹毫叁絲捌忽貳微叁纖肆塵。遇閏加銀陸兩，內除荒撥補銀貳兩玖錢捌分貳釐叁毫陸忽壹微捌纖伍渺，實徵支銀叄兩壹分柒釐陸毫玖絲叄忽捌微壹纖玖塵伍渺。

以上俸工項下，除廩生、膳夫貳欵照常支發外，其餘官役俸工於道光貳拾叄年奉文，均以貳兩平支放，每兩減平銀陸分，其減平銀兩，每年批解部庫交納，理合登明。

一祭祀項下

雜支春秋貳季祭祀文廟、各壇祠及無祀鬼魂品物等項共銀伍拾兩，內除荒銀貳拾肆兩捌錢叄分玖釐叄絲玖忽陸微肆塵，實徵支銀貳拾伍兩壹錢陸分玖毫陸絲叄微玖纖陸塵。

外均攤撥補銀肆拾捌兩壹錢玖分壹釐陸絲柒忽叄纖伍塵貳渺肆漠伍沙陸涯。

鄉飲額支銀叄兩，內除荒銀壹兩肆錢玖分叄毫叄絲叄忽陸微陸纖壹塵陸渺，實徵支銀壹兩伍錢玖釐陸毫陸絲陸忽叄微叄纖捌塵肆渺。

以上鄉飲壹欵，於道光貳拾叄年奉文裁汰，其徵收銀兩，每年批解部庫交納，理合登明。

一孤貧口糧項下

孤貧貳拾貳名，口糧銀肆拾柒兩伍錢貳分，內除荒銀貳拾叄兩陸錢貳分貳毫肆絲玖忽玖微叄纖柒塵壹渺，實徵支銀貳拾叄兩捌錢玖分玖釐柒毫伍絲陸纖貳塵玖渺。外加增口糧銀伍拾伍兩叄錢貳毫肆絲玖忽玖微叄纖柒塵壹渺。外遇閏加增銀陸兩陸錢。

孤貧布花銀伍兩伍錢，內除荒銀貳兩柒錢叄分叄釐捌毫貳絲玖忽肆微玖纖伍塵柒渺，實徵支銀貳兩柒錢陸分陸釐壹毫柒絲伍微肆塵叄渺。

一驛站項下

青陽驛站銀柒百肆拾壹兩，支直站銀壹百壹拾玖兩柒分陸釐；義和站銀柒百伍拾柒兩，支直站銀陸拾兩。共額銀壹千陸百柒拾柒兩柒分陸釐，內除荒銀壹千陸拾肆兩陸錢捌分壹釐柒毫陸絲貳忽肆微柒纖玖渺肆漠，實徵支銀陸百壹拾貳兩叄錢玖分肆釐貳毫叄絲柒忽伍微貳纖玖塵陸漠。

外收受協宜、洛等縣站支兌留兵餉銀捌百肆拾兩肆錢玖分壹釐伍絲陸忽伍微玖纖伍塵叄渺。

共銀壹千肆百伍拾貳兩捌錢捌分伍釐貳毫玖絲肆忽壹微貳纖肆塵叄渺陸

漠，内除裁站銀伍百貳拾兩陸錢伍分貳釐叁毫貳忽陸微叁纖捌塵壹渺，實支銀玖百叁拾貳兩貳錢叁分貳釐玖毫玖絲壹忽肆微捌纖陸塵貳渺陸漠。

外撥補增給夫馬閏月工料銀肆拾兩伍錢。

走遞、擡轎、馬騾、青陽驛招募馬騾銀壹千壹百肆拾叁兩；接遞上司擡轎夫銀柒百陸拾叁兩貳錢；臨時僱募召募夫頭肆名，歲支工食銀柒兩貳錢，共銀貳拾捌兩捌錢；招募接遞脚戶銀貳百兩。共銀貳千壹百陸兩貳錢，内除荒銀壹千肆拾陸兩叁錢壹分玖釐陸毫柒絲伍忽肆微壹纖貳塵玖渺，實徵支銀壹千伍拾玖兩捌錢捌分叁毫貳絲肆忽伍微捌纖柒塵壹渺，内除裁站銀伍百柒拾壹兩肆錢貳分壹釐陸毫伍絲叁忽玖微伍纖柒塵貳渺，實支銀肆百捌拾捌兩肆錢伍分捌釐陸毫柒絲陸微貳纖玖塵玖渺。

以上存留實徵銀貳千貳百陸拾陸兩壹錢伍分伍釐捌毫肆絲叁忽肆微柒纖捌塵陸渺壹漠貳沙。

又收起運内受協宜、洛等縣站支兑留兵餉銀捌百肆拾兩肆錢玖分壹釐伍絲陸忽伍微玖纖伍塵叁渺。

共該銀叁千壹百陸兩陸錢肆分陸釐玖毫柒纖叁塵玖渺壹漠貳沙，内除驛遞之差使甚少及題明請將驛站等事案内，共裁站銀壹千貳百伍拾兩捌錢壹分捌釐柒毫伍絲陸忽伍微玖纖伍塵叁渺，内在於題明請將驛站等事案内，留支本州新增夫馬工料銀壹百伍拾捌兩柒錢肆分肆釐捌毫，實裁銀壹千玖拾貳兩柒分叁釐玖毫伍絲陸忽伍微玖纖伍塵叁渺入起運外，實徵銀貳千壹拾肆兩伍錢柒分貳釐玖毫肆絲叁忽肆微柒纖捌塵陸渺壹漠貳沙。

外加增撥補俸工銀陸百叁拾玖兩壹錢叁分玖釐玖毫伍絲壹微捌纖捌塵貳渺肆漠捌沙。

共該銀貳千陸百伍拾叁兩柒錢壹分貳釐捌毫玖絲叁忽陸微陸纖陸塵捌渺陸漠於乾隆伍拾貳年奉文，全數解司，壹切支欵，俱由司按季領支，嗣於嘉慶伍年奉文，在州留支，並不按季赴司請領。

外於司庫領支祭祀銀肆拾捌兩壹錢玖分壹釐陸絲柒忽叁纖伍塵貳渺肆漠伍沙陸涯，係動支各屬庫貯耗羨銀兩。

遇閏加銀玖拾貳兩壹錢柒釐陸絲貳忽，内除各官閏俸銀壹拾肆兩伍錢肆分陸釐陸毫伍絲捌忽入起運外，止該銀柒拾柒兩伍錢陸分肆毫肆忽，内除荒銀叁拾捌兩伍錢伍分貳釐伍毫肆絲叁忽捌微肆塵壹漠捌沙肆洙，實徵銀叁拾玖兩柒釐捌毫陸絲壹微玖纖伍塵玖渺捌漠壹沙陸洙。

外加增撥補閏銀壹拾捌兩貳錢肆分叁釐叁絲捌忽陸微捌纖陸塵肆渺壹漠捌沙肆洙。

共該銀伍拾柒兩貳錢伍分捌毫玖絲捌忽捌微捌纖貳塵肆渺於乾隆伍拾貳年奉文，全數解司，壹切支欵，俱由司按季領支，嗣於嘉慶伍年奉文，在州留支，並不按季赴司請領。

又於奏聞事案內，增給閏月馬夫工料銀肆拾兩伍錢。

一額外

協濟膚施縣額解延安府學廩糧叁分復壹，銀肆兩捌錢，內除荒撥補銀叁兩伍分叁釐柒忽壹微伍塵貳渺肆漠肆沙，實徵銀壹兩柒錢肆分陸釐玖毫玖絲貳忽捌微玖纖肆塵柒渺伍漠陸沙。遇閏加銀肆錢，內除荒撥補銀貳錢伍分肆釐肆毫壹絲柒忽柒微柒纖叁塵陸渺捌漠，實徵銀壹錢肆分伍釐伍毫捌絲貳忽貳微貳纖陸塵叁渺貳漠。

課程銀壹拾捌兩貳分壹釐玖毫陸絲係舖戶出辦。遇閏加銀壹兩伍錢壹釐捌毫叁絲。

畜税銀叁拾伍兩肆錢陸分係買騾馬出辦，原無定額，儘收儘解。

牙税銀伍兩玖錢牙行柒名，並無上中下之分，每名額徵税銀捌錢肆分貳釐零。

地税銀壹拾貳兩柒錢貳分玖釐係買房地業主出辦，每價銀壹兩收税銀叁分，原無定額，儘收儘解。

當税銀壹百伍兩係典舖出辦，共典（舖）貳拾壹座，每座每年當税銀伍兩。

米脂縣

原額折正壹等地捌百捌拾肆頃伍拾玖畝叁釐，共額徵本折糧柒千陸百捌拾伍石柒斗玖升叁合柒勺肆抄伍撮，每畝科本色糧捌升貳合柒勺肆抄肆撮叁圭壹粒，共本色糧柒千叁百壹拾玖石肆斗捌升陸勺叁抄伍撮，內除拋荒召佃減納糧壹百肆拾陸石玖斗肆升叁合肆勺貳抄壹撮貳圭，每畝科折正本色糧捌升捌勺陸抄柒撮肆圭壹粟玖粒柒顆，內本色起運糧柒升貳合伍勺壹抄捌圭陸粟叁粒，本色驛倉糧叁合壹勺貳抄捌圭玖粟玖粒肆顆，本色官學倉糧伍合貳勺叁抄伍撮陸圭伍粟柒粒叁顆，共糧柒千壹百柒拾貳石伍斗叁升柒合貳勺壹抄叁撮捌圭，每畝科折色糧肆合壹勺肆抄壹撮捌粟，共折色糧叁百陸拾陸石叁斗壹升叁合壹勺壹抄，每畝徵銀伍分肆釐貳毫壹絲肆忽陸微捌纖壹塵捌渺，共額徵銀肆千柒百玖拾伍兩柒錢柒分捌釐柒毫貳絲柒忽。

內順治柒、捌兩年玖、拾兩月內題明免過無主荒地捌百壹拾頃貳拾壹畝伍分陸釐，應免折徵糧陸千玖百壹拾捌石肆斗壹升玖合壹勺壹抄伍撮捌圭，內前開墾並興屯開墾及節年開墾並清查自首地貳百貳拾伍頃叁畝貳分玖毫柒絲貳忽，該本折糧壹千玖百貳拾伍石叁斗玖升陸合柒勺肆抄陸撮壹圭玖粟貳顆伍糠，以增抵除。

實豁免地伍百捌拾伍頃壹拾捌畝叁分伍釐貳絲捌忽，實應免起運本色糧肆千貳百伍拾捌石叁斗叁升壹合肆勺貳抄陸撮柒粟玖粒柒顆伍糠，實應免存留驛倉本色糧壹百捌拾肆石陸斗肆升壹合柒勺肆抄叁撮捌圭貳粟陸粒貳顆伍糠，實應免官學倉本色糧叁百柒石肆斗肆升捌勺伍抄玖撮貳圭貳粟陸粒柒顆伍糠，每石折銀捌錢，該除銀貳百□拾伍兩玖錢伍分貳釐柒毫陸絲貳忽叁微捌纖玖渺，實應免折色糧貳百肆拾貳石陸斗捌合叁勺肆抄肆圭柒粟柒粒，該除銀叁千壹百柒拾陸兩貳錢伍分伍釐捌毫捌絲壹忽貳微伍纖壹渺伍漠。

以上實熟地貳百玖拾玖頃肆拾畝陸分柒釐玖毫柒絲貳忽，該折徵本折糧貳千伍百肆拾伍石捌斗貳升柒合玖勺伍抄肆撮壹圭玖粟貳顆伍糠，實徵起運本色糧貳千壹百柒拾壹石貳斗叁升貳合肆勺捌撮玖圭貳粟貳顆伍糠，實徵存留驛倉本色糧玖拾肆石壹斗叁升壹合陸勺叁抄肆撮玖圭柒粟叁粒柒顆伍糠，實徵存留官學倉本色糧壹百伍拾陸石柒斗伍升玖合壹勺肆抄柒圭柒粟叁粒貳顆伍糠，舊例每石折徵銀捌錢，今奉文每畝折徵銀肆釐壹毫捌絲陸忽玖微柒纖柒塵肆渺，共徵銀壹百貳拾伍兩肆錢柒釐貳毫叁絲柒忽陸微壹纖玖塵壹渺，實徵折色糧壹百貳拾叁石柒斗肆合柒勺陸抄玖撮伍圭貳粟叁粒，該徵銀壹千陸百壹拾玖兩伍錢貳分貳釐捌毫肆絲伍忽柒微肆纖玖塵捌渺伍漠於乾隆伍拾玖年奉准部咨令，將康熙年間易知由單內載：每畝折正銀伍分肆釐貳毫壹絲肆忽陸微捌纖壹塵捌渺纂入書內，嗣後遇有墾豁，按畝增除。

原額人丁叁門玖則不等，俱折下下人丁共捌千伍百陸拾伍丁，每丁徵銀貳錢玖分柒釐玖毫玖絲捌忽柒微，應徵共銀貳千伍百伍拾貳兩叁錢伍分玖釐貳毫捌絲，內除優免丁貳百伍拾叁丁，該銀柒拾伍兩叁錢玖分叁釐陸毫貳絲。

行差丁捌千叁百壹拾貳丁，共徵銀貳千肆百柒拾陸兩玖錢陸分伍釐陸毫陸絲。

順治柒年及順治拾壹年題明豁免過續逃亡丁肆千壹百壹拾貳丁，該除銀壹千貳拾叁兩玖錢陸分伍毫陸絲，前招回又節年新增招回並審出丁壹百壹拾丁，該徵銀貳拾捌兩伍錢玖分肆釐捌毫捌絲，實豁免丁肆千貳丁，應免銀玖百玖拾伍兩叁錢陸分伍釐陸毫捌絲。

以上實在行差應徵人丁肆千叁百壹拾丁，應徵銀壹千肆百捌拾壹兩伍錢玖分玖釐玖毫捌絲，於雍正伍年攤入地糧徵收。

康熙伍拾伍年起，至乾隆貳拾陸年止，編審出丁玖拾柒丁；乾隆叁拾壹年編審出丁壹拾叁丁；叁拾陸年編審出丁壹拾叁丁。共編審出丁壹百貳拾叁丁，欽遵康熙伍拾貳年叁月拾捌日恩詔，後遇編審之期，但據康熙伍拾年丁冊定為常額，續生人丁，永不加賦。

協濟膚施縣額解延安府廩生月糧裁充兵餉銀玖兩陸錢，內除荒銀陸兩肆錢伍分柒毫貳絲柒忽壹微柒纖叁塵叁渺捌漠，實徵銀叁兩壹錢肆分玖釐貳毫柒絲貳忽捌微貳纖陸塵陸渺貳漠。

外遇閏加徵銀壹百肆拾肆兩肆釐壹毫叁絲壹忽，又額外協濟膚施縣額解延安府廩生月糧閏銀捌錢貳分，共銀壹百肆拾肆兩捌錢肆釐壹毫叁絲壹忽，內除荒銀陸拾伍兩玖錢捌分壹釐肆毫捌絲壹忽陸微壹纖伍塵捌渺陸漠，實徵銀柒拾捌兩捌錢貳分貳釐陸毫肆絲玖忽叁微捌纖肆塵壹渺肆漠。

額外徵收匠價銀捌兩肆錢壹分伍釐。遇閏加銀柒錢壹釐貳毫伍絲。

以上額外匠價、正閏貳項攤入前項地糧內徵解。

以上地、丁貳項並匠價、協濟額解廩生月糧，除優免丁銀外，共銀柒千陸百陸拾貳兩壹錢壹分玖釐叁毫捌絲柒忽，內除荒銀肆千肆百貳拾肆兩貳分伍釐伍絲捌微肆塵肆渺叁漠，實徵銀叁千貳百叁拾捌兩玖分肆釐叁毫叁絲陸忽壹微玖纖伍塵伍渺柒漠。

額徵本色糧陸千柒百捌石叁斗叁升柒合貳勺壹抄叁撮捌圭，內除荒糧肆千肆百肆拾貳石玖斗柒升叁合壹勺陸抄玖撮玖圭陸粒，實徵糧貳千貳百陸拾伍石叁斗陸升肆合肆抄叁撮捌圭玖粟肆粒。

外遇閏加徵銀壹百肆拾肆兩肆釐壹毫叁絲壹忽，內除荒銀陸拾伍兩肆錢貳分玖毫陸絲貳忽伍微肆纖玖塵貳渺，實徵銀柒拾捌兩伍錢捌分叁釐壹毫陸絲捌忽肆微伍纖捌渺。

額外協濟膚施縣額解延安府廩糧閏月充餉銀捌錢，內除荒銀伍錢陸分伍毫壹絲玖忽陸纖陸塵陸渺陸漠，實徵銀貳錢叁分玖釐肆毫捌絲玖微叁纖叁塵叁渺肆漠。

又額外匠價閏銀柒錢壹釐貳毫伍絲，攤入前項地糧內徵收。

叁項共閏銀柒拾玖兩伍錢貳分叁釐捌毫玖絲玖忽叁微捌纖肆塵壹渺肆漠。

壹起運項下

原額本色起運糧陸千肆百貳拾玖石伍斗陸升叁合捌勺叁抄伍撮，內除荒糧肆千貳百伍拾捌石叁斗叁升壹合肆勺貳抄陸撮柒粟玖粒柒顆伍糠，實徵糧貳千壹百柒拾壹石貳斗叁升貳合肆勺捌撮玖圭貳粟貳顆伍糠。

原編糧石折價共銀叁千壹百叁拾壹兩肆錢柒分壹釐貳毫柒忽，內除荒銀貳千柒拾肆兩貳分伍釐叁毫陸絲伍忽肆纖伍塵壹渺，實徵銀壹千伍拾柒兩肆錢肆分伍釐捌毫肆絲壹忽玖微伍纖肆塵玖渺。

節裁軍器折價共銀肆百叁拾貳兩捌分陸釐陸毫，內除荒銀壹百柒拾叁兩叁錢肆分柒釐貳毫陸絲陸忽玖微陸纖捌塵壹渺伍漠，實徵銀貳百伍拾捌兩柒錢叁分玖釐叁毫叁絲叁忽叁纖壹塵捌渺伍漠。

舊編存留，內順治玖年裁扣各役工食銀壹百捌拾伍兩貳錢肆分玖釐玖毫；拾貳年裁扣傘扇銀柒兩捌分陸釐；拾肆年裁扣官生俸廩等項銀壹百柒拾兩壹分壹釐玖毫肆絲玖忽捌微；拾伍年裁汰冗員銀肆拾叁兩捌錢陸分肆釐。康熙元年裁吏書工食銀捌拾陸兩玖分捌釐貳毫；叁年裁門斗、齋夫工食銀叁拾捌兩貳錢陸分伍釐捌毫叁絲叁忽，雜費丁銀貳百陸拾兩陸錢壹分柒釐叁毫；拾伍年裁心紅紙張、喂馬草料、修理倉厫、芒神土牛、紙劄等項共銀伍拾叁兩壹錢肆分柒釐壹毫；貳拾柒年裁歲貢、舉人盤纏、牌坊銀貳拾柒兩叁錢捌分肆釐肆毫捌絲。雍正陸年裁燈夫銀貳拾壹兩貳錢伍分捌釐捌毫；拾貳年裁民壯銀柒拾肆兩肆錢伍釐捌毫伍絲陸忽。乾隆玖年裁舖司銀肆拾兩捌錢壹分陸釐捌毫肆絲，又裁西延廳民壯工食銀叁拾柒兩貳錢貳釐玖毫貳絲捌忽。

共銀壹千肆拾伍兩肆錢玖釐壹毫捌絲陸忽捌微，內除荒銀肆百伍拾捌兩玖錢捌分肆釐壹毫壹絲壹忽柒微陸塵玖渺，實徵銀伍百捌拾陸兩肆錢貳分伍釐柒絲伍忽玖纖叁塵壹渺。

協濟膚施縣額解延安府廩生月糧裁充兵餉銀玖兩陸錢，內除荒銀陸兩肆錢伍分柒毫貳絲柒忽壹微柒纖叁塵叁渺捌漠，實徵銀叁兩壹錢肆分玖釐貳毫柒絲貳忽捌微貳纖陸塵陸渺貳漠。

又額外徵收匠價銀捌兩肆錢壹分伍釐。

實起運銀壹千玖百壹拾肆兩壹錢柒分肆釐伍毫貳絲貳忽玖微陸塵肆渺柒漠。

又收存留內額協吴堡等州縣驛站抵餉銀壹百壹拾壹兩陸錢陸釐叁毫肆微叁纖。

又收存留內驛遞之差使甚少並題明請將驛站等事貳案內，共裁站銀貳百貳拾貳兩玖錢貳分貳釐貳毫叁絲捌忽捌微叁纖捌渺。

共該起運銀貳千貳百肆拾捌兩柒錢叁釐陸絲貳忽壹微陸纖柒塵貳渺柒漠，內受協洛川等州縣驛站兑留兵餉應支銀伍百陸拾捌兩叁錢壹分貳釐玖毫陸絲玖忽貳微陸纖捌渺；又在於請倣以糧載丁等事案內，通省均丁減銀捌百陸拾玖兩肆分伍釐陸毫伍絲壹忽貳微肆纖叁塵陸渺，內除乾隆元、陸、拾壹、拾陸、貳拾壹、貳拾陸等年編審案內，共增抵補屯更丁銀壹百玖拾貳兩陸錢伍分貳毫壹絲肆忽伍微捌纖捌塵柒渺叁漠叁沙叁洙叁涯貳洒，又乾隆叁拾壹、叁拾陸兩年編審案內，共增抵補屯更丁銀玖拾叁兩叁錢肆分伍釐壹毫貳絲貳微玖纖肆塵叁渺陸漠陸沙陸洙陸涯陸洒，止該減銀伍百捌拾叁兩伍分叁毫壹絲陸忽叁微陸纖伍渺貳洒。

實該銀壹千玖拾柒兩叁錢叁分玖釐柒毫柒絲陸忽伍微肆纖伍塵玖渺陸漠玖沙玖洙玖涯捌洒，內留支加增撥補俸工銀肆百貳拾玖兩捌錢捌分伍釐肆毫捌絲玖忽壹微肆纖叁塵伍渺，止該起運銀陸百陸拾柒兩肆錢伍分肆釐貳毫捌絲柒忽肆微貳塵肆渺陸漠玖沙玖洙玖涯捌洒。

遇閏裁扣，內順治玖年裁銀壹拾柒兩壹錢；拾肆年裁銀壹拾伍兩貳錢陸分貳釐捌毫貳絲叁忽；拾伍年裁汰冗員銀肆兩壹錢貳分陸釐陸毫陸絲陸忽。康熙元年裁吏書工食銀捌兩壹錢；叁年裁門斗、齋夫工食銀叁兩陸錢；拾伍年裁心紅紙張、喂馬草料銀貳兩陸錢陸分陸釐陸毫柒絲。雍正陸年裁燈夫銀貳兩；拾貳年裁民壯銀柒兩。乾隆玖年裁舖司銀叁兩捌錢肆分，又裁西延廳民壯工食銀叁兩伍錢，又裁閏俸銀玖兩叁釐叁毫叁絲貳忽。

共銀柒拾陸兩壹錢玖分玖釐肆毫玖絲壹忽，內除荒銀叁拾肆兩陸錢壹分捌釐壹毫陸絲叁忽玖微貳纖柒塵叁渺，實徵銀肆拾壹兩伍錢捌分壹釐叁毫貳絲柒忽柒纖貳塵柒渺。

額外協濟膚施縣額解延安府廩糧充餉銀捌錢，內除荒銀伍錢陸分伍毫壹絲玖忽陸纖陸塵陸渺陸漠，實徵銀貳錢叁分玖釐肆毫捌絲玖微叁纖叁塵叁渺肆漠。

又匠價閏銀柒錢壹釐貳毫伍絲。

叁項共起運閏銀肆拾貳兩伍錢貳分貳釐伍絲捌忽陸塵肆漠，內在於請做通省以糧均丁等事案內，應減銀伍拾兩柒錢叁分叁釐捌毫陸絲伍忽肆微伍纖捌塵柒渺，内除節次抵補屯更丁增銀壹拾柒兩壹錢捌分貳釐伍毫柒絲陸忽貳微壹纖玖塵肆渺玖漠玖沙玖洙捌涯，止應減銀叁拾叁兩伍錢伍分壹釐貳毫捌絲玖忽貳微叁纖玖塵貳渺貳涯，實該銀捌兩玖錢柒分柒毫陸絲捌忽柒微陸纖陸塵捌渺叁漠玖沙玖洙捌涯，全數留支加增撥補俸工銀兩訖，尚不敷銀壹兩貳錢玖分肆釐陸毫壹絲肆微貳纖捌渺貳涯，遇閏之年在於上項起運正銀內留支，理合登明。

壹存留項下

原額本色存留驛倉糧貳百柒拾捌石柒斗柒升叁合叁勺柒抄捌撮捌圭，內除荒糧壹百捌拾肆石陸斗肆升壹合柒勺肆抄叁撮捌圭貳粟陸粒貳顆伍糠，實徵糧玖拾肆石壹斗叁升壹合陸勺叁抄肆撮玖圭柒粟叁粒柒顆伍糠。

原編存留銀叁千叁拾伍兩壹錢叁分柒釐叁毫玖絲叁忽貳微，內除荒銀壹千柒百壹拾壹兩貳錢壹分柒釐伍毫柒絲玖忽玖微壹纖玖渺，實存留銀壹千叁百貳拾叁兩玖錢壹分玖釐捌毫壹絲叁忽貳微捌纖玖塵壹渺。

壹俸工項下

知縣俸薪銀肆拾伍兩，內除不敷銀伍兩壹錢叁分玖釐柒毫，止支銀叁拾玖兩捌錢陸分叁毫，內除荒銀壹拾捌兩壹錢叁分陸釐壹毫陸絲壹忽捌微柒纖，實徵支銀貳拾壹兩柒錢貳分肆釐壹毫叁絲捌忽壹微叁纖，內均攤銀貳錢叁分陸釐柒毫陸絲陸忽貳微柒纖貳塵貳渺，即留抵撥補各員役俸工訖。

典史壹員，額支俸薪銀叁拾壹兩伍錢貳分，內除不敷銀叁兩陸錢壹毫，止支銀貳拾柒兩玖錢壹分玖釐玖毫，內除荒撥補銀壹拾貳兩柒錢叁釐叁毫陸絲陸忽，實徵支銀壹拾伍兩貳錢壹分陸釐伍毫叁絲肆忽。

訓導壹員，額支俸薪銀叁拾壹兩伍錢貳分，內除不敷銀叁兩陸錢壹毫，止支銀貳拾柒兩玖錢壹分玖釐玖毫，內除荒撥補銀壹拾貳兩柒錢叁釐叁毫陸絲陸忽，實徵支銀壹拾伍兩貳錢壹分陸釐伍毫叁絲肆忽。外加增全俸銀壹拾貳兩捌分壹毫。

知縣衙門

門子貳名，每名歲支銀陸兩，共銀壹拾貳兩，內除不敷銀壹兩叁錢柒分陸毫，止支銀壹拾兩陸錢貳分玖釐肆毫，內除荒撥補銀肆兩捌錢叁分陸釐叁毫壹絲叁微，實徵支銀伍兩柒錢玖分叁釐捌絲玖忽柒微。遇閏加銀壹兩，內除荒銀肆錢伍分肆釐貳毫柒絲壹忽叁微，實徵支銀伍錢肆分伍釐柒毫貳絲捌忽柒微。

皂隸、仵作壹拾陸名，每名歲支工食銀陸兩，共支銀玖拾陸兩，內除不敷銀壹拾兩玖錢陸分肆釐柒毫，止支銀捌拾伍兩叁分伍釐叁毫，內除荒撥補銀叁拾捌兩陸錢玖分肆毫捌絲叁忽捌微，實徵支銀肆拾陸兩叁錢肆分肆釐捌毫壹絲陸忽貳微。遇閏加銀捌兩，內除荒銀叁兩陸錢叁分肆釐壹毫伍絲玖忽玖微，實徵支銀肆兩叁錢陸分伍釐捌毫肆絲壹微。

馬快手捌名，每名歲支工食銀壹拾陸兩捌錢，共支銀壹百叁拾肆兩肆錢，內除不敷銀壹拾伍兩叁錢伍分陸毫，止支銀壹百壹拾玖兩肆分玖釐肆毫，內除荒撥補銀伍拾肆兩壹錢陸分陸釐陸毫陸絲伍忽陸微肆纖，實徵支銀陸拾肆兩捌錢捌分貳釐柒毫叁絲肆忽叁微陸纖。遇閏加銀壹拾壹兩貳錢，內除荒銀伍兩捌分柒釐捌毫壹絲玖忽捌微，實徵支銀陸兩壹錢壹分貳釐壹毫捌絲貳微。

民壯貳拾玖名，每名歲支工食銀陸兩，共支銀壹百柒拾肆兩，內除不敷銀壹拾玖兩捌錢柒分叁釐伍毫捌絲肆忽，止支銀壹百伍拾肆兩壹錢貳分陸釐肆毫壹絲陸忽，內除荒撥補銀柒拾兩壹錢貳分陸釐肆毫陸絲柒忽肆微肆纖，實徵支銀捌拾叁兩玖錢玖分玖釐玖毫肆絲捌忽伍微陸纖。外加增銀壹拾玖兩捌錢柒分叁釐伍毫捌絲肆忽。遇閏加銀壹拾肆兩伍錢，內除荒銀陸兩伍錢捌分陸釐捌毫玖絲捌忽貳微，實徵支銀柒兩玖錢壹分叁釐壹毫壹忽捌微。

看監禁子捌名，每名歲支工食銀陸兩，共支銀肆拾捌兩，內除不敷銀伍兩肆錢捌分貳釐肆毫，止支銀肆拾貳兩伍錢壹分柒釐陸毫，內除荒撥補銀壹拾玖兩叁錢肆分伍釐貳毫貳絲貳忽，實徵支銀貳拾叁兩壹錢柒分貳釐叁毫柒絲捌忽。遇閏加銀肆兩，內除荒銀壹兩捌錢壹分柒釐捌絲伍忽，實徵支銀貳兩壹錢捌分貳釐玖毫壹絲伍忽。

轎傘扇夫柒名，每名歲支工食銀陸兩，共支銀肆拾貳兩，內除不敷銀肆兩柒錢玖分柒釐壹毫，止支銀叁拾柒兩貳錢貳釐玖毫，內除荒撥補銀壹拾陸兩玖錢貳分柒釐陸絲壹忽柒微伍纖，實徵支銀貳拾兩貳錢柒分伍釐捌毫叁絲捌忽貳微伍纖。遇閏加銀叁兩伍錢，內除荒銀壹兩伍錢捌分玖釐玖毫肆絲肆忽叁微，實徵支銀壹兩玖錢壹分伍絲伍忽柒微。

庫子肆名，每名歲支工食銀陸兩，共支銀貳拾肆兩，內除不敷銀貳兩柒錢肆分壹釐貳毫，止支銀貳拾壹兩貳錢伍分捌釐捌毫，內除荒撥補銀玖兩陸錢柒分貳釐陸毫壹絲陸微，實徵支銀壹拾壹兩伍錢捌分陸釐壹毫捌絲玖忽肆微。遇閏加銀貳兩，內除荒銀玖錢捌釐伍毫肆絲貳忽陸微，實徵支銀壹兩玖分壹釐肆毫伍絲柒忽肆微。

斗級肆名，每名歲支工食銀陸兩，共支銀貳拾肆兩，內除不敷銀貳兩柒錢肆分壹釐貳毫，止支銀貳拾壹兩貳錢伍分捌釐捌毫，內除荒撥補銀玖兩陸錢柒分貳釐陸毫壹絲陸微，實徵支銀壹拾壹兩伍錢捌分陸釐壹毫捌絲玖忽肆微。遇閏加銀貳兩，內除荒銀玖錢捌釐伍毫肆絲貳忽陸微，實徵支銀壹兩玖分壹釐肆毫伍絲柒忽肆微。

更鼓夫伍名，每名歲支工食銀貳兩肆錢，共支銀壹拾貳兩，內除不敷銀壹兩叁錢柒分陸毫，止支銀壹拾兩陸錢貳分玖釐肆毫，內除荒撥補銀肆兩捌錢貳分柒釐捌毫貳絲伍微，實徵支銀伍兩捌錢壹釐伍毫柒絲玖忽伍微。遇閏加銀壹兩，內除荒銀肆錢伍分肆釐叁毫玖絲壹忽叁微，實徵支銀伍錢肆分伍釐陸毫捌忽柒微。

舖司兵壹拾伍名，每名歲支工食銀肆兩陸錢捌釐，共支銀陸拾玖兩壹錢貳分，內除不敷銀柒兩捌錢玖分肆釐柒毫肆絲，止支銀陸拾壹兩貳錢貳分伍釐貳毫陸絲，內除荒銀貳拾柒兩捌錢捌釐壹毫捌絲伍忽，實徵支銀叁拾叁兩肆錢壹分柒釐柒絲伍忽。外加增銀伍拾陸兩伍錢捌分貳釐玖毫貳絲伍忽。遇閏加銀伍兩柒錢陸分，內除荒銀貳兩陸錢壹分柒釐貳毫陸絲伍忽玖微，實徵支銀叁兩壹錢肆分貳釐柒毫叁絲肆忽壹微。外加增銀肆兩叁錢伍分柒釐貳毫陸絲伍忽玖微。

典史衙門

門子壹名，歲支工食銀陸兩，內除不敷銀陸錢捌分伍釐叁毫，止支銀伍兩叁錢壹分肆釐柒毫，內除荒撥補銀貳兩肆錢壹分捌釐壹毫伍絲壹微伍纖，實徵支銀貳兩捌錢玖分陸釐伍毫肆絲玖忽捌微伍纖。遇閏加銀伍錢，內除荒銀貳錢貳分柒釐壹毫肆絲陸微伍纖，實徵支銀貳錢柒分貳釐捌毫伍絲玖忽叁微伍纖。

皂隸肆名，每名歲支工食銀陸兩，共支銀貳拾肆兩，內除不敷銀貳兩柒錢肆分壹釐貳毫，止支銀貳拾壹兩貳錢伍分捌釐捌毫，內除荒撥補銀玖兩陸錢柒分貳釐陸毫壹絲陸微，實徵支銀壹拾壹兩伍錢捌分陸釐壹毫捌絲玖忽肆微。遇閏加銀貳兩，內除荒銀玖錢捌釐伍毫肆絲貳忽陸微，實徵支銀壹兩玖分壹釐肆毫伍絲柒忽肆微。

馬夫壹名，歲支工食銀陸兩，內除不敷銀陸錢捌分伍釐叁毫，止支銀伍兩叁錢壹分肆釐柒毫，內除荒撥補銀貳兩肆錢壹分捌釐壹毫伍絲壹微伍纖，實徵支銀貳兩捌錢玖分陸釐伍毫肆絲玖忽捌微伍纖。遇閏加銀伍錢，內除荒銀貳錢貳分柒釐壹毫肆絲陸微伍纖，實徵支銀貳錢柒分貳釐捌毫伍絲玖忽叁微伍纖。

訓導衙門

齋夫陸名，每名歲支工食銀陸兩，共支銀叁拾陸兩，內除不敷銀肆兩壹錢壹分壹釐捌毫，止支銀叁拾壹兩捌錢捌分捌釐貳毫，內除荒撥補銀壹拾肆兩伍錢捌釐玖毫壹絲叁忽捌纖壹塵貳渺，實徵支銀壹拾柒兩叁錢柒分玖釐貳毫捌絲陸忽玖微壹纖捌塵捌渺。遇閏加銀叁兩，內除荒銀壹兩叁錢陸分貳釐捌毫壹絲叁忽玖微，實徵支銀壹兩陸錢叁分柒釐壹毫捌絲陸忽壹微。

膳夫貳名，額支銀壹拾叁兩叁分叁釐叁毫叁絲，內除不敷銀壹兩伍錢貳分貳釐玖毫，止支銀壹拾壹兩捌錢壹分肆毫叁絲，內除荒撥補銀伍兩叁錢柒分叁釐陸毫伍忽叁微捌纖貳塵，實徵支銀陸兩肆錢叁分陸釐捌毫貳絲肆忽陸微壹纖捌塵係廪生支領。遇閏加銀壹兩壹錢壹分壹釐叁毫，內除荒撥補銀伍錢肆釐捌毫叁絲叁忽捌微伍纖肆塵叁渺，實徵支銀陸錢陸釐肆毫陸絲陸忽壹微肆纖伍塵柒渺係廪生支領。

門斗貳名，每名歲支工食銀柒兩貳錢，共支銀壹拾肆兩肆錢，內除不敷銀壹兩陸錢肆分肆釐柒毫叁絲叁忽，止支銀壹拾貳兩柒錢伍分伍釐貳毫陸絲柒忽，內除荒撥補銀伍兩捌錢叁釐伍毫陸絲柒忽陸微，實徵支銀陸兩玖錢伍分壹釐陸毫玖絲玖忽肆微。遇閏加銀壹兩貳錢，內除荒銀伍錢肆分伍釐壹毫貳絲柒忽伍微，實徵支銀陸錢伍分肆釐捌毫柒絲貳忽伍微。

廪生貳拾名，每名歲支銀叁兩貳錢，共支銀陸拾肆兩，內除不敷銀柒兩叁錢玖釐捌毫，止支銀伍拾陸兩陸錢玖分貳毫，內除荒撥補銀貳拾肆兩陸錢叁釐伍毫肆絲陸忽，實徵支銀叁拾貳兩捌分陸釐陸毫伍絲肆忽。遇閏加銀伍兩叁錢叁分叁釐叁毫肆絲，內除荒撥補銀貳兩肆錢貳分叁釐壹絲玖忽玖微，實徵支銀貳兩玖錢壹分叁毫貳絲壹微。

以上俸工項下，除廩生、膳夫貳欵照常支發外，其餘官役俸工於道光貳拾叁年奉文，均以貳兩平支放，每兩減平銀陸分，其減平銀兩，每年批解部庫交納，理合登明。

壹雜支項下

春秋貳季致祭文廟並各壇祠及無祀鬼魂品物等項共銀陸拾壹兩，內除不敷銀陸兩玖錢陸分柒釐壹毫，止支銀伍拾肆兩叁分貳釐玖毫，內除荒銀貳拾肆兩伍錢肆分壹釐肆毫伍絲陸忽，實徵支銀貳拾玖兩肆錢玖分壹釐肆毫肆絲肆忽。

外撥補均攤不敷銀肆拾叁兩捌錢陸分捌毫伍絲叁忽貳微捌纖陸塵貳渺肆漠伍沙陸涯。

鄉飲銀叁兩，內除不敷銀叁錢肆分貳釐陸毫，止支銀貳兩陸錢伍分柒釐肆毫，內除荒銀壹兩貳錢陸釐玖毫捌絲壹微叁纖，實徵支銀壹兩肆錢伍分肆毫壹絲玖忽捌微柒纖。

布政司紙劄銀壹兩，內除不敷銀壹錢壹分肆釐貳毫，止支銀捌錢捌分伍釐捌毫，內除荒銀肆錢貳釐叁毫貳絲叁忽肆微，實徵支銀肆錢捌分叁釐肆毫柒絲陸忽陸微。

以上鄉飲、紙劄貳欵於道光貳拾叁年奉文裁汰，其徵收銀兩，每年批解部庫交納，理合登明。

壹孤貧項下

孤貧玖名，口糧銀貳拾伍兩玖錢貳分，內除不敷銀貳兩玖錢陸分陸絲肆忽，止支銀貳拾貳兩玖錢伍分玖釐玖毫叁絲陸忽，內除荒銀壹拾兩肆錢肆分玖釐陸毫玖絲壹忽貳微叁纖伍塵捌渺，實徵支銀壹拾貳兩伍錢壹分貳毫肆絲肆忽柒微陸纖肆塵貳渺。外加增銀壹拾玖兩捌錢捌分玖釐柒毫伍絲伍忽貳微叁纖伍塵捌渺。遇閏加增銀貳兩柒錢。

孤貧冬衣布花銀柒兩，內除不敷銀柒錢玖分玖釐伍毫壹絲伍忽捌微，止支銀陸兩貳錢肆毫捌絲肆忽貳微，內除荒銀貳兩捌錢貳分貳釐玖忽貳微叁纖陸塵柒渺，實徵支銀叁兩叁錢柒分捌釐肆毫柒絲肆忽玖微陸纖叁塵叁渺。

壹驛站項下

銀川驛站銀壹千伍百陸拾柒兩肆錢肆分；魚河驛站銀貳拾柒兩；石嘴驛站銀肆兩捌錢；西河驛站銀壹兩玖錢柒分捌釐伍毫。共銀壹千陸百壹兩貳錢壹分捌釐伍毫，內除荒銀壹千陸拾兩伍錢壹分柒釐玖毫貳絲貳忽捌微壹纖柒塵叁渺，實徵銀伍百肆拾兩柒錢伍毫柒絲柒忽壹微捌纖貳塵柒渺。

外收受協銀伍百陸拾捌兩叁錢壹分貳釐玖毫陸絲玖忽貳微陸纖捌渺。

貳共銀壹千壹百玖兩壹分叁釐伍毫肆絲陸忽肆微肆纖叁塵伍渺，內除額協裁站銀叁百叁拾肆兩伍錢貳分捌釐伍毫叁絲玖忽貳微陸纖捌渺，實支銀柒百柒拾肆兩肆錢捌分伍釐柒忽壹微捌纖貳塵柒渺。

外撥補增給夫馬閏月銀貳拾兩貳錢伍分。

走遞、接遞長夫銀陸百壹拾叁兩陸錢，內募夫貳名，每名歲支工食銀柒兩貳錢，共銀壹拾肆兩肆錢，內除不敷銀柒拾兩捌分叁釐叁毫，止支銀伍百肆拾叁兩伍錢壹分陸釐柒毫，內除荒銀貳百肆拾陸兩捌錢陸分貳釐叁毫貳絲貳忽陸微貳纖柒塵玖渺，實徵支銀貳百玖拾陸兩陸錢伍分肆釐叁毫柒絲柒忽叁微柒纖貳塵壹渺。遇閏加銀壹兩貳錢，內除荒銀伍錢肆分伍釐貳毫伍絲捌忽陸微陸纖柒塵陸渺，實徵支銀陸錢伍分肆釐柒毫肆絲壹忽叁微叁纖貳塵肆渺。

以上存留實徵銀壹千叁百貳拾叁兩玖錢壹分玖釐捌毫壹絲叁忽貳微捌纖玖塵壹渺。

又收起運內受協洛川等州縣兑留兵餉應支銀伍百陸拾捌兩叁錢壹分貳釐玖毫陸絲玖忽貳微陸纖捌渺。

共該銀壹千捌百玖拾貳兩貳錢叁分貳釐柒毫捌絲貳忽伍微肆纖玖塵玖渺，內額協吴堡等州縣驛站抵餉銀壹百壹拾壹兩陸錢陸釐叁毫肆微叁纖；又除驛遞之差使甚少等事貳案內，共裁銀叁百捌拾壹兩陸錢陸分柒釐叁絲捌忽捌微叁纖捌渺，內在於題明請將驛站等事案內，留支本縣新增夫馬工料銀壹百伍拾捌兩柒錢肆分肆釐捌毫，實裁銀貳百貳拾貳兩玖錢貳分貳釐貳毫叁絲捌忽捌微叁纖捌渺。實該銀壹千伍百伍拾柒兩柒錢肆釐貳毫肆絲叁忽貳微捌纖玖塵壹渺。

外加增撥補俸工，除知縣俸薪留抵外，實該銀肆百貳拾玖兩捌錢捌分伍釐肆毫捌絲玖忽壹微肆纖叁塵伍渺。

共該銀壹千玖百捌拾柒兩伍錢捌分玖釐柒毫叁絲貳忽肆微叁纖貳塵陸渺於乾

隆伍拾貳年奉文，全數解司，壹切支欵，俱由司按季領支，嗣於嘉慶伍年奉文，在縣留支，並不解司，按季請領。

外於西安司庫撥補領支均攤祭祀銀肆拾叁兩捌錢陸分捌毫伍絲叁忽貳微捌纖陸塵貳渺肆漠伍沙陸涯係動司庫解到耗羨銀兩。

遇閏原加銀柒拾陸兩捌錢柒釐玖毫柒絲貳忽，內除各官閏俸銀玖兩叁釐叁毫叁絲貳忽入起運外，實該銀陸拾柒兩捌錢肆釐陸毫肆絲，內除荒銀叁拾兩捌錢貳釐柒毫玖絲捌忽陸微貳纖壹塵玖渺，實徵銀叁拾柒兩壹釐捌毫肆絲壹忽叁微柒纖捌塵壹渺。

外撥補加增廩膳、舖司閏月銀壹拾兩貳錢陸分伍釐叁毫柒絲玖忽壹微捌纖柒塵陸渺肆漠。

共該銀肆拾柒兩貳錢陸分柒釐貳毫貳絲伍微陸纖伍塵柒渺肆漠於乾隆伍拾貳年奉文，全數解司，壹切支欵，俱由司按季領支，嗣於嘉慶伍年奉文，在縣留支，並不解司，按季請領。

外於西安布政司庫撥補增給所夫閏月銀貳拾兩貳錢伍分在于西安司庫地、丁銀內支領。

額外協濟膚施縣額解延安府廩生月糧叁分復壹，銀肆兩捌錢，內除荒撥補銀叁兩貳錢貳分伍釐叁毫陸絲叁忽伍微捌纖陸塵柒渺，實徵銀壹兩伍錢柒分肆釐陸毫叁絲陸忽肆微壹纖叁塵叁渺於乾隆伍拾貳年奉文，全數解司，壹切支欵，俱由司按季領支，嗣於嘉慶伍年奉文，在縣留支，並不解司，按季請領。

遇閏加銀肆兩，內除荒撥補銀貳錢捌分貳毫伍絲玖忽伍微叁纖叁塵叁渺肆漠，實徵銀壹錢壹分玖釐柒毫肆絲肆微陸纖陸塵陸渺陸漠於乾隆伍拾貳年奉文，全數解司，壹切支欵，俱由司按季領支，嗣於嘉慶伍年奉文，在縣留支，並不解司，按季請領。

又額外課程銀伍兩叁錢壹分柒毫伍絲係舖戶出辦。遇閏加銀肆錢肆分貳釐伍毫陸絲貳忽伍微。

畜稅銀壹拾陸兩壹錢伍分伍釐係買騾馬出辦，原無定額，儘收儘解。

牙稅銀叁兩牙人陸名，每名徵銀伍錢。

地稅銀陸兩叁錢係買地房業主出辦，原無定額，儘收儘解。

當稅銀肆拾伍兩係典舖出辦，共典舖玖座，每座每年當稅銀伍兩。

清澗縣

原額折正地壹千玖百柒頃陸拾捌畝柒分，共額徵本折糧柒千捌百叁拾陸石柒斗柒升壹合玖勺叁抄玖撮柒圭，每畝科本色糧貳升捌合貳勺伍抄伍撮陸圭壹粟，共糧伍千叁百玖拾石貳斗捌升玖合捌勺捌抄捌撮壹圭，內除拋荒召佃減納糧叁百壹拾柒石柒斗捌升伍勺捌抄柒撮肆圭，止該折正本色糧伍千柒拾貳石伍斗玖合叁勺柒圭，科折色糧壹升貳合捌勺貳抄肆撮叁圭叁粟，共折色糧貳千肆百肆拾陸石肆斗捌升貳合伍抄壹撮陸圭，每石折徵銀壹兩玖錢叁分柒釐柒毫貳絲柒忽，共額徵銀肆千柒百肆拾兩陸錢壹分肆釐貳毫貳絲叁忽叁微玖纖捌塵。

順治柒、捌兩年題明免過無主、有主荒地共壹千伍百捌拾伍頃肆分柒釐，應免糧陸千貳百肆拾柒石陸升柒合陸勺貳抄伍撮伍圭柒粟，內前墾並興屯墾過及節年開墾、丈首共地貳百伍拾貳頃伍拾伍畝捌分叁釐貳毫，該徵糧玖百玖拾伍石叁斗叁升玖合伍勺壹抄捌撮陸圭貳粟壹粒玖顆伍糠。

實豁免地壹千叁百叁拾貳頃肆拾肆畝陸分叁釐捌毫，應免本折糧伍千貳百伍拾壹石柒斗貳升捌合壹勺陸撮玖圭肆粟捌粒伍糠，內實應免本色起運糧貳千玖百捌拾柒石貳斗叁升捌合陸勺叁抄柒撮壹圭貳粟陸粒伍顆，實應免本色存留驛倉糧貳百玖石伍斗叁升柒合玖勺伍抄柒撮捌圭伍粟壹粒陸顆伍糠，實應免本色官學倉糧叁百肆拾陸石壹斗柒升陸合玖勺壹抄貳撮叁粟貳顆，每石折銀捌錢，該除銀貳百柒拾陸兩玖錢肆分壹釐伍毫叁絲貳忽貳微捌纖捌渺陸漠伍沙，實應免折色糧壹千柒百捌石柒斗柒升肆合伍勺玖抄玖撮玖圭叁粟玖粒柒顆，該除銀叁千叁百壹拾壹兩壹錢叁分捌釐陸毫陸絲陸忽陸微貳纖壹塵陸渺壹漠伍沙，實應免本色存留驛倉草貳千玖束伍觔叁兩柒錢玖分陸釐陸毫肆絲。

實在地伍百柒拾伍頃貳拾肆畝陸釐貳毫，該徵本折糧貳千貳百陸拾柒石貳斗陸升叁合貳勺肆抄伍撮叁圭伍粟壹粒玖顆伍糠，實徵本色起運糧壹千貳百捌拾玖石陸斗肆升肆合肆勺玖抄貳撮捌圭柒粟叁粒伍顆遵照乾隆伍拾玖年奉准部咨令，將康熙年間易知由單內載：每畝科徵糧貳升貳合肆勺壹抄玖撮貳圭壹粟玖粒，實徵本色存留驛倉糧玖拾石肆斗陸升貳合肆抄貳撮壹圭肆粟捌粒叁顆叁糠每畝科徵糧壹合伍勺柒抄貳撮伍圭玖粟陸粒，實徵本色官學倉糧壹百肆拾玖石肆斗肆升玖合貳勺伍抄捌撮陸圭陸粟玖粒捌顆，該徵銀壹百壹拾玖兩伍錢伍分玖釐肆毫肆忽貳微柒纖玖塵壹渺叁漠伍沙每畝徵糧貳合伍勺玖抄捌撮貳粟捌粒，每畝折徵銀貳釐柒絲捌忽肆微貳纖壹塵柒渺，實徵折色糧柒百叁拾柒石柒斗柒合肆勺伍抄壹撮陸圭陸粟叁顆，該折徵銀壹千肆百貳拾玖兩肆錢柒分伍釐伍毫伍絲陸忽柒微柒纖陸塵叁渺捌漠伍沙遵照乾隆伍拾玖年奉准部咨令，將康熙年間易知由單內載：壹等地每畝折徵銀貳分肆釐捌毫伍絲肆纖肆塵玖渺，纂入書內，嗣後遇有墾豁，以便按畝增除，實徵本色存留驛倉草捌百陸拾玖束叁觔伍兩陸錢捌分叁釐叁毫陸絲。

原額人丁叁等玖則不等，共折下下人丁壹萬壹千壹百伍拾叁丁，每丁徵銀叁錢壹分玖釐貳絲柒忽壹微，共銀叁千伍百伍拾捌兩壹錢壹分肆絲，內除優免丁伍百伍拾伍丁，共銀壹百柒拾柒兩陸分肆絲。

行差丁壹萬伍百玖拾捌丁，共額徵銀叁千叁百捌拾壹兩伍分。

順治柒年並拾壹兩年題明豁免過逃亡丁肆千玖百伍拾壹丁，應除銀壹千肆百捌拾陸兩壹錢陸分肆釐陸絲壹忽，前招回並節年招回及審出共丁貳百捌拾肆丁，該銀玖拾兩柒錢壹分肆釐柒毫伍絲叁忽，實豁免丁肆千陸百陸拾柒丁，該除銀壹千叁百玖拾伍兩肆錢肆分玖釐叁毫捌忽。

實在行差丁伍千玖百叁拾壹丁，共徵銀壹千玖百捌拾伍兩陸錢陸毫玖絲貳忽。

康熙伍拾伍年起，至乾隆貳拾陸年止，編審出丁叁拾柒丁；乾隆叁拾壹年編審出丁肆丁；乾隆叁拾陸年編審出丁肆丁。共編審出丁肆拾伍丁，欽遵康熙伍拾貳年叁月拾捌日恩詔，後遇編審之期，但據康熙伍拾年丁冊定為常額，永不加賦。

遇閏加銀貳百壹拾捌兩玖錢捌分肆釐壹毫貳絲玖忽，內除荒銀壹百兩貳錢捌毫陸絲伍忽壹微柒塵玖渺叁漠，實徵銀壹百壹拾捌兩柒錢捌分叁釐貳毫陸絲叁忽捌微玖纖貳塵柒漠。

又額外協濟膚施縣額解延安府廩生月糧奉裁充餉銀玖兩陸錢，內除荒銀陸兩柒錢貳分肆釐柒毫伍絲陸忽壹微玖塵肆渺，實徵銀貳兩捌錢柒分伍釐貳毫肆絲叁忽捌微玖纖陸渺。遇閏加銀捌錢，內除荒銀伍錢陸分叁毫玖絲玖微陸纖玖塵捌渺陸漠，實徵銀貳錢叁分玖釐陸毫玖忽叁纖壹渺肆漠。

匠價銀伍兩肆錢肆分伍釐。遇閏加銀肆錢壹分貳釐伍毫以上額外正閏攤入前地糧徵解。

以上地、丁貳項並額外匠價等項，除優免丁銀外，共銀捌千伍百叁拾叁兩貳錢壹分壹毫伍絲玖忽玖微伍纖捌塵，內除荒銀肆千玖百玖拾兩貳錢伍分肆釐貳毫陸絲叁忽壹纖壹塵捌渺捌漠，實徵銀叁千伍百肆拾貳兩玖錢伍分伍釐捌毫玖絲陸忽玖微肆纖陸塵壹渺貳漠。

本色起運糧肆千貳百柒拾陸石捌斗捌升叁合壹勺叁抄，內除荒糧貳千玖百捌拾柒石貳斗叁升捌合陸勺叁抄柒撮壹圭貳粟陸粒伍顆，實徵糧壹千貳百捌拾玖石陸斗肆升肆合肆勺玖抄貳撮捌圭柒粟叁粒伍顆。

本色存留驛倉糧叁百石，內除荒糧貳百玖石伍斗叁升柒合玖勺伍抄柒撮捌圭伍粟壹粒陸顆伍糠，實徵糧玖拾石肆斗陸升貳合肆抄貳撮壹圭肆粟捌粒叁顆伍糠。

本色存留驛倉草貳千捌百柒拾捌束捌斤玖兩肆錢捌分，內除荒草貳千玖束伍觔叁兩柒錢玖分陸釐陸毫肆絲，實徵草捌百陸拾玖束叁觔伍兩陸錢捌分叁釐叁毫陸絲。

遇閏原加銀貳百壹拾捌兩玖錢捌分肆釐壹毫貳絲玖忽，內除荒銀壹百兩貳錢捌毫陸絲伍忽壹微柒塵玖渺叁漠，實徵銀壹百壹拾捌兩柒錢捌分叁釐貳毫陸絲叁忽捌微玖纖貳塵柒漠。

又額外奉裁廩生閏月充餉銀捌錢，內除荒銀伍錢陸分叁毫玖絲玖微陸纖玖塵捌渺陸漠，實徵銀貳錢叁分玖釐陸毫玖忽叁纖壹渺肆漠。

匠價銀肆錢壹分貳釐伍毫。

叁項實徵共銀壹百壹拾玖兩肆錢叁分伍釐叁毫柒絲貳忽玖微貳纖貳塵貳渺壹漠。

壹起運項下

原編起運本色糧肆千貳百柒拾陸石捌斗捌升叁合壹勺叁抄，內除荒糧貳千玖百捌拾柒石貳斗叁升捌合陸勺叁抄柒撮壹圭貳粟陸粒伍顆，實徵糧壹千貳百捌拾玖石陸斗肆升肆合肆勺玖抄貳撮捌圭柒粟叁粒伍顆。

原編起運糧草折價銀叁千壹百叁拾伍兩貳錢玖分伍釐叁毫貳絲肆忽叁微玖纖捌塵，內除荒銀貳千壹百捌拾玖兩捌錢捌分叁釐捌毫叁絲柒忽叁微柒纖玖塵壹渺，實徵起運銀玖百肆拾伍兩肆錢壹分壹釐肆毫捌絲柒忽壹纖捌塵玖渺。

節裁民校、柴薪、抵祿、軍器、毛襖等項共銀柒百壹兩壹錢叁分叁釐叁毫，內除荒銀貳百捌拾玖兩叁錢柒分陸釐叁毫陸絲叁微玖纖柒塵捌渺，實起運銀肆百壹拾壹兩柒錢伍分陸釐玖毫叁絲玖忽陸微貳塵貳渺。

舊編存留，內順治玖年裁扣各役工食銀貳百叁拾陸兩；拾貳年裁扣傘扇銀捌兩；拾肆年裁扣官生俸廩等項共銀壹百玖拾壹兩玖錢叁分肆釐肆毫柒絲；拾伍年裁汰冗員銀肆拾玖兩伍錢貳分。康熙元年裁吏書工食銀壹百壹拾伍兩貳錢；叁年裁門斗、齋夫工食銀肆拾叁兩貳錢，褋費丁銀貳百肆拾壹兩玖錢貳釐貳毫；康熙拾伍年裁扣心紅紙張、修理監倉、喂馬草料、芒神土牛、修理倉厫、半留紙劄等項共銀陸拾壹兩壹錢捌分伍釐；貳拾柒年裁扣舉貢盤纏銀叁拾叁兩。雍正陸年裁燈夫銀貳拾肆兩；捌年裁扣石嘴驛俸工銀肆拾叁兩伍錢貳分；拾壹年裁扣巡檢俸食銀肆拾叁兩伍錢貳分；拾貳年裁民壯工食銀貳拾肆兩。乾隆玖年奉裁舖司工食銀肆拾叁兩貳錢，又舊編冗費裁剩解部銀叁拾玖兩伍分陸釐貳毫叁絲陸忽伍微陸纖，奉裁派撥西延廳民壯工食銀壹百捌兩，又久缺榆林廣有庫大使、皂隸俸工銀肆拾叁兩伍錢貳分。

共裁歸起運銀壹千叁百肆拾捌兩柒錢伍分柒釐玖毫陸忽伍微陸纖，內除荒銀陸百貳兩貳錢捌分貳釐柒毫叁絲貳忽叁微捌纖肆塵肆渺肆漠伍沙壹洙貳涯，實徵銀柒百肆拾陸兩肆錢柒分伍釐壹毫柒絲肆忽壹微柒纖伍塵伍渺伍漠肆沙捌洙捌涯。

又額外協濟廩生月糧銀玖兩陸錢，內除荒銀陸兩柒錢貳分肆釐柒毫伍絲陸忽壹微玖塵肆渺，實徵銀貳兩捌錢柒分伍釐貳毫肆絲叁忽捌微玖纖陸渺。

又匠價銀伍兩肆錢肆分伍釐。

以上實該起運銀貳千壹百壹拾壹兩玖錢陸分叁釐捌毫肆絲肆忽陸微捌纖柒塵貳渺伍漠肆沙捌洙捌涯。

又收存留內驛遞之差使甚少等事貳案內，共裁站銀叁百叁拾捌兩貳釐貳毫捌絲貳忽貳微陸纖伍渺，內在於題明請將驛站等事案內，留支耆、石貳驛新增夫馬工料銀叁百壹兩捌錢壹分叁釐陸毫陸絲，止實收銀叁拾陸兩壹錢捌分捌釐陸毫貳絲貳忽貳微陸纖伍渺。

共該起運銀貳千壹百肆拾捌兩壹錢伍分貳釐肆毫陸絲陸忽玖微肆纖柒塵柒渺伍漠肆沙捌洙捌涯，內除受協郃陽等縣站支兌留兵餉銀叁拾玖兩貳錢叁分捌毫捌絲貳微陸纖貳塵叁渺；又除驛遞奉裁歸縣等事案內，撥補石嘴驛夫馬工料銀貳百伍兩肆錢壹分玖釐捌毫伍絲柒忽貳微陸纖伍渺。止該起運銀壹千玖百叁兩伍錢壹釐柒毫貳絲玖忽肆微貳纖肆塵玖渺伍漠肆沙捌洙捌涯。

又於請倣以糧載丁等事案內，通省以糧均丁減銀壹千伍百肆拾兩伍錢陸分柒釐陸毫貳絲陸忽柒微捌塵玖渺，內除乾隆元、陸、拾壹、拾陸、貳拾壹、貳拾陸等年編審案內，共增抵補屯更丁銀叁百叁拾捌兩捌錢肆分貳釐叁毫柒忽伍微陸纖貳塵陸漠陸沙陸洙陸涯肆洒；又乾隆叁拾壹、叁拾陸等年編審案內，共增抵補屯更丁銀壹百陸拾捌兩壹錢肆分伍釐肆絲伍忽叁微捌纖壹塵叁漠叁沙叁洙叁涯貳洒。止該減銀壹千叁拾叁兩伍錢捌分貳毫柒絲叁忽柒微陸纖伍塵捌渺肆洒。

實起運銀捌百陸拾玖兩玖錢貳分壹釐肆毫伍絲伍忽陸微伍纖玖塵壹渺伍漠肆沙捌洙柒涯陸洒，內留支加增撥補俸工並額外廪糧共銀貳百叁兩叁錢玖分貳釐伍毫壹絲捌忽玖微柒纖玖塵肆渺，止該起運銀陸百陸拾陸兩伍錢貳分捌釐玖毫叁絲陸忽陸微柒纖玖塵柒渺伍漠肆沙捌洙柒涯陸洒。

外遇閏，順治玖年裁扣銀壹拾捌兩；拾肆年裁扣銀壹拾伍兩貳錢陸分叁釐叁絲叁忽；拾伍年裁汰銀肆兩壹錢貳分陸釐陸毫陸絲陸忽。康熙元年裁汰吏書工食銀玖兩陸錢；叁年裁門斗、齋夫銀叁兩陸錢；拾伍年裁心紅紙張、喂馬草料銀貳兩陸錢陸分陸釐陸毫柒絲。雍正陸年裁燈夫銀貳兩；捌年裁石嘴驛驛丞、皂隸銀叁兩陸錢貳分陸釐陸毫陸絲陸忽；拾壹年裁扣巡檢俸食銀叁兩陸錢貳分陸釐陸毫陸絲陸忽；拾貳年裁民壯銀貳兩。乾隆玖年裁扣舖司工食銀叁兩陸錢，奉裁派撥西延廳民壯工食銀玖兩，又久缺榆林廣有庫大使、皂隸工食銀壹兩，又閏俸銀壹拾壹兩陸錢貳分玖釐玖毫玖絲捌忽。

共裁歸起運銀捌拾玖兩柒錢叁分玖釐陸毫玖絲玖忽，內除荒銀肆拾壹兩陸分捌毫壹絲肆忽柒微捌纖伍渺肆漠陸沙捌涯，實徵銀肆拾捌兩陸錢柒分捌釐捌毫捌絲肆忽貳微壹纖玖塵肆渺伍漠叁沙玖洙貳涯。

又額外協濟廪生月糧奉裁充餉銀捌錢，內除荒銀伍錢陸分叁毫玖絲玖微陸纖玖塵捌渺陸漠，實徵銀貳錢叁分玖釐陸毫玖忽叁纖壹渺肆漠。

匠價銀肆錢壹分貳釐伍毫。

以上共起運閏銀肆拾玖兩叁錢叁分玖毫玖絲叁忽貳微肆纖玖塵伍渺玖漠叁沙玖洙貳涯。

又收驛遞之差使甚少等事貳案內，共裁站銀貳拾玖兩壹錢陸分陸釐陸毫。

貳項共銀柒拾捌兩肆錢玖分柒釐伍毫玖絲叁忽貳微肆纖玖塵伍渺玖漠叁沙玖洙貳涯，內在於請倣以糧載丁等事案內，通省以糧均丁減銀玖拾伍兩叁錢柒分叁釐玖毫叁絲捌忽伍微玖纖柒塵叁渺，內除節次抵補屯更丁銀叁拾貳兩貳錢伍分貳釐叁絲捌忽柒纖貳塵捌渺玖漠玖沙玖洙玖涯捌洒，止該減銀陸拾叁兩壹錢貳分壹釐玖毫伍微貳纖肆塵肆渺貳洒。

實該起運銀壹拾伍兩叁錢柒分伍釐陸毫玖絲貳忽柒微貳纖伍塵壹渺玖漠叁沙玖洙壹涯捌洒，內除留支加增撥補工食并額外廪糧共銀伍兩貳分捌釐伍絲肆忽肆微伍渺肆漠，止該起運銀壹拾兩叁錢肆分柒釐陸毫叁絲捌忽叁微貳纖肆塵陸渺伍漠叁沙玖洙壹涯捌洒。

壹存留項下

原編本色存留驛倉糧叁百石，內除荒糧貳百玖石伍斗叁升柒合玖勺伍抄柒撮捌圭伍粟壹粒陸顆伍糠，實徵糧玖拾石肆斗陸升貳合肆抄貳撮壹圭肆粟捌粒叁顆伍糠。

本色存留驛倉草貳千捌百柒拾捌束捌觔玖兩肆錢捌分，內除荒草貳千玖束伍觔叁兩柒錢玖分陸釐陸毫肆絲，實徵草捌百陸拾玖束叁觔伍兩陸錢捌分叁釐叁毫陸絲。

原編存留銀叁千叁百叁拾貳兩玖錢柒分捌釐陸毫貳絲玖忽，內除荒銀壹千玖百壹兩玖錢捌分陸釐伍毫柒絲陸忽柒微肆纖壹塵壹渺叁漠肆沙捌洙捌涯，實徵銀壹千肆百叁拾兩玖錢玖分貳釐伍絲貳忽貳微伍纖捌塵捌渺陸漠伍沙壹洙貳涯。

壹俸工項下

知縣俸薪銀肆拾伍兩，內除荒銀貳拾兩伍錢玖分壹釐陸絲陸忽陸微叁纖伍塵，實徵支銀貳拾肆兩肆錢捌釐玖毫叁絲叁忽叁微陸纖伍塵，內均攤銀壹錢伍分壹釐柒毫陸絲叁忽伍微伍塵伍渺，即留抵各員役俸工訖。

典史壹員，額支俸薪銀叁拾壹兩伍錢貳分，內除荒撥補銀壹拾肆兩肆錢貳分貳釐柒毫伍絲貳忽玖微貳纖陸塵，實徵支銀壹拾柒兩玖分柒釐貳毫肆絲柒忽柒纖肆塵。

訓導壹員，額支俸薪銀叁拾壹兩伍錢貳分，內除荒撥補銀壹拾肆兩肆錢貳分貳釐柒毫伍絲貳忽玖微貳纖陸塵，實徵支銀壹拾柒兩玖分柒釐貳毫肆絲柒忽柒纖肆塵。外撥補全俸銀捌兩肆錢捌分。

知縣衙門

門子貳名，每名歲支工食銀陸兩，共支銀壹拾貳兩，內除荒撥補銀伍兩肆錢玖分捌毫玖絲伍忽陸微伍纖，實徵支銀陸兩伍錢玖釐壹毫肆忽叁微伍纖。遇閏加銀壹兩，內除荒銀肆錢伍分柒釐伍毫玖絲柒微柒纖玖塵，實徵支銀伍錢肆分貳釐肆毫玖忽貳微貳纖壹塵。

皂隸、仵作壹拾陸名，每名歲支工食銀陸兩，共支銀玖拾陸兩，內除荒撥補銀肆拾叁兩玖錢貳分柒釐壹毫陸絲陸忽肆微肆纖肆塵，實徵支銀伍拾貳兩柒分貳釐捌毫叁絲叁忽伍微伍纖陸塵。遇閏加銀捌兩，內除荒銀叁兩陸錢陸分柒毫貳絲貳忽捌微，實徵支銀肆兩叁錢叁分玖釐貳毫柒絲柒忽貳微。

馬快捌名，每名歲支工食草料銀壹拾陸兩捌錢，共支銀壹百叁拾肆兩肆錢，內除荒撥補銀陸拾壹兩肆錢玖分捌釐叁絲貳忽叁纖柒塵陸渺，實徵支銀柒拾貳兩玖錢壹釐玖毫陸絲柒忽玖微陸纖貳塵肆渺。遇閏加銀壹拾壹兩貳錢，內除荒銀伍兩壹錢貳分肆釐捌毫捌絲伍忽貳微玖纖伍塵，實徵支銀陸兩柒分伍釐壹毫壹絲肆忽柒微伍塵。

民壯貳拾捌名，每名歲支工食銀陸兩，共支銀壹百陸拾捌兩，內除荒撥補銀柒拾陸兩捌錢柒分貳釐伍毫伍絲壹忽捌微壹纖貳塵，實徵支銀玖拾壹兩壹錢貳分柒釐肆毫肆絲捌忽壹微捌纖捌塵。遇閏加銀壹拾肆兩，內除荒銀陸兩肆錢陸釐壹毫柒忽柒微陸纖玖塵陸渺，實徵支銀柒兩伍錢玖分叁釐捌毫玖絲貳忽貳微叁纖肆渺。

看監禁子捌名，每名歲支工食銀陸兩，共支銀肆拾捌兩，內除荒撥補銀貳拾壹兩玖錢陸分叁釐伍毫捌絲貳忽陸微玖纖貳塵，實徵支銀貳拾陸兩叁分陸釐肆毫壹絲柒忽叁微捌塵。遇閏加銀肆兩，內除荒銀壹兩捌錢叁分叁毫陸絲玖微貳纖，實徵支銀貳兩壹錢陸分玖釐陸毫叁絲口忽捌纖。

轎傘扇夫柒名，每名歲支工食銀陸兩，共支銀肆拾貳兩，內除荒撥補銀壹拾玖兩貳錢壹分捌釐壹毫叁絲伍忽肆微柒纖捌塵，實徵支銀貳拾貳兩柒錢捌分壹釐捌毫陸絲肆忽伍微貳纖貳塵。遇閏加銀叁兩伍錢，內除荒銀壹兩陸錢壹釐伍毫陸絲陸忽肆微伍纖，實徵支銀壹兩捌錢玖分捌釐肆毫叁絲叁忽伍微伍纖。

庫子肆名，每名歲支工食銀陸兩，共支銀貳拾肆兩，內除荒撥補銀壹拾兩玖錢捌分壹釐柒毫玖絲壹忽叁微玖纖壹塵，實徵支銀壹拾叁兩壹分捌釐貳毫捌忽陸微玖塵。遇閏加銀貳兩，內除荒銀玖錢壹分伍釐壹毫捌絲肆微伍纖捌塵，實徵支銀壹兩捌分肆釐捌毫壹絲玖忽伍微肆纖貳塵。

斗級肆名，每名歲支工食銀陸兩，共支銀貳拾肆兩，內除荒撥補銀壹拾兩玖錢捌分壹釐柒毫玖絲壹忽叁微玖纖壹塵，實徵支銀壹拾叁兩壹分捌釐貳毫捌忽陸微玖塵。遇閏加銀貳兩，內除荒銀玖錢壹分伍釐壹毫捌絲肆微伍纖捌塵，實徵支銀壹兩捌分肆釐捌毫壹絲玖忽伍微肆纖貳塵。

鐘鼓夫伍名，每名歲支工食銀貳兩肆錢，共支銀壹拾貳兩，內除荒撥補銀伍兩肆錢玖分捌毫玖絲叁忽捌微伍纖，實徵支銀陸兩伍錢玖釐壹毫陸忽壹微伍纖。遇閏加銀壹兩，內除荒銀肆錢伍分柒釐伍毫捌絲玖忽柒微柒纖玖塵，實徵支銀伍錢肆分貳釐肆毫壹絲貳微貳纖壹塵。

各舖司兵貳拾捌名，每名歲支工食銀肆兩捌錢，共支銀壹百叁拾肆兩肆錢，內撥支西鄉縣二名，其正閏工食銀兩，俱由縣解司支領，內除荒銀陸拾壹兩伍錢壹毫陸忽玖微玖纖肆塵肆渺陸漠肆沙捌洙捌涯，實徵支銀柒拾貳兩捌錢玖分玖釐捌毫玖絲叁忽伍塵伍渺叁漠伍沙壹洙貳涯。外加增銀玖拾伍兩壹錢壹毫陸忽玖微玖纖肆塵肆渺陸漠肆沙捌洙捌涯。遇閏加銀壹拾壹兩貳錢，內除荒銀伍兩壹錢貳分伍釐肆忽捌纖玖塵叁渺捌漠叁沙玖洙貳涯，實徵支銀陸兩柒分肆釐玖毫玖絲伍忽玖微壹纖陸渺壹漠陸沙捌涯。外加增銀柒兩玖錢貳分伍釐肆忽捌纖玖塵叁渺捌漠叁沙玖洙貳涯。

典史衙門

門子壹名，歲支工食銀陸兩，內除荒撥補銀貳兩柒錢肆分伍釐肆毫肆絲柒忽柒微柒纖肆塵，實徵支銀叁兩貳錢伍分肆釐伍毫伍絲貳忽貳微貳纖陸塵。遇閏加銀伍錢，內除荒銀貳錢貳分捌釐柒毫玖絲伍忽叁微陸纖玖塵伍渺，實徵支銀貳錢柒分壹釐貳毫肆忽陸微叁纖伍渺。

皂隸肆名，每名歲支工食銀陸兩，共支銀貳拾肆兩，內除荒撥補銀壹拾兩玖錢捌分壹釐柒毫玖絲壹忽叁微玖纖壹塵，實徵支銀壹拾叁兩壹分捌釐貳毫捌忽陸微玖塵。遇閏加銀貳兩，內除荒銀玖錢壹分伍釐壹毫捌絲肆微伍纖捌塵，實徵支銀壹兩捌分肆釐捌毫壹絲玖忽伍微肆纖貳塵。

馬夫壹名，歲支工食銀陸兩，內除荒撥補銀貳兩柒錢肆分伍釐肆毫肆絲柒忽柒微柒纖肆塵，實徵支銀叁兩貳錢伍分肆釐伍毫伍絲貳忽貳微貳纖陸塵。遇閏加銀伍錢，內除荒銀貳錢貳分捌釐柒毫玖絲伍忽叁微陸纖玖塵伍渺，實徵支銀貳錢柒分壹釐貳毫肆忽陸微叁纖伍渺。

教職衙門

齋夫叁名，每名歲支工食銀壹拾貳兩，共支銀叁拾陸兩，內除荒撥補銀壹拾陸兩肆錢柒分貳釐陸毫玖絲捌忽壹微肆纖肆塵，實徵支銀壹拾玖兩伍錢貳分柒釐叁毫壹忽捌微伍纖陸塵。遇閏加銀叁兩，內除荒銀壹兩叁錢柒分貳釐柒毫柒絲壹忽貳微叁纖，實徵支銀壹兩陸錢貳分柒釐貳毫貳絲捌忽柒微柒纖。

膳夫貳名，額支工食銀壹拾叁兩叁錢叁分叁釐叁毫叁絲，內除荒撥補銀陸兩壹錢壹釐玖絲陸忽捌微陸纖貳塵壹渺，實徵支銀柒兩貳錢叁分貳釐貳毫叁絲叁忽壹微叁纖柒塵玖渺係廪生支領。遇閏加銀壹兩壹錢壹分壹釐壹毫，內除荒撥補銀伍錢柒釐柒毫柒絲肆微貳纖肆塵，實徵支銀陸錢叁釐叁毫貳絲玖忽伍微柒纖陸塵係廪生支領。

門斗貳名，每名歲支工食銀柒兩貳錢，共支銀壹拾肆兩肆錢，內除荒撥補銀陸兩伍錢捌分玖釐柒絲肆忽伍微壹纖柒塵陸渺，實徵支銀柒兩捌錢壹分玖毫貳絲伍忽肆微捌纖貳塵肆渺。遇閏加銀壹兩貳錢，內除荒銀伍錢肆分玖釐伍毫叁絲伍忽叁微叁纖伍塵伍渺，實徵支銀陸錢伍分肆毫陸絲肆忽陸微陸纖肆塵伍渺。

廪生貳拾名，每名歲支銀叁兩貳錢，共支銀陸拾肆兩，內除荒撥補銀貳拾玖兩貳錢捌分肆釐伍毫肆絲玖忽伍微肆纖壹塵貳渺，實徵支銀叁拾肆兩柒錢壹分伍釐肆毫伍絲肆微伍纖捌塵捌渺。遇閏加銀伍兩叁錢叁分叁釐叁毫叁絲，內除荒撥補銀貳兩肆錢肆分捌絲捌忽肆微玖纖壹塵陸渺，實徵支銀貳兩捌錢玖分叁釐貳毫肆絲壹忽伍微捌塵肆渺。

以上俸工項下，除廪生、膳夫貳欵照常支發外，其餘官役俸工於道光貳拾叁年奉文，均以貳兩平支放，每兩減平銀陸分，其減平銀兩，每年批解部庫交納，理合登明。

壹祼支項下

春秋貳季祭祀文廟并各壇祠及無祀鬼魂品物等項共銀捌拾壹兩玖錢，內除荒銀叁拾柒兩肆錢柒分伍釐玖毫肆絲肆忽貳微柒纖壹塵陸渺，實徵支銀肆拾肆兩肆錢貳分肆釐伍絲伍忽柒微貳纖捌塵肆渺。

外均攤撥補銀貳拾捌兩玖錢貳分柒釐貳毫貳絲柒忽伍微伍纖柒塵捌渺肆漠伍沙陸涯。

鄉飲銀叁兩，內除荒銀壹兩叁錢柒分貳釐柒毫貳絲壹忽貳微叁纖柒塵，實徵支銀壹兩陸錢貳分柒釐貳毫柒絲捌忽柒微陸纖叁塵。

布政司紙劄銀貳兩壹錢捌分伍釐，內除荒銀玖錢玖分柒釐貳毫捌絲叁忽叁微陸纖捌塵壹渺，實徵支銀壹兩壹錢捌分柒釐柒毫壹絲陸忽陸微叁纖壹塵玖渺。

以上鄉飲、紙劄貳欵於道光貳拾叁年奉文裁汰，共徵收銀兩，每年批解部庫交納，理合登明。

壹孤貧項下

孤老陸名，口糧銀壹拾柒兩貳錢捌分，內除荒銀柒兩玖錢陸釐捌毫貳絲柒忽捌微陸纖叁塵貳渺，實徵支銀玖兩叁錢柒分叁釐壹毫柒絲貳忽壹微叁纖陸塵捌渺。外加增銀壹拾貳兩貳錢貳分陸釐捌毫貳絲柒忽捌微陸纖叁塵貳渺。又加增閏月銀壹兩捌錢。

孤老冬衣布花銀伍兩，內除荒銀貳兩貳錢捌分柒釐捌毫伍絲柒忽貳微陸纖捌塵伍渺，實徵支銀貳兩柒錢壹分貳釐壹毫肆絲貳忽柒微叁纖壹塵伍渺。

壹驛站項下

本縣奢延驛站銀壹千肆百陸拾陸兩肆錢；石嘴驛站銀捌拾叁兩玖錢壹分叁釐肆毫；鋪陳抵站銀壹拾肆兩叁錢貳分陸釐捌毫玖絲玖忽。共銀壹千伍百陸拾肆兩陸錢肆分貳毫玖絲玖忽，內除荒銀壹千玖拾貳兩捌錢肆分貳釐肆毫壹絲叁忽捌微貳纖捌塵肆渺，實徵銀肆百柒拾壹兩柒錢玖分柒釐捌毫捌絲伍忽壹微柒纖壹塵陸渺。

又收受協部陽等縣站支兌留兵餉銀叁拾玖兩貳錢叁分捌毫捌絲貳微陸纖貳塵叁渺。

又收驛遞已奉裁歸縣等事案內，留支夫馬工料銀貳百伍兩肆錢壹分玖釐捌毫伍絲柒忽貳微陸纖伍渺。

共實徵支銀柒百壹拾陸兩肆錢肆分捌釐陸毫貳絲貳忽柒微叁塵肆渺。

外遇閏增給夫馬工料銀肆拾壹兩肆錢。

走遞、摃夫銀陸百玖拾貳兩肆錢，內除荒銀叁百壹拾陸兩捌錢貳分壹釐玖毫貳忽陸微柒纖叁塵叁渺柒漠，實徵銀叁百柒拾伍兩伍錢柒分捌釐玖絲柒忽叁微貳纖陸塵陸渺叁漠，內除裁站銀叁拾陸兩壹錢捌分捌釐陸毫貳絲貳忽貳微陸纖伍渺，實徵支銀叁百叁拾玖兩叁錢捌分玖釐肆毫柒絲伍忽陸纖陸塵壹渺叁漠。遇閏加銀伍拾柒兩柒錢，內除荒銀貳拾陸兩肆錢貳釐玖毫貳絲肆忽捌微伍纖壹塵叁渺，實徵銀叁拾壹兩貳錢玖分柒釐柒絲伍忽壹微肆纖捌塵柒渺，內除裁站銀貳拾玖兩壹錢陸分陸釐陸毫，止實支銀貳兩壹錢叁分肆毫柒絲伍忽壹微肆纖捌塵柒渺。

以上存留實徵銀壹千肆百叁拾兩玖錢玖分貳釐伍絲貳忽貳微伍纖捌塵捌渺陸漠伍沙壹洙貳涯。

又收受協部陽等縣站支兌留兵餉銀叁拾玖兩貳錢叁分捌毫捌絲貳微陸纖貳塵叁渺。

又收驛遞已奉裁歸縣等事案內，起運撥補銀貳百伍兩肆錢壹分玖釐捌毫伍絲柒忽貳微陸纖伍渺。

叁項共銀壹千陸百柒拾伍兩陸錢肆分貳釐柒毫捌絲玖忽柒微捌纖壹塵陸渺陸漠伍沙壹洙貳涯，內除驛遞之差使甚少等事貳案內，共裁站銀叁百叁拾捌兩貳釐貳毫捌絲貳忽貳微陸纖伍渺，內在於題明請將驛站等事案內，留支奢、石貳驛新增夫馬工料銀叁百壹兩捌錢壹分叁釐陸毫陸絲，實裁銀叁拾陸兩壹錢捌分捌釐陸毫貳絲貳忽貳微陸纖伍渺，實該銀壹千陸百叁拾玖兩肆錢伍分肆釐壹毫陸絲柒忽伍微貳纖壹塵壹渺陸漠伍沙壹洙貳涯。

外撥補均攤俸工，除知縣攤俸留抵外，實該銀貳百兩叁分壹毫肆絲玖微貳纖伍塵貳渺。

共該銀壹千捌百叁拾玖兩肆錢捌分肆釐叁毫捌忽肆微肆纖陸塵叁渺陸漠伍沙壹洙貳涯於乾隆伍拾貳年奉文，全數解司，一切支欵，俱由司按季領支，嗣於嘉慶伍年奉文，在縣留支，並不按季赴司請領。

外於西安布政司庫領支撥補各役工食不敷銀貳百柒拾伍兩捌錢壹分伍釐肆毫捌絲叁忽貳纖捌塵肆渺陸漠肆沙捌洙捌涯係動支各屬解到地、丁銀兩。

又於司庫領支撥補均攤祭祀銀貳拾捌兩玖錢貳分柒釐貳毫貳絲柒忽伍微伍纖柒塵捌渺肆漠伍沙陸涯係動支各屬解到耗羡銀兩。

遇閏加銀壹百肆拾兩捌錢柒分肆釐肆毫貳絲捌忽，內除各官閏俸銀壹拾壹兩陸錢貳分玖釐玖毫玖絲捌忽入起運外，止該銀壹百貳拾玖兩貳錢肆分肆釐肆毫叁絲，內除荒銀伍拾玖兩壹錢肆分伍絲叁微貳纖柒塵叁渺捌漠叁沙玖洙貳涯，實徵銀柒拾兩壹錢肆釐叁毫柒絲玖忽陸微柒纖貳塵陸渺壹漠陸沙捌涯，內除驛遞之差使甚少並題明請將驛站等事貳案內，共裁站銀貳拾玖兩壹錢陸分陸釐陸毫，止該銀肆拾兩玖錢叁分柒釐柒毫柒絲玖忽陸微柒纖貳塵陸渺壹漠陸沙捌涯。

外撥補加增閏月銀肆兩柒錢肆分柒釐捌毫伍絲捌忽玖微壹纖伍塵陸渺。

共該銀肆拾伍兩陸錢捌分伍釐陸毫叁絲捌忽伍微捌纖捌塵貳渺壹漠陸沙捌

涯於乾隆伍拾貳年奉文，全數解司，一切支欸，俱由司按季領支，嗣於嘉慶伍年奉文，在縣留支，並不按季赴司請領。

外於西安布政司庫領支舖司閏月銀柒兩玖錢貳分伍釐肆忽捌纖玖塵叁渺捌漠叁沙玖泆貳涯係動支各屬解到地、丁銀兩。

又於西安布政司庫領支增給閏月夫馬工料銀肆拾壹兩肆錢係動支各屬解到地、丁銀兩。

壹額外

協濟膚施縣額解延安府儒學廩生月糧奉復壹分，銀肆兩捌錢，內除荒撥補銀叁兩叁錢陸分貳釐叁毫柒絲捌忽伍纖肆塵貳渺，實徵支銀壹兩肆錢叁分柒釐陸毫貳絲壹忽玖微肆纖伍塵捌渺。遇閏加銀肆錢，內除荒撥補銀貳錢捌分壹毫玖絲伍忽肆微捌纖肆塵捌渺肆漠，實徵支銀壹錢壹分玖釐捌毫肆忽伍微壹纖伍塵陸漠。

課程銀肆兩陸分玖毫壹絲係舖戶出辦。遇閏加銀叁錢叁分捌釐肆毫玖忽壹微陸纖。

畜稅銀貳拾陸兩玖錢玖分柒釐係買騾馬出辦，原無定額，儘收儘解。

牙稅銀貳兩中帖牙行肆名，每名歲徵銀伍錢。

當稅銀柒拾兩係典舖出辦，共典舖壹拾肆座，每座每年當稅銀伍兩。

地稅銀壹拾伍兩肆錢伍分係買房地業主出辦，原無定額，儘收儘解。

鹽課銀壹百捌拾肆兩叁錢貳分於嘉慶拾玖年攤入前項地、丁銀內徵收，每正銀壹兩攤徵銀柒分貳釐伍毫陸絲玖忽陸微零，遇閏無增，永不加耗，凡遇壑豁蠲免之年，亦不增減蠲免。

吴堡縣

原額折徵壹等地叁百叁拾玖頃柒拾貳畝捌分，每畝科本折糧伍升陸合柒勺叁抄伍撮陸圭壹粟玖粒，共額徵本折糧壹千玖百貳拾柒石肆斗陸升柒合捌勺玖抄陸撮，每畝科本色糧肆升陸合壹勺壹抄伍撮叁圭伍粟玖粒，共本色糧壹千伍百陸拾陸石陸斗陸升柒合捌勺玖抄陸撮，內除拋荒召佃減納糧陸拾石伍斗陸升玖合玖勺壹抄捌撮肆圭伍粟，止該折徵本色糧壹千伍百陸石玖升柒合玖勺柒抄柒撮伍圭伍粟，每畝科折色糧壹升陸勺貳抄貳圭陸粟，共折色糧叁百陸拾石捌斗，每畝折徵銀叁分貳釐陸毫壹絲伍忽壹微伍纖貳塵貳渺，共額徵銀壹千壹百捌兩貳分捌釐陸絲伍忽貳微。

內順治柒、捌、拾壹等年奉旨免過無主、有主、續荒地並乾隆拾叁年在於清理寄庄寄糧等事案內，題明豁免共地壹百捌拾玖頃玖畝貳分，應免本折糧壹千玖拾貳石肆斗貳合貳勺壹抄肆撮叁圭叁粟伍粒，內前墾並興屯及節年開墾、自首共地壹百壹拾柒頃伍畝叁分陸毫壹絲，應徵本折糧陸百肆拾壹石柒斗柒升貳合壹抄伍撮玖圭貳粟捌粒捌顆捌糠柒粃伍粄；又乾隆拾貳年報墾過地陸拾畝，該徵本折糧叁石壹斗玖升捌合壹勺壹抄柒撮玖圭，實應免地柒拾壹頃肆拾叁畝捌分玖釐叁毫玖絲，實應免本折糧肆百肆拾柒石肆斗叁升貳合捌抄伍圭陸粒壹顆壹糠貳粃伍粄，內應免本色起運糧壹百玖拾柒石玖斗叁升柒合捌勺伍抄肆撮陸圭肆粟柒粒捌顆叁糠，應免存留驛倉糧捌拾壹石陸斗柒升叁合伍勺玖抄壹圭肆粟柒粒玖顆捌糠捌粃伍粄，應免存留官學倉糧捌拾壹石叁斗柒升肆勺貳撮陸圭壹粟壹粒壹顆陸糠壹粃伍粄，每石折銀陸錢，共銀肆拾捌兩捌錢貳分貳釐叁毫壹微玖纖柒渺貳沙伍洙，應免折色糧捌拾陸石肆斗伍升貳勺叁抄叁撮玖粟玖粒壹顆叁糠貳粃伍粄，該除銀貳百陸拾伍兩伍錢伍分陸釐貳毫玖忽貳微叁纖柒塵捌渺伍漠叁沙，應免起運本色草陸百壹拾柒束壹拾捌觔壹拾肆兩貳毫玖絲貳忽伍微叁纖陸塵伍渺貳漠柒沙伍洙。

實熟地貳百陸拾捌頃貳拾捌畝玖分陸毫壹絲，該折正本折糧壹千肆百壹拾玖石肆斗陸升伍合捌勺玖抄柒撮肆粟叁粒捌顆捌糠柒粃伍粄，實徵起運本色糧陸百貳拾柒石捌斗陸升貳合壹勺叁抄貳撮伍圭伍粟貳粒壹顆柒糠，實徵存留驛倉糧貳百伍拾玖石壹斗捌合玖勺玖撮捌圭伍粟貳粒壹糠壹粃伍粄，實徵存留官學倉糧貳百伍拾捌石壹斗肆升伍合捌抄柒撮柒圭叁粟捌粒捌顆叁糠捌粃伍粄，該折徵銀壹百伍拾肆兩捌錢捌分陸釐玖毫玖絲肆忽壹纖玖塵貳渺玖漠柒沙伍洙，實徵折色糧貳百柒拾肆石叁斗肆升玖合柒勺陸抄陸撮玖圭捌顆陸糠柒粃伍粄，該折徵銀捌百肆拾貳兩肆錢柒分壹釐捌毫伍絲伍忽玖微陸纖貳塵壹渺肆漠柒沙，實徵本色起運草壹千玖百陸拾肆束壹拾伍觔壹兩肆錢玖分玖釐柒毫柒忽肆微陸纖叁塵肆渺柒漠貳沙伍洙。

內于乾隆拾叁年敬陳清理寄庄寄糧等事案內，奉旨改撥葭州地貳頃叁拾玖畝叁分貳毫，該本折共糧壹拾石肆斗伍升陸合叁勺玖抄玖撮玖圭陸粟玖粒捌顆肆糠捌粃，內本色糧伍石陸斗壹升貳合叁勺捌抄陸撮陸圭陸粟柒粒叁顆貳糠捌粃，折色糧貳石伍斗肆升壹合肆勺肆抄玖撮肆圭伍粟捌粒伍顆貳糠，該折徵銀柒兩伍錢壹分肆釐貳毫叁絲捌忽柒微伍纖叁塵壹渺壹漠叁沙肆洙，該官學倉糧貳石叁斗貳合伍勺陸抄叁撮捌圭肆粟肆粒，該折徵銀壹兩叁錢捌分壹釐肆毫柒絲玖忽柒微玖纖柒塵陸渺壹沙，共該折色銀捌兩捌錢玖分伍釐柒毫壹絲捌忽伍微伍纖壹渺柒漠肆沙肆洙，該草壹拾壹束伍觔肆兩陸錢。

實在地貳百陸拾伍頃捌拾玖畝陸分肆毫壹絲，該折徵本折糧壹千肆百玖石玖合肆勺玖抄柒撮柒粟肆粒叁糠玖粃伍粺，實徵本色起運糧陸百貳拾貳石貳斗肆升玖合柒勺肆抄伍撮捌圭捌粟肆粒捌顆肆糠貳粃遵照乾隆伍拾玖年奉准部咨令，將康熙年間易知由單內載：每畝科徵本色起運糧貳升叁合肆勺壹撮玖圭玖粟肆粒纂入書內，嗣後遇有墾豁，以便按畝增除，實徵本色存留驛倉糧貳百伍拾玖石壹斗捌合玖勺玖撮捌圭伍粟貳粒壹糠壹粃伍粺每畝科本色存留驛倉糧玖合柒勺肆抄肆撮柒圭肆粟伍粒，實徵存留官學倉糧貳百伍拾伍石捌斗肆升貳合伍勺貳抄叁撮捌圭玖粟肆粒捌顆叁糠捌粃伍粺，該折徵銀壹百伍拾叁兩伍錢伍釐伍毫壹絲肆忽貳微貳纖貳塵貳渺叁漠陸沙伍洙每畝科本色存留官學糧玖合陸勺貳抄貳撮，舊例每石徵銀陸錢，今遵照康熙年間由單內載：每畝徵銀伍釐柒毫柒絲貳忽玖微伍纖伍塵伍渺，實徵折色糧貳百柒拾壹石捌斗捌合叁勺壹抄柒撮肆圭肆粟貳粒叁顆肆糠柒粃伍粺，實徵折色銀捌百叁拾肆兩玖錢伍分柒釐陸毫壹絲柒忽貳微玖塵叁漠叁沙陸洙遵照康熙年間由單內載：每畝徵銀叁分壹釐肆毫陸微伍纖壹塵柒渺，實徵起運本色草壹千玖百伍拾叁束玖觔壹拾貳兩捌錢玖分玖釐柒毫柒忽肆微陸纖叁塵肆渺柒漠貳沙伍洙遵照康熙年間由單內載：每畝徵草壹觔柒兩肆錢叁分叁釐柒毫貳絲陸忽貳微柒纖伍渺。

原額人丁叁門玖則不等，俱折下下人丁貳千叁拾伍丁，每丁徵銀叁錢玖分叁毫伍絲捌忽捌微陸纖肆塵，共銀柒百玖拾肆兩叁錢捌分貳毫捌絲，內除優免丁壹百陸拾捌丁，該銀陸拾伍兩伍錢捌分貳毫捌絲。

實行差丁壹千捌百陸拾柒丁，共額徵銀柒百貳拾捌兩捌錢，內順治柒年並拾壹年免過逃亡共丁壹千陸百伍拾肆丁，應除銀陸百肆拾陸兩玖釐柒毫貳絲，前招回並節年招回共丁貳百伍拾捌丁，該銀壹百兩柒錢捌分叁釐叁毫叁忽伍微玖纖貳塵，實應免丁壹千叁百玖拾陸丁，應免銀伍百肆拾伍兩貳錢貳分陸釐肆毫壹絲陸忽肆微捌塵。

實行差丁肆百柒拾壹丁，該銀壹百捌拾叁兩伍錢柒分叁釐伍毫捌絲叁忽伍微玖纖貳塵，於雍正伍年攤入地糧徵解。

康熙伍拾伍年起，至乾隆貳拾陸年止，編審出丁叁拾伍丁；乾隆叁拾壹年編審出丁貳丁；叁拾陸年編審出丁貳丁。共編審出丁叁拾玖丁，欽遵康熙伍拾貳年叁月拾捌日恩詔，後遇編審之期，但據康熙伍拾年丁冊定為常額，永不加賦。

原額額均徭银陸百貳拾陸兩叁钱捌分壹釐，內除荒银壹百伍拾兩壹分玖釐玖毫貳絲伍忽叁微壹纖玖塵貳渺捌漠叁沙捌洙陸涯，實徵銀肆百柒拾陸兩叁錢陸分壹釐柒絲肆忽陸微捌纖柒渺壹漠陸沙壹洙肆涯，內除改撥葭州徵收銀陸錢柒分肆釐玖毫伍忽陸微伍纖陸塵叁渺肆漠叁沙玖涯，止實徵銀肆百柒拾伍兩陸錢捌分陸釐壹毫陸絲玖忽貳纖肆塵叁渺柒漠叁沙伍涯，遵照康熙年間由單內載：每畝徵均徭銀壹分柒釐柒毫伍絲壹忽伍纖柒塵肆渺。

外遇閏加徵原額銀壹百肆拾柒兩肆釐陸絲捌忽，內除荒銀陸拾柒兩陸錢柒分肆毫柒絲伍忽貳微叁纖叁渺，實徵銀柒拾玖兩叁錢叁分叁釐伍毫玖絲貳忽柒微陸纖玖塵柒渺。

額外徵收匠價銀柒兩玖錢貳分。遇閏加銀陸錢陸分。

停免銀肆拾玖兩肆錢捌分叁釐貳毫伍絲肆忽貳微貳纖壹塵。

以上額外正閏叁項攤入前項地糧徵解。

以上地、丁貳項並均徭、匠價、停免共應徵銀貳千柒百貳拾肆兩叁錢貳分壹釐陸毫壹絲叁忽陸微叁纖壹塵，內除荒銀壹千玖兩陸錢貳分肆釐捌毫伍絲壹忽壹微伍纖伍塵捌渺叁漠玖沙叁洙陸涯，實徵銀壹千柒百壹拾肆兩陸錢玖分陸釐柒毫陸絲貳忽肆微柒纖伍塵壹渺陸漠陸洙肆涯，內除改撥葭州徵收銀玖兩伍錢柒分陸毫貳絲肆忽貳微陸塵伍渺壹漠柒沙肆洙玖涯，止實徵銀壹千柒百伍兩壹錢貳分陸釐壹毫叁絲捌忽貳微陸纖捌塵陸渺肆漠叁沙壹洙伍涯。

本色起運糧捌百貳拾伍石柒斗玖升玖合玖勺捌抄柒撮貳圭，內除荒糧壹百玖拾柒石玖斗叁升柒合捌勺伍抄肆撮陸圭肆粟柒粒捌顆叁糠，實徵糧陸百貳拾柒石捌斗陸升貳合壹勺叁抄貳撮伍圭伍粟貳粒壹顆柒糠，內改撥葭州糧伍石陸斗壹升貳合叁勺捌抄陸撮陸圭陸粟柒粒叁顆貳糠捌粃，止實糧陸百貳拾貳石貳斗肆升玖合柒勺肆抄伍撮捌圭捌粟肆粒捌顆肆糠貳粃。

本色存留驛倉糧叁百肆拾石柒斗捌升貳合伍勺，內除荒糧捌拾壹石陸斗柒升叁合伍勺玖抄壹圭肆粟柒粒玖顆捌糠捌粃伍粺，實徵糧貳百伍拾玖石壹斗捌合玖勺玖撮捌圭伍粟貳粒壹糠壹粃伍粺。

本色起運草貳千伍百捌拾貳束壹拾叁觔壹拾伍兩伍錢，內除荒草陸百壹拾柒束玖拾捌觔壹拾肆兩貳毫玖絲貳忽伍微叁纖貳塵伍渺貳漠柒沙伍洙，實徵草壹千玖百陸拾肆束壹拾伍觔壹兩肆錢玖分玖釐柒毫柒忽肆微陸纖叁塵肆渺柒漠貳沙伍洙，內除改撥葭州徵收草壹拾壹束伍觔肆兩陸錢，止實徵草壹千玖百伍拾叁束玖觔壹拾貳兩捌錢玖分玖釐柒毫柒忽肆微陸纖叁塵肆渺柒漠貳沙伍洙。

外遇閏加徵銀壹百肆拾柒兩肆釐陸絲捌忽，內除荒銀陸拾柒兩陸錢柒分肆毫柒絲伍忽貳微叁纖叁渺，實徵銀柒拾玖兩叁錢叁分叁釐伍毫玖絲貳忽柒微陸纖玖塵柒渺。

又額外匠價銀陸錢陸分。

貳共銀柒拾玖兩玖錢玖分叁釐伍毫玖絲貳忽柒微陸纖玖塵柒渺。

壹起運項下

本色起運糧捌百貳拾伍石柒斗玖升玖合玖勺捌抄柒撮貳圭，內除荒糧壹百玖拾柒石玖斗叁升柒合捌勺伍抄肆撮陸圭肆粟柒粒捌顆叁糠，實徵糧陸百貳拾柒石捌斗陸升貳合壹勺叁抄貳撮伍圭伍粟貳粒壹顆柒糠，內除改撥葭州徵收糧伍石陸斗壹升貳合叁勺捌抄陸撮陸圭陸粟柒粒叁顆貳糠捌粃，止實糧陸百貳拾貳石貳斗肆升玖合柒勺肆抄伍撮捌圭捌粟肆粒捌顆肆糠貳粃。

本色起運草貳千伍百捌拾貳束壹拾叁觔壹拾伍兩伍錢，內除荒草陸百壹拾柒束玖拾捌觔壹拾肆兩貳毫玖絲貳忽伍微叁纖陸塵伍渺貳漠柒沙伍洙，實徵草壹千玖百陸拾肆束壹拾伍觔壹兩肆錢玖分玖釐柒毫柒忽肆微陸纖叁塵肆渺柒漠貳沙伍洙，內除改撥葭州徵收草壹拾壹束伍觔肆兩陸錢，實徵草壹千玖百伍拾叁束玖觔壹拾貳兩捌錢玖分玖釐柒毫柒忽肆微陸纖叁塵肆渺柒漠貳沙伍洙。

原編起運糧石折價銀捌百叁拾叁兩肆釐叁毫捌絲伍忽貳微，內除荒銀壹百玖拾玖兩陸錢柒釐壹忽叁纖玖塵，實起運銀陸百叁拾叁兩叁錢玖分柒釐叁毫捌絲肆忽壹微陸纖壹塵。

節裁軍器、毛襖等項起運銀貳百伍拾伍兩玖釐叁毫，內除荒銀壹百叁拾兩捌錢柒分柒釐柒毫肆絲柒忽叁纖伍塵陸渺，實起運銀壹百貳拾肆兩壹錢叁分壹釐伍毫伍絲貳忽玖微陸纖肆塵肆渺。

舊編存留，內順治玖年裁各役工食銀柒拾玖兩玖分陸釐肆毫；拾貳年裁傘扇銀伍兩叁錢貳釐；拾肆年裁扣官生俸廩銀壹百壹拾肆兩壹分叁釐肆毫壹絲叁忽陸微。康熙元年裁吏書工食銀陸拾捌兩貳錢捌釐壹毫；叁年裁教諭、門斗、齋夫銀貳拾捌兩伍錢肆分捌釐，裁雜費丁銀壹百壹拾肆兩肆分伍釐貳毫；拾伍年裁心紅紙張、修理監倉、倉厫、喂馬草料等項銀叁拾柒兩伍錢陸分肆釐伍絲；貳拾柒年裁歲貢、舉人盤纏銀壹拾伍兩貳錢壹釐伍毫。雍正陸年裁燈夫銀壹拾伍兩捌錢陸分貳釐肆毫；捌年裁驛丞官役俸食銀貳拾捌兩柒錢陸分叁釐捌毫；拾貳年裁民壯銀伍拾伍兩伍錢壹分捌釐貳毫肆忽。

共額銀伍百陸拾貳兩壹錢貳分叁釐陸絲柒忽陸微，內除荒銀貳百伍拾捌兩捌錢伍分肆釐陸毫肆絲柒忽伍微柒纖柒塵叁渺叁漠貳沙伍洙，實起運銀叁百叁兩貳錢陸分捌釐肆毫貳絲貳纖貳塵陸渺陸漠柒沙伍洙。

又額外應徵匠價、停免銀伍拾柒兩肆錢叁釐貳毫伍絲肆忽貳微貳纖壹塵。

以上共該起運銀壹千壹百壹拾捌兩貳錢陸毫壹絲壹忽叁微陸纖玖塵陸漠柒沙伍洙。

又收存留內額協抵餉銀貳兩捌錢柒釐伍毫。

又收欽奉上諭並驛遞之差使甚少等事案內，共裁站銀伍百肆兩壹釐伍毫陸絲玖忽柒微叁塵捌渺，內在於題明請將驛站等事案內，留支本縣新增夫馬工料銀壹百貳拾玖兩叁錢伍分玖釐捌毫，實收銀叁百柒拾肆兩陸錢肆分壹釐柒毫陸絲玖忽柒微叁塵捌渺。

又收在于請倣以糧載丁等事案內，通省以糧均丁增銀壹百貳拾肆兩壹錢伍分肆釐伍毫伍絲肆微捌纖玖塵肆渺。

共該起運銀壹千陸百壹拾玖兩捌錢肆釐肆毫叁絲壹忽伍微陸纖貳塵貳渺陸漠柒沙伍洙，內除受協府谷、神木等縣驛站兌留兵餉銀陸百玖拾陸兩肆分壹釐肆毫陸絲玖忽柒微叁塵捌渺；又除改撥葭州徵收銀玖兩伍錢柒分陸毫貳絲肆忽貳微陸塵伍渺壹漠柒沙肆洙玖涯。實該銀玖百壹拾肆兩壹錢玖分貳釐叁毫叁絲柒忽陸微伍纖壹塵玖渺伍漠壹涯，內留支加增撥補俸工銀肆百貳拾叁兩壹錢伍分柒釐叁毫捌絲伍忽玖微玖纖玖塵捌渺，止該起運銀肆百玖拾壹兩叁分肆釐玖毫伍絲壹忽陸微伍纖貳塵壹渺伍漠壹涯。

遇閏裁扣，順治玖年裁扣銀壹拾柒兩壹錢；拾肆年裁扣銀壹拾叁兩叁錢玖分陸釐叁毫陸絲叁忽。康熙元年裁扣銀捌兩陸錢；叁年裁扣銀叁兩陸錢；拾伍年裁銀貳兩陸錢陸分陸釐陸毫柒絲。雍正陸年裁銀貳兩；捌年裁銀叁兩陸錢貳分陸釐陸毫陸絲陸忽；拾貳年裁銀柒兩，又閏俸銀玖兩叁釐貳毫陸絲玖忽。

共銀陸拾陸兩玖錢玖分貳釐玖毫陸絲捌忽，內除荒銀叁拾兩捌錢柒分貳釐貳毫貳絲貳纖叁塵壹渺，實徵銀叁拾陸兩壹錢貳分柒毫肆絲柒忽玖微柒纖陸塵玖渺。

又額外應徵匠價銀陸錢陸分。

又收欽奉上諭並驛遞之差使甚少等事案内，共裁站銀陸兩陸錢貳分陸釐玖毫。

又收在于請倣以糧載丁等事案内，通省以糧均丁增銀肆兩叁錢壹分叁釐捌絲陸忽肆微壹纖柒塵玖渺。

肆項共銀肆拾柒兩柒錢貳分柒毫叁絲肆忽叁微玖纖肆塵捌渺，内除改撥葭州徵收銀壹錢陸毫叁絲肆忽叁微壹纖陸塵壹渺柒漠，實起運銀肆拾柒兩陸錢貳分壹毫柒纖捌塵陸渺叁漠，内留支加增撥補俸工銀壹拾兩肆錢陸分壹釐玖毫陸絲壹忽貳微柒纖壹塵肆渺，止該起運銀叁拾柒兩壹錢伍分捌釐壹毫叁絲捌忽捌微柒塵貳渺叁漠。

壹存留項下

本色存留驛倉糧叁百肆拾石柒斗捌升貳合伍勺，内除荒糧捌拾壹石陸斗柒升叁合伍勺玖抄壹圭肆粟柒粒玖顆捌糠捌粃伍粄，實徵糧貳百伍拾玖石壹斗捌合玖勺玖撮捌圭伍粟貳粒壹糠壹粃伍粄。

原編存留銀壹千肆百壹拾玖兩伍錢捌釐叁毫，内除不敷銀肆百貳兩柒錢貳分陸釐陸毫玖絲叁忽叁微玖纖，止該存留銀壹千壹拾陸兩柒錢捌分壹釐陸毫陸忽陸微壹纖，内除荒銀肆百貳拾兩貳錢捌分伍釐肆毫伍絲伍忽伍微叁塵玖渺陸沙捌洙陸涯，實存留銀伍百玖拾陸兩肆錢玖分陸釐壹毫伍絲壹忽壹微陸塵玖漠叁沙壹洙肆涯。

壹俸工項下

本府儒學廩生月糧銀肆兩捌錢，内除不敷銀壹兩陸錢貳分柒釐伍毫，止該支銀叁兩壹錢柒分貳釐伍毫，内除荒撥補銀壹兩肆錢陸分伍毫玖絲貳忽肆纖伍塵，實徵銀壹兩柒錢壹分壹釐玖毫柒忽玖微伍纖伍塵。遇閏加銀肆錢，内除荒撥補銀壹錢捌分肆釐伍毫玖絲伍忽壹微柒纖玖塵，實支銀貳錢壹分伍釐肆毫肆忽捌微貳纖壹塵。

知縣壹員，額支俸薪銀肆拾伍兩，内除不敷銀壹拾伍兩貳錢伍分捌釐壹毫，止該支銀貳拾玖兩柒錢肆分壹釐玖毫，内除荒銀壹拾叁兩陸錢玖分壹釐壹毫伍微陸纖叁塵肆渺，實支銀壹拾陸兩伍分柒毫玖絲玖忽肆微叁纖陸塵陸渺。

外收均攤俸工銀玖釐陸忽貳微貳纖柒塵肆渺。

典史壹員，額支俸薪銀叁拾壹兩伍錢貳分，內除不敷銀壹拾兩陸錢捌分柒釐肆毫，止該支銀貳拾兩捌錢叁分貳釐陸毫，內除荒撥補銀玖兩伍錢捌分玖釐捌毫柒絲玖忽貳微貳纖貳塵伍渺，實支銀壹拾壹兩貳錢肆分貳釐柒毫貳絲柒微柒纖柒塵伍渺。

訓導壹員，額支俸薪銀叁拾壹兩伍錢貳分，內除不敷銀壹拾兩陸錢捌分柒釐肆毫，止該支銀貳拾兩捌錢叁分貳釐陸毫，內除荒撥補銀玖兩伍錢捌分玖釐捌毫柒絲玖忽貳微貳纖貳塵伍渺，實支銀壹拾壹兩貳錢肆分貳釐柒毫貳絲柒微柒纖柒塵伍渺。外撥補銀壹拾玖兩壹錢陸分柒釐肆毫。

知縣衙門

門子貳名，每名歲支銀陸兩，共支銀壹拾貳兩，內除不敷銀肆兩陸分捌釐捌毫，該支銀柒兩玖錢叁分壹釐貳毫，內除荒撥補銀叁兩陸錢伍分壹釐柒毫柒絲叁忽肆微捌纖陸塵，實支銀肆兩貳錢柒分玖釐肆毫貳絲陸忽伍微壹纖肆塵。遇閏加銀壹兩，內除荒銀肆錢伍分玖釐陸毫柒絲肆微肆纖柒塵陸渺，實支銀伍錢肆分叁毫貳絲玖忽伍微伍纖貳塵肆渺。

皂隸、仵作壹拾陸名，每名歲支工食銀陸兩，共支銀玖拾陸兩，內除不敷銀叁拾貳兩伍錢伍分陸毫，止該支銀陸拾叁兩肆錢肆分玖釐肆毫，內除荒撥補銀貳拾玖兩貳錢柒釐陸毫捌絲陸忽玖微，實支銀叁拾肆兩貳錢肆分壹釐柒毫壹絲叁忽壹微。遇閏加銀捌兩，內除荒銀叁兩陸錢柒分柒釐叁毫伍絲伍忽陸微肆纖叁塵，實支銀肆兩叁錢貳分貳釐陸毫肆絲肆忽叁微伍纖柒塵。

馬快捌名，每名歲支銀壹拾陸兩，共銀壹百叁拾肆兩肆錢，內除不敷銀肆拾伍兩伍錢柒分玖毫，止該銀捌拾捌兩捌錢貳分玖釐壹毫，內除荒撥補銀肆拾兩捌錢玖分柒毫叁絲壹忽陸微陸纖，實支銀肆拾柒兩玖錢叁分捌釐叁毫陸絲捌忽叁微肆纖。遇閏加銀壹拾壹兩貳錢，內除荒銀伍兩壹錢肆分捌釐貳毫玖絲捌忽壹纖叁塵壹渺，實支銀陸兩伍分壹釐柒毫壹忽玖微捌纖陸塵玖渺。

民壯叁拾陸名，每名歲支銀陸兩，共銀貳百壹拾陸兩，內除不敷銀柒拾叁兩貳錢叁分捌釐玖毫肆忽，該支銀壹百肆拾貳兩柒錢陸分壹釐玖絲陸忽，內除荒撥補銀陸拾伍兩柒錢壹分柒釐貳毫柒絲貳忽陸纖，實支銀柒拾柒兩肆分叁釐捌毫貳絲叁忽玖微肆纖。外撥補銀柒拾叁兩貳錢叁分捌釐玖毫肆忽。遇閏加銀壹拾捌兩，內除荒銀捌兩貳錢柒分肆釐肆絲捌忽捌微，實支銀玖兩柒錢貳分伍釐玖毫伍絲壹忽貳微。

禁卒捌名，每名歲支銀陸兩，共支銀肆拾捌兩，內除不敷銀壹拾陸兩貳錢柒分伍釐叁毫，止該銀叁拾壹兩柒錢貳分肆釐柒毫，內除荒撥補銀壹拾肆兩陸錢叁釐捌毫伍絲壹忽柒微玖纖柒塵玖渺，實支銀壹拾柒兩壹錢貳分捌毫肆絲捌忽貳微貳塵壹渺。遇閏加銀肆兩，內除荒銀壹兩捌錢叁分捌釐肆毫柒絲捌忽柒微玖纖肆渺，實支銀貳兩壹錢陸分壹釐伍毫貳絲壹忽貳微玖塵陸渺。

轎傘扇夫柒名，每名歲支銀陸兩，共銀肆拾貳兩，內除不敷銀壹拾肆兩貳錢肆分玖毫，止該銀貳拾柒兩柒錢伍分玖釐壹毫，內除荒撥補銀壹拾貳兩柒錢柒分捌釐叁毫陸絲貳微貳纖伍塵肆渺，實支銀壹拾肆兩玖錢捌分柒毫叁絲玖忽柒微柒纖肆塵陸渺。遇閏加銀叁兩伍錢，內除荒銀壹兩陸錢捌釐捌毫肆絲叁忽伍微陸纖陸塵陸渺，實支銀壹兩捌錢玖分壹釐壹毫伍絲陸忽肆微叁纖叁塵肆渺。

庫子肆名，每名歲支銀陸兩，共銀貳拾肆兩，內除不敷銀捌兩壹錢叁分柒釐陸毫，止該銀壹拾伍兩捌錢陸分貳釐肆毫，內除荒撥補銀柒兩叁錢壹釐玖毫肆絲肆忽捌微玖纖玖塵，實支銀捌兩伍錢陸分肆毫伍絲伍忽壹微壹塵。遇閏加銀貳兩，內除荒銀玖錢壹分玖釐叁毫肆絲捌微玖纖伍塵貳渺，實支銀壹兩捌分陸毫伍絲玖忽壹微肆塵捌渺。

斗級肆名，每名歲支銀陸兩，共銀貳拾肆兩，內除不敷銀捌兩壹錢叁分柒釐陸毫，止該銀壹拾伍兩捌錢陸分貳釐肆毫，內除荒撥補銀柒兩叁錢壹釐玖毫肆絲肆忽捌微玖纖玖塵，實支銀捌兩伍錢陸分肆毫伍絲伍忽壹微壹塵。遇閏加銀貳兩，內除荒銀玖錢壹分玖釐叁毫肆絲捌微玖纖伍塵貳渺，實支銀壹兩捌分陸毫伍絲玖忽壹微肆塵捌渺。

舖司陸名，每名歲支銀肆兩，共銀貳拾肆兩，內除不敷銀捌兩壹錢叁分柒釐陸毫，止該銀壹拾伍兩捌錢陸分貳釐肆毫，內除荒銀柒兩叁錢壹釐捌毫玖絲陸忽陸微壹纖肆塵壹渺，實支銀捌兩伍錢陸分伍毫叁忽叁微捌纖伍塵玖渺。外加增銀貳拾柒兩肆錢叁分玖釐肆毫玖絲陸忽陸微壹纖肆塵壹渺。遇閏加銀貳兩，內除荒銀玖錢貳分陸毫伍絲柒忽肆微貳纖玖塵貳渺，實支銀壹兩柒分玖釐叁毫肆絲貳忽伍微柒纖捌渺。外加增銀壹兩玖錢貳分陸毫伍絲柒忽肆微貳纖玖塵貳渺。

典史衙門

門子壹名，歲支銀陸兩，内除不敷銀貳兩叁分肆釐肆毫，止該銀叁兩玖錢陸分伍釐陸毫，内除荒撥補銀壹兩捌錢貳分伍釐肆毫捌絲陸忽伍微柒纖貳塵伍渺，實支銀貳兩壹錢肆分壹毫壹絲叁忽肆微貳纖柒塵伍渺。遇閏加銀伍錢，内除荒銀貳錢貳分玖釐玖毫壹絲陸忽貳微貳纖叁塵捌渺，實支銀貳錢柒分捌絲叁忽柒微柒纖陸塵貳渺。

皂隸肆名，每名歲支銀陸兩，共支銀貳拾肆兩，内除不敷銀捌兩壹錢叁分柒釐陸毫，止該銀壹拾伍兩捌錢陸分貳釐肆毫，内除荒撥補銀柒兩叁錢壹釐玖毫肆絲肆忽捌微玖纖玖塵，實支銀捌兩伍錢陸分肆毫伍絲伍忽壹微壹塵。遇閏加銀貳兩，内除荒銀玖錢壹分玖釐叁毫肆絲捌微玖纖伍塵貳渺，實支銀壹兩捌分陸毫伍絲玖忽壹微肆塵捌渺。

馬夫壹名，歲支工食銀陸兩，内除不敷銀貳兩叁分肆釐肆毫，止該銀叁兩玖錢陸分伍釐陸毫，内除荒撥補銀壹兩捌錢貳分伍釐肆毫捌絲陸忽伍微柒纖貳塵伍渺，實支銀貳兩壹錢肆分壹毫壹絲叁忽肆微貳纖柒塵伍渺。遇閏加銀伍錢，内除荒銀貳錢貳分玖釐玖毫壹絲陸忽貳微貳纖叁塵捌渺，實支銀貳錢柒分捌絲叁忽柒微柒纖陸塵貳渺。

教諭衙門

齋夫叁名，每名歲支銀壹拾貳兩，共銀叁拾陸兩，内除不敷銀壹拾貳兩貳錢壹分柒毫，止該銀貳拾叁兩柒錢捌分玖釐叁毫，内除荒撥補銀壹拾兩玖錢伍分伍毫肆絲柒忽叁微肆纖捌塵肆渺，實支銀壹拾貳兩捌錢叁分捌釐柒毫伍絲貳忽陸微伍纖壹塵陸渺。遇閏加銀叁兩，内除荒銀壹兩叁錢柒分玖釐捌忽叁微肆纖貳塵捌渺，實支銀壹兩陸錢貳分玖毫玖絲壹忽陸微伍纖柒塵貳渺。

膳夫貳名，歲支工食銀壹拾叁兩叁錢叁分叁釐叁毫，内除不敷銀肆兩伍錢貳分捌毫，止該支銀捌兩捌錢壹分貳釐伍毫，内除荒撥補銀肆兩伍分陸釐貳毫叁絲肆忽壹微捌纖貳塵，實支銀肆兩柒錢伍分陸釐貳毫陸絲伍忽捌微壹纖捌塵。遇閏加銀壹兩壹錢壹分壹釐壹毫，内除荒撥補銀伍錢壹分陸毫陸絲叁忽捌微柒纖貳塵捌渺，實支銀陸錢肆毫叁絲陸忽壹微貳纖柒塵貳渺。

門斗貳名，每名歲支銀柒兩貳錢，共銀壹拾肆兩肆錢，内除不敷銀肆兩捌錢捌分貳釐陸毫，止該銀玖兩伍錢壹分柒釐肆毫，内除荒撥補銀肆兩叁錢捌分壹釐壹毫肆絲捌忽貳微伍纖貳塵貳渺，實支銀伍兩壹錢叁分陸釐貳毫伍絲壹忽柒微肆纖柒塵捌渺。遇閏加銀壹兩貳錢，內除荒銀伍錢伍分壹釐陸毫叁忽伍微叁纖柒塵壹渺，實支銀陸錢肆分捌釐叁毫玖絲陸忽肆微陸纖貳塵玖渺。

廩生貳拾名，每名月糧銀貳兩肆錢，共銀肆拾捌兩，內除不敷銀壹拾陸兩貳錢柒分伍釐叁毫，止該支銀叁拾壹兩柒錢貳分肆釐柒毫，內除荒撥補銀壹拾肆兩陸錢伍釐陸毫柒忽叁微伍纖，實支銀壹拾柒兩壹錢壹分玖釐玖絲貳忽陸微伍纖。遇閏加銀肆兩，內除荒撥補銀壹兩捌錢肆分陸釐肆絲肆忽柒微玖纖肆渺，實支銀貳兩壹錢伍分叁釐玖毫伍絲伍忽貳微玖塵陸渺。

以上俸工項下除廩生、膳夫貳欵照常支發外，其餘官役俸工於道光貳拾叁年奉文，均以貳兩平支放，每兩減平銀陸分，其減平銀兩，每年批解部庫交納，理合登明。

壹祭祀項下

雜支春秋貳季祭祀文廟、各壇祠並清明及柒月拾伍節祭及無祀鬼魂品物等項共銀陸拾兩，內除不敷銀貳拾兩叁錢叁分肆釐玖毫玖絲伍忽柒微玖纖，止該支銀叁拾玖兩陸錢陸分伍釐肆忽貳微壹纖，內除荒銀壹拾捌兩貳錢伍分玖釐肆絲貳忽玖微叁纖伍塵，實支銀貳拾壹兩肆錢伍釐玖毫陸絲壹忽貳微柒纖伍塵。

外撥補均攤祭祀銀伍拾壹兩玖錢捌分壹釐玖毫貳絲貳微捌纖陸塵貳渺肆漠伍沙陸涯，係動支耗羨公用銀兩。

修理文廟銀貳兩，內除不敷銀陸錢柒分捌釐壹毫，止該銀壹兩叁錢貳分壹釐玖毫，內除荒銀陸錢捌釐伍毫壹絲貳微，實支銀柒錢壹分叁釐叁毫捌絲玖忽捌微。

鄉飲銀貳兩，內除不敷銀陸錢柒分捌釐壹毫，止該支銀壹兩叁錢貳分壹釐玖毫，內除荒銀陸錢捌釐伍毫壹絲貳微，實支銀柒錢壹分叁釐叁毫捌絲玖忽捌微。

布政司紙劄銀壹兩叁錢叁分伍釐，內除不敷銀肆錢伍分貳釐陸毫伍絲，止該銀捌錢捌分貳釐叁毫伍絲，內除荒銀肆錢陸釐壹毫柒絲肆忽柒微玖纖，實支銀肆錢柒分陸釐壹毫柒絲伍忽貳微壹纖。

以上鄉飲、紙劄貳欵於道光貳拾叁年奉文裁汰，其徵收銀兩，每年批解部庫交納，理合登明。

壹孤貧口糧項下

孤貧貳拾名口，每名歲支口糧銀貳兩壹錢陸分，共銀肆拾叁兩貳錢，內除不敷銀壹拾叁兩玖錢捌分陸釐玖毫玖絲叁忽陸微，止該支銀貳拾玖兩貳錢壹分叁釐陸忽肆微，內除荒銀壹拾叁兩肆錢肆分柒釐叁毫貳絲伍忽玖微陸纖肆塵肆渺，實支銀壹拾伍兩柒錢陸分伍釐陸毫捌絲肆微叁纖伍塵陸渺。外加增口糧銀伍拾陸兩貳錢陸分貳釐貳毫柒忽伍微陸纖肆塵肆渺。外遇閏加銀陸兩。

孤貧布花銀叁兩，內除不敷銀壹兩壹分柒釐壹毫伍絲，止該支銀壹兩玖錢捌分貳釐捌毫伍絲，內除荒銀捌錢捌分捌釐貳毫捌絲叁忽柒微肆纖陸塵肆渺，實徵支銀壹兩玖分肆釐伍毫陸絲貳忽貳微伍纖叁塵陸渺。

壹驛站項下

河西驛站原額銀貳百貳拾玖兩捌錢，內除荒銀伍拾捌兩叁分陸釐捌毫陸絲捌忽貳纖伍塵陸渺，實徵銀壹百柒拾壹兩柒錢陸分叁釐壹毫叁絲壹忽玖微柒纖肆塵肆渺。

外收受協銀陸百玖拾陸兩肆分壹釐肆毫陸絲玖忽柒微叁塵捌渺。

共銀捌百陸拾柒兩捌錢肆釐陸毫壹忽陸微柒纖捌塵貳渺，內除裁站銀叁百肆拾壹兩肆錢捌分捌釐陸毫叁絲捌忽貳微陸纖壹塵捌渺，實支銀伍百貳拾陸兩叁錢壹分伍釐玖毫陸絲叁忽肆微壹纖陸塵肆渺。

又收撥補增給夫馬閏月工料銀貳拾兩貳錢伍分。

損轎夫壹拾陸名，每名歲支工食銀柒兩貳錢，共銀壹百壹拾伍兩貳錢，內除不敷銀叁拾玖兩陸分柒毫，止該銀柒拾陸兩壹錢叁分玖釐叁毫；走遞騾馬叁匹頭，草料工食銀柒拾貳兩，內除不敷銀貳拾肆兩肆錢壹分貳釐玖毫，止該銀肆拾柒兩伍錢捌分柒釐壹毫；協濟綏德州募夫銀壹拾兩，內除不敷銀叁兩叁錢玖分柒毫，止該銀陸兩陸錢玖釐叁毫。

共額銀壹百叁拾兩叁錢叁分伍釐柒毫，內除荒銀伍拾玖兩玖錢玖分柒釐叁毫陸絲陸忽捌微柒纖壹塵壹渺陸沙捌洙陸涯，實徵銀柒拾兩叁錢叁分捌釐叁毫叁絲叁忽壹微貳纖捌塵捌渺玖漠叁沙壹洙肆涯，內除額協並裁站銀叁拾伍兩玖錢陸分陸毫叁絲壹忽肆微肆纖貳塵，實支銀叁拾肆兩叁錢柒分柒釐柒毫壹忽陸微捌纖陸塵捌渺玖漠叁沙壹洙肆涯。

遇閏加給損轎夫額銀玖兩陸錢，走遞騾馬額銀陸兩，共額銀壹拾伍兩陸錢，內除荒銀柒兩壹錢捌分壹釐壹毫叁絲壹忽陸微陸纖貳塵，實徵銀捌兩肆錢壹分捌釐捌毫陸絲捌忽叁微叁纖捌塵，內除裁站閏月銀陸兩陸錢貳分陸釐玖毫，實支銀壹兩柒錢玖分壹釐玖毫陸絲捌忽叁微叁纖捌塵。

以上存留實徵銀伍百玖拾陸兩肆錢玖分陸釐壹毫伍絲壹忽壹微陸塵玖漠叁沙壹洙肆涯。

又收起運內受協府谷、神木等縣驛站兊留兵餉應支銀陸百玖拾陸兩肆分壹釐肆毫陸絲玖忽柒微叁塵捌渺。

貳項共銀壹千貳百玖拾貳兩伍錢叁分柒釐陸毫貳絲捌微玖塵捌渺玖漠叁沙壹洙肆涯，內除額協義和驛站支抵餉銀貳兩捌錢柒釐伍毫；又除欽奉上諭並驛遞之差使甚少等事貳案內，裁站銀伍百肆兩壹釐伍毫陸絲玖忽柒微叁塵捌渺，內在於題明請將驛站等事案內，留支本縣新增夫馬工料銀壹百貳拾玖兩叁錢伍分玖釐捌毫，實裁銀叁百柒拾肆兩陸錢肆分壹釐柒毫陸絲玖忽柒微叁塵捌渺。實該銀玖百壹拾伍兩捌分捌釐叁毫伍絲壹忽壹微陸塵玖漠叁沙壹洙肆涯。

外加增撥補工食銀肆百貳拾叁兩壹錢伍分柒釐叁毫捌絲伍忽玖微玖纖玖塵捌渺。

共銀壹千叁百叁拾捌兩貳錢肆分伍釐柒毫叁絲柒忽壹微伍塵捌渺玖漠叁沙壹洙肆涯於乾隆伍拾貳年奉文，全數解司，一切支欵，俱由司按季領支，嗣於嘉慶五年奉文，留支，並不赴司請領。

外於西安布政司庫領支撥補均攤祭祀銀伍拾壹兩玖錢捌分壹釐玖毫貳絲貳微捌纖陸塵貳渺肆漠伍沙陸涯係動耗羨銀兩。

外遇閏加銀捌拾玖兩壹分肆釐叁毫陸絲玖忽，內除閏俸銀玖兩叁釐貳毫陸絲玖忽入起運外，實該銀捌拾兩壹分壹釐壹毫，內除荒銀叁拾陸兩柒錢玖分捌釐貳毫伍絲伍忽貳微柒塵貳渺，實徵銀肆拾叁兩貳錢壹分貳釐捌毫肆絲肆忽柒微玖纖貳塵捌渺，內除驛遞之差使甚少並題明請將驛站等事貳案內，共裁站銀陸兩陸錢貳分陸釐玖毫，止該銀叁拾陸兩伍錢捌分伍釐玖毫肆絲肆忽柒微玖纖貳塵捌渺。

外加增撥補留支各役閏月工食銀壹拾兩肆錢陸分壹釐玖毫陸絲壹忽貳微柒纖壹塵肆渺。

共銀肆拾柒兩肆分柒釐玖毫陸忽陸纖肆塵貳渺於乾隆伍拾貳年奉文，全數解司，一切支欵，俱由司按季領支，嗣於嘉慶五年奉文，留支，並不赴司請領。

外於西安布政司庫增給夫馬閏月銀貳拾兩貳錢伍分係動支司庫收貯起運銀兩。

壹額外

課程銀壹兩叁錢貳分伍釐捌毫係各舖戶出辦。遇閏加銀壹錢壹分肆毫捌絲叁忽叁微叁纖。

畜稅銀叁兩捌錢貳分係買騾馬人出辦，每價銀壹兩收稅銀叁分，原無定額，儘收儘解。

地稅銀伍兩玖錢壹分係買地業戶出辦，每價銀壹兩收稅銀叁分，原無定額，儘收儘解。

當稅銀貳拾兩共當商肆名，每名納稅銀伍兩。

東林點將録

［明］王紹徽　撰
孫　靖　點校
賈三强　審校

點校說明

《東林點將録》一卷，明末王紹徽撰。關於王紹徽和《點將録》的資料並不多，較為原始且可信者當屬《明史》。據《明史·閹黨傳》記載："王紹徽，咸寧人，尙書用賓從孫也。舉萬曆二十六年進士。授鄒平知縣，擢戶科給事中。居官强執，頗以清操聞。湯賓尹號召黨與，圖柄用。吏部尙書孫丕揚以紹徽其門生，用年例出爲山東參議，紹徽辭疾不就。泰昌時，起通政參議，遷太僕少卿，被劾引疾。尋以拾遺罷。天啟四年冬，魏忠賢既逐去左光斗，即召紹徽代爲左僉都御史。明年六月進左副都御史。尋進戶部侍郎，督倉場，甫視事，改左都御史。十二月拜吏部尙書。忠賢爲從子良卿求世封，紹徽即爲奏請良卿封伯。請推崇其三世，紹徽亦議如其言。至忠賢遣內臣出鎮，紹徽乃偕同官陳四不可。王恭廠、朝天宮並災，紹徽言誅罰過多。忤忠賢意，得譙讓。已復上言："四方多事，九邊缺餉，難免催科，乞定分數，寬年限，以緩急之宜付撫按。正殿既成，兩殿宜緩，請敕工部裁省織造、瓷器諸冗費，用佐大工。奸黨削除已盡，恐藏禍蓄怨，反受中傷。逮繫重刑，加於封疆、顯過、三案巨奸，則人心悅服，餘宜少寬貸。"復忤忠賢意。初，紹徽在萬曆朝，素以排擊東林爲其黨所推，故忠賢首用居要地。紹徽倣民間《水滸傳》，編東林一百八人爲點將録，獻之，令按名黜汰，以是益爲忠賢所喜。既而奸黨轉盛，後進者求速化，妬諸人妨己，擬次第逐之。孫杰乃謀使崔呈秀入閣，先擊去紹徽，令御史袁鯨、張文熙詆紹徽朋比。鯨再疏列其鬻官穢狀，遂落紹徽職，而以周應秋代。逆案既定，紹徽削籍論徒。"（清張廷玉等撰：《明史》卷三百六列傳第一百九十四《閹黨》，中華書局，1974年，第7860頁–第7861頁。）此處不僅清晰地展現了王紹徽的大致生平，也明確地交代了《東林點將録》的著作動機：實為王紹徽獻媚魏忠賢而達到剷除東林當人的目的所編的名冊。東林黨自然不是現代意義上的黨派組織，出生也各有不同，然而他們以東林學派為依託，多兼有學者或文人的身份，在思想上對程朱理學和楊明心學進行修正，並以此反之於現實，在某種程度上都有著儒家治世的政治抱負：標榜氣節，崇尚實學，對於社會的墮落甚為痛恨，試圖拯救國家與水火之中，因而反對宦官干政，反對政治腐敗。這嚴重侵害了當時掌權者的既得利益，遭到了當時宦官集團的激烈反對，《東林點將録》也就應運而生。

不過關於此書的版本情況，尤其是作者的問題，卻頗有爭議。《四庫全書存目提要》收有此書："《東林點將録》一卷，江蘇巡撫採進本。明王紹徽撰。紹徽，陝西咸甯人，萬曆戊戌進士，官至吏部尚書，事蹟具《明史·閹黨傳》。其書以《水滸傳》晁蓋、宋江等一百八人天罡、地煞之名，分配當時縉紳。今本闕所配孔明、樊瑞、宋萬三人，蓋後人傳寫佚之。卷末有《跋》，稱甲子乙丑於毗陵見此《録》，傳為鄒之麟作。所列尚有沈應奎、繆希雍二人，與此本不同。蓋其時門戶蔓延，各以恩怨為增損，不足為怪。又稱許其孝、陳保泰、楊茂春、郭鞏四人後列逆案，不知何以廁名。或作此書時，四人尚未附忠賢耶？閻若璩《潛邱劄記》亦有《與王宏撰書》曰："頃聞《點將録》果出貴鄉王紹徽手否，先生以此書實出阮大鋮。王偶失閹歡，謀所以解之術於阮。阮授以此書，而王上之，而世遂以名之。細思之，殊不然。兒時讀《點將録》，記沒遮攔穆弘乃大鋮，豈有自作此《録》而竄入己姓名者"云云。則當時已傳聞異詞。然崇禎欽定逆案，以此《録》屬之紹徽。於時公論方明，諒非誣衊。《明史》本傳亦以此書屬紹徽。然則輾轉傳寫，雖或有竄改。其造謀之人，要終不能以浮詞他說解也。"（清永瑢等撰：《四庫全書總目》，中華書局，1965年，第559頁。）四庫館臣在《提要》中主要論述了兩個問題：其一，對於不同版本間文字差異做出合理推測；其二，面對《點將録》作者的爭議給出明確答案。然而四庫館臣的論證過程簡單，多推測之語。尤其是對於《點將録》的作者問題，只是根據崇禎逆案和《明史》寥寥數語便作結論，難言妥當。所以余嘉錫《四庫提要辯證》有長文對此提要進行補正，對上述兩個問題，尤其是第二個問題進行了詳細的考辨。余嘉錫在《辯證》中先是提出諸版本之間文字異同頗多，尋其緣由，當是"此書付刻既遲，則每經一度傳鈔，必有一番增改，蓋人亦孰無恩怨，小人以辱君子者，君子或以為榮。出入之間，榮辱斯異，恩怨行焉。"而後對《點將録》作者當是王紹徽，而非他人，尤非阮大鋮花費重墨進行論證。論證的結果便是，阮大鋮便是是"辱君子"之"小人”的絕佳例證，為黨同伐異而篡亂原書，使其面目全非。由於《點將録》的特殊性質，可以想見，在黨爭激烈與國家動亂的明末，借用《點將録》作為政治鬥爭工具的，大概並非只有阮大鋮一人。而恰恰是這個原因，導致了其諸版本之間文字差異的巨大。

而關於《點將録》用力最深的研究者，當屬民國學者朱倓。1945年由商務印書館出版的《明季黨社研究》詳論了明末黨社的諸多問題，其中收有他1936年所撰長文《東林點將録考異》。此文分為如下幾個部分：第一，《點將録》作者考。通過考證，認為作者當為王紹徽。第二，《點將録》人名考。在詳列諸本人名異同和職掌異同的基礎上，考論了存在差異的人物的生平。第三，《點將録》傳本考。朱氏考述了所親見的諸種版本，並評價了諸本文字優劣。此文對於《東林點將録》一書的作者、文字、版本等諸多方面進行了詳細論證，材料豐贍，考證細密，結論合理。與余嘉錫《辯證》合璧，則關於《點將録》諸多相關問題渙然冰釋。

至於《點將録》版本，包括余嘉錫和朱倓所言的諸種在內，可分鈔本與刻本不同。鈔本較多，據不完全統計，現存有清康熙年間《東林別乘》鈔本、清康熙年間《酌中志餘》鈔本、《明季野史彙編》清鈔本、清李文田鈔本和清姜宸英編《東林史料從鈔》鈔本。刻本有明吴應箕《兩朝剝復録》本、明文秉《先撥志始》本、清劉鑾《五石瓠》本（《庚辰叢編》以此排印）和清崇文書局《正覺樓叢書》之《酌中志餘》本。而後清光緒宣統年間葉德輝《雙楳景闇叢書》本出自《先撥志始》本，而後台灣新文豐《叢書集成續編》本和《四庫全書存目叢書》皆據葉氏之本影印。而民國二十四年（1935年）長沙中國古書刻印社彙印葉啟倬編《郎園先生全書》本亦當出自《雙楳景闇叢書》本。《四庫全書存目叢書》收有江蘇巡撫採進本《東林點將録》一卷，依據提要中“卷末有《跋》，稱甲子乙丑於毗陵見此《録》，傳為鄒之麟作”和“又稱許其孝、陳保泰、楊茂春、郭鞏四人後列逆案，不知何以廁名”的文字，正與《明季野史彙編》清鈔本跋文相合，故江蘇巡撫所採之本即《明季野史彙編》本。

《點將録》的內容較為簡單清晰，其主體是一百零八位東林黨人的姓名。完整地來說，即在人名之前再貫以“天罡地煞+綽號+官職”三項內容予以修飾。故而“天罡地煞+綽號+官職+人名”作為一個“單位”，然後根據其司職，將數人合編為某一類頭領之中，並依次排序。正如余嘉錫所言，由於是書成書前後由於各種原因，曾多次修改或是篡改，難言定本。所以諸版本之間的差異之巨大，甚至到了幾無“單位”內容和順序相同的地步。面對此種情形，以傳統的校勘方式進行校勘——主要是對校——這必導致致校勘記內容上的繁雜和數量上的巨大。最為關鍵的是，無論採用何種校勘記撰寫形式，都很難在有限篇幅中準確客觀地描述版本文字差異，同時也會導致校勘記的篇幅成倍於原文。這一切都會給讀者造成不便。可見採用對校校勘諸本，既無必要，也難實現。好在各版本之間內容的相同遠比相異處為多，故不若直列一種主要版本更為客觀和明晰。而考異的工作已由朱倓和余嘉錫分別在其《東林點將録考異》和《四庫提要辯證·東林點將録》中完成，如有需要可以參看。故而此次整理僅以文秉《先撥志始》的葉德輝《雙楳景闇叢書》本為底本，展現《東林點將録》的一種主要版本，并將余嘉錫之作附録於後，以供參考，庶得較為全面的認識。

孫　靖

2016年於南京大學

目録

東林點將録一卷

據文孫符撰《先撥志始》，《點將録》舊傳為王紹徽所作，而《同志録》未見抄傳，或是韓敬因紹徽原本而增改之耶？

開山元帥：

托塔天王南京戶部尚書李三才

總兵都頭領二員：

天魁星及時雨大學士葉向高

天罡星玉麒麟吏部尚書趙南星

掌管機密軍師二員：

天機星智多星左諭德繆昌期

天間星入雲龍左都御史高攀龍

協同參贊軍務頭領一員：

地機星神機軍師禮部員外郎顧大章

正先鋒一員：

天殺星黑旋風吏科都給事中魏大中

左右先鋒二員：

天暗星青面獸浙江道御史房可壯

地周星跳澗虎福建道御史周宗建

馬軍五虎將五員：

天勇星大刀手左副都御史楊漣

天雄星豹子頭左僉都御史左光斗

天猛星霹靂火大理寺少卿惠世揚

天威星雙槍將太僕寺少卿周朝瑞

天立星雙鞭將河南道御史袁化中

馬軍八驃騎八員：

天英星小李廣福建道御史李應昇

天捷星沒羽箭陝西道御史蔣允儀

天空星急先鋒山東道御史黃尊素

天退星插翅虎浙江道御史夏之令

天凶星沒遮攔吏科給事中劉宏化

天滿星美髯公刑科給事中解學龍

地獨星毛頭星刑科給事中毛士龍

地鎮星小遮攔工科給事中劉懋

總探聲息走報機密頭領二員：

天速星神行太保尚寶司丞吴爾成

地速星中箭虎光禄寺少卿丁元薦

行文走檄調兵遣將頭領一員：

地囚星旱地忽律廣西道御史游士任

掌管錢糧頭領二員：

天富星撲天雕禮部主事賀烺

地狗星錦毛犬尚寶司卿黃正賓

定功賞罰軍政司頭領二員：

地正星鐵面孔目左僉都御史程正己

地奴星催命判官左通政涂一榛

掌管行刑劊子手頭領二員：

地損星一枝花禮部尚書孫慎行

地平星鐵臂膊刑部侍郎王之寀

捧把帥字旗將校一員：

地賊星鼓上蚤內閣中書汪文言

守護中軍大將十二員：

天壽星混江龍大學士劉一燝

天微星九紋龍大學士韓爌

地短星出林虎大學士孫承宗

地轉（轉一作劍）星立地太歲吏部尚書周嘉謨

地角星獨角龍吏部尚書張問達

天傷星武行者左都御史鄒元標

天貴星小旋風右都御史曹于汴

地軸星轟天雷禮部尚書王圖

天牢星病關索刑部尚書喬允升

地強星錦毛虎工部尚書馮從吾

地巧星笑面虎吏部左侍郎陳于廷

天巧星浪子左春坊左諭德錢謙益

四方打聽邀接來賓頭領十二員：

地明星鐵笛仙戶部左侍郎鄭三俊

地壯星母夜叉禮部右侍郎張鼐

地妖星摸著天光禄寺少卿史記事

地全星鬼臉兒光禄寺寺丞李炳恭

地文星聖手書生翰林院修撰文震孟

地闊星摩雲金翅翰林院簡討姚希孟

地陰星母大蟲翰林院檢討顧錫疇

地異星白面郎君翰林院庶起士鄭鄤

地滿星玉幡竿吏部員外郎周順昌

地獸星紫髯伯吏部員外郎張光前

地惠星一丈青吏部員外郎孫必顯

地暗星錦豹子禮部主事荊養喬

馬步三軍頭領四十六員：

天慧星拚命三郎刑部尚書王紀

天孤星花和尚兵部左侍郎李瑾

天暴星兩頭蛇兵部右侍郎孫居相

地勇星病尉遲兵部右侍郎李邦華

地惡星沒面目兵部右侍郎劉策

地佐星小溫侯兵部右侍郎何士晉

地奇星聖水將戶部右侍郎陳所學

天哭星雙尾蝎左副都御史孫鼎相

天佐星金槍手右僉都御史徐良彦
地刑星菜園子右僉都御史周起元
地醜星石將軍右僉都御史張鳳翔
地火星獨火星右僉都御史朱世守
地巧星玉臂匠右僉都御史程紹
地暴星喪門神右僉都御史王洽
地健星險道神右僉都御史李若星
天異星赤發髪鬼左通政使劉宗周
地俊星鐵扇子大理寺少卿韋藩
地定星小霸王太常寺少卿韓繼嗣思
地會星神算子太常寺少卿趙時用
地佑星賽仁貴太常寺少卿李應魁
地闔星火眼狻猊太常寺少卿程注
地稽星操刀鬼光祿寺少卿沈應奎
地飛星八臂那哪吒吏部郎中夏嘉遇
地走星飛天大聖吏部郎中鄒維璉
地察星青眼虎吏科給事中陳良訓
地煞星鎮三山兵科給事中甄淑
地雄星井木犴戶科給事中郝土膏
地傑星醜郡馬兵科給事中沈惟炳
地幽星病大蟲戶科給事中薛文周
地孤星金錢豹子兵科給事中蕭基
天罪星短命二郎湖廣道御史劉芳
天敗星活閻羅江西道御史方震孺
地僻星打虎將山東道御史李元
地微星矮腳虎福建道御史魏光緒
地捷星花項虎四川道御史練國事
地威星百勝將河南道御史謝文錦
地數星小尉遲雲南道御史李日宣
地猛星神火將貴州道御史張慎言

地樂星鐵叫子山東道御史劉思誨

地伏星金眼彪湖南道御史劉其忠

地隱星白花蛇河南道御史楊新期

地耗星白日鼠湖廣道御史劉大受

地遂星通臂猿山西道御史侯恂

地靈星神醫手雲南道御史胡良機

地魔星雲裏金剛四川道御史宋師襄

地理星九尾龜河南道御史熊則禎

鎮守南京正將一員：

地煞星混世魔王操江右僉都御史熊明遇

分守南京汛地頭領六員：

天竟（一作天平）星船火兒南京廣東道御史王允成

天損星浪裏白跳南京吏部郎中王象春

地英星天目將南京江西道御史陳必謙

地進星出洞蛟南京山西道御史黄公輔

地退星翻江蜃南京四川道御史萬言揚

地劣星活閃婆南京工科給事中徐憲卿

天啟四年甲子冬歸安韓敬造[1]

按天罡地煞之名，計氏《北略》所載，天罡星李三才等有名者僅九人，地煞星顧大章等有名者僅四人，而以青面獸屬左光斗，金眼彪屬魏大中，亦與此不同。此則青面獸為房可壯，金眼彪為劉其忠，而左光斗則豹子頭，魏大中則黑旋風，且青面獸為天暗星，亦非地煞也。惟某氏《遣愁集》所載天罡地煞之名較詳，其略言：王紹徽為忠賢乾兒，官至吏部尚書，進退一人，必稟命於忠賢，時稱王媳婦。嘗造《點將録》獻之忠賢。忠賢閲其書，嘆曰："王尚書嫵媚如閨人，筆挾風霜，乃爾眞吾家之珍也！"其稱東林開山元帥：托塔天王

[1] 本次整理所據文秉《先撥志始》本原文如此。此涉作者問題，書末所附余嘉錫《四庫總目提要辯證》謂："文秉者，震孟之子也，作《先撥志始》，所載《點將録》，其末行雖題天啟四年甲子冬歸安韓敬造此因敬造《天鑒録》而誤，詳見《天鑒録》條，而其前先附案語曰：'《點將録》舊傳王紹徽所作，或是韓敬因紹徽原本而增改之者耶?'"

南戶部尚書李三才，總兵都頭領：天魁星呼保義大學士葉向高、天罡星玉麒麟吏部尚書趙南星。掌管機密軍師：天機星智多星右諭德繆昌期、天間星入雲龍左都御史高攀龍。協同參贊軍務頭領：地魁星神機軍師禮部員外顧大章。掌管錢糧頭領：天富星撲天雕禮部主事賀烺、地狗星金毛犬尚寶司少卿黃正賓。正先鋒：天殺星黑旋風吏科給事中魏大中。左右先鋒：地飛星八臂哪吒吏部郎鄒維璉、地走星飛天大聖浙江道御史房可壯。五虎將：天勇星大刀手副都御史楊漣、天雄星豹子頭左僉都御史左光斗、天猛星霹靂火大理寺少卿惠世陽、天威星雙鞭手浙江道御史袁化中、天立星雙槍將太僕寺少卿周朝瑞。又所列李應昇、蔣允儀、解學龍、吴爾成、孫慎行、陳于廷、錢謙益、文震孟、方震孺、徐憲卿、鄭三俊、毛士龍、夏嘉遇、周順昌、何士晉、趙時用等，皆南直人也。按文氏此編一百八人，全具意即照《點將録》之原本録出者，證之《遺愁集》所載，惟左右先鋒二員，一為房可壯，一為周宗建。與《遺愁集》以為鄒維璉、房可壯者異。又以維璉為地走星，夏嘉遇為地飛星，與《遺愁集》以維璉為地飛星、房可壯為地走星者亦異，其餘悉同。考之《水滸傳》所謂一百八人者，除開山元帥，數之今文氏所載合開山元帥共一百九人，正與《水滸》合。惟天罡星少一人，地煞星多一人，蓋立地太歲《水滸》作天劍星，此誤作地劍耳。至青面獸本係天暗星，計氏誤入地煞，此傳寫之繆，當以此編與《水滸傳》合者為正。

附録：余嘉錫《四庫提要辯證·東林點將録》

明王紹徽撰。紹徽，陝西咸寧人，萬曆戊戌進士，官至吏部尚書，事蹟具《明史·閹黨傳》。其書以《水滸傳》晁蓋、宋江等一百八人天罡地煞之名，分配當時縉紳。今本闕所配孔明、樊瑞、宋萬三人，蓋後人傳寫佚之。卷末有跋，稱甲子、乙丑於毗陵見此録，傳為鄒之麟作，所列尚有沈應奎、繆希雍二人，與此本不同。蓋其當時門戶蔓延，各以恩怨為增損，不足為怪。又稱許其孝、陳保泰、楊茂春、郭鞏四人後列逆案，不知何以廁名。閻若璩《潛邱劄記》亦有與王宏撰書曰：頃聞《點將録》，果出貴鄉王紹徽手否？先生以此書實出阮大鋮，王偶失閹歡，謀所以解之術於阮，阮授以此書，而王上之，而世遂以名之。細思之殊不然，兒時讀《點將録》，記沒遮攔穆宏乃大鋮，豈有自作此録，而竄入己姓名者，云云。則當時已傳聞異詞，然崇禎欽定逆案，以此録屬之紹徽，於時公論方明，諒非誣衊。《明史》本傳亦以此書屬紹徽，然則輾轉傳寫，雖或有竄改，其造謀之人，要終不能以浮詞他説解也。

嘉錫案：此書自明末以及有清中葉，迄未付刻，見於各家藏書目録者，大抵皆傳鈔之本。及乎後來以明人著述開雕，往往轉載是録。余所見者，凡有四本，而皆不同。一吴應箕《兩朝剝復録》卷十本，一文秉《先撥志始》卷上本，一劉鑾《五石瓠》卷四本《庚辰叢編》排印足本，一無名氏《酌中志餘》卷上本武昌書局刊《正覺樓叢書》本。夫此四人者，皆明末人也，而吴應箕又為《留都防亂揭》之起草者，見《鮚埼亭集》卷十一《梨洲先生神道碑文》。假使是録果出大鋮之手，豈肯聽其張冠李戴，不為揭發之理？而《兩朝剝復録》卷一曰："紹徽陰鷙，敢悖公論，作《東林點將録》，以傾陷善類，故其黨推為盟主。"又卷二曰："紹徽撰《東林點將録》，與逆璫謀害諸君子。"又其卷七《周朝瑞傳》曰："初，朝臣王紹徽撰《東林點將録》，逆黨有指示忠賢者，曰此一百八人皆欲殺祖爺者也。”其所附載之《點將録》，則大書曰明王紹徽撰。然則即無崇禎逆案，紹徽亦終不能以浮詞他説解，後人可無庸置喙矣。

此四本所配之人名既不盡同，則《四庫》之所著録，不知係用何本?然觀其所引卷末之跋，與《酌中志餘》所載者合，又謂録中佚去所配三人，而原跋亦云中缺姓名三四人，則《四庫》之所著録，疑即用《酌中志餘》本矣。惟今本並無許其孝等四人姓名，則不知其何故也。王士禎《居易録》卷二十六已引《酌中志餘》，徐秉義《培林堂書目》、黄虞稷《千頃堂書目》均著録。乾隆時兩淮進呈書目有明人《酌中志餘》十一種。《香祖筆記》卷五謂“《點將録》中之許其孝、魏應嘉、郭鞏、陳保泰、楊茂春皆以小人竄入其中者”，知當時實有此本，惟與今之傳本參差不合耳。原跋又云：“當時罹璫禍最慘，尚有周宗建、黄尊素，而東林名目，尚有姚希孟，不應不在此中，又不敢以意增入。”及觀今之刻本《酌中志餘》，則周宗建配雙槍將董平，黄尊素配小李廣花榮，姚希孟配矮腳虎王英，《剥復録》則宗建配穆春，尊素配侯健。《五石瓠》同《先撥志始》，則宗建配陳達，尊素配索超，希孟配歐鵬。今之刻本乃與跋不合，是何也?

且考《明史》卷二百十六希孟本傳云：“希孟入翰林望益重，尋請假歸。四年冬還朝，黨禍大作，希孟鬱鬱不得志，其明年以母喪歸，甫出都，給事中楊所修劾其為繆昌期死黨，遂削籍。”是則希孟雖係東林黨，而其立朝未久，不致為閹黨所深忌，固宜不在此録中矣。《提要》既置之不言，疑今本又經後人意為增損，非其舊也。此書付刻既遲，則每經一度傳鈔，必有一番增改，蓋人亦孰無恩怨，小人以辱君子者，君子或以為榮。出入之間，榮辱斯異，恩怨行焉。黄煜《碧血録·人變述略》云：“初傳有《天鑒》《點將》諸録，蓋逆兒所造，羅列諸正人，斥為黨，獨未及吏部名。吏部慨然曰，此度遼有不與之恥也，益奮發無所顧忌。”吏部者，周順昌也。而今則《剥復録》中順昌配沒遮攔穆弘，《酌中志餘》《先撥志始》則以配玉幡竿孟康，《五石瓠》則一作菜園子張青。此必順昌死閹禍後，始各以意增入之，可見其初即無一定之本。

至於作者，凡有數説，而要以謂為王紹徽撰者為最多，大抵出自明末啓禎間人之口，深可保信。如陳貞慧即共吴應箕同草《留都防亂揭》者也，其所作書阮大鋮造十八羅漢七十二金剛事云："欲如王紹徽《點將録》故事，一網殺盡之。"使此書為大鋮所作，則貞慧為囈語矣。又若李遜之，應升之子也，作《三朝野記》卷三曰："時有《東林點將録》，計百餘人，以《水滸傳》天罡地煞姓名配之。又有《同志録》人益衆，皆王紹徽撰造，魏廣微為之宣佈，傳入禁中，魏忠賢揭於御屏，以次漸除焉。"文秉者，震孟之子也，作《先撥志始》，所載《點將録》，其末行雖題天啓四年甲子冬歸安韓敬造，此因敬造《天鑒録》而誤，詳見《天鑒録》條。而其前先附案語曰："《點將録》舊傳王紹徽所作，或是韓敬因紹徽原本而增改之者耶？"

秉又作《甲乙事案》，即《荊駝逸史》之顧炎武《聖安本紀》，茲據武昌徐氏舊抄本。卷一曰大鋮隨上孤忠被陷之疏，中云："臣當天啓年間，從無一官之躐、一字之諛、一椽之建，甚且《點將録》勒大鋮名于其中，冀殺鋮為快。鋮與崔、魏諸黨，不惟風馬牛不相及，且冰炭水火之不相容，亦既昭然矣。"秉駁之曰："謹案大鋮此疏，將以掩其逆案之枉，而不知適所以自供也。當南樂原注：魏廣微。借內修怨楊、左，嚴譴去國，是時徐大化、朱童蒙俱中旨陞京堂用，大鋮以葉有聲薦，亦中旨升京堂用，遂由堂少升光禄，正楊、左被逮時也。案《熹宗實録》天啟五年四月己亥，禮科給事中葉有聲薦原任吏科都給事中阮大鋮，得旨，阮大鋮起陞京堂，五月甲辰阮大鋮升太僕寺少卿，非光禄寺少卿也，此微誤。又爾時苟非逆案所喜者，一登啓事，即遭削奪。大鋮既與崔、魏若水火冰炭之不相容矣，何取京堂之中旨如寄，而當少光禄之推，隨推隨用，毫無阻牾何也。《點將録》抄布四方，并無大鋮姓名。假使有之，有聲豈敢薦剡乎，此理之最明者。"文秉雖於此録之撰人尚未經論定，而其辨録中並無大鋮姓名，可謂明辨以晰矣。夫謂録中有其名，自是大鋮之詭辯，因阻其進用之人，詈之為魏奄餘黨，爭之甚力，故不得不設詞以自救。明知其無益，亦不過暫時假借之，以為進身之階而已。及其得志，則日謀殺東林黨人以為快，尚何有於區區之《點將録》哉。即大鋮後來，亦必以列名於沒遮攔為恥也。

乃因此竟有謂此録為大鋮所作者，大抵起于易代以後。其說流傳頗盛，不止王宏撰一人云爾也。趙吉士《魏忠賢始末》云：“阮大鋮又進《點將録》。”計六奇《明季北略》卷二《點將録》條下自注云：“阮大鋮作獻魏閹，指為東林惡黨。”其餘諸家似此者，不一而足，至謂大鋮原列録中號沒遮攔者，尚見於他書，亦不止閻若璩一人也。《明詩綜》卷六十一李應升條引《静志居詩話》云：“王紹徽撰《點將録》，阮大鋮名亦與焉。大鋮初與李忠毅應昇諡、魏忠節大中諡相善，及忠節補吏垣，大鋮疑忠節有意逐之，遵結傅櫆党於魏忠賢。其後居南京，諸生顧杲等一百四十人草檄討之，既而附馬士英得志，導之重翻三案，誅鋤正人，僉壬之反覆，真同鬼蜮。”又卷七十六顧杲字子方條下引《詩話》云：“崇禎戊寅南國諸生百四十人，具防亂公揭，請逐閹党阮大鋮，子方實居其首，大鋮飲恨刺骨，而東林之讐在必報矣。大鋮名在《東林點將録》，號沒遮攔，而閩人周之夔亦注名復社第一集，阮露刃以殺東林，周反戈以攻復社，君子擇交，不可不慎之於始也。”彝尊之説，與若璩可謂不謀同辭。二人並生於明末，彝尊長於若璩七年耳，彝尊生於崇楨二年，若璩生於崇禎九年。是必兒時所見之本相同矣。

夫文秉與阮大鋮生際同時，已言《點將録》並無大鋮姓名，二人之所見，果可據耶?使其可據，則今日所傳諸本，何以無大鋮之名耶？以意推之，大鋮既欲自辯並非逆黨，至形之于章奏，則必先行竄入自已姓名，抄寫若干本，散之四方，使人信其果是當時之原本，以證所言之非虚。朱、閻皆生長南方，故得讀而信之。王宏撰卒於康熙中年，已七十有五，自述其所聞見，當即在明末。所謂王紹徽偶失閹歡，謀之於阮者，王之姻黨委曲自解之詞也。亦因大鋮有傳佈斯録僞本之事，遂從而誣之耳。朱、閻二人竟真信為録中之沒遮攔，此無他焉，少時所讀，先入為主故也。大鋮之欺乃得售，死而有知，將含笑入地，為之齒冷耳。若夫趙吉士、計六奇輩所著書，本為稗官小説，但承流俗所傳聞者書之，又何從知其是與非耶?

至於紹徽之著是書，不獨崇禎欽定之逆案，已有定論，逆案紹徽名下罪狀為造《點將録》，佐中旨處分，見《先撥志始》卷下。並言官之奏劾，皆有明文可考。鄒漪《啓禎野乘》卷四《毛御史傳》云：“公諱羽健，為雲南道御史，疏参舊冢宰王紹徽，創造妖書，名《點將録》，教猱升木，盡逐清流，請重加削奪，以為傾害忠良者之戒。”《明史》卷二百五十八羽健本傳，不載此事，《明史稿》列傳一百四十二，亦無此疏。漪書頗可以裨史闕。羽健嘗劾大鋮反覆變幻，大鋮以此被斥。儻使此書果出於大鋮，羽健何為不加以糾彈，而獨歸罪於紹徽，宏撰之説不然，明矣。

《明史》卷三百六《閹黨傳》云：“紹徽在萬曆朝，素以排擊東林，為其黨所推，故忠賢首用於居要地。紹徽仿民間《水滸傳》，編東林一百八人為《點將録》，獻之。令按名黜汰，以是益為忠賢所喜。”夫既云仿《水滸傳》，則梁山泊各頭領原只有三十六天罡、七十二地煞，故各書皆云，此録所列東林黨共一百八人，雖獨《啓禎兩朝剥復録》所附載者，多出十二人。所多者為東林步軍頭領十二員，不列《水滸》渾名，內惟侯恂一員與前所配神醫安道全互出。考吴偉業《梅村家藏稾》卷二十六《葉公傳》云：“吾之先朝有相國者，指葉向高相天啓朝。與奄尹忤，奄之私人，取稗官家姓氏，以指目善類，凡百二十人，為黨録，而吾宗為之魁，無脱漏者。”此乃以寓言為茶葉作傳，雖以文為戲如毛穎、羅文之類，而其所謂黨録，實即指此録言之也。又卷四十三《太僕卿徐憲卿墓誌銘》云：“奸黨側目，又為蜚語造黨録，托稗官小説者家，首福唐葉公、高邑趙公，凡百二十餘人，公與焉。”案憲卿各本皆配出洞蛟童威，惟《先撥志始》作活閃婆。是偉業所見者，與吴應箕同。疑當時自有詳略兩本，並傳於世。著書者各就所得言之，此其所以互異歟？

——余嘉錫撰：《四庫提要辯證》，中華書局，1980年，第361–367頁

後　記

《陝西古代文獻集成》是陝西省自建國以來實施的最大的古籍整理項目。這一課題的任務是，將歷史遺留下來，而又没有經今人整理過（或雖經今人整理，但是整理本有較多問題），並且具有很高歷史和文化價值的典籍，做成供中等文化程度以上讀者可以閱讀的整理本。工程浩大，任務繁重，時間緊迫，要求很高，需要課題組織者和參與者付出很大努力。將這項世紀工程做好，不僅爲當代，而且可以爲後世貢獻一份珍貴的精神遺產。

中國歷史上凡是經濟繁榮、富庶安泰的時代，執政者往往會在文化建設方面投入較多的精力和財力。宋初的四部大書《太平御覽》《太平廣記》《文苑英華》《册府元龜》，明初的《永樂大典》，清代康熙乾隆年間的《古今圖書集成》和《四庫全書》等，無不基于這種背景，這就是所謂“盛世修書”的傳統。

改革開放以來，陝西省在全國經濟發展方面長期居於中游甚至偏下，上一輩學者欲整理陝西古代文獻者不乏其人，但都因所需鉅資無法籌措而望洋興嘆。國家實施西部大開發的戰略以來，在國家扶持和陝西人民的努力之下，陝西經濟有了快速提升。陝西乃中華民族的發祥地，古長安又是十三朝古都，憑此地緣優勢，陝西省人民政府不失時機地提出了要將陝西省建設成中國的文化大省和文化强省的戰略目標。近年來陝西省在文化遺址的修復和文物保護方面，採取了大力度的措施，恢復和整修了相當多的文物古跡，例如日前已列入《世界遺產名録》的漢長安城未央宫遺址、漢城湖公園以及漢昆明池遺址公園、唐長安城大明宫遺址、唐芙蓉園、曲江遺址公園等；文物的修護保護也取得很大成就，秦始皇陵兵馬俑的彩繪保護、古代紙質文獻的修復保護等，這些成就舉世矚目。但是這些成果，主要是從空間上展現文物和遺址的形貌，而這些文化遺產内在的精神支撑，也就是其產生的時代與背景、存在與湮毀等豐富的文化信息，更須依靠文獻的記述。正如本課題主持人所說："歷史上的文明，文物只是一端，而文獻則構成另外一端。無文物則不睹其容，無文獻則不知其故。文物爲體，文獻爲神，著此一睛，則飛龍在天。"更何况有些精神遺產是地面文物所無法負載的。例如，宋代以後，理學成爲中國官方的主要意識形態，而陝西關中理學即關學是其重要的組成部分。關學的代表人物張載、蕭𣂏、馬理、吕柟、馮從吾、康乃心、李顒、李因篤和王心敬等人的著作，不僅是陝西省的珍貴文化遺產，也是中華民族的精神財富。張載的"爲天地立心，爲生民立命，爲往聖繼絶學，爲萬世開太平"的豪言壯語，成爲世世代代立志爲國捐軀的有志之士的座右銘。而這些遺產，也到了搶救的時刻了。

陝西堪稱中國古代文獻的淵藪。產生於這塊土地上的古代經典文獻有《周易》《周禮》《史記》《漢書》等，《詩經》和《尚書》中亦有相當篇目與這一地域有關，而歷代這裏出現的文獻瑰寶，更是不勝枚舉。

有鑑於此，我們認爲編纂一套能比較全面反映陝西省古代文化輝煌成就的大型叢書時機已經成熟，並且刻不容緩。2011年初，我們向陝西省政府提出建議：抓住當前有利時機，傾省内外可以利用的學術資源，盡速啟動，用十年左右時間編纂一套全面反映陝西古代文獻成就的大型叢書《陝西古代文獻集成》。

陝西省人民政府主要領導迅速做出批示："對我省歷史上形成的，目前又没有被整理出版的典籍，應下力氣投入，以傳承歷史文化和文明。"

項目組經過審慎的摸底調查，决定精選出三百種左右的典籍進行整理，在"十二五"和"十三五"期間各完成一百五十種左右，約需投入兩千萬元左右。經過以著名古籍整理專家周天游教授爲主任的陝西省古籍整理出版工作領導小組專家委員會的數次開會研究論證，認爲方案切實可行，上報省政府。陝西省發展和改革委員會、陝西省財政廳對這項工作非常重視，决定撥出專項資金予以支援，並立項爲陝西省"十二五"古籍整理重大項目。

其后，課題組精心落實了課題的實施。

一、成立《陝西古代文獻集成》編輯修纂工作班子。一是編修委員會，由陝西省省長任主任，中共陝西省委宣傳部部長和主管文化的副省長任副主任，各相關主要單位的領導任成員；二是成立專家委員會，由陝西省古籍整理出版工作領導小組（簡稱"省古籍整理領導小組"）專家委員會代行職責；三是成立編纂委員會，設在項目直接承擔單位西北大學，負責項目的編纂實施工作。由一批在國内享有盛譽的專家擔任顧問，另由一批以陝西省内爲主的年富力强的古代文獻學者擔任委員會成員。編纂委員會確定了一期工程的具體進展計劃，並且提出，這一項目在省古籍整理領導小組統一領導下實施開展，省古籍整理出版辦公室負責項目的總體協調和日常行政事務工作，督促檢查項目的進展情况和經費使用情况。西北大學爲項目的第一承擔單位，負責項目的具體組織和實施。爲落實這些要求，省古籍整理領導小組於2012年9月下發文件，通知了各相關單位。

西北大學還在項目主持人賈三强教授所在的文學院成立了重大項目管理辦公室，從辦公場所、人員配備方面提供了必要條件，使項目順利啟動。

二、確定子課題。按照省政府文件精神，課題組决定先整理一批没有經過近人整理，或雖有近人整理本，但整理本存在較多問題的典籍。爲了有利於今人閱讀，以便使這些文化資源成爲今天的經濟建設、文化建設、社會建設和環境建設的有用信息，我們决定不採用國内有些省市採取的古籍影印的方式，而是採用古籍點校本，並用繁體字横排本的形式，這樣既尊重了古代文獻的原有形式，又便於今人閱讀。既然確定爲目前只做尚未有今人整理本的陝西古代典籍，課題組經過反復研究論證，確定下來300多個子課題，依傳統古籍分類法，分成經、史、子、集四部。按前後兩期實施，“十二五”期間先行完成150多個子課題。在這些子課題的確定中，專家委員會意見得到了極大的重視。

三、開展項目的招標工作。根據專家委員會的建議，對於子課題的承擔，我們决定採用招標制和委託制結合的辦法，以招標制爲主，無人投標或投標者明顯不合要求者，再採用委託專家承擔的方法。省古籍整理領導小組在2012年9月下發文件，公開向省内徵集一期工程151個子課題的承擔者。以省内高校和科研單位爲主，學者踴躍申報，經編纂委員會初審，决定將74位學者申報的117項子課題交付專家委員會審查。2013年1月，專家委員會審定107項子課題合格。入選者絶大多數是近年來從事文獻研究已有成就的中青年學者，有一部分已對所申報的子課題有了相當深入的研究。對於無人申報或申報者不合要求的課題，還有專業性太强如中醫藥方面的子課題，我們採取了委託具有高水準的相關專家承擔的方式。因此，所有150余子課題都已先后確定了整理者。

四、多次召開相關會議，進行學術交流，互促互進，並及時解决實際問題。在項目規劃時，我們就提出了課題進行中，每年召開一次學術研討會、一次行政事務會的設想。前者主要交流課題研究中的學術問題，後者主要針對項目進行中出現的各種事務性問題，及時加以解決。2013年3月，東亞漢學研究學會（秘書處設日本長崎大學）、西北大學文學院和陝西省社會科學院古籍研究所聯合舉辦，西北大學文學院承辦了“陝西地方文獻國際學術研討會”。與會專家學者50余人，分别來自日本、中國大陸和臺灣地區，共提交論文41篇。論文專業性强，水準高，圍繞陝西古籍整理、古代文獻編年、宗教文獻的文學闡釋、陝西地方方言、域外漢學的開拓與發展等學術問題，進行了深入的交流。會議期間，舉行了“陝西古代文獻”課題開題報告會。與會專家一致認爲項目具有重大文化意義，並且對項目的各方面問題提出了許多好的意見和建議。對於這次會議，《中國社會科學報》2013年3月4日曾專發消息《“陝西古代文獻集成”項目啟動》予以報導。會議論文由東亞漢學研究學會會刊《東亞漢學研究》出版特别號《“陝西地方文獻國際學術研討會”論文集》。

2014年6月，西北大學文學院和陝西省社會科學院古籍研究所舉辦了“第二届陝西地方文獻學術研討會”，會議的參加者全部是項目的承擔者，各位學者專家對自己承擔課題中的學術問題做了歸納研究，發表的論文有很强的現實針對性。對于項目的深入開展和將項目做成高品質的學術成果，這可謂是高調的集結號。會議論文集由商務印書館出版。

行政事務會議也力争開成辦實事、解決實際問題、不務空談的交流會。雖然我們已給各位課題承擔者發了《工作手册》，專門規定了體例，但是在實際操作中，仍然出現了一些問題。于是2013年10月召開的行政事務會議，專就體例不一展開了研討。集思廣益，將各位專家學者的意見建議分門别類做了梳理，又重新修訂了《工作手册》，大家反映良好。

根據實際需要，從事編修編纂的單位建立了暢通的管道，問題一發生，就做出快速反應，及時溝通，及時解決。2015年年末，省政府主管文化的副省長過問了項目的進展，明確表示，這個項目是省上親自抓的重大文化項目，也是建國以來投資最多的軟文化工程，受到省委省政府主要領導的關注，必須抓緊、抓好。爲此，陝西省社會科學院、陝西省古籍整理辦公室、陝西省古籍整理專家委員會、西北大學四家單位的領導和項目主持人開會，對當前面臨的問題一一過濾，採取相應對策。如稿件完成後的審閱、成書的分集等具體問題均有涉及，並且有了明確的應對之策。

五、利用電子信息時代的優勢，建立隨時應答的動態管理模式。項目日常的工作人員主要由在校博碩士生等組成。他們利用年輕上進、精通電子信息技術的優勢，提出了很多很好的建議。例如建立了全員電子通信網，隨時隨地可與各位項目承擔者進行聯繫，實現無紙交流、無紙辦公，並且建立了聯絡群，可以隨時發佈各種信息，對各種問題進行及時應答。具有普遍性的問題，還可由專門或專業人士進行解答。

與此同時，我們建設了“陝西古代文獻集成”信息終端，硬件軟件已經採購到位，待安裝調試成功後，計劃將一些共用的資源録入，逐步建成課題組的大資料庫、大信息庫。這個終端的建成，必將爲課題的開展起到重要的促進作用。

陝西省古籍整理辦公室從項目的選題到項目的立項，從經費的管理到經費的監督，從督促項目的進展到聯絡出版、印刷等事宜，認真負責落實，先後召開了五次專家委員會會議、五次項目進展情况督促檢查會、六次專項出版印刷會，下發正式文件三次，認真組織實施，積極協調各方相關單位，使項目有序推進，對于項目按時間、保質量地完成，起到了重要的作用。

陝西人民出版社承擔項目的出版工作。從社領導到編輯均表現出了極强的責任心和專業素質，在此表示誠摯的謝意。

賈三强

丁酉年春日